ISBN 978-0-332-58146-0
PIBN 11242268

ANNUAIRE STATISTIQUE

DE LA VILLE DE PARIS

QUINZIÈME ANNÉE — 1894

RÉPUBLIQUE FRANÇAISE

LIBERTÉ — ÉGALITÉ — FRATERNITÉ

PRÉFECTURE DE LA SEINE

DIRECTION DES AFFAIRES MUNICIPALES

SERVICE DE LA STATISTIQUE MUNICIPALE

(M. le Dr Jacques BERTILLON, chef des travaux de la Statistique.)

ANNUAIRE STATISTIQUE
DE LA VILLE DE PARIS

XVe ANNÉE — 1894

PARIS

G. MASSON, ÉDITEUR

LIBRAIRE DE L'ACADÉMIE DE MÉDECINE

120, BOULEVARD SAINT-GERMAIN, 120

1896

Prix : 6 francs

LISTE DES MEMBRES

DE

LA COMMISSION DE STATISTIQUE MUNICIPALE

(1896)

MESSIEURS

DE SELVES (JUSTIN-GERMAIN-CASIMIR), C. ✱, Préfet de la Seine, *président*.

BRUMAN (LÉON-DAVID), ✱, I. ✪, Secrétaire général de la préfecture de la Seine, *vice-président*.

BERTILLON (JACQUES), A. ✪, docteur en médecine, chef des travaux de la Statistique municipale.

BEZANÇON, ✱, chef de division à la Préfecture de Police.

BLOCH (ADOLPHE), docteur en médecine, médecin-adjoint de la Préfecture de la Seine.

CHAUTEMPS, docteur en médecine, député de la Seine.

CHERVIN (ARTHUR), I. ✪, docteur en médecine.

CHEYSSON, O. ✱, inspecteur général des Ponts et chaussées, professeur à l'École des sciences politiques.

CLAMAGERAN (JEAN-JULES), ✱, sénateur.

FERRY (ÉMILE), O. ✱, A. ✪, maire du IXe arrondissement, ancien député de la Seine.

GIRARD, O. ✱, I. ✪, ✱, chef du Laboratoire municipal de chimie.

JACQUES, ✱, I. ✪, député de la Seine.

JAUBERT (JEAN-ADRIEN), ✱, docteur en médecine, inspecteur de la vérification des décès.

LAFABRÈGUE (PIERRE-FRANÇOIS-RENÉ), ✱, ancien directeur de l'hospice des Enfants-Assistés.

LAMOUROUX (ALFRED-MARTIAL), docteur en médecine, membre du Conseil municipal de Paris.

LEMOINE, ✱, ingénieur en chef des Ponts et chaussées.

LE ROUX (AUGUSTIN-HENRI-ANTONIN), ✱, I. ✪, directeur des Affaires départementales à la Préfecture de la Seine.

LEVASSEUR (ÉMILE), O. ✱, I. ✪, membre de l'Institut.

LOUA (TOUSSAINT), ✱, ancien chef du bureau de la Statistique générale de France au ministère du Commerce.

MARTIN (MARIE-GEORGES-HIPPOLYTE), docteur en médecine, ancien sénateur.

MASCART, O. ✱, I. ✪, directeur du Bureau central météorologique.

PALLAIN (GEORGES), O. ✱, conseiller d'État, directeur au ministère des Finances.

PICOT, juge de paix du IIIe arrondissement.

RENAUD (GEORGES), ✱, directeur de la *Revue géographique internationale*.

SOCQUET (JULES-ADOLPHE), A. ✪, docteur en médecine.

WORMS (JULES), O. ✱, médecin honoraire de la Préfecture de la Seine.

N....., *secrétaire*.

PUBLICATIONS

DU SERVICE DE STATISTIQUE DE LA VILLE DE PARIS

I. — PUBLICATIONS PÉRIODIQUES

Première série.

Estat (mensuel) *des baptêmes, des mariages et des mortuaires de la ville et des faux-bourgs de Paris*, 1670-1684 (épuisé).

Même publication, 1709-1791 (épuisé).

Deuxième série.

Recherches statistiques sur la ville de Paris et le département de la Seine. Collection de 6 volumes (épuisée).

1er volume, années 1817-1818.

2e volume, années 1819, 1820, 1821 et documents rétrospectifs.

3e volume, années 1822, 1823 et documents rétrospectifs.

4e volume, années 1824, 1825 et 1826.

5e volume, années 1827, 1828, 1829, 1830, 1831, 1832, 1833, 1834, 1835, 1836.

6e volume, années 1837, 1838, 1839, 1840, 1841, 1842, 1843, 1844, 1845, 1846, 1847, 1848, 1849, 1850, 1851, 1852, 1853, 1854, 1855, 1856.

Troisième série.

Bulletins de statistique municipale, publiés chaque mois depuis janvier 1865 jusqu'à décembre 1879. Collection de 15 volumes (presque épuisée).

Depuis 1872, des bulletins récapitulatifs annuels ont été publiés à la fin de chaque année.

Quatrième série.

Annuaire statistique de la ville de Paris, publié depuis 1880. Collection de 15 volumes.

Bulletin hebdomadaire de statistique municipale, publié depuis janvier 1880. Collection de 16 volumes.

Tableaux mensuels de statistique municipale de la ville de Paris, publiés par fascicules mensuels depuis janvier 1885. Collection de 11 volumes.

Atlas de statistique graphique de la ville de Paris, années 1888 et 1889, 2 volumes (épuisé).

Résultats statistiques du dénombrement de 1881 pour la ville de Paris, et renseignements relatifs aux recensements antérieurs, 1 volume.

Résultats statistiques du dénombrement de 1886 pour la ville de Paris et le département de la Seine, et renseignements relatifs aux dénombrements antérieurs, 1 volume.

Résultats statistiques du dénombrement de 1891 pour la ville de Paris et le département de la Seine, et renseignements relatifs aux dénombrements antérieurs, 1 volume.

II. — PUBLICATIONS OCCASIONNELLES

Rapport sur la marche et les effets du choléra morbus (1832) *dans Paris et les communes rurales du département de la Seine*. Paris, 1834 (épuisé).

Tableaux statistiques de l'épidémie cholérique à Paris en 1865. Paris, 1872 (épuisé).

Rapport sur l'épidémie de choléra qui a sévi à Paris en 1873 (épuisé).

Tableaux statistiques de l'épidémie cholérique de 1884 *à Paris* et étude statistique des épidémies antérieures, 1 volume.

Cartogrammes et diagrammes relatifs à la population parisienne et à la fréquence des principales maladies à Paris (1865-1887), envoyés à l'Exposition universelle de 1889, 1 volume (épuisé).

TABLE ANALYTIQUE

DES MATIÈRES

AVEC RENVOI AUX PAGES DES ANNUAIRES DE 1890, 1891, 1892 ET 1893 (1)

INDEX DE L'ORDRE SUIVI DANS LES ANNUAIRES STATISTIQUES

(Les numéros de page entre parenthèses renvoient à la pagination du présent Annuaire.)

PREMIÈRE PARTIE

MÉTÉOROLOGIE. — VOIE PUBLIQUE. — EAUX. — NAVIGATION. — VIDANGES. — ÉGOUTS. — ASSAINISSEMENT DE PARIS.

Météorologie et Climatologie.

BUREAU CENTRAL MÉTÉOROLOGIQUE DE FRANCE.

(M. Mascart, directeur de l'Observatoire central météorologique.)
(M. Fron, chef de service au Bureau central.)
(M. E. Renou, directeur de l'observatoire de Saint-Maur.)

	ANNÉES 1890 — Pages.	1891 — Pages.	1892 — Pages.	1893 — Pages.	1894 — Pages.
Résumé météorologique de l'année (*M. E. Fron*)	3	3	3	3	3
Disposition des isothermes (*M. E. Fron*) / Distribution des pluies (*M. E. Fron*)	entre pages 10 et 11	entre pages 10 et 11	entre pages 10 et 11	entre pages 8 et 9	entre pages 10 et 11
Parc Saint-Maur (observations recueillies par *M. E. Renou*)	9	9	10	8	10

(1) Voir la *Table alphabétique* à la fin du volume.

Service des Eaux.

(M. Humblot, inspecteur général des Ponts et chaussées.)

Navigation.

(MM. Humblot, inspecteur général des Ponts et chaussées, et Rabel, ingénieur en chef.)

DEUXIÈME PARTIE

DÉMOGRAPHIE.

Naissances et mort-nés.

Décès.

TROISIÈME PARTIE

VARIÉTÉS.

(1) Les documents relatifs aux mort-nés ont été, pendant les années 1891, 1892, 1893 et 1894, placés en regard des documents relatifs aux naissances vivantes.

Abattoirs.

Caisse d'épargne de Paris.

(Compte rendu annuel publié par cette administration.)

CAISSES D'ÉPARGNE SCOLAIRE.

Justice commerciale.

(Compte rendu de M. le président du Tribunal de commerce.)

Statistique des Sociétés savantes ayant leur siège à Paris.

Bibliothèques municipales et bibliothèques populaires libres.

(Cabinet du préfet.)

(*M. Guillemot, chef du 2e bureau du Cabinet.*)

Assistance publique.

(*M. le docteur Peyron, directeur.*)

Aliénés.

(Préfecture de la Seine.)

(M. Le Roux, directeur des Affaires départementales.)

Établissements sanitaires et charitables.

(M. Menant, directeur des Affaires municipales.)

Enfants assistés.

(Inspection du service et Assistance publique.)

Enfants moralement abandonnés.

(Assistance publique.)

Protection des enfants du premier âge.

(Préfecture de Police.)

Travail des enfants et des filles mineures employés dans l'industrie (1).

(Préfecture de Police.)

Mont-de-piété.

(Administration du Mont-de-piété.)

(M. Edmond Duval, directeur.)

(1) La statistique des enfants employés dans l'industrie est faite actuellement par le ministère du Commerce pour toute la France et les renseignements qu'elle contient s'appliquent à des circonscriptions territoriales trop étendues pour pouvoir être publiés dans un volume spécial à la ville de Paris.

Logements insalubres.

(*M. Menant, directeur des Affaires municipales.*)

Établissements classés, appareils à vapeur et garnis.

(Préfecture de Police.)

Arrestations.

(Préfecture de Police.)

Cours et tribunaux.

(Ministère de la justice.)

Service d'identification de la préfecture de Police.

(*M. Alphonse Bertillon.*)

Prisons civiles de la Seine.

(Préfecture de Police.)

PREMIÈRE PARTIE

RÉSUMÉ MÉTÉOROLOGIQUE DE L'ANNÉE 1894

(M. Mascart, directeur du Bureau central météorologique; M. Fron, chef de service.)

A Paris (Saint-Maur), l'année 1894, prise dans son ensemble, est chaude, très peu pluvieuse, avec pression barométrique légèrement supérieure à la moyenne. La température est en excès de 0°5 sur la normale, la pression barométrique de 0mm3; quant à la pluie recueillie, le total atteint seulement 492mm3, en déficit de 99mm3 sur la hauteur habituelle.

Sept mois sont en excès de pression et, parmi eux, février est celui dont l'écart sur la moyenne est le plus élevé (3mm6); sur les 5 autres mois, janvier présente le plus grand déficit (3mm3). Les oscillations du mercure se sont étendues de 778mm0 le 26 décembre (on lisait 776mm1 le 4 février) à 742mm4 le 11 juillet. (Ces lectures sont ramenées au niveau de la mer.)

Au point de vue thermométrique, huit mois sont en excès de chaleur; les mois d'été, mai, juin, août et septembre, sont au contraire en déficit; la moyenne d'avril est la plus élevée, celle de septembre la plus basse relativement. Le thermomètre, qui s'abaissait à —13°8 le 5 janvier, s'élève à 32°1 le 6 juillet. Il y a eu 43 jours de gelée et 40 d'orages.

La pluie (176 jours) n'a fourni que les 5/6 de la quantité normale; 10 mois présentent un déficit; seuls janvier et septembre sont en excès, ce dernier surtout. Au point de vue de la fréquence, mars est le mois le moins pluvieux (9 jours seulement), août est celui où les chutes se produisent le plus souvent (21 jours). Enfin, il y a eu 6 jours de neige se répartissant également entre les mois de janvier, février et décembre.

Le mois de *Janvier* est un peu chaud, pluvieux, avec pression barométrique moyenne très basse. La pression, assez élevée pendant la première quinzaine, sauf le 6, présente, à partir du 17, de fréquentes oscillations. Dans le voisinage de 770mm les 1er et 24, elle s'abaisse le 18 à près de 730mm, au moment du passage d'une forte bourrasque dans le nord de l'Écosse, et le 31 à 748mm sous l'influence d'un centre secondaire de dépression existant vers Londres. Quant à la température, bien que la moyenne soit en excès sur la normale, la période de froid commencée le 28 décembre 1893 s'accentue et se prolonge jusqu'au 9 janvier. Pendant les 6 premiers jours du mois elle est rigoureuse. Les 4 et 5, les minima s'abaissent à — 11°3 et — 13°8, tandis que les maxima n'excèdent pas — 8°4 et — 4°0. Pour ces deux journées, les moyennes respectives sont de — 11° et de — 9°. La Seine charrie à partir du 4 et se trouve presque arrêtée le 5; des glaçons persistent sur les bords jusqu'au 13. Comme contraste, commence le 10 une longue période de temps chaud et pluvieux qui dure jusqu'au 23, se trouve interrompue à partir du 24, puis reprend le 31. Les 17 et 18, la température surpasse la normale de 7 et 6° et l'on enregistre un maximum de 11°6. Il a plu pendant 16 jours et le total de l'eau tombée (47mm9) surpasse la moyenne de 18mm8. La neige tombe seulement les 5 et 26. On relève 14 jours de gelée dont 3 sans dégel (du 3 au 5), 5 jours de gelée blanche, 1 de grêle, 4 de brouillard et 2 de brouillard partiel. Le vent souffle du Nord-Est du 1er au 5; le 6, il exécute une rotation d'Est à Sud, puis Ouest, Nord, Est, revient enfin au Sud et persiste jusqu'au 31 d'entre Sud et Ouest. A la tour Eiffel, le vent est généralement fort; il surpasse très fréquemment la vitesse de 20 mètres à la seconde (72km à l'heure) et les 18, 28, 30 et 31 atteint 25 et 26 mètres.

En France, les caractères généraux sont les mêmes que pour Paris; une période froide par vent d'entre Nord et Est règne du 1er au 8, puis un régime d'entre Sud et Ouest lui succède, amenant une élévation considérable de la température, des pluies générales et abondantes, surtout sur le littoral de la Manche. Les minima de température se sont produits les 4 et 5 pour toutes les régions; ils ont atteint — 8°2 à Perpignan, — 11° à Nantes, — 13° à Lyon et Toulouse, — 15° à Nancy, — 17° à Langres, — 19° à Clermont, — 20° au Puy-de-Dôme et — 28° au Pic-du-Midi. En revanche, on a noté des maxima de + 9°6, le 11, au Puy-de-Dôme et + 4°8 le 10 au Pic-du-Midi.

Le mois de *Février* offre un contraste presque complet avec le mois de janvier. Il est chaud, excessivement peu pluvieux du moins quant à la quantité d'eau tombée, et accuse une moyenne barométrique très élevée. Ce mois présente deux phases bien distinctes et d'égale durée : la première, du 1er au 12, est pluvieuse par vent persistant d'entre Ouest et Sud-Ouest, avec pression et température très élevées; la seconde, du 13 au 24, par baromètre également élevé, mais vent dominant de Nord-Est, est, au contraire, assez sèche et glaciale. La pression barométrique, en excès de 3mm6 sur la moyenne, accuse deux maxima accentués et prolongés (770 à 777mm du 3 au 9 et 767 à 774mm du 14 au 22). Ces deux maxima sont séparés par deux minima relatifs presque équivalents les 12 et 24 (755mm et 756mm). En résumé, les oscillations du mercure s'étendent de 777mm6 le 4 à 754mm4 le 12. — La température est très élevée jusqu'au 12 (12°8 le 10) et surpasse la normale d'environ 5° et 6°; mais, du 14 au 24, se produit la seconde période de froid continu de l'année qui sévit surtout du 19 au 23; pendant cette période les moyennes journalières sont inférieures de 5 à 6° à la normale. Les minima s'abaissent jusqu'à — 7°1 le 22; toutefois, les maxima diurnes surpassent toujours le point de glace. Enfin, à partir du 25, la température redevient chaude et, en résumé, la moyenne mensuelle accuse un excédent de 1°2, bien que l'on compte dans le mois 9 jours de gelée. — Les jours pluvieux sont assez nombreux (15), mais les chutes sont peu abondantes et le total de l'eau recueillie (22mm7) représente à peine les deux tiers de la hauteur moyenne. — Le vent souffle d'entre Sud et Ouest jusqu'au 16, du Nord-Est du 17 au 22 (pendant la période de froid), puis revient au Sud-Ouest le 24. — A la tour Eiffel, le vent, quoique d'une intensité moins grande qu'en janvier, est généralement fort; il dépasse fréquemment 20 mètres et atteint 23 mètres à la seconde le 11 par Sud-Ouest. La température oscille entre 10° et — 7°.

En France, les conditions atmosphériques sont, pour les régions du versant de la Manche et de l'Atlantique, identiques à celles de Paris, tandis que sur le littoral méditerranéen le vent d'entre Nord et Nord-Ouest souffle constamment, accompagné de froid et de sécheresse. Il est assez fort du 11 au 13.

Le mois de *Mars*, pris dans son ensemble, offre les mêmes caractères généraux que février. Il présente un excès de chaleur et de sécheresse encore plus accentué, mais une pression barométrique beaucoup plus faible, quoique encore un peu au-dessus de la moyenne. Il accuse également deux périodes. La première, qui s'étend du 1er au 16, est assez troublée. Les courants du large dominent et maintiennent un régime pluvieux et doux. La pression barométrique présente pendant cette période de très grandes oscillations : très élevée les premiers jours (maximum absolu le 5, 772mm6), elle est, du 7 au 12, un peu au-dessous de la normale. Elle devient très basse du 13 au 16 (minimum absolu, 747mm8 le 15) sous l'influence de profondes dépressions qui couvrent simultanément les Iles-Britanniques et le bassin de la mer du Nord d'un côté, la Méditerranée et, en particulier, le golfe de Gênes, de l'autre. La seconde période, du 17 au 31, est au contraire très belle. Les courants d'Est soufflent avec persistance, ils amènent une grande sécheresse de l'air et une pureté exceptionnelle de l'atmosphère. La température est généralement élevée, mais présente de fortes variations diurnes. Elle offre deux périodes de grande élévation (du 2 au 13 et du 22 au 31) séparées par une phase de refroidissement (du 15 au 21). Le froid est particulièrement sensible du 18 au 20; pendant la nuit, le mercure descend au-dessous de zéro (—2°0 le 19), tandis qu'à partir du 22 les maxima s'élèvent au-dessus de 16°, ils sont voisins de 20° les derniers jours (19°7 le 29). En résumé, il y a 4 jours de gelée : le 1er, et du 17 au 20. — Il pleut très peu pendant ce mois, et, de même que pour février, le total de pluie recueillie n'atteint pas les deux tiers de la quantité moyenne (24mm7 au lieu de 38mm5). Encore les chutes, généralement faibles, ne se produisent que pendant la première période ; à partir du 16, il ne tombe aucune goutte d'eau. — A la tour Eiffel, la température s'abaisse moins qu'au sol (—1°0 seulement le 19) et s'élève jusqu'à 16°, mais le vent souffle parfois avec une grande violence ; dans la journée du 13, il atteint même 32 mètres à la seconde par Sud-Sud-Ouest.

En France, les conditions atmosphériques, pour les versants de la Manche et de l'Océan, ainsi que pour l'Est, sont analogues à celles de Paris. Elles ne diffèrent que pour le littoral méditerranéen et seulement pendant la première quinzaine, où dominent les vents du Nord et du Nord-Ouest ; ces derniers soufflent avec force du 14 au 16. Des gros temps d'entre Sud-Ouest et Nord-Ouest sévissent sur le littoral de la Manche le 6 ; le 13, sur celui de la Manche et de la Bretagne ; le 15 ils s'étendent à la Gascogne.

En résumé, ce mois présente une grande analogie avec le mois de mars 1893. La ressemblance est frappante surtout pour la seconde période. L'année dernière, la sécheresse avait également débuté le 18 et coïncidé avec l'établissement des vents d'Est, et, de même que cette annés, elle avait été précédée de pluies orageuses assez abondantes sur les côtes de Provence,

Le mois d'*Avril* est, en moyenne, encore plus chaud que les précédents, mais les chutes de pluie sont fréquentes et les orages très nombreux ; la pression barométrique est sensiblement voisine de la normale. Ce mois présente aussi deux phases bien accentuées : la première, du 1er au 10, avec vent d'Est sec, température excessive surpassant souvent la normale de 6° et 7° ; la seconde, du 11 au 30, où prédominent les courants du large, est pluvieuse et nuageuse avec temps un peu chaud d'abord, puis frais et même froid les derniers jours. — Les variations de la pression atmosphérique sont en général peu accentuées : les extrêmes ne diffèrent que de 13^{mm} et sont 751^{mm}5 le 23 et 764^{mm}6 le 29. — La température, déjà très élevée le 1er (max. 21°), suit une marche ascendante jusqu'au 10, puis du 11 au 12 un brusque abaissement se produit ; à partir du 18, elle se tient généralement en dessous de la normale ; l'écart est surtout sensible à partir du 28. Le minimum absolu du mois (2°1) se produit le 30 ; par contre, les 10 et 11 on avait enregistré des maxima de 25°0. Bien que la température moyenne soit en excès de 2°6 sur la normale, on a relevé 6 jours de petite gelée blanche. — La pluie totale (38^{mm}4) est en déficit de 3^{mm}0 sur la moyenne, mais presque toute cette eau est tombée du 15 au 19 et du 25 au 27, le nombre de jours de pluie est de 14. Il y a eu 7 jours d'orage, c'est le nombre le plus élevé constaté en avril ; trois d'entre eux donnent de la grêle, le plus violent est celui du 26. — A la tour Eiffel, le vent, en général modéré à assez fort, ne dépasse pas une vitesse de 19^{m} à la seconde, la température, assez élevée, s'abaisse moins qu'au sol : elle varie entre 22 et 24°. Pendant les 12 premiers jours, les minima sont constamment supérieurs à ceux du sol ; il en est de même pour la température à 7 heures du matin qui, le 9, surpasse celle de Saint-Maur de 9°.

En France, le régime général est le même que celui de Paris ; les pluies sont particulièrement abondantes en Bretagne (surtout à Brest) et fréquentes dans le Sud-Ouest. Des mauvais temps de Sud-Ouest à Ouest sévissent sur le littoral de la Manche et de l'Océan du 14 au 18, le mistral règne sur les côtes de Provence les 21, 22, 29 et 30.

Le mois de *Mai* met fin à la série chaude qui dure depuis le commencement de l'année. Il est froid, avec pression basse. Il présente une prédominance des vents d'entre Sud et Ouest, puis de Nord à Nord-Est. Il est en outre moyennement pluvieux et peu orageux. La caractéristique du mois est l'abaissement presque continu de la température, surtout à partir du 19. Pendant plusieurs jours, la moyenne thermométrique tombe de 6° à 8° au-dessous de la normale. Cet écart est légèrement compensé par la période du 15 au 18, où la chaleur a été excessive (surpassant de 3 à 7° la normale) ; sans cela, le mois de mai eût été exceptionnellement froid, néanmoins la moyenne mensuelle est encore inférieure de 1°1 à la normale. Les maxima de température n'ont surpassé 20° que pendant cinq jours ; du 15 au 18, ils ont varié de 25° les 15 et 16 à 27°0 le 18 et 29°8 (maximum absolu) le 17. Par contre, on a relevé le 6 un minimum de 2°2 et un autre de 2°7 le 27. — La pression barométrique accuse de fréquentes variations. Élevée au commencement du mois, elle baisse graduellement et devient très basse les derniers jours ;

elle oscille entre $767^{mm}9$ le 1er et $749^{mm}2$ le 27. — Les chutes de pluie sont fréquentes (14 jours), mais en général peu abondantes; le total de l'eau recueillie (40^{mm}) est inférieur de $6^{mm}5$ à la normale. On a seulement relevé 2 jours de manifestations orageuses, les 29 et 30. Le ciel est demeuré presque toujours couvert ou nuageux. — A la tour Eiffel, le vent est modéré et atteint une seule fois 20 mètres à la seconde. La température, qui atteint 24° le 17, descend à 3° du 20 au 22.

En France, les conditions climatériques sont très défavorables pour les régions du Centre, de l'Est et du Sud où, pendant la seconde quinzaine, ont lieu des chutes de pluies fréquentes, souvent torrentielles et accompagnées d'orage.

Le mois de *Juin* est un peu froid, peu pluvieux avec pression barométrique assez élevée. Le phénomène le plus saillant est l'abaissement prolongé et considérable de la température du 5 au 19. Pendant cette période, la moyenne journalière est de 3° à 5° au-dessous de la normale. Les fortes chaleurs se produisent seulement du 2 au 4, du 20 au 23 et surtout les trois derniers jours. Le maximum s'élève à 30°2 le 30, tandis que deux minima de 8° sont observés le 1er et le 5. La pression barométrique subit d'assez grandes variations jusqu'au 12, puis, elle devient très élevée et atteint près de 770^{mm} à la fin du mois. Elle oscille entre $752^{mm}1$ le 6 et [illegible] le 25. — Le total de l'eau recueillie ($33^{mm}2$) est en déficit de $24^{mm}3$ sur la moyenne, mais les jours pluvieux sont nombreux (18); un seul, le 18, a fourni une quantité notable (11^{mm}). Les manifestations orageuses sont seulement observées 3 jours. Aucune chute de grêle n'est signalée. — Le vent domine d'entre Sud-Ouest et Nord-Ouest du 1er au 22, puis il tourne au Nord et au Nord-Est. — Le ciel n'a été aucun jour entièrement couvert, mais presque toujours très nuageux jusqu'au 24; les 6 derniers jours ont été clairs. On n'a pas observé de brouillard.—A la tour Eiffel le vent est modéré et sa plus grande vitesse est de 19 mètres par Est-Nord-Est le 29. La température varie entre 7° et 26°.

En France, les vents dominent également d'entre Sud-Ouest et Nord-Ouest pendant les deux premières décades et maintiennent jusqu'au 18 un régime de pluies générales, accentuées surtout le 6, dans les régions du Nord et du Centre. Sur le littoral méditerranéen, le vent souffle constamment du Nord-Ouest jusqu'au 23, avec temps sec. Le mistral est particulièrement fort sur les côtes de Provence du 8 au 15. A partir du 26, les vents d'entre Nord et Est dominent sur toutes les régions et la situation devient belle.

Juillet, au contraire de juin, est un peu chaud, beaucoup plus pluvieux (bien qu'en déficit sur la moyenne), avec pression barométrique assez basse; il est en outre très orageux. Les caractères les plus frappants de ce mois sont la fréquence anormale des vents d'entre Sud et Ouest qui soufflent pendant 23 jours, la période relativement froide du milieu du mois et la brusque baisse barométrique du 9 au 11. — Bien que, du 9 au 20, la température ait été presque constamment inférieure de 3° à 4° à la normale, par suite de quelques jours de fortes chaleurs au commencement (les 1er et 2 et du 5 au 7) et à la fin du mois (du 21 au 24 et le 28), la moyenne mensuelle surpasse la normale de 0°4. La maximum absolu (32°4) a été observé le 6, jour où la moyenne (24°) a surpassé la normale de 6°; les 1er et 2 on avait lu 31°5 avec une moyenne de 23°; ce sont les trois seules journées du mois où la température dépasse 30°. Le minimum absolu, 10°2, est observé le 20. — La pression barométrique, élevée la première huitaine, les 16, 20 et du 25 au 31, se trouve néanmoins en déficit de près de 1^{mm} sur la moyenne. Cet écart est dû à la baisse signalée plus haut et qui, commençant le 8, dure 68 heures et atteint une amplitude de 25^{mm}. Le baromètre descend à $742^{mm}4$ le 11 à 2 h. 30 m. du matin; c'est le minimum le plus bas constaté jusqu'à ce jour dans le mois de juillet. Le 1er on avait lu $768^{mm}7$, maximum absolu du mois. — Le total de la pluie recueillie ($50^{mm}1$) est inférieur de $5^{mm}6$ à la moyenne, mais le nombre des jours pluvieux est assez élevé (15). Les chutes sont en général faibles, une seule est importante : le 29, à la suite d'un orage, une averse torrentielle donne, dans l'intérieur de Paris, 30^{mm} d'eau, tandis qu'à Saint-Maur on ne relève que 16^{mm}. Il y a eu 9 jours d'orages, accompagnés deux fois de chutes de grêle et un jour d'éclairs.— A la tour Eiffel, le vent d'entre Sud et Ouest souffle sans discontinuer du 6 au 30, il atteint le 11, un peu après le minimum barométrique, la vitesse exceptionnelle de 27 mètres à la seconde, par Ouest. La température oscille entre 9° le 11 et 29°8 le 6.

…se, la situation est assez belle avec temps chaud pendant les 8 premiers jours du mois; …t ensuite très mauvaise, lorsque s'établissent les courants du large, principalement sur … océanien, où la pluie tombe presque chaque jour jusqu'à la fin du mois, les …t particulièrement abondantes le 10, puis du 22 au 25 et les 28 et 29 avec accompagne… …ombreux orages. Du 10 au 12, des mauvais temps règnent sur le littoral de la Manche et …; les côtes de la Manche sont les plus éprouvées.

…d'*Août* est froid, avec pression barométrique légèrement au-dessus de la moyenne. De … pour juillet, les vents du Sud-Ouest sont prédominants. Ils soufflent presque sans dis… …pendant les 21 premiers jours. Le mois n'est ni chaud ni orageux, mais très pluvieux. …sont plutôt remarquables par leur fréquence (21 jours), car la quantité tombée (55mm1) … inférieure de 3mm2 à la moyenne. On ne relève que cinq orages et aucun d'eux n'a fourni … – Avec la fréquence des vents du Sud-Ouest, la caractéristique du mois est l'abaissement …le la température qui, du 7 au 21, reste inférieure en moyenne de 3° à 5° à la normale. …gré de fortes chaleurs signalées le 6 et du 23 au 27, la moyenne mensuelle est en déficit … maximum absolu, 31°6, est observé le 6 (ce jour la moyenne atteint 23°, surpassant …le de 4°), le 21, le thermomètre s'abaisse à 6°9. — La pression barométrique, qui …a normale seulement de 0mm4, présente de fréquentes variations et oscille de 753mm6 le … le 12.

…ce, la situation est généralement mauvaise pendant presque tout le mois sur le versant …; elle est assez belle sur celui de la Méditerranée. Quelques mauvais temps règnent sur …de la Manche, principalement vers le Pas-de-Calais du 3 au 5 et les 14 et 15. Sur le golfe …ne, le vent du Sud-Est souffle fort dans la matinée du 6, tandis que sur les côtes de la …née le vent de Nord-Ouest règne jusqu'au 21 : il est en général modéré et ne prend de la … le 14.

…id encore que le mois d'août, *Septembre* est très pluvieux et orageux avec pression ba… …e élevée. Les caractères principaux du mois sont la concordance d'allure entre les … pression et de température et l'énorme quantité d'eau tombée du 22 au 26. Du 4 au 20 …u 30, à un excès de pression correspond un refroidissement considérable et, au contraire, …26, à une dépression répond un réchauffement sensible. Le mois de septembre est le pre… …is janvier donnant un total de pluie supérieur à la moyenne. La quantité d'eau recueillie …rpasse la hauteur ordinaire de 26mm6; la plus grande partie est tombée de 22 au 26. En … jours, on a relevé un total de pluie équivalent au huitième de la hauteur annuelle. …résente deux périodes pluvieuses et orageuses séparées par une longue période de temps …c (du 10 au 20) pendant laquelle ont régné les vents du Nord-Est; ces derniers repren… …fin du mois, ils sont dominants, et soufflent pendant près de 20 jours. Malgré ces condi… …jours de manifestations orageuses sont nombreux (9), c'est le plus grand nombre observé …n ce mois. — La température, inférieure en moyenne de 1° à la normale, présente …iodes d'abaissement : l'une, qui s'étend du 4 au 18, et l'autre, qui commence le 27. Du … du 28 au 30, les moyennes journalières se trouvent en déficit de 4° et 5°. La tempéra… …rpasse la normale que du 1er au 3, le 19 et du 21 au 26. Elle varie de 29°3 le 1er à 3°7 le …nier jour il se produit de la gelée blanche. — La pression barométrique est très élevée …e la moyenne de plus de 2mm. Elle ne s'abaisse au-dessous de 760mm que le 3 et du 22 au …umé, les oscillations du mercure s'étendent de 753mm2 le 25 à 771mm5 le 30.

…nce, les vents du Nord-Est soufflent presque sans discontinuer jusqu'au 20, puis repren… …7. Ce régime amène un abaissement considérable de la température, surtout dans les … l'Est et du Centre. Sur le versant océanien, les pluies orageuses règnent du 2 au 9 et …21 au 30 : pendant cette dernière période, elles sont anormales principalement dans l… …st et le Nord. Le 13, de violents orages, accompagnés de pluies torrentielles, sévissent …ntre et le Sud-Ouest. — Enfin, des mauvais temps de Sud-Ouest et de Nord règnent sur … et le Pas-de-Calais les 8 et 9.

A l'inverse du mois de septembre, *Octobre* est exceptionnellement peu pluvieux et présente une température moyenne légèrement supérieure à la normale. La pression barométrique est, au contraire, un peu inférieure à la moyenne. Ce mois présente deux périodes absolument opposées comme caractères généraux. — La première (du 1er au 20) pendant laquelle dominent les vents d'entre Nord et Est est sèche et froide avec pression élevée. Du 15 au 19, la température devient basse et s'écarte de 5° environ de la normale, bien que le thermomètre ne se soit abaissé qu'une seule fois au-dessous de 0° (—0°1 le 18). Le 9, s'était produit le maximum du mois 18°7. — Pendant la seconde période, du 21 au 31, le vent souffle continuellement d'entre Sud et Sud-Ouest, amenant un temps très doux et pluvieux. La pression pendant la période froide est en moyenne très élevée, puis s'abaisse le 17 et reste très basse pendant la période de temps doux et pluvieux. — Les oscillations du mercure se sont étendues de 771mm3 le 1er à 746mm8 le 25. Ce mois est remarquable au point de vue de la faible quantité de pluie tombée. Bien que réparties en 12 jours, les chutes ont seulement fourni un total de 31mm4, inférieur de 33mm2 à la hauteur moyenne. Pendant les mois correspondants de 1892 et 1893, on avait relevé le triple et le double de la quantité moyenne. Enfin il y a eu un seul jour de gelée, 6 de gelée blanche, tous durant la première période. Pendant la seconde, il y a eu un jour d'orage et 3 d'éclairs. — A la tour Eiffel le vent est le même qu'au sol, il est fort pendant la seconde période et atteint 22 mètres à la seconde les 24 et 27. La température oscille de 2° à 16°.

En France, en exceptant toutefois les régions du Sud-Est et du Sud, les vents d'entre Nord et Est soufflent du 1er au 20; ceux d'entre Sud et Ouest leur succèdent et persistent jusqu'au 31. La première période est froide, mais présente deux sous-périodes : l'une du 1er au 12, avec beau temps; la seconde, du 13 au 20, est pluvieuse. Pendant la seconde période, le temps, sous l'influence des courants d'entre Sud et Ouest, devient doux en restant très pluvieux. La pluie est torrentielle dans les régions du Nord éprouvées par de graves inondations. Sur les côtes, de très gros temps du Sud-Ouest règnent sur la Manche et la Bretagne du 24 au 30. Sur le littoral méditerranéen le vent persiste du Nord. il est en général faible, sauf le premier jour où le mistral souffle avec violence sur le golfe du Lion.

De même qu'octobre, le mois de *Novembre*, à Paris, est chaud et très peu pluvieux, mais avec une pression barométrique assez élevée. Celle-ci présente deux périodes de hauteurs maxima séparées par un minimum important, qui dure du 8 au 16, et atteint son plus grand développement le 12 (742mm1), au moment où une violente tempête, dont le centre se trouve sur la Manche, sévit à Paris; un autre minimum de 747mm a lieu le 14. A partir du 15, le baromètre monte rapidement et se maintient voisin de 769mm jusqu'à la fin du mois; le 21, on observe même 774mm6. La température, très douce jusqu'au 20, devient froide à partir du 24; jusqu'au 30, les minima restent inférieurs à 0°; le 29, il gèle même toute la journée. Le thermomètre, qui indiquait fréquemment pendant la période chaude des températures supérieures à 17°, s'abaisse le 25 à —1°0. Il y a eu 8 jours de gelée, parmi lesquels les 7 derniers du mois. — Jusqu'au 18, le vent souffle constamment d'entre Sud et Sud-Ouest; à partir du 19, il tourne au Nord et Nord-Est. Pendant toute la journée du 12, il est violent et souffle en tempête vers six heures du soir, le 14 il reprend momentanément de la force. La pluie ne verse sur le sol que 18mm d'eau, quantité inférieure de plus de 31mm à la moyenne, mais les chutes sont fréquentes jusqu'au 18. Le temps devient beau et sec lorsque s'établit le régime des vents du Nord-Est. — A la tour Eiffel, le vent souffle d'entre Sud et Ouest jusqu'au 19, puis d'entre Nord et Est; il est particulièrement violent du 11 au 15; pendant la tempête du 12, il atteint, à six heures du soir, la vitesse extraordinaire de 42 mètres à la seconde (soit plus de 150 kil. à l'heure!) qui n'avait pas encore été constatée; le 14, à la même heure, on enregistre encore 32 mètres. Il faut remonter au 26 janvier 1884 pour retrouver une tempête aussi violente près du sol, avant l'installation de la Tour. La température se maintient douce jusqu'au 24; il gèle seulement à partir du 25. Les extrêmes sont de +16° et —5°.

En France, les vents soufflent d'entre Sud et Ouest jusqu'au 18, puis tournent au Nord-Est et à l'Est. Le temps est beau jusqu'au 6 et mauvais du 7 au 17. La pluie tombe sous l'influence des grandes bourrasques de l'Atlantique ou de dépressions secondaires existant sur la Méditerranée. Les mauvais temps règnent sans discontinuer du 10 au 15 sur le littoral de la Manche et de l'Océan ; ils acquièrent une intensité extrême le 12 sur les côtes de Bretagne et de la Manche. Le 18, la situation s'embellit avec l'établissement des vents du Nord, puis ceux de l'Est et, à la période chaude et pluvieuse, succède une phase de temps beau, sec et froid. Ces conditions persistent jusqu'à la fin du mois pour les régions du Nord, du Nord-Est et de l'Ouest ; pour le littoral méditerranéen elles cessent le 25 et des pluies torrentielles, accompagnées d'orages, tombent jusqu'au 30. La neige fait son apparition le 26 dans le Centre ; le 27, elle gagne le Nord-Est et le Sud-Ouest. Les chutes sont abondantes dans les Cévennes.

Le mois de *Décembre* présente les caractères généraux de novembre. Il est chaud, peu pluvieux, avec pression barométrique élevée. Les courants du Sud-Ouest prédominent et de fréquents coups de vent se produisent du 15 au 23. La température, assez froide jusqu'au 13, surpasse constamment la normale pendant la seconde quinzaine, l'écart moyen est de 3 à 4°. Les extrêmes observés sont —4°1 le 11 et 10°9 le 15. Il y a eu seulement 7 jours de gelée, dont aucun sans dégel, mais 19 fois de la gelée blanche. La pression barométrique présente 3 périodes de hauteurs maxima. La première, qui est la continuation de celle commencée le 17 novembre, se termine le 2 ; la seconde dure du 9 au 17 et la troisième, la plus accentuée, se termine brusquement le 28, par une baisse continue de 30^{mm} d'amplitude. Le niveau du mercure, qui atteignait 776^{mm} le 28, s'abaisse à 746^{mm} le 30. — La pluie, dont le total (38^{mm}) est en déficit de plus de 6^{mm} sur la hauteur moyenne, est répartie en 17 jours. Dans ce nombre, sont compris 2 jours de petite neige, la première de l'hiver 1894-1895. — A la tour Eiffel, le vent, du Nord-Est les premiers jours, exécute, du 4 au 10, un mouvement complet de rotation directe, puis domine d'entre Sud-Ouest et Nord-Ouest. Il est assez fort pendant la seconde quinzaine et atteint plusieurs fois une vitesse de 25 mètres à la seconde. La température y est comme au sol très douce et ne s'abaisse que cinq jours au-dessous de 0°.

En France, la situation, d'abord assez belle et froide, devient douce et mauvaise à partir du 15 et des gros temps d'Ouest à Nord-Ouest sévissent les 15 et 16, 19 et 20, 22 et 23, 29 et 30 sur les côtes de la Manche et de la Bretagne ; celles de Gascogne sont relativement épargnées. Sur la Méditerranée, le mistral règne sans discontinuer pendant la seconde quinzaine, il souffle le plus souvent avec violence. — La pluie est générale sur les régions du versant océanien à partir du 14 ; au contraire, la sécheresse domine, sur le Sud et le Sud-Est, jusqu'au 28. A cette date, la neige fait son apparition et, le 31, elle s'étend à toutes les régions. Quelques manifestations orageuses sont observées le 7 dans l'Est, les 30 et 31 dans le Sud-Ouest et le 31 dans le Nord-Ouest.

Parc-Saint-Maur (Observations recueillies par M. E. Renou).

Longitude : 0h 0m 37s 1/2 E. — Latitude N : 48° 48′ 34″. — Altitude de la cuvette du baromètre, 49m,3.

MOIS	PRESSION BAROMÉTRIQUE — Moyenne des 24 heures	PRESSION BAROMÉTRIQUE — Minima absolus et dates	PRESSION BAROMÉTRIQUE — Maxima absolus et dates	TEMPÉRATURE — Moyennes des 24 heures	TEMPÉRATURE — Moyennes des minima	TEMPÉRATURE — Moyennes des maxima	TEMPÉRATURE — Minima absolus et dates	TEMPÉRATURE — Maxima absolus et dates	Température de la Marne (1)
Janvier	737.69	743.34 le 31 à midi.	765.61 le 24 à 11 h.	2°54	0°20	5°56	—13°8 le 5.	11°6 le 18.	2°69
Février	62.44	50.02 le 12 à 5 h.	73.47 le 4 à 11 h.	4.95	2.07	8.69	— 7.1 le 22.	12.8 le 10.	3.47
Mars	58.19	43.32 le 15 à 6 h.	68.16 le 5 à 10 h.	7.67	3.01	13.42	—2.0 le 19.	19.7 le 29.	8.07
Avril.......	54.77	47.06 le 23 à 14 h.	60.20 le 29 à 9 h.	12.22	7.14	18.47	2.1 le 30.	25.0 les 10-11.	13,96
Mai........	55.84	44.80 le 27 à 11 h.	63.47 le 1er à 23 h.	11.88	6.96	17.44	2.2 le 6.	29.8 le 17.	15.36
Juin	59,03	47.67 le 6 à 18 h.	65.06 le 25 à 8 h.	16.29	11.77	21.81	8.0 les 1-8.	30.2 le 30.	18.09
Juillet	56,92	38.00 le 11 à 2 h. 30.	64.27 le 1er à 8 h.	18.30	13.37	24.43	10.2 le 20.	32.4 le 6.	21.75
Août.......	58.04	51.90 le 6 à 16 h.	64.34 le 12 à 9 h.	17.00	12,91	22.58	6.9 le 21.	31.6 le 6.	19.92
Septembre..	59.67	48.75 le 25 à 5 h.	67.10 le 30 à 23 h.	13.54	9.31	19.52	3.7 le 29.	29.3 le 1er.	17.28
Octobre	56.63	42.38 le 25 à 14 h.	66.90 le 1er à 4 h.	10.10	6.99	14.63	—0.1 le 18.	18.7 le 9.	12.28
Novembre..	59.64	37.63 le 12 à 18 h.	70.19 le 21 à 19 h.	6.86	4.32	10.40	—1.9 le 25.	17.5 le 12.	9.26
Décembre ..	60.32	41.53 le 30 à 17 h.	73.46 le 26 à 10 h.	3.69	1.44	6.56	—4.4 le 11.	10.9 le 15.	4.40
Extrêmes...	»	737.63, 12 nov. à 18 h.	773.46 le 26 déc. à 10 h.	»	»	»	—13°8 le 5 janv.	32°4 le 6 juill.	»
Moyennes ..	758.28	»	»	10°43	6°62	15°29	»	»	12°38

(1) Minimum : 0°,00 du 4 au 6 janvier; maximum : 24°,30 le 6 juillet.

MOIS	Moyennes des 24 heures — Tension de la vapeur (1)	Moyennes des 24 heures — Humidité relative (2)	Moyennes des 24 heures — Nébulosité	Pluie — Hauteur en millimètres	Pluie — Durée en heures	Nombre de jours de — Pluie	Neige	Grêle ou grésil	Brouillard	Gelée	Tonnerre	Éclairs
	millim.			millim.	h. m.							
Janvier.........	4.91	83.5	64	17.9	88 00	16	4	1	3	14	0	0
Février	5.37	79.1	61	22.7	42 45	15	1	0	5	9	0	1
Mars	5.24	68.9	43	24.7	35 15	9	1	4	0	4	0	0
Avril	6.71	66.2	56	38 9	33 00	14	0	3	0	0	7	0
Mai	7.21	70.9	62	40.1	44 45	14	0	1	0	0	1	1
Juin...........	9.98	74.1	61	33.2	35 45	18	0	0	0	0	2	1
Juillet	11.02	71.8	59	50.1	30 30	15	0	2	0	0	9	1
Août...........	11.50	79.5	60	55.1	28 30	21	0	0	3	0	5	1
Septembre......	9.45	81.7	48	93.0	64 15	12	0	0	3	0	8	0
Octobre	8.01	86.2	60	31.4	36 45	12	0	0	6	1	1	3
Novembre	6.38	86.4	67	18 2	46 15	13	0	0	8	8	0	0
Décembre	5.23	86.9	70	37.5	53 45	17	2	2	10	7	0	0
Sommes........	»	»	»	492.8	539 00	176	8	13	38	43	33	8
Moyennes......	7.60	77.9	60	»	»	»	»	»	»	»	»	»

(1) Minimum : 0.8, le 4 janvier à 17; maximum : 18.8, le 25 août à 18 h.

(2) Minimum : 14 le 2 avril à 14 h. 40; maximum : 100, 19 jours en septembre.

RÉGION DU NORD DE LA FRANCE.

DES ISOTHERMES PENDANT L'ANNÉE 1894 (1er semestre)
nombres inscrits représentent des degrés centigrades)

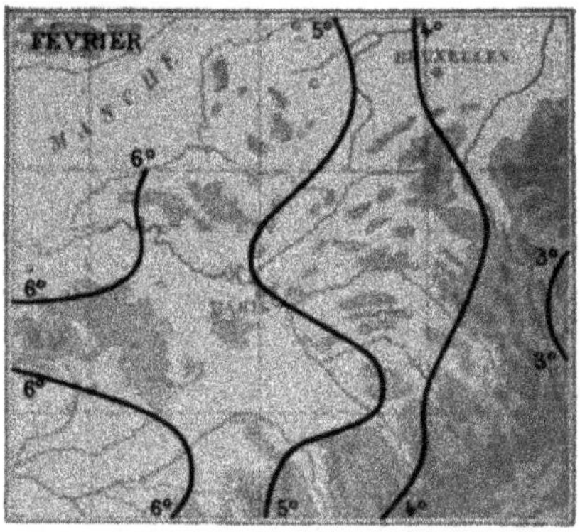

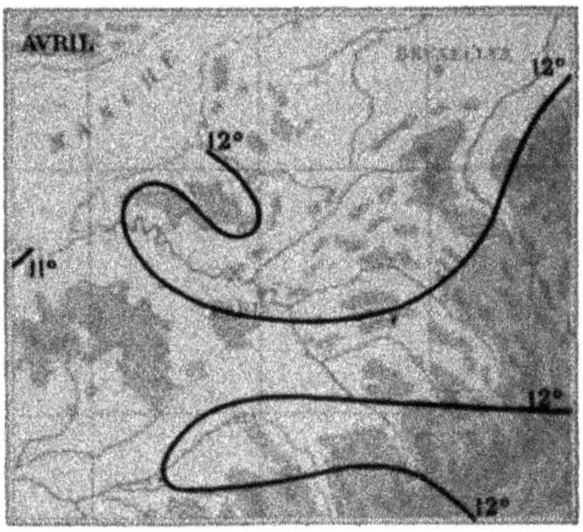

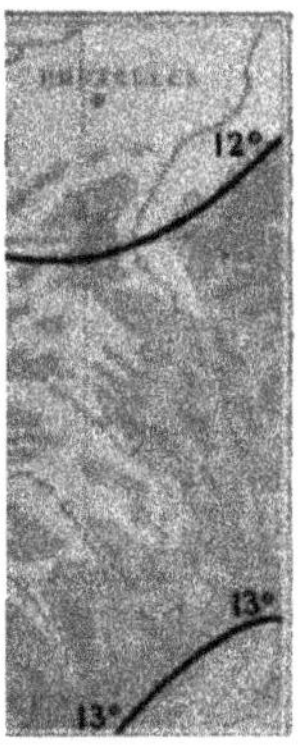

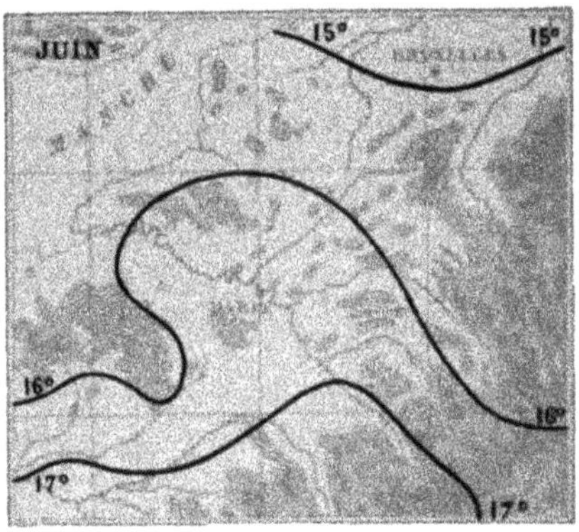

RÉGION DU NORD DE LA FRANCE.

ION DES ISOTHERMES PENDANT L'ANNÉE 1894 (2e semestre)

(Les nombres inscrits représentent des degrés centigrades)

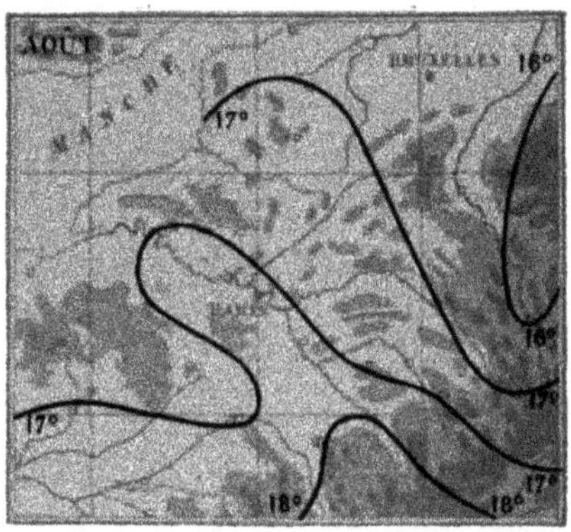

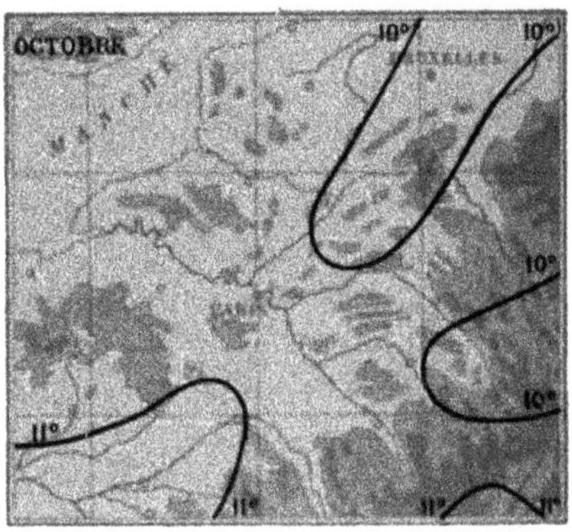

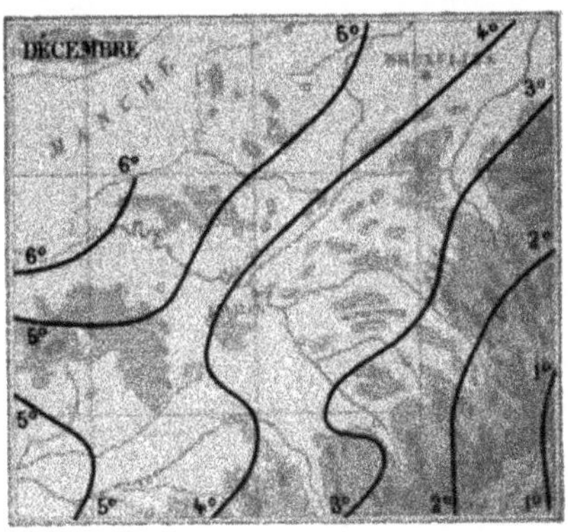

RÉGION DU NORD DE LA FRANCE.

DISTRIBUTION DES PLUIES PENDANT L'ANNÉE 1894 (1er semestre.)

(Les nombres inscrits représentent des millimètres)

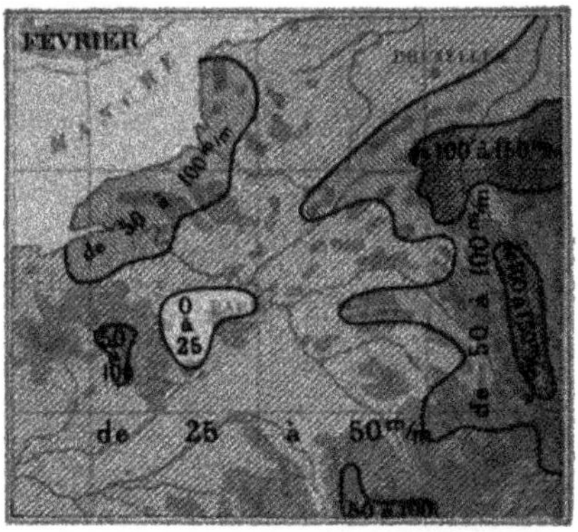

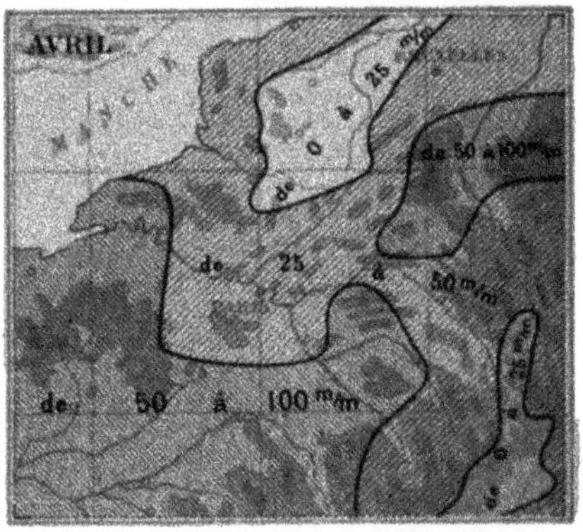

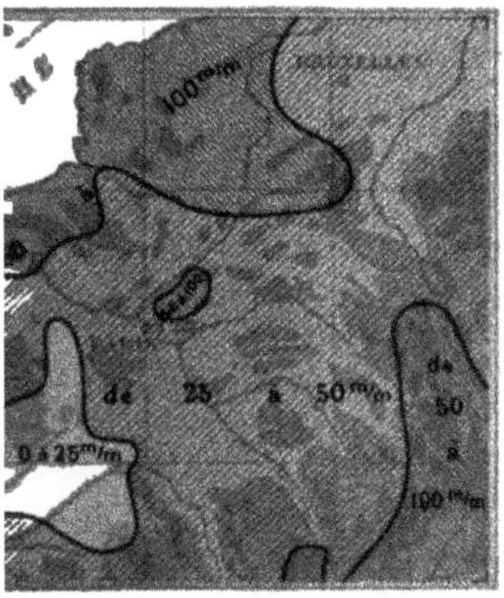

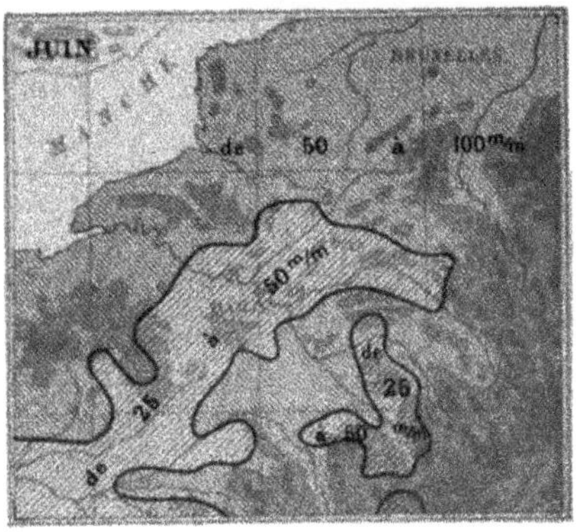

RÉGION DU NORD DE LA FRANCE.

DISTRIBUTION DES PLUIES PENDANT L'ANNÉE 1894 (2e semestre.)

(Les nombres inscrits représentent des millimètres)

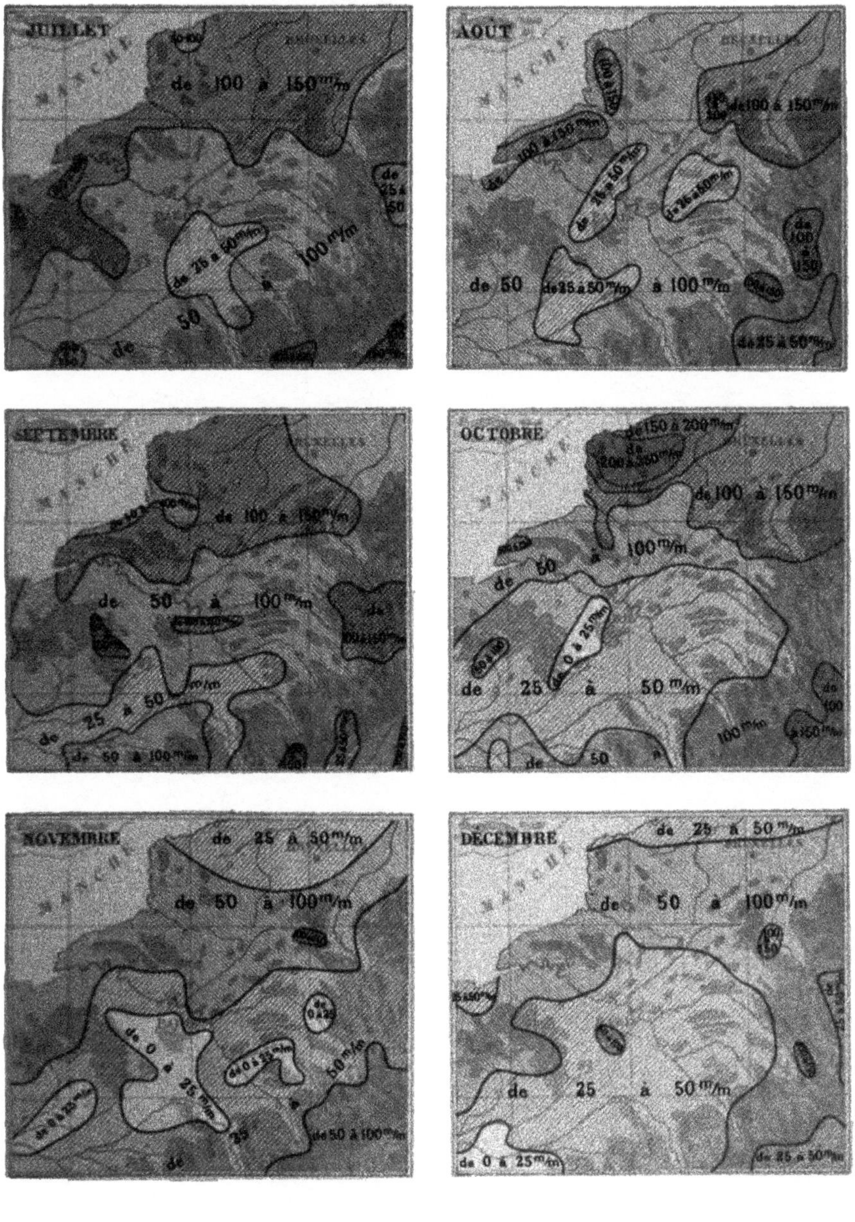

OBSERVATOIRE MUNICIPAL DE MONTSOURIS

1° SERVICE MÉTÉOROLOGIQUE

(M. Léon DESCROIX)

2° SERVICE CHIMIQUE

(M. Albert LÉVY)

3° SERVICE MICROGRAPHIQUE

(M. le docteur MIQUEL)

RÉGIME DES EAUX AU POINT DE VUE PARISIEN

VARIATIONS DES HAUTEURS DE LA SEINE

(MM. LEMOINE, ingénieur en chef, et BABINET, ingénieur ordinaire des Ponts et chaussées)

Observatoire de Montsouris.

Hauteur du baromètre en millimètres (altitude de 78 mètres).

	JANVIER	FÉVRIER	MARS	AVRIL	MAI	JUIN	JUILLET	AOUT	SEPTEMBRE	OCTOBRE	NOVEMBRE	DÉCEMBRE	ANNÉE
Moyenne à midi (755 ±)	— 0.2	+ 4.7	+ 0.6	— 2.9	— 2.1	+ 1.1	— 0.8	+ 0.1	+ 2.0	— 1.3	+ 1.7	+ 2.5	+
Maxima absolue (755 ±)	+ 9.1	+15.1	+10.2	+ 2.4	+ 5.4	+ 7.0	+ 6.4	+ 6.5	+ 9.0	+ 9.0	+12.0	+15.5	+1
Ecart sur la normale	— 6.5	+ 0.7	— 2.1	— 6.2	— 3.6	— 1.6	— 1.6	— 0.9	— 0.6	— 2.3	— 0.4	+ 1.7	—
Minima absolue (755 ±)	—14.2	— 8.1	—14.6	—11.0	—13.0	—10.3	—19.7	— 5.9	— 9.2	—15.7	—20.1	—16.9	—2
Ecart sur la normale	+ 3.9	+ 5.8	+ 4.6	+ 5.9	— 0.3	— 0.1	—10.3	+ 4.3	+ 2.7	+ 2.7	— 2.0	+ 1.5	+
Excursion totale	23.3	23.2	24.8	13.4	18.4	17.3	26.1	12.4	18.2	24.7	32.1	32.4	3
Écart sur la normale	—10.4	— 5.1	— 6.7	—12.1	— 3.3	— 1.5	+ 8.7	— 5.2	— 3.3	— 5.0	+ 1.6	+ 0.2	—

Amplitude et durée moyenne des oscillations extrêmes du baromètre (altitude de 78 mètres).

	JANVIER	FÉVRIER	MARS	AVRIL	MAI	JUIN	JUILLET	AOUT	SEPTEMBRE	OCTOBRE	NOVEMBRE	DÉCEMBRE	ANNÉE
En hausse :													
Amplitude d'une oscillat. moyenne	10m8	10m3	8m2	9m4	7m5	6m9	9m9	7m2	9m5	8m7	11m1	»	
Durée moyenne d'une oscill. moyne	29h0	33h4	42h8	53h0	43h3	34h2	43h8	40h3	45h0	32h4	40h3	»	
Vitesse horaire d'une oscill. moyne	0m39	0m31	0m19	0m23	0m18	0m21	0m23	0m19	0m21	0m27	0m31	»	
En baisse :													
Amplitude d'une oscillat. moyenne	—13m0	—7m6	—8m8	—8m5	—8m7	—6m8	—12m0	—6m5	—6m8	—9m2	—10m5	»	
Durée moyenne d'une oscill. moyne	38h6	37h1	32h8	60h3	49h4	45h7	47h9	30h4	31h4	30h6	39h4	»	
Vitesse horaire d'une oscill. moyne	0m37	0m21	0m27	0m14	0m18	0m18	0m24	0m22	0m26	0m31	0m91	»	
Durée totale	67h6	70h5	75h6	113h3	92h7	79h9	91h7	70h4	76h4	63h0	79h7	»	

Degrés actinométriques. — Moyennes des observations de 9 heures du matin, midi et 3 heures du soir.

	JANVIER	FÉVRIER	MARS	AVRIL	MAI	JUIN	JUILLET	AOUT	SEPTEMBRE	OCTOBRE	NOVEMBRE	DÉCEMBRE	ANNÉE
	degrés	degrés	degrés	degrés	degrés	degrés	degrés	degrés	degrés	degrés	degrés	degrés	deg
Moyennes de chaque mois	24.0	34.9	43.1	44.8	41.5	36.5	42.4	35.7	34.6	23.3	18.4	17.4	3
Ecarts sur la normale	+ 4.3	+ 7.0	— 0.5	— 3.8	—15.3	—19.8	—14.8	—17.8	—13.2	—11.0	— 2.6	+ 1.2	—
Nébulosité (fraction couverte)	6.5	6.4	4.4	5.7	5.8	6.0	6.0	6.1	4.9	6.2	7.0	7.2	
Ecart sur la normale	— 0.7	— 0.1	— 1.6	— 0.3	+ 0.2	0.0	+ 0.2	+ 0.7	— 0.5	— 0.1	— 0.6	— 0.1	—

Direction et vitesse du vent (kilomètres à l'heure).

	JANVIER	FÉVRIER	MARS	AVRIL	MAI	JUIN	JUILLET	AOUT	SEPTEMBRE	OCTOBRE	NOVEMBRE	DÉCEMBRE	ANNÉE
Nombre de jours de vents polaires	8	7	15	14	13	6	6	4	16	15	10	9	
Id. équatoriaux	21	19	12	12	17	21	21	23	10	11	17	21	
Vitesse moyenne diurne du vent. (k.)	19.9	17.6	15.9	12.1	14.5	13.8	11.6	12.2	11.6	13.7	14.6	14.3	1
Ecarts sur la normale	+ 6.0	+ 2.6	— 0.5	— 3.0	— 0.3	+ 0.3	— 1.4	— 1.8	— 0.7	0.0	— 0.3	+ 0.2	
Vitesse maxima (k.)	66	48	51	45	36	35	35	35	33	49	85	55	
Nombre de jours de vent faible	7	5	5	13	8	7	12	7	13	13	12	9	
Id. modéré	7	7	17	14	14	17	17	23	14	7	10	14	
Id. assez fort	13	14	9	3	9	6	2	1	3	10	6	6	
Id. fort	4	2	0	0	0	0	0	0	0	1	2	2	

La hauteur moyenne de la *colonne barométrique*, corrigée seulement de la température du mercure, est à Montsouris de 755 millimètres en nombre rond. Elle y change avec les années, les saisons et les mois. Adoptant ce point de départ (755), nous n'indiquons que les écarts présentés par chaque moyenne individuelle; ils sont très sensiblement les mêmes pour tout Paris, quelle que soit l'altitude du baromètre. Les écarts en moins sont précédés du signe (—); ceux en plus sont précédés du signe (+) pour la moyenne à midi, les maxima et les minima sont absolus. La correction pour réduction moyenne au niveau de la mer est de + 7mm.4.

Le degré actinométrique est toujours mesuré par la différence des températures de deux thermomètres dont l'un est noirci par du noir de fumée, et qui sont renfermés chacun dans une enveloppe de cristal vide d'air. Ces deux thermomètres sont d'ailleurs librement exposés au rayonnement de toute la surface du ciel. Le degré actinométrique observé ne mesure donc pas seulement l'intensité des rayons solaires directs, mais cette intensité accrue de toutes les reverbérations du ciel et des nuages : c'est ce que nous appelons aussi l'éclairement. La nébulosité se trouve indiquée d'ailleurs d'autre part en centièmes.

On appelle vents polaires ceux qui soufflent plus ou moins directement des régions Nord, et qui sont compris entre le Nord-Ouest et l'Est. On appelle vents équatoriaux ceux qui soufflent plus ou moins directement des régions méridionales, depuis Sud-Est jusqu'à Ouest.

La vitesse du vent est donnée en kilomètres à l'heure par l'anémomètre Robinson placé à 20 mètres au-dessus du parc.

Observatoire de Montsouris.

	JANVIER	FÉVRIER	MARS	AVRIL	MAI	JUIN	JUILLET	AOUT	SEPTEMBRE	OCTOBRE	NOVEMBRE	DÉCEMBRE	ANNÉE
Températures à l'ombre, sous l'abri.													
Température maxima, moyennes...	0 5.4	0 8.6	0 13.2	0 18.2	0 17.4	0 21.8	0 24.1	0 22.3	0 18.9	0 14.4	0 10.3	0 6.5	0 15.1
Écarts sur la normale..........	+ 0.2	+ 1.4	+ 2.1	+ 3.0	— 1.4	— 0.5	— 0.1	— 1.6	— 1.7	— 1.5	+ 0.6	+ 1.1	+ 0.4
Température minima, moyennes...	0.0	2.4	3.6	7.7	7.3	12.2	13.7	13.2	10.2	7.4	4.5	2.1	7.0
Écarts sur la normale..........	+ 0.1	+ 1.5	+ 1.2	+ 2.8	— 0.8	+ 0.4	+ 0.3	± 0.0	— 0.6	+ 0.9	+ 0.7	+ 1.9	+ 0.7
Excursion moyenne du thermomètre	5.4	6.2	9.6	10.5	10.1	9.6	10.4	9.1	8.7	7.0	5.8	4.4	8.1
Écarts sur la normale..........	+ 0.1	— 0.1	+ 0.9	+ 0.2	— 0.6	— 0.9	— 0.4	— 1.6	— 1.1	— 1.0	— 0.1	— 0.8	— 0.3
Moyenne des maxima et minima...	2.7	5.5	8.4	13.0	12.4	17.0	18.9	17.8	14.6	10.9	7.4	4.3	11.1
Écarts sur la normale..........	+ 5.2	+ 1.4	+ 1.6	+ 2.8	— 1.1	± 0.0	+ 0.1	— 0.7	— 1.1	+ 0.4	+ 0.7	+ 1.5	+ 0.5
Température maxima absolue......	11.5	12.7	19.9	24.7	29.4	30.0	32.1	32.0	29.3	17.8	17.6	10.7	32.1
Écarts sur la normale..........	— 0.9	— 1.6	+ 0.9	+ 2.4	+ 2.3	± 0.0	+ 1.0	+ 0.2	+ 1.9	— 3.3	+ 1.4	— 2.2	— 1.0
Température minima absolue.....	—14.0	— 5.9	— 0.6	3.5	3.3	7.5	9.5	8.1	5.3	0.2	— 1.6	— 3.7	—14.0
Écarts sur la normale..........	— 6.4	— 0.1	+ 3.5	+ 4.3	+ 0.7	+ 0.8	+ 0.5	— 0.3	+ 0.1	+ 0.5	+ 1.6	+ 2.5	— 5.7
Nombre de jours — chauds par maxima.....	19	13	19	16	7	8	10	7	6	16	14	20	155
Nombre de jours — chauds par moyenne....	18	15	19	20	5	11	9	10	9	14	15	22	167
Nombre de jours — froids par minima......	11	12	13	3	15	7	8	11	16	9	9	6	120
Nombre de jours — froids par moyenne.....	9	11	5	5	17	12	15	16	17	12	9	6	134
Nombre de jours de gelée.........	13	9	2	0	0	0	0	0	0	0	7	4	35
Températures sur le gazon, sans abri.													
Température maxima, moyennes...	10.9	15.6	20.6	28.9	28.0	31.3	35.8	30.3	23.6	18.0	14.8	9.7	22.3
Écarts sur la normale..........	+ 3.8	+ 4.5	+ 2.7	+ 3.8	— 4.1	— 4.7	— 1.4	— 5.4	— 7.3	— 2.6	+ 2.0	+ 2.9	— 0.5
Température minima, moyennes...	— 1.9	0.3	0.4	5.4	5.8	10.8	12.8	11.0	9.2	5.5	3.3	1.1	5.3
Écarts sur la normale..........	— 0.4	+ 0.5	— 0.8	+ 2.4	— 0.1	+ 0.7	+ 1.2	— 0.3	+ 0.3	+ 0.3	+ 0.7	+ 2.0	+ 0.5
Excursion moyenne..............	12.8	15.3	20.2	23.5	22.2	20.5	23.0	19.3	14.4	12.5	11.5	8.6	17.0
Écarts sur la normale..........	+ 4.2	+ 4.1	+ 3.5	+ 1.4	— 4.0	— 5.4	— 2.6	— 3.1	— 7.6	— 2.9	+ 1.3	+ 0.9	— 1.0
Température maxima absolue.....	19.5	19.0	32.0	37.2	40.4	41.5	49.5	38.5	36.8	26.0	25.2	15.2	49.5
Écarts sur la normale..........	+ 4.1	— 0.9	+ 4.2	+ 0.6	— 2.7	— 4.0	+ 3.7	— 6.1	— 1.8	— 4.4	+ 3.9	+ 0.1	+ 2.6
Température minima absolue......	—16.5	—10.0	— 4.8	0.0	— 1.0	5.5	7.6	5.7	4.1	— 2.5	— 3.0	— 7.0	—16.5
Écarts sur la normale..........	— 7.1	— 2.0	+ 1.6	+ 3.3	— 0.9	+ 1.3	1.0	— 3.6	+ 1.1	— 2.8	— 8.2	—15.5	— 6.3
Excursion totale.................	36.0	29.0	36.8	37.2	41.4	36.0	41.9	32.8	32.7	28.5	28.2	22.2	66.0
Écarts sur la normale..........	+11.2	+ 1.1	+ 2.6	— 2.7	— 1.8	— 5.3	+ 2.3	— 5.5	— 2.9	— 4.2	+ 1.7	— 1.4	+ 3.6
Nombre de jours — chauds par maxima.....	22	24	19	18	9	5	8	4	1	8	16	24	158
Nombre de jours — chauds par moyenne.....	19	12	16	20	9	8	11	4	5	4	16	27	151
Nombre de jours — froids par maxima......	18	12	19	7	14	3	6	13	14	13	12	5	136
Nombre de jours — froids par moyenne......	7	6	7	4	16	9	12	0	17	21	7	7	113
Nombre de jours de gelée.........	19	15	14	1	2	0	0	0	0	2	9	10	72

Nous appelons température normale la moyenne déduite de vingt et une années consécutives d'observations faites à Montsouris. Cette moyenne pouvant être un peu modifiée par la suite avec le nombre des années employées, le mot *normal* n'a qu'un sens relatif.

Chaque donnée du thermomètre est comparée avec la donnée dite normale. La différence est inscrite au-dessous sous le titre : *écart sur la normale*. Le signe — indique que, en 1894, la température est plus basse que la moyenne correspondante déduite des vingt et une années antérieures. L'absence de signe indique que, en 1894, la température est plus haute que la moyenne correspondante de vingt et une années. — Pour les températures elles-mêmes, le signe (—), comme on sait, se rapporte aux températures au-dessous de la glace fondante ou zéro ; nous ne mettons pas de signe devant les températures au-dessus de zéro.

Tension de la vapeur d'eau (Observations de 9 heures du matin, midi, 3 heures du soir). (Millimètres.)

Moyenne générale	4.9	5.4	5.8	6.9	6.9	9.4	10.4	10.7	8.8	7.6	6.3	
Écart sur la normale	− 0.1	∓ 0.0	+ 0.1	+ 0.7	− 1.1	− 0.6	− 0.4	− 0.2	− 1.7	− 0.6	− 0.3	−
Tension maxima	8.2	7.9	7.3	9.1	12.4	12.8	13.2	14.3	12.8	10.4	10.3	
Écart sur la normale	+ 0.3	± 0.0	− 1.0	− 0.2	+ 0.7	− 1.2	− 1.3	− 0.7	− 1.1	− 1.2	+ 0.7	−
Tension minima	1.1	2.3	3.7	4.7	4.9	6.8	7.8	6.8	5.1	4.6	3.2	
Écart sur la normale	− 1.6	− 0.7	+ 0.9	+ 1.4	+ 0.6	+ 0.5	+ 0.2	− 0.8	− 1.5	− 0.3	− 0.5	+
Excursion totale	7.1	5.6	3.6	4.4	7.5	6.0	5.4	7.5	7.7	5.8	7.1	
Écart sur la normale	+ 1.9	+ 0.7	− 1.9	− 1.6	+ 0.1	− 1.7	− 1.8	+ 0.1	+ 0.4	− 0.9	+ 1.2	−

Humidité relative (Moyennes des observations de 9 heures du matin, midi, 3 heures du soir). (Centièmes.)

Moyenne dite de jour	78.3	71.5	59.8	55.8	58.4	58.7	56.8	63.5	59.9	71.8	75.2	1
Écart sur la normale	− 4.6	− 3.2	− 6.4	− 4.3	− 1.2	− 2.1	− 3.1	+ 2.1	− 8.0	− 2.8	− 5.5	−
Moyenne des nombres supérieurs à la normale	92.2	82.6	80.2	72.5	76.6	71.9	67.3	69.3	79.8	83.8	90.2	1
Moyenne des nombres inférieurs à la normale	67.8	63.8	51.2	45.4	46.8	47.2	47.0	50.0	52.4	64.5	67.5	1
Nombre de jours relativement humides	4	5	5	10	7	10	10	10	9	7	3	
Nombre de jours relativement secs	13	16	20	17	13	13	10	4	18	12	17	1
(Période des 24 heures.)												
Moyenne générale (jour et nuit)	84.6	76.7	70.4	67.4	69.1	71.4	71.2	75.5	76.9	82.8	84.2	1
Moyenne des maxima	94.1	94.5	90.4	88.9	90.4	91.3	94.3	92.9	93.2	96.7	95.2	1
Moyenne des minima	67.9	58.7	45.6	41.7	45.5	47.6	43.1	51.2	50.8	60.9	66.5	6

Évaporation de l'eau pure (évaporomètre Piche), dans les mois où l'appareil peut fonctionner tous les jours. (Millimètr

	Sept mois d'avril en octobre.	mill.	mill.	mill.	mill.	mill.	mill.	mill.		
Total des mois complets		114.9	126.5	123.1	127.7	89.8	92.8	59.3		
Moyenne diurne		3,83	4,02	4,10	4,26	2,99	3,09	1,98		
Nombre de jours d'évaporation supérieure à la normale		6	5	4	3	0	4	12		
Nombre de jours d'évaporation inférieure à la normale		5	3	3	3	0	3	3		

Jours de pluie et hauteur d'eau pluviale recueillie en millimètres.

Nombre de jours de pluie	20	17	10	16	14	19	18	22	15	13	15	1
Écart sur la normale	+ 1.3	− 0.3	− 7.3	− 1.2	− 2.9	+ 2.6	+ 2.4	+ 6.4	+ 0.2	− 6.0	− 5.0	−
Hauteur d'eau recueillie	50.2	24.3	22.9	38.5	28.1	29.6	53.7	57.6	90.6	31.6	25.4	3
Écart sur la normale	+15.9	−11.1	−15.3	− 3.8	−16.7	−31.9	+ 0.5	+ 5.5	+44.9	−30.2	−27.3	−
Hauteur maxima en 24 heures	12.4	3.5	4.3	6.9	8.6	12.1	8.7	24.3	23.9	10.4	12.2	

Électricité, Magnétisme.

SERVICE MICROGRAPHIQUE

qui réunit les résultats hebdomadaires de la statistique microscopique pour l'année
e, dans une première colonne, les numéros d'ordre des semaines; dans une seconde
ésignation des périodes hebdomadaires; dans la troisième et la quatrième, le chiffre
recueillies par mètre cube d'air à Montsouris et à l'Hôtel de Ville. Par bactéries
es organismes microscopiques de l'ordre des schizophytes, tels que le professeur Cohn,
es a introduits dans sa classification des végétaux inférieurs.
me colonne est réservée aux totaux des décès par les maladies zymotiques, au nombre
ous comprenons : la fièvre typhoïde, la variole, la rougeole, la scarlatine, la
la diphtérie, la dysentérie, l'érysipèle, les infections puerpérales, l'athrepsie et le

colonne est formée par les totaux réunis des décès dus à la bronchite aiguë, à la
umonie, à la pneumonie et à la grippe.
e colonne donne la température moyenne hebdomadaire observée à Montsouris.
rnière colonne, la hauteur en millimètres des tranches d'eau de pluie recueillies
ine au parc de Montsouris.
l et troisième tableaux sont assez explicites par eux-mêmes pour ne pas réclamer un
l'explications.
me tableau (moyennes mensuelles des bactéries et des données météorologiques
ites pour l'année 1894) est le résumé mensuel du premier tableau, auquel sont joints :
rométrique moyen, la moyenne mensuelle de l'ozone obtenue à Montsouris et la teneur
l'air des égouts en bactéries.
lerniers tableaux sont consacrés à l'analyse bactériologique des eaux distribuées à
nent les richesses moyennes de ces eaux en microbes.

Résumés hebdomadaires de la statistique microscopique.

Bactéries par mètre cube d'air — à Montsouris	Bactéries — à l'Hôtel de Ville	Nombre des décès par maladies — zymotiques (1)	Nombre des décès — Bronchites et pneumonie	Température moyenne	Pluie ou neige (en millimètres)	Numéros des semaines	Semaines	Bactéries par mètre cube d'air — à Montsouris	Bactéries — à l'Hôtel de Ville	Nombre des décès par maladies — zymotiques (1)	Nombre des décès — Bronchites et pneumonie	Température moyenne	Pluie ou neige (en millimètres)
70	11,500	100	139	—1°7	1.7	27	Juillet	60	17,300	169	102	21°2	0.0
40	2,000	131	202	2.4	3.5	28	Id.	40	23,000	169	68	17.3	27.7
[illegible]	3,680	90	229	6.8	28.3	29	Id.	160	9,670	124	64	17.0	6.7
[illegible]	4,840	[illegible]	186	3.9	8.6	30	Id.	125	14,100	190	66	20.4	3.7
140	1,340	98	199	6.1	11.0	31	Août	300	11,300	178	78	17.7	18.9
60	3,800	108	186	8.2	2.0	32	Id.	160	17,500	154	59	18.0	33.3
[illegible]	4,240	76	122	5.4	3.5	33	Id.	800	4,600	137	46	16.4	8.6
60	8,150	123	155	0.6	8.5	34	Id.	200	4,600	105	41	17.9	7.0
»	3,150	167	159	7.8	3.8	35	Id.	315	2,840	108	59	20.1	5.3
»	6,400	173	168	8.2	5.6	36	Septembre...	280	3,330	110	52	14.5	11.2
»	5,340	176	149	7.3	16.1	37	Id. ...	960	12,400	110	62	12.8	3.9
[illegible]	12,500	180	177	9.0	»	38	Id. ...	80	10,700	79	79	15.6	20.9
[illegible]	6,400	180	192	11.9	»	39	Id. ...	300	5,300	66	63	14.8	53.2
260	13,080	163	210	14.7	0.9	40	Octobre	600	7,300	86	85	10.4	2.2
[illegible]	[illegible]	157	203	14.5	1.7	41	Id.	140	8,170	90	76	12.5	0.8
[illegible]	9,840	163	167	11.3	20.5	42	Id.	100	5,330	80	48	7.0	15.7
[illegible]	[illegible]	150	124	12.0	15.5	43	Id.	80	7,500	62	110	12.4	13.6
[illegible]	4,800	143	155	10.1	4.3	44	Novembre ...	160	13,200	48	96	12.6	2.4
460	[illegible]	136	124	12.6	12.5	45	Id. ...	220	6,000	44	97	11.2	6.6
[illegible]	[illegible]	171	119	16.4	0.1	46	Id. ...	300	16,670	51	89	8.2	15.8
[illegible]	[illegible]	166	137	11.2	7.6	47	Id. ...	200	6,350	49	108	6.3	0.8
[illegible]	[illegible]	125	113	11.9	10.0	48	Id. ...	160	5,550	34	116	4.4	0.0
[illegible]	7,340	136	120	16.4	6.2	49	Décembre ..	220	11,150	54	161	3.0	5.3
[illegible]	[illegible]	162	86	14.7	6.1	50	Id. ...	220	8,340	55	156	3.3	0.5
80	[illegible]	119	100	17.8	13.6	51	Id. ...	108	2,400	58	171	6.1	13.2
[illegible]	[illegible]	138	64	19.6	0.0	52	Id. ...	140	5,200	54	150	5.0	10.8

[illegible] sous cette rubrique sont les suivantes : fièvre typhoïde, variole, rougeole, coqueluche, scarlatine, diphtérie

MOIS	ANNÉES 1885	1886	1887	1888	1889	1890	1891	1892	1893	1894	ANNÉE
Janvier	2,090	2,170	4,600	2,330	4,540	7,285	3,705	4,870	1,380	5,430	3,
Février	5,590	2,000	8,010	3,140	3,345	5,250	4,065	3,420	3,255	4,330	4,
Mars	5,350	2,270	2,960	3,420	6,140	4,210	8,815	3,620	5,000	6,998	4,
Avril	7,210	1,820	2,070	4,340	7,770	2,640	6,230	6,120	15,615	7,200	7.
Mai	11,250	2,920	3,100	5,950	6,950	2,190	9,000	14,420	6,970	16,310	7,
Juin	11,100	1,740	3,500	5,070	14,550	10,630	12,480	11,300	10,675	11,290	9.
Juillet	6,000	2,740	6,820	5,200	15,430	11,130	21,750	8,040	6,690	16,020	9,
Août	5,270	5,200	2,980	5,640	14,140	16,100	13,940	15,430	11,560	7,580	9.
Septembre	5,410	1,930	3,160	5,510	13,400	11,980	10,240	6,800	17,965	7,980	8,
Octobre	3,500	4,810	2,320	4,335	9,300	7,120	8,830	2,910	14,830	7,125	6,
Novembre	5,250	5,440	1,580	3,700	9,320	6,450	6,475	1,665	7,275	9,550	5,
Décembre	3,150	4,720	1,875	2,785	6,600	5,820	6,370	2,385	2,990	7,460	4,
MOYENNES ANNUELLES	5,930	3,145	3,580	4,290	9,780	8,180	9,375	6,760	8,435	9,775	6,

MOIS	BACTÉRIES PAR MÈTRE CUBE D'AIR Montsouris	Hôtel de Ville	Égouts	TEMPÉRATURE A MONTSOURIS	PLUIE A MONTSOURIS	DEGRÉ hygrométrique moyen	OZONE A MONTSOURIS
				°	mm.		mg
Janvier	152	5,430	1.700	2.8	50.2	81.6	1.
Février	70	4,330	9,000	5.4	21.3	76.7	0.
Mars	300	6,998	1,000	8.4	22.9	70.4	0.
Avril	205	17,200	4,000	12.9	38.5	67.4	0.
Mai	364	16,310	1,000	12.3	28.1	69.1	(1.8
Juin	215	11,290	5,500	17.0	20.6	71.4	1.
Juillet	96	16,020	2,000	18.9	53.7	71.2	0.
Août	355	7,580	2.750	17.8	57.6	75.5	2.
Septembre	405	7,980	1,330	14.5	90.6	76.9	2.
Octobre	230	7,125	1,000	10.9	31.6	82.8	2.
Novembre	208	7,550	730	7.4	25.4	84.2	1.
Décembre	172	7,460	5,000	4.3	34.3	84.0	2.3
TOTAUX ET MOYENNES	230	9.775	2.920	11.1	484.0	75.9	1.5

Richesse mensuelle des eaux de Paris en bactéries par centimètre cube.
(Eau de sources et de drains.)

MOIS	EAUX DE SOURCES PUISÉES AUX RÉSERVOIRS			CANALISATION PARISIENNE	DRAIN de SAINT-MAUR
	VANNE	DHUIS	AVRE		
anvier	993	10,300	3,450	9,285	»
Février	1,250	3,400	2,825	1,570	»
ars	855	7,950	6,235	1,720	12,000
vril	410	505	995	880	17,750
ai	1,925	555	350	1,860	6,000
uin	225	3,310	425	7,500	4,250
uillet	210	2,865	165	1,985	2,750
oût	100	1,080	950	2,060	2,000
eptembre	415	»	450	2,410	4,250
ctobre	350	»	440	1,180	18,750
ovembre	500	»	1,330	470	5,000
écembre	925	»	700	885	13,250
MOYENNES	680	3,745	1,525	2,650	8,600

Richesse mensuelle des eaux de Paris en bactéries par centimètre cube.
(Eaux de rivières et de canaux.)

MOIS	SEINE			MARNE à SAINT-MAUR	OURCQ à LA VILLETTE
	A IVRY	A AUSTERLITZ	A CHAILLOT		
Janvier	98,000	135,000	185,000	315,000	129,000
Février	71,500	73,000	75,000	177,000	21,000
Mars	76,000	142,500	260,000	321,000	69,000
Avril	60,000	115,000	85,000	45,000	87,000
Mai	47,500	77,500	170,000	21,000	36,000
Juin	72,500	45,000	125,000	33,000	24,000
Juillet	15,000	32,500	100,000	11,000	15,000
Août	25,000	57,500	455,000	40,750	18,000
Septembre	27,500	172,000	755,000	18,000	30,000
Octobre	76,000	195,000	300,000	33,300	44,400
Novembre	109,000	121,000	60,000	125,000	98,000
Décembre	102,500	165,000	135,000	95,500	115,000
MOYENNES	65,040	112,585	225,420	100,460	57,200

(1) L'ozone est recueilli dans un liquide renfermant un poids connu d'arsénite de potasse additionné d'iodure de potassium. L' alite restant après l'opération est évalué au moyen d'une dissolution titrée d'iode. — Les nombres de ce tableau sont obtenus en m plant par 3 le poids d'oxygène absorbé par l'arsénite de potasse pour se transformer en arséniate de potasse. — (2) L carbonique est retenu dans une forte lessive de potasse répartie entre deux tubes barboteurs. Après le passage de l'air, l'alcal saturé par une solution sulfurique titrée. Connaissant le volume acide qui saturerait l'alcali neuf, on obtient par différence l' carbonique. — (3) L'azote ammoniacal est dosé par le procédé Boussingault. Connaissant le poids d'azote ammoniacal contenu nu litre d'eau, d'une part, et, d'autre part, la hauteur de la pluie tombée, on en déduit le poids correspondant à la pluie tombée un mètre superficiel du sol. — (4) L'eau de pluie est évaporée en présence d'un faible excès de potasse. Le résidu est d'a distillé sur le permanganate de potasse en présence de l'acide sulfurique, pour brûler la matière organique; puis le produit d distillation est traité à l'ébullition par une liqueur titrée de sulfate de protoxyde de fer ammoniacal additionnée d'acide chlorhydr et d'acide sulfurique. La quantité de sulfate de protoxyde restant dans la liqueur est évaluée à l'aide d'une dissolution titrée de manganate de potasse.

DÉSIGNATION DES EAUX	DEGRÉ hydrotimétrique total	DEGRÉ hydrotimétrique persistant	CHAUX	CHLORE	MATIÈRE ORGANIQUE	AZOTE NITRIQUE	RÉSIDU SEC A 180°	CARBONATES ALCALINO-TERREUX	OXYGÈNE Immédiatement	OXYGÈNE Apr. ... heu...
	degrés	degrés	milligr.	milligr.	milligr.	milligr.	milligr.	milligr.	milligr.	milligr.
Vanne, réservoir de Montsouris	19.7	4.8	112	5	0.4	2.5	258	110	11.3	9.6
Dhuis, réservoir Ménilmontant	22.8	6.9	109	7	0.7	2.7	274	116	11.3	9.7
Avre, réservoir rue Villejust	15.7	6.3	85	11	0.9	2.7	231	80	11.7	10.4
Marne, à l'usine de Saint-Maur	23.8	7.2	111	6	1.4	1.8	286	145	11.2	9.1
Drain de Saint-Maur	24.2	7.5	112	7	1.2	2.0	299	114	9.7	8.1
Ourcq, gare circulaire de La Villette	35.0	12.6	144	10	2.1	1.9	412	149	10.3	8.4
Seine, à l'usine d'Ivry	18.7	6.1	103	7	3.1	1.9	250	100	10.7	8.8
Seine, à l'usine d'Austerlitz	19.8	6.6	106	8	3.0	1.9	258	103	10.7	8.5
Seine, à l'usine de Chaillot	21.4	6.8	107	7	2.7	2.0	271	106	9.6	6.9
Seine, à Suresnes	21.0	6.7	108	9	3.5	1.9	277	106	7.6	4.6
Seine, à Argenteuil	22.9	7.7	110	14	4.7	1.6	309	111	5.9	1.8

DÉSIGNATION DES EAUX		DEGRÉ HYDROTIMÉTRIQUE	CHAUX	CHLORE	MATIÈRE ORGANIQUE	ACIDE SULFURIQUE	RÉSIDU SEC A 180°	AZO... AMMONIACAL
		degrés	milligr.	milligr.	milligr.	milligr.	milligr.	millig.
Eaux d'égout...	collecteur d'Asnières	43	201	56	39.3	144	676	14.9
	collecteur de Saint-Ouen	47	215	96	54.3	215	874	22.1
Moyenne des deux collecteurs		45	208	76	46.8	180	775	18.5
Drains de Gennevilliers..	des Grésillons	58	325	74	1.2	238	1.033	»
	du Moulin-de-Cage	59	335	77	1.6	226	1.027	»
	d'Epinay	55	313	71	1.1	205	979	»
	des Burons	60	334	68	1.0	255	1.081	»
Moyenne des quatre drains		58	327	73	1.2	231	1.030	»
Puits de Paris..	rue Princesse	145	751	261	4.6	985	3.152	»
	rue Guénégaud	86	540	44	1.5	632	1.584	»

RÉGIME DES EAUX AU POINT DE VUE PARISIEN.

Observations recueillies par MM. LEMOINE, ingénieur en chef, et BABINET, ingénieur ordinaire des Ponts et chaussées.

MOIS	PLUIE A PARIS ET AUX ENVIRONS — PARIS (1) — Passy	Vaugirard	Panthéon	Saint-Victor	Ménilmontant (Dhuis)	Les Buttes-Chaumont (3)	Monceau	La Monnaie	Moyenne des 8 stations — des hauteurs de pluie	Moyenne des 8 stations — des jours de pluie	SAINT-MAUR (Usine municipale) (1) — Hauteur de pluie	SAINT-MAUR — Nombre de jours de pluie	Hauteur moyenne de la Seine à Paris à 8 h. du matin. — Pont d'Austerlitz (2)
	mill.	mill.	mill.	mill.	mill.	mill.	mill.	mill.	mill.	jours	mill.	jours	mètres
Janvier	43,6	34,1	37,4	41,0	37,2	53,1	40,7	43,7	41,3	14	46,3	15	1,18
Février	15,5	20,4	21,1	21,8	15,7	18,2	18,0	12,3	18,0	7	25,2	11	1,89
Mars	21,5	26,7	22,5	25,0	28,7	22,0	28,6	24,9	25,0	9	23,6	10	1,75
Avril	36,5	36,2	37,6	24,3	22,6	28,4	46,1	28,8	32,5	8	39,7	9	1,10
Mai	28,7	24,0	29,7	27,5	22,3	35,1	38,9	26,7	29,1	8	33,8	10	0,92
Juin	28,0	37,7	27,3	28,3	43,7	37,8	47,1	25,9	34,5	11	32,7	13	0,93
Juillet	59,3	58,0	52,7	46,3	43,4	57,0	87,2	49,1	56,6	11	48,5	13	0,84
Août	32,6	56,0	56,5	58,8	59,0	61,4	37,5	51,0	51,6	14	53,0	16	0,34
Septembre	73,7	81,9	84,3	64,8	62,8	78,7	79,3	74,9	75,0	11	103,2	10	0,77
Octobre	25,4	31,9	34,2	35,5	28,3	37,8	36,6	30,6	32,2	11	27,2	10	0,84
Novembre	20,6	20,3	21,7	20,2	16,2	20,8	19,8	20,8	20,0	7	20,1	7	1,00
Décembre	27,4	28,1	29,4	33,8	30,8	44,7	27,7	39,8	32,2	13	34,9	13	0,96
TOTAUX ou moyennes	412,5	435,3	451,0	427,3	410,4	492,0	507,5	428,5	448,0	124	488,2	137	»
TOTAUX des différentes saisons — Saison froide (du 1er novembre 1893 au 30 avril 1894)	193	203	208	203	181	218	219	200	203	58	229	68	»
TOTAUX des différentes saisons — Saison chaude (du 1er mai 1894 au 31 octobre 1894)	248	290	282	261	259	308	327	258	279	66	298	72	»

Moyennes des années antérieures		Buttes-Chaumont (3).		Saint-Maur (parc).		Saint-Maur (usine municipale).	
Année civile (du 1er janvier au 31 décembre).		584	36 ans (1859-1894).	577	22 ans (1873-1894).	582	18 ans 1877.1894).
Saison froide	Du 1er novembre au 30 avril.	234		242		252	
Saison chaude	Du 1er mai au 31 octobre	330		335		330	

Averses notables observées à Paris en 1894 : le 29 juillet à la Monnaie, 19^{mm} en 10', soit 1^{mm}9 par minute.

Voici quelques exemples de grandes averses observées à Paris :

3 sept. 1891. — La Monnaie. 20^{mm} en 20^{m} soit 1^{mm}00 par minute
9 juin 1889. — Passy...... 21^{mm} en 45^{m} soit 0^{mm}47 —
12 juillet 1887. — La Monnaie. 20^{mm} en 25^{m} soit 0^{mm}80 —
3 sept. 1881. — Passy...... 25^{mm} en 20^{m} soit 1^{mm}25 —
28 juillet 1872. — Vaugirard.. 40^{mm} en 1^{h} soit 0^{mm}67 —
22 mai 1870. — St-Victor... 26^{mm} en 1^{h} soit 0^{mm}43 —
20 sept. 1867. — Monceau... 56^{mm} en 30^{m} soit 1^{mm}86 —
— — La Villette.. 41^{mm} en 20^{m} soit 2^{mm}05 —

16 juillet 1866. Passy....... 32^{mm} en 30^{m} soit 1^{mm}06 par minute
23 mai 1865. — Saint-Victor.. 26^{mm} en 20^{m} soit 1^{mm}30 —
— — Monceau.... 38^{mm} en 1^{h} soit 0^{mm}63 —
16 juillet 1860. — Ménilmontant 43^{mm} en 1^{h} soit 0^{mm}72 —
— — La Villette... 38^{mm} en 20^{m} soit 1^{mm}90 —

Des averses aussi violentes sont des phénomènes locaux qui ne s'étendent pas simultanément à une surface notable; leur maximum peut être évalué à 2 mill. par minute pendant 30 minutes.

(1) N'ont été compris comme jours de pluie que ceux qui atteignent 0^{m}5.
(2) Tant que le niveau de l'eau ne dépasse pas la cote de 1^{m}40 environ à l'échelle du pont d'Austerlitz, les hauteurs observées dans l'intérieur de Paris sont artificielles par suite de l'influence du barrage de Suresnes.
(3) Pluviomètre de La Villette transporté aux Buttes-Chaumont le 1er juillet 1882.

VARIATIONS DES HAUTEURS DE LA SEINE A PARIS

(PONT D'AUSTERLITZ EN 1894.)

(MM. G. LEMOINE, ingénieur en chef, et BABINET, ingénieur ordinaire des Ponts et chaussées).

Dans le courant de 1894, on n'a observé aucune crue importante de la Seine à Paris : la plus forte hauteur constatée à l'échelle du pont d'Austerlitz n'a pas dépassé 2 m. 50 c. le 8 mars 1894, avec une montée totale de 0 m. 70 c. depuis la veille seulement. Les seules années antérieures pendant lesquelles les maxima ont été moins élevés au même endroit sont 1870, 1874 et 1884.

Pendant l'automne de 1894, il n'y a eu, pour ainsi dire, aucune surélévation du niveau des eaux : les cotes les plus élevées au pont d'Austerlitz ont été 1 m. 30 c. les 12 et 16 novembre, 1 m. 20 c. le 28 décembre, tandis que la retenue normale du barrage de Suresnes donne toujours de 0 m. 80 c. à 1 mètre en ce point. On peut donc dire que l'année 1894 n'a rien eu de remarquable au point de vue de la hauteur des rivières.

Des glaces flottantes ont traversé Paris du 3 au 13 janvier inclus et ont arrêté la navigation des bateaux omnibus pendant neuf jours, du 5 au 13 janvier ; le barrage de Suresnes n'a été complètement ouvert que du 8 au 12 janvier et les eaux n'ont pas baissé au-dessous de 0 m. 40 c. à l'échelle du pont d'Austerlitz : on y a vu 0 m. 20 c. au-dessous du zéro, le 3 août pendant le chômage d'été (du 1er au 15 août 1894).

L'année 1894 n'a présenté aucun phénomène particulier, pas même sa sécheresse, qui a pu être qualifiée *d'ordinaire* avec juste raison.

HAUTEURS DE LA SEINE A PARIS (PONT D'AUSTERLITZ) EN 1894.

(Altitude du zéro : 26^m,23).

Cette échelle est choisie parce que celles de la Tournelle et du Pont-Royal sont influencées par les barrages situés en aval; l'échelle d'Austerlitz elle-même n'échappe pas à cette influence en basses eaux.

Note. — Le zéro de l'échelle du pont d'Austerlitz est à 0^m,14 au-dessous de l'étiage conventionnel qui passe par le zéro de la Tournelle, lequel est à l'altitude 26^m,29. Les bas-ports de Paris correspondent aux cotes 2^m,64 d'Austerlitz; 2^m,50 de la Tournelle et 3^m,62 du Pont-Royal. Les banquettes de halage et les caves du port de Bercy (aval) correspondent aux cotes 3^m,76 d'Austerlitz, 3^m,56 de la Tournelle, et 4^m,73 du Pont-Royal. La submersion des caves du port de Bercy (amont) correspond aux cotes 4^m,22 d'Austerlitz, 4^m,02 de la Tournelle et 5^m,15 du Pont-Royal. L'affleurement des grands cercles en fonte des culées du pont des Saints-Pères se produit aux cotes 5^m,14 d'Austerlitz, 5^m,00 de la Tournelle et 5^{m}87 du Pont-Royal. La crue du 17 mars 1876 avait atteint au pont d'Austerlitz la cote 6^m,69 et au pont de la Tournelle la cote 6^m,50. Les deux autres crues du siècle supérieures à celle de 1876 ont donné au pont de la Tournelle, le 3 janvier 1802, la cote 7^m,45 et le 2 mars 1807, la cote 6^m,70.

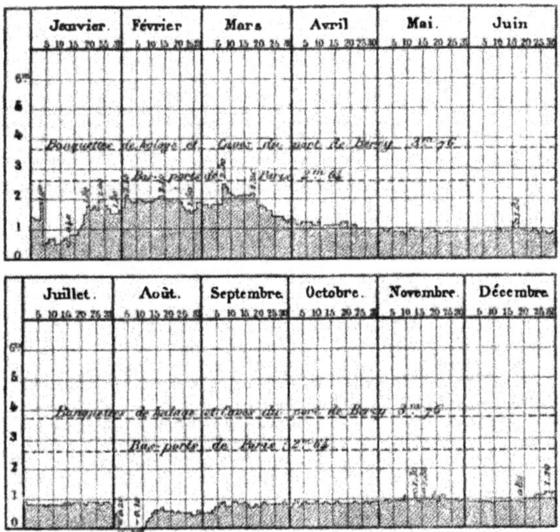

En hauteur le demi-millimètre indique un décimètre de hauteur d'eau.
— longueur ——— id. ——— jour.

VOIE PUBLIQUE, PROMENADES

(MM. Huet, directeur administratif des Travaux de Paris; de Tavernier et Boreux, ingénieurs en chef de la Voie publique (1).

NATURE ET SUPERFICIE DES CHAUSSÉES

(CONTRE-ALLÉES SABLÉES ET TROTTOIRS NON COMPRIS)

NATURE DES CHAUSSÉES	SURFACES EN PAVÉS de gros échantillon	SURFACES EN PAVÉS de moyen échantillon	SURFACES EN PAVÉS de petit échantillon	SURFACES TOTALES au 1er janvier 1895	SURFACES TOTALES au 1er janvier 1894	DIFFÉRENCES
1° Pavées en pierre.	mètres carrés	mètres carrés	mètres carrés	mètres carrés	mètres carrés	mètres carrés
Grès de l'Yvette et similaires	1,413,500	1,336,580	1,561,360	4,311,440	4,373,360	— 61,920
Arkose	21,210	302,960	224,610	548,780	535,840	+ 12,940
Quartzites de l'Ouest et similaires	27,500	275,960	177,090	480,550	467,240	+ 13,310
Granit des Vosges	30	187,430	40,340	227,820	223,300	+ 4,520
Porphyre	10,340	224,000	436,650	670,960	706,360	— 34,600
Surfaces totales	1,472,550	2,326,950	2,440,250	6,239,750	6,305,400	— 65,650
2° Empierrées.						
Porphyre	»	»	»	235,000	240,089	— 5,089
Meulière	»	»	»	920,700	912,775	+ 7,925
Caillou	»	»	»	270,950	288,336	— 17,386
Surfaces totales	»	»	»	1,426,650	1,442,000	— 15,350
3° Asphaltées.						
Chaussées, caniveaux, passerelles	»	»	»	349,150	336,450	+ 12,700
4° Pavées en bois	»	»	»	845,200	741,000	+ 104,200
5° En terre	»	»	»	39,650	41,900	— 2,250
Total général	1,472,550	2,326,950	2,440,250	8,900,400	8,866,750	+ 33,650

1° *Chaussées pavées.* — La diminution des surfaces pavées en pierre a pour cause, comme les années précédentes, les nombreux convertissements de pavages de pierre en pavages de bois (boulevard de Sébastopol, 1,800 mètres carrés; boulevard Saint-Martin, 2,300 mètres carrés; boulevard Saint-Germain, 4,600 mètres carrés; rue et carrefour de l'Odéon, 2,200 mètres carrés, etc.) ou en asphalte (rue au Lard, 190 mètres carrés; carrefour Gaillon, 730 mètres carrés; rue Saint-Augustin, 450 mètres carrés; rue Madame, 1,545 mètres carrés; rue d'Assas, 1,020 mètres carrés, etc.), qui ont été réalisés dans le cours de l'année 1894. Ces diminutions de la surface pavée en pierre ont cependant été compensées dans une certaine mesure par l'établissement de divers pavages en pierre remplaçant des empierrements supprimés (boulevard des Invalides, 2,500 mètres carrés; boulevard Ney, 4,500 mètres carrés; boulevard Voltaire, 3,000 mètres carrés, etc.) ou bien établis sur des emplacements nouveaux livrés à la voie publique.

L'augmentation continue de l'intensité de la circulation dans toutes les voies conduit à rechercher l'emploi des pavés en pierre dure, c'est ce qui explique la diminution de 61,920 mètres carrés des surfaces pavées en grès de l'Yvette et similaires. Les pavés de porphyre ne sont plus guère employés que pour les réparations accidentelles de pavages de même nature et pour les caniveaux des chaussées empierrées.

2° *Chaussées empierrées.* — La surface des chaussées empierrées présente une diminution de 15,350 mètres carrés résultant des convertissements d'empierrements en surfaces pavées ou asphaltées.

3° *Chaussées asphaltées.* — L'augmentation de 12,700 mètres carrés de la surface asphaltée provient des nouveaux revêtements asphaltés établis en remplacement de chaussées pavées en pierre ou empierrées.

(1) Tous les documents ci-après, jusqu'à la fin de la première partie, émanent des différents services qui sont placés sous l'autorité de M. Huet, directeur administratif des Travaux de Paris.

4° *Chaussées pavées en bois.* — La surface totale des pavages en bois au 1er janvier 1895 se décompose ainsi au point de vue de l'entretien :

a) Surface concédée à des sociétés chargées de l'entretien à forfait...	440.472	mètres carrés.
b) Surface entretenue directement par la Ville.....................	401.728	—
Total..........	845.200	mètres carrés.

5° *Voies en terre.* — La surface des voies en terre décroît chaque année par suite des mises en état de viabilité définitive qui sont réalisées au fur et à mesure que les ressources disponibles le permettent.

DÉPENSES RELATIVES A LA VOIE PUBLIQUE.

PERSONNEL ET ENTRETIEN.

1° *Personnel.*

Ingénieur en chef...	1
Ingénieurs ordinaires..	8
Conducteurs..	129
Piqueurs...	136
Agents auxiliaires autorisés.................................	122
Garçons de bureau..	2
Total..........	398

Soit un personnel de 398 agents représentant une dépense de 1,309,451 fr. 35 c.

2° *Entretien.*

Entretien proprement dit des chaussées.....................(1)	13.069.802 01
Entretien des trottoirs et contre-allées......................(2)	2.195.103 55
Nettoiement des mêmes surfaces.............................	8.928.681 81
Total..........	24.193.587 37

Ces chiffres comprennent les salaires des cantonniers et ouvriers employés à l'entretien et au nettoiement.

Le nombre des ouvriers permanents a été de 5,830, dont :

Pour l'entretien des chaussées et des trottoirs........................	1.762
Pour le nettoiement......................................(3)	3.618

TABLEAU COMPARATIF DES PRIX D'ENTRETIEN DES DIVERS REVÊTEMENTS DE CHAUSSÉES.

	1893	1894
Pavage en pierre (le mètre superficiel)......................	» 815	» 831
Empierrement (le mètre superficiel).........................	2 649	2 747
Asphalte (le mètre superficiel)...............................	1 999	1 460
Pavage en bois (le mètre superficiel)........................	1 575	1·954
Moyennes générales..........	1 323	1.349

Nota. — Ces prix ne comprennent pas les annuités pour intérêts et amortissement des dépenses de premier établissement payées aux compagnies concessionnaires des pavages en bois établis à l'entreprise, non plus que les dépenses relatives aux convertissements de chaussées ni les sommes recouvrées sur les particuliers pour travaux faits à leur compte. Toutefois le prix correspondant au pavage en pierre comprend les dépenses relatives à l'exploitation de la carrière des Maréchaux et le montant des travaux exécutés pour les relevés à bout.

---

(1) Y compris les annuités de premier établissement du pavage en bois, ainsi que les crédits pour grosses réparations de chaussées.

(2) Y compris le montant des travaux de viabilité et construction de trottoirs.

(3) Ce chiffre de 3,618 ouvriers comprend 771 ouvrières balayeuses ne travaillant que 7 heures par jour et 445 chiffonniers travaillant 3 heures par jour pour l'enlèvement au tombereau des ordures ménagères.

Tableau des chaussées des voies publiques

DÉSIGNATION	ARRONDISSEMENTS								
	1er	2e	3e	4e	5e	6e	7e	8e	
LONGUEUR DES VOIES.									
Fictives	30,729 49	23,494 45	24,978 94	33,480 50	40,079 74	37,257 87	43,333 72	63,559 94	3
Réelles	29,329 73	22,190 42	24,428 53	34,942 92	38,587 79	35,614 30	43,957 83	60,497 75	3
PAVAGES.									
CHAUSSÉES A L'ENTRETIEN DE LA VILLE.									
Longueurs	42,804 39	44,719 93	21,735 27	26,437 09	33,634 89	25,574 94	28,423 47	32,266 54	2
Surfaces	143,790 28	76,814 77	180,026 38	205,403 76	298,344 80	200,274 65	224,685 66	269,227 53	20
DANS L'EMPIERREMENT.									
Passages pavés… { Longueurs	» »	» »	» »	96 80	» »	68 65	380 05	363 94	
Passages pavés… { Surfaces	» »	» »	» »	626 83	» »	369 74	1,540 05	1,699 46	
Caniveaux ou bas-côtés pavés… { Longueurs développées	2,140 30	» »	» »	2,270 59	1,639 53	2,204 85	25,431 44	24,973 04	
Caniveaux ou bas-côtés pavés… { Surfaces	8,304 73	» »	» »	3,255 37	4,184 96	3,470 88	39,677 80	39,156 44	
DANS L'ASPHALTE.									
Caniveaux pavés développés… { Longueurs	3,511 26	919 49	333 38	870 70	131 80	» »	45 80	330 92	
Caniveaux pavés développés… { Surfaces	1,779 72	433 60	177 51	388 42	79 08	» »	27 54	187 64	
SURFACES TOTALES PAVÉES	153,874 73	77,263 37	180,203 89	209,374 38	302,608 84	204,115 27	265,934 05	310,271 04	21
EMPIERREMENTS.									
CHAUSSÉES.									
Longueurs	1,071 85	» »	» »	1,140 85	849 40	1,394 93	15,204 27	14,474 66	
Surfaces totales	6,590 98	» »	» »	14,547 88	4,437 38	14,278 53	132,604 55	124,263 74	
ASPHALTES.									
CHAUSSÉES.									
Longueurs	10,869 30	7,034 95	914 37	2,973 08	387 73	3,084 45	2,903 98	2,278 04	
Surfaces	86,974 76	48,265 95	6,850 33	35,954 »	2,635 38	25,675 94	23,248 94	17,312 94	2
DANS L'EMPIERREMENT.									
Passages asphaltés { Longueurs	» »	» »	» »	» »	» »	» »	73 30	36 66	
Passages asphaltés { Surfaces	» »	» »	» »	» »	» »	» »	294 14	148 84	
Caniveaux ou bas-cotés asphaltés. { Longueurs développées	» »	» »	» »	» »	» »	» »	83 85	95 30	
Caniveaux ou bas-cotés asphaltés. { Surfaces	» »	» »	» »	» »	» »	» »	167 70	109 07	
DANS LE PAVAGE.									
Zones asphaltées. { Longueurs	» »	» »	» »	» »	» »	» »	» »	» »	
Zones asphaltées. { Surfaces	» »	» «	» »	» »	» »	» »	» »	75 20	
SURFACES TOTALES ASPHALTÉES	86,971 76	48,265 95	6,850 33	35,951 »	2,633 38	25,675 91	23,707 78	17,645 99	2
PAVAGES EN BOIS.									
Longueurs	4,323 40	3,130 51	1,284 36	1,940 90	3,261 38	7,458 18	3,351 13	17,033 89	[illegible]
Surfaces	71,086 88	40,512 02	17,508 29	20,454 21	37,431 45	85,400 41	32,855 43	242,329 27	6
SURFACES A L'ENTRETIEN DES TRAMWAYS (comprises déjà dans les colonnes correspondantes du présent état).									
Pavées	6,634 97	353 42	4,626 18	8,876 40	14,098 80	12,167 78	14,331 33	15,963 17	1
Empierrées	97 20	» »	31 10	335 60	» »	» »	312 20	» »	
Asphaltées	4 70	» »	» »	» »	102 40	» »	492 »	80 40	
Totales	6,736 87	353 42	4,657 28	9,211 70	14,201 20	12,167 78	15,135 33	16,043 57	1
CHAUSSÉES PAVÉES A L'ENTRETIEN DES RIVERAINS.									
Longueurs	292 30	» »	» »	37 20	433 »	29 20	38 80	» »	
Surfaces	1,319 85	» »	» »	194 90	2,493 93	408 80	284 66	» »	
TERRE OU TERRAIN NATUREL.									
Longueurs	» »	» »	» »	» »	» »	» »	» »	» »	
Surfaces	» »	» »	» »	» »	» »	» »	» »	» »	

» »	» »	» »	» »	» »	» »	» »	» »	374,546 07
55,538 03	52,219 70	» »	» »	66,673 20	64,987 29	60,348 44	71,368 08	823,263 66
40,536 40	44,097 54	30,652 86	22,660 93	35,262 95	54,375 95	48,111 09	51,124 93	665,682 38
391,734 09	386,933 04	395,015 74	173,866 52	303,449 16	449,779 42	399,091 42	384,242 72	5,618,204 80
» »	30 80	» »	200 56	164 »	» »	64 »	106 44	1,567 74
» »	539 64	» »	1,492 74	2,021 63	» »	756 40	1,617 59	12,364 74
24,656 21	14,969 63	22,837 42	116,483 02	53,212 08	10,048 98	8,036 10	21,795 45	377,659 82
[illegible] 64	22,168 86	43,477 64	162,548 14	82,213 54	15,808 08	8,730 88	24,882 37	605,242 36
» »	» »	» »	87 40	207 55	» »	» »	» »	7,193 20
» »	» »	» »	32 44	379 10	» »	» »	» »	3,924 14
435,243 70	379,655 50	436,493 35	337,969 84	388,063 40	465,387 50	408,578 70	407,742 62	6,239,733 04
12,992 72	8,700 92	15,798 61	59,377 28	25,347 03	6,760 14	4,208 25	10,250 29	198,830 10
[illegible] 95	60,056 43	102,224 09	428,046 59	176,632 98	46,038 48	24,705 83	37,888 94	1,426,685 26
48 40	264 98	202 14	2,076 27	2,069 56	» »	» »	» »	40,118 76
319 44	2,347 77	1,309 80	16,725 82	23,589 55	» »	» »	» »	336,392 44
» »	» »	» »	65 54	38 45	» »	» »	» »	224 12
» »	» »	» »	143 19	300 09	» »	» »	» »	883 83
» »	» »	» »	» »	» »	» »	» »	1,250 38	1,429 53
» »	» »	» »	» »	» »	» »	» »	11,380 57	11,657 34
» »	» »	» »	3 05	7 »	» »	» »	» »	10 05
» »	» »	» »	19 52	139 35	» »	» »	» »	234 07
319 44	2,347 77	1,309 80	16,888 53	23,969 59	» »	» »	11,380 57	349,167 63
273 43	568 35	1,258 29	1,492 25	3,738 21	2,291 60	430 20	794 21	62,074 83
2,449 76	10,726 82	9,953 52	27,992 63	74,963 12	24,742 59	3,914 39	6,153 60	845,242 74
» »	» »	7,661 43	31,124 28	40,992 72	21,399 44	26,604 35	23,697 12	293,622 19
» »	» »	» »	120 »	» »	» »	» »	» »	896 10
» »	» »	390 40	» »	» »	» »	» »	» »	1,069 90
» »	» »	8,051 83	31,244 28	40,992 72	21,399 44	26,604 35	23,697 12	295,588 19
253 43	140 06	1,494 »	993 »	» »	» »	6,899 20	4,434 30	17,489 42
3,867 84	264 76	5,955 »	3,830 »	» »	» »	27,396 77	19,629 89	78,074 20
» »	» »	182 70	715 80	» »	1,359 60	808 70	4,840 87	7,907 67
» »	» »	4,415 88	4,877 29	» »	14,088 67	4,245 96	15,267 70	39,665 60

LONGUEUR DES PROPRIÉTÉS	49,443 18	38,429 78	44,833 04	34,617 29	66,654 88	63,286 74	74,746 28	[illegible]
TROTTOIRS OU CONTRE-ALLÉES A L'ENTRETIEN DE LA VILLE.								
TROTTOIRS.								
Longueur	32,030 24	40,062 98	43,898 70	57,404 01	68,974 49	67,332 85	78,524 20	104,867 [illegible]
Surfaces totales	176,068 04	104,603 84	138,507 57	177,816 27	244,124 46	235,412 13	363,263 04	866,187 [illegible]
SURFACES RÉELLES								
De bitume — Longueurs	27,673 76	15,431 82	17,760 24	30,612 23	62,091 28	38,272 47	53,815 98	[illegible]
De bitume — Surfaces	84,649 73	47,367 92	76,633 44	91,605 06	112,443 70	111,315 23	179,214 69	[illegible]
De granit — Longueurs	24,715 18	24,463 72	26,946 85	26,946 37	25,420 69	28,463 06	42,865 34	[illegible]
De granit — Surfaces	46,882 07	22,726 17	37,984 83	42,569 04	40,022 70	47,445 66	[illegible]	[illegible]
De terre naturelle — Longueurs	1,397 31	230 37	» »	1,904 »	7,733 12	3,165 10	23,641 72	[illegible]
De terre naturelle — Surfaces	47,185 23	356 68	» »	10,226 67	45,454 78	25,471 84	[illegible]	[illegible]
De pavé — Longueurs	279 04	62 45	24 87	774 09	3,407 67	2,798 93	9,265 [illegible]	[illegible]
De pavé — Surfaces	1,347 02	184 72	23 49	1,052 78	5,479 68	3,126 »	14,450 94	10,[illegible]
De caniveaux et de pass. asphaltés — Longueurs	» »	» »	» »	206 »	» »	29 »	44 70	[illegible]
De caniveaux et de pass. asphaltés — Surfaces	» »	» »	» »	637 09	» »	87 »	446 89	[illegible]
SURFACES DES PORTES COCHÈRES.								
Pavées — Dans le bitume	1,364 93	1,548 62	1,737 64	3,437 74	3,887 51	5,460 71	8,296 77	[illegible]
Pavées — Dans le granit	1,784 01	1,493 39	1,883 09	1,357 66	1,170 57	2,434 89	2,209 76	[illegible]
En asphalte	202 72	120 17	77 31	241 24	63 94	405 07	241 99	[illegible]
En bitume double	766 10	394 23	335 39	42 89	9 66	1 26	447 58	[illegible]
TERRE AUTOUR DES ARBRES	1,071 36	1,587 84	3,867 96	3,670 47	1,382 98	4,008 47	3,016 70	4,846 [illegible]
SURFACES DES BORDURES.								
Dans le bitume	8,888 64	5,092 38	5,835 55	9,683 51	12,884 04	12,043 23	15,071 06	15,[illegible]
Dans le granit	7,346 64	7,364 99	8,006 06	8,267 19	7,534 96	8,710 79	5,488 54	13,246 [illegible]
SURFACES DES GARGOUILLES.								
Dans le bitume	430 22	29 29	106 45	147 15	216 29	129 07	260 47	[illegible]
Dans le granit	26 73	37 84	55 02	66 74	96 31	93 88	49 20	444 [illegible]
SURFACES DES SEUILS.								
Dans le bitume	1,756 80	1,897 24	1,341 68	1,504 94	2,462 02	2,507 70	1,683 93	2,544 [illegible]
Dans le granit	3,164 20	3,202 76	2,702 64	2,639 13	2,071 14	2,774 56	997 23	2,806 [illegible]
Dans le pavé	1 64	2 30	» »	» »	52 01	» »	» »	» [illegible]
Dans la terre	» »	» »	» »	» »	» »	» »	» »	» [illegible]
LONGUEURS DES BORDURES.								
En granit — 0 m. 30 c.	55,860 70	41,776 99	46,219 20	60,095 70	72,376 26	70,445 08	82,759 77	112,[illegible]
En granit — 0 m. 20 c.	» »	10 »	» »	1,204 99	4,411 66	2,653 06	12,448 04	8,[illegible]
Château-Landon	960 16	» »	» »	» »	347 38	233 »	2,746 88	[illegible]
Pavé	9 70	30 78	31 35	» »	2,211 89	61 47	1,864 84	» [illegible]
Totales	56,822 56	41,817 77	46,250 55	61,300 69	79,347 19	73,392 61	99,819 47	129,[illegible]
TROTTOIRS A L'ENTRETIEN DES RIVERAINS.								
EN BITUME.								
Longueurs	78 75	61 36	» »	32 15	407 49	134 16	118 35	1,[illegible]
Surfaces	146 61	226 50	» »	70 41	827 15	310 53	242 69	4,[illegible]
EN GRANIT.								
Longueurs	155 45	» »	40 82	» »	» »	21 »	126 15	» »
Surfaces	308 68	» »	76 57	» »	» »	53 87	256 [illegible]	» »
EN TERRAIN NATUREL.								
Longueurs	» »	» »	» »	» »	240 08	44 80	76 25	79 [illegible]
Surfaces	» »	» »	» »	» »	505 97	192 85	376 64	202 [illegible]
EN PAVÉ.								
Longueurs	13 80	11 85	» »	» »	273 32	22 10	72 20	67 [illegible]
Surfaces	34 36	16 27	» »	» »	279 95	28 76	120 54	267 [illegible]
LONGUEURS DES BORDURES.								
En granit	190 50	» »	» »	32 05	408 33	81 65	71 20	18 »
Château-Landon	» »	» »	» »	» »	» »	» »	4 40	» »
Pavé	5 »	» »	» »	» »	432 24	» »	8 »	» »

599,408	30
643,395	64
2,573,885	69
1,108,084	54
3,204,484	68
298,977	77
514,397	90
160,672	41
1,563,967	39
53,906	98
108,144	72
9,936	03
8,505	16
182,758	69
22,004	96
13,664	08
4,972	33
103,665	67
306,158	03
89,068	89
5,365	24
850	48
37,134	89
26,462	02
87	13
»	»
1,366,329	70
53,926	60
34,433	66
21,409	34
1,676,299	36
10,131	88
26,912	19
642	05
1,252	89
166,613	72
545,265	09
67,925	70
131,133	35
5,897	17
33,973	89
23,797	95

1er St-Germain-l'Auxerrois	691	130	2,824 87	5,606 04	8,430 91	196,112 [illegible]
2e Halles	293	24	1,270 92	9,570 85	10,841 77	153,08[illegible]
3e Palais-Royal	22	1	67 »	6,045 67	6,112 67	86,326 47
4e Place-Vendôme	32	5	112 »	4,425 05	4,537 05	72,084 90
Ier Arrondissement	**1,038**	**160**	**4,274 79**	**25,647 61**	**29,922 40**	**507,575 [illegible]**
5e Gaillon	85	14	336 87	4,009 76	4,346 63	63,788 76
6e Vivienne	107	23	225 52	3,205 65	3,431 17	66,008 [illegible]
7e Mail	57	10	182 65	5,292 33	5,474 98	60,208 75
8e Bonne-Nouvelle	162	25	588 17	6,784 51	7,372 68	84,104 [illegible]
IIe Arrondissement	**411**	**72**	**1,333 21**	**19,292 25**	**20,625 46**	**274,176 [illegible]**
9e Arts-et-Métiers	163	29	833 95	6,100 61	6,934 56	104,808 [illegible]
10e Enfants-Rouges	366	37	1,072 29	4,737 60	5,809 89	84,457 [illegible]
11e Archives	93	17	285 42	5,912 31	6,197 73	65,648 [illegible]
12e Sainte-Avoie	48	10	139 15	3,969 36	4,108 51	35,308 [illegible]
IIIe Arrondissement	**670**	**93**	**2,330 81**	**20,719 88**	**23,050 69**	**287,011 [illegible]**
13e Saint-Merri	272	48	924 »	6,366 02	7,290 02	101,537 [illegible]
14e Saint-Gervais	207	32	655 05	8,876 24	9,531 29	106,085 [illegible]
15e Arsenal	919	127	2,716 05	5,023 85	7,739 90	138,064 [illegible]
16e Notre-Dame	242	37	615 60	5,711 38	6,326 98	98,080 37
IVe Arrondissement	**1,640**	**244**	**4,910 70**	**25,977 49**	**30,888 19**	**443,786 [illegible]**
17e Saint-Victor	449	65	1,638 90	6,633 12	8,272 02	127,272 [illegible]
18e Jardin-des-Plantes	949	125	1,563 60	8,118 07	9,681 67	150,208 42
19e Val-de-Grâce	51	13	938 77	8,635 40	9,574 17	129,329 45
20e Sorbonne	45	4	994 90	9,245 96	10,240 86	142,634 87
Ve Arrondissement	**1,494**	**207**	**5,136 17**	**32,632 55**	**37,768 72**	**549,444 [illegible]**
21e Monnaie	312	88	1,141 07	4,729 81	5,870 88	77,278 75
22e Odéon	762	49	2,472 81	6,767 83	9,240 64	168,419 [illegible]
23e Notre-Dame-des-Champs	399	34	1,193 80	11,994 23	13,188 03	192,312 [illegible]
24e Saint-Germain-des-Prés	203	78	701 »	3,983 23	4,684 23	62,403 [illegible]
VIe Arrondissement	**1,676**	**249**	**5,508 68**	**27,475 10**	**32,983 78**	**[illegible]**
25e Saint-Thomas-d'Aquin	392	208	1,684 45	8,473 75	10,158 20	120,597 [illegible]
26e Invalides	2,913	107	363 67	8,117 79	8,481 46	178,348 81
27e École-Militaire	1,974	225	6,886 85	3,796 47	10,683 32	387,881 [illegible]
28e Gros-Caillou	2,454	224	1,669 57	7,096 25	8,765 82	298,889 [illegible]
VIIe Arrondissement	**7,733**	**764**	**10,604 54**	**27,484 26**	**38,088 80**	**[illegible]**
29e Champs-Élysées	5,116	402	13,566 31	10,670 03	24,236 34	471,428 [illegible]
30e Faubourg-du-Roule	1,235	186	3,678 96	8,343 10	12,022 06	237,976 [illegible]
31e Madeleine	978	123	3,624 13	9,775 42	13,399 55	213,082 [illegible]
32e Europe	1,298	158	3,463 35	15,387 10	18,850 45	339,974 [illegible]
VIIIe Arrondissement	**8,627**	**869**	**24,332 75**	**44,175 65**	**68,508 40**	**1,262,460 [illegible]**
33e Saint-Georges	281	26	453 67	10,968 28	11,421 95	156,907 [illegible]
34e Chaussée-d'Antin	316	55	1,119 50	7,959 20	9,078 70	144,840 [illegible]
35e Faubourg-Montmartre	127	20	358 53	8,182 26	8,540 79	108,098 [illegible]
36e Rochechouart	460	43	968 95	7,726 04	8,694 99	124,456 [illegible]
IXe Arrondissement	**1,184**	**144**	**2,900 65**	**34,835 78**	**37,736 43**	**[illegible]**
37e Saint-Vincent-de-Paul	913	130	2,778 30	10,221 25	12,999 55	239,445 [illegible]
38e Porte-Saint-Denis	286	51	865 15	4,919 63	5,784 78	84,244 67
39e Porte-Saint-Martin	671	105	1,859 45	8,071 79	9,931 24	156,257 [illegible]
40e Hôpital-Saint-Louis	697	105	1,813 25	8,298 78	10,112 03	164,982 84
Xe Arrondissement	**2,567**	**391**	**7,316 15**	**31,511 45**	**38,827 60**	**[illegible] 71**

…*quant les surfaces non bâties (places, ponts, quais, rues, etc.) et le nombre d'arbres* …*bancs existant sur les voies publiques au 31 décembre* 1894 (Suite et fin).

…TIERS …dissements	ARBRES	BANCS	LONGUEUR DES VOIES PUBLIQUES rues, avenues, boulevards, etc. Plantées (en mètres)	Non plantées (en mètres)	TOTAUX (en mètres)	SURFACES TOTALES (en mètres carrés)
…court	894	140	3,191 04	10,188 59	13,379 63	212,585 28
…broise	1,219	176	3,974 10	11,170 37	15,144 47	212,702 92
…	1,182	164	3,165 88	16,243 02	19,408 90	276,997 13
…guerite	1,125	161	2,694 71	10,529 18	13,223 89	228,425 34
…ondissement.	**4,420**	**641**	**13,025 73**	**48,131 16**	**61,156 89**	**930,710 67**
…	1,565	116	4,904 35	6,203 15	11,107 50	225,901 71
…	2,296	272	11,505 42	12,282 66	23,788 08	389,508 32
…	1,536	174	3,672 15	5,754 74	9,426 89	227,421 53
…ingts	1,289	202	4,021 67	9,746 21	13,772 88	204,403 93
…ondissement.	**6,686**	**764**	**24,103 59**	**33,986 76**	**58,095 35**	**1,137,285 40**
…e	2,269	163	3,243 72	5,155 55	8,399 27	223,145 58
…	1,872	95	7,032 35	13,055 68	20,088 23	320,884 49
…lanche	2,322	97	6,979 60	10,635 31	17,614 91	285,044 75
…rbe	1,488	88	2,721 20	3,969 65	6,690 85	158,886 25
…ondissement.	**7,951**	**443**	**19,977 07**	**32,816 19**	**52,793 26**	**987,461 07**
…asse	2,774	143	3,839 54	6,561 86	10,401 40	277,890 65
…	1,518	47	4,460 56	5,477 »	9,637 56	156,695 24
…trouge	1,966	164	5,900 50	7,483 20	13,383 70	240,238 73
…	1,105	70	2,461 05	13,385 12	15,846 17	184,518 23
…ondissement.	**7,363**	**424**	**16,661 65**	**32,907 18**	**49,268 83**	**859,342 85**
…mbert	1,394	75	2,959 »	19,167 »	22,126 »	331,112 »
…	2,038	155	4,397 »	11,705 »	16,302 »	315,809 »
…	2,051	151	2,161 »	15,943 »	18,104 »	248,597 »
…	1,458	110	5,171 »	10,024 »	15,495 »	220,311 »
…ondissement.	**6,941**	**491**	**15,188 »**	**56,839 »**	**72,027 »**	**1,115,829 »**
…	3,431	194	12,725 »	13,115 »	25,840 »	414,824 »
…	2,622	209	4,728 »	5,276 »	10,004 »	343,746 »
…uphine	1,683	139	5,222 »	11,807 »	17,029 »	271,749 »
…	3,305	330	10,208 »	12,067 »	22,275 »	488,812 »
…ondissement.	**11,041**	**872**	**32,883 »**	**42,265 »**	**75,148 »**	**1,519,131 »**
…	1,793	233	4,862 »	11,819 »	16,681 »	323,680 »
…ceau	2,233	195	7,399 »	9,892 »	17,291 »	394,849 »
…	1,410	78	3,143 »	12,303 »	15,446 »	257,035 »
…	645	55	2,434 »	7,807 »	10,241 »	206,154 »
…ondissement.	**6,081**	**561**	**17,838 »**	**41,821 »**	**59,659 »**	**1,181,718 »**
…Carrières	1,319	144	3,481 »	12,323 »	15,804 »	364,049 »
…ourt	1,464	160	4,881 »	18,061 »	22,942 »	399,922 »
…'Or	615	42	1,161 »	7,167 »	8,328 »	171,347 »
…lle	486	20	2,724 »	7,189 »	9,913 »	140,283 »
…ondissement.	**3,884**	**345**	**12,247 »**	**44,740 »**	**56,987 »**	**1,075,571 »**
…	658	63	3,036 82	11,429 88	14,466 70	222,935 »
…Flandre	361	32	6,528 45	6,381 98	12,910 13	196,136 79
…	722	46	3,160 18	10,364 51	13,521 69	166,165 32
…	1,296	88	5,607 53	7,113 24	12,720 77	201,357 08
…ondissement.	**3,237**	**229**	**18,332 98**	**35,289 61**	**53,619 29**	**786,794 16**
…	487	67	2,686 15	10,353 16	13,039 31	148,372 14
…	467	38	3,139 40	10,060 85	13,199 95	136,015 18
…haise	1,342	154	7,088 38	11,903 13	18,991 51	265,613 74
…	1,309	52	7,104 99	14,781 »	21,885 99	323,407 16
…ondissement.	**3,605**	**311**	**20,018 92**	**47,098 14**	**67,116 76**	**873,610 22**
…x généraux	88,139	8,274	258,928 79	705,343 06	964,271 85	16,446,145 02

;quare des Innocents.....	
;quare du Vert-Galant...	
ardin de la place Dauphine.	
;quare Louvois..........	
'romenoir de la Bourse...	
;quare du Temple.......	
'lace de la République ..	
ardin autour de l'église Sainte-Élisabeth.	
;quare des Arts-et-Métiers.	
Iairie du IIIe arrondissement.	
;quare de la Tour-Saint-Jacques.	
'lace des Vosges	
ardin de l'Hôtel de Ville.	
;quare de l'Archevêché...	
'lace du Parvis-Not.-Dame	141
;quare du collège de France	242
;glise Saint-Nicolas-du Chardonnet.	
;quare Monge...........	
;quare du musée de Cluny.	
;quare des Arènes.......	
ardin de la place Valhubert.	
;quare Saint-Médard.....	
;quare Saint-Germain-des-Prés.	
;quare de l'Observatoire..	
'ontaine Soufflot........	
'ontaine Saint-Michel....	
;quare des Invalides.....	
'arc du Champ-de-Mars..	
;quare de la Tour-Maubourg.	
;quare Sainte-Clotilde....	
;quare des Ménages......	
'laie-basse r. de la Chaise	
'arc Monceau...........	
Réservoir de Monceau....	
;quare Delaborde........	
ardin des Champs-Élysées	
'lateau de l'Alma........	
;quare Louis-XVI	
Collège Chaptal..........	
'lace François-Ier.........	
;quare de la Trinité.....	43
;quare Vintimille........	102
;quare d'Anvers.........	273
;quare Montholon	
'lace Pigalle............	
Collège Rollin	
ardinets du canal Saint-Martin.	
Rampe Saint-Vincent-de-Paul.	
ardins du boulev. Richard-Lenoir.	1,122
;quare Parmentier........	
'lace Voltaire............	
A reporter....	

mètres.					mètres.		mètres.		m.													
»	»	2	1	»	44	60	»		»	28	502	»	»	1	»	1	24	2	»	1	»	1
25	»	4	»	»	»		»		»	79	873	»	»	»	»	1	5	»	»	1/2	»	»
»		»	»	»	»		»		»	»	78	»	»	»	»	»	»	»	»	1/4	»	»
46	60	2	1	»	42	»	»		8	25	800	»	1	1	»	»	26	2	»	3/4	»	1
27	»	4	»	1	154	»	30	»	10	40	»	»	»	»	»	»	12	2	»	»	8	»
29	20	9	2	»	68	»	79	60	»	109	2,037	»	2	1	»	2	30	3	»	2	»	1
»		»	»	»	»		»		»	»	»	»	»	»	»	»	»	»	»	1/4	»	»
»		2	»	»	»		»		»	7	450	»	»	»	»	»	4	2	»	3/4	»	»
48	»	4	1	»	30	»	»		»	92	683	1	2	1	»	1	28	3	»	3/4	4	»
»		»	2	»	»		»		»	»	»	»	»	»	»	»	»	»	»	»	»	»
40	»	6	1	»	»		»		»	87	1,484	»	1	1	»	1	21	4	»	2	»	1
605	»	8	2	»	43	95	»		60	200	»	1	»	1	»	1	56	6	»	1	1	2
»		3	»	»	»		»		»	24	312	»	»	»	»	»	3	»	»	1/2	»	»
»		4	1	»	»		20	10	»	56	777	»	»	1	»	1	25	2	»	1/2	1	2
62	60	3	»	»	»		»		»	10	643	»	»	»	»	»	»	»	»	1/2	»	»
70	»	4	»	»	»		»		»	19	312	»	»	1	»	»	7	»	»	1/2	»	»
»		»	»	»	»		»		»	7	130	»	»	»	»	»	»	»	»	1/4	»	»
78	70	7	1	»	83	»	10	»	12	119	1,445	»	»	1	»	1	50	1	»	1	1	2
»		5	»	1	»		»		»	169	1,680	»	»	»	»	»	48	»	»	1	»	»
»		6	1	»	»		»		»	»	»	»	»	»	»	»	»	1	»	»	»	»
»		»	»	»	»		»		»	»	150	»	»	»	»	»	»	»	»	1/4	»	»
7	90	2	1	»	15	»	53	»	8	48	680	»	»	1	»	1	22	1	»	1	»	1
24	»	4	2	»	»		90	»	38	205	1,170	»	»	2	»	1	34	3	»	1	»	1
180	»	24	2	»	»		180	»	»	281	984	»	»	2	»	1	56	4	»	3	»	1
»		»	»	»	»		»		»	»	»	»	»	»	»	»	»	»	»	1/4	»	»
»		»	»	»	»		»		»	»	»	»	»	»	»	»	»	»	»	1/4	»	»
28	»	6	1	»	»		70	»	»	126	1,400	»	»	1	»	1	15	1	»	1	1	1
»		97	6	3	283	»	»		»	538	19,374	1	1	1	2	1	84	»	1	8	6	»
90	»	7	1	»	»		60	»	»	118	1,335	»	»	1	»	1	15	1	»	1	»	1
64	»	3	1	»	»		35	»	»	36	504	»	»	1	»	1	13	1	»	1/2	»	1
25	»	7	1	1	»		25	»	»	92	977	»	1	1	»	1	27	1	»	1	1	»
»		»	»	»	»		»		»	»	63	»	»	»	»	»	»	»	»	1/4	»	»
»		75	4	1	»		»		»	958	11,320	1	1	2	»	»	194	8	2	10 1/2	»	»
»		»	»	»	»		»		»	»	»	»	»	»	»	»	»	3	»	1/5	»	»
15	»	5	1	»	68	»	»		12	67	968	»	1	1	»	»	25	»	»	1	»	1
»		137	5	11	2,220	»	»		»	625	19,510	»	3	»	»	»	6	3	»	15	(1) 66 (2)	»
»		»	»	»	»		»		»	»	»	»	»	»	»	»	»	»	»	1/2	»	»
45	»	8	1	»	32	»	»		7	67	1,485	»	»	1	»	»	20	3	»	1	1	1
»		»	»	»	»		»		»	62	»	»	»	»	»	»	»	»	»	1/2	»	»
»		»	»	»	»		»		»	»	»	»	»	»	»	»	»	»	»	1/2	»	»
25	»	4	1	»	85	»	»		5	22	487	»	2	2	»	»	15	1	»	1	1	1
6	»	2	1	»	40	»	»		18	13	263	»	»	1	»	»	20	1	»	1/2	»	1
24	»	3	»	»	»		»		»	»	138	»	»	»	»	»	»	»	»	3/4	»	1
20	»	9	1	»	64	»	»		5	99	1,213	»	2	2	»	»	52	2	»	1 3/4	»	1
20	»	4	»	»	16	»	»		3	»	98	»	»	»	»	»	»	»	»	1/4	»	»
»		13	»	»	»		»		»	97	27	»	»	»	»	»	»	»	»	»	»	»
»		8	»	»	»		»		»	»	»	»	»	»	»	»	»	4	»	»	»	»
32	»	2	»	»	»		»		»	2	90	»	»	»	»	»	»	»	»	1/4	»	»
»		16	4	»	»		»		»	»	1,600	»	»	»	»	»	»	»	»	1	»	»
40	»	8	1	1	25	»	»		»	253	2,328	1	»	1	»	1	50	3	»	3/4	»	2
»		1	1	»	»		»		»	»	»	»	»	»	»	»	»	»	»	1/4	»	»
1,272	20	497	42	34	3,413	55	602	70	183	4,789	79,028	5	17	29	2	18	998	70	4	66 1/10	78	24

	m. q.	m. q.	m. q.	m. q.	m. q.	m. q.	m. q.	m. q.	m. q.	mètres.
Report.....	168,914 80	80,401 12	41,578 87	20,428 19	134,467 34	5,400 45	893 »	411,201 64	3,718 20	12,149 63
Jardin de la mairie du XIIe arrondissement.	»	166 35	»	»	575 70	»	»	742 05	»	140 »
Place de la Nation.......	2,099 08	946 38	1,963 50	»	1,163 94	»	»	6,172 90	»	160 »
Jardin de la place d'Italie (6 jardins du pourtour).	1,150 »	660 »	»	»	200 »	»	»	2,010 »	»	677 »
Place d'Italie (rond-point et jardin).	360 »	960 »	706 »	»	2,631 »	49 »	»	4,706 »	270 »	128 »
Jardin de la statue de Pinel	86 70	»	»	»	»	»	»	86 70	»	40 90
Place Denfert-Rochereau..	180 »	670 »	»	»	»	»	»	850 »	270 »	»
Plate-bande de Montsouris (avenue Reille).	»	630 »	»	»	»	»	»	630 »	1,900 »	647 »
Talus rue d'Alésia........	1,500 »	»	»	»	»	»	»	1,500 »	»	»
Square de la Butte-aux-Cailles.	»	»	»	»	»	»	»	»	»	»
Parc de Montsouris......	76,700 »	34,228 »	10,800 »	13,130 »	19,300 »	72 »	700 »	154,640 »	660 »	1,540 »
Square de Montrouge.....	1,080 »	2,040 »	»	2 »	1,498 »	»	»	4,590 »	20 »	239 40
Jardin de la place de Montrouge.	»	20 »	»	»	»	»	»	20 »	20 »	85 40
Square Denfert-Rochereau	1,454 64	586 80	»	»	311 »	»	»	2,352 44	400 »	280 »
Square Violet...........	3,680 »	2,730 »	»	2 »	3,158 »	10 »	»	9,580 »	1,170 »	120 15
Square Victor...........	10,700 »	5,360 »	»	»	2,200 »	»	»	18,260 »	»	»
Square de Grenelle.......	420 »	410 »	50 »	»	»	»	»	880 »	»	241 50
Square Cambronne.......	960 »	954 »	»	»	1,474 »	»	»	3,368 »	»	338 »
Jardin de la mairie du XVe arrondissement.	160 »	456 »	»	»	540 »	»	»	1,156 »	»	135 »
Ranelagh...............	50,000 »	5,850 »	»	4 »	3,246 »	»	»	59,100 »	»	60 »
Jardin de la porte de Passy	100 »	146 »	»	»	94 »	»	»	340 »	48 02	60 40
Square du marché de Passy.	»	»	»	»	»	»	»	»	»	»
Square Lamartine.......	526 59	450 »	168 »	4 »	769 92	»	»	1,918 51	100 »	»
Aven. du Bois-de-Boulogne	54,351 16	9,443 69	»	»	2,376 73	»	»	66,171 58	»	»
Square de la place des États-Unis.	2,257 16	379 54	»	»	321 »	»	10 »	2,977 70	»	»
Parc du Trocadéro.......	33,333 »	14,244 »	2,098 »	11,296 »	21,603 »	»	739 »	103,315 »	»	326 30
Fleuriste de la Muette....	1,746 55	9,492 97	33 36	»	9,699 58	»	»	20,972 66	»	»
Fleuriste d'Auteuil.......	»	32,000 »	»	»	»	»	»	32,000 »	»	»
Musée Guimet...........	727 43	65 09	»	»	178 50	»	»	971 02	»	»
Place des Ternes.........	47 »	198 »	»	»	82 84	»	»	327 84	»	»
Square des Batignolles...	5,619 29	3,662 48	834 44	»	5,421 38	»	69 »	15,636 59	»	500 »
Place de la mairie du XVIIe arrondissement.	»	90 »	»	»	30 »	»	»	120 »	»	62 80
Square des Épinettes.....	»	»	»	»	»	»	»	»	»	»
Square Malesherbes......	3,201 49	860 44	86 65	»	381 93	»	»	4,530 51	»	414 »
Place de Courcelles......	50 24	93 »	»	»	209 48	»	»	352 72	»	90 »
Square Pierre-Charron...	»	»	»	»	»	»	»	»	»	55 50
Jardin boulevard Berthier.	39 »	38 40	»	»	14 40	»	»	91 90	»	»
Square Jessaint..........	268 18	100 55	»	»	652 54	»	»	1,021 27	»	»
Square de La Chapelle...	409 21	231 26	»	»	782 14	»	»	1,422 61	»	234 »
Square Montmartre......	»	»	»	»	»	»	»	»	»	»
Square Saint-Pierre......	660 31	2,420 90	»	»	2,421 57	»	»	5,502 98	»	166 23
Square Saint-Bernard....	298 34	16 49	»	»	743 94	»	»	1,058 77	»	189 »
Square Stephenson.......	7 73	86 63	»	»	»	»	»	94 36	»	20 70
Square de Belleville......	2,051 89	780 03	»	»	3,748 51	»	»	6,580 43	»	303 43
Parc des Buttes-Chaumont.	122,738 »	35,389 65	15,760 »	30,314 25	15,943 40	467 »	10,955 »	231,567 30	»	2,322 40
Square de la mairie du XXe arrondissement.	3,000 »	3,495 25	»	»	2,125 »	»	»	8,620 25	»	440 »
Square de la Réunion....	77 28	416 69	12 57	»	1,301 46	»	»	1,808 »	»	»
Jardin rue d'Eupatoria....	»	127 22	»	»	117 13	»	»	244 35	»	»
Église N.-D.-de-la-Croix..	»	73 »	»	»	26 28	»	»	99 28	»	50 80
Square de l'aven. Gambetta	7,407 50	3,456 19	»	»	2,413 56	»	185 20	13,492 45	1,703 60	549 »
TOTAUX. ...	578,544 74	255,356 02	43,791 59	75,180 44	242,853 21	5,998 45	13,553 20	1,204,793 68	10,425 94	21,[illegible] 03

mètres.					mètres.		mètres.		m.														
[illegible]72	20	497	42	24	3,112	33	602	70	183	4,789	70,028	5	17	29	2	18	938	70	4	66 1/10	72	24	8
»		2	»	»	»		»		»	18	504	»	»	»	»	1	6	3	»	1/2	»	»	»
»		»	»	»	»		»		»	71	1,264	»	»	1	»	»	23	4	»	1/2	1	2	»
»		»	»	»	»		»		»	»	»	»	»	»	»	»	»	»	»	1/4	»	»	»
»		4	1	»	40	»	»		»	60	632	»	»	1	»	1	27	2	»	3/4	»	2	»
»		»	»	»	»		»		»	»	»	»	»	»	»	»	»	»	»	1/4	»	»	»
»		»	»	»	»		»		»	»	900	»	»	»	»	»	»	»	»	1/2	»	»	»
»		»	»	»	»		»		»	»	1,180	»	»	»	»	»	»	»	»	1/2	»	»	»
»		»	»	»	»		»		»	»	1,000	»	»	»	»	»	»	»	»	1/4	»	»	»
»		»	»	»	»		»		»	»	»	»	»	1	»	»	»	»	»	»	»	»	»
797	»	83	5	2	350	»	160	»	18	1,490	40,610	1	2	2	»	1	138	7	1	7	(1) 2	3	1
10	»	2	1	»	»		30	»	»	190	1,700	»	»	1	»	1	37	1	»	1 3/4	»	1	1
»		»	»	»	»		»		»	»	10	»	»	»	»	»	»	»	»	1/4	»	»	»
9	60	2	»	»	»		15	20	»	66	753	»	»	»	»	1	10	»	»	4/5	»	1	»
80	»	6	1	1	»		65	»	»	385	3,125	»	»	1	»	1	47	3	»	1	»	1	»
20	25	1	»	»	210	»	»		»	674	3,536	»	»	»	»	»	14	2	»	1	»	»	»
20	»	2	»	»	83	45	»		»	»	64	»	»	»	»	»	»	»	»	1/2	»	»	»
22	80	6	1	»	85	45	18	»	»	82	1,650	»	»	»	»	»	32	7	»	1	»	1	»
66	»	2	»	»	»		»		»	29	820	»	»	»	»	»	»	»	»	1/2	»	1	»
80	»	44	2	1	»		50	»	»	841	6,734	»	1	»	1	1	18	»	»	2	3	3	1
»		»	»	»	»		»		»	5	175	»	»	»	»	»	»	»	»	1/4	»	»	»
»		1	1	»	»		»		»	»	»	»	»	»	»	»	»	1	»	»	»	»	»
»		»	2	»	»		20	»	»	23	56	»	»	»	»	»	12	1	»	1/4	»	1	»
»		90	3	1	»		»		»	391	6,575	»	»	1	»	»	»	8	»	5	»	»	»
»		4	»	1	»		»		»	106	619	»	»	1	»	»	36	»	»	1	3	»	»
»		119	»	3	»		175	»	»	835	17,634	1	1	»	»	»	80	4	4	8	1 (2)	»	»
»		5	1	»	»		»		»	15	1,974	»	»	»	»	»	»	»	»	65	»	»	»
»		»	»	»	»		»		»	»	»	»	»	»	»	»	»	»	»	15	»	»	»
»		3	»	»	»		»		»	30	134	»	»	»	»	»	»	»	»	1/2	»	»	»
»		»	»	»	»		»		»	»	»	»	»	»	»	»	»	»	»	1/2	»	»	»
72	»	13	2	»	»		65	»	»	467	4,679	»	»	2	1	»	72	3	»	2 1/2	1	»	»
»		»	»	»	»		»		»	»	330	»	»	»	»	»	»	»	»	1/4	»	»	»
»		14	1	»	»		»		»	»	»	»	»	1	»	»	»	4	»	»	»	»	»
86	»	6	»	»	»		»		»	45	588	»	»	»	»	»	»	»	»	3/4	»	»	»
»		»	»	»	»		»		»	2	»	»	»	»	»	»	»	»	»	1/4	»	»	»
»		»	»	»	»		»		»	»	»	»	»	»	»	»	»	»	»	1/4	»	»	»
»		»	»	»	»		»		»	»	74	»	»	»	»	»	»	»	»	»	»	»	»
47	»	2	1	»	»		»		»	37	92	»	»	»	»	»	16	1	»	1/4	»	1	»
25	»	2	1	»	»		»		»	40	248	»	»	1	»	»	15	1	»	1/4	»	1	»
»		18	»	»	»		»		»	»	»	»	»	1	»	»	»	»	»	»	»	»	»
»		6	1	»	»		20	»	»	193	3,691	»	»	1	»	»	196	2	»	1 1/2	»	1	1
»		2	1	»	»		»		»	48	»	»	»	1	»	»	20	4	»	1/4	»	»	»
»		»	»	»	»		»		»	11	54	»	»	»	»	»	2	»	»	1/4	»	»	»
60	»	3	1	»	»		»		»	75	646	»	»	1	»	»	6	1	»	1/2	»	»	»
998	80	148	4	5	»		730	»	»	44,453	124,635	»	5	1	1	»	312	7	6	14	(3) 2	4	2
127	80	2	»	»	»		»		»	60	4,500	»	»	2	»	»	25	»	»	1/2	»	2	»
																						1	»
»		4	1	»	»		»		»	38	648	1	1	1	»	1	17	3	»	1/2	»		
»		»	»	»	»		»		»	»	276	»	»	1	»	»	»	2	»	1/4	»	»	»
»		»	»	»	»		»		»	»	180	»	»	»	»	»	»	»	»	1/4	»	»	»
»		10	4	»	127	10	»		»	1,884	4,230	»	»	1	»	»	46	4	»	1	1	»	»
[illegible]	85	1,096	83	51	4,126	10	1,970	90	201	24,461	315,679	8	27	32	5	26	2,154 (4)	145	15	205 1/4	86	50	14

BOIS DE VINCENNES ET DE BOULOGNE

I. — BOIS DE VINCENNES.

(M. Forestier, conservateur.)

Le bois de Vincennes, distrait du domaine de l'État, a été cédé à la ville de Paris, par une loi du 24 juillet 1860. Il a subi une transformation analogue à celle du bois de Boulogne.

La superficie de cette promenade, qui était avant 1860 de 867 hectares 85 ares, déduction faite des 7 hectares 15 ares conservés en toute propriété par l'État, est actuellement de 934 hectares 79 ares 66 centiares, non compris les terrains retranchés restant à vendre.

Cette superficie est répartie ainsi qu'il suit :

Pelouse, champ de manœuvres et terrains de la ferme de la Faisanderie	$308^h 33^a 58^c$
Bois (anciennes et nouvelles plantations)	409 94 25
Eau	24 18 60
Routes et allées	87 66 20
Établissements divers, compris jardins et massifs	104 67 03
Total égal	$934^h 79^a 66^c$

L'augmentation de la surface s'explique de la manière suivante :

La surface primitive était de		$867^h 85^a 00^c$
On a acquis pour les réunir au domaine de la Ville :		
1° Dans la plaine qui s'étend entre Saint-Mandé et Charenton	$161^h 68^a 35^c$	
2° Le coteau de Gravelle	12 10 20	
3° Et diverses parcelles pour régularisation du périmètre, agrandissement de l'École d'arboriculture, abandon de portions de voie publique par l'État et le Département, abandon de terrains par les particuliers, le tout d'une superficie de	1 96 19	
Ensemble	$175^h 74^a 74^c$	$175^h 74^a 74^c$
		$1.043^h 59^a 74^c$

Mais il a été distrait certaines parties :

1° Pour régularisation de bornage avec la Compagnie des chemins de fer de l'Est et avec l'Asile national des convalescents, abandon de chemins aux communes riveraines, quartier de cavalerie, etc.		$11^h 82^a 68^c$	
2° Il a été retranché pour lotissements :			
Les terrains vendus à ce jour (31 décembre 1894)	$75^h 17^a 86^c$	87 86 45	
Les terrains restant à vendre	3 20 25		
Rues de lotissement, d'un développement de 8,488 mètres.	9 48 34		
3° Parties vendues en dehors des lotissements		9 10 95	
Ensemble		$108^h 80^a 08^c$	$108^h 80^a 08^c$
Il reste par conséquent comme superficie du domaine			$934^h 79^a 66^c$

La loi du 24 juillet 1860 a autorisé l'aliénation jusqu'à concurrence d'une superficie de 120 hectares. Jusqu'à présent, il n'a été détaché du bois, comme nous l'avons dit précédemment, que .... $108^h 80^a 08^c$
de sorte que la Ville peut encore aliéner une superficie de 11 19 92

et, si cette opération se réalisait, la surface du bois de Vincennes ne serait plus que de 923 hect. 59 a. 74 c.

Les parties vendues jusqu'à présent forment un ensemble de surfaces de 84 h. 28 a. 81 c., qui a produit.. 6.387.455 »

Le remboursement des frais de viabilité par les acquéreurs a produit.......... 203.595 10

Ensemble.......... 6.591.050 10

On a vu précédemment que la superficie convertie en bois est de 409 h. 94 a. 25 c., mais dans cette surface ne sont pas compris les 17,450 arbres de ligne ou isolés situés en bordure d'allées, sur les quinconces et dans les pelouses.

La longueur des routes et allées carrossables de la promenade, non compris celles établies dans les lotissements, est de 63,850 mètres, dont :

Empierrées........................	52.800^m »	63.850^m »
Sablées........................	11.050 »	
Le développement des allées et sentiers sablés pour les piétons est de........		51.500 »
Ensemble..........		115.350^m »

La superficie des chaussées empierrées de la promenade, non compris les voies de lotissement, est de.. 39^{h}05^{a}57^c

Et celle des routes, allées, contre-allées et trottoirs sablés, est de. 48 60 63

Ensemble, non compris les voies de lotissement.......... 87^{h}66^{a}20^c

Dans les parties sablées, les allées et trottoirs pour cavaliers, d'un développement total de 14 k. 1/4, figurent pour 5 h. 68 c.

Les pièces d'eau du bois de Vincennes sont alimentées et l'arrosage est fait au moyen des eaux de la Marne, élevées sur le plateau de Gravelle par des turbines de l'établissement hydraulique de Saint-Maur.

Le volume d'eau que reçoit quotidiennement le réservoir de Gravelle est de 15,000 mètres environ.

La longueur des conduites d'eau du service du bois de Vincennes est de 64,776 m. 39 c. alimentant 1,340 bouches d'arrosement, 48 fontaines genre Wallace ainsi que diverses concessions d'eau des établissements situés dans le bois.

Indépendamment des conduites ci-dessus, qui appartiennent au service des Promenades, le bois de Vincennes renferme d'autres conduites qui appartiennent à d'autres services :

A la ville de Paris (service des Eaux)........................	12.745^m	04
A la Compagnie des eaux........................	17.426	50
Les branchements de concession d'eau des particuliers........................	3.854	30
Ensemble..........	34.025	84

De sorte que les conduites d'eau qui sillonnent le bois de Vincennes ont un développement de 98,802 m. 23 c.

L'alimentation des cascades a lieu par des rivières artificielles qui descendent du lac de Gravelle et se déversent dans les autres lacs situés : l'un aux Minimes, l'autre à Saint-Mandé et le troisième dans la plaine de Charenton.

Dans les temps de sécheresse, les gazons d'ornement sont arrosés au moyen de colonnes mobiles dont le développement total est de 3,976 mètres.

Le bois de Vincennes possède des égouts et des conduites de divers systèmes pour l'écoulement des eaux :

Égout appartenant à l'État, ayant un développement de	2.422m
Égout appartenant au Département	220
Égout appartenant à la ville de Paris	3.664
Conduits pour l'écoulement des eaux pluviales et ménagères des routes et des établissements appartenant à la Ville	11.867
Conduits des établissements de l'Artillerie	980
Conduits des rivières de la promenade à la traversée des routes et allées, et sous le champ de manœuvres	2.044
Ensemble	21.299m

On a vu précédemment que les établissements divers occupaient une superficie de 101 h. 07 a. 03 c., savoir :

Établissements militaires dont le sol fait partie du domaine municipal :		
Polygone de l'Artillerie	43h 46a 86c	83h 54a 3
École de pyrotechnie des ateliers de l'Artillerie	13 54 75	
Camp baraqué	20 76 20	
Salles d'essai au centre du champ de manœuvres	0 06 75	
Les tribunes des courses et l'enceinte du pesage occupent une surface de		95
Le jardin de M. Georges Ville		2 47 2
Établissements appartenant en toute propriété à la ville de Paris et composés de : La ferme de la Faisanderie, l'École d'arboriculture, le Musée forestier, les glacières, 4 cafés-restaurants, 25 maisons de garde, 4 corps de garde, 2 pavillons loués à des particuliers, 2 terrains loués à la commune de Charenton pour l'agrandissement du cimetière, un terrain loué à la Compagnie des chemins de fer nogentais, 1 jeu d'arc, 27 chalets d'étalagiste, 11 kiosques rustiques, 25 cabanes de cantonnier, 2 jeux de chevaux de bois, 1 théâtre Guignol, etc., occupant ensemble une superficie de (compris les massifs et jardins)		17 69 9
Ensemble		101h 07a 0

Les bancs de divers systèmes mis à la disposition du public et répartis sur toute la surface de la promenade sont au nombre de 830.

Les poteaux indicateurs, les poteaux de défense et les poteaux d'attache sont au nombre de 46

Les appareils d'éclairage sur les voies de ceinture de la promenade, sur les voies de lotisseme et sur les routes traversant le bois de Vincennes et appartenant à la ville de Paris, au Départeme où à l'État, sont au nombre de 265.

Le bois de Vincennes possède 5 urinoirs formant ensemble 21 stalles.

La plupart des routes et allées sont bordées de piquets et fils de fer pour protéger les bordur de gazon, les corbeilles de fleurs et les massifs d'arbustes. Ces piquets sont au nombre de 66,70 défendant, au moyen de fils de fer galvanisé, 200 kilomètres en bordures.

Il existe au bois de Vincennes 20 ponts et passerelles, soit en bois rustique, soit en fer et boi il y a en outre 8 embarcadères pour les bateaux de promenade.

Ces ponts et embarcadères couvrent une surface de 819 mètres.

L'altitude moyenne du bois de Vincennes est à la cote de 54.64. Les repères de nivellement so au nombre de 53. Le point le plus élevé du bois (butte de Gravelle) est à la cote de 72.00 et point le plus bas (fond du lac de Saint-Mandé) est à la cote de 42.30.

Les travaux de transformation, commencés en 1858 aux frais de la Liste civile, ont été repris en 1861 et terminés en 1868.

L'opération du bois de Vincennes a eu pour résultat de doter la Ville d'une magnifique prom nade et a entraîné une dépense de 25,530,000 francs environ, savoir :

Remboursement à la Liste civile des dépenses faites avant la cession du bois à la Ville	1.211.234f
Contribution pour l'amélioration de la route n° 34	12.040
A reporter	1.223.274f

Report.....		1.223.274 38
Acquisitions de terrains :		
Dans la plaine de Charenton et de Saint-Mandé	14.152.080 52	
La côte de Gravelle	1.068.068 70	15.345.392 42
Diverses parcelles pour régularisation du périmètre	124.343 20	
Indemnités accordées aux locataires expropriés		1.304.952 56
Travaux neufs de terrassement, maçonnerie, jardinage, travaux hydrauliques, etc		6.749.681 10
Construction de maisons de garde et autres, travaux d'architecture		789.106 58
Achat de servitudes		29.200 »
Total des dépenses		25.531.607f 04

Recettes :

Terrains vendus et remboursement, par les acquéreurs de terrains retranchés, des frais de viabilité	6.591.056f 10
Revente de matériaux de démolitions faites sur les terrains expropriés	214.758 »
Remboursement, par la Société des steeple-chases de France, de huit annuités de 9,280 fr. 34 c. chacune sur les vingt-cinq qu'elle devait rembourser à la Ville pour payer les travaux d'établissement du champ de courses en 1864	74.242 72
Produit de la vente des matériaux provenant de la démolition des anciennes tribunes du champ de courses	28.000 »
Les 3 h. 32 a. 25 c. de terrains lotis restant à vendre et dont les mises à prix ont été fixées par l'Administration et le Conseil municipal (décisions du 1er octobre 1884 et du 12 juin 1885) produiront au maximum	570.000 »
Total des recettes	7.478.050f 82

Résumé :

Dépenses	25.531.607f 04
Recettes	7.478.050 82
Il en résulte que l'opération du bois de Vincennes aura coûté à la ville de Paris, au 31 décembre 1894, la somme de	18.053.556f 22

Les recettes ordinaires du bois de Vincennes consistant en locations, concessions, permissions de pêche, produit des promenades sur l'eau, recettes éventuelles, etc., sont les suivantes pour l'année 1894 :

Café-restaurant du lac de Saint-Mandé	2.675f »
Id. du plateau de Gravelle	1.675 »
Chalet de la Porte-Jaune	3.800 »
Id. de la Brasserie	2.250 »
Pavillon Nord dit des Siamois	400 »
Concerts dans l'île de Reuilly	1.000 »
Ferme de la Faisanderie	1.700 »
Glacières	17.000 »
Glacières : Remboursement des frais de remplissage	20.417 02
Hippodrome de Gravelle	2.400 »
Pavillon du Val-d'Osne	201 »
Terrains affectés à un service d'artifices	824 »
Location de deux terrains à la commune de Charenton	40 »
Locations verbales faites à divers cantonniers	1.080 »
Location à la Compagnie des omnibus d'un terrain occupé par le bureau d'attente du tramway de Vincennes au Louvre	26 »
Location à la Compagnie des tramways-Sud d'un terrain occupé par un bureau d'attente sur la contre-allée de l'avenue Daumesnil (extra-muros)	87 50
Redevance de la commune de Vincennes pour occupation d'un terrain par un bureau d'octroi	20 »
Redevance par la même commune pour l'accès du bois en face de la mairie	1 »
Redevance par la même commune pour l'accès du bois par la passerelle des Sabotiers	1 »
Redevance de la commune de Charenton pour deux bureaux d'octroi	40 »
Redevance de la commune de Saint-Mandé pour un bureau d'octroi	20 »
A reporter.....	64.637 52

Report.....	64.657 52
Tir à l'arc de la Société des chevaliers de l'Arc, de Charenton	20 »
Un théâtre Guignol	50 »
Jeux de chevaux de bois	200 »
Concession à M. Legal de trois chalets pour la vente du lait	540 »
Droit de placer des sièges et tables par divers particuliers	372 50
Permissions de pêche	2.250 »
Promenades sur l'eau	9.165 80
Recettes éventuelles	5.425 65
Remboursement par les compagnies du Gaz et des Eaux et par les particuliers pour travaux de réfection de chaussées, trottoirs, etc., exécutés à leur compte par la ville de Paris	4.021 91
Redevance de la Compagnie des chemins de fer nogentais pour occupation d'un emplacement affecté à la station de la Porte-Jaune et sur le côté droit de la route nationale n° 34	6 50
Autorisation accordée à la Compagnie des chemins de fer nogentais de reculer la bordure de la route nationale n° 34 dans la traversée du bois	5 »
Redevance de la Compagnie des chemins de fer nogentais pour occupation de terrain par une usine de chargement	4.395 75
Redevance de la Compagnie des chemins de fer nogentais pour occupation de terrain par une voie de garage	200 »
Terrain occupé par un appareil photographique automatique	64 60
Terrain occupé par des balançoires hygiéniques (location Sérié)	200 »
Occupation de terrain à la Pointe de Joinville par la commune de Joinville	1 »
Total	91.576 23

Les crédits annuels d'entretien du bois de Vincennes étaient, antérieurement aux événements de 1870-71, de 467,200 francs répartis de la manière suivante :

Traitement des agents préposés à la surveillance de la promenade		54.700f »
Habillement et équipement des gardes		27.500 »
Viabilité, travaux hydrauliques et jardinage	350.000f »	385.000 »
Travaux d'architecture	35.000 »	
Ensemble		467.200f »

Actuellement les crédits d'entretien sont les suivants :

Traitement des agents (conservateur, brigadiers et gardes) préposés à la surveillance de la promenade		52.060f »
Habillement et équipement des gardes		16.700 »
Viabilité, travaux hydrauliques et jardinage	301.300f »	347.500 »
Travaux d'architecture	33.000 »	
Dépenses générales	13.200 »	
Ensemble		416.260f »

La surveillance de cette promenade est assurée par 1 brigadier-chef, 3 brigadiers, 1 sous-brigadier et 34 gardes.

II. — BOIS DE BOULOGNE.

(M. Caillas, conservateur.)

La surface du bois de Boulogne est de 847 hectares 88 ares 12 centiares; elle se répartit ainsi qu'il suit :

Partie boisée	360h 45a 00c
Pelouses fauchées	178 27 00
Pépinières	15 50 00
Maisons louées pour habitation	10 54 00
Id. pour exploitation	1 75 00
A reporter.....	566h 51a 00c

Report.....	566h 51a 00c
Maisons occupées par des employés	1 49 50
Logement et magasin du dépôt	75 00
Concessions diverses	121 25 00
Routes, allées et sentiers	128 93 10
Pièces d'eau	23 56 50
Rivières	5 38 02
Total égal	847h 88a 12c

La longueur des routes, allées et sentiers est de 160,485 m. 40 c., savoir :

Chaussées empierrées	71.263m 60
Allées cavalières	26.000 00
Sentiers	65.813 80
Ensemble	163.077m 40

Le nombre des bancs est de 465, savoir :

Bancs consoles	69
Id. doubles	28
Id. rustiques	338
Id. en fonte	25
Id. divers	5
Total égal	465

Les cours d'eau ont une longueur totale de 12,268 mètres.

Voici la liste des concessions et des locations faites dans le bois de Boulogne avec l'indication des sommes qu'elles rapportent :

Bassin de patinage	20.000f »
Chalet de la Croix-Catelan	1.400 »
Id. des Lacs	1.800 »
Id. des Iles et exploitation des bateaux de promenade sur les lacs	9.200 »
Id. du Rond-Royal	6.000 »
Location des glacières du bois de Boulogne	17.000 »
Remboursement des frais de remplissage de ces glacières	30.000 »
Hippodrome de Longchamp	200.000 »
Id. d'Auteuil	153.000 »
Jardin d'acclimatation	1.000 »
Remboursement par la Société zoologique d'acclimatation du bois de Boulogne du salaire et des frais d'entretien d'un garde préposé à la garde de l'établissement	1.300 »
Maison route du Champ-d'Entrainement nº 1	6.600 »
Id. nº 2	1.200 »
Id. nº 4	5.200 »
Id. nº 6	2.150 »
Id. nº 8	5.000 »
Id. nº 10	3.750 »
Maison route du Bord-de-l'Eau	5.000 »
Id. du Pont-de-Suresnes	2.700 »
Id. id. (annexe)	300 »
Id. de Longchamp	12.000 »
Id. située derrière les tribunes de Longchamp	1.550 »
Pavillon d'Armenonville	11.875 »
Mare id. (droit de pêche et de patinage)	400 »
Pavillon Chinois	16.900 »
Id. de la Grille-des-Princes	301 20
Id. de la Porte-de-Seine	70 »
Id. de Bagatelle	115 »
Id. de la Porte-de-Boulogne	1.400 »
A reporter.....	499.211f 20

Report.....	499.211f 20
Permissions de pêche..	3.350 »
Pré-Catelan et fauchage des herbes du bois de Boulogne et de ses dépendances............	16.400 »
Concession pour quinze années à Mme Devillers d'un terrain de 170 m. 60 c. à la porte Maillot	450 »
Remboursement par le Département des frais d'entretien des berges de la Seine, le long du chemin vicinal n° 39, dans la traversée du bois de Boulogne................................	1.000 »
Restaurant de la Grande-Cascade	16.000 »
Id. de la Porte-Maillot..	10.600 »
Chalet pour la vente des gaufres au Pré-Catelan	100 »
Remboursement par les compagnies du Gaz et des Eaux et par les propriétaires riverains pour travaux de réfection de chaussées et de trottoirs exécutés à leur compte par la ville de Paris..	12.300 »
Location pour six années, à partir du 1er août 1890, à M. Richard Wallace, de la prairie dénommée Plaine-des-Sports, moyennant un loyer annuel de	4.000 »
Concession d'un emplacement pour jeu de polo équestre................................	8.000 »
Concession d'emplacements pour installation d'appareils automatiques.....................	480 »
Baraque de 1m75 × 1m20 pour la vente des gâteaux, etc., autorisée à la porte de Neuilly par arrêté du 12 décembre 1883..	5 »
Locations à six chefs cantonniers et à deux cantonniers logés dans des bâtiments dépendant du bois, à raison de 120 francs chacun	960 »
Location de chariots...	3.216 »
Produits divers : ventes de canards, d'œufs, permissions de traverser le bois, etc..........	1.900 »
Total..........	577.972 20

En outre, le service du bois compte :

430 puisards pour recevoir les eaux pluviales;
6,200 mètres de murs de soutènement des sauts-de-loup;
2,000 mètres de perrés pour consolider les berges de la Seine;
140 mètres linéaires d'aqueduc souterrain;
1,800 mètres linéaires de conduites en grès Doulton placées en terre, servant de décharge à la mare de Neuilly;
76,000 mètres de conduites d'eau en fonte et en tôle et bitume de tous diamètres;
1,800 bouches d'arrosage;
51 robinets servant de bouches;
267 branchements avec robinets d'arrêt;
1,815 branchements sans robinets d'arrêt;
7 chutes d'eau et la grande cascade de Longchamp;
19 ponts rustiques;
5 ponts en fer;
6 ponts en pierre;
45 fontaines dites Wallace;
2 urinoirs à 2 stalles;
Le moulin de Longchamp;

Enfin, le puits artésien de Passy dépend du service du bois pour l'alimentation des lacs, étangs, etc.

Les travaux neufs et de grosses réparations exécutés en 1894 consistent dans le remplacement de conduites en tôle par de la fonte; ils s'élèvent à la somme de 2,000 fr.; amélioration des allées cavalières, rechargements, 8,900 fr.; — dérivation de l'avenue Victor-Hugo au bois de Boulogne, 4,763 fr. 53 c.

Le crédit total ouvert, en 1894, pour l'entretien du bois de Boulogne est de 565,500 fr. et réparti de la manière suivante :

1° Habillement et équipement des gardes	18.200 »
2° Entretien du bois (travaux de ponts et chaussées, de jardinage et dépenses générales)....	522.300 »
3° Enlèvement et transport de la glace des lacs..	25.000 »
Total égal..........	565.500 »

Le service de surveillance est fait par 1 brigadier-chef, 3 brigadiers, 1 sous-brigadier et 38 gardes.

DIRECTION DES EAUX

(M. Humblot, Inspecteur général des Ponts et chaussées chargé de la direction du service.)

CONSOMMATION MAXIMA EN 1894.

Eaux de sources : 2 juillet, 214,000 mètres cubes. — Eaux de rivières et puits artésiens, 4 mai, 296,100 mètres cubes.

Développement de la canalisation générale du 1er janvier 1876 au 31 décembre 1894, non compris la canalisation des bois de Boulogne, de Vincennes, des parcs, squares, jardins, cimetières.

1876 au 1er janvier	1,397	kilomètres.
1877 id.	1,419	—
1878 id.	1,440	—
1879 id.	1,498	—
1880 id.	1,527	—
1881 id.	1,586	—
1882 id.	1,703	—
1883 id.	1,826	—
1883 au 31 décembre	1,916	—
1884 id.	1,979	—
1885 id.	1,998	—
1886 id.	1,025	—
1887 id.	2,068	—
1888 id.	2,082	—
1889 id.	2,125	—
1890 id.	2,156	—
1891 id.	2,182	—
1892 id.	2,209	—
1893 id.	2,249	—
1894 id.	2,289	—

Longueurs respectives des divers calibres de canalisation au 31 décembre 1894.

Conduites de	0m06	65 k. 6
Id.	0 10	1.410 »
Id.	0 15	109 »
Id.	0 20	131 2
Id.	0 25	65 7
Id.	0 30	69 8
Id.	0 35	28 8
Id.	0 40	108 3
Id.	0 50	73 2
Id.	0 60	87 »
Id.	0 80	42 9
Id.	1 00	15 5
Id.	1 10	17 4
Id.	1 30	1 3
Id.	1 50	3 6
	Total	2.289 k. 3

Tableau numérique des recettes effectuées par la Compagnie des eaux, pour le compte de la ville de Paris, de 1876 à 1894 inclus.

ANNÉES	RECETTES RÉELLES de la Compagnie des eaux	ACCROISSEMENTS RÉELS ANNUELS	OBSERVATIONS
	fr. c.	fr. c.	
1876	7,240,000 »	320,000 »	Tableau numérique correspondant au graphique de *l'accroissement des recettes du service privé*, page 46.
1877	7,600,000 »	360,000 »	
1878	8,100,000 »	500,000 »	
1879	8,380,000 »	280,000 »	
1880	9,020,000 »	640,000 »	
1881	9,300,000 »	280,000 »	
1882	9,420,000 »	120,000 »	
1883	9,680,000 »	260,000 »	(1) Diminution provenant de ce que, dans le compte de l'année précédente, on a compris les excédents qui s'y rapportaient et qui ordinairement étaient comptés dans l'exercice suivant, pendant lequel ils étaient perçus.
1884	10,340,000 »	660,000 »	
1885	9,544,000 »	(1)—796,000 »	
1886	9,850,000 »	306,000 »	
1887	10,000,000 »	150,000 »	
1888	10,150,000 »	150,000 »	
1889	11,035,000 »	885,000 »	
1890	11,030,000 »	—5,000 »	
1891	11,356,000 »	326,000 »	
1892	12,015,000 »	659,000 »	
1893	12,845,000 »	830,000 »	
1894	12,847,000 »	2,000 »	

1886.	Arcueil (1)	9,740	10,667	11,004	10,432	10,251	10,083	9,242	9,221	9,001	9,119	9,209	9,443	9,785
	Ourcq	123,270	129,611	126,170	133,118	138,900	144,116	145,117	137,900	129,257	119,064	109,783	100,106	127,783
	Dhuis	20,000	28,000	28,000	25,000	23,000	28,000	21,000	20,000	20,000	20,000	21,000	21,090	22,914
	Vanne	111,000	101,000	107,000	107,000	108,000	108,000	110,000	110,000	110,000	111,000	114,000	111,000	109,088
	Marne	65,922	67,328	76,186	64,043	76,152	68,941	82,198	86,271	79,825	72,670	65,698	63,135	72,384
	Seine	45,466	45,016	50,030	64,253	73,394	70,362	96,923	78,750	104,339	82,631	64,428	61,484	69,398
		375,398	381,672	398,393	403,879	429,697	428,454	464,489	442,142	449,422	415,294	394,178	386,386	401,[illegible]
1887.	Arcueil (1)	8,822	8,914	8,947	8,891	8,731	8,907	9,100	8,864	8,698	8,379	8,582	8,696	[illegible]
	Ourcq	102,500	100,835	103,017	111,691	123,119	137,391	144,246	129,832	124,594	121,537	117,820	112,[illegible]	[illegible]
	Dhuis	27,000	23,600	21,000	26,000	26,700	24,000	20,000	20,000	20,000	18,000	18,000	18,000	[illegible]
	Vanne	63,000	» (2)	70,000	112,000	112,000	112,000	112,000	112,000	108,000	108,000	94,000	97,000	[illegible]
	Marne	68,720	72,775	74,884	72,304	76,045	80,613	88,012	77,113	73,492	71,374	79,350	66,732	[illegible]
	Seine	86,532	130,311	73,952	61,440	53,088	84,071	95,118	92,940	71,280	78,242	68,740	62,445	[illegible]
		358,574	336,465	351,787	392,332	398,703	446,984	482,476	440,742	409,884	402,882	386,711	368,682	[illegible]
1888.	Arcueil (1)	8,618	8,779	8,969	9,050	9,319	9,348	9,066	9,020	9,085	9,816	9,030	9,470	[illegible]
	Ourcq	112,676	120,264	121,353	128,637	133,044	140,309	134,069	139,401	140,305	130,741	125,777	[illegible]	[illegible]
	Dhuis	18,000	18,000	23,600	28,000	24,000	24,000	19,494	17,945	17,840	17,943	17,242	16,340	[illegible]
	Vanne	99,300	85,000	105,000	109,000	110,000	112,000	112,465	112,465	112,465	116,777	115,083	111,[illegible]	[illegible]
	Marne	67,685	71,657	65,304	63,624	74,866	80,513	76,436	78,948	80,182	77,471	76,016	74,[illegible]	[illegible]
	Seine	64,562	63,847	60,176	60,695	80,726	92,053	75,879	80,604	73,092	64,164	64,692	65,[illegible]	[illegible]
		371 071	369,547	384,882	399,006	431,225	458,223	427,409	438,383	435,290	416,912	408,400	408,[illegible]	[illegible]
1889.	Arcueil (1)	9,126	9,021	8,937	7,638	7,289	7,338	7,271	7,911	7,644	7,794	7,898	[illegible]	[illegible]
	Ourcq	94,717	135,341	94,769	127,201	135,177	144,231	147,155	139,688	136,928	125,779	117,963	[illegible]	[illegible]
	Dhuis	16,540	16,540	16,540	16,540	21,520	21,520	21,520	21,520	18,500	17,300	17,300	18,[illegible]	[illegible]
	Vanne	114,549	114,549	114,549	114,549	121,640	121,640	121,640	121,640	120,000	120,080	121,000	[illegible]	[illegible]
	Marne	77,821	66,102	69,995	73,633	83,820	82,200	87,938	88,721	83,306	77,954	68,072	[illegible]	[illegible]
	Seine	83,123	59,360	67,704	70,021	112,563	148,099	150,303	138,646	130,576	116,494	105,224	87,[illegible]	[illegible]
		335,876	401,113	372,514	409,685	481,809	525,088	535,827	517,928	486,954	465,518	437,852	412,[illegible]	[illegible]
1890.	Arcueil (1)	8,212	8,123	8,007	8,049	8,184	8,123	8,112	8,020	7,794	7,717	7,622	7,797	[illegible]
	Ourcq	121,200	122,097	121,674	127,989	139,188	143,800	137,135	144,764	130,419	121,992	123,866	110,700	[illegible]
	Dhuis	19,700	21,800	19,600	19,500	19,200	18,600	18,200	17,500	17,000	16,300	18,300	17,000	[illegible]
	Vanne	118,300	116,800	118,000	118,000	118,000	118,000	118,000	118,000	118,500	116,800	117,000	115,000	[illegible]
	Marne	72,333	75,882	70,189	77,582	83,519	84,708	76,838	86,371	78,032	79,027	68,196	56,450	[illegible]
	Seine	79,321	77,301	77,328	87,830	92,344	126,178	114,673	120,334	113,254	108,052	100,842	83,900	[illegible]
		419,548	422,003	415,895	438,820	460,435	499,499	472,980	495,209	465,899	450,088	436,026	390,840	[illegible]
1891.	Arcueil (1)	6,100	6,200	6,200	6,500	6,600	7,100	7,600	7,500	7,200	7,100	6,900	6,700	[illegible]
	Ourcq	121,800	126,400	136,000	139,700	141,800	149,600	148,900	140,600	143,100	132,000	124,300	117,300	[illegible]
	Dhuis	17,000	19,500	19,500	21,000	18,000	18,000	16,000	13,000	10,000	10,000	17,000	17,000	[illegible]
	Vanne	116,000	117,000	117,500	117,700	118,000	117,000	117,000	116,000	117,000	116,000	118,000	119,000	[illegible]
	Marne	62,000	79,600	70,100	55,620	73,500	81,300	80,100	83,100	85,800	86,900	84,300	74,900	[illegible]
	Seine	86,200	88,300	89,700	109,700	122,600	125,800	143,200	127,300	136,100	125,600	122,800	115,900	[illegible]
		409,100	436,900	439,200	450,200	480,500	498,800	512,800	489,800	499,200	477,600	473,300	451,000	[illegible]
1892.	Arcueil (1)	6,600	7,800	8,700	7,400	7,300	7,800	7,300	7,100	6,900	7,000	7,300	7,400	[illegible]
	Ourcq	119,600	123,600	125,800	143,200	146,300	137,200	151,700	145,800	149,900	144,500	139,200	152,500	[illegible]
	Dhuis	23,000	24,500	23,000	23,000	20,000	19,500	17,500	17,000	16,000	16,000	19,000	20,000	[illegible]
	Vanne	117,700	117,700	117,700	118,000	117,500	117,500	117,500	118,000	118,000	118,000	118,000	118,000	[illegible]
	Marne	64,900	69,200	59,500	72,000	86,700	78,300	66,800	71,000	72,800	70,500	74,800	69,500	[illegible]
	Seine	112,800	95,900	89,600	111,300	138,500	154,900	163,300	161,200	146,400	134,200	122,700	113,400	[illegible]
		444,600	438,700	424,300	474,900	516,300	515,200	524,300	520,100	510,000	490,200	481,000	480,000	[illegible]
1893.	Arcueil (1)	6,400	7,300	7,700	7,700	7,600	7,700	7,600	7,500	7,400	7,100	7,000	7,000	[illegible]
	Ourcq	136,800	149,200	142,100	161,200	163,200	155,900	139,400	134,000	154,000	140,000	134,200	132,000	[illegible]
	Dhuis	20,000	20,000	22,000	20,000	18,000	18,000	17,000	17,000	16,000	16,000	17,000	16,000	[illegible]
	Vanne	118,000	118,000	117,000	117,700	118,000	118,000	117,000	117,000	118,000	118,000	118,000	118,000	[illegible]
	Avre (3)	»	»	»	50,000	50,000	57,300	70,000	50,000	45,000	45,000	45,000	45,000	[illegible]
	Marne	64,800	64,900	74,900	85,000	81,200	75,900	68,500	60,600	61,400	65,400	74,000	67,700	[illegible]
	Seine	104,700	117,300	109,400	104,800	111,700	131,700	137,900	139,200	136,500	123,800	109,700	97,000	[illegible]
		447,700	476,700	473,100	546,400	549,700	564,500	577,400	566,000	538,300	513,300	504,900	482,700	[illegible]
1894.	Arcueil	7,100	7,300	7,300	7,200	7,200	7,400	7,400	7,100	6,200	6,150	6,350	6,250	[illegible]
	Ourcq	133,800	93,700	124,000	129,300	140,000	140,200	142,400	147,000	142,000	143,000	140,000	140,000	[illegible]
	Dhuis	20,000	20,500	20,000	20,000	20,000	18,000	18,000	18,000	17,000	17,000	16,000	16,000	[illegible]
	Vanne	118,000	118,000	118,000	118,000	100,000	100,000	115,000	113,000	105,000	100,000	100,000	100,000	[illegible]
	Avre	45,000	45,000	70,000	70,000	77,000	77,000	77,000	77,000	77,000	75,000	70,000	75,000	[illegible]
	Marne	73,300	73,800	73,600	85,600	79,600	78,600	72,200	78,400	73,300	74,000	79,800	79,400	[illegible]
	Seine	86,700	78,600	80,100	79,500	110,100	110,200	135,300	104,000	103,000	103,000	93,400	89,600	[illegible]
		483,900	456,400	493,000	509,630	533,900	531,400	567,300	546,500	523,580	518,150	506,550	506,250	[illegible]

(1) Sous cette rubrique sont aussi compris les volumes d'eau produits par les puits artésiens et les sources du Nord.
(2) Le service de la Vanne a été interrompu en février 1887 par suite de réparations à l'aqueduc d'Arcueil.
(3) Mise en service de l'Avre à partir du 1er avril 1893.

Nombre de mètres cubes d'eau distribuée par jour à Paris de 1873 à 1894
(Moyennes mensuelles. — *Voir le diagramme*, page 45).

ANNÉES	NATURE D'EAU	JANVIER	FÉVRIER	MARS	AVRIL	MAI	JUIN	JUILLET	AOUT	SEPTEMBRE	OCTOBRE	NOVEMBRE	DÉCEMBRE	MOYENNE JOURNALIÈRE	NOMBRE DE LITRES d'eau par jour et par habitant
1873	Eau de sources	22,651	22,651	22,651	22,651	22,651	22,651	22,651	22,651	22,651	22,651	22,651	22,651	22,651	(1) 11.5
	Eau d'Ourcq et de rivières	189,068	196,270	203,021	227,535	220,195	232,160	219,187	236,637	225,792	216,179	207,274	205,397	217,642	113.0
1874	Eau de sources	29,683	28,354	30,107	25,898	27,805	26,821	27,860	33,602	34,924	51,903	54,062	55,504	37,209	(2) 19.35
	Eau d'Ourcq et de rivières	195,410	188,403	199,583	213,495	230,530	230,154	244,457	222,232	233,153	187,077	200,428	201,998	212,237	110.0
1875	Eau de sources	64,838	74,603	72,764	42,342	74,683	77,544	88,657	87,672	87,745	86,127	90,388	90,643	78,167	(3) 40.6
	Eau d'Ourcq et de rivières	179,920	160,074	161,909	218,444	200,317	194,903	185,097	199,918	201,305	180,722	171,417	159,541	184,718	95.8
1876	Eau de sources	92,325	91,327	108,572	101,955	97,439	94,227	90,786	95,876	74,525	49,463	95,412	110,822	91,944	(4) 47.8
	Eau d'Ourcq et de rivières	155,671	153,786	148,195	180,024	191,519	205,871	228,377	224,332	196,541	213,230	172,960	164,751	186,274	96.8
1877	Eau de sources	110,492	113,892	57,325	90,701	114,050	95,423	86,700	84,578	98,961	92,284	95,933	113,639	96,414	45.5
	Eau d'Ourcq et de rivières	169,279	158,148	194,735	202,891	176,310	216,975	229,979	232,558	211,732	196,520	191,795	168,406	193,777	92.4
1878	Eau de sources	126,036	123,401	128,809	133,675	132,228	132,429	120,934	127,195	126,414	119,630	129,232	126,471	128,186	60.0
	Eau d'Ourcq et de rivières	150,486	153,417	160,921	161,146	190,359	204,731	222,515	210,765	185,315	201,928	168,707	168,777	181,590	85.7
1879	Eau de sources	132,890	135,056	137,038	139,926	134,372	134,980	120,931	132,826	132,184	131,911	131,926	123,872	132,325	62.5
	Eau d'Ourcq et de rivières	169,456	170,095	176,956	190,144	197,802	212,753	213,237	226,628	211,371	202,044	185,067	144,162	194,644	90.4
1880	Eau de sources	132,022	131,854	95,800	97,505	112,551	129,376	127,030	125,024	118,830	122,068	130,034	120,878	120,997	56.8
	Eau d'Ourcq et de rivières	172,898	201,923	244,407	244,086	261,477	252,256	264,425	252,363	257,197	237,760	225,851	220,724	236,280	111.5
1881	Eau de sources	130,403	131,421	127,067	103,890	131,998	131,864	134,471	130,364	126,210	121,633	121,944	117,450	125,734	59.2
	Eau d'Ourcq et de rivières	219,050	225,149	239,638	263,510	258,294	261,002	270,081	244,867	255,370	254,230	230,451	252,208	247,037	117.0
1882	Eau de sources	114,308	104,334	114,353	108,163	111,141	109,150	113,102	105,078	108,180	100,294	128,890	135,199	113,433	50.2
	Eau d'Ourcq et de rivières	236,394	240,335	236,536	259,894	261,153	272,100	270,968	272,024	265,019	265,264	239,765	221,205	252,662	112.0
1883	Eau de sources	137,122	139,438	138,528	134,712	138,609	141,717	141,871	140,424	140,427	140,339	140,224	150,235	139,780	64.8
	Eau d'Ourcq et de rivières	222,995	237,165	226,544	248,705	253,071	267,466	264,170	278,070	254,977	218,442	211,045	208,664	240,943	106.5
1884	Eau de sources	143,644	145,220	143,797	142,062	143,230	141,022	138,269	138,909	138,631	127,357	126,158	139,182	138,956	64.4
	Eau d'Ourcq et de rivières	216,826	218,484	219,542	235,148	250,796	251,647	284,767	290,536	267,264	259,906	243,174	234,857	248,580	110.0
1885	Eau de sources	128,205	141,280	141,521	141,344	135,316	132,271	132,381	135,833	135,844	134,901	139,207	139,455	136,463	60.4
	Eau d'Ourcq et de rivières	238,882	234,029	234,887	267,673	261,331	301,416	338,980	311,576	285,544	261,564	241,135	236,606	271,135	120.0
1886	Eau de sources	140,740	139,687	146,386	142,433	141,251	146,035	140,242	139,221	139,001	140,119	144,209	141,443	141,735	62.6
	Eau d'Ourcq et de rivières	234,658	241,985	252,050	261,446	288,446	280,419	324,238	302,921	310,421	275,165	239,909	224,922	269,714	119.5
1887	Eau de sources	100,822	32,544	99,947	146,894	147,431	144,907	141,100	140,864	133,698	131,579	120,582	123,626	122,998	52.4
	Eau d'Ourcq et de rivières	257,752	303,954	234,850	245,444	252,252	302,077	324,376	309,878	272,356	271,353	266,129	245,036	272,455	116.0
1888	Eau de sources	127,476	124,869	129,901	131,007	138,078	137,784	134,463	132,999	137,409	125,993	128,184	128,949	131,423	56.0
	Eau d'Ourcq et de rivières	258,262	274,817	257,726	269,943	261,720	313,185	291,157	303,690	209,343	284,163	278,006	278,097	280,598	119.5
1889	Eau de sources	125,240	130,143	131,154	134,631	142,039	140,271	145,245	142,042	142,041	137,883	123,573	127,997	135,234	57.7
	Eau d'Ourcq et de rivières	180,489	258,575	260,891	270,078	311,918	367,512	381,603	352,321	340,554	315,045	284,567	258,297	298,487	127.5
1890	Eau de sources	132,942	130,878	133,949	136,184	142,625	141,966	139,793	133,945	135,025	137,642	131,697	123,426	135,006	57.7
	Eau d'Ourcq et de rivières	273,336	275,280	270,088	293,401	315,051	354,776	328,648	351,689	322,605	309,071	292,904	251,052	303,158	129.5
1891	Eau de sources	139,100	142,600	143,400	145,200	142,600	142,100	140,600	138,500	134,200	133,400	141,900	142,700	140,300	56.2
	Eau d'Ourcq et de rivières	270,000	294,300	295,800	305,000	337,900	356,700	372,200	351,300	365,000	344,800	331,400	308,300	327,800	131.1
1892	Eau de sources (5)	147,300	140,000	130,400	148,400	144,800	144,800	142,500	142,100	144,900	141,000	144,300	165,400	145,000	54.0
	Eau d'Ourcq et de rivières	297,300	298,700	304,900	326,500	371,500	370,400	381,800	378,000	369,100	349,200	336,700	255,400	340,100	136.0
1893	Eau de sources (6)	144,400	145,300	146,700	196,400	193,600	201,000	214,600	191,500	180,400	186,400	187,000	186,000	193,300	77.2
	Eau d'Ourcq et de rivières	348,300	331,400	326,400	351,000	356,100	363,500	365,800	374,500	351,900	327,200	317,900	296,700	339,100	135.6
1894	Eau de sources	190,100	210,300	215,300	215,200	204,200	202,400	217,400	217,100	205,200	198,150	192,350	197,250	205,442	84.7
	Eau d'Ourcq et de rivières	293,800	246,100	277,700	294,400	329,700	320,000	340,900	329,400	318,300	320,000	312,200	309,000	309,208	125.5

OBSERVATIONS. — (1) En 1873 les jaugeages font défaut. On a pris pour débit approximatif le dernier jaugeage de décembre 1874, ceux des mois correspondants ne pouvant être appliqués. — (2) Août 1874 : arrivée de la Vanne. — (3) Avril 1875 : chômage de la Vanne pour visite de l'aqueduc. — (4) Octobre 1876 et mars 1877 : interruption de la Vanne. — (5) Y compris les eaux d'Arcueil et des puits artésiens. — (6) Mise en service de l'Avre à partir du 1er avril.

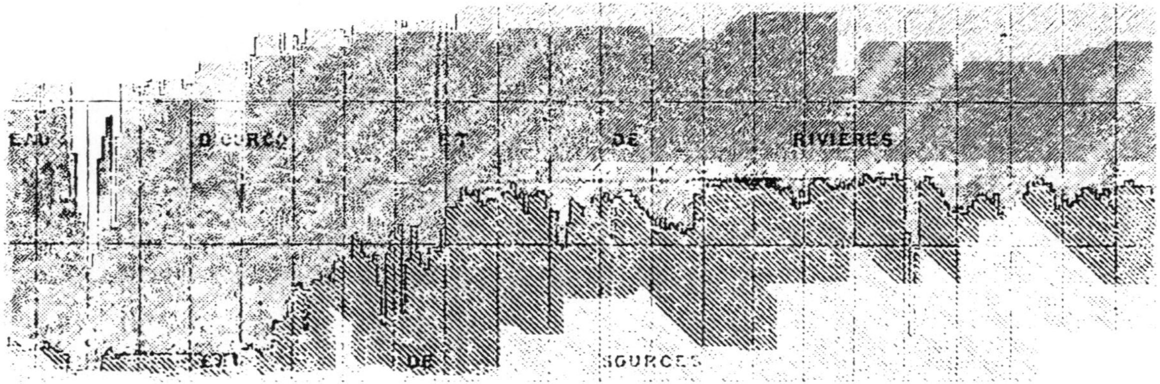
DE
RIVIÈRES
DE
OURCES

ACCROISSEMENT DES RECETTES DU SERVICE PRIVÉ

DE DISTRIBUTION D'EAU

Échelle de 0m,02 pour 1,000,000 de francs.

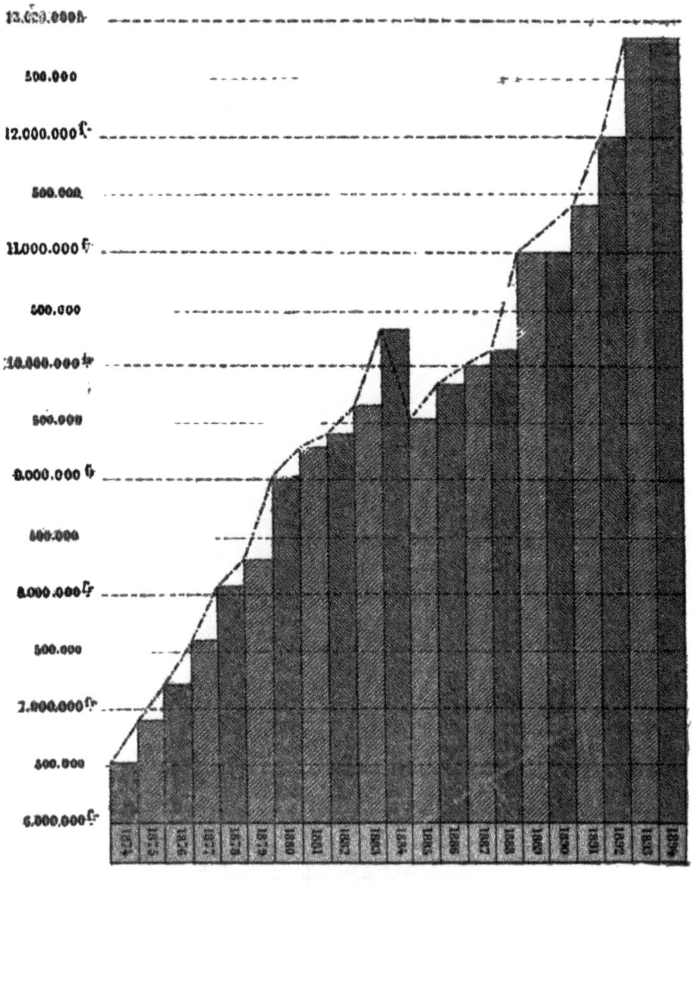

1° Eau de Seine.

s.	2	Horizontales à balancier.	1 pompe horizontale à double effet avec pompe nourricière.	40 40	»	» »	»	»	Usine désaffectée, 1er avril 1894.
Farcot, Belleville.	6	Horizontales à balancier (Joseph Farcot, constructeur).	2 pompes verticales juxtaposées à simple effet.	171 171 171 171 171 171	66.70	160 160 160 160 160 160	1•34	85,000	Villejuif.
Farcot	2	1 verticale à balancier (Cavé, constructeur). 1 horizontale à balancier (Farcot, constructeur).	2 pompes verticales à simple effet, avec pompe nourricière. 1 pompe horizontale à double effet, avec pompe nourricière.	45 75	»	» »	»	»	1er janvier 1894. — Exploitée par le département de la Seine pour le relèvement des eaux d'égout.
	2	Système Wolf, verticales à balancier (Farcot, constructeur.)	2 pompes verticales étagées à simple effet.	115 115	65.08	110 110	1.62	20,000	Gentilly, Charonne
ires	4	Système Sulzer (de Quillacq, constructeur).	2 pompes horizontales à simple effet (système Girard).	150 150 150 150	65.00	140 140 140 140	1.63	50,000	Montmartre. Gentilly. Charonne.
Farcot, Belleville.	2	Verticales à balancier et à simple effet, système Cornouailles, (Le Creusot, constructeur).	1 pompe verticale à simple effet.	280 290	51.72	160 160	2.32	50,000	Grands bassins de Passy.
à 2 ... r.	2	Syst. Wheelock (de Quillacq, constructeur).	2 pompes horizontales à simple effet.	120 120	28.00	45 45	1.83	20,000	Grenelle.

2° Eau de Marne.

...t sé- (sys- ...t).	3	Horizontales à action directe. (Farcot, constr).	2 pompes horizontales à simple effet.	165 165 270	80.00	175 175 280	1•15	50,000	Bassins inférieurs de Ménilmontant.
...laires	2	Horizontales, système Farcot à 1 cylindre.	2 pompes centrifuges Farcot.	500 500	15.00	100 100	1.98	80,000	Canal de l'Ourcq.

3° Eau de Vanne.

r	2	Horizontales à action directe.	1 pompe horizontale à double effet.	225 225	28.00	60 60	1•38	38.300	Aqueduc de la Vanne.
	2	Id.	Id.	100 100	27.00	37 37	1.80	17,000	Id.

4° Relais.

	4	2 verticales à balancier et à 2 cylindres (Farcot, construct^{r}). 2 horizontales à action directe (Calion et de Quillacq, cons^{rs})	2 pompes verticales étagées à simple effet. 2 pompes horizontales à simple effet.	62 75 130 130	32.00 55.00	40 50 103 103	1.42	36,000	Buttes-Chaumont; Bassins supérieur et inférieur de Ménilmontant.
	3	2 verticales à balanciers et à 2 cylindres (Windsor, constructeur). 1 horizontale, système Pilon (Crespin, constructeur).	2 pompes horizontales à simple effet. 1 pompe rotative Greindl.	120 120 40	40 00	60 60 22	1.74	24,500	Belleville.

Tableau des usines élévatoires. — Usines à vapeur (Suite et fin).

NOMS des USINES	DATE DE LA CONSTRUCTION	GÉNÉRATEURS Nombre	GÉNÉRATEURS Système	MACHINES Nombre	MACHINES Système	POMPES ACTIONNÉES PAR CHAQUE MACHINE Système	Débit en litres par seconde	Ascension manométrique maxima	CHEVAUX VAPEUR EN EAU MONTÉE	CONSOMMATION MOYENNE par cheval et par heure	MÈTRES CUBES D'EAU MONTÉE par 24 heures au maximum	RÉSERVOI[…] CORRESPONDA[…]
					4° *Relais* (Suite).							
Montmartre.. (St-Pierre)	1889	4	Multitubulaires Belleville.	3	1 horizontale système Worthington (Powel de Rouen, constructeur).	2 pompes horizontales à double effet.	100	50.00	70	1k99	16,000	Montmartre St-Pierre.
					2 horizontales à action directe (Weyher et Richemond, constructeurs).	2 pompes horizontales à simple effet.	45 45	50.00	25 25	2. »		
Montrouge...	1889 1891	4	1 locomobile tubulaire (système Thomas Laurens).			4 pompes horizontales à simple effet (système Girard.)	50	18.00	40	2.73	12,000	Cuve d'eau Vanne rele[…]
			3 chaudières semitubulaires, système Thomas Laurens.	2	Horizontales à action directe (Olry et Grandlemange, constructeurs).	2 pompes horizontales à simple effet, système Girard.	100		30			

Tableau des usines élévatoires. — Usines hydrauliques.

NOMS des USINES	CHUTE NORMALE DE L'USINE	DATE DE LA CONSTRUCTION	MOTEURS Nombre	MOTEURS Système	POMPES ACTIONNÉES PAR CHAQUE MACHINE Système	Débit en litres par seconde	Ascension manométrique maxima	CHEVAUX VAPEUR EN EAU MONTÉE	MÈTRES CUBES D'EAU MONTÉE par 24 heures au maximum	RÉSERVOIR CORRESPONDANTS
				1° *Eau de Marne.*						
Saint-Maur......	4m30	1863 1869	8	3 turbines Fourneyron en dessus.	4 pompes horizontales à simple effet.	145 80 80	37m45 80.00	70 85 85	60,000	Lac de Gravelle; ba[…]sins inférieurs Ménilmontant.
		1888		1 turbine Girard en dessus.	Id.	70 70	80.00	65 75		
		1865		4 roues Girard.	2 pompes horizontales à simple effet.	90 90 90	80.00	95 95 95		Bassins supérieur [et] inférieur de Mén[il]montant.
Trilbardou	0,80	1868	2	1 roue Sagebien.	4 pompes inclinées à double effet.	400	15.00	80	45,000	Canal de l'Ourcq.
				1 roue en dessous.	2 pompes verticales étagées à simple effet	130		25		
Isles-les-Meldeuses	1.90	1868	2	Roues Girard.	2 pompes horizontales à double effet.	210 210	12.50	35 35	35,000	Id.
				2° *Eau de Vanne.*						
Chigy.........	1.47	1875	1	Roue Sagebien.	2 pompes horizontales à double effet.	150	15.00	30	9,000	Montrouge.
La Forge	2.00	1875	2	Turbines Callon.	1 avec 2 pompes horizontales à double effet.	65	21.00	18	20,000	
					1 avec 4 pompes horizontales à double effet.	165	19.00	42		
Maillot	6.00	1888	2	Turbines Callon.	4 pompes horizontales à double effet.	322	28.00	120	28,000	
Malay-le-Roy....	2.15	1875	1	Roue Sagebien.	2 pompes horizontales à double effet.	230	20.00	60	20,000	
Flacy-des-Drains .	21.00	1874	2	Turbines Callon.	Pompe rotative Dumont.	75	1.56	3	12,960	
Flacy-Gaudin....	21.00	1874	2	Id.	Id.	24	3.15	2	2,073	

......	132 »	3,942	Eau d'Avre relevée par l'usine Saint-Pierre.
......	135 65	150	
timent.	107 58	95,808	Dérivation de l'Avre.
timent.	107 58	93,700	
......		303,600	
......	30 »	6,485	Usine de Javel.
......	89 »	25,882	Usine d'Ivry.
......	100 20	26,949	Usine de Saint-Maur et relais de l'usine de La Villette (Ourcq).
......	80 73	5,630	Usine d'Austerlitz; usine de Saint-Maur; usine de Maisons-Alfort.
......	131 »	11,600	Relais des bassins de Ménilmontant.
......	75 33	5,720	
......	71 95	19,500	Usine de Chaillot, facultativement eau du réservoir de Villejuif.
......	72 64	3,920	
......	74 10	2,319	Id.
......	64 24	3,800	Source d'Arcueil; usine de Chaillot, accidentellement ou du réservoir de Gentilly.
......	82 10	10,325	Usine d'Austerlitz. — Dérivation du bassin de Villejuif.
......	83 75	200	Usine de Bercy.
......	127 30	4,979	Eau relevée de la bâche Saint-Pierre (Seine).
......		127,309	
......	32 »	»	Canal de l'Ourcq.
......	32 »	9,980	Id.
......	48 29	8,932	Id
......	46 81	3,837	Id.
......	48 40	6,995	Id.
......	96 91	8,800	Relais de l'usine de La Villette.
......		38,544	

	SOURCES			PUITS ARTÉSIENS			RIVIÈRES			OURCQ	TOTAUX
	ARCUEIL	SOURCE du Nord	TOTAL	GRENELLE	PASSY	TOTAL	SEINE	MARNE	TOTAL		
45,000	1,800	300	184,800	300	5,000	5,300	86,700	73,300	160,000	133,800	
65,000	1,700	300	203,000	300	5,000	5,300	78,600	73,800	152,400	93,700	436,400
70,000	1,700	300	210,000	300	5,000	5,300	80,100	73,600	153,700	124,000	493,000
70,000	1,600	300	209,900	300	5,000	5,300	79,500	85,600	165,100	129,300	
77,000	1,600	300	198,900	300	5,000	5,300	110,100	79,600	189,700	140,000	
77,000	1,800	300	197,100	300	5,000	5,300	110,200	78,600	188,800	140,200	531,400
77,000	1,700	300	212,000	400	5,000	5,400	125,300	72,200	207,500	142,400	
77,000	1,400	300	211,700	400	5,000	5,400	104,000	78,400	182,400	147,000	
77,000	600	200	199,800	400	5,000	5,100	103,000	73,300	176,300	142,000	
75,000	600	130	192,750	400	5,000	5,400	103,000	74,000	177,000	143,000	
70,000	800	130	186,930	400	5,000	5,400	93,400	79,800	173,200	150,000	
75,000	700	130	191,850	400	5,000	5,400	89,600	79,400	169,000	140,000	
71,250	1,300	254	200,062	350	5,000	5,350	97,794	76,800	174,594	134,617	514,620

État indicatif du débit des fontaines monumentales de Paris.

ARRONDISSEMENTS	EMPLACEMENT ET DÉSIGNATION des fontaines et bassins	NOMBRE	DÉBIT PAR HEURE (en mètres cubes) par fontaine	DÉBIT PAR HEURE (en mètres cubes) ENSEMBLE	HEURES D'OUVERTURE et de FERMETURE	NOMBRE D'HEURES DE MARCHE par jour	DÉBIT PAR JOUR (en mètres cubes)	NATURE DE L'EAU	OBSERVA
	1° FONTAINES MARCHANT TOUS LES JOURS.								
	Sur les voies publiques.								
1er.	Fontaine de la place du Châtelet..	1	75 »	75 »	De 11 heures à la nuit.	7	525 »	Ourcq.	
1er.	Fontaine de la place du Théâtre-Français	2	29 »	58 »	Id.	7	406 »	Id.	
1er.	Fontaine Molière, rues Molière et Richelieu	1	10 »	10 »	Id.	7	70 »	Id.	
5e.	Fontaine Cuvier, rue Linné	1	6 25	6 25	Id.	7	43 75	Id.	
5e.	Fontaine de la place Valhubert...	2	6 »	12 »	Id.	7	84 »	Id.	
6e.	Fontaine Saint-Michel, place Saint-Michel	1	158 »	158 »	Id.	7	1,106 »	Id.	
6e.	Fontaine Saint-Sulpice, place Saint-Sulpice	1	78 »	78 »	Id.	7	546 »	Id.	
7e.	Bassin avenue de La Motte-Picquet	1	33 »	33 »	Id.	7	231 »	Id.	
8e.	Bassin de la place Saint-Augustin.	1	30 »	30 »	Id.	7	210 »	Id.	
8e.	Fontaines de la place de la Concorde	2	165 »	330 »	Id.	7	2,310 »	Id.	
8e.	Fontaine de la place François-Ier.	1	6 »	6 »	Id.	7	42 »	Id.	
8e.	Bassins du rond-point des Champs-Elysées	6	56 »	336 »	Id.	7	2,352 »	Id.	
8e.	Fontaines de la place de la Madeleine	2	8 »	16 »	Id.	7	112 »	Id.	
9e.	Fontaine de la place Saint-Georges.	1	4 »	4 »	Id.	7	28 »	Id.	
9e.	Bassin de la place Pigalle	1	7 »	7 »	De 11 heures à 6 heures.	7	49 »	Seine.	
10e.	Bassins de la place de la République	2	60 »	120 »	De 11 heures à la nuit.	7	840 »	Ourcq.	
11e.	Bassin du boulevard Richard-Lenoir	15	17 65	264 75	Id.	7	1,853 25	Id.	
	Dans les squares et promenades.								
	Fontaine des Innocents, square des Innocents	1	30	130	De 11 heures à 6 heures.	7		urcq	
	Fontaine du square Louvois	1	45	45	Id.	7		Id.	
	Bassin du square des Arts-et-Métiers	2	20	40	Id.	7		Id.	
	Cascade du square du Temple	1	40	40	Id.	7		Id.	
	Fontaine du square de l'Archevêché.	1	13	13	Id.	7		Id.	
	Bassins du square des Vosges	4	5	20	Id	7		Id.	
	Fontne des Ambassadeurs, Champs-Elysées	1	18	18	Id.	7	131 23	Id.	
	Fontaine Le Doyen, Champs-Élysées	1	18	18	Id.	7	131 25	Id.	
	Fontaine de l'Élysée, Champs-Ély-	[illegible]	[illegible]	[illegible]		[illegible]		[illegible]	

État indicatif du débit des fontaines monumentales de Paris (Suite et fin).

EMPLACEMENT ET DÉSIGNATION des fontaines et bassins	NOMBRE	DÉBIT PAR HEURE (en mètres cubes) par fontaine	DÉBIT PAR HEURE (en mètres cubes) ENSEMBLE	HEURES D'OUVERTURE et de FERMETURE	NOMBRE D'HEURES DE MARCHE par jour	DÉBIT PAR JOUR (en mètres cubes)	NATURE DE L'EAU	OBSERVATIONS
				Report..........		13,496 »		
…ine du Cirque, Champs-Ély-s…	1	18 75	18 75	De 11 heures à 6 heures	7	131 25	Ourcq.	
…ue de l'Industrie, Champs-…sées	2	105 »	210 »	Id.	7	1,470 »	Id.	
…n du square de Laborde.....	1	10 »	10 »	Id.	7	70 »	Id.	
…n du square de la Trinité..	1	25 »	25 »	Id.	7	175 »	Id.	
…de du parc de Montsouris ..	1	47 »	47 »	De 8 h. à 6 h. soir.	10	470 »	Seine.	
…n du square de Grenelle.....	1	30 »	30 »	De 11 heures à 6 heures	7	210 »	Ourcq.	
…de du square des Batignolles.	1	2 »	2 »	Id.	7	14 »	Id.	
				Dans les jardins publics.				
…du bassin du jardin du …ais-Royal.................	1	67 30	67 30	Été, de 9 heures du matin à minuit..... Hiver, de 9 heures du matin à 4 h. du soir.	15 7	1,009 30	Ourcq.	
…le cascade. (Parc des Buttes-Chaumont....)	1	277 »	277 »	De 2 heures à 6 heures.	4	1,108 »	Id.	
…cascade.. (Parc des Buttes-Chaumont....)	1	67 »	67 »	Id.	4	268 »	Id.	
…e......... (Parc des Buttes-Chaumont....)	»	11 »	11 »	24 heures.	24	264 »	Id.	
				TOTAUX..........		18,683 75		

2° FONTAINES NE MARCHANT QU'A CERTAINS JOURS.

EMPLACEMENT ET DÉSIGNATION des fontaines et bassins	NOMBRE	DÉBIT PAR HEURE par fontaine	DÉBIT PAR HEURE ENSEMBLE	HEURES D'OUVERTURE et de FERMETURE	NOMBRE D'HEURES DE MARCHE par jour	DÉBIT PAR JOUR	NATURE DE L'EAU	OBSERVATIONS
				Sur les voies publiques.				
…de la place Soufflot........	1	75 »	75 »	De midi à 6 heures.	6	450 »	Seine.	Le dimanche.
…n de la place Daumesnil.....	1	61 »	61 »	De 2 heures à 6 heures.	4	244 »	Id.	Id.
…ine Crozatier, place de Ram-…illet.....................	1	15 »	15 »	Id.	4	60 »	Id.	Id.
…du rond-point du Trocadéro.	1	850 »	850 »	Id.	4	3,400 »	Id.	Dim. et fêtes.
…ine de l'Observatoire.......	1	133 50	133 50	De midi à 6 heures	6	801 54	Id.	Le dimanche.
…de du parc de Monceau	1	27 »	27 »	De 3 heures à 5 heures.	2	54 »	Id.	Jeudi et dim.
…de la place Malesherbes....	1	70 »	70 »	De 1 heure à 6 heures.	5	350 »	Id.	Le dimanche.
				Dans les squares, promenades et jardins publics.				
…du bassin de la place de la …tion.....................	1	410 »	410 »	De 2 heures à 6 heures.	4	1,640 »	Seine.	Le dimanche.
…n de la place d'Italie.......	1	300 »	300 »	Id.	4	1,200 »	Id.	Jeudi et dim.
…ine du Trocadéro..........	1	1,273 »	1,273 »	Id.	4	5,092 »	Id.	Dim. et fêtes.
…ine de la place de la Réunion.	1	4 »	4 »	De 11 heures à 6 heures.	7	28 »	Id.	Dim. et jeudi.
…jet du jardin des Tuileries..	1	75 »	75 »	De midi à la nuit.	7	525 »	Id.	Le dimanche.
…n du jardin réservé des Tui-…es.....................	2	7 50	15 »	De 7 heures du matin à la nuit.	11	165 »	Ourcq.	Dim. et fêtes.
…n à l'origine de la grande …e des Tuileries............	1	17 »	17 »	Id.	11	187 »	Id.	Id.

État, par arrondissement, des conduites et appareils hydrauliques en service au 31 décembre 1894.

LOCALITÉS	LONGUEURS des CONDUITES (en mètres)	NOMBRE DE BORNES-FONTAINES ORDINAIRES	BOUCHES D'EAU SOUS TROTTOIR	BOUCHES DE PUISAGE POUR MARCHÉS FORAINS	POTEAUX D'ARROSEMENT	BOUCHES D'ARROSEMENT au tonneau	BOUCHES D'ARROSEMENT à la lance	BORNES-FONTAINES À REPOUSSOIR ordinaires	BORNES-FONTAINES À REPOUSSOIR brevetées	FONTAINES WALLACE APPLIQUÉES OU ISOLÉES	COFFRES D'INCENDIE	BOUCHES D'INCENDIE pour POMPES À VAPEUR	BUREAUX DE STATIONNEMENT	URINOIRS À ROSACES ou à CUVETTE DE DÉVERSEMENT	CASES SUPPLÉMENTAIRES D'URINOIRS	FONTAINES MONUMENTALES	FONTAINES DE PUISAGE à la sangle avec repoussoir ordinaires	FONTAINES DE PUISAGE à la sangle avec repoussoir brevetées	EFFETS D'EAU POUR ASSAINISSEMENT de bouches d'égout assimilés aux effets d'eau d'urinoirs	NOMBRE DE BRANCHEMENTS pour service public
1er arr. (Louvre)	71,364m71	5	399	»	»	9	236	4	3	3	3	187	11	78	165	5	2	1	»	1,056
2e (Bourse)	51,862 59	1	242	»	»	9	60	1	»	1	»	174	10	49	86	3	»	1	»	639
3e (Temple)	57,058 41	8	246	»	»	7	48	»	12	3	»	169	9	86	162	2	»	4	»	676
4e (Hôtel-de-Ville)	60,778 30	29	300	»	»	10	119	7	16	4	»	181	10	76	102	5	4	2	»	839
5e (Panthéon)	87,148 46	30	262	»	»	18	153	12	12	5	»	195	9	74	116	3	4	3	»	871
6e (Luxembourg)	79,973 86	18	241	»	»	17	233	4	9	7	1	196	12	49	94	4	»	1	»	890
7 (Palais-Bourbon)	111,428 87	11	329	»	»	22	411	10	7	1	»	258	14	71	121	1	»	3	»	1,241
8e (Elysée)	146,900 26	»	307	7	2	17	655	»	»	2	»	309	16	80	105	20	»	»	»	1,726
9e (Opéra)	94,561 59	»	330	»	»	6	102	1	»	»	»	248	12	48	79	3	»	»	»	856
10e (Saint-Laurent)	108,149 96	12	258	2	1	8	97	»	14	4	1	292	8	100	133	2	»	»	»	912
11e (Popincourt)	124,167 03	6	425	7	»	7	285	16	3	10	»	394	7	86	93	17	»	2	»	1,384
12e (Reuilly)	122,158 86	8	319	8	»	8	396	25	17	6	»	284	9	142	131	2	1	»	»	1,270
13e (Gobelins)	115,782 38	5	276	4	»	10	276	11	38	4	»	286	3	88	75	1	»	»	»	1,090
14e (Observatoire)	126,280 74	»	315	7	1	21	217	10	45	7	»	283	8	78	103	»	»	»	»	1,082
15e (Vaugirard)	138,797 70	3	433	2	1	19	313	32	66	11	»	320	7	65	86	1	»	»	»	1,382
16e (Passy)	104,628 82	»	642	»	4	10	1,124	2	19	4	»	388	11	72	111	7	»	»	»	2,466
17e (Batignolles-Monceau)	147,378 56	»	494	3	»	23	344	7	27	14	»	335	13	89	120	1	»	»	»	1,703
18e (Butte-Montmartre)	141,394 82	2	473	6	»	39	223	11	53	5	»	336	12	76	146	»	»	»	»	1,396
19e (Buttes-Chaumont)	102,609 92	3	325	2	»	1	306	9	42	5	»	316	11	60	82	»	»	»	»	1,176
20e (Ménilmontant)	121,780 34	»	406	4	»	11	449	53	88	7	3	297	6	64	83	1	1	»	»	1,504
Service des machines	67,115 62	»	27	»	»	7	»	»	»	»	»	»	»	»	»	»	»	»	»	34
Sources du Nord	3,685 »	»	»	»	»	»	»	»	»	»	»	»	»	»	»	»	»	»	»	»
Sources du Sud	5,258 »	»	»	»	»	»	»	»	»	»	»	»	»	»	»	»	»	»	»	»
TOTAUX	2,280,354m80	141	7,246	52	9	279	6,247	215	491	103	8	5,448	198	1,498	2,193	78	12	17	»	24,190

NAVIGATION

CANAUX

ORDURES MÉNAGÈRES — DÉPOTOIR DE LA VILLETTE

VIDANGES

ÉGOUTS

IRRIGATIONS DE GENNEVILLIERS

NAVIGATION

(MM. Humblot, Inspecteur général des Ponts et chaussées, et Rabel, Ingénieur en chef.)

MOUVEMENT DES CANAUX EN 1894 (1).

TRAFIC DU CANAL DE L'OURCQ.

Les bateaux fréquentant le canal de l'Ourcq sont des bateaux spéciaux dits « flûtes d'Ourcq », de 28 m. 50 c. de longueur sur 3 m. 05 c. de largeur, jaugeant de 75 à 85 tonnes.

Le tirant d'eau du canal est de 1 m. 40 c. (2).

Descente. — Le trafic a lieu presque entièrement à la descente. Il s'est élevé, en 1894, à 501,845 tonnes.

Il porte sur le transport à Paris des bois de la forêt de Villers-Cotterets et des vallées de l'Ourcq et du Clignon, de pierres de taille et de moellons de la vallée de l'Ourcq, de briques de Marolles et de Fresnes, de farines, etc., des environs de Meaux, et surtout des plâtres de Crégy, Meaux, Claye, Villeparisis, Vaujours, Livry, Noisy et Romainville.

Les marchandises débarquées le long du canal consistent en :

Charbons	10.449	tonnes.
Bois	11.482	—
Farines et autres denrées	5.121	—
Moellons, pierres, briques, etc	84.961	—
Engrais	481	—
Plâtres, chaux, ciments	5.624	—
Marchandises diverses	809	—
Métallurgie	238	—
Soit un total de	119.165	tonnes.

Celles débarquées au bassin de La Villette consistent en :

Charbons	192	tonnes.
Plâtres	162.997	—
Moellons, pierres de taille, briques, etc	57.844	—
Engrais	3.209	—
Bois	10.134	—
Farines et autres denrées	44.400	—
Marchandises diverses	1.029	—
Métallurgie	»	—
Soit un total de	279.815	tonnes.

(1) Voir la notice descriptive insérée dans l'annuaire de 1881, page 130 et suivantes.

(2) Par suite des travaux d'élargissement et d'approfondissement du canal de l'Ourcq, entre la Gare circulaire et le pont de Pantin (600 mètres environ), la grande batellerie peut accéder dans cette partie du canal.

Le tonnage à destination du canal Saint-Denis et de la basse Seine, ainsi que du canal Saint-Martin et de la haute Seine, consiste en :

Plâtres (Saint-Martin et haute Seine)	97.696 tonnes.
Moellons, pierres de taille, etc.	» —
Engrais	146 —
Bois	4.380 —
Farines et autres denrées	12 —
Marchandises diverses	57 —
Métallurgie	75 —
Soit un total de	102.866 tonnes.

Remonte. — Le trafic à la remonte est peu important. Il s'est élevé, en 1894, à 95,941 tonnes, dont 41,865 tonnes provenant des bassins de La Villette et 37,408 tonnes provenant du canal Saint-Martin ou de la haute Seine et du canal Saint-Denis ou de la basse Seine, soit un total de 79,273 tonnes.

Le surplus, soit 16,668 tonnes, a été chargé et déchargé dans le canal de l'Ourcq même et consiste en marchandises diverses.

Ce chiffre de 79,273 tonnes se décompose comme suit :

Engrais de toute nature, dont 14,983 tonnes provenant des bassins de La Villette, 602 tonnes venant du canal Saint-Denis	15.585 tonnes.
Charbon de terre et coke provenant des bassins de La Villette et du canal Saint-Denis	12.489 —
Briques, tuiles, sable, terre, plâtre, etc. (dont 10,040 tonnes provenant du canal Saint-Martin, 426 tonnes du canal Saint-Denis et le reste, soit 4,617 tonnes, des bassins de La Villette)	15.083 —
Bois, futailles, etc. (dont 10,619 tonnes provenant du canal Saint-Denis et 704 tonnes provenant du canal Saint-Martin)	11.323 —
Farines et autres denrées (dont 2,057 tonnes provenant des bassins de La Villette et 3,635 tonnes du canal Saint-Denis et 631 tonnes provenant du canal Saint-Martin)	6.323 —
Pétrole (canal Saint-Denis)	8.621 —
Marchandises diverses (dont 8,806 tonnes provenant des bassins de La Villette et 967 tonnes provenant du canal Saint-Martin)	9.773 —
Métallurgie provenant des bassins de La Villette	39 —
Plâtres id. id.	17 —
Soit au total	79.273 tonnes.

Ces marchandises ont été débarquées le long du canal et principalement à la borne 3 pour les pétroles, et aux bornes 11 (voirie de l'Est) et 22 pour les engrais et les charbons.

TRAFIC SUR LE CANAL SAINT-DENIS.

Remonte. — La navigation du canal Saint-Denis est surtout importante à la remonte ; elle donne un total de 1,439,658 tonnes se décomposant comme suit :

Marchandises débarquées. — Marchandises débarquées dans les différents biefs du canal :

Charbons de terre venant du nord de la Belgique et de l'Angleterre	118.055 tonnes.
Eaux vannes déchargées à Aubervilliers et provenant des ports de l'Alma et de Javel	486.681 —
Moellons, pierres de taille, sables, cailloux, etc., provenant de l'Oise et de la basse Seine	58.718 —
Bois d'industrie venant du Havre et de Rouen	29.657 —
Grains, farines, avoines, maïs, etc., amenés du Havre	28.291 —
Métallurgie, pyrites, etc	25.028 —
Marchandises diverses	39.612 —
Plâtres venant de la basse Seine	» —
Soit un total de	781.042 tonnes.

Marchandises embarquées. — Le tonnage des marchandises embarquées dans les biefs du canal est de 26,670 tonnes comprenant 11,361 tonnes de matériaux de construction et 15,209 tonnes de marchandises diverses, engrais et métallurgie.

Marchandises en transit. — Marchandises transitant le canal Saint-Denis :

Charbons de terre	352.807	tonnes.
Pierres de taille, moellons, sables, cailloux, plâtres, etc.	26.861	—
Bois d'industrie	33.548	—
Grains, farines, avoines, maïs, etc.	103.253	—
Métallurgie, etc	8.796	—
Engrais	4.086	—
Marchandises diverses telles que cafés, cacaos, drogueries, épiceries, savons, tissus, etc.	102.695	—
Soit un total de	632.046	tonnes.

Descente. — Le tonnage à la descente s'est élevé à 279,640 tonnes se décomposant comme suit :

Marchandises débarquées. — Eaux vannes et engrais provenant de la haute Seine (port Saint-Bernard) et du canal Saint-Martin ... 76.434 tonnes.

Moellons, pierres, tuiles, pavés, terre, etc., déchargés à Aubervilliers	2.737	—
Bois	3.797	—
Céréales	1.771	—
Pyrites, etc.	42.895	—
Marchandises diverses	1.445	—
Charbons de terre	567	—
Plâtres	2.753	—
Soit un total de	132.399	tonnes.

Marchandises embarquées. — Le tonnage des marchandises embarquées dans les différents biefs du canal Saint-Denis est de 57,622 tonnes se décomposant comme suit :

Pyrites	31.965	tonnes.
Matériaux de construction	5.577	—
Marchandises diverses, bois, engrais, etc.	12.311	—
Céréales, farines, etc.	7.338	—
Charbons de terre	431	—
Plâtres	»	—
Soit un total de	57.622	tonnes.

Marchandises en transit. — Le tonnage en transit se décompose comme suit :

Marchandises diverses	74.285	tonnes.
Pyrites, métallurgie	1.968	—
Céréales	4.966	—
Moellons, pierres, briques, plâtres, etc.	1.600	—
Bois	3.398	—
Engrais	2.177	—
Combustibles	1.215	—
Soit un total de	89.609	tonnes.

Ces transports s'effectuent avec des bateaux dont les types principaux sont :

Les petits chalands, de 90 à 150 tonnes de capacité ;
Les porteurs à vapeur, à hélice ou à roues, de 125 à 280 tonnes ;
Les péniches de l'Oise et des canaux du Nord, de 250 à 310 tonnes ;
Les chalands, de 280 à 350 tonnes ;
Les bateaux de la compagnie Lesage, dits citernes, de 300 à 500 tonnes ;
Enfin les grands chalands, de 350 à 500 tonnes ;
Le tirant d'eau actuel du canal Saint-Denis est de 2 m. 50 c.

TRAFIC DU CANAL SAINT-MARTIN.

Remonte. — La navigation du canal Saint-Martin, comme celle du canal Saint-Denis, est surtout importante à la remonte.

Le tonnage à la remonte s'élève au chiffre de 699,367 tonnes se décomposant comme suit :

Marchandises débarquées. — Marchandises débarquées, comprenant sables, cailloux,

pavés, moellons, meulières	146.961	tonnes.
Combustibles	36.913	—
Bois à brûler et à ouvrer	17.130	—
Chaux, ciments, plâtres, pierres de taille, briques, tuiles, etc	60	—
Grains, farines, etc	39.375	—
Métallurgie, pyrites, etc	6.242	—
Marchandises diverses	54.040	—
Engrais	»	—
Soit un total de	300.721	tonnes.

Marchandises embarquées. — Marchandises embarquées, comprenant :

Eaux vannes à destination du dépotoir de La Villette	85.107	tonnes.
Eaux vannes à destination du dépotoir d'Aubervilliers	75.958	—
	161.065	tonnes.
Matériaux de construction	4.290	—
Métallurgie	21	—
Soit un total de	165.376	tonnes.

Marchandises en transit. — Marchandises en transit, comprenant :

Bois à brûler et à ouvrer	17.142	tonnes.
Briques, tuiles, chaux, ciments, pierres de taille, sables, cailloux, pavés et moellons	71.507	—
Grains, farines, etc	15.659	—
Eaux vannes à destination du dépotoir de La Villette	37.012	—
Métallurgie, pyrites, etc	47.188	—
Marchandises diverses	33.465	—
Charbons de terre	11.158	—
Plâtres	139	—
Soit un total de	233.270	tonnes.

Descente. — Le tonnage en descente s'est élevé à 262,286 tonnes se décomposant comme suit :

Marchandises débarquées. — Marchandises débarquées comprenant :

Charbons de terre venant du nord de la Belgique et de l'Angleterre	32.563	tonnes.
Bois à brûler et à ouvrer	388	—
Plâtres	92.661	—
Métallurgie	638	—
Marchandises diverses	668	—
Céréales	267	—
Matériaux de construction	4.350	—
Eaux vannes, engrais	75	—
Soit un total de	131.610	tonnes.

Marchandises embarquées. — Le tonnage des marchandises embarquées s'est élevé à 72,119 tonnes, consistant en marchandises diverses : 47,637 tonnes chargées principalement au bassin de l'Arsenal ; matériaux de construction, 20,016 tonnes; métallurgie, 1,695 tonnes, et le reste, soit 2,711 tonnes, en farines, etc., bois, combustibles et engrais.

Marchandises en transit. — Le tonnage du transit s'est élevé à 58,557 tonnes, consistant principalement en charbons de terre, plâtres et marchandises diverses et matériaux de construction.

L'ensemble de ces marchandises a été transporté sur des bateaux dont la désignation suit :

Les margotats, de 30 à 40 tonnes ;
Les flûtes d'Ourcq, de 75 à 85 tonnes ;
Les toues et flûtes de Seine, de 120 à 180 tonnes ;
Les péniches, de 250 à 310 tonnes ;
Les chalands et besognes, de 280 à 350 tonnes ;
Et enfin les grands chalands, de 350 à 500 tonnes ;
Le tirant d'eau du canal Saint-Martin est de 2 mètres.

Totaux....

Désignation des cours d'eau		Bateaux chargés — Nombre	Bateaux chargés — Chargement moyen d'un bateau	Répartition du [...] — 1er Groupe — Combustibles minéraux	2e Groupe — Matériaux de constructions; minéraux	3e Groupe — Engrais et amendements	4e Groupe — Bois à brû[...] et bois de servi[...]
			tonnes	tonnes	tonnes	tonnes	tonne[...]
Canal de l'Ourcq, de Port-aux-Perches à Paris (La Villette) (108 kilomètres).	Descente ..	8,442	60	10,461	409,122	4,336	25,99[...]
	Remonte ..	1,975	54	12,560	24,239	143,564	13,77[...]
	Totaux.....	10,417	62	23,021	433,361	147.900	39,77[...]
Canal Saint-Denis, de Paris (La Villette) à la Briche (8 kilomètres).....	Descente ..	2,024	140	335	7,840	75,316	12,1[...]
	Remonte ..	5,235	267	511,833	75,434	500,556	44,06[...]
	Totaux.....	7,259	230	512,168	83,274	575,872	56,20[...]
Canal Saint-Martin, de Paris (La Villette) à la Seine (5 kilomètres).....	Descente ..	3,018	89	31,734	136,077	2,259	1,9[...]
	Remonte ..	3,844	198	80,571	254,220	199.094	19,74[...]
	Totaux.....	6,862	287	112,305	390,297	201,350	21,68[...]
Seine.. — Remonte..............	Expéditions	3,076		35,274	100,116	204,328	6,89[...]
	Arrivages .	3,433		484,539	24,624	32,739	33,86[...]
	Transit....	3,809		366,969	67,246	32,294	13,56[...]
	Totaux.....	10,318		886,782	191.986	269,361	54,04[...]
	Expéditions	3,036		986	18,961	421,464	28,20[...]

bassins de La Villette, pendant l'année 1894.

T-MARTIN (1) Tonnage total	Produits (A)	LES TROIS CANAUX Tonnage à la remonte	Tonnage à la descente	Tonnage total	Produits (A)
tonnes.	(A) fr. c.	tonnes.	tonnes.	tonnes.	(A) fr. c.
46,402	16,605 09	135,425	45,181	180,606	73,282 17
63,323	19,210 35	167,419	60,514	227,933	75,258 11
79,598	32,884 20	206,660	74,704	281,364	107,611 51
87,702	30,678 16	205,222	83,618	288,840	101,037 05
84,932	25,403 90	222,404	88,473	310,877	97,547 95
97,163	30,801 86	197,362	93,421	290,783	107,793 25
114,022	36,918 25	137,370	86,418	223,788	83,926 21
62,136	20,226 16	175,999	98,836	274,835	84,864 54
69,617	25,517 19	182,400	110,069	292,469	105,980 99
92,495	33,720 86	201,510	113,693	315,203	110,729 25
90,208	28,101 78	204,807	99,501	304,308	99,956 24
73,055	30,380 41	198,388	89,253	287,641	120,757 09
961,683	340,448 21	2,234,966	1,043,774	3,278,737	1,168,744 36
80,138	28,370 60	186,247	86,981	273,228	97,395 36

OBSERVATIONS

(1) Les droits de navigation relatifs aux bassins de La Villette et perçus pour stationnement, garage, touage ou passage au pont-levant des bateaux, sont comptés aux canaux de l'Ourcq, de Saint-Denis ou de Saint-Martin, suivant que les bateaux proviennent de l'une ou l'autre de ces voies.

(A) Indépendamment des produits de navigation proprement dits, ces chiffres comprennent les produits divers, tels que : locations de terrains, droits de stationnement et garage, locations du droit de pêche et de chasse, ventes d'arbres, taillis, herbages.

de Paris). — Navigation ordinaire et à vapeur (Tonnage effectif).

ARCHANDISES 8e Groupe — Produits agricoles et denrées alimentaires	9e Groupe — Divers	Flottage. — Bois flottés de toute espèce	TOUTES LES MARCHANDISES y compris les bois flottés	DÉCOMPOSITION DU TONNAGE — TRAFIC NÉ SUR LA VOIE — Trafic intérieur	Expéditions	TRAFIC NÉ HORS DE LA VOIE — Arrivages	Transit
tonnes	tonnes	tonnes	tonnes	tonnes	tonnes	tonnes	tonnes
49,442	1,880	»	801,665	374,589	104,189	22,067	»
6,593	13,955	»	224,440	57,640	28	166,770	»
56,035	15,835	»	726,105	432,229	104,217	188,837	»
43,195	61,574	»	302,102	»	176,048	123,620	2,434
106,494	77,965	»	1,410,832	»	26,693	1,325,893	58,246
149,689	139,539	»	1,712,934	»	202,741	1 449,513	60,680
28,438	1,204	»	254,467	»	97,228	124,308	32,841
92,771	»	»	746,185	»	166,941	486,784	93,460
121,209	1,204	»	1,000,652	»	264,169	611,182	126,301
34,715	1,674	17	443,931				
253,922	6,273	»	888,462				
198,065	457	»	840,085				
483,692	8,404	17	2,172,478				
52,966	5,487	»	598,015				
70,456	848	836	1,515,030				
84,856	246	1,295	765,219				
207,578	6,251	2,131	2,878,264				

Nota.

Les chiffres des tableaux A et B ne sauraient être identiques.

Le tableau A est le relevé des jaugeages faits par les agents municipaux chargés de percevoir les droits de navigation relatifs aux bassins de La Villette ; tandis que le tableau B est dressé d'après les seules déclarations faites par les mariniers aux agents du ministère des Travaux publics.

Bateaux..
Trains..

Totaux..........

1° Combustibles minéraux.

Houille, anthracite, coke, lignite, tourbe, etc..........................

2° Matériaux de construction minéraux.

1 Plâtre, chaux, ciment, asphalte, tuiles et briques, pierre à plâtre, pierre à chaux, terre réfractaire, brai, bitume..............................
2 Moellons, pierre de taille, ardoises, marbres, granits, meulières, meules, pavés..
3 Cailloux et graviers, macadam, sable, ballast, gronines. pierres cassées, scories, gravois, déblais, produits de dragages..........................
4 Matières premières de l'industrie céramique..........................

3° Engrais et amendements.

Fumiers, engrais organiques et chimiques, cendres et amendements.......

4° Bois à brûler et bois de service.

1 Bois de chauffage et fagots..
2 Bois de service, bois de charpente, grumes. bois d'étais et de cintres, échalas, merrains, cercles, futailles vides et écorces de chêne, perches de mines..
3 Charbons de bois..

5° Machines.

Machines et engins de toutes sortes : locomobiles, chaudières, moulins et meules, véhicules, armes, métaux ouvrés..........................

6° Industrie métallurgique.

1 Minerais, pyrites, sables de moulage, castine..........................
2 Fonte, fers et autres métaux bruts, scories de forge à refondre, ferrailles...

7° Produits industriels.

Tous les produits industriels : droguerie, produits chimiques, huiles minérales, savons, graisses, cordages, tissus, meubles et quincaillerie, chiffons, glucose, colle, suif, poix, allumettes, cartons et papiers, librairie, poterie, faïence, porcelaine, bouteilles, cristaux..........................

8° Produits agricoles et denrées alimentaires.

1 Céréales, farines et fécules, foins et pailles, fruits et légumes, graines fourragères et oléagineuses, betteraves et pommes de terre, huiles végétales, matières tinctoriales, laine et coton, crins, chanvre, lin, café, riz, tabac..
2 Vin, vinaigre, cidre, spiritueux, boissons non dénommées................
3 Sucre, mélasse, sel, épicerie alimentaire, poissons et viandes salés........
4 Animaux vivants, cuirs et peaux..

9° Divers.

Marchandises diverses : marchandises et objets ne rentrant dans aucun des huit premiers groupes de la présente classification....................

Totaux..........
Année 1893..........

Augmentation..........
Diminution............

Différence..........

Seine et de Seine-et-Oise). — *Chargements et déchargements.*

ans le département de la Seine; 2° la Seine dans le département de la Seine et en outre au Bas-Meudon,

	DÉCHARGEMENTS						COMPARAISON DE 1893 AVEC 1894	
NE	YONNE SAÔNE ET CANAUX	HAUTE-SEINE LOIRE, ALLIER	BASSE-SEINE ROUEN, LE HAVRE	OISE CANAUX DU NORD	OURCQ	TOTAUX	Chargements	Déchargements
523	1,777	13,297	6,154	6,339	6,932	36,124		
59	12	17	»	»	»	89		
584	1,790	13,314	6,154	6,339	6,932	36,213	tonnes.	tonnes.
nes.	tonnes.	tonnes.	tonnes.	tonnes.	tonnes.	tonnes.	— 468	+ 150,240
,705	1,062	40,379	53,205	1,433,977	875	1,562,203		
							+ 51,210	+ 145,748
,996	47,113	107,557	24,740	22,635	249,669	569,640		
,803	30,801	271,779	718	36,331	8,978	415,940		
,253	»	1,308,131	128,126	4,414	93,658	1,551,582		
»	65	3,896	4,940	951	»	9,861		
							+ 36,092	+ 33,178
,548	360	353,311	389,893	67,618	1,880	816,610		
							+ 4,400	— 48,965
,152	77,379	50,272	679	9,064	7,366	148,912		
,699	21,755	20,139	93,408	6,799	8,160	173,960		
125	3,442	12,645	34	»	»	16,246		
							+ 1,390	+ 3,400
	115	980	1,778	5,144	11	16,115		
							— 31,299	+ 4,129
	396	103,792	9,839	17	3,833	117,878		
	76	8,273	24,937	26,283	84	73,215		
							+ 8,166	+ 25,101
	9,908	8,885	84,121	20,049	4,750	148,615		
							+ 18,349	+ 11,358
	13,388	75,920	257,445	39,329	25,496	416,478		
	6,208	111,597	211,974	6,286	»	236,327		
	2,103	4,694	11,194	58,567	19,624	97,087		
	1,300	99	3,078	2,530	»	7,204		
							— 332	+ 7
	185	120	734	17	40	1,190		
,070	215,156	2,382,487	1,297,852	1,740,011	424,424	6,379,000	»	»
,520	233,129	2,281,226	1,232,585	1,588,489	382,846	6,054,804	»	»
»	»	101,261	65,267	151,522	41,578	324,196	+ 119,607	+ 373,161
,159	17,973	»	»	»	»	»	— 32,099	— 48,965
»	»	»	»	»	»	»	+ 87,508	+ 324,196

PREFECTURE DE POLICE.

COMMISSION DE SURVEILLANCE DES BATEAUX A VAPEUR.

La Commission de surveillance des bateaux [à vapeur de la Seine s'est réunie quatre-vingt quatre fois pendant le cours de l'année 1894 pour procéder aux diverses opérations qui lui incombent.

Dans ces quatre-vingt-quatre séances, la Commission a visité 286 bateaux et assisté à l'épreuve de 151 générateurs. Ces visites et ces épreuves se répartissent de la manière suivante :

NATURE DES BATEAUX	VISITES		ÉPREUVES		
			CHAUDIÈRES NEUVES		CHAUDIÈRES anciennes
	BATEAUX NEUFS	BATEAUX ANCIENS	Construites en France	Construites à l'étranger	
Voyageurs	»	98	»	»	98
Plaisance	4	27	»	»	16
Marchandises	»	24	»	»	7
Remorqueurs	»	36	»	»	6
Toueurs	»	11	»	»	1
Dragues	2	11	»	»	2
Lavoirs	»	18	»	»	7
Bains	»	3	»	»	1
Grues	»	43	»	»	12
Divers	»	9	»	»	1
	6	280	»	»	151
	286		151		

A. — Les chaudières des Bateaux-parisiens ont été, comme les années précédentes, l'objet d'une attention toute particulière et la Compagnie a fait débarquer plusieurs de ces chaudières qui paraissaient nécessiter une visite intérieure complète.

Les 98 bateaux en service de cette compagnie ont fourni, pendant l'année 1894, un service de 20,786 journées et ont parcouru 2,133,711 kilomètres en transportant 25,670,640 voyageurs, en augmentation sur l'année 1893 de 539 journées donnant en plus 104,790 kilomètres et 923,017 voyageurs.

B. — La Commission a été appelée à donner son avis sur sept affaires diverses et deux projets d'arrêtés préfectoraux relatifs à la police de la navigation à vapeur.

C. — La Commission a été consultée deux fois sur des demandes de permis de navigation de bateaux actionnés par des moteurs à pétrole. Vingt-cinq de ces bateaux ont un permis de navigation.

D. — Un seul accident *d'appareil à vapeur* a été constaté.

E. — La Commission a donné son avis sur 98 demandes de certificats de capacité pour la conduite des machines et chaudières des bateaux à vapeur. Sur ces 98 demandes, 17 ont été refusées et 9 n'ont pas eu de suite, les mécaniciens ne s'étant pas présentés à l'examen après avoir été dûment convoqués.

s crues et diminutions de la Seine observées dans Paris, au Pont-Royal.

, ingénieur en chef du service de la Navigation de la Seine (2e section) et des Ponts de Paris;
GUILLEMIN, inspecteur général.)

JANVIER	FÉVRIER	MARS	AVRIL	MAI	JUIN	JUILLET	AOÛT	SEPTEMBRE	OCTOBRE	NOVEMBRE	DÉCEMBRE
m. cent.	m. cent.	m. cent.	m. cent.	m. cent.	m. cent.	m. cent.	m. cent.	m. cent.	m. cent.	m. cent.	m. cent.
	2 82	2 88	2 60	2 52	2 50	2 55	1 95	2 15	2 40	2 55	2 58
	3 02	2 90	2 48	2 50	2 52	2 46	1 80	2 12	2 46	2 58	2 45
	3 00	2 80	2 58	2 45	2 50	2 50	1 50	2 20	2 04	2 62	2 53
	2 87	2 90	2 67	2 48	2 50	2 50	1 58	2 25	2 40	2 47	2 54
	2 90	2 95	2 62	2 52	2 52	2 46	1 55	2 35	2 44	2 54	2 56
	3 05	2 97	2 65	2 44	2 53	2 46	1 58	2 38	2 50	2 55	2 52
	2 98	2 92	2 65	2 48	2 50	2 46	1 53	2 34	2 52	2 55	2 54
	2 92	3 30	2 62	2 52	2 50	2 44	1 48	2 55	2 40	2 50	2 54
	2 98	3 40	2 67	2 52	2 52	2 45	1 46	2 35	2 45	2 50	2 46
	2 96	3 20	2 65	2 43	2 52	2 45	1 58	2 30	2 55	2 68	2 43
	2 96	3 05	2 60	2 48	2 58	2 52	1 60	2 50	2 47	2 67	2 52
	3 02	3 05	2 62	2 57	2 53	2 50	1 78	2 48	2 42	2 65	2 55
	3 03	3 08	2 60	2 50	2 48	2 45	1 92	2 40	2 52	2 76	2 50
	3 05	3 09	2 58	2 50	2 50	2 47	2 20	2 40	2 48	2 74	2 54
	3 10	3 12	2 57	2 50	2 48	2 58	2 25	2 55	2 44	2 60	2 55
	3 02	3 12	2 57	2 60	2 70	2 52	2 24	2 44	2 48	2 70	2 50
	2 95	3 10	2 60	2 56	2 70	2 46	2 30	2 38	2 57	2 60	2 50
	3 00	3 19	2 72	2 50	2 60	2 50	2 24	2 50	2 48	2 62	2 52
	2 90	3 00	2 66	2 52	2 50	2 54	2 25	2 48	2 50	2 66	2 55
	2 92	2 80	2 52	2 52	2 50	2 56	2 22	2 42	2 50	2 72	2 45
	2 85	2 90	2 62	2 50	2 48	2 55	2 24	2 44	2 52	2 52	2 55
	2 75	2 82	2 60	2 40	2 52	2 52	2 23	2 54	2 47	2 70	2 53
	2 77	2 68	2 47	2 50	2 58	2 53	2 22	2 46	2 56	2 70	2 60
	2 74	2 70	2 51	2 50	2 50	2 60	2 20	2 40	2 45	2 60	2 65
	2 63	2 58	2 48	2 52	2 47	2 60	2 20	2 45	2 45	2 55	2 57
	2 85	2 62	2 47	2 60	2 45	2 55	2 20	2 50	2 47	2 55	2 62
	3 05	2 63	2 52	2 60	2 53	2 44	2 10	2 50	2 55	2 53	2 65
	2 98	2 65	2 55	2 52	2 47	2 48	2 10	2 46	2 47	2 50	2 65
	»	2 63	2 50	2 55	2 48	2 50	2 08	2 53	2 54	2 47	2 60
2 71	»	2 58	2 55	2 56	2 52	2 52	2 25	2 46	2 52	2 57	2 54
2 80	»	2 60	»	2 55	»	2 50	2 20	»	2 58	»	2 68

OBSERVATIONS.

nt lesquelles les barrages ont été abaissés. — Ecluse de la Monnaie : le barrage n'a pas été abaissé en 1894. — Le du Pont-Royal est à l'altitude 24m52.

ille : du 1er au 10 août 1894 une baisse artificielle de 1m00 environ a été produite dans le bief de Paris (Port-à-l'An- pour permettre l'exécution de travaux en rivière ; les manœuvres à Suresnes, notamment, ont été opérées lentement ieurs jours. — En la présente année, les plus hautes eaux ont été observées le 9 mars à la cote 3m40 ; les plus à la cote 1m46 ; le résultat est de 1m94.

Journal des crues et diminutions de la Seine observées dans Paris, au pont de la
(MM. Rabel, ingénieur en chef du service de la Navigation de la Seine (2e section) et des ponts de
Guillemin, inspecteur général.)

JOURS	JANVIER	FÉVRIER	MARS	AVRIL	MAI	JUIN	JUILLET	AOUT	SEPTEMBRE	OCTOBRE	NOVEMBRE
	m. cent.	m. cent.	m. cent.	m. cent.	m. cent		m. cent.	m. cent.	m. cent.	m. cent.	m. c
1er	1 30	1 52	1 60	1 12	» 90	» 78	» 80	» 35	» 44	» 70	»
2	1 20	1 78	1 63	» 98	» 88	» 80	» 75	» 30	» 40	» 75	»
3	1 24	1 80	1 50	1 »	» 85	» 80	» 75	» 15	» 48	» 94	»
4	» 36	1 68	1 63	1 10	» 85	» 78	» 72	» 05	» 55	» 67	»
5	» 10	1 72	1 65	1 05	» 90	» 80	» 70	» 08	» 60	» 74	»
6	» 32	1 86	1 60	1 05	» 80	» 80	» 70	» 02	» 68	» 76	»
7	» 57	1 78	1 58	1 10	» 82	» 80	» 70	» 05	» 70	» 78	»
8	» 43	1 72	2 09	1 03	» 85	» 78	» 68	» 18	» 85	» 72	»
9	» 28	1 75	2 20	» 99	» 87	» 80	» 70	» 20	» 60	» 74	»
10	» 40	1 72	2 02	1 03	» 76	» 83	» 70	» 05	» 48	» 83	»
11	» 40	1 73	1 89	» 98	» 80	» 86	» 78	» 05	» 78	» 71	»
12	» 52	1 78	1 88	» 98	» 90	» 84	» 76	» 08	» 76	» 70	»
13	» 34	1 80	1 90	» 99	» 80	» 75	» 70	» 23	» 70	» 80	1
14	» 75	1 83	1 91	» 97	» 80	» 78	» 73	» 50	» 70	» 80	1
15	» 78	1 87	1 95	» 97	» 80	» 77	» 80	» 54	» 84	» 70	»
16	» 78	1 80	1 94	» 95	» 87	1 05	» 75	» 54	» 73	» 72	1
17	» 93	1 72	1 92	1 »	» 88	1 05	» 70	» 60	» 62	» 85	»
18	1 00	1 82	1 98	1 12	» 87	» 88	» 78	» 55	» 75	» 76	»
19	1 37	1 75	1 82	1 04	» 82	» 84	» 80	» 52	» 77	» 76	1
20	1 58	1 75	1 55	» 90	» 83	» 80	» 84	» 50	» 70	» 75	1
21	1 57	1 67	1 62	1 »	» 80	» 80	» 82	» 50	» 72	» 78	»
22	1 61	1 50	1 56	» 99	» 70	» 82	» 75	» 47	» 82	» 75	1
23	1 40	1 50	1 42	» 90	» 78	» 87	» 76	» 50	» 74	» 86	1
24	1 68	1 43	1 42	» 93	» 80	» 78	» 88	» 48	» 70	» 72	»
25	1 80	1 32	1 25	» 90	» 80	» 76	» 85	» 47	» 75	» 72	»
26	1 59	1 50	1 32	» 87	» 88	» 83	» 82	» 46	» 77	» 76	»
27	1 54	1 75	1 22	» 90	» 87	» 82	» 70	» 42	» 77	» 84	»
28	1 29	1 70	1 23	» 92	» 80	» 78	» 75	» 40	» 75	» 74	»
29	1 39	»	1 18	» 89	» 84	» 75	» 80	» 34	» 83	» 84	»
30	1 40	»	1 10	» 93	» 84	» 80	» 81	» 52	» 75	» 80	»
31	1 48	»	1 10	»	» 83	»	» 82	» 50	»	» 85	»

	m. cubes	m. cubes	m. cubes	m. cubes	m. cubes	m. cubes	m. cubes	m. cubes	m. cubes	m. cubes	m. cubes	m. cubes	m. cubes
1er	3,803	5,350	5,926	5,286	6,664	7,082	8,139	8,442	8,337	8,063	7,368	7,186	82,976
2e	3,906	3,734	3,714	3,785	3,700	3,660	3,470	3,290	3,288	3,578	3,564	3,799	43,517
3e	3,984	3,688	4,217	3,898	4,379	4,263	4,333	4,441	3,885	4,084	4,023	4,280	49,099
4e	3,941	3,815	4,018	3,446	3,430	3,696	3,710	3,715	3,485	3,435	3,366	3,800	43,743
5e	3,720	3,360	3,348	3,200	3,844	3,900	4,206	4,360	3,968	3,682	3,840	4,030	45,438
6e	4,278	3,864	3,477	3,650	4,349	4,420	4,635	4,848	4,446	4,349	4,563	4,640	51,489
7e	4,218	3,976	3,609	3,240	3,438	2,936	2,984	2,833	2,842	3,750	3,837	4,373	41,998
8e	3,882	3,822	4,138	3,804	3,706	3,002	3,089	2,370	2,444	3,322	3,834	4,123	41,730
9e	4,894	4,756	4,922	4,046	4,264	3,951	3,779	3,221	3,035	5,008	4,204	4,156	50,233
10e	4,923	4,104	4,548	4,245	4,348	4,735	4,358	4,383	4,200	4,788	4,330	4,920	54,302
11e	5,909	5,358	6,059	5,896	6,159	6,346	6,659	6,290	6,396	7,039	5,716	6,114	74,170
12e	3,348	3,001	3,348	3,261	3,021	2,888	2,900	2,913	2,869	2,863	2,712	2,879	36,203
13e	2,980	2,880	2,910	2,920	2,990	2,953	2,973	2,905	2,900	3,060	2,965	2,985	35,425
14e	3,120	2,400	2,660	2,680	2,760	2,950	3,150	3,070	2,835	2,830	2,850	3,115	34,410
15e	6,720	5,650	6,000	6,130	5,610	6,360	6,820	6,570	3,320	1,530	4,330	3,720	62,990
16e	3,350	2,710	2,800	2,730	2,580	2,900	2,790	2,500	1,720	3,340	3,300	2,850	33,570
17e	5,836	3,982	5,060	4,880	4,969	4,070	4,059	4,021	4,970	5,069	5,970	5,446	58,321
18e	5,200	4,050	4,371	4,110	4,867	4,360	5,580	4,247	4,440	5,270	5,160	5,270	57,135
19e	3,280	3,018	3,385	3,360	3,690	3,610	3,506	3,302	3,615	3,292	3,540	3,502	41,100
20e	5,271	4,718	4,484	4,708	4,826	4,796	4,888	4,779	4,849	5,023	4,842	4,809	57,690
Ville de Paris	88,733	78,266	82,397	79,302	83,044	83,038	86,180	82,199	78,284	63,635	84,712	85,872	995,599

Le prix moyen d'enlèvement d'un mètre cube d'ordures ménagères s'est élevé en 1894 à 2 fr. 20 c. La ville de Paris, se préoccupant des charges toujours croissantes qui lui incombent pour l'enlèvement des ordures ménagères, fait actuellement expérimenter un four destructeur des gadoues. Les travaux commencés en septembre 1894 ont été terminés le 15 janvier 1895.

Les 995,599 mètres cubes enlevés dans le cours de l'année 1894 ont été transportés, savoir :

449,850 mètres cubes par voie de fer;
114,000 mètres cubes par voie d'eau;
431,749 mètres cubes par tombereau.

Le prix de vente des ordures ménagères varie entre 0 fr. 50 c. et 1 fr. 25 c. le mètre cube sur wagon en gare à Paris ou sur bateau en Seine (Ivry ou Javel).

 État des mouvements du dépotoir de La Villette (A) du 1er janvier au 31 décembre 1894.

INDICATION DES MOIS	APPORT DES MATIÈRES: Nombre de bateaux	APPORT DES MATIÈRES: Nombre de tonnes	APPORT DES MATIÈRES: Volume	RELIQUAT du mois précédent	VOLUME TOTAL à refouler (col. 4 + 5)	REFOULEMENT DES MATIÈRES sans addition d'eau: Durée	Coups de piston de la machine: Horizontale	Coups de piston de la machine: Verticale	Volume refoulé	REFOULEMENT DU RINÇAGE: Durée	Coups de piston de la machine: Horizontale	Coups de piston de la machine: Verticale	Matières pures (col. 6 — 10)	Eau ajoutée	Volume à refouler (col. 14 + 15)	Volume refoulé (col. 16 — 18 + 19)	Résidus transportés après le refoulement par les compagnies	Volume restant à refouler	CUBE TOTAL du refoulement (col. 10 + 17)
1	2	3	4	5	6	7	8	9	10	11	12	13	14	15	16	17	18	19	20
			m. c.	m. c.	m. c.	h. m.			m. c.	h. m.			m. c.	m. c.	m. c.	m. c.	m. c.	m. c.	m. c.
Janvier	33	8,842	37,106	694	37,800	275 55	162,549	251,877	36,346	22 59	12,463	20,897	1,454	1,811	3,265	2,874	222	169	39,220
Février	46	6,156	31,455	169	31,624	244 11	344,664	28,717	30,250	22 41	30,405	2,372	1,374	1,612	2,986	2,639	194	156	32,889
Mars	51	6,997	35,004	156	35,160	265 21	345,909	72,328	33,744	23 24	27,330	5,214	1,416	1,710	3,126	2,791	208	127	36,535
Avril	50	7,710	37,338	127	37,465	266 43	34,002	359,308	36,401	19 42	2,897	24,556	1,364	1,441	2,805	2,440	201	164	38,541
Mai	44	7,549	35,049	164	35,213	253 7	233,315	114,896	33,837	21 20	17,308	12,440	1,376	1,527	2,903	2,581	197	125	36,418
Juin	54	5,946	33,517	125	33,642	232 40	»	337,338	32,373	17 43	»	25,884	1,267	1,356	2,623	2,334	188	101	34,709
Juillet	71	5,645	37,941	101	38,042	299 7	352,094	88,994	36,754	21 20	20,060	9,779	1,291	1,413	2,704	2,449	203	52	39,200
Août	2	7,058	21,535	52	21,587	174 27	127,000	105,764	20,432	17 13	11,428	10,819	1,155	1,255	2,410	2,176	153	81	22,608
Septembre	»	7,281	20,838	81	20,919	140 39	169,993	111,599	19,313	16 46	13,570	10,854	1,606	1,229	2,835	2,145	138	552	21,458
Octobre	2	7,434	22,000	532	22,532	160 »	113,555	122,911	21,203	17 41	12,747	12,274	1,347	1,221	2,568	2,188	160	220	23,390
Novembre	30	6,394	27,682	223	27,905	197 32	148,462	143,152	26,634	19 »	14,424	12,167	1,274	1,308	2,612	2,363	174	105	28,994
Décembre	4	6,803	20,932	105	21,037	152 2	148,294	105,778	19,843	17 55	13,846	11,744	1,214	1,271	2,485	2,240	163	82	22,083
Totaux	380	83,815	360,417	(1) 694	(2) 361,111	2,662 4	2,056,797	1,892,692	346,826	237 8	176,178	158,867	(3) 14,283	17,214	(4) 31,497	29,217	2,198	(5) 82	376,043
Moyennes mensuelles	32,4	6,984,6	30,034,75	»	30,092,583	221,50,20	171,399,750	157,724,333	28,902,333	19,45,40	14,681,500	13,238,917	1,190,25	1,434,50	2,624,75	2,434,75	183,166	»	31,337,083

(A) Le dépotoir de La Villette ne reçoit qu'une partie des vidanges de Paris. — Le surplus est transporté directement dans les usines et dépotoirs particuliers appartenant aux entrepreneurs de vidanges ou fabricants d'engrais.

(1) Reliquat de l'année 1893. — (2) Volume des apports + reliquat de 1893 ou col. 4 + col. 5. — (3) Col. 6 + col. 10. — (4) Col. 14 + col. 15. — (5) Reliquat à reporter à l'année 1895.

…tique des divers systèmes de vidange en usage au 31 décembre 1894.

…ENTS	NOMBRE DE						SYSTÈMES DIVERS									
	IMMEUBLES	CHUTES	FOSSES FIXES	FOSSES MOBILES	TINETTES FILTRANTES	ÉCOULEMENTS DIRECTS (immeubles)	Diluteurs Lavillaugouet	Diluteurs Geneste, Herscher	Goux	Berlier	Pagés	Piquemal	Mouras	Waring	Chaix et Est	Puisards
…uxerrois	267	1,004	280	42	410	33	»	»	»	»	»	»	»	»	»	»
	633	1,594	813	63	383	88	1	»	»	»	»	»	»	»	»	»
	410	926	364	37	396	51	»	1	»	»	»	»	»	»	»	»
	333	994	423	34	290	72	»	»	»	»	»	»	»	»	»	»
	1,883	4,818	1,879	176	1,479	244	1	1	»	»	»	»	»	»	»	»
	330	896	245	95	325	51	»	»	»	»	»	»	»	»	»	»
	370	968	407	42	294	49	»	»	»	»	»	»	»	»	»	»
	553	1,305	644	56	410	51	»	»	»	»	»	»	»	»	»	»
	898	1,518	900	105	303	61	»	»	»	»	»	»	»	»	»	»
	2,151	4,817	2,196	298	1,332	212	»	»	»	»	»	»	»	»	»	»
	624	1,200	670	64	333	31	»	»	»	»	»	»	»	»	»	»
	469	978	583	70	218	34	»	»	»	»	»	»	»	»	»	»
	505	1,307	790	100	172	18	»	»	»	»	»	»	1	13	»	»
	545	1,102	692	64	173	24	»	»	»	»	»	»	»	»	»	»
	2,143	4,886	2,741	298	916	107	»	»	»	»	»	»	1	13	»	»
	639	1,208	734	55	150	44	»	»	»	»	»	»	»	»	»	»
	907	1,760	1,404	71	203	34	»	»	»	»	»	»	»	14	»	1
	430	1,079	504	74	260	30	»	»	»	»	1	»	»	»	»	»
	308	676	375	24	464	14	»	»	»	»	»	»	»	»	»	»
	2,284	4,782	2,717	224	777	122	»	»	»	»	1	»	»	14	»	1
	604	1,239	544	59	407	40	2	»	»	»	»	»	»	»	»	1
	574	1,243	547	73	396	37	»	»	»	»	»	»	»	»	»	5
	770	1,743	796	132	455	45	»	»	»	»	»	»	»	»	»	10
	699	1,175	728	42	210	43	»	»	»	»	»	»	»	»	»	»
	2,647	5,400	2,595	306	1,468	165	2	»	»	»	»	»	»	»	»	16
	531	947	618	57	139	26	»	»	»	»	»	»	»	»	»	1
	597	1,176	647	64	299	36	»	»	»	»	»	»	»	»	»	»
	1,052	2,137	1,188	141	749	75	»	»	»	»	»	»	5	»	»	2
	420	920	544	62	256	26	»	»	»	»	»	»	»	»	»	»
	2,600	5,180	2,991	321	1,443	163	»	»	»	»	»	»	5	»	»	3
…s-d'Aquin	708	1,994	916	93	681	63	»	»	»	»	»	»	»	»	»	6
	430	1,163	544	68	346	51	»	»	3	»	»	»	»	»	»	5
	383	850	447	81	176	33	»	»	6	»	»	»	»	»	»	11
……	732	1,646	744	89	504	88	»	»	4	»	»	»	»	»	»	1
	2,253	5,644	2,618	331	1,707	235	»	»	13	»	»	»	»	»	»	23
	526	1,526	347	47	763	144	3	»	»	»	»	»	»	»	»	»
	726	1,924	540	80	1,050	62	»	»	»	»	»	»	»	»	»	2
	829	2,095	860	83	837	47	»	»	»	98	»	»	3	»	»	4
	1,139	2,844	628	69	1,781	107	1	»	»	65	»	»	»	»	»	»
	3,220	8,388	2,375	279	4,431	330	4	»	»	163	»	»	3	»	»	6
…s	1,197	2,494	1,216	132	710	115	3	»	»	71	»	»	»	»	»	3
	667	1,847	617	51	932	66	»	»	»	10	»	»	»	»	»	»
	709	1,576	662	123	577	72	»	»	»	»	»	»	»	»	3 Ch.	2
	757	1,830	597	56	945	70	2	»	»	»	»	»	»	»	»	1
	3,330	7,748	2,092	362	3,164	323	5	»	»	81	»	»	»	»	3 Ch.	6

37e Saint-Vincent-de-Paul	801	2,264	673	88	1,036	64	»	»	»	»	»	»	»	»	
38e Porte-Saint-Denis.....	686	1,789	863	404	581	53	3	»	»	»	»	»	»	»	
39e Porte-Saint-Martin ...	797	1,872	844	158	604	70	»	»	»	»	»	»	»	»	
40e Hopital-Saint-Louis..	724	1,820	797	221	318	84	»	2	»	»	»	»	»	»	
Xe arrondissem. ..	**3,018**	**7,746**	**3,177**	**571**	**2,531**	**271**	**3**	**2**	»	»	»	»	»	»	
41e Folie-Méricourt......	1,000	2,688	1,184	188	475	108	»	»	»	»	»	»	»	»	
42e Saint-Ambroise.......	988	2,404	947	244	598	62	»	»	»	»	»	»	»	»	
43e Roquette............	1,705	3,256	1,468	322	670	92	»	1	»	»	»	»	»	»	
44e Sainte-Marguerite....	995	2,288	954	194	487	92	»	»	»	»	»	»	»	»	
XIe arrondissem. ..	**4,688**	**10,636**	**4,553**	**945**	**2,230**	**354**	»	**1**	»	»	»	»	»	»	
45e Bel-Air..	537	935	498	152	60	13	»	»	6	»	»	»	»	»	
46e Picpus..............	1,134	2,328	1,059	310	390	77	»	»	»	»	»	»	»	»	
47e Bercy.......	238	782	261	82	125	10	»	»	»	»	»	»	»	»	
48e Quinze-Vingts........	1,047	3,355	1,057	1,810	262	69	»	»	»	»	»	»	»	»	
XIIe arrondissem..	**2,956**	**7,400**	**2,875**	**2,354**	**837**	**171**	»	»	**6**	»	»	»	»	»	
49e Salpêtrière	430	1,203	391	128	320	14	»	»	»	»	»	»	»	»	
50e Gare.........	1,183	2,131	1,102	421	130	33	»	»	3	»	»	»	»	»	
51e Maison-Blanche... ..	1,353	2,086	1,273	354	92	17	»	»	12	»	»	»	»	»	
52e Croulebarbe	377	873	324	79	230	32	»	»	»	»	»	»	»	»	
XIIIe arrondissem.	**3,365**	**6,293**	**3,183**	**982**	**812**	**96**	»	»	**15**	»	»	»	»	»	
53e Montparnasse........	647	1,640	653	160	492	69	»	»	»	»	»	»	2	»	
54e Santé...............	324	599	267	97	141	20	»	»	3	»	»	»	»	»	
55e Petit-Montrouge......	1,038	1,960	846	257	318	71	»	»	»	»	»	»	»	»	
56e Plaisance............	2,108	3,080	1,737	612	281	79	»	»	»	»	»	»	3	»	
XIVe arrondissem.	**4,887**	**7,279**	**3,503**	**1,126**	**1,232**	**239**	»	»	**2**	»	»	»	**5**	»	
57e Saint-Lambert.......	1,469	2,361	1,373	328	164	74	»	»	»	»	»	»	»	»	
58e Necker..............	1,210	2,437	1,173	302	228	173	»	»	»	»	»	»	»	»	
59e Grenelle............	1,098	1,893	1,098	210	151	75	»	»	»	»	»	»	»	»	
60e Javel...............	795	1,256	742	187	126	24	»	»	»	»	»	»	»	»	
XVe arrondissem..	**4,572**	**7,978**	**4,386**	**1,027**	**679**	**343**	»	»	»	»	»	»	»	»	
61e Auteuil.............	1,347	2,160	1,000	306	440	178	2	»	17	»	»	»	»	»	
62e Muette..............	1,325	1,236	1,166	155	447	188	»	»	»	»	»	»	»	»	
63e Porte-Dauphine......	1,050	2,132	612	128	704	203	»	»	»	»	»	»	»	»	
64e Bassins.............	1,161	2,886	555	135	1,109	296	»	»	1	»	»	»	»	»	
XVIe arrondissem.	**4,884**	**8,414**	**3,333**	**724**	**2,760**	**865**	**2**	»	**18**	»	»	»	»	»	
65e Ternes.............	1,191	2,139	838	317	804	94	»	5	6	»	»	»	1	»	
66e Plaine-Monceau......	1,222	2,353	633	103	1,375	135	»	»	4	»	»	1	1	»	
67e Batignolles..........	1,429	2,795	1,425	192	574	93	»	»	»	»	»	»	»	»	
68e Epinettes......	1,332	2,617	1,304	390	393	50	»	»	4	»	»	»	»	»	
XVIIe arrondiss...	**5,374**	**10,204**	**4,020**	**1,002**	**3,146**	**372**	»	**5**	**14**	»	»	**1**	**2**	»	
69e Grandes-Carrières.....	1,757	2,759	1,298	774	317	64	»	»	»	»	»	»	»	»	
70e Clignancourt.........	2,184	4,244	1,492	646	1,430	90	»	»	»	»	»	»	»	»	
71e Goutte-d'Or..........	926	1,788	906	173	630	54	»	»	»	»	»	»	»	»	
72e La Chapelle.........	443	903	447	130	106	48	»	»	»	»	»	»	»	»	3
XVIIIe arrondiss..	**5,312**	**9,690**	**4,143**	**1,705**	**2,292**	**285**	»	»	»	»	»	»	»	»	**5**

	2,690	5,180	2,994	321	1,443	163	»	»	»	»	»	»	5	»	»	3
.	2,253	5,644	2,618	331	1,707	235	»	»	13	»	»	»	»	»	»	23
.	3,290	8,268	2,375	279	4,431	330	4	»	»	163	»	»	3	»	»	6
.	3,220	7,742	2,098	362	3,164	323	5	»	»	81	»	»	»	»	3 Ch.	8
.	3,018	7,766	3,177	571	2,531	271	3	2	»	»	»	»	»	»	»	11
.	4,698	10,634	4,553	945	2,230	354	»	1	»	»	»	»	»	»	»	17
.	[illegible]	7,400	2,875	2,334	837	171	»	»	6	»	»	»	»	»	»	17
.	3,363	6,298	3,100	962	842	98	»	»	13	»	»	»	»	»	»	61
.	4,687	7,979	3,303	1,126	1,239	239	»	»	3	»	»	»	5	»	»	16
	4,879	7,970	4,386	1,027	679	343	»	»	»	»	»	»	»	»	»	36
.	4,884	8,414	3,332	724	2,700	865	2	»	18	»	»	»	»	»	»	143
.	5,276	1,204	4,020	1,002	3,146	372	»	5	14	»	»	1	2	»	»	35
.	5,342	9,696	4,143	1,705	2,292	265	»	»	»	»	»	»	»	»	3 Est	22
.	2,372	6,634	2,040	1,285	834	383	»	»	»	»	»	»	»	»	»	18
.	4,909	7,234	4,123	1,787	619	182	4	»	»	»	»	»	»	»	»	84
.	60,248	140,387	60,457	16,163	34,636	5,444	21	9	69	244	1	1	16	27	3 Ch. 5 Est	535

OBSERVATIONS.

t des récipients en maçonnerie étanche d'une capacité variant de huit à trente mètres cubes, placés dans le
vidangés au moyen de pompes à vapeur. — 2° Les fosses mobiles sont des récipients en bois ou en fer
e chute ; ils sont enlevés lorsqu'ils sont pleins et conduits aux voiries. — 3° Les tinettes filtrantes sont des
tal : le cylindre intérieur, percé de trous, laisse écouler dans le cylindre extérieur, et de là à l'égout, les
s matières solides diluées. — 4° Les écoulements directs sont constitués par des canalisations étanches en
vant les tuyaux de chute jusqu'à l'égout public, avec interposition de siphons hydrauliques sous les cuvettes
— 5° Les diluneurs sont des variantes des tinettes filtrantes ; ils sont disposés de manière à augmenter le
à l'égout. — 6° Les appareils Goux sont des tinettes mobiles garnies intérieurement de matières absor-
sulfate de fer. — 7° Le système Berlier comprend sous chaque chute un appareil récepteur avec malaxeur
une soupape, qui communique avec une canalisation dont l'air est raréfié ; les matières sont ainsi conduites
rique jusqu'à l'usine de réception. — 8° L'appareil Pagès est un diviseur qui, au moyen de grilles inclinées
, laisse passer les liquides et rejette dans une fosse fixe toute la matière solide. — 9° L'appareil Piquemal est
les liquides sont désinfectés avant leur envoi à l'égout. — 10° Les fosses Mouras sont remplies d'eau avant
s tuyaux de chute plongent dans le liquide, lequel est évacué à l'égout par un siphon à chaque évacua-
Waring se compose de canalisations en grès de faibles diamètres, qui sont spécialement affectées à l'éva-
s et des matières fécales. Ces canalisations, ventilées, sont lavées journellement par des chasses d'eau
placés à l'amont. — 12° Le système Chaix est une sorte de diluneur dans lequel les matières, avant leur
diluées dans une assez grande quantité d'eau.

Tableau des différents systèmes de vidange employés dans les hôpitaux et les hospices de Paris.

ARRON-DISSEMENTS	DÉSIGNATION DES LOCALITÉS	ÉCOULEMENT DIRECT A L'ÉGOUT	DIVISEURS SUR ÉGOUT	DIVISEURS SUR RÉSERVOIRS fixes	DIVISEURS SUR RÉSERVOIRS mobiles	TINETTES EN FER	TINETTES EN BOIS	FOSSES FIXES
	Assistance publique.							
3e	Hôpital Andral (1)	»	2	»	»	»	»	2
4e	Hôtel-Dieu	»	28	»	»	»	»	»
5e	Hôtel-Dieu (annexe)	dir. par.	2	»	»	»	»	1
5e	Hôpital de la Pitié (2)	id.	8	»	»	»	»	4
6e	Hôpital de la Charité (3)	id.	49	»	»	2	»	1
6e	Hôpital de la Clinique (4)	»	6	»	»	»	»	»
7e	Hôpital Laënnec (5)	»	35	»	»	1	3	2
8e	Hôpital Beaujon (6)	partiel	21	»	»	»	»	1
10e	Hôpital Saint-Louis (7)	total	»	»	»	»	»	»
10e	Hôpital Lariboisière (8)	id.	»	»	»	»	»	»
10e	Maison Dubois (9)	»	9	»	»	»	»	5
12e	Hôpital Saint-Antoine (10)	total	»	»	»	»	»	»
12e	Hôpital Trousseau (11)	partiel	16	3	»	»	1	5
13e	Hospice de la Salpêtrière (12)	id.	40	»	»	»	»	2
13e	Hôpital de Lourcine (13)	»	14	»	»	»	»	»
14e	Hôpital Cochin (14)	partiel	15	»	»	»	1	2
14e	Hôpital Ricord (15)	»	6	»	»	»	3	3
14e	Hospice de la Maternité (16)	partiel	17	»	»	»	»	6
14e	Hospice de La Rochefoucauld (17)	»	10	»	»	»	1	»
14e	Hôpital Broussais (mariniers)	total	»	»	»	»	»	»
14e	Hospice des Enfants-Assistés (18)	partiel	20	»	»	»	2	3
14e	Hôpital Tisserand (vieillards) (19)	»	3	»	»	»	»	»
15e	Hôpital Necker (20)	»	31	»	»	»	»	»
15e	Hôpital des Enfants-Malades (20)	»	en transformation		»	»	»	»
16e	Hospice Chardon-Lagache (21)	»	4	»	»	2	2	4
16e	Hospice Sainte-Périne (22)	»	»	»	»	»	»	13
18e	Hôpital Bichat (23)	»	13	»	»	»	»	»
19e	Hôpital de réserve (24)	dir. par.	»	»	»	1	»	»
20e	Hôpital Tenon (25)	total	»	»	»	»	»	»
20e	Hospice de Belleville	id.	»	»	»	»	»	»
20e	Hospice Debrousse (26)	id.	»	»	»	»	»	»
	Ministère de l'Intérieur.							
7e	Hospice Leprince (27)	»	2	»	»	»	»	1
12e	Hospice des Quinze-Vingts (28)	»	2	»	»	1	»	2
14e	Asile Sainte-Anne (29)	dir. par.	72	»	»	»	6	1
	Ministère de la Guerre.							
5e	Hôpital du Val-de-Grâce (30)	dir. tot.	»	»	»	»	»	»
	Société de l'hôpital Saint-Jacques.							
15e	Hôpital homéopath. St-Jacques (31)	dir. tot.	»	»	»	»	»	»

OBSERVATIONS — REMARQUES

(1) Se déverse dans l'égout de la rue des Tournelles. — (2) Cour d'honneur : un égout particulier va se déverser rue Geoffroy-Saint-Hilaire, cour des hommes : un 2e égout va se déverser rue Daubenton. — (3) Un égout particulier va se déverser rue Saint-Benoit. Un certain nombre de diviseurs écoulent leurs liquides dans l'égout de la rue Jacob. Ils servent aux boutiquiers de cette rue, locataires des dépendances de l'hôpital. — (4) Les six appareils sont placés en égout : quatre se déversent rue d'Assas et deux avenue de l'Observatoire; ils s'enlèvent par l'extérieur. — (5) Trois égouts intérieurs, deux se déversent rue de Sèvres et un rue Vaneau. — (6) Trois égouts vont se déverser dans celui de la rue du Faubourg-Saint-Honoré. — (7) Un égout fait le contour du chemin de ronde et vient se déverser rue Bichat. — (8) Un égout principal fait le tour de la cour d'honneur et vient se déverser dans celui de la rue Saint-Vincent-de-Paul, une autre partie d'égout déverse ses eaux dans la galerie du boulevard de La Chapelle. — (9) Un égout traverse l'établissement et vient se jeter perpendiculairement dans celui de la rue du Faubourg-Saint-Denis. — (10) Deux égouts : un se déverse rue de Citeaux, l'autre rue du Faubourg-Saint-Antoine. — (11) Trois égouts : un se déverse rue Traversière, un rue du Faubourg-Saint-Antoine, et un rue de Charenton. — (12) Égouts intérieurs : débouchés boulevard de la Gare et boulevard de l'Hôpital. — (13) Deux égouts intérieurs. — (14) Un égout part de la buanderie et va se déverser dans l'égout de la rue de la Santé. — (15) Un égout particulier va se déverser dans celui du boulevard de Port-Royal. — (16) Un égout se déverse dans celui de l'avenue de l'Observatoire. — (17) Un égout va se déverser dans celui de l'avenue d'Orléans. — (18) Un égout va se déverser rue Denfert-Rochereau. — (19) Deux appareils versent leurs liquides rue d'Alésia et un rue de Gergovie. Ils s'enlèvent extérieurement et sont placés en égout. — (20) Déversent leurs liquides dans l'égout de la rue de Sèvres. — (21) Un égout se déverse dans celui de la rue Mirabeau. — (22) Un égout qui relie les égouts de la rue Mirabeau à celui de l'avenue de Versailles traverse l'hospice; deux branchements se jettent dans cet égout. Ils servent uniquement à l'écoulement des eaux ménagères. — (23) La fosse ne sert plus; les diviseurs déversent leurs liquides dans l'égout du boulevard Ney au moyen de conduites en poterie. — (24) Les liquides se déversent dans l'égout public de la rue du Général-Brunet. — (25) Un égout fait le tour du chemin de ronde et vient se déverser dans celui de la rue Pelleport. Les appareils, qui sont placés dans les branchements perpendiculaires à cet égout, laissent échapper leurs liquides dans des rigoles en maçonnerie. — (26) L'écoulement aura lieu pour la plus grande partie dans l'égout public de la rue des Balkans; pour le reste dans celui de la rue de Bagnolet (trois branchements rue des Balkans et trois rue de Bagnolet). — (27) Toutes les eaux se déversent dans l'égout de la rue Saint-Dominique. — (28) Un égout se jette dans celui de la rue de Charenton. — (29) Un égout qui contourne l'établissement va se déverser rue de la Santé. Il reçoit deux branchements qui desservent : le 1er, le quartier des hommes; le 2e, le quartier des femmes. Deux autres branchements, qui desservent les cliniques, se déversent l'un rue de la Santé, l'autre rue d'Alésia. — (30) Toutes les eaux se déversent dans l'égout du boulevard de Port-Royal. — (31) Toutes les eaux s'écoulent superficiellement.

des

Résumé du service de l'extraction des vidanges.

		FOSSES MOBILES ENLEVÉES		TINETTES FILTRANTES ENLEVÉES		TOTAL DES MATIÈRES enlevées (en mètres cubes)
		Nombre	Cube de matières enlevées	Nombre	Cube de matières enlevées	
			mèt. cubes		mèt. cubes	mèt. cubes
6,236	105,141	18,293	2,926,880	65,839	4,389,265	112,457,145
5,423		16,248	2,599,680	60,294	4,019,597	96,604,277
5,981		18,005	2,880,800	66,434	4,428,932	106,342,732
6,318		16,316	2,610,560	62,900	4,193,333	113,828,893
	102,236	17,411	2,785,760	64,318	4,287,865	109,309,625
	95,717	17,703	2,832,480	64,440	4,295,998	102,845,478
	100,954	17,162	2,745,920	62,181	4,145,398	107,843,318
		17,807	2,849,120	62,003	4,133,533	109,030,653
	91,028	16,559	2,649,440	58,855	3,923,666	97,601,106
		18,009	2,881,440	67,219	4,481,266	110,237,706
	94,983	17,312	2,769,920	64,009	4,267,266	99,020,186
	92,403	16,682	2,669,120	64,624	4,308,266	99,380,386
	1,180,128	207,807	33,201,120	763,116	50,874,385	1,264,303,555
	98,360	17,292,25	2,766,760	63,593	4,239,532	105,375,202

OBSERVATIONS

Développement du nombre des appareils filtrants.

(Voir le diagramme, ci-dessous.)

Nombre des appareils en service au 31 décembre de chaque année :

1870...	6.389	1883...	26.593
1871...	6.739	1884...	29.263
1872...	7.528	1885...	31.225
1873...	8.288	1886...	32.843
1874...	9.126	1887...	33.240
1875...	9.983	1888...	33 [illegible]
1876...	10.832	1889...	34.362
1877...	11.770	1890...	34.462
1878...	13.031	1891...	34.697
1879...	14.422	1892...	34.653
1880...	16.831	1893...	34.653
1881...	20.045	1894...	34.636
1882...	23.639		

Développement du nombre des immeubles desservis par l'écoulement direct à l'égout.

(Voir le diagramme, page 73.)

Nombre de chutes en service au 31 décembre de chaque année :

1881.....	2	1888.....	697
1882.....	61	1889...	1.164
1883.....	84	1890...	1.838
1884.....	96	1891...	2.585
1885.....	100	1892...	3.473
1886.....	126	1893...	4.298
1887.....	362	1894...	5.444

Développement du nombre des appareils filtrants.

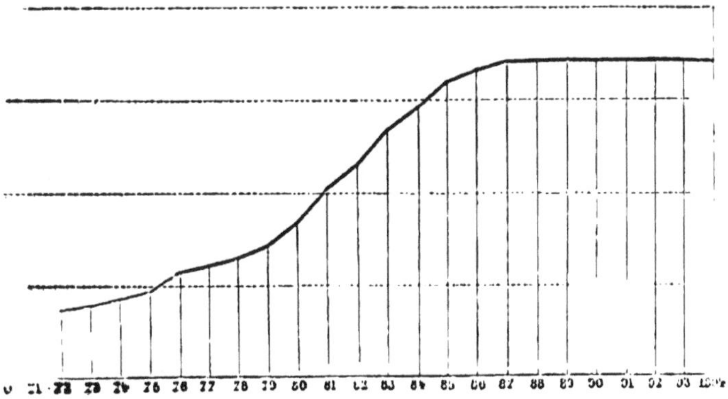

Avenue de l'Opéra, 1, 20	2	»	»	»
Rue Saint-Honoré, 33, 306, 326	»	»	3	»
Rue Saint-Honoré, 65, 109	»	»	2	»
Rue du Marché-Saint-Honoré, 15, 16	»	»	2	»
Rue Saint-Denis, 7, 20, 21, 46, 60, 63, 78, 81, 85	»	»	9	»
Rue Pierre-Lescot, 7, 8, 10, 2	»	»	4	»
Place du Marché-Saint-Honoré, 42	»	»	1	»
Rue des Halles, 5, 8, 13, 21, 22, 23, 32	»	»	7	»
Rue du Pont-Neuf, 33, 26	»	»	2	»
Rue des Bourdonnais, 40, 37, 27	»	»	3	»
Rue de la Ferronnerie, 33, 1	»	»	2	»
Rue de Turbigo, 1, 2	»	»	2	»
Rue des Innocents, 9, 13, 21	»	»	3	»
Rue Tiquetonne, 42 (angle rue Montorgueil)	»	»	»	1
Rue Montorgueil, 38 (angle rue Mauconseil)	»	»	1	»
Rue Étienne-Marcel (angle rue Montorgueil)	»	»	1	»
Rue Montmartre, 1, 6, 36, 19	»	»	4	»
Rue Coquillière, 1	»	»	1	»
Rue de Rambuteau (angle r. Vauvilliers)	»	»	1	»
Pavillons des Halles :				
N° 3 (en face l'église Saint-Eustache)	»	»	1	»
N° 5 id.	»	»	1	»
N° 5 (angle rue Baltard)	»	»	1	»
N° 7 id.	»	»	1	»
Rue de Rambuteau (face les n°s 124, 116, 106, 104, 92	»	» }		
Rue de Rambuteau, devant les n°s 114, 104, 92, 84, 81, 76, 78	»	» }	12	»
Rue Berger, pavillons des Halles :				
N° 12 (en face le n° 11)	»	»	1	»
N° 12 id. 15)	»	»	1	»
N° 10 id. 17)	»	»	1	»
N° 10 id. 23)	»	»	1	»
N° 8 id. 25)	»	»	1	»
N° 8 (angle rue Baltard)	»	»	1	»
N° 6 id.	»	»	1	»
N° 6 (en face le n° 31)	»	»	1	»
N° 4 id. 34)	»	»	1	»
N° 4 id. 37)	»	»	1	»
A reporter	2	»	74	1

	Report	2	»	74
1er	Rue Berger, devant les n°s 11, 15, 17, 3, 25, 27, 29, 31, 33, 37	»	»	10
»	Rue de l'Arbre-Sec, 51	»	»	1
»	Rue de la Poterie, 1, 9	»	»	2
»	Place du Palais-Royal (face le Conseil d'État)	2	»	»
»	Rue Herold, 18, 25	»	»	2
»	Rue de la Monnaie, 2	»	»	1
»	Rue Boucher, 1	»	»	1
»	Rue Jean-Lantier, 10, 20	»	»	2
»	Rue des Lavandières, 4	»	»	1
»	Rue Sainte-Opportune, 6	»	»	1
»	Rue de La Reynie, 35	»	»	1
»	Rue des Lombards, 35	»	»	1
»	Rue Mondétour, 26	»	»	1
»	Rue Française, 1, 2	»	»	2
2e	Avenue de l'Opéra, 27, 29, 31, 39, 39, 41, 38, 36 *bis*, 26, 26 *bis*, 32, 30, 8	13	»	»
»	Rue Montpensier, 36	»	»	1
»	Rue Montmartre, 133, 149	»	»	2
»	Rue Richelieu, 76, 79, 89, 92, 69	»	»	5
»	Rue Dussoubs, 23	»	»	»
»	Rue Greneta, 64, 26	»	»	2
»	Rue d'Aboukir, 113	»	»	1
»	Rue d'Argout, 54, 63	»	»	2
»	Rue Saint-Denis, 140, 158, 176, 178	»	»	6
»	Rue Saint-Augustin, 25	»	»	1
»	Boulevard de Sébastopol, 141	»	»	1
»	Rue de Port-Mahon, 5	»	»	1
4e	Avenue Victoria, 25	»	»	1
11e	Rue Saint-Bernard (angle rue du Faubourg-Saint-Antoine pair)	»	»	»
12e	Boulevard Davoust (près du candélabre n° 9)	»	»	»
»	Place d'Aligre, 2, 8, 17	»	»	»
16e	Avenue d'Eylau (angle du rond-point de Longchamp)	»	»	»
	TOTAL	17	1	123

… écoulements directs … au 31 décembre 1894.

CATÉGORIES	NOMBRE D'IMMEUBLES	REDEVANCES ANNUELLES
… particulières…….	5,075	843,380 »
… de nécessité…….	119	11,850 »
… de l'État…….	69	22,190 »
… publique…….	20	8,760 »
… municipaux…..	161	35,900 »
TOTAUX………..	5,444	921,880 »

Répartition par arrondissement des écoulements directs à l'égout et des réservoirs de chasse.

ARRONDISSEMENTS	NOMBRE D'IMMEUBLES	REDEVANCES ANNUELLES	ARRONDISSEMENTS	NOMBRE DE RÉSERVOIRS existant en 1893	construits en 1894	Total au 1er janv. 1895	OBSERVATIONS
1er….	244	71,630 »	1er….	92	6	98	Sur 22 réservoirs en bois fonctionnant au 31 décembre 1893 14 ont été transformés en réservoirs en maçonnerie, il ne reste donc plus au 1er janvier 1895 que 8 réservoirs en bois.
2e….	212	63,980 »	2e….	83	2	85	
3e….	107	18,930 »	3e….	64	1	65	
4e….	122	22,420 »	4e….	57	3	60	
5e….	165	23,260 »	5e….	73	7	80	
6e….	163	28,020 »	6e….	70	22	92	
7e….	235	50,060 »	7e….	73	10	83	
8e….	330	85,570 »	8e….	114	11	125	
9e….	323	91,030 »	9e….	78	7	85	
10e….	271	60,680 »	10e….	98	7	105	
11e….	354	47,260 »	11e….	92	6	98	
12e….	171	21,530 »	12e….	69	8	77	
13e….	98	13,180 »	13e….	53	7	60	
14e….	239	26,340 »	14e….	72	20	92	
15e….	343	39,270 »	15e….	75	7	82	
16e….	865	431,320 »	16e….	163	24	187	
17e….	372	51,030 »	17e….	128	16	144	
18e….	263	30,600 »	18e….	94	5	99	
19e….	383	22,970 »	19e….	60	5	65	
20e….	182	20,720 »	20e….	89	6	95	
	5,444	921,880 »		1,697	180	1,877	

Courbe de la répartition, par arrondissement des Immeubles desservis par l'écoulement direct pendant l'année 1894.

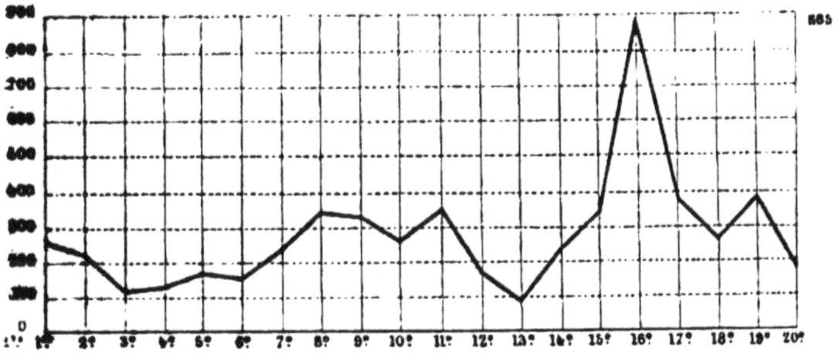

Développement du nombre d'Immeubles desservis par l'écoulement direct à l'égout.

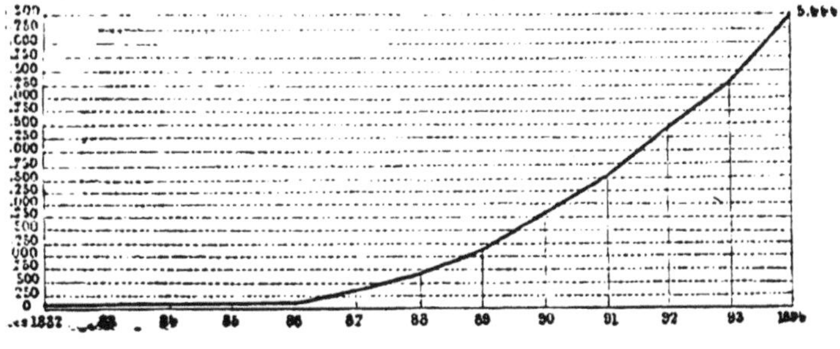

4°	»	»	»	720 24	»	73 50	»	»	»
5°	»	»	»	1,173 85	»	»	»	306 55	11 45
6°	»	27 50	»	909 31	13 20	»	»	153 75	39 85
7°	»	»	936 50	543 20	120 60	»	»	74 80	64 70
8°	»	32 60	»	125 »	»	»	»	39 30	89 80
9°	»	»	»	»	»	»	»	»	»
10°	»	»	»	702 68	»	»	»	»	»
11°	»	»	»	»	»	75 40	»	»	»
12°	»	»	»	444 89	»	221 58	41 15	140 50	»
13°	374 85	»	»	»	»	»	»	44 90	»
14°	»	»	»	2,129 90	»	»	9 40	178 25	37 40
15°	»	936 90	»	1,789 78	»	112 09	»	7 20	8 80
16°	»	»	»	561 80	»	481 93	»	126 90	54 85
17°	»	176 65	»	1,970 05	»	»	»	»	»
18°	»	»	»	690 23	»	»	»	»	»
19°	»	»	»	881 60	484 40	»	»	»	»
20°	»	»	316 50	96 66	»	»	»	»	»
Totaux.....	374 85	1,193 65	1,273 »	12,444 19	618 20	964 52	50 55	1,272 15	531 65

DÉSIGNATION		TYPES								
		1	2	3	4	5	6	7	8	9
Hauteur sous clef		4 40	5 35	3 90	3 70	3 80	3 55	3 45	2 80	2 70
Largeur aux naissances		5 60	5 20	4 »	3 70	3 »	2 50	2 40	2 30	2 »
Banquettes	nombre	2	2	2	2	2	2	2	2	3
	largeur	» 90	1 80	» 686	1 »	» 50 » 70	» 45	» 40	» 44	» 60 » 85 » 60
Cunettes	ouverture	3 50	1 20	2 20	1 20	1 20	1 20	1 20	1 20	» 70
	profondeur	1 35	1 70	1 »	» 80	» 80	» 80	» 80	» 40	» 60

… 31 décembre 1894.

… 11 bis	TYPE 12	TYPE 12 bis	TYPE 13	TYPE 13 bis 14 nouveau	TYPE 14	TYPE 15	TYPES NON CLASSÉS	TOTAUX	ARRONDISSEMENTS
»	7,189 82	1,353 25	1,776 93	1,011 04	1,780 70	44 70	10,497 71	32,402 01	1er
»	6,905 89	1,841 59	1,450 03	334 54	972 67	32 12	7,860 64	23,342 60	2e
»	7,794 31	324 27	2,580 92	1,424 75	706 45	60 »	7,548 39	24,707 74	3e
»	6,036 48	2,300 39	2,727 29	1,174 49	2,248 31	136 »	9,239 03	29,302 23	4e
»	16,198 45	3,346 85	986 70	347 »	1,020 40	692 81	14,718 12	44,325 21	5e
467 25	7,299 11	2,646 18	3,630 60	936 15	1,385 30	318 10	8,861 77	35,285 46	6e
246 43	11,349 80	2,844 12	4,993 47	324 »	2,862 87	646 80	11,908 06	44,436 27	7e
»	39,936 98	1,685 24	1,844 93	1,413 82	2,052 80	127 10	10,971 96	69,806 08	8e
»	18,873 36	2,326 91	3,461 »	1,344 58	686 49	264 10	11,188 07	45,283 40	9e
»	16,826 37	4,222 17	3,828 98	419 95	423 67	»	12,184 64	46,098 21	10e
»	17,325 70	6,186 29	7,199 32	75 40	1,097 00	»	10,159 60	55,179 43	11e
»	8,897 90	3,543 08	5,290 09	267 18	2,194 37	140 50	9,499 35	43,847 40	12e
»	17,543 91	2,862 05	2,502 54	133 »	4,868 »	519 40	11,203 84	47,720 38	13e
»	14,719 16	8,712 33	5,107 16	92 90	3,100 94	608 45	6,405 43	49,493 49	14e
»	23,076 35	6,976 04	1,478 »	1,092 79	2,900 83	618 40	14,308 20	56,363 23	15e
»	43,048 76	5,196 97	4,811 58	2,274 68	3,667 01	765 »	18,970 91	85,068 21	16e
»	33,104 36	11,900 04	3,531 30	1,087 15	3,061 47	363 53	7,292 05	73,155 80	17e
»	24,108 08	5,547 62	4,703 37	754 63	2,543 68	127 30	9,190 44	53,598 04	18e
»	15,208 20	5,502 07	6,344 85	»	4,076 40	»	9,957 99	49,534 66	19e
246 50	15,590 21	5,854 32	5,175 14	303 94	4,596 45	497 09	7,035 38	48,160 62	20e
670 20	349,337 92	86,989 75	75,622 53	15,139 01	46,344 50	3,962 20	20,961 47	957,849 49	
»	»	»	»	»	»	»	»	6,106 10	
670 20	349,337 92	86,989 75	75,622 53	15,139 01	46,344 50	3,962 20	20,961 47	963,955 59	

BOUCHES D'ÉGOUT Nombre	Longueur (en mètres)	BRANCHEMENTS PARTICULIERS Nombre	Longueur (en mètres)	OBSERVATIONS
»	»	»	»	Ne sont pas compris dans les longueurs ci-contre, celles de 336 branchements murés, dont on ne connaît pas l'étendue.
2	8 20	13	52 05	
»	»	»	»	
16	33 87	5	14 33	
16	70 48	107	371 66	
7	17 10	90	368 63	
6	42 83	60	235 95	
»	»	3	10 23	
»	»	»	»	
2	9 75	2	11 »	
»	»	»	»	
2	5 87	»	»	
3	18 81	21	180 30	
10	63 95	28	110 70	
19	85 95	97	592 20	
10	30 63	29	119 10	
10	28 66	31	115 75	
8	37 70	17	130 08	
13	69 39	»	»	
1	3 05	16	61 46	
126	348 96	321	2,403 46	

	TYPES 11 bis	12	12 bis	13	14	15	BRANCHEMENTS PARTICULIERS 1	2	de REGARD	DE BOUCHE
	2 35	2 30	2 30	2 10	2 »	2 80	1 80	1 20	2 »	La hauteur varie entre la cheminée de bouche et l'égout public.
	1 50	1 20	1 40	1 30	1 05	1 »	» 90	» 60	1 »	» 80
	1	»	1	»	»	1	»	»	»	2
	» 60	»	» 40	»	»	» 185	»	»	»	» 15
	» 40	» 30	» 40	» 50	» 40	» 40	» 50	» 40	» 50	» 30
	» 25	» 035	» 25	» 035	» 03	» 25	» 033	» 03	» 03	Variable.

Observations météorologiques.

MOIS	TEMPÉRATURE			PRESSION BAROMÉTRIQUE	HAUTEUR de la surface de la Seine au-dessus du niveau de la mer	HAUTEUR de la pluie tombée
	AIR	SEINE	ÉGOUT			
	degrés centigr.	degrés centigr.	degrés centigr.	millim. centigr.	mètres	millimètres
Janvier	3,5	3,2	7,9	761,9	24,27	38,8
Février	6,2	6,0	9,2	768,0	24,85	13,7
Mars	9,4	8,3	10,2	765,7	24,75	22,6
Avril	14,0	14,0	13,4	765,3	24,20	33,7
Mai	13,4	15,2	14,7	766,1	24,01	28,0
Juin	17,7	18,1	16,5	771,3	24,11	31,4
Juillet	20,0	21,6	18,5	770,7	23,80	60,3
Août	17,7	19,3	17,8	770,6	23,84	48,8
Septembre	15,3	17,4	16,3	770,7	23,91	68,1
Octobre	11,5	12,9	13,9	765,4	24,04	23,1
Novembre	8,1	10,3	12,6	766,0	24,74	19,4
Décembre	4,9	4,8	9,2	764,9	24,13	25,7
TOTAUX	141°7	151°1	160°2	9,206,6	290,74	413,6
MOYENNES	11°8	12°6	13°4	767,2	24,23	34,5

Températures
(Moyennes mensuelles)

Hauteur de la surface au-de[ssus]
du niveau de la mer.

Hauteur de pluie
tombée mensuellement

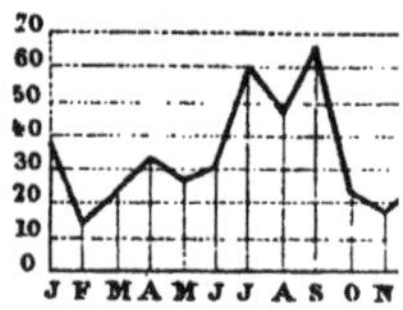

...ations de la plaine de Gennevilliers. — Débits des collecteurs. — Eau distribuée. Surfaces irriguées. — Drains et nappe souterraine.

MOIS	DÉBITS DES COLLECTEURS de Clichy par jour	EAU DISTRIBUÉE dans la plaine de Gennevilliers par mois	SURFACES IRRIGUÉES à la fin de chaque mois	SURFACES ARROSÉES en hectares et par jour	CUBE CONSOMMÉ PAR HECTARE IRRIGUÉ et par jour	DRAINS — DÉBITS par jour	DRAINS — TEMPÉRATURE	COTES DU PLAN D'EAU AU-DESSUS DU NIVEAU DE LA MER — Puits voisins de la Seine	COTES DU PLAN D'EAU AU-DESSUS DU NIVEAU DE LA MER — Puits éloignés de la Seine
	m. cubes	mètres cubes	hect. a. c.	hect.	m. c.	m. cubes	degrés centigr.	mètres, cent.	mètres, cent.
....	379,814	2,771,393	775 95 40	84	932	20,300	11 2	24 64	25 90
....	379,210	2,570,818	775 95 40	86	923	17,400	11 0	24 80	26 06
....	364,435	2,836,982	775 95 40	86	1,028	13,800	11 6	24 97	25 98
....	414,850	3,298,866	775 95 40	103	902	22,375	11 9	24 88	25 92
....	452,909	3,980,178	775 95 40	109	1,063	24,650	12 2	24 84	25 94
....	391,738	3,254,094	781 97 57	99	1,181	30,100	12 7	24 94	26 09
....	379,439	4,172,320	781 97 57	115	1,176	31,450	13 2	24 88	26 15
....	438,379	3,870,584	786 49 37	104	1,036	31,600	13 3	25 05	26 30
...bre	492,128	3,636,291	786 49 37	104	1,079	30,444	13 0	24 95	26 33
....	418,781	3,008,956	787 13 20	83	1,059	29,500	13 3	25 04	26 42
...bre....	384,480	1,309,792	787 12 29	40	909	24,050	13 1	24 89	26 21
...re.	495,418	1,813,850	787 12 29	52	1,099	16,142	11 7	24 78	25 84
TOTAUX.....	4,996,781	36,533,124	9,378 08 66	1,067	12,537	291,811	148 2		
MOYENNES.....	416,398	3,044,427	781 50 72	89	1,045	24,318	12 4		

Irrigations de la plaine de Gennevilliers (Réseau de distribution).

...eaux d'égout sont distribuées dans la plaine de Gennevilliers par un réseau de conduites de différents diamètres ayant une longueur de 49,687 mètres 04 centimètres.

DIAMÈTRES DES CONDUITES — 1m,25	1m10	1m,00	0m,80	0m,60	0m,45	0m,30	RIGOLES à CIEL OUVERT	TOTAL
	mètres	mètres	mètres	mètres	mètres	mètres	mètres	mètres
	»	1,893 80	1,955 60	10,672 10	5,427 »	115 »	4,795 »	28,605 70
	»	1,893 80	1,955 60	13,853 30	6,611 70	115 »	»	28,176 60
	»	1,893 80	1,955 60	14,273 30	7,716 70	202 75	»	29,780 35
	»	1,893 80	1,955 60	15,173 »	9,213 »	325 75	»	32,308 35
	»	1,893 80	1,955 60	16,469 »	9,378 »	325 75	»	33,769 35
	»	1,893 80	1,955 60	16,469 »	9,378 »	548 75	»	33,992 35
	»	1,893 80	1,955 60	16,469 »	9,378 »	548 75	»	33,992 35
	»	1,893 80	1,955 60	16,469 »	9,378 »	548 75	»	33,992 35
	»	1,893 80	1,955 60	16,469 »	9,378 »	548 75	»	33,992 35
	»	1,893 80	1,955 60	16,469 »	12,402 »	548 75	»	37,076 35
	2,680 90	1,893 80	1,955 60	16,469 »	12,487 »	548 75	»	39,782 25
	5,660 90	1,893 80	2,135 »	20,186 »	14,551 »	548 75	»	48,722 65
3,747 20	5,660 90	1,893 80	2,135 »	20,186 »	14,551 »	548 75	»	48,722 65
	5,109 74	1,955 80	2,109 05	21,765 70	14,578 70	388 30	»	49,427 69
	5,109 74	1,955 80	2,109 05	21,765 70	14,578 70	388 30	»	49,427 69
	5,109 74	1,955 80	2,109 05	21,765 70	14,578 70	388 30	»	49,427 69
	5,109 74	1,955 80	2,109 05	21,765 70	14,578 70	388 30	»	49,427 69
	5,409 74	1,955 80	2,109 05	21,765 70	14,838 05	388 30	»	49,687 04

Cube consommé par hectare et par jour.

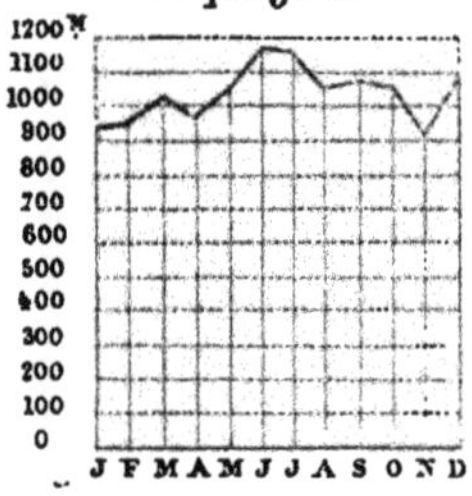

Températures des drains.

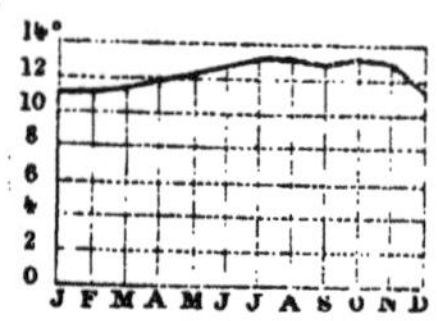

Surfaces arrosées en hectares et par jour.

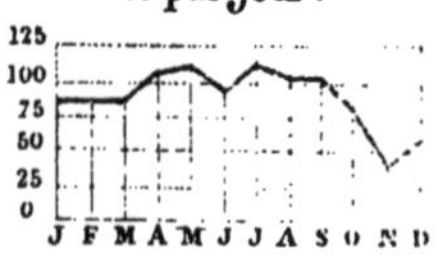

Eau distribuée dans la plaine de Gennevilliers.

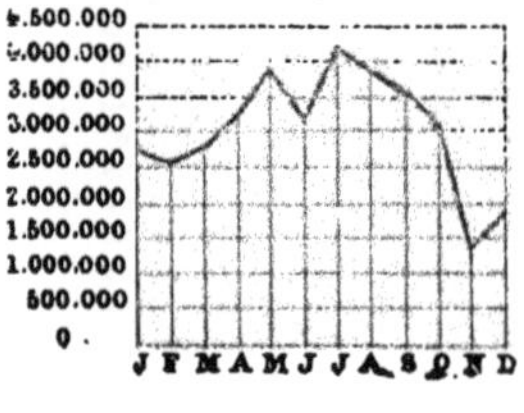

Mouvement de la nappe souterraine de la plaine de Gennevilliers

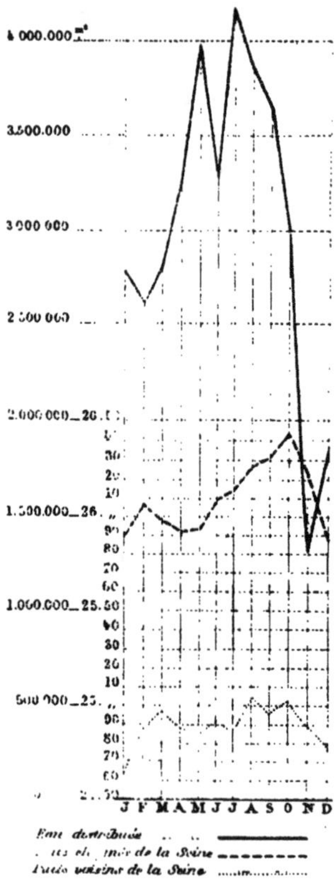

Débit des collecteurs par jour

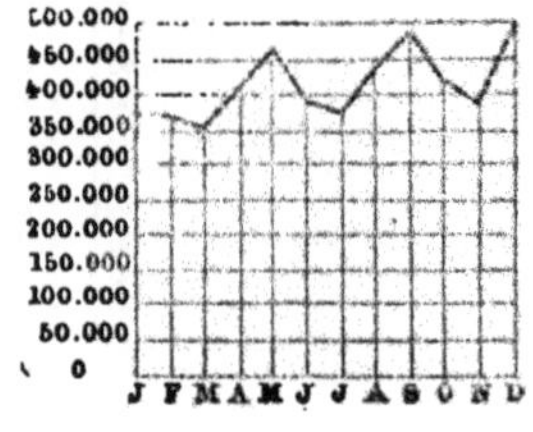

Diagramme
du développement des surfaces irriguées de 1868 à 1894

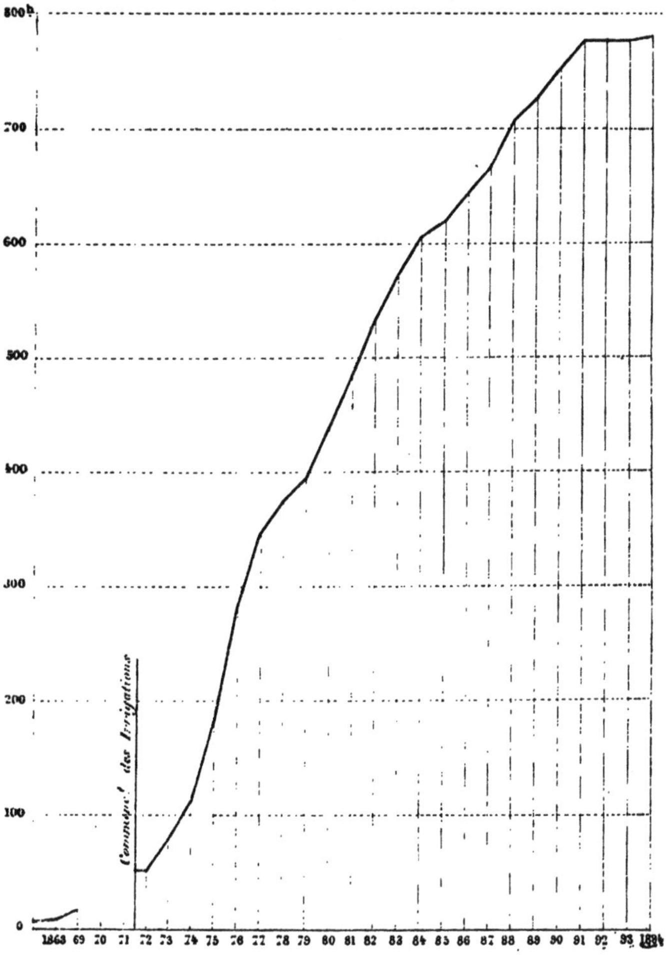

Nature, diamètre et longueurs des drains.

DÉSIGNATION DES DRAINS	NATURE	DIAMÈTRES	LONGUEURS	LONGUEUR TOTALE
		m. c.	mètres.	mètres.
Drain des Grésillons	Tuyaux perforés béton	0 45	300	1,308
	Tuyaux pleins béton	0 45	895	
	A ciel ouvert	en ruisseau	113	
Drain du Moulin-de-Cage	Tuyaux perforés poterie	0 30	1,170	2,362
	Tuyaux perforés béton	0 45	392	
	Tuyaux pleins béton	0 45	800	
Drain du chemin du Péage	Tuyaux perforés béton	0 45	280	630
	Tuyaux pleins béton	0 45	350	
Drain d'Épinay	Tuyaux perforés béton	0 45	1,030	2,630
	Tuyaux pleins béton	0 45	1.600	
Drain des Burons	Tuyaux perforés béton	0 45	2,313	2,863
	Tuyaux pleins béton	0 45	550	
Drain Aboilard (petit drain d'Épinay)	Tuyaux poterie pleine	0 20	911	911
	Longueur totale des drains			10,724

Statistique des conduites de la plaine de Gennevilliers

Débit des drains.

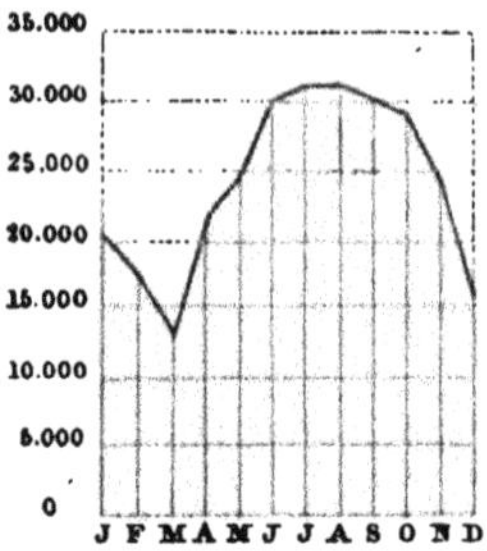

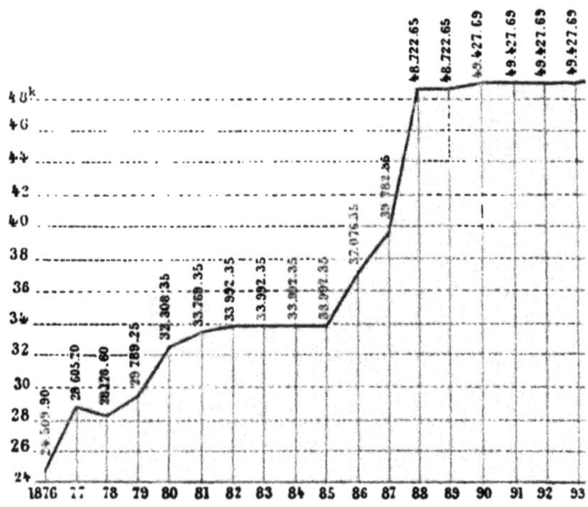

DEUXIÈME PARTIE

DÉMOGRAPHIE

, mortinatalité selon l'âge du fœtus et selon l'âge de la mère.

nortinatalité est très élevée dans la plupart des grandes villes françaises. Il est donc impor-'étudier dans quelles conditions surviennent ces nombreux mort-nés. Nous nous proposons ier ici leur âge; la question soulèvera au passage d'importants problèmes philosophiques.

:e étude se composera de deux parties. Nous étudierons d'abord la statistique parisienne de 0 en la comparant à celle de différentes villes qui ont publié leurs documents à peu près sous ne forme.

; nous examinerons la statistique parisienne de 1891-93, qui a été publiée avec plusieurs entièrement nouveaux (statistique de l'âge de la mère mis en rapport avec le nombre et es fœtus; statistique des embryons; statistique des naissances vivantes prématurées).

I. — Examen des documents. — Mortinatalité selon l'age du fœtus.

:e des mort-nés n'est relevé que dans très peu de villes. C'est à Paris que ce renseignement ıblié depuis le plus long temps; Lyon et Saint-Étienne ont suivi son exemple. Bruxelles depuis longtemps des renseignements sommaires sur ce sujet. Outre ces villes, Washington, s-Ayres, et plus récemment Vienne, fournissent seuls des renseignements à cet égard.

:i les chiffres absolus que j'ai relevés dans quatre de ces villes :

Tableau I. — *Nombres absolus se rapportant à l'ensemble des périodes indiquées* (1).

		Paris 1886-90	Lyon (2) 1894-95	Saint-Étienne 1884-91	Bruxelles 1885-89
: des naissances (mort-nés inclus).....		323.249	17.727	28.338	28.460
: des embryons : dans le	2e mois..........			57	
	3e —	1.136	60	261	
	4e —			301	827 (3)
	5e —	1.900	114	314	
	6e —	3.369	146	402	
: des fœtus : dans le	7e —	4.399	224	334	749 (4)
	8e —	3.400	80	391	
	9e —	7.843	498	702	843 (5)
	Age non indiqué..	»	119	»	»
: total des mort-nés (α-9 mois).......		22.047	1.241	2.762	2.419

chiffres semblent indiquer une mortinatalité très élevée.

,es deux termes des périodes d'observation sont inclus. Ainsi 1886-90 signifie 5 ans d'observation, etc.
,es renseignements de Lyon antérieurs à cette date paraissent fautifs.
ans la publication de Bruxelles, ce chiffre est désigné sous la rubrique « Avortons ».
ans la publication de Bruxelles, ce chiffre est désigné sous la rubrique « Avant terme ».
ans la publication de Bruxelles, ce chiffre est désigné sous la rubrique « A terme ».

Tableau II. — *Sur 1,000 naissances (mort-nés inclus) combien d'enfants morts avant l'inscription sur le registre des naissances.*

Paris	68 3	France	44 4
Lyon	70 »		
Saint-Étienne	97 4		
Bruxelles	85 »	Belgique	44 »

Mais l'étude de la mortinatalité par âge nous montrera que peut-être ces chiffres sont moins significatifs qu'ils ne le paraissent au premier abord.

Pour en tirer la mortalité par âge avant la naissance, j'ai procédé comme pour la mortalité après la naissance. J'ai donc calculé le rapport suivant : *Sur 1,000 fœtus entrant dans chaque période d'âge, combien de décès pendant cette période d'âge.* Voici, par exemple, le tableau des calculs que j'ai faits pour les chiffres parisiens :

En 1886-90, il est né à Paris (enfants vivants)	301.202
— — (mort-nés)	22.047
Total	323.249
Je divise par 323,249 le nombre (1,136) des mort-nés de 0 à 4 mois, et j'obtiens le rapport 3.5 pour 1,000. Puis je fais la différence des deux chiffres	1.136
La différence est égale au nombre de fœtus qui parviennent à l'âge de 4 mois	322.113
Je divise par ce dernier chiffre le nombre (1,900) des mort-nés du cinquième mois et j'obtiens le rapport 5.9 pour 1,000. Puis je fais la différence des deux chiffres	1.900
La différence est égale au nombre de fœtus qui parviennent à l'âge de 5 mois	320.213

Et ainsi de suite.

En procédant ainsi, on obtient le tableau suivant :

Tableau III. — *Sur 1,000 grossesses de chaque durée, combien de mort-nés.*

	Paris 1886-90	Lyon 1894-95	Saint-Étienne 1884-91		Vienne 1893	Washington 1887-94
2e mois	3.5	3.4	2.0	21.9	1	4.2
3e —			9.2		4	
4e —			10.7		7	
5e —	5.9	6.5	11.3		7	6.4
6e —	10.5	8.3	14.7		7	13.4
7e —	13.9	12.9	12.4		7	16.6
8e —	10.9	4.7	14.6		6	13.5
9e —	25.4	29.2	26.7		17	45.8
Age inconnu	»	7.1	»		2	1.0
Moyennes	68.3	70.0	97.4		57	100.7

Ces chiffres doivent être récapitulés ainsi qu'il suit, pour permettre la comparaison avec ceux de Bruxelles :

Tableau IV. — *Sur 1,000 grossesses de chaque durée, combien de mort-nés.*

	Paris	Lyon	Saint-Étienne	Bruxelles	Vienne	Washington
Avortons (x-6 mois)	19.9	18.2	47.9	29.0	26	24.0
Avant terme (7e et 8e mois)	24.8	17.6	27.0	27.4	13	30.1
A terme (9e mois)	25.4	29.2	26.7	34.5	17	45.8
Moyennes	68.3	70.0	97.4	85.0	57	100.7

tir du sixième mois, les chiffres de Paris, Saint-Étienne et Bruxelles se ressemblent re-
blement. Ceux de Washington sont plus élevés, notamment en ce qui concerne les mort-
rme (nous verrons que cela provient exclusivement des nègres qui habitent cette ville).
traire les chiffres de Vienne sont plus faibles. En ce qui concerne cette dernière ville, il ne
s oublier que la mortinatalité des différentes parties de l'Autriche est beaucoup plus faible
et que, si les chiffres sont exacts, elle est l'une des plus faibles que l'on observe.

t être bien entendu que les avortons de moins de 5 mois ne sont pas tous connus. Si la
atalité de Saint-Étienne semble dépasser si fortement celle de Paris et de Bruxelles, c'est
nent à cause du soin avec lequel la population stéphanoise déclare les embryons mort-nés.
ir du 6e mois, les chiffres de Saint-Étienne ressemblent beaucoup aux autres. On peut
lus loin, et on doit se demander si l'excès de la mortinatalité des villes que nous étudions
le de France et de Belgique ne tient pas principalement à une meilleure inscription des
s très jeunes.

II. — Mortinatalité par age et par sexe.

it que la mortinatalité des garçons l'emporte toujours très sensiblement sur celle des filles.
âge, la différence entre la mortalité des deux sexes n'est aussi forte qu'à cet âge où le
rait chose si insignifiante.

dit quelquefois (1) que si les garçons sont plus souvent mort-nés que les filles, c'est qu'ils
ête plus grosse et que leur accouchement est plus laborieux. Cette explication me paraît
t plus mauvaise qu'il n'est pas exact que la tête des garçons soit notablement (2) plus
que celle des filles. D'ailleurs l'étude de la mortinatalité par âge va nous montrer que la
ité des fœtus masculins l'emporte sur celle des féminins à toutes les époques de la gros-
), et par conséquent lorsque le passage de la tête ne constitue pas une difficulté.

ce qui ressort des chiffres suivants :

au V. — *Sur 1,000 fœtus de chaque sexe et de chaque âge, combien de mort-nés.*

	Paris (1886-90)			Washington (juin 1888-juin 1895) Population blanche			Washington (juin 1888-juin 1895) Population de couleur			Moyenne générale
	Masc.	Fém.	Ensemble	Masc.	Fém.	Ensemble	Masc.	Fém.	Ensemble	
ois	4.5	2.5	3.5	4.1	3.4	3.8	10.9	6.4	8.7	6.0
	6.4	5.4	5.9	4.5	2.5	3.5	12.5	6.8	9.7	6.3
	11.1	9.9	10.5	8.4	6.3	7.4	19.5	16.1	17.8	12.0
	14.9	12.8	13.9	11.6	8.5	10.1	23.7	20.9	22.3	15.5
	11.3	10.4	10.9	9.8	11.0	10.4	24.6	20.2	22.4	15.6
	28.7	21.8	25.4	34.6	26.9	30.9	69.8	57.2	63.6	44.0
	»	»	»	0.9	0.9	0.9	1.3	0.2	0.8	0.9
rée inconnue	»	»	»	2.2	1.1	1.5	1.9	1.2	1.5	1.5
oyennes	74.7	64.4	68.3	74.1	59.3	66.9	139.0	123.4	139.5	99.4

i la mortinatalité des garçons l'emporte sur celle des filles à toutes les époques de la
se.

tte opinion a été émise par Simpson, l'illustre accoucheur d'Édimbourg, vers 1845.

1. Budin et Ribemont ont pris un grand nombre de mesures sur 211 nouveau-nés. La longueur maxima de
liamètre sus-occipito-mentonnier) a été de 13 c. 36 chez les garçons et 13 c. 03 chez les filles; la grande
ence de la tête (passant par les deux extrémités de la longueur maxima) a été de 37 c. 3 chez les garçons et
hez les filles. Encore ces faibles différences sont-elles dues à ce que le poids moyen des garçons (3,234 gr.)
en plus élevé que le poids moyen des filles (3,090 gr.). Si l'on considère des enfants de même poids, on
our les diamètres céphaliques des différences tout à fait insignifiantes. Les diamètres de la tête ne sont pas,
égal, plus grands chez les garçons que chez les filles. (*Archives de tocologie*, 1879.)

, même conclusion a été énoncée par Casper. Je n'ai pas pu prendre connaissance de son mémoire dont le
chrift für Geburtskunde, 1855, contient un résumé peu intéressant.

Cette loi se vérifie également à Washington et aussi bien sur les nègres que sur les blancs (1). D'ailleurs les chiffres relatifs aux deux sexes sont beaucoup plus élevés parmi les nègres que parmi les blancs.

III. — Mortinatalité par age et par état civil.

On sait que dans tous les pays (mais nulle part autant qu'en France) la mortinatalité des enfants illégitimes l'emporte de beaucoup sur celle des légitimes. On a beaucoup discuté sur les causes de cette différence. L'étude de la mortinatalité par âge va nous permettre de jeter quelque lumière sur ce problème.

Tableau VI. — *Sur 1,000 fœtus de chaque âge et de chaque état civil, combien de mort-nés.*

Durée de la grossesse	Paris (1886-1890) Légitimes	Paris (1886-1890) Illégitimes	Saint-Étienne (1884-91) Légitimes		Saint-Étienne (1884-91) Illégitimes		Vienne (1893) Légitimes	Vienne (1893) Illégitimes
2ᵉ mois			1.9		2.8		1	1
3ᵉ —	3.5	3.5	9.3	20.8	8.8	32.3	4	3
4ᵉ —			9.6		20.7		8	7
5ᵉ —	5.5	7.0	9.7		25.5		6	8
6ᵉ —	9.5	13.0	13.5		25.4		4	9
7ᵉ —	12.1	18.5	11.2		23.3		7	5
8ᵉ —	9.5	14.3	13.7		23.9		6	6
9ᵉ —	25.3	25.0	27.0		23.7		18	16
Age inconnu	»	»	»		»		2	2
Moyennes	64.1	78.7	92.3		144.3		56	59

On voit que si la mortinatalité légitime de Saint-Etienne l'emporte de peu (ne considérer que les chiffres des trois derniers mois de la grossesse) sur celle de Paris, il n'en est pas de même de sa mortinatalité illégitime, qui est des plus élevées.

A Paris, comme à Saint-Étienne, la mortinatalité des fœtus à terme est la même pour les légitimes et pour les illégitimes. L'excès de la mortinatalité illégitime pèse *uniquement* sur les fœtus avant terme. Pour eux, cet excès est à chaque âge le même : environ 50 p. 100 (de la mortinatalité légitime) à Paris, et environ 100 p. 100 à Saint-Étienne.

Nous dirons peu de chose des chiffres viennois, parce qu'ils ne reposent que sur une année d'observation. Ils suffisent cependant à montrer (ou plutôt à confirmer, car cela résulte de beaucoup d'autres documents plus démonstratifs encore) que l'énorme différence qui sépare en France la chance de mort des illégitimes de celle des légitimes est extrêmement atténuée dans la plupart des autres pays et notamment en Autriche, où les lois sont moins dures pour l'enfant illégitime et pour sa mère.

---

(1) Voici quelques renseignements statistiques sur la ville de Washington (juin 1888-juin 1895) :

	Population recensée en 1890	Nombre total en 8 ans — Naissances vivantes	Nombre total en 8 ans — Mort-nés	Sur 1,000 habitants, combien de naissances vivantes en un an
Blancs	154.695	20.088	1.442	16.2
Hommes de couleur	75.697	14.905	2.414	24.6
Ensemble	230.392	34.993	3.856	18 9

On voit que dans cette ville la natalité est extrêmement faible. Il en est de même de la plupart de celles des États-Unis dont la statistique est publiée.

La population blanche est composée surtout de fonctionnaires. Il y a peu de commerce et très peu d'industrie.

Les hommes de couleur sont presque tous pauvres. Une grande partie de leurs naissances sont illégitimes (24 naissances illégitimes sur 100 naissances vivantes parmi les nègres, et 3 seulement parmi les blancs ; ensemble, 12.4 p. 100).

s à Vienne, comme dans les deux villes françaises, l'excès de mortinatalité des illégi-
[illegible] surtout avant terme.

vent discuté la question de savoir si l'excès de la mortinatalité illégitime est dû au
l'épouvantable misère dans laquelle tombent le plus souvent les filles mères aban-
ous examinerons plus loin cette question, que nos chiffres nous paraissent présenter
[illegible] à fait nouveau.

IV. — De la fréquence des causes de la mortinatalité.

tique ne peut compter que bien difficilement les causes des accouchements prématurés
des mort-nés.

ve à Paris et à Bruxelles une circonstance qui a dans l'espèce une grande importance :
que l'enfant a ou n'a pas respiré avant de mourir.

fant né avant terme respire avant de mourir, sa mort est due souvent à son expulsion
du sein maternel ; sa mort est due à une indisposition de la mère, mais on peut
ue souvent il n'est lui-même pas malade ; depuis que M. Tarnier a inventé la couveuse
on nom, c'est-à-dire depuis une quinzaine d'années, on peut sauver assez souvent l'exis-
s enfants venus avant terme.

nt, né viable, mais avant terme (c'est-à-dire pendant le 7e et le 8e mois), ne respire pas,
tait mort dans le sein maternel ; dans ce cas, ce n'est pas, comme dans le cas précédent,
i était plus malade que lui ; c'est au contraire lui qui était mortellement atteint, soit
aladie du père, soit par une maladie de la mère (par exemple par tuberculose ou par
oit par toute autre cause.

ction des mort-nés, suivant qu'ils ont ou n'ont pas respiré avant de mourir, nous donne
ne lumière sur la cause de leur décès.

fréquence des uns et des autres à Paris :

au VII. — *Nombre absolu des mort-nés à Paris* (total des 5 années 1886-90).

	Ayant respiré avant de mourir	N'ayant pas respiré avant de mourir	Total
	3	1.133	1.136
	254	1.646	1.900
	935	2.434	3.369
	1.365	3.034	4.399
	764	2.636	3.400
	1.219	6.624	7.843
Totaux	4.540	17.507	22.047

res absolus qui précèdent, on peut tirer les rapports consignés dans le tableau suivant :

VIII. — *Sur 1,000 fœtus de chaque âge, combien de mort-nés* (Paris 1886-90).

	Ayant respiré avant de mourir	Expulsés morts du sein maternel	Total
	»	3.5	3.5
	0.8	5.1	5.9
	2.9	7.6	10.5
	4.3	9.6	13.9
	2.5	8.4	10.9
	3.9	21.5	25.4
Moyenne	14.1	54.2	68.3

Pour pouvoir comparer ces chiffres à ceux de Bruxelles, il faut les résumer sous la forme suivante :

TABLEAU IX. — *Sur 1,000 fœtus de chaque âge, combien de mort-nés.*

		BRUXELLES 1885-89		PARIS 1886-90
Avant terme (7e et 8e mois)	Morts avant l'accouchement	19.5	21.3	17.9
	— pendant l'accouchement	1.8		
	— après l'accouchement	5.8		6.7
A terme (9e mois)	Morts avant l'accouchement	22.0	26.2	21.5
	— pendant l'accouchement	4.2		
	— après l'accouchement	5.4		3.9

On voit que les chiffres recueillis à Bruxelles ne sont pas très différents de ceux de Paris.

Il est très rare que les statistiques officielles aient relevé la maladie qui paraît avoir causé la mort du fœtus.

Cette recherche, cependant, est faite par la ville de Washington (1). Voici les chiffres absolus qu'elle a recueillis pendant une période totale de huit ans :

TABLEAU X. — *Causes de décès des mort-nés à Washington* (1888-95) *(nombres absolus).*

	BLANCS masc.	BLANCS fémin.	NÈGRES masc.	NÈGRES fémin.	Total général.
I. — MALADIES DE LA MÈRE.					
Syphilis	7	2	29	22	60
Autres maladies générales	49	34	40	38	161
Prédisposition à l'avortement	5	6	33	24	68
Albuminurie et autres maladies propres à la grossesse	5	13	13	10	41
Traumatisme et excès de travail	75	56	256	189	576
II. — MALADIES DE L'ŒUF HUMAIN (2) (placenta, etc.)	54	39	20	22	135
III. — MALADIES DU FŒTUS.					
Vices de conformation (hydrocéphalie, etc)	13	14	7	1	35
Naissance prématurée, débilité congénitale, etc	78	45	169	165	452
Traumatisme	"	"	1	3	4
VI. — ACCIDENTS DE L'ACCOUCHEMENT.					
Mauvaise conformation de la mère, etc	20	13	19	10	62
Mauvaise présentation	115	93	104	48	360
Chute et compression du cordon, etc	43	38	33	23	137
Asphyxie	19	12	13	6	50
V. — DIVERS ET NON CLASSÉS	6	7	12	12	37
VI. — CAUSE NON SPÉCIFIÉE OU INCONNUE	340	246	626	466	1.678
Total des mort-nés	824	618	1.375	1.039	3.856
Naissances vivantes	10.291	9.797	7.520	7.385	34.993

(1) Cette statistique est publiée sous une forme très différente de celle que nous lui donnons. La nomenclature des causes de mort varie presque chaque année ; elle est alphabétique, très prolixe et contient un grand nombre de synonymes.

(2) Voici le détail de cette rubrique : Hydramuios, 15 ; placenta malade, 20 ; placenta apoplectique, 7 ; placenta prævia, 92 ; maladie du cherion, 1. Total, 135.

...ssort de l'inspection de ces chiffres que toutes les causes de décès pèsent plus fortement ... garçons que sur les petites filles, et qu'il en est ainsi aussi bien dans la race blanche ... race nègre. A cette règle, il n'y a que quelques exceptions insignifiantes dues visible-...insuffisance du nombre des observations.

...pprécier la différence de fréquence des causes de mort dans les deux races, il est néces-...alculer des proportions. Le lecteur se souviendra que toutes ces proportions sont *au-*... la vérité, à cause du très grand nombre de cas (40 pour cent chez les blancs ; 45 pour les nègres) dans lesquels la cause de mort du fœtus n'a pas été spécifiée.

...XI. — Ville de Washington (1888-95). — *Pour 1,000 naissances (mort-nés inclus), combien de mort-nés attribuables à chacune des causes suivantes :*

	BLANCS	GENS de couleur
I. — MALADIE DE LA MÈRE.		
...	0.4	3.0
...maladies générales	3.9	4.5
...sition à l'avortement	0.5	3.3
...rie et autres maladies propres à la grossesse	0.8	1.4
...isme et excès de travail	6.1	25.7
...ALADIES DE L'ŒUF HUMAIN (placenta, etc)	4.3	2.5
III. — MALADIES DU FŒTUS.		
...conformation (hydrocéphalie, etc.)	1.3	0.5
...e prématurée, débilité congénitale, etc	5.5	19.5
IV. — ACCIDENTS DE L'ACCOUCHEMENT.		
...conformation de la mère, etc	1.5	1.7
...présentation de l'enfant, etc	9.7	8.8
...compression du cordon, etc	3.7	3.3
...	1.5	1.1
...VERS ET NON CLASSÉS	0.6	1.4
...CAUSE NON SPÉCIFIÉE OU INCONNUE	27.2	63.3
MORTINATALITÉ TOTALE	67.0	140.0

...e ces coefficients soient tous au-dessous de la vérité (à cause de la grandeur du dernier ...ui forme 40 ou 45 pour cent du total), cependant on doit admettre que les avortements ...traumatismes et excès de travail de la mère sont incomparativement plus fréquents chez ...sses que chez les blanches. Il en est de même de la naissance prématurée et de la mort ...rine du fœtus (sans d'ailleurs que la cause de cette mort soit spécifiée). Au contraire, les ... de l'accouchement, qu'ils soient dus à la mauvaise conformation de la mère, ou à la mau-...sentation de l'enfant, ou à d'autres causes encore, sont à peu près aussi fréquents dans ...blanches.

...l semble bien — mais les chiffres sont trop faibles pour qu'on puisse l'affirmer — que la ...et l'avortement habituel soient plus fréquents chez les négresses que chez les blanches, ...au contraire les maladies du placenta et les vices de conformation du fœtus seraient ...quentes dans la race blanche que dans la race noire.

V. — Recherche des causes de l'excès de mortinatalité des garçons.

Les petits garçons sont plus débiles que les petites filles. C'est là un fait bien connu, et que l'on remarque longtemps encore après la naissance, et, notamment, pendant la première année de la vie.

Ce fait, que la statistique met en lumière, n'est pas expliqué par les médecins, qui vont même jusqu'à l'ignorer généralement.

Les chiffres que nous avons cités plus haut montrent que cette débilité plus grande des petits garçons s'observe à toutes les époques de la grossesse.

Ceux qui suivent donnent une indication (bien vague à vrai dire) sur les causes premières de cette inégalité :

Tableau XII. — *Sur 1,000 fœtus de chaque âge, combien de mort-nés* (Paris 1886-90).

	Ayant respiré avant de mourir		La mortinatalité des filles est à celle des garçons comme 1 est à :	Expulsés morts du sein maternel		La mortinatalité des filles est à celle des garçons comme 1 est à :	Totaux	
	Masculin	Féminin		Masculin	Féminin		Masculin	Féminin
0-4 mois......	»	»	»	4.5	2.5	»	4.5	2.5
5e mois.......	0.9	0.7	1.29	5.5	4.7	1.17	6.4	5.4
6e —	3.3	2.5	1.32	7.8	7.4	1.05	11.1	9.9
7e —	5.1	3.5	1.46	9.8	9.3	1.05	14.9	12.8
8e —	2.8	2.1	1.33	8.5	8.3	1.02	11.3	10.4
9e —	4.5	3.4	1.32	24.2	18.4	1.31	28.7	21.8
Moyennes.....	16.0	12.0	1.33	58.7	49.4	1.19	74.7	61.4

On voit que l'excès de la mortinatalité des garçons se remarque dans les deux catégories de mort-nés que nous distinguons. Toutefois, les causes qui amènent l'expulsion prématurée d'un fœtus capable de respirer sont celles qui s'exercent plus particulièrement sur les garçons. Ce sont elles surtout qui causent l'excès de leur mortinatalité. (Voir encore à ce sujet notre tableau X.)

VI. — Recherche des causes de l'excès de mortinatalité des illégitimes.

Nos tableaux XIII et XIV étudient la mortinatalité par sexe et par état civil, selon que le fœtus a ou n'a pas respiré avant de mourir.

On s'est demandé souvent si l'excès de mortinatalité des illégitimes devait être attribué à la misère de la mère ou s'il devait être attribué au crime (infanticide ou avortement provoqué). La distinction des mort-nés selon qu'ils ont ou n'ont pas respiré avant de mourir jette quelque jour sur cette question.

En ce qui concerne les fœtus à terme, la question est bien simple : il est clair que, dans l'immense majorité des cas, pour que la mère puisse être soupçonnée d'avoir tué son enfant, il faut que cet enfant ait vécu, car on ne peut pas tuer un mort. Donc, si l'infanticide joue un rôle important dans la mortinatalité des enfants illégitimes à terme, nous trouverons parmi eux une proportion élevée d'enfants ayant respiré avant de mourir.

En ce qui concerne les enfants mort-nés avant terme, la question de savoir si leur mort doit être attribuée souvent à des manœuvres d'avortement est beaucoup plus complexe. Examinons dans quelles conditions se présentent la plupart des avortements criminels :

AGE DES FŒTUS	Légitimes			Illégitimes			Ensemble			Légitimes			Illégitimes			Ensemble			Légitimes			Illégitimes			Ensemble		
	Ayant respiré	N'ayant pas respiré	Total	Ayant respiré	N'ayant pas respiré	Total	Ayant respiré	N'ayant pas respiré	Total	Ayant respiré	N'ayant pas respiré	Total	Ayant respiré	N'ayant pas respiré	Total	Ayant respiré	N'ayant pas respiré	Total	Ayant respiré	N'ayant pas respiré	Total	Ayant respiré	N'ayant pas respiré	Total	Ayant respiré	N'ayant pas respiré	Total
0-4e mois	»	4.6	4.6	»	4.3	4.3	»	4.5	4.5	»	2.4	2.4	»	2.7	2.7	»	2.3	2.3	»	3.5	3.5	»	3.5	3.5	»	3.5	3.5
5e mois	0.8	5.2	6.0	1.1	6.2	7.3	0.9	5.5	6.4	0.5	4.3	4.8	1.0	5.6	6.6	0.7	4.7	5.4	0.7	4.8	5.5	1.1	5.9	7.0	0.8	5.1	5.9
6e mois	3.1	7.1	10.2	3.8	9.5	13.3	3.3	7.8	11.1	2.4	6.4	8.8	2.9	9.9	12.8	2.5	7.4	9.9	2.7	6.8	9.5	3.3	9.7	13.0	2.9	7.6	10.5
7e mois	4.6	8.6	13.2	6.4	12.8	19.2	5.1	9.8	14.9	3.0	7.8	10.8	4.7	13.0	17.7	3.5	9.3	12.8	3.8	8.3	2.1	5.6	12.9	18.5	4.3	9.0	13.9
8e mois	2.4	7.6	10.0	3.6	11.1	14.8	2.8	8.5	11.3	1.8	7.3	9.1	2.8	10.9	13.7	2.1	8.3	10.4	2.1	7.4	9.5	3.3	11.0	14.3	2.5	8.4	10.9
9e mois	4.3	25.0	29.3	4.9	22.5	27.4	4.5	24.2	28.7	3.1	18.4	21.6	4.0	18.5	22.5	3.4	18.4	21.8	3.7	21.6	25.3	4.4	20.6	25.0	3.9	21.5	25.4
Ensemble	14.8	36.3	71.3	19.2	64.3	83.4	16.0	58.7	74.7	10.7	45.7	56.5	14.9	58.7	73.7	12.0	49.4	61.4	12.9	51.2	64.1	17.1	61.6	78.7	14.1	54.2	68.3

Les médecins légistes ont observé que l'avortement criminel se produit généralement du 3e au 6e mois de la grossesse. Pendant le 1er et le 2e mois de la grossesse, la femme ignore qu'elle est enceinte ou du moins elle espère qu'elle ne l'est pas. Pendant le 3e mois, alors même qu'elle est décidée à recourir à un crime, elle se contente d'avaler des breuvages ayant la réputation, plus ou moins méritée, d'amener l'avortement (rue, armoise, absinthe, sabine, etc.). Elle ne réussit naturellement pas; ces essais infructueux continuent généralement pendant le 4e mois, jusqu'à ce qu'elle sente l'enfant remuer; c'est alors seulement (c'est-à-dire pendant le 5e mois), qu'épouvantée, elle se décide à recourir à quelque matrone. Ainsi, c'est dans le cours du 4e, et surtout du 5e et du 6e mois, que se produisent les crimes dont nous parlons. Ils sont beaucoup plus rares dans le cours du 7e et du 8e mois; sur 71 cas d'avortement criminel, Tardieu a compté 66 avortons de moins de 6 mois, et 5 fœtus seulement du 7e et du 8e mois.

Par conséquent, si l'avortement criminel jouait un rôle important dans l'excès de mortinatalité des illégitimes, nous verrions cet excès de mortinatalité peser surtout sur les 4e, 5e et 6e mois de la grossesse. Or, dans les tableaux qui précèdent, nous n'avons pas vu que ces mois fussent plus surchargés que le 7e et le 8e.

Continuons à rechercher quels chiffres nous devrons obtenir si l'avortement criminel est un facteur important de l'excès de mortinatalité des illégitimes. Pour plus de sûreté, examinons ce qui se passe dans les circonstances où l'accouchement provoqué est légitime, c'est-à-dire lorsqu'il est provoqué par le médecin pour sauver la vie de la mère; comme il s'agit là de faits parfaitement honorables et fort bien observés, nous aurons plus de chance de connaître la vérité tout entière.

Tableau XIV. — Paris (1886-1890). — *Recherche de l'importance des causes qui influent sur la mortinatalité.*

AGE DES FŒTUS	LA MORTINATALITÉ DES FŒTUS FÉMININS étant 100, celle des masculins devient :			LA MORTINATALITÉ DES LÉGITIMES étant 100 celle des illégitimes devient :			SUR 100 MORT-NÉS COMBIEN ONT RESPIRÉ AVANT DE MOURIR				
							Filiation		Sexe		Ensemble
	Légit.	Illégit.	Total	Masculin	Féminin	Total	Légit.	Illégit.	Masculin	Féminin	
0—4 mois.....	192	160	180	93	112	100	»	»	»	»	»
5e mois.......	125	110	118	122	142	127	12.3	15.5	14.1	13.0	13.6
6e —	116	104	112	130	145	137	28.9	25.6	29.7	25.3	27.6
7e —	122	109	116	138	164	153	31.9	30.1	34.2	27.3	30.9
8e —	110	108	109	148	180	150	22.3	22.8	24.8	20.2	22.9
9e —	131	122	131	94	104	99	14.7	17.6	15.7	15.6	15.4
Ensemble...	126	113	122	117	131	124	20.1	21.7	21.4	19.5	20.6

Or, sur 175 cas d'accouchement provoqué par ponction des membranes, Hoffmann a compté 107 naissances de fœtus respirant, tandis que 68 fœtus seulement avaient succombé avant le travail (1). Lorsque l'accouchement est provoqué par le procédé de l'éponge préparée, les 4/5 des fœtus viennent au monde vivants. Ainsi, quel que soit le procédé employé pour provoquer l'avortement, il y a de grandes chances pour que le fœtus soit expulsé vivant.

Donc, si l'avortement criminel joue un rôle important dans la mortinatalité illégitime, nous devons trouver une proportion élevée de fœtus ayant respiré avant de mourir.

(1) Jacquemier estime que la proportion des fœtus expulsés vivants doit être plus élevée encore. (*Dict. encycl. des sciences médicales.*)

; chiffres que nous observons :

KV. — *Sur 1,000 fœtus de chaque âge, combien de mort-nés* (Paris 1886-90).

	AYANT RESPIRÉ avant de mourir		EXPULSÉS MORTS du sein maternel		TOTAUX	
	Légitimes	Illégitimes	Légitimes	Illégitimes	Légitimes	Illégitimes
....	»	..	3.5	3.5	3.5	3.5
....	0.7	1.1	4.8	5.9	5.5	7.0
....	2.7	3.3	6.8	9.7	9.5	13.0
....	3.8	5.6	8.3	12.9	12.1	18.5
....	2.1	3.3	7.4	11.0	9.5	14.3
....	3.7	4.4	21.6	20.6	25.3	25.0
Moyennes..........	12.9	17.1	51.2	61.6	64.1	78.7

ue la proportion des fœtus expulsés morts du sein maternel, la proportion des fœtus ·é est plus élevée parmi les illégitimes que parmi les légitimes ; l'illégitimité exerce la ce sur les deux catégories de mort-nés et multiplie leur nombre par un même coeffi- à peu près 1,5 du 5e au 8e mois (1), et qui est nul pendant le 9e.

ıble bien, d'après ces chiffres, que l'avortement provoqué ne soit pas une cause bien mortinatalité.

le a-t-il plus d'influence ? Assurément non. Car les mort-nés du 9e mois sont juste- équents parmi les illégitimes que parmi les légitimes. Et nous avons vu plus haut ité se vérifie à Saint-Etienne comme à Paris.

que, parmi les mort-nés du 9e mois, la proportion de ceux qui ont respiré (ce sont les uisse raisonnablement croire victimes d'un infanticide) est un peu plus forte parmi ; ; mais la différence est faible.

nc pas au crime qu'il faut attribuer l'excès de la mortinatalité illégitime, du moins à it plus plausible, à notre avis, de l'attribuer à l'affreuse misère dans laquelle tombent ut les filles mères abandonnées.

ère de la mère puisse influer sur la santé du fœtus, c'est ce que prouvent plusieurs ts que nous étudions dans le paragraphe suivant.

VII. — Influence de la misère sur la mortinatalité.

A. — *Mortinatalité des légitimes pauvres.*

ents parisiens nous montrent mieux encore l'influence de la misère sur la mortinata- prouvent que les femmes légitimes, lorsqu'elles sont pauvres, présentent une morti- ɔoins aussi élevée que les filles mères.

e l'on remarque lorsque l'on considère à part les naissances survenues hors domicile lans les hôpitaux). On voit ainsi que les femmes mariées, lorsqu'elles sont assez pau- er accoucher à l'hôpital, ont une mortinatalité considérable :

d que les chiffres du 5e mois sont incomplets, mais ils le sont pour les légitimes comme pour les illégi- x qui ont respiré comme pour ceux qui n'ont fait aucun mouvement respiratoire. Or, c'est sur la ces différentes classes d'avortons que s'appuie notre raisonnement. (Voir d'ailleurs le tableau XXII té sur une statistique plus complète.)

TABLEAU XVI. — *Sur 1,000 naissances (mort-nés inclus) de chaque catégorie, combien de mort-nés (ville de Paris [1886-90].*

	LÉGITIMES.	ILLÉGITIMES.
Nés au domicile de leur mère	59	57
Nés hors du domicile de leur mère	130	118

On n'attribuera certainement pas cette différence à quelque influence de l'atmosphère de l'hôpital; cette explication ne serait pas admise à notre époque. Il est permis au contraire de l'attribuer à la misère physiologique des femmes qui viennent y accoucher.

On peut faire pourtant une objection très sérieuse, c'est que très souvent l'hôpital recueille des femmes dont l'accouchement est laborieux et dont les sages-femmes ont dû refuser de se charger. Le fait est vrai, et même nous en voyons la trace dans le tableau qui précède; c'est lui qui explique pourquoi la mortinatalité des légitimes nés à l'hôpital l'emporte sur celle des illégitimes. En effet, les filles mères vont très souvent (dans le tiers des cas environ) accoucher à l'hôpital. Les femmes mariées, au contraire, n'y vont à peu près jamais (5 sur 100 accouchées environ); pour qu'elles se déterminent à le faire, il faut un motif grave, tel que le fait d'un accouchement laborieux. La population mariée des maternités est donc une population plus *choisie* (au point de vue des accouchements laborieux) que la population des filles mères; de là vient sa mortinatalité un peu plus élevée. Je ne conteste donc pas que les accouchements laborieux ne doivent être plus nombreux à l'hôpital qu'ailleurs. Toutefois, je ne crois pas que ce fait très réel suffise à expliquer la grande mortinatalité des enfants légitimes ou illégitimes nés dans les hôpitaux. L'état misérable dans lequel se trouvent leurs mères, les professions pénibles qu'elles exercent me paraissent devoir y contribuer aussi.

S'il en est ainsi, on peut se demander s'il est nécessaire d'attribuer à d'autres causes la mortinatalité des illégitimes nés hors de l'hôpital. Ces enfants, remarquons-le bien, sont soumis à une mortinatalité moindre que ceux des hôpitaux, quoique ces derniers soient protégés contre les tentatives criminelles.

Cette dernière recherche me paraît donc confirmer le résultat de la précédente et me porte à croire que la misère des filles mères entre dans une forte part dans l'excès de mortinatalité de leurs enfants. Je ne nie pas qu'un certain nombre d'infanticides et d'avortements n'échappent aux recherches de la justice; ces crimes contribuent sans doute pour une part à augmenter le nombre des mort-nés illégitimes, mais je ne crois pas que cette part soit élevée.

B. — *Mortinatalité pendant la famine de Finlande.*

Pendant les grandes famines, la proportion des mort-nés dépasse de beaucoup les chiffres ordinaires. C'est ce que l'on observe notamment en Finlande (1) :

TABLEAU XVII. — Finlande. — *Sur 1,000 naissances (mort-nés), combien de mort-nés.*

1864 (année normale)	26.8
1865	28.9
1866 (année mauvaise)	32.2
1867 (année très mauvaise)	33.9
1868 (année désastreuse)	41.3
1869	29.1
1870	29.0

(1) *Finlande (Dict. enc. des sciences médicales)*, par Jacques Bertillon. Les documents finlandais ne publient pas l'analyse par mois.

TABLEAU XVIII. — *Nombre des naissances vivantes et des mort-nés survenus à Paris en* 1870-1871.

MOIS	NOMBRES ABSOLUS — NAISSANCES VIVANTES	NOMBRES ABSOLUS — MORTS-NÉS	NOMBRES ABSOLUS — TOTAL	SUR 1,000 NAISSANCES combien de mort-nés
Janvier	5,134	451	5,585	80.7
Février	4,760	403	5,163	78.1
Mars	5,163	404	5,567	72.3
Avril	4,789	423	5,212	81.2
Mai	4,898	418	5,316	78.6
Juin	4,405	378	4,783	79.0
Juillet	4.734	346	5,080	68.1
Aout	4,539	365	4,904	74.4
Septembre	4,717	330	5,047	63.4
Octobre	4,980	445	5,425	82.0
Novembre	4,572 (1)	402 (3)	4,974	80.8
Décembre	4,895 (1)	496 (4)	5,391	92.0
Janvier	5,378 (2)	581 (9)	5,959	97.6
Février	3,942 (1)	451 (5)	4,393	102.6
Mars	3,606 (1)	335 (6)	3.941	85.1
Avril	3,299 (1)	269 (7)	3,568	75.4
Mai	2,992 (1)	204 (8)	3,196	63.8
Juin	2,965	181	3,146	57.6
Juillet	3,001	158	3,159	50.0
Août	2,429	172	2,601	66.1
Septembre	1,729	192	1,921	100.0
Octobre	1,875	210	2,085	100.6
Novembre	2,584	305	2,889	105.5
Décembre	3,610	344	3,954	87.0
Janvier	4,238	350	4,588	78.3
Février	4,037	376	4,413	85.3
Mars	5,065	397	5,462	72.7
Avril	5,100	352	5,452	64.6
Mai	4,998	399	5,397	74.0
Juin	4,860	316	5,176	61.1
Juillet	5,259	358	5,617	63.8
Aout	4,730	351	5,081	69.1
Septembre	4,607	363	4,970	73.1
Octobre	4,576	390	4,966	78.6
Novembre	4,541	371	4.912	75.5
Décembre	4.883	420	5,303	79.1

(1) Non compris les naissances du XIIᵉ arrondissement dont le registre a été brûlé.
(2) Y compris 310 naissances d‹ XIIᵉ arrondissement.
(3) Non compris 20 mort-nés du XIIᵉ arrondissement.
(4) Non compris 30 mort-nés du XIIᵉ arrondissement.
(5) Non compris 26 mort-nés du XIIᵉ arrondissement.
(6) Non compris 17 mort-nés du XIIᵉ arrondissement.
(7) Non compris 14 mort-aés du XIIᵉ arrondissement.
(8) Non compris 5 mort-nés du XIIᵉ a rondissement.
(9) Y compris 41 mort-nés du XIIᵉ arrondissement.

On voit qu'une mauvaise récolte et, plus encore, une famine ont une influence considérable sur la mortinatalité.

C. — *Mortinatalité pendant et après le siège de Paris.*

La population parisienne a subi pendant le siège de Paris des privations terribles, mais d'assez courte durée. Ces deux circonstances donnent un intérêt exceptionnel à l'étude de la mortinatalité pendant et après le siège. On trouve dans le tableau XVIII les chiffres absolus qui concernent cette triste époque.

L'aspect du diagramme qui traduit ces chiffres est tout à fait remarquable. On y voit que la mortinatalité, pendant le premier siège de Paris, a été en augmentant très rapidement pour atteindre son maximum en février (103 au lieu de 73, moyenne ordinaire pendant ce mois), le nombre des naissances (conçues avant la guerre) restant d'ailleurs invariable.

Pendant les mois qui ont suivi, le nombre des naissances (conçues après la déclaration de la guerre) a considérablement diminué, mais le nombre des mort-nés a été moindre encore et la mortinatalité (rapport des deux chiffres) s'est abaissée progressivement au point que, pendant les mois de mai, juin et juillet, elle a été *au-dessous* de la moyenne (en juillet 50 au lieu de 69, moyenne de ce mois). Il semble que la misère du siège ait eu pour effet de tuer avant terme un certain nombre de fœtus mal conformés, ce qui a diminué d'autant le nombre de ceux qui sont nés dans les mois suivants.

Après août 1871, nous assistons à un phénomène des plus curieux. Le nombre absolu des naissances (1) (conçues pendant le premier siège de Paris) continue à diminuer très rapidement, au point de tomber à 1,921 en septembre (au lieu de la moyenne, 5,000). Mais, outre que ces fruits du siège sont très rares, ils sont mal constitués, car leur mortinatalité devient très considérable et atteint 106 en novembre (au lieu de 78, moyenne de ce mois). Telle est la mortinatalité des enfants conçus en février 1871, c'est-à-dire à la fin du premier siège de Paris.

Pendant les mois qui suivent, le nombre des naissances (conçues pendant la Commune) s'élève assez vite et la mortinatalité diminue au point que, en avril, juin et juillet suivant, elle tombe assez sensiblement au-dessous de la moyenne ordinaire de ces mois.

Ainsi, nous voyons que la misère du siège de Paris a augmenté considérablement la mortinatalité : 1° des enfants conçus en temps de paix, mais nés pendant cette époque ; 2° des enfants conçus pendant le siège et nés après la conclusion de la paix, chacune de ces deux époques — et surtout la première — étant suivie par un temps où la mortinatalité était extrêmement faible.

Pour mieux suivre ces curieuses variations de la mortinatalité, il est intéressant de l'étudier selon l'âge du fœtus. Cette recherche n'est possible que pour les enfants nés depuis juin 1871, c'est-à-dire pour les enfants conçus depuis septembre 1870.

Elle est contenue dans le tableau XVIII et dans le graphique qui le représente. Dans ce graphique les traits verticaux réunissent les mois de naissance (c'est-à-dire les mois dans lesquels ont eu lieu les accouchements) ; les traits obliques réunissent les mois de conception (c'est-à-dire les mois dans lesquels les générations successives de fœtus ont été conçus). Pour ne pas surcharger la figure, ces deux sortes de lignes n'ont été tracées que pour un mois sur trois.

---

(1) Tant légitimes qu'illégitimes, leur fréquence relative restant à peu près la même.

FIG. I. — Mortinatalité pendant le siège de Paris en 1870-1871.

Les chiffres marqués sur la figure expriment combien de mort-nés sur 1,000 naissances à l'époque indiquée dans le bas de la figure. La ligne des naissances résulte des chiffres bruts sans que l'inégalité de la longueur des mois ait été corrigée par le calcul. La partie de cette courbe qui est composée de petites croix se rapporte à la période pour laquelle les chiffres du XIIe arrondissement font défaut.

Le graphique doit être lu de bas en haut, en suivant de préférence les traits obliques. On y voit que les enfants conçus en septembre, octobre et novembre 1870, c'est-à-dire au commencement du siège, ont présenté peu de mort-nés pendant le 8e et le 9e mois de la grossesse (les seuls que nous connaissions pour eux).

Il en est tout autrement des enfants conçus en décembre et janvier 1870. Pour eux le 5e et le 6e mois de gestation paraissent normaux ou même favorables, mais le 7e, le 8e et le 9e mois de gestation ont présenté une mortinatalité très élevée qui, pour les enfants conçus en janvier, dépasse la moyenne de moitié pendant chacune de ces périodes de la grossesse.

Les enfants conçus immédiatement après le siège, soit en février et mars 1871, présentent des chiffres nettement défavorables pendant le 9e mois de la grossesse (novembre et décembre 1871). Le reste de leur vie intra-utérine n'a pas été entourée de dangers exceptionnels. Ils ont d'ailleurs été peu nombreux; nous avons vu que c'est à ce moment que la natalité est tombée à son minimum.

Les enfants conçus pendant la seconde partie de la Commune, c'est-à-dire en mai 1871, présentent une mortinatalité assez élevée pendant le 6e mois de gestation (novembre 1871) et pendant le 8e mois de gestation (janvier 1872), ce qui a élevé d'autant le chiffre total de leur mortinatalité.

Nous avons dit que les enfants conçus en juillet, août et surtout en septembre, octobre et novembre, avaient été suffisamment nombreux et avaient en outre présenté une mortinatalité très faible; on voit sur notre graphique qu'ils présentent au moins une mortinatalité assez élevée pendant le 5e et le 6e mois de la grossesse, mais les chiffres sont très favorables pendant le 7e et le 9e mois de la gestation, les enfants conçus en août étant (on ne peut vraiment entrevoir pourquoi) constamment moins favorisés que ceux de juillet et de septembre.

En résumé, l'examen de ce graphique ne peut pas nous éclairer sur l'âge fœtal auquel ont été frappées les victimes de la grande mortinatalité qui a régné pendant le siège, car nous n'avons pas de document sur cette époque.

Il nous éclaire peu sur les causes qui ont amené l'extraordinaire faiblesse de la mortinatalité après le siège et notamment en juin et juillet 1871.

Il nous montre que les enfants conçus pendant le commencement du siège n'ont été frappés que par une mortinatalité modérée pendant les trois derniers mois de la gestation, tandis que ceux qui ont été conçus à la fin du siège ont été très frappés pendant le 7e, le 8e et le 9e mois.

VIII. — De la mortinatalité selon l'age des fœtus et selon l'age de la mère.

La mortinatalité augmente, après la vingt-cinquième année, avec l'âge de la mère; cette loi démographique est connue depuis longtemps et ressort notamment de la statistique des grandes villes (1).

Il est intéressant de savoir à quel moment de la grossesse s'exerce l'influence fâcheuse de la mère. C'est ce que nous avons fait dans le tableau XX, dans lequel nous avons compté non seulement les mort-nés proprement dits, mais aussi les enfants inscrits sur le registre des « embryons », et enterrés comme tels.

---

(1) Je l'ai exposée notamment dans mon étude *sur les naissances illégitimes en France et dans les principaux pays de l'Europe*. (Congrès d'hygiène et de démographie de Vienne, 1887.)

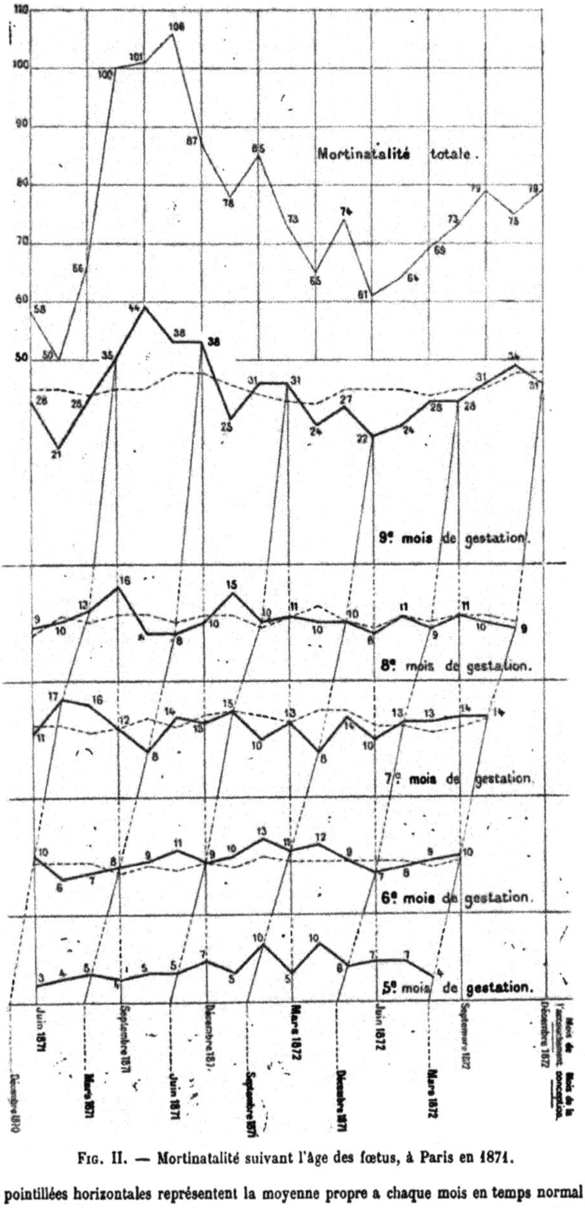

FIG. II. — Mortinatalité suivant l'âge des fœtus, à Paris en 1871.

Les courbes pointillées horizontales représentent la moyenne propre a chaque mois en temps normal (1873-1878).

TABLEAU XIX. — *Mortinatalité des fœtus conçus depuis septembre 1870 selon leur âge et l'époque de leur expulsion. — Sur 1,000 fœtus de chaque âge, combien de mort-nés* (Paris 1870-72).

MOIS OÙ LES FŒTUS ONT ÉTÉ CONÇUS	AGE DES FŒTUS ET EPOQUE DE LEUR MORT									
	5e mois		6e mois		7e mois		8e mois		9e mois	
	Mois où a eu lieu l'avortement	Morti-natalité	Mois où a eu lieu l'avortement	Morti-natalité	Mois où a eu lieu l'avortement	Morti-natalité	Mois où a eu lieu l'avortement	Morti-natalité	Mois où a eu lieu l'avortement	Morti-natalité
1870 Septembre.....	»	»	»	»	»	»	»	»	Juin 1871	28
— Octobre........	»	»	»	»	»	»	Juin 1871	9	Juillet —	21
— Novembre......	»	»	»	»	Juin 1871	11	Juillet —	10	Août —	28
— Décembre......	»	»	Juin 1871	10	Juillet —	17	Août —	12	Septembre —	35
1871 Janvier........	Juin 1871	3	Juillet —	6	Août —	16	Septembre —	16	Octobre —	44
— Février........	Juillet —	4	Août —	7	Septembre —	12	Octobre —	8	Novembre —	38
— Mars..........	Août —	5	Septembre —	8	Octobre —	8	Novembre —	8	Décembre —	38
— Avril..........	Septembre —	4	Octobre —	9	Novembre —	14	Décembre —	10	Janvier 1872	25
— Mai...........	Octobre —	5	Novembre —	11	Décembre —	13	Janvier 1872	15	Février —	31
— Juin..........	Novembre —	5	Décembre —	9	Janvier 1872	15	Février —	10	Mars —	31
— Juillet.........	Décembre —	7	Janvier 1872	10	Février —	10	Mars —	11	Avril —	24
— Août..........	Janvier 1872	5	Février —	13	Mars —	13	Avril —	10	Mai —	27
— Septembre.....	Février —	10	Mars —	11	Avril —	8	Mai —	10	Juin —	22
— Octobre........	Mars —	5	Avril —	12	Mai —	14	Juin —	8	Juillet —	24
— Novembre.....	Avril —	10	Mai —	9	Juin —	10	Juillet —	11	Août —	28
— Décembre......	Mai —	6	Juin —	7	Juillet —	13	Août —	9	Septembre —	28
1872 Janvier........	Juin —	7	Juillet —	8	Août —	13	Septembre —	11	Octobre —	31
— Février........	Juillet —	7	Août —	9	Septembre —	14	Octobre —	10	Novembre —	34
— Mars..........	Août —	4	Septembre —	10	Octobre —	14	Novembre —	9	Décembre —	31
Temps ordinaire......		6		10		14	»	11	»	25

l'inscription sur le registre des naissances (même s'il a respiré avant de mourir). L'inscription sur le registre des naissances peut se faire dans l'un des trois jours qui suivent la naissance (non compris celui où la naissance a eu lieu).

AGE ET ÉTAT CIVIL DES FŒTUS	AGE DE LA MÈRE 15-19			20-24			25-29			30-34			35-39			40-44			45 ET PLUS			ENSEMBLE		
	Morts	Vivants	Total	Morts	Vivants	Total	Morts	Vivants	Total	Morts	Vivants	Total	Morts	Vivants	Total	Morts	Vivants	Total	Morts	Vivants	Total	Morts	Vivants	Total
1° Légitimes.																								
0—4 mois	14	»	14	17	»	17	20	»	20	22	»	22	25	»	25	29	»	29	33	»	33	22	»	22
5ᵉ mois	5	»	5	5	»	5	5	»	5	4	»	4	4	»	4	7	»	7	8	»	8	5	»	5
6ᵉ —	13	»	13	11	»	11	9	»	9	9	»	9	9	»	9	10	»	10	18	»	18	10	»	10
7ᵉ —	15	21	36	13	12	25	12	9	21	10	8	18	11	7	18	10	7	17	26	13	39	12	10	22
8ᵉ —	11	24	35	9	18	27	10	16	26	9	14	23	10	15	25	14	15	29	25	14	39	10	16	26
9ᵉ —	20	942	1,000	19	945	1,000	23	942	1,000	27	938	1,000	34	928	1,000	32	928	1,000	77	898	1,000	26	938	1,000
Durée incertaine	»	38		»	36		»	35		»	35		»	38		»	20		»	25		»	36	
MOYENNES	75	925	1,000	71	929	1,000	75	925	1,000	78	922	1,000	90	910	1,000	115	885	1,000	173	827	1,000	80	920	1,000
2° Illégitimes.																								
0—4 mois	27	»	27	21	»	21	20	»	20	20	»	20	20	»	20	15	»	15	»	»	»	26	»	26
5ᵉ mois	8	»	8	7	»	7	6	»	6	6	»	6	8	»	8	7	»	7	»	»	»	7	»	7
6ᵉ —	17	»	17	17	»	17	10	»	10	10	»	10	11	»	11	10	»	10	»	»	»	14	»	14
7ᵉ —	18	21	39	22	16	38	18	10	28	15	11	26	16	6	22	13	10	23	»	»	»	19	14	33
8ᵉ —	12	26	38	15	21	36	14	19	33	16	19	35	12	16	28	16	11	27	»	»	»	14	21	35
9ᵉ —	21	902	1,000	23	889	1,000	27	894	1,000	34	891	1,000	33	894	1,000	46	887	1,000	»	»	»	27	890	1,000
Durée incertaine	»	77		»	88		»	82		»	75		»	71		»	67		»	»		»	83	
MOYENNES	97	903	1,000	100	900	1,000	91	909	1,000	96	904	1,000	98	902	1,000	102	898	1,000	261	739	1,000	101	899	1,000

Tableau XXI. — *Paris* (1891-1893). *Sur* 1,000 *fœtus de chaque catégorie (embryons non compris) combien de naissances vivantes, combien de mort-nés ?*

(Les mots « mort-né », « né vivant », sont pris dans le sens administratif qui n'est pas le sens médico-légal.)

AGE ET ÉTAT CIVIL DES FŒTUS	SEXE MASCULIN — AGE DE LA MÈRE													
	15-19		20-24		25-29		30-34		35-39		40-44		45-49	
	MORTS	VIVANTS	MORTS	VIVANTS	MORTS	VIVANTS	MORTS	VIVANTS	MORTS	VIVANTS	MORTS	VIVANTS	MORTS	VIVANTS
1° Légitimes.														
0—4 mois	1	»	3	»	4	»	2	»	3	»	2	»	5	»
5e mois	5	»	5	»	5	»	5	»	5	»	7	»	10	»
6e —	13	»	12	»	9	»	10	»	10	»	7	»	20	»
7e —	13	21	13	13	13	11	10	9	12	8	10	7	23	20
8e —	16	26	19	22	10	18	10	17	12	15	12	15	26	16
9e —	25	939	21	952	26	914	31	937	38	927	59	903	75	878
Durée inconnue	»	35	»	27	»	25	»	32	»	35	»	38	»	26
Total	73	927	60	940	64	936	66	934	75	925	94	906	150	850
2° Illégitimes.														
0—4 mois	5	»	3	»	4	»	2	»	4	»	2	»	»	»
5e mois	5	»	8	»	7	»	6	»	10	»	7	»	»	»
6e —	15	»	18	»	9	»	10	»	10	»	9	»	»	»
7e —	19	23	21	19	16	9	16	13	14	5	13	12	»	»
8e —	13	31	16	22	14	20	19	18	12	17	13	19	»	»
9e —	23	900	26	890	29	892	36	894	34	902	67	874	»	»
Durée inconnue	»	77	»	84	»	79	»	72	»	64	»	59	»	»
Total	77	923	87	913	76	924	86	914	81	919	107	892	260	740

AGE ET ÉTAT CIVIL DES FŒTUS	SEXE FÉMININ — AGE DE LA MÈRE													
	15-19		20-24		25-29		30-34		35-39		40-44		45-49	
	MORTS	VIVANTS	MORTS	VIVANTS	MORTS	VIVANTS	MORTS	VIVANTS	MORTS	VIVANTS	MORTS	VIVANTS	MORTS	VIVANTS
1° Légitimes.														
0—4 mois	2	»	2	»	2	»	2	»	2	»	2	»	»	»
5e mois	5	»	5	»	3	»	4	»	4	»	6	»	5	»
6e —	11	»	10	»	9	»	8	»	9	»	12	»	16	»
7e —	16	25	14	10	11	8	9	7	10	7	11	7	28	6
8e —	5	23	8	14	9	14	7	12	9	13	15	15	23	12
9e —	13	944	16	939	20	935	24	939	30	928	40	947	77	900
Durée inconnue	»	41	»	45	»	43	»	37	»	42	»	13	»	23
Total	52	948	53	947	55	945	53	947	62	938	82	918	141	850
2° Illégitimes.														
0—4 mois	2	»	3	»	2	»	3	»	2	»	2	»	»	»
5e mois	10	»	5	»	6	»	7	»	7	»	6	»	»	»
6e —	18	»	16	»	11	»	10	»	12	»	12	»	»	»
7e —	17	19	23	13	19	11	14	9	19	7	10	6	»	»
8e —	12	20	15	21	14	19	12	20	13	16	19	2	»	»
9e —	18	904	20	890	25	890	31	893	35	886	24	904	»	»
Durée inconnue	»	78	»	90	»	85	»	76	»	79	»	73	»	»
Total	74	926	80	920	74	926	73	927	84	916	72	923	222	778

Ce tableau est traduit par un tableau graphique construit sur le principe suivant. Pour chaque groupe d'âges de la mère, un petit graphique montre la mortinatalité par âge du fœtus, une perpendiculaire, d'autant plus haute que cette mortinatalité est plus forte, étant consacrée à chacun des mois de gestation. Les sommets de ces perpendiculaires sont réunis par un trait continu (les perpendiculaires elles-mêmes étant supprimées pour ne pas surcharger la figure).

La mortinatalité étant plus forte surtout pendant l'ensemble des quatre premiers mois de la grossesse et pendant le neuvième mois, il en résulte que chacun de ces petits graphiques a, à peu près, la forme d'un W, le premier jambage figurant la mortinatalité de l'ensemble des quatre premiers mois ; la première pointe inférieure figurant la mortinatalité du cinquième mois ; le second jambage, celle des sixième et septième mois ; la deuxième pointe inférieure figurant la mortinatalité du huitième mois (toujours inférieure à celle du septième). Enfin, le quatrième jambage figure la mortinatalité du neuvième mois.

Il est facile de voir, à l'aspect du graphique, que ce sont les branches ascendantes des W successifs qui vont toujours grandissant, tandis que les chiffres intermédiaires ne varient guère.

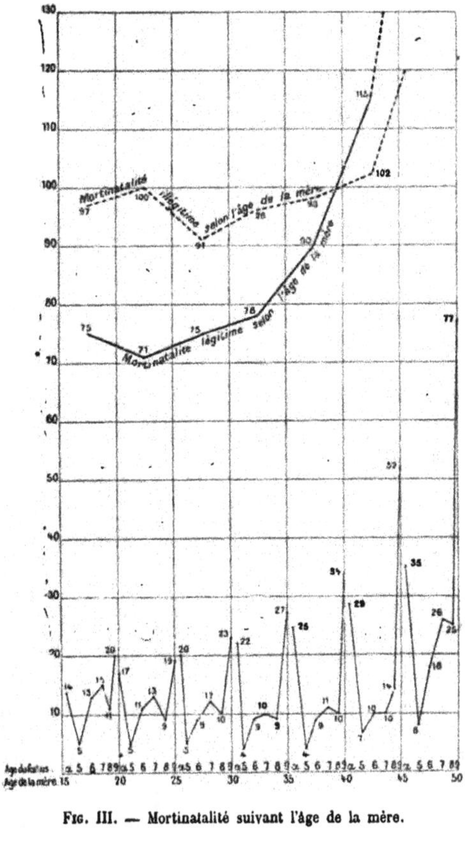

Fig. III. — Mortinatalité suivant l'âge de la mère.

Cela revient à dire que si la mortinatalité augmente avec l'âge de la mère, cela est dû presque exclusivement : 1° aux quatre premiers mois de la grossesse : 2° aux dangers qui assaillent le fœtus lorsqu'il est à terme (on peut supposer que les os du bassin de la mère ont souvent perdu la mobilité nécessaire pour laisser passer la tête du fœtus, mais ce n'est là qu'une simple hypothèse).

Quant aux cinquième, sixième, septième et huitième mois, la mortinatalité qui leur est propre n'est guère influencée par l'âge de la mère, excepté lorsque celle-ci a dépassé quarante ans et surtout lorsqu'elle a dépassé quarante-cinq ans ; dans ce dernier cas, le fœtus se trouve dans des conditions particulièrement mauvaises.

Les chiffres marqués sur notre figure (dans sa partie inférieure) ne se rapportent qu'à la mortinatalité légitime.

Les mêmes règles se vérifient, quels que soient le sexe et l'état civil des enfants (la mortinatalité des garçons l'emportant toujours sur celle des filles, et celle des illégitimes sur celle des légitimes).

IX. — Fréquence des naissances prématurées.

Depuis 1891, la statistique parisienne relève non seulement l'âge des fœtus expulsés morts (ce qu'elle fait avec plus ou moins de détails depuis 1866), mais aussi l'âge fœtal des naissances vivantes. Cela nous permet de calculer le tableau ci-joint, dont on tire notamment la règle suivante :

La fréquence des accouchements prématurés d'enfants vivants est plus grande pour les petits garçons que pour les petites filles ; elle est plus grande pour les illégitimes que pour les légitimes. Elle varie donc en raison de la mortinatalité propre au groupe de naissances que l'on considère, et doit probablement être attribuée aux mêmes causes. Cette remarque confirme l'opinion qui attribue à la misère des filles-mères, et non au crime, la forte mortinatalité de leurs enfants.

Tableau XXII. — Paris (1891-1893). — *Sur 1,000 fœtus de chaque catégorie atteignant chaque âge, combien de mort-nés (embryons compris)? combien de naissances vivantes quel que soit l'âge de la mère?*

AGE DES FŒTUS	LEGITIMES					ILLEGITIMES				
	Inscrits comme mort-nés ou embryons		Nés	Total	Total	Inscrits comme mort-nés ou embryons		Nés	Total	Total
	sans avoir respiré	ayant respiré	vivants	b + c	a + d	sans avoir respiré	ayant respiré	vivants	b + c	a + d
	a	b	c	d	e	a	b	c	d	e
0—4 mois	22.3	»	»	—	22.3	24.2	—	—	—	24.2
5e mois	4.4	0.5	»	0.5	4.9	6.3	0.6	—	0.6	6.9
6e —	7.1	2.5	»	2.5	9.6	10.9	3.0	—	3.0	13.9
7e —	7.9	3.9	9.7	13 6	21.5	14.7	4.6	13.5	18.1	32.8
8e —	7.4	2.2	16.5	18 7	26.1	11.6	2.7	20.6	23.3	34.9
9e —	21.5	3.9	938.0	941.9	963.4	22.3	4.8	890.0	894.8	917.1
Age inconnu	»	»	36.0	36.0	36.0	»	»	83.0	83.0	83.0
Moyennes	67.8	12.4	919.8	932.2	1000.0	85.6	14.7	899.7	914.4	1000.0

X. — Fréquence des naissances prématurées en rapport avec l'âge de la mère.

Il est intéressant d'étudier la fréquence des naissances prématurées (accompagnées ou non de la mort de l'enfant) en rapport avec l'âge de la mère.

Les graphiques ci-joints montrent bien nettement les lois qui les régissent.

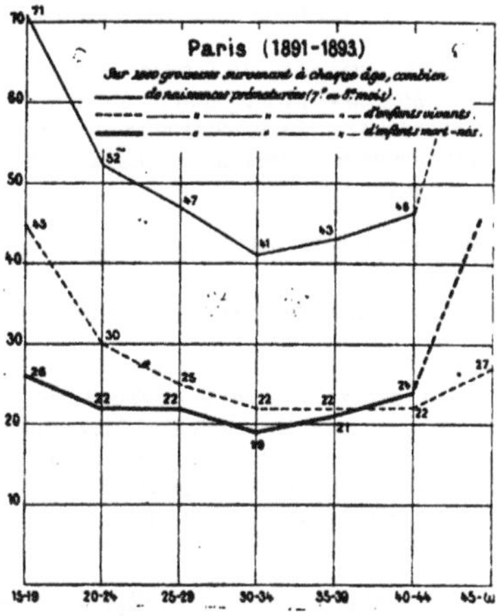

Fig. IV. — Naissances prématurées à Paris selon l'âge de la mère (marqué au bas de la figure) en 1891-1893.

La probabilité qu'une mère a d'accoucher prématurément (d'un fœtus mort ou vivant) atteint 71 pour 1,000 quand la mère est très jeune (de 15 à 19 ans), puis cette probabilité va en diminuant avec l'âge pour n'être plus que de 41 pour 1,000 à l'âge de 30 à 34 ans. Passé cet âge, elle augmente un peu. Elle devient considérable pour les rares accouchements qui ont lieu après 45 ans. L'enfant issu des accouchements prématurés a d'autant plus de chances de vie que sa mère est plus jeune (toutefois cette influence est peu considérable).

Les mêmes règles se vérifient à peu près lorsque, au lieu de considérer l'ensemble du 7e et du 8e mois, on les étudie séparément. Naturellement les chances de survie de l'enfant sont beaucoup plus grandes pendant le 8e mois (62 pour 100) que pendant le 7e (45 pour 100).

XI. — Conclusions.

1. — Dans les différentes villes où nous avons étudié la mortinatalité selon l'âge du fœtus, nous avons vu que la chance de mort du fœtus est de 10 à 14 pendant chacun des 6e, 7e et 8e mois de la gestation. Elle s'élève brusquement à 25 environ pour 1,000 pendant le 9e mois.

2. — La constance de ce dernier chiffre permet de demander si les différences si grandes observées entre la mortinatalité des villes et des campagnes ne tiennent pas en partie à ce que les mort-nés avant terme sont déclarés avec plus de régularité dans les villes que dans les campagnes.

3. — La mortinatalité des garçons l'emporte sur celle des filles à toutes les époques de la grossesse.

4. — De même, la mortinatalité des illégitimes l'emporte sur celle des légitimes à toutes les époques de la grossesse (excepté pendant le 9e mois, où les deux sont sensiblement égales).

5. — Le facteur qui multiplie à toutes les époques la mortinatalité des garçons, multiplie également le nombre de ceux qui ont respiré avant de mourir et le nombre de ceux qui ont été expulsés morts du sein maternel.

6. — Il en est de même du facteur qui multiplie la mortinatalité des illégitimes.

7. — Ce dernier fait permet de révoquer en doute l'opinion qui attribue au crime la fréquence des mort-nés illégitimes. Leur nombre élevé paraît plutôt dû à la misère dans laquelle tombent le plus souvent les filles mères abandonnées. La mortinatalité des enfants nés dans les hôpitaux (pour eux il ne saurait être question de tentatives criminelles) est considérable, soit qu'ils soient légitimes, soit qu'ils soient illégitimes.

8. — D'autres considérations encore nous ont conduit à penser que la misère profonde des mères peut augmenter la mortinatalité :

Une famine, semblable à celle de la Finlande en 1866, 1867 et 1868, augmente considérablement la mortinatalité.

9. — L'étude de la mortinatalité, pendant et après le siège de Paris, confirme l'influence que la misère de la mère exerce sur la mortinatalité. *A* Elle s'est fait sentir pendant la durée du siège sur les enfants conçus en temps de paix. *B* La mortinatalité a été (ou du moins paraît avoir été) très faible aussitôt après la fin du siège. *C* Elle a été considérable neuf mois après le siège ; pour les enfants conçus à la fin du siège, nous avons la mortinatalité selon le mois de gestation ; elle a été considérable pendant le 7e, le 8e et le 9e mois.

10. — Étant donné que la mortinatalité augmente avec l'âge de la mère (après 20 ans), nous avons cherché à quelles époques de la grossesse cette influence se fait sentir. Nous avons vu qu'elle s'exerce : 1° pendant les 4 premiers mois de la grossesse ; 2° pendant le 9e mois. Quant aux 5e, 6e, 7e et 8e mois, la mortinatalité qui leur est propre n'est guère influencée par l'âge de la mère excepté lorsque celle-ci a dépassé 40 ans, et surtout lorsqu'elle a dépassé 45 ans.

11. — Les mêmes règles se vérifient quels que soient le sexe et l'état civil des enfants (la mortinatalité des garçons l'emportant toujours sur celle des filles, et celle des illégitimes sur celle des légitimes).

12. — La fréquence des naissances prématurées (d'enfants présentés vivants à l'officier de l'état civil) est plus grande pour les petits garçons que pour les petites filles ; plus grande pour les illégitimes que pour les légitimes. Elle varie donc en raison de la mortinatalité propre au groupe de naissances que l'on considère.

13. — Toutefois la probabilité d'accoucher prématurément (d'enfants morts ou vivants) diminue selon l'âge de la mère jusqu'à 30 ou 34 ans.

Mais l'enfant a d'autant plus de chances de survie que sa mère est plus jeune.

Jacques BERTILLON.

MARIAGES ET DIVORCES

MOIS	ARRONDISSEMENTS																				TOTAUX
	1er	2e	3e	4e	5e	6e	7e	8e	9e	10e	11e	12e	13e	14e	15e	16e	17e	18e	19e	20e	
Janvier ..	42	43	74	60	86	78	40	61	84	133	154	64	80	70	90	61	133	135	87	85	1,[illegible]
Février ..	52	55	73	78	73	68	6[illegible]	77	78	121	154	66	65	79	74	75	138	138	82	78	1,684
Mars.....	42	50	79	82	88	57	53	65	88	114	187	84	97	82	90	55	130	167	92	93	1,795
Avril	66	60	89	93	105	80	91	123	108	120	181	85	102	94	99	71	194	206	102	103	2,184
Mai......	47	60	77	75	70	58	69	95	103	143	198	103	97	91	118	87	160	206	109	120	2,083
Juin	60	55	67	84	85	70	65	102	113	126	179	93	95	101	119	60	165	202	97	109	2,047
Juillet ...	57	64	64	72	82	61	66	92	80	134	170	91	81	89	89	80	141	179	85	112	1,890
Août.....	40	39	79	80	82	93	49	63	75	111	163	84	108	90	100	71	116	183	89	119	1,834
Septembre	54	83	76	94	86	57	61	57	105	126	177	98	108	120	91	64	145	202	101	130	2,035
Octobre ..	64	64	78	69	82	86	60	76	102	121	174	79	87	87	110	73	167	176	88	115	1,958
Novembre	40	62	54	65	55	62	52	81	78	118	139	70	65	85	85	67	159	158	73	95	1,670
Décembre.	43	52	60	78	80	71	48	61	67	129	188	68	87	83	105	65	155	177	96	108	1,823
Totaux...	607	707	870	941	974	841	717	953	1,078	1,503	2,064	985	1,072	1,073	1,170	829	1,800	2,136	1,102	1,267	22,692

Rappel des cinq années précédentes.

	1er	2e	3e	4e	5e	6e	7e	8e	9e	10e	11e	12e	13e	14e	15e	16e	17e	18e	19e	20e	TOTAUX
1889.....	625	696	854	875	955	883	695	996	1,102	1,434	2,006	842	965	897	1.037	771	1,481	1,851	1,144	1 138	21,245
1890.....	652	745	874	959	989	893	736	983	1.173	1,529	2,045	885	1,019	963	1.031	805	1,667	1,943	1,189	1.143	22,223
1891.....	634	714	896	1,005	977	921	820	1,018	1,207	1,584	2,035	975	1,026	1,036	1.079	771	1,774	1,876	1,232	1,275	22,852
1892.....	666	753	918	997	973	976	835	1,051	1,245	1,577	2,228	937	1,000	1,014	1.063	807	1,778	1,965	1,172	1,253	23.206
1893.....	673	655	886	961	997	915	745	1,043	1,088	1,478	2,241	1,007	1,003	1,075	1,188	843	1,804	2,104	1.163	1,270	23,140
Totaux...	3,250	3,573	4,425	4,797	4,891	4,588	3,832	5,091	5.815	7,602	10,555	4,646	5,013	4,985	5,398	3.907	8.504	9,730	5,897	6,079	112,674
Moyenne des 5 années	650	715	885	959	978	918	766	1.018	1.163	1.521	2.111	929	1.003	997	1.080	799	1.700	1.948	1.179	1.216	22.535

Mariages selon le domicile des époux.

DOMICILE DE L'ÉPOUX				DOMICILE DE L'ÉPOUSE			
A PARIS	EN FRANCE — HORS PARIS	A L'ÉTRANGER	TOTAL	A PARIS	EN FRANCE — HORS PARIS	A L'ÉTRANGER	TOTAL
574	33	»	607	600	7	»	607
707	»	»	707	707	»	»	707
831	39	»	870	869	1	»	870
883	58	»	941	940	1	»	941
933	41	»	974	974	»	»	974
776	65	»	841	837	4	»	841
694	23	»	717	716	1	»	717
866	87	»	953	951	2	»	953
1,051	27	»	1,078	1,078	»	»	1,078
1,426	80	»	1,506	1,502	4	»	1,506
1,992	72	»	2,064	2,057	7	»	2,064
945	40	»	985	982	3	»	985
1,038	34	»	1,072	1,069	3	»	1,072
1,036	37	»	1,073	1,073	»	»	1,073
1,131	39	»	1,170	1,163	7	»	1,170
762	67	»	829	827	2	»	829
1,739	61	»	1,800	1,798	2	»	1,800
2,074	62	»	2,136	2,135	1	»	2,136
1,072	30	»	1,102	1,102	»	»	1,102
1,214	53	»	1,267	1,267	»	»	1,267
21,744	948	»	22,692	22,647	45	»	22,692

Mariages par âge et par état civil.

	ÉPOUX					ÉPOUSE				
	CÉLIBATAIRES	VEUFS	DIVORCÉS	ÉTAT CIVIL inconnu	TOTAL	CÉLIBATAIRES	VEUVES	DIVORCÉES	ÉTAT CIVIL inconnu	TOTAL
....	»	»	»	»	»	44	»	»	»	44
....	99	»	»	»	99	2,893	»	1	»	2,894
....	4,003	13	1	»	4,017	8,005	55	12	»	8,072
....	8,839	164	25	»	9,028	4,910	232	65	»	5,207
....	3,822	353	79	»	4,254	2,356	393	99	»	2,848
....	1,553	384	110	»	2,037	1,049	414	76	»	1,539
....	704	376	98	»	1,178	540	315	66	»	921
....	396	319	67	»	782	267	278	41	»	586
....	257	258	47	»	562	129	168	17	»	314
....	130	177	18	»	325	72	75	8	»	155
....	79	133	11	»	223	20	39	»	»	59
....	37	63	5	»	105	18	15	1	»	34
....	13	30	1	»	44	4	10	»	»	14
....	5	13	»	»	18	2	3	»	»	5
....	»	»	»	»	»	»	»	»	»	»
tal............	19,947	2,283	462	»	22,692	20,509	1,997	386	»	22,692

Différence d'âge des époux.

ARRONDISSEMENTS	NOMBRE DE MARIAGES DANS LESQUELS — L'ÉPOUX ÉTAIT PLUS AGÉ QUE SA FEMME: de 25 ans et plus	de 20 à 24 ans	de 15 à 19 ans	de 10 à 14 ans	de 5 à 9 ans	de 1 à 4 ans	total des époux plus âgés que leur femme	LA DIFFÉRENCE D'AGE était de moins de 1 an	L'ÉPOUX ÉTAIT MOINS AGÉ QUE SA FEMME: de 1 à 4 ans	de 5 à 9 ans	de 10 à 14 ans	de 15 à 19 ans	de 20 à 24 ans	de 25 ans et plus	total des époux moins âgés que leur femme	DIFFÉRENCE D'AGE INCONNUE	TOTAL GÉNÉRAL
1er	4	8	27	56	140	186	421	43	102	34	6	1	»	»	186	»	607
2e	4	11	32	75	173	205	500	46	105	42	9	3	1	1	207	»	707
3e	6	9	29	82	247	269	642	53	106	46	16	3	3	1	228	»	870
4e	8	12	29	96	263	282	690	58	116	50	20	5	1	1	251	»	944
5e	8	14	32	110	270	249	683	69	145	59	13	4	1	»	291	»	974
6e	5	9	21	111	260	229	635	48	100	44	9	5	»	»	206	»	841
7e	7	10	21	73	209	186	506	50	101	43	16	1	»	»	211	»	717
8e	13	9	30	126	266	263	707	50	121	49	12	11	1	2	246	»	953
9e	13	17	42	120	259	301	752	77	150	71	20	7	1	»	326	»	1,078
10e	15	17	37	156	437	418	1,080	104	203	82	24	11	2	»	426	»	1,506
11e	13	18	59	208	606	605	1,509	133	266	103	33	14	5	1	555	»	2,064
12e	9	10	34	110	284	264	711	78	1[illegible]7	48	16	4	1	»	274	»	985
13e	5	9	37	98	326	321	793	76	124	59	13	3	1	»	276	»	1,072
14e	5	11	39	110	301	321	787	82	124	52	19	7	2	»	286	»	1,073
15e	10	16	31	112	345	353	867	78	133	61	18	10	2	1	302	»	1,170
16e	8	13	34	77	254	242	628	42	99	44	10	5	1	»	201	»	889
17e	14	30	56	196	527	479	1,302	128	224	107	27	8	4	»	498	»	1,800
18e	21	24	75	224	556	660	1,560	107	290	122	40	12	3	2	576	»	2,126
19e	8	11	35	105	309	331	799	67	131	73	26	6	»	»	303	»	1,102
20e	10	18	54	144	352	360	938	75	145	80	19	8	2	»	329	»	1,267
Total	186	276	754	2,389	6,384	6,524	16,513	1,464	2,912	1,269	366	128	31	9	6,179	»	22,602

répartis suivant l'âge et l'état civil respectif de chacun des époux.

	AGE DE L'ÉPOUSE										TOTAL des époux de chaque âge
s ns	De 20 à 24 ans	De 25 à 29 ans	De 30 à 34 ans	De 35 à 39 ans	De 40 à 44 ans	De 45 à 49 ans	De 50 à 54 ans	De 55 à 59 ans	De 60 ans et au-dessus	Age inconnu	
				1° Entre célibataires.							
9	35	12	2	»	»	»	»	»	»	»	98
8	2,254	591	98	12	»	»	»	»	»	»	3,933
3	4,052	2,363	568	119	19	1	»	»	»	»	8,525
6	1,049	1,063	770	216	88	6	»	»	»	»	3,545
8	200	356	326	266	84	37	5	1	»	»	1,343
5	71	86	123	114	82	34	12	»	»	»	537
6	21	39	67	55	47	33	12	4	1	»	285
2	7	21	27	28	31	27	23	13	6	»	185
»	3	3	7	6	12	12	15	14	9	»	81
»	3	3	9	10	13	15	16	15	9	»	93
»	»	»	»	»	»	»	»	»	»	»	»
4	7,695	4,537	1,997	826	376	165	83	47	25	»	18,625
				2° Entre veufs et filles.							
»	»	»	»	»	»	»	»	»	»	»	»
1	4	3	2	»	»	»	»	»	»	»	10
0	56	43	23	5	1	»	»	»	»	»	149
9	112	78	50	18	2	»	»	»	»	»	289
9	43	92	74	40	12	6	»	»	»	»	278
7	12	43	60	51	37	15	2	»	»	»	227
1	5	17	34	20	31	18	5	»	»	»	140
»	5	10	16	18	31	18	12	4	»	»	114
»	7	5	9	9	8	11	11	8	1	»	69
»	1	8	11	9	12	15	12	12	17	»	97
»	»	»	»	»	»	»	»	»	»	»	»
8	247	299	288	179	134	83	42	24	18	»	1,372
				3° Entre garçons et veuves.							
»	»	»	»	»	»	»	»	»	»	»	»
»	9	27	16	6	1	1	»	»	»	»	60
»	28	72	82	46	15	5	»	»	»	»	248
»	7	43	74	58	22	10	3	»	»	»	217
»	3	23	41	52	32	12	4	1	»	»	168
»	1	8	26	47	25	20	9	1	»	»	137
»	»	3	11	22	21	27	8	1	2	»	95
»	»	1	3	8	11	20	12	2	3	»	60
»	»	»	2	3	7	12	9	3	5	»	41
»	»	»	1	3	5	8	8	4	10	»	39
»	»	»	»	»	»	»	»	»	»	»	»
»	48	177	256	245	139	115	53	12	20	»	1,065
				4° Entre veufs et veuves.							
»	»	»	»	»	»	»	»	»	»	»	»
»	1	1	»	»	»	1	»	»	»	»	3
»	»	5	4	3	»	»	»	»	»	»	12
»	3	8	21	17	7	3	»	»	»	»	59
»	3	14	31	25	17	6	1	»	»	»	97
»	»	10	27	30	38	21	8	3	1	»	138
»	»	6	18	30	30	43	20	7	1	»	155
»	»	2	10	23	29	31	25	9	4	»	133
»	»	1	4	9	18	20	21	14	9	»	96
»	»	1	1	7	13	21	29	27	31	»	130
»	»	»	»	»	»	»	»	»	»	»	»
»	7	48	116	144	152	146	104	60	46	»	823

Mariages répartis suivant l'âge et l'état civil respectif de chacun des époux (**Suite**).

5° Entre divorcés et célibataires.

AGE DE L'ÉPOUX	Moins de 20 ans	De 20 à 24 ans	De 25 à 29 ans	De 30 à 34 ans	De 35 à 39 ans	De 40 à 44 ans	De 45 à 49 ans	De 50 à 54 ans	De 55 à 59 ans	De 60 ans et au-dessus	Age inconnu
	AGE DE L'ÉPOUSE										
Moins de 20 ans	»	»	»	»	»	»	»	»	»	»	»
De 20 à 24...	»	»	1	»	»	»	»	»	»	»	»
25 à 29....	2	13	5	4	1	»	»	»	»	»	»
30 à 34....	1	22	16	12	6	4	1	»	»	»	»
35 à 39....	1	12	26	22	7	7	2	»	»	»	»
40 à 44....	1	8	14	13	12	5	2	»	»	»	»
45 à 49....	»	4	8	13	11	4	2	1	»	»	»
50 à 54....	»	3	2	4	5	5	6	2	»	»	»
55 à 59....	»	1	1	2	1	4	4	»	»	»	»
60 et au-dessus	»	»	1	1	1	1	2	1	1	1	»
Age inconnu...	»	»	»	»	»	»	»	»	»	»	»
Total des épouses..	5	63	74	71	44	30	19	4	1	1	»

6° Entre célibataires et divorcées.

AGE DE L'ÉPOUX	Moins de 20 ans	De 20 à 24 ans	De 25 à 29 ans	De 30 à 34 ans	De 35 à 39 ans	De 40 à 44 ans	De 45 à 49 ans	De 50 à 54 ans	De 55 à 59 ans	De 60 ans et au-dessus	Age inconnu
Moins de 20 ans	1	»	»	»	»	»	»	»	»	»	»
De 20 à 24....	»	2	6	1	»	1	»	»	»	»	»
25 à 29....	»	6	24	20	9	5	2	»	»	»	»
30 à 34....	»	2	12	24	9	8	3	2	»	»	»
35 à 39....	»	2	8	16	13	7	4	2	»	»	»
40 à 44....	»	»	4	6	7	6	4	2	1	»	»
45 à 49....	»	»	1	2	3	6	2	1	1	»	»
50 à 54....	»	»	1	1	1	2	3	2	2	»	»
55 à 59....	»	»	»	»	»	1	1	3	3	»	»
60 et au-dessus	»	»	»	»	»	»	1	»	»	1	»
Age inconnu...	»	»	»	»	»	»	»	»	»	»	»
Total des épouses..	1	12	56	70	42	36	20	12	7	1	»

7° Entre divorcés et veuves.

AGE DE L'ÉPOUX	Moins de 20 ans	De 20 à 24 ans	De 25 à 29 ans	De 30 à 34 ans	De 35 à 39 ans	De 40 à 44 ans	De 45 à 49 ans	De 50 à 54 ans	De 55 à 59 ans	De 60 ans et au-dessus	Age inconnu
De 25 à 29....	»	»	»	»	»	»	»	»	»	»	»
30 à 34....	»	»	3	3	5	2	1	»	»	»	»
35 à 39....	»	»	3	5	6	5	1	»	»	»	»
40 à 44....	»	»	1	9	7	7	3	3	»	»	»
45 à 49....	»	»	»	3	5	3	6	4	»	»	»
50 à 54....	»	»	»	1	2	5	4	2	1	»	»
55 à 59....	»	»	»	»	»	»	1	1	2	»	»
60 et au-dessus	»	»	»	»	»	2	1	1	»	1	»
Age inconnu...	»	»	»	»	»	»	»	»	»	»	»
Total des épouses..	»	»	7	21	25	24	17	11	3	1	»

Durée du veuvage des veufs qui se remarient.

AGE DES VEUFS QUI SE REMARIENT	DURÉE DU VEUVAGE										TOTAL
	Moins de 1 an	De 1 an	De 2 ans	De 3 ans	De 4 ans	De 5 à 9 ans	De 10 à 14 ans	De 15 à 19 ans	De 20 ans et plus	Durée inconnue	
Moins de 25 ans	»	9	2	1	»	»	»	»	»	»	12
De 25 à 29 ans	4	74	37	18	4	1	»	»	»	»	138
30 à 34 ans	7	115	78	54	45	17	»	»	»	»	346
35 à 39 ans	6	103	91	55	55	67	11	»	»	»	388
40 à 44 ans	6	85	74	57	52	69	31	1	»	1	376
45 à 49 ans	7	73	53	45	45	71	38	9	»	»	344
50 à 54 ans	9	46	37	32	34	52	27	14	3	»	254
55 à 59 ans	5	29	25	20	24	36	25	19	5	»	188
60 à 64 ans	2	22	15	16	14	28	16	10	4	»	127
65 à 69 ans	1	9	10	13	7	14	12	8	7	»	81
70 à 74 ans	»	3	3	4	4	5	3	6	6	»	34
75 ans et au-dessus	»	1	3	1	1	2	1	4	4	»	17
Age inconnu	»	»	»	»	»	»	»	»	»	»	»
Total	47	569	428	316	285	362	164	71	29	1	2,272

Durée du veuvage des veuves qui se remarient.

AGE DES VEUVES QUI SE REMARIENT	DURÉE DU VEUVAGE										TOTAL
	Moins de 1 an	De 1 an	De 2 ans	De 3 ans	De 4 ans	De 5 à 9 ans	De 10 à 14 ans	De 15 à 19 ans	De 20 ans et plus	Durée inconnue	
Moins de 25 ans	»	25	21	5	2	»	»	»	»	»	
De 25 à 29 ans	»	56	65	43	43	14	»	»	»	»	
30 à 34 ans	2	58	92	75	73	69	3	»	»	»	
35 à 39 ans	»	48	76	59	66	97	36	2	»	»	
40 à 44 ans	»	41	47	49	50	82	41	18	»	»	
45 à 49 ans	2	33	40	32	46	75	39	20	2	»	
50 à 54 ans	»	14	28	19	19	44	34	25	4	»	
55 à 59 ans	»	6	12	10	10	23	21	16	6	»	
60 à 64 ans	»	3	8	5	4	10	8	9	7	»	
65 à 69 ans	»	2	3	4	2	4	4	5	4	»	
70 à 74 ans	»	»	»	»	1	3	3	4	3	»	
75 ans et au-dessus	»	»	»	»	1	1	1	1	2	»	
Age inconnu	»	»	»	»	»	»	»	»	»	»	
Total	4	285	392	301	317	422	190	100	28	»	

Durée du divorce des divorcés qui se remarient.

(La loi qui a rétabli le divorce en France a été promulguée le 27 juillet 1884.)

AGE DES DIVORCÉS QUI SE REMARIENT	DURÉE DU DIVORCE										TOTAL
	Moins de 1 an	De 1 an	De 2 ans	De 3 ans	De 4 ans	De 5 à 9 ans	De 10 à 14 ans	De 15 à 19 ans	De 20 ans et plus	Durée inconnue	
Moins de 25 ans	»	»	»	»	»	»	»	»	»	»	»
De 25 à 29 ans	»	7	4	2	»	»	»	»	»	»	13
30 à 34 ans	2	32	20	12	13	6	»	»	»	»	85
35 à 39 ans	2	27	18	13	17	9	»	»	»	»	86
40 à 44 ans	3	27	20	12	14	14	1	»	»	»	91
45 à 49 ans	2	27	11	8	8	13	»	»	»	»	55
50 à 54 ans	»	13	8	5	6	»	1	»	»	1	32
55 à 59 ans	»	11	2	2	3	4	»	»	»	»	14
60 à 64 ans	»	3	2	1	1	2	»	»	»	»	8
65 à 69 ans	»	2	2	3	1	1	»	»	»	»	10
70 à 74 ans	»	3	»	»	»	»	»	»	»	»	»
75 ans et au-dessus	»	»	»	»	»	»	»	»	»	»	»
Age inconnu	»	»	»	»	»	»	»	»	»	»	»
Total	9	125	87	58	63	49	2	»	»	1	394

Durée du divorce des divorcées qui se remarient.

AGE DES DIVORCÉES QUI SE REMARIENT	DURÉE DU DIVORCE										TOTAL
	Moins de 1 an	De 1 an	De 2 ans	De 3 ans	De 4 ans	De 5 à 9 ans	De 10 à 14 ans	De 15 à 19 ans	De 20 ans et plus	Durée inconnue	
Moins de 25 ans	1	7	3	»	»	»	»	»	»	»	11
De 25 à 29 ans	1	14	24	16	10	4	»	»	»	»	69
30 à 34 ans	3	25	24	21	20	12	»	»	»	»	105
35 à 39 ans	2	20	20	17	17	22	1	»	»	»	99
40 à 44 ans	2	16	17	12	13	14	2	»	»	»	76
45 à 49 ans	»	8	12	9	8	13	2	»	»	»	52
50 à 54 ans	1	2	5	6	5	8	1	»	»	»	28
55 à 59 ans	»	1	1	2	2	6	»	»	»	»	12
60 à 64 ans	»	1	»	1	1	2	»	»	»	»	5
65 à 69 ans	»	»	»	»	»	»	»	»	»	»	»
70 à 74 ans	»	1	»	»	»	»	»	»	»	»	1
75 ans et au-dessus	»	»	»	»	»	»	»	»	»	»	»
Age inconnu	»	»	»	»	»	»	»	»	»	»	»
Total	10	95	106	84	76	81	6	»	»	»	458

Détails relatifs aux mariages.

ARRONDISSEMENTS	TOTAL des mariages	CONTRAT DE MARIAGE — Nombre des mariages: avec contrat	sans contrat	DEGRÉ D'INSTRUCTION — de l'époux: a pu signer	n'a pas pu signer	de l'épouse: a pu signer	n'a pas pu signer	ACTES RESPECTUEUX et oppositions — Nombre des mariages pour lesquels l'époux a notifié des actes respectueux à ses parents	l'épouse a notifié des actes respectueux à ses parents	Nombre des mariages auxquels les parents ont fait opposition	CONSANGUINITÉ — Les deux époux étaient: oncles et nièces	tantes et neveux	cousins germains	cousins plus éloignés	Total des mariages consanguins
1er	607	167	440	607	»	606	1	»	»	»	»	»	»	»	»
2e	707	115	592	707	»	707	»	2	»	»	»	»	»	»	»
3e	870	137	733	870	»	870	»	»	»	»	»	»	4	»	4
4e	941	121	820	941	»	941	»	1	»	»	1	»	2	2	5
5e	974	139	835	970	4	965	9	2	2	»	»	»	»	1	1
6e	841	187	654	840	1	840	1	»	»	»	»	»	»	»	»
7e	717	178	539	716	1	716	1	»	»	»	»	»	»	»	»
8e	953	329	624	953	»	952	1	»	»	»	»	»	»	»	»
9e	1,078	293	785	1,078	»	1,077	1	»	»	»	»	»	3	»	3
10e	1,506	244	1,262	1,506	»	1,506	»	»	»	»	»	»	5	»	5
11e	2,064	231	1,833	2,054	10	2,057	7	1	»	»	»	»	6	»	6
12e	985	90	886	984	1	964	21	»	»	»	1	»	3	»	4
13e	1,072	76	996	1,060	12	1,060	12	»	»	»	»	»	1	1	2
14e	1,073	111	962	1,072	1	1,066	7	»	»	»	»	»	1	»	1
15e	1,170	99	1,071	1,170	»	1,170	»	»	»	»	»	»	»	»	»
16e	829	230	599	829	»	828	1	»	»	»	»	»	»	»	»
17e	1,800	308	1,492	1,800	»	1,800	»	»	»	»	»	»	»	»	»
18e	2,136	77	2,059	2,136	»	2,136	»	1	2	»	»	»	1	»	1
19e	1,102	72	1,030	1,100	2	1,099	3	1	»	»	1	»	7	»	8
20e	1,267	74	1,193	1,261	6	1,255	12	1	»	»	»	»	6	»	6
Total	22,692	3,287	19,405	22,654	38	22,615	77	0	4	»	3	»	30	4	40

Divorces prononcés pendant l'année.

DÉSIGNATION	ÉPOUX	ÉPOUSES
Age des époux divorcés.		
is de 20 ans	»	8
— 20 à 24 ans	3	66
— 25 à 29 ans	105	250
— 30 à 34 ans	244	289
— 35 à 39 ans	286	221
— 40 à 44 ans	216	161
— 45 à 49 ans	139	65
— 50 à 59 ans	126	69
de 60 ans	27	13
inconnu	88	92
TOTAUX	1,234	1,234
— *Filiation des époux divorcés.*		
Légitime	1,119	1,096
ls Légitimé	»	»
t Illégitime reconnu	18	20
ie Illégitime non rec.	9	23
État civil inconnu	88	95
TOTAUX	1,234	1,234
— *État civil antérieur au mariage.*		
ataire	1,065	1,031
.	59	47
rcé	5	4
civil inconnu	105	132
TOTAUX	1,234	1,234

DÉSIGNATION	NOMBRE
IV. — *Age relatif des époux divorcés.*	
Le mari a plus de 25 ans de plus que sa femme.	4
— de 20 à 24 —	8
— de 15 à 19 —	41
— de 10 à 14 —	156
— de 5 à 9 —	381
— de 1 à 4 —	309
Le même âge que sa femme	34
— de 1 à 4 ans de moins	122
— de 5 à 9 —	52
— de 10 à 14 —	11
— de 15 à 19 —	4
— plus de 20 —	3
Age inconnu	109
TOTAL	1,234
V. — *Cause pour laquelle le divorce a été prononcé.*	
Condamnation	13
Adultère de l'homme	90
— de la femme	134
Excès, sévices	435
Injures graves	381
Cause inconnue	181
TOTAL	1,234
VI. — *Jugement prononcé :*	
1° En première instance	1,197
2° En appel	37
TOTAL	1,234
VII. — *Le divorce avait été :*	
Précédé d'un jugement de séparation de corps.	82
Non précédé —	1,152
TOTAL	1,234

Divorces prononcés pendant l'année. (Suite et fin.)

DÉSIGNATION	DURÉE ANTÉRIEURE DU MARIAGE							
	MOINS de 1 an	DE 1 à 4 ans (4 années)	DE 5 à 9 ans	DE 10 à 14 ans	DE 15 à 19 ans	PLUS de 20 ans	DURÉE INCONNUE	TOTAUX
VIII. — *Nombre d'enfants actuellement vivants issus du mariage dissous.*								
Pas d'enfant	3	84	142	108	58	43	3	441
1 enfant	4	21	79	55	32	22	»	213
2 enfants	»	9	36	32	25	20	»	122
3 enfants	»	»	4	8	8	4	»	24
4 enfants	»	1	1	2	4	1	»	9
5 enfants	»	»	»	2	2	1	»	5
Plus de 5 enfants	»	»	»	1	1	2	»	4
Pas de renseignement	3	32	103	97	58	73	54	416
TOTAUX	10	147	365	305	188	166	57	1,234

IX. — *Profession du mari et sexe de l'époux qui a obtenu le divorce.*

PROFESSION DU MARI DIVORCÉ		SEXE DE L'ÉPOUX QUI A OBTENU LE DIVORCE			
		HOMME	FEMME	HOMME ET FEMME	PAS DE RENSEIGNEMENT
Professions libérales.	Hommes de loi	1	4	2	»
	Médecins, pharmaciens	3	4	»	»
	Artistes	2	6	»	3
	Autres	5	3	»	1
Administration, officiers		16	11	1	1
Industrie, commerce		147	249	5	20
Ouvriers, journaliers		215	348	12	63
Sans profession		18	24	5	3
Profession inconnue		6	6	1	47
TOTAUX		413	657	26	138
		1,234			

NAISSANCES ET MORT-NÉS

ARRONDISSEMENTS	JANVIER			FÉVRIER			MARS			AVRIL			MAI			JUIN		
	NAISSANCES D'ENFANTS			NAISSANCES D'ENFANTS			NAISSANCES D'ENFANTS			NAISSANCES D'ENFANTS			NAISSANCES D'ENFANTS			NAISSANCES D'ENFANTS		
	vivants	mort-nés	TOTAL	vivants	mort-nés	TOTAL	vivants	mort-nés	TOTAL	vivants	mort-nés	TOTAL	vivants	mort-nés	TOTAL	vivants	mort-nés	TOTAL
1er arrondt....	108	5	113	108	8	116	104	7	111	109	6	115	101	9	110	93	4	97
2e —	124	18	142	112	6	118	119	22	141	113	12	125	115	17	132	93	8	101
3e —	191	14	205	186	12	198	196	18	214	165	14	179	172	21	193	153	19	172
4e —	174	16	190	150	16	166	173	20	193	166	20	186	198	20	218	183	11	194
5e	222	24	246	193	29	224	248	24	272	219	21	240	210	21	231	195	32	227
6e —	173	12	185	161	9	170	197	13	210	152	12	164	161	15	176	172	19	191
7e —	142	17	159	148	8	156	143	17	160	127	11	138	147	15	162	123	13	136
8e —	118	9	127	115	10	125	139	7	146	119	11	130	96	14	110	95	7	102
9e —	178	21	199	162	21	183	172	17	189	157	21	178	144	17	161	148	19	167
10e —	290	41	331	246	32	278	299	22	321	269	29	298	274	23	297	261	25	286
11e —	485	51	536	462	36	498	492	36	528	463	42	505	480	40	520	435	44	479
12e —	249	19	268	123	20	143	290	22	312	247	29	276	242	22	264	235	22	257
13e —	309	27	336	306	20	326	340	18	358	324	25	349	345	20	365	314	26	340
14e —	319	28	347	250	22	272	274	27	301	287	21	308	266	39	305	240	20	260
15e —	274	12	286	252	26	278	325	31	356	277	23	300	306	25	331	291	22	313
16e —	147	10	157	124	18	142	156	16	172	139	10	149	139	18	157	145	15	160
17e —	342	26	368	329	30	359	315	37	352	316	31	347	318	36	354	315	30	345
18e —	460	56	516	468	44	511	506	54	560	474	47	521	460	53	513	472	49	521
19e —	330	35	365	356	31	387	365	35	400	309	33	342	326	33	359	326	24	350
20e —	341	44	385	344	41	385	403	38	441	367	32	399	352	38	390	359	26	385
Total pour Paris.	4,976	485	5,461	4,697	438	5,135	5,257	480	5,737	4,799	450	5,249	4,852	499	5,351	4,648	435	5,083
Hors Paris (1)..	177	15	192	198	7	205	190	11	201	185	17	202	196	12	208	197	17	214
Total général...	5,153	500	5,653	4,895	445	5,340	5,447	491	5,938	4,984	467	5,451	5,048	511	5,559	4,845	452	5,297

ARRONDISSEMENTS	1884			1885			1886			1887			1888		
	NAISSANCES D'ENFANTS			NAISSANCES D'ENFANTS			NAISSANCES D'ENFANTS			NAISSANCES D'ENFANTS			NAISSANCES D'ENFANTS		
	vivants	mort-nés	TOTAL	vivants	mort-nés	TOTAL	vivants	mort-nés	TOTAL	vivants	mort-nés	TOTAL	vivants	mort-nés	TOTAL
1er arrondt	1,482	167	1,649	1,411	144	1,555	1,339	131	1,470	1,315	131	1,446	1,298	139	1,437
2e —	1,627	121	1,748	1,536	158	1,694	1,605	86	1,691	1,588	118	1,706	1,587	110	1,697
3e — ..	2,311	163	2,474	2,189	155	2,344	2,101	139	2,240	2,140	150	2,290	2,243	154	2,397
4e — ...	2,607	241	2,848	2,375	239	2,614	2,487	210	2,697	2,419	224	2,643	2,379	209	2,588
5e —	3,045	224	3,269	2,971	212	3,183	2,874	206	3,080	2,733	190	2,923	2,727	213	2,940
6e ..	2,232	241	2,473	2,096	198	2,294	2,118	176	2,294	2,067	150	2,217	2,031	132	2,163
7e —	1,800	139	1,939	1,719	134	1,853	1,706	136	1,842	1,737	143	1,880	1,746	135	1,881
8e —	1,272	150	1,422	1,297	115	1,412	1,351	116	1,467	1,338	101	1,439	1,404	117	1,521
9e — ...	2,498	188	2,686	2,274	167	2,441	2,202	188	2,390	2,126	138	2,264	2,254	156	2,410
10e	3,822	362	4,184	3,659	370	4,029	3,578	329	3,907	3,708	302	4,010	3,532	253	3,785
11e — ...	6,631	474	7,105	6,251	454	6,705	5,864	381	6,245	5,817	458	6,275	5,931	469	6,400
12e — ..	3,018	272	3,290	3,006	250	3,256	2,944	268	3,212	2,955	245	3,200	2,945	225	3,170
13e —	3,384	232	3,616	3,255	231	3,486	3,294	248	3,542	3,319	257	3,576	3,297	262	3,559
14e —	2,943	204	3,147	2,815	218	3,033	2,893	215	3,108	2,858	218	3,076	2,881	170	3,051
15e —	3,283	229	3,512	3,039	216	3,255	3,108	224	3,332	3,169	213	3,382	3,058	232	3,290
16e —	1,508	126	1,634	1,536	151	1,687	1,586	136	1,722	1,592	146	1,738	1,618	135	1,753
17e —	4,330	312	4,642	4,248	309	4,557	4,094	296	4,390	4,067	307	4,374	3,990	284	4,274
18e —	6,309	471	6,780	6,117	404	6,521	6,000	451	6,451	5,696	415	6,111	5,761	392	6,153
19e —	3,863	298	4,161	3,764	240	4,004	3,715	229	3,944	3,827	208	4,035	3,701	225	3,926
20e —	4,650	337	4,987	4,542	305	4,847	4,362	313	4,675	4,451	274	4,725	4,294	253	4,547
Total pour Paris.	62,635	4,951	67,586	60,098	4,672	64,770	59,221	4,478	63,699	58,942	4,388	63,330	58,675	4,267	62,942
Hors Paris (1)..	1,205	68	1,273	1,302	78	1,380	1,415	75	1,490	1,724	87	1,811	1,850	88	1,938
Total général...	63,840	5,019	68,859	61,400	4,750	66,150	60,636	4,553	65,189	60,666	4,475	65,141	60,525	4,355	64,880

107	92	11	103	94	10	104	92	5	97	1,237	93	1,330	1er arrondissem'.
121	126	13	139	103	24	127	144	14	158	1,634	169	1,803	2e —
143	146	12	158	156	9	165	181	19	200	2,020	173	2,193	3e —
203	198	9	207	179	15	194	180	18	198	2,199	187	2,386	4e —
231	228	24	252	169	22	191	228	25	253	2,559	283	2,842	5e —
160	136	18	154	158	17	175	155	18	173	1,966	170	2,136	6e —
123	174	11	183	129	7	136	136	13	149	1,652	147	1,799	7e —
108	85	14	99	98	9	107	106	10	116	1,249	114	1,363	8e —
171	168	15	183	150	10	160	147	20	167	1,874	220	2,094	9e —
269	315	23	338	219	25	244	297	25	322	3,248	309	3,557	10e —
305	464	51	515	424	27	451	450	43	493	5,622	478	6,100	11e —
273	214	17	231	209	18	227	243	17	260	2,917	253	3,170	12e —
326	308	26	334	282	15	297	319	26	345	3,754	278	4,032	13e —
283	249	23	272	235	14	249	287	26	313	3,218	287	3,505	14e —
329	283	31	314	260	22	282	295	24	319	3,426	288	3,714	15e —
121	148	10	158	124	16	140	135	20	155	1,657	173	1,830	16e —
344	322	33	355	278	28	306	331	33	364	3,855	364	4,219	17e —
545	444	49	493	501	46	547	487	48	535	5,706	563	6,269	18e —
336	345	32	377	285	36	321	299	39	338	3,909	410	4,319	19e —
384	336	36	372	306	31	337	381	22	403	4,279	421	4,700	20e —
5,012	4,781	458	5,239	4,359	401	4,760	4,903	452	5,355	57,781	3,380	61,161	Total pour Paris.
211	208	11	219	191	13	204	250	18	268	2,457	163	2,620	Hors Paris.
5,223	4,989	469	5,458	4,550	414	4,964	5,153	470	5,623	60,238	3,543	63,781	Total général.

		1892			1893			MOYENNES DE DIX ANS			ARRONDISSEMENTS
		NAISSANCES D'ENFANTS			NAISSANCES D'ENFANTS			NAISSANCES D'ENFANTS			
		vivants	mort-nés	TOTAL	vivants	mort-nés	TOTAL	vivants	mort-nés	TOTAL	
	1,359	1,245	136	1,381	1,169	121	1,290	1,286.4	135.7	1,422.1	1er arrondissem'.
	1,656	1,499	116	1,615	1,477	110	1,587	1,534.1	120.0	1,654.1	2e —
158	2,272	2,079	143	2,222	2,081	147	2,228	2,139.3	148.0	2,287.3	3e —
180	2,400	2,179	205	2,384	2,337	187	2,524	2,374.0	212.4	2,586.4	4e —
200	2,924	2,640	182	2,822	2,722	188	2,910	2,816.9	200.7	3,017.6	5e —
125	2,104	2,056	159	2,225	2,025	131	2,156	2,066.4	159.6	2,226.0	6e —
155	1,033	1,707	151	1,858	1,623	115	1,738	1,719.5	141.5	1,861.0	7e —
175	1,545	1,374	81	1,455	1,329	105	1,434	1,353.9	118.1	1,472.0	8e —
168	2,219	2,000	164	2,164	2,044	146	2,190	2,158.8	164.3	2,323.1	9e —
275	3,827	3,354	262	3,616	3,413	237	3,650	3,555.3	292.6	3,847.9	10e —
424	6,362	5,893	390	6,283	5,682	407	6,089	5,975.6	431.3	6,406.9	11e —
227	3,116	2,980	244	3,224	2,912	231	3,143	2,919.3	240.6	3,159.9	12e —
149	3,489	3,220	165	3,385	3,239	163	3,402	3,280.0	215.0	3,495.0	13e —
186	3,384	3,308	217	3,525	3,377	215	3,592	3,008.8	202.4	3,211.2	14e —
223	3,560	3,373	229	3,602	3,462	282	3,744	3,231.6	229.1	3,460.7	15e —
192	1,802	1,618	127	1,745	1,732	99	1,831	1,608.9	136.3	1,745.2	16e —
209	4,352	3,940	289	4,229	4,014	269	4,283	4,062.0	289.2	4,351.2	17e —
338	6,335	5,760	401	6,161	5,939	368	6,307	5,897.7	408.0	6,305.7	18e —
241	4,471	4,039	251	4,290	4,141	236	4,377	3,845.0	240.2	4,085.2	19e —
286	4,800	4,302	287	4,589	4,221	278	4,499	4,360.4	282.9	4,643.3	20e —
4,243	63,020	58,573	4,202	62,775	58,939	4,035	62,974	59,193.9	4,367.9	63,561.8	Total pour Paris.
136	2,404	2,083	150	2,233	2,086	141	2,227	1,722.9	104.4	1,827.3	Hors Paris.
4,379	65,424	60,656	4,352	65,008	61,025	4,176	65,201	60,916.8	4,472.3	65,389.1	Total général.

		h. a.					
1er Saint-Germain-l'Auxerrois	9,430	93 55	63	48	27	35	[illegible]
2e Halles	30,063	41 00	234	238	99	99	[illegible]
3e Palais-Royal	14,325	28 45	86	79	26	23	[illegible]
4e Place-Vendôme	14,218	27 00	69	76	16	17	[illegible]
Ier arrondissement	67,938	190 00	454	441	168	174	[illegible]
			895		342		[illegible]
5e Gaillon	8,998	19 20	40	50	10	14	[illegible]
6e Vivienne	12,146	23 30	68	72	34	21	[illegible]
7e Mail	18,742	27 00	132	158	57	57	[illegible]
8e Bonne-Nouvelle	30,041	28 00	252	230	120	149	[illegible]
IIe arrondissement	69,927	97 50	492	510	221	241	[illegible]
			1,002		432		[illegible]
9e Arts-et-Métiers	24,478	30 65	210	186	94	85	[illegible]
10e Enfants-Rouges	21,082	27 85	157	178	60	82	[illegible]
11e Archives	21,115	36 00	180	153	49	48	[illegible]
12e Sainte-Avoie	22,005	21 50	202	162	84	90	[illegible]
IIIe arrondissement	88,680	116 00	749	679	287	305	[illegible]
			1,428		592		[illegible]
13e Saint-Merri	24,864	32 00	221	190	78	77	[illegible]
14e Saint-Gervais	41,243	40 85	376	375	117	104	[illegible]
15e Arsenal	18,745	48 15	140	156	39	36	[illegible]
16e Notre-Dame	13,792	35 50	107	117	33	33	[illegible]
IVe arrondissement	98,644	156 50	844	838	267	250	[illegible]
			1,682		517		[illegible]
17e Saint-Victor	27,046	59 70	222	168	77	78	[illegible]
18e Jardin-des-Plantes	27,002	80 00	268	245	84	89	[illegible]
19e Val-de-Grâce	33,365	67 00	253	215	173	154	[illegible]
20e Sorbonne	29,050	42 30	189	184	74	86	[illegible]
Ve arrondissement	116,523	249 00	932	812	408	407	[illegible]
			1,744		815		[illegible]
21e Monnaie	18,217	28 80	137	158	74	65	[illegible]
22e Odéon	21,670	70 20	131	118	50	71	[illegible]
23e Notre-Dame-des-Champs	43,167	84 40	284	268	124	134	[illegible]
24e Saint-Germain-des-Prés	15,929	27 00	111	132	50	59	[illegible]
VIe arrondissement	98,983	211 00	663	676	298	329	[illegible]
			1,339		627		[illegible]
25e Saint-Thomas-d'Aquin	28,681	78 00	156	146	34	29	[illegible]
26e Invalides	14,548	107 00	77	55	10	19	[illegible]
27e Ecole-Militaire	19,636	82 00	124	128	36	39	[illegible]
28e Gros-Caillou	32,821	136 00	328	300	103	68	[illegible]
VIIe arrondissement	95,686	403 00	685	629	183	155	[illegible]
			1,314		338		[illegible]
A reporter	636,381	1,423 00	4,819	4,585	1,832	1,831	[illegible]

1	»	9	1	10	73	49	28	35	101	84	185
7	9	21	21	48	251	253	106	108	357	361	718
1	»	9	6	15	94	85	27	23	121	108	229
2	2	13	7	20	80	81	18	19	98	100	198
11	11	55	38	93	498	468	179	185	677	653	1,330
22		93			966		364		1,330		
4	1	11	3	14	47	52	14	15	61	67	128
2	5	9	13	22	75	80	36	26	111	106	216
8	6	30	18	48	154	170	65	63	219	233	453
22	22	46	39	85	276	247	142	141	418	388	806
36	34	96	73	169	552	549	257	245	809	794	1,603
70		169			1,101		502		1,603		
12	5	31	17	48	229	198	106	90	335	288	623
6	8	20	14	34	171	184	66	90	237	274	511
2	5	27	22	49	205	170	51	53	256	223	479
10	5	28	14	42	220	171	94	95	314	266	580
30	23	106	67	173	825	723	317	328	1,142	1,051	2,193
53		173			1,548		645		2,193		
11	7	32	20	52	242	203	89	84	331	287	618
8	15	47	32	79	415	392	125	116	540	508	1,048
1	3	13	15	28	152	168	40	39	192	207	399
1	3	17	11	28	123	125	34	39	157	164	321
21	28	109	78	187	932	888	288	278	1,220	1,166	2,386
49		187			1,820		566		2,386		
16	12	42	33	75	248	189	93	90	341	279	620
15	9	39	28	67	292	264	99	98	391	362	753
20	20	45	41	86	278	236	193	174	471	410	881
13	7	36	19	55	212	196	87	93	299	289	588
64	48	162	121	283	1,030	885	472	455	1,502	1,340	2,842
112		283			1,915		927		2,842		
9	5	20	17	37	148	170	83	70	231	240	471
11	3	28	14	42	148	129	61	74	209	203	412
12	11	34	31	65	306	288	136	145	442	433	875
4	8	15	11	26	122	135	54	67	176	202	378
36	27	97	73	170	724	722	334	356	1,058	1,078	2,136
63		170			1,446		690		2,136		
4	3	23	19	42	175	162	38	32	213	194	407
»	1	10	5	15	87	59	10	20	97	79	176
2	3	12	11	23	134	136	38	42	172	178	350
10	7	35	32	67	353	325	113	75	466	400	866
16	14	80	67	147	749	682	199	169	948	851	1,799
30		147			1,431		368		1,799		
214	185	705	517	1.222	5,310	4,917	2,046	2,016	7,356	6,933	14,289

		h. a.					
Report..........	636,384	1,423 00	4,819	4,865	1,839	1,838	6,031
9° Champs-Élysées..........	15,477	111 60	53	59	10	8	62
0° Faubourg-du-Roule..........	25,211	75 60	121	116	34	30	155
1° Madeleine..........	27,202	79 00	142	114	40	28	182
2° Europe..........	38,880	114 80	175	200	56	56	- 231
VIII° arrondissement.....	106,770	381 00	490	489	140	130	630
			979		270		
3° Saint-Georges..........	36,661	71 20	194	162	96	97	
4° Chaussée-d'Antin..........	23,607	55 30	106	106	34	33	
5° Faubourg-Montmartre..........	23,931	42 05	144	121	63	54	
6° Rochechouart..........	36,466	44 45	221	233	114	99	
IX° arrondissement.....	120,665	213 00	665	622	307	280	
			1,287		587		
7° Saint-Vincent-de-Paul..........	41,523	90 40	277	260	93	92	
8° Porte-Saint-Denis..........	29,472	47 20	179	174	65	87	
9° Porte-Saint-Martin..........	40,790	58 20	291	293	122	137	
0° Hôpital-Saint-Louis..........	42,774	90 20	402	430	187	159	
X° arrondissement.....	154,559	286 00	1,149	1,157	467	475	
			2,306		942		
1° Folie-Méricourt..........	52,902	70 15	489	437	180	188	
2° Saint-Ambroise..........	46,250	81 75	428	420	148	152	
3° Roquette..........	70,372	117 20	702	751	269	270	
4° Sainte-Marguerite..........	44,044	91 90	477	422	140	154	
XI° arrondissement.....	213,568	361 00	2,096	2,030	737	759	
			4,126		1,496		
5° Bel-Air..........	10,677	99 00	111	112	27	45	
6° Picpus..........	46,160	183 50	459	480	92	115	
7° Bercy..........	8,815	165 50	112	117	32	20	
8° Quinze-Vingts..........	47,032	120 00	445	448	157	145	
XII° arrondissement.....	112,684	568 00	1,127	1,157	308	325	
			2,284		633		
9° Salpêtrière..........	23,143	116 90	206	190	62	67	
0° Gare..........	38,301	262 20	483	510	133	132	
1° Maison-Blanche..........	33,632	173 80	434	440	351	350	
2° Croulebarbe..........	14,801	72 10	156	144	53	43	
XIII° arrondissement.....	109,877	625 00	1,279	1,284	599	592	
			2,563		1,191		
3° Montparnasse..........	27,513	109 00	237	235	80	99	317
4° Santé..........	9,563	102 15	103	77	26	26	129
5° Petit-Montrouge..........	24,181	105 40	246	242	141	140	387
6° Plaisance..........	50,948	147 45	610	571	208	177	818
XIV° arrondissement.....	112,205	464 00	1,196	1,125	455	442	1,651
			2,321		897		4,2
A reporter..........	1,566,709	4,321 00	12,821	12,449	4,845	4,836	17,666

	[illegible]	706	817	1,222	5,310	4,917	2,046	2,016	7,356	6,933	14,289
	»	2	3	5	53	62	11	8	64	70	124
	6	16	21	37	135	131	36	36	171	167	338
	2	17	9	26	151	121	48	38	199	159	358
	5	25	21	46	191	216	65	61	256	277	533
	13	60	51		530	530	160	143	690	673	1,363
33		114			1,060		303		1,363		
28	11	45	21		211	172	124	108	335	280	615
6	2	14	11		116	115	40	35	156	150	306
19	8	32	13		154	126	82	59	236	185	421
14	19	44	40		252	254	128	118	380	372	752
67	40	138	85		733	667	374	320	1,107	987	2,094
107		220			1,400		694		2,094		
28	11	56	28		310	277	116	103	426	380	806
8	6	22	21		193	189	73	93	266	282	548
15	6	41	24		317	311	137	143	454	454	908
16	20	68	49		456	439	201	179	657	638	1,295
60	43	187	122		1,276	1,236	327	518	1,803	1,754	3,557
103		309			2,512		1,045		3,557		
19	18	67	40		537	459	199	201	736	660	1,396
21	12	65	42		472	450	169	164	641	614	1,255
29	18	86	66		766	799	291	288	1,057	1,087	2,144
21	18	74	41		527	445	161	172	688	617	1,305
83	66	289	189		2,302	2,133	820	825	3,122	2,978	6,100
149		478			4,435		1,645		6,100		
1	5	9	12		119	119	28	50	147	169	316
14	12	88	33		500	501	106	127	606	628	1,234
1	1	13	13		124	129	33	21	157	150	307
24	20	71	47		492	475	181	165	673	640	1,313
40	38	148	105		1,235	1,224	348	363	1,583	1,587	3,170
78		253			2,459		711		3,170		
9	3	28	21		225	208	71	70	296	278	574
9	15	44	46		518	541	142	147	660	688	1,348
23	24	53	52		464	468	374	374	838	842	1,780
5	4	20	14		171	154	58	47	229	201	430
46	46	145	133		1,378	1,371	645	638	2,023	2,009	4,032
92		278			2,749		1,283		4,032		
8	5	30	20		239	250	88	104	347	354	701
4	3	14	11		113	85	30	29	143	114	257
7	17	32	35		271	260	148	137	419	417	836
23	22	91	54		678	603	231	199	909	802	1,711
42	47	167	120		1,321	1,198	497	489	1,818	1,687	3,505
89		287			2,519		986		3,505		
572	478	1,836	1,325	3.161	14,085	13,296	5,417	5,312	19,502	18,608	38,110

Report	1,566,709
57° Saint-Lambert	28,160
58° Necker	37,547
59° Grenelle	34,876
60° Javel	16,887
XV° arrondissement	117,470
61° Auteuil	19,024
62° Muette	23,287
63° Porte-Dauphine	17,462
64° Bassins	28,414
XVI° arrondissement	88,187
65° Ternes	38,254
66° Plaine-Monceau	30,063
67° Batignolles	54,663
68° Épinettes	49,528
XVII° arrondissement	172,508
69° Grandes-Carrières	51,961
70° Clignancourt	92,012
71° Goutte-d'Or	45,065
72° La Chapelle	23,376
XVIII° arrondissement	212,464
73° La Villette	50,882
74° Pont-de-Flandre	13,974
75° Amérique	21,865
76° Combat	40,416
XIX° arrondissement	127,137
77° Belleville	49,482
78° Saint-Fargeau	10,852
79° Père-Lachaise	42,565
80° Charonne	37,331
XX° arrondissement	140,230
Total pour Paris	2,424,705
Mères domiciliées hors Paris (A).	»
Total général	2,424,705

1889 (Population en)	2,260,945
1890	»
1891	2,424,705
1892	»
1893	»
Total	»
Moyenne des 5 années	»

:	4	12	23	24	47	260	254	82	76	342	330	672
4	29	39	165	123	288	1,498	1,391	421	404	1,919	1,795	3,714
	68		288			2,889		825		3,714		
35	5	3	30	29	59	192	187	49	49	241	236	477
17	3	7	15	24	39	190	199	39	45	229	244	473
9	4	3	17	12	29	155	112	34	43	189	155	344
15	5	7	24	22	46	229	209	56	42	285	251	536
7	17	20	86	87	173	766	707	178	179	944	886	1,830
	37		173			1,473		357		1,830		
16	14	11	45	27	72	353	297	122	110	475	407	882
14	3	5	28	19	47	221	202	66	75	287	277	564
30	23	20	62	56	118	509	445	187	195	696	640	1,336
25	28	17	75	52	127	585	513	186	153	771	666	1,437
1	68	53	210	154	364	1,668	1,457	561	533	2,229	1,990	4,219
	121		364			3,125		1,094		4,219		
37	27	23	63	60	123	520	493	229	219	749	712	1,461
73	57	41	152	114	266	1,040	934	427	378	1,467	1,312	2,779
32	23	10	75	42	117	498	470	173	150	671	620	1,291
10	10	6	41	16	57	298	287	76	77	374	364	738
2	117	80	331	232	563	2,356	2,184	905	824	3,261	3,008	6,269
	197		563			4,540		1,729		6,269		
59	28	18	88	67	155	667	630	242	202	909	832	1,741
26	3	6	17	32	49	169	204	48	54	217	258	475
23	12	13	40	36	76	265	209	81	87	346	296	642
50	33	15	75	55	130	484	463	251	263	735	726	1,461
8	76	52	220	190	410	1,585	1,506	622	606	2,207	2,112	4,319
	128		410			3,091		1,228		4,319		
41	28	26	72	67	139	532	506	240	251	772	757	1,529
7	4	1	24	8	32	155	112	50	36	205	148	353
38	33	18	91	56	147	524	477	305	239	829	716	1,545
33	13	16	54	49	103	465	417	200	161	665	608	1,273
9	76	61	241	180	421	1,676	1,512	795	687	2,471	2,229	4,700
	137		421			3,218		1,482		4,700		
8	955	783	3,089	2,204	5,380	23,634	22,083	8,899	8,545	32,533	30,628	63,161
	1,738 (2)		5,380 (3)			45,717		17,444		63,161		
5	51	40	88	75	163	535	516	825	744	1,360	1,260	2,620
1	1,006	823	3,177	2,366	5,543	24,169	22,599	9,724	9,289	33,893	31,888	65,781
	1,829		5,543			46,768		19,013		65,781		
53	783	688	2,472	1,953	4,425	24,472	22,803	9,559	9,185	34,031	31,988	66,019
51	786	664	2,327	1,912	4,239	22,811	21,814	8,695	8,700	31,506	30,514	62,020
79	742	658	2,442	1,937	4,379	24,390	22,792	9,316	8,926	33,706	31,718	65,424
01	732	606	2,365	1,987	4,352	24,022	22,755	9,225	9,006	33,247	31,761	65,008
06	783	630	2,301	1,873	4,176	23,936	22,615	9,412	9,238	33,348	31,853	65,201
22	3,826	3,242	11,907	9,664	21,571	119,631	112,779	46,207	45,055	165,838	157,834	323,672
	765	638	2,381	1,933	4,314	23,926	22,556	9,241	9,011	33,168	31,567	64,734

). Embryons de sexe indéterminé. — (1) Légitimes : 144. — (2) Illégitimes : 46. — (3) Total : 190.

sont suivies de la transcription, sur un registre spécial, du certificat du médecin vérificateur ».

ARRONDISSEMENTS — DOMICILE de la mère	LIEU DE L'ACCOUCHEMENT: A DOMICILE		dans les ÉTABLISSEMENTS dépendant de l'Assistance publique		autres ÉTABLISSEMENTS hospitaliers publics		chez une SAGE-FEMME		dans les ÉTABLISSEMENTS pénitentiaires		AUTRES LIEUX		TOTAUX		
	légitim	illégit.	légit.	illégit.	légit.	illég.	légit.	illégit.	légit.	illég.	légit.	illég.	légitim.	illégit.	totaux
1° Naissances vivantes.															
1er	745	68	79	158	2	1	63	114	»	»	6	1	895	342	1,237
2e	815	108	77	204	2	3	70	114	»	»	8	3	1,002	432	1,434
3e	1,240	171	100	229	6	8	75	179	»	»	7	5	1,428	592	[illegible]
4e	1,435	121	111	214	21	14	107	163	»	»	8	5	1,682	517	[illegible]
5e	1,455	222	187	401	10	33	87	153	»	1	5	5	1,744	815	[illegible]
6e	1,116	93	182	362	3	6	38	163	»	1	»	2	1,339	627	[illegible]
7e	1,121	102	121	156	4	2	60	78	»	»	8	3	1,314	338	[illegible]
8e	786	75	53	105	2	2	134	86	»	»	4	2	979	270	1,249
9e	1,087	141	89	275	15	24	86	144	»	»	10	3	1,287	587	1,874
10e	1,907	274	224	373	17	18	145	274	»	»	13	3	2,306	942	[illegible]
11e	3,525	573	304	366	39	55	242	491	»	2	16	9	4,126	1,496	[illegible]
12e	2,010	234	107	130	35	39	126	226	»	»	6	4	2,284	633	2,917
13e	2,162	318	304	722	12	32	76	115	»	»	9	4	2,563	1,191	3,754
14e	1,910	212	327	490	5	8	74	180	»	1	5	6	2,321	897	[illegible]
15e	2,334	315	245	267	4	10	78	156	»	2	8	7	2,669	757	[illegible]
16e	1,188	109	79	133	1	4	61	73	»	»	8	1	1,337	320	1,657
17e	2,472	293	178	285	8	21	214	365	»	»	10	9	2,882	973	[illegible]
18e	3,461	531	351	485	47	38	301	469	1	»	10	6	4,174	1,532	[illegible]
19e	2,475	458	201	411	9	11	111	212	1	2	12	6	2,809	1,100	[illegible]
20e	2,512	659	297	463	20	21	97	199	»	2	8	1	2,934	1,345	[illegible]
Totaux pour Paris	35,789	5,080	3,616	6,229	262	350	2,245	3,951	2	11	161	85	42,075	15,706	57,781
	40,869		9,845		612		6,196		13		246		57,781		
Hors Paris	»	»	530	843	16	33	393	579	»	3	40	20	979	1,478	2,457
Totaux généraux	35,789	5,080	4,146	7,072	278	383	2,638	4,530	2	14	201	105	43,054	17,184	60,238
	40,869		11,218		661		7,168		16		306		60,238		
2° Mort-nés et embryons.															
1er	57	9	12	8	»	»	1	4	1	1	»	»	71	22	93
2e	89	39	8	26	»	»	2	3	»	»	»	2	99	70	169
3e	98	13	19	31	»	»	3	8	»	»	»	1	120	53	173
4e	123	43	14	27	»	»	»	7	»	»	1	2	138	49	187
5e	135	37	32	50	»	»	3	15	»	1	1	9	171	112	[illegible]
6e	94	14	13	38	»	»	»	10	»	»	»	1	107	63	170
7e	101	12	10	16	»	»	6	2	»	»	»	»	117	30	147
8e	70	18	5	10	»	»	5	5	»	»	1	»	81	33	115
9e	96	51	9	43	»	»	8	13	»	»	»	»	113	107	[illegible]
10e	183	45	16	45	»	»	7	12	»	»	»	1	206	103	309
11e	292	71	28	51	»	»	8	24	»	»	1	3	329	149	478
12e	149	27	14	17	»	»	12	34	»	»	»	»	175	78	253
13e	149	43	36	48	»	»	1	1	»	»	»	»	186	92	278
14e	174	27	21	46	»	»	3	16	»	»	»	»	198	89	[illegible]
15e	184	37	32	24	»	»	3	6	»	»	1	1	220	68	288
16e	131	20	5	11	»	»	»	6	»	»	»	»	136	37	173
17e	217	58	14	33	»	»	12	28	»	»	»	2	243	121	364
18e	317	98	38	70	»	»	11	23	»	1	»	5	366	197	563
19e	243	57	35	57	»	»	3	3	»	»	1	11	282	128	410
20e	236	77	44	54	»	»	4	6	»	»	»	»	284	137	421
Totaux pour Paris	3,138	766	405	705	»	»	92	226	1	3	6	38	3,642	1,738	5,380
	3,904		1,110		»		318		4		44				
Hors Paris	»	»	64	84	»	»	5	6	»	»	3	1	72	91	163
Totaux généraux	3,138	766	469	789	»	»	97	232	1	3	9	39	3,714	1,829	5,543
	3,904		1,238		»		329		4		48				

Naissances et mort-nés selon l'état civil et l'âge de la mère (mères domiciliées à Paris).

AGE DE LA MÈRE	ENFANTS NÉS VIVANTS							MORT-NÉS							TOTAL DES NAISSANCES (mort-nés compris)						TOTAL GÉNÉRAL
	LÉGITIMES		ILLÉGITIMES		TOTAL		TOTAL	LÉGITIMES		ILLÉGITIMES		TOTAL		TOTAL	LÉGITIMES		ILLÉGITIMES		TOTAL		
	M.	F.	M.	F.	M.	F.		M.	F.	M.	F.	M.	F.		M.	F.	M.	F.	M.	F.	
Moins de 15 ans	»	1	6	2	6	3	9	»	»	»	»	»	»	»	»	1	6	2	6	3	9
De 15 à 19 ans	695	735	902	825	1,597	1,560	3,157	74	57	113	82	187	139	326	769	792	1,015	907	1,784	1,699	3,483
De 20 à 24 ans	5,578	5,355	2,875	2,796	8,453	8,151	16,604	501	352	368	283	869	635	1,504	6,079	5,707	3,243	3,079	9,322	8,786	18,108
De 25 à 29 ans	6,786	6,605	1,958	2,061	8,744	8,666	17,410	652	480	229	212	881	692	1,573	7,438	7,085	2,187	2,273	9,625	9,358	18,983
De 30 à 34 ans	4,868	4,648	1,137	1,080	6,005	5,728	11,733	508	340	142	109	650	449	1,099	5,376	4,988	1,279	1,189	6,655	6,177	12,832
De 35 à 39 ans	2,611	2,430	606	539	3,217	2,969	6,186	275	197	47	58	322	255	577	2,886	2,627	653	597	3,539	3,224	6,763
De 40 à 44 ans	857	698	158	152	1,015	850	1,865	103	70	25	14	128	84	212	960	768	183	166	1,143	934	2,077
De 45 à 49 ans	71	56	18	8	92	64	156	11	2	3	1	14	3	17	85	58	21	9	106	67	173
De 50 à 60	3	1	1	»	4	1	5	1	3	»	»	1	3	4	4	4	1	»	5	4	9
Âge inconnu	28	46	283	299	311	345	656	9	7	28	24	37	31	68	37	53	314	323	348	376	724
TOTAUX	21,300	20,375	7,944	7,762	29,444	28,337	57,781	2,134	1,508	955	783	3,089	2,291	5,380	23,634	22,083	8,899	8,545	32,533	30,628	63,161

Durée de la gestation des enfants nés vivants (parents domiciliés à Paris) *selon l'âge de la mère.*

AGE DE LA MÈRE	LÉGITIMES											ILLÉGITIMES											TOTAUX GÉNÉRAUX	
	MOINS DE 8 MOIS			8e MOIS			9e MOIS			DURÉE de la gestation inconnue		MOINS DE 8 MOIS			8e MOIS			9e MOIS			DURÉE de la gestation inconnue			
	M.	F.	T.	M.	F.	T.	masculin	féminin	total	M.	F	M.	F.	T.	M.	F.	T.	masculin	féminin	total	M.	F.	masculin	féminin
Moins de 15 ans	»	»	»	»	»	»	»	1	1	»	»	»	1	1	»	»	»	3	1	4	3	»	6	3
De 15 à 19 ans	22	10	32	30	16	46	623	677	1,300	20	32	33	7	40	37	32	69	757	721	1,478	75	65	1,597	1,560
De 20 à 24 ans	105	45	150	190	88	278	5,091	4,998	10,089	192	224	44	33	77	90	71	161	2,519	2,419	4,938	222	273	8,453	8,451
De 25 à 29 ans	90	45	135	152	84	236	6,319	6,191	12,510	225	285	25	20	45	55	47	102	1,718	1,843	3,561	160	154	8,744	8,666
De 30 à 34 ans	51	29	80	141	49	190	4,479	4,386	8,865	197	184	18	12	30	25	24	49	1,007	951	1,958	87	93	6,005	5,728
De 35 à 39 ans	18	13	31	46	39	85	2,429	2,275	4,704	118	103	3	6	9	18	14	32	550	486	1,036	35	33	3,217	2,969
De 40 à 44 ans	10	4	14	11	8	19	803	659	1,462	33	27	1	1	2	3	4	7	142	140	282	12	7	1,015	850
De 45 à 49 ans	1	»	1	»	2	2	68	51	119	5	3	»	»	»	»	»	»	17	8	25	1	»	92	64
De 50 à ∞	»	»	»	1	»	1	1	1	2	1	»	»	»	»	»	»	»	1	»	1	»	»	5	1
Age inconnu	»	»	»	2	1	3	25	30	64	1	6	4	3	7	8	9	17	230	251	481	44	36	311	315
TOTAUX	297	146	443	573	287	860	19,838	19,278	39,116	792	864	128	83	211	236	201	437	6,944	6,820	13,764	636	658	29,444	28,337

AGE DE LA MÈRE	Mois M.	Mois F.	Mois M.	Mois F.	Mois M.	Mois F.	Mois M.	Mois F.	Mois M.	Mois F.	Mois M.	Mois F.	TOTAL des légitimes	Mois M.	Mois F.	Mois M.	Mois F.	Mois M.	Mois F.	Mois M.	Mois F.	Mois M.	Mois F.	Mois M.	Mois F.	TOTAL des illégitimes	TOTAL GÉNÉRAL
Moins de 15 ans	»	»	»	»	»	»	»	»	»	»	»	»	»	»	»	»	»	»	»	»	»	»	»	»	»	»	»
15 à 19	16	9	5	4	15	12	16	11	9	6	13	15	131	22	16	17	3	21	15	18	20	14	9	21	19	195	326
20 à 24	127	62	31	37	60	47	90	63	62	53	131	90	853	80	38	40	35	18	42	69	62	36	37	93	69	651	1,504
25 à 29	210	35	49	29	58	51	83	71	85	62	164	132	1,132	57	46	17	15	25	35	32	33	38	29	60	52	441	1,573
30 à 34	184	91	29	19	43	38	57	40	62	39	133	113	848	29	21	10	15	29	10	25	20	15	19	34	25	251	1,099
35 à 39	84	44	22	13	14	30	33	39	28	20	94	54	472	9	11	3	4	3	2	12	14	3	9	17	18	105	577
40 à 44	30	8	6	4	3	11	15	8	15	8	34	31	173	7	5	1	1	2	2	6	2	1	1	8	3	39	212
45 à 49	6	»	»	»	»	»	1	»	»	»	4	2	13	1	»	»	»	»	»	»	»	»	1	2	»	4	17
50 et plus	1	»	»	»	»	1	»	»	»	1	»	1	4	»	»	»	»	»	»	»	»	»	»	»	»	»	4
Age inconnu	7	5	»	»	»	»	»	»	»	»	2	2	16	5	3	»	4	11	1	»	1	6	6	6	9	52	68
Total	666	351	143	106	193	190	297	232	262	189	375	437	3,642	210	140	88	76	139	107	162	154	113	111	243	195	1,738	5,380
Parmi les précédents :																											
Avaient respiré	»	»	23	11	50	41	79	71	59	41	101	69	545	»	»	6	4	21	23	43	45	29	25	51	44	291	836
N'avaient pas respiré	665	354	119	95	143	149	218	161	203	148	474	368	3,097	210	140	82	72	118	84	119	109	84	86	192	151	1,447	4,544
Renseignement non fourni	»	»	»	»	»	»	»	»	»	»	»	»	»	»	»	»	»	»	»	»	»	»	»	»	»	»	»
La mère était :																											
Primipare	136	91	44	40	110	71	105	106	85	81	239	177	1,285	99	63	64	46	78	64	86	98	67	63	132	102	957	2,242
Pluripare	480	236	95	64	82	16	185	121	174	95	318	244	2,207	82	57	25	33	57	40	71	54	35	43	97	84	678	2,885
Renseignement non fourni	49	27	3	2	1	3	7	5	6	13	18	16	150	29	18	2	3	4	3	5	2	11	3	14	9	103	253

Enfants légitimes nés vivants par sexe, suivant les âges respe

AGE		DU					
		1 AN		2 ANS		3 ANS	
DU PÈRE	DE LA MÈRE	masculin	féminin	masculin	féminin	masculin	fé
Moins de 25 ans	Moins de 20 ans	72	69	6	4	»	
	De 20 à 24 —	374	347	104	81	29	
	25 à 29 —	119	124	43	52	35	
	30 à 34 —	15	12	16	17	4	
	35 à 39 —	2	1	1	1	1	
	40 et plus	1	»	2	»	»	
		583	**553**	**172**	**155**	**69**	
De 25 à 29 ans	Moins de 20 ans	231	208	29	32	12	
	De 20 à 24 —	608	615	329	344	296	
	25 à 29 —	317	293	374	359	169	
	30 à 34 —	72	59	49	52	52	
	35 à 39 —	28	29	6	4	5	
	40 et plus	1	1	1	2	1	
		1,257	**1,205**	**788**	**793**	**535**	
De 30 à 34 ans	Moins de 20 ans	61	54	18	21	11	
	De 20 à 24 —	109	102	99	88	117	
	25 à 29 —	97	85	108	110	134	
	30 à 34 —	76	62	43	52	56	
	35 à 39 —	19	17	17	19	19	
	40 et plus	1	1	6	11	6	
		363	**321**	**291**	**310**	**343**	
De 35 à 39 ans	Moins de 20 ans	15	13	3	2	1	
	De 20 à 24 —	102	95	85	92	29	
	25 à 29 —	74	81	84	89	71	
	30 à 34 —	81	71	57	62	59	
	35 à 39 —	16	14	44	39	30	
	40 et plus	4	3	5	5	5	
		292	**277**	**278**	**289**	**195**	
De 40 à 44 ans	Moins de 20 ans	1	»	1	»	»	
	De 20 à 24 —	6	4	2	5	1	
	25 à 29 —	8	13	9	13	10	
	30 à 34 —	20	18	18	19	17	
	35 à 39 —	18	20	22	22	18	
	40 et plus	4	5	13	10	8	
		57	**60**	**65**	**69**	**54**	
De 45 à 49 ans	Moins de 20 ans	»	»	»	»	»	
	De 20 à 24 —	3	2	3	2	2	
	25 à 29 —	15	12	17	17	12	
	30 à 34 —	21	17	16	22	13	
	35 à 39 —	19	16	9	7	13	
	40 et plus	2	2	5	6	4	
		60	**49**	**50**	**54**	**44**	
De 50 à 59 ans	Moins de 20 ans	»	»	»	»	»	
	De 20 à 24 —	1	1	1	1	»	
	25 à 29 —	2	3	1	2	1	
	30 à 34 —	2	2	2	2	»	
	35 à 39 —	3	3	2	1	2	
	40 et plus	1	1	1	1	1	
		9	**10**	**7**	**7**	**4**	
60 ans et plus	Moins de 20 ans	»	»	»	»	»	
	De 20 à 24 —	»	»	»	»	»	
	25 à 29 —	1	1	2	1	»	
	30 à 34 —	2	1	2	2	1	
	35 à 39 —	2	2	1	2	2	
	40 et plus	1	2	»	1	2	
		6	**6**	**5**	**6**	**5**	
Age inconnu pour l'un ou l'autre époux		»	»	»	»	»	
	TOTAUX	2,627	2,181	1,656	1,683	1,240	1

»	»	»	»	»	»	»	69	36	147	129	276
»	»	»	»	»	»	»	399	442	933	926	1,850
2	»	»	»	»	»	»	195	180	413	404	847
1	»	»	»	»	»	»	33	28	81	68	169
1	»	»	»	»	»	»	17	26	23	30	53
»	»	»	»	»	»	»	2	3	8	4	9
4	»	»	»	»	»	»	**715**	**735**	**1,602**	**1,561**	**3,188**
»	»	»	»	»	»	»	78	71	352	329	681
164	»	»	»	»	»	»	966	910	2,533	2,431	4,964
297	»	»	»	»	»	»	1,012	918	2,286	2,164	4,450
62	»	»	»	»	»	»	285	307	569	570	1,139
10	»	»	»	»	»	»	38	33	90	84	171
»	»	»	»	»	»	»	5	8	11	18	24
533	»	»	»	»	»	»	**2,384**	**2,277**	**5,841**	**5,588**	**11,429**
»	»	»	»	»	»	»	35	45	128	132	257
259	»	»	»	»	»	»	362	357	1,074	1,002	2,076
697	64	58	»	»	»	»	1,234	1,198	2,460	2,401	4,870
477	298	258	»	»	»	»	762	753	1,791	1,757	3,548
98	126	117	»	»	»	»	442	389	762	682	1,444
3	12	11	»	»	»	»	82	85	116	123	239
1,534	**500**	**444**	»	»	»	»	**2,917**	**2,827**	**6,337**	**6,007**	**12,434**
»	»	»	»	»	»	»	44	43	63	59	122
99	»	»	»	»	»	»	489	441	847	808	1,655
448	54	49	»	»	»	»	488	501	1,225	1,264	2,489
337	241	237	51	41	»	»	532	455	1,396	1,303	2,699
149	129	134	74	61	»	»	78	91	523	500	1,023
15	19	18	24	18	»	»	45	50	129	119	248
[illegible]	**443**	**438**	**149**	**120**	»	»	**676**	**1,584**	**4,183**	**4,063**	**8,246**
»	»	»	»	»	»	»	»	»	2	»	2
5	»	»	»	»	»	»	43	36	59	57	116
45	1	2	»	»	»	»	130	109	244	223	467
74	174	169	28	23	»	»	456	407	834	745	1,579
28	142	124	142	134	»	»	347	303	732	660	1,392
13	26	19	46	33	29	35	117	110	264	239	503
665	**343**	**316**	**216**	**190**	**29**	**35**	**093**	**965**	**2,135**	**1,924**	**4,060**
»	»	»	»	»	»	»	»	»	»	»	»
4	»	»	»	»	»	»	47	52	57	59	116
24	21	17	»	»	»	»	42	37	134	118	252
17	31	27	49	47	»	»	51	62	217	214	431
10	27	24	31	38	5	4	94	104	222	230	452
6	6	7	26	27	18	21	83	68	136	142	298
56	**85**	**75**	**106**	**112**	**23**	**25**	**317**	**323**	**766**	**763**	**1,549**
»	»	»	»	»	»	»	»	»	»	»	»
»	»	»	»	»	»	»	»	»	2	2	4
1	»	»	»	»	»	»	10	8	16	15	31
5	7	3	3	4	»	»	14	11	33	31	64
10	22	17	14	11	16	14	32	26	104	87	191
7	31	24	21	23	18	19	48	38	120	118	247
23	**60**	**44**	**38**	**38**	**34**	**33**	**04**	**83**	**284**	**253**	**537**
»	»	»	»	»	»	»	»	»	»	»	»
»	»	»	»	»	»	»	»	»	»	»	»
»	»	»	»	»	»	»	2	1	5	4	9
»	»	»	»	»	»	»	3	3	8	8	16
2	3	2	1	1	»	»	2	1	13	12	25
»	2	1	1	1	5	4	»	1	12	12	24
2	**5**	**3**	**2**	**2**	**5**	**4**	**7**	**6**	**38**	**36**	**74**
»	»	»	»	»	»	»	294	300	294	300	594
3,304	1,436	1,318	511	462	91	97	9,507	9,100	21,500	20,575	42,075

Moins de 25 ans..	Moins de 20 ans	9	8	11	9	»	1	
	De 20 à 24 —	16	13	29	27	9	6	
	25 à 29 —	2	3	8	4	3	2	
	30 à 34 —	2	»	»	»	»	»	
	35 à 39 —	»	»	»	»	»	»	
	40 et plus	»	»	»	»	»	»	
		29	**24**	**48**	**40**	**12**	**9**	
De 25 à 29 ans..	Moins de 20 ans	13	6	10	40	4	1	
	De 20 à 24 —	58	35	77	61	36	21	
	25 à 29 —	24	17	50	50	30	18	
	30 à 34 —	6	3	17	9	6	4	
	35 à 39 —	»	3	3	1	1	»	
	40 et plus	»	»	1	»	»	»	
		101	**64**	**158**	**161**	**77**	**44**	
De 30 à 34 ans..	Moins de 20 ans	3	1	1	»	»	»	
	De 20 à 24 —	14	8	30	15	22	14	
	25 à 29 —	15	14	20	17	26	14	
	30 à 34 —	8	3	11	12	13	2	
	35 à 39 —	1	»	5	4	3	2	
	40 et plus	»	»	»	»	1	1	
		41	**26**	**67**	**48**	**65**	**33**	
De 35 à 39 ans..	Moins de 20 ans	1	»	»	1	»	»	
	De 20 à 24 —	3	4	5	3	8	4	
	25 à 29 —	5	4	9	7	2	1	
	30 à 34 —	6	3	10	5	5	2	
	35 à 39 —	3	3	5	1	1	1	
	40 et plus	»	»	3	»	»	»	
		18	**14**	**32**	**17**	**16**	**8**	
De 40 à 44 ans..	Moins de 20 ans	»	»	»	»	1	»	
	De 20 à 24 —	»	»	2	»	1	2	
	25 à 29 —	»	1	1	1	2	2	
	30 à 34 —	»	3	2	1	2	2	
	35 à 39 —	1	»	3	3	1	»	
	40 et plus	»	»	»	»	1	»	
		1	**4**	**8**	**5**	**8**	**6**	
De 45 à 49 ans..	Moins de 20 ans	»	»	»	»	»	»	
	De 20 à 24 —	»	1	»	»	»	»	
	25 à 29 —	»	»	»	2	1	1	
	30 à 34 —	»	»	1	3	1	»	
	35 à 39 —	»	»	2	1	1	3	
	40 et plus	»	»	»	»	»	»	
		»	**1**	**3**	**6**	**3**	**4**	
De 50 à 59 ans..	Moins de 20 ans	»	»	»	»	»	»	
	De 20 à 24 —	»	»	1	»	»	»	
	25 à 29 —	»	»	»	»	»	»	
	30 à 34 —	»	1	1	»	1	»	
	35 à 39 —	1	1	»	»	»	»	
	40 et plus	»	»	»	»	2	»	
		1	**2**	**2**	**»**	**3**	**»**	
60 ans et plus...	Moins de 20 ans	»	»	»	»	»	»	
	De 20 à 24 —	»	»	»	»	»	»	
	25 à 29 —	»	»	»	»	»	»	
	30 à 34 —	»	»	»	»	»	»	
	35 à 39 —	»	1	»	»	»	»	
	40 et plus	»	»	»	»	»	»	
		»	**1**	**»**	**»**	**»**	**»**	
	Age inconnu pour l'un ou l'autre époux.	3	1	»	4	1	»	
	Totaux	194	139	316	281	185	104	433

. *durée du mariage* (parents domiciliés à Paris).

MARIAGE														
ANS	5 A 9 ANS		10 A 14 ANS		15 A 19 ANS		20 ANS ET PLUS		DURÉE INCONNUE		TOTAL		
féminin	masculin	féminin	masculin	féminin	masculin	féminin	masculin	féminin	masculin	féminin	masculin	féminin	total
»	»	»	»	»	»	»	»	»	2	2	25	20	45
2	»	1	»	»	»	»	»	»	14	8	70	59	129
»	2	1	»	»	»	»	»	»	3	4	18	16	34
»	»	»	»	»	»	»	»	»	2	»	4	»	4
»	»	»	»	»	»	»	»	»	»	»	»	»	»
»	»	»	»	»	»	»	»	»	»	»	»	»	»
2	**2**	**2**	»	»	»	»	»	»	**21**	**14**	**117**	**95**	**212**
»	»	»	»	»	»	»	»	»	6	4	34	24	58
8	15	12	»	»	»	»	»	»	27	27	254	176	430
16	28	27	2	»	»	»	»	»	26	20	207	164	371
4	11	7	1	2	»	»	»	»	7	3	60	33	93
1	1	1	»	»	»	»	»	»	1	2	7	8	15
»	»	»	»	»	»	»	»	»	»	»	1	»	1
29	**55**	**47**	**3**	**2**	»	»	»	»	**67**	**56**	**563**	**405**	**968**
»	»	»	»	»	»	»	»	»	»	1	4	2	6
12	27	9	»	»	»	»	»	»	13	11	140	81	221
14	123	72	10	14	»	»	»	»	30	25	271	193	464
9	61	34	25	15	2	1	»	»	22	22	162	105	267
2	12	5	6	5	1	2	»	»	2	3	35	24	59
»	»	»	»	»	»	»	»	»	2	»	3	4	7
37	**223**	**120**	**41**	**34**	**3**	**3**	»	»	**69**	**62**	**615**	**409**	**1,024**
»	»	»	»	»	»	»	»	»	1	»	2	1	3
3	2	»	1	»	»	»	»	»	4	2	27	18	45
2	47	33	12	7	»	»	»	»	16	9	96	65	161
4	50	23	70	49	4	2	»	»	21	10	172	101	273
1	24	14	42	28	14	7	»	»	15	9	110	64	174
»	2	4	3	3	3	»	»	»	5	»	18	8	26
10	**125**	**74**	**128**	**87**	**21**	**9**	»	»	**62**	**30**	**425**	**257**	**682**
»	»	»	»	»	»	»	»	»	»	»	1	»	1
2	»	»	»	»	»	»	»	»	»	1	4	5	9
2	15	4	2	»	»	»	1	»	8	1	33	12	45
2	17	9	39	19	9	2	2	1	6	4	80	45	125
3	9	8	22	24	33	24	4	1	7	8	87	74	161
2	4	4	9	9	9	7	8	6	1	5	34	33	67
11	**45**	**25**	**72**	**52**	**51**	**33**	**15**	**8**	**22**	**19**	**239**	**169**	**408**
»	»	»	»	»	»	»	»	»	»	»	»	»	»
»	»	»	»	»	»	»	»	»	»	»	1	1	2
»	3	1	»	»	»	»	»	»	1	»	6	4	10
»	1	4	5	4	5	»	»	2	1	3	16	17	33
2	5	3	16	1	14	9	8	4	4	4	51	33	84
»	1	»	5	»	7	5	15	5	5	2	34	12	46
2	**10**	**8**	**26**	**8**	**26**	**14**	**23**	**11**	**11**	**9**	**108**	**67**	**175**
»	»	»	»	»	»	»	»	»	»	»	1	»	1
1	»	»	»	»	»	»	»	»	»	»	1	1	2
»	3	»	1	»	»	»	»	»	1	2	6	2	8
»	2	»	»	2	»	1	»	»	»	2	5	7	12
1	2	1	4	1	6	3	1	3	2	1	16	11	27
»	1	»	1	1	4	3	8	10	2	6	20	20	40
2	**8**	**1**	**6**	**4**	**10**	**7**	**9**	**13**	**5**	**11**	**49**	**41**	**90**
»	»	»	»	»	»	»	»	»	»	»	»	»	»
»	»	»	»	»	»	»	»	»	»	»	»	»	»
»	»	»	»	»	»	»	»	»	»	»	»	»	»
»	»	»	»	»	»	»	»	»	»	»	»	»	»
1	»	1	2	»	»	»	»	»	»	1	2	4	6
»	»	»	»	»	»	»	»	1	2	»	2	1	3
1	»	**1**	**2**	»	»	»	»	**1**	**2**	**1**	**4**	**5**	**9**
1	»	2	2	1	1	2	»	1	5	48	14	60	74
95	468	280	280	188	112	68	47	34	264	250	2,134	1,508	3,642

[illegible]sses gémellaires légitimes en fonction avec l'âge [illegible] mère et celui du père, avec les combinaisons [illegible]elles et l'état de vie des jumeaux.

AGE DU PÈRE	VIVANTS 2 garçons	VIVANTS 2 filles	VIVANTS 1 garçon et 1 fille	MORT-NÉS 2 garçons	MORT-NÉS 2 filles	MORT-NÉS 1 garçon et 1 fille	VIVANTS ET MORT-NÉS en combinaison 1 vivant masculin et 1 mort-né masculin	1 vivant féminin et 1 mort-né féminin	1 vivant masculin et 1 mort-né féminin	1 vivant féminin et 1 mort-né masculin
[illegible] à 25 ans	»	1	»	»	»	»	»	»	»	»
[illegible] à 35	1	»	»	»	»	1	»	»	»	»
[illegible] à 45	»	»	»	»	»	»	»	»	»	»
[illegible] à 55	»	»	»	»	»	»	»	»	»	»
[illegible] et au-dess.	»	»	»	»	»	»	»	»	»	»
[illegible] inconnu	»	»	»	»	»	»	»	»	»	»
[illegible]otal	1	1	»	»	»	1	»	»	»	»
[illegible] à 25 ans	3	4	1	»	»	1	»	»	»	»
[illegible] à 35	3	6	2	»	»	»	1	»	»	»
[illegible] à 45	»	»	»	»	»	»	»	»	»	»
[illegible] à 55	»	»	»	»	»	»	»	»	»	»
[illegible] au-dess.	»	»	»	»	»	»	»	»	»	»
[illegible] connu	»	»	»	»	»	»	»	»	»	»
[illegible]otal	6	10	3	»	»	1	1	»	»	»
[illegible] à 25 ans	3	4	3	»	»	»	»	»	»	»
[illegible] à 35	13	15	5	»	»	»	1	»	»	»
[illegible] à 45	1	1	»	»	»	»	»	»	»	»
[illegible] à 55	»	»	»	»	»	»	»	»	»	»
[illegible] au-dess.	»	»	»	»	»	»	»	»	»	»
[illegible] inconnu	»	»	»	»	»	»	»	»	»	»
[illegible]otal	17	20	8	»	»	»	1	»	»	»
[illegible] à 25 ans	3	1	5	»	»	»	»	»	»	»
[illegible] à 35	10	19	6	1	»	»	»	1	1	»
[illegible] à 45	5	3	2	»	»	»	»	»	»	»
[illegible] à 55	»	»	»	»	»	»	»	»	»	»
[illegible] au-dess.	»	»	»	»	»	»	»	»	»	»
[illegible] inconnu	»	»	»	»	»	»	»	»	»	»
[illegible]otal	18	23	13	1	»	»	»	1	1	»
[illegible] à 25 ans	3	»	2	»	»	»	»	»	»	»
[illegible] à 35	10	19	17	»	1	»	»	2	1	1
[illegible] à 45	4	3	2	»	»	»	»	»	1	»
[illegible] à 55	»	»	»	»	»	»	»	»	»	»
[illegible] au-dess.	»	»	1	»	»	»	»	»	»	»
[illegible] inconnu	»	»	»	»	»	»	»	»	»	»
[illegible]otal	17	22	22	»	1	»	»	2	2	1
[illegible] à 25 ans	1	»	»	»	»	»	»	»	»	»
[illegible] à 35	14	14	25	1	»	»	»	»	»	»
[illegible] à 45	7	13	9	»	»	»	»	»	»	»
[illegible] à 55	2	3	1	»	»	»	»	»	»	»
[illegible] au-dess.	»	»	»	»	»	»	»	»	»	»
[illegible] inconnu	»	»	»	»	»	»	»	»	»	»
Total	24	30	35	1	»	»	»	»	»	»
[illegible] à 25 ans	1	»	»	»	»	»	»	»	»	»
[illegible]	»	4	3	1	»	»	»	»	»	»
[illegible] à 45	11	13	6	»	»	1	1	»	»	»
[illegible]	1	3	»	1	»	»	»	»	»	»
[illegible] au-dess.	»	»	1	»	»	»	»	»	»	»
[illegible] inconnu	»	»	»	»	»	»	»	»	»	»
Total	13	20	10	2	»	1	1	»	»	»

Grossesses gémellaires légitimes *en fonction avec l'âge de la mère et celui du père, avec les combinaisons sexuelles et l'état de vie des jumeaux* (Suite et fin).

AGE DE LA MÈRE	AGE DU PÈRE	VIVANTS 2 garçons	VIVANTS 2 filles	VIVANTS 1 garçon et 1 fille	MORT-NÉS 2 garçons	MORT-NÉS 2 filles	MORT-NÉS 1 garçon et 1 fille	VIVANTS ET MORT-NÉS en combinaison 1 vivant masculin et 1 mort-né masculin	1 vivant féminin et 1 mort-né féminin	1 vivant masculin et 1 mort-né féminin	1 vivant féminin et 1 mort-né masculin
41 ans et au-dessus.	18 à 25 ans.	»	»	»	»	»	»	»	»	»	»
	26 à 35	»	»	»	»	»	»	»	»	»	»
	36 à 45	2	2	1	»	»	»	»	»	»	»
	46 à 55	»	»	1	»	»	»	»	»	»	»
	56 et au-dess.	»	»	»	»	»	»	»	»	»	»
	Age inconnu.	»	»	»	»	»	»	»	»	»	»
	Total	2	2	2	»	»	»	»	»	»	»
Ensemble.	18 à 25 ans.	»	»	»	»	»	»	»	»	»	»
	26 à 35	»	»	»	»	»	»	»	»	»	»
	36 à 45	»	»	»	»	»	»	»	»	»	»
	46 à 55	»	»	»	»	»	»	»	»	»	»
	56 et au-dess.	»	»	»	»	»	»	»	»	»	»
	Age inconnu.	»	»	»	»	»	»	»	»	»	»
	Total	»	»	»	»	»	»	»	»	»	»
Parents inconnus.		»	»	»	»	»	»	»	»	»	»
Nombre total des grossesses doubles		98	128	93	4	1	3	3	3	3	1

Grossesses gémellaires illégitimes.

Age de la mère		VIVANTS 2 garçons	VIVANTS 2 filles	VIVANTS 1 garçon et 1 fille	MORT-NÉS 2 garçons	MORT-NÉS 2 filles	MORT-NÉS 1 garçon et 1 fille	1 vivant masculin et 1 mort-né masculin	1 vivant féminin et 1 mort-né féminin	1 vivant masculin et 1 mort-né féminin	1 vivant féminin et 1 mort-né masculin
Père inconnu.	15 à 18 ans.	2	1	2	»	»	»	»	»	»	»
	19 à 21	6	6	2	»	»	»	»	»	»	»
	22 à 24	7	5	4	1	»	»	»	»	»	1
	25 à 27	6	6	5	»	1	»	»	1	»	»
	28 à 30	8	7	9	»	»	»	»	»	»	»
	31 à 35	11	5	11	»	»	»	»	»	»	»
	36 à 40	6	1	3	1	»	»	»	»	»	»
	41 et plus	1	1	1	»	»	»	»	»	»	»
	Age inconnu.	1	1	3	»	»	1	»	»	»	»
Total des grossesses doubles illégitimes		48	33	40	2	1	1	»	1	»	1

Une grossesse triple :

Père .... 36 ans } 3 filles mort-nées.
Mère .... 38 ans }

Ensemble :

464 grossesses doubles
et .... 1 grossesse triple.

Total .. 465 grossesses multiples.

1er	35	12	35	9	1	1
2e	38	32	62	37	4	1
3e	37	30	76	21	7	2
4e	43	19	91	28	4	2
5e	61	55	106	37	4	»
6e	51	41	55	21	1	1
7e	47	8	68	22	2	»
8e	38	19	42	12	1	2
9e	50	65	54	41	9	1
10e	60	50	140	48	6	5
11e	84	64	230	75	15	10
12e	31	19	138	52	6	7
13e	46	41	133	46	7	5
14e	48	36	117	50	3	3
15e	63	26	155	40	2	2
16e	23	18	92	17	21	2
17e	74	40	165	75	4	6
18e	90	88	260	101	16	8
19e	70	56	206	70	6	2
20e	85	58	191	76	8	3
Totaux	1,069	777	2,446	898	127	
	1,846		3,344		190	

Totaux : Légitimes : 3,642 — **Illégitimes :** 1,738

…esses gémellaires légitimes *en fonction avec l'âge … la mère et celui du père, avec les combinaisons … uelles et l'état de vie des jumeaux.*

…GE DU PÈRE	Vivants: 2 garçons	Vivants: 2 filles	Vivants: 1 garçon et 1 fille	Mort-nés: 2 garçons	Mort-nés: 2 filles	Mort-nés: 1 garçon et 1 fille	Vivants et mort-nés en combinaison: 1 vivant masculin et 1 mort-né masculin	1 vivant féminin et 1 mort-né féminin	1 vivant masculin et 1 mort-né féminin	1 vivant féminin et 1 mort-né masculin
à 25 ans.	»	1	»	»	»	»	»	»	»	»
à 35.	1	»	»	»	»	1	»	»	»	»
à 45.	»	»	»	»	»	»	»	»	»	»
à 55.	»	»	»	»	»	»	»	»	»	»
et au-dess.	»	»	»	»	»	»	»	»	»	»
inconnu.	»	»	»	»	»	»	»	»	»	»
Total	1	1	»	»	»	1	»	»	»	»
à 25 ans.	3	4	1	»	»	1	»	»	»	»
à 35.	3	6	2	»	»	»	1	»	»	»
à 45.	»	»	»	»	»	»	»	»	»	»
à 55.	»	»	»	»	»	»	»	»	»	»
et au-dess.	»	»	»	»	»	»	»	»	»	»
inconnu.	»	»	»	»	»	»	»	»	»	»
Total	6	10	3	»	»	1	1	»	»	»
à 25 ans.	3	4	3	»	»	»	»	»	»	»
à 35.	13	15	5	»	»	»	1	»	»	»
à 45.	1	1	»	»	»	»	»	»	»	»
à 55.	»	»	»	»	»	»	»	»	»	»
et au-dess.	»	»	»	»	»	»	»	»	»	»
inconnu.	»	»	»	»	»	»	»	»	»	»
Total	17	20	8	»	»	»	1	»	»	»
à 25 ans.	3	1	5	»	»	»	»	»	»	»
à 35.	10	19	6	1	»	»	»	1	1	»
à 45.	5	3	2	»	»	»	»	»	»	»
à 55.	»	»	»	»	»	»	»	»	»	»
et au-dess.	»	»	»	»	»	»	»	»	»	»
inconnu.	»	»	»	»	»	»	»	»	»	»
Total	18	23	13	1	»	»	»	1	1	»
à 25 ans.	3	»	2	»	»	»	»	»	»	»
à 35.	10	19	17	»	1	»	»	2	1	1
à 45.	4	3	2	»	»	»	»	»	1	»
à 55.	»	»	»	»	»	»	»	»	»	»
et au-dess.	»	»	1	»	»	»	»	»	»	»
inconnu.	»	»	»	»	»	»	»	»	»	»
Total	17	22	22	»	1	»	»	2	2	1
à 25 ans.	1	»	»	»	»	»	»	»	»	»
à 35.	14	14	25	1	»	»	»	»	»	»
à 45.	7	13	9	»	»	»	»	»	»	»
à 55.	2	3	1	»	»	»	»	»	»	»
et au-dess.	»	»	»	»	»	»	»	»	»	»
inconnu.	»	»	»	»	»	»	»	»	»	»
Total	24	30	35	1	»	»	»	»	»	»
à 25 ans.	1	»	»	»	»	»	»	»	»	»
à 35.	»	4	3	1	»	»	»	»	»	»
à 45.	11	13	6	»	»	1	1	»	»	»
à 55.	1	3	»	1	»	»	»	»	»	»
et au-dess.	»	»	1	»	»	»	»	»	»	»
inconnu.	»	»	»	»	»	»	»	»	»	»
Total	13	20	10	2	»	1	1	»	»	»

Grossesses gémellaires légitimes *en fonction avec l'âge de la mère et celui du père, avec les combinaisons sexuelles et l'état de vie des jumeaux* (Suite et fin).

Age de la mère	Age du père	Vivants: 2 garçons	Vivants: 2 filles	Vivants: 1 garçon et 1 fille	Mort-nés: 2 garçons	Mort-nés: 2 filles	Mort-nés: 1 garçon et 1 fille	Vivants et mort-nés en combinaison: 1 vivant masculin et 1 mort-né masculin	1 vivant féminin et 1 mort-né féminin	1 vivant masculin et 1 mort-né féminin	1 vivant féminin et 1 mort-né masculin
41 ans et au-dessus.	18 à 25 ans.	»	»	»	»	»	»	»	»	»	»
	26 à 35.	»	»	»	»	»	»	»	»	»	»
	36 à 45.	2	2	1	»	»	»	»	»	»	»
	46 à 55.	»	»	1	»	»	»	»	»	»	»
	56 et au-dess.	»	»	»	»	»	»	»	»	»	»
	Age inconnu.	»	»	»	»	»	»	»	»	»	»
	Total	2	2	2	»	»	»	»	»	»	»
Ensemble.	18 à 25 ans.	»	»	»	»	»	»	»	»	»	»
	26 à 35.	»	»	»	»	»	»	»	»	»	»
	36 à 45.	»	»	»	»	»	»	»	»	»	»
	46 à 55.	»	»	»	»	»	»	»	»	»	»
	56 et au-dess.	»	»	»	»	»	»	»	»	»	»
	Age inconnu.	»	»	»	»	»	»	»	»	»	»
	Total	»	»	»	»	»	»	»	»	»	»
Parents inconnus.		»	»	»	»	»	»	»	»	»	»
Nombre total des grossesses doubles		98	128	93	4	1	3	3	3	3	1

Grossesses gémellaires illégitimes.

Age de la mère		Vivants: 2 garçons	Vivants: 2 filles	Vivants: 1 garçon et 1 fille	Mort-nés: 2 garçons	Mort-nés: 2 filles	Mort-nés: 1 garçon et 1 fille	1 vivant masculin et 1 mort-né masculin	1 vivant féminin et 1 mort-né féminin	1 vivant masculin et 1 mort-né féminin	1 vivant féminin et 1 mort-né masculin
Père inconnu.	15 à 18 ans.	2	1	2	»	»	»	»	»	»	»
	19 à 21.	6	6	2	»	»	»	»	»	»	»
	22 à 24.	7	5	4	1	»	»	»	»	»	1
	25 à 27.	6	6	5	»	1	»	»	1	»	»
	28 à 30.	8	7	9	»	»	»	»	»	»	»
	31 à 35.	11	5	11	»	»	»	»	»	»	»
	36 à 40.	6	1	3	1	»	»	»	»	»	»
	41 et plus.	1	1	1	»	»	»	»	»	»	»
	Age inconnu.	1	1	3	»	»	1	»	»	»	»
Total des grossesses doubles illégitimes		48	33	40	2	1	1	»	1	»	1

Une grossesse triple :

Père.... 36 ans } 3 filles mort-nées.
Mère.... 38 ans }

Ensemble :

464 grossesses doubles
et .... 1 grossesse triple.

Total.. 465 grossesses multiples.

mation d'enfants illégitimes.

ARRONDISSEMENTS	NOMBRE D'ENFANTS ILLÉGITIMES LÉGITIMÉS												PARMI LES ENFANTS LÉGITIMÉS							
													AVAIENT ÉTÉ RECONNUS							
	Moins de 3 mois		De 3 à 5 mois		De 6 à 11 mois		De 1 à 4 ans		De 5 ans et au-delà		TOTAL		Par le père		Par la mère		Par les deux			
	M.	F.	M.	F.	M.	F.	M.	F.	M.	F.	M.	F.	M.	F.	M.	F.	M.	F.	M.	F.
1er	»	4	1	4	1	1	13	13	0	11	24	33	7	4	3	7	3	3	11	
2e	1	2	»	2	3	3	14	14	15	13	33	34	4	6	8	5	5	2	19	
3e	1	8	3	3	6	6	27	32	10	25	56	74	20	22	10	11	1	5	[illegible]	
4e	1	4	3	»	5	1	26	28	22	19	57	59	12	10	10	2	5	2	[illegible]	
5e	6	5	4	3	10	12	41	41	30	25	91	86	27	26	12	12	7	3	[illegible]	
6e	3	2	»	»	2	»	41	41	10	9	56	52	»	»	8	6	13	22	[illegible]	
7e	»	1	»	»	1	3	18	16	8	7	27	27	»	»	»	1	1	2	[illegible]	
8e	1	1	»	2	»	3	10	4	0	10	17	20	4	1	7	3	1	1	[illegible]	
9e	1	3	»	»	4	3	24	15	10	12	39	33	»	»	3	4	1	»	[illegible]	
10e	3	2	6	3	8	9	33	37	32	23	102	74	3	11	24	25	31	13	[illegible]	
11e	5	13	3	8	9	11	102	112	63	72	182	216	42	27	39	64	3	13	[illegible]	
12e	6	11	3	0	2	8	51	40	36	36	98	101	21	23	25	32	17	42	[illegible]	
13e	7	12	6	1	13	9	91	89	64	53	181	164	8	7	88	76	63	47	[illegible]	
14e	4	5	2	3	5	6	36	51	17	29	64	94	2	»	28	29	15	37	[illegible]	
15e	12	12	3	7	7	13	65	57	24	18	111	107	49	35	5	8	4	6	[illegible]	
16e	1	3	1	2	2	5	26	19	15	12	45	41	10	15	1	»	3	»	31	
17e	5	6	3	3	9	8	63	55	55	46	135	118	11	4	13	7	10	9	101	
18e	2	9	4	3	11	9	94	79	51	53	162	133	33	28	7	10	6	6	[illegible]	
19e	6	9	4	3	8	9	60	68	53	46	131	135	32	54	7	12	»	1	72	
20e	11	11	2	3	11	16	112	112	77	68	213	210	37	44	46	54	28	35	[illegible]	
Hors Paris	»	»	»	»	»	»	»	»	»	»	»	»	»	»	»	»	»	»	[illegible]	
Totaux	76	123	48	56	117	135	967	923	616	587	1,824	1,824	362	317	341	369	221	219	[illegible]	[illegible]
	199		104		252		1,890		1,203		3,648		679		710		440		[illegible]	

DÉCÈS

AGES	POPULATION (DÉNOMBREMENT DE 1891)			DÉCÈS			POUR 1,000 INDIVIDUS CHAQUE GROUPE D'AGES combien de décès		
	Masculin	Féminin	Total	Masculin	Féminin	Total	Masculin	Féminin	Total
De 0 à 1 an	15,018	15,128	30,146	3,855	3,308	7,163	257.0	219.0	238.0
De 1 à 4 ans		60,938	120,344	2,502	2,236	4,738	41.8	34.5	39.3
De 5 à 9 ans	76,592	79,341	155,933	534	543	1,077	7.3	6.8	6.8
De 10 à 14 ans	75,694	78,390	154,084	250	251	501	3.3	3.2	3.3
De 15 à 19 ans		98,650	196,018	602	581	1,183	6.2	5.9	6.1
De 20 à 24 ans		132,980	230,984	941	888	1,829	9.6	6.7	7.9
De 25 à 29 ans	131,244	140,803	272,047	1,098	1,111	2,209	8.4	7.9	8.1
De 30 à 34 ans	128,413	127,655	256,068	1,562	1,114	2,676	12.2	8.7	10.5
De 35 à 39 ans	110,877	110,011	220,888	1,696	1,180	2,876	15.4	10.7	13.0
De 40 à 44 ans		95,632	188,171	1,725	1,120	2,845	18.7	11.7	15.1
De 45 à 49 ans	79,374	82,540	161,914	1,767	1,237	3,004	22.4	15.0	18.6
De 50 à 54 ans		67,668	132,102	1,953	1,138	3,091	30.1	17.1	23.4
De 55 à 59 ans		53,318	102,263	1,795	1,318	3,113	36.6	24.8	30.6
De 60 à 64 ans		43,708	80,434	1,667	1,408	3,075	45.5	32.2	38.3
De 65 à 69 ans		30,385	54,580	1,509	1,407	2,916	63.0	46.1	53.2
De 70 à 74 ans	13,596	20,299	33,895	1,245	1,481	2,726	91.6	73.0	80.5
De 75 à 79 ans	6,411	11,397	17,808	821	1,262	2,083	128.0	110.6	117.0
De 80 ans et au-dessus	3,444	6,939	10,383	682	1,291	1,973	198.0	185.8	189.0
Age inconnu		3,447	6,643	72	55	127	20.6	18.1	19.4
Totaux pour Paris	1,165,576	1,259,129	2,424,705	26,276	22,929	49,205	22.6	18.2	20.3 (A)

(A) Ce rapport a été calculé sur 49,205 décès, c'est-à-dire non compris les 2,448 décès de personnes mortes dans les hôpitaux, hospices, etc., et qui n'étaient pas domiciliées à Paris.

ARRONDISSEMENTS — DOMICILE ORDINAIRE du décédé	LIEU DU DÉCÈS					
	A DOMICILE	ÉTABLISSEMENTS dépendant de l'Assistance publique	Autres ÉTABLISSEMENTS hospitaliers civils et publics	ÉTABLISSEMENTS militaires	PRISONS, MORGUE etc.	TOTAL
1er	692	300	3	6	10	1,011
2e	676	323	1	»	9	1,009
3e	1,065	547	1	»	12	1,625
4e	1,128	670	6	7	36	1,847
5e	1,453	798	6	20	20	2,297
6e	1,171	468	7	3	9	1,658
7e	1,156	373	3	66	9	1,607
8e	856	267	»	19	5	1,147
9e	1,200	443	5	2	7	1,657
10e	1,813	839	6	41	33	2,732
11e	3,124	1,425	4	»	21	4,574
12e	1,704	691	19	4	25	2,443
13e	2,026	1,055	14	3	10	3,108
14e	2,138	963	124	»	48	3,273
15e	2,089	792	8	10	16	2,915
16e	1,074	359	4	3	10	1,450
17e	2,361	741	6	»	14	3,122
18e	3,390	1,360	13	2	24	4,789
19e	2,274	890	8	»	22	3,194
20e	2,536	1,107	5	»	21	3,669
Déposés à la Morgue	»	»	»	»	78	78
Total pour Paris	33,926	14,411	243	186	439	49,205
Domicil. hors Paris	»	2,263	31	45	109	2,448
Total général	33,926	16,674	274	231	548	51,653

... et état civil des décédés de moins de 1 an. (Domiciliés à Paris.)

... DES DÉCÉDÉS	LÉGITIMES			ILLÉGITIMES			TOTAL		
	MASCULIN	FÉMININ	TOTAL	MASCULIN	FÉMININ	TOTAL	MASCULIN	FÉMININ	TOTAL
...jours	204	163	367	106	105	211	310	268	578
—	145	117	262	94	83	177	239	200	439
—	220	196	416	165	131	296	385	327	712
—	137	135	272	112	91	203	249	226	475
...mois	519	419	938	318	258	576	837	677	1,514
—	513	456	969	196	207	403	709	663	1,372
—	897	737	1,634	229	210	439	1,126	947	2,073
Total	2,635	2,223	4,858	1,220	1,085	2,305	3,855	3,308	7,163
... sont premier nés	395	228	623	365	205	570	760	433	1,193

... des décès enregistrés à Paris, avec distinction de l'âge, du sexe et de l'état civil. (Domiciliés à Paris.)

	SEXE MASCULIN						SEXE FÉMININ						SEXES ET ÉTATS CIVILS réunis
	CÉLIBATAIRES	MARIÉS	VEUFS	DIVORCÉS	ÉTAT CIVIL inconnu	TOTAL	CÉLIBATAIRES	MARIÉES	VEUVES	DIVORCÉES	ÉTAT CIVIL inconnu	TOTAL	
... an	3,855	»	»	»	»	3,855	3,308	»	»	»	»	3,308	7,163
... ans	2,502	»	»	»	»	2,502	2,236	»	»	»	»	2,236	4,738
—	534	»	»	»	»	534	543	»	»	»	»	543	1,077
—	250	»	»	»	»	250	251	»	»	»	»	251	501
—	602	»	»	»	»	602	535	45	1	»	»	581	1,183
—	849	86	3	»	3	941	570	299	11	2	6	888	1,829
—	675	396	10	1	16	1,098	438	504	42	7	10	1,111	2,209
—	689	786	57	6	25	1,562	352	675	66	7	14	1,114	2,676
—	478	1,100	77	7	34	1,696	253	752	153	11	11	1,180	2,876
—	438	1,127	119	11	30	1,725	240	671	179	13	17	1,120	2,845
—	388	1,143	199	8	29	1,767	220	691	310	9	7	1,237	3,004
—	368	1,277	255	8	45	1,953	167	590	367	6	8	1,138	3,091
—	302	1,170	284	4	35	1,795	193	619	486	9	11	1,318	3,113
—	230	1,030	365	7	35	1,667	199	522	672	2	13	1,408	3,075
—	161	888	425	6	29	1,509	178	397	820	2	10	1,407	2,916
—	151	647	442	»	15	1,255	209	291	969	1	11	1,481	2,726
—	76	366	366	1	12	821	142	152	957	1	10	1,262	2,083
...ans	41	223	405	2	11	682	169	77	1,037	1	7	1,291	1,973
...n...	12	24	4	»	32	72	8	16	18	1	12	55	127
...x...	12,591	10,262	3,011	64	351	26,276	10,231	6,391	6,088	72	147	22,929	49,205

		h. a.								
1er Saint-Germain-l'Auxerrois	9,120	93 55	3	6	9	1	3	4	4	9
2e Halles	30,065	44 00	27	25	32	11	13	24	28	[illegible]
3e Palais-Royal	14,385	28 65	2	6	8	»	3	3	2	9
4e Place-Vendôme	14,218	27 00	4	4	8	2	3	5	6	7
Ier arrondissement.	67,788	193 20	36	41	77	14	22	36	40	[illegible]
5e Gaillon	8,998	19 20	1	»	1	1	2	3	2	2
6e Vivienne	12,146	23 30	7	4	11	5	3	6	12	7
7e Mail	18,742	27 00	16	16	22	4	7	11	20	[illegible]
8e Bonne-Nouvelle	30,041	28 00	25	18	43	16	8	24	44	[illegible]
IIe arrondissement.	69,927	97 50	49	38	77	26	20	44	78	[illegible]
9e Arts-et-Métiers	24,478	30 65	21	15	36	6	8	14	27	[illegible]
10e Enfants-Rouges	21,082	27 85	20	14	34	16	11	27	28	[illegible]
11e Archives	21,115	36 00	12	15	27	3	»	3	15	[illegible]
12e Sainte-Avoie	22,005	21 50	23	16	39	17	9	26	30	[illegible]
IIIe arrondissement.	88,680	116 00	76	60	136	42	28	70	110	[illegible]
13e Saint-Merri	24,864	32 00	23	15	38	15	11	26	38	[illegible]
14e Saint-Gervais	41,263	40 85	57	39	96	14	14	28	71	[illegible]
15e Arsenal	18,715	48 15	10	8	18	3	7	10	13	[illegible]
16e Notre-Dame	13,792	33 50	10	5	15	2	2	4	12	7
IVe arrondissement.	98,634	154 50	100	67	167	34	34	68	134	[illegible]
17e Saint-Victor	27,046	59 70	24	16	40	11	9	20	35	[illegible]
18e Jardin-des-Plantes	27,092	80 00	36	22	58	11	7	18	67	[illegible]
19e Val-de-Grâce	33,365	67 00	23	19	42	11	16	27	36	[illegible]
20e Sorbonne	29,050	42 30	27	18	45	12	15	27	30	[illegible]
Ve arrondissement.	116,553	249 00	110	75	185	45	47	92	166	[illegible]
21e Monnaie	18,247	28 80	19	11	30	7	9	16	28	[illegible]
22e Odéon	21,670	70 20	12	6	18	6	6	12	18	[illegible]
23e Notre-Dame-des-Champs	43,167	84 40	17	28	45	7	9	16	26	[illegible]
24e Saint-Germain-des-Prés	15,929	27 60	7	12	19	7	5	12	14	[illegible]
VIe arrondissement.	99,013	211 00	55	57	112	27	29	56	86	[illegible]
25e Saint-Thomas-d'Aquin	28,681	78 00	22	9	31	2	1	3	24	[illegible]
26e Invalides	14,348	107 00	3	4	7	1	2	3	4	[illegible]
27e École-Militaire	19,636	82 00	8	6	14	2	7	9	10	[illegible]
28e Gros-Caillou	32,821	136 00	38	20	58	17	5	22	55	[illegible]
VIIe arrondissement.	95,486	403 00	71	39	110	22	15	37	93	[illegible]
29e Champs-Élysées	15,477	111 60	2	2	4	»	»	»	2	[illegible]
30e Faubourg-du-Roule	23,211	73 60	6	5	11	1	3	4	7	[illegible]
31e Madeleine	27,202	79 00	7	8	15	2	4	6	9	[illegible]
32e Europe	38,880	116 80	8	7	15	9	3	12	17	[illegible]
VIIIe arrondissement.	104,770	381 00	23	22	45	12	10	22	35	[illegible]
33e Saint-Georges	36,661	71 20	12	5	17	8	5	13	20	[illegible]
34e Chaussée-d'Antin	23,607	53 30	11	4	15	2	2	4	13	[illegible]
35e Faubourg-Montmartre	23,931	42 05	6	6	12	3	4	9	11	[illegible]
36e Rochechouart	36,466	44 45	17	25	42	15	10	25	33	[illegible]
IXe arrondissement.	120,665	211 00	46	40	86	30	21	51	78	[illegible]
37e Saint-Vincent-de-Paul	41,583	90 40	21	23	44	11	9	20	32	[illegible]
38e Porte-Saint-Denis	29,472	47 20	14	7	21	7	5	12	24	[illegible]
39e Porte-Saint-Martin	40,790	58 20	27	23	50	17	12	29	44	[illegible]
40e Hôpital-Saint-Louis	42,774	90 20	50	40	90	22	23	45	78	[illegible]
Xe arrondissement.	154,569	286 00	112	93	205	57	49	106	180	[illegible]
41e Folie-Méricourt	52,902	70 15	71	63	134	44	24	65	112	[illegible]
42e Saint-Ambroise	46,250	81 75	43	35	78	17	16	33	60	[illegible]
43e La Roquette	70,372	117 20	95	83	178	46	48	94	144	[illegible]
44e Sainte-Marguerite	44,044	91 90	53	38	91	20	27	47	78	[illegible]
XIe arrondissement.	213,568	361 00	262	219	481	124	115	239	386	[illegible]
A reporter	1,331,942	2,664 00	940	751	1,691	433	390	823	1,373	[illegible]

Total

7	17	16	33	42	44	56	26	16	42	97	60	157	172
29	74	69	143	104	46	147	55	57	112	304	212	517	182
8	44	20	31	33	18	51	33	20	53	90	73	163	112
7	20	12	32	23	18	41	16	29	55	71	73	144	102
51	**122**	**117**	**239**	**199**	**96**	**295**	**130**	**122**	**262**	**562**	**449**	**,011**	**149**
7	15	5	20	15	8	23	11	16	27	46	39	85	95
15	15	11	26	22	13	35	24	20	44	85	58	143	118
22	33	26	59	31	44	92	32	34	66	158	145	303	162
20	73	55	130	71	39	110	45	58	103	273	205	478	159
64	**138**	**97**	**235**	**159**	**104**	**260**	**112**	**128**	**240**	**562**	**447**	**,009**	**145**
22	49	38	87	89	32	121	47	59	106	238	172	410	167
21	40	34	74	67	39	106	45	63	108	213	189	402	191
27	30	32	62	74	35	109	52	47	99	202	163	365	173
27	62	42	104	85	40	125	41	51	92	262	180	448	204
97	**181**	**146**	**327**	**315**	**146**	**461**	**185**	**220**	**405**	**915**	**710**	**,625**	**183**
16	82	54	136	114	46	160	55	51	106	314	205	519	209
28	101	70	171	108	89	197	106	96	202	436	351	787	191
15	19	32	51	40	27	67	41	62	103	134	155	289	154
15	29	19	48	48	29	77	38	31	69	148	104	252	183
74	**231**	**175**	**406**	**310**	**191**	**501**	**240**	**240**	**480**	**,032**	**815**	**,847**	**188**
24	63	40	103	105	57	162	69	71	140	310	223	533	198
30	56	55	111	85	44	129	69	73	142	297	215	512	200
33	75	54	129	76	63	139	95	140	235	318	311	629	198
28	87	52	139	107	73	180	59	57	116	320	241	561	193
15	**281**	**201**	**482**	**373**	**237**	**610**	**292**	**341**	**633**	**,245**	**,052**	**2,297**	**196**
25	43	37	82	32	38	90	41	52	93	102	167	339	197
21	34	33	67	46	41	87	46	50	96	164	156	320	147
38	54	75	129	73	74	147	137	164	301	330	380	710	165
17	26	25	51	46	23	69	41	48	89	146	123	269	169
01	**159**	**170**	**329**	**217**	**176**	**393**	**265**	**314**	**579**	**832**	**828**	**658**	**168**
22	44	31	75	72	52	124	100	77	177	259	183	444	155
5	20	8	28	20	15	35	51	35	86	101	73	174	120
21	83	31	114	31	22	53	69	69	138	213	165	378	103
30	64	54	118	102	72	174	66	95	162	328	283	611	187
75	**211**	**124**	**335**	**225**	**161**	**386**	**288**	**277**	**569**	**901**	**706**	**,607**	**168**
5	12	11	23	26	17	43	17	18	35	61	53	114	74
14	19	25	44	31	39	70	50	69	119	110	156	272	108
15	37	33	70	41	45	86	62	65	127	166	169	335	123
26	40	43	83	58	53	111	84	86	170	210	210	420	110
58	**108**	**112**	**220**	**156**	**154**	**310**	**213**	**238**	**451**	**559**	**586**	**,147**	**107**
20	47	60	107	79	63	142	91	100	191	256	257	513	144
17	34	21	55	49	32	81	52	43	95	165	118	283	120
19	40	26	66	55	34	90	39	39	78	160	123	283	118
30	61	56	117	92	61	153	73	93	166	390	279	578	167
86	**182**	**163**	**345**	**276**	**190**	**465**	**255**	**275**	**530**	**880**	**777**	**,657**	**137**
30	71	69	140	105	64	169	120	118	217	384	318	702	169
14	32	38	70	71	50	121	60	63	123	205	184	386	131
33	107	66	173	120	83	203	79	108	187	391	328	719	176
39	115	84	199	141	91	232	109	110	219	545	440	925	210
116	**325**	**257**	**582**	**437**	**288**	**725**	**377**	**399**	**776**	**1,495**	**1,237**	**2,732**	**177**
40	145	95	240	177	120	297	146	123	239	630	507	1,137	215
43	104	79	183	164	94	255	102	123	225	496	446	912	192
85	179	133	312	239	139	398	148	157	305	858	713	1,571	223
71	108	76	184	178	77	255	106	93	199	554	400	954	217
243	**535**	**333**	**919**	**758**	**447**	**1,205**	**472**	**496**	**968**	**2,538**	**2,036**	**4,574**	**214**
1,088	2,474	1,945	4,419	3,424	2,187	5,611	2,827	3,050	5,877	11,521	9,613	21,161	»

		h. a.							
Report..........	1 331 943	2,664 00	940	751	1,691	433	390	822	1,373
45ᵉ Bel-Air..........	10,677	99 00	19	10	29	2	3	5	21
46ᵉ Picpus..........	46,160	183 50	61	56	117	15	22	37	76
47ᵉ Bercy..........	8,815	165 50	9	18	27	5	1	6	14
48ᵉ Quinze-Vingts..........	47,032	120 00	52	37	89	19	19	28	71
XIIᵉ arrondissement.	112,684	568 00	141	121	262	41	45	76	182
49ᵉ Salpêtrière..........	23,143	116 90	28	19	47	15	9	24	43
50ᵉ Gare..........	28,301	262 20	67	73	140	22	17	39	89
51ᵉ Maison-Blanche..........	33,632	173 80	59	55	114	38	34	69	97
52ᵉ Croulebarbe..........	14,801	72 10	34	17	48	12	14	26	43
XIIIᵉ arrondissement.	99,877	625 00	185	164	349	87	71	158	272
53ᵉ Montparnasse..........	27,513	109 00	57	50	107	123	108	234	180
54ᵉ Santé..........	9,563	102 15	15	6	21	6	3	9	21
55ᵉ Petit-Montrouge..........	24,181	105 40	25	30	55	17	5	22	42
56ᵉ Plaisance..........	50,948	147 45	66	69	135	35	27	62	104
XIVᵉ arrondissement.	112,205	464 00	163	155	318	181	143	324	347
57ᵉ Saint-Lambert..........	28,160	239 00	52	39	91	15	13	28	67
58ᵉ Necker..........	37,547	154 00	52	53	105	18	13	31	70
59ᵉ Grenelle..........	34,876	150 00	50	51	101	23	14	37	73
60ᵉ Javel..........	16,887	178 00	44	45	86	13	7	20	54
XVᵉ arrondissement.	117,470	721 00	198	188	383	69	47	116	264
61ᵉ Auteuil..........	19,024	249 00	15	15	30	7	5	12	22
62ᵉ Muette..........	23,287	167 35	12	14	26	4	3	7	16
63ᵉ Porte-Dauphine..........	17,462	144 65	16	7	23	5	4	9	21
64ᵉ Bassins..........	28,414	148 20	15	8	23	3	6	9	18
XVIᵉ arrondissement.	88,187	709 00	58	44	102	19	18	37	77
65ᵉ Ternes..........	38,254	109 65	31	26	57	8	13	21	39
66ᵉ Plaine-Monceau..........	30,063	121 45	17	17	34	7	7	14	24
67ᵉ Batignolles..........	54,663	111 60	50	33	83	23	11	34	73
68ᵉ Épinettes..........	49,528	102 30	74	63	137	20	21	41	94
XVIIᵉ arrondissement.	172,508	445 00	172	139	311	58	52	110	230
69ᵉ Grandes-Carrières..........	51,981	167 35	80	61	141	34	26	60	114
70ᵉ Clignancourt..........	92,042	148 45	129	93	222	54	38	92	183
71ᵉ Goutte-d'Or..........	45,065	95 00	53	44	97	14	19	33	67
72ᵉ La Chapelle..........	23,376	108 20	25	24	49	18	13	34	43
XVIIIᵉ arrondissement.	212,464	519 00	287	222	509	120	96	228	407
73ᵉ La Villette..........	50,882	125 30	94	91	185	38	38	76	132
74ᵉ Pont-de-Flandre..........	13,974	170 60	33	30	63	8	4	12	41
75ᵉ Amérique..........	21,865	143 70	30	45	75	16	11	27	46
76ᵉ Combat..........	40,416	126 40	61	67	128	38	58	96	99
XIXᵉ arrondissement.	127,137	566 00	218	233	451	100	111	211	318
77ᵉ Belleville..........	49,482	82 40	86	70	136	30	43	73	126
78ᵉ Saint-Fargeau..........	10,852	115 60	26	17	43	8	3	11	34
79ᵉ Père-Lachaise..........	42,565	162 20	96	70	166	42	39	81	138
80ᵉ Charonne..........	37,331	161 40	68	49	117	32	27	56	100
XXᵉ arrondissement.	140,230	521 60	276	206	482	112	112	224	398
Inconnus déposés à la Morgue......	»	»	»	»	»	»	»	»	»
Total pour Paris..........	2 424 705	7,802 00	2,635	2,223	4,858	1,220	1,065	2,305	3,855
Domiciliés hors Paris..........	»	»	86	44	130	63	61	104	149
Total général..........	»	»	2,721	2,267	4,988	1,283	1,126	2,409	4,004
Rappel des cinq années précédentes (domiciliés à Paris). 1889....	2 260 945	7,802 00	3,281	2,707	5,988	1,308	1,122	2,430	[illegible]
1890....	»	»	3,319	2,519	5,838	1,328	1,205	2,533	[illegible]
1891....	2 424 705	»	3,129	2,468	5,597	1,202	1,127	2,329	[illegible]
1892....	»	»	3,222	2,762	5,984	1,364	1,214	2,578	[illegible]
1893....	»	»	2,918	2,444	5,362	1,358	1,173	2,531	4,276

…rondissements. (Suite et fin.)

5 à 19 ans Féminin	5 à 19 ans Total	De 20 à 39 ans Masculin	De 20 à 39 ans Féminin	De 20 à 39 ans Total	De 40 à 59 ans Masculin	De 40 à 59 ans Féminin	De 40 à 59 ans Total	60 ans et au-dessus Masculin	60 ans et au-dessus Féminin	60 ans et au-dessus Total	Total général Masculin	Total général Féminin	Total général Total	Pour 10,000 habitants combien de décès ?
340	1,088	2,474	1,975	4,449	3,424	2,187	5,611	2,827	3,050	5,877	11,521	9,643	21,164	»
10	18	21	17	38	31	17	48	31	34	65	118	106	224	209
27	74	116	81	197	123	99	222	151	176	327	570	533	1,103	224
3	9	20	14	34	35	18	53	26	14	40	112	77	189	214
25	56	129	73	202	142	93	235	105	105	210	530	397	927	197
77	157	286	182	468	331	227	558	313	329	642	1,330	1,113	2,443	216
23	36	47	69	116	63	107	170	48	434	482	230	687	917	397
20	42	91	68	159	120	69	189	110	84	194	484	394	878	290
29	59	72	65	137	101	74	175	102	111	213	465	422	887	264
14	27	36	55	91	39	70	109	41	47	88	189	237	426	288
86	164	246	257	503	323	320	643	301	673	974	1,368	1,740	3,108	283
19	45	62	53	115	91	45	136	60	80	140	495	420	915	333
9	15	44	23	67	64	45	109	39	48	87	191	141	332	347
10	29	38	39	77	67	54	121	78	109	187	264	202	466	217
50	107	176	142	318	210	146	356	171	193	364	794	706	1,500	294
77	196	320	257	577	432	290	722	348	430	778	1,744	1,529	3,273	292
32	63	49	47	96	79	75	154	64	83	147	318	329	647	229
21	38	105	103	208	143	88	231	103	115	218	521	443	964	257
23	42	95	65	160	118	92	210	83	100	183	415	387	802	230
11	24	46	35	81	59	38	97	80	61	141	277	225	502	297
87	167	295	250	546	399	293	692	330	359	689	1,531	1,384	2,915	246
4	10	36	28	64	59	44	103	72	107	179	212	217	429	226
13	25	25	32	57	51	28	79	66	88	154	181	190	371	159
9	17	20	28	48	49	21	70	42	56	98	151	132	283	162
12	22	37	42	79	65	25	90	71	56	127	211	156	367	129
38	[illegible]	118	130	248	224	118	342	251	307	558	755	695	1,450	184
9	18	67	64	131	101	57	158	95	118	213	340	312	652	170
17	32	44	35	79	36	31	107	57	65	122	210	200	410	137
24	53	87	65	152	134	111	245	125	198	323	473	470	943	172
39	76	109	106	215	130	129	259	127	155	282	551	566	1,117	226
89	180	307	270	577	521	348	769	404	536	940	1,574	1,548	3,122	181
34	72	110	102	212	177	113	290	128	126	254	639	538	1,177	227
76	154	204	227	428	297	199	496	205	249	454	1,129	1,022	2,151	234
21	56	108	94	202	166	97	263	101	104	205	541	434	975	216
17	35	55	39	94	84	42	126	50	38	88	287	199	486	208
146	317	474	462	936	724	451	1,175	484	517	1,001	2,596	2,193	4,789	225
46	79	135	82	217	160	107	267	124	113	237	677	564	1,241	244
9	18	36	26	62	43	30	73	28	19	47	183	148	331	236
17	27	48	37	85	75	54	129	56	82	138	274	276	550	231
29	56	121	80	201	140	86	226	122	115	237	575	497	1,072	265
101	180	340	225	565	418	277	695	330	329	659	1,709	1,485	3,194	251
32	74	150	117	267	189	107	296	150	133	283	742	572	1,314	265
7	9	29	17	46	34	20	54	35	46	81	154	124	278	256
35	69	138	82	220	153	93	246	102	98	200	643	467	1,110	260
34	57	103	84	187	142	78	220	111	94	205	534	413	967	230
108	209	420	300	720	518	298	816	398	361	759	2,093	1,576	3,669	264
1	3	17	15	32	26	4	30	10	3	13	55	23	78	»
[illegible]	2,764	5,297	4,293	9,590	7,240	4,813	12,053	5,906	6,904	12,900	26,276	22,929	49,205	203
71	177	378	295	673	429	248	677	269	168	437	1,458	990	2,448	»
1,446	2,938	5,675	4,588	10,263	7,669	5,061	12,730	6,265	7,072	13,337	27,734	23,919	(A)51,653	»
1,872	3,020	5,720	4,479	10,199	7,410	4,775	12,185	6,570	7,430	14,000	28,995	25,088	54,083	239
1,807	3,168	5,688	4,642	10,330	7,212	4,783	11,995	6,435	7,571	14,006	28,892	25,674	54,566	241
[illegible]	2,881	5,464	4,335	9,799	7,021	4,849	11,870	6,542	7,588	14,130	27,670	24,592	52,262	216
[illegible]	3,128	5,475	4,621	10,096	7,363	4,908	12,471	6,591	7,890	14,481	28,748	25,788	54,536	225
[illegible]	3,005	5,344	4,474	9,818	7,493	5,048	12,541	6,528	8,017	14,545	27,804	25,154	52,958	218

…ns ce total de 51,653 décès, sont compris 231 décédés dans les hôpitaux militaires.

8 Bonne-Nouv..	[illegible]	[illegible]	[illegible]	[illegible]	[illegible]	[illegible]	[illegible]	[illegible]	[illegible]	[illegible]	[illegible]	[illegible]	[illegible]	[illegible]	[illegible]	[illegible]	[illegible]	[illegible]	[illegible]	[illegible]	[illegible]	
2e arrond.	21	3	11	1	7	13	4	186	8	29	47	47	44	6	89	19	29	72	50	1	4	
9 Arts-et-Métiers	9	»	3	»	1	9	3	87	2	8	16	12	23	2	25	7	20	25	14	1	»	
10 Enf.-Rouges..	5	1	7	2	3	7	1	92	2	10	16	14	15	3	25	9	11	18	15	1	2	
11 Archives.....	7	3	8	1	3	10	2	75	3	8	12	13	18	2	28	4	11	20	5	1	3	
12 Sainte-Avoie..	5	»	9	1	5	9	2	108	3	14	17	6	17	2	28	13	16	26	24	1	»	
3e arrond.	26	4	27	4	12	35	8	362	12	37	61	45	73	10	106	33	58	96	58	4	5	1
13 Saint-Merri...	3	2	13	1	»	5	»	151	10	17	28	10	24	2	23	15	24	25	19	2	3	
14 Saint-Gervais.	9	3	21	4	4	10	2	172	10	22	42	24	40	6	42	11	23	62	33	1	»	
15 Arsenal......	1	»	5	2	1	7	3	52	1	5	20	11	19	2	27	1	7	28	5	»	»	
16 Notre-Dame..	3	1	3	1	»	3	3	42	5	4	9	7	27	2	17	1	4	24	5	2	2	
4e arrond.	16	7	42	8	5	25	8	417	26	48	99	52	110	12	109	28	55	139	62	5	5	1
17 Saint-Victor..	6	»	10	»	2	12	3	116	19	15	35	3	25	4	29	12	28	54	21	»	2	1
18 Jard.-d-Plant.	16	1	17	2	3	4	3	119	13	8	25	6	39	2	36	23	11	73	18	6	»	1
19 Val-de-Grâce..	9	»	21	1	2	3	3	135	8	13	34	14	34	5	38	11	14	66	29	4	3	[illegible]
20 Sorbonne.....	8	2	7	1	»	5	8	146	13	18	32	6	27	5	28	7	8	41	22	4	»	[illegible]
5e arrond.	38	3	55	4	7	25	17	516	53	54	126	29	125	16	131	53	61	234	90	14	5	10
21 Monnaie.....	3	3	1	2	2	8	3	64	7	15	12	7	14	2	18	6	17	24	15	»	3	4
22 Odéon.......	8	1	8	»	1	5	5	68	7	5	19	5	25	1	18	3	1	22	6	1	1	4
23 N.-D.-d-Cham.	11	1	12	2	2	9	4	134	4	7	53	18	24	6	47	18	16	64	20	2	1	[illegible]
24 St-G.-d-Prés..	3	»	2	1	1	3	1	50	4	5	15	6	18	5	16	6	2	17	11	»	1	[illegible]
6e arrond.	25	5	23	5	6	25	13	316	22	32	99	36	81	14	99	33	36	127	52	3	6	15
25 St-Thom.-d'Aq.	6	»	3	»	2	4	8	65	8	4	51	5	19	3	29	7	7	27	8	1	2	1
26 Invalides.....	2	»	2	»	»	2	3	21	2	4	9	»	19	2	9	3	5	9	5	1	»	[illegible]
27 École militaire	31	»	9	5	1	7	4	53	12	9	24	3	25	6	25	4	10	24	5	1	»	[illegible]
28 Gros-Caillou...	14	2	15	1	3	11	4	117	12	16	40	9	29	2	42	13	17	46	35	3	»	1
7e arrond.	53	2	29	6	6	24	19	256	34	33	124	17	92	13	105	27	39	106	53	6	2	4
29 Ch.-Élysées...	6	»	1	1	»	1	2	13	1	3	8	3	11	»	12	»	1	12	1	»	»	1
30 Faub.-d-Roule	3	1	2	»	»	1	1	26	5	4	8	7	19	4	28	5	9	23	4	1	»	[illegible]
31 Madeleine....	12	2	4	»	»	7	6	38	1	2	22	10	14	»	29	1	9	37	1	»	2	[illegible]
32 Europe.......	6	»	1	3	»	2	3	46	4	10	22	11	16	2	35	2	10	34	5	1	1	3
8e arrond.	28	3	8	4	»	11	12	123	11	19	60	31	60	6	104	8	29	106	11	2	3	1
33 Saint-Georges.	5	»	8	1	»	6	3	75	4	11	27	11	20	2	40	8	19	35	14	1	3	1
34 Ch.-d'Antin...	8	»	1	1	»	3	1	33	1	3	14	9	23	1	14	5	13	29	6	»	2	1
35 Faub.-Montm.	7	4	»	1	1	5	2	44	2	5	16	9	11	4	16	3	14	33	10	»	3	[illegible]
36 Rochechouart.	9	1	11	3	2	13	3	112	2	13	28	25	32	2	36	15	11	39	13	3	3	4
9e arrond.	29	6	17	6	3	27	9	264	9	32	85	54	86	9	106	31	57	136	43	4	11	12
37 St-Vin.-d-Paul	12	»	6	4	5	12	3	100	4	8	46	26	49	2	57	11	37	56	23	5	2	4
38 Porte-St-Denis	6	1	2	1	3	5	6	70	4	13	20	11	24	2	30	4	15	24	13	»	5	1
39 P.-St-Martin..	20	»	8	5	1	11	2	143	7	18	43	20	40	4	38	14	23	54	23	2	2	
40 Hôp.-St-Louis.	6	6	16	»	7	28	2	199	6	25	47	37	42	3	43	11	35	62	41	5	3	
10e arrond.	45	7	32	10	16	56	13	512	21	64	156	94	155	13	168	40	110	196	100	12	12	13
41 Folie-Méric...	16	1	27	3	7	19	4	249	9	36	61	47	43	7	54	16	33	88	86	6	2	
42 St-Ambroise..	19	5	23	2	7	19	»	198	23	32	48	14	30	6	71	24	29	55	41	6	1	
43 Roquette.....	14	4	36	3	11	42	2	352	36	58	69	52	62	11	75	34	45	131	103	2	3	
44 Ste-Marguerite	16	4	29	5	4	20	6	232	8	29	36	49	32	6	75	19	29	60	50	9	1	
11e arrond.	65	14	115	13	29	100	12	1031	76	155	214	162	167	30	275	93	136	334	280	23	7	13
A reporter...	363	55	368	64	96	360	121	1471	289	531	1116	581	1059	134	1350	381	639	1627	836	76	62	113

	534	1144	581	1039	134	1330	381	639	1687	836	70	62	13	344
	6	18	6	12	4	15	3	4	16	13	[illegible]	1	3	3
	31	62	18	47	26	71	25	22	77	44	8	[illegible]	10	[illegible]
	5	11	4	4	3	9	3	5	11	12	[illegible]	[illegible]	2	[illegible]
	35	34	25	37	7	66	19	22	64	44	[illegible]	1	6	20
8	86	122	58	100	40	161	53	54	166	113	12	4	21	56
	8	92	10	54	16	24	12	31	176	21	6	3	1	8
	12	66	34	28	5	43	31	32	73	97	12	4	[illegible]	15
	16	39	22	37	8	63	20	19	72	74	8	[illegible]	6	16
	9	24	13	19	1	18	1	4	23	31	4	[illegible]	2	10
6	45	206	79	138	30	158	64	86	344	228	30	7	9	49
1	23	24	18	21	3	37	16	16	118	183	24	6	3	32
	9	10	12	37	19	17	4	3	25	6	1	[illegible]	4	7
	4	38	7	22	11	48	7	13	46	20	[illegible]	4	2	22
	35	73	30	58	18	104	19	31	99	66	3	5	6	33
	59	145	66	138	51	206	46	63	288	275	30	16	5	94
	24	46	13	22	8	50	8	8	34	58	8	[illegible]	3	13
	29	47	6	40	10	64	16	22	75	45	4	[illegible]	3	30
	18	72	16	24	4	54	5	22	79	69	[illegible]	2	4	18
	11	24	11	16	7	27	12	21	50	47	4	1	1	15
3	82	192	46	102	29	192	41	73	258	219	23	4	1	76
	4	15	17	28	6	37	7	11	29	13	1	[illegible]	[illegible]	9
	6	18	20	23	[illegible]	37	5	11	19	13	1	1	[illegible]	3
	2	11	16	22	[illegible]	20	2	9	22	8	[illegible]	1	[illegible]	8
	4	11	8	17	1	22	8	14	25	9	3	[illegible]	2	8
	16	55	61	90	7	116	22	44	95	43	7	6	2	28
	10	28	20	23	7	68	16	60	37	25	1	[illegible]	1	14
	9	17	16	15	4	27	10	26	23	12	1	4	1	10
	21	30	40	34	7	78	9	35	86	35	[illegible]	3	4	36
	26	43	46	37	6	69	26	35	83	73	6	[illegible]	6	41
	86	140	122	128	24	242	61	156	231	145	10	9	12	101
	39	56	33	64	13	36	18	7	91	52	9	[illegible]	10	43
	78	103	97	80	20	117	23	56	170	119	11	[illegible]	12	65
	33	44	34	21	10	67	23	38	75	48	3	4	7	24
	12	22	18	12	5	26	8	7	47	22	3	1	2	26
	162	222	202	174	48	286	72	108	383	241	26	9	31	158
	22	59	40	34	3	69	22	42	97	111	18	[illegible]	6	35
	6	20	5	11	6	11	12	7	17	33	4	[illegible]	2	6
	7	34	3	24	6	32	18	20	50	44	4	[illegible]	3	14
	31	52	23	33	4	66	20	60	72	84	14	4	6	43
	66	165	71	99	21	171	71	130	236	272	40	5	17	98
	56	77	26	65	10	34	21	25	131	84	10	1	5	32
	9	14	6	21	1	13	17	4	21	25	4	5	[illegible]	4
	34	40	19	51	7	47	46	79	64	87	9	7	6	31
	20	42	40	44	6	48	15	23	62	71	14	6	5	25
	119	178	91	181	24	182	99	131	278	267	37	16	16	92
	»	»	»	»	»	»	»	»	»	»	»	»	»	»
	1236	2537	1374	2208	402	3016	910	1485	3906	2637	291	148	249	1296
	92	161	29	67	27	91	11	14	188	72	6	12	33	60
	1328	2698	1403	2275	429	3107	921	1498	4094	2709	297	160	282	1356
	826	996	236	480	213	610	65	144	1611	693	71	39	148	644
	12	9	3	4	3	7	3	1	23	»	»	2	»	»

MALADIES GÉNÉRALES.

I. — Maladies épidémiques.

1	Fièvre typhoïde	
2	Typhus	
3	Scorbut	
4	Variole	
5	Rougeole	
6	Scarlatine	
7	Coqueluche	
8	Diphtérie et croup	
9	Grippe	
10	Suette miliaire	
11	Choléra asiatique	
12	Choléra nostras	
13	Autres	

II. — Autres maladies générales.

14	Infection purulente et septicémie	
15	Morve	
16	Farcin	
17	Pustule maligne et charbon	
18	Rage	
19	Fièvre intermittente	
20	Cachexie palustre	
21	Pellagre	
22 A	Tuberculose	des poumons
22 B		des méninges
22 C		du péritoine
22 D		de la peau
22 E		d'autres organes
22 F		généralisée
23	Scrofule	
24	Syphilis	
25 A	Cancer	de la bouche
25 B		de l'estomac, du foie
25 C		des intestins, du rectum
25 D		des organes génitaux de la femme
25 E		du sein
25 F		de la peau
25 G		autres
26	Rhumatismes	
27	Goutte	
28	Diabète	
29	Goître exophtalmique	
30	Maladie bronzée d'Addison	
31	Leucémie	
32	Anémie, chlorose	
33	Autres maladies générales	
34	Alcoolisme (aigu ou chronique)	
35	Saturnisme	
36	Autres intoxications professionnelles chroniques	
37	Autres empoisonnements chroniques	

A reporter

MENTS.

14e	15e	16e	17e	18e	19e	20e	INCONNUS DÉPOSÉS À LA MORGUE	TOTAL POUR PARIS	DOMICILIÉS HORS PARIS	TOTAL GÉNÉRAL	PROPORTION pour 10,000 HABITANTS	OBSERVATIONS
43	57	14	31	42	33	18	»	697	76	773	3.180	
1	»	»	2	3	»	2	»	21	1	22	0.090	
»	»	»	1	1	2	»	»	18	»	18	0.073	
5	7	2	6	43	24	5	»	166	23	189	0.779	
79	64	7	45	148	74	95	»	993	27	1,020	4.206	
8	11	3	13	8	16	13	»	151	13	164	0.675	
13	10	1	23	32	28	16	»	255	11	266	1.097	
48	37	15	38	205	111	112	»	1,009	167	1,176	4.848	
11	4	5	10	6	6	7	»	152	8	160	0.659	
»	»	»	»	1	»	»	»	1	»	1	0.004	
»	»	»	»	1	»	»	»	3	1	4	0.016	
»	2	»	4	3	3	1	»	20	6	26	0.106	
»	»	1	1	1	»	»	»	4	»	4	0.016	
4	3	»	4	6	1	1	»	76	13	89	0.367	
»	»	»	»	»	»	»	»	»	»	»	»	
»	»	»	»	»	»	»	»	»	»	»	»	
»	»	»	»	»	»	»	»	2	»	2	0.008	
»	5	»	»	»	»	»	»	6	1	7	0.029	
1	»	»	»	»	»	2	»	6	»	6	0.025	
1	»	1	»	»	1	»	»	4	2	6	0.025	
»	»	»	»	»	»	»	»	»	1	1	0.004	
696	573	221	547	1,055	576	81	»	605	79	081	11.587	
81	83	8	40	79	105	25	»	937	27	964	3.974	
13	8	4	12	12	2	10	»	145	13	158	0.650	
»	2	»	»	1	»	»	»	3	»	3	0.012	
22	13	6	14	33	14	16	»	246	13	259	1.067	
31	59	6	40	116	50	93	»	842	66	908	3.743	
2	4	»	3	2	2	4	»	19	»	19	0.078	
37	6	»	14	26	20	11	»	202	12	214	0.881	
6	16	»	2	7	7	3	»	92	5	97	0.399	
52	64	16	59	88	78	90	»	044	69	113	4.589	
14	17	6	16	23	20	15	»	245	15	260	1.071	
37	51	13	35	54	36	35	»	611	38	649	2.675	
14	28	7	16	13	9	6	»	186	4	190	0.783	
1	»	»	»	1	»	»	»	6	»	6	0.025	
21	16	13	12	36	15	24	»	353	30	383	1.578	
11	6	5	10	11	6	7	»	140	1	141	0.580	
1	»	1	1	1	1	2	»	20	»	20	0.082	
14	15	15	20	20	9	12	»	294	8	302	1.245	
»	1	»	1	»	»	»	»	11	»	11	0.045	
1	»	»	1	»	1	2	»	12	1	13	0.053	
»	3	1	»	»	1	2	»	16	1	17	0.069	
12	6	»	1	1	1	5	»	60	4	64	0.263	
»	»	»	»	»	»	»	»	1	»	1	0.004	
9	8	2	14	13	14	4	»	128	7	135	0.555	
2	1	»	2	2	1	5	»	21	1	22	0.090	
»	»	»	»	»	»	»	»	»	1	1	0.004	
»	1	»	»	»	»	»	»	2	1	3	0.012	
1,297	1,183	373	1,038	2,064	1,267	1,524	»	18,825	1,146	19,971		

Report	359	354	620	745	921	620	627
MALADIES LOCALES.							
III. — MALADIES DU SYSTÈME NERVEUX ET DES ORGANES DES SENS.							
Encéphalite	»	»	»	»	1	1	1
Méningite simple	14	47	45	52	29	36	17
Ataxie locomotrice progressive	2	1	3	2	2	1	3
Atrophie musculaire progressive	»	»	»	»	»	2	1
Congestion et hémorragie cérébrales	62	44	73	10	25	85	92
Ramollissement cérébral	4	6	10	13	16	14	13
Paralysie sans cause indiquée	1	11	9	4	29	32	45
Paralysie générale	2	1	3	3	6	2	3
Autres formes de l'aliénation mentale	2	»	»	»	»	1	»
Épilepsie	1	1	»	1	3	»	»
Éclampsie (non puerpérale)	2	»	»	1	»	»	1
Convulsions des enfants	18	6	20	17	13	4	11
Tétanos	»	»	»	3	»	»	»
Chorée	»	»	1	»	1	1	»
Autres maladies du système nerveux	2	2	5	5	9	5	6
Maladies des yeux	»	1	»	»	»	»	»
Maladies des oreilles	»	»	»	»	»	2	»
IV. — MALADIES DE L'APPAREIL CIRCULATOIRE.							
Péricardite	2	1	»	»	1	»	»
Endocardite	1	2	1	2	4	2	3
Maladies organiques du cœur	78	69	106	109	131	99	105
Angine de poitrine	5	3	3	5	4	4	17
Affections des artères, athérome, gangrène sèche, anévrisme, etc	6	3	7	7	11	8	9
Embolie	14	5	8	5	3	4	17
Varices, ulcères variqueux, hémorrhoïdes	»	»	»	1	1	»	»
Phlébite et autres affections des veines	5	1	2	3	4	2	1
Lymphangite	»	»	»	»	»	»	»
Autres affections du système lymphatique	1	»	»	»	1	»	»
Hémorragies	3	2	2	1	3	2	3
Autres affections de l'appareil circulatoire	1	»	1	»	»	»	1
V. — MALADIES DE L'APPAREIL RESPIRATOIRE.							
Maladies des fosses nasales	»	»	»	»	»	»	»
Affections du larynx et du corps thyroïde	1	1	2	1	2	4	5
Bronchite aiguë	16	19	33	28	53	33	27
Bronchite chronique	25	20	68	55	64	36	39
Broncho-pneumonie	37	43	31	49	137	37	30
Pneumonie	46	29	64	90	99	87	76
Pleurésie	5	7	21	12	12	14	15
Congestion et apoplexie pulmonaires	24	54	63	43	52	64	47
Gangrène du poumon	»	»	»	3	»	»	1
Asthme	2	1	2	6	4	14	9
Autres maladies de l'appareil respiratoire (phtisie exceptée)	7	3	2	4	6	3	7
VI. — MALADIES DE L'APPAREIL DIGESTIF.							
78 Affections de la bouche et de ses annexes	»	»	»	2	»	1	»
79 Affections du pharynx et de l'œsophage	1	»	»	»	»	1	3
80 Affections de l'estomac (ulcère de l'estomac)	2	2	8	3	1	2	5
81 Autres affections de l'estomac (cancer excepté)	5	6	13	10	6	7	2
A reporter	756	742	1,220	1,303	1,751	1.230	1,211

[illegible]	
1	»
»	»
4	2
36	41
187	163
101	95
13	14
75	61
»	2
17	5
6	4
»	1
1	2
6	4
4	8
2.434	**2.113**

(1) Dans ce chiffre sont compris les décès constatés à la Salpêtrière (hospice de la Vieillesse).

Report	756	742	1,226	1,395	1,784	1,229
Affections de l'intestin — Diarrhée infantile, athrepsie	39	51	62	67	104	55
Affections de l'intestin — Diarrhée et entérite	1	4	5	4	4	4
Affections de l'intestin — Dysentérie	»	»	»	1	1	2
Affections de l'intestin — Parasites intestinaux	»	»	»	»	»	»
Affections de l'intestin — Hernies, obstructions intestinales	8	6	11	8	9	11
Affections de l'intestin — Autres affections de l'intestin	1	3	3	3	»	6
Affections du foie — Ictère grave	1	»	1	»	2	6
Affections du foie — Tumeurs hydatiques du foie	»	»	»	»	»	1
Affections du foie — Cirrhose du foie	9	6	10	24	31	13
Affections du foie — Calculs biliaires	»	1	1	»	1	1
Affections du foie — Autres affections du foie	4	5	19	27	11	18
Péritonite inflammatoire (puerpérale exceptée)	11	12	17	21	16	18
Autres affections de l'appareil digestif (cancer et tuberculose exceptés)	»	»	»	»	»	»
Phlegmon de la fosse iliaque	1	2	1	»	1	1
VII. — Maladies de l'appareil génito-urinaire et de ses annexes.						
Néphrite aiguë	5	3	4	»	7	5
Maladie de Bright	24	27	39	47	42	31
Périnéphrite et abcès périnéphrique	»	»	»	»	»	»
Calculs rénaux	»	»	»	»	»	»
Autres maladies des reins et annexes	1	»	»	»	»	»
Calculs vésicaux	1	»	»	»	»	»
Maladies de la vessie	6	5	5	9	7	13
Maladies de l'urètre (abcès urineux, etc.)	»	1	2	»	1	»
Maladies de la prostate	1	2	2	2	1	2
Maladies du testicule et de ses enveloppes. — Orchite	»	»	»	»	»	»
Autres maladies des organes génitaux de l'homme	»	»	»	»	»	»
Abcès du bassin	»	»	»	»	1	»
Hématocèle péri-utérine	»	»	»	»	»	»
Maladies de l'utérus — Métrite	»	1	»	»	»	»
Maladies de l'utérus — Hémorragies (non puerpérales)	»	2	»	2	»	»
Maladies de l'utérus — Tumeurs (non cancéreuses)	5	4	4	1	7	3
Maladies de l'utérus — Autres maladies de l'utérus	»	3	1	»	»	2
Kystes et autres tumeurs de l'ovaire	1	3	2	1	1	1
Autres maladies des organes génitaux de la femme	»	1	1	»	»	»
Maladies de la mamelle non puerpérales (cancer excepté)	»	»	1	»	»	»
VIII. — Affections puerpérales.						
Accidents de la grossesse	1	1	1	1	2	»
Accouchement normal	»	»	»	»	»	»
Hémorragie puerpérale	1	»	1	2	1	1
Autres accidents de l'accouchement	»	»	»	»	»	»
Septicémie puerpérale	3	»	5	4	2	5
Phlébite puerpérale	»	»	»	»	»	»
Métropéritonite puerpérale	3	»	»	5	»	2
Albuminerie et éclampsie puerpérales	1	2	3	»	2	4
Phlegmatia alba dolens puerpérale	»	»	»	»	»	1
Autres accidents puerpéraux. — Mort subite	1	»	»	2	3	2
Maladies puerpérales de la mamelle	»	»	»	»	»	»
IX. — Maladies de la peau et du tissu cellulaire.						
Érysipèle	2	6	2	4	7	3
Gangrène	4	2	1	2	2	2
A reporter	893	895	1,430	1,632	2,050	1,442

…rrondissements (Suite).

12e	13e	14e	15e	16e	17e	18e	19e	20e	INCONNUS DÉPOSÉS A LA MORGUE	TOTAL POUR PARIS	DOMICILIÉS HORS PARIS	TOTAL GÉNÉRAL	PROPORTION pour 10,000 HABITANTS	OBSERVATIONS
[illegible]	2,182	2,434	2,113	1,053	2,305	3,637	2,285	2,788	»	36,637	1,738	38,375		
[illegible]	256	(1)306	242	50	155	267	312	304	»	2,928	78	3,006	12.619	
3	6	15	3	6	18	8	5	15	»	134	11	145	0.576	
1	1	1	1	»	1	1	»	1	»	14	1	15	0.064	
»	»	»	»	»	»	»	»	»	»	»	»	»	»	
16	19	12	23	10	16	31	22	17	»	311	31	342	1.409	
1	2	3	4	12	2	2	1	4	»	68	8	76	0.312	
3	5	5	8	1	9	3	10	3	»	69	5	74	0.305	
1	2	1	1	»	»	2	2	»	»	14	2	16	0.066	
[illegible]	23	44	37	6	36	51	45	34	»	528	27	555	2.288	
1	3	3	1	»	2	5	2	1	»	40	3	43	0.177	
[illegible]	5	10	2	31	23	22	8	12	»	308	5	313	1.294	
15	24	10	20	21	24	36	16	30	»	370	40	416	1.715	
»	»	»	»	»	»	»	»	»	»	»	»	»	»	
3	3	3	1	»	1	2	1	»	»	29	1	30	0.123	
10	8	6	9	7	9	13	13	9	»	137	17	154	0.634	
[illegible]	61	59	44	40	77	93	40	55	»	996	76	1,072	4.421	
»	»	»	»	»	»	1	»	»	»	2	1	3	0.012	
»	1	1	1	»	1	»	»	»	»	6	»	6	0.024	
»	1	»	1	3	»	1	»	1	»	8	1	9	0.037	
»	»	»	1	1	1	»	»	»	»	9	1	10	0.041	
5	5	4	7	10	13	7	2	6	»	163	10	173	0.713	
1	2	»	»	»	»	2	1	2	»	16	1	17	0.069	
1	4	2	2	2	4	»	3	1	»	39	7	46	0.190	
»	1	»	»	»	»	»	»	1	»	2	1	3	0.012	
»	»	»	»	»	»	»	»	»	»	»	»	»	»	
1	»	1	»	1	»	»	»	»	»	8	1	9	0.037	
»	»	2	»	»	»	»	1	3	»	6	»	6	0.024	
»	»	1	»	»	1	»	»	1	»	10	»	10	0.041	
»	1	2	»	»	4	»	»	2	»	16	»	16	0.065	
»	10	6	12	6	7	4	4	9	»	120	7	127	0.523	
»	1	»	»	10	2	1	2	1	»	28	1	29	0.119	
2	32	5	8	8	5	2	5	5	»	91	8	99	0.408	
»	3	4	3	»	»	1	1	»	»	24	2	26	0.107	
»	1	»	»	1	»	»	»	»	»	5	»	5	0.020	
»	1	1	»	»	»	»	»	»	»	10	3	13	0.053	
»	»	»	»	»	»	»	»	»	»	»	»	»	»	
1	»	1	»	»	1	3	3	»	»	16	»	16	0.065	
»	»	»	»	»	»	2	»	1	»	4	1	5	0.020	
[illegible]	3	7	2	»	3	10	6	9	»	93	20	113	0.465	
»	»	»	»	»	»	»	»	»	»	»	»	»	»	
[illegible]	3	3	4	1	3	6	3	2	»	49	2	51	0.210	
[illegible]	1	1	4	»	1	6	4	4	»	44	6	50	0.206	
»	»	1	»	»	2	»	»	»	»	4	»	4	0.016	
»	1	1	1	1	2	4	1	»	»	29	1	30	0.123	
»	»	»	»	»	»	»	»	»	»	»	»	»	»	
	6	10	7	4	9	3	10	2	»	115	8	123	0.507	
	3	5	7	3	7	6	3	5	»	73	9	82	0.338	
	2,760	2,969	2,560	1,288	2,744	4,232	2,811	3,328	»	43,579	2,134	45,713		

(1) Dans ce chiffre sont compris les décès constatés à l'hospice des Enfants-Assistés.

Report..........

Anthrax..
Phlegmon, abcès chaud..............................
Autres maladies de la peau et de ses annexes (cancer excepté)

X. — Maladies des organes de la locomotion.

Maladie de Pott......................................
Abcès froid et par congestion..........................
Autres affections des os..............................
Tumeurs blanches......................................
Autres maladies des articulations ....
Amputation ....
Autres affections des organes de la locomotion...........

XI. — Vices de conformation.

Vices de conformation ....

XII. — Premier âge.

Débilité congénitale, ictère et sclérème.................
Défaut de soins......................................
Autres maladies spéciales au premier âge ....

XIII. — Vieillesse.

Débilité sénile.......................................

XIV. — Affections produites par des causes extérieures.

Suicides ou tentatives de suicides .... par le poison ....
par asphyxie ....
par strangulation...................
par submersion ....
par armes à feu....................
par instruments tranchants..........
par précipitation d'un lieu élevé .....
par écrasement.....................
autres ....

Fractures ....
Luxations..
Traumatisme accidentel ....
Brûlures ...... par le feu ....
par substances corrosives...........
Insolation et congélation ....
Submersion accidentelle ....
Inanition ....
Absorption de gaz délétères (suicide excepté) ....
Autres empoisonnements accidentels ....
Autres violences extérieures...........................

XV. — Maladies mal définies.

Épuisement, cachexie.................................
Fièvre inflammatoire..................................
Hydropisie...
Asphyxie, cyanose ....
Mort subite..
Tumeur abdominale..................................
Autres tumeurs.......................................
Plaie ....
Maladies inconnues ou non spécifiées....................
Inconnues (déposés à la Morgue) ....

Totaux..........

(Suite et fin).

14e	15e	16e	17e	18e	19e	20e	INCONNUS DÉPOSÉS A LA MORGUE.	TOTAL POUR PARIS	DOMICILIÉS HORS PARIS	TOTAL GÉNÉRAL	PROPORTION pour 10,000 HABITANTS	OBSERVATIONS
2,969	2,569	1,288	2,744	4,232	2,811	3,328	»	43,579	2,134	45,713		
»	1	»	»	1	1	1	»	8	1	9	0.037	
7	10	4	7	9	8	4	»	94	7	101	0.416	
4	4	1	1	6	»	3	»	31	2	33	0.135	
4	5	1	1	12	7	4	»	72	3	75	0.309	
»	1	»	»	1	»	1	»	12	»	12	0.049	
1	2	3	»	6	2	1	»	34	4	38	0.155	
5	2	2	1	1	5	3	»	43	2	45	0.186	
»	»	»	»	»	1	»	»	9	»	9	0.037	
»	»	»	»	»	»	»	»	1	»	1	0.004	
»	1	»	»	»	»	»	»	1	»	1	0.004	
20	2	4	4	7	8	3	»	81	4	85	0.350	
94	76	28	101	158	98	92	»	1,296	60	1,356	5.591	
2	»	»	»	»	»	»	»	3	»	3	0.012	
»	2	1	1	»	»	»	»	11	»	11	0.045	
78	90	49	124	134	84	81	»	1,573	10	1,583	6.528	
3	1	3	3	2	3	3	»	48	1	49	0.202	
13	27	5	6	30	14	21	»	278	»	278	1.146	
19	24	9	18	25	24	31	»	344	7	351	1.447	
10	8	5	9	19	15	13	»	168	47	215	0.885	
6	8	5	7	19	5	5	»	162	6	168	0.693	
»	3	1	»	3	1	»	»	13	»	13	0.053	
1	3	»	1	4	2	3	»	39	3	42	0.173	
»	»	»	»	»	»	»	»	»	»	»	»	
»	»	»	»	»	»	»	»	»	»	»	»	
14	16	5	9	18	15	11	»	189	32	221	0.910	
1	»	»	»	»	»	»	»	1	»	1	0.004	
3	15	4	20	14	20	7	»	201	37	238	0.980	
2	7	4	6	9	10	9	»	83	24	107	0.441	
»	»	»	»	»	»	»	»	»	»	»	»	
»	»	»	»	»	»	»	»	»	»	»	»	
1	5	4	3	5	10	3	66	134	15	149	0.613	
»	1	1	3	»	1	»	»	15	2	17	0.069	
5	3	1	1	2	3	6	»	52	2	54	0.222	
»	»	»	2	1	1	5	»	22	1	23	0.095	
1	4	»	6	8	7	3	6	70	5	75	0.309	
»	»	»	»	2	»	1	»	10	2	12	0.049	
»	»	1	2	1	»	2	»	22	1	23	0.095	
»	»	2	4	»	1	2	»	25	2	27	0.111	
1	1	3	»	2	1	»	»	15	»	15	0.061	
2	4	2	16	8	1	2	6	122	4	126	0.519	
2	1	3	10	2	»	»	»	51	4	55	0.226	
1	1	1	2	2	2	3	»	19	»	19	0.078	
1	1	»	4	3	3	1	»	20	4	24	0.099	
3	17	10	9	43	30	20	»	251	25	276	1.137	
»	»	»	»	»	»	»	78	»	»	»	(2)	
3,273	2,915	1,450	3,122	4,789	3,191	3,669	78	49,205	2,418	51,653	212.016	

(1) Dans ce chiffre sont compris les décès constatés à la Salpêtrière (hospice de la Vieillesse).

(2) Ce rapport est calculé sur la totalité des décès, y compris ceux des personnes mortes dans les hôpitaux, hospice, etc., et qui n'habitaient pas Paris ; aussi est-il légèrement supérieur au rapport indiqué page 140.

5	2	1	2	2	1	2	»	2	»	4	5	1	7
»	»	»	»	»	»	»	»	»	»	»	»	»	»
»	»	»	»	»	»	»	»	»	»	»	»	»	»
»	»	»	»	»	»	»	»	»	»	»	»	»	»
»	»	1	»	»	»	1	»	1	»	»	»	»	»
»	»	»	»	»	»	»	»	»	»	»	»	1	»
»	»	»	»	»	»	»	»	»	»	»	»	»	»
»	»	»	»	»	»	»	»	»	»	»	»	»	»
28	24	96	87	40	47	29	78	282	280	491	420	635	559
63	82	235	231	66	66	20	19	13	13	15	7	14	8
5	1	11	5	8	5	4	11	7	6	4	4	1	9
»	»	»	»	»	»	»	»	»	»	»	»	»	»
4	7	6	8	6	4	7	2	4	1	9	8	11	4
23	15	59	42	22	15	12	4	19	17	33	25	35	12
1	5	3	5	3	1	»	»	»	»	»	»	»	»
82	77	3	5	»	»	»	»	2	1	1	2	1	»
»	»	»	»	»	»	»	»	»	»	»	»	»	»
»	»	»	»	»	»	»	»	»	»	»	1	5	3
»	»	»	»	»	»	»	»	»	»	1	1	2	1
»	»	»	»	»	»	»	»	»	»	»	2	»	11
»	»	»	»	»	»	»	»	»	»	»	1	»	2
»	»	»	»	»	»	»	»	»	»	»	»	»	»
»	»	»	»	»	»	»	»	1	1	3	1	2	3
»	»	»	»	1	1	1	1	3	2	5	4	2	2
»	»	»	»	»	»	»	»	»	»	»	»	»	»
»	»	»	»	»	»	1	»	»	»	»	»	»	»
»	1	»	1	»	»	»	»	»	1	»	1	»	»
»	»	»	»	»	»	»	1	1	1	»	»	»	»
»	»	1	1	1	»	»	»	1	»	»	»	»	»
6	2	»	1	»	1	1	1	»	3	2	3	1	4
»	»	»	»	»	»	»	»	»	»	»	»	»	»
»	»	»	»	»	»	»	»	»	»	3	»	6	2
»	»	»	»	»	»	»	»	»	»	»	»	3	»
»	»	»	»	»	»	»	»	»	»	»	»	»	»
»	»	»	»	»	»	»	»	»	»	»	»	»	»
»	»	2	»	»	»	»	»	»	»	»	»	1	»
186	146	320	303	71	94	15	13	14	15	16	15	8	14
»	»	»	»	»	»	»	»	»	»	»	»	1	»
»	»	»	»	»	»	»	»	1	»	»	»	»	1
9	9	5	7	1	1	1	1	5	6	7	4	11	12
»	»	»	»	»	»	»	»	»	»	»	»	»	1

»	»	1	369	328	697	48	22	447	356	772	1
»	»	»	18	3	21	1	»	19	3	22	2
»	»	»	8	10	18	»	»	8	10	18	3
»	2	»	98	68	166	13	10	111	78	189	4
»	»	1	531	462	993	14	12	545	475	1020	5
»	»	»	99	32	131	9	4	108	36	144	6
»	»	»	115	140	255	4	7	119	147	266	7
»	2	»	536	473	1009	96	71	632	544	1176	8
5	»	1	84	68	152	3	5	87	73	160	9
»	»	»	1	»	1	»	»	1	»	1	10
»	»	»	3	»	3	1	»	4	»	4	11
1	»	»	12	8	20	3	3	15	11	26	12
»	»	»	4	»	4	»	»	4	»	4	13
»	»	»	33	43	76	5	8	38	51	89	14
»	»	»	»	»	»	»	»	»	»	»	15
»	»	»	»	»	»	»	»	»	»	»	16
»	»	»	2	»	2	»	»	2	»	2	17
»	»	»	4	2	6	1	»	5	2	7	18
»	»	»	6	»	6	»	»	6	»	6	19
»	»	»	4	»	4	2	»	6	»	6	20
»	»	»	»	»	»	»	1	»	1	1	21
6	3	5	5947	3658	9605	289	190	6236	3848	10084	22 A
»	»	»	493	444	937	21	6	514	450	964	22 B
»	»	»	80	65	145	7	6	87	71	158	22 C
»	»	»	2	1	3	»	»	2	1	3	22 D
»	»	»	179	67	246	9	4	188	71	259	22 E
1	1	»	568	274	842	51	13	619	289	908	22 F
»	»	»	8	11	19	»	»	8	11	19	23
»	»	»	109	93	202	9	3	118	96	214	24
2	»	»	71	21	92	4	1	75	22	97	25 A
25	1	»	518	526	1044	45	24	563	550	1113	25 B
3	1	1	114	131	245	6	9	120	140	260	25 C
5	»	»	»	611	611	»	38	»	649	649	25 D
9	»	»	1	185	186	»	4	1	189	190	25 E
»	»	»	3	3	6	»	»	3	3	6	25 F
4	»	»	185	168	353	17	13	202	181	383	25 G
2	»	1	70	70	140	1	»	71	70	141	26
2	»	»	12	8	20	»	»	12	8	20	27
2	»	»	172	122	294	4	4	176	126	302	28
»	»	»	»	11	11	»	»	»	11	11	29
»	»	»	8	4	12	1	»	9	4	13	30
»	»	»	11	5	16	1	»	12	5	17	31
»	»	»	16	44	60	1	3	17	47	64	32
»	»	»	»	1	1	»	»	»	1	1	33
»	»	»	94	34	128	7	»	101	34	135	34
»	»	»	21	»	21	1	»	22	»	22	35
»	»	»	»	»	»	1	»	1	»	1	36
»	»	»	»	2	2	1	»	1	2	3	37
»	»	»	10	8	18	»	»	10	8	18	38
2	3	1	720	654	1374	17	12	737	666	1403	39
»	1	»	55	12	67	2	»	57	12	69	40
»	»	»	6	4	10	»	»	6	4	10	41
97	4	5	1192	1016	2208	38	29	1230	1045	2275	42
20	1	»	199	203	402	15	12	214	215	429	43
189	19	16	12791	10413	22904	748	323	13539	10636	24175	

Report..........	682	611	1611	1442	400	409	156	482	425	416	711	372	806	731
Paralysie sans cause indiquée....	»	»	»	1	»	»	2	»	1	»	»	1	»	»
Paralysie générale..............	»	1	»	1	»	»	»	»	»	»	»	»	2	»
Autres formes de l'aliénation mentale..................	»	»	»	»	»	»	»	»	1	»	1	»	1	»
Épilepsie....................	»	»	»	»	»	»	1	1	1	1	1	2	»	»
Éclampsie (non puerpérale)......	»	»	»	»	»	»	»	»	»	»	»	1	»	»
Convulsions des enfants.........	240	179	50	44	2	»	»	»	»	»	»	»	»	»
Tétanos......................	2	»	»	»	»	»	»	»	1	»	1	1	»	»
Chorée.......................	»	»	»	»	»	»	»	»	»	1	»	»	»	»
Autres maladies du système nerveux......................	»	1	2	2	»	»	»	2	1	1	3	2	2	3
Maladies des yeux.............	»	2	»	»	»	»	»	»	»	»	»	»	»	»
Maladies des oreilles..........	2	»	1	3	1	1	»	»	»	»	1	»	1	»
IV. — Maladies de l'appareil circulatoire.														
Péricardite....................	»	»	1	»	»	1	»	»	2	»	1	»	3	»
Endocardite....................	»	»	2	»	1	3	4	1	3	»	2	3	4	3
Maladies organiques du cœur....	10	7	5	2	8	16	11	21	27	21	21	22	21	27
Angine de poitrine.............	»	»	1	»	»	»	1	»	»	»	»	2	2	»
Affections des artères, athérome, anévrisme, etc...............	»	1	1	»	»	»	»	»	»	2	»	1	3	4
Embolie.......................	1	1	»	3	»	»	»	»	2	3	1	9	4	10
Varices, ulcères variqueux, hémorroïdes.....................	»	»	»	»	»	»	»	»	»	»	»	»	»	»
Phlébite et autres affections des veines.....................	»	»	1	»	»	»	»	»	1	1	1	2	2	2
Lymphangite..................	»	»	»	»	»	»	»	»	»	»	»	»	»	»
Autres affections du système lymphatique....................	»	»	1	»	»	»	»	»	»	»	»	»	»	»
Hémorragies..................	10	2	»	1	1	1	»	»	»	»	»	3	1	3
Autres affections de l'appareil circulatoire..................	1	1	1	»	»	»	»	»	»	»	»	»	»	2
V. — Maladies de l'appareil respiratoire.														
Maladies des fosses nasales......	»	1	»	»	»	»	»	»	»	»	»	»	»	»
Affections du larynx ou du corps thyroïde.....................	5	5	6	3	2	1	»	1	2	»	»	1	1	»
Bronchite aiguë..............	238	201	140	128	4	13	1	»	3	3	8	1	4	2
Bronchite chronique...........	14	8	21	16	3	3	»	1	2	6	5	8	14	7
Broncho-pneumonie............	314	244	286	267	16	23	5	3	1	2	11	6	6	7
Pneumonie....................	70	58	90	108	12	21	6	7	13	14	23	21	31	23
Pleurésie.....................	5	1	2	7	5	4	1	2	6	3	13	7	13	15
Congestion et apoplexie pulmonaires.....................	22	34	17	17	8	3	1	2	9	6	11	7	10	13
Gangrène du poumon...........	»	»	1	»	»	»	»	»	»	»	1	1	»	1
Asthme.......................	»	»	»	»	»	»	»	»	»	»	»	»	»	»
Autres maladies de l'appareil respiratoire (phtisie exceptée).....	1	1	»	»	1	»	»	»	1	»	4	»	2	»
VI. — Maladies de l'appareil digestif.														
Affections de la bouche et de ses annexes.....................	5	1	1	2	»	»	»	»	»	»	»	»	»	»
Affections du pharynx et de l'œsophage.....................	5	2	3	2	1	1	»	»	»	»	1	»	1	1
Ulcère de l'estomac...........	»	1	»	»	2	»	»	1	»	»	»	»	»	»
Autres affections de l'estomac (cancer excepté)...............	10	5	»	2	1	»	»	»	1	1	2	2	1	»
Affections de l'intestin: Diarrhée infantile, athrepsie.....................	1438	1199	159	132	»	»	»	»	»	»	»	»	»	»
Affections de l'intestin: Diarrhée et entérite......	»	»	»	»	»	3	1	1	2	2	1	4	4	1
Affections de l'intestin: Dysentérie...............	»	»	»	»	»	»	1	1	1	»	»	1	1	»
Affections de l'intestin: Parasites intestinaux.....	»	»	»	»	»	»	»	»	»	»	»	»	»	»
Affections de l'intestin: Hernies, obstructions intestinales..............	6	9	1	1	»	»	»	»	2	1	»	4	3	6
Affections de l'intestin: Autres affections de l'intestin...................	9	2	»	»	»	1	2	1	1	1	1	»	3	1
A reporter..........	3060	2579	2404	2182	466	504	193	234	509	485	825	667	946	873

re. (Suite.)

De 60 à 64 ans M	De 60 à 64 ans F	De 65 à 69 ans M	De 65 à 69 ans F	De 70 à 74 ans M	De 70 à 74 ans F	De 75 à 79 ans M	De 75 à 79 ans F	De 80 ans et au-dessus M	De 80 ans et au-dessus F	Age inconnu M	Age inconnu F	TOTAL pour Paris M	TOTAL pour Paris F	TOTAL pour Paris Tot.	Domiciliés hors Paris M	Domiciliés hors Paris F	TOTAL GÉNÉRAL M	TOTAL GÉNÉRAL F	TOTAL GÉNÉRAL Tot.	NUMÉROS D'ORDRE
673	520	310	488	390	414	206	289	93	180	19	16	12794	10112	22904	748	522	13539	10636	24175	
28	36	28	32	23	33	22	31	16	13	1	2	181	216	397	4	13	185	229	414	44
6	3	7	5	5	7	7	5	2	3	»	1	104	68	172	2	1	106	69	175	45
»	»	1	»	1	»	1	»	»	»	»	»	9	2	11	1	»	10	2	12	46
»	1	»	2	»	1	1	1	»	»	»	»	12	34	46	2	»	14	34	48	47
»	»	»	»	»	»	1	»	»	»	»	»	1	6	7	»	»	1	6	7	48
»	»	»	»	»	»	»	»	»	»	»	»	262	223	485	3	5	265	228	493	49
»	»	»	1	»	»	»	»	»	»	»	»	10	3	13	10	»	20	3	23	50
»	»	»	1	»	1	»	»	»	»	»	»	1	3	4	»	»	1	3	4	51
8	7	6	5	5	6	2	6	2	2	»	»	83	80	163	8	4	91	84	175	52
»	»	»	»	»	»	»	»	»	»	»	»	»	2	2	»	»	»	2	2	53
»	»	»	»	4	»	»	»	»	»	»	»	7	5	12	1	1	8	6	14	54
»	»	»	»	»	»	»	»	»	»	»	»	14	1	15	1	»	15	1	16	55
3	5	»	11	3	6	1	2	»	»	»	»	40	48	88	2	3	42	51	93	56
214	201	184	232	140	209	100	162	42	59	6	7	1404	1612	3016	30	41	1434	1653	3107	57
8	4	13	4	8	1	3	1	»	1	»	»	78	27	105	1	»	79	27	106	58
19	5	26	11	21	9	8	2	4	3	»	»	144	65	209	12	3	153	68	221	59
9	11	12	7	10	15	9	3	2	2	»	1	92	122	214	4	4	96	126	222	60
»	»	1	2	3	1	»	»	»	1	»	»	7	6	13	»	»	7	6	13	61
	4	1	2	3	»	»	»	»	»	»	»	21	27	48	2	3	23	30	53	62
	»	»	»	»	»	»	»	»	»	»	»	»	»	»	»	»	»	»	»	63
	1	1	»	»	»	»	»	»	1	»	»	3	3	6	3	1	6	4	10	64
	2	2	»	»	1	1	»	»	»	»	»	26	27	53	»	5	26	32	58	65
	»	1	»	»	»	»	»	»	»	»	»	6	5	11	»	»	6	5	11	66
»	»	»	»	»	»	»	»	»	»	»	»	»	1	1	»	»	»	1	1	67
2	»	»	1	3	»	1	»	»	»	»	»	41	22	63	»	2	41	24	65	68
5	9	10	13	14	13	3	14	4	15	1	»	465	445	910	8	3	473	448	921	69
76	105	115	107	103	121	63	95	39	71	1	2	744	740	1484	8	6	752	746	1498	70
33	36	32	37	23	31	17	51	17	57	3	2	872	844	1716	42	40	914	884	1798	71
93	91	85	118	82	132	56	105	35	113	2	2	1039	1131	2190	70	36	1129	1167	2296	72
15	11	9	6	10	3	1	2	3	3	»	»	201	118	319	10	9	211	127	338	73
77	62	69	69	66	106	47	95	37	75	3	1	653	666	1319	8	10	661	676	1337	74
2	2	2	1	»	»	»	»	»	»	»	»	16	9	25	2	1	18	10	28	75
14	12	16	12	17	17	13	14	4	19	»	»	96	89	185	»	2	96	91	187	76
13	6	11	11	4	4	5	4	2	3	»	1	81	47	128	8	4	89	51	140	77
»	»	1	»	»	»	»	»	»	»	»	»	7	7	14	»	»	7	7	14	78
»	»	3	»	1	2	2	»	»	»	»	»	29	9	38	3	»	32	9	41	79
5	3	4	1	4	3	4	1	»	»	»	»	45	30	75	3	»	48	30	78	80
12	9	11	13	8	14	1	2	1	3	»	1	94	85	179	2	»	96	85	181	81
»	»	»	»	»	»	»	»	»	»	»	»	1597	1331	2928	56	22	1653	1353	3006	82
10	10	3	9	1	8	2	5	4	3	»	»	60	74	134	8	3	68	77	145	83
»	»	1	»	1	3	»	»	»	»	»	»	8	6	14	1	»	9	6	15	84
»	»	»	»	»	»	»	»	»	»	»	»	»	»	»	»	»	»	»	»	85
18	25	21	18	18	18	12	14	6	13	»	»	130	181	311	15	16	145	197	342	86
5	1	»	5	4	2	»	2	1	1	»	»	36	32	68	4	4	40	36	76	87
1353	1189	1186	1224	978	1205	389	909	319	630	36	36	21527	18565	40092	1102	765	22629	19330	41959	

Causes de

NUMÉROS D'ORDRE	CAUSES DE DÉCÈS	Au-dessous de 1 an		De 1 à 4 ans		De 5 à 9 ans		De 10 à 14 ans		De 15 à 19 ans		De 20 à 24 ans		De 25 à 29 ans		De 30 à 34 ans	
		M	F	M	F	M	F	M	F	M	F	M	F	M	F	M	F
	Report....																
	Affections du foie: Ictère grave																
	Affections du foie: Tumeurs hydatiques																
	Affections du foie: Cirrhose																
	Affections du foie: Calculs biliaires																
	Affections du foie: Autres affections du foie																
	Péritonite inflammatoire (puerpérale exceptée)																
	Autres affections de l'appareil digestif (cancer et tuberculose exceptés)																
	Phlegmon de la fosse iliaque																
	VII. — MALADIES DE L'APPAREIL GÉNITO-URINAIRE ET DE SES ANNEXES.																
	Néphrite aiguë																
	Maladie de Bright																
	Périnéphrite et abcès périnéphrique																
	Calculs rénaux																
	Autres maladies des reins et annexes																
	Calculs vésicaux																
	Maladies de la vessie																
	Maladies de l'urètre (abcès urineux, etc.)																
	Maladies de la prostate																
	Maladies du testicule et de ses enveloppes. — Orchite																
	Autres maladies des organes génitaux de l'homme																
	Abcès du bassin																
	Hématocèle péri-utérine																
	Maladies de l'utérus: Métrite																
	Maladies de l'utérus: Hémorragies (non puerpérales)																
	Maladies de l'utérus: Tumeurs (non cancéreuses)																
	Maladies de l'utérus: Autres maladies																
	Kystes et autres tumeurs de l'ovaire																
	Autres maladies des organes génitaux de la femme																
	Maladies de la mamelle non puerpérales (cancer excepté)																
	VIII. — AFFECTIONS PUERPÉRALES.																
	Accidents de la grossesse																
	Accouchement normal																
	Hémorragie puerpérale																
	Autres accidents de l'accouchement																
	Septicémie																
	Phlébite																
	Métropéritonite																
	Albuminurie et éclampsie puerpérales																
	Phlegmatia alba dolens puerpérale																
	Accidents puerpéraux. — Mort subite																
	Maladies puerpérales de la mamelle																
	IX. — MALADIES DE LA PEAU ET DU TISSU CELLULAIRE.																
	Érysipèle																
	Gangrène																
	Anthrax																
	Phlegmon, abcès chaud																
	Autres maladies de la peau et de ses annexes (cancer excepté)																
	A reporter...																

(Suite.)

De 60 à 64 ans M	De 60 à 64 ans F	De 65 à 69 ans M	De 65 à 69 ans F	De 70 à 74 ans M	De 70 à 74 ans F	De 75 à 79 ans M	De 75 à 79 ans F	De 80 ans et au-dessus M	De 80 ans et au-dessus F	Age inconnu M	Age inconnu F	TOTAL POUR PARIS M	TOTAL POUR PARIS F	TOTAL POUR PARIS Tot.	Domiciliés hors Paris M	Domiciliés hors Paris F	TOTAL GÉNÉRAL M	TOTAL GÉNÉRAL F	TOTAL GÉNÉRAL Tot.	NUMÉROS D'ORDRE
1333	1189	1166	1224	978	1204	589	909	319	650	36	30	21327	18363	40092	1102	763	22629	19330	41956	
»	1	3	5	»	4	3	2	»	1	»	»	23	46	69	3	2	26	48	74	88
»	»	»	»	1	5	»	»	»	»	»	»	6	8	14	»	2	6	10	16	89
13	22	37	17	13	13	6	4	3	3	1	»	357	171	528	15	12	372	183	555	90
»	6	»	»	»	4	1	2	1	»	»	»	10	30	40	2	1	12	31	43	91
19	22	20	10	9	16	7	12	2	10	»	»	152	156	308	4	1	156	157	313	92
6	13	2	10	2	3	1	3	1	1	»	»	120	256	376	14	26	134	282	416	93
»	»	»	»	»	»	»	»	»	»	»	»	»	»	»	»	»	»	»	»	94
1	»	1	»	1	»	»	»	»	»	»	»	18	11	29	1	»	19	11	30	95
4	3	10	1	8	5	6	1	2	»	»	»	95	42	137	12	5	107	47	154	96
78	41	63	35	49	32	22	27	14	9	1	1	377	419	796	49	27	626	446	1072	97
»	»	»	»	»	»	»	»	1	»	»	»	1	1	2	1	»	2	1	3	98
»	»	1	2	»	»	»	»	»	»	»	»	3	3	6	»	»	3	3	6	99
1	»	»	1	»	»	1	2	»	»	»	»	3	5	8	1	»	4	5	9	100
»	»	»	»	2	»	»	»	1	»	»	»	5	4	9	1	»	6	4	10	101
15	2	28	»	24	2	20	2	16	1	»	»	148	15	163	9	1	137	16	173	102
2	»	5	»	»	»	»	»	»	»	»	»	16	»	16	1	»	17	»	17	103
3	»	14	»	6	»	7	»	5	»	»	»	39	»	39	7	»	46	»	46	104
»	»	»	»	»	»	1	»	»	»	»	»	2	»	2	1	»	3	»	3	105
»	»	»	»	»	»	»	»	»	»	»	»	»	»	»	»	»	»	»	»	106
»	»	»	»	»	1	»	»	»	»	»	»	»	8	8	»	1	»	9	9	107
»	»	»	»	»	»	»	»	»	»	»	»	»	6	6	»	»	»	6	6	108
»	»	»	1	»	»	»	»	»	»	»	»	»	10	10	»	»	»	10	10	109
»	»	»	»	»	»	»	»	»	»	»	»	»	16	16	»	»	»	16	16	110
»	10	»	5	»	10	»	»	»	1	»	2	»	120	120	»	7	»	127	127	111
»	3	»	1	»	1	»	1	»	»	»	1	»	28	28	»	1	»	29	29	112
»	9	»	5	»	»	»	»	»	1	»	3	»	91	91	»	8	»	99	99	113
»	»	»	»	»	»	»	»	»	»	»	1	»	24	24	»	2	»	26	26	114
»	»	»	»	»	»	»	»	»	»	»	»	»	5	5	»	»	»	5	5	115
»	»	»	»	»	»	»	»	»	»	»	»	»	10	10	»	3	»	13	13	116
»	»	»	»	»	»	»	»	»	»	»	»	»	»	»	»	»	»	»	»	116 b.
»	»	»	»	»	»	»	»	»	»	»	»	»	16	16	»	»	»	16	16	117
»	»	»	»	»	»	»	»	»	»	»	»	»	4	4	»	1	»	5	5	118
»	»	»	»	»	»	»	»	»	»	»	»	»	93	93	»	20	»	113	113	119 A
»	»	»	»	»	»	»	»	»	»	»	»	»	»	»	»	»	»	»	»	119 B
»	»	»	»	»	»	»	»	»	»	»	»	»	49	49	»	2	»	51	51	120
»	»	»	»	»	»	»	»	»	»	»	»	»	44	44	»	6	»	50	50	121
»	»	»	»	»	»	»	»	»	»	»	»	»	4	4	»	»	»	4	4	122
»	»	»	»	»	»	»	»	»	»	»	»	»	29	29	»	1	»	30	30	123
»	»	»	»	»	»	»	»	»	»	»	»	»	»	»	»	»	»	»	»	124
5	3	6	5	3	8	1	3	»	5	»	1	63	52	115	5	3	68	55	123	125
1	1	5	4	4	6	4	6	4	3	»	»	39	34	73	7	2	46	36	82	126
1	»	»	»	1	»	1	»	»	»	»	»	6	2	8	1	»	7	2	9	127
2	2	8	»	4	»	1	1	1	»	»	»	64	30	94	7	»	71	30	101	128
»	2	2	»	»	1	»	»	»	2	»	»	13	18	31	»	2	13	20	33	129
1334	1325	1391	1320	1145	1309	674	975	370	687	38	45	23287	20425	43712	1243	901	24530	21326	45856	

Report	3101	2622	2438	2203	500	519	217	243	537	585	838	822	992	1030	1412	
X. — Maladies des organes de la locomotion.																
Mal de Pott	1	»	5	2	9	6	10	1	1	6	4	2	3	1	2	
Abcès froid et par congestion	»	1	»	»	»	»	1	»	»	2	2	2	1	»	»	
Autres affections des os	1	2	3	3	2	1	4	»	2	1	»	»	»	1	»	
Tumeurs blanches	2	1	2	3	4	3	»	2	3	3	2	1	3	1	»	
Autres maladies des articulations	»	»	»	»	»	1	»	»	»	»	1	»	»	»	2	
Amputation	»	»	»	»	»	»	»	»	»	»	»	»	»	»	»	
Autres affections des organes de la locomotion	»	»	»	»	»	»	»	»	»	»	»	»	»	»	»	
XI. — Vices de conformation.																
Vices de conformation	46	23	6	3	1	»	»	»	»	»	»	»	»	»	»	
XII. — Premier age.																
Débilité congénitale, ictère et sclérème	639	623	10	1	»	»	»	»	»	»	»	»	»	»	»	
Défaut de soins	2	1	»	»	»	»	»	»	»	»	»	»	»	»	»	
Maladies spéciales au premier âge	6	5	»	»	»	»	»	»	»	»	»	»	»	»	»	
XIII. — Vieillesse.																
Débilité sénile	»	»	»	»	»	»	»	»	»	»	»	»	»	»	»	
XIV. — Morts violentes.																
Suicide ou tentative de suicide — par le poison	»	»	»	»	»	»	»	»	1	2	3	5	3	1	3	
— par asphyxie	»	»	»	»	»	»	»	»	3	10	6	16	8	18	12	
— par strangulation	»	»	»	»	»	»	3	»	4	»	9	4	12	1	25	
— par submersion	»	»	»	»	»	»	»	1	6	11	7	8	9	5	11	
— par armes à feu	»	»	»	»	»	»	»	»	7	»	14	3	13	1	20	
— par instruments tranchants	»	»	»	»	»	»	»	»	1	»	»	»	»	»	»	
— par précipitation d'un lieu élevé	»	»	»	»	»	»	»	»	1	»	1	1	2	4	2	
— par écrasement	»	»	»	»	»	»	»	»	»	»	»	»	»	»	»	
— Autres	»	»	»	»	»	»	»	»	»	»	»	»	»	»	»	
Fractures	1	»	2	2	3	4	4	»	4	2	8	5	9	3	18	
Luxations	»	»	»	»	»	»	»	»	»	»	»	»	»	»	»	
Autres traumatismes accidentels	»	4	9	2	8	2	5	»	10	1	10	3	7	2	20	
Brûlure — par le feu	2	1	12	4	3	1	»	1	3	7	1	6	4	3	»	
Brûlure — par substances corrosives	»	»	»	»	»	»	»	»	»	»	»	»	»	»	»	
Insolation et congélation	»	»	»	»	»	»	»	»	»	»	»	»	»	»	»	
Submersion accidentelle	»	»	2	»	»	»	2	»	5	1	5	5	8	3	13	
Inanition	»	1	»	»	»	»	»	»	»	»	»	»	»	»	»	
Absorption de gaz délétères (suicide excepté)	3	1	3	3	1	3	1	1	2	3	5	2	2	»	1	
Autres empoisonnements accidentels	2	»	1	»	»	»	»	»	»	2	1	»	2	3	1	
Autres violences extérieures	2	1	»	»	»	»	1	»	3	3	3	2	7	1	7	
XV. — Maladies mal définies.																
Épuisement, cachexie	»	»	2	»	»	»	»	»	»	»	»	»	»	»	»	
Fièvre inflammatoire	4	»	4	1	»	»	»	»	»	»	»	»	1	1	»	
Hydropisie	»	»	»	1	»	»	»	»	»	1	»	»	»	»	»	
Asphyxie, cyanose	9	4	1	»	»	»	»	»	»	»	»	»	»	»	1	
Mort subite	1	2	»	»	»	2	1	1	1	»	1	1	3	3	3	
Tumeur abdominale	»	»	1	»	1	»	»	»	»	»	»	»	1	2	»	
Autres tumeurs	»	»	»	»	1	»	»	»	2	»	»	»	»	»	»	
Plaie	»	»	»	»	»	»	»	»	1	»	1	»	1	»	»	
Maladies inconnues ou non spécifiées	13	13	7	1	1	1	1	»	5	4	5	2	7	7	9	
Total pour Paris	3855	3308	2502	2236	534	543	250	251	602	581	941	888	1098	1111	1562	
	7,163		4,738		1,077		501		1,183		1,829		2,209		2,676	
Domiciliés hors Paris	149	85	127	123	50	33	23	10	33	28	82	53	84	82	81	77
Total général	4004	3393	2629	2359	584	576	273	261	635	609	1023	941	1182	1193	1643	1191
	7,397		4,988		1,160		534		1,244		1,964		2,375		2,834	

…. (Suite et fin.)

…55 ans	De 60 à 64 ans		De 65 à 69 ans		De 70 à 74 ans		De 75 à 79 ans		De 80 ans et au-dessus		Age inconnu		TOTAL POUR PARIS			Domiciliés hors Paris		TOTAL GÉNÉRAL			NUMÉROS D'ORDRE
F	M	F	M	F	M	F	M	F	M	F	M	F	M	F	Tot.	M	F	M	F	Tot.	
1274	1534	1329	1391	1326	1115	1309	671	975	370	687	38	45	23287	20425	43712	1243	904	24530	21326	45856	
1	»	2	1	»	»	»	»	»	»	»	»	»	44	28	72	1	2	45	30	75	130
1	»	»	»	»	»	»	»	»	»	»	»	»	6	6	12	»	»	6	6	12	131
»	2	2	»	1	1	2	»	1	»	»	»	»	18	16	34	4	»	22	16	38	132
»	2	»	1	1	»	»	1	»	»	»	»	»	24	19	43	2	»	26	19	45	133
»	»	»	1	»	2	1	»	»	»	»	»	»	7	2	9	»	»	7	2	9	134
»	»	»	»	»	»	»	»	»	»	»	»	»	1	»	1	»	»	1	»	1	135
»	»	»	»	»	»	»	»	»	»	»	»	»	1	»	1	»	»	1	»	1	136
»	»	»	»	»	»	»	»	»	»	»	»	»	53	28	81	3	1	56	29	85	137
»	»	»	»	»	»	»	»	»	»	»	»	»	669	627	1296	37	23	706	650	1356	138
»	»	»	»	»	»	»	»	»	»	»	»	»	2	1	3	»	»	2	1	3	139
»	»	»	»	»	»	»	»	»	»	»	»	»	6	5	11	»	»	6	5	11	140
»	15	21	26	33	78	127	126	263	300	580	»	2	545	1028	1573	5	5	550	1033	1583	141
»	2	1	3	1	»	1	1	»	»	»	»	»	26	22	48	1	»	27	22	49	142 A
6	10	9	8	7	5	3	3	1	1	»	4	2	146	132	278	»	»	146	132	278	142 B
7	31	5	18	1	13	1	4	3	3	»	4	»	298	46	344	7	»	305	46	351	142 C
1	9	2	5	2	3	»	1	»	»	»	»	»	114	54	168	29	18	143	72	215	142 D
»	8	»	4	»	5	2	2	»	»	1	3	»	147	45	192	6	»	153	45	198	142 E
»	2	»	2	»	1	»	»	»	»	»	»	»	11	2	13	»	»	11	2	13	142 F
»	1	1	1	»	2	1	2	1	»	»	»	»	23	16	39	2	1	25	17	42	142 G
»	»	»	»	»	»	»	»	»	»	»	»	»	»	»	»	»	»	»	»	»	142 H
»	»	»	»	»	»	»	»	»	»	»	»	»	»	»	»	»	»	»	»	»	142 I
1	7	3	9	3	3	2	1	2	1	5	6	1	147	42	189	31	1	178	43	221	143
»	»	»	»	»	»	»	»	»	»	»	»	»	1	»	1	»	»	1	»	1	144
2	6	2	5	1	4	4	»	1	»	1	5	»	160	41	201	35	2	195	43	238	145
1	2	2	1	»	»	7	1	1	1	5	»	»	38	45	83	10	14	48	59	107	146 A
»	»	»	»	»	»	»	»	»	»	»	»	»	»	»	»	»	»	»	»	»	146 B
»	»	»	»	»	»	»	»	»	»	»	»	»	»	»	»	»	»	»	»	»	147
»	4	2	6	1	»	1	1	»	»	»	3	1	104	30	134	10	5	114	35	149	148
»	2	»	1	»	1	1	»	»	»	1	»	1	7	8	15	1	1	8	9	17	149
»	1	»	1	1	»	1	»	»	»	»	1	1	31	21	52	1	1	32	22	54	150
»	»	»	1	1	»	1	1	»	»	»	»	»	12	10	22	1	»	13	10	23	151
1	1	»	3	1	»	1	»	»	1	»	»	»	51	19	70	4	1	55	20	75	152
»	»	1	»	»	»	1	»	»	»	1	»	»	5	5	10	1	1	6	6	12	153
1	1	»	»	1	»	»	1	»	»	2	»	»	12	10	22	»	1	12	11	23	154
1	»	1	»	5	1	3	»	2	»	1	»	»	3	22	25	2	»	5	22	27	155
»	»	»	»	»	»	»	»	»	»	»	»	»	11	4	15	»	»	11	4	15	156
9	11	7	8	7	5	2	2	6	3	4	»	»	68	54	122	3	1	71	55	126	157
3	»	9	4	5	3	2	1	4	1	1	»	»	20	34	54	»	1	20	35	55	158
»	1	2	1	2	»	2	»	»	»	2	»	»	7	12	19	»	»	7	12	19	159
»	»	»	1	»	»	»	»	»	»	»	»	»	11	9	20	2	2	13	11	24	160
6	15	7	7	5	3	6	2	2	1	»	8	2	160	91	251	17	8	177	99	276	161
1318	1667	1408	1309	1407	1245	1481	821	1262	682	1291	72	55	26276	22929	49205						
13	3,075		2,946		2,726		2,083		1,973		127										
43	93	64	80	45	50	32	33	15	12	11	1	1				1458	990				
1361	1760	1472	1389	1452	1295	1513	854	1277	694	1302	73	56									
54	3,232		3,041		2,808		2,131		1,996		129					2,448		27734	23919	51653	

I. — Maladies épidémiques.										
Fièvre typhoïde	25	53	289	84	34	46	33	37	21	22
Typhus	1	»	»	3	1	7	6	»	1	2
Scorbut	1	»	3	2	2	1	»	3	2	»
Variole	46	37	20	23	17	12	5	3	1	1
Rougeole	71	78	101	169	227	159	97	32	12	11
Scarlatine	11	11	15	19	16	18	24	10	5	9
Coqueluche	5	22	25	26	27	26	30	23	20	23
Diphtérie et croup	145	110	148	133	122	80	78	64	34	27
Grippe	21	31	34	24	13	3	»	1	3	1
Suette miliaire	1	»	»	»	»	»	»	»	»	»
Choléra asiatique	»	»	»	»	»	»	3	»	»	»
Choléra nostras	»	1	»	1	1	1	4	5	4	2
Autres	»	»	»	»	»	2	1	»	»	1
II. — Autres maladies générales.										
Infection purulente et septicémie	7	4	7	5	11	9	6	8	5	7
Morve	»	»	»	»	»	»	»	»	»	»
Farcin	»	»	»	»	»	»	»	»	»	»
Pustule maligne et charbon	»	»	»	»	»	»	»	1	1	»
Rage	2	1	»	»	1	»	»	»	»	1
Fièvre intermittente	»	»	1	1	1	»	1	»	»	1
Cachexie palustre	»	»	»	»	»	1	1	»	1	1
Pellagre	»	»	»	»	»	»	»	»	»	»
Tuberculose — des poumons	848	736	913	897	848	736	787	712	744	765
Tuberculose — des méninges	59	71	83	106	89	81	78	80	61	90
Tuberculose — du péritoine	7	10	19	9	11	10	19	16	15	10
Tuberculose — de la peau	1	1	»	»	»	»	»	»	»	»
Tuberculose — d'autres organes	23	23	32	20	25	13	21	20	19	18
Tuberculose — généralisée	72	68	77	103	99	77	70	52	60	57
Scrofule	»	1	»	4	2	1	2	1	1	3
Syphilis	19	14	20	22	10	13	15	18	17	15
Cancer — de la bouche	9	6	13	8	12	13	6	5	7	7
Cancer — de l'estomac, du foie	96	91	83	80	82	72	90	79	93	92
Cancer — des intestins, du rectum	14	18	24	22	10	24	21	18	20	19
Cancer — des organes génitaux de la femme	62	58	53	48	63	46	43	56	40	52
Cancer — du sein	14	19	11	14	23	14	12	17	18	11
Cancer — de la peau	1	2	1	1	»	»	1	»	»	»
Cancer — autres	37	29	24	28	28	19	22	29	37	35
Rhumatismes	12	13	9	19	18	8	14	13	9	11
Goutte	3	2	»	4	3	1	»	1	4	1
Diabète	28	34	28	24	29	20	21	20	18	16
Goitre exophtalmique	»	2	»	4	»	»	2	»	1	1
Maladie bronzée d'Addison	2	1	2	1	1	2	1	»	»	1
Leucémie	1	1	»	»	1	3	2	1	4	2
Anémie, chlorose	3	4	11	9	7	2	5	1	6	3
Autres maladies générales	»	»	»	»	1	»	»	»	»	»
Alcoolisme (aigu ou chronique)	14	9	10	8	12	17	9	17	6	12
Saturnisme	2	1	»	2	3	3	1	3	3	1
Autres intoxications professionnelles chroniques	»	»	»	»	»	»	»	»	»	»
Autres empoisonnements chroniques	»	»	»	»	»	1	»	»	»	»

Report..........	1663	1563	2056	1922	1850	1563	1541	1366	1289	1321	1275	1103	18,825	1146	19,971
…ALADIES LOCALES.															
…AFFECTIONS DU SYSTÈME NERVEUX ET …DES ORGANES DES SENS.															
…ite..........	1	»	2	1	2	1	2	2	»	»	2	2	18	»	18
…e simple..........	122	113	135	146	107	124	134	100	89	96	99	109	1,374	29	1,403
…motrice progressive..........	11	3	4	6	3	6	6	3	6	2	7	10	67	2	69
…musculaire progressive..........	2	»	1	4	1	»	»	1	1	»	»	»	10	»	10
…on et hémorragie cérébrales..........	219	185	204	214	209	169	164	153	153	172	185	181	2,208	67	2,275
…issement cérébral..........	44	28	30	33	32	31	30	38	27	42	34	35	402	27	429
…sans cause indiquée..........	45	38	45	34	30	32	27	33	22	21	26	44	397	17	414
…e générale..........	21	8	17	15	23	14	11	10	3	18	13	17	172	3	17.
…formes de l'aliénation mentale..........	2	»	»	»	2	»	2	1	»	»	2	2	11	1	12
…..........	2	3	5	4	4	2	5	3	6	4	1	7	46	2	48
…ie (non puerpérale)..........	1	1	»	»	»	2	»	»	1	1	»	1	7	»	7
…ions des enfants..........	48	47	49	48	33	49	53	33	20	29	33	41	485	8	493
…..........	1	»	3	3	»	2	1	»	»	»	2	1	13	10	23
…..........	»	»	»	»	1	»	2	»	»	1	»	»	4	»	4
…maladies du système nerveux..........	9	18	22	10	13	15	10	12	9	18	13	14	163	12	175
…des yeux..........	1	»	1	»	»	»	»	»	»	»	»	»	2	»	2
…des oreilles..........	1	2	1	1	2	»	»	»	1	2	»	2	12	2	14
…MALADIES DE L'APPAREIL CIRCULATOIRE.															
…ite..........	»	»	1	»	6	2	1	»	»	2	1	2	15	1	16
…ites..........	16	10	7	12	4	9	5	9	7	8	4	4	88	5	93
…organiques du cœur..........	226	221	290	270	300	225	212	204	196	244	235	203	3,016	91	3,107
…de poitrine..........	15	11	12	7	9	7	7	4	7	10	6	10	105	1	106
…des artères, athérome, gangrène …anévrisme, etc..........	15	11	20	19	22	15	15	20	16	17	15	21	206	15	221
…..........	16	20	24	18	23	16	16	8	11	23	16	23	214	8	222
…ulcères variqueux, hémorroïdes..........	3	2	1	»	1	»	»	»	2	2	»	2	13	»	13
…et autres affections des veines..........	3	5	4	3	»	6	3	3	3	4	6	8	48	5	53
…agie..........	»	»	»	»	»	»	»	»	»	»	»	»	»	»	»
…affections du système lymphatique..........	»	»	»	»	3	»	»	1	»	»	2	»	6	4	10
…gion..........	4	3	10	8	7	2	3	2	2	5	2	5	53	5	58
…affections de l'appareil circulatoire.	»	»	»	»	2	1	1	»	3	1	2	1	11	»	11
…MALADIES DE L'APPAREIL RESPIRATOIRE.															
…des fosses nasales..........	»	»	»	»	»	»	1	»	»	»	»	»	1	»	1
…du larynx et du corps thyroïde.	2	6	4	3	7	5	7	6	4	5	10	4	63	2	65
…aiguë..........	138	116	112	83	86	57	34	39	26	43	65	111	910	11	921
…chronique..........	204	145	172	136	136	83	89	52	78	123	109	137	1,484	14	1,498
…pneumonie..........	238	167	201	174	140	113	104	71	72	113	127	192	1,716	82	1,798
…ie..........	277	198	273	343	216	137	94	86	89	126	116	233	2,190	106	2,296
…..........	23	29	37	36	24	20	30	25	21	17	24	27	319	19	338
…et apoplexie pulmonaires..........	206	124	168	103	84	67	61	49	67	91	90	146	1,319	18	1,337
…du poumon..........	2	3	3	3	4	3	1	1	1	1	3	»	25	3	28
…..........	20	13	24	13	16	9	6	8	7	20	18	27	185	2	187
…maladies de l'appareil respiratoire (…exceptée)..........	10	14	12	14	14	12	10	4	10	6	11	11	128	12	140
…MALADIES DE L'APPAREIL DIGESTIF.															
…de la bouche et de ses annexes..	4	»	»	3	3	»	»	»	»	3	1	»	14	»	14
…du pharynx et de l'œsophage...	2	4	4	4	7	2	3	3	2	3	2	2	38	3	41
…de l'estomac (ulcère de l'estomac).	4	»	8	3	3	1	6	14	9	8	5	9	75	3	78
…de l'estomac (cancer ex-…)..........	21	10	17	24	17	12	15	9	10	13	13	18	179	2	181
A reporter..........	3712	3123	3979	3788	3448	2818	2745	2373	2270	2627	2576	3178	36,637	1738	38,375

NUMÉROS d'ordre	CAUSES DE DÉCÈS	JANVIER	FÉVRIER	MARS	AVRIL	MAI	JUIN	JUILLET	AOUT	SEPTEMBRE	OCTOBRE	NOVEMBRE	DÉCEMBRE	TOTAL POUR PARIS	DOMICILIÉS hors Paris
	Report	3712	3123	3979	3788	3448	2818	2765	2373	2270	2887	2576	3478	36,637	1738
82	Affections de l'intestin. — Diarrhée infantile, athrepsie	166	132	178	193	209	232	512	495	303	254	116	136	2,928	78
83	Diarrhée et entérite	9	13	14	8	8	8	17	16	15	9	10	7	134	11
84	Dysentérie	1	»	1	2	»	»	2	4	»	»	2	»	14	1
85	Parasites intestinaux	»	»	»	»	»	»	»	»	»	»	»	»	»	»
86	Hernies, obstructions intestinales	24	24	26	27	30	21	24	26	20	30	30	29	314	31
87	Autres affections de l'intestin	3	4	8	4	7	4	7	9	4	8	6	4	68	8
88	Affections du foie. — Ictère grave	2	5	9	5	6	5	3	10	6	4	9	5	69	5
89	Tumeurs hydatiques du foie	3	2	»	»	2	2	2	»	1	»	2	»	14	2
90	Cirrhose du foie	51	52	33	42	41	43	55	37	43	36	45	48	526	27
91	Calculs biliaires	4	5	5	4	5	»	»	2	5	4	2	4	40	3
92	Autres affections du foie	31	26	26	19	20	28	34	23	25	19	23	32	306	5
93	Péritonite inflammatre (puerpérale exceptée)	44	34	42	32	26	30	25	33	20	26	28	36	376	40
94	Autres affections de l'appareil digestif (cancer et tuberculose exceptés)	»	»	»	»	»	»	»	»	»	»	»	»	»	»
95	Phlegmon de la fosse iliaque	2	»	1	1	7	3	4	1	2	»	3	5	29	4
	VII. — MALADIES DE L'APPAREIL GÉNITO-URINAIRE ET DE SES ANNEXES.														
96	Néphrite aiguë	13	11	18	11	11	9	11	9	7	10	6	21	137	17
97	Maladie de Bright	108	81	83	80	90	81	82	62	74	74	86	95	996	76
98	Périnéphrite et abcès périnéphrique	»	1	»	»	»	»	»	»	»	»	1	»	2	1
99	Calculs rénaux	»	»	»	»	1	»	3	1	»	1	»	»	6	»
100	Autres maladies des reins et annexes	2	»	»	»	»	»	»	»	1	2	1	2	8	1
101	Calculs vésicaux	»	»	»	2	»	3	»	»	1	»	»	3	9	1
102	Maladies de la vessie	17	11	11	16	13	14	17	16	11	15	10	12	163	10
103	Maladies de l'urètre (abcès urineux, etc.)	2	1	2	»	3	»	»	»	3	»	»	3	16	1
104	Maladies de la prostate	3	»	5	3	6	3	2	5	4	6	2	»	39	7
105	Maladies du testicule et de ses enveloppes. — Orchite	»	»	1	»	»	»	»	1	»	»	»	»	2	1
106	Aut. malad. des organes génitaux de l'homme	»	»	»	»	»	»	»	»	»	»	»	»	»	»
107	Abcès du bassin	»	1	2	»	»	»	»	4	»	»	»	1	8	1
108	Hématocèle péri-utérine	3	»	»	»	»	»	»	»	»	1	1	1	6	»
109	Maladies de l'utérus. — Métrite	»	»	2	1	2	»	1	1	»	1	1	1	10	»
110	Hémorragies (non puerpérales)	3	»	1	2	»	»	2	2	1	2	2	1	16	»
111	Tumeurs (non cancéreuses)	13	14	13	14	11	9	10	11	2	3	12	8	120	7
112	Autres maladies de l'utérus	3	»	2	3	»	1	3	1	4	3	»	8	28	1
113	Kystes et autres tumeurs de l'ovaire	3	8	8	7	12	8	12	3	2	7	14	5	91	8
114	Aut. maladies des organes génit. de la femme.	2	1	»	1	1	5	1	1	3	4	2	3	24	2
115	Maladies de la mamelle non puerpérales (cancer excepté)	»	»	»	1	1	»	»	»	»	1	»	2	5	»
	VIII. — AFFECTIONS PUERPÉRALES.														
116	Accidents de la grossesse	»	2	1	»	»	»	2	»	2	1	1	1	10	3
116 b	Accouchement normal	»	»	»	»	»	»	»	»	»	»	»	»	»	»
117	Hémorragie puerpérale	4	»	»	1	3	6	2	»	»	»	»	»	16	»
118	Autres accidents de l'accouchement	»	»	»	3	»	»	»	»	»	1	»	»	4	1
119 A	Septicémie puerpérale	6	10	10	8	12	2	14	6	7	10	2	6	93	20
119 B	Phlébite puerpérale	»	»	»	»	»	»	»	»	»	»	»	»	»	»
120	Métropéritonite puerpérale	3	3	6	6	»	7	1	5	4	5	2	5	49	2
121	Albuminerie et éclampsie puerpérales	4	2	7	3	1	4	3	1	4	7	3	3	44	6
122	Phlegmatia alba dolens puerpérale	»	»	»	»	»	»	»	2	2	»	»	»	4	»
123	Accidents puerpéraux. — Mort subite	1	1	3	1	3	4	2	»	4	4	4	2	29	1
124	Maladies puerpérales de la mamelle	»	»	»	»	»	»	»	»	»	»	»	»	»	»
	IX. — MALADIES DE LA PEAU ET DU TISSU CELLULAIRE.														
125	Érysipèle	16	8	18	11	15	4	8	9	3	9	9	5	115	8
126	Gangrène	8	7	5	7	4	7	9	7	1	5	7	6	73	9
	A reporter	4268	3564	4520	4310	3998	3361	3615	3178	2838	3189	3018	3880	43,579	2124

…é et par congélation	2	»	1	»	2	»	»	3	»	»	1	3	12	»	12
…lésions des os	3	6	»	4	5	1	8	3	2	»	2	»	34	4	38
…blanches	3	3	4	4	2	»	»	7	4	7	3	6	43	2	45
…adies des articulations	»	»	3	»	1	4	1	»	»	»	»	»	9	»	9
…ie	»	»	»	1	»	»	»	»	»	»	»	»	1	»	1
…ections des organes de la locomo-…	»	»	»	»	»	1	»	»	»	»	»	»	1	»	1
— Vices de conformation.															
…conformation	16	1	8	6	7	11	9	5	7	5	2	4	81	4	85
XII. — Premier âge.															
…congénitale, ictère et sclérème	169	124	114	110	113	100	97	92	83	80	92	122	1,296	60	1,336
…ction	»	1	»	1	»	»	»	»	»	»	1	»	3	»	3
…aladies spéciales au premier âge	3	»	»	1	1	2	2	»	»	»	2	»	11	»	11
XIII. — Vieillesse.															
…énile	174	122	166	147	127	138	113	102	105	111	106	162	1,573	10	1,583
— Affections produites par des causes extérieures.															
…r le poison	5	3	5	»	3	5	6	3	10	2	2	4	48	1	49
…r asphyxie	23	18	24	20	28	22	23	24	18	37	18	23	278	»	278
…r strangulation	24	25	30	27	32	30	30	34	38	22	20	23	344	7	351
…r submersion	6	12	18	24	22	18	17	11	17	8	11	4	168	47	215
…r armes à feu	20	16	18	15	12	10	14	13	3	17	13	11	162	6	168
…r instruments tranchants	»	2	»	1	»	»	»	2	2	2	3	1	13	»	13
…r précipitation d'un lieu élevé	7	4	4	3	»	5	3	2	7	1	3	»	39	3	42
…r écrasement	»	»	»	»	»	»	»	»	»	»	»	»	»	»	»
…ives	»	»	»	»	»	»	»	»	»	»	»	»	»	»	»
…	12	6	20	18	14	18	13	22	17	17	17	13	189	32	221
…h	»	»	»	»	»	»	»	»	»	»	1	»	1	»	1
…me accidentel	16	16	15	17	13	12	23	26	16	14	11	20	201	37	238
… par le feu	10	6	11	9	8	4	9	»	6	5	8	7	83	24	107
… par substances corrosives	»	»	»	»	»	»	»	»	»	»	»	»	»	»	»
… et congélation	»	»	»	»	»	»	»	»	»	»	»	»	»	»	»
…n accidentelle	11	9	13	19	13	9	19	14	7	10	7	3	134	15	149
…	2	»	3	»	»	»	2	1	1	»	1	3	15	2	17
…n de gaz délétères (suicide excepté)	3	4	4	3	3	4	»	6	5	10	4	6	52	2	54
…mpoisonnements accidentels	»	»	»	5	2	3	3	»	2	2	5	»	22	1	23
…olences extérieures	9	2	9	10	6	7	8	9	2	4	2	2	70	5	75
— Maladies mal définies.															
…nt, cachexie	»	»	»	»	»	»	»	»	»	6	»	4	10	2	12
…toire	1	5	7	»	1	3	»	1	2	»	1	1	22	1	23
…e	1	5	4	2	2	»	1	3	1	1	3	2	25	2	27
…, cyanose	»	»	5	3	3	»	1	2	»	»	»	1	15	»	15
…ie	10	10	14	15	16	6	9	11	5	3	15	8	122	4	126
…abdominale	8	4	6	4	3	3	3	3	2	8	5	5	54	1	55
…meurs	2	4	3	2	»	1	2	3	1	»	»	1	19	»	19
…	3	»	3	2	»	4	3	»	»	3	»	2	20	4	24
…inconnues ou non spécifiées	25	14	34	20	21	18	20	28	11	19	19	22	251	25	276
Totaux	4852	4023	5088	4824	4476	3837	4076	3615	3245	3395	3115	4159	49,205	2448	51,653

Décès par mois et par grands groupes d'âges (Domiciliés à Paris).

MOIS	DE 0 A 1 AN									1 A 4 ANS			5 A 19 ANS			20 A 39 ANS			40 A 59 ANS			60 A ω			TOTAL		
	LÉGITIMES			ILLÉGITIMES			TOTAL																				
	M.	F.	T.	M.	F.	T.	M.	F.	T.	MASCULIN	FÉMININ	TOTAL	MASCULIN	FÉMININ	TOTAL	MASCULIN	FÉMININ	TOTAL	MASCULIN	FÉMININ	TOTAL	MASCULIN	FÉMININ	TOTAL	MASCULIN	FÉMININ	TOTAL
Janvier																											
Février......																											
Mars........																											
Avril.... ..																											
Mai...... .																											
Juin																											
Juillet																											
Août.... ..																											
Septembre...																											
Octobre																											
Novembre ...																											
Décembre....																											
TOTAL...																											

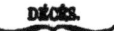

le décès des enfants de 1 à 5 ans par mois de l'année (Domiciliés à Paris).

....	2	1	2	2	2	1	1	1	»	»	»	»	12
....	45	49	67	123	162	104	61	35	7	8	4	5	670
....	6	5	7	7	9	4	8	4	2	4	»	4	60
....	3	15	15	15	17	17	14	11	7	13	3	3	133
....	101	71	103	93	85	53	53	43	19	19	17	28	687
...e pulmonaire	6	20	11	24	22	13	19	17	11	9	9	20	183
...e des méninges	27	39	37	54	43	32	45	33	29	48	33	46	466
...erculoses	4	8	14	16	12	16	10	11	11	9	9	8	128
....	3	1	»	»	»	1	»	1	»	»	2	»	8
...simple	38	40	59	71	47	56	62	46	44	34	50	50	623
...s	10	10	11	7	7	11	22	8	»	»	»	8	94
...aiguë	36	32	26	21	36	17	13	15	14	24	14	20	268
...chronique	4	3	7	»	7	2	1	1	2	4	2	4	37
...eumonie	60	57	52	65	58	46	49	26	21	24	43	52	553
....	25	18	23	28	23	9	14	11	8	12	9	18	198
	3	»	3	8	4	3	2	3	1	»	1	6	34
	12	8	23	20	24	22	73	40	21	20	20	9	291
	»	»	»	»	»	»	»	»	1	»	»	»	1
	1	»	»	»	»	»	»	»	»	»	»	»	1
	1	»	»	1	»	»	»	»	»	»	»	9	11
	4	1	»	2	»	2	»	»	»	1	»	1	11
...nles	»	4	2	2	2	7	4	7	3	4	2	3	40
...ses	17	16	28	25	21	12	14	18	23	21	12	7	216
...onnues	»	3	2	1	2	1	1	2	»	»	1	»	13
Total	428	407	491	587	583	431	466	333	226	254	231	301	4,738

....	4	5	9	2	1	3	»	»	»	»	»	»	6	6	12
....	224	161	385	78	90	168	36	45	81	23	13	36	361	309	670
....	17	4	21	9	7	16	11	3	14	5	4	9	42	18	60
....	31	42	73	13	12	25	13	7	20	10	5	15	67	66	133
....	97	74	171	109	89	198	99	92	191	67	60	127	372	315	687
...e pulmonaire	45	28	73	27	15	42	14	20	24	10	24	34	96	87	183
...des méninges	83	74	157	63	54	117	48	56	104	41	47	88	235	231	466
	29	19	48	18	19	37	16	8	24	13	6	19	76	52	128
	2	2	4	1	3	4	»	»	»	»	»	»	3	5	8
	134	123	257	81	71	152	66	65	131	39	44	83	320	303	623
	35	35	70	8	4	12	5	3	8	2	2	4	50	44	94
	84	88	172	27	22	49	20	7	27	9	11	20	140	128	268
	13	7	20	5	3	8	3	5	8	»	1	1	21	16	37
	185	152	337	51	56	107	35	37	72	15	22	37	286	267	553
	54	45	99	19	24	43	14	23	37	3	16	19	90	108	198
	7	5	12	4	4	8	3	7	10	3	1	4	17	17	34
	128	104	232	19	20	39	7	4	11	5	4	9	159	132	291
	1	»	1	»	»	»	»	»	»	»	»	»	1	»	1
	»	1	1	»	»	»	»	»	»	»	»	»	»	1	1
	4	1	5	2	3	5	»	1	1	»	»	»	6	5	11
	1	1	2	4	»	4	3	»	3	2	»	2	10	1	11
...ntes	9	2	11	11	6	17	4	2	6	5	1	6	29	11	40
...es	27	32	59	32	26	58	27	23	50	22	27	49	108	108	216
...nnues	2	5	7	2	»	2	»	»	»	3	1	4	7	6	13
Total	1,216	1,010	2,226	583	529	1,114	424	408	832	277	289	566	2,502	2,236	4,738

Principales causes de décès par arrondisseme[nt]

PRINCIPALES CAUSES DE DÉCÈS	GROUPES D'AGES	AR[RONDISSEMENTS] 1er	2e	3e	4e	5e
Fièvre typhoïde	de 0 à 11 mois	»	1	»	»	»
	— 1 19 ans	3	7	15	5	16
	— 20 39 —	10	11	10	10	14
	— 40 59 —	4	2	1	3	6
	— 60 et au-dessus	»	»	»	»	»
	Total	17	21	26	18	36
Variole	de 0 à 11 mois	»	»	1	»	1
	— 1 19 ans	»	»	1	»	»
	— 20 39 —	»	2	2	5	2
	— 40 59 —	2	1	»	2	»
	— 60 et au-dessus	»	»	»	»	»
	Total	2	3	4	7	3
Rougeole	de 0 à 11 mois	1	3	4	12	16
	— 1 19 ans	5	8	22	30	39
	— 20 39 —	1	»	»	»	»
	— 40 59 —	»	»	1	»	»
	— 60 et au-dessus	»	»	»	»	»
	Total	7	11	27	42	55
Scarlatine	de 0 à 11 mois	»	»	»	1	1
	— 1 19 ans	1	1	4	6	3
	— 20 39 —	1	»	»	»	»
	— 40 59 —	1	»	»	»	»
	— 60 et au-dessus	»	»	»	1	»
	Total	3	1	4	8	4
Coqueluche	de 0 à 11 mois	2	2	5	4	1
	— 1 19 ans	3	5	7	1	6
	Total	5	7	12	5	7
Diphtérie	de 0 à 11 mois	»	»	1	1	3
	— 1 19 ans	17	13	33	24	20
	— 20 39 —	»	»	1	»	2
	— 40 59 —	»	»	»	»	»
	— 60 et au-dessus	1	»	»	»	»
	Total	18	13	35	25	25
Phtisie pulmonaire	de 0 à 11 mois	»	»	»	4	5
	— 1 19 ans	13	16	32	28	49
	— 20 39 —	102	91	185	218	246
	— 40 59 —	63	67	124	145	174
	— 60 et au-dessus	14	11	21	22	39
	Total	192	185	362	417	513
Méningite tuberculeuse	de 0 à 11 mois	1	»	»	3	10
	— 1 19 ans	10	6	8	16	34
	— 20 39 —	1	1	3	4	7
	— 40 59 —	3	1	1	3	2
	— 60 et au-dessus	»	1	»	»	»
	Total	15	9	12	26	53
Autres tuberculoses	de 0 à 11 mois	2	»	1	»	1
	— 1 19 ans	8	5	5	13	8
	— 20 39 —	8	12	13	18	31
	— 40 59 —	8	9	14	16	13
	— 60 et au-dessus	1	3	4	1	1
	Total	27	29	37	48	54
Cancers et autres tumeurs	— 0 à 11 mois	»	»	»	»	»
	— 1 19 ans	1	»	2	»	»
	— 20 39 —	5	6	4	8	13
	— 40 59 —	27	30	44	50	63
	— 60 et au-dessus	15	18	27	44	59
	Total	48	54	77	102	135
Méningite simple	de 0 à 11 mois	1	8	7	13	4
	— 1 19 ans	7	30	32	32	13
	— 20 39 —	4	6	4	5	4
	— 40 59 —	2	3	2	»	7
	— 60 et au-dessus	»	»	»	»	1
	Total	14	47	45	52	29
Congestion et hémorragie cérébrales	de 0 à 11 mois	1	»	1	3	»
	— 1 19 ans	»	1	1	1	2
	— 20 39 —	3	6	6	9	5
	— 40 59 —	22	10	23	35	48
	— 60 et au-dessus	36	27	42	62	70
	Total	62	44	73	110	125
Paralysie sans cause indiquée	de 0 à 11 mois	»	»	»	»	»
	— 1 19 ans	»	»	»	»	»
	— 20 39 —	»	2	»	2	1
	— 40 59 —	»	3	2	»	6
	— 60 et au-dessus	1	6	7	2	22
	Total	1	11	9	4	29

upes d'âges (domiciliés à Paris).

											DÉPOSÉS À LA MORGUE	TOTAL POUR PARIS
»	»	»	»	»	»	»	»	»	»	1	»	2
9	23	18	36	25	25	9	15	22	13	8	»	297
34	35	15	15	15	28	5	10	16	14	9	»	324
»	7	8	6	2	4	»	4	4	4	»	»	66
2	»	1	»	1	»	»	2	»	»	»	»	8
46	86	30	57	43	57	14	31	42	33	18	»	687
2	5	6	6	3	1	»	»	12	7	»	»	44
4	3	1	1	»	»	1	»	2	5	1	»	16
3	»	2	»	2	3	»	2	16	3	2	»	32
1	6	1	2	»	2	1	3	12	8	1	»	47
1	»	»	»	»	1	»	1	1	1	1	»	7
7	14	10	9	5	7	2	6	43	24	5	»	166
13	35	12	26	11	12	2	11	42	20	29	»	271
30	79	30	74	68	32	3	34	76	34	60	»	714
»	»	»	1	»	»	»	»	»	»	»	»	4
»	»	»	»	»	»	»	»	»	»	»	»	3
»	1	»	»	»	»	»	»	»	»	»	»	1
33	115	42	101	78	64	7	45	118	74	95	»	993
1	2	1	1	2	»	»	»	1	2	1	»	14
3	9	5	6	6	10	3	12	6	11	11	»	111
6	1	2	»	»	1	»	1	1	2	1	»	19
»	»	»	»	»	»	»	»	»	1	»	»	4
»	1	»	»	»	»	»	»	»	»	»	»	3
10	13	8	7	8	11	3	13	8	16	13	»	151
9	11	15	10	9	4	1	12	9	11	10	»	119
7	18	9	2	4	6	»	11	23	17	6	»	136
16	29	24	12	13	10	1	23	32	28	16	»	256
2	8	6	2	2	1	2	2	6	11	3	»	54
32	89	44	29	46	35	11	31	193	99	106	»	922
1	1	»	2	»	»	2	2	5	»	»	»	21
1	2	»	»	»	»	»	2	1	1	»	»	7
»	»	»	»	»	1	»	1	»	»	1	»	5
50	100	50	33	48	37	15	38	205	111	112	»	1,000
2	6	4	1	3	3	»	2	7	3	8	»	49
36	103	63	50	82	39	23	51	108	38	80	»	939
263	518	233	263	327	293	102	284	513	287	383	»	4,813
184	344	134	143	228	183	82	184	353	185	234	»	3,190
27	58	36	32	36	35	14	29	74	43	47	»	614
512	1,081	482	481	696	575	221	547	1,055	576	781	»	8,005
»	9	13	8	16	12	1	7	12	14	32	»	143
15	47	60	34	57	63	4	25	62	82	84	»	663
3	13	4	6	8	5	2	6	4	7	4	»	94
1	7	1	1	2	1	1	2	1	2	5	»	36
»	»	»	»	1	»	»	»	»	»	»	»	2
21	76	78	46	84	83	8	40	79	105	125	»	937
1	9	3	3	1	7	»	3	11	1	7	»	53
10	37	22	12	21	20	4	23	44	8	20	»	282
29	54	23	19	19	23	7	22	58	30	41	»	455
21	47	28	6	26	21	5	14	45	40	41	»	368
3	11	2	5	2	9	»	2	4	8	10	»	76
84	155	90	45	69	82	18	66	162	66	119	»	1,236
»	»	»	»	»	»	»	»	»	»	»	»	»
»	1	»	1	3	»	»	»	»	»	2	»	11
20	16	9	27	19	19	13	18	24	14	32	»	288
86	117	55	122	67	109	28	80	123	83	85	»	1,353
68	104	63	106	73	87	30	66	85	82	74	»	1,189
174	236	127	256	162	215	73	164	234	179	193	»	2,841
18	44	11	25	17	12	14	21	57	24	33	»	332
86	99	34	49	39	26	40	77	132	40	43	»	843
7	9	4	2	6	3	5	4	9	4	6	»	98
2	9	3	2	5	5	1	9	4	2	6	»	74
1	1	1	1	1	»	1	11	»	1	1	»	25
94	162	53	79	88	48	61	122	202	71	91	»	1,374
»	3	3	»	1	1	»	»	1	»	1	»	18
6	1	»	»	»	2	»	2	2	1	2	»	27
6	11	4	13	17	13	4	8	10	3	14	»	147
60	59	23	30	48	28	15	44	37	30	41	»	674
94	93	68	86	73	58	71	72	104	63	123	»	1,342
166	167	100	138	139	102	90	126	174	99	181	»	2,208
»	»	»	»	»	»	»	»	»	»	»	»	»
1	1	»	»	»	2	»	»	»	»	»	»	4
1	»	2	1	»	»	2	»	1	»	»	»	14
10	10	2	12	4	3	3	3	7	6	4	»	94
14	20	8	30	13	7	33	17	14	12	12	»	283
26	41	12	43	19	12	38	20	22	18	16	»	397

Ramollissement cérébral	de 1 à 19 ans	
	— 20 39 —	
	— 40 59 —	
	— 60 et au-dessus	
	Total	
Maladies organiques du cœur	de 0 à 11 mois	
	— 1 19 ans	
	— 20 39 —	
	— 40 59 —	
	— 60 et au-dessus	
	Total	
Bronchite aiguë	de 0 à 11 mois	
	— 1 19 — ans	
	— 20 39 —	
	— 40 59 —	
	— 60 et au-dessus	
	Total	
Bronchite chronique	de 0 à 11 mois	
	— 1 19 ans	
	— 20 39 —	
	— 40 59 —	
	— 60 et au-dessus	
	Total	
Pneumonie et broncho-pneumonie	de 0 à 11 mois	
	— 1 19 ans	
	— 20 39 —	
	— 40 59 —	
	— 60 et au-dessus	
	Total	
Diarrhée, gastro-entérite, dysenterie	de 0 à 11 mois	
	— 1 19 ans	
	— 20 39 —	
	— 40 59 —	
	— 60 et au-dessus	
	Total	
Choléra et maladies cholériformes	de 1 à 19 ans	
	— 20 39 —	
	— 40 59 —	
	— 60 et au-dessus	
	Total	
Fièvre et péritonite puerpérales	de 1 à 19 ans	
	— 20 39 —	
	— 40 59 —	
	Total	
Autres affections puerpérales	de 1 à 19 ans	
	— 20 39 —	
	— 40 59 —	
	Total	
Débilité congénitale et vices de conformation	de 0 à 11 mois	
Débilité sénile	de 60 et au-dessus	
Suicides	de 1 à 19 ans	
	— 20 39 —	
	— 40 59 —	
	— 60 et au-dessus	
	Total	
Autres morts violentes	— 0 à 11 mois	
	— 1 19 ans	
	— 20 39 —	
	— 40 59 —	
	— 60 et au-dessus	
	Total	
Autres causes de mort	de 0 à 11 mois	
	— 1 19 ans	
	— 20 39 —	
	— 40 59 —	
	— 60 et au-dessus	
	Total	
Causes inconnues	de 0 à 11 mois	
	— 1 19 ans	
	— 20 39 —	
	— 40 59 —	
	— 60 et au-dessus	
	Total	
Total général	de 0 à 11 mois	
	— 1 19 ans	
	— 20 39 —	
	— 40 59 —	
	— 60 et au-dessus	
	Total	

d'âges (*Domiciliés à Paris*) (Suite et fin).

										DÉPOSÉS À LA MORGUE	TOTAL POUR PARIS
	»	»	»	»	»	»	»	»	»	»	»
	»	»	2	»	»	»	1	»	»	»	10
	2	8	11	8	2	5	18	7	5	»	96
	26	22	38	20	5	19	29	14	19	»	206
	48	30	51	23	7	24	48	21	24	»	402
	2	»	»	3	»	3	1	»	1	»	17
	5	5	7	9	1	6	15	10	8	»	111
	16	9	15	18	10	21	23	17	22	»	291
	50	46	69	78	34	82	102	67	51	»	1,035
	88	90	115	84	71	120	125	77	80	»	1,562
	181	150	206	192	116	242	286	171	162	»	3,616
	29	33	30	24	6	30	26	44	42	»	439
	19	24	12	6	5	20	31	20	48	»	202
	1	2	1	1	2	3	6	1	2	»	37
	1	2	1	3	1	2	3	2	2	»	44
	3	3	2	7	8	6	6	4	5	»	104
	52	64	46	41	22	61	72	71	99	»	910
	2	2	»	1	»	1	2	6	»	»	22
	1	7	»	2	2	4	3	9	5	»	32
	2	12	»	»	3	17	8	6	12	»	114
	10	25	10	20	11	43	27	34	40	»	309
	39	40	33	50	28	91	68	75	74	»	897
	54	86	63	73	44	156	108	130	131	»	1,404
	31	39	80	75	12	33	62	38	82	»	686
	33	52	86	71	13	40	99	71	89	»	874
	6	16	16	15	13	22	32	26	21	»	328
• 74	20	40	34	38	13	47	92	37	42	»	753
83	44	197	72	59	37	80	98	64	44	»	1,265
	106	344	288	258	95	231	383	236	278	»	3,906
	113	236	275	219	43	145	251	272	267	»	2,637
	11	30	33	22	7	10	22	41	37	»	303
	4	1	1	1	2	3	»	»	4	»	29
	»	2	5	»	2	6	6	3	4	»	47
	1	4	7	4	2	10	7	1	8	»	60
	129	263	321	245	56	174	276	317	320	»	3,878
	1	»	»	»	»	1	»	»	»	»	3
	»	»	»	1	»	1	»	»	»	»	6
	»	»	»	»	»	1	2	3	1	»	8
	»	1	»	1	»	1	2	»	»	»	6
	1	1	»	2	»	4	4	3	1	»	22
	»	»	»	»	»	»	1	»	»	»	5
	15	6	9	6	1	6	15	9	10	»	131
	»	»	1	»	»	»	»	»	1	»	6
	15	6	10	6	1	6	16	9	11	»	142
	1	»	»	»	»	»	1	»	»	»	4
	3	3	3	5	1	6	14	8	4	»	100
	»	»	»	»	»	»	»	»	1	»	3
	6	2	6	5	1	6	15	8	6	»	107
	67	54	110	78	30	105	164	102	93	»	1,364
	74	118	78	98	49	121	134	84	81	»	1,578
	2	3	2	5	1	1	6	2	2	»	50
	13	14	17	16	7	17	34	20	20	»	318
	30	25	18	34	12	20	38	30	41	»	448
	12	12	13	19	8	6	24	12	13	»	206
	68	54	52	74	28	44	102	64	76	»	1,052
	2	»	1	»	»	»	»	2	1	»	18
	6	10	5	10	4	9	17	8	12	3	120
	19	4	8	15	4	17	22	30	18	29	267
	8	9	9	18	9	16	11	17	8	27	221
	6	10	4	8	2	8	7	10	3	13	133
	41	33	27	51	19	50	57	67	44	72	787
	23	69	81	43	23	45	70	103	90	»	861
	38	59	58	62	25	31	83	53	16	»	690
	83	86	90	70	37	105	116	78	112	3	1,531
	151	147	184	138	118	201	244	144	174	3	2,087
	134	214	170	143	198	207	210	103	167	»	3,184
	461	375	580	458	423	648	725	481	559	6	9,278
	1	2	»	3	3	2	1	2	3	»	26
	1	»	»	1	»	1	2	9	1	»	22
	2	1	»	5	4	2	8	6	3	»	52
	2	4	1	4	2	4	23	10	9	»	93
	4	3	2	4	1	»	9	3	4	»	58
	10	10	3	17	10	9	43	30	28	»	251
	348	507	642	499	139	421	723	662	706	»	7,163
	427	481	554	490	163	413	952	613	658	3	7,499
	468	503	577	543	248	577	936	563	720	32	9,590
	558	643	722	692	342	769	1,175	693	816	30	12,033
	642	974	778	680	558	940	1,001	639	709	13	12,900
	2,443	3,108	3,273	2,945	1,450	3,122	4,789	3,194	3,609	78	49,205

Causes de décès et mode d'alimentation des enfants de 0 à 1 an, par mois.

CAUSES DE DÉCÈS ET MODE D'ALIMENTATION		MOIS											
		JANVIER	FÉVRIER	MARS	AVRIL	MAI	JUIN	JUILLET	AOUT	SEPTEMBRE	OCTOBRE	NOVEMBRE	DÉCEMBRE
Variole	Sein	6	6	3	3	2	5	»	1	»	1	»	»
	Autre	5	5	1	1	1	»	1	»	»	»	»	»
	Inconnu	»	»	»	3	»	»	»	»	»	»	»	»
	Total	11	11	4	7	3	5	1	1	»	1	»	»
Rougeole	Sein	15	11	5	17	19	19	13	5	2	1	2	»
	Autre	5	9	12	15	21	23	21	11	2	1	1	1
	Inconnu	1	4	7	4	13	9	»	»	1	1	»	»
	Total	21	24	24	36	53	51	34	16	5	3	3	1
Scarlatine	Sein	»	3	»	»	»	1	1	2	»	1	»	2
	Autre	1	»	»	1	»	»	1	1	»	»	»	»
	Inconnu	»	»	»	»	»	»	»	»	»	»	»	»
	Total	1	3	»	1	»	1	2	3	»	1	»	2
Coqueluche	Sein	»	5	5	4	6	7	8	3	5	4	2	11
	Autre	1	2	3	3	2	1	6	8	1	5	»	9
	Inconnu	1	»	2	2	1	1	2	1	7	1	»	»
	Total	2	7	10	9	9	9	16	12	13	10	2	20
Diphtérie	Sein	1	3	»	3	»	1	»	1	1	1	2	»
	Autre	1	2	2	1	1	1	1	3	»	3	3	1
	Inconnu	4	1	2	3	2	2	1	1	1	»	4	1
	Total	6	6	4	7	3	4	2	5	2	4	9	2
Tuberculose pulmonaire	Sein	3	2	1	5	1	3	1	»	1	»	»	3
	Autre	2	1	»	2	2	»	1	1	2	»	1	1
	Inconnu	2	»	»	2	4	2	3	»	1	»	»	2
	Total	7	3	1	9	7	5	5	1	4	»	1	6
Tuberculose des méninges	Sein	8	6	12	13	6	6	6	5	8	8	6	6
	Autre	2	»	3	3	4	3	2	5	4	3	1	4
	Inconnu	»	1	»	»	3	5	2	2	1	2	3	2
	Total	10	7	15	16	13	14	10	12	13	13	10	12
Autres tuberculoses	Sein	1	2	1	1	»	4	3	1	»	1	»	3
	Autre	4	2	4	3	4	»	2	2	1	2	1	1
	Inconnu	2	1	1	1	2	2	»	»	3	»	»	»
	Total	7	5	6	5	6	6	5	3	4	3	1	4
Syphilis	Sein	7	9	6	9	2	2	5	12	7	5	8	11
	Autre	2	2	5	7	»	6	6	3	6	8	4	3
	Inconnu	2	»	4	2	7	3	1	1	1	»	2	»
	Total	11	11	15	18	9	11	12	16	14	13	14	15
Méningite simple	Sein	24	16	14	19	13	17	28	8	11	14	14	13
	Autre	7	9	9	9	2	7	13	10	12	6	6	8
	Inconnu	1	1	6	5	9	3	3	»	4	7	2	2
	Total	32	26	29	33	24	27	44	18	27	27	22	23
Convulsions	Sein	23	26	21	26	12	23	15	10	7	16	18	18
	Autre	11	9	15	12	4	9	14	10	6	7	7	12
	Inconnu	2	2	2	3	8	6	2	5	7	6	10	3
	Total	36	37	38	41	24	38	31	25	20	29	35	33
Bronchite aiguë	Sein	53	36	27	19	18	20	8	9	5	14	27	30
	Autre	10	18	18	15	10	7	6	6	»	10	9	13
	Inconnu	4	7	3	4	6	1	4	1	2	»	4	5
	Total	67	61	48	38	34	28	18	16	7	25	40	57
Bronchite chronique	Sein	1	»	4	1	1	»	1	1	1	1	»	»
	Autre	1	»	»	1	2	»	»	»	2	1	1	2
	Inconnu	»	»	»	»	1	»	1	»	»	»	»	»
	Total	2	»	4	2	4	»	2	1	3	1	1	2

Causes de décès et mode d'alimentation des enfants de 0 à 1 an, par mois (Suite et fin).

CAUSES DE DÉCÈS ET MODES D'ALIMENTATION		JANVIER	FÉVRIER	MARS	AVRIL	MAI	JUIN	JUILLET	AOUT	SEPTEMBRE	OCTOBRE	NOVEMBRE	DÉCEMBRE	TOTAL
Broncho-pneumonie	Sein	36	27	25	29	20	15	3	2	11	11	18	27	224
	Autre	27	19	18	19	9	9	16	17	6	24	19	30	213
	Inconnu	14	5	21	11	8	12	15	5	4	6	6	14	121
	Total	77	51	64	59	37	36	34	24	21	41	43	71	558
Pneumonie	Sein	12	16	6	5	3	3	2	1	3	2	»	4	57
	Autre	8	7	5	9	2	5	7	4	»	»	1	4	52
	Inconnu	4	2	1	1	1	1	2	1	»	»	2	4	19
	Total	24	25	12	15	6	9	11	6	3	2	3	12	128
Congestion pulmonaire	Sein	6	4	6	1	1	1	2	2	5	1	2	1	32
	Autre	1	1	3	»	2	1	»	2	1	2	»	1	14
	Inconnu	2	»	1	1	2	»	»	»	»	1	1	2	10
	Total	9	5	10	2	5	2	2	4	6	4	3	4	56
Diarrhée	Sein	60	36	55	41	53	63	70	81	50	50	24	41	627
	Autre	83	85	76	111	111	122	313	330	201	163	60	109	764
	Inconnu	10	4	26	20	20	24	56	32	20	12	12	10	246
	Total	53	125	157	176	184	209	439	443	271	225	96	160	637
Ictère grave	Sein	»	»	1	»	»	»	»	»	»	»	»	»	1
	Autre	»	»	»	»	»	»	»	»	»	»	»	»	»
	Inconnu	»	»	»	»	»	»	»	»	»	»	»	»	»
	Total	»	»	1	»	»	»	»	»	»	»	»	»	1
Érysipèle	Sein	2	»	3	»	3	»	1	»	1	2	1	1	14
	Autre	1	»	2	»	1	1	»	»	»	»	2	»	7
	Inconnu	»	»	1	»	»	1	»	»	»	»	1	»	3
	Total	3	»	6	»	4	2	1	»	1	2	4	1	24
Débilité congénitale	Sein	89	64	58	63	55	43	48	35	38	47	50	64	654
	Autre	33	26	25	21	25	19	13	25	27	14	19	22	269
	Inconnu	46	34	31	25	33	38	36	32	18	19	23	27	362
	Total	168	124	114	109	113	100	97	92	83	80	92	113	285
Vices de conformation	Sein	1	»	3	2	4	1	2	»	4	1	1	1	20
	Autre	6	1	5	1	»	4	6	2	1	1	»	»	27
	Inconnu	5	»	»	1	3	2	1	3	2	2	1	2	22
	Total	12	1	8	4	7	7	9	5	7	4	2	3	69
Morts violentes	Sein	1	»	»	1	»	1	2	2	2	»	»	1	10
	Autre	»	»	1	»	»	»	»	»	»	»	»	1	2
	Inconnu	»	»	2	»	»	»	1	1	»	1	1	»	6
	Total	1	»	3	1	»	1	3	3	2	1	1	2	18
Autres causes	Sein	9	11	15	12	13	9	10	7	6	14	5	9	120
	Autre	6	4	7	11	4	9	3	4	5	3	5	2	63
	Inconnu	5	5	11	12	21	8	5	3	4	2	5	5	85
	Total	20	20	33	35	38	26	18	14	15	19	15	16	269
Causes inconnues	Sein	»	»	2	»	»	»	»	3	»	3	1	2	11
	Autre	»	»	1	1	»	1	2	1	1	1	»	»	8
	Inconnu	»	»	1	1	»	1	1	1	»	1	»	1	7
	Total	»	»	4	2	»	2	3	5	1	5	1	3	26
Total	Sein	360	283	273	277	232	244	229	191	168	197	181	257	2,892
	Autre	217	202	215	246	207	228	434	445	278	254	140	224	3,090
	Inconnu	105	67	122	101	144	121	136	89	76	62	77	81	1,181
	Total	682	552	610	624	583	593	790	725	522	513	398	562	7,163

Age, mode d'alimentation et causes de décès des enfants de 0 à 1

CAUSES DE DÉCÈS et MODE D'ALIMENTATION		0 à 2 mois Légitimes M.	F.	Illégitimes M.	F.	3 à 5 mois Légitimes M.	F.	Illégitimes M.	F.	6 à 11 mois Légitimes M.	F.	Illégitimes M.	F.	Total de 0 à 1 an Légitimes M.	F.	Illégitimes M.	F.	Total M.	F.	T.
Variole	Sein	7	2	3	»	5	2	»	»	7	1	»	»	19	5	3	»	22	5	27
	Autre	6	1	4	»	1	2	»	»	»	»	»	»	7	3	4	»	11	3	14
	Inconnu	»	1	»	»	»	»	»	»	1	1	»	»	1	2	»	»	1	2	3
	Total	13	4	7	»	6	4	»	»	8	2	»	»	27	10	7	»	34	10	44
Rougeole	Sein	3	»	»	»	4	3	»	1	43	38	10	5	52	41	10	6	62	47	109
	Autre	2	2	1	»	5	7	2	1	42	35	11	14	49	44	14	15	63	59	122
	Inconnu	»	»	»	»	»	2	»	»	15	14	5	4	15	16	5	4	20	20	40
	Total	5	2	1	»	9	12	2	2	02	87	26	23	16	01	29	25	146	128	274
Scarlatine	Sein	»	»	»	1	1	1	»	»	3	3	1	»	4	4	1	1	5	5	10
	Autre	»	»	1	»	»	»	»	»	1	1	1	»	1	1	2	»	3	1	4
	Inconnu	»	»	»	»	»	»	»	»	»	»	»	»	»	»	»	»	»	»	»
	Total	»	»	1	1	1	1	»	»	4	4	2	»	5	5	3	1	8	6	14
Coqueluche	Sein	8	6	2	1	3	11	1	1	8	18	»	1	19	35	3	3	22	38	60
	Autre	3	4	»	1	4	6	1	3	8	8	4	2	12	18	»	6	17	24	41
	Inconnu	»	»	»	»	4	4	»	»	5	5	»	»	9	9	5	»	9	9	18
	Total	11	10	2	2	8	21	2	4	21	31	4	3	40	62	8	9	43	71	119
Diphtérie	Sein	1	1	»	»	1	»	»	»	3	6	1	»	5	7	1	»	6	7	13
	Autre	»	»	»	»	1	»	»	»	6	7	4	1	7	7	4	1	11	8	19
	Inconnu	1	1	»	»	1	»	1	»	11	6	1	»	13	7	2	»	15	7	22
	Total	2	2	»	»	3	»	1	»	20	19	6	1	25	21	7	1	32	22	54
Tuberculose pulmonaire	Sein	1	1	1	1	»	1	»	»	6	3	2	4	7	5	3	5	10	10	20
	Autre	1	»	»	»	1	1	1	1	5	1	2	»	7	2	3	1	10	3	13
	Inconnu	1	1	1	1	1	3	»	»	4	2	1	1	6	6	2	2	8	8	16
	Total	3	2	2	2	2	5	1	1	15	6	5	5	20	13	8	8	28	21	49
Tuberculose des méninges	Sein	1	1	1	2	9	5	2	»	21	40	5	3	31	46	8	5	39	51	90
	Autre	2	2	»	»	2	5	2	»	4	12	2	3	8	19	4	3	12	22	34
	Inconnu	1	2	»	1	3	1	»	1	6	3	2	1	10	6	2	3	12	9	21
	Total	4	5	1	3	4	1	4	1	31	55	9	7	49	71	14	11	63	82	145
Autres tuberculoses	Sein	»	»	1	»	2	1	»	»	9	2	1	1	11	3	2	1	13	4	17
	Autre	2	»	2	1	2	4	»	1	5	6	2	1	9	10	4	3	13	13	26
	Inconnu	2	2	1	»	1	1	»	1	1	2	1	»	4	5	2	1	6	6	12
	Total	4	2	4	1	5	6	»	2	15	10	4	2	24	18	8	5	32	23	55
Syphilis	Sein	15	18	18	15	6	»	3	4	3	1	»	»	24	19	21	19	45	38	83
	Autre	6	5	9	13	3	»	3	4	2	»	3	2	11	5	15	21	26	26	52
	Inconnu	4	»	5	11	»	»	1	1	»	1	»	1	4	1	6	13	10	14	24
	Total	25	23	32	41	9	»	7	9	5	2	3	3	39	25	42	53	81	78	159
Méningite simple	Sein	8	7	4	4	22	10	2	6	56	52	15	5	86	69	21	15	107	84	191
	Autre	4	6	2	2	15	11	8	3	21	17	4	5	40	34	14	10	54	44	98
	Inconnu	6	1	2	1	5	2	3	2	8	7	4	2	19	10	9	3	28	15	43
	Total	18	14	8	7	42	23	13	1	85	76	23	12	145	13	44	30	189	143	332
Convulsions	Sein	33	28	15	14	16	17	3	6	31	25	5	4	100	70	23	24	123	94	217
	Autre	11	14	7	5	15	14	6	4	18	16	»	6	44	44	13	15	57	59	116
	Inconnu	11	10	7	2	7	7	2	1	5	4	»	»	23	21	9	3	32	24	56
	Total	75	52	29	21	38	38	11	1	54	45	5	10	167	35	45	42	212	177	389
Bronchite aiguë	Sein	46	35	13	9	35	25	4	5	53	39	5	4	136	99	22	18	158	117	275
	Autre	10	11	7	5	13	19	8	5	19	23	3	7	42	45	18	17	60	62	122
	Inconnu	6	2	2	3	7	2	»	»	8	8	1	3	21	12	3	6	24	18	42
	Total	62	48	22	17	55	38	12	0	82	70	9	14	189	56	43	41	242	197	439
Bronchite chronique	Sein	»	1	»	»	3	1	»	»	2	2	1	»	5	4	1	»	6	4	10
	Autre	»	»	»	»	2	»	»	»	5	2	»	1	7	2	»	1	7	3	10
	Inconnu	»	»	»	»	»	»	»	»	1	1	»	»	1	1	»	»	1	1	2
	Total	»	1	»	»	5	1	»	»	8	5	1	1	13	7	1	1	14	8	22

…ode d'alimentation et causes de décès des enfants de 0 à 1 an (Suite et fin).

…de décès et …alimentation	0 à 2 mois Légitimes M.	F.	Illégitimes M.	F.	3 à 5 mois Légitimes M.	F.	Illégitimes M.	F.	6 à 11 mois Légitimes M.	F.	Illégitimes M.	F.	Total de 0 à 1 an Légitimes M.	F.	Illégitimes M.	F.	Total M.	F.	T.
… Sein	22	15	18	16	16	12	8	1	58	42	8	8	96	69	34	25	130	94	224
… Autre	6	5	17	10	23	20	12	11	42	33	14	20	71	58	43	41	144	99	213
… Inconnu	4	5	11	12	8	7	7	6	24	18	10	9	36	30	28	27	64	57	121
Total	32	25	46	38	47	39	27	18	124	93	32	37	203	157	105	93	308	250	558
… Sein	6	7	7	3	10	2	1	1	9	10	1	»	25	19	9	4	34	23	57
… Autre	4	4	1	»	7	7	»	1	11	9	4	4	22	20	5	5	27	25	52
… Inconnu	»	2	»	»	2	2	»	»	6	6	1	»	8	10	1	»	9	10	19
Total	10	13	8	3	19	11	1	2	26	25	6	4	55	49	15	9	70	58	128
… Sein	6	8	3	1	3	2	1	»	2	3	»	»	11	13	4	4	15	17	32
… Autre	1	2	»	1	2	2	»	1	1	2	»	2	4	6	»	4	4	10	14
… Inconnu	2	2	»	1	»	1	»	»	2	2	»	»	4	5	»	1	4	6	10
Total	9	12	3	6	5	5	1	1	5	7	»	2	19	24	4	9	23	33	56
… Sein	117	103	85	61	54	49	17	18	53	45	16	12	224	197	118	91	339	288	627
… Autre	293	238	210	162	143	156	83	85	176	102	64	55	612	496	354	302	966	798	1764
… Inconnu	33	31	38	45	16	14	7	12	16	17	8	8	65	62	53	66	118	128	246
Total	443	372	333	268	210	219	107	116	245	164	85	75	898	755	525	459	1423	214	2637
… Sein	»	1	»	»	»	»	»	»	»	»	»	»	»	1	»	»	»	1	1
… Autre	»	»	»	»	»	»	»	»	»	»	»	»	»	»	»	»	»	»	»
… Inconnu	»	»	»	»	»	»	»	»	»	»	»	»	»	»	»	»	»	»	»
Total	»	1	»	»	»	»	»	»	»	»	»	»	»	1	»	»	»	1	1
… Sein	3	1	3	1	1	2	»	»	1	»	»	»	7	3	3	1	10	4	14
… Autre	2	1	1	1	1	»	»	1	»	»	»	»	3	1	1	2	4	3	7
… Inconnu	1	1	1	»	»	»	»	»	»	»	»	»	1	1	1	»	2	1	3
Total	8	3	5	2	2	2	»	1	1	»	»	»	11	5	5	3	16	8	24
… Sein	212	212	103	119	2	2	»	1	1	2	»	»	215	216	103	120	318	336	654
… Autre	93	82	44	39	5	1	»	»	2	2	1	»	100	85	45	39	145	124	269
… Inconnu	112	97	88	64	1	»	»	»	»	»	»	»	113	97	88	64	201	161	362
Total	417	391	235	222	8	3	»	1	3	4	1	»	428	398	236	223	664	621	285
… Sein	8	3	4	2	1	1	»	1	»	»	»	»	9	4	4	3	13	7	20
… Autre	5	5	9	2	»	1	»	»	3	2	»	»	8	8	9	2	17	10	27
… Inconnu	7	5	5	2	1	»	»	1	1	»	»	»	9	5	5	3	14	8	22
Total	20	13	18	6	2	2	»	2	4	2	»	»	26	17	18	8	44	25	69
… Sein	3	1	1	»	»	2	1	»	1	»	1	»	4	3	3	»	7	3	10
… Autre	»	2	»	»	»	»	»	»	»	»	»	»	»	2	»	»	»	2	2
… Inconnu	»	»	1	»	»	1	»	1	2	1	»	»	2	2	1	1	3	3	6
Total	3	3	2	»	»	3	1	1	3	1	1	»	6	7	4	1	10	8	18
… Sein	28	15	17	13	7	6	1	1	18	8	2	2	53	29	20	18	73	47	120
… Autre	14	4	6	4	6	2	2	4	5	10	3	3	25	16	11	11	36	27	63
… Inconnu	15	8	10	7	6	3	2	7	12	10	2	4	33	21	14	18	47	39	86
Total	57	27	33	26	19	11	5	12	35	28	7	9	111	66	45	47	156	113	269
… Sein	1	2	1	2	1	»	1	1	1	1	»	»	3	3	2	3	5	6	11
… Autre	1	2	1	»	2	»	»	»	»	»	»	2	3	2	1	2	4	4	8
… Inconnu	2	1	1	»	1	1	»	1	»	»	»	»	3	2	1	1	4	3	7
Total	4	5	3	2	4	1	1	2	1	1	»	2	9	7	4	6	13	13	26
… Sein	531	468	300	270	199	153	45	47	393	341	74	49	1113	964	419	366	1562	1330	2892
… Autre	466	390	329	248	250	250	128	123	376	288	119	128	1002	928	569	501	1661	1429	3090
… Inconnu	208	172	173	150	64	51	23	35	128	108	36	33	400	331	232	218	632	549	1181
Total	1225	1030	795	668	513	456	196	207	897	737	229	210	2635	2223	1220	1085	3855	3308	7163

A. — AGRICULTURE.

1 Propriétaires cultivant exclusivement leurs terres. . ...
2 Fermiers, métayers, colons....................
3 Horticulteurs, pépiniéristes, maraîchers, champignons de couche....................
4 Forestiers, bûcherons, charbonniers. (Pour les marchands de charbons, voir n° 183)....................

B. — INDUSTRIE.

I. — Industrie textile (tissus).

Fabrication (filature et autres opérations accessoires comprises) des tissus et

5 Coton et tricot....................
6 Laine....................
7 Lin, chanvre et analogues (jute, ramie, etc.)....................
8 Soie....................
9 Tissus mélangés (bretelles, bas élastiques, voir n° 106)....................
10 Passementerie (brodeurs sur or et sur argent, chasubliers, vêtements sacerdotaux, voir n° 98)....................
11 Dentelles, tulles, blondes, crêpes....................
12 Cordiers....................
13 Poils et crins, sparterie, brosses en crin et chiendent....................
14 Paille (rempailleurs pour ébénisterie, voir n° 87)....................
15 Autres industries textiles (feutres, etc.), et industries qui s'y rattachent (foulonniers, etc.) (apprêteurs, cylindreurs, lamineurs et décatisseurs d'étoffes, voir n° 103), (teinturiers, voir n° 102)....................
16 Industries textiles indéterminées (tisseurs, tisserands, etc., sans autre désignation....................

II. — Industrie extractive (mines et carrières).

17 Exploitation des carrières, etc....................

III. — Industrie métallurgique (fabrication de métaux).

18 Fabrication et laminage : De la fonte, du fer, de l'acier....................
19 — Du cuivre....................
20 Des autres métaux (plomb, zinc, étain, aluminium, etc.)....................

IV. — Fabrication d'objets en métal.

21 Fer forgé et ouvré pour construction, pièces d'architecture en fonte, fer, etc., rails, coussinets, essie pour voitures, etc....................
22 Machines de toute espèce, moteurs fixes et mobiles; ajusteurs, mécaniciens (mécaniciens en précision, v (mécaniciennes, voir n° 96)....................
23 Appareils de chauffage, de ventilation. instruments aratoires, crics, vélocipèdes, machines à coudre, etc.
24 Electriciens, machines, éclairage électrique, accumulateurs, appareils télégraphiques, téléphoniques, etc physique, etc., voir n° 134)....................
25 Fondeurs en fonte, en cuivre, etc. (fondeurs en caractères, voir n° 128) (monteurs en bronze, voir n° 140).
26 Taillandiers, forgerons, tôliers, armuriers, armes blanches, coutellerie, fourbisseurs, etc. (lits en fer, (serruriers, voir n° 71)....................
27 Tréfileurs, fils métalliques, épingles, aiguilles, clous, vis, buscs en acier, etc. (instruments de physique matiques, voir n° 134), (instruments de chirurgie, voir n° 135), (instruments de musique. voir n° 1 métalliques, voir n° 126)....................
28 Potiers d'étain, irrigateurs, comptoirs en étain, batteurs d'étain (plombiers, voir n° 76). batteurs d'or, v
29 Tourneurs sur métaux, décolteurs....................
30 Chaudronniers, étameurs (fabricants de bronze, monteurs en bronze, ciseleurs sur métaux, voir n° 140)..
31 Ferblantiers, lampistes. boîtes de conserves, boissellerie métallique, estampeurs sur métal, emboutisseur en bâtiment, voir n° 76)....................
32 Chaînes en fer et en cuivre, grillageurs, toiles métalliques....................
33 Autres....................

V. — Industrie du cuir.

34 Fabrication du cuir (tanneurs, corroyeurs, cambreurs, hongroyeurs, maroquineurs, chamoiseurs, c repousseurs de cuir en relief, etc.)....................
35 Boyauderie (fabrication du parchemin, de la baudruche, de la corde à boyau, etc.)....................

A reporter

et par sexe. (Domiciliés à Paris.)

	20 à ans	De 40 à 59 ans		RÉCAPITULATION — De 20 à 59 ans		De 60 ans et au-dessus		TOTAL GÉNÉRAL			NUMÉROS D'ORDRE
	Femmes	Hommes	Femmes	Hommes	Femmes	Hommes	Femmes	Hommes	Femmes	TOTAL	
	1	6	6	14	7	33	4	47	11	58	1
	»	»	»	»	»	»	»	»	»	»	2
	»	20	»	40	»	34	3	74	3	77	3
	»	»	»	»	»	»	1	»	1	1	4
	1	3	2	3	3	1	4	4	7	11	5
	»	»	»	»	»	2	»	2	»	2	6
	»	4	»	6	»	»	1	6	1	7	7
	3	3	2	3	5	2	8	5	13	18	8
	»	»	»	»	»	»	»	»	»	»	9
	32	19	39	39	71	35	34	74	105	179	10
	2	1	4	1	6	2	7	3	13	16	11
	»	1	»	1	»	2	»	3	»	3	12
	6	7	4	10	10	13	3	23	13	36	13
	»	»	2	»	2	»	»	»	2	2	14
	»	2	»	6	»	2	2	8	2	10	15
	2	4	»	6	2	16	4	22	6	28	16
	»	2	»	4	»	»	1	4	1	5	17
	»	3	»	4	»	»	»	4	»	4	18
	»	»	»	»	»	»	»	»	»	»	19
	»	2	»	4	»	2	»	6	»	6	20
	1	3	1	7	2	4	»	11	2	13	21
1	6	194	3	352	9	127	2	479	11	490	22
»	»	»	»	»	»	3	»	3	»	3	23
1	1	4	»	15	1	3	»	18	1	19	24
5	»	27	»	33	»	15	1	48	1	49	25
3	17	111	6	194	23	66	8	260	31	291	26
3	1	2	»	5	1	5	»	10	1	11	27
4	»	7	»	11	»	3	»	14	»	14	28
5	1	32	1	67	2	9	»	76	2	78	29
3	1	47	»	80	1	37	»	117	1	118	30
8	6	21	2	52	8	19	»	71	8	79	31
»	»	4	1	4	1	2	»	6	1	7	32
»	»	1	»	1	»	2	»	3	»	3	33
6	»	45	2	81	2	35	»	116	2	118	34
»	1	5	»	5	1	10	»	15	1	16	35
6	81	592	75	1,048	157	484	83	1,532	240	1,772	

Report.

Fabrication d'objets en cuir (selliers, bourreliers, layetiers, gainiers, portefeuillistes, etc.), (pelletiers, voir n° 104), culottiers, gantiers, guêtriers, fabricants de ceinturons, basanes, etc., voir n° 105), (lie voir n° 106), cordonniers et bottiers, voir n° 107), (relieurs, voir n° 120) ....

Autres ....

VI. — Industrie du bois.

Boisseliers, bamboutiers, débiteurs, façonneurs, courbeurs de bois à ouvrer, tabletiers, tonneliers, cercles et tamisiers, etc. (ébénistes, fabricants de meubles et chaises, ciseleurs sur bois, etc., voir n° 87), (saboti chiers, voir n° 108) ....

Vanniers ....

Liège ....

Coffretiers, emballeurs ....

Tourneurs sur bois (scieurs de bois, scieries mécaniques, scieurs de long, voir n° 70), menuisiers, rampi n° 72), (raboteurs, parqueteurs, voir n° 79) ....

Charrons (charpentiers, déchireurs de bateaux, voir n° 73) ....

Carrossiers ....

Constructeurs de navires en bois ....

Autres ....

VII. — Industrie céramique.

Fabriques de verres, cristaux, glaces sans tain (glaces et miroirs, voir n° 94) ....

Fabriques de porcelaine et faïence ....

Potiers, briquetiers, tuiliers, fabricants de tuyaux à drains, fontainiers, filtres ....

Autres ....

VIII. — Produits chimiques proprement dits et produits analogues.

Fabriques de produits chimiques servant dans les arts et pour la médecine (acides divers, soude, alun, pota

Fabriques de couleurs à base de plomb (céruse, minium, litharge, etc.) ....

Fabriques de blanc de zinc et autres couleurs de même nature. Encres ....

Fabriques de noir animal, colle, suif, graisses et huiles animales, albumine, engrais artificiels, etc.) ....

Fabriques de vernis et cirage, etc ....

Fabriques d'huiles et leur épuration ....

Epuration du pétrole, de la vaseline, etc. ....

Industrie des matières dures de provenance animale (corne, écaille, baleine, nacre, os, ivoire, etc.) ....

Fabriques d'eaux minérales artificielles ....

Fabriques de savons (chandelles et bougie, voir n° 85) ....

Féculeries et amidonneries, glucose (raffinerie de sucre, voir n° 114.) ....

Toiles cirées, linoleum ....

Caoutchouc et gutta-percha ....

Bitume, asphalte ....

Résine, goudron, soufre, allumettes, allume-feux et produits résineux, briquettes et agglomérés ....

Autres ....

IX. — Industrie du batiment.

Fours à chaux, fabriques de ciment et béton (carrières, voir n° 17) ....

Terrassiers, puisatiers ....

Fabriques de papiers peints ....

Scieurs de bois, scies mécaniques, scieurs de long ....

Serruriers ....

Menuisiers, rampistes, etc. ....

Charpentiers, déchireurs de bateaux ....

Entrepreneurs de maçonnerie, maçons, plâtriers, plafonneurs, etc ....

Tailleurs de pierres, fabricants de dalles, piqueurs de grès, fabriques d'ardoises, etc ....

Couvreurs, zingueurs en bâtiment, plombiers (tuileries, briqueteries, voir n° 49) ....

Peintres, vitriers, badigeonneurs, fabriques d'enseignes ....

Colleurs de papier, colleurs d'affiches ....

Raboteurs, parqueteurs, mosaïques en ciment ....

A reporter.

et par sexe (Suite).

… 20 à … ans	De 40 à 59 ans		RÉCAPITULATION — De 20 à 59 ans		De 60 ans et au-dessus		TOTAL GÉNÉRAL			NUMÉROS D'ORDRE
Femmes	Hommes	Femmes	Hommes	Femmes	Hommes	Femmes	Hommes	Femmes	TOTAL	
82	592	75	1,048	157	484	83	1,532	240	1,772	
4	44	2	99	6	41	3	140	9	149	36
»	»	»	»	»	3	»	3	»	3	37
4	83	1	130	5	40	1	170	6	176	38
»	7	»	7	»	2	»	9	»	9	39
»	»	»	3	»	3	1	6	1	7	40
»	40	»	66	»	11	»	77	»	77	41
»	55	»	87	»	12	»	99	»	99	42
»	41	»	55	»	17	»	72	»	72	43
»	11	»	16	»	1	»	17	»	17	44
»	»	»	»	»	»	»	»	»	»	45
»	»	»	»	»	»	»	»	»	»	46
4	12	3	22	7	6	3	28	10	38	47
»	2	»	3	»	1	»	4	»	4	48
»	20	2	28	2	1	»	29	2	31	49
»	»	»	»	»	»	»	»	»	»	50
»	»	»	»	»	»	»	»	»	»	51
»	3	»	5	»	1	»	6	»	6	52
»	»	»	»	»	»	»	»	»	»	53
»	3	»	3	»	3	»	6	»	6	54
1	»	»	»	1	»	1	»	2	2	55
»	3	»	3	»	»	1	3	1	4	56
»	1	»	1	»	»	»	1	»	1	57
1	12	1	26	2	5	»	31	2	33	58
»	3	1	3	1	4	»	7	1	8	59
»	3	»	3	»	»	»	3	»	3	60
1	»	»	»	1	»	»	»	1	1	61
»	»	»	»	»	»	»	»	»	»	62
3	1	»	2	3	3	»	5	3	8	63
1	3	1	7	2	1	»	8	2	10	64
»	»	»	»	»	2	»	2	»	2	65
»	1	»	1	»	»	»	1	»	1	66
1	4	1	9	2	»	»	9	2	11	67
1	60	»	74	1	23	»	97	1	98	68
»	5	»	5	»	4	1	9	1	10	69
1	15	»	16	1	8	»	24	1	25	70
»	90	2	164	2	49	»	213	2	215	71
1	116	1	175	2	129	1	304	3	307	72
1	17	»	46	1	24	»	70	1	71	73
»	127	3	217	3	55	»	272	3	275	74
1	52	3	77	4	32	»	109	4	113	75
2	77	»	159	2	33	»	192	2	194	76
3	175	2	290	5	84	3	374	8	382	77
»	7	1	10	1	6	»	16	1	17	78
»	14	»	20	»	4	»	24	»	24	79
112	1,699	99	2,880	211	1,092	98	3,972	309	4,281	

Fumistes, ramoneurs et poêliers
Marbriers
Ornemanistes (mouleurs, mouluriers, décorateurs et doreurs en bâtiments, praticiens-sculpteurs)
Autres

X. — Industrie de l'éclairage.

Fabriques de gaz à brûler
Fabriques de chandelles et bougies (fabriques d'huiles et leur épuration, voir n° 56), (épuration du vaseline, voir n° 57)
Autres (briquets, amadou, veilleuses, etc.)

XI. — Industrie de l'ameublement.

Ébénistes, fabricants de meubles et chaises, ciseleurs sur bois, marqueteurs, canneleurs et remp ébénisterie, etc.
Vernisseurs en piano et ébénisterie, peintres en voitures, etc.
Tapissiers, matelassiers, fabricants de bourrelets, fabricants de stores, etc
Fabriques de lits en fer ou en cuivre et objets de literie
Fabriques de glaces et miroirs
92 Frotteurs, garçons de salle
93 Autres

XII. — Industrie de l'habillement et de la toilette.

94 Chapeliers et fabricants de casquettes, calottes, bonnets grecs, etc. (chapeaux de paille, voir n° 14)
95 Tailleurs, confectionneurs, costumiers
96 Couturières, lingères, chemisières, mécaniciennes en couture, corsetières, broderies pour femmes, etc.
97 Modistes
98 Brodeurs sur or et argent, chasubliers, étoles et autres vêtements sacerdotaux
99 Plumes et fleurs, couronnières, fleuristes, feuillagistes, plumassiers (fleurs naturelles, voir n°s 3 et 190
100 Boutons en métal, étoffe, porcelaine, etc. (boutons en corne buffle, os, ivoire, nacre, voir n° 58)
101 Blanchisseurs, lavoirs et buanderies, laveuses et repasseuses
102 Teinturiers, dégraisseurs
103 Apprêteurs, calandreurs, cylindreurs, lamineurs et décatisseurs d'étoffes, etc.

XII. — Industrie de l'habillement et de la toilette (Suite).

104 Pelletiers, fourreurs
105 Culottiers, gantiers, guêtriers, fabricants de ceinturons, basanes, etc
106 Bretelles, jarretières, bas élastiques, bandagistes, etc.
107 Cordonniers et bottiers
108 Sabotiers, galochiers, chaussons et pantoufles, etc
109 Cannes et parapluies
110 Barbiers, coiffeurs et perruquiers, ouvrages en cheveux
111 Fabricants de parfumerie
112 Autres

XIII. — Industrie de l'alimentation.

113 Meuniers et minotiers (maraîchers, voir n° 3)
114 Raffineries de sucre
115 Distilleries
116 Boulangeries
117 Pâtisserie, biscuits de table
118 Fabricants de conserves de viandes, de légumes et autres, pâtes alimentaires (restaurants, rôtisseurs, v
119 Nourrisseurs
120 Confiseurs, glaciers, chocolatiers, brûleurs de café, confitures (épiciers, voir n° 168), (cafetiers, voir n°
121 Brasseurs
122 Vins de raisins secs
Autres. (Voir *Commerce de l'alimentation*, n°s 168 et suivants)

…s et par sexe (Suite).

De 20 à 39 ans		De 40 à 59 ans		RÉCAPITULATION — De 20 à 59 ans		De 60 ans et au-dessus		TOTAL GÉNÉRAL			NUMÉROS D'ORDRE
…es	Femmes	Hommes	Femmes	Hommes	Femmes	Hommes	Femmes	Hommes	Femmes	TOTAL	
81	112	1.609	99	2,880	211	1,092	98	3,972	309	4,281	
19	»	28	»	47	»	8	1	55	1	56	80
6	1	11	1	17	2	13	1	30	3	33	81
11	2	37	»	48	2	13	»	61	2	63	82
»	»	»	»	»	»	»	»	»	»	»	83
6	»	35	»	41	»	18	1	59	1	60	84
1	»	»	»	1	»	»	»	1	»	1	85
»	»	»	»	»	»	»	»	»	»	»	86
8	3	138	5	246	8	134	7	380	15	395	87
5	6	24	3	39	9	18	5	57	14	71	88
5	17	44	22	80	39	15	27	95	66	161	89
2	14	6	6	8	20	1	1	9	21	30	90
1	2	8	2	19	4	3	2	22	6	28	91
5	6	19	1	45	7	16	3	61	10	71	92
»	»	»	»	»	»	1	»	1	»	1	93
5	19	23	10	39	29	28	7	67	36	103	94
1	34	127	27	208	61	121	16	329	77	406	95
8	848	12	618	20	1,466	7	394	27	1,860	1,887	96
6	50	2	25	8	75	»	12	8	87	95	97
»	6	»	»	»	6	»	1	»	7	7	98
1	95	31	68	52	163	8	24	60	187	247	99
5	4	4	6	9	10	13	3	22	13	35	100
7	161	17	231	34	392	6	219	40	611	651	101
7	8	11	12	18	20	14	4	32	24	56	102
2	1	4	»	6	1	4	3	10	4	14	103
2	2	2	»	4	2	4	1	8	3	11	104
»	23	8	16	8	39	5	10	13	49	62	105
»	3	3	1	3	4	»	2	3	6	9	106
5	18	217	28	312	46	166	22	478	68	546	107
3	»	2	»	5	»	5	»	10	»	10	108
8	8	5	8	13	16	6	4	19	20	39	109
2	»	31	3	63	3	13	»	76	3	79	110
»	3	1	3	1	6	1	5	2	11	13	111
»	»	1	»	1	»	»	»	1	»	1	112
5	»	2	»	7	»	»	1	7	1	8	113
5	4	8	»	23	4	11	»	34	4	38	114
1	»	6	»	7	»	»	»	7	»	7	115
6	17	66	11	102	28	27	9	129	37	166	116
9	4	20	3	20	7	2	2	31	9	40	117
1	»	»	1	1	1	»	»	1	1	2	118
2	»	2	1	4	1	1	»	5	1	6	119
6	»	1	2	7	2	7	1	14	3	17	120
8	»	4	»	12	»	1	»	13	»	13	121
»	»	»	»	»	»	»	»	»	»	»	122
»	»	»	»	»	»	»	»	»	»	»	123
8	1.471	2,659	1.213	4,467	2,684	1,782	886	6,249	3,570	9,819	

XIV. — Industries relatives aux sciences, lettres et arts. *Report..*

124 Fabriques de papier

125 Cartons, cartonniers, articles en pâte de papier, celluloïd

126 Plumes métalliques, crayons et autres fournitures de bureau

127 Imprimeurs, typographie, lithographie, clicheurs, héliogravure, photo-gravure, gravure en taille-douce, e coloristes et enlumineurs, etc. (fabriques de papiers peints, voir n° 69)

128 Fondeurs en caractères

129 Libraires, éditeurs, livres et musique

130 Relieurs, brocheurs, assembleurs, satineurs, plieurs, marbreurs en reliure, enveloppes, etc. (colleurs voir n° 78)

131 Entreprises de journaux et revues (pour les rédacteurs de journaux, voir n° 222)

132 Entreprises de théâtres et concerts (pour les artistes, voir le n° 228)

133 Préparateurs d'objets d'histoire naturelle, naturalistes

134 Fabricants d'objets de physique, de chimie, de mathématiques, d'optique, d'appareils de photographie, mi de précision (électriciens, machines électriques, accumulateurs, etc., voir n° 24)

135 Fabricants d'instruments de chirurgie, orthopédie, etc

136 Fabriques d'instruments de musique, pianos, luthiers, etc.

137 Autres (écrivains publics, copistes, interprètes, traducteurs, sténographes, etc.)

XV. — Industries de luxe et de plaisir.

138 Bijouterie fine et imitation, orfèvres, joailliers, lapidaires, émaux d'art, etc., horlogers, fournitures d'horlo

139 Batteurs d'or, brunisseurs, doreurs sur bois et sur métaux, encadreurs

140 Fabricants de bronze, monteurs en bronze, ciseleurs sur métaux (fondeurs en cuivre, voir n° 28)

141 Bimbeloterie, éventails, porte-monnaie, blagues à tabac, etc

142 Jouets d'enfants, cartes à jouer, jeux de toute nature

143 Autres industries de luxe et de plaisir (ouvrages en albâtre, coquillages, etc.; articles de chasse et de pê etc.) (ciseleurs sur bois, voir n° 87)

XVI. — Autres industries.

144 Établissements de l'État (tapis, porcelaines, poudres, tabacs, armes, monnaie)

145 Industries des matières de rebut (chiffonniers, vidangeurs)

146 Autres industries

147 { P. Industries mal déterminées (manufacturiers, industriels sans autre désignation)
E. Employés de manufactures (sans autre désignation)
O. Journaliers, manœuvres, hommes de peine, etc

C. — TRANSPORTS.

148 Marins du commerce (embarqués ou non), armateurs

149 Mariniers, bateliers

150 Construction, entretien des canaux, surveillance de la navigation

151 Halage, remorquage sur les canaux et rivières, déchargeurs de bateaux sur les ports

152 Portefaix, commissionnaires, facteurs, livreurs, garçons de recette

153 Voituriers et charretiers, camionneurs (entrepreneurs et agents de toute nature)

154 Cochers, palefreniers, omnibus, fiacres, voitures de louage (entrepreneurs et agents de toute nature)

155 Construction et entretien des routes et égouts (paveurs, balayeurs, égoutiers, cantonniers, etc.) [illegible] dalles, voir n° 75), (ingénieurs, conducteurs des Ponts et chaussées, voir n° 224)

156 Chemins de fer (administrateurs, employés, ouvriers, agents de toute nature)

157 Postes, télégraphes, téléphones

D. — COMMERCE.

I. — Agents de change, banquiers, etc.

158 Directeurs, employés, agents gagistes et salariés des établissements de crédit et des banquiers

159 Agents de change, changeurs, remisiers et coulissiers

160 Compagnies diverses d'assurances

161 Commissionnaires en marchandises, exportateurs, commerçants en gros

162 Courtiers sans autre désignation, placiers, représentants de commerce, etc. (comptables et caissiers sa désignation, voir n° 195)

A reporter...

et par sexe (Suite).

20 … s	De 40 à 59 ans		RÉCAPITULATION — De 20 à 59 ans		De 60 ans et au-dessus		TOTAL GÉNÉRAL			NUMÉROS D'ORDRE
'emmes	Hommes	Femmes	Hommes	Femmes	Hommes	Femmes	Hommes	Femmes	TOTAL	
1,471	2,659	1,213	4,467	2,684	1,782	886	6,249	3,570	9,819	
12	7	5	11	17	1	2	12	19	31	124
31	20	15	34	46	3	6	37	52	89	125
»	»	»	1	»	»	»	1	»	1	126
13	146	15	291	28	67	8	358	36	394	127
»	1	»	1	»	1	»	2	»	2	128
1	4	1	9	2	2	1	11	3	14	129
40	21	25	34	65	3	7	37	72	109	130
2	4	2	6	4	5	1	11	5	16	131
»	2	4	4	4	»	2	4	6	10	132
»	1	»	2	»	1	»	3	»	3	133
1	16	»	21	1	12	»	33	1	34	134
»	1	»	1	»	»	»	1	»	1	135
1	13	1	29	2	17	1	46	3	49	136
»	11	»	19	»	1	1	20	1	21	137
21	106	8	201	29	73	2	274	31	305	138
15	19	13	54	28	9	7	63	35	98	139
1	36	2	73	3	42	1	115	4	119	140
3	3	1	3	4	1	1	4	5	9	141
2	»	»	»	2	1	»	1	2	3	142
»	»	1	»	1	»	1	»	2	2	143
12	6	13	7	25	2	2	9	27	36	144
4	8	7	18	11	10	8	28	19	47	145
1	2	»	2	1	»	»	2	1	3	146
»	3	»	3	»	2	1	5	1	6	P. } 147
»	»	»	1	»	3	»	4	»	4	E. } 147
381	620	461	973	842	418	486	1,391	1,328	2,719	O. } 147
»	1	»	3	»	»	»	3	»	3	148
1	11	»	19	1	2	1	21	2	23	149
»	»	»	»	»	»	»	»	»	»	150
»	4	»	8	»	»	»	8	»	8	151
»	47	»	64	»	30	1	94	1	95	152
2	166	2	303	4	77	2	380	6	386	153
2	259	»	394	2	145	»	539	2	541	154
2	42	4	67	6	28	7	95	13	108	155
1	78	1	153	2	28	»	181	2	183	156
6	51	1	81	7	12	»	93	7	100	157
»	21	3	34	3	12	1	46	4	50	158
»	5	»	10	»	8	»	18	»	18	159
»	10	2	12	2	7	1	19	3	22	160
»	8	1	13	1	4	»	17	1	18	161
1	115	3	166	4	57	»	223	4	227	162
2,027	4,527	1,804	7,592	3,831	2,866	1,437	10,458	5,268	15,726	

Décès par professions, par g

NUMÉROS D'ORDRE	PROFESSIONS
	II. — HÔTELIERS, LOGEURS, CABARETIERS. *Report..*
163	Marchands de vins et liqueurs
164	Cafetiers
165	Restaurants, rôtisseurs
166	Hôtels garnis
167	Cuisiniers
	III. — COMMERCE DE L'ALIMENTATION.
168	Épiciers, pâtes alimentaires (fabricants de conserves de viandes, légumes, pâtes alimentaires, voir n° 118), de cafés, fabricants de confitures, voir n° 120), (fabriques de chandelles, voir n° 85)
169	Beurre, œufs, fromage, poisson, volailles, fruits et légumes, huîtres, quatre-saisons
170	Grainetiers, blé, farines et fourrages
171	Marchands et conducteurs de bestiaux
172	Bouchers, charcutiers, tripiers, salaisons (fabricants de conserves de viandes, voir n° 118)
173	Autres (marchands et employés aux Halles, sans autre désignation, etc.)
	IV. — COMMERCE DE L'AMEUBLEMENT.
174	Meubles, tapis, rideaux, objets de literie
175	Quincaillerie, ustensiles de ménage, porcelaine, faïence, poterie, cristaux, bouteilles, bazars
176	Autres
	V. — COMMERCE DE L'HABILLEMENT ET DE LA TOILETTE.
177	Nouveautés, bonneterie, mercerie, ganterie, lingerie
178	Vêtements tout faits d'hommes et de femmes
179	Marchands à la toilette, fripiers
180	Établissements de bains
181	Autres
	VI. — COMMERCES DIVERS.
182	Marchands de bois pour construction ou ébénisterie
183	— de bois de chauffage et charbons, houille, coke
184	— et loueurs de chevaux, ânes, mulets
185	— de papeterie, livres, musique, journaux, bouquinistes
186	— de tableaux, gravures et objets d'art
187	— d'objets de physique, mathématiques, opticiens
188	— et loueurs de pianos et autres instruments de musique
189	— d'orfèvrerie, horlogers
190	— de fleurs artificielles ou naturelles
191	— de jouets d'enfants
192	Débitants de tabac, articles de fumeurs
193	Autres commerces
194	Marchands sur la voie publique, marchands forains, colporteurs camelots, distributeurs d'imprimés
	VII. — COMMERCES MAL DÉFINIS.
195	Comptables et caissiers (sans autre désignation)
196	P. Négociants (sans autre désignation)
	E. Employés, demoiselles de magasin, etc. (sans autre désignation)
	O. Garçons de magasin, etc. (sans autre désignation)
	E. — FORCE PUBLIQUE.
197	Armée de terre et sapeurs-pompiers
198	Armée de mer
199	Gendarmes, gardes municipaux
200	Agents de police et gardiens de la paix
	F. — ADMINISTRATION PUBLIQUE.
	Fonctionnaires, employés, garçons de bureau, hommes de peine et autres rétribués pa[r]
201	L'État
202	Les départements, la ville et les communes
203	Services annexes (eaux, pompes funèbres, fossoyeurs, etc.)
	A reporter..

s et par sexe (Suite).

De 20 à 39 ans		De 40 à 59 ans		RÉCAPITULATION — De 20 à 59 ans		De 60 ans et au-dessus		TOTAL GÉNÉRAL			NUMÉROS D'ORDRE
…s	Femmes	Hommes	Femmes	Hommes	Femmes	Hommes	Femmes	Hommes	Femmes	TOTAL	
5	2,027	4,527	1,804	7,392	3,831	2,866	1,437	10,158	5,268	15,726	
7	73	245	64	102	137	79	23	171	160	631	163
8	2	36	3	94	5	2	1	96	6	102	164
8	3	32	4	40	7	3	4	43	11	54	165
9	3	47	11	86	14	8	5	94	19	113	166
4	142	70	160	116	302	22	77	138	379	517	167
7	5	20	25	57	30	5	6	62	36	98	168
1	38	76	75	117	113	60	74	177	187	364	169
5	»	2	»	7	»	2	2	9	2	11	170
1	1	4	»	5	1	2	»	7	1	8	171
3	4	67	10	140	14	22	4	162	18	180	172
3	3	37	9	60	12	14	7	74	19	93	173
»	»	7	1	7	1	1	»	8	1	9	174
9	»	7	1	16	1	3	2	19	3	22	175
»	»	»	»	»	»	»	»	»	»	»	176
5	6	4	8	9	14	12	6	21	20	41	177
»	»	»	1	»	1	»	1	»	2	2	178
1	»	5	4	6	4	»	6	6	10	16	179
1	2	4	»	5	2	1	»	6	2	8	180
»	»	»	»	»	»	»	»	»	»	»	181
»	1	»	»	»	1	»	»	»	1	1	182
5	11	32	4	67	15	9	4	76	19	95	183
2	»	8	»	10	»	8	»	18	»	18	184
5	1	8	7	13	8	2	8	15	16	31	185
»	»	5	3	5	3	3	1	8	4	12	186
1	»	»	»	1	»	2	»	3	»	3	187
1	»	3	»	4	»	»	»	4	»	4	188
»	»	»	»	»	»	»	»	»	»	»	189
1	3	1	4	2	7	»	1	2	8	10	190
»	»	1	»	1	»	»	»	1	»	1	191
5	»	5	2	10	2	2	»	12	2	14	192
5	5	18	12	23	17	13	4	36	21	57	193
6	3	39	7	65	10	19	6	84	16	100	194
9	19	163	10	202	29	42	4	334	33	367	195
8	8	93	14	151	22	88	13	239	35	274	P.
4	92	575	28	1,159	120	250	17	1,409	137	1.546	E. 196
5	4	81	4	186	8	42	5	228	13	241	O.
4	»	19	»	203	»	24	»	227	»	227	197
»	»	1	»	1	»	»	»	1	»	1	198
0	»	»	»	10	»	»	»	10	»	10	199
4	1	19	2	43	3	3	»	46	3	49	200
9	2	56	6	83	8	25	1	110	9	119	201
6	2	74	1	100	3	30	1	130	4	134	202
1	»	3	»	4	»	5	»	9	»	9	203
8	2,461	6,396	2,284	11,194	4,745	3,659	1,720	14,853	6,465	21,318	

G. — PROFESSIONS LIBÉRALES.

Report.

I. — Cultes.

Clergé séculier (archevêques, évêques, chanoines, curés, vicaires, desservants, chapelains, aumôniers, bedeaux, suisses, sacristains, etc.) ....

Clergé régulier (religieux et religieuses appartenant à des congrégations ou ordres religieux) ....

Autres cultes ....

II. — Professions judiciaires.

Magistrats et membres des tribunaux de tous les degrés ....

Avocats et agréés près les tribunaux de commerce ....

Officiers ministériels (notaires, avoués, huissiers, commissaires-priseurs, etc.) ....

Agents d'affaires, etc. ....

Autres ....

III. — Professions médicales.

Médecins, docteurs et officiers de santé ....

Droguistes, pharmaciens et herboristes ....

Vétérinaires ....

Dentistes (non médecins), pédicures, masseurs, ventouseurs ....

Sages-femmes ....

Directeurs (non médecins) et employés de tout ordre des maisons de santé, hôpitaux et hospices (infirmiers, malades, etc.) ....

IV. — Professions de l'enseignement.

Directeurs, professeurs, régents, maîtres et économes :

Des établissements entretenus aux frais de l'État, des départements, des communes (écoles primaires, facultés, écoles spéciales) ....

Des établissements privés ....

Instituteurs allant dans les familles ....

Professeurs spéciaux (musique, danse, dessin, escrime, etc.) ....

V. — Sciences, lettres et arts.

Savants et hommes de lettres vivant exclusivement du produit de leurs travaux ....

Architectes ....

Géomètres, ingénieurs (des mines, des ponts et chaussées, ingénieurs civils), conducteurs des ponts et chauss[ées]

Photographes ....

Peintres, statuaires, graveurs, dessinateurs pour arts décoratifs (graveurs en taille-douce, voir n° 127), [gr]av[eurs] sur bois, voir n° 87), (ciseleurs sur métaux, voir n° 140) ....

Artistes musiciens (compositeurs, instrumentistes, chanteurs) ....

Artistes lyriques, dramatiques, danseuses, choristes, etc. ....

H. — PERSONNES VIVANT EXCLUSIVEMENT DE LEURS REVENUS.

Propriétaires vivant principalement du produit de la location de leurs immeubles ....

Concierges ....

Rentiers ....

Individus retraités pensionnés par l'État, par les départements, par les communes, par les administr[ations de] chemins de fer, d'assurances et autres. Réfugiés à la solde de l'État, vivant exclusivement ou principal[ement de] cette solde ....

Domestiques ....

I. — INDIVIDUS NON CLASSÉS.

Ménagères ....

Saltimbanques, acrobates, montreurs de curiosités, d'animaux féroces, etc. ....

Mendiants, bohémiens, vagabonds, filles publiques ....

Enfants en nourrice non classés ; étudiants des facultés et élèves internes des lycées, collèges et pensionnats ....

Sans profession ....

Professions inconnues ....

Totaux ..

es et par sexe (Suite et fin).

De 20 à 39 ans		De 40 à 59 ans		RÉCAPITULATION — De 20 à 59 ans		De 60 ans et au-dessus		TOTAL GÉNÉRAL			NUMÉROS D'ORDRE
es	Femmes	Hommes	Femmes	Hommes	Femmes	Hommes	Femmes	Hommes	Femmes	TOTAL	
98	2,461	6,396	2,284	11,194	4,745	3,650	1,720	14,853	6,465	21,318	
3	»	13	»	16	»	24	»	40	»	40	204
4	25	4	29	8	54	13	39	21	93	114	205
»	»	2	»	2	»	»	»	2	»	2	206
1	»	4	»	5	»	1	»	6	»	6	207
3	»	5	»	8	»	16	»	24	»	24	208
13	»	17	»	30	»	7	»	37	»	37	209
6	»	13	»	19	»	8	1	27	1	28	210
»	»	1	»	1	»	5	»	6	»	6	211
11	1	24	»	35	1	33	1	68	2	70	212
8	1	12	5	20	6	14	1	34	7	41	213
»	»	»	»	»	»	»	»	»	»	»	214
3	1	2	2	5	3	8	1	13	4	17	215
»	3	»	3	»	6	3	3	3	9	12	216
2	24	12	14	24	38	2	11	26	49	75	217
2	12	6	16	8	28	5	7	13	35	48	218
»	»	»	»	»	»	»	1	»	1	1	219
3	5	»	1	3	6	6	2	9	8	17	220
4	4	11	9	15	13	20	6	35	19	54	221
3	»	24	1	37	1	24	»	61	1	62	222
3	»	20	»	33	»	22	»	55	»	55	223
8	»	36	»	54	»	17	»	71	»	71	224
5	1	4	»	9	1	5	3	14	4	18	225
7	6	55	4	72	10	48	7	120	17	137	226
7	2	26	2	33	4	4	»	37	4	41	227
4	12	24	8	28	20	5	2	33	22	55	228
9	»	13	13	22	13	92	31	114	44	158	P. } 229
1	68	184	192	215	260	195	189	410	449	859	E. } 229
5	11	116	72	121	83	472	482	593	565	1,158	230
1	»	29	6	30	6	214	2	274	8	282	231
7	320	44	123	111	143	67	98	178	541	719	232
»	220	»	270	»	490	»	269	»	759	759	233
1	»	1	»	2	»	»	»	2	»	2	234
[illegible]	4	3	3	3	7	5	1	8	8	16	235
1	1	»	»	21	1	»	»	21	1	22	236
0	1,027	78	1,691	228	2,718	870	3,909	1,098	6,627	7,725	237
4	84	61	65	125	149	102	118	227	267	494	238
7	4,293	7,240	4,813	12,537	9,106	5,996	6,904	18,533	16,010	34,543	
4	4,474	7,493	5,048	12,837	9,522	6,528	8,017	19,365	17,539	36,904	

9+10+11	Soie, tissus mélangés, passementerie, dentelles, etc....	13	10	3	2	»	»	»	»	»
21+22+23+24+25+26	Machines, mécaniciens, forgerons, taillandiers, etc......	160	110	26	16	12	5	4	16	20
29	Tourneurs sur métaux, etc...	25	12	1	3	1	»	»	1	»
30+31	Chaudronniers, étameurs, ferblantiers, etc............	34	19	5	6	5	»	»	6	3
34	Tanneurs, etc.............	28	19	4	»	1	»	»	2	3
71	Serruriers................	35	23	2	8	2	»	»	6	6
72	Menuisiers, etc............	41	44	7	5	3	»	»	6	9
74+75	Maçons, tailleurs de pierre, etc.	53	61	13	8	7	»	2	8	10
76	Couvreurs, plombiers, etc....	47	32	2	»	2	1	»	2	1
77	Peintres, vitriers, etc........	51	61	3	9	4	»	»	2	7
87	Ébénistes, etc.............	74	58	16	5	8	1	2	6	11
95	Tailleurs, etc..............	53	60	16	5	»	»	2	6	5
107	Cordonniers et bottiers......	69	79	24	3	7	1	5	9	10
110	Coiffeurs..................	22	6	1	2	2	»	»	2	1
116	Boulangers................	19	12	4	2	3	»	»	3	2
127	Imprimeurs, etc.	110	65	6	10	4	1	»	8	3
153	Charretiers, etc............	68	59	7	5	8	1	»	11	9
154	Cochers, etc...............	55	74	16	3	8	1	2	12	10
156	Chemins de fer............	28	19	5	3	3	»	1	4	3
157	Postes et télégraphes........	21	11	4	1	1	»	»	4	1
168	Épiciers, etc..........	24	7	1	»	»	»	2	»	»
169	Fruits et légumes, etc.......	19	29	1	2	5	»	»	4	5
172	Bouchers, etc..............	37	23	2	2	5	»	»	3	1
212+215	Médecins et dentistes........	9	8	1	»	1	1	»	2	2

»	»	»	»	2	1	»	2	2	4	»	11
3	14	11	6	19	6	18	8	2	26	63	34
»	1	»	3	3	1	2	1	»	»	»	»
»	2	4	5	7	»	»	3	»	11	»	16
»	2	»	1	4	1	2	»	»	3	10	6
3	6	4	4	9	»	»	1	1	8	11	6
»	1	2	1	7	5	3	2	3	4	12	29
2	8	1	2	9	3	10	8	4	20	26	5
»	7	3	2	3	1	11	5	1	11	7	3
5	15	1	2	6	3	5	9	4	18	26	17
1	6	4	2	4	2	4	3	7	13	21	15
»	6	4	3	4	5	»	»	»	12	16	25
1	5	8	4	2	5	»	5	5	2	42	21
»	3	»	»	»	»	»	»	»	6	1	5
»	4	1	1	3	1	1	1	»	10	5	3
1	10	»	3	5	»	»	»	»	6	20	21
»	6	1	6	9	3	13	15	8	20	14	26
2	9	7	7	15	5	17	14	4	23	37	26
2	1	1	1	»	»	12	8	2	10	16	2
1	1	»	»	»	1	»	»	»	5	8	3
»	»	»	2	1	1	1	»	»	3	1	»
»	1	3	1	5	3	1	1	3	16	7	10
1	1	»	5	4	1	»	1	1	10	5	»
»	2	»	»	»	1	»	»	1	4	»	20

Relevé des suicides par âge, par sexe, par état

MODE DU SUICIDE		DE 10 à 14 ANS	DE 15 à 24 ANS Célibataires	Mariés	Veufs	Divorcés	Inconnu	Célibataires			
A.— Par le poison.	Hommes.	»	4	»	»	»	»	6	2	»	»
	Femmes.	»	5	2	»	»	»	2	2	2	»
B.— Par asphyxie.	Hommes.	»	9	»	»	»	»	18	12	»	1
	Femmes.	»	23	3	»	»	»	20	17	7	»
C. — Par strangulation.	Hommes.	3	10	1	»	»	2	20	30	3	1
	Femmes.	»	4	»	»	»	»	2	5	2	1
D. — Par submersion.	Hommes.	»	13	»	»	»	»	16	14	»	»
	Femmes.	1	18	1	»	»	»	8	6	»	»
E. — Par armes à feu.	Hommes.	»	19	1	»	»	1	28	15	1	»
	Femmes.	»	2	1	»	»	»	1	3	»	1
F. — Par instruments tranchants.	Hommes.	»	1	»	»	»	»	2	»	»	»
	Femmes.	»	»	»	»	»	»	»	»	»	»
G.— Par précipitation d'un lieu élevé.	Hommes.	»	2	»	»	»	»	3	2	»	»
	Femmes.	»	»	1	»	»	»	3	4	»	»
H. — Par écrasement.	Hommes.	»	»	»	»	»	»	»	»	»	»
	Femmes.	»	»	»	»	»	»	»	»	»	»
I. — Autre......	Hommes.	»	»	»	»	»	»	»	»	»	»
	Femmes.	»	»	»	»	»	»	»	»	»	»
TOTAUX.....	Hommes.	3	58	2	»	»	3	93	75	4	2
	Femmes.	1	52	8	»	»	»	36	37	11	2

d'exécution. (Domiciliés à Paris.)

		DE 60 ANS ET AU-DESSUS					AGE INCONNU					TOTAUX					TOTAUX GÉNÉRAUX	
		Céli-bataires	Mariés	Veufs	Divorcés	Inconnu	Céli-bataires	Mariés	Veufs	Divorcés	Inconnu	Céli-bataires	Mariés	Veufs	Divorcés	Inconnu		
»	»	1	4	»	»	1	»	»	»	»	»	11	13	1	»	1	26	48
»	»	»	1	2	»	»	»	»	»	»	»	8	9	5	»	»	22	
2	9	2	11	12	»	2	»	1	»	»	3	48	51	28	3	16	146	278
1	2	5	3	11	»	1	1	»	1	»	»	59	36	32	1	4	132	
1	9	8	24	35	»	2	»	1	»	»	3	70	146	59	2	21	298	344
»	1	1	3	6	»	»	»	»	»	»	»	9	18	17	1	1	46	
»	1	4	8	4	»	2	»	»	»	»	»	48	54	9	»	3	114	168
»	»	»	»	4	»	»	»	»	»	»	»	31	17	6	»	»	54	
1	3	2	11	6	»	»	1	»	»	»	2	66	55	17	1	8	147	162
»	»	2	»	1	»	»	»	»	»	»	»	6	5	2	1	1	15	
»	»	1	2	2	»	»	»	»	»	»	»	5	3	3	»	»	11	13
»	»	»	»	»	»	»	»	»	»	»	»	»	1	1	»	»	2	
»	3	2	2	2	»	»	»	»	»	»	»	8	9	3	»	3	23	39
»	»	»	»	3	»	»	»	»	»	»	»	6	6	4	»	»	16	
»	»	»	»	»	»	»	»	»	»	»	»	»	»	»	»	»	»	»
»	»	»	»	»	»	»	»	»	»	»	»	»	»	»	»	»	»	
»	»	»	»	»	»	»	»	»	»	»	»	»	»	»	»	»	»	»
»	»	»	»	»	»	»	»	»	»	»	»	»	»	»	»	»	»	
4	25	20	62	61	»	7	1	2	»	»	8	256	331	120	6	52	765	1,052
1	3	8	7	27	»	1	1	»	1	»	»	119	92	67	3	6	287	

Statistique sanitaire des communes.

Les décès des domiciliés hors Paris, décédés dans les hôpitaux de

1	Fièvre typhoïde ou muqueuse	de 0 à 1 an..	»	»	»	»	1	»	»	»
		— 1 19 ans.	8	1	»	1	4	1	5	6
		— 20 39 —	4	4	1	»	2	»	11	3
		— 40 59 —	3	2	»	1	»	»	3	1
		— 60 ω —	1	»	»	»	1	1	»	»
		Total	16	7	1	2	8	2	19	10
2	Variole	de 0 à 1 an..	1	3	1	»	1	»	2	»
		— 1 19 ans.	»	1	1	»	1	»	»	2
		— 20 39 —	»	3	»	»	1	»	1	»
		— 40 59 —	1	2	»	»	1	»	»	»
		— 60 ω —	1	»	»	»	»	»	»	»
		Total	3	9	2	»	4	»	3	2
3	Rougeole	de 0 à 1 an..	2	2	»	»	»	»	4	2
		— 1 19 ans.	5	10	»	»	4	1	13	1
		— 20 39 —	»	»	»	»	»	»	»	»
		— 40 59 —	»	»	»	»	»	»	»	»
		— 60 ω —	»	»	»	»	»	»	»	»
		Total	7	12	»	»	4	1	17	3
4	Scarlatine	de 0 à 1 an..	»	»	»	»	»	»	»	»
		— 1 19 ans.	»	»	1	1	1	1	4	1
		— 20 39 —	»	»	»	»	»	»	»	1
		— 40 59 —	1	»	»	»	»	»	»	»
		— 60 ω —	»	»	»	»	»	»	»	»
		Total	1	»	1	1	1	1	4	2
5	Coqueluche	de 0 à 1 an..	1	»	»	»	»	»	2	»
		— 1 19 ans.	1	2	»	»	5	»	1	»
		— 20 39 —	»	»	»	»	»	»	»	»
		— 40 59 —	»	»	»	»	»	»	»	»
		— 60 ω —	»	»	»	»	»	»	»	»
		Total	2	2	»	»	5	»	3	»
6	Diphtérie, croup, angine couenneuse	de 0 à 1 an..	2	»	»	»	»	»	1	»
		— 1 19 ans.	5	17	9	»	6	»	16	8
		— 20 39 —	»	»	»	»	»	»	1	4
		— 40 à 59 —	»	»	»	»	»	»	»	»
		— 60 ω —	1	»	»	»	»	»	»	»
		Total	8	17	9	»	6	»	18	12
7	Phtisie pulmonaire	de 0 à 1 an..	»	1	»	»	»	»	1	»
		— 1 19 ans.	11	11	»	2	9	2	22	5
		— 20 39 —	40	51	5	5	80	5	79	28
		— 40 59 —	26	21	3	4	65	2	36	23
		— 60 ω —	3	5	2	»	17	2	9	8
		Total	80	89	9	11	171	11	146	64
8	Méningite tuberculeuse	de 0 à 1 an..	1	7	4	»	3	»	2	1
		— 1 19 ans.	7	16	4	»	20	1	9	1
		— 20 39 —	»	»	6	»	»	»	»	»
		— 40 59 —	1	»	6	»	1	»	»	»
		— 60 ω —	»	»	2	»	»	»	»	»
		Total	9	23	22	»	24	1	11	2
9	Autres tuberculoses	de 0 à 1 ans.	»	1	1	»	»	»	2	1
		— 1 19 ans.	1	3	1	»	3	»	5	3
		— 20 39 —	3	2	5	»	3	»	3	4
		— 40 59 —	2	4	1	»	4	»	1	2
		— 60 à ω —	»	»	»	»	3	»	»	1
		Total	6	10	8	»	13	»	11	13
10	Cancer et autres tumeurs	de 0 à 1 an..	»	»	»	»	»	»	»	»
		— 1 19 ans.	»	»	»	»	»	»	»	»
		— 20 39 —	1	4	»	»	3	»	3	1
		— 40 59 —	17	13	3	2	14	1	20	16
		— 60 ω —	15	12	6	2	34	2	13	16
		Total	33	29	9	4	51	3	36	33
11	Méningite simple	de 0 à 1 an..	7	10	6	»	1	3	12	9
		— 1 19 ans.	5	16	3	2	2	»	27	4
		— 20 39 —	»	1	»	»	»	»	3	2
		— 40 59 —	1	1	»	»	»	»	»	»
		— 60 ω —	»	»	»	»	»	»	»	»
		Total	13	28	9	2	3	3	42	15
12	Congestion et hémorragie cérébrales	de 0 à 1 —	1	»	»	1	»	3	»	»
		— 1 19 ans.	1	1	»	»	»	1	2	»
		— 20 39 —	1	2	»	»	4	1	2	2
		— 40 59 —	4	12	2	1	19	»	12	7
		— 60 ω —	16	10	8	5	41	2	18	18
		Total	23	25	10	7	64	7	34	27
13	Paralysie sans cause indiquée	de 0 à 1 an..	»	»	»	»	»	»	»	»
		— 1 19 ans.	»	»	»	»	»	»	»	»
		— 20 39 —	»	1	»	»	»	»	»	»
		— 40 59 —	»	»	»	»	»	»	»	2
		— 60 ω —	»	6	»	»	»	»	»	6
		Total	»	7	»	»	»	»	»	8
		A reporter	201	238	80	27	354	29	340	191

	»	»	»	»	»	»	»	3	»	2	5
	5	»	5	2	»	1	»	69	25	297	391
	2	»	6	1	»	»	»	57	43	386	424
	1	»	1	1	»	1	»	17	8	66	94
	»	»	»	»	»	»	»	3	2	8	13
	8	»	12	4	»	2	»	149	78	697	926
	1	1	7	»	»	»	1	21	7	44	72
	»	»	8	1	»	»	»	19	4	10	39
	»	»	3	1	»	»	»	12	5	52	69
	»	»	0	»	»	»	»	14	6	47	65
	»	»	»	1	»	»	»	2	2	7	11
	1	1	24	3	»	»	1	68	22	196	288
	»	»	3	»	»	2	»	27	27	271	328
	3	»	7	1	»	3	1	65	56	716	835
	»	»	»	»	»	»	»	»	1	4	5
	»	»	»	»	»	»	»	»	»	3	3
	»	»	»	»	»	»	»	»	»	1	1
	6	»	10	1	»	5	1	92	84	993	1,188
	»	»	1	»	»	»	1	5	1	14	20
	»	»	3	1	»	»	»	26	10	111	147
	»	»	»	»	»	»	»	3	3	19	25
	»	»	»	»	»	»	»	1	1	4	6
	»	»	»	»	»	»	»	»	»	3	3
	»	»	6	1	»	»	1	25	15	161	201
	1	»	2	2	»	2	»	18	11	119	148
	1	»	3	2	»	1	»	21	5	136	162
	»	»	»	»	»	»	»	»	»	»	»
	»	»	»	»	»	»	»	»	»	»	»
	»	»	»	»	»	»	»	»	»	»	»
	2	»	5	4	»	3	»	38	16	255	318
	»	»	2	»	»	»	1	16	5	54	78
	13	»	23	9	»	1	2	161	99	922	1,186
	»	»	»	»	»	»	1	7	5	21	33
	»	»	»	»	»	»	»	»	2	7	9
	»	»	»	»	»	»	»	2	»	5	7
	15	»	25	9	»	1	4	196	111	1,080	1,396
	1	»	»	1	»	»	»	7	10	49	68
	3	»	13	8	»	1	»	138	97	939	1,174
2	23	5	32	53	1	18	5	721	468	4,843	6,002
	18	1	12	44	2	2	5	464	258	3,190	3,942
	2	»	1	10	»	1	1	124	75	614	813
	47	6	60	116	3	22	11	1,454	968	9,006	11,967
	3	»	4	17	»	»	2	72	82	145	249
	3	»	42	15	2	4	1	181	106	663	950
	»	1	4	6	»	»	»	24	20	91	138
	»	1	2	1	»	1	»	13	16	36	65
	»	»	»	»	»	»	»	2	5	2	9
	6	2	52	38	2	5	3	292	179	937	1,498
	1	»	5	7	»	»	2	31	6	53	98
	5	»	48	11	»	3	»	103	45	208	430
	4	»	106	26	»	2	2	194	99	453	745
	7	»	53	22	»	1	»	124	63	308	585
	»	»	14	10	»	1	»	40	24	76	140
3	17	»	228	76	»	7	4	489	237	1,236	1,982
»	»	»	»	»	»	»	»	»	3	»	3
»	»	»	1	»	»	»	»	3	3	11	17
1	»	»	3	7	»	2	»	43	33	288	364
1	7	»	23	14	3	2	4	215	152	1,353	1,780
4	11	2	20	4	2	3	5	233	198	1,189	1,690
6	18	2	49	25	6	7	9	494	389	2,841	3,724
3	9	»	30	11	»	3	2	128	65	332	528
1	14	»	18	5	1	1	2	153	96	843	1,094
»	1	»	»	»	»	1	»	10	9	98	117
1	»	»	»	1	»	2	»	9	8	74	94
»	1	»	»	»	»	»	»	1	8	25	34
5	25	»	48	17	1	7	4	301	186	1,374	1,981
»	»	»	»	»	»	»	1	9	14	18	41
»	»	»	2	»	»	»	»	10	6	27	43
»	2	»	6	4	1	1	»	38	32	147	217
»	7	»	19	13	»	4	2	165	134	674	973
4	17	4	34	8	2	4	4	388	415	1,342	2,145
4	26	4	61	25	3	9	7	818	601	2,208	3,419
»	»	»	»	»	»	»	»	»	»	»	»
»	»	»	»	»	»	»	»	»	»	4	4
»	»	»	1	1	»	»	»	3	14	14	31
»	»	»	1	4	»	»	»	8	21	94	123
1	1	2	5	5	1	»	»	38	45	285	368
1	1	2	7	10	1	»	»	49	88	397	526
52	171	17	587	339	15	68	43	4,258	2,906	21,869	29,033

		Report	204
14	Ramollissement cérébral	de 1 à 19 ans.	»
		— 20 39 —	»
		— 40 59 —	1
		— 60 ω —	4
		Total	6
15	Maladies organiques du cœur	de 0 à 1 an.	»
		— 1 19 ans.	»
		— 20 39 —	1
		— 40 59 —	6
		— 60 ω —	14
		Total	21
16	Bronchite aiguë	de 0 à 1 an.	1
		— 1 19 ans.	»
		— 20 39 —	»
		— 40 59 —	1
		— 60 ω —	2
		Total	4
17	Bronchite chronique	de 0 à 1 an.	1
		— 1 19 ans.	»
		— 20 39 —	»
		— 40 59 —	1
		— 60 ω —	5
		Total	7
18	Pneumonie, Broncho-pneumonie	de 0 à 1 an.	4
		— 1 19 ans.	6
		— 20 39 —	1
		— 40 59 —	4
		— 60 ω —	6
		Total	21
19	Diarrhée, Gastro-entérite	de 0 à 1 an.	32
		— 1 19 ans.	4
		— 20 39 —	»
		— 40 59 —	3
		— 60 ω —	2
		Total	41
20	Choléra et maladies cholériformes	de 1 à 19 ans.	»
		— 20 39 —	»
		— 40 59 —	»
		— 60 ω —	»
		Total	»
21	Fièvre et péritonite puerpérales	de 1 à 19 ans.	»
		— 20 39 —	2
		— 40 59 —	»
		Total	2
22	Autres affections puerpérales	de 1 à 19 ans.	»
		— 20 39 —	1
		— 40 59 —	»
		Total	1
23	Débilité congénitale et vices de conformation	de 0 à 1 an.	18
24	Sénilité	de 60 à ω ans.	18
25	Suicides	de 1 à 19 ans.	»
		— 20 39 —	1
		— 40 59 —	3
		— 60 ω —	2
		Total	6
26	Autres morts violentes	de 0 à 1 an.	»
		— 1 19 ans.	2
		— 20 39 —	3
		— 40 59 —	1
		— 60 ω —	»
		Total	6
27	Autres causes de mort	de 0 à 1 an.	10
		— 1 à 19 ans.	4
		— 20 39 —	12
		— 40 59 —	24
		— 60 ω —	48
		Total	98
28	Causes restées inconnues	de 0 à 1 an.	1
		— 1 19 ans.	»
		— 20 39 —	»
		— 40 59 —	2
		— 60 ω —	»
	Total des décès par groupes d'âges		3
	TOTAL GÉNÉRAL des décès par communes	de 0 à 1 an.	76
		— 1 19 —	60
		— 20 39 —	71
		— 40 59 —	105
		— 60 ω —	136
		Total	448

[illegible]	[illegible]	43	180	44	52	471	47	587	[illegible]	45	68	45	4,238	3,906	21,869	29,034
»	»	1	»	»	»	»	»	»	»	»	»	»	1	»	1	1
»	»	»	»	»	»	»	»	»	»	»	»	»	»	»	10	10
10	4	»	»	1	»	»	1	5	3	»	»	»	41	42	96	179
35	16	3	2	»	2	1	2	13	13	1	5	2	142	194	295	632
45	20	4	2	1	2	1	3	18	18	1	5	2	184	226	402	822
»	»	»	»	»	»	1	»	1	21	»	»	»	23	2	17	42
»	3	»	3	»	»	2	»	5	9	»	1	1	37	12	111	300
2	2	1	3	»	2	2	»	7	3	»	1	»	53	30	291	176
6	9	1	3	1	3	9	»	27	3	»	2	1	171	108	1,035	1,344
[illegible]	23	7	24	1	8	6	»	58	4	3	2	3	363	334	1,562	2,279
[illegible]	37	8	39	2	12	20	»	98	40	3	8	5	647	536	3,016	4,199
»	2	»	7	2	1	4	2	»	33	»	2	1	109	64	439	612
2	»	1	5	1	»	2	1	4	14	1	»	2	71	28	292	391
»	1	»	»	»	»	2	»	3	20	»	»	»	34	7	37	78
»	»	»	»	»	1	»	»	3	20	»	1	1	40	10	41	91
1	14	»	2	1	»	»	»	»	4	»	1	»	36	21	101	158
8	17	1	14	4	2	8	3	10	93	1	4	4	290	130	910	1,330
»	»	»	»	»	»	»	1	»	»	»	»	»	9	6	22	37
»	»	»	»	»	»	1	»	1	2	»	»	»	7	12	52	71
»	1	»	»	»	»	»	»	2	24	»	»	»	34	13	114	161
6	9	»	2	»	3	3	»	8	26	1	2	1	102	47	399	548
34	16	3	4	2	5	8	1	30	27	2	1	»	206	144	897	1,247
40	26	5	8	2	8	14	2	41	79	3	3	1	368	222	1,484	2,064
3	7	»	11	1	4	6	»	24	20	»	7	1	167	136	686	989
4	4	2	5	»	3	4	2	34	12	»	6	1	159	124	874	1,157
2	4	1	6	»	7	2	»	7	13	»	»	»	78	39	328	463
17	4	»	10	1	3	4	2	17	6	»	1	1	150	115	753	1,018
80	15	»	31	3	5	4	2	19	7	»	5	3	274	96	1,265	1,935
78	34	3	83	6	22	20	6	101	58	»	19	6	828	830	3,908	5,564
30	15	24	75	5	11	35	1	84	9	5	16	8	762	622	2,037	4,021
2	5	2	8	»	1	3	»	24	2	1	3	1	102	46	303	431
»	»	»	2	»	»	1	»	5	2	»	»	»	16	8	29	53
10	»	»	1	»	»	1	»	11	»	»	»	»	30	8	47	94
74	»	»	»	»	»	1	»	6	»	»	»	1	95	37	60	192
[illegible]	28	23	86	5	12	31	1	130	13	6	19	19	1,014	721	3,076	4,811
»	»	»	»	»	»	»	»	»	»	»	»	»	5	7	3	15
»	»	»	1	»	»	»	»	»	»	»	»	»	4	1	6	11
»	»	»	»	»	»	»	»	2	»	»	»	»	3	1	8	12
»	»	»	»	»	»	»	»	»	»	»	»	»	»	3	6	9
»	»	»	1	»	»	»	»	2	»	»	»	»	12	12	23	47
»	»	»	»	»	»	1	»	2	»	»	»	»	9	7	5	21
»	»	»	1	1	3	5	»	6	1	»	»	1	44	24	131	199
»	»	»	»	»	3	»	»	1	»	»	»	»	5	6	6	17
»	»	»	1	1	6	6	»	10	1	»	»	1	58	37	142	237
»	»	»	»	»	»	»	»	»	»	»	2	»	3	5	4	14
»	1	1	»	»	»	»	»	3	»	»	»	»	17	8	100	125
»	»	»	»	»	1	»	»	»	»	»	»	»	3	5	3	11
»	1	1	»	»	1	»	»	3	»	»	2	»	25	18	107	150
5	10	»	15	»	14	11	1	71	1	»	10	2	278	111	1,354	1,735
137	10	18	4	»	1	24	3	30	15	»	3	2	411	301	1,573	2,375
1	1	»	»	»	»	1	»	»	»	»	»	»	10	8	50	68
2	»	2	4	»	»	4	»	7	1	2	1	»	67	35	318	450
»	7	»	3	1	5	»	2	7	3	1	2	1	78	69	418	587
2	1	»	2	»	»	1	1	1	1	»	2	4	42	47	206	293
5	8	2	8	1	5	9	3	15	5	3	5	5	197	151	1,052	1,400
»	»	»	»	»	»	»	»	»	1	»	»	»	16	16	18	50
»	2	»	3	»	2	3	»	11	4	»	»	4	64	36	126	226
2	2	»	5	1	1	1	1	11	5	»	1	2	71	47	267	383
2	3	3	4	1	3	»	2	10	2	»	»	2	70	46	221	337
1	1	1	»	»	3	3	1	7	1	»	»	2	46	68	135	249
5	7	4	12	2	9	7	4	42	13	»	1	10	267	213	767	1,247
3	9	8	9	»	»	23	2	3	1	1	9	6	180	199	861	1,250
6	12	5	10	1	»	4	»	2	3	»	7	1	121	126	690	9,337
10	12	4	14	2	4	14	1	3	5	2	5	3	196	271	1,551	2,018
55	43	6	14	2	4	24	4	4	11	5	9	6	407	546	2,987	3,950
126	65	14	14	1	2	12	6	2	4	4	17	3	564	661	3,184	4,409
[illegible]	141	37	61	6	10	77	13	14	24	12	47	19	1,468	1,803	9,273	12,544
»	»	»	»	»	»	»	»	»	»	»	»	»	3	1	26	30
»	»	»	»	»	»	1	»	»	»	»	»	»	3	5	22	30
»	»	»	»	»	»	»	»	»	»	1	»	»	6	1	32	39
»	»	»	»	1	»	»	»	»	1	»	»	»	13	11	93	117
»	1	»	»	»	»	»	»	»	2	»	»	»	8	8	58	74
»	1	»	»	1	»	1	»	»	3	1	»	»	33	26	251	310
25	52	30	126	9	63	86	8	237	126	6	54	28	1,876	1,338	7,163	10,377
30	50	22	86	4	23	73	3	264	100	5	34	16	1,543	968	7,499	10,010
68	97	17	87	5	21	63	8	217	173	7	32	14	1,729	1,236	9,590	12,555
191	128	91	82	13	32	83	13	214	175	12	30	24	2,152	1,702	12,053	15,907
634	216	60	102	10	38	95	24	240	116	15	43	30	3,020	3,099	12,900	19,019
[illegible]	[illegible]	150	492	44	157	400	56	1,172	690	45	192	112	10,320	8,343	49,205	67,868

Statistique sanitaire des communes.

Les décès des domiciliés hors Paris, décédés dans les hôpitaux de P[aris]

N° D'ORDRE	CAUSES DES DÉCÈS	PÉRIODES D'AGES	ALFORTVILLE 7,903 hab.	ARCUEIL 6,085 hab.	BOURG-LA-REINE 3,060 hab.	CHAMPIGNY 4,611 hab.	CHARENTON 15,085 hab.	CHOISY-LE-ROI 8,336 hab.	CLAMART 5,490 hab.	CRÉTEIL 4,090 hab.	FONTENAY-
		de 0 à 1 an.	»	»	»	»	»	»	»	»	
		— 1 19 ans.	2	1	»	»	1	1	4	»	
1	Fièvre typhoïde ou muqueuse	— 20 39 —	»	1	1	»	1	»	»	»	
		— 40 59 —	»	»	»	»	4	»	»	»	
		— 60 ω —	»	»	»	»	»	»	»	»	
		Total	2	2	1	»	6	1	4	»	
		de 0 à 1 an.	»	1	»	»	»	»	»	»	
		— 1 19 ans.	»	»	»	»	1	»	»	1	
2	Variole	— 20 39 —	»	»	»	»	»	»	»	»	
		— 40 59 —	»	»	»	»	1	»	»	»	
		— 60 ω —	»	»	»	»	1	»	»	»	
		Total	»	1	»	»	3	»	»	1	
		de 0 à 1 an.	»	2	»	»	»	»	1	1	
		— 1 19 ans.	»	3	»	»	3	»	2	»	
3	Rougeole	— 20 39 —	»	»	»	»	»	»	»	»	
		— 40 39 —	»	»	»	»	»	»	»	»	
		— 60 ω —	»	»	»	»	»	»	»	»	
		Total	»	5	»	»	3	»	3	»	
		de 0 à 1 an.	»	»	»	»	»	»	»	»	
		— 1 19 ans.	»	»	»	»	»	»	»	»	
4	Scarlatine	— 20 39 —	»	»	»	»	»	»	»	»	
		— 40 59 —	»	»	»	»	»	»	»	»	
		— 60 ω —	»	»	»	»	»	»	»	»	
		Total	»	»	»	»	»	»	»	»	
		de 0 à 1 an.	»	»	»	»	1	1	1	»	
		— 1 19 ans.	»	»	»	»	2	»	»	»	
5	Coqueluche	— 20 39 —	»	»	»	»	»	»	»	»	
		— 40 59 —	»	»	»	»	»	»	»	»	
		— 60 ω —	»	»	»	»	»	»	»	»	
		Total	»	»	»	»	3	1	1	»	
		de 0 à 1 an.	»	»	»	»	»	»	»	»	
		— 1 19 ans.	4	»	2	1	3	5	10	2	
6	Diphtérie, croup, angine couenneuse	— 20 39 —	»	»	»	»	»	»	»	»	
		— 40 39 —	»	»	»	»	»	»	»	»	
		— 60 ω —	»	»	»	»	»	»	»	»	
		Total	4	»	2	1	3	5	10	2	
		de 0 à 1 an.	»	»	»	»	»	1	»	»	
		— 1 19 ans.	1	4	2	2	6	3	2	1	
7	Phtisie pulmonaire	— 20 39 —	14	10	1	10	23	17	12	5	
		— 40 59 —	7	5	3	6	18	4	4	3	
		— 60 ω —	3	»	»	»	7	»	4	1	
		Total	25	19	6	18	56	25	22	10	
		de 0 à 1 an.	»	1	1	»	3	1	»	»	
		— 1 19 ans.	5	2	»	7	6	1	»	2	
8	Méningite tuberculeuse	— 20 39 —	8	»	»	»	»	»	»	»	
		— 40 59 —	5	»	»	»	1	»	1	»	
		— 60 ω —	»	»	»	»	»	»	»	»	
		Total	18	3	1	7	10	2	1	2	
		de 0 à 1 an.	1	»	»	»	»	»	»	»	
		— 1 19 ans.	3	»	»	»	2	5	»	1	
9	Autres tuberculoses	— 20 30 —	1	6	1	1	1	1	2	»	
		— 40 39 —	1	1	1	1	3	»	»	»	
		— 60 ω —	»	»	»	1	1	»	2	»	
		Total	6	7	2	3	7	6	4	1	
		de 0 à 1 an.	»	»	»	»	»	»	»	»	
		— 1 19 ans.	»	»	»	»	»	»	1	»	
10	Cancer et autres tumeurs	— 20 39 —	1	»	»	»	2	»	»	1	
		— 40 39 —	6	1	2	4	6	2	3	4	
		— 60 ω —	3	1	3	3	8	4	10	2	
		Total	10	2	5	7	16	6	14	7	
		de 0 à 1 an.	9	1	»	»	3	1	»	»	
		— 1 19 ans.	5	3	1	2	1	9	4	»	
11	Méningite simple	— 20 39 —	»	»	»	»	»	1	»	»	
		— 40 59 —	»	»	»	»	2	»	»	»	
		— 60 ω —	1	1	»	»	1	»	»	»	
		Total	15	5	1	2	7	11	4	»	
		de 0 à 1 an.	1	»	»	»	»	»	»	»	
		— 1 19 ans.	»	»	»	1	»	»	1	1	
12	Congestion et hémorragie cérébrales	— 20 39 —	»	5	»	»	3	»	»	»	
		— 40 59 —	3	2	3	3	7	3	3	1	
		— 60 ω —	8	13	4	4	14	9	10	2	
		Total	12	20	7	8	24	14	14	4	
		de 0 à 1 an.	»	»	»	»	»	»	»	»	
		— 1 19 ans.	»	»	»	»	»	»	»	»	
13	Paralysie sans cause indiquée	— 20 39 —	»	»	»	»	»	»	»	»	
		— 40 59 —	»	»	»	»	1	»	»	»	
		— 60 ω —	3	»	»	»	»	»	1	»	
		Total	3	»	»	»	1	»	1	»	
		A reporter	95	64	23	46	139	71	78	27	

ndissement de Sceaux.

reportés à la commune dans laquelle ils étaient domiciliés.

GENTILLY 14,843 hab.	ISSY 12,693 hab.	IVRY 22,009 hab.	JOINVILLE-LE-PONT 4,430 hab.	MAISONS-ALFORT 7,853 hab.	MALAKOFF 9,036 hab.	MONTREUIL 23,706 hab.	MONTROUGE 11,927 hab.	NOGENT-SUR-MARNE 8,316 hab.	PERREUX (LE) 6,693 hab.	SAINT-MANDÉ 11,328 hab.	SAINT-MAUR 17,325 hab.	SAINT-MAURICE 6,648 hab.	SCEAUX 3,521 hab.	THIAIS 2,579 hab.	VANVES 6,812 hab.	VILLEJUIF 4,909 hab.	VILLEMOMBLE 3,725 hab.	VINCENNES 24,515 hab.	VITRY 7,979 hab.	AUTRES communes de l'arrond^t 15,383 hab.	TOTAL de l'arrond^t DE SCEAUX 298,673 hab.
»	»	»	»	»	»	»	»	»	»	»	»	»	»	»	»	»	»	»	»	»	»
2	»	1	1	1	1	3	1	»	»	»	1	1	»	»	»	»	1	2	1	»	25
1	»	2	»	2	2	4	»	1	»	16	1	»	2	1	1	»	»	3	»	3	43
»	»	»	1	1	»	»	»	»	»	»	»	»	»	»	»	1	»	»	»	»	8
1	»	»	»	»	»	»	»	»	»	»	»	»	»	»	1	»	»	»	»	»	2
4	»	3	2	4	3	7	1	1	»	16	2	1	2	1	2	1	1	5	1	3	78
»	»	1	»	»	»	3	»	»	»	»	1	»	»	»	»	»	»	»	»	»	7
»	»	»	»	»	»	2	»	»	»	»	»	»	»	»	»	»	»	»	»	»	4
1	1	»	»	»	»	2	»	»	»	»	»	»	»	»	»	»	»	1	»	»	5
»	»	»	»	»	»	2	»	»	»	»	»	»	»	»	1	»	»	»	»	»	4
»	»	»	»	»	»	»	»	»	»	»	1	»	»	»	»	»	»	»	»	»	2
1	1	1	»	»	»	9	»	»	»	»	2	»	»	»	1	»	»	1	»	»	22
5	1	5	»	1	2	1	»	2	»	»	»	»	»	»	»	»	1	6	»	»	27
4	5	16	»	1	»	1	»	1	2	»	1	»	»	»	»	»	»	16	»	»	56
»	»	»	»	»	»	»	»	»	»	1	»	»	»	»	»	»	»	»	»	»	1
»	»	»	»	»	»	»	»	»	»	»	»	»	»	»	»	»	»	»	»	»	»
»	»	»	»	»	»	»	»	»	»	»	»	»	»	»	»	»	»	»	»	»	»
9	6	21	»	2	2	2	»	3	2	1	1	»	»	»	»	»	1	22	»	»	84
»	»	»	»	»	»	»	»	»	»	»	»	»	»	»	»	»	»	»	»	1	1
»	»	1	»	»	1	1	»	»	»	»	»	1	»	»	»	»	»	2	»	4	10
»	»	»	»	»	»	»	1	1	»	1	»	»	»	»	»	»	»	»	»	»	3
»	»	»	»	»	»	»	»	»	»	»	»	»	»	»	»	»	»	»	»	1	1
»	»	»	»	»	»	»	»	»	»	»	»	»	»	»	»	»	»	»	»	»	»
»	»	1	»	»	1	1	1	1	»	1	»	1	»	»	»	»	»	2	»	6	15
»	1	2	»	»	»	2	1	»	»	»	1	»	»	»	»	»	»	»	»	»	11
»	2	»	»	»	»	»	»	1	»	»	»	»	»	»	»	»	»	»	»	»	5
»	»	»	»	»	»	»	»	»	»	»	»	»	»	»	»	»	»	»	»	»	»
»	»	»	»	»	»	»	»	»	»	»	»	»	»	»	»	»	»	»	»	»	»
»	»	»	»	»	»	»	»	»	»	»	»	»	»	»	»	»	»	»	»	»	»
»	3	2	»	»	»	2	1	1	»	»	1	»	»	»	»	»	»	»	»	»	16
»	»	»	»	»	»	»	1	»	»	1	1	»	»	»	»	1	»	»	»	1	5
1	2	6	1	»	2	16	4	6	»	2	2	1	»	»	3	»	»	17	1	4	99
»	1	»	»	»	»	1	»	»	»	2	»	»	»	»	1	»	»	»	»	»	3
»	»	»	»	»	»	»	»	»	»	»	»	»	»	»	»	1	»	1	»	»	2
»	»	»	»	»	»	»	»	»	»	»	»	»	»	»	»	»	»	»	»	»	»
1	3	6	1	»	2	17	5	6	»	5	3	1	»	»	4	2	»	18	1	5	111
»	»	»	1	»	2	»	»	»	»	»	1	»	»	»	»	»	»	»	»	5	10
2	1	15	2	2	3	9	6	5	1	5	4	1	»	2	1	2	»	11	1	2	97
26	7	54	10	10	12	30	30	12	7	18	39	6	8	1	7	9	1	43	12	22	468
5	4	33	4	4	10	17	10	3	5	12	21	11	4	»	7	11	1	23	6	8	258
8	1	7	1	1	5	8	2	2	1	7	2	2	»	»	1	2	1	4	3	2	75
41	13	109	18	17	32	64	48	24	14	42	70	20	12	3	16	24	3	81	22	39	908
2	1	3	»	»	3	4	»	1	1	1	3	1	»	1	»	»	»	»	2	1	32
3	2	14	2	5	7	6	8	»	2	7	7	2	1	»	1	2	4	4	4	1	105
»	»	»	»	»	1	3	»	»	»	2	2	»	»	»	2	»	»	1	»	1	20
2	»	1	»	»	2	1	»	»	1	»	»	»	»	»	1	»	»	1	»	»	16
2	»	»	»	»	1	1	»	»	»	1	»	»	»	»	»	»	»	»	»	»	5
9	3	18	2	5	14	15	8	1	4	11	12	3	1	1	4	2	4	6	6	3	179
1	»	»	»	»	1	»	»	1	»	»	»	»	»	»	»	1	»	»	»	»	6
6	5	4	1	1	3	4	1	»	»	1	1	»	»	»	»	1	2	4	»	2	45
13	16	4	»	1	5	13	1	»	1	2	1	10	»	1	»	»	6	4	»	5	99
9	6	1	»	»	5	8	1	2	1	2	4	5	1	»	2	»	1	4	»	3	63
5	2	1	»	»	»	1	1	»	1	2	3	2	»	»	»	»	2	»	»	»	24
34	29	10	1	2	14	28	4	8	3	7	9	17	1	1	2	2	11	9	»	10	287
»	»	»	»	»	»	1	»	»	»	»	»	»	»	»	»	»	»	»	»	1	3
1	»	»	»	»	1	»	»	»	»	»	»	»	»	»	»	»	»	»	»	»	3
4	1	3	1	»	»	2	1	»	2	1	3	1	»	»	1	1	1	5	»	1	33
13	3	22	2	3	5	11	5	2	5	5	10	4	1	»	5	3	1	14	»	6	152
26	3	11	2	2	10	8	6	7	3	11	17	11	1	1	5	2	4	15	3	8	198
44	7	36	5	5	16	22	12	9	10	17	30	16	2	1	11	6	6	33	3	16	389
4	3	4	»	»	»	8	»	3	4	1	1	»	»	5	1	1	»	8	»	5	65
3	2	5	2	1	1	10	»	4	3	2	2	»	2	2	5	2	1	16	1	2	96
»	»	1	»	»	»	2	2	»	1	1	»	»	»	»	1	»	»	»	»	»	9
1	»	1	»	»	»	»	»	»	1	»	»	»	»	»	1	1	»	»	»	1	8
»	»	»	»	»	»	»	»	»	»	1	»	»	»	»	»	»	2	»	1	»	8
18	5	11	2	1	1	20	2	7	9	5	3	»	2	7	8	4	3	24	2	8	186
»	1	»	2	»	1	»	»	»	2	»	»	»	1	»	»	»	»	1	»	4	14
1	»	»	1	»	»	»	»	»	»	»	»	»	»	»	»	1	»	»	»	»	6
1	1	2	»	1	2	2	»	1	»	1	»	2	»	1	»	3	»	3	»	1	32
5	3	11	»	1	2	10	7	8	2	6	5	9	»	»	4	12	1	14	1	4	134
23	26	73	3	10	9	18	15	7	1	28	25	12	1	4	4	16	6	27	1	29	415
36	31	86	6	12	14	30	22	16	5	35	29	23	2	5	8	32	7	45	2	38	601
»	»	»	»	»	»	»	»	»	»	»	»	»	»	»	»	»	»	»	»	»	»
»	»	»	»	»	»	»	»	»	»	»	»	»	»	»	»	»	»	»	»	»	»
8	»	»	»	»	»	»	»	»	»	1	»	4	»	»	»	»	»	»	»	1	14
11	»	3	»	»	1	»	»	»	»	»	1	2	»	»	»	»	1	»	1	»	21
8	1	4	»	1	1	6	»	1	»	4	4	2	»	»	»	»	3	2	»	1	45
27	1	7	»	1	2	6	»	1	»	5	5	8	»	»	»	»	4	2	1	2	80
216	102	311	37	49	101	223	104	73	47	145	167	90	22	19	56	73	40	248	38	130	2,906

	Report
Ramollissement cérébral	de 1 à 19 ans.
	— 20 39 —
	— 40 59 —
	— 60 ω —
	Total
Maladies organiques du cœur	de 0 à 1 an.
	— 1 19 ans.
	— 20 39 —
	— 40 59 —
	— 60 ω —
	Total
Bronchite aiguë	de 0 à 1 an.
	— 1 19 ans.
	— 20 39 —
	— 40 59 —
	— 60 ω —
	Total
Bronchite chronique	de 0 à 1 an.
	— 1 19 ans.
	— 20 39 —
	— 40 59 —
	— 60 ω —
	Total
Pneumonie, broncho-pneumonie	de 0 à 1 an.
	— 1 19 ans.
	— 20 39 —
	— 40 59 —
	— 60 ω —
	Total
Diarrhée, gastro-entérite	de 0 à 1 an.
	— 1 19 ans.
	— 20 39 —
	— 40 59 —
	— 60 ω —
	Total
Choléra et maladies cholériformes	de 1 à 19 ans.
	— 20 39 —
	— 40 59 —
	— 60 ω —
	Total
Fièvre et péritonite puerpérales	de 1 à 19 ans.
	— 20 39 —
	— 40 59 —
	Total
Autres affections puerpérales	de 1 à 19 ans.
	— 20 39 —
	— 40 59 —
	Total
Débilité congénitale et vices de conformation	de 0 à 1 an.
Sénilité	de 60 à ω ans.
Suicides	de 1 à 19 ans.
	— 20 39 —
	— 40 59 —
	— 60 ω —
	Total
Autres morts violentes	de 0 à 1 an.
	— 1 19 ans.
	— 20 39 —
	— 40 59 —
	— 60 ω —
	Total
Autres causes de mort	de 0 à 1 an.
	— 1 19 ans.
	— 20 39 —
	— 40 59 —
	— 60 ω —
	Total
Causes restées inconnues	de 0 à 1 an.
	— 1 19 ans.
	— 20 39 —
	— 40 59 —
	— 60 ω —
	Total
Total des décès par groupes d'âges	de 0 à 1 an.
	— 1 19 ans.
	— 20 39 —
	— 40 59 —
	— 60 ω —
TOTAL GÉNÉRAL des décès par communes	

404	223	404	73	47	143	167	90	22	9	56	73	40	248	38	130	2,900
»	»	»	»	»	»	»	»	»	»	»	»	»	»	»	»	»
»	»	»	»	»	»	»	»	»	»	»	»	»	»	»	»	»
4	4	»	»	»	1	»	1	1	»	»	20	»	»	»	6	42
11	12	3	»	4	2	11	2	»	»	3	37	»	7	»	7	194
12	16	3	»	4	3	11	3	1	»	3	57	»	7	»	11	235
»	»	»	»	1	1	»	»	»	»	»	»	»	»	»	»	2
»	»	1	1	»	»	2	»	»	1	»	»	1	1	»	»	12
1	3	1	»	»	4	2	1	1	1	»	1	1	5	»	1	30
»	11	4	5	2	3	18	2	4	»	4	5	1	10	3	12	138
12	27	8	7	15	17	22	2	1	1	4	1	6	25	6	7	334
12	41	14	13	18	22	44	5	6	3	8	7	8	41	9	28	536
3	15	1	3	2	2	5	1	1	»	1	»	»	6	1	2	64
3	8	1	1	»	»	1	»	»	»	»	»	»	5	»	»	28
1	2	»	1	»	»	»	»	»	»	»	»	»	3	»	»	7
»	2	»	»	1	2	»	1	»	»	»	»	»	»	»	»	10
1	2	»	1	»	2	1	1	»	»	»	»	»	1	1	2	21
7	20	2	6	3	7	7	3	1	»	1	»	»	15	2	4	130
»	1	»	»	»	»	»	»	»	»	»	1	»	1	»	2	6
1	1	1	»	»	»	»	1	»	»	»	»	»	2	»	»	12
»	9	»	»	»	»	»	»	»	»	»	»	»	1	1	»	13
3	9	3	1	»	2	2	1	»	»	»	»	1	5	»	»	47
7	25	11	1	2	2	3	7	1	»	3	1	1	16	»	2	144
11	28	15	2	2	4	6	8	1	»	3	2	2	28	1	4	222
4	14	3	1	4	2	8	1	5	»	2	2	»	8	11	16	136
7	8	2	4	1	4	7	3	»	2	2	4	»	6	2	10	124
1	4	»	1	1	10	»	4	1	»	»	2	1	1	»	2	29
8	11	5	3	1	6	3	5	1	»	1	2	»	9	1	6	113
11	20	6	5	5	8	23	9	»	»	2	2	3	14	9	20	96
28	67	18	14	12	30	41	19	7	2	7	12	4	38	22	64	830
30	87	18	13	11	6	35	8	3	»	5	7	3	33	7	135	622
1	3	4	»	»	»	4	2	»	»	2	»	1	2	2	»	46
»	1	»	»	»	1	»	1	»	»	»	»	»	»	»	»	8
»	1	»	»	»	»	1	1	»	»	»	»	»	1	»	»	8
»	»	1	»	»	2	1	2	»	1	1	»	»	3	»	»	37
21	82	28	18	11	9	41	14	3	1	8	7	4	33	9	135	721
»	2	»	»	»	»	»	»	»	»	1	»	»	1	»	»	7
»	»	»	»	»	»	»	»	»	»	»	»	»	»	»	»	1
»	»	»	»	»	»	»	»	»	»	»	»	»	»	»	»	1
»	»	»	»	»	»	»	»	»	»	»	»	»	»	»	1	3
»	2	»	»	»	»	»	»	»	»	1	»	»	1	»	1	12
»	»	»	»	»	»	»	»	»	»	»	»	»	»	»	»	7
1	1	3	»	»	»	1	»	»	»	1	»	»	2	1	»	24
»	1	»	1	»	»	»	»	»	»	»	»	»	1	»	»	6
1	2	3	1	»	»	1	»	»	»	1	»	»	3	1	»	37
»	»	»	»	1	»	»	»	»	»	»	»	»	»	»	»	5
»	»	»	»	1	»	1	»	»	»	»	»	»	»	»	»	8
»	1	»	1	»	»	»	»	»	»	»	»	»	»	1	»	5
»	1	»	1	2	»	1	»	»	»	»	»	»	»	1	»	18
2	4	4	4	»	»	2	1	1	»	2	»	»	8	4	18	111
7	18	22	1	2	11	17	»	4	»	8	94	2	9	»	24	391
»	»	»	»	1	1	1	»	»	»	»	»	»	»	»	»	8
»	4	1	»	»	2	4	2	1	1	2	»	1	»	1	1	33
1	4	»	1	3	4	3	4	»	2	»	»	»	4	4	4	61
1	3	1	1	4	2	3	2	2	»	4	1	»	»	1	6	47
2	11	2	2	8	9	11	8	3	3	6	1	1	4	6	11	151
»	»	»	»	»	»	1	»	»	»	»	»	1	»	»	2	16
»	4	1	»	1	»	4	»	»	»	1	»	1	1	»	1	36
1	5	2	»	»	»	1	2	1	»	»	1	1	5	»	1	47
»	1	»	»	1	1	5	8	»	»	»	»	1	»	1	7	46
2	1	»	»	2	2	8	2	1	»	»	1	1	2	»	2	68
3	11	3	»	4	3	18	12	2	»	1	2	5	8	1	18	213
10	7	7	8	5	4	8	1	1	1	3	4	9	13	2	35	190
8	10	6	4	5	4	6	2	1	2	3	4	»	9	1	4	126
5	7	7	9	4	13	9	3	3	4	6	93	1	10	5	12	271
7	25	17	18	8	12	20	17	5	3	14	163	3	32	9	22	516
20	33	16	21	21	36	39	32	6	5	15	30	13	55	20	20	661
58	81	53	60	43	69	82	57	16	2	41	294	28	121	37	102	1,803
»	»	1	»	»	»	»	»	»	»	»	»	»	»	»	»	1
»	»	»	»	»	1	»	»	»	»	»	»	»	»	»	»	5
»	»	»	»	»	»	»	»	»	»	»	»	»	»	»	»	4
2	»	»	»	»	2	»	1	»	»	2	1	»	»	»	»	11
3	»	»	»	»	3	»	»	»	»	»	»	»	»	»	»	8
6	»	1	»	»	6	»	1	»	»	2	1	»	»	»	»	26
46	147	36	36	30	18	67	13	12	7	14	17	13	86	27	220	1,338
28	88	36	27	18	27	43	14	4	9	19	16	12	96	13	30	968
36	90	49	26	17	73	64	35	17	7	22	112	13	87	20	51	1,236
44	119	52	47	31	50	96	72	17	5	42	220	13	120	27	78	1,703
104	190	92	54	60	141	179	88	17	12	56	165	44	179	45	140	3,099
266	634	365	190	156	318	449	222	87	40	153	550	95	568	132	519	8,343

Arrondissement de Saint-Denis.

Asnières	19,307	488	500	448	22	184	5	404	96	16	6	82	7	30
Aubervilliers	24,869	624	900	600	57	243	3	700	200	27	20	105	9	26
Bagnolet	6,124	301	158	158	15	62	4	116	42	12	3	4	5	30
Bondy	3,678	816	124	76	2	20	»	104	20	2	»	11	3	16
Boulogne	32,210	1,225	866	882	53	346	16	703	163	34	19	257	39	37
Bourget (Le)	2,235	206	84	74	4	22	»	79	5	4	»	9	3	22
Clichy	30,356	330	1,009	771	55	305	6	843	196	42	12	129	31	55
Colombes	18,639	1,124	551	463	39	170	6	468	86	30	9	59	41	34
Courbevoie	17,526	409	442	402	23	134	6	359	83	15	16	98	23	40
Epinay	2,391	463	71	49	2	15	»	62	8	2	»	6	7	8
Gennevilliers	5,776	1,516	209	134	6	44	»	183	26	6	»	46	3	17
Ile-Saint-Denis	2,249	184	73	45	4	22	1	64	12	2	2	5	»	2
Les Lilas	6,425	129	188	163	8	53	3	147	41	6	2	13	7	21
Levallois-Perret	39,513	275	1,127	1,038	28	366	15	907	220	19	9	197	24	43
Nanterre	10,348	1,245	211	938	10	46	1	177	34	6	4	41	3	10
Neuilly	29,127	661	557	552	41	238	12	462	95	31	10	125	11	23
Noisy-le-Sec	5,908	488	177	130	12	20	3	163	14	11	1	33	5	10
Pantin	21,683	540	681	492	24	196	6	361	120	17	7	92	16	18
Pierrefitte	1,800	334	53	41	3	22	2	48	5	2	1	10	3	9
Pré-Saint-Gervais	8,054	108	228	157	17	32	2	191	37	11	6	22	2	16
Puteaux	17,505	326	545	400	29	132	6	420	125	20	9	75	22	48
Romainville	2,047	333	57	56	6	15	1	46	11	6	»	4	1	7
Saint-Denis	50,852	1,225	1,616	1,172	140	409	18	1,420	196	121	19	113	30	42
Saint-Ouen	25,851	490	864	60?	46	213	8	696	174	29	7	60	19	69
Stains	2,550	535	72	45	7	18	1	69	3	6	1	19	5	5
Suresnes	8,375	336	206	192	8	64	1	183	23	7	1	48	13	29
Autres comm. de l'arr.	5,318	2,776	170	112	9	47	2	156	14	8	1	49	2	18
T. de l'arr. de St-Denis	400,896	17,474	11,762	10,320	672	3,574	132	9,693	2,049	512	160	1,731	333	709

Arrondissement de Sceaux.

Alfortville	7,903	364	265	234	8	80	»	224	41	6	2	37	4	28
Arcueil	6,025	495	180	197	14	56	3	157	23	13	1	69	12	16
Bourg-la-Reine	3,060	192	55	63	5	15	2	52	3	5	»	11	2	2
Champigny	4,641	1,093	121	115	8	39	1	100	21	6	2	18	6	21
Charenton	15,085	309	354	344	23	125	6	306	48	17	6	73	4	20
Choisy-le-Roi	8,336	530	232	196	14	69	1	206	26	12	2	13	14	27
Clamart	5,490	879	137	175	10	39	1	116	21	9	1	31	2	17
Créteil	4,090	1,144	94	66	8	31	3	84	7	8	»	14	2	17
Fontenay-aux-Roses	2,772	248	65	74	2	22	»	57	8	2	»	6	2	12
Fontenay-sous-Bois	5,874	766	120	140	11	44	1	105	13	9	2	28	7	[illegible]
Gentilly	14,813	324	332	696	22	95	12	250	82	16	6	42	12	[illegible]
Issy	12,693	523	298	386	13	80	4	262	36	12	1	88	11	19
Ivry	22,009	645	577	841	30	194	3	498	79	22	8	62	23	45
Joinville-le-Pont	4,630	318	107	85	7	33	4	94	16	6	1	16	5	10
Maisons-Alfort	7,853	509	213	137	16	65	4	180	33	11	3	33	5	13
Malakoff	9,030	237	248	266	17	68	3	204	47	12	3	29	6	11
Montreuil	23,706	896	610	634	48	196	9	519	91	43	5	64	20	63
Montrouge	11,927	238	331	265	23	104	6	279	52	17	6	54	16	22
Nogent-sur-Marne	8,316	300	200	190	9	60	2	174	26	5	4	24	5	24
Perreux (Le)	6,603	373	155	136	13	56	3	132	23	11	2	11	3	25
Saint-Mandé	11,528	232	207	318	10	89	3	180	27	7	3	50	7	7
Saint-Maur	17,325	1,117	445	449	27	114	6	381	64	25	2	42	48	30
Saint-Maurice	6,648	36?	122	222	4	52	3	104	21	2	2	14	2	[illegible]
Sceaux	3,321	343	72	67	3	2	1	65	7	3	»	10	11	[illegible]
Thiais	2,579	631	40	40	1	2	1	38	2	1	»	4	2	[illegible]
Vanves	6,842	186	182	153	12	37	4	155	27	11	1	50	5	12
Villejuif	4,209	515	106	550	5	12	1	94	15	2	»	18	4	17
Villemomble	3,725	393	84	95	8	32	»	66	18	8	»	5	1	13
Vincennes	24,545	388	510	568	26	196	8	414	96	20	6	81	20	33
Vitry	7,079	1,185	190	132	11	48	2	177	13	8	2	32	12	22
Autres comm. de l'arr.	15,380	6,432	302	519	20	131	5	281	21	18	2	40	16	50
T. de l'arr. de Sceaux	288,073	22,113	6,934	8,343	424	2,288	103	5,942	1,009	347	77	1,059	269?	629?
T. de l'arr. de St-Denis	400,896	17,474	11,742	10,320	672	3,574	132	9,693	2,049	512	160	1,731	338	709
Total pour Paris	2,424,705	7,802	57,781	49,205	5,380	22,692	1,234	42,075	15,706	3,642	1,738	17,196	563	•
T. du dép. de la Seine	3,113,674	47,389	76,474	67,868	6,476	28,554	1,469	57,710	18,764	4,501	1,975	19,986	1,190	1,338

Relevé des naissances, mariages, mort-nés et décès à Paris, de 1817 à 1894.

POPULATION (1)	MARIAGES	NAISSANCES VIVANTES							DÉCÈS	MORT-NÉS	OBSERVATIONS
		LÉGITIMES			ILLÉGITIMES			TOTAL GÉNÉRAL des naissances vivantes			
		Masc.	Fém.	Total	Masc.	Fém.	Total				
	6,382	7,343	7,169	14,712	4,576	4,471	9,047	23,759	21,124	1,271	
	6,616	7,647	7,304	14,978	4,135	3,954	8,089	23,067	22,421	1,406	
	6,246	8,028	7,683	15,711	4,384	4,257	8,641	24,352	22,671	1,346	
	5,877	8,130	7,856	15,986	4,323	4,347	8,870	24,858	22,464	1,337	
	6,465	8,155	7,825	15,980	4,705	4,471	9,176	25,156	22,917	1,414	
	7,137	8,671	8,458	17,129	4,891	4,860	9,751	26,880	23,282	1,422	
	7,504	8,767	8,497	17,264	4,985	4,821	9,806	27,070	24,600	1,308	
	7,620	9,314	9,077	18,391	5,133	5,088	10,221	28,812	22,617	1,487	
	7,939	9,839	9,375	19,214	5,150	4,889	10,039	29,253	20,893	1,521	
	7,735	9,830	9,638	19,468	5,357	5,145	10,502	29,970	25,341	1,547	
	7,474	9,770	9,644	19,414	5,304	5,088	10,392	29,806	23,534	1,631	
	7,282	9,771	9,355	19,126	5,346	5,129	10,473	29,601	24,557	1,626	
	7,123	9,304	9,067	18,366	5,059	4,894	9,953	28,321	25,600	1,713	
	7,324	9,392	9,188	18,580	5,096	4,911	10,007	28,587	27,464	1,727	
	6,654	9,730	9,402	19,132	5,366	5,012	10,378	29,530	25,996	1,709	
	6,767	8,773	8,273	17,046	4,721	4,516	9,237	26,283	* 44,463	1,720	* Épidémie cholérique.
	7,938	9,257	8,856	18,113	4,670	4,677	9,347	27,460	* 23,096	1,755	* Épidémie cholérique.
	8,091	9,807	9,312	19,119	5,079	4,906	9,985	29,104	22,091	1,748	
	7,828	9,920	9,444	19,364	5,083	4,876	9,959	29,320	24,792	1,814	
	8,308	9,785	9,524	19,309	4,860	4,773	9,633	28,942	24,057	1,787	
	8,336	9,940	9,704	19,644	4,742	4,836	9,578	29,192	28,134	1,843	
	9,126	10,369	10,065	20,434	4,603	4,686	9,289	29,743	25,797	1,976	
	8,812	10,655	10,254	20,909	4,807	4,664	9,471	30,380	25,324	2,030	
	8,825	10,478	10,085	20,563	4,891	4,759	9,650	30,213	28,294	2,007	
	8,962	10,264	9,829	20,093	4,938	4,892	9,830	29,923	26,028	2,031	
	9,183	10,685	10,333	21,018	5,131	5,155	10,286	31,304	28,076	2,100	
	9,343	10,375	10,144	20,519	5,068	5,029	10,097	30,616	27,967	2,209	
	9,533	11,088	10,498	21,526	5,277	5,153	10,430	31,956	27,300	2,331	
	10,284	11,292	10,987	22,279	5,473	5,153	10,626	32,905	26,156	2,134	
	10,031	11,640	11,052	22,692	5,459	5,236	10,695	33,387	28,593	2,305	
	9,457	11,033	10,887	21,920	5,472	5,358	10,830	32,750	30,920	2,180	
	8,796	11,310	10,758	22,068	5,613	5,210	10,823	32,891	30,088	2,209	
	8,816	10,254	9,946	20,200	5,014	4,927	9,941	30,141	* 48,122	2,167	* Épidémie cholérique.
	10,643	10,872	10,594	21,466	5,090	5,160	10,250	31,716	25,852	2,179	
	10,233	11,402	10,587	21,089	5,247	5,388	10,635	32,324	27,583	2,319	
	10,434	11,324	11,102	22,426	5,486	5,372	10,858	33,284	27,890	2,379	
	11,574	11,943	11,273	23,216	5,503	5,330	10,833	34,049	33,262	2,460	
	11,329	12,537	12,210	24,747	5,844	5,873	11,717	36,464	* 40,068	2,603	* Épidémie cholérique.
	11,805	12,286	11,784	24,070	5,582	5,335	10,917	34,987	30,010	2,481	
	12,493	13,152	12,796	25,948	5,958	5,791	11,749	37,697	29,931	2,796	
	12,319	12,940	12,560	25,500	5,974	5,841	11,815	37,315	33,231	2,836	
	12,016	13,143	12,551	25,694	5,930	5,827	11,757	37,451	32,362	2,899	
	11,335	13,197	12,498	25,695	6,255	6,023	12,278	37,973	32,774	3,136	
	15,468	18,917	18,047	36,964	7,012	7,080	14,092	51,056	* 41,261	3,933	* Annexion des communes suburbaines

(1) Population de droit de 1817 à 1881. — Population de fait de 1881 à 1891.

1,696,141
»

»
1,825,274
»

»
1,851,792
»

»
1,988,806
»

»
2,239,928
»

»
2,260,945
»

»
2,424,705
»

	[illegible]	[illegible]
	6,947	14,212
7,473	7,001	14,474
7,309	7,307	14,616
7,136	7,440	14,576
7,474	7,181	14,655
7,229	7,040	14,269
7,916	7,684	15,600
8,017	7,800	15,817
8,263	8,185	16,448
8,699	8,054	16,753
8,185	7,850	
8,287	7,850	
8,007	7,849	
8,173	7,610	

Epidémie cholériq
* Épidémie cholériq

* Guerre.
* Guerre et Commu

* Épidémie cholériq

Épidémie cholériq

DIPHTÉRIE

PARIS 1894

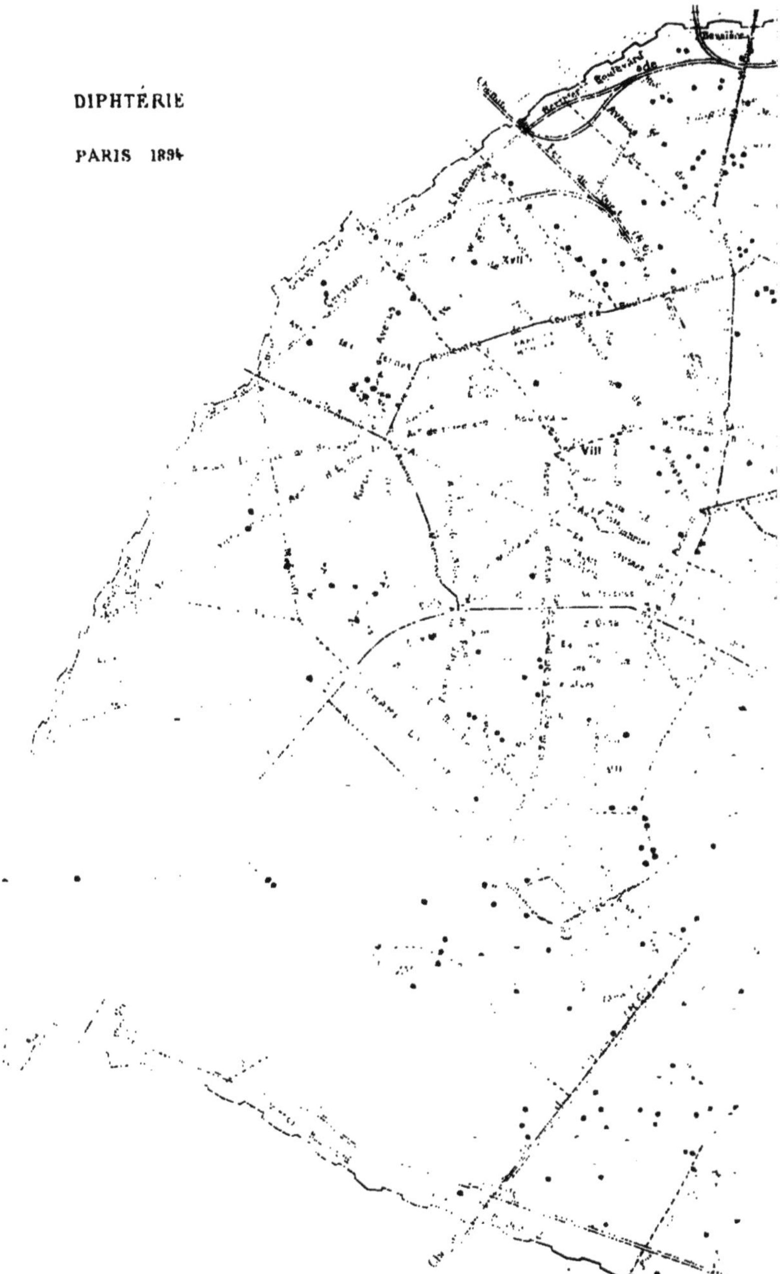

XX
XIII

VARIOLE

—

PARIS 1894

TROISIÈME PARTIE

BUDGETS ET COMPTES DE LA VILLE DE PARIS

Tableau comparatif des recettes admises au
au compte pour les c

NATURE DES RECETTES	RECETTES — ADMISES aux budgets de 1890	RECETTES — CONSTATÉES au compte de 1890	RECE[TTES] — ADMISES aux budgets de 1891	
	fr. c.	fr. c.	fr. c.	
RECETTES ORDINAIRES.				
OPÉRATIONS PROPRES A L'EXERCICE.				
Fonds généraux.				
Centimes communaux, impositions spéciales, taxe sur les chiens	34,376,900 »	34,782,548 40	34,794,500 »	
Part revenant à la Ville dans le produit de diverses amendes et des permis de chasse.— Intérêts de fonds placés au Trésor; recouvrement sur les porteurs d'obligations municipales des droits avancés pour leur compte.	5,806,100 »	5,489,690 95	6,260,400 »	6,(
Droits d'octroi	140,749,207 19	145,254,717 77	141,748,685 22	149,3
Droits d'expédition d'actes et prix de vente d'objets mobiliers......	251,500 »	273,277 »	267,000 »	2
Halles et marchés......	8,327,101 04	7,806,588 83	7,884,204 04	8,0
Poids public......	307,000 »	298,308 65	298,000 »	3
Abattoirs......	3,470,000 »	3,131,928 06	3,129,000 »	3,3
Entrepots......	2,988,040 10	3,107,839 74	3,058,960 »	3,1
Produit des propriétés communales	1,788,300 »	1,766,803 49	1,836,900 »	1,8
Taxes funéraires......	870,125 »	882,038 28	883,820 »	8
Concessions de terrains dans les cimetières......	2,302,458 »	2,271,551 »	2,344,208 »	2,2
Legs et donations pour des œuvres de bienfaisance	29,243 50	28,627 06	29,586 10	
Locations sur la voie publique et dans les promenades publiques......	1,924,828 20	1,922,827 12	2,603,450 »	2,6
Voitures publiques......	5,608,000 »	5,653,375 35	5,711,430 »	5,7
Droits de voirie......	603,000 »	905,964 97	900,000 »	8
Vente de matériaux provenant du service des Travaux et cession de parcelles de terrain retranchées de la voie publique......	387,200 »	252,721 18	284,100 »	
Contributions pour travaux de voirie, d'architecture, de pavage, de nettoiement et pour frais d'éclairage......	4,793,240 »	3,430,380 39	3,492,125 »	4,0
Contribution de l'Etat et du Département dans les frais d'entretien et de nettoiement du pavé de Paris......	4,000,000 »	3,900,000 »	3,400,000 »	3,(
Taxe du balayage......	2,956,000 »	2,982,438 19	2,966,000 »	2,9
Redevances diverses payées par la Compagnie parisienne d'éclairage et de chauffage par le gaz......	19,650,000 »	18,318,829 44	19,750,000 »	18,.
Abonnement aux eaux de la Ville. — Produit des canaux et de divers immeubles dépendant des établissements hydrauliques......	12,374,710 »	13,202,890 55	12,763,680 »	
Exploitation des voiries. Vidanges. Égouts......	2,422,100 »	1,999,735 94	2,516,200 »	
Recettes et rétributions perçues dans divers établissements d'enseignement public. — Legs et donations......	2,184,035 »	1,829,057 14	2,212,196 »	
Contribution de l'Etat dans les dépenses de la police municipale......	7,693,825 »	7,838,200 »	8,069,200 »	
Recettes diverses et imprévues......	785,065 »	884,700 72	1,132,283 »	
Produits des exercices antérieurs non constatés aux comptes	110,000 »	2,315,654 84	110,000 »	
TOTAL des recettes ordinaires propres à l'exercice......	263,758,998 »	267,570,712 08	265,512,815 34	
OPÉRATIONS CONCERNANT LES EXERCICES ANTÉRIEURS.				
Restes à recouvrer sur produits des exercices antérieurs constatés au compte......	10,047,082 99	9,468,463 8	12,180,566 80	
TOTAL des recettes ordinaires concernant l'exercice précédent et les exercices antérieurs	10,047,082 99	9,468,463 18	12,180,566 80	
Report des recettes ordinaires propres à l'exercice......	263,758,998 »	267,570,712 08	265,512,815 34	
TOTAL des recettes ordinaires......	273,806,080 99	277,039,175 26	277,693,382 14	
RECETTES EXTRAORDINAIRES.				
I. — FONDS GÉNÉRAUX.				
Opérations propres à l'exercice.				
Produits de la vente d'immeubles et de matériaux de démolitions provenant d'opérations de voirie créditées sur les fonds de l'emprunt de 1886......	100,000 »	» »	» »	
Produit de l'aliénation de terrains expropriés par suite d'opérations de voirie non créditées sur fonds d'emprunt et de la vente de matériaux provenant de ces opérations......	200,000 »	396,487 61	200,000 »	
Contributions dans les frais de reconstitution des actes de l'état civil......	35,000 »	34,817 65	34,500 »	
Remboursement de frais de viabilité......	» »	» »	» »	
Revente de terrains acquis pour la dérivation de la Vanne et pour les autres opérations du service des Eaux et égouts......	5,000 »	2,254 66	» »	
A reporter......	340,000 »	433,559 92	234,500 »	(

Paris et des produits constatés
2, 1893 et 1894.

ES	RECETTES		RECETTES		OBSERVATIONS
CONSTATÉES au compte de 1892	ADMISES aux budgets de 1893	CONSTATÉES au compte de 1893	ADMISES aux budgets de 1894	CONSTATÉES au compte de 1894	
fr. c.	fr. c.	fr. c.	fr. c.	fr. c.	
32,434,646 38	32,425,100 »	32,812,642 16	33,368,300 »	33,560,842 03	
6,080,923 62	6,097,000 »	6,048,960 88	5,962,300 »	6,067,344 44	
52,486,283 67	149,764,447 85	151,079,452 43	150,460,547 85	150,206,242 14	
285,934 67	250,000 »	261,183 93	254,000 »	276,911 56	
8,496,347 »	8,088,516 01	8,596,515 08	8,200,610 34	8,197,152 83	
308,534 25	324,300 »	334,035 15	330,000 »	309,747 35	
3,857,270 07	3,410,000 »	3,629,449 29	3,650,000 »	3,496,033 06	
2,986,685 04	3,080,950 »	3,149,874 19	3,116,400 »	3,047,424 17	
1,944,160 64	1,995,277 20	1,988,946 69	2,057,889 »	2,031,273 79	
879,197 79	940,040 »	865,687 57	1,028,020 »	898,095 63	
2,309,709 »	2,338,265 »	2,294,149 20	2,805,071 73	2,321,921 25	
30,430 43	34,428 »	32,685 25	33,706 »	33,706 »	
3,674,786 86	3,408,700 »	3,304,615 03	3,630,719 »	4,037,289 50	
5,711,490 92	5,947,276 87	5,874,385 64	6,100,492 50	5,920,640 28	
913,494 26	900,000 »	817,837 14	1,000,000 »	819,773 »	
308,300 46	415,500 »	467,959 11	450,360 10	316,146 18	
3,893,949 49	4,262,716 20	4,006,470 72	4,378,195 71	4,242,986 84	
3,400,000 »	3,900,000 »	3,400,000 »	4,400,000 »	3,400,000 »	
3,009,066 28	3,020,000 »	3,027,029 98	3,256,319 30	3,089,094 54	
17,176,209 24	18,100,000 »	14,237,022 84	15,480,000 »	13,648,043 52	
14,497,423 47	14,377,650 »	15,389,316 48	15,767,638 »	13,513,907 67	
2,233,600 79	2,063,600 »	2,297,933 54	3,277,700 »	2,452,849 95	
4,345,401 66	4,770,998 »	4,368,392 13	4,717,353 »	4,336,954 11	
9,676,880 »	10,489,950 »	10,489,950 »	10,489,950 »	10,489,950 »	
1,858,725 48	2,247,185 »	2,456,037 83	2,830,225 »	3,089,045 60	
284,019 19	110,000 »	465,126 05	129,538 24	202,555 79	
290,498,250 85	283,424,870 13	281,682,798 25	287,184,035 79	282,005,870 23	
11,902,769 56	12,981,445 30	12,504,698 30	13,170,314 74	12,762,332 79	
11,902,769 56	12,981,445 30	12,504,698 30	13,170,314 74	12,762,332 79	
290,498,250 85	283,424,870 13	281,682,798 25	287,184,035 79	282,005,870 23	
302,401,040 41	296,406,315 43	294,187,496 55	300,354,350 53	294,768,203 02	
» »	» »	» »	» »	» »	
237,236 30	400,000 »	236,782 77	1,200,000 »	507,040 23	
47,515 18	46,500 »	47,473 72	46,500 »	46,710 71	
» »	» »	» »	» »	» »	
» »	» »	» »	» »	» »	
284,750 48	446,500 »	284,256 49	1,246,500 »	553,750 94	

Tableau comparatif des recettes admises aux b… aux comptes pour les ex…

NATURE DES RECETTES	RECETTES admises aux budgets de 1890	RECETTES constatées au compte de 1890	RECETTES admises aux budgets de 1891	RECETTES const… a… compte …
	fr. c.	fr. c.	fr. c.	
Report..........	340,000 »	433,550 92	234,500 »	
Cession au département de la Seine de la caserne de la Cité et des hôtels d'état-major du boulevard du Palais...........	310,737 47	310,737 47	» »	
Produit des ventes d'immeubles du domaine de la Ville.......	81,300 »	296,276 41	84,900 »	
Produit de la revente de terrains et de matériaux provenant d'expropriations..........................	» »	» »	» »	
Produit de placements temporaires de fonds provenant de ressources extraordinaires.........................	200,000 »	959,137 20	195,000 »	
Produit de dons et legs........................	88,330 »	17,165 55	» »	
Recettes diverses extraordinaires..........................	90,000 »	252,665 65	90,000 »	
Produits non prévus au budget primitif...................	1,169,252 05	617,607 82	1,464,599 77	
Contributions des particuliers pour travaux neufs............	» »	» »	» »	
TOTAL des recettes extraordinaires (fonds généraux) propres à l'exercice....................................	2,279,619 52	2,887,150 02	2,068,999 77	
Opérations concernant les exercices clos.				
Restes à recouvrer sur produits des exercices antérieurs constatés aux comptes..	2,135,695 53	1,052,121 90	1,044,668 60	
TOTAL des recettes extraordinaires sur fonds généraux concernant les exercices clos..........................	2,135,695 53	1,052,121 90	1,044,668 60	
Report des recettes extraordinaires sur fonds généraux propres à l'exercice..........................	2,279,619 52	2,887,150 02	2,068,999 77	
TOTAL des recettes extraordinaires sur fonds généraux...	4,415,315 05	3,939,271 92	3,113,668 37	
II. — FONDS SPÉCIAUX.				
Opérations propres à l'exercice.				
Produit de l'emprunt autorisé par la loi du 22 juillet 1892..........	» »	» »	» »	
Produit de reventes d'immeubles et de matériaux de démolition provenant d'opérations de voirie créditées sur les fonds de l'emprunt de 1892..............................	» »	» »	» »	
Produit de la vente d'immeubles et de matériaux de démolition provenant d'opérations de voirie créditées sur les fonds de l'emprunt 1886.	2,426,967 35	1,454,858 03	1,612,109 32	
Produit de l'emprunt autorisé par la loi du 13 juillet 1886...........	17,000,000 »	17,000,000 »	17,000,000 »	
Produit complémentaire de l'emprunt de 1886......................	» »	» »	13,000,000 »	
Versements opérés par l'État et par le département de la Seine avec affectation spéciale..............................	900,000 »	900,000 »	» »	
Produits non prévus au budget primitif..........................	15,281,606 91	15,000,000 »	397,340 91	
TOTAL des recettes extraordinaires sur fonds spéciaux propres à l'exercice..........................	35,608,574 26	34,354,858 03	32,009,450 23	
Opérations concernant les exercices clos.				
Restes à recouvrer sur produits des exercices antérieurs constatés au compte...	1,944,811 60	1,944,811 60	14,310,499 51	
TOTAL des recettes extraordinaires sur fonds spéciaux....	37,553,385 86	36,299,669 63	46,319,949 74	
RÉCAPITULATION.				
Recettes ordinaires...	273,806,080 99	277,039,175 26	277,693,382 14	284,351,
Recettes extraordinaires... { Fonds généraux......................	4,415,315 05	3,939,271 92	3,113,668 37	4,160,
Recettes extraordinaires... { Fonds spéciaux......................	37,553,385 86	36,299,669 63	46,319,949 74	48,210,
TOTAL GÉNÉRAL des recettes..........	315,774,781 90	317,278,116 81	327,127,000 25	
Ce total général est ainsi décomposé :				
1° Recettes propres à l'exercice..................................	301,647,191 78	304,812,720 13	299,591,265 34	
2° Recettes concernant les exercices antérieurs......................	14,127,590 12	12,465,396 68	27,535,734 91	
TOTAL ÉGAL...... ...	315,774,781 90	317,278,116 81	327,127,000 25	
Rappel des excédents de recettes provenant de l'exercice précédent :				
Fonds généraux..... .... { Service ordinaire.................	7,220,306 69	7,220,306 69	4,945,261 40	
Fonds généraux..... .... { Service extraordinaire............	20,137,994 82	20,137,994 82	25,481,165 62	
Fonds spéciaux..	74,680,168 48	74,680,168 48	53,351,732 27	
TOTAL des excédents de recettes..........	102,038,469 99	102,038,469 99	83,778,159 29	
Report du total général des recettes..........	315,774,781 90	317,278,116 81	327,127,000 25	
TOTAL GÉNÉRAL des ressources de l'exercice..........	417,813,251 89	419,316,586 30	410,905,159 54	

fr. c.	fr. c.	fr. c.	fr. c.
446,500 »	294,256 49	1,246,500 »	883,780 94
» »	» »	» »	» »
326,000 »	647,258 25	326,000 »	800,315 23
» »	» »	» »	» »
300,000 »	735,633 33	300,000 »	598,244 57
» »	» »	» »	» »
190,000 »	106,519 15	287,000 »	124,747 05
» »	» »	2,082,492 65	2,063,187 34
2,331,523 08	2,450,166 21	» »	500 »
3,594,023 08	4,193,833 43	4,244,992 65	4,137,745 72
1,047,899 63	1,010,399 63	2,296,514 84	2,290,280 82
1,047,899 63	1,010,399 63	2,296,514 84	2,290,280 82
3,594,023 08	4,193,833 43	4,244,992 65	4,137,745 72
4,611,922 71	5,204,233 06	6,538,507 46	6,428,026 55
30,000,000 »	30,000,000 »	55,000,000 »	55,000,000 »
» »	» »	271,400 »	280,000 »
588,753 72	1,060,760 41	714,000 »	945,021 55
17,000,000 »	17,000,000 »	17,000,000 »	17,000,000 »
» »	» »	» »	» »
» »	» »	» »	» »
2,855,339 »	2,855,339 »	5,108,266 17	5,108,266 17
50,444,092 72	50,916,099 41	78,093,666 17	78,333,287 72
24,676,415 63	24,649,902 61	52,307,814 40	52,305,057 86
75,120,508 35	75,566,002 02	130,401,480 57	130,638,345 57
296,406,315 43	294,187,496 55	300,354,350 53	294,768,203 02
4,611,922 71	5,204,233 06	6,538,507 46	6,428,026 55
75,120,508 35	75,566,002 02	130,401,480 57	130,638,345 57
376,138,746 49	374,957,731 63	437,294,338 56	431,834,575 14
337,462,985 93	336,792,731 09	369,519,694 61	364,476,903 68
38,675,760 56	38,165,000 54	67,774,643 95	67,357,671 46
376,138,746 49	374,957,731 63	437,294,338 56	431,834,575 14
9,837,062 98	9,837,062 98	6,548,186 28	6,548,186 28
29,830,247 84	29,830,247 84	25,853,697 78	25,853,697 78
44,755,469 80	44,755,469 80	31,815,805 11	31,815,805 11
84,422,780 62	84,422,780 62	64,217,689 17	64,217,689 17
376,138,746 49	374,957,731 63	437,294,338 56	431,834,575 14
460,561,527 11	459,380,512 25	501,512,027 73	496,052,264 31

	fr.	c.	fr.	c.	fr.	c.
DÉPENSES ORDINAIRES.						
I. — OPÉRATIONS PROPRES A L'EXERCICE.						
Fonds généraux.						
Dette municipale	106,766,205	11	106,036,110	34	108,976,700	20
Charges de la Ville envers l'État. Frais de perception par les agents du Trésor. Restitution de sommes indûment perçues	5,871,300	»	5,678,498	80	6,017,300	»
Frais de perception des produits de l'octroi et des entrepôts	8,384,905	70	8,240,257	15	8,548,318	90
Administration centrale de la Préfecture, Caisse municipale, mairies d'arrondissement	6,594,319	20	6,474,362	76	7,240,771	42
Dépenses pour le service du Conseil municipal (1)	1,120,630	»	1,110,607	19		
Pensions et secours	1,254,032	59	1,222,703	87	1,467,208	65
Dépenses des mairies d'arrondissement	919,400	»	902,556	88	884,050	
Frais de régie et d'exploitation du domaine de la Ville, des halles, marchés, etc.	1,297,874	38	1,253,809	60	1,283,209	»
Assainissement de l'habitation	»	»	»	»	»	»
Inhumations	1,324,218	»	1,293,687	92	1,335,868	»
Affaires militaires, sapeurs-pompiers, postes de sûreté, corps de garde et casernes	738,925	»	677,341	98	979,022	50
Garde républicaine	2,677,700	»	2,677,700	»	2,677,700	»
Travaux de Paris : personnel et matériel de la direction	5,492,860	»	4,463,425	65	4,749,850	»
Architecture et Beaux-arts	4,709,000	»	3,566,686	80	4,084,802	62
Voirie	2,666,976	61	1,778,007	29	2,240,800	»
Voie publique	20,748,959	99	19,880,529	42	21,440,222	24
Promenades et plantations, éclairage, voitures, etc.	11,417,668	20	11,282,811	33	11,744,405	»
Eaux et égouts. Vidanges. Exploitation des voiries	8,498,721	»	8,234,708	06	8,539,480	»
Collège Rollin ; bourses dans les lycées et dans divers établissements spéciaux, subventions à des établissements d'enseignement supérieur.	1,463,512	»	1,362,291	34	1,471,358	»
Instruction primaire et écoles supérieures	22,033,861	»	20,961,287	71	22,699,788	»
Assistance publique. Aliénés. Enfants assistés. Établissements de bienfaisance	22,856,827	84	22,883,103	»	23,555,535	22
Dépenses diverses	370,220	35	310,617	77	362,269	10
Préfecture de police	26,907,211	84	26,381,633	59	27,272,532	77
Dépenses des exercices clos	»	»	»	»	»	»
Fonds de réserve	956,312	63	36,962	98	735,283	97
Réserve spéciale non disponible	260,396	»	»	»	»	»
Dépenses nouvelles de l'exercice	7,097	60	7,097	60	»	»
Dépenses des exercices clos non constatées au compte de l'exercice précédent	1,140,578	70	537,135	73	1,323,123	26
TOTAL des opérations propres à l'exercice	266,488,294	74	257,593,069	65	268,202,715	84
II. — OPÉRATIONS CONCERNANT LES EXERCICES CLOS.						
Restes à payer sur dépenses constatées au compte de l'exercice précédent	11,282,698	34	10,590,238	26	11,920,934	92
Dépenses constatées au compte de l'exercice précédent pour lesquelles les crédits alloués au budget ont été insuffisants	186,716	42	174,875	10	526,184	32
Crédits ou portions de crédits annulés à la clôture de l'exercice précédent renouvelés pour dépenses à continuer	227,377	92	85,209	05	190,052	96
Réserve non disponible établie en prévision des non-valeurs	1,500,000	»	»	»	1,500,000	»
TOTAL des opérations concernant les exercices clos	13,196,792	88	10,850,322	41	14,137,169	20
Report des opérations propres à l'exercice	266,488,294	74	257,593,069	65	268,202,715	84
TOTAL des dépenses ordinaires	279,685,087	62	268,443,392	16	282,339,885	04
DÉPENSES EXTRAORDINAIRES.						
FONDS GÉNÉRAUX.						
I. — OPÉRATIONS PROPRES A L'EXERCICE.						
Assainissement	»	»	»	»	»	»
Reconstitution des actes de l'état civil	60,[illegible]	»	59,592	85	60,000	»
Acquisitions diverses relatives à la dérivation des eaux de la Vanne et travaux imprévus	5,000	»	4,744	69	»	»
Dette immobilière	»	»	»	»	»	»
Fonds de réserve pour dépenses extraordinaires	606,814	67	»	»	»	»
Travaux neufs d'architecture	20,000	»	6,000	»	»	»
Travaux de voirie	»	»	»	»	149,400	»
Travaux neufs et de grosses réparations dans les promenades	»	»	»	»	130,744	85
Travaux neufs exécutés avec le concours des particuliers	»	»	»	»	»	»
Emploi de dons et legs	88,330	»	39,160	34	»	»
Dépenses diverses	»	»	»	»	67,500	»
Acquisitions immobilières à terme	250,222	80	245,854	78	544,400	»
A reporter	1,030,367	47	355,356	66	952,044	85

fr.	fr.	fr.	fr.
110,488,572 40	109,835,537 19	109,221,988 40	109,150,770 31
6,244,700 »	6,092,504 99	6,327,134 77	6,196,988 50
8,993,979 80	8,871,684 85	9,386,899 80	9,263,016 33
9,226,764 40	8,865,853 »	9,473,873 56	9,202,461 42
		» »	» »
1,372,742 12	1,332,884 96	1,577,648 20	1,526,792 15
881,896 »	874,013 61	879,350 »	844,124 04
1,318,472 45	1,398,194 30	1,444,652 11	1,331,429 07
» »	» »	390,395 »	384,055 26
1,366,388 »	1,306,425 59	1,270,478 96	1,200,491 79
922,434 40	841,428 57	941,240 »	874,098 41
2,658,800 »	2,658,800 »	2,638,800 »	2,658,800 »
4,952,835 »	4,646,066 34	4,788,310 »	4,357,207 63
4,338,116 38	3,546,304 11	4,381,940 58	3,576,003 56
1,307,639 30	910,108 50	2,053,735 68	1,682,461 04
24,317,883 94	23,734,897 78	24,370,651 22	23,447,679 97
12,259,154 88	12,025,180 56	12,131,538 50	12,042,215 86
8,530,289 85	8,330,593 32	8,254,160 »	8,042,904 06
1,373,835 »	1,527,907 99	1,578,767 25	1,525,560 27
25,736,228 17	24,988,008 06	25,993,534 53	25,320,244 23
25,534,265 50	25,268,329 52	26,460,662 22	26,357,029 07
796,412 66	784,243 43	1,172,243 42	1,148,258 27
32,700,331 97	32,112,872 03	32,333,661 99	31,989,060 62
» »	» »	» »	» »
484,794 26	» »	148,002 62	» »
» »	» »	1,908,000 »	» »
» »	» »	» »	» »
1,043,472 39	710,691 73	1,449,880 10	1,224,448 93
287,516,007 96	280,660,141 43	290,537,727 90	283,539,800 76
14,758,611 71	13,979,343 93	14,927,488 43	14,324,598 94
616,530 01	601,459 93	288,487 43	277,447 24
203,238 43	99,156 41	283,510 25	141,925 64
3,000,000 »	» »	1,500,000 »	» »
18,578,380 15	14,679,960 27	16,999,486 11	14,743,971 79
287,316,007 96	280,660,141 43	290,537,727 90	283,539,800 76
306,094,388 11	295,340,101 70	307,537,214 01	298,283,772 55
» »	» »	250,000 »	154,717 32
85,500	86,275 »	86,000 »	85,997 02
» »	» »	» »	» »
» »	» »	» »	» »
» »	» »	1,275 24	» »
» »	» »	831,000 »	764,827 36
2,400 »	» »	636,500 »	466,506 08
» »	» »	80,500 »	43,212 60
» »	» »	» »	» »
» »	» »	» »	» »
1,371,675 70	914,918 31	68,000 »	38,130 11
339,600 »	50,000 »	50,000 »	50,000 »
1,798,675 70	1,054,193 31	2,003,275 24	1,620,389 49

(1) Cette dépense est comprise actuellement dans celles de l'Administration centrale.

	fr. c.	fr. c.	fr. c.
Report..........	1,030,367 47	355,356 66	952,044 85
Emploi du produit de la vente d'immeubles et de matériaux de démolition provenant d'opérations de voirie créditées sur les fonds de l'emprunt de 1886	100,000 »	» »	» »
Amélioration de l'éclairage	» »	» »	» »
Dépenses nouvelles de l'exercice	10,251,766 77	1,432,235 55	7,979,860 49
Dépenses des exercices clos non constatées au compte de l'exercice	110,000 »	24,912 85	110,000 »
TOTAL des dépenses extraordinaires sur fonds généraux (opérations propres à l'exercice)	11,492,134 24	1,812,505 06	9,011,905 34
II. — Opérations concernant les exercices clos.			
Dépenses constatées au compte de l'exercice précédent pour lesquelles les crédits alloués au budget ont été insuffisants	» »	» »	» »
Restes à payer sur dépenses constatées au compte de l'exercice précédent	288,509 30	170,408 02	92,754 71
Crédits de l'exercice précédent et des exercices antérieurs renouvelés pour dépenses à continuer	14,638,291 33	6,799,648 98	19,807,821 79
TOTAL des dépenses extraordinaires sur fonds généraux concernant les exercices clos	14,926,800 63	6,970,057 »	19,901,573 50
Report des dépenses extraordinaires sur fonds généraux (opérations propres à l'exercice)	11,492,134 24	1,812,505 06	9,011,905 34
TOTAL des dépenses extraordinaires sur fonds généraux	26,418,934 87	8,782,562 06	28,913,478 84
FONDS SPÉCIAUX.			
I. — Opérations propres à l'exercice.			
Emploi du produit de l'emprunt autorisé par la loi du 22 juillet 1892			
Emploi des produits de la vente d'immeubles et de matériaux de démolition des terrains provenant des opérations de voirie créditées sur les fonds de l'emprunt 1886	» »	» »	100,000 »
Emploi de versements opérés par l'État et le département de la Seine avec affectation spéciale	900,000 »	107,087 83	» »
Emploi du produit de l'emprunt autorisé par la loi du 13 juillet 1886	17,000,000 »	8,789,432 01	17,000,000 »
Emploi du produit complémentaire de l'emprunt de 1886	» »	» »	13,000,000 »
Dépenses nouvelles de l'exercice	20,281,606 91	4,990,173 25	655,734 »
TOTAL des dépenses extraordinaires sur fonds spéciaux propres à l'exercice	38,181,606 91	13,886,693 09	30,755,734 »
II. — Opérations concernant les exercices clos.			
Emploi des fonds provenant de l'emprunt de 1875	354,079 09	220,934 17	133,144 92
Emploi des fonds provenant de l'emprunt de 1876	1,163,530 79	173,201 32	990,329 47
Emploi de l'avance faite par le Trésor à la ville de Paris en juin 1871	728,445 61	162,036 69	566,409 12
Emploi de contributions versées par l'État et le département de la Seine avec affectations spéciales	9,912,908 11	2,714,586 83	23,276,845 61
Emploi des fonds provenant de l'emprunt de 1886	61,542,860 73	26,274,969 02	43,584,171 09
Emploi du produit complémentaire de l'emprunt de 1886	» »	» »	» »
Emploi du produit de la vente d'immeubles et de matériaux de démolition provenant d'opérations de voirie créditées sur les fonds de l'emprunt de 1886	» »	» »	15,924 70
Emploi des 25 millions versés par l'adjudicataire de l'opération de la Bourse du commerce	350,123 10	» »	350,123 10
Emploi du produit de l'emprunt autorisé par la loi du 22 juillet 1892	» »	» »	» »
Emploi de recettes grevées d'affectations spéciales	» »	» »	» »
TOTAL des dépenses extraordinaires sur fonds spéciaux concernant les exercices clos	74,051,947 43	29,542,727 83	68,915,948 01
Report des dépenses extraordinaires sur fonds spéciaux propres à l'exercice	38,181,606 91	13,886,693 09	30,755,734 »
TOTAL des dépenses extraordinaires sur fonds spéciaux	112,233,554 34	43,429,420 92	99,671,683 01

RÉCAPITULATION GÉNÉRALE DES DÉPENSES.

	fr. c.	fr. c.	fr. c.
Fonds généraux.. { Dépenses ordinaires	279,685,087 62	268,443,392 16	282,339,885 04
Fonds généraux.. { Dépenses extraordinaires	26,418,934 87	8,782,562 06	28,943,478 84
Fonds spéciaux	112,233,554 34	43,429,420 92	99,671,683 04
TOTAL général des dépenses	418,337,576 83	320,655,375 14	410,955,045 86
Ce total général se décompose ainsi qu'il suit :			
Dépenses propres à l'exercice	316,162,035 89	273,292,267 80	308,000,355 15
Dépenses concernant les exercices antérieurs	102,175,540 94	47,363,107 34	102,954,690 71
TOTAL égal	418,337,576 83	320,655,375 14	410,955,045 86

fr. c.	fr. c.	fr. c.	fr. c.	fr. c.
…,087 47	1,796,875 70	1,054,193 31	2,003,275 24	1,680,389 49
» »	» »	» »	» »	» »
» »	» »	» »	30,000 »	» »
…[illegible] 22	9,624,365 15	983,796 98	4,652,864 84	799,134 48
…[illegible] 98	110,000 »	110,000 »	215,636 76	162,514 22
…[illegible] 67	11,733,240 85	2,146,990 29	6,921,776 84	2,582,038 20
…,357 18	2,112 28	1,652 93	1,171 21	327 95
…,063 71	239,466 04	201,629 60	77,302 96	38,072 66
…,285 72	23,013,718 08	8,794,402 33	25,011,868 65	13,204,724 42
…,646 64	23,255,296 40	8,997,684 86	25,090,342 82	13,243,125 03
…,092 67	11,733,240 85	2,146,990 29	6,921,776 84	2,582,038 20
…[illegible] 28	34,988,536 25	11,144,675 15	32,012,119 66	15,825,163 23
» »	20,000,000 »	5,358,716 09	55,000,000 »	15,821,324 35
…,856 96	100,000 »	» »	100,000 »	— —
» »	» »	» »	» »	» »
…,453 67	17,000,000 »	9,996,498 38	17,000,000 »	4,456,326 77
» »	» »	» »	» »	» »
…,133 52	4,485,733 75	464,751 72	6,165,672 86	10,000 »
…,444 15	51,585,733 75	15,814,966 19	78,565,672 86	20,287,661 12
…,263 70	106,664 22	19,200 »	87,461 22	13,020 »
…,196 53	467,992 09	208,609 79	261,382 30	» »
…,006 24	344,962 19	60,121 25	284,860 94	52,959 88
…,609 70	11,267,448 07	1,343,245 18	9,886,583 40	1,736,967 53
…,758 93	29,908,929 21	13,856,744 25	23,113,999 09	8,701,127 62
…,951 16	8,864,281 30	1,088,432 42	8,223,690 13	1,874,283 26
» »	1,880,733 42	1,244,117 91	1,700,249 21	435,068 61
906 50	349,216 60	223 »	348,968 60	» »
» »	10,000,000 »	1,589,326 14	33,057,016 07	12,668,476 69
» »	5,000,000 »	900,242 68	6,687,374 86	3,630,044 68
…,498 76	68,290,244 40	20,505,282 62	83,651,612 82	29,111,903 07
…,444 15	51,585,733 75	15,814,966 19	78,565,672 86	20,287,661 12
…,942 91	119,875,978 15	36,320,248 81	162,217,285 68	49,399,564 19
…,098 95	306,094,388 11	295,340,101 70	307,537,214 01	298,283,772 55
…,279 28	34,988,536 25	11,144,675 15	32,012,119 66	15,825,163 23
…,942 91	119,875,978 15	36,320,248 81	162,217,285 68	49,399,564 19
…,384 14	460,958,902 51	342,805,025 66	501,766,619 35	363,508,499 97
…,384 68	350,834,982 56	298,622,097 91	376,025,177 60	306,409,500 08
…,446 45	110,123,919 95	44,182,927 75	125,741,441 75	57,098,999 89
…,381 14	460,958,902 51	342,805,025 66	501,766,619 35	363,508,499 97

		fr.	c.	fr.	c.

§ 1er. EMPRUNTS.

Emprunt de 1855	14 juin 1855	75,000,000	»	65,797,500	»
— 1860	13 août 1860	143,809,000	»	125,404,000	»
— 1865	31 juillet 1865	297,333,000	»	52,525,000	»
— 1869	8 mai 1869	300,483,200	»	140,577,200	»
— 1871	26 septembre 1871	508,030,400	»	57,969,600	»
— 1875	4 février 1875	244,900,000	»	14,211,500	»
— 1876	22 juillet 1876	127,134,500	»	7,157,000	»
— 1886	30 avril 1887	270,020,000	»	»	»
— 1892	21 avril 1894	230,982,800	»		
Dette envers le Crédit foncier	10 décembre 1894	279,952,446	47	»	»
		2,478,245,346	47	463,644,800	»

§ 2. ANNUITÉS DIVERSES.

Rachat des ponts d'Austerlitz, de la Cité et des Arts	24 février 1850	4,945,503	18	4,240,313	48
Rachat du canal Saint-Martin	16 janvier 1862	3,416,400	»	734,526	»
Rachat des eaux et usines de Saint-Maur	15 janvier 1864	1,797,500	»	570,000	»
Rachat des canaux de l'Ourcq et de St-Denis	16 janvier 1876	9,055,000	»	1,610,000	»
Rachat de l'abattoir des Batignolles	17 février 1865	1,925,000	»	1,650,000	»
Rachat de l'entreprise de la Compagnie générale des eaux	2 octobre 1860	58,000,000	»	39,440,000	»
Compagnie Ducoux (Petites-Voitures)	31 décembre 1862	16,920,000	»	10,440,000	»
Compagnie parisienne de crédit (Marché aux bestiaux de La Villette)	21 octobre 1867	24,310,045	84	5,756,856	36
Annuités à payer à la Compagnie parisienne de crédit pour construction d'un sanatorium (Marché aux bestiaux de La Villette)	6 novembre 1891	306,000	»	122,400	»
Annuité partielle à payer à la Compagnie parisienne de crédit pour dépenses en 1893-1894 (Evaluation)	-	68,000	»	-	-
Annuité à payer à la Compagnie de l'Ouest pour l'agrandissement de la gare St-Lazare	1er janvier 1888	3,000,000	»	993,774	26
Ensemble		124,343,449	02	65,557,869	75

§ 3. DETTE IMMOBILIÈRE.

1° Acquisitions antérieures à 1871	Dates diverses	300,354	98	»	»
2° Acquisitions postérieures à 1871	*Idem*	500,000	»	450,000	»
		800,354	98	450,000	»

RÉCAPITULATION.

§ 1er. — Emprunts		2,478,245,346	47	463,644,800	»
§ 2. — Annuités diverses		124,343,449	02	65,557,869	75
§ 3. — Dette immobilière		800,354	98	450,000	»
Totaux		2,603,389,150	47	529,649,669	75

: *Paris au 31 décembre 1894.*

...ances ...rieures 1895	PRIX du REMBOURSEMENT	TAUX DE L'INTÉRÊT calculé sur le capital nominal des titres	DATE DE L'EXPIRATION des engagements	PÉRIODE RESTANT à courir	MONTANT des ANNUITÉS à payer en 1895	OBSERVATIONS
fr. c.	francs.					
...25,500 »	500	3 p. 100	1er septembre 1897..	2 ans	3,530,920 »	
...54,000 »	500	3 p. 100	*Idem*.........	2 ans	7,061,840 »	
...44,000 »	500	4 p. 100	1er février 1929......	33 ans 1/2	14,320,560 »	
...27,600 »	400	3 p. 100	31 juillet 1909......	13 ans 1/2	14,321,982 »	
...53,600 »	400	3 p. 100	5 mai 1946........	51 ans 1/2	18,798,660 »	
...884,500 »	500	4 p. 100	25 février 1950......	54 ans 1/2	11,372,510 »	
...395,000 »	500	4 p. 100	25 novembre 1949...	54 ans	5,920,870 »	
...620,000 »	400	»	25 décembre 1972...	78 ans	9,305,200 »	
...982,800 »	400	2.50 p. 100	15 août 1973.......	79 ans	1,594,286 90	
...111,858 32	»	»	31 juillet 1969......	74 ans	10,295,937 18	
...592,858 52					96,522,766 08	
...469,190 98	Au pair.	5 p. 100	20 juin 1897........	1 an 1/2	268,345 »	
...636,322 »	949	5 p. 100	16 janvier 1922......	26 ans 1/2	179,645 70	
...190.000 »	500	5 p. 100	15 février 1914......	18 ans 1/2	98,875 »	
...907,000 »	500	5 p. 100	16 janvier 1922.....	26 ans 1/2	536,800 »	
...220,000 »	»	»	17 février 1899......	3 ans 1/2	55,000 »	
...400,000 »	»	»	31 décembre 1911...	16 ans	1,160,000 »	
...120,000 »	»	»	31 décembre 1912...	17 ans	360,000 »	
105,286 26	»	5 p. 100	21 octobre 1917.....	23 ans	1,375,551 20	
122,400 »	»	»	1er février 1897.....	2 ans	61,200 »	
66,358 70	»	»	»	»	5,041 30	
...316,651 48	»	»	1er janvier 1903.....	8 ans	269,823 30	
...053,209 42					4,370,281 50	
...300,354 98	»	»	Dates diverses.......	»	» »	
» »	»	»	1er février 1895......	»	50,000 »	
...300,354 98					50,000 »	
...592,858 52	....				96,522,766 08	
...053,209 42	....				4,370,281 50	
...300,354 98	....				50,000 »	
...946,422 92	....				100,943,047 58	

BUDGETS ET COMPTES DE LA VILLE DE PARIS.

Finances municipales.

RECETTES.

RECETTES ORDINAIRES.

Chap. Ier. (*Centimes communaux, Impositions spéciales*). — Le nombre total et le produit centimes additionnels aux quatre contributions directes, imposés à Paris au profit de l'État. Département et de la Ville, sont détaillés dans le tableau suivant :

DÉTAIL DU NOMBRE DES CENTIMES ADDITIONNELS	CONTRIBUTION FONCIÈRE propriété non bâtie	CONTRIBUTION FONCIÈRE propriété bâtie	CONTRIBUTION PERSONNELLE-MOBILIÈRE	CONTRIBUTION DES PORTES ET FENÊTRES	CONTRIB… des PATEN…
Centimes imposés au profit de l'État (Nombre).					
Centimes généraux sans affectation spéciale	»	»	17. »	15.80	34
Centimes généraux pour l'instruction primaire	8 12	8 12	8.12	8.12	8
Fonds de secours	1 »	1 »	1. »	» »	»
Fonds de non-valeurs sur le principal	2 50	3 »	1. »	3. »	5
Fonds de non-valeurs sur les centimes de l'instruction primaire	» 203	» 2436	» 0812	» 2436	»
TOTAUX pour l'État	11 823	123636	27.2012	27.1636	48
Centimes imposés au profit du Département (Nombre).					
Centimes ordinaires	26 »	26 »	26. »	1. »	[illegible]
Centimes pour le service vicinal	7 »	7 »	[illegible]. »	7. »	[illegible]
Centimes pour l'instruction primaire	»	»	» »	» »	[illegible]
Centimes pour le cadastre	» 10	» 10	» »	» »	[illegible]
Centimes extraordinaires. — Loi du 24 mars 1888 (imposition jusqu'en 1902)	8 »	8 »	8. »	8. »	[illegible]
Centimes extraordinaires (Loi du 21 juillet 1892) (imposition jusqu'en 1898)	8 »	8 »	8. »	8. »	[illegible]
Ensemble	49 10	49 10	49. »	21. »	2
Fonds de non-valeurs (1)	1 23	1.473	0.49	0.72	[illegible]
TOTAUX pour le Département	50 33	50.573	49.49	24.72	2[illegible]

(1) Les centimes pour fonds de non-valeurs des impositions départementales sont calculés à raison de :
2.50 °/. du produit de ces impositions pour la contribution foncière (non bâtie) ;
3. » id. id. id. (bâtie) ;
1. » pour la contribution mobilière, déduction faite de la portion de ce produit, prélevée sur les recettes de l'octroi) ;
3. » pour la contribution des portes et fenêtres ;
5. » pour la contribution des patentes.

DÉTAIL DU NOMBRE ES CENTIMES ADDITIONNELS	CONTRIBUTION FONCIÈRE propriété non bâtie	propriété bâtie	CONTRIBUTION PERSONNELLE-MOBILIÈRE	CONTRIBUTION DES PORTES ET FENÊTRES	CONTRIBUTION des PATENTES
es imposés au profit de la Ville (Nombre).					
rdinaires	5. »	5. »	5. »	» »	» »
spéciaux obligatoires pour le service de on primaire	» »	» »	» »	» »	» »
xtraordinaires (Loi du 22 juillet 1892)	24. »	24. »	4. »	4. »	4. »
xtraordinaires (Loi du 16 mai 1888)	44. »	44. »	44. »	44. »	22. »
n du Conseil municipal du 15 décembre 1893	0.5	0.5	0.5	0.5	0.5
Ensemble	73.5	73.5	53.5	48.5	26.5
on-valeurs (1)	1.8375	2.205	0.535	1.455	1.325
erception (2)	2.260125	2.27115	1.62105	1.49865	0.83475
centimes imposés au profit de la Ville	77.597625	77.97615	55.65605	51.45365	28.65975
centimes imposés au profit du Département	50.3275	50.5730	49.49	24.72	28.20
centimes imposés au profit de l'État	11.823	12.3636	27.2012	27.1636	48.1260
me TOTAL des centimes additionnels	139.748125	140.91275	132.34725	103.33725	104.98575
principal des quatre contributions directes s rôles de 1894	13,398 »	(3) 18,799,646 40	(4) 12,851,433 »	6,640,497 17	(5) 25,773,968 15
ENSEMBLE	64,078,942 72				

DÉTAIL DU PRODUIT DES CENTIMES ADDITIONNELS	propriété non bâtie	propriété bâtie	personnelle-mobilière	portes et fenêtres	patentes
perçus au profit de l'État	1,584 05	2,324,313 08	3,495,744 »	1,803,798 09	12,403,979 91
perçus au profit du Département (y com- on-valeurs et frais de perception)	6,742 88	8,645,563 89	6,360,174 19	1,641,530 90	6,495,039 99
perçus au profit de la Ville (y compris leurs et les frais de perception)	10,396 53	13,330,191 72	7,122,395 79	3,416,778 17	7,386,754 81
xpertise réimposés, fonds de non-valeurs e perception y relatifs	» »	» »	» »	» »	» »
TOTAUX	18,723 46	24,300,068 69	16,978,313 98	6,862,107 16	26,285,774 71
l de l'impôt étant de	13,398 »	18,799,646 40	12,851,433 »	6,640,497 17	25,773,968 15
nt des réimpositions de	» »	» »	383,020 95	25,509 06	» »
otal des contributions directes pour 1894	32,121 46	43,099,715 09	30,212,767 93	13,528,113 39	52,059,742 86
t du total de la contribution personnelle- la portion de cet impôt applicable aux ricurs à 1,000 francs et la totalité de la on personnelle que la ville de Paris paie oduits de l'octroi, ci	» »	» »	4,299,002 68	» »	» »
à la charge des contribuables (non com- is de premier avertissement)	32,121 46	43,099,715 09	25,913,765 25	13,528,113 39	52,059,742 86
EN TOTALITÉ	134,633,458 05				

es pour fonds de non-valeurs des impositions com- t calculés sur les mêmes bases que ceux des imposi- ementales.
des centimes pour frais de perception des impositions est calculée à raison de 3 % du montant cumulé s et des fonds de non-valeurs, après déduction, en ce e la contribution mobilière, de la portion du produit nes prélevée sur les ressources de l'octroi.
al actif de la contribution foncière bâtie pris pour base du calcul des centimes communaux et départementaux est de 17,095,216 fr. 57 c.

(4) Sur cette somme, il a été payé par les contribuables 10,988,184 41
et prélevé sur les produits de l'octroi 1,863,248 59
Total égal .... 12,851,433 »

(5) Montant des rôles primitifs des patentes : 25,020,000 fr. 82 c.
Montant des rôles supplémentaires : 753,967 fr. 33 c.

Voici pour les centimes imposés au profit de la Ville le détail des produits constatés par article :

1° Cinq centimes ordinaires additionnels au principal de la contribution foncière........ 881.863 43

2° Cinq centimes ordinaires additionnels au principal de la contribution personnelle et mobilière........ 659.218 75

3° Quarante-quatre centimes extraordinaires additionnels au principal des contributions foncière, personnelle-mobilière et des portes et fenêtres, et vingt-deux centimes extraordinaires additionnels au principal des patentes........ 22.422.512 79

4° Quatre centimes extraordinaires additionnels au principal des quatre contributions directes et vingt centimes supplémentaires additionnels au principal de la contribution foncière........ 6.097.580 96

5° Un demi-centime additionnel pour faire face aux dépenses occasionnées par l'allocation des secours aux familles nécessiteuses des réservistes et soutiens de famille (Loi du 21 décembre 1882)........ 321.265 90

A ces produits s'ajoutent les quotités attribuées à la Ville sur diverses contributions, savoir :

6° Attribution sur le produit de l'imposition spéciale de deux centimes et demi additionnels à la contribution des patentes pour la création de la Bourse de commerce........ 450.000 »

7° Attribution de huit centimes sur le principal des patentes........ 2.061.917 45

8° Attribution du vingtième sur l'impôt des chevaux et voitures........ 42.908 24

9° Attribution du quart sur la taxe des vélocipèdes........ 60.069 84

Et enfin 10° la taxe municipale sur les chiens........ 563.840 »

Soit pour l'ensemble du chap. 1er........ 33.560.842 03

Les produits de la taxe municipale sur les chiens se décomposent ainsi qu'il suit :

Chiens de 1re catégorie taxés à 10 francs..	43,643 régulièrement déclarés..	436,430 »	» »	» »	436,430 »	436,880
	» déclarés inexactement..	» »	» »	» »	» »	
	15 non déclarés..........	» »	» »	450 »	450 »	
Chiens de 2e catégorie taxés à 5 francs...	28,180 régulièrement déclarés..	140,900 »	» »	» »	140,900 »	140,930
	» déclarés inexactement..	» »	» »	» »	» »	
	» non déclarés	» »	» »	30 »	30 »	
Total.....	71.840 taxes s'élevant à......	577,330 »	» »	480 »	577,810 »	577,840
	Dégrèvements accordés au cours de l'exercice.....					14,300
	Reste pour produits constatés..........					563,540

Chap. II *(Part revenant à la Ville dans le produit de diverses amendes et de permis de chasse*, etc.). Le chap. II comprend les produits ci-après : part revenant à la Ville dans le produit des amendes attribué au fonds commun (146,625 fr.) ; part revenant à la Ville dans le prix des permis de chasse (67,510 francs) (10 francs par permis délivré, soit 6,751 permis) ; intérêts des fonds provenant de ressources ordinaires placés au Trésor public (600,000 francs (1) ; intérêts des comptes courants des trésoriers-payeurs généraux (20,564 fr. 32 c.) et recouvrements effectués sur les porteurs d'obligations municipales des sommes avancées par la Ville, pour droit de trans-

(1) Les intérêts produits par les fonds d'emprunt et autres ressources extraordinaires placées au Trésor figurent au chap. XXVIII, article unique.

mission et pour l'impôt de 4 °/₀ sur le revenu, les lots et les primes de remboursement (5.232,645 fr. 12 c.).

Chap. III (*Octroi*). — On trouvera plus loin l'état général des produits de l'octroi constatés pendant l'exercice 1894 et leur tableau comparatif, mois par mois, pour les deux dernières années.

L'état ci-après indique, par bureau de recette, le chiffre des droits d'octroi perçus en 1894 :

NUMÉROS d'ordre	BUREAUX DE RECETTE	MONTANT des DROITS D'OCTROI perçus	NUMÉROS d'ordre	BUREAUX DE RECETTE	MONTANT des DROITS D'OCTROI perçus
			23	Lyon-Nicolaï	2,145,080 56
1	Abattoir général de La Villette	11.531,215 26	24	Abattoir de Grenelle	2,092,829 10
2	Entrepôt principal de Bercy	11,406,307 54	25	Porte de Clichy	1,943.042 76
3	Lyon-Marchandises	10,591,428 20	26	Lyon-Rapée	1,714,598 05
4	Orléans-Marchandises	9,089,324 15	27	Porte des Ternes	1.612,036 34
5	Port d'amont	7.683.217 24	28	Porte d'Asnières	1.557,131 56
6	Entrepôt général-Vins	7.514.775 38	29	Porte de Montreuil	1,385.559 42
7	Entrepôt principal du Petit-Château	7,288.899 15	30	Porte de Versailles	1,314,051 32
8	Ouest-Vaugirard	6.389.237 49	31	Porte de Saint-Ouen	1.227,685 37
9	Porte de La Chapelle-Saint-Denis	6.180.800 72	32	Porte d'Orléans	1,144.481 80
10	Porte de Bercy	5,726,144 58	33	Porte d'Italie	1.104.902 13
11	Nord-Marchandises	5.504.626 78	34	Porte de Saint-Cloud	924.325 95
12	Ouest-Batignolles	5.332,988 51	35	Port du Centre	894.904 10
13	Est-Marchandises	4.627,343 60	36	Porte de Champerret	845,530 52
14	Canaux	4.331.976 36	37	Porte de Clignancourt	790.972 53
15	Entrepôt général-Alcools	3.958,238 94	38	Gare de Belleville	763,070 27
16	Porte de Pantin	3,002,115 40	39	Orléans-Charbons	676,296 29
17	Porte de la Gare	2,662.020 10	40	Porte de Romainville	604,769 70
18	Porte de La Villette	2,645.028 05	41	Porte de Choisy	592,061 64
19	Porte de Vincennes	2,641.275 47	42	Porte de Châtillon	572,962 14
20	Est-Pierres	2.419.934 59	43	Abattoir de Villejuif	505,267 20
21	Port d'aval	2,400.285 85	44	Bureau central	272.687 50
22	Porte de Charenton	2,230,530 83			
				Totaux	149.919.560 23

La rétribution pour escorte de marchandises en transit a produit 101,713 fr. 71 c. ; le remboursement par divers des frais de surveillance de l'Octroi, 92,505 fr. 68 c., et enfin le produit net des amendes et saisies, 92,462 fr. 52 c.

Pour ce dernier article, la recette brute a été de 301,381 fr. 65 c., sur lesquels il a été prélevé : pour remboursement par suite de transactions, 85,097 fr. 54 c. ; pour droits fraudés et frais divers, 17.014 fr. 79 c. ; pour indemnités aux indicateurs, 66 francs, et enfin, pour les parts attribuées aux employés saisissants, 106,710 fr. 80 c. Ces divers prélèvements, déduits du produit brut, ont ramené à 92,462 fr. 52 c. la somme nette versée à la Caisse municipale.

Chap. IV. — Le chap. IV se divise ainsi qu'il suit :

I. — *Droits d'expédition et de timbre des actes de l'état civil*	229.754 25
II. — *Droits de secondes et ultérieures expéditions d'actes, et remboursement de frais de copie de pièces relatives aux adjudications*	21.675 80
Et III. — *Prix de vente d'objets mobiliers hors de service*	25.481 49
Ensemble	276.911 54

	DROITS D'EXPÉDITION						
	à 20 centimes	à 75 centimes	à 1 fr. 50 c	à 1 fr. 50 le rôle. Actes notariés			
1° Recettes faites dans les mairies.							
1er Arrondissement..............	8 70	1,402 50		» »	1,961 70	4,026 60	
2e Id.	19 20	1,205 25		» »	1,731 45	3,501 »	
3e Id.	76 80	1,783 50		» »	2,352 30	4,870 80	
4e Id.	63 90	2,316 »		» »	2,937 90		
5e Id.	45 60	2,344 50		» »	2,022 60		
6e Id.	31 50	2,025 75		» »	2,819 25		
7e Id.	21 90	1,979 25	613 50	» »	2,614 65	5,186 40	
8e Id.	29 70	2,344 50	1,270 50	» »	3,614 70	7,151 40	
9e Id.	14 70	2,415 .	1,260 »	» »	3,689 70		
10e Id.	104 40	3,433 50	1,008 »	» »	4,515 90	9,450 »	
11e Id.	102 30	3,025 50	1,110 »	» »	4,267 80		
12e Id.	54 60	2,114 25		» »	2,009 85		
13e Id.	77 40	1,330 50		» »	1,706 40		
14e Id.	75 60	2,259 »		» »	2,843 10	6,031 80	
15e Id.	56 40	2,001 »		» »	2,487 90		
16e Id.	19 20	1,002 75		» »	2,263 95	4,617 »	
17e Id.	35 70	2,748 75	1,234 50	4 50	4,023 45	8,083 80	
18e Id.	114 90	2,965 50		» »	3,851 40	40	
19e Id.	90 90	1,630 50		» »	2,147 40		
20e Id.	85 80	1,968 »		» »	2,535 30		
Total pour les mairies.....	1,129 20	42,895 50	14,017 50	4 50	70	119,772 »	177,8
2° Recettes faites au greffe du Tribunal civil de la Seine...	3,153 30	8,380 50	3,657 »	187 50	15,378 30		
3° Recettes faites au Dépôt central des actes reconstitués..	144 90	2,849 25		» »	3,928 65	7,959 60	11,8
4° Assistance publique (expéditions gratuites sur timbre)	» »	» »		» »			
Totaux........	4,427 40	54,125 25	18,609 »	192 »	77,353 65	152,400 60	

Chap. VI. — Ce chapitre comprend les recettes du *Poids public*, qui se sont élevées à 309,747 fr. 35 c.; en voici le détail :

DÉSIGNATION DES LOCALITÉS où les opérations ont été faites		DÉSIGNATION DES OBJETS PESÉS, MESURÉS ET JAUGÉS	QUANTITÉS PESÉES	QUANTITÉS MESURÉES OU JAUGÉES	NOMBRE D'UNITÉS de perception	TARIF DES DROITS	MONTANT DES DROITS perçus	TOTAUX PAR NATURE d'opérations
		Objets d'un poids de :	kilogr.	hectol.		fr. c.	fr. c.	fr. c.
Bureau central, fontaine de l'Arsenal et ponts-bascules.	Pesage aux ponts-bascules	500 kilog. et au-dessous	25,430	»	65	» 10	6 50	1,049 65
		501 à 2,000 kilog	527,441	»	559	» 20	111 80	
		2.001 à 4.000 kilog	4.691.170	»	1,475	» 30	442 50	
		4.001 à 6,000 kilog	2.618.530	»	522	» 40	208 80	
		6.001 et au-dessus	1.004,595	»	144	» 50	72 »	
		Tare de voitures	2,165,045	»	1,387	» 15	208 05	
	Pesage	Par 25 kilog. ou fractions	8,130	»	69	» 05	16 30	16 30
	Jaugeage	Par 20 litres ou fractions	»	16,534	3,023	» 05	4,133 50	4,133 50
	Vacations à domic.	Par vacation	»	»	373	5 »	1,865 »	1,865 »
Halles et marchés		Viande, triperie	86,361,275	»	»	» »	172,722 55	301,120 70
		Bestiaux sur pied	50,803,215	»	»	» »	101,606 45	
		Beurres	28,225	»	»	» »	56 45	
		Fromages	391,055	»	»	» »	780 05	
		Volaille et gibier	2,363,825	»	»	» »	4,727 65	
		Fleurs et fruits	10,613,785	»	»	» »	21,227 55	
Marché Beauvau		...	431,100	»	»	» »	862 20	862 20
Ponts-basc. concédés		Redevance annuelle (Bischoff et Cie, Guissez et Cousin, Pingault père et fils, Letellier et Devaux).	»	»	6 »	700 »	700 »	700 »
								309,747 35

Chap. VII. — Le chap. VII comprend les *Droits d'abatage et autres* perçus tant dans les abattoirs de la boucherie (La Villette, Grenelle et Villejuif), que dans les abattoirs à porcs (La Villette et les Fourneaux).

Voici le détail des produits constatés dans les abattoirs de la boucherie :

1° Droits d'abatage (0 fr. 02 c par kilog)	2.786.415 82
2° Droit sur le lavage des tripées (0 fr. 40 c. par tripée)	109.684 80
3° Locations dans les abattoirs	53.564 17
4° Location d'un terrain pour la construction d'une usine électrique	1.500 »
Ensemble	2.951.164 79

Les droits d'abatage perçus dans les abattoirs à porcs à raison de 0 fr. 02 c. par kilog. se sont élevés :

Pour l'abattoir de La Villette, à	275.442 19
Pour celui des Fourneaux, à	149.526 28
Soit, au total	424.968 47

En exécution d'une délibération du Conseil municipal du 1er décembre 1893, les marchands bouchers en gros, patentés, ont à payer, pour l'occupation des locaux destinés tant à l'abatage qu'à la vente, une taxe de marché ou de cheville calculée à raison de 0 fr. 75 c. par bœuf; 0 fr. 25 c. par veau et 0 fr. 05 c. par mouton. Cette taxe, appliquée à partir du 21 août 1894, a produit 119,901 fr. 80 c.

Chap. VIII. — Dans ce chapitre sont réunies les recettes provenant .

1° Des locations faites dans l'entrepôt du quai Saint-Bernard........................ [illegible]

Et 2° des locations dans l'entrepôt de Bercy.. 1.779.565

Ensemble..........

Chap. IX. — Le produit des *Propriétés communales* se décompose de la manière suivante :

1° Locations dans les édifices affectés à un service public................................ 8[illegible].796

2° Location de propriétés non affectées à un service public et dépendant du domaine permanent. 545.757

3° Location de propriétés affermées jusqu'à leur mise en vente ou leur affectation à un service public, ainsi divisées :

Maisons communales..	347.306 21	505.726
Terrains communaux..	158.420 86	

4° Produit des terrains acquis par la Ville à Méry-sur-Oise.............................. 13.394

5° Produit de la colonie agricole de La Chalmelle.. 310

6° Redevance payée par les secrétaires-chefs des bureaux de dix-neuf mairies et par divers agents pour leur logement dans l'hôtel de la mairie. (Les secrétaires-chefs des bureaux des mairies paient pour les appartements qu'ils occupent dans les mairies un loyer fixé au dixième de leurs appointements.).. 20.729

7° Produit de la sous-location de propriétés particulières louées à la Ville pour être occupées par des services municipaux.. 15.368

8° Prix de tolérances et autorisations temporaires concédées sur des immeubles communaux, dont 72,440 fr. 20 c. pour l'affichage, 71,059 fr. 45 c. pour les tolérances diverses, 346 francs, montant des redevances pour robinets à gaz placés sous trottoirs et redevance à raison de sursis à l'obligation de construire, 20 francs. 143.[illegible]

Et 9° Redevances payées par les propriétaires d'immeubles frappés de réserves domaniales.. 3.[illegible]

Ensemble..........

Chap. X *(Taxes funéraires)*. — Ce chapitre comprend les recettes ci-après :

1° Produit de la taxe des inhumations... 360.9[illegible]

2° Produit de la taxe des exhumations (à raison de 20 francs par exhumation)............ 176.680

3° Produit de la taxe de l'inhumation des corps venant de l'extérieur (à raison de 20 francs par corps).. 44.400

4° Produit de la taxe de réunion de corps dans une même case de caveau............... 32.340

5° Remboursement, par l'administration des Pompes funèbres, des traitements des agents du service des Inhumations et contribution pour le traitement de l'inspecteur des cimetières (exécution de l'art. 23 du cahier des charges de l'entreprise)............................ 246.483

6° Contribution de l'administration des Pompes funèbres pour frais de fossoyage (0 fr. 60 c. par inhumation).. 28.301

7° Contribution de l'hôtel des Invalides pour frais de fossoyage (0 fr. 60 c. par inhumation). 46

Soit, pour l'ensemble du chapitre..........

Chap. XI *(Concessions de terrains dans les cimetières)*. — Les recettes de ce chapitre se décomposent ainsi qu'il suit :

Aux termes des délibérations des 28 décembre 1885 et 25 avril 1887, approuvées par arrêtés des 29 décembre 1885 et 11 mai 1887, le prix des concessions perpétuelles a été fixé comme il suit :

Pour les deux premiers mètres, ensemble, 350 francs.

Pour les deux mètres suivants, 1,000 francs le mètre.

Au-delà de quatre mètres, jusqu'à six mètres, 1,500 francs le mètre.

Au-delà de six mètres, 2,000 francs le mètre.

Le prix des concessions trentenaires a été réglé par une délibération du 6 août 1886, approuvée par décret du 30 décembre 1886, il est de 300 francs pour une contenance uniforme de deux mètres.

nquième du prix des concessions, tant perpétuelles que trentenaires, est attribué à l'Assis-
blique :

Concessions pour sépultures perpétuelles et trentenaires	1.137.449 »
Concessions pour sépultures temporaires (50 francs par concession.— Arrêté réglementaire décembre 1889)	910.100 »
Droits de seconde ou ultérieure inhumation dans des terrains concédés à perpétuité ou dans concessions temporaires	248.320 »
Arrérages de rentes provenant de legs faits à la Ville à la charge d'entretien de sépultures.	3.012 25
Redevances payées pour reprise de signes funéraires déposés dans des magasins de la Ville.	690 »
Redevances payées par les entrepreneurs de l'enlèvement des signes funéraires dans les tières	5.565 »
Recettes provenant des incinérations	11.700 »
8° Location des cases des caveaux dépositoires de la Ville dans les cimetières	5.085 »
Ensemble	2.321.921 25

ecettes provenant des incinérations ont été perçues conformément au tarif fixé ainsi qu'il délibérations des 7 août et 27 décembre 1889 et l'arrêté préfectoral du 30 décembre 1889 :

et 2e classes de convoi, 250 francs ; 3e classe, 200 francs ; 4e classe, 150 francs ; 5e classe et corps amenés tement de l'extérieur, 100 francs ; 6e, 7e et 8e classes et service ordinaire, 50 francs.

le détail de la recette :

UX DE PERCEPTION	MOIS	1re et 2e, CLASSES	3e CLASSE	4e CLASSE	5e CLASSE	6e, 7e et 8e CLASSES et service ordinaire	TOTAL
		francs	francs	francs	francs	francs	francs
ère de l'Est	Janvier	»	»	»	1,000	1,050	2,050
	Février	»	»	»	300	450	750
	Mars	»	»	300	400	400	1,100
	Avril	»	»	300	600	650	1,550
	Mai	»	»	»	500	400	900
	Juin	»	»	»	300	500	800
	Juillet	»	»	»	400	300	700
	Août	»	»	150	500	300	950
	Septembre	»	»	»	100	250	350
	Octobre	»	»	150	600	350	1,100
	Novembre	»	»	150	200	250	600
	Décembre	»	»	»	400	450	850
Totaux	Année 1894	»	»	1,050	5,300	5,350	11,700

XII *(Legs et donations pour des œuvres de bienfaisance).*— Ci-après la liste et le montant gs et fondations :

gs Narabutin en faveur des bons ouvriers	807 »
gs Reverdy (prix à décerner tous les deux ans à un chef de famille laborieux)	1.500 »
gs Crozatier en faveur des ouvriers ciseleurs de Paris	500 »
gs Odièvre destiné à doter un couple pauvre de l'ancienne commune de La Chapelle	854 »
A reporter	3.661 »

Report..........	3.661 »
Deux rentes constituées par les ex-7ᵉ et 11ᵉ légions de la Garde nationale, en faveur des tambours et des gardes nationaux malheureux..........	508 »
Legs Rodriguez pour des œuvres de bienfaisance..........	1.637 »
Legs Boucher de Perthes pour l'allocation annuelle d'une prime à l'ouvrière pauvre qui se sera la plus distinguée par son travail et par sa conduite..........	263 »
Fondation Barbet-Batifol pour aider une jeune ouvrière célibataire à s'établir..........	10.000 »
Legs Pascal-Favale destiné à fonder trois dotations annuelles de mariage..........	667 »
Legs Vincent pour achats de jouets ou de livres à distribuer aux enfants pauvres de Paris..	965 »
Legs Cuvillier destiné à venir en aide à une orpheline ou à une femme veuve appartenant au XIXᵉ arrondissement..........	234 »
Legs Préaux destiné à doter deux jeunes filles appartenant au XIᵉ arrondissement..........	2.960 »
Legs de Mᵐᵉ veuve Guérin en faveur de la crèche de Picpus..........	806 »
Legs Grimal en faveur des veuves des ouvriers du XIᵉ arrondissement morts pour la défense de la patrie..........	532 »
Legs Bourg en faveur des ouvriers formaires de la Banque de France..........	386 »
Fondation de Mᵐᵉ Faber en faveur des femmes sortant des refuges-ouvroirs municipaux.....	1.508 »
Fondation des frères Birklé, de Strasbourg, en faveur des familles nécessiteuses d'Alsace-Lorraine..........	7.491 »
Legs Foucher en faveur des gardiens de la paix qui se sont distingués par leurs services ou par des actes de courage et de dévouement, ou des veuves ou orphelins de ces agents..........	1.678 »
Legs Pierret pour fondation d'un prix d'horlogerie..........	600 »
Ensemble..........	33.706 »

Chap. XIII *(Locations sur la voie publique et dans les promenades publiques)*. — Ce chapitre comprend les produits suivants :

1° Redevances payées par les concessionnaires du droit de louer des chaises sur les boulevards, dans les squares, etc..........	97.425 20
2° Redevances payées pour occupation de parties de la voie publique par des constructions légères et échoppes attenant aux habitations..........	97.670 59
3° Redevances payées par les concessionnaires des emplacements occupés par des urinoirs lumineux et chalets de nécessité, et par les concessionnaires du droit de location des kiosques à journaux et du droit d'affichage sur les kiosques, urinoirs et colonnes d'affichage de la Ville...	179.218 26
4° Location d'emplacements sur la voie publique pour dépôt de chaises et tables devant les cafés, pour étalage devant les boutiques, pour installation d'échoppes mobiles, etc..........	1.405.704 73
5° Redevances pour établissement de voies ferrées sur la voie publique..........	15.402 »
6° Redevances pour occupation du sous-sol de la voie publique par les canalisations d'électricité..........	385.061 32
7° Produits de l'usine municipale d'éclairage électrique des Halles centrales..........	601.711 34
8° Champs-Élysées (Cirque d'Été, panoramas, Jardin de Paris, etc.)..........	285.803 09
9° Bois de Boulogne (bassin de patinage, chalets, pavillons, glacières, hippodromes, etc.)....	576.172 55
10° Bois de Vincennes (chalets, glacières, pavillons, hippodromes, etc.)..........	89.040 79
11° Parc des Buttes-Chaumont..........	10.499 98
12° Palais et jardins du Champ-de-Mars..........	292.392 28
13° Squares et jardins..........	19.929 61
Et 14° Produit des pépinières et serres du service des Plantations..........	20.967 79
Ensemble..........	4.037.289 50

XIV (*Voitures publiques*). — Les recettes de ce chapitre se divisent ainsi qu'il suit :

roit de stationnement des voitures de place et de remise :		
...es de grande remise		387.482 40
...pagnie des Petites-voitures		1.412.859 60
...pagnie l'*Urbaine*		612.463 60
...ures appartenant à divers		1.292.517 90
Total		3.705.323 50
roits de stationnement des omnibus et tramways :		
ibus de la Compagnie générale	1.223.112 44	
ibus de correspondance avec les chemins de fer	42.769 34	
ibus des voies ferrées	72.538 56	
ibus dits rabatteurs et voitures de banlieue	3.424 20	
mways (Compagnie générale des omnibus)	537.624 86	
mways-Nord	65.686 08	
mways-Sud	96.989 13	
pagnie du tramway à vapeur de Paris à Saint-Germain	10.125 »	
Total	2.052.009 61	2.052.009 61
edevance du tramway funiculaire de Belleville (art. 4 et 5 de la conven- u 5 août 1890)		53.499 48
edevances pour occupation de parties du sol de la voie publique par des ux d'omnibus et de tramways :		
pagnie générale des omnibus	53.200 86	
été des tramways de Paris et du département de la Seine	8.411 45	
pagnie générale des tramways	9.783 90	
Total	71.396 21	71.396 21
ecettes diverses afférentes au service des Voitures		28.817 48
Taxe perçue pour le poinçonnage des compteurs des voitures de place		» »
7° Redevances pour stationnement des voitures de courses		9.564 »
Soit pour l'ensemble du chapitre		5.920.610 28

XV (*Droits de voirie*). — Les produits constatés pendant l'exercice 1894 ont été de francs qui se divisent de la manière suivante :

torisations de travaux, 660,713 fr. 71 c. ;

torisations de saillies sur la voie publique, 157,889 fr. 29 c ;

torisations d'établissement de lignes télégraphiques et téléphoniques au-dessus de la voie publique, francs.

XVI (*Vente de matériaux provenant du service des Travaux et cession de parcelles de retranchées de la voie publique*). — La recette totale s'est élevée à 316,146 fr. 18 c., dont fr. 92 c. pour la vente des pavés et autres matériaux de rebut, 10,332 fr. 73 c. pour les duits (meulière, sable, etc.) de la carrière des Maréchaux, 2,136 fr 03 c. pour la vente abattus ou élagués, 103,978 francs pour la vente de matériaux à provenir de démolitions, fr. 50 c. représentant le produit de la cession de parcelles de terrain retranchées de la ligne.

XVII (*Contributions pour travaux de voirie, d'architecture, de pavage, etc.*). — Ce chapitre comprend pour 4,242,986 fr. 84 c. de produits. Les principaux d'entre eux sont les suivants :

Remboursement des frais de travaux exécutés d'office dans l'intérêt de la sûreté publique et de la salubrité, 4.838 fr. 13 c. ;

Remboursement des dépenses faites pour travaux de consolidation exécutés d'office sous les propriétés privées dans les anciennes carrières, 453 fr. 14 c. ;

Contribution du Département dans les frais du personnel du service des Carrières, 28,279 fr. 61 c. ;

Contribution de l'État dans les dépenses acquittées directement par la ville de Paris pour l'entretien des casernes de la Garde républicaine, 52,392 fr. 03 c. ;

Contribution des fabriques et consistoires dans les dépenses pour acquisitions et constructions d'églises, temples, etc., 130,000 francs ;

Remboursement par les compagnies du Gaz et des Eaux pour travaux de raccordement de chaussées et de trottoirs à leur charge, 84,558 fr. 02 c. ;

Remboursement par les compagnies de tramways des frais de pavage à leur charge, 521,139 fr. 08 c. ;

Remboursement de dépenses faites pour travaux de viabilité, raccordements de chaussées, etc., 778,198 fr. 26 c. ;

Contribution des particuliers dans les dépenses de construction de chaussées pavées en bois, 38,515 fr. 01 c. ;

Contribution dans les frais de balayage des marchés, 49,243 fr. 60 c. ;

Contribution dans les frais de lavage des urinoirs-affiches, 35 francs ;

Remboursement par divers des frais d'éclairage avancés pour leur compte, 951,175 fr. 76 c. ;

Taxe perçue pour le poinçonnage des compteurs à gaz, 33,822 fr. 18 c. ;

Contribution du Département dans les dépenses d'entretien des chevaux et voitures du préfet de la Seine, 3.360 francs ;

Contribution du Département dans les dépenses d'habillement des agents des services mixtes et départementaux de la préfecture de la Seine, 8,600 francs ;

Contribution du Département dans les dépenses de papeterie, d'impression et de reliure, etc., des services mixtes de la préfecture de la Seine, 23,250 francs ;

Contribution du Département dans les dépenses de chauffage et d'éclairage des services départementaux de la préfecture de la Seine, 51,400 francs ;

Contribution du Département à diverses dépenses du Conseil municipal (buvette, chauffage, éclairage, insignes, etc.), 7,000 francs ;

Contribution du Département dans les dépenses d'affranchissement des lettres adressées aux particuliers par la préfecture de la Seine, 9,000 francs ;

Subvention du Département pour l'école d'arboriculture de Saint-Mandé, 3,000 francs ;

Versement par la Société d'encouragement du montant du prix pour courses de chevaux, 250,000 francs ;

Contribution des détaillants dans les dépenses des traitements des gardiens des marchés, 47,845 fr. 15 c. ;

Remboursement par divers locataires de propriétés communales du montant de primes d'assurances contre l'incendie, 30,920 fr. 58 c. ;

Remboursement des dépenses occasionnées par des travaux exécutés par la Ville pour le compte de divers sur leur demande, 1,098,188 fr. 04 c. ;

Contributions fournies par différents services. 30,879 fr. 20 c. ;

Remboursement de frais d'expropriation, 6,894 fr. 05 c.

Chap. XVIII *(Contributions de l'État et du département de la Seine dans les frais d'entretien et de nettoiement du pavé de Paris)*. — La contribution de l'État, qui était primitivement de 3,000,000 de francs, a été portée à 3,700,000 francs à partir de 1881. Elle a été réduite, en 1885, à 3,500.000 francs, et à 3,000,000 de francs depuis l'année 1891 par la loi de finances du 26 décembre 1890. Celle du Département est de 400,000 francs, dont 340,000 francs pour l'entretien des voies publiques de Paris formant le prolongement des routes départementales, et 60,000 francs pour l'entretien de celles qui forment le prolongement des chemins vicinaux de grande communication.

Chap. XIX *(Taxe du balayage)*. — Le montant des rôles remis aux receveurs-percepteurs était

de	3.092.957 43
desquels il y a lieu de déduire pour décharges et non-valeurs accordées au cours de l'exercice	3.862 89
Le total des produits constatés en 1894 a donc été de	3.089.094 54

Chap. XX *(Redevances diverses payées par la Compagnie parisienne d'éclairage et de chauffage par le gaz).* — Ces redevances sont les suivantes :

1° Redevance payée en vertu de l'art. 6 du traité de février 1870 (partage, par moitié entre la ville de Paris et la Compagnie du gaz, des bénéfices nets, après déduction des prélèvements de la Compagnie).	8.250.000 »
2° Produit de la redevance de 2 centimes par mètre cube de gaz consommé à Paris.....	5.198.043 52

Les quantités de gaz consommées en 1894, qui ont servi de base à cette perception, sont indiquées ci-après pour chacun des mois et pour l'ensemble de l'année 1894 :

	Mètres cubes.
Mois de janvier	30.047.943
— février	24.744.634
— mars	23.485.873
— avril	19.206.489
— mai	16.990.342
— juin	14.285.654
— juillet	13.147.997
— août	14.309.456
— septembre	17.826.719
— octobre	24.680.995
— novembre	28.579.423
— décembre	32.596.651
Total	259.902.176
En 1893, la consommation avait été de	263.101.142
Différence en moins pour 1894	3.198.966

Et 3° Droits de location des parties du sous-sol de la voie publique occupées par des conduites de gaz	200.000 »
Soit pour l'ensemble du chapitre une recette totale de	13.648.043 52

Chap. XXI *(Abonnements aux eaux de la Ville, produits des canaux, etc).* — Les produits constatés pendant l'exercice 1894 ont été de 15,513,907 fr. 67 c., qui se décomposent de la manière suivante :

1° Fourniture d'eau	14.312.297 34
2° Produit de l'exploitation des canaux de Saint-Denis, de l'Ourcq et Saint-Martin et de leurs dépendances	1.168.744 36
3° Produit de la location de terrains dépendant des usines du canal de Saint-Maur	1.550 »
4° Produit des immeubles acquis pour la dérivation d'eaux de source (Vanne, Dhuis et nouvelles dérivations)	31.315 97
Total	15.513.907 67

L'art. 1er « Fourniture d'eau » comprend les produits ci-après :

1° Fourniture aux services publics non municipaux	518.400 82
2° Fourniture aux services municipaux	935.199 77
3° Par abonnement aux particuliers logés dans les immeubles municipaux	11.212 67
4° Fourniture aux particuliers	12.847.484 08
Ensemble	14.312.297 34

L'art. 2 « Produit de l'exploitation des canaux » se compose des recettes suivantes :

1° Droits de navigation, stationnement, garage, touage, passage de nuit, etc.

Canal Saint-Denis	477.242 84	895.693 52
Canal de l'Ourcq	141.722 23	
Canal Saint-Martin	241.476 35	
Bassin de La Villette	35.252 10	
A reporter		895.693 52

Report..........	923.693 52
2° Produits fixes (location d'usine et de terrains)..	118.344 82
3° Produits variables (location de magasins, occupation temporaire de terrains, vente d'arbres, etc.)..	126.706 02
Ensemble..........	1.168.744 36

Chap. XXII *(Exploitation des voiries, vidanges, égouts)*. — Ce chapitre comprend les recettes des six articles ci-après :

1° Produit de la voirie de l'Est..		128.159 19
2° Rétribution pour l'écoulement direct des matières liquides dans les égouts :		
A. — Écoulement par appareils filtrants :		
3° Appareils fitrants établis par les particuliers donnant lieu chacun à une redevance annuelle de 30 francs payables par semestre..	992.430 »	2.120.828 65
2° Appareils filtrants installés dans les établissements municipaux (Recette d'ordre correspondant à partie de la dépense)..	45.420 »	
B. — Écoulement direct a l'égout :		
1° Chutes directes établies par les particuliers. Redevances à raison de 60 francs payables par semestre..	500.787 75	
2° Chutes directes installées dans les établissements municipaux (Recette d'ordre correspondant à partie de la dépense)..	21.630 »	
C. — Curage des branchements particuliers d'égout................	560.560 90	
3° Location du champ d'essai à Gennevilliers, etc..		11.946 28
3° *bis* Produit de l'exploitation des champs d'épuration d'Achères..		32.500 »
4° Droit d'occupation du sous-sol de la voie publique pour établissement des lignes télégraphiques et téléphoniques autres que celles d'intérêt général et des conduites pneumatiques..		40.967 76
Et 5° Contribution des particuliers dans les dépenses de construction d'égouts publics.......		118.480 »
Ensemble...........		2.452.819 95

Chap. XXIII *(Recettes et rétributions perçues dans divers établissements d'enseignement public, legs et donations)*. — Les produits compris dans ce chapitre sont les suivants :

1° Recettes du collège Rollin..	668.517 98
2° Recettes du collège Chaptal..	610.275 89
3° Recettes de l'école J.-B. Say..	257.755 41
4° Produit de la fabrication de l'école Boulle..	401 90
5° Produit de la fabrication de l'école d'apprentissage Diderot..	688 54
6° Produit des travaux de l'école Estienne..	2.306 95
7° Produit de la fabrication dans les écoles professionnelles de filles..	33.337 40
8° Produit des legs et donations en faveur des établissements d'enseignement primaire......	62.157 50
9° Recettes de l'École de physique et de chimie..	1.953 60
10° Recouvrement sur les communes suburbaines des frais d'externat pour les élèves de la banlieue admis dans les écoles primaires supérieures et professionnelles de la ville de Paris...	136.400 »
11° Contribution de l'État dans les dépenses de l'instruction primaire (1)..	2.563.157 71
Total..........	4.336.951 11

---

(1) Antérieurement à la loi du 26 décembre 1890, la Ville versait son contingent dans les caisses de l'État, qui restait chargé du paiement de tous les traitements de l'enseignement primaire. Cette loi a décidé au contraire que l'État verserait sa contribution à la Ville, qui serait chargée d'opérer les paiements.

La part contributive de l'État, égale au produit de 4 centimes additionnels au principal des 4 contributions, se répartit comme suit :

Contribution foncière (propriété non bâtie)..	535 92
Contribution foncière (propriété bâtie)..	731.946 24
Contribution personnelle-mobilière..	514.057 32
Contribution des portes et fenêtres..	265.609 »
Contribution des patentes..	1.084.009 23
Total..........	2.563.157 71

V *(Contribution de l'État dans les dépenses de la police municipale).* — Le chiffre de
›n de l'État dans les dépenses de la police municipale a été fixé à 7,693,825 francs par
écembre 1878. En exécution de la loi du 30 août 1890, ce chiffre a été augmenté, en
›mme de 288,750 francs représentant la moitié à la charge de l'État dans la dépense
la création de 300 nouveaux gardiens de la paix à partir du 1er juillet 1890. Il a été
7,375 francs, en exécution de la loi du 26 juillet 1892, par suite d'une augmentation
a solde et de l'effectif des gardiens de la paix et des inspecteurs de police, à partir du
)2.

al, une somme de 10,489,950 francs.

' *(Recettes diverses et imprévues).* — Les produits de ce chapitre, constatés d'après les
atifs, se sont élevés, pour l'exercice 1894, à 3,089,045 fr. 60 c.

›aux d'entre eux sont les suivants :

ıution versée par les entrepreneurs de spectacles, bals, concerts, etc., pour services payés des
mpiers, 104,368 fr. 50 c.;

oursement d'honoraires de médecins et de sages-femmes pour secours médicaux de nuit, 25,430 fr.;

es du Laboratoire municipal de chimie, 35,383 francs ;

its de la fourrière de la rue de Pontoise, 14,297 fr. 02 c.

	CHEVAUX et VOITURES	CHIENS	ANIMAUX et OBJETS DIVERS	TOTAUX
ıent de frais de conduite	2,574 75	503 »	1,683 06	4,760 80
ıent de frais de garde	787 30	249 50	552 77	1,589 57
ıent de frais de nourriture d'animaux	3,112 35	581 20	132 70	3,826 25
	6,474 40	1,333 70	2,368 52	10,476 62
chiens : 1,510 à 0 fr. 62 c.				936 20
3,571 à 0 fr. 50 c.				1,785 50
s de fumier, à 10 francs l'une				120 »
onduite et de garde de chiens livrés pour expériences scientifiques				1,278 70
Total				14,297 02

its divers de la préfecture de Police, 40,027 fr. 33 c ;

ibution du département de la Seine dans les dépenses de l'inspection de la banlieue, 73,400 francs.

ıvrement par la Caisse municipale de sommes indûment payées pour différents motifs, 143,069 fr. 20 c.;

it de la vente du *Bulletin municipal* et des annonces de ce journal, 37,959 fr. 56 c.;

ˈsement au budget de ressources antérieurement approvisionnées pour le service de l'emprunt de
7,942 fr. 06 c.

XVI est intitulé : *Produits non prévus au budget primitif.* — Les recettes prévues à
pour une somme de 111,446 fr. 85 c., ont été rattachées aux divers chapitres du budget
quels elles se rapportent.

ıléter les renseignements relatifs aux recettes ordinaires, nous ajouterons que les
rés sur produits des exercices 1893 et antérieurs constatés au compte, et s'élevant
fr. 79 c., figurent au chap. XLI; au chap. XLII figurent les produits de ces exercices
s au compte et s'élevant à 202,555 fr. 79 c.

RECETTES EXTRAORDINAIRES.

1° Fonds généraux.

Les recettes extraordinaires sont réunies sous huit chapitres : les chap. XXVII à XXXIV, comprenant les produits afférents à l'exercice 1894, et le chap. XLIII comprenant les produits des exercices antérieurs recouvrés en 1894.

Ci-après le chiffre des produits constatés pour chacun de ces chapitres.

Chap. XXVII (*Contributions dans les frais de reconstitution des actes de l'état civil*). — Article premier. — Contribution de l'État (moitié des dépenses, déduction faite du produit du droit fixe de 1 fr. 20 c. perçu en sus des droits ordinaires de timbre et d'expédition pour chaque acte reconstitué d'office) 39,286 31

Art. 12. — Produit de la surtaxe sur les expéditions des actes de l'état civil établie par la loi du 5 juin 1875 (1 fr. 20 c. par acte) 7.424 40

Total 46.710 71

Chap. XXVIII (*Produits de placements temporaires de fonds provenant de ressources extraordinaires*), 598,244 fr. 57 c. — Ces produits se décomposent ainsi qu'il suit :

1° Intérêts produits par les fonds placés en compte courant au Trésor en 1894 .... 576.703 27

2° Intérêts de retard versés par les porteurs d'obligations de l'emprunt 1886 sur les sommes restant dues pour la libération de ces obligations 20.133 68

3° Intérêts de retard versés par les porteurs d'obligations de l'emprunt de 1892 sur les sommes restant dues pour la libération de ces obligations 1.407 62

Total 598.244 57

Voici les résultats du compte courant avec le Trésor :

	CAPITAUX	INTÉRÊTS	TOTAL
Solde créditeur au 31 décembre 1893	43.000.000 »	661.608 20	43.661.608 20
Placements nouveaux en 1894	45.000.000 »	576.703 27	45.576.703 27
Totaux	88.000.000 »	1.238.311 47	89.238.311 47
Retraits opérés en 1894	37.000.000 »	661.608 20	37.661.608 20
Solde créditeur au 31 décembre 1894	51.000.000 »	576.703 27	51.576.703 27

L'intérêt alloué par le Trésor sur les fonds provenant de ressources extraordinaires a été fixé à 1 1/2 % par décision du ministre des Finances en date du 23 décembre 1893. En vertu de cette décision, les fonds productifs d'intérêts ne peuvent excéder 80 millions.

Chap. XXIX (*Produits de dons et legs*). — Néant.

Chap. XXX. — Ce chapitre comprend un seul article, intitulé : *Produits des ventes d'immeubles du domaine de la Ville.*

Ces produits se divisent ainsi :

1° Ventes réalisées antérieurement à 1894, montant des termes échus pendant l'année 365.762 02

2° Ventes réalisées en 1894, montant des termes échus 434.553 21

Soit, pour l'ensemble 800.315 23

p. XXXI ne contient également qu'un seul article : *Produit de la vente d'immeubles et iaux de démolition provenant d'opérations de voirie non créditées sur fonds d'emprunt.*— constatés 507.040 23

XXXII. — *Contribution des particuliers pour travaux neufs* (reconstruction d'un mur de ent rue Bolivar) .... 500 »

XXXIII. — *Recettes diverses extraordinaires* :

lestitution de droits d'enregistrement perçus sur le prix d'immeubles dont l'occupation a été déclarée té publique moins de deux ans après la date de la perception	86.170 68
'roduit de la vente des bois compris sur les terrains domaniaux loués à la Ville par l'État rtu de la convention approuvée par la loi du 4 avril 1880	2.700 14
'roduit de la vente des bacs à alcool de l'entrepôt du quai Saint-Bernard	31.075 »
'rais de surveillance des travaux de suppression des passages à niveau. — Remboursepar le Syndicat des chemins de fer de Ceinture	1.801 83
Total du chap. XXXIII	121.747 65

XXXIV. — *Produits non prévus au budget primitif* 2.063.187 34

es principaux produits constatés à ce chapitre :

duit des ventes d'immeubles du domaine de la Ville	538.025 75
tribution des particuliers dans les dépenses de construction des chaussées pavées en bois.	17.503 99
s Ledru-Rollin. — Produit de la vente d'immeubles	12.800 »
tribution des particuliers pour travaux neufs	1.357.846 95

stes recouvrés sur produits des exercices 1893 et antérieurs constatés aux comptes LIII) se sont élevés, en 1894, à 2.290.280 82

Fonds spéciaux.

oduits des recettes sur fonds spéciaux (opérations propres à l'exercice 1894) sont répartis hapitres :

XXXV. — *Produit de l'emprunt autorisé par la loi du 13 juillet 1886* .. 17.000.000 »

XXXVI. — *Produit de la vente d'immeubles et de matériaux provenant ons de voirie créditées sur les fonds de l'emprunt de 1886* 945.021 55

XXXVII. — *Produit de l'emprunt autorisé par la loi du 22 juillet 1892.* 55.000.000 »

XXXVII *bis.* — *Produit de la vente d'immeubles et de matériaux de déprovenant d'opérations de voirie créditées sur les fonds de l'emprunt de* .... 280.000 »

XXXVIII. — *Versements faits par l'État et par le département de la ce affectation spéciale* ....

XXXIX. — *Ressources grevées d'affectation spéciale* ....

XL (*Produits non prévus au budget primitif*) :

ente des terrains de l'ancien Fleuriste de la Muette	1.709.166 17
duit de la vente de terrains retranchés du cimetière du Sud et du boulevard Raspail..	1.642.000 »
'ente des terrains de la caserne des Célestins	1.500.000 »
duit de vente d'immeubles pour dotation d'opérations scolaires	168.100 »
énagement en pont-route du pont-aqueduc d'Argenteuil. — Subvention du départede Seine-et-Oise et de la commune d'Argenteuil	89.000 »
Total du chap. XL	5.108.266 17

Les produits du chap. XLIV (*Restes à recouvrer sur produits des exercices antérieurs constatés au compte*) se sont élevés à 52,305,057 fr. 85 c., ainsi répartis :

1° Produit de l'emprunt autorisé par la loi du 13 juillet 1886	3.517.147 »
2° Produit de la revente d'immeubles et de matériaux de démolition provenant d'opérations de voirie créditées sur les fonds de l'emprunt de 1886	747.739 53
3° Produit de l'emprunt autorisé par la loi du 22 juillet 1892	40.000.000 »
4° Versements faits par l'État et par le département de la Seine avec affectation spéciale :	
a) Construction d'une usine frigorifique-type aux abattoirs de La Villette	325.000 »
b) Abattoir unique de la rive gauche. — Revente de terrains	5.000.000 »
c) Déplacement du Fleuriste de la Muette	1.919.870 »
d) Produit de la vente de terrains retranchés du cimetière du Sud et du boulevard Raspail	795.304 32
Ensemble	52.305.057 85

DÉPENSES.

DÉPENSES ORDINAIRES.

Les dépenses ordinaires sont réparties entre trente chapitres, dont vingt-cinq concernent les opérations de l'exercice 1894, et quatre, celles de l'exercice 1893 et des exercices antérieurs.

Nous allons examiner successivement chacun d'eux.

Chap. Ier (*Dette municipale*). — Ce chapitre comprend l'amortissement, les intérêts et lots des emprunts de la Ville, diverses annuités, les intérêts des cautionnements déposés à la Caisse municipale, l'abonnement au timbre pour les obligations municipales, les frais de tirage des emprunts et des bons de liquidation, les commissions allouées aux trésoriers-payeurs généraux et aux correspondants de la Ville à l'étranger; enfin l'avance au Trésor du droit de transmission et de l'impôt de 3 % sur le revenu, les lots et les primes de remboursement, qui est à recouvrer sur les porteurs d'obligations municipales. Les dépenses constatées au compte de 1891 se sont élevées à 109.150.770 31

Chap. II. (*Charges de la Ville envers l'État, Frais de perception par les agents du Trésor, Restitution de sommes indûment perçues*). — Ce chapitre renferme les dépenses ci-après :

1° Contributions foncière et des portes et fenêtres afférentes aux propriétés de la Ville productives de revenu :

Paris	489.371 93
Autres communes du département de la Seine	11.589 62
Autres départements	28.824 68
Total	529.786 23

2° Taxe de bien de mainmorte sur ces propriétés :

Paris	163.654 70
Autres communes du département de la Seine	4.046 08
Autres départements	6.865 77
Total	174.566 55

3° Portion de la contribution personnelle-mobilière prélevée sur les produits de l'octroi, 4,299,002 fr. 68 c.

Le montant de la contribution personnelle-mobilière pour 1894 s'élevait, en principal et centimes additionnels, à	30.212.767 93
L'application du tarif de répartition de la contribution mobilière, voté par le Conseil municipal le 30 décembre 1893 et approuvé par décret du 30 janvier 1894, n'ayant produit que	25.913.765 25
Il restait à prélever sur les produits de l'octroi la somme de	4.299.002 68

mme de 25,913,765 fr. 25 c., formant le montant des rôles, a été répartie d'après le tarif [illegible]

s loyers d'une valeur matricielle de :

1 à 599 francs d'une importance de	44.539.115	francs taxés à	6.50 °/ₒ	ont payé	2.895.042	48
0 à 699 —	12.584.320	—	7.50	—	943.824	»
0 à 799 —	6.028.660	—	8.50	—	512.436	10
0 à 899 —	11.375.810	—	9.50	—	1.080.701	95
0 à 999 —	6.662.240	—	10.50	—	699.535	20
0 à 1.100 —	4.232.710	—	11.50	—	486.761	65
0 francs et au-dessus—	156.873.690	—	12.30	—	19.295.463	87
Totaux..........	242.296.545				25.913.765	25

Indemnité pour exemption des frais de casernement et de logement militaires, 102,400 francs (la loi du ai 1818 a fixé à 7 francs par homme et 3 francs par cheval la contribution annuelle à payer par les com-s pour les frais de casernement et de logement militaires). Il convient d'ajouter que l'Administration icipale est en instance devant le Conseil d'État pour obtenir la modification du mode de calcul appliqué par inistre de la Guerre pour la détermination de l'indemnité à payer par la Ville.

crédit ouvert pour cet objet au budget de 1894 a été reporté à l'exercice 1895 et ordonnancé au nom du eur municipal pour être mis provisoirement en réserve à un compte spécial des services hors budget, en dant le règlement de la question pendante.

Remises aux percepteurs pour le recouvrement des centimes communaux, 881,350 fr. 78 c. (aux termes loi du 20 juillet 1837, les remises sont calculées à raison de 3 °/ₒ : 1° sur le produit des centimes; 2° sur ds de non-valeurs mis à la disposition du ministre des Finances);

Frais d'assiette et de perception de la taxe municipale sur les chiens, 39,221 fr. 34 c.;

Frais de perception de la taxe du balayage, 49,830 fr. 70 c.;

Frais de perception par les agents du Trésor de divers produits municipaux (eaux vannes, curage uts, étalages), 53,898 fr. 05 c.;

Frais de timbre des rôles de recouvrement des taxes municipales, 5,220 fr. 45 c.;

Indemnités au directeur, aux 47 contrôleurs et aux 3 commis-principaux des Contributions directes és du service de Paris, 26,742 fr. 34 c.;

Frais de la copie des rôles des contributions et de la taxe des biens de mainmorte, 9,099 fr. 75 c.;

Restitution de sommes indûment versées à la Caisse municipale, 23,369 fr. 63 c.;

13° Frais de confection des états de recouvrement des taxes afférentes aux travaux de désinfection exé- au compte des particuliers par le service des Étuves municipales (P. 1.), 2,500 francs.

III *(Octroi).* — Ce chapitre n'a qu'un seul article, intitulé : *Frais de perception des de l'octroi.*

épenses de personnel se sont élevées, pour l'exercice 1894, à.............	8.661.073 77
épenses de matériel, en y ajoutant les dépenses diverses et imprévues, à..	601.942 56
Soit, pour l'ensemble, une dépense totale de..........	9.263.016 33

IV. *(Dépenses de personnel et de matériel de l'Administration centrale, de la Caisse ale et des mairies).* — Les dépenses de la 1re section (Personnel) se sont élevées, en 6.330.325 34

de la seconde section (Matériel), qui concernent l'habillement des gens de l'entretien des chevaux et voitures pour le service du préfet, les dépenses riel pour le service intérieur de la Préfecture et les bâtiments annexes, hissement des lettres adressées aux particuliers par la préfecture de la allocation de jetons de présence aux membres des commissions d'expertise eption de fournitures adjugées, les impressions, reliures et fournitures de le magasin scolaire, les frais d'examen pour les lycées, l'entretien et le llement du mobilier du Conseil académique et des bureaux du recteur, les s résultant de l'impression des publications statistiques, la bibliothèque

A reporter..... 6.330.325 34

Report.....	6.330.325 34
et le musée historique de la Ville, la bibliothèque administrative de la préfecture de la Seine, les bibliothèques municipales, les subventions aux bibliothèques populaires libres, la revision annuelle des listes électorales et les dépenses relatives aux assemblées électorales et aux élections consulaires, se sont élevées à.........	2.352.966 37
Dans la 3e section (Frais divers) sont comprises les dépenses des conseils de prud'hommes, les frais généraux des affaires contentieuses, les honoraires aux conseils de la Ville et les jetons de présence aux membres du Comité consultatif, les traitements et frais fixes du personnel du poste télégraphique central de la préfecture de la Seine, les dépenses relatives au service des communications téléphoniques, etc., etc.; le total des dépenses de cette section est de..............	519.169 71
Et celui des trois sections de..........	9.202.461 42

Les dépenses pour le service du Conseil municipal inscrites précédemment au chap. IV *bis* ont été réunies avec celles du chap. IV.

Chap. V *(Pensions et secours)*. — Ce chapitre se divise en six sections :

La 1re comprend la subvention à la Caisse des retraites des employés de la préfecture de la Seine, la subvention aux diverses sociétés fondées par les employés des services intérieur et extérieur, ainsi que des allocations et secours annuels à d'anciens employés et à leurs familles.

Le montant des dépenses de cette section s'est élevé, pour l'exercice 1894, à...............	1.027.461 »
Dans la 2e section sont réunis les allocations et secours au personnel de l'Enseignement.....	128.062 86
Dans la 3e, les secours aux agents de la direction des Travaux........................	248.113 31
La 4e section comprend les allocations diverses..	12.969 98
La 5e section, les secours alloués au cours de l'exercice par délibérations spéciales du Conseil municipal..	83.275 »
Et la 6e, l'emploi des dons et legs pour des œuvres de bienfaisance.......................	26.910 »
Soit, pour l'ensemble du chapitre, une dépense totale de..........	1.526.792 15

Chap. VI *(Dépenses des mairies d'arrondissement)*. — Le montant total des dépenses constatées et figurant à ce chapitre est de 844,124 fr. 04 c.

Ces dépenses sont les suivantes :

Rétribution des médecins de l'état civil à raison de 3 francs par certificat de constatation (naissance ou décès), sauf allocation d'un minimum ou d'un maximum dans les conditions déterminées par la délibération du Conseil municipal du 18 décembre 1879, 259,053 francs ;

Fourniture et frais de timbre des registres de l'état civil, 145,526 fr. 20 c. ;

Frais d'expédition d'actes de l'état civil et dépenses accessoires, 188,442 fr. 74 c. ;

Indemnités à raison des actes d'engagement volontaire pour l'armée contractés dans les mairies de Paris, 3,417 francs ;

Entretien et renouvellement du mobilier des mairies et des auditoires des justices de paix, 20,021 fr. 70 c. ;

Entretien et réparation de menus objets mobiliers des mairies et des auditoires des justices de paix, 28,678 fr. 41 c. ;

Entretien locatif des mairies, vidange des fosses, désinfection, etc., 43,895 fr. 72 c. ;

Frais de bureau et timbres du journal de caisse des mairies, 65,226 fr. 72 c. ;

Chauffage des mairies, 66,713 fr. 10 c. ; éclairage des mairies, 8,397 fr. 30 c. ; habillement des garçons de bureau et gens de service des mairies, 14,752 fr. 15 c.

Chap. VII *(Frais de régie et d'exploitation du domaine de la Ville, des Halles et marchés, etc.)*. — Ce chapitre se divise en trois sections :

La 1re section (Domaine de la Ville), comprenant les traitements des agents de la Régie des propriétés communales (39,497 fr. 86), les dépenses d'administration et d'exploitation des terrains de Méry-sur-Oise (2,601 fr. 25 c.), les frais de surveillance et de contrôle des théâtres municipaux (3,000 francs), les assurances [illegible] propriétés de la Ville (39,661 fr. 75 c.), la Bourse du travail (14,308 fr. 76 c. rue Jean-[illegible] et [illegible] fr. 46 c. rue du Château-d'Eau), etc., forme un total de.......... 148.582 17

[illegible] section (Perceptions municipales diverses) comprend les traitements et frais fixes des [illegible] de l'Approvisionnement (683,995 fr. 13 c.), les dépenses de matériel frais divers du service de l'Approvisionnement (65,641 fr. 44 c.), ensemble.............. 749.636 57

3ᵉ section comprend les frais de régie, de désinfection et d'assainissement du marché aux [illegible] de La Villette, ensemble.. 288.356 75

[illegible]n, dans la 4ᵉ section sont réunies les dépenses de personnel et de matériel aux entrepôts [illegible]rey et du quai Saint-Bernard.. 144.853 58

Soit, pour l'ensemble du chapitre.......... 1.331.429 07

VIII *(Assainissement de l'habitation)*. — Dans ce chapitre figurent les dépenses ci-après :

Service technique de l'assainissement de l'habitation :	
Salaires..	168.799 15
Matériel et travaux..	57.580 54
Dépotoir municipal et voirie de l'Est :	
Salaires..	26.463 16
Matériel et travaux..	20.656 60
Indemnités pour travaux extraordinaires aux agents du service technique de l'assainissement [de l'h]abitation..	11.129 40
Remboursement au personnel du service technique de l'assainissement de l'habitation.....	9.800 85
Imprimés et frais de bureau du service technique de l'assainissement de l'habitation......	8.791 04
Jetons de présence aux membres de la Commission des logements insalubres et dépenses [illegible] du service..	34.622 05
Indemnités pour travaux extraordinaires et allocations spéciales aux employés du service [des lo]gements insalubres..	2.634 50
Commission d'assainissement et de salubrité de l'habitation..............................	1.257 »
Inspection générale du service central d'hygiène et de salubrité de l'habitation...........	32.753 16
Établissement d'un fichier sanitaire de l'habitation..................................	6.507 81
Total du chap. VIII..........	381.055 26

IX *(Inhumations)*. — Ce chapitre forme deux sections :

1ʳᵉ section (Personnel) comprend les dépenses ci-après :	
Traitement du personnel de l'Inspection et de la Vérification des décès : Médecins........	26.987 50
5 facteurs au traitement annuel de 1,200 francs..	7.200 »
Total..........	34.187 50
Traitement des agents de l'Inspection du service général des Pompes funèbres...........	240.983 34
Traitement et indemnités des agents des cimetières..	579.558 15
Ensemble..........	854.728 99
[La] seconde section (Frais divers) s'élève à..	345.762 80
[dans] lesquels sont compris, pour 156,027 fr. 30 c., les frais d'inhumation payés à l'entreprise [des P]ompes funèbres.	
Le montant du chap. IX est donc de..........	1.200.491 79

X *(Affaires militaires, Sapeurs-pompiers, Postes de sûreté, Corps de garde et casernes)*. [Ce ch]apitre se compose de cinq sections :

1ʳᵉ section comprend les dépenses dont l'énumération suit :	
Frais de recensement des chevaux et voitures..	7.999 50
Fourniture de registres aux mairies de Paris pour la déclaration des décès des hommes de 65 ans..	» »
Secours aux familles nécessiteuses des réservistes et des territoriaux....................	220.300 »
Secours aux familles nécessiteuses de jeunes gens, soutiens de famille, appelés à faire une [pério]de de service militaire..	302.800 »
A reporter.....	531.099 50

Report..... 531.099 50

5° Indemnités pour travaux extraordinaires à l'occasion des inscriptions et des examens pour les écoles spéciales militaires........ 992 »

6° Frais de tournée relatifs aux opérations du tirage au sort de la classe 1893 dans les vingt arrondissements de Paris........ 712 20

La 2° section (Casernes et postes de sapeurs-pompiers) s'élève à........ 65.337 38

dont 32,175 fr. 29 c. pour le loyer des postes.

La 3° section (Casernes de la garde républicaine et corps de garde de la troupe à la charge de la Ville), à........ 5.881 99

La 4° section (Police municipale) comprend les dépenses suivantes :

Entretien du mobilier du Tribunal de simple police (920 fr. 39 c.), loyers des bureaux des commissaires (137,645 fr. 55 c.), des postes de police (121,859 fr. 40 c.) et location d'une maison rue de Dombasle pour le remisage du matériel devant servir en cas d'épidémie (3,000 fr.), au total........ 263.425 34

Et la 5° section (Surveillance de la navigation et des ports et loyer d'un bureau pour l'Inspection de la boucherie), à........ 6.630 »

Soit, pour l'ensemble du chapitre, une dépense totale de........ 874.098 41

Chap. XI. — Ce chapitre n'a qu'un seul article :

Contribution de la ville de Paris dans les dépenses de la garde républicaine, 2,658,800 francs.

Chap. XII *(Personnel et matériel de la direction des Travaux de Paris)*. — Il est divisé en deux sections :

Les dépenses de la 1re section (Personnel) se sont élevées, en 1894, à........ 2.760.834 15

Et celles de la 2° section (Matériel), à........ 1.796.373 48

Soit, pour les deux sections........ 4.557.207 63

Chap. XIII *(Architecture et Beaux-arts)*. — Les dépenses comprises dans ce chapitre sont réparties en quatre sections :

Celles de la 1re section (Personnel) ont été de........ 410.045 03

Celles de la 2° section (Travaux d'entretien), de........ 2.387.500 21

Celles de la 3° section (Travaux de grosses réparations, d'amélioration et de réfection dans les édifices municipaux), de........ 233.660 06

Et celles de la 4° section (Beaux-arts et cérémonies publiques), de........ 544.798 26

dont 270,388 fr. 33 c. pour la participation de la ville de Paris à la célébration de la fête nationale du 14 juillet et 117,738 fr. 85 c. pour les fêtes de l'Hôtel de Ville.

Ensemble........ 3.576.003 56

Chap. XIV *(Voirie)*. — Ce chapitre comprend deux sections :

1re section (Personnel)........ 80.057 39

2° section (Travaux et indemnités)........ 1.602.103 62

Soit, au total........ 1.682.161 01

Chap. XV *(Voie publique)*. — Dans ce chapitre figurent les dépenses ci-après :

1re section (Personnel)........ 288.131 11

2° section (Travaux : entretien du pavage, de l'empierrement, de l'asphalte, etc.)........ 23.159.548 86

Ensemble........ 23.447.679 97

XVI (Promenades et Plantations, Éclairage, Voitures, etc.). — Il se divise en quatre s.

1re section comprend les traitements et frais des gardes des bois de Boulogne et de Vincennes et des promenades intérieures.......... 253.308 17
2e section (Matériel et travaux d'entretien des promenades et plantations) s'élève à........ 2.554.195 37
1,494,863 fr. 86 c. pour les bois de Boulogne et de Vincennes, 919,362 fr. 53 c. pour les s promenades publiques, 193,960 fr. 86 c. pour l'entretien des palais et des jardins du p-de-Mars, 291,863 fr. 43 c. pour les pépinières et serres du service des Plantations, 1 fr. 03 c. pour l'entretien des urinoirs, etc.
3e section (Éclairage) comprend les dépenses ci-après :

Éclairage par le gaz et à l'huile..........	6.641.200 47	
Éclairage par l'électricité..........	1.426.553 64	
Dépenses générales..........	1.079.569 27	
Total..........	9.147.323 38	9.147.323 38

4e section comprend les dépenses relatives aux voitures et concessions sur la voie publique. 87.388 94

chiffre total des dépenses du chap. XVI, pour l'exercice 1894, est donc de.......... 12.042.215 86

XVII (Eaux et égouts, Vidanges, Exploitation des voiries). — Les dépenses inscrites à ce sont les suivantes :

section (Indemnités mensuelles et pour travaux extraordinaires au personnel auxiliaire du service des , des Canaux et dérivations, de l'Assainissement).......... 179.065 11
section (Matériel et travaux du service des Eaux).......... 4.730.849 54
966,333 fr. 17 c. pour distribution des eaux et contrôle technique de la régie intéressée, ,086 fr. 56 c. pour remises à la Compagnie générale des eaux sur le produit des recettes, ,646 fr. 86 c. pour dépenses d'exploitation des usines et machines du service hydraulique, 06 francs pour l'entretien des aqueducs et des dérivations, 469,937 fr. 51 c. pour l'entret l'exploitation des canaux Saint-Martin, Saint-Denis, de l'Ourcq et de leurs dépendances, ,839 fr. 44 c. pour l'entretien et les frais de gestion des immeubles acquis pour les dérivad'eaux de sources.
section (Matériel et travaux du service de l'Assainissement), ainsi répartis :

tretien et curage des égouts (salaires, matériel et travaux)..........	2.552.234 19	
avaux neufs et grosses réparations du service des égouts..........	96.251 66	
sainissement de la Seine, épuration et utilisation des eaux d'égout..........	476.903 56	
nfection et contrôle des rôles de recouvrement des divers services des eaux s égouts..........	7.600 »	
Total..........	3.132.989 41	3.132.989 41
Soit, pour l'ensemble du chapitre..........		8.042.904 06

XVIII. — (Collège Rollin, Bourses dans les lycées et dans divers établissements spéciaux, ions à des établissements d'enseignement supérieur). — Les dépenses de ce chapitre se sont en 1894, à 1,525,560 fr. 27 c., dont 950,936 fr. 63 c. pour le budget particulier du collège al Rollin, 250,312 francs pour bourses dans ce collège et dans les lycées de Paris, . 85 c. pour secours d'études, 34,027 fr. 46 c. pour bourses aux institutions des sourdse Paris et des sourdes-muettes de Bordeaux, 30,000 francs pour subventions à l'école Braille, .

XIX (Instruction primaire et écoles supérieures). — Les dépenses de ce chapitre se répar la manière suivante :

1re section. — Dépenses du service général de l'Instruction primaire :

Personnel de l'inspection administrative..........	73.624 60
Participation de la ville de Paris dans les frais du service d'inspection de l'enseignement aire..........	1.041 65
A reporter..........	74.666 25

Report.....		74.666 25
3° Inspection médicale des établissements d'enseignement primaire et des écoles privées. — Personnel médical		100.799 89
4° Revaccination des élèves des écoles communales		3.800 »
5° Cantines scolaires		787.660 »
6° Examens pour divers certificats ou brevets, etc		39.021 95
7° Distributions de prix et livrets de la Caisse d'épargne dans les écoles primaires communales		298.492 61
8° Distribution de jouets à l'occasion de la nouvelle année aux enfants des écoles communales		20.000 »
9° Prix du 14 juillet, fêtes de l'enfance		4.000 »
10° Emploi de libéralités en faveur de l'enseignement primaire		47.970 73
Et 11° Classes de garde		70.000 »
Total		1.446.411 45

2e section. — Écoles maternelles :

1° Personnel	1.890.119 25	
2° Matériel	164.829 39	
3° Loyers et contributions des bâtiments affectés à des écoles maternelles, frais d'enregistrement des baux et autres actes	341.373 95	
Total	2.396.322 59	2.396.322 59

3e section. — Écoles primaires :

1° Personnel	10.865.774 58	
2° Matériel	1.117.518 81	
3° Loyers et contributions d'immeubles affectés à des écoles. — Renouvellement et régularisation de baux et autres actes	1.185.071 79	
4° Ateliers de travail manuel dans les écoles. — Personnel et matériel. — Subvention à l'école de la rue Tournefort	282.057 61	
5° Excursions de vacances dans les environs de Paris	10.000 »	
6° Colonies scolaires	152.345 »	
Total	13.612.767 79	13.612.767 79

4e section. — Classes d'adultes :

Traitements et frais fixes de l'inspectrice des cours de comptabilité et de langues vivantes. — Personnel		241.870 83

5e section. — Enseignement du chant, du dessin et de la gymnastique :

1° Enseignement du chant	269.103 83	
2° Enseignement du dessin	916.186 99	
3° Écoles Germain-Pilon et Bernard-Palissy	116.949 71	
4° Éducation physique : gymnastique et jeux scolaires	253.634 84	
5° Bourses dans les écoles municipales de dessin Germain-Pilon et Bernard-Palissy et création d'une école pratique de langues vivantes	15.463 62	
Total	1.571.338 99	1.571.338 99

6e section. — Collège Chaptal et école J.-B. Say :

I. — Collège Chaptal :

1° Personnel	610.144 29	
2° Matériel	406.115 76	
3° Bourses municipales	96.475 »	
A reporter.....	1.112.735 05	19.268.711 65

Report	1.112.735 05	19.268.711 65

II. — École J.-B. Say :

1° Personnel	312.151 10	
2° Matériel	226.467 95	
3° Bourses municipales et allocations de secours d'études	35.790 »	
Total	1.687.144 10	1.687.144 10

7e section. — Écoles supérieures :

1° Traitement et frais fixes du contrôleur du matériel et de la comptabilité	5.999 96	
2° École Turgot. — Personnel	228.358 27	
3° — Matériel	33.881 69	
4° École Colbert. — Personnel	219.101 15	
5° — Matériel	31.751 62	
6° École Lavoisier. — Personnel	158.343 89	
7° — Matériel	17.983 65	
8° École Arago. — Personnel	177.550 34	
9° — Matériel	18.939 46	
10° École Sophie-Germain. — Personnel	136.430 90	
11° — Matériel	20.660 70	
12° École supérieure de jeunes filles rue des Martyrs. — Personnel et matériel	136.256 60	
13° Bourses d'entretien au collège Chaptal et dans les écoles primaires supérieures (garçons et filles)	31.818 62	
14° Bourses de séjour à l'étranger pour les élèves des écoles primaires supérieures	6.000 »	
Total	1.223.076 85	1.223.076 85

8e section. — Écoles professionnelles :

1° École d'apprentissage Diderot	138.266 94	
2° École Boulle	175.458 06	
3° École de physique et de chimie industrielles	253.448 32	
4° Écoles professionnelles de filles :		
Traitement et frais fixes de l'inspectrice administrative déléguée	5.999 96	
a) Rue Fondary, 20	88.331 63	
b) Rue Bouret, 46	104.789 92	
c) Rue Bossuet, 14	81.351 18	
d) Rue Ganneron, 26	68.569 87	
e) Rue de Poitou, 7	79.822 58	
f) Rue de la Tombe-Issoire	99.980 38	
5° École Estienne (école professionnelle du livre)	212.917 54	
6° Bourses d'entretien dans les écoles professionnelles de filles	9.919 04	
Total	1.318.855 42	1.318.855 42

9e section. — Subventions et allocations diverses en faveur de l'enseignement :

1° Subventions à diverses écoles libres de dessin	41.400 »	
2° Subventions à des établissements et associations libres laïques d'enseignement primaire supérieur et d'enseignement professionnel	213.550 »	
3° Subventions à divers orphelinats	52.800 »	
4° Internat primaire des pupilles de la ville de Paris (école Dorian)	127.638 93	
5° Internat primaire de jeunes filles, 26, rue Troyon, à Sèvres	10.769 89	
A reporter	446.158 82	23.497.788 02

Report.....	446.158 82	23.497.788 02
6° Placements d'enfants dans les internats primaires libres et laïques et placements spéciaux	932.251 24	
7° Subventions à diverses sociétés de patronage	16.500 »	
8° Subventions aux caisses des écoles en faveur des écoles maternelles	54.266 »	
9° Bourses d'externe dans divers établissements libres et laïques d'enseignement primaire	288.230 15	
10° Bourses d'externe et de demi-pensionnaire dans divers établissements libres et laïques d'enseignement primaire supérieur ou professionnel de jeunes filles	17.800 »	
11° Subvention pour l'organisation de matinées littéraires destinées aux élèves des écoles communales	15.000 »	
Subventions aux sociétés de gymnastique	52.750 »	
Total	1.822.456 21	1.822.456 21
Soit, pour ce chapitre, une dépense totale de		25.320.244 23

Chap. XX *(Assistance publique, Aliénés, Enfants assistés, Établissements de bienfaisance)*. Ce chapitre comporte deux sections.

La 1re section, intitulée : *Subventions à l'administration de l'Assistance publique*, est ainsi divisée :

1° Subventions pour dépenses annuelles des hospices et hôpitaux et des secours à domicile	19.974.843 »
2° Allocation à l'administration de l'Assistance publique pour distribution de secours individuels	20.000 »
3° Subvention spéciale destinée à l'allocation de secours aux mères nécessiteuses pour prévenir et faire cesser les abandons	496.000 »
4° Subvention pour admission en demi-pensionnat d'enfants teigneux à l'hôpital Saint-Louis et entretien du laboratoire	29.300 »
5° Subvention à l'école des teigneux de Saint-Louis pour achat de livres à l'occasion de la distribution des prix	200 »
6° Subvention à l'Assistance publique pour les cours pratiques destinés aux infirmiers et infirmières	4.700 »
7° Écoles municipales d'infirmiers et d'infirmières laïques	19.400 »
8° Subvention pour bourses aux écoles d'infirmières	12.000 »
9° Traitement de la directrice de l'école des enfants assistés à la Salpêtrière	3.600 »
10° Entretien des services électro-thérapiques à la Salpêtrière et dans les hôpitaux	10.200 »
11° Subvention à l'Assistance publique pour dépenses du dispensaire créé dans le XX° arrondissement	2.035 50
12° Subvention spéciale en faveur des études médicales	102.250 »
13° Allocation annuelle et viagère à une ancienne surveillante de la Salpêtrière	1.200 »
14° Subvention spéciale pour le service des vaccinations à domicile	20.000 »
15° Subvention pour secours de grossesse	100.000 »
Total de la 1re section	20.795.728 50

La 2e section comprend les dépenses dont l'énumération suit :

1° Contingent de la ville de Paris dans les dépenses du service extérieur des Enfants assistés	1.174.910 99
2° Contingent dans les dépenses du service extérieur des Enfants moralement abandonnés	177.238 26
3° Dépenses des aliénés indigents à la charge de la ville de Paris	2.848.500 »
4° Secours d'urgence aux victimes de malheurs publics	7.650 »

Report.....	4.320.849 25	20.795.728 50
…n d'un immeuble pour l'installation de la crèche laïque du quartier …au..	1.974 79	
…tions à divers dispensaires pour enfants malades.................	95.265 71	
…ation à l'asile Sainte-Anne pour le service des bains médicamenteux	25.000 »	
…rs de loyer à distribuer par les maires d'arrondissement aux familles …nécessiteuses..	205.400 »	
…ntions aux bureaux de placement gratuit	26.500 »	
…s de nuit municipaux..	65.245 43	
…-ouvroir de femmes, rue Fessart..............................	90.978 80	
…ion d'un terrain rue de Vanves, 156, pour l'installation d'une sta- …infection..	1.800 »	
…tion de la loi du 10 décembre 1850 sur le mariage des indigents...	677 20	
…Ledru-Rollin pour les femmes relevant de couches................	67.812 58	
…ie agricole de La Chalmelle	38.917 50	
…ntions à la « Polyclinique », à la « Clinique dentaire », aux écoles ……	8.800 »	
…linat municipal Sainte-Jeanne, à Enghien........................	23.000 »	
…bution de bons de soupe et de logement et subvention au refuge de …t, rue Mouffetard..	38.633 05	
…ntion de 700 francs chacune aux œuvres d'initiative privée dites …daires..	3.000 »	
…s municipales..	292.046 84	
…ns de voitures d'ambulances municipales, rues de Staël et Chaligny.	72.592 06	
… de contrôle et de gestion des refuges de nuit, refuges-ouvroirs, étuves …le voitures d'ambulances..	2.300 »	
…e municipale, 1, rue Rouvet...................................	3.936 77	
…rs de chômage aux ouvriers et ouvrières sans travail et non inscrits …à bienfaisance..	52.875 »	
…ntion à la clinique ophtalmologique des Quinze-Vingts	16.670 »	
…ionnement de l'asile de nuit pour femmes rue Stendhal	18.474 90	
…ionnement du refuge-dortoir pour femmes enceintes, rue de Tolbiac.	69.995 71	
…tion des écoles..	14.555 48	
Total..........	5.561.300 57	5.561.300 57
Le total des dépenses de ce chapitre a donc été, pour l'exercice 1894, de..........		26.357.029 07

…s comprises dans le chap. XXI (*Dépenses diverses*) ont trait à des subventions, frais … acquisitions d'ouvrages, secours, etc.; elles se sont élevées, pour l'exercice 1894, à …7 c.

…XII comprend les dépenses de la *préfecture de Police*.

… développement d'après le compte spécial établi par cette administration :

…primitif. — *Opérations propres à l'exercice de 1894. Dépenses constatées :*

…ation centrale..	1.497.823 67
…riats de police..	1.509.528 72
…unicipale..	23.992.520 55
…marchés	448.172 50
…s et ports	74.382 29
…re de chimie...	287.447 76
…s architectes..	43.181 23
…t fourrière..	314.970 27
…ublique et salubrité des garnis..	191.028 75
…e de salubrité	42.457 50
…ublics...	208.331 93
A reporter.....	28.609.845 26

Report.....	28.609.945
Sapeurs-pompiers	2.504.359
Pensions et secours	676.251
Dépenses diverses	198.504
Total des dépenses du budget primitif	31.989.060

3° *Rappel pour ordre des dépenses concernant les exercices clos inscrites au budget suppléme taire.*

Excédents de dépenses constatées au compte de 1893	16.360
Dépenses d'exercices clos non constatées au budget	26.307
Dépenses reportées	53.752
Crédits renouvelés	33.437
Total des dépenses inscrites au budget supplémentaire	129.857
Report des dépenses du budget primitif	31.989.060
Total général des dépenses de la préfecture de Police	32.118.918

Le chap. XXIII (*Fonds de réserve*) indique les sommes prélevées sur ce crédit pour être ajouté à divers articles du budget et dont le rattachement est mentionné aux articles du compte.

Le chap. XXIV donne l'indication des dépenses pour lesquelles les crédits alloués au budg primitif de 1894 ont été insuffisants et qui ont été inscrites au budget supplémentaire.

Aucune dépense n'a été constatée au chap. XXV (*Dépenses nouvelles de l'exercice 1894*).

Les restes à payer sur dépenses constatées au compte de 1893 sont récapitulés dans chap. XLVII ; les dépenses constatées au compte de 1893, pour lesquelles les crédits alloués budget ont été insuffisants, figurent dans le chap. XLVIII ; les dépenses des exercices clos nc constatées au compte de 1893 sont inscrites au chap. XLIX ; le chap. L comprend les crédits d exercices 1893 et antérieurs renouvelés pour dépenses à continuer ; enfin, il a été constitué u réserve non disponible de 1,500,000 francs en prévision des non-valeurs ; cette réserve est inscri au chap. L *bis*.

DÉPENSES EXTRAORDINAIRES.

1° Fonds généraux.

Les dépenses extraordinaires sur fonds généraux sont réunies en dix-neuf chapitres, de XXVI XL et de L à LII.

Les dépenses constatées pendant l'exercice 1894, pour chacun de ces chapitres, sont les sui vantes :

Chap. XXVI. — *Reconstitution des actes de l'état civil*	85,997 0
Chap. XXVII. — *Emploi de dons et legs*	»
Chap. XXVIII. — *Acquisitions immobilières à terme*	50.000
Chap. XXIX. — *Travaux d'architecture*	764.827 3
Chap. XXX. — *Travaux de voirie*	466.505 0
Chap. XXXI. — *Travaux neufs et de grosses réparations dans les promenades*...	43.212 0

Chap. XXXII. — *Amélioration de l'éclairage*	» »
Chap. XXXIII. — *Distribution générale des eaux*	» »
Chap. XXXIV. — *Assainissement*	151.717 32
Chap. XXXV. — *Amélioration des canaux*	» »
Chap. XXXVI. — *Travaux neufs exécutés avec le concours des particuliers*	» »
Chap. XXXVII. — *Dépenses diverses*	58.130 11
Chap. XXXVIII. — *Fonds de réserve pour dépenses extraordinaires*	» »
Chap. XXXIX. — *Dépenses pour lesquelles les crédits alloués au budget primitif de 1894 ont été insuffisants*	» »
Chap. XL. — *Dépenses nouvelles de l'exercice 1894*	709.134 48

Le chap. LI comprend les restes à payer sur les dépenses constatées au compte de 1893, qui s'élèvent au chiffre total de 38,072 fr. 66 c.

Le chap. LI *bis* comprend les *Dépenses constatées au compte de 1893* pour lesquelles les crédits alloués au budget ont été insuffisants. Les dépenses constatées à ce chapitre s'élèvent à la somme de 527 fr. 95 c.

Au chap. LII (*Dépenses des exercices clos non constatées au compte de 1893*), le montant des constatations est de 162,514 fr. 23 c.

Enfin, le chap. LIII comprend les *Sommes payées sur les crédits des exercices 1893 et antérieurs renouvelés pour dépenses à continuer*, savoir :

1° Administration centrale de la Préfecture, Caisse municipale, mairies d'arrondissement	7.000 »
2° Assainissement de l'habitation	9.723 70
3° Travaux de Paris	14.000 »
4° Architecture et Beaux-arts	999.369 76
5° Voirie	1.009.620 10
6° Voie publique	653.851 34
7° Promenades et plantations : éclairage	256.618 08
8° Eaux et égouts, vidanges, exploitation des voiries	363.505 39
9° Instruction primaire, écoles supérieures	500 »
10° Assistance publique, Aliénés, Enfants assistés, Établissements de bienfaisance	114.421 50
11° Préfecture de Police	33.457 95
12° Emploi de dons et legs	387.286 99
13° Acquisitions immobilières à terme	2.313.350 73
14° Architecture (*travaux neufs*)	5.249.942 93
15° Travaux de voirie et de viabilité	714.147 48
16° Emploi des produits de la vente d'immeubles et de matériaux de démolition provenant d'opérations de voirie créditées sur les fonds de l'emprunt de 1886	» »
17° Amélioration de l'éclairage	» »
18° Distribution générale des eaux	469.533 93
19° Assainissement	175.844 56
20° Amélioration des canaux	87.500 26
21° Dépenses diverses	255.049 72
Total	13.204.724 42

2° Fonds spéciaux.

Le chap. XLI indique l'*emploi du produit de l'emprunt autorisé par la loi du 13 juillet 1886*, savoir :

1° Bâtiments communaux	1.375 »
2° Opérations nouvelles de voirie	133.797 80
3° Service des Eaux (travaux neufs)	4.240.648 50
4° Frais de l'emprunt	80.520 68
Total	4.456.336 77

Au chap. XLII (*Emploi du produit de la vente d'immeubles et matériaux provenant d'opérations de voirie créditées sur les fonds de l'emprunt de 1886*) on n'a constaté aucune dépense dans le cours de l'exercice. Les constatations du chap. XLIII (*Emploi du produit de l'emprunt autorisé par la loi du 22 juillet 1892*) se sont élevées à 15,821,324 fr. 35 c., dont 9,418,896 fr. 33 c. pour les opérations de voirie, 6,144,616 fr. 17 c. pour les travaux neufs des services des Eaux, de l'Assainissement et des Canaux, 173,811 fr. 85 c. pour les constructions scolaires et 84,000 francs pour les frais de l'emprunt. Aucune dépense n'a été constatée au chap. XLIV (*Emploi des versements faits par l'État et le département de la Seine avec affectation spéciale*), ni au chap. XLV (*Emploi de recettes grevées d'affectation spéciale*).

Au chap. XLVI (*Dépenses nouvelles de l'exercice 1894*) figure une dépense de 10,000 francs pour « acquisition d'une partie de l'immeuble n° 158 du boulevard du Montparnasse, pour le prolongement de la rue Boissonnade ».

Au chap. LIV (*Emploi des fonds provenant de l'emprunt 1875*) figure une dépense de 13,020 fr. pour la reconstruction de l'École pratique de médecine et de la Clinique d'accouchement.

Chap. LV (*Emploi des fonds provenant de l'emprunt de 1876*). — On n'a constaté aucune dépense dans le cours de l'exercice.

Chap. LVI (*Emploi des fonds provenant de l'emprunt de 1886*). — Les dépenses constatées sur ce chapitre se divisent ainsi qu'il suit :

1° Reconstruction de la Sorbonne et de la Faculté des sciences, rachat d'écoles en location	292.122 80
2° Établissements scolaires	1.568.511 55
3° Assistance publique	750.000 »
4° Bâtiments communaux	1.698.587 07
5° Voirie	3.480.394 88
6° Travaux neufs du service des Eaux	697.385 90
7° Égouts. — Travaux neufs du service de l'Assainissement	38.499 11
8° Canaux	» »
9° Suppression des passages à niveau des chemins de fer dans Paris	145.505 57
10° Participation de la Ville à l'Exposition universelle de 1889	» »
11° Frais de l'emprunt	20.397 79
12° Dépenses ordonnancées et non acquittées à la clôture de l'exercice 1893	14.833 25
Ensemble	8.701.127 62

Chap. LVII (*Emploi du produit complémentaire de l'emprunt de 1886*). — La dépense constatée à ce chapitre, pendant l'exercice 1894, s'est élevée à 1,874,283 fr. 26 c.

Les constatations du chap. LVIII (*Emploi du produit de la revente d'immeubles et de matériaux provenant d'opérations de voirie créditées sur les fonds de l'emprunt 1886*) se sont élevées à 435,053 fr. 41 c.

Chap. LIX (*Emploi du produit de l'emprunt autorisé par la loi du 22 juillet 1892*).

Voici le détail de la dépense constatée :

1° Opérations de voirie	766.822 83
2° Eaux et égouts	4.101.323 21
3° Rachat d'écoles en location	3.421.208 43
4° Constructions scolaires	2.899.853 31
5° Frais de l'emprunt	1.479.268 91
Total	12.668.476 69

Sur l'*Avance faite par le Trésor à la ville de Paris en 1871* (chap. LX), la dépense constatée (Reconstruction et agrandissement de l'École de médecine) s'est élevée à 52,959 fr. 88 c.

Chap. LXI (*Emploi des sommes versées par l'État et le Département avec affectations spéciales*). Voici le détail de la dépense constatée :

1° Reconstruction et agrandissement de la Sorbonne	1.278.924 53
2° Reconstruction et agrandissement de l'École pratique et des cliniques de la Faculté de médecine	97.699 43
3° Reconstruction et agrandissement de l'École de droit	9.911 65
4° Construction de nouveaux lycées dans Paris	219.381 10
5° Conservation des bâtiments du Champ-de-Mars. — Établissement d'un champ de manœuvres à Issy	4.927 21
6° Construction de galeries rues Coquillière et Jean-Jacques-Rousseau pour relier l'hôtel des Téléphones de la rue Gutenberg aux égouts collecteurs Étienne-Marcel et Rambuteau	45.894 66
7° Abattoirs de La Villette. — Construction d'une usine frigorifique	50.228 95
8° Travaux d'approfondissement du canal Saint-Denis et du bassin de La Villette	» »
9° Dépenses ordonnancées et non acquittées à la clôture de l'exercice 1893	30.000 »
Total	1.736.967 53

Le chap. LXII est relatif à l'*Emploi de la somme de 25 millions versée par l'adjudicataire de l'opération de la Bourse du commerce.*

On n'a constaté aucune dépense sur ce chapitre.

Enfin, les constatations du chap. LXIII (*Emploi de recettes grevées d'une affectation spéciale*) se sont élevées à 3,630,014 fr. 68 c. pour acquisitions des terrains sur lesquels doit être construit l'abattoir de la rive gauche et travaux divers, pour acquisitions de terrains, travaux de viabilité, travaux d'architecture pour le nouveau fleuriste de la Muette, etc.

DROITS D'ENTRÉE ET D'OCTROI

(OCTROI DE PARIS ET OCTROI DE BANLIEUE)

CONTRIBUTIONS DIRECTES

VENTES D'IMMEUBLES

OPÉRATIONS DU CRÉDIT FONCIER

PERMISSIONS DE BATIR

Tableau du produit des droits d'entrée perçus au p

OBJETS SOUMIS AUX DROITS 1		UNITÉ sur LAQUELLE repose la perception 2	TAXE (décimes non compris) 3	JANVIER — QUANTITÉS soumises aux droits 4	JANVIER — PRODUITS (principal et décimes) perçus 5	FÉVRIER — QUANTITÉS soumises aux droits 6	FÉVRIER — PRODUITS (principal et décimes) perçus 7
			fr. c.	hect. lit. c.	fr. c.	hect. lit. c.	fr.
Vins en cercles..		Hectolitre.	6 60	389,094 79 1/2	3,210,345 70	366,156 02 1/2	[illegible]
Vins provenant de raisins secs		Idem.	6 60	2,505 45	20,670 36	1,910 80	[illegible]
Alcool pur en cercles et en bouteilles		Idem.	149 »	17,396 46 70	3,240,199 32	14,082 54 61	[illegible]
Alcool provenant de vins alcoolisés de 15 à 21°		Idem.	298 »	154 23 51	57,482 78	126 26 75	[illegible]
Cidres et poirés		Idem.	3 60	28,167 71	126,767 37	27,435 80	[illegible]
Préparations à base alcoolique.	Consommation	Idem.	125 »	179 09 15	27,985 53	218 70 77	[illegible]
	Entrée	Idem.	24 »	189 16 71	5,677 66	220 80 94	[illegible]
Alcools dénaturés		Idem.	30 »	24 08 93	903 39	27 48 16	[illegible]
Vinaigre contenant en acide	8 °/. et au-dessous..	Idem.	4 »	1,094 84 1/2	5,474 26	1,266 30 1/2	[illegible]
	9 à 12 °/.	Idem.	6 »	1 12	8 41	46 04	[illegible]
	13 à 16 °/.	Idem.	8 »	» »	» »	» »	[illegible]
	17 à 30 °/.	Idem.	15 »	» 73	13 70	» »	[illegible]
	31 à 40 °/.	Idem.	20 »	» 82 1/2	20 63	7 65	[illegible]
	au-dessus de 40 °/.	Idem.	42 »	» 02	1 05	1 30	[illegible]
Acide acétique cristallisé		100 kilogr.	50 »	147 500	92 19	29 495	[illegible]
Huiles		Idem.	12 »	974,686 260	146,205 82	950,842 010	[illegible]
Timbres		Nombre.	» 10	593,959 »	59,395 90	501,971 »	[illegible]
TOTAUX		....	....	....	6,904,244 47	....	[illegible]

Tableau du produit des droits d'entrée perçus au p

OBJETS SOUMIS AUX DROITS		UNITÉ sur LAQUELLE repose la perception	TAXE (décimes non compris)	JUILLET — QUANTITÉS soumises aux droits 16	JUILLET — PRODUITS (principal et décimes) perçus 17	AOUT — QUANTITÉS soumises aux droits 18	AOUT — PRODUITS (principal et décimes) perçus 19
			fr. c.	hect. lit. c.	fr. c.	hect. lit. c.	fr.
Vins en cercles et en bouteilles.		Hectolitre.	6 60	341,528 86	2,817,868 51	380,218 06	[illegible]
Vins provenant de raisins secs..		Idem.	6 60	2,174 14 1/2	17,937 17	562 78 1/2	[illegible]
Alcool pur en cercles et en bouteilles		Idem.	149 »	13,978 02 70	2,603,487 04	13,489 08 36	[illegible]
Alcool provenant de vins alcoolisés de 15 à 21°		Idem.	298 »	109 07 90	40,651 98	111 06 22	[illegible]
Cidres et poirés		Idem.	3 60	18,372 66	82,681 34	8,789 66	[illegible]
Préparations à base alcoolique.	Consommation	Idem.	125 »	192 68 38	30,109 20	190 47 91	[illegible]
	Entrée	Idem.	24 »	203 28 54	6,101 13	210 80	[illegible]
Alcools dénaturés		Idem.	30 »	23 84 44	894 23	19 46 53	[illegible]
Vinaigre contenant en acide	8 °/. et au-dessous..	Idem.	4 »	1,417 37 1/2	7,086 90	1,498 39	[illegible]
	9 à 12 °/.	Idem.	6 »	45 13	338 48	53 50	[illegible]
	13 à 16 °/.	Idem.	8 »	» »	» »	» »	[illegible]
	17 à 30 °/.	Idem.	15 »	» 12	2 25	» »	[illegible]
	31 à 40 °/.	Idem.	20 »	11 35 1/2	283 88	2 83 1/2	[illegible]
	au-dessus de 40 °/.	Idem.	42 »	» 86 1/4	43 29	» 30	[illegible]
Acide acétique cristallisé		100 kilogr.	50 »	126 375	79 »	37 430	[illegible]
Huiles		Idem.	12 »	855,838 010	128,377 63	754,999 340	[illegible]
Timbres		Nombre.	» 10	440,515 »	44,051 50	477,414 »	[illegible]
Vins de raisins secs en cercles		Hectolitre.	6 60	» »	» »	7,967 32	[illegible]
Vins de sucre		Idem.	6 60	» »	» »	1 25	[illegible]
TOTAUX		....	....	....	5,779,998 57	....	[illegible]

27,265 91	177 48 80	27,734 89	207 97 79	32,409 17	203 33 45	34,773 72
5,997 42	187 15 08	5,647 17	220 26 39	6,640 31	212 34 02	6,379 07
1,724 74	18 29 68	686 15	29 02 50	1,088 49	33 73 88	1,265 27
6,281 91	1,325 20	6,626 02	14 42 1/2	7,210 07	1,099 46 1/2	8,497 35
273 17	34 17	256 29	35 27	264 54	23 96	172 20
» »	» »	» »	» »	» »	» »	» »
» »	» »	» »	» »	» »	» 02	» 38
64 28	2 86	71 50	11 82	296 50	» »	» »
42 90	1 47 1/2	77 48	2 89	151 73	15	7 88
17 54	» »	» »	22 125	13 84	27 495	17 19
154,895 38	1,111,419 160	166,715 56	999,218 760	149,885 83	997,474 410	149,623 02
22,292 20	483,882	48,388 20	499,150 »	49,915 »	469,454 »	46,945 40
	....	6,426,605 19	....	6,593,449 86	....	6,169,856 17

	OCTOBRE		NOVEMBRE		DÉCEMBRE		TOTAUX GÉNÉRAUX	
			QUANTITÉS soumises aux droits 24	PRODUITS (principal et décimes) perçus 25	QUANTITÉS soumises aux droits 26	PRODUITS (principal et décimes) perçus 27	DES QUANTITÉS introduites pendant l'exercice 1894 — Réunion des col. 4, 6, 8, 10, 12, 14, 16, 18, 20, 22, 24 et 26. 28	DES PRODUITS perçus pendant l'exercice 1894 — Réunion des col. 5, 7, 9, 11, 13, 15, 17, 19, 21, 23, 25 et 27. 29
c.	hect. lit. c.	fr. c.	hect. lit. c.	fr. c.	hect. lit. c.	fr. c.	hect. lit. c.	fr. c.
86	435,788 83	3,596,353 25	442,808 27	3,653,549 12	419 61 744 1/2	3,462,172 88	4,679,503 26	38,609,539 35
37	338 63	2,916 01	544 93 1/2	4,495 88	340 93	2,812 89	19,324 34 1/2	159,430 85
63	15,665 19 64	2,924,470 »	15,920 72 27	2,965,333 60	16,990 76 12	3,164,636 87	179,625 53 29	33,456,330 45
11	124 68 15	80,494 83	141 89 19	52,882 92	112 73 66	53,205 64	1,527 00 89	569,101 01
29	7,229 24	32,985 64	13,363 53	60,142 41	20,383 88	94,745 05	234,703 26	1,056,285 80
58	194 80 85	30,453 79	196 12 17	30,646 44	176 51 34	27,582 85	2,269 80 76	354,687 32
33	224 63 37	6,632 12	212 84 19	6,387 89	203 30 65	6,407 95	2,474 64 89	74,271 33
28	10 44 67	391 80	14 31	536 68	8 79 68	329 92	282 42 62	10,591 55
80	1,247 42	6,237 18	1,366 02 1/2	6,830 17	1,289 97 1/2	6,449 93	16,426 42	82,132 61
20	7 19	53 93	47 42	355 68	2 66	19 95	342 04	2,563 43
»	» »	» »	» »	» »	» »	» »	» »	» »
»	» »	» »	» »	» »	» 17	3 19	1 04	19 52
25	» 06	1 30	5 15	128 75	6 33 1/2	158 38	60 51 1/2	1,512 90
34	» 29	15 23	» »	» »	» 7 1/2	3 82	8 90 1/2	467 64
66	39 27 5	20 26	78 125	48 86	40	25 01	871 545	357 42
89	6,606,489 240	165,967 86	1,097,414 010	164,615 36	1,163,022 200	174,546 11	11,902,328 870	1,785,384 24
40	638,494	63,510 40	59 75 61	59,756 10	602,8*5	60,288 50	6,357,102	635,714 20
11	11,060 99	91,255 69	15,025 34	123,962 27	14,528 62	119,864 40	57,164 17	471,819 92
0 92	16 »	132 02	37 86	312 43	26 25	216 60	93 47	771 29
	....	6,967,843 48	....	7,129,956 56	....	7,170,169 94	....	77,270,820 84

Boissons (1).					fr. c.	fr c.
Vins en cercles et en bouteilles......	Hectol.	10 62	4,683,707 44 80	4,618,680 58 50	49,746,279 37	49,[illegible] 81
Vin de raisins secs	Id.	10 62	78,521 75	31,045 10	833,937 95	[illegible] 71
Alcool pur et liqueurs..............	Id.	79 80	179,507 37 03	167,207 28 91	14,325,837 03	13,344,205 28
Alcool pur contenu dans les vins alcoolisés.........................	Id.	159 60	1,524 75 14	1,498 83 39	243,671 24	19
Cidres, poirés et hydromels.. A l'entrée.........	Id.	4 »	230,975 97	217,994 07 »	923,903 88	871,964 28
Cidres, poirés et hydromels.. A la fabrication...	Id.	4 »	1,360 38	1,192 95	5,441 52	4,771 80
Totaux..........	......	......	....	....	60,079,070 99	63,815,318 10
Alcools dénaturés.						
Alcool pur contenu dans les préparations à base alcoolique	Hectol.	79 80	2,485 82 34	2,223 58 39	198,407 95	177,479 11
Alcool pur contenu dans les alcools dénaturés	Id.	7 50	24,483 01 57	24,297 09 37	183,673 75	182,271 95
Alcool pur et double droit..........	Id.	159 60	»	» »	» »	»
Totaux..........	......	......	....	....	382,081 70	359,751 06
Liquides autres que les boissons. (2)						
Vinaigres contenant en acide 8 °/₀ et au-dessous.....	Hectol.	18 »	32,916 72	34,864 07 50	592,500 96	627,553 35
Vinaigres contenant en acide 9 à 12 °/₀............	Id.	27 »	1,390 28	1,511 86	37,537 56	40,820 24
Vinaigres contenant en acide 13 à 16 °/₀............	Id.	36 »	»	» 25	» »	9 »
Vinaigres contenant en acide 17 à 30 °/₀............	Id.	67 50	1 04	1 22 4	70 22	82 67
Vinaigres contenant en acide 31 à 40 °/₀............	Id.	90 »	113 04 25	137 34 9	10,173 83	12,361 41
Vinaigres contenant en acide au-dessus de 40 °/₀.....	Id.	180 »	56 88 5	56 66	10,239 30	10,198 80
Acide acétique cristallisé...........	100 kil.	225 »	5,095 415	4,803 910	11,464 91	10,809 02
Fruits et conserves au vinaigre, lie de vin, verjus, sureau, etc..........	Hectol.	12 »	1,476 24 50	1,315 50 50	17,714 94	16,116 06
Huile d'olive......................	100 kil.	52 45	1,198,299 600	1,181,865 100	628,020 46	620,001 73
Huiles de toute autre espèce........	Id.	32 79	117,48.770 770	11,893,676 810	3,852,664 04	3,900,175 93
Huile animale sortant des abattoirs...	Id.	32 79	84,376 50	73,867	27,698 93	24,218 05
Bière........ A l'entrée.........	Hectol.	15 »	227,987 66	253,684 42	3,419,814 90	3,805,266 30
Bière........ A la fabrication...	Id.	15 »	24,561 46	32.221 90	368,421 90	483,329 40
Raisins..........................	100 kil.	5 76	12,701.320	14,644,030 50	731,687 46	843,023 74
Raisins secs.....................	Hectol.	21 60	315,501	321,193 50	100,536 86	102,319 48
Huiles et essences minérales.........	Id.	21 60	334,012 87	310,615 38 8	7,215,420 53	6,709,385 82
Vernis gras......................	Id.	11 40	7,933 05	7,735 85 50	174,381 67	167,120 85
Couleurs à l'huile.................	Id.	10 20	21,186 18 50	22,414 45 »	241,588 17	255,580 90
Essences autres que celles minérales.	Id.	» 72	30,801 28	31,460 58 50	314,268 58	320,980 51
Goudron liquide à l'état brut.......	100 kil.	31 80	1,255,641	1,026,462 »	9,047 01	7,397 06
Totaux..........	......	......	....	....	17,760,861 56	17,937,451 32

Comestibles (1).

						fr. c.	fr. c.
ement ...s ...oirs.	Viande de boucherie...	119,187,961	»	128,427,931		11,603,957 86	12,503,328 90
	Viande de porc.......	20,994,575	50	23,062,928	»	2,043,834 60	2,245,189 57
...nances ...le ...rieur.	Viande de boucherie...	29,451,442	»	31,867,477	»	3,418,327 96	3,702,184 47
	Viande de porc.......	2,775,389	»	2,498,369	50	322,183 79	290,036 51
	Charcuterie..........	2,354,863	»	2,520,863		581,849 62	574,109 68
...s, volaille et gibier truffés.....		109,957	54	107,088	64	138,343 53	134,213 96
...es confites, poissons marinés, etc.		1,535,023	50	1,517,218	50	552,608 46	546,198 66
...ille ...r.	1re catégorie..........	792,745	50	786,627	50	594,572 70	589,985 02
	2e id.	13,525,765	50	14,882,807	50	4,057,729 65	4,464,842 25
	3e id.	4,414,952	»	5,034,330		794,691 86	906,179 40
	4e id.	6,445,528	50	6,913,641	50	580,097 63	622,227 88
...ons..	1re catégorie.........	2,262,182	»	2,481,132	»	909,522 97	997,538 49
	2e id.	1,949,094	50	2,096,718	50	421,085 48	432,786 77
...es...	À coquilles lourdes....	94,080	»	67,786	»	5,644 80	4,067 16
	À coquilles légères. ...	1,918,553	50	1,869,790	»	343,239 03	326,862 20
	d'Ostende......... ..	7,866	50	3,088	50	2,831 94	1,111 86
	de Portugal	5,905,605	»	5,912,919	»	354,336 30	354,775 14
	marinées............	2,175	»	2,844	50	261 »	344 34
...es de toute espèce............		19,660,117	50	19,767,602	50	2,831,288 14	2,846,770 21
...ages secs.....................		5,955,081	95	6,277,330	»	678,936 64	715,679 22
...(2)........................		24,478,596	»	23,549,165	»	1,028,304 70	980,274 51
Totaux...		....		....		31,283,750 70	33,297,573 14

...oit fixe sur les bestiaux.

...s..........................	»		» »	» »
...s..........................	3	7	105 »	245 »
...s..........................	9	9	99 »	99 »
...ons, boucs ou chèvres..........	53	72	212 »	288 »
...s..........................	28	34	392 »	476 »
Totaux...	....	....	808 »	1,108 »

Combustibles (1).				.	fr. c.
Bois dur neuf ou flotté		224,880 23	208,810 84	674,610 69	896,432 4
Bois blanc neuf ou flotté		239,339 22	268,770 01	675,858 81	506,789 0
Cotrets, mennise et fagots de toute espèce		51,843 71	56,388 45	93,318 68	101,409 2
Charbon de bois, charbon artificiel, etc		3,744,131 32	3,042,935 80	2,244,090 86	2,365,761 6
Poussier de charbon de bois, tan carbonisé, etc		95,040 »	75,886 30	28,512 03	22,765 9
Houille, coke		1,323,898,315	1,368,388,707	23	9,852,628 4
Totaux...		....	....	13,149,205 30	
Matériaux (2).					
Chaux et ciment		115,949,349 »	118,167,328 »	1,391,440 99	1,418,020 7
Plâtre	Hectol.	4,337,959 96	4,539,369 67	1,824,960 18	1,906,331 5
Moellons de toute espèce	Mèt. c.	343,124 50	336,733 80	411,745 80	404,080 5
Pierres de taille, dalles, etc	Id.	138,124 66	138,324 73	580,123 60	580,963 9
Marbre et granit	Id.	4,326 93	5,045 »	135,807 90	151,380
Fers employés dans les constructions	100 kil.	50,500,043 »	52,584,738 50	1,818,055 30	1,893,099 2
Fontes employées dans les constructions	Id.	28,774,119 50	27,252,672 »	690,653 74	654,133 9
Ardoises.. grande dimension (plus de 450 c. 2.)	Millier.	5,704,797	4,519,000	34,211 17	27,114 6
Ardoises.. petite dimension (moins de 450 c. 2.)	Id.	178,581	188,507	642 97	678 7
Briques pleines	100 kil.	132,783,871 »	139,179,389 »	398,354 12	417,510 7
Briques creuses, tuiles	Id.	22,272,079 »	22,180,071 »	80,198 42	79,809 1
Carreaux et panneaux de terre cuite	Id.	15,323,775 »	15,364,204 »	91,946 56	92,188 5
Pots creux, mitres, etc	Id.	20,034,480 »	20,458,907 »	120,208 49	122,755 31
Carreaux de faïence	Id.	1,294,726 »	1,160,829 »	34,965 54	31,380 17
Argile, terre glaise et sable gras	Mét. c.	98,699 95	102,696 65	177,659 91	184,858 97
Briques de dimension ordinaire	Millier.	»	»	» »	» »
Tuiles de dimension ordinaire	Id.			» »	» »
Carreaux de dimension ordinaire et de faïence	Id.			» »	» »
Briques, tuiles et carreaux de toute autre dimension	100 kil.			» »	» »
Pots creux, mitres, tuyaux et poterie de toute espèce	Id.			» »	» »
Totaux	......	....	....	7,787,944 66	7,964,557 22

Produits de l'Octroi pour l'exercice 1894 (Fin).

…SIGNATION DES OBJETS	UNITÉ sur laquelle portent les droits	MONTANT des droits d'octroi surtaxés ou décimes compris	QUANTITÉS soumises AUX DROITS pendant l'exercice 1894	RÉSULTATS correspondants de l'exercice 1893	PRODUITS PERÇUS en principal et décimes pendant l'exercice 1894	PRODUITS correspondants de l'exercice 1893
…ouvrer, bateaux et bois de déchirage (1).					fr. c.	fr. c.
…t autres bois durs...........	Stère	11 28	157,451 28	102,534 44	1,776,443 63	1,833,782 78
…et autres bois blancs.........	Id.	9 »	320,080 85	329,217 92	2,886,127 65	2,962,961 28
…t treillages par 100 bottes....	100 b.	11 28	109,447	112,252	12,352 38	12,069 02
…{ en chêne..............	Par bateau	28 80	8	7	230 40	201 60
…{ en sapin..............	Id.	14 40	»	1	» »	14 40
…e { en chêne..............	Mèt.car.	» 216	2,760 »	2,525 »	596 23	545 47
…ge. { en sapin..............	Id.	» 12	20,362 »	18,021 »	2,443 44	2,162 52
TOTAUX.......	......	......	....	....	4,678,193 73	4,812,337 07
Fourrages (2).						
…r 100 bottes de 5 kilog......	100 b. de 5 k.	6 »	16,301,513	15,261,398	978,090 78	915,683 88
id. id.	Id.	2 40	33,444,270	38,520,477	802,918 63	924,774 08
…, par 100 kilog..............	100 kil.	1 50	183,605,683 »	175,331,648	2,755,572 11	2,630,100 59
id.	Id.	1 92	10,774,232 »	10,679,291	206,895 72	205,065 94
id.	Id.	» »	54,006,497 »	50,431,346	810,104 09	756,475 13
TOTAUX.......	......	......	....	....	5,553,581 33	5,435,100 22
Objets divers (3).						
…ou blanc..................	100 kil.	6 »	17,848,950 50	17,361,966 50	1,070,937 03	1,041,717 99
…lanche ou jaune, spermacéti …é..................	Id.	42 »	228,539 50	242,372 »	95,986 59	101,796 24
…t bougies stéariques, spermacéti …, etc..................	Id.	24 »	3,726,505 50	4,056,944 »	894,361 32	973,666 56
… graisses non comestibles.....	Id.	12 »	703,516 »	723,467 50	84,425 58	86,816 10
…uts ou fondus sortant des abat-…................	Id.	12 »	196,884 50	188,601 50	23,626 14	22,632 18
…e, bitume, etc..............	Id.	» 72	20,400,848 »	19,976,054 »	146,908 94	143,844 70
				TOTAUX..........	2,316,240 60	2,370,473 77
…centimes provenant du petit comptant......................					17,751 89	17,476 58
Entrepôts et usines (entrepôts fictifs).						
… d'admission à la faculté d'entrepôt..........................					332,500 »	332,600 »
…es de bulletins de sortie (50 centimes par bulletin)............					75,304 50	74,655 50
…d'abonnement sur les combustibles..........................					500,172 21	489,582 13
				TOTAUX..........	907,976 71	896,837 63
				TOTAUX GÉNÉRAUX..........	149,919,560 23	150,790,890 70
…raison avec l'exercice précédent.... { Augmentation..........					» »	» »
{ Diminution..........					871,330 56	» »

…ous les articles dont la taxe portée dans la colonne 2 correspond à 100 kilogrammes (comestibles, etc.), comme pour ceux …les nombre, tels que les ardoises au millier, ou les lattes, le foin et la paille, à la centaine de bottes, les quantités portées …s colonnes 4 et 5 n'expriment que l'unité réelle, par dérogation à la règle adoptée pour les objets imposés à l'hectolitre … et au mètre cube, ainsi que pour les bateaux, dont les quantités sont portées conformément à l'indication précise de la …e 2.

(2) (3) Voir les notes à la suite du présent tableau, pages 256 et 257.

Notes des pages 252, 253, 254 et 255.

(1) La vendange paye le même droit que le vin, dans la proportion de trois hectolitres de vendange pour deux de vin.

Les fruits secs destinés à la fabrication du vin sont assujettis aux droits d'entrée et d'octroi à raison de 100 kilogrammes de fruits pour trois hectolitres de vin. (Art. 12 de la loi de finances du 17 juillet 1889 et 4 du décret du 27 décembre 1890.)

La bouteille inférieure au litre et la demi-bouteille sont assimilées aux litre et demi-litre pour la perception des droits sur les boissons et autres liquides mentionnés au présent tarif, à l'exception des esprits et liqueurs.

Les vins présentant une force alcoolique supérieure à 15 degrés sont passibles du double droit de consommation, d'entrée et d'octroi, pour la quantité d'alcool comprise entre 15 et 21 degrés. Les vins présentant une force alcoolique supérieure à 21 degrés sont imposés comme alcool pur. (Art. 3 de la loi du 1er septembre 1871.)

Les boissons, eaux de senteur, vernis et tout liquide ou préparation quelconque mélangés d'alcool ou qui ont l'alcool pour base payent le droit à raison de la quantité d'alcool qu'ils contiennent.

Lorsque la nature de ces liquides ou mélanges ne permet pas de déterminer la quantité d'alcool nécessaire pour les préparer, ils acquittent le droit à raison de 50 % de leur volume.

Les fruits secs à cidre et à poiré payent le droit d'octroi à l'entrée dans la proportion de 50 kilogrammes de fruits pour 1 hectolitre de cidre ou de poiré.

Pour la perception du droit d'entrée, 25 kilogrammes de fruits secs comptent comme 1 hectolitre de cidre ou de poiré. (Art. 23 de la loi du 28 avril 1816.)

Les alcools dénaturés conformément aux prescriptions de la loi du 2 août 1872 sont passibles, indépendamment du droit sur l'alcool contenu dans le mélange, de la taxe d'octroi sur le liquide employé à la dénaturation comme s'il était présenté en nature.

Les droits perçus au profit du Trésor sur les boissons, les alcools dénaturés et les huiles de toute sorte, à l'exception des huiles minérales et sur les vinaigres et acides acétiques, sont passibles de deux décimes et demi par franc.

(2) Les acétates de toute nature, les acides pyroligneux bruts ou épurés, les pyrolignites et toute autre substance ou liquide pouvant servir à la fabrication des vinaigres ou des acides acétiques, sont imposés en proportion de la quantité d'acide acétique qu'ils peuvent produire.

Toutefois, la taxe n'est pas applicable à celles de ces matières qui, destinées à d'autres industries, sont mises en entrepôt fictif et dont l'emploi est régulièrement constaté par le service de l'Octroi.

Les fruits et conserves à l'huile ou au vinaigre, avec ou sans liquide, sont imposés sur leur volume total.

Toute lie qui n'est pas dans un état de siccité complète est passible du droit.

Le droit est dû à l'entrée sur les huiles de toute espèce, quel que soit leur emploi.

Les huiles et substances désignées ci-dessus, cuites, altérées ou mélangées avec d'autres substances, sont soumises aux droits pour leur volume entier et sont assujetties au droit le plus élevé des huiles qui entrent dans leur composition. Il n'est fait aucune déduction pour fèces, sédiments ou pieds d'huile.

Les graines oléagineuses, les farines en provenant, sont soumises aux droits d'après la quantité d'huile qu'elles sont présumées contenir, et qui sera déterminée par l'administration de l'Octroi, sous l'approbation du préfet.

Les tourteaux de ces mêmes graines, qui ne seraient pas dans un état complet de dessiccation, seront assujettis aux droits dans la proportion de l'huile qu'ils contiendront.

Les pieds de bœuf ou de vache provenant de l'extérieur ou sortant des abattoirs de Paris sont assujettis au droit des huiles autres que celle d'olive, dans la proportion d'un litre d'huile (ou 915 grammes) pour dix pieds. La même disposition est applicable aux pieds de mouton dans la proportion d'un litre d'huile (ou 915 grammes) pour cent soixante pieds, et, pour les pieds de cheval, dans la proportion d'un litre d'huile (ou 915 grammes) pour vingt pieds.

Les vernis, les dégras et autres produits désignés aux art. 18 et 19, qui contiennent plus de la moitié de leur volume en huile, acide oléique ou autres substances imposées comme huile, sont imposés en entier au droit des huiles mentionnées à l'art. 16.

Les mastics sont imposés d'après la quantité d'huile qu'ils contiennent. Il en est de même des cirages contenant plus de 6 % d'huile.

Les feutres, cuirs, laines et autres objets quelconques, traités ou préparés à l'alcool ou à l'huile, qui laisseraient échapper de ces liquides ou dont il serait possible de les extraire, seront imposés en raison de la quantité qu'ils en contiendront.

Toute substance désignée dans l'article ci-contre, cuite, altérée ou mélangée, est taxée comme essence pure.

(3) Aucune déduction n'est faite sur le poids des animaux abattus de toute espèce, pour la peau qui y serait encore adhérente, ni pour les abats et issues qui n'en auraient point été séparés.

Les langues de bœuf ou de vache payent comme viande, on en évalue le poids lorsqu'elles tiennent encore à la tête. Les cervelles et rognons des mêmes animaux, les foies, ris et cervelles de veau et les rognons de mouton, détachés des issues, payent également comme viande.

Le droit de la viande de boucherie à la main et celui des porcs abattus sont dus, conformément à l'art. 36 de l'ordonnance du 9 décembre 1814, sur les animaux nés dans l'intérieur, ainsi que sur ceux entrés vivants sous consignation et abattus exceptionnellement hors des abattoirs publics.

(4) En cas de mélange de bois dur, de bois blanc, de menuise, la distinction cessera d'être observée et le droit le plus élevé sera appliqué sur la totalité du chargement.

Tout cotret de bois dur ayant plus de 66 centimètres de longueur et de 50 centimètres de circonférence, et contenant moins de quatre morceaux, est imposé au droit du bois dur.

La menuise est le bois rond coupé à la longueur de 1 m. 13 c. ayant moins de 16 centimètres de circonférence.

Les perches ayant moins de 16 centimètres de circonférence moyenne acquittent comme menuise; de 16 à 38 centimètres, elles payent comme bois à brûler; au-dessus de 38 centimètres, elles acquittent comme bois à ouvrer.

Les fagots de toute espèce payent le droit entier. Tout parement ayant 16 centimètres de circonférence et au-dessus sera distrait du fagot et rangé pour la taxe dans la classe du bois dur ou du bois blanc; le surplus restera imposable comme fagot.

Le cubage servira de base pour établir la perception sur les chargements de charbon de bois, de bois à brûler et généralement de tous les bateaux, trains et voitures susceptibles d'être cubés.

sier de charbon de bois se compose de fragments ayant 3 centimètres au plus de longueur.
be à l'état brut et le poussier de coke ne payent que le demi-droit. L'escarbille, les briquettes et tous les
les dans lesquels il entre du charbon de terre acquittent le droit entier. Il en est de même de tout résidu
r de charbon de terre.
ntités de charbon de terre, de coke et de tout autre combustible contenues dans chaque bateau seront
d'après le volume d'eau déplacé par le bateau.

chaux éteinte ou en pâte, le mortier dans lequel il entre de la chaux, la pierre à chaux et le poussier de
e ne payent que le demi-droit. Les carreaux de ciment sont imposés comme ciment pour leur poids inté-
et du 20 avril 1882.)
ci-contre n'est pas applicable à la chaux employée comme engrais, lorsque cet emploi aura été régulière-
taté par voie d'exercice et de vérification à domicile.
re à plâtre et le poussier de pierre à plâtre payent à raison des 7/10es de leur volume. Les carreaux de
uittent la taxe comme plâtre ; le droit est calculé d'après le volume total. (Décret du 20 avril 1882.)
re dite « granit de Cherbourg » est, pour la perception, assimilée à la pierre de taille.
fers, les déclarations devront indiquer le nombre des pièces de chaque espèce, leurs dimensions et le
l du fer et de la fonte composant chaque chargement.
de mélange de fer et de fonte, si le mélange ne permet pas de faire la vérification par nature de métal,
imposé comme fer.
ntités arrivant par eau pourront, d'un commun accord, être reconnues par le volume d'eau déplacé par

t pas imposables les rails, coussinets et plaques tournantes en fer, acier ou fonte, des chemins de fer
it dits, qualifiés comme tels dans les déclarations d'utilité publique et dans les actes de concession et dont
opriété appartient à l'État ou au département.
pas imposables les tubes, tuyaux, manchons et consoles en fer, acier ou fonte, employés par l'adminis-
s Postes et Télégraphes à l'établissement des lignes télégraphiques.
nsion des grandes ardoises est de 451 à 700 centimètres carrés de superficie ; celle des petites est de 450
ous. Les ardoises ayant une surface supérieure à 700 centimètres sont soumises au droit proportionnel.
ues, tuiles, carreaux, pots creux, mitres, tuyaux et poteries de toute espèce non cuits acquittent le droit

ques, tuiles et carreaux cassés ne payent que le demi-droit.
iques et autres terres cuites pulvérisées, ainsi que les pouzzolanes ne contenant pas de chaux, sont
des droits.

ns l'application du droit il est fait déduction de l'écorce.
ccordé sur les longueurs, et suivant l'étendue du mal, pour malandres visibles et palpables, nœuds pourris
plus, une déduction qui ne pourra excéder un mètre.
s bois neufs ouvrés, plaqués ou non, ferrés ou non, sont soumis aux mêmes droits que les bois non
Ceux qui, par leur forme ou leur volume, offriraient des difficultés de mesurage seront imposés dans la
n de 900 kilogrammes pour un stère de bois dur et 600 kilogrammes pour un stère de bois blanc.
s de démolition ou autres ayant servi acquittent les mêmes droits que les bois neufs, sous déduction des
tés qu'ils présenteront. Lorsque ces bois seront reconnus ne pouvoir être employés comme bois de travail,
imposés comme bois de chauffage, suivant la nature.
e de lattes se compose de 50 lattes de 1 m. 30 c. de longueur et de 5 centimètres de largeur ; la botte de
ontient 70 mètres de longueur de treillage. Au dessus de ces nombres et dimensions le droit est proportionnel.
teau faisant exception par la dimension à la toue ordinaire payera le droit par mètre carré.

droit se perçoit sur le nombre total des bottes, sans aucune déduction ni tolérance.
rrages non bottelés payent le droit au poids dans la proportion réglée ci-contre.
e le poids des bottes excédera 5 kilogrammes, le droit sera perçu dans la proportion de l'excédent.
as et fourrages verts sont exempts du droit.
ne et l'orge en gerbes acquittent séparément pour la quantité de grain et de paille.
ines et orges moulues acquittent comme en grain. L'orge mondé est exempt du droit.

eaux salées payent le droit dans la proportion du sel qu'elles contiennent.
n'est pas applicable aux sels dont la dénaturation aura eu lieu dans les fabrications industrielles, lorsque
i, constaté par l'administration des Douanes, aura motivé une décharge régulière de ce produit en ce qui
les droits du Trésor.
s de cire jaune ne sont soumis qu'au demi-droit.
fs et graisses mélangés de toute autre substance, les chandelles, torches et lampions composés des mêmes
acquittent comme suif.

DISPOSITIONS GÉNÉRALES.

ssibles des droits d'octroi tous les objets compris au tarif, récoltés, préparés ou fabriqués dans l'intérieur
conformément à l'art. 11 de la loi du 27 frimaire an VIII et à l'art. 36 de l'ordonnance royale du 9
1814.
oits d'octroi qui auraient été acquittés sur les matières employées dans les préparations ou fabrications, et
aiement serait régulièrement justifié, seront précomptés sur les droits dus par les nouveaux produits con-
s, mais sans que ce décompte puisse jamais donner lieu à remboursement d'aucune portion des droits payés
. dans le cas où ils se trouveraient excéder ceux des nouveaux produits.
élange d'objets imposés avec des objets non compris au tarif ou d'objets assujettis à des droits différents
u, dans le premier cas, au paiement du droit sur le tout ; dans le second cas, à l'application, également sur
u droit le plus élevé, sans préjudice de la saisie pour non-déclaration de ces mélanges.
ous les objets tarifés au poids, il est fait déduction de la tare des tonneaux, caisses, paniers ou vases qui

Récapitulation des produits de l'Octroi pour l'exercice 1894 et comparaison avec l'exercice précédent.

DÉSIGNATION des CHAPITRES DE PERCEPTION	PRODUITS de L'EXERCICE 1894	PRODUITS CORRESPONDANTS de l'exercice précédent	AUGMENTATION	DIMINUTION
	fr. c.	fr. c.	fr. c.	fr. c.
Boissons	66,079,070 99	63,845,348 10	2,233,722 89	» »
Idem. — Droits sur les manquants	» »	» »	» »	» »
Alcools dénaturés	382,081 70	359,751 06	22,330 64	» »
Liquides autres que les boissons	17,760,861 56	17,957,451 32	» »	196,589 76
Comestibles	31,285,750 76	33,297,573 14	» »	2,011,822 38
Droit fixe sur les bestiaux	808 »	1,108 »	» »	300 »
Combustibles	13,149,295 30	13,835,876 68	» »	686,581 38
Matériaux	7,787,944 66	7,964,537 22	» »	176,592 56
Bois à ouvrer, bateaux et bois de déchirage	4,678,193 73	4,812,337 07	» »	134,143 34
Fourrages	5,553,881 33	5,432,400 22	121,481 11	» »
Objets divers	2,316,240 60	2,370,473 77	» »	54,233 17
Forts centimes provenant du petit comptant	17,754 89	17,476 58	278 31	» »
ENTREPÔTS ET USINES.				
Droits d'admission à la faculté d'entrepôt	332,500 »	332,600 »	» »	100 »
Timbres de bulletins de sortie	75,304 50	74,655 50	649 »	» »
Droits d'abonnement sur les combustibles	500,172 21	489,582 13	10,590 08	» »
TOTAUX	149,919,560 23	150,790,890 79	2,389,052 03	871,330 56
Comparaison. — Produits de l'exercice précédent	150,790,890 79	» »	» »	» »
Comparaison. — Résultat — Augmentation	» »	» »	» »	
Comparaison. — Résultat — Diminution	871,330 56	» »	871,330 56	

Tableau comparatif, mois par mois, des produits des droits d'octroi pour les exercices 1893 et 1894.

MOIS	PRODUITS DE L'EXERCICE 1893	PRODUITS DE L'EXERCICE 1894	OBSERVATIONS
	fr. c.	fr. c.	
Janvier	9,904,021 56	11,143,873 07	
Février	11,934,964 59	11,814,836 43	
Mars	12,921,071 11	12,681,852 25	
Avril	11,858,117 39	11,947,584 52	
Mai	12,466,700 05	12,433,759 45	
Juin	11,950,801 27	11,523,160 32	
Juillet	11,489,664 40	10,996,458 »	
Août	11,562,866 18	11,596,376 14	
Septembre	11,716,192 43	10,933,879 31	
Octobre	13,483,502 45	14,089,872 22	
Novembre	14,492,962 40	13,991,829 97	
Décembre	17,006,126 96	16,766,078 55	
TOTAUX	150,790,890 79	149,919,560 23	

OCTROI DE PARIS.

: les quantités de houille introduites dans Paris pendant l'année 1894, sous les différents régimes d'entrepôt.

ON D'ENTREPÔT	INTRODUCTIONS		SORTIES		LIVRAISONS
	PROVENANT DE L'EXTÉRIEUR 2	PAR MUTATIONS (1) 3	POUR L'EXTÉRIEUR 4	PAR MUTATIONS 5	DANS PARIS 6
	kil.	kil.	kil.	kil.	kil.
nbustibles. (2)	390,914,997	78,206,045	»	»	»
tie avec com- .... (3)	129,714,909	»	51,698,237	40,574,115	»
remières.....	897,330	4,156,920	112,753	19.500	1,510
ıbriqués.. (4)	»	»	695,886	381,368	3,432,210
.... (5)	548,108,380	»	»	14,540	»
.... (6)	1,925,850	»	153,250	42,000	1,486,450
ux.........	1,071,561,466	82,362,965	52,660,126	41,031,523	4,920,170

le introduites en passe-debout (7) pendant l'année 1894........... 556,839,284 kil.

s les expéditions faites d'un entrepôt à un autre entrepôt. Lorsqu'un entrepositaire sort une certaine quantité pour l'envoyer chez un abonné ou un autre entrepositaire, il y a mutation, et le compte de l'expéditeur est ıt est augmenté le compte de celui qui reçoit.

tibles. — Les abonnés aux combustibles sont des industriels qui, en vertu du décret du 10 janvier 1873, payer que 1 franc par tonne de houille introduite au lieu de 7 fr. 20 c. Les industriels ne peuvent bénéficier possèdent une usine facile à surveiller, c'est-à-dire close de toutes parts; s'ils consomment au minimum sille et s'ils fabriquent des objets susceptibles de réexportation, leur usine est considérée comme entrepôt.

sortie avec compensation à l'entrée. — Les commerçants qui, moyennant un versement annuel de 100 francs, econnaissances à la sortie avec compensation à l'entrée, reçoivent de l'administration de l'Octroi des récé- lesquels est indiquée la quantité de houille qu'ils ont expédiée à l'extérieur. Au moyen de ces récépissés, s Paris une quantité de houille égale à celle qui est portée sur ces récépissés sans avoir à acquitter les ıpelle *reconnaissance à la sortie avec compensation à l'entrée.* Si la quantité qu'ils introduisent est supérieure s paient seulement la différence à raison de 7 fr. 20 c. la tonne.

s fabriqués. — On appelle entrepositaires de produits fabriqués les industriels qui transforment les matières ɪurs produits. Par exemple, une fabrique de briquettes qui reçoit la houille, le brai, etc., en un mot les abrication des briquettes, est un entrepôt de produits fabriqués. Les industriels compris dans cette catégorie ' au moins de leurs produits. Ils acquittent le droit intégral de 7 fr. 20 c. pour la portion de ces produits bitant Paris.

ı différence des abonnés et des entrepositaires qui paient le droit de 1 franc par tonne sur les houilles, les aucun droit d'entrée. Mais, en revanche, la Compagnie parisienne d'éclairage et de chauffage par le gaz paie es par mètre cube de gaz consommé à Paris et, de plus, en vertu de l'art. 6 du traité du 7 février 1870, elle ris, après déduction des prélèvements, la moitié des bénéfices nets qu'elle réalise.

— Les magasins généraux sont de simples dépôts de marchandises surveillés par l'Octroi, comme le sont bustibles et les entrepositaires de matières premières ou de produits fabriqués.

passe-debout consiste en un papier délivré par l'Octroi à l'entrée de Paris pour les marchandises qui ne font ıat la reconnaissance est faite à la sortie.

tions que, pour avoir la quantité totale de houille introduite dans Paris, il suffit de distraire de la colonne 2 antité qui a payé les droits, par suite de l'insuffisance de compensation entre la sortie et l'entrée; ce total houille introduite sans paiement de droits ou à taxe réduite.

ntités de houille libérées de la taxe entière — lesquelles figurent sur le bordereau fourni par l'administration s dans Paris (colonne 6), on obtient les quantités de houille introduites dans Paris avec paiement des droits. ités donne la houille entrée dans Paris. Si l'on désirait connaître les quantités de houille dirigées sur Paris, aux quantités celles qui ont traversé la ville sous le lien de passe-debout.

Résultats de la perception des droits d'octroi de banlieue pendant l'exercice 1894.

RECETTES						DÉPENSES					
OBJETS ASSUJETTIS et AUTRES ÉLÉMENTS DE RECETTES	MONTANT des DROITS par hectolitre	QUANTITÉS soumises AUX DROITS	PRODUITS			PRÉLÈVEMENT sur le PRODUIT BRUT ci-contre des sommes nécessaires pour le paiement des frais de perception	PRÉLÈVEMENT DU PRODUIT NET (déduction faite des frais de perception) À RÉPARTIR ENTRE LES COMMUNES DE LA BANLIEUE — Moitié pour la commune	Deux tiers de la seconde moitié affectés aux dépenses de police	Tiers de la seconde moitié pour la constitution d'un fonds de réserve	TOTAL du produit net	TOTAL DES DÉPENSES égal au produit brut (col. 5 et 9)
1	2	3	4			5	6	7	8	9	10
	fr. c.	hect. lit. c.	fr. c.	fr. c.	fr. c.	fr. c.	fr. c.	fr. c.	fr. c.	fr. c.	fr. c.
Produits propres à l'exercice.											
Alcool pur en cercles et en bouteilles...	66 50	43,988 58 34	2,926,876 59	2,970,875 48							
Alcool pur contenu dans les vins alcoolisés	133 »	328 74 53	43,998 89		2,972,081 44	108,896 24	1,431,592 60	954,395 07	477,197 53	2,863,185 20	2,972,081 44
Part de diverses amendes revenant à l'Octroi de banlieue sur les saisies opérées pendant l'exercice 1894, et dont le montant s'élève à....................	»	»	1,205 96	1,205 96							
Total général des recettes....					2,972,081 44	Total général des dépenses....					2,972,081 44

…par arrondissement, des contributions foncière, des portes et fenêtres, personnelle-mobilière et des patentes, au 31 décembre 1894.

…MENTS	CONTRIBUTION FONCIÈRE — TERRAINS — Nombre de cotes	CONTRIBUTION FONCIÈRE — TERRAINS — Montant du rôle non compris les frais d'avertissement	CONTRIBUTION FONCIÈRE — PROPRIÉTÉS BATIES — Nombre de cotes	CONTRIBUTION FONCIÈRE — PROPRIÉTÉS BATIES — Montant du rôle non compris les frais d'avertissement	CONTRIBUTION des PORTES ET FENÊTRES — Nombre de cotes	CONTRIBUTION des PORTES ET FENÊTRES — Montant du rôle non compris les frais d'avertissement	CONTRIBUTION PERSONNELLE-MOBILIÈRE — Nombre de cotes	CONTRIBUTION PERSONNELLE-MOBILIÈRE — Montant du rôle non compris les frais d'avertissement	CONTRIBUTION des PATENTES — Nombre de cotes	CONTRIBUTION des PATENTES — Montant du rôle non compris les frais d'avertissement
				fr. c.		fr. c.		fr. c.		fr. c.
....	20	32 53	2,090	2,847,847 06	2,139	726,785 95	10,440	1,304,214 45	10,066	5,546,506 29
....	10	28 71	2,224	3,174,903 79	2,238	833,132 48	9,704	858,359 61	11,852	6,928,629 80
....	23	53 30	2,317	1,924,323 90	2,343	568,924 07	10,085	648,840 16	10,534	2,571,995 51
Ville ...	20	60 93	2,403	1,530,995 25	2,467	472,979 57	9,126	637,865 15	7,068	1,856,004 28
l........	56	179 90	3,028	1,520,874 16	3,106	506,098 23	10,537	776,280 78	6,648	1,431,975 46
urg.....	48	144 47	2,682	1,940,384 58	2,810	616,175 68	13,261	1,444,778 14	6,724	1,570,483 36
urbon..	63	321 37	2,479	1,950,637 39	2,602	608,645 62	10,704	2,049,721 87	4,160	1,932,222 41
....	103	432 11	3,434	4,906,904 34	3,505	1,329,409 84	19,192	6,370,251 26	7,404	4,092,204 14
....	39	205 02	3,527	4,682,909 26	3,564	1,317,240 08	25,171	3,490,546 04	13,863	7,624,763 38
-Laurent	69	413 85	3,729	3,184,940 37	3,735	949,299 98	18,271	1,375,299 25	14,045	4,294,436 43
rt......	271	1,660 39	5,620	2,598,807 68	5,394	884,915 26	13,910	683,655 93	13,635	2,528,512 37
....	356	4,608 83	5,155	1,335,552 90	4,927	438,320 94	5,852	239,773 50	7,392	1,755,328 88
....	548	2,813 73	4,613	849,559 42	4,556	314,278 80	4,095	127,723 79	5,127	982,307 34
oire....	467	1,532 15	5,116	955,349 77	5,144	388,928 51	6,767	282,848 82	5,216	765,344 79
d	672	7,369 73	5,878	1,011,313 69	5,873	406,494 30	6,234	232,702 09	5,956	985,783 37
....	744	2,886 84	5,335	2,130,375 31	5,334	800,987 57	13,344	2,773,040 38	4,869	1,222,411 27
tte.......	447	1,399 07	6,273	2,594,731 86	6,208	895,919 85	20,065	2,039,130 54	8,906	1,620,789 98
ntmartre	617	1,935 28	6,696	1,970,406 21	6,831	704,810 52	11,136	382,024 57	9,179	1,657,236 62
haumont	524	1,912 42	4,484	1,154,232 84	4,330	388,989 48	4,068	160,206 08	6,504	1,389,124 94
ntant...	1,105	4,130 83	6,113	867,969 78	6,170	378,483 24	4,586	96,562 87	5,897	801,556 48
....	6,229	32,121 46	83,206	43,097,444 56	84,083	13,527,559 97	227,442	25,913,765 25	164,709	50,536,836 30
…ses personnelles et de la contribution mobilière des petits loyers mis à la charge … municipale								4,299,002 68		
…la ville de Paris dans la contribution personnelle-mobilière								30,212,767 93		

Rôles supplémentaires des patentes en 1894

(y compris les frais d'avertissement.)

…tous les trois mois, comprennent, outre les patentables omis au rôle primitif, ceux qui entreprennent, dans le cours de l'année, une profession sujette à patente, et les patentables entreprenant une profession plus importante.

…NDISSEMENTS	1er TRIMESTRE — Nombre de cotes	1er TRIMESTRE — Montant du rôle	2e TRIMESTRE — Nombre de cotes	2e TRIMESTRE — Montant du rôle	3e TRIMESTRE — Nombre de cotes	3e TRIMESTRE — Montant du rôle	4e TRIMESTRE — Nombre de cotes	4e TRIMESTRE — Montant du rôle
re................								7,476
e................								7,938
le................								6,578
-de-Ville...........								4,270
éon.............								10,004
mbourg...........								9,257
-Bourbon..........								8,178 88
e................								21,412 13
....								31,642 26
s Saint-Laurent.....								37,705 74
court...........								31,523 12
ly...............								19,786 54
ins..............								19,946 80
rvatoire...........								33,780 59
nard............								42,719 65
....								25,079 05
nelles...........								21,375 69
-Montmartre........								[illegible]
s-Chaumont........								
nilmontant..........								
TOTAUX..........								

Ventes par adjudication publique en la Chambre des notaires de Paris pendant l'année

QUARTIERS et ARRONDISSEMENTS	PROPRIÉTÉS BATIES		TERRAINS		
	NOMBRE d'adjudications	PRIX	NOMBRE d'adjudications	SUPERFICIE	PRIX
		francs.			
St-Germ.-l'Auxer.	1	803,000	»		
Halles	6	1,810,800	»		
Palais-Royal	2	713,100	»		
Place-Vendôme	2	1,932,100	»		
Ier arr.	11	5,311,000	»		
Gaillon	2	2,363,500	»		
Vivienne	2	2,142,000	»		
Mail	7	2,137,900	»		
Bonne-Nouvelle	8	870,600	2		
IIe arr.	19	7,814,000	2		
Arts-et-Métiers	2	170,200	»		
Enfants-Rouges	6	2,298,300	»		
Archives	2	969,100	»		
Sainte-Avoie	7	314,000	1		
IIIe arr.	17	751,600	1		
Saint-Merri	5	433,600	»	»	
Saint-Gervais	5	332,300	1	260 19	
Arsenal	»	»	»		
Notre-Dame	2	134,200	»		
IVe arr.	12	902,100	1		
Saint-Victor	1	70,400	1		60,000
Jard.-des-Plantes	1	101,000	»		
Val-de-Grâce	4	331,000	»		
Sorbonne	5	636,800	»		
Ve arr.	11	,139,200	1		
Monnaie	2	180,200	»		»
Odéon	3	295,300	1		127,100
N.-D.-des-Champs	5	589,100	»		
St-Germ.-d.-Prés	4	,132,000	»		
VIe arr.	14	2,496,600	1		
St-Thom.-d'Aquin	2	310,100	»		
Invalides	3	910,000	»		
Ecole-Militaire	3	345,000	»	»	
Gros-Caillou	4	764,000	1	3,026 »	
VIIe arr.	12	2,359,100	1		
Champs-Elysées	1	500,100	»		»
Faub.-du-Roule	7	2,567,500	1		636,500
Madeleine	3	3,072,000	»		
Europe	8	4,272,800	»		
VIIIe arr.	19	0,412,400	1		
Saint-Georges	4	1,155,400	1		200,100
Chaussée-d'Antin	5	1,379,100	»		
Faub.-Montmartre	9	6,516,600	»		»
Rochechouart	3	1,022,500	1		160,100
IXe arr.	21	0,073,800	2		
St-Vinc.-de-Paul	11	4,767,400	1		111,800
Porte-St-Denis	1	223,200	»		
Porte-St-Martin	1	400,100	»	»	
Hôpital-St-Louis	4	537,000	1	310 39	
Xe arr.	17	5,927,700	2		

QUARTIERS et ARRONDISSEMENTS	PROPRIÉTÉS BATIES		TERRAINS		
	NOMBRE d'adjudications	PRIX	NOMBRE d'adjudications	SUPERFICIE	PRIX
		francs.		mét. car.	fr
Folie-Méricourt	5	876,300	1	349 69	6
Saint-Ambroise	9	1,864,800	1	996 85	
Roquette	10	1,028,000	3	904 71	1
Sainte-Marguerite	4	277,400	»	»	
XIe arr.	28	4,046,500	5	2,348 18	2
Bel-Air	1	25,500	»	»	
Picpus	5	321,500	»	»	
Bercy	1	93,100	»	»	
Quinze-Vingts	4	427,900	2	1,799 40	2
XIIe arr.	11	1,878,000	2	1,799 40	5
Salpêtrière	2	292,100	1	1,976 94	
Gare	7	722,100	7	11,725 15	2
Maison-Blanche	2	119,150	1	256 50	
Croulebarbe	4	461,200	»	»	
XIIIe arr.	15	1,594,850	9	13,958 69	2
Montparnasse	1	20,100	3	1,804 47	2
Santé	3	81,500	1	350 66	
Petit-Montrouge	4	238,900	1	320 38	
Plaisance	10	556,100	1	97 05	
XIVe arr.	18	896,600	6	2,580 62	
Saint-Lambert	7	349,000	2	1,307 84	
Necker	5	413,300	»	»	
Grenelle	5	153,900	»	»	
Javel	3	47,500	1	759 89	
XVe arr.	20	963,700	3	2,067 70	1
Auteuil	3	524,500	6	9,839 65	
Muette	6	611,000	2	3,225 54	
Porte-Dauphine	5	1,165,700	»	»	
Bassins	4	999,500	2	1,148 54	
XVIe arr.	18	3,300,700	10	14,213 76	1,
Ternes	2	542,900	1	129 82	
Plaine-Monceau	2	937,700	»	»	
Batignolles	11	1,316,600	»	»	
Épinettes	7	1,567,100	4	1,371 19	
XVIIe arr.	22	4,364,300	5	1,501 01	
Grandes-Carrières	8	814,600	12	9,098 08	
Clignancourt	6	532,700	3	605 75	
Goutte-d'Or	1	85,100	1	249 »	
La Chapelle	1	263,400	»	»	
XVIIIe arr.	16	1,715,800	16	9,952 83	
La Villette	2	260,200	»	»	
Pont-de-Flandre	»	»	»	»	
Amérique	5	174,400	»	»	
Combat	6	293,700	»	»	
XIXe arr.	13	728,300	»	»	
Belleville	7	300,500	»	»	
Saint-Fargeau	1	100,100	1	114 »	
Père-Lachaise	6	259,900	4	2,315 06	
Charonne	5	279,700	1	395 »	
XXe arr.	19	940,200	6	2,824 06	
Totaux	339	76,998,450	74	»	

	NOMBRE des prêts	TOTAL des sommes prêtées	à 10,000 francs NOMBRE des prêts	TOTAL des sommes prêtées	à 50,000 francs NOMBRE des prêts	TOTAL des sommes prêtées	à 100,000 francs NOMBRE des prêts	TOTAL des sommes prêtées	à 500,000 francs NOMBRE des prêts	TOTAL des sommes prêtées	et au-dessus NOMBRE des prêts	TOTAL des sommes prêtées	DES prêts consentis en l'année [illegible] NOMBRE des prêts	TOTAL des sommes prêtées	depuis la création du Crédit foncier NOMBRE des prêts	TOTAL des sommes prêtées
1er	»	» »	»	» »	10	945,000 »	8	587,500 »	3	485,000 »	1	530,000 »	22	1,817,300 »	773	135,798,985 51
2e	1	3,800 »	2	15,500 »	6	195,000 »	5	370,500 »	4	1,270,000 »	1	925,000 »	19	2,779,800 »	922	133,224,207 41
3e	1	3,000 »	5	44,000 »	11	299,000 »	6	405,000 »	4	365,000 »	»	» »	27	1,346,000 »	946	98,187,088 89
4e	2	7,200 »	3	24,000 »	14	378,000 »	5	430,000 »	4	949,000 »	»	» »	28	1,788,200 »	883	65,084,438 »
5e	3	15,000 »	4	34,000 »	16	478,240 »	»	» »	»	» »	»	» »	23	527,210 »	1,113	80,774,270 88
6e	1	5,000 »	1	8,000 »	13	367,000 »	6	500,000 »	»	» »	»	» »	21	880,000 »	1,069	84,704,730 »
7e	1	5,000 »	4	32,500 »	17	494,000 »	4	290,000 »	8	2,285,000 »	»	» »	34	3,405,800 »	978	87,904,044 »
8e	»	» »	»	» »	4	148,399 20	»	» »	3	940,000 »	»	» »	7	1,088,399 20	1,588	344,907,522 75
9e	»	» »	1	10,000 »	14	498,925 19	3	223,000 »	4	720,000 »	»	» »	22	1,451,925 19	1,657	297,881,305 90
10e	1	5,000 »	2	17,000 »	24	800,000 »	7	590,000 »	3	470,000 »	»	» »	37	1,891,000 »	1,253	144,398,763 72
11e	1	2,000 »	3	29,000 »	21	790,500 »	13	1,062,000 »	4	620,000 »	»	» »	43	2,503,500 »	1,966	165,126,184 81
12e	»	» »	1	10,000 »	19	340,000 »	4	339,502 69	5	660,000 »	»	» »	29	1,349,502 69	1,032	49,674,696 09
13e	5	19,000 »	7	60,000 »	19	541,000 »	1	90,000 »	4	385,000 »	»	» »	36	1,295,000 »	1,020	33,346,620 74
14e	9	28,000 »	13	118,000 »	17	453,000 »	3	210,000 »	»	» »	»	» »	42	809,000 »	1,146	41,397,975 79
15e	10	31,500 »	12	104,000 »	23	730,000 »	7	480,000 »	1	150,000 »	2	2,600,000 »	57	4,112,500 »	1,391	40,003,304 46
16e	4	17,500 »	4	34,000 »	20	623,500 »	6	440,000 »	7	1,035,000 »	»	» »	41	2,750,000 »	1,691	148,723,329 45
17e	5	19,000 »	8	72,000 »	25	618,500 »	10	816,000 »	3	725,000 »	»	» »	51	2,250,500 »	2,229	144,744,513 »
18e	12	38,800 »	6	54,000 »	32	949,000 »	16	1,290,000 »	3	535,000 »	»	» »	69	2,863,800 »	2,331	113,590,285 28
19e	9	31,400 »	10	83,000 »	18	414,000 »	5	365,000 »	2	600,000 »	»	» »	44	1,493,400 »	1,231	45,421,174 43
20e	15	52,500 »	12	105,000 »	25	667,000 »	4	275,000 »	2	250,000 »	»	» »	58	1,349,500 »	1,633	32,825,330 11
Total pour Paris...	80	283,700 »	98	848,000 »	353	10,258,034 39	113	8,763,502 69	64	13,414,000 »	4	4,055,000 »	712	37,622,237 08	27,132	2,291,729,965 19
Durée des prêts consentis																
Au-dessous de 20 ans.	7	26,000 »	4	36,000 »	6	130,000 »	»	» »	»	» »	»	» »	17	192,000 »	»	» »
De 20 ans..	5	14,500 »	1	7,000 »	7	180,000 »	2	160,000 »	»	» »	»	» »	15	361,500 »	»	» »
De 21 à 30 a.	27	92,800 »	15	131,000 »	20	443,000 »	7	504,000 »	1	150,000 »	»	» »	70	1,330,800 »	»	» »
De 31 à 40 a.	2	7,000 »	»	» »	6	150,000 »	»	» »	1	140,000 »	»	» »	9	297,000 »	»	» »
De 41 à 49 a.	»	» »	»	» »	1	20,000 »	»	» »	»	» »	»	» »	1	20,000 »	»	» »
De 50 à 59 a.	10	37,900 »	9	77,000 »	31	982,000 »	7	540,000 »	1	150,000 »	»	» »	58	1,786,900 »	»	» »
De 60 à 75 a.	29	105,500 »	69	597,000 »	282	8,353,034 39	97	7,559,502 69	61	12,974,000 »	4	4,055,000 »	542	33,644,037 08	»	» »
Total...	80	283,700 »	98	848,000 »	353	10,258,034 39	113	8,763,502 69	64	13,414,000 »	4	4,055,000 »	712	37,622,237 08	»	» »

Permissions de bâtir délivrées par la Préfecture de la Seine pendar
en exécution des art. 3 et 4 du décret du 26 mars 1852

SITUATION DES IMMEUBLES A BATIR		NATURE DES CONSTRUCTIONS		Nombre d'étages	
Arrondissements	Quartiers	Constructions	Surélévations	Constructions	Surélévations
Ier	1er St-Germ.-l'Auxerrois.	»	»	»	»
	2e Les Halles	2	»	15	»
	3e Palais-Royal	»	»	»	»
	4e Place-Vendôme	»	»	»	»
IIe	5e Gaillon	»	1	»	1
	6e Vivienne	1	1	7	3
	7e Mail	2	2	14	3
	8e Bonne-Nouvelle	2	»	7	»
IIIe	9e Arts-et-Métiers	4	»	24	»
	10e Enfants-Rouges	3	»	17	»
	11e Archives	4	»	19	»
	12e Sainte-Avoie	3	»	17	»
IVe	13e Saint-Merri	1	»	3	»
	14e Saint-Gervais	2	»	6	»
	15e Arsenal	2	»	12	»
	16e Notre-Dame	»	1	»	2
Ve	17e Saint-Victor	5	»	32	»
	18e Jardin-des-Plantes	8	»	46	»
	19e Val-de-Grâce	5	1	35	2
	20e Sorbonne	2	»	16	»
VIe	21e Monnaie	2	»	5	»
	22e Odéon	8	2	54	3
	23e N.-Dame-des-Champs.	6	1	37	1
	24e St-Germain-des-Prés	»	»	»	»
VIIe	25e St-Thomas-d'Aquin	6	2	39	6
	26e Invalides	1	1	8	1
	27e Ecole-Militaire	3	2	17	5
	28e Gros-Caillou	5	1	28	1
VIIIe	29e Champs-Elysées	10	2	61	3
	30e Faubourg-du-Roule	7	»	44	»
	31e Madeleine	2	»	17	»
	32e Europe	»	»	»	»
IXe	33e Saint-Georges	2	»	10	»
	34e Chaussée-d'Antin	4	1	32	3
	35e Faubourg-Montmartre	6	»	41	»
	36e Rochechouart	9	2	68	4
Xe	37e St-Vincent-de-Paul	5	1	37	2
	38e Porte-Saint-Denis	8	3	54	6
	39e Porte-Saint-Martin	10	1	63	2
	40e Hôpital-Saint-Louis	2	1	15	1
	A reporter	142	26	906	40

SITUATION DES IMMEUBLES A BATIR		NATU[RE] DES CONST[RUCTIONS]		
Arrondissements	Quartiers	Constructions	Surélévations	
	Report	142	26	906
XIe	41e Folie-Méricourt	8	2	59
	42e Saint-Ambroise	15	1	104
	43e La Roquette	33	6	222
	44e Sainte-Marguerite	1	»	1
XIIe	45e Bel-Air	11	2	62
	46e Picpus	9	1	32
	47e Bercy	25	3	143
	48e Quinze-Vingts	2	»	8
XIIIe	49e La Salpêtrière	1	»	7
	50e La Gare	11	»	58
	51e Maison-Blanche	28	7	130
	52e Croulebarbe	11	1	54
XIVe	53e Montparnasse	23	2	138
	54e La Santé	1	1	9
	55e Petit-Montrouge	21	4	104
	56e Plaisance	34	12	186
XVe	57e Saint-Lambert	42	5	198
	58e Necker	17	1	77
	59e Grenelle	26	7	122
	60e Javel	4	»	14
XVIe	61e Auteuil	46	1	344
	62e La Muette	19	1	108
	63e Porte-Dauphine	16	1	108
	64e Les Bassins	32	»	240
XVIIe	65e Les Ternes	46	5	327
	66e Plaine-Monceau	21	2	133
	67e Batignolles	34	3	182
	68e Epinettes	3	»	21
XVIIIe	69e Grandes-Carrières	48	9	276
	70e Clignancourt	38	4	193
	71e Goutte-d'Or	1	»	8
	72e La Chapelle	1	»	8
XIXe	73e La Villette	14	1	63
	74e Pont-de-Flandre	6	5	28
	75e Amérique	12	1	84
	76e Combat	7	1	30
	77e Belleville	22	5	108
	78e Saint-Fargeau	10	1	44
	79e Père-Lachaise	37	4	183
	80e Charonne	8	5	30
	TOTAL GÉNÉRAL	883	130	5.071
		1,013		

OBSERVATIONS.

Le rez-de-chaussée est compté comme constituant un étage. — Les hangars et autres bas édifices sont comptés également com constituant un étage.

Il arrive souvent qu'un propriétaire n'utilise pas la permission de bâtir qu'il avait demandée et obtenue.

DENRÉES ET OBJETS DE CONSOMMATION (1)

MARCHÉ AUX BESTIAUX. — ABATTOIRS. — HALLES. — LABORATOIRE MUNICIPAL DE CHIMIE.

Marché aux bestiaux de La Villette.

Introductions totales par espèce de bétail en 1894.

Les introductions effectuées en 1894 sont sensiblement inférieures à celles constatées pendant année 1893.

Pour le gros bétail, cette diminution est de 35,496 têtes; pour les veaux de 23,197; pour les outons de 69,675, et pour les porcs de 64,482.

La cause doit être attribuée à l'abondance des fourrages, qui a permis aux éleveurs de conserver us longtemps leurs bestiaux à l'engrais, au contraire de ce qui s'était passé l'année précédente.

MOIS	GROS BÉTAIL					VEAUX				
	NOMBRE d'animaux introduits	VOIES D'INTRODUCTION		PROVENANCES		NOMBRE d'animaux introduits	VOIES D'INTRODUCTION		PROVENANCES	
		Par chemins de fer (Gare de Paris-Bestiaux)	Par la porte de la rue d'Allemagne	Françaises	Étrangères		Par chemins de fer (Gare de Paris-Bestiaux)	Par la porte de la rue d'Allemagne	Françaises	Étrangères
Janvier	29,058	17,367	11,691	29,058	»	14,488	9,619	4,869	14,488	»
Février	23,833	13,116	10,717	23,833	»	12,733	8,074	4,659	12,733	»
Mars	23,867	12,214	11,653	23,855	12	13,092	8,001	5,091	13,092	»
Avril	24,368	12,044	12,324	24,059	309	15,595	9,857	5,738	15,595	»
Mai	24,357	12,559	11,798	23,086	1,271	16,779	10,958	5,821	16,731	48
Juin	23,983	13,758	10,225	19,602	4,381	14,841	9,822	5,019	14,841	»
Juillet	29,724	17,099	12,625	23,971	5,753	16,903	10,941	5,962	16,903	»
Août	26,502	15,672	10,830	23,383	3,119	14,764	8,980	5,784	14,744	20
Septembre	28,634	18,302	10,332	26,377	2,257	12,146	7,255	4,891	12,146	»
Octobre	29,268	20,147	9,121	26,720	2,548	13,377	8,373	5,004	13,377	»
Novembre	27,384	19,761	7,623	25,077	2,307	12,915	7,705	5,210	12,915	»
Décembre	27,454	17,926	9,528	25,925	1,529	11,677	7,492	4,185	11,677	»
Total (année 1894)	318,632	189,965	128,667	295,146	23,486	169,310	107,077	62,233	169,242	68
— (année 1893)	354,128	224,135	129,973	353,763	365	192,507	130,262	62,245	192,507	»
Pour 1894. Augmentation	»	»	»	»	23,121	»	»	»	»	68
Pour 1894. Diminution	35,496	34,190	1,306	58,617	»	23,197	23,185	12	23,265	»

(1) Extrait du rapport du chef du bureau des Halles et marchés sur les consommations de Paris et la gestion des halles, marchés et abattoirs.

MOIS	MOUTONS					PORCS				
	NOMBRE d'animaux introduits	VOIES D'INTRODUCTION		PROVENANCES		NOMBRE d'animaux introduits	VOIES D'INTRODUCTION		PROVENANCES	
		Par chemins de fer (Gare de Paris-Bestiaux)	Par la porte de la rue d'Allemagne	Françaises	Étrangères		Par chemins de fer (Gare de Paris-Bestiaux)	Par la porte de la rue d'Allemagne	Françaises	Étrangères
Janvier	166,284	75,696	90,588	125,225	41,059	43,000	42,374	626	43,000	»
Février	147,286	67,739	79,547	102,254	45,032	35,835	35,361	474	35,835	»
Mars	153,473	83,629	69,844	88,842	64,631	36,256	35,494	762	36,256	»
Avril	165,484	95,384	69,900	89,972	75,512	36,507	34,790	1,717	36,328	179
Mai	152,234	74,556	77,678	96,527	55,707	38,130	36,063	2,067	38,088	42
Juin	134,912	57,862	77,050	95,862	39,050	34,825	32,943	1,882	34,757	68
Juillet	143,297	43,566	99,731	123,383	19,914	37,150	34,969	2,181	37,150	»
Août	145,238	38,015	107,223	132,919	12,319	37,465	34,731	2,734	37,465	»
Septembre	144,501	42,580	101,921	128,730	15,771	36,666	35,616	1,050	36,666	»
Octobre	167,452	61,010	106,442	141,422	26,030	38,281	37,440	841	38,281	»
Novembre	152,279	69,194	83,085	109,317	42,962	36,936	36,439	497	36,936	»
Décembre	157,469	83,609	73,860	90,624	66,845	33,650	33,166	484	33,650	»
Total (année 1894)	1 829,909	793,040	1 036,869	1 325,077	504,832	444,611	429,356	15,255	444,322	289
— (année 1893)	1 899,584	755,834	1 143,750	1 518,668	380,916	509,093	498,163	10,930	509,093	»
Pour 1894. Augmentation	»	37,206	»	»	123,916	»	»	4,325	»	289
Pour 1894. Diminution	69,675	»	106,881	193,591	»	64,482	68,807	»	64,771	»

Bestiaux français. — Introductions par mois et par espèce.

Les introductions de bestiaux indigènes au marché de La Villette, en 1894, présentent, par rapport à celles de 1893, les diminutions suivantes :

Gros bétail	58.617	têtes.
Veaux	23.265	—
Moutons	193.591	—
Porcs	64.771	—

Néanmoins, dans ces quantités, l'Algérie figure pour une augmentation de 11,278 têtes de gros bétail, de 138,688 moutons, de 182 veaux et de 694 porcs.

Le tableau ci-après donne le détail de l'ensemble de ces introductions :

Introductions des bestiaux français (départements et Algérie).

MOIS	GROS BÉTAIL	VEAUX	MOUTONS	PORCS	Y COMPRIS VENANT D'ALGÉRIE			
					Bœufs	Veaux	Moutons	Porcs
	1	2	3	4	1	2	4	3
Janvier	29,058	14,488	125,225	43,000	»	»	»	»
Février	23,833	12,733	102,254	35,835	»	»	»	»
Mars	23,855	13,092	88,842	36,256	»	»	»	»
Avril	24,059	15,595	89,972	36,328	»	»	1,058	»
Mai	23,086	16,731	96,527	36,088	1,347	»	18,241	»
Juin	19,602	14,841	95,862	34,757	2,175	»	32,147	»
Juillet	23,974	16,903	123,383	37,150	2,830	»	54,047	52
Août	28,383	14,744	132,919	37,465	2,459	48	54,384	642
Septembre	26,577	12,146	128,730	36,666	2,042	44	44,515	»
Octobre	26,720	13,377	141,422	38,221	254	48	22,096	»
Novembre	25,077	12,915	109,317	36,936	151	»	7,115	»
Décembre	25,925	11,677	90,624	33,620	»	42	3,823	»
Total année 1894	295,146	169,242	1,325,077	444,322	11,278	182	237,426	694
Id. 1893	353,763	192,507	1,518,668	509,093	»	»	98,738	»
Pour 1894 { Augmentation	»	»	»	»	11,278	182	138,688	694
Pour 1894 { Diminution	58,617	23,265	193,591	64,771	»	»	»	»

La diminution importante constatée sur toutes les sortes d'animaux de boucherie provient de la sécheresse excessive de 1893.

De ce fait l'élevage du bétail a subi un long temps d'arrêt et on peut dire que l'effectif de notre troupeau bovin a subi une réduction de 300,000 têtes.

Les trois quarts des bouvillons, notamment, ont été sacrifiés à l'âge de 12 à 15 mois et vendus à vil prix.

Races.

Les principales races d'animaux indigènes tirent leur dénomination des anciennes provinces (auvergnats, berrichons, bretons, champenois, limousins, marchois, normands, poitevins, etc.) ou de noms de contrées ou de pays : beaucerons, briards, gâtinais, solognots, etc.

D'autres correspondent à des départements ou à des arrondissements : charentais, choletais, garonnais, pour les départements des Lot-et-Garonne, Tarn-et-Garonne, Haute-Garonne, arrosés par la rivière de Garonne, vendéens, etc. ; enfin quelques-uns tirent leur appellation d'un nom de ville (albigeois, caennais, craonnais (Craon — Mayenne), dieppois, dorachons (Le Dorat — Haute-Vienne), montaubanais, manceaux, nantais, toulousains, etc.).

Il est juste de faire remarquer que les appellations usitées au marché de La Villette ne sont pas les mêmes suivant qu'il s'agit de gros bétail, de veaux, de moutons ou de porcs.

Par exemple, les bœufs du Calvados, de l'Eure, de la Manche, de l'Orne et de la Seine-Inférieure sont dits normands, tandis que les veaux de ces mêmes départements sont désignés sous le nom de caennais, veaux de l'Eure, veaux du rayon de Nonancourt (Eure), merleraultins (Le Merlerault — Orne), gournayeux, dieppois (Seine-Inférieure).

Après avoir donné les indications qui précèdent sur l'appellation usitée au marché pour les diverses races, on croit devoir faire la remarque suivante : la plupart des animaux de boucherie proviennent de croisements divers et les herbagers vont fréquemment chercher dans d'autres pays que le leur des élèves pour l'*embouche*, c'est-à-dire l'engrais ; il en résulte que les animaux ne sont pas toujours originaires du département envoyeur.

Détail des apports par race.

GROS BÉTAIL

RACES	NOMBRE DE TÊTES
Berrichons (Charolais, Nivernais)....	38,248
Bœufs blancs (Bourguignons, Bourbonnais)	11,017
Bretons...........................	15,435
Cholet (rayon de).................	60,603
Garonnais	5,408
Limousins, Périgourdins et Charentais.	17,130
Manceaux..........................	12,086
Maraichins........................	11,181
Marchois..........................	6,007
Normands	63,176
Poitevins	4,916
Champenois, Bressans, Flamands, Comtois, Femelins, Bazadais Aubrac, Mézène, Salers et Quercinois.......	11,951
Sucriers	15,510
Vaches cordières..................	9,734
Vaches laitières	1,466
Algériens.........................	11,278
TOTAL..........	295,146

VEAUX

RACES	NOMBRE DE TÊTES
Auverguats........................	6,928
Bretons	243
Caennais	5.684
Champenois, rayon de Nogent et Sézanne, etc.	27,385
Choletais.........................	1,320
Dieppois..........................	7,202
Eure (veaux de l'), rayon de Nonancourt............................	15,517
Flamands et Picards...............	14,239
Gascons et Toulousains............	4,891
Gâtinais et Beaucerons............	36,714
Gournay (rayon de), Forges-les-Eaux, etc.........................	7,727
Limousins	2,160
Manceaux..........................	12,004
Merleraultins.....................	2,781
Nivernais.........................	346
Races diverses....................	1,465
Veaux de l'Oise et de Seine-et-Oise..	5,063
Veaux de Seine-et-Marne (rayon de Montereau, Nangis et Provins).....	17,394
Algériens.........................	182
TOTAL..........	169,242

MOUTONS

RACES	NOMBRE DE TÊTES
Ardennais et Lorrains.............	7,397
Beaucerons	37,510
Bizets............................	28,761
Cavaillon et Hautes-Alpes	30,586
Centre (Moutons du)	109,619
Champenois et Bourguignons........	40,454
Choletais	4,141
Gascons et Auvergnats.............	418,652
Limousins	24,365
Métis (Seine-et-Marne et Seine-et-Oise).	196,880
Métis-mérinos.....................	88,267
Normands	8,631
Ouest (Moutons de l')	42,061
Picards...........................	4,342
Races diverses	14,211
Solognots.........................	31,774
Algériens.........................	237.426
TOTAL..........	1,325,077

PORCS

RACES	NOMBRE DE TÊTES
Auvergnats	23,144
Berrichons	27,401
Bourbonnais.......................	22,644
Bourguignons et Champenois........	9,067
Bretons...........................	42,617
Charentais........................	15,101
Craonnais et Manceaux.............	90,205
Laitiers..........................	7,010
Limousins et Périgourdins.........	40,059
Nantais...........................	58,211
Normands	24,465
Races diverses	13,385
Tourangeaux.......................	11,233
Vendéens..........................	59,086
Algériens.	694
TOTAL..........	444.322

Le tableau ci-dessous indique l'importance approximative des expéditions faites par département :

Répartition des envois par département et par espèce.

DÉPARTEMENTS	GROS BÉTAIL — BŒUFS	GROS BÉTAIL — TAUREAUX	GROS BÉTAIL — VACHES	GROS BÉTAIL — TOTAL du GROS BÉTAIL	VEAUX	MOUTONS	PORCS
Ain	84	»	»	84	10	»	45
Aisne	6,227	220	554	7,001	158	85,492	2,610
Allier	7,104	358	790	8,252	25	39,482	20,535
Alpes (Basses-)	»	»	»	»	7	8,168	»
Alpes (Hautes-)	»	»	»	»	»	8,584	»
Alpes-Maritimes	»	»	»	»	»	»	»
Ardèche	»	»	»	»	»	»	218
Ardennes	35	3	3	41	»	5,090	»
Ariège	61	»	»	64	»	4,429	211
Aube	217	421	839	1,477	13,597	9,851	»
Aude	»	12	2	14	274	3,032	»
Aveyron	214	2	181	397	2,915	85,749	4,385
Bouches-du-Rhône	21	»	1	22	»	5,231	4,082
Calvados	27,354	869	4,605	32,828	2,925	550	11,549
Cantal	520	46	1,656	2,222	2,128	72,365	1,218
Charente	5,958	90	581	6,629	137	32,463	11,960
Charente-Inférieure	2,316	167	653	3,136	»	689	3,141
Cher	2,902	193	928	4,023	13	7,474	6,015
Corrèze	458	8	333	799	70	11,403	5,073
Corse	»	»	»	»	»	»	»
Côte-d'Or	2,908	234	684	3,826	32	10,401	6,795
Côtes-du-Nord	3,711	326	624	4,661	98	2,634	15,993
Creuse	4,580	117	1,310	6,007	»	15,232	21,849
Dordogne	6,841	71	935	7,847	242	23,164	3,315
Doubs	135	7	»	142	»	»	46
Drôme	»	»	»	»	»	2,386	»
Eure	927	296	1,055	2,278	11,732	6,309	448
Eure-et-Loir	1,538	511	1,419	3,468	18,915	37,063	69
Finistère	4,868	894	330	6,092	52	350	1,438
Gard	10	3	11	24	»	622	»
Garonne (Haute-)	276	11	17	304	788	22,893	396
Gers	9	4	»	13	»	»	147
Gironde	303	17	25	345	»	402	41
Hérault	»	74	»	74	»	1,818	155
Ille-et-Vilaine	1,150	324	238	1,712	»	305	22,846
Indre	1,927	168	304	2,399	2	7,075	21,836
Indre-et-Loire	376	127	105	608	156	7,969	5,860
Isère	»	»	»	»	1	95	92
Jura	»	»	»	»	»	»	50
Landes	»	»	»	»	»	122	»
Loir-et-Cher	74	158	128	360	945	447	5,096
Loire	2,396	36	162	2,594	»	622	194
Loire (Haute-)	442	30	56	528	175	28,761	3,261
Loire-Inférieure	11,086	603	1,235	12,924	12	482	58,211
Loiret	341	685	903	1,929	20,639	31,774	277
Lot	901	97	126	1,124	17	73,791	7,514
Lot-et-Garonne	370	60	347	777	»	7,867	417
Lozère	137	»	»	137	»	10,770	254
Maine-et-Loire	23,357	820	3,234	27,411	973	2,716	11,059
Manche	4,806	883	4,060	9,749	2,756	377	10,944
Marne	434	247	1,188	1,869	13,609	4,342	358
Marne (Haute-)	3	29	»	32	179	3,633	»
Mayenne	3,980	445	375	4,800	131	518	11,670
Meurthe-et-Moselle	29	»	»	29	89	888	146
Meuse	31	7	1	39	»	549	240
Morbihan	2,824	26	120	2,970	93	4,051	2,340
Nièvre	11,095	532	3,323	14,950	310	24,475	2,109
Nord	373	47	68	488	14	1,940	714
Oise	900	181	174	1,255	2,633	835	95
Orne	9,425	584	1,873	11,882	2,781	184	57
A reporter	155,931	11,043	35,556	182,630	99,633	714,914	316,855

DÉPARTEMENTS	GROS BÉTAIL				VEAUX	MOUTONS	PORCS
	BŒUFS	TAUREAUX	VACHES	TOTAL du GROS BÉTAIL			
Report.....	155,981	11,043	35,556	182,630	99,633	714,914	316,888
Pas-de-Calais.........	75	8	29	107	13,471	68	1,908
Puy-de-Dôme.........	1,322	79	2,132	3,533	4,625	26,379	14,081
Pyrénées (Basses-).....	6	6	»	12	»	»	40
Pyrénées (Hautes-)....	»	»	»	»	»	66	»
Pyrénées (Orientales)..	»	»	»	»	»	87	»
Rhône..............	129	»	»	129	442	1,601	2,180
Saône (Haute-).......	302	9	17	328	»	577	126
Saône-et-Loire.......	9,182	264	1,010	10,456	4	1,432	1,067
Sarthe.............	2,863	619	907	4,389	11,873	907	87,407
Savoie.............	10	1	»	11	7	2,436	120
Savoie (Haute-).......	20	»	»	20	»	751	»
Seine..............	12	12	10,682	10,706	34	1,849	3,786
Seine-et-Marne........	959	717	1,035	2,711	12,672	109,932	124
Seine-et-Oise.........	856	466	1,311	2,633	2,956	85,099	365
Seine-Inférieure.......	1,763	471	737	2,971	14,403	1,211	1,497
Sèvres (Deux-).........	4,889	229	703	5,821	107	1,977	28,153
Somme..............	604	111	166	881	754	4,277	1,008
Tarn................	38	»	»	38	272	45,995	494
Tarn-et-Garonne......	352	31	20	403	657	42,408	145
Var................	34	»	»	34	»	»	»
Vaucluse............	18	6	29	53	»	6,217	74
Vendée.............	20,327	746	3,509	24,582	27	2,629	34,160
Vienne.............	4,436	115	365	4,916	213	4,303	1,773
Vienne (Haute-)......	1,673	170	1,846	3,689	2,090	19,442	2,306
Vosges.............	»	»	50	50	98	870	188
Yonne..............	1,733	433	599	2,765	4,722	12,227	307
Algérie............	11,278	»	»	11,278	182	237,126	694
TOTAUX.....	218,912	15,531	60,703	295,146	169,242	1,325,077	444,322

Bestiaux étrangers.

Les importations de bétail étranger, en 1894, présentent, sur l'année 1893, une sérieuse augmentation.

Ces envois ont été provoqués par la pénurie du bétail indigène, qui a été sacrifié prématurément en 1893 par suite de la disette des fourrages.

Les arrivages de bœufs et de moutons étrangers ont été particulièrement importants.

Les bœufs de provenance américaine, du poids de nos normands, et qui, dans un certain moment, rivalisaient avec eux pour la qualité, n'ont pas seulement envahi le marché de La Villette ; ils ont été importés dans plusieurs ports de l'Ouest d'où on en a expédié une partie sur Paris et une autre partie, celle des bœufs les moins avancés en graisse, dans les fermes avoisinantes où, leur mise en bon état achevée, ils ont été envoyés sur les marchés à bestiaux de province.

On estime qu'il a été introduit en France, pendant le courant de l'année 1894, 28,000 bœufs des États-Unis.

Le Portugal et l'Espagne ont donné un appoint moins sérieux. Le poids de ces animaux est moindre que ceux d'Amérique et leur rendement assez trompeur ; cependant la vente en a été assez facile et assez productive.

A titre d'essai, la Hollande a expédié 68 veaux et l'Espagne 289 porcs.

Au point de vue économique, le notable appoint fourni par l'étranger en 1894, tant en gros bétail qu'en moutons, a rendu le plus grand service à la consommation.

Sans ces importations, le prix de la viande de boucherie eût été excessif et surtout inabordable à la classe ouvrière.

Les deux tableaux ci-après donnent le chiffre des importations par espèce et par nation en 1894 :

Importations par espèce du bétail étranger.

MOIS	GROS BÉTAIL — Importations totales	Amérique	Angleterre	Espagne	Hollande	Portugal	Divers	VEAUX — Hollande
Janvier	»	»	»	»	»	»	»	»
Février	»	»	»	»	»	»	»	»
Mars	12	12	»	»	»	»	»	»
Avril	309	12	»	40	257	»	»	48
Mai	1,271	154	30	276	587	224	»	»
Juin	4,381	3,458	»	269	45	530	79	»
Juillet	5,753	5,228	»	26	»	483	16	»
Août	3,119	2,991	»	8	»	120	»	20
Septembre	2,257	1,865	»	12	»	380	»	»
Octobre	2,548	1,929	»	»	»	619	»	»
Novembre	2,307	1,988	24	56	»	239	»	»
Décembre	1,529	1,529	»	»	»	»	»	»
Total (année 1894)	23,486	19,166	54	687	889	2,595	95	68
— (année 1893)	365	351	»	14	»	»	»	»
Pour 1894 : Augmentation	23,121	18,815	54	673	889	2,595	95	68

MOIS	MOUTONS — Importations totales	Allemagne	Amérique	Autriche-Hongrie	Danemark	Espagne	Italie	Russie	Suisse	PORCS — Espagne
Janvier	41,059	23,067	»	17,992	»	»	»	»	»	»
Février	45,032	18,919	»	26,113	»	»	»	»	»	»
Mars	64,631	34,226	»	30,405	»	»	»	»	»	»
Avril	75,512	42,607	»	32,905	»	»	»	»	»	179
Mai	55,707	33,781	115	21,811	»	»	»	»	»	42
Juin	39,050	18,879	44	19,062	»	465	»	»	»	68
Juillet	19,914	5,767	100	14,047	»	»	»	»	»	»
Août	12,319	»	»	12,319	»	»	»	»	»	»
Septembre	15,771	790	»	14,893	88	»	»	»	»	»
Octobre	26,030	7,446	»	15,833	430	»	»	2,321	»	»
Novembre	42,962	18,580	1,814	17,769	»	»	»	4,829	»	»
Décembre	66,845	34,990	1,980	26,539	»	»	»	6,346	»	»
Total (année 1894)	504,832	236,022	4,053	250,308	518	465	»	13,466	»	289
— (année 1893)	380,916	245,388	724	128,210	1,256	»	461	4,608	269	»
Pour 1894 { Augmentation	126,916	»	3,329	122,098	»	465	»	8,858	»	289
Pour 1894 { Diminution	»	9,366	»	»	738	»	461	»	269	»

Sanatorium.

L'importation des animaux vivants de races bovine, ovine et porcine ayant été prohibée par un décret ministériel du 20 novembre 1889, en raison des maladies contagieuses qui sévissaient sur le bétail étranger, le Conseil municipal en vue de faire lever cette prohibition vota, dans sa séance du 17 avril 1890, la création d'un sanatorium où les animaux de provenance étrangère pourraient être observés.

On procéda alors à une installation provisoire dans une bouverie de l'abattoir de La Villette pouvant contenir environ 1,800 moutons ; un quai spécial fut construit pour le débarquement des animaux suspectés et un chemin particulier aménagé en vue d'amener lesdits animaux directement de ce quai au sanatorium.

Par arrêté du 15 décembre 1890, M. le ministre de l'Agriculture autorisa l'introduction des animaux d'espèce ovine provenant de Russie, à la condition expresse que, des ports de débarquement spécialement désignés, ces animaux seraient amenés en wagons plombés jusqu'au sanatorium de La Villette.

Comme garantie, une fois les moutons installés dans les wagons, ces derniers sont entourés d'une corde dont le nœud placé au-devant de la porte à ouvrir est scellé d'un plomb à la marque de la Douane.

Une fois les wagons au quai spécial de débarquement, les plombs sont enlevés par les agents de la douane de Paris et les animaux comptés en leur présence.

Les premiers envois de la Russie ont été reçus au sanatorium le 23 décembre 1890.

L'année suivante, un arrêté ministériel du 7 septembre 1891 accorda la libre circulation aux moutons russes, sous la réserve qu'ils seraient accompagnés par un vétérinaire français sur le bateau qui les transporterait.

Enfin, la réouverture de la frontière Est aux ovins allemands et austro-hongrois ayant été décidée à partir du 1er février 1892, le Conseil municipal, en vue du développement considérable que les nouvelles importations devaient produire, vota, dans sa séance du 4 novembre 1891, l'agrandissement du sanatorium improvisé en 1890.

Les nouveaux bâtiments furent immédiatement construits et mis à la disposition du commerce dès le 1er février 1892.

Édifiés sur les terrains avoisinant le sanatorium primitif, ces bâtiments peuvent contenir 15,000 moutons.

Pendant le cours de l'année 1894, 486,330 moutons y ont été introduits, dont 236,022 de provenance allemande et 250,308 d'Autriche-Hongrie.

En 1893, le chiffre des introductions totales ne dépassait pas 245,388 et, sur ce chiffre, les importations d'Allemagne étaient supérieures à celles d'Autriche-Hongrie.

Cette année, au contraire, les envois de ce dernier pays sont supérieurs à ceux d'Allemagne.

La cause en est attribuée à l'abondante récolte des fourrages en Autriche pendant l'année 1893, tandis qu'en Allemagne la sécheresse a été aussi préjudiciable qu'en France.

Taxe spéciale. — Les moutons introduits au sanatorium de La Villette acquittent une taxe spéciale de 0 fr. 10 c. par tête indépendamment des autres droits de marché (place, séjour, désinfection), auxquels ils sont assujettis.

Séjour des animaux dans les étables. — Vente des fourrages. — Enlèvement des litières.

Les animaux invendus et ceux arrivant dans l'intervalle des marchés sont hébergés dans les étables et paient, de ce fait, un droit par tête et par jour.

Le débarquement, les soins et la nourriture du bétail séjournant dans les écuries du marché sont à la charge des introducteurs.

Les fourrages et autres denrées nécessaires à l'alimentation des animaux sont fournis par la Régie du marché aux bestiaux, aux prix fixés mensuellement et d'avance par arrêtés préfectoraux et établis d'après le cours des mercuriales pour les premières qualités.

Nombre des journées de séjour dans les étables.

MOIS	GROS BÉTAIL	VEAUX	MOUTONS	PORCS
nvier	19,062	6,074	99,126	28,204
vrier	12,971	5,196	84,749	17,480
rs	14,819	4,555	117,698	19,929
vril	12,529	3,178	101,322	17,827
i	13,620	7,209	99,627	17,471
n	18,137	4,254	97,955	17,785
illet	29,951	3,962	78,520	16,953
ût	23,662	3,560	72,997	14,743
ptembre	30,842	3,131	63,033	18,933
tobre	30,875	5,089	101,882	16,605
vembre	27,271	3,698	96,479	14,162
écembre	19,631	4,036	115,329	14,682
Total (année 1894)	253,370	53,942	1,128,917	214,774
Total (année 1893)	322,301	76,750	1,396,165	281,279
ur 1894 : Diminution	68,931	22,808	267,248	66,505

Sorties du marché.

s animaux introduits au marché de La Villette ne sont pas tous vendus pour la consommation aris ; d'importantes quantités sont achetées par la boucherie de la banlieue et par certaines s du Nord et de l'Est, telles que : Amiens, Lille, Reims, Verdun.

boucherie de Rouen vient faire des achats de moutons et de porcs pendant la saison des bains ier.

s tableaux suivants énumèrent :

Le nombre des bestiaux dirigés sur les abattoirs et à destination de l'intérieur et de érieur ;

Les voies suivies pour la réexpédition des animaux hors Paris.

y a lieu de faire remarquer que, parmi les animaux sortis par la porte d'Allemagne, figu- des moutons invendus que l'on conduit dans les étables et dans les bergeries installées à Pantin s environs.

arrive souvent que ces animaux sont réintroduits sur le marché, mais parfois ils sont vendus ces étables.

MOIS	GROS BÉTAIL				VEAUX			
	NOMBRE de bestiaux sortis du marché	A DESTINATION des abattoirs de Paris	A DESTINATION de l'intérieur de Paris	A DESTINATION de l'extérieur de Paris	NOMBRE de bestiaux sortis du marché	A DESTINATION des abattoirs de Paris	A DESTINATION de l'intérieur de Paris	A DESTINATION de l'extérieur de Paris
nvier	29,836	18,087	78	11,671	14,483	11,229	64	3,190
vrier	24,006	16,177	51	7,778	12,865	9,786	42	3,037
rs	24,428	17,336	67	7,025	13,324	9,977	45	3,302
vril	24,400	17,021	52	7,327	15,474	11,680	49	3,745
i	24,257	16,317	70	7,870	16,519	11,716	39	4,764
n	23,850	15,102	50	8,698	15,118	10,903	59	4,156
illet	29,840	17,925	71	11,844	16,908	12,315	50	4,543
ût	26,642	16,527	37	10,078	14,792	10,648	50	4,094
ptembre	26,088	16,547	45	9,416	11,967	8,482	30	3,455
tobre	30,556	19,461	70	11,025	13,335	9,645	46	3,644
vembre	28,697	18,675	39	9,983	13,075	9,940	34	3,101
écembre	27,102	16,222	69	10,811	11,629	9,005	35	2,589
tal (année 1894)	319,652	205,397	699	113,556	169,489	125,326	543	43,620
— (année 1893)	352,337	221,061	945	130,331	192,379	143,693	512	48,174
ur 1894 { Augmentat.	»	»	»	»	»	»	31	»
{ Diminution.	32,685	15,664	246	16,775	22,890	18,367	»	4,554

MOIS	MOUTONS — Nombre de bestiaux sortis du marché	MOUTONS — A destination des abattoirs de Paris	MOUTONS — A destination de l'intérieur de Paris	MOUTONS — A destination de l'extérieur de Paris	PORCS — Nombre de bestiaux sortis du marché	PORCS — A destination des abattoirs de Paris	PORCS — A destination de l'intérieur de Paris	PORCS — A destination de l'extérieur de Paris
Janvier	165,124	128,604	27	36,493	48,833	17,201	10	26,622
Février	146,464	115,913	5	30,546	36,763	15,971	3	20,789
Mars	158,917	124,890	2	34,025	37,092	16,623	3	20,466
Avril	165,119	131,294	10	33,815	36,864	17,361	»	19,503
Mai	152,766	109.082	9	43,675	38,201	17,922	»	20,279
Juin	133,367	84,996	6	48,365	34,693	15,737	11	18,945
Juillet	143,488	73,840	2	69,646	37,146	16,557	»	20,589
Août	146,592	63,191	1	83,400	37,574	15,685	»	21,889
Septembre	139,665	66,755	2	72,908	34,357	13,333	2	21,022
Octobre	167,266	96,379	7	70,880	39,537	16,026	2	23,509
Novembre	156,894	111,961	5	44,928	37,999	16,429	»	21,570
Décembre	155,195	118,053	4	37,138	33,453	13,916	1	19,536
Total (année 1894).	1.830,857	1,224,958	80	605,819	447,512	192.761	32	254,719
— (année 1893).	1,895,478	1,204,307	59	691,112	506,532	199,583	29	306,920
Pour 1894 Augmentat.	»	20,651	21	»	»	»	3	»
Pour 1894 Diminution.	64.621	»	»	85,293	59,020	6,822	»	52,201

Voies de réexpédition des bestiaux sortis du marché à destination de l'extérieur de Paris.

MOIS	SORTIS PAR LA GARE DE PARIS-BESTIAUX — Gros bétail	Veaux	Moutons	Porcs	SORTIS PAR LA PORTE DE LA RUE D'ALLEMAGNE — Gros bétail	Veaux	Moutons	Porcs
Janvier	1,526	202	1.758	7,458	10.145	2,988	34.735	19,464
Février	1,251	93	2.215	5,097	6,527	2.944	28,331	15,692
Mars	1,192	85	2,811	4,708	5,833	3,217	31.214	15,758
Avril	1.192	162	4,411	4.418	6,135	3,583	29,404	15,085
Mai	1.112	342	2.532	4.634	6,758	4,422	41.143	15,645
Juin	1,074	219	1,583	4.211	7.624	3,937	46,782	14,724
Juillet	1.371	187	1.333	4,435	10.473	4,356	68,313	16,154
Août	1,233	170	2,045	4,879	8,845	8,924	84,355	17,010
Septembre	964	145	2,987	4,762	8,482	3,310	69,921	16,260
Octobre	1.162	197	1,612	5,158	9,863	3,447	69,268	18,254
Novembre	1,032	154	1,884	4,735	8,951	2.947	43,047	16,835
Décembre	1,198	111	1,865	4.299	9,613	2,478	35,273	15,237
Total en 1894.	14,307	2,067	27,033	58,794	99,249	41,553	578,786	195,925
Id. 1893.	18,359	2,937	17,035	100.635	111,972	45,237	674,077	206,285
Pour 1804 : Augmentation.	»	»	9.998	»	»	»	»	»
Diminution	4,052	870	»	41,841	12,723	3,684	95,291	10,360

Vaches laitières.

Le marché des vaches laitières a été installé le 1er février 1885.

Il est absolument séparé des autres halles de vente et comporte une étable spéciale et une cour y attenante.

Les animaux qui y sont amenés sont généralement de races normande, flamande, hollandaise, suisse, et proviennent des étables des nourrisseurs de Paris et de la petite banlieue.

Ces animaux sont soumis aux mêmes droits que ceux introduits au marché de La Villette.

Le nombre de vaches laitières exposées en vente en 1894 a été de 1,466.

Vaches cordières.

igne généralement sous cette dénomination les vaches de boucherie amenées au marché
llette et qui sont conduites à la corde par leurs propriétaires.
it l'hiver principalement, la banlieue parisienne et les provinces avoisinantes telles que :
ınce, Champagne, Gâtinais, Vexin, sont les pourvoyeuses de la boucherie à bon marché.
part de ces animaux sont épuisés et rebelles à l'engraissement.
ıon de la rareté du bétail en 1894, les vaches cordières ont trouvé un écoulement facile à
ssez élevé.

Poids des animaux sur pied et rendement en viande nette.

férences de saison ne produisent sur le poids des animaux vivants qu'une différence insi-
; mais ce poids varie suivant la race et la provenance.
imaux d'herbe ou *d'embouche* qui arrivent de mai à octobre forment l'approvisionnement
ı saison d'été; ceux *de pouture* (c'est-à-dire nourris avec un mélange de lait caillé et de
l'étable viennent de novembre à avril et fournissent la saison d'hiver.
emiers sont généralement de meilleure qualité que les seconds, cependant les limousins
l'étable qui figurent au marché, de décembre à fin février, peuvent être considérés comme
choix.
leau ci-dessous qui a été divisé en trois catégories : gros, moyens, petits, indique, par
spèce de bétail, le poids approximatif des animaux sur pied et l'évaluation de leur rende-
viande nette.
a race bovine, les gros animaux sont les Garonnais, les Charollais, les Nivernais, les
nons, les Charentais, les Maraichins, les Berrichons et *les sucriers* (nourris avec la pulpe
ave).
eufs d'un poids moyen proviennent de la Normandie, de la Champagne, de la Bresse, de
ne, du Quercy, du Limousin et du rayon de Cholet.
tits comprennent les Bretons, les Bazadais et les Algériens.
aux d'un fort poids viennent de la Champagne, du Calvados, du rayon de Nonancourt
de l'Auvergne.
'un poids moyen comprennent : les Limousins, Toulousains, Gâtinais, Beaucerons, Dieppois,
ıltins et ceux envoyés des départements de Seine-et-Oise et Seine-et-Marne.
ıs petits viennent de la Bretagne et du rayon de Cholet.
outons les plus lourds comprennent : les métis-mérinos provenant du département de
les Beaucerons, les Gâtinais, les Charentais et les Poitevins.
oyens viennent des Hautes-Alpes, du rayon de Cholet, des Ardennes et du Centre.
tits sont envoyés de la Sologne, du Dorat (Haute-Vienne), de l'Auvergne, du Limousin et
ute-Loire.
aux porcs, ils peuvent acquérir, quelles que soient leur race et leur provenance, un degré
ssement considérable.
oids est donc relatif au mode d'engraissement auquel on les soumet.
oins le poids courant, ou plutôt recherché par le commerce de la charcuterie et que les
font en sorte d'obtenir, varie de 90 à 150 kilogrammes.

Poids sur pied et rendement en viande nette des divers bestiaux.

				MOYENS			PETITS		
				...ids ...rut	RENDEMENT °/.	POIDS nét	POIDS brut	RENDEMENT °/.	POIDS net
	kilog.		kilog.	kilog.		kilog.	kilog.		kilog.
...s	1,100	65	715	750	58	435	400	54	216
...aux	1,000	63	630	700	58	406	375	52	195
...s.	900	60	540	650	55	358	350	50	175
...x.	250	64	160	150	60	90	55	55	30
...ns	75	49	37	50	44	22	25	40	10
...	270	80	216	140	74	104	65	70	46

Les chiffres indiqués ci-dessus ne peuvent concorder avec les poids moyens de l'année, lesquels sont établis d'après les renseignements journaliers recueillis sur le marché.

En effet, étant donnée la totalité des arrivages, il y a lieu de faire remarquer que les animaux d'un poids considérable ne figurent que pour une faible quantité et par suite ne peuvent avoir une grande influence sur le poids de l'ensemble.

A titre indicatif, on donne ci-dessous l'appréciation du prix moyen établi d'après l'évaluation de chaque marché sur la totalité des animaux mis en vente :

Poids en viande nette des bestiaux.

MOIS	GROS BÉTAIL			VEAUX		
	NOMBRE d'animaux introduits	RENDEMENT EN VIANDE NETTE		NOMBRE d'animaux introduits	RENDEMENT EN VIANDE NETTE	
		Poids moyen	Nombre de kilogrammes		Poids moyen	Nombre de kilogrammes
Janvier	29,058	325	9,443,850	14,488	80	1,159,040
Février	23,833	324	7,721,892	12,733	80	1,048,640
Mars	23.867	326	7,780,642	13,092	81	1,060,452
Avril	24,368	328	7,992.704	15,595	81	1,263,196
Mai	24,357	324	7,891,668	16,779	79	1,325,544
Juin	23,983	324	7.770,492	14,841	79	1,172,439
Juillet	29,721	327	9.719,748	16,903	79	1,335,237
Août	26,502	333	8,825,166	14.764	80	1,181.120
Septembre	28,834	325	9.371,050	12,146	80	971,680
Octobre	29,268	325	9,512,100	13,377	80	1,070,160
Novembre	27,384	325	8,899,800	12,915	78	1,007,370
Décembre	27,454	326	8,950,004	11,677	79	922,483
Total (année 1894)	318.632	326	103,879,116	169,310	80	13,487,457
— (année 1893)	354,128	324	114,737,472	192,507	80	15,400,560
Pour 1894 : Diminution	35.496	»	10,858.356	23,197	»	1,913,103

MOIS	MOUTONS			PORCS		
	NOMBRE d'animaux introduits	RENDEMENT EN VIANDE NETTE		NOMBRE d'animaux introduits	RENDEMENT EN VIANDE NETTE	
		Poids moyen	Nombre de kilogrammes		Poids moyen	Nombre de kilogrammes
Janvier	166.284	20	3,325,680	43,000	78	3,354,000
Février	147.286	20	2,945,720	35,835	78	2,796,130
Mars	153,473	20	3,069,460	36,256	78	2,827,968
Avril	165.484	20	3,309,680	36.307	78	2,847,546
Mai	152,234	20	3,044,680	38,130	77	2,936,010
Juin	134,912	20	2,698.240	34,825	79	2,754,175
Juillet	143,297	20	2,865,940	37,150	79	2,934,850
Août	145,238	20	2,904.760	37,465	81	3,034,665
Septembre	144,501	19	2,745.519	36,666	84	2,969,946
Octobre	167,452	20	3.349,040	38,221	80	3,057,680
Novembre	152,279	19	2,893,301	36,936	81	2,991,846
Décembre	157,469	20	3,149,380	33,620	82	2,756,840
Total (année 1894)	1,829,909	20	36,301,400	444,611	79	35,257,626
— (année 1893)	1,890,584	20	37,991,680	509,093	78	39,709,254
Pour 1894 : Diminution	69.675	»	1,690.280	64,482	»	4,451,628

Prix de vente des bestiaux.

Les animaux de boucherie se vendent au marché de La Villette de deux façons :

1° Au poids de viande nette jugé à l'œil ; 2° au poids vif, c'est-à-dire après pesage.

On entend par poids net le poids en viande que rend l'animal après abatage, façonnage et les issues retirées. Les issues comprennent le cuir, le suif et l'abat complet (cœur, mou, foie et rate); elles constituent ce que les bouchers appellent *le cinquième quartier ou la décharge.*

Le gros bétail, les veaux et les moutons sont vendus presque exclusivement au poids net. Cependant, si le rendement fait l'objet d'une discussion entre le vendeur et l'acheteur, la vente se fait à la livre ou au quintal mort, c'est-à-dire au rendement que donnera la viande abattue.

La vente des porcs se fait au poids vif, c'est-à-dire sur pied.

Prix moyen du kilogramme de viande nette pour chaque espèce de bétail.

MOIS	BŒUFS	TAUREAUX	VACHES	VEAUX	MOUTONS	PORCS
	fr. c.	fr. c.	fr. c.	fr. c.	fr. c.	fr. c.
Janvier	1 30	1 05	1 24	2 06	1 79	1 51
Février	1 33	1 12	1 25	2 04	1 87	1 55
Mars	1 44	1 23	1 36	1 94	1 96	1 58
Avril	1 56	1 37	1 49	1 96	2 01	1 73
Mai	1 62	1 36	1 57	1 81	1 92	1 85
Juin	1 61	1 30	1 54	1 67	1 86	1 81
Juillet	1 55	1 27	1 47	1 69	1 83	1 82
Août	1 62	1 40	1 52	1 72	1 79	1 79
Septembre	1 65	1 34	1 55	1 98	1 78	1 65
Octobre	1 57	1 36	1 47	2 03	1 76	1 49
Novembre	1 55	1 32	1 44	1 99	1 80	1 49
Décembre	1 56	1 32	1 43	2 08	1 81	1 54
Prix moyen de l'année 1894	1 53	1 29	1 44	1 91	1 85	1 65
— de l'année 1893	1 31	1 03	1 18	1 77	1 69	1 43
Pour 1894 : Augmentation	» 22	» 26	» 26	» 14	» 16	» 22

Tarifs des chemins de fer français.

Les frais de transport à payer aux diverses compagnies, d'après le tarif général, pour l'envoi des bestiaux, se détaillent comme suit :

DÉSIGNATION	GROS BÉTAIL	VEAUX ET PORCS	MOUTONS	OBSERVATIONS
Transport	0 fr. 10 c.	0 fr. 04 c.	0 fr. 02 c.	Par tête et par kilomètre.
Manutention	1 franc.	0 fr. 40 c.	0 fr. 20 c.	Par tête.
Désinfection	0 fr. 30 c.	0 fr. 15 c.	0 fr. 05 c.	Par tête.

Tarifs de douane.

Tous les bestiaux étrangers introduits en France sont assujettis au paiement des droits de douane, dont le montant figure dans le tableau ci-après :

DÉSIGNATION DES BESTIAUX	DROIT FIXE	DROITS SECONDAIRES	
		STATISTIQUE	VISITE SANITAIRE
Bœufs	10 fr. les 100 kil. (poids vif).	10 centimes par tête	50 centimes par tête
Vaches	10 id. id.		
Taureaux	10 id. id.		
Veaux	12 id. id.		
Moutons	15 50 id. id.		10 centimes par tête
Boucs et chèvres	2 » par tête.		
Porcs	8 » les 100 kil. (poids vif).		

On n'importe généralement que du gros bétail et des moutons.

Animaux malades. — **Tableau comparatif du nombre d'animaux malades.**

MOIS		NOMBRE D'ANIMAUX MALADES	GROS BÉTAIL				VEAUX			MOUTONS				PORCS			
			FIÈVRE APHTEUSE	TUBERCULOSE	CHARBON	TOTAL	FIÈVRE APHTEUSE	TUBERCULOSE	TOTAL	FIÈVRE APHTEUSE	GALE	CLAVELÉE	TOTAL	FIÈVRE	PNEUMO-ENTÉRITE	ROUGET	TOTAL
Janvier		160	85	»	»	85	»	»	»	»	3	»	3	71	»	1	72
Février		117	27	1	»	28	»	»	»	»	46	»	46	40	»	33	73
Mars		17	7	»	»	7	»	»	»	»	2	»	2	5	»	3	8
Avril		52	»	4	1	5	»	»	»	39	4	»	43	»	4	»	4
Mai		16	1	4	»	5	»	»	»	»	»	»	»	»	»	11	11
Juin		30	3	2	»	5	»	»	»	21	»	»	21	1	1	2	4
Juillet		42	22	6	»	28	»	»	»	»	»	8	8	4	»	2	6
Août		50	»	2	»	2	»	»	»	»	7	19	26	17	5	»	22
Septembre		157	14	3	»	17	1	»	1	65	1	5	71	68	»	»	68
Octobre		94	26	2	»	28	1	»	1	»	48	15	63	2	»	»	2
Novembre		72	11	»	»	11	»	»	»	»	52	6	58	3	»	»	3
Décembre		7	»	4	»	4	»	»	»	»	3	»	3	»	»	»	»
Totaux...	Année 1894...	814	196	28	1	225	2	»	2	125	136	53	314	211	10	52	273
	— 1893...	918	333	50	»	383	3	1	4	4	137	3	144	191	189	7	387
Pour 1894.	Augmentation..	»	»	»	1	»	»	»	»	121	»	50	170	20	»	45	»
	Diminution....	104	137	22	»	158	1	1	2	»	1	»	»	»	179	»	114

Désinfection.

L'assainissement du Marché aux bestiaux a lieu deux fois par semaine, c'est-à-dire après chaque marché.

Ce service a été organisé le 1er mai 1888, en vertu d'une délibération du Conseil municipal en date du 31 mars précédent.

Le personnel y attaché comprend 70 agents, dont 2 surveillants, 4 chefs d'équipe et 64 ouvriers.

Le matériel servant à la désinfection du marché est approprié à la nature même des objets à nettoyer et par suite est très complexe.

Une fois le lavage terminé, le sol et les parties en élévation sont désinfectés à l'aide d'antiseptiques.

RECETTES.

Les recettes du Marché aux bestiaux sont de diverses sortes et figurent en détail sur les tableaux ci-après :

Droit de place. — Produits par espèce de bétail.

ESPÈCES	QUANTITÉS INTRODUITES 1893	QUANTITÉS INTRODUITES 1894	TARIF	SOMMES PERÇUES 1893	SOMMES PERÇUES 1894	POUR 1894 — DIMINUTION
	têtes.	têtes.	par tête.	fr. c.	fr. c.	fr. c.
Gros bétail	354,128	318,632	3 francs.	1,062,384 »	955,896 »	106,488 »
Veaux	192,507	169,310	1 —	192,507 »	169,310 »	23,197 »
Moutons	1,899,584	1,829,909	30 cent.	569,875 20	548,972 70	20,902 50
Porcs	509,093	444,611	1 franc.	509,093 »	444,611 »	64,482 »
				2,333,859 20	2,118,789 70	215,069 50

Droit de séjour. — Produits par espèce de bétail.

ESPÈCES	QUANTITÉS SOUMISES AUX DROITS 1893	QUANTITÉS SOUMISES AUX DROITS 1894	TARIF	SOMMES PERÇUES 1893	SOMMES PERÇUES 1894	POUR 1894 — DIMINUTION
	têtes.	têtes.	par tête.	fr. c.	fr. c.	fr. c.
Gros bétail	322,301	253,370	50 cent.	161,150 50	126,685 »	34,465 50
Veaux	76,750	53,942	20 —	15,350 »	10,788 40	4,561 60
Moutons	1,396,165	1,128,917	5 —	69,808 25	56,445 85	13,362 40
Porcs	281,279	214,774	10 —	28,127 90	21,477 40	6,650 50
				274,436 65	215,396 65	59,040 »

Produit de la taxe de désinfection.

ESPÈCES	NOMBRE DE BESTIAUX SOUMIS A LA TAXE de désinfection 1893	NOMBRE DE BESTIAUX SOUMIS A LA TAXE de désinfection 1894	TARIF	SOMMES PERÇUES 1893	SOMMES PERÇUES 1894	POUR 1894 — DIMINUTION
	têtes.	têtes.	par tête.	fr. c.	fr. c.	fr. c.
Gros bétail	354,128	318,632	» 25	88,532 »	79,658 »	8,874 »
Veaux	192,507	169,310	» 10	19,250 70	16,931 »	2,319 70
Moutons	1,899,584	1,829,900	» 025	47,489 60	45,747 72	1,741 88
Porcs	509,093	444,611	» 15	76,363 95	66,691 65	9,672 30
				231,636 25	209,028 37	22,607 88

Sanatorium. — Produit de la taxe.

ESPÈCES	NOMBRE D'ANIMAUX SOUMIS A LA TAXE		TARIF	SOMMES PERÇUES	
	1893	1894		1893	1894
	têtes	têtes	par tête	fr. c.	fr. c.
Moutons..................	375,447	486,330	0 fr. 10 c.	37,544 70	48,633 »
Pour 1894, augmentation...........				11,088 30	

Poids public.

Le droit de poids public est de 0 fr. 20 c. par 100 kilogrammes.

Cinq postes de pesage comprenant dix bascules romaines du système Chameroy, imprimant le poids et la date de l'opération, sont installées sous la halle aux porcs où la vente de ces animaux se fait au poids vif.

Néanmoins, on y pèse parfois du gros bétail, des veaux et des moutons.

Le pesage du gros bétail doit toujours être fait avant l'ouverture des ventes.

Droit de poids public. — Quantités pesées et produits perçus.

ESPÈCES	QUANTITÉS PESÉES EN		NOMBRE DE KILOGRAMMES PESÉS EN		TARIF par 100 kilog.	SOMMES PERÇUES		POUR 1894	
	1893	1894	1893	1894		1893	1894	AUGMENTATION	DIMINUTION
	têtes.	têtes.	kilog.	kilog.		fr. c.	fr. c.	fr. c.	fr. c.
Gros bétail...	212	521	128,962	261,415	20 cent.	263 25	531 45	268 20	» »
Veaux.......	4,476	3,999	651,255	594,043	—	1,368 05	1,249 95	» »	118 10
Moutons.....	370	1,451	14,438	58,690	—	29 30	118 80	89 50	» »
Porcs........	504,408	461,512	52,568,693	47,927,513	—	109,034 50	99,706 25	» »	9,328 25
			53,363,348	48,841,661		110,695 10	101,606 45	357 70	9,446 35
Pour 1894, diminution.......			4,521,687			9,088 65		9,088 65	

Recettes diverses.

En dehors des produits mentionnés dans les tableaux précédents, il est perçu au Marché aux bestiaux les diverses recettes énumérées ci-après :

OBJET DES RECETTES	SOMMES PERÇUES EN		DIMINUTION POUR 1894
	1893	1894	
	fr. c.	fr. c.	fr. c.
Vente des fumiers et transport d'office des bestiaux	31,100 »	27,916 67	3,183 33
Stationnement des voitures..............................	636 50	612 25	24 25
Location des buvettes....................................	6,000 »	6,000 »	» »
Location d'un terrain dépendant des buvettes...............	200 »	200 »	» »
Location d'un atelier aux mandataires de la charcuterie.....	500 »	500 »	» »
Location de travées pour la formation des bandes de bœufs et de moutons..	1,440 »	285 »	1,155 »
Location de bureaux......................................	1,590 »	1,590 »	» »
Location de resserres pour les abreuveurs de veaux.........	2,420 »	2,420 »	» »
Droit d'enregistrement....................................	» 80	» 80	» »
TOTAUX..........	43,887 30	39,524 72	4,362 58

Tableau récapitulatif des recettes effectuées au Marché aux bestiaux.

OBJET DES RECETTES	SOMMES PERÇUES EN 1893	SOMMES PERÇUES EN 1894	POUR 1894 Augmentation	POUR 1894 Diminution
	fr. c.	fr. c.	fr. c.	fr. c.
Droits de place	2,333,859 20	2,118,789 70	» »	215,069 50
Droits de séjour	274,436 65	215,396 65	» »	59,040 »
Taxe du sanatorium	37,544 70	48,633 »	11,088 30	» »
Taxe de désinfection	231,636 25	209,028 37	» »	22,607 88
Poids public	110,695 10	101,606 45	» »	9,088 65
Recettes diverses	43,887 30	39,524 72	» »	4,362 58
Totaux	3,032,059 20	2,732,978 89	11,088 30	310,168 61
Pour 1894, diminution	299,080 31		299,080 31	

ABATTOIR DE LA VILLETTE.

Introductions.

En 1894, les entrées de bestiaux de toute provenance ont été inférieures aux entrées de 1893. Par suite, le chiffre des abatages (1) et des viandes sorties a subi une forte diminution, principalement pour le bœuf, le veau et le porc.

Ces différences en moins sont la conséquence de la disette des fourrages de 1893, qui avait mis les producteurs dans la nécessité de se défaire d'une grande partie de leur bétail.

1° Gros bétail.

MOIS	INTRODUCTIONS	PROVENANCES — VENANT Du marché aux bestiaux	Par le chemin de fer de Ceinture	Par les portes de la r. de Flandre	RENDEMENT EN VIANDE Poids moyen	Nombre de kilogrammes
	têtes.	têtes.	têtes.	têtes.	kilog.	kilog.
Janvier	21,723	15,986	5,130	607	321	6,969,685
Février	18,741	14,155	3,646	940	343	6,419,963
Mars	20,055	15,063	3,301	1,691	332	6,650,712
Avril	20,919	15,084	3,786	2,049	308	6,438,527
Mai	20,570	14,477	4,945	1,148	312	6,417,701
Juin	17,543	13,324	3,753	466	342	5,998,924
Juillet	19,838	15,756	3,711	371	306	6,074,414
Août	17,891	14,183	3,084	627	303	5,423,839
Septembre	17,015	14,080	2,520	415	321	5,460,328
Octobre	19,692	16,988	2,343	361	310	6,095,765
Novembre	19,478	16,297	2,842	339	315	6,127,554
Décembre	19,031	14,632	4,066	333	332	6,420,464
Total (année 1894)	232,499	180,025	43,127	(1) 9,347	321	74,517,876
— (année 1893)	251,199	198,346	45,555	7,298	319	80,132,481
Pour 1894. Augmentation	»	»	»	2,049	»	»
Pour 1894. Diminution	18,700	18,321	2,428	»	»	5,614,605

(1) Dont 2,530 venant de l'intérieur de Paris.

(1) Tous les animaux introduits sont abattus. (La sortie des animaux vivants a été interdite par ordonnance du 3 décembre 1890.)

2° Veaux.

MOIS	INTRODUCTIONS	PROVENANCES — VENANT: Du marché aux bestiaux	Par le chemin de fer de Ceinture	Par les portes de la r. de Flandre	RENDEMENT EN VIANDE: Poids moyen	Nombre de kilogrammes
	têtes.	têtes.	têtes.	têtes.	kilog.	kilog.
Janvier	14,832	9,537	1,870	3,445	77	1,143,604
Février	13,847	8,342	1,725	3,780	77	1,066,219
Mars	14,846	8,428	1,962	4,456	78	1,157,968
Avril	15,952	9,830	1,818	4,304	74	1,170,448
Mai	17,160	9,910	1,840	5,410	73	1,252,680
Juin	17,169	9,499	2,080	5,620	74	1,270,506
Juillet	19,056	10,740	2,101	6,215	72	1,372,032
Août	16,183	9,144	1,693	5,346	70	1,132,810
Septembre	13,356	7,348	1,551	4,457	70	934,920
Octobre	14,198	8,332	1,814	4,052	76	1,079,048
Novembre	14,697	8,527	1,868	4,302	73	1,064,850
Décembre	13,599	7,757	1,828	4,014	76	1,033,524
Total (année 1894)	184,915	107,304	22,120	(1) 55,401	74	13,678,629
— (année 1893)	204,880	128,617	21,734	54,529	74	15,226,120
Pour 1894. Augmentation	»	»	386	872	»	»
Pour 1894. Diminution	19,965	21,223	»	»	»	1,547,491

(1) Dont 2,137 venant de l'intérieur de Paris.

3° Moutons, boucs et chèvres.

MOIS	INTRODUCTIONS	PROVENANCES — VENANT: Du marché aux bestiaux (*)	Par le chemin de fer de Ceinture	Par les portes de la r. de Flandre	(*) DONT AYANT PASSÉ par le sanatorium	RENDEMENT EN VIANDE: Poids moyen	Nombre de kilogrammes
	têtes.	têtes.	têtes.	têtes.	têtes.	kilog.	kilog.
Janvier	131,528	119,265	8,229	24,034	41,059	20	3,080,560
Février	129,386	107,549	6,451	15,586	45,032	20	2,590,720
Mars	132,890	115,405	5,132	12,353	64,631	20	2,657,800
Avril	136,329	120,517	4,966	10,846	75,512	18	2,453,922
Mai	140,747	98,930	6,127	35,690	55,592	18	2,533,446
Juin	129,810	77,263	5,840	46,707	38,541	19	2,466,390
Juillet	143,007	65,842	4,681	72,484	19,814	18	2,574,126
Août	143,547	56,342	4,874	82,331	12,319	19	2,727,393
Septembre	138,426	61,471	4,678	72,577	15,683	19	2,630,094
Octobre	149,936	84,510	8,191	57,235	23,279	22	3,298,592
Novembre	142,408	102,271	6,787	33,350	36,319	21	2,990,568
Décembre	132,193	107,832	6,400	18,261	58,549	20	2,643,860
Total (année 1894)	1,670,407	1,116,897	72,056	(1) 481,454	486,330	20	32,897,471
— (année 1893)	1,675,573	1,096,739	114,310	464,524	375,447	20	33,634,413
Pour 1894. Augmentation	»	20,158	»	16,930	110,883	»	»
Pour 1894. Diminution	5,166	»	42,254	»	»	»	1,036,942

(1) Dont 412 venant de l'intérieur de Paris.

4° *Porcs.*

MOIS	INTRO-DUCTIONS	PROVENANCES VENANT Du marché aux bestiaux	Par le chemin de fer de Ceinture	Par les portes de la r. de Flandre	RENDEMENT EN VIANDE Poids moyen	Nombre de kilogrammes
	têtes.	têtes.	têtes.	têtes.	kilog.	kilog.
…vier	17,438	14,261	2,244	933	75	1,300,226
…rier	15,724	12,904	2,083	737	74	1,155,536
…rs	15,723	13,449	1,892	382	70	1,094,885
…ril	15,247	13,495	1,324	428	70	1,057,944
…i	15,563	13,721	1,437	405	68	1,056,281
…n	15,345	12,507	2,031	807	73	1,114,088
…llet	15,714	12,988	2,025	701	69	1,079,335
…ût	15,896	12,876	2,627	393	64	1,016,421
…tembre	14,396	11,409	2,489	498	74	1,066,423
…obre	16,839	13,206	3,177	456	75	1,256,218
…vembre	17,377	13,557	3,131	689	74	1,301,716
…embre	15,617	11,562	3,590	465	81	1,273,036
Total (année 1894)	190,870	155,935	28,050	(1) 6,894	72	13,772,109
— (année 1893)	205,430	166,458	29,079	9,902	73	15,018,811
…r 1894 : Diminution	14,560	10,523	1,029	3,008	»	1,246,702

(1) Dont 152 venant de l'intérieur de Paris.

Viandes sorties. — Quantités et destinations.

MOIS	QUANTITÉS SORTIES	A DESTINATION DE PARIS	DE L'EXTÉRIEUR	BOUCHERIE	CHARCUTERIE
	kilog.	kilog.	kilog.	kilog.	kilog.
…vier	12,464,075	11,095,036	1,369,039	11,168,849	1,300,226
…rier	11,232,438	9,955,625	1,276,813	10,076,902	1,155,536
…s	11,561,385	10,188,181	1,373,204	10,466,500	1,094,885
…l	11,120,841	9,824,289	1,296,552	10,062,897	1,057,944
…	11,260,108	9,847,703	1,412,405	10,203,827	1,056,281
…n	10,849,908	9,416,314	1,433,594	9,735,820	1,114,088
…let	11,099,907	9,608,550	1,491,357	10,020,572	1,079,335
…t	10,300,463	8,818,515	1,481,948	9,284,042	1,016,421
…tembre	10,091,765	8,741,395	1,350,370	9,025,342	1,066,423
…obre	11,729,623	10,311,660	1,417,963	10,473,405	1,256,218
…vembre	11,484,688	10,149,122	1,335,566	10,182,972	1,301,716
…embre	11,370,884	10,039,504	1,331,380	10,097,848	1,273,036
…otal (année 1894)	134,566,085	117,995,894	16,570,191	120,793,976	13,772,109
— (année 1893)	144,011,825	126,277,518	17,734,307	128,993,014	15,018,811
…r 1894 : Diminution	9,445,740	8,281,624	1,164,116	8,199,038	1,246,702

Prix moyens des viandes, par espèce, dans les échaudoirs. — Renseignements fournis par les chambres syndicales de la boucherie et de la charcuterie.

MOIS	BŒUF (le kilog.)	VEAU (le kilog.)	MOUTON (le kilog.)	PORC (le kilog.)
	fr. c.	fr. c.	fr. c.	fr. c.
Janvier	1 32	1 80	1 60	1 42
Février	1 42	1 74	1 70	1 48
Mars	1 52	1 80	1 76	1 70
Avril	1 60	1 90	1 82	1 90
Mai	1 68	1 80	1 78	1 88
Juin	1 56	1 60	1 64	1 86
Juillet	1 52	1 66	1 62	1 88
Août	1 54	1 72	1 60	1 88
Septembre	1 56	1 96	1 58	1 78
Octobre	1 47	1 95	1 62	1 64
Novembre	1 46	1 98	1 66	1 60
Décembre	1 44	1 86	1 74	1 64
Prix moyen de l'année 1894	1 50	1 82	1 68	1 72
Id. 1893	1 28	1 52	1 40	1 36
Pour 1894 : Augmentation	» 22	» 30	» 28	» 36

MARCHÉ DE RÉASSORTIMENT.

Le marché de réassortiment est fréquenté par les bouchers de Paris et de la banlieue qui, en venant faire leurs achats à l'abattoir, apportent les sortes de viande dont ils ne trouvent pas le débit dans leurs étaux.

Introductions.

L'ouverture de ce marché a eu lieu le 30 mars 1872.

En 1894, les introductions ont été de	3.752.881 kil.
En 1893, elles avaient été de	3.972.185 kil.
Soit pour 1894 une diminution de	219.304 kil.

Introductions et provenances des viandes mises en vente.

MOIS	QUANTITÉS INTRODUITES	DÉTAIL DES PROVENANCES			
		VENANT par chemin de fer	VENANT de l'abattoir	VENANT PAR LES ÉTALIERS de Paris	VENANT PAR LES ÉTALIERS de la banlieue
	kilog.	kilog.	kilog.	kilog.	kilog.
Janvier	315.670	10,500	269,632	6,038	29,500
Février	292,504	9.250	250,396	5,975	26,880
Mars	310,966	9,453	268,405	5,421	27,687
Avril	329,837	11,038	285,299	6,000	27,500
Mai	318,407	12,683	270.917	6,540	27,965
Juin	329.252	11.716	278,389	9,550	29,597
Juillet	333,270	8,497	292,581	10,752	21,440
Août	314,783	9,750	274,527	5,945	24.561
Septembre	260,350	5,900	224,725	9,100	20,625
Octobre	313,424	9.141	272,244	4,636	27,403
Novembre	300,766	7,210	260,634	5,692	27,230
Décembre	333,955	9.006	280,104	10,771	34,074
Total (année 1894)	3,752,881	114.146	3.227,853	86.420	324,462
— (année 1893)	3,972,185	146,801	3,257,022	149,091	419,271
Pour 1894 : Diminution	219,304	32,655	29.169	62,671	94,809

Répartition des apports par espèces de viandes. — Ventes à la criée et à l'amiable.

MOIS	QUANTITÉS INTRODUITES	BŒUF	VEAU	MOUTON	PORC	QUANTITÉS VENDUES à la criée	QUANTITÉS VENDUES à l'amiable
Janvier	315,670	226,706	43,436	40,935	4,593	37,647	278,023
Février	292,501	208,006	43,012	40,539	1,944	32,627	259,874
Mars	310,966	231,600	40,276	36,167	2,923	35,538	275,408
Avril	329,837	246,551	41,209	40,353	1,524	34,852	294,985
Mai	318,407	233,411	43.226	40,443	1,027	33,845	284,562
Juin	329,252	242,296	46,583	39,777	596	42,922	286,330
Juillet	333,270	257,512	43,559	32,199	»	34,355	298,915
Août	314.783	235,409	41,481	37.893	»	27,822	286,961
Septembre	260,350	198,229	30,951	31,110	60	23,857	236,493
Octobre	313,424	234.346	40.469	37.735	1,174	31,149	282,275
Novembre	300.766	233,628	38,552	28,552	34	30,665	270.101
Décembre	333,955	246,856	47.244	39,357	498	35.644	298,311
Total (année 1894)	3,752.881	2,794,550	498.608	445,260	14,373	400,643	3,352,238
— (année 1893)	3,972,185	2,901,403	626,047	428,772	15,963	385,000	3,587,185
Pour 1894 Augmentation	»	»	»	16.488	»	15,643	»
Pour 1894 Diminution	219.304	106,853	127,349	»	1,590	»	234,947

Cours des viandes.

Par suite de la diminution des quantités introduites, le cours des viandes a été plus élevé en 1894, mais il convient de tenir compte de la qualité des viandes vendues ; l'année dernière une partie des marchandises était assez médiocre, tandis qu'en 1894 la viande en général a été de bonne qualité.

Prix moyen du kilogramme de viande par espèce et par qualité.

MOIS	BŒUF 1re qualité	BŒUF 2e qualité	BŒUF 3e qualité	VEAU 1re qualité	VEAU 2e qualité	MOUTON 1re qualité	MOUTON 2e qualité	PORC 1re qualité	PORC 2e qualité
	fr. c.	fr. c.	fr. c.	fr. c.	fr. c.	fr. c.	fr. c.	fr. c.	fr. c.
Janvier	2 58	1 59	» 90	2 10	1 40	2 57	1 40	1 15	» 60
Février	2 68	1 71	» 92	2 21	1 55	2 62	1 50	1 19	» 68
Mars	2 92	1 90	» 95	2 35	1 68	2 55	1 67	1 30	» 83
Avril	3 20	2 18	1 10	2 60	1 75	3 14	2 05	1 30	» 83
Mai	3 40	2 35	1 28	2 70	1 75	3 30	2 10	1 38	» 88
Juin	3 50	2 60	1 30	2 58	1 74	3 38	2 10	1 40	» 90
Juillet	3 50	2 56	1 32	2 51	1 67	3 40	2 10	1 39	» 90
Août	3 60	2 62	1 39	2 56	1 60	3 47	2 08	1 40	» 90
Septembre	3 55	2 67	1 63	2 64	1 72	3 42	2 10	1 34	» 90
Octobre	3 20	2 42	1 44	2 34	1 62	3 17	1 98	1 30	» 80
Novembre	2 67	1 83	1 20	2 21	1 61	2 90	1 84	1 34	» 81
Décembre	2 52	1 52	1 10	2 28	1 60	2 61	1 90	1 40	» 80
Prix moyen de l'année 1894	3 11	2 17	1 21	2 44	1 64	3 07	1 90	1 32	» 81
Prix moyen — 1893	2 53	1 47	» 75	1 99	1 23	2 58	1 47	1 02	» 61
Pour 1894. — Augmentation	» 58	» 70	» 46	» 45	» 41	» 49	» 43	» 30	» 20

Prix moyens par espèce et par catégorie.

DESIGNATION DES ESPÈCES par catégories	DESIGNATION DES MORCEAUX	QUALITÉS 1re	2e	3e
		fr. c.	fr. c.	fr. c.
Bœuf 1re catégorie	Aloyaux	3 70	2 10	» 90
	Trains de côté	2 50	1 60	» 80
	Tranches grasses	2 30	1 70	» 90
	Tende de tranches	2 10	1 60	» 90
	Semelles	1 80	1 30	» 70
	Cuisses	1 80	1 40	» 70
Bœuf 2e catégorie	Cols, joue	1 »	» 70	» 20
	Pis, surlonge	1 30	» 70	» 20
	Plats de côte	1 40	1 10	» 50
	Bavettes	1 40	1 10	» 50
	Palerons	1 40	1 »	» 50
	Derrières de paleron	1 70	1 30	» 80
	Macreuses	1 30	1 »	» 40
	Jambes	1 »	» 80	» 30
Veau 1re catégorie	Pans de veau	2 80	2 20	1 20
	Cuissots de veau	2 90	2 30	1 50
	Carrés de veau	2 80	2 30	1 50
Veau 2e catégorie	Longes	2 »	1 70	1 10
	Poitrines	2 »	1 40	» 90
	Epaules	1 90	1 40	» 90
Mouton 1re catégorie	Gigots	2 90	2 10	1 50
	Carrés	5 10	3 10	1 90
Mouton 2e catégorie	Poitrines et collets	1 50	1 10	» 40
	Epaules	1 80	1 20	» 80
	Filets	1 80	1 30	» 70
	Bas carrés	2 60	1 80	» 90
Porc 1re catégorie	Filets	1 50	1 40	1 10
	Reins	1 46	1 36	1 10
	Jambons	1 46	1 40	1 10
Porc 2e catégorie	Poitrines	1 30	1 26	1 »
	Epaules	1 30	1 26	1 »
	Colliers	1 30	1 24	1 »
	Têtes	» 60	» 50	» 40

MOIS	BŒUF		PRIX	VEAU		PRIX	MOUTON		PRIX	PORC		PRIX
	KILOGRAMMES	PRODUIT	MOYEN	KILOGRAMMES	PRODUIT	MOYEN	KILOGRAMMES	PRODUIT	MOYEN	KILOGRAMMES	PRODUIT	MOYEN
Janvier	107,587 4	130,282 40	1 21	23,949 1	39,169 25	1 63	23,855 6	43,953 37	1 84	781 3	940 56	1 20
Février	91,719 4	122,628 23	1 33	24,758 8	41,791 96	1 70	22,910 1	43,610 73	1 90	206 2	278 [illegible]	1 35
Mars	101,541 2	153,578 21	1 51	22,289 4	39,746 70	1 73	23,048 3	49,862 55	2 09	»	» »	» »
Avril	96,683 6	159,481 73	1 65	21,173 3	38,974 62	1 84	19,439 »	42,207 92	2 17	377 »	569 65	1 54
Mai	86,817 »	149,298 06	1 72	24,795 »	43,605 71	1 75	20,438 2	42,963 32	2 10	172 3	277 [illegible]	1 61
Juin	105,566 »	167,809 38	1 60	30,355 2	46,744 39	1 49	19,661 5	38,777 88	1 97	»	» »	» »
Juillet	97,451 »	149,166 84	1 55	25,686 3	42,836 66	1 67	16,141 5	30,900 93	1 92	»	» »	» »
Aout	79,290 1	125,776 17	1 69	22,773 »	40,655 30	1 80	14,491 1	27,802 34	1 91	»	» »	» »
Septembre	72,072 6	113,384 47	1 57	16,119 7	30,692 53	1 90	15,203 8	28,518 43	1 86	»	» »	» »
Octobre	88,056 »	130,745 63	1 48	22,130 4	40,836 38	1 82	18,684 4	35,124 76	1 88	95 7	141 38	1 47
Novembre	91,395 6	128,861 32	1 41	23,712 6	43,924 26	1 85	20,329 6	40,617 92	2 »	»	» »	» »
Décembre	103,442 2	151,431 32	1 46	29,049 1	51,187 47	1 76	23,162 9	44,319 17	1 91	497 8	830 23	1 66
Année 1894	1,121,622 1	1,683,443 46	1 50	287,094 9	500,165 23	1 74	237,460 »	468,659 35	1 97	2,130 3	3,037 38	1 42
— 1863	1,373,242 5	1,624,724 22	1 18	376,227 8	530,452 39	1 41	272,935 2	522,196 72	1 91	9,595 7	11,661 35	1 21
Pour 1894. Augmentation	»	58,719 24	» 32	»	» »	» 33	»	» »	» 06	»	» »	» 21
Pour 1894. Diminution	251,620 4	»	» »	89,135 9	30,287 16	» »	35,475 2	53,537 37	» »	7,465 4	8,623 97	» »

Abattoirs de la rive gauche.

L'abattoir des Fourneaux est exclusivement réservé à l'abatage des porcs ; l'abattoir de Grenelle, à l'abatage des animaux de boucherie.

A l'abattoir de Villejuif, on abat les animaux de boucherie et les chevaux.

Tous les animaux introduits dans les abattoirs sont abattus. (La sortie des animaux vivants a été interdite par ordonnance du 3 décembre 1890.)

Les abattoirs de la rive gauche ont produit, en 1894, 26,003,128 kilog. de viande de boucherie et de charcuterie, contre 28,791,803 kilog. en 1893 ; soit, pour l'année 1894, une diminution de 2,788,675 kilog.

Les causes de diminution sont les mêmes que celles indiquées à l'abattoir de La Villette.

Abattoir de Grenelle.

Introductions, provenances et rendement en viande.

1° Gros bétail.

MOIS	INTRODUCTIONS	PROVENANCES		RENDEMENT EN VIANDE	
		VENANT du Marché aux bestiaux	ENVOIS DIRECTS	POIDS moyen	NOMBRE de kilogrammes
	têtes.	têtes.	têtes.	kilog.	kilog.
Janvier	2,412	1,076	1,336	307	740.705
Février	1.978	1.021	957	319	632,230
Mars	2,249	1,177	1,072	297	668,518
Avril	2,206	1.011	1.195	257	568,892
Mai	2,528	1,033	1,495	246	623,725
Juin	2,225	1,080	1.145	281	626,094
Juillet	2.466	1.412	1,054	253	625,423
Août	2,255	1,423	832	250	564,823
Septembre	2,124	1.482	642	270	574,961
Octobre	2,283	1,587	696	267	612,187
Novembre	2,333	1,511	822	278	648,674
Décembre	2,138	1,048	1.090	329	703,667
Total (année 1894)	27,197	14,861	12,336 (1)	279	7,589,899
— (année 1893)	29,235	16,633	12.602	283	8,288,121
Pour 1894 : Diminution	2.038	1,772	266	»	698,222

(1) Dont venus par chemins de fer 10.303
— par les portes de Paris 799
— de l'intérieur de Paris 1.234
Ensemble 12.336

2° Veaux.

MOIS	INTRODUCTIONS	PROVENANCES		RENDEMENT EN VIANDE	
		VENANT du Marché aux bestiaux	ENVOIS DIRECTS	POIDS moyen	NOMBRE de kilogrammes
	têtes.	têtes.	têtes.	kilog.	kilog.
Janvier	2,423	1,048	1,375	77	186,571
Février	2,293	939	1,354	77	176,561
Mars	2,445	853	1,592	78	190,710
Avril	2,856	1,156	1,700	74	211,344
Mai	3,413	1,124	2,289	73	249,149
Juin	3,332	814	2,518	74	246,568
Juillet	3,536	943	2,593	72	254,592
Août	2,899	914	1,985	70	202,930
Septembre	2,358	791	1,567	70	165,060
Octobre	2,604	852	1,752	76	197,904
Novembre	2,645	911	1,734	75	198,375
Décembre	2,532	759	1,773	76	192,432
Total (année 1894)	33,336	11,104	22,232 (1)	74	2,472,196
— (année 1893)	35,123	9,902	25,221	74	2,599,102
Pour 1894 { Augmentation	»	1,202	»	»	»
Pour 1894 { Diminution	1,787	»	2,989	»	126,906

(1) Dont venus par chemins de fer 21.589
— par les portes de Paris 336
— de l'intérieur de Paris 307
Ensemble 22.232

3° Moutons.

MOIS	INTRODUCTIONS	PROVENANCES		RENDEMENT EN VIANDE	
		VENANT du Marché aux bestiaux	ENVOIS DIRECTS	POIDS moyen	NOMBRE de kilogrammes
	têtes.	têtes.	têtes.	kilog.	kilog.
Janvier	16,601	8,527	8,074	20	332,020
Février	13,779	6,908	6,871	20	275,580
Mars	14,282	7,837	6,445	20	285,640
Avril	15,109	8,881	6,228	18	271,962
Mai	15,925	9,063	6,862	18	286,650
Juin	15,893	7,099	8,794	19	301,967
Juillet	19,897	7,383	12,514	18	358,146
Août	20,308	6,313	13,995	19	385,852
Septembre	17,617	5,907	11,710	19	334,723
Octobre	18,430	9,977	8,453	22	405,460
Novembre	18,120	8,683	9,437	21	380,520
Décembre	16,841	9,327	7,514	20	336,820
Total (année 1894)	202,802	95,905	106,897 (1)	20	3,955,340
— (année 1893)	211,237	95,613	115,624	20	4,224,740
Pour 1894 { Augmentation	»	292	»	»	»
Pour 1894 { Diminution	8,435	»	8,727	»	269,400

(1) Dont venus par chemins de fer 82.913
— par les portes de Paris 23.778
— de l'intérieur de Paris 206
Ensemble 106.897

Viandes sorties (Boucherie). — *Quantités et destinations.*

MOIS	QUANTITÉS SORTIES	A DESTINATION DE PARIS	A DESTINATION DE L'EXTÉRIEUR
	kil.	kil.	kil.
Janvier	1,259,296	1,089,638	169,658
Février	1,084,371	933,516	150,855
Mars	1,144,868	968,450	176,418
Avril	1,052,198	886,830	165,368
Mai	1,159,524	960,748	198,776
Juin	1,174,629	969,947	204,682
Juillet	1,238,161	1,013,826	224,335
Août	1,153,605	927,587	226,018
Septembre	1,074,744	868,163	206,581
Octobre	1,215,551	1,011,763	203,788
Novembre	1,227,569	1,037,087	190,482
Décembre	1,232,919	1,036,155	196,764
Total (année 1894)	14,017,435	11,703,710	2,313,725
— (année 1893)	15,111,963	12,996,128	2,115,835
Pour 1894 { Augmentation	»	»	197,890
Pour 1894 { Diminution	1,094,528	1,292,418	»

ABATTOIR DE VILLEJUIF.

Introductions, provenances et rendement en viande.

1° Gros bétail.

MOIS	INTRODUCTIONS	PROVENANCES: VENANT du Marché aux bestiaux	PROVENANCES: ENVOIS DIRECTS	RENDEMENT EN VIANDE: POIDS moyen	RENDEMENT EN VIANDE: NOMBRE de kilogrammes
	têtes.	têtes.	têtes.	kilog.	kilog.
Janvier	1,189	1,026	163	239	285,204
Février	1,142	1,001	141	224	255,834
Mars	1,178	1,087	91	218	257,602
Avril	1,294	946	348	189	245,808
Mai	1,295	787	508	180	234,224
Juin	1,136	698	438	202	229,706
Juillet	1,345	757	588	167	224,898
Août	1,268	821	447	188	238,998
Septembre	1,420	1,083	337	161	229,904
Octobre	1,161	888	273	204	236,963
Novembre	1,084	865	219	218	236,102
Décembre	996	640	356	270	269,216
Total (année 1894)	14,508	10,599	3,909 (1)	203	2,944,519
— (année 1893)	14,940	6,060	8,880	200	2,992,598
Pour 1894. { Augmentation	»	4,539	»	»	»
Pour 1894. { Diminution	432	»	4,971	»	48,079

(1) Dont venus par chemins de fer 3.389
— par les portes de Paris 264
— de l'intérieur de Paris 256
Ensemble 3.909

2° Veaux.

	têtes.	têtes.	têtes.	kilog.	kilog.
ier.	679	646	33	77	52,283
ier.	606	518	88	77	46,662
.	727	696	31	78	56,706
l.	747	694	53	74	55,278
	912	682	230	73	66,576
	783	590	193	74	57,942
ct.	963	632	331	72	69,336
t.	804	589	215	70	56,280
embre	690	343	347	70	48,300
bre	721	471	250	76	54,796
embre	568	502	66	75	42,600
mbre	556	474	82	76	42,256
Total (année 1894)	8,756	6,837	1,919 (1)	74	649,015
— (année 1893)	9,240	5,174	4,066	74	683,760
1894. Augmentation	»	1.663	»	»	»
1894. Diminution	484	»	2,147	»	34,745

(1) Dont venus par chemins de fer 1.796
— par les portes de Paris 37
— de l'intérieur de Paris 86
Ensemble 1.919

	têtes.	têtes.	têtes.	kilog.	kilog.
er.	3,094	807	2,287	20	61,880
er.	2,289	1,455	834	20	45,780
	2,350	1,645	705	20	47,000
	4,133	1,992	2,141	18	74,394
	4,644	981	3,663	18	83,592
	3.581	647	2,934	19	68,039
t.	5.398	616	4,782	18	97,164
	6,304	536	5,768	19	119,776
mbre	5,561	43	4,818	19	105,659
re	4.266	818	3,448	22	93,852
mbre	3,470	1.005	2.465	21	72,870
mbre	2,292	825	1,467	20	45,840
Total (année 1894)	47,382	12,070	35.312 (1)	20	945,846
— (année 1893)	76.908	12,439	64.469	20	1,538,160
1894 : Diminution	29.526	369	29.157	»	622,314

(1) Dont venus par chemins de fer 20.799
— par les portes de Paris 14.498
— de l'intérieur de Paris 15
Ensemble 35 312

Viandes sorties (Boucherie). — *Quantités et destinations.*

MOIS	QUANTITES	A DESTINATION DE	
		PARIS	L'EXTÉRIEUR
	kil.	kil.	kil.
Janvier	399,467	285,329	114,138
Février	348,273	247,555	100,718
Mars	361,868	250,017	111,884
Avril	375,475	263,888	111,587
Mai	384,399	265,594	118,805
Juin	355,687	231,767	123,920
Juillet	391,308	262,980	128,388
Août	415,048	286,016	129,032
Septembre	383,860	269,175	114,685
Octobre	385,611	255,365	130,246
Novembre	351,572	232,973	118,599
Décembre	357,312	230,626	126,686
Total (année 1894)	4,509,380	3,081,285	1,428,095
— (année 1893)	5,214,518	3,821,575	1,392,943
Pour 1894 { Augmentation	»	»	35,152
Pour 1894 { Diminution	705,138	740,290	»

BOUCHERIE HIPPOPHAGIQUE.

Nombre d'animaux abattus et rendement en viande nette.

MOIS	CHEVAUX	ANES	MULETS	TOTAL	RENDEMENT — NOMBRE DE KILOS.
	têtes.	têtes.	têtes.	têtes.	kil.
Janvier	1,829	33	2	1,864	460,950
Février	1,526	21	1	1,548	383,800
Mars	1,553	23	3	1,579	391,150
Avril	1,564	25	2	1,591	398,900
Mai	1,582	32	1	1,615	398,900
Juin	1,386	26	1	1,413	349,360
Juillet	1,395	15	3	1,413	350,850
Août	1,301	32	»	1,333	328,450
Septembre	1,309	23	3	1,335	330,150
Octobre	1,460	26	4	1,490	368,460
Novembre	1,418	24	3	1,505	372,500
Décembre	·1,504	14	2	1,520	377.800
Total (année 1894)	17,887	294	25	18,206	4,506,150
— (année 1893)	17,546	188	43	17,777	4,413,500
Pour 1894 { Augmentation	341	106	»	429	92,650
Pour 1894 { Diminution	»	»	18	»	»

Abattoir des Fourneaux.

Introductions, provenances et rendement en viande.

Porcs.

MOIS	INTRODUCTIONS	PROVENANCES		RENDEMENT EN VIANDE	
		VENANT du Marché aux bestiaux	ENVOIS DIRECTS	POIDS moyen	NOMBRE de kilogrammes
	têtes.	têtes.	têtes.	kilog.	kilog.
Janvier	10,687	2,939	7,748	70	752,163
Février	9,301	3,067	6,234	70	653,269
Mars	9,416	3,144	6,272	65	613,981
Avril	9,558	3,860	5,698	63	609,562
Mai	9,178	4,057	5,121	64	594,417
Juin	8,271	3,209	5,062	66	546,172
Juillet	8,500	3,566	4,934	65	555,205
Août	8,246	2,796	5,450	62	514,687
Septembre	8,152	2,314	5,838	68	554,508
Octobre	9,651	2,440	7,211	72	701,099
Novembre	9,859	2,796	7,063	71	705,872
Décembre	9,051	2,457	6,594	74	672,378
Total (année 1894)	109,870	36,645	73.225 (1)	68	7,476,313
— (année 1893)	121,610	33,082	88,528	69	8,465,322
Pour 1894. Augmentation	»	3,563	»	»	»
Pour 1894. Diminution	11,740	»	15,303	»	989,009

(1) Dont venus par chemins de fer 70.793
— par les portes de Paris 1.712
— de l'intérieur de Paris 720
Ensemble 73.225

Viandes sorties (Charcuterie). — *Quantités et destinations.*

MOIS	QUANTITÉS SORTIES	A DESTINATION DE	
		PARIS	L'EXTÉRIEUR
	kilog.	kilog.	kilog.
Janvier	752,163	745,637	6,526
Février	653,269	647,389	5,880
Mars	613,981	608,605	5,376
Avril	609,562	603,163	6,399
Mai	594,417	588,222	6,195
Juin	546,172	540,217	5,955
Juillet	555,205	549,183	6,022
Août	514,687	508,920	5,767
Septembre	554,508	548,248	6,260
Octobre	704,099	696,610	7,489
Novembre	705,872	699,403	6,469
Décembre	672,378	664,201	8,177
Total (année 1894)	7,476,313	7,399,798	76,515
— (année 1893)	8,465,322	8,388,568	76,754
Pour 1894 : Diminution	989,009	988,770	239

Abattoirs. — Récapitulation.

Introductions et provenances.

1° Gros bétail.

MOIS	INTRODUCTIONS TOTALES	REPARTITION DES INTRODUCTIONS		PROVENANCES	
		Abattoir de La Villette	Abattoirs de la rive gauche	VENANT du Marché aux bestiaux	ENVOIS DIRECTS
	têtes.	têtes.	têtes.	têtes.	têtes.
Janvier	25,324	21.723	3,601	18,088	7,236
Février	21.861	18.741	3,120	16,177	5,684
Mars	23,482	20.055	3,427	17,327	6,155
Avril	24,419	20.919	3,500	17,041	7,378
Mai	24,393	20.570	3,823	16,297	8,096
Juin	20,904	17,543	3,361	15,102	5,802
Juillet	23.649	19,838	3.811	17,925	5,724
Août	21.417	17.894	3,523	16,427	4,990
Septembre	20.559	17.015	3.544	16,645	3,914
Octobre	23,136	19,692	3,444	19,463	3,673
Novembre	22,895	19,478	3,417	18,673	4,222
Décembre	22,165	19,031	3,134	16,320	5,845
Total (année 1894)	274,204	232,499	41,705	205,485	68,719
— (année 1893)	295.374	251,199	44,175	221,039	74.335
Pour 1894 : Diminution	21,170	18,700	2,470	15,554	5,616

2° Veaux.

MOIS	INTRODUCTIONS TOTALES	REPARTITION DES INTRODUCTIONS		PROVENANCES	
		Abattoir de La Villette	Abattoirs de la rive gauche	VENANT du Marché aux bestiaux	ENVOIS DIRECTS
	têtes.	têtes.	têtes.	têtes.	têtes.
Janvier	17,954	14,852	3,102	11,231	6,723
Février	16,746	13,847	2,899	9.799	6,947
Mars	18,018	14,846	3,172	9,977	8,041
Avril	19,555	15,952	3,603	11,680	7,875
Mai	21,485	17.160	4,325	11.716	9,769
Juin	21,284	17,169	4,115	10,903	10,381
Juillet	23,555	19,056	4,499	12,315	11,240
Août	19,880	16,183	3.703	10,647	9,233
Septembre	16,404	13,356	3,048	8,482	7.922
Octobre	17,523	14,198	3,325	9,655	7,868
Novembre	17,910	14,697	3,213	9,940	7,970
Décembre	16,687	13,599	3,088	8,990	7,697
Total (année 1894)	227,007	184,915	42,092	125,335	101,672
— (année 1893)	249,243	204,880	44,363	143,693	105,550
Pour 1894 : Diminution	22,236	19.965	2,271	18,358	3,878

3° Moutons.

MOIS	INTRODUCTIONS TOTALES	RÉPARTITION DES INTRODUCTIONS		PROVENANCES	
		Abattoir de La Villette	Abattoirs de la rive gauche	VENANT du Marché aux bestiaux	ENVOIS DIRECTS
	têtes.	têtes.	têtes.	têtes.	têtes.
Janvier	171,223	151,528	19,695	128,599	42,024
Février	145,654	129,586	16,068	115,912	29,742
Mars	149,522	132,890	16,632	124,887	24.635
Avril	155,571	136,329	19,242	131,390	24,181
Mai	161,316	140,747	20,569	108,974	52,342
Juin	149,284	129,810	19,474	85,009	64,275
Juillet	168,302	143,007	25,296	73,841	94,461
Août	170,159	143,547	26,612	63,191	106,968
Septembre	161,604	138,426	23,178	67,821	93,783
Octobre	172,632	149,936	22,696	95.305	77,327
Novembre	163,998	142,408	21,590	111,959	52,039
Décembre	151,326	132,193	19,133	117,984	33,342
Total (année 1894)	1,920,591	1,670,407	250,184	1,224,872	695.719
— (année 1893)	1,963,718	1,675,573	288.145	1,204,791	758,927
Pour 1894 { Augmentation	»	»	»	20,081	»
Pour 1894 { Diminution	43,127	5,166	37,961	»	63,208

4° Porcs.

MOIS	INTRODUCTIONS TOTALES	RÉPARTITION DES INTRODUCTIONS		PROVENANCES	
		Abattoir de La Villette	Abattoirs de la rive gauche	VENANT du Marché aux bestiaux	ENVOIS DIRECTS
	têtes.	têtes.	têtes.	têtes.	têtes.
Janvier	28,125	17,438	10,687	17,200	10,925
Février	25,025	15,724	9,301	15,971	9,054
Mars	25,139	15,723	9,416	16,593	8,546
Avril	24,805	15,247	9,558	17,355	7,450
Mai	24,741	15,563	9.178	17,778	6,963
Juin	23,616	15,345	8,271	15,716	7,900
Juillet	24,214	15,714	8.500	16,554	7,660
Août	24,142	15,896	8,246	15,672	8,470
Septembre	22,548	14,396	8,152	13,723	8,825
Octobre	26,490	16,839	9,651	15,646	10,844
Novembre	27.236	17,377	9,859	16,353	10,883
Décembre	24,668	15,617	9.051	14,019	10,649
Total (année 1894)	300,749	190,879	109,870	192,580	108,169
— (année 1893)	327,049	205,439	121.610	199,540	127,509
Pour 1894 : Diminution	26,300	14,560	11,740	6,960	19,340

Introductions par espèce.

MOIS	QUANTITÉS INTRODUITES	VIANDE DE BOUCHERIE — BŒUF	VEAU	MOUTON	TOTAUX	VIANDE de PORC
	kil.	kil.	kil.	kil.	kil.	kil.
Janvier	3,845,248	1,498,657	1,324,994	486,921	3,310,572	534,676
Février	3,346,375	1,212,682	1,196,444	462,898	2,872,134	474,241
Mars	3,635,033	1,292,841	1,350,034	550,789	3,193,664	441,369
Avril	3,603,008	1,234,239	1,498,349	597,873	3,350,631	252,377
Mai	3,899,478	1,274,902	1,703,487	645,284	3,620,373	279,105
Juin	3,685,302	1,284,007	1,617,556	515,648	3,414,211	271,094
Juillet	3,256,945	1,244,017	1,266,912	522,247	3,033,176	223,769
Août	2,562,738	972,334	885,491	463,696	2,321,518	241,220
Septembre	2,532,334	931,635	832,340	426,001	2,189,976	342,358
Octobre	3,008,703	1,129,823	963,924	525,876	2,619,623	389,080
Novembre	2,948,814	1,125,834	894,623	521,867	2,542,344	406,470
Décembre	3,097,485	1,125,117 (1)	954,521	462,219	2,541,857	555,628
Total (année 1894)	39,421,463	14,340,105	14,488,655	6,181,319	35,010,079	(2) 4,411,384
— (année 1893)	47,027,358	18,257,509	17,120,504	6,936,185	42,314,195	4,713,163
Pour 1894 : Diminution	7,605,895	3,917,404	2,631,846	754,866	7,304,116	301,779

(1) Dont 345,139 kilog. de provenance étrangère.
(2) Dont 428,594 kilog. —

Détail des arrivages.

MOIS	QUANTITÉS AMENÉES	CHEMINS DE FER — Départements et étranger	PROPORTION	ABATTOIRS	PROPORTION	BANLIEUE	PROPORTION	VILLE	PROPORTION
	kilogr.	kilogr.	°/.	kilogr.	°/.	kilogr.	°/.	kilogr.	°/.
Janvier	3,845,248	1,945,248	50	1,100,000	30	230,000	6	570,000	14
Février	3,346,375	1,826,375	55	820,000	24	210,000	6	490,000	15
Mars	3,635,033	2,095,033	58	930,000	25	180,000	5	430,000	12
Avril	3,603,008	2,153,008	60	720,000	20	180,000	5	550,000	15
Mai	3,899,478	2,369,478	61	750,000	19	200,000	5	580,000	15
Juin	3,685,302	2,215,302	60	730,000	20	180,000	5	560,000	15
Juillet	3,256,945	1,986,945	61	650,000	20	140,000	5	480,000	14
Août	2,562,738	1,575,738	61	564,000	22	105,000	5	324,000	12
Septembre	2,332,334	1,363,334	62	522,000	20	112,000	5	335,000	13
Octobre	3,008,703	1,864,703	62	610,000	20	152,000	5	385,000	13
Novembre	2,948,814	1,872,014	64	603,000	20	121,000	4	352,000	12
Décembre	3,097,485	2,127,485	69	540,000	17	120,000	4	310,000	10
Total (année 1894)	39,421,463	23,592,463	59.8	8,556,000	21,7	1,930,000	4.9	5,343,000	13.6
— (année 1893)	47,027,358	25,020,000	53.2	13,080,000	27.8	2,687,358	5.7	6,240,000	13.2
Pour 1894 : Diminution	7,605,895	1,427,537	»	4,524,000	»	757,358	»	897,000	»

Départements expéditeurs.

Les départements ayant fait les plus forts envois peuvent être classés ainsi par ordre d'importance :

Viande de bœuf. — Seine, Sarthe, Maine-et-Loire, Mayenne, Manche, Calvados, Orne, Charente, Eure-et-Loir, Marne, Nièvre, Seine-Inférieure, Seine-et-Marne, Seine-et-Oise.

iande de veau. — Calvados, Sarthe, Charente, Charente-Inférieure, Loir-et-Cher, Indre-et-re, Haute-Vienne, Vienne, Ille-et-Vilaine, Creuse, Deux-Sèvres, Côtes-du-Nord, Gironde, Loire-rieure, Indre, Nièvre, Loiret.

iande de mouton. — Seine, Creuse, Vaucluse, Drôme, Haute-Vienne, Sarthe, Vienne, Cher, re-et-Loire, Isère, Charente, Aisne.

iande de porc. — Calvados, Loir-et-Cher, Creuse, Cher, Manche, Charente, Côtes-du-Nord, the, Finistère, Indre, Haute-Vienne.

Viandes étrangères.

es importations de viandes fraîches étrangères ont atteint, en 1894, les ntités de... 973.733 kil.
lles n'avaient été, en 1893, que de.................................... 623.010 —

Soit une augmentation de.......... 350.723 kil.

ette augmentation des apports étrangers est due à l'importation croissante des porcs de Belue et de Hollande (428,594 kilog.).

es aloyaux de bœuf, de provenance suisse, sont en diminution de 79,941 kilog., comparativent à 1893. Les prix de vente de cette viande de premier choix, très élevés en 1893, par suite de areté, ont été plus faibles en 1894. Cette qualité a été moins demandée que la basse viande.

'Australie a expédié 2,070 kilog. de bœuf en 1894.

Provenances étrangères.

MOIS	QUANTITÉS IMPORTÉES	SUISSE — BŒUF	BELGIQUE HOLLANDE — PORC	AUSTRALIE — BŒUF
	kilog.	kilog.	kilog.	kilog.
anvier	61,894	61,894	»	»
évrier	61,007	61,007	»	»
ars	68,162	68,162	»	»
vril	57,944	57,944	»	»
ai	86,010	60,839	23,946	1,225
uin	74,583	57,827	15,941	845
uillet	58,749	54,997	3,752	»
oût	24,864	18,536	6,328	»
eptembre	36,876	25,284	11,592	»
ctobre	91,939	26,338	65,601	»
ovembre	145,312	24,970	120,342	»
écembre	206,393	25,271	181,122	»
Totaux en 1894	973,733	543,069	428,594	2,070
— en 1893	623,010	623,010	»	»
our 1894 — Augmentation	350,723	»	428,594	2,070
our 1894 — Diminution	»	79,941	»	»

riée et amiable. — Sur les 39,421,463 kilog. d'introductions totales, les ventes à la criée rant pour 3,906,161 kilog., soit 10 %, et celles à l'amiable pour 35,515,302 kilog., soit 90 %.

Ventes à la criée et à l'amiable.

MOIS	QUANTITÉS VENDUES	A LA CRIÉE	PROPORTION	A L'AMIABLE	PROPORTION
	kilog.	kilog.	°/.	kilog.	°/.
Janvier	3,845,248	204,965	5.»	3,640,283	95.»
Février	3,346,375	213,421	6.»	3,132,954	94.»
Mars	3,635,033	276,513	7.5	3,358,520	92.5
Avril	3,603,008	274,653	7.6	3,328,355	92.4
Mai	3,899,478	293,296	7.5	3,606,182	92.5
Juin	3,685,302	288,052	7.8	3,397,250	92.2
Juillet	3,256,945	283,346	8.6	2,973,599	91.4
Août	2,562,738	220,994	8.6	2,341,744	91.4
Septembre	2,532,334	340,270	13.»	2,192,064	87.»
Octobre	3,008,703	457,482	15.3	2,551,221	84.7
Novembre	2,948,814	510,853	17.»	2,437,961	83.»
Décembre	3,097,485	542,316	18.»	2,555,169	82.»
Total (année 1894)	39,421,463	3,906,161	9.9	35,515,302	90.1
— (année 1893)	47,027,358	3,412,644	7.5	43,614,714	92.5
Pour 1894 — Augmentation	»	493,517		»	
Pour 1894 — Diminution	7,605,895	»		8,099,412	

Frais supportés par les expéditeurs sur 100 kilog. de marchandise expédiée aux Halles.

ESPÈCES	PROVENANCES	TRANSPORT CAMIONNAGE	DROITS de douane	DROITS d'octroi	FRAIS DES HALLES Décharge et découpage	FRAIS DES HALLES Abri	FRAIS DES HALLES Poids public	FRAIS DES HALLES Commiss. p. 100 k. 3 f. p. 100	FRAIS de correspondance et mandat	RETOUR des COLIS VIDES	TOTAL DES FRAIS	PRIX MOYENS des 100 kilog.
		fr. c.	fr. c.	fr. c.	fr. c.	fr. c.	fr. c.	fr. c.	fr. c.	fr. c.	fr. c.	fr. c.
	Alençon	5 90									26 68	
	Angers	8 45									28 93	
Bœuf	Le Mans	6 »			» 90			4 53			26 78	151 »
	Montoreau	2 55									23 33	
	Nevers	6 95									27 73	
	Saint-Lô	8 30									29 28	
	Angoulême	11 05									32 61	
	Caen	6 65									28 21	
Veau	Limoges	10 10			» 60			5 61			31 66	187 »
	Poitiers	8 65									30 21	
	Rennes	9 55	» »	11 60		2 10	» 20		» 75	» 70	31 11	
	Avignon	16 30									37 49	
	Bourges	6 50									27 69	
Mouton	Guéret	7 40			» 50			5 34			28 59	178 »
	Le Puy	13 50									34 69	
	Montélimar	14 90									36 09	
	Blois	5 25									25 98	
	Châteauroux	7 15									27 88	
Porc	Laval	8 40			» 70			4 68			29 13	156 »
	Saintes	11 85									32 58	
	Saint-Brieuc	11 40									32 13	
	Bâle	13 45									64 60	
Suisse.	Berne	13 40									63 55	
—	Chaux-de-Fonds	14 90									63 05	
	Neuchâtel	13 15	25 »	11 60	» 30	2 40	» 20	7 30	» 75	» 70	61 30	250 »
Bœuf	Saint-Gall	19 35									67 50	
Aloyaux.	Schaffouse	16 45									64 60	
	Zurich	16 75									64 90	

Prix de vente. — **Le prix de la viande a été assez élevé en 1894, eu égard à la rareté des animaux sur les marchés.**

Prix maximum et minimum de chaque espèce de viande.

MOIS	BŒUF 1re CATÉGORIE Aloyaux et filets		BŒUF 2e CATÉGORIE Quart de derrière		BŒUF 3e CATÉGORIE Quart de devant		VEAU 1re CATÉGORIE Pans et cuissots		VEAU 2e CATÉGORIE Entier 1re qualité		VEAU 3e CATÉGORIE Entier 2e qualité	
	Maxim.	Minim.	Maxim.	Minim.	Maxim.	Minim.	Maxim.	Minim.	Maxim.	Minim.	Maxim.	Minim.
	fr. c.	fr. c.	fr. c.	fr. c.	fr. c.	fr. c.	fr. c.	fr. c.	fr. c.	fr. c.	fr. c.	fr. c.
Janvier	2 74	1 19	1 74	» 60	1 31	» 50	2 67	1 52	2 32	2 06	1 73	1 26
Février	2 87	1 34	1 84	» 75	1 23	» 62	2 56	1 42	2 27	2 »	1 79	1 24
Mars	3 05	1 36	1 94	1 03	1 37	» 69	2 35	1 44	2 21	1 98	1 79	1 23
Avril	3 17	1 46	2 20	1 18	1 46	» 76	2 66	1 58	2 32	2 05	1 86	1 37
Mai	3 26	1 46	2 26	1 15	1 49	» 84	2 53	1 46	2 21	1 99	1 76	1 28
Juin	3 11	1 21	2 10	1 »	1 36	» 66	2 21	1 26	1 80	1 77	1 57	1 09
Juillet	3 16	1 38	2 01	1 02	1 28	» 56	2 26	1 39	2 04	1 80	1 63	1 22
Août	2 87	1 30	1 99	1 »	1 41	» 70	2 28	1 48	2 14	1 96	1 73	1 31
Septembre	2 48	1 22	1 81	» 99	1 45	» 71	2 41	1 62	2 22	2 06	1 82	1 20
Octobre	2 40	1 20	1 77	» 90	1 40	» 60	2 52	1 69	2 25	2 09	1 86	1 51
Novembre	2 53	1 20	1 79	» 90	1 40	» 60	2 58	1 80	2 29	2 11	1 87	1 53
Décembre	2 50	1 23	1 78	» 90	1 40	» 60	2 50	1 59	2 25	2 06	1 85	1 45
Prix moyen de 1894	2 84	1 29	1 93	1 »	1 38	» 65	2 47	1 52	2 19	1 99	1 77	1 30
— de 1893	2 88	1 21	1 77	» 76	1 14	» 44	2 34	1 32	2 03	1 79	1 64	1 03
Pour 1894 { Augmentation	» »	» 08	» 16	» 24	» 24	» 21	» 13	» 20	» 16	» 20	» 13	» 27
Pour 1894 { Diminution	» 04	» »	» »	» »	» »	» »	» »	» »	» »	» »	» »	» »

MOIS	MOUTON 1re CATÉGORIE Gigots et carrés		MOUTON 2e CATÉGORIE Entier 1re qualité		MOUTON 3e CATÉGORIE Entier 2e qualité		PORC 1re CATÉGORIE Reins et filets		PORC 2e CATÉGORIE Entier		PORC 3e CATÉGORIE Salaisons	
	Maxim.	Minim.	Maxim.	Minim.	Maxim.	Minim.	Maxim.	Minim.	Maxim.	Minim.	Maxim.	Minim.
	fr. c.	fr. c.	fr. c.	fr. c.	fr. c.	fr. c.	fr. c.	fr. c.	fr. c.	fr. c.	fr. c.	fr. c.
Janvier	2 68	1 25	1 79	1 63	1 47	» 92	1 63	1 18	1 35	1 10	1 42	1 »
Février	2 84	1 42	1 88	1 70	1 53	» 97	1 71	1 21	1 44	1 21	1 50	» 99
Mars	3 04	1 64	2 06	1 80	1 60	1 04	1 82	1 29	1 54	1 29	1 58	1 03
Avril	3 30	1 69	2 05	1 85	1 69	1 06	2 »	1 40	1 80	1 41	1 70	1 10
Mai	3 44	1 53	2 04	1 85	1 68	1 21	2 02	1 39	1 79	1 37	1 89	1 08
Juin	3 61	1 32	1 99	1 82	1 66	1 09	1 91	1 40	1 78	1 36	2 14	1 06
Juillet	3 35	1 30	1 89	1 71	1 52	» 96	2 20	1 44	1 80	1 34	2 11	1 20
Août	3 01	1 22	1 90	1 73	1 51	1 07	2 10	1 46	1 85	1 36	2 »	1 23
Septembre	2 91	1 26	1 89	1 76	1 50	1 09	1 93	1 33	1 76	1 23	2 »	» 99
Octobre	2 94	1 20	1 91	1 70	1 51	1 »	1 84	1 28	1 63	1 18	2 »	» 99
Novembre	2 93	1 21	1 94	1 75	1 51	1 01	1 90	1 40	1 66	1 30	2 »	1 03
Décembre	2 86	1 23	1 96	1 72	1 50	1 »	1 90	1 40	1 62	1 32	2 »	1 »
Prix moyen de 1894	3 07	1 35	1 94	1 75	1 55	1 03	1 91	1 35	1 77	1 29	1 98	1 06
— de 1893	3 01	1 30	1 72	1 53	1 38	» 82	1 52	1 19	1 31	1 15	1 49	» 89
Pour 1894 : Augmentation	» 06	» 05	» 22	» 22	» 17	» 21	» 39	» 16	» 46	» 14	» 49	» 17

Quantités réexpédiées. — Les quantités de viandes réexpédiées sont évaluées approximativement à 2 °/₀₀, soit 784,700 kilog. Elles consistent en gigots, filets, aloyaux, à destination des villes d'eaux ou de bains de mer.

Saisies. — L'Inspection des viandes de boucherie a saisi, comme insalubres, 225,908 kilog. de viandes de toutes espèces, chiffre à peu près égal à celui de 1893.

Salaisons. — Il a été introduit sur le marché, en 1894, 64,280 kilog. contre 63,278 kilog. en 1893, soit une augmentation, pour 1894, de 1,002 kilog.

Ventes à la criée et à l'amiable.

MOIS	QUANTITÉS VENDUES	A LA CRIÉE	PROPORTION	A L'AMIABLE	PROPORTION
	kilog.	kilog.	°/o	kilog.	°/o
Janvier	3,845,248	204,965	5 »	3,640,283	95 »
Février	3,346,375	213,421	6 »	3,132,954	94 »
Mars	3,635,033	276,513	7 5	3,358,520	92 5
Avril	3,603,008	274,653	7 6	3,328,355	92 4
Mai	3,899,478	293,296	7 5	3,606,182	92 5
Juin	3,685,302	288,052	7 8	3,397,250	92 2
Juillet	3,256,945	283,346	8 6	2,973,599	91 4
Août	2,562,738	220,994	8 6	2,341,744	91 4
Septembre	2,532,334	340,270	13 »	2,192,064	87 »
Octobre	3,008,703	457,482	15 3	2,551,221	84 7
Novembre	2,948,814	510,853	17 »	2,437,961	83 »
Décembre	3,097,485	542,316	18 »	2,555,169	82 »
Total (année 1894)	39,421,463	3,906,161	9 9	35,515,302	90 1
— (année 1893)	47,027,358	3,412,644	7 5	43,614,714	92 5
Pour 1894 { Augmentation	»	493,517		»	
Pour 1894 { Diminution	7,605,895	»		8,099,412	

Frais supportés par les expéditeurs sur 100 kilog. de marchandise expédiée aux Halles.

ESPÈCES	PROVENANCES	TRANSPORT CAMIONNAGE	DROITS de douane	DROITS d'octroi	FRAIS DES HALLES Décharge et décompage	FRAIS DES HALLES Abri	FRAIS DES HALLES Poids public	FRAIS DES HALLES Commiss p. 100 k. (1 f. p. 100)	FRAIS de correspondance et mandat	RETOUR des COLIS VIDES	TOTAL DES FRAIS	PRIX MOYENS des 100 kilog.
		fr. c.	fr. c.	fr. c.	fr. c.	fr. c.	fr. c.	fr. c.	fr. c.	fr. c.	fr. c.	fr. c.
	Alençon	5 90									26 68	
	Angers	8 45									28 93	
Bœuf	Le Mans	6 »			» 90			4 53			26 78	151 »
	Montereau	2 55									23 33	
	Nevers	6 95									27 73	
	Saint-Lô	8 50									29 28	
	Angoulême	11 05									32 61	
	Caen	6 65									28 21	
Veau	Limoges	10 10			» 60			5 61			31 66	187 »
	Poitiers	8 65									30 21	
	Rennes	9 55	» »	11 60		2 10	» 20		» 75	» 70	31 11	
	Avignon	16 30									37 49	
	Bourges	6 50									27 69	
Mouton	Guéret	7 40			» 50			5 34			28 59	178 »
	Le Puy	13 50									34 69	
	Montélimar	14 90									36 09	
	Blois	5 25									25 98	
	Châteauroux	7 15									27 88	
Porc	Laval	8 40			» 70			4 68			29 13	156 »
	Saintes	11 85									32 58	
	Saint-Brieuc	11 40									32 13	
	Bâle	13 45									61 60	
Suisse.	Berne	15 40									63 55	
—	Chaux-de-Fonds	14 90									63 05	
	Neuchâtel	13 15	25 »	11 60	» 30	2 10	» 20	7 50	» 75	» 70	61 30	250 »
Bœuf	Saint-Gall	19 35									67 50	
Aloyaux.	Schaffouse	16 45									64 60	
	Zurich	16 75									64 90	

Prix de vente. — Le prix de la viande a été assez élevé en 1894, eu égard à la rareté des animaux sur les marchés.

Prix maximum et minimum de chaque espèce de viande.

MOIS	BŒUF 1re catégorie Aloyaux et filets Maxim.	BŒUF 1re catégorie Minim.	BŒUF 2e catégorie Quart de derrière Maxim.	BŒUF 2e catégorie Minim.	BŒUF 3e catégorie Quart de devant Maxim.	BŒUF 3e catégorie Minim.	VEAU 1re catégorie Pans et cuissots Maxim.	VEAU 1re catégorie Minim.	VEAU 2e catégorie Entier 1re qualité Maxim.	VEAU 2e catégorie Minim.	VEAU 3e catégorie Entier 2e qualité Maxim.	VEAU 3e catégorie Minim.
	fr. c.	fr. c.	fr. c.	fr. c.	fr. c.	fr. c.	fr. c.	fr. c.	fr. c.	fr. c.	fr. c.	fr. c.
Janvier	2 74	1 19	1 74	» 60	1 31	» 50	2 67	1 52	2 32	2 06	1 73	1 26
Février	2 87	1 34	1 81	» 75	1 23	» 62	2 56	1 42	2 27	2 »	1 79	1 24
Mars	3 05	1 36	1 94	1 03	1 37	» 69	2 55	1 44	2 21	1 98	1 79	1 23
Avril	3 17	1 46	2 20	1 18	1 46	» 76	2 66	1 58	2 32	2 05	1 86	1 37
Mai	3 26	1 46	2 26	1 15	1 49	» 84	2 53	1 46	2 21	1 99	1 76	1 28
Juin	3 11	1 21	2 10	1 »	1 36	» 66	2 21	1 26	1 89	1 77	1 57	1 09
Juillet	3 16	1 38	2 01	1 02	1 28	» 56	2 26	1 39	2 01	1 80	1 63	1 22
Août	2 87	1 30	1 99	1 »	1 41	» 70	2 28	1 48	2 14	1 96	1 73	1 31
Septembre	2 48	1 22	1 81	» 99	1 45	» 71	2 41	1 62	2 22	2 06	1 82	1 20
Octobre	2 40	1 20	1 77	» 90	1 40	» 60	2 52	1 69	2 25	2 09	1 86	1 51
Novembre	2 53	1 20	1 79	» 90	1 40	» 60	2 58	1 80	2 29	2 11	1 87	1 53
Décembre	2 50	1 23	1 78	» 90	1 40	» 60	2 50	1 59	2 25	2 06	1 85	1 45
Prix moyen de 1894	2 84	1 29	1 93	1 »	1 38	» 65	2 47	1 52	2 19	1 99	1 77	1 30
— de 1893	2 88	1 21	1 77	» 76	1 14	» 44	2 34	1 32	2 03	1 79	1 64	1 03
Pour 1894 Augmentation	» »	» 08	» 16	» 24	» 24	» 21	» 13	» 20	» 16	» 20	» 13	» 27
Pour 1894 Diminution	» 04	» »	» »	» »	» »	» »	» »	» »	» »	» »	» »	» »

MOIS	MOUTON 1re catégorie Gigots et carrés Maxim.	MOUTON 1re catégorie Minim.	MOUTON 2e catégorie Entier 1re qualité Maxim.	MOUTON 2e catégorie Minim.	MOUTON 3e catégorie Entier 2e qualité Maxim.	MOUTON 3e catégorie Minim.	PORC 1re catégorie Reins et filets Maxim.	PORC 1re catégorie Minim.	PORC 2e catégorie Entier Maxim.	PORC 2e catégorie Minim.	PORC 3e catégorie Salaisons Maxim.	PORC 3e catégorie Minim.
	fr. c.	fr. c.	fr. c.	fr. c.	fr. c.	fr. c.	fr. c.	fr. c.	fr. c.	fr. c.	fr. c.	fr. c.
Janvier	2 68	1 25	1 79	1 63	1 47	» 92	1 63	1 18	1 35	1 10	1 42	1 »
Février	2 84	1 42	1 88	1 70	1 53	» 97	1 71	1 21	1 44	1 21	1 50	» 99
Mars	3 04	1 64	2 06	1 80	1 60	1 04	1 82	1 29	1 54	1 29	1 58	1 03
Avril	3 30	1 69	2 05	1 85	1 69	1 06	2 »	1 40	1 80	1 41	1 70	1 10
Mai	3 44	1 53	2 04	1 85	1 68	1 21	2 02	1 39	1 79	1 37	1 89	1 08
Juin	3 61	1 32	1 99	1 82	1 66	1 09	1 91	1 40	1 78	1 36	2 14	1 06
Juillet	3 35	1 30	1 89	1 71	1 52	» 96	2 20	1 44	1 80	1 34	2 11	1 20
Août	3 01	1 22	1 90	1 73	1 51	1 07	2 10	1 46	1 85	1 36	2 »	1 23
Septembre	2 91	1 26	1 89	1 76	1 50	1 09	1 93	1 33	1 76	1 23	2 »	» 99
Octobre	2 94	1 20	1 91	1 70	1 51	1 »	1 84	1 28	1 63	1 18	2 »	» 99
Novembre	2 93	1 24	1 94	1 75	1 51	1 01	1 90	1 40	1 66	1 30	2 »	1 03
Décembre	2 86	1 23	1 96	1 72	1 50	1 »	1 90	1 40	1 62	1 32	2 »	1 »
Prix moyen de 1894	3 07	1 35	1 94	1 75	1 55	1 03	1 91	1 35	1 77	1 29	1 98	1 06
— de 1893	3 01	1 30	1 72	1 53	1 38	» 82	1 52	1 19	1 31	1 15	1 49	» 89
Pour 1894 : Augmentation	» 06	» 05	» 22	» 22	» 17	» 21	» 39	» 16	» 46	» 14	» 49	» 17

Quantités réexpédiées. — Les quantités de viandes réexpédiées sont évaluées approximativement à 2 °/o, soit 784,700 kilog. Elles consistent en gigots, filets, aloyaux, à destination des villes d'eaux ou de bains de mer.

Saisies. — L'Inspection des viandes de boucherie a saisi, comme insalubres, 225,908 kilog. de viandes de toutes espèces, chiffre à peu près égal à celui de 1893.

Salaisons. — Il a été introduit sur le marché, en 1894, 64,280 kilog. contre 63,278 kilog. en 1893, soit une augmentation, pour 1894, de 1,002 kilog.

VENTE EN GROS DE LA TRIPERIE.

Introductions.

Les introductions ont été, en 1894, de			1.941.747 lots
pesant	8.768.263 kil.	et, en 1893, de	2.128.453 —
pesant	9.407.669 —		
Diminution pour 1894	639.406 kil.	correspondant à	186.706 lots

Introductions aux Halles centrales par espèce.

MOIS	QUANTITÉS INTRODUITES		BŒUF		VEAU		MOUTON		DIVERS	
	LOTS	POIDS	LOTS	POIDS	LOTS	POIDS	LOTS	POIDS	LOTS	POIDS
		kil.		kil.		kil.		kil.		kil.
Janvier	164,122	754,719	36,008	361,277	66,700	217,836	25,275	59,362	36,139	116,222
Février	151,153	699,622	35,223	365,849	60,133	202,023	27,267	60,514	28,530	94,266
Mars	164,958	747,956	34,230	347,087	71,200	239,858	28,596	63,897	30,912	97,116
Avril	177,990	776,568	34,551	349,597	84,967	267,724	27,119	62,521	31,353	96,796
Mai	189,450	837,040	35,736	359,035	89,268	298,100	31,221	72,888	33,228	106,043
Juin	175,032	772,508	33,848	333,936	84,264	284,946	27,764	65,239	29,156	86,267
Juillet	171,636	771,290	34,001	339,926	78,736	268,215	30,543	76,762	28,356	86,303
Août	156,800	693,780	33,073	323,684	62,579	213,877	32,952	71,209	28,196	65,010
Septembre	142,532	653,748	33,098	321,544	52,654	181,480	30,527	69,787	26,253	80,937
Octobre	151,038	685,585	35,054	348,727	53,272	180,626	34,229	73,855	28,483	67,377
Novembre	147,905	689,479	35,351	355,642	53,483	180,804	33,053	73,906	26,018	79,425
Décembre	149,131	684,968	37,172	335,019	56,493	189,231	29,416	61,690	26,030	79,626
Total (année 1894)	1,941,747	8,768,263	417,335	4,136,294	813,746	2,724,739	357,962	812,632	352,704	1,094,560
— (année 1893)	2,128,453	9,407,669	450,294	4,430,409	913,785	2,844,437	360,662	853,499	463,712	1,279,324
Pour 1894 : Diminution	186.706	639,406	32,939	294,115	100,039	119,698	2,700	40,867	51,008	184,728

Provenances. — Ce marché est approvisionné : par les abattoirs de Paris dans la proportion de 61,6 %;

Par la province, de 22 %.;

Par la ville et la banlieue, de 16,4 %.

Les abats de Paris ont une plus grande valeur que ceux de province, en raison de leur état de fraîcheur et de leur grosseur qui est généralement plus volumineuse.

Apports étrangers. — Les importations de l'étranger sont peu importantes : 5,216 lots en 1894 contre 8,179 lots en 1893, soit une diminution, pour 1894, de 2,963 lots. La Hollande expédie seule des rognons de bœuf salés.

Arrivages.

MOIS	QUANTITÉS AMENÉES		CHEMINS DE FER — DÉPARTEMENTS et ÉTRANGER		ABATTOIRS		BANLIEUE ET VILLE	
	lots	kilogrammes	lots	kilogrammes	lots	kilogrammes	lots	kilogrammes
Janvier	164,122	754,719	35,122	133,463	98,000	431,200	31,000	190,056
Février	151,153	699,622	36,653	139,281	85,000	374,000	29,500	186,341
Mars	164,958	747,956	41,958	159,440	95,000	418,000	28,000	170,816
Avril	177,990	776,568	42,190	160,322	106,000	466,400	29,800	149,846
Mai	189,450	837,040	47,950	182,210	110,000	484,000	31,500	170,830
Juin	175,032	772,508	40,332	153,261	105,000	462,000	29,700	190,247
Juillet	171,636	771,290	27,136	103,116	115,000	506,000	29,500	162,174
Août	155,800	693,780	38,800	147,440	97,000	426,800	21,000	119,540
Septembre	142,532	653,748	28,032	106,521	92,300	406,120	22,200	141,407
Octobre	151,038	685,585	30,638	117,564	97,500	429,000	22,900	139,021
Novembre	147,905	689,479	30,405	116,424	96,200	429,000	21,300	144,055
Décembre	149,131	684,958	29,231	111,082	100,100	440,440	19,800	133,446
Total (année 1894)	1,941,747	8,768,263	428,447	1,630,124	1,197,100	5,272,960	316,200	1,865,179
— (année 1893)	2,128,453	9,407,669	517,453	2,192,470	1,268,000	5,706,000	343,000	1,509,199
Pour 1894 : Augmentation	»	»	»	»	»	»	»	355,980
Diminution	186,706	639,406	89,006	562,346	70,900	433,040	26,800	»

Détail des introductions.

1° Bœuf.

MOIS	ABAT rouge complet (cœur, mou, foie, rate)	CERVELLES (lot de 5)	CŒUR	FOIE	LANGUE	MOU	ROGNONS (lot de 2)
	kil.	kil.	kil.	kil.	kil.	kil.	kil.
Janvier	328,875	5,450	3,018	4,267	10,332	4,165	5,170
Février	311,525	5,056	3,615	4,087	10,923	5.432	5,184
Mars	316,105	4,464	3,048	3,255	10,464	4,949	4,802
Avril	317,340	5,382	3,598	3,780	9,688	5,145	4,064
Mai	326,680	5,604	2,205	4,170	11,046	4,326	5,008
Juin	301,830	5,594	2,364	4,155	11,713	4,417	3,863
Juillet	308,190	5,370	2,454	3,900	10,959	4,417	4,633
Août	293,820	5,420	1,986	3,510	10,875	3,052	5,024
Septembre	289,685	5,100	1,914	4,102	9,108	2,716	8,919
Octobre	312,465	5,852	1,788	4,665	10,611	2,821	5,525
Novembre	325,515	5,374	2,151	3,007	10,620	3,787	5,188
Décembre	318,180	5,652	3,063	5,812	10,965	5,082	6,265
Total (année 1894)	3,750,210	64,318	31,204	48,710	127,304	50,309	64,239
— (année 1893)	3,988,110	66,956	41,736	59,175	147,894	62,748	63,790
Pour 1894 { Augmentation	»	»	»	»	»	»	449
Pour 1894 { Diminution	237,900	2.638	10,532	10.465	20,590	12,439	»

2° Veau.

MOIS	ABAT COMPLET (fressure, tête, ris, pieds)	FRAISE	FOIE	FRESSURE COMPLÈTE (cœur, mou, foie, rate)	MOU (avec ou sans le cœur)	PIEDS (lot de 4)	RIS	TÊTE
	kil.	kil.	kil.	kil.	kil.	kil.	kil.	kil.
Janvier	12,222	11,759	9,082	69,072	5,887	31,695	7,061	71,080
Février	14,918	9,558	7,758	68,356	4,005	29,472	6,226	61,730
Mars	16,216	1,081	7,042	89,912	4,850	35,934	7.633	77,190
Avril	12,776	15,366	7,443	86.712	5.689	47,694	9.149	82,695
Mai	14.490	4.713	6,858	93.200	3,502	64,639	9.418	101,280
Juin	14,666	15,798	6,798	87,476	4,873	47,352	8,203	99,780
Juillet	14,188	14,980	7,202	76,640	3,918	49,563	7,327	95,388
Août	13,444	14,234	4,907	57,648	3,060	39,862	5.502	74,890
Septembre	12,235	11,742	4,802	49,828	2,834	31,918	4,616	63,508
Octobre	10,118	10,003	4,467	54,232	3,108	32,342	4,976	61,380
Novembre	10,597	10,074	3,900	54,308	3,576	32,195	5,064	61,090
Décembre	10,760	8.289	5,855	64,300	4,454	29,063	5,588	60,925
Total (année 1894)	156,630	126,806	76,114	851,684	50,353	471.729	80,793	910,630
— (année 1893)	195,312	117,252	92,587	982,472	60,306	308,852	95,126	992,530
Pour 1894... { Augmentation	»	9,554	»	»	»	162,877	»	»
Pour 1894... { Diminution	38,682	»	16,473	130,788	9,953	»	14,333	81,900

3° Moutons.

MOIS	ABAT COMPLET (la tête et 2 rognons)	CERVELLES (lot de 6)	FRESSURES (lot de 2)	LANGUES (lot de 6)	PIEDS (lot de 3 bottes de 18 p. chacune)	ROGNONS (lot de 6)	TÊTES (lot de 3)
	kil.	kil.	kil.	kil.	kil.	kil.	kil.
Janvier	7,371	2,324	9,924	6.020	27,552	1,928	4,243
Février	9,617	2,344	8,622	7,786	25,502	2,257	4,386
Mars	7.765	2,847	11,000	8,222	28,990	2,242	2,831
Avril	867	2,965	12,020	10,226	29,660	2,357	4,426
Mai	1,138	3,549	13,746	10.696	36,262	2,637	5,870
Juin	992	2,809	13,448	9.670	31,334	2,253	4,646
Juillet	805	3.502	22.312	8,404	34,554	2,993	4,192
Août	439	3,740	16,533	9.268	35,689	3,408	2,132
Septembre	412	3,255	14,564	9,714	36,021	2,996	2,825
Octobre	754	3,875	14,796	11,162	36,090	3,593	3,565
Novembre	733	3.627	14,885	10,630	37,094	3,326	3,646
Décembre	675	3,168	12,290	10,476	28.013	3,192	3,876
Total (année 1894)	31,568	38,095	164,140	112,274	386,745	33,182	46,628
— (année 1893)	46,141	32,485	197,718	97,976	387,787	28,107	63,285
Pour 1894 Augmentation	»	5,610	»	14,298	»	5,075	»
Pour 1894 Diminution	14,573	»	33,578	»	1,042	»	16,657

4° Divers.

MOIS	ABAT BLANC DE BŒUF	ABAT NON DÉNOMMÉ (lot de 2 kil.)	GRASDOUBLE (lot de 3 kil.)	TÈTINE (lot de 5 kil.)
	kil.	kil.	kil.	kil.
Janvier	1,862	5,430	85,290	23,640
Février	1,659	4,052	66,645	18,040
Mars	1,883	6,178	73,303	15,750
Avril	2,023	7,713	73,695	13,295
Mai	2.429	6,886	75,738	20,960
Juin	2,156	6,716	70,405	10,110
Juillet	1,813	5,858	70,677	8,045
Août	1,841	6.182	70,837	6,150
Septembre	1,701	4,570	65,941	8,725
Octobre	1,981	5,604	70.797	8,995
Novembre	1,869	5,298	65,328	6,630
Décembre	1.904	5,582	65,077	6,465
Total (année 1894)	23.121	70,969	853,733	146,775
— (année 1893)	23,282	54.220	996,837	204,985
Pour 1894.... Augmentation	»	16,749	»	»
Pour 1894.... Diminution	161	»	143,104	58,210

Prix de vente.

s prix de vente ont été généralement plus élevés en 1894 que ceux obtenus en 1893. Cette tion de prix est due à la rareté de la marchandise.

Prix maximum et minimum.

Bœuf.	fr. c.	fr. c.	fr. c.	fr. c.
at rouge complet (cœur, mou, foie, rate)..	12 50	4 63	14 13	5 60
rvelles (lot de 5)	3 97	2 80	4 84	4 08
ur	1 78	» 85	2 27	1 30
ie	7 »	2 49	8 01	3 33
ngue	4 11	2 06	4 22	2 13
n	3 98	1 78	4 45	2 25
gnons (lot de 2)	2 96	2 »	2 78	1 91
Veau.				
bat complet (fressure, tête, ris, pieds).....	22 »	12 75	21 02	12 12
aise	1 56	» 85	1 14	» 68
essure complète (cœur, mou, foie, rate)....	12 »	3 »	10 69	3 »
ie	6 50	1 20	5 75	1 34
ou (avec ou sans cœur)	2 25	1 06	2 39	1 »
eds (lot de 4)	2 88	1 20	2 80	1 20
s	4 83	1 20	3 57	1 70
te	6 42	2 31	6 73	2 73
Mouton.				
bat complet (la tête et les deux rognons) ...	1 17	» 88	1 20	» 90
rvelles (lot de 6)	2 50	1 72	2 69	2 04
essures (lot de 2)	1 60	» 89	1 71	1 03
ngues (lot de 6)	1 30	1 »	1 38	1 07
eds (lot de 3 bottes de 18 pieds chacune)..	2 70	1 80	2 96	2 32
gnons (lot de 6)	1 30	1 »	1 37	1 07
tes (lot de 3)	1 80	1 05	1 20	» 90
Divers.				
nt blanc de bœuf	6 50	3 »	6 50	3 »
t non dénommé (lot de 2 kil.)	» 50	» 25	» 50	» 25
s-double (lot de 3 kil.)	2 65	1 12	2 50	1 21
tine (lot de 5 kil.)	1 50	» 75	1 50	» 75

expéditions. — On évalue à environ 78,400 lots les quantités réexpédiées sur l'Angleterre. Ce des ris de veau, rognons de mouton, langues de bœuf et têtes de veau.

isies. — Le service de l'Inspection de la boucherie a saisi environ 25,000 kilogrammes d'abats. aisies ont lieu principalement pendant les temps orageux.

20

VENTE EN GROS DE LA VOLAILLE ET DU GIBIER.

Introductions dans Paris. — Droit d'octroi.

La volaille et le gibier sont classés, au point de vue des droits d'octroi, en quatre catégories, ainsi qu'il suit :

1re catégorie (75 francs par 100 kilog.). — Coqs de bruyère, outardes, canepetières, faisans, perdrix, bartavelles, lagopèdes ou perdrix blanches, grouses, bécasses, bécassines, coqs de bois, gélinottes, cailles, alouettes, grives, râles de genêts, becfigues, ortolans, lots de crêtes de coqs, rognons de poulets, foies d'oies et de canards.

2e catégorie (30 francs par 100 kilog.). — Dindes, canards domestiques, poulets, pintades, pigeons, oies sauvages, canards sauvages, canards pilets, canards milouins, canards siffleurs, rouges de rivière, sarcelles, poules d'eau, râles d'eau, pluviers, vanneaux, merles, chevreuils.

3e catégorie (18 francs par 100 kilog.). — Oies domestiques, lièvres, lapins de garenne, cerfs et biches, daims, chamois et isards, sangliers et marcassins, hérissons, écureuils, cochons de lait, ours, bisons, poules de prairie, macreuses, pigeons ramiers, et tous gibiers rentrant dans l'alimentation non compris dans les précédentes catégories.

4e catégorie (9 francs par 100 kilog.). — Lapins domestiques et chevreaux.

Introductions dans Paris.

MOIS	QUANTITÉS INTRODUITES	DÉSIGNATION DES CATÉGORIES			
		1re catégorie	2e catégorie	3e catégorie	4e catégorie
	kilog.	kilog.	kilog.	kilog.	kilog.
Janvier	2,489,928	109.874	1,132,250	574,248	673,556
Février	1,937,779	38,234	1,132,860	348,727	417,958
Mars	1,791,854	14,914	1,105.320	158,475	513,145
Avril	1,529,356	3,850	766,985	46,266	712,255
Mai	1,661,712	2,257	914,712	22,954	721,789
Juin	1,424,765	1,461	916,940	43.549	462,815
Juillet	1.452,105	1,106	933,874	42,342	474,783
Août	1,586.800	3.478	977,273	78,102	527,947
Septembre	1,743,933	105,836	866,620	340,784	430,693
Octobre	2,574,010	131,385	1,273,634	621,245	547,746
Novembre	3,320,755	179,380	1,549,125	1,002,275	589,975
Décembre	3,965,993	280,970	1,956,172	1,166,015	562,836
Total (année 1894)	25.178,990	792,745	13,525,765	4,414.952	6,445,528
— (année 1893)	27,617,403	786,627	14,882,804	5,034,330	6,913,642
Pour 1894 { Augmentation	»	6.118	»	»	»
Pour 1894 { Diminution	2,438,413	»	1,357.039	619,378	468,114

Introductions aux Halles centrales.

Les apports de volaille et de gibier, en 1894, se décomposent ainsi qu'il suit :

	18.554.167 kil.	venant de France et
	1.931.925 kil.	venant de l'étranger.
Total............	20.486.092 kil.	Ces quantités avaient été de
	22.543.160 kil.	en 1893.
Soit..............	2.057.068 kil.	de diminution sur 1893.

Le marché a été très éprouvé en 1894 à la suite de la sécheresse de 1893.

Les apports, en baisse sensible pendant le courant de l'année, se sont relevés à partir du mois de novembre, mais n'ont pu compenser en deux mois la diminution des dix premiers.

Les éleveurs ont conservé du poulet nouveau en 1894 pour reconstituer leurs basses-cours dégarnies par les tueries forcées de 1893.

D'autre part, les expéditions directes de province à domicile prennent une plus grande importance. Les grandes maisons d'épicerie ainsi que plusieurs forts marchands de volailles de Paris reçoivent directement leurs volailles et leur gibier au détriment des introducteurs du pavillon.

Les apports de France sont en baisse sensible de 2,202,393 kil. tandis que ceux de l'étranger augmentent de 145,325 kil.

La diminution des envois de France porte sur les poulets, les lapins, les canards, les dindes et les oies. L'ensemble du gibier est en augmentation de 56,100 kil.

La principale augmentation de l'étranger porte sur les lièvres et perdrix de l'Allemagne, de l'Autriche-Hongrie et sur les pigeons et cailles de l'Italie; ce dernier pays est le seul qui ait expédié de la volaille.

Introductions françaises et étrangères aux Halles centrales.

MOIS		QUANTITÉS INTRODUITES	DE PROVENANCE FRANÇAISE	DE PROVENANCE ÉTRANGÈRE
		kilog.	kilog.	kilog.
Janvier		1,965,302	1,621,071	344,231
Février		1,421,393	1,345,083	76,310
Mars		1,359,500	1,254,655	104,845
Avril		1,383,555	1,331,350	52,205
Mai		1,344,066	1,265,096	78,970
Juin		1,249,728	1,170,118	79,610
Juillet		1,269,944	1,194,944	75,000
Août		1,289,211	1,223,431	65,780
Septembre		1,552,318	1,454,395	97,923
Octobre		2,228,658	2,086,213	142,445
Novembre		2,561,727	2,189,417	372,310
Décembre		2,860,690	2,418,394	442,296
Total (année 1894)		20,486,092	18,554,167	1,931,925
— (année 1893)		22,543,160	20,756,560	1,786,600
Pour 1894.	Augmentation	»		145,325
	Diminution	2,057,068	2,202,393	»

Introductions par espèces et par voies d'arrivages.

MOIS	QUANTITÉS INTRODUITES	VOLAILLE	GIBIER	BANLIEUE	CHEMINS DE FER
	kil.	kil.	kil.	kil.	kil.
Janvier	1,965,302	1,674,352	290,950	29,252	1,936,050
Février	1,421,393	1,358,713	62,680	12,585	1,408,808
Mars	1,359,500	1,319,400	40,100	21,873	1,337,627
Avril	1,383,555	1,382,605	950	15,420	1,368,135
Mai	1,344,066	1,344,066	»	7,329	1,336,737
Juin	1,249,728	1,249,728	»	13,276	1,236,452
Juillet	1,269,944	1,269,944	»	9,700	1,260,244
Août	1,289,211	1,275,841	13,370	12,894	1,276,317
Septembre	1,552,318	1,503,668	48,650	12,801	1,539,517
Octobre	2,228,658	2,048,658	180,000	15,600	2,213,058
Novembre	2,361,727	1,971,727	390,000	10,977	2,350,750
Décembre	2,860,690	2,163,690	695,000	9,210	2,851,480
Total (année 1894)	20,486,092	18,564,392	1,921,700	170,917	20,315,175
— (année 1893)	22,543,160	20,677,560	1,865,600	74,160	22,469,000
Pour 1894 { Augmentation	»	»	56,100	96,757	»
Pour 1894 { Diminution	2,057,068	2,113,168	»	»	2,153,825

Nombre de pièces introduites. — Comparaison entre les deux années.

ESPÈCES	NOMBRE DE PIÈCES INTRODUITES		POUR 1894	
	En 1893	En 1894	AUGMENTATION	DIMINUTION
Agneaux	5,496	4,970	»	526
Alouettes	1,407,400	1,199,410	»	207,990
Bécasses	16,900	14,795	»	2,105
Bécassines	20,858	18,075	»	2,783
Cailles	197,476	219,826	22,350	»
Canards	816,416	725,586	»	90,830
Cerfs, chevreuils, daims	15,291	15,354	63	»
Chevreaux	172,789	159,946	»	12,843
Cochons de lait	3,590	495	»	3,095
Crêtes (Lots de)	20,975	17,087	»	3,888
Dindes	289,710	240,158	»	49,552
Faisans	115,273	120,453	5,180	»
Grives et merles	265,871	259,511	»	6,360
Lapins	3,071,612	2,915,516	»	156,096
Lièvres	304,538	310,504	5,966	»
Oies	560,715	472,304	»	88,411
Perdreaux	462,116	437,429	»	24,687
Pigeons	1,947,660	2,014,930	67,270	»
Pintades	64,954	66,403	1,449	»
Poulets	6,766,230	6,058,495	»	707,735
Sangliers	423	446	23	»
Sarcelles	12,885	10,563	»	2,320
Vanneaux, pluviers	21,760	20,413	»	1,347
Pièces non classées	213,992	184,410	»	29,582

Poids par pièce et par espèce.

ESPÈCES	NOMBRE DE PIÈCES	POIDS APPROXIMATIF PAR PIÈCE	POIDS PAR ESPÈCE
		kil. g.	kilog.
Agneaux	4,970	8 »	39,760
Alouettes	1,199,410	20 au kilog.	59,970
Bécasses	14,795	» 300	4,438
Bécassines	18,075	» 150	2,711
Cailles	219,826	» 100	21,982
Canards	725,586	1 500	1,088,379
Cerfs, chevreuils, daims	15,354	35 »	537,390
Chevreaux	159,946	3 »	479,838
Cochons de lait	495	6 »	2,970
Crêtes (Lots de)	17,087	» 500	8,543
Dindes	240,158	4 »	960,632
Faisans	120,453	1 200	144,543
Grives et merles	259,511	» 100	25,951
Lapins	2,915,516	1 500	4,373,274
Lièvres	310,504	3 500	1,086,764
Oies	472,304	3 500	1,653,064
Perdreaux	437,429	» 500	218,714
Pigeons	2,014,930	» 250	503,732
Pintades	66,403	1 300	86,323
Poulets	6,058,495	1 500	9,087,742
Sangliers et marcassins	446	35 »	15,610
Sarcelles	10,565	» 400	4,226
Vanneaux, pluviers	20,413	» 200	4,082
Foies gras	»	» »	45,732
Pièces non classées	184,410	» »	29,722
		TOTAL	20,486,092

Provenances.

PROVENANCES	1893	1894	EN 1894 AUGMENTATION	EN 1894 DIMINUTION
	kilog.	kilog.	kilog.	kilog.
France	20,756,560	18,554.167	»	2,202,393
Allemagne et Autriche-Hongrie	1,095,000	1,135,000	60,000	»
Angleterre	31,900	36,000	4,100	»
Egypte	800	1,000	200	»
Espagne	22,000	18,000	»	4,000
Hollande	138,000	141,000	3,000	»
Italie	481,700	574,265	92,565	»
Russie et Norvège	17,200	6,660	»	10,540
Totaux	22,543,160	20,486,092	159,865	2.216,933
Diminution en 1894			2,057,068	

Les introductions se décomposent de la manière suivante :

DESIGNATION	1894 FRANCE	1894 ÉTRANGER	1893 FRANCE	1893 ÉTRANGER
	kil.	kil.	kil.	kil.
Volaille	18,024.392	540,000	20,227,560	450,000
Gibier	529,775	1,391,925	529,000	1,336,600
TOTAUX	18,554,167	1,931,925	20,756,560	1,786,600

Départements expéditeurs.

Les départements faisant les plus forts envois sont, par ordre d'importance :

Eure-et-Loir, Loiret, Loire-Inférieure, Indre, Vendée, Indre-et-Loir, Loir-et-Cher, Côte-d'Or, Ain, Yonne, Eure.

Apports de l'étranger. — Détail, par provenance et par espèce.

PROVENANCES	ESPÈCES	1893 Nombre de pièces	1893 Kilog.	1894 Nombre de pièces	1894 Kilog.
Allemagne et Autriche-Hongrie.	Bécasses	2,200	1,095,000	2,700	1,155,000
	Bécassines	2,700		2,500	
	Chevreuils, cerfs, daims et biches	9,850		9,000	
	Faisans	39,000		35,000	
	Grives et merles	39,500		35,000	
	Lapins de garenne	15,000		12,000	
	Lièvres	245,000		255,000	
	Perdrix	254,000		257,000	
	Sangliers et marcassins	370		350	
	Divers	1,900		2,000	
Angleterre.	Alouettes	42,000	31,900	45,000	26,000
	Bécasses	3,000		32,000	
	Bécassines	3,200		3,700	
	Canards	"		"	
	Coqs de bruyère	1,100		1,250	
	Faisans	15,000		19,500	
	Sarcelles	1,200		1,000	
	Divers	1,800		1,200	
Égypte.	Cailles	8,000	800	10,000	1,000
Espagne.	Alouettes	50,000	22,000	45,000	18,000
	Bécasses	"		"	
	Canepétières	1,200		1,600	
	Chevreuils et cerfs	"		"	
	Faisans	"		"	
	Grives et merles	25,000		30,000	
	Perdrix	18,000		17,000	
	Sansonnets	50,000		35,000	
	Vanneaux	7,000		9,000	
	Divers	6,500		7,000	
Hollande.	Alouettes	24,000	138,000	30,000	141,000
	Bécasses	4,900		5,000	
	Bécassines	11,500		10,000	
	Canards sauvages	87,000		60,000	
	Coqs de bruyère	800		700	
	Faisans	4,400		5,000	
	Grives et merles	46,000		40,000	
	Lapins de garenne	17,500		20,000	
	Lièvres	1,200		1,000	
	Perdreaux	17,900		15,000	
	Sarcelles	9,400		8,000	
	Vanneaux et pluviers	7,000		8,000	
	Divers	2,100		3,000	
Italie.	Alouettes	"	481,700	"	574,265
	Cailles	140,000		185,000	
	Faisans	"		"	
	Grives et merles	60,000		80,000	
	Perdrix	"		"	
	Pigeons	1,800,000		1,850,000	
	Pintades	23,000		39,000	
	Divers	200		5,000	
	Poulets	"		7,000	
	Dindes	"		500	
Russie et Norvège.	Gelinottes	1,100	17,200	1,000	6,660
	Grands coqs de bruyère	600		500	
	Lagopèdes	1,700		500	
	Lièvres blancs	1,000		250	
	Perdrix	1,400		1,000	
	Poulets	"		"	
	Rennes	10		15	
	Divers	120		100	
	Totaux	....	1,786,600		1,931,925
	Augmentation en 1894	....		145,325	

Gibier. — Comparaison entre les introductions françaises et étrangères.

DÉSIGNATION DES ESPÈCES	NOMBRE DE PIÈCES introduites	GIBIER DE PAYS	PROPORTION °/°	GIBIER ÉTRANGER	PROPORTION °/°
	pièces	pièces	°/°	pièces	°/°
Alouettes	1,199,410	1,079,410	90,»	120,000	10,»
Bécasses	14,795	3,895	26,3	10,900	73,7
Bécassines	18,075	1,875	10,3	16,200	89,7
Cailles	219,826	34,826	15,8	175,000	84,2
Canards sauvages	80,000	20,000	25,»	60,000	75,»
Cerfs, chevreuils, daims	15,354	6,354	41,4	9,000	58,6
Faisans	120,453	60,953	50,7	59,500	49,3
Grives et merles	259,511	74,511	28,8	185,000	71,2
Lièvres	310,504	54,254	17,4	256,250	82,6
Lapins de garenne	120,000	88,000	73,4	32,000	26,6
Lagopèdes	500	»	»	500	100,»
Perdreaux	437,429	147,429	33,8	290,000	66,2
Pintades	66,403	27,403	41,9	29,000	58,1
Rennes	15	»	»	15	100,»
Sangliers	446	76	17,»	370	83,»
Sarcelles	10,565	1,565	13,8	9,000	86,2
Vanneaux et pluviers	20,413	3,413	17,2	17,000	82,8

Réexpéditions.

ANNÉES	QUANTITÉS RÉEXPÉDIÉES		VOLAILLE		GIBIER	
	PIÈCES	KILOGRAMMES	PIÈCES	KILOGRAMMES	PIÈCES	KILOGRAMMES
1893	59,843	101,353	37,383	82,265	22,460	19,088
1894	63,732	103,800	40,642	85,880	23,096	17,920
Pour 1894 { Augmentation	3,889	2,447	3,259	3,615	636	»
Pour 1894 { Diminution	»	»	»	»	»	1,168

Saisies. — Il a été opéré 927 saisies pour 7,113 pièces reconnues impropres à la consommation.

Comparaison entre les ventes à la criée et à l'amiable.

MOIS	QUANTITÉS TOTALES	QUANTITÉS VENDUES			
		A LA CRIÉE	PROPORTION	A L'AMIABLE	PROPORTION
	kilog.	kilog.	°/°	kilog.	°/°
Janvier	1,965,302	1,029,432	52.3	935,870	47.7
Février	1,421,393	692,598	48.7	728,795	51.3
Mars	1,359,500	608,357	44.7	751,143	55.3
Avril	1,383,555	602,905	43.6	780,650	56.4
Mai	1,344,066	687,761	51.1	656,305	48.9
Juin	1,249,728	637,413	51 »	612,315	49 »
Juillet	1,269,944	635,410	50 »	634,534	50 »
Août	1,289,211	628,674	48.8	660,537	51.2
Septembre	1,552,318	736,166	47.4	816,152	52.6
Octobre	2,228,658	1,032,252	46.3	1,196,406	53.7
Novembre	2,561,727	1,064,127	41.5	1,497,600	58.5
Décembre	2,860,690	1,151,253	40.2	1,709,437	59.8
Totaux (année 1894)	20,486,092	9,506,348	46.4	10,979,744	53.6
— (année 1893)	22,543,160	11,633,292	51.7	10,909,868	48.3
Pour 1894 { Augmentation	»	»	»	69,876	5.3
Pour 1894 { Diminution	2,057,068	2,126,944	5.3	»	»

Comparaison des quantités vendues par les facteurs et les commissionnaires.

ANNÉES	QUANTITÉS TOTALES	QUANTITÉS VENDUES PAR LES COMMISSIONNAIRES (amiable)	QUANTITÉS VENDUES PAR LES FACTEURS (criée et amiable)
	kilog.	kilog	kilog.
1893	22,543,160	4,931,868	17,611,292
1894	20,486,092	5,129,634	15,356,458
Pour 1894 { Augmentation	»	197,766	»
Pour 1894 { Diminution	2,057,068	»	2,254,834

Volaille. — Frais supportés par les expéditeurs sur 100 kilogrammes de marchandises expédiées aux Halles.

ESPÈCES	PROVENANCES — DÉPARTEMENTS	PROVENANCES — GARES D'EXPÉDITION	DROITS — DE DOUANE	DROITS — D'OCTROI	TRANSPORT ET CAMIONNAGE et retour des colis	FRAIS DES HALLES — Décharge	FRAIS DES HALLES — Abri	FRAIS DES HALLES — Commiss° 2.50 p. 100	FRAIS de CORRESPONDANCE	TOTAL DES FRAIS pour 100 kilog.	PRIX MOYEN DES 100 KILOG.
				fr.			fr.	fr. c.	fr. c.	fr. c.	fr. c.
Canards	Loire-Inférieure	Nantes	»	30	14 20	» 30	2	5 37	» 25	52 12	215 »
	Vendée	La Roche-sur-Yon			14 20	» 30		4 90	» 25	51 65	196 »
Dindes	Eure-et-Loir	Chartres	»	30	3 60	» 10	2	4 62	» 30	40 62	185 »
	Vienne	Poitiers			9 10	» 10		4 12	» 25	45 57	165 »
Lapins	Loiret	Pithiviers	»	9	3 80	» 10	2	3 90	» 25	19 05	156 »
Oies	Sarthe	Le Mans	»	18	6 40	» 10	2	4 30	» 30	31 10	172 »
	Vienne	Poitiers			9 10	» 10		3 70	» 25	33 15	148 »
Poulets	Eure	Verneuil	»	30	4 20	» 20	2	7 67	» 30	44 37	307 »
	Loire-Inférieure	Pont-Rousseau			14 20	» 40		6 35	» 25	53 20	254 »
	Loiret	Pithiviers			3 80	» 20		6 72	» 25	42 97	269 »
	Lot-et-Garonne	Agen			14 70	» 20		5 60	» 50	53 »	224 »
	Saône-et-Loire	Louhans			11 70	» 20		7 12	» 50	51 52	285 »
	Seine-et-Oise	Houdan			3 75	» 20		7 37	» 15	43 47	295 »

Gibier français. — Frais approximatifs supportés par l'expéditeur sur 100 kilos de marchandises.

ESPÈCES	PROVENANCES — DÉPARTEMENTS	PROVENANCES — GARES D'EXPÉDITION	OCTROI	TRANSPORT et CAMIONNAGE	FRAIS DES HALLES — déchargé	FRAIS DES HALLES — abri	FRAIS DES HALLES — commiss^{on} 2 fr. 50 pour 100	CORRESPONDANCE	TOTAL DES FRAIS par 100 k.	PRIX MOYENS DES 100 KIL.
							fr. c.	fr. c.	fr. c.	fr. c.
Alouettes	Loiret	Pithiviers	75 »	3 30	» 20	2 fr. par 100 kil.	11 60	» 30	94 40	461 »
Bécasses	Morbihan	Ploermel	75 »	13 45	» 20		37 50	» 30	128 45	1,500 »
Cerfs, biches et daims	Oise	Chantilly	18 »	1 90	» 20		6 12	» 30	28 52	265 »
Chevreuils	Seine-et-Marne	Fontainebleau	30 »	4 20	» 90		9 17	» 30	46 57	367 »
Faisans	Seine-et-Oise	Rambouillet	75 »	2 70	» 20		11 37	» 30	91 57	455 »
Lapins de garenne	Somme	Couchy-le-Temple	18 »	5 70	» 20		3 37	» 30	29 57	135 »
Lièvres	Indre-et-Loire	Sainte-Maure	18 »	4 50	» 20		5 50	» 30	30 50	220 »
Perdreaux	Loiret	Orléans	75 »	6 45	» 20		11 20	» 30	93 15	148 »

Gibier étranger. — Frais approximatifs supportés par l'expéditeur sur 100 kilos de marchandises.

ESPÈCES	PROVENANCES — PAYS	PROVENANCES — GARES D'EXPÉDITION	DROITS — DOUANE	DROITS — OCTROI	TRANSPORT CAMIONNAGE et retour des colis	FRAIS DES HALLES — DÉCHARGE	FRAIS DES HALLES — ABRI	FRAIS DES HALLES — COMMISSION sur 100 kil. (2 fr. 50 pour 100 fr.)	FRAIS de CORRESPONDANCE	TOTAL DES FRAIS pour 100 kil.	PRIX MOYENS des 100 kil.
								fr. c.	fr. c.	fr. c.	fr. c.
Cerfs	Autriche	Vienne	20 »	18 »	40 »	» 30	2 francs par 100 kil.	5 62	» 50	88 42	225 »
Chevreuils	Allemagne	Aix-la-Chapelle		30 »	15 »	1 »		6 50		75 »	260 »
		Mayence			15 »	1 »		8 87		77 37	355 »
	Autriche	Vienne			40 »	1 »		8 20		101 70	328 »
Faisans	Angleterre	Londres		75 »	34 75	» 20		11 42		143 57	445 »
	Autriche	Pilsen			25 »	» 20		9 60		132 30	384 »
		Vienne			40 »	» 40		8 75		146 65	350 »
	Allemagne	Mayence			15 »	» 40		4 60		60 30	184 »
Lièvres	Autriche	Pilsen		18 »	25 »	» 40		4 55		70 45	182 »
		Vienne			40 »	» 40		4 05		84 95	162 »
	Hollande	Dordrecht			22 50	» 40		4 25		67 65	170 »
Perdreaux	Allemagne	Mayence		75 »	15 »	» 50		9 50		122 50	380 »
	Autriche	Vienne			40 »	» 50		10 »		148 »	400 »
[illegible]	Italie	Modane		30 »	15 »	» 40		12 10		80 »	484 »

Prix de vente.

Pendant la rareté de la volaille :

L'oie..... a augmenté de 15 à 20 centimes le kilog.
Le poulet — de 20 à 40 centimes —
Le lapin. — de 15 à 30 centimes
La dinde — de 20 à 40 centimes

A la fin de l'année 1894, les prix de vente étaient revenus aux cours ordinaires.

Prix maximum et minimum des différentes espèces de volaille et de gibier.

DÉSIGNATION DES ESPÈCES	PRIX EN 1893		PRIX EN 1894	
	MAXIMUM	MINIMUM	MAXIMUM	MINIMUM
	la pièce	la pièce	la pièce	la pièce
Agneaux	27 50	16 17	26 80	15 70
Alouettes (la douzaine)	2 72	2 01	2 89	2 10
Bécasses	5 80	3 76	5 57	3 54
Bécassines	2 13	1 06	2 45	1 42
Cailles	1 36	» 70	1 32	» 62
Canards — de Rouen	6 55	4 13	6 76	4 41
Canards — de Nantes	4 80	2 87	5 92	3 50
Canards — ordinaires	3 51	1 75	3 86	2 08
Canards — sauvages	4 10	2 91	4 24	3 15
Cerfs, daims et biches	115 »	57 »	157 »	68 »
Chevreaux	4 93	2 35	6 12	2 88
Chevreuils	52 »	26 »	56 »	25 »
Cochons de lait	17 »	9 45	18 »	9 60
Dindes — grasses, Houdan, Gâtinais, etc. — Coqs	14 99	10 25	15 06	10 62
Dindes — grasses, Houdan, Gâtinais, etc. — Poules	12 95	8 04	13 87	8 78
Dindes — ordinaires — Coqs	10 47	5 70	10 69	6 24
Dindes — ordinaires — Poules	8 01	4 31	9 16	5 34
Faisans — coqs	6 58	4 48	6 81	4 63
Faisans — poules	5 75	3 97	6 42	3 98
Foie gras (le kilog.)	7 49	5 70	7 15	4 86
Grives et merles	» 58	» 37	» 59	» 37
Lapins — de garenne	2 17	1 17	2 44	1 36
Lapins — domestiques	3 92	1 80	4 39	1 52
Lapins — dépouillés (le kilog.)	1 78	1 54	1 84	1 56
Lièvres — de pays	7 17	4 74	8 09	5 34
Lièvres — étrangers	6 38	4 35	6 55	4 19
Lots de crêtes (le kilog.)	4 57	3 48	5 60	3 72
Oies — grasses : Sarthe, Orne	9 19	6 59	9 35	7 17
Oies — ordinaires : toutes provenances	6 66	3 69	7 69	4 08
Perdrix et perdreaux — de pays	3 56	2 23	3 47	2 19
Perdrix et perdreaux — espagnols	2 32	1 50	2 87	1 27
Perdrix et perdreaux — autres provenances	3 02	1 64	2 97	1 31
Pigeons — de volière	1 77	» 90	1 80	» 92
Pigeons — bizets	1 23	» 65	1 27	» 63
Pintades	3 78	2 47	3 82	2 49
Poulets — gras, Houdan, etc.	9 80	5 03	9 90	5 37
Poulets — en chair : Châteaudun, Caen, etc.	4 71	2 66	4 74	2 79
Poulets — Bresse : Touraine, Nantes, etc.	5 24	2 51	5 90	2 92
Poulets — ordinaires : Midi et autres provenances	3 74	1 82	3 88	1 92
Sangliers et marcassins	106 »	60 »	95 »	49 »
Sarcelles	2 15	1 29	2 68	1 37
Vanneaux et pluviers	1 19	» 73	1 21	» 69
Pièces non classées — Plume	2 72	» 44	2 80	» 39
Pièces non classées — Poil	130 »	32 50	105 »	1 75

VENTES EN GROS DES FRUITS ET LÉGUMES.

Centres de production.

principaux pays expéditeurs sont, par ordre d'importance, les suivants :
sins. — Lot-et-Garonne, Tarn-et-Garonne, Hérault, Gard, Haute-Garonne, Seine-et-Marne,
le.
ises. — Vaucluse, Var.
andes. — Bouches-du-Rhône, Gard.
nes. — Gard, Hérault.
neaux. — Lot-et-Garonne.
'ses. — Var, Rhône, Yonne.
s verts. — Lot-et-Garonne, Gironde, Var.
chauts. — Pyrénées-Orientales, Maine-et-Loire, Var, Algérie (Alger).
ricots verts. — Var, Loir-et-Cher, Algérie.
es. — Rhône, Sarthe, Oise, Eure, Calvados, Belgique.
rons. — Tarn, Rhône.
nges. — Var, Algérie, Valence (Espagne).
ons, mandarines. — Valence (Espagne).
ux-fleurs. — Bouches-du-Rhône, Vaucluse.
ricots à écosser. — Bouches du-Rhône.
ions. — Oise, Seine-et-Oise, Seine-et-Marne, Loiret. Les *carottes* et les *navets* viennent des
s départements, auxquels il faut ajouter le Calvados.
ades. — Bouches-du-Rhône, Var.
mes de terre. — Allier, Yonne, Loire, Eure-et-Loir, Bouches-du-Rhône, Var, Algérie (Cons-
e).
ives. — Belgique.
mes. — Puy-de-Dôme, Eure, Calvados, Oise, Savoie, Italie.
anes. — Iles Canaries.

Introductions aux Halles centrales.

	INTRODUCTIONS TOTALES	INTRODUCTIONS PAR ESPÈCE			ARRIVAGES	
		FRUITS	LÉGUMES	CRESSON	BANLIEUE	CHEMINS DE FER
	kil.	kil.		kil.	kil.	kil.
vier	442,220	199,220	127,050	115,950	107,295	334,925
rier	576,150	211,070	128,680	235,500	180,080	396,070
s	956,975	130,950	177,500	648,525	254,890	702,085
il	1,679,090	147,275	329,715	,100	269,145	1,409,945
	1,667,725	600,940		,300	162,695	1,505,030
1	1,160,580	504,735	372,120	725	121,010	1,039,570
let	1,080,060	563,370		217,030	165,215	864,845
t	1,073,790	637,615	156,975	200	191,890	881,900
tembre	993,135	583,555		025	204,275	788,860
obre	1,133,410	622,745	77,165	500	76,315	1,057,096
'embre	836,615	309,910	100,900	775	76,185	760,430
embre	865,200	522,663		875	66,620	798,580
Total (année 1894)	12,414,950	5,060,980	2,355,445	4,998,525	1,875,615	10,539,335
— (année 1893)	11,506,205	4,320,390	2,187,515	4,998,300	1,518,795	9,987,410
r 1894 : **Augmentation**	908,745	740,590	167,930	225	356,820	551,925

Introductions par catégorie.

Les fruits et légumes sont divisés en trois catégories servant de base à la perception du droit d'abri (Arrêté du 4 août 1891).

1re catégorie. — 1 franc par 100 kilog. — Abricots en caisse ou en panier, amandes, ananas, artichauts, asperges, cassis, cerises, champignons, figues vertes, fraises, framboises, grenades, groseilles, haricots, verts, melons autres que les sortes dites pastèques ou de Cavaillon, merises, noisettes, noix, pêches en caisse ou en panier, persil, pois verts, pruneaux, prunes, raisins en caisse ou en panier, tomates, truffes.

2e catégorie. — 0 fr. 50 c. par 100 kilog. — Aubergines, carottes de primeur, céleri, cerfeuil, châtaignes, choux-fleurs, choux verts, citrons, coings, concombres, cornichons, échalotes en panier, fèves, flageolets ou haricots à écosser, mandarines, marrons, melons dits pastèques ou de Cavaillon, navets de primeur, nèfles, oignons en panier, olives, oranges, pissenlits, poires, pommes, pommes de terre de primeur, salades et autres denrées non dénommées ci-dessus.

3e catégorie. — 0 fr. 25 c. par 100 kilog. — Cresson.

Le 12 février 1894, une décision a autorisé, à titre provisoire, l'introduction des conserves de fruits et de légumes.

Le 30 mars 1894, une décision a autorisé pendant une année, et à titre d'essai, l'introduction du miel.

Introductions par catégorie aux Halles centrales et provenances.

MOIS	INTRODUCTIONS TOTALES	INTRODUCTIONS PAR CATEGORIE			PROVENANCES	
		1re CATÉGORIE	2e CATÉGORIE	3e CATÉGORIE (cresson)	FRANÇAISES	ÉTRANGÈRES
	kil.	kil.	kil.	kil.	kil.	kil.
Janvier	442,220	32,715	292,555	115,950	312,010	130,210
Février	576,150	37,530	303,120	235,500	405,875	170,275
Mars	956,975	72,090	236,360	648,525	858,115	98,860
Avril	1,679,090	197,665	279,325	1,202,100	1,571,825	107,265
Mai	1,667,725	862,560	231,865	573,300	1,603,755	63,970
Juin	1,160,580	739,435	137,420	283,725	1,113,210	47,370
Juillet	1,050,060	717,655	95,355	217,050	1,010,125	19,985
Août	1,073,790	660,195	154,395	259,200	1,063,225	10,565
Septembre	993,135	555,825	102,285	335,025	973,940	19,195
Octobre	1,133,410	550,725	149,185	433,500	1,112,270	21,140
Novembre	836,615	158,695	252,145	425,775	723,050	113,565
Décembre	865,200	51,230	545,095	268,875	457,245	407,955
Total (année 1894)	12,414,950	4,636,320	2,780,105	4,998,525	11,204,645	1,210,305
— (année 1893)	11,506,205	4,300,580	2,207,325	4,998,300	10,731,270	774,935
Pour 1894 : Augmentation	908,745	335,740	572,780	225	473,375	435,370

Répartition des apports français et étrangers des 1re et 2e catégories.

MOIS	QUANTITÉS TOTALES introduites	FRANCE ET ALGÉRIE			ÉTRANGER				
		FRANCE	ALGÉRIE	ENSEMBLE	BELGIQUE	ESPAGNE	ILES CANARIES	ITALIE	ENSEMBLE
	kil.	kil.	kil.	kil.	kil.	kil.	kil.	kil.	kil.
Janvier	326,270	173,495	22,565	196,060	30.250	83,595	9,220	7,145	130.210
Février	340,650	152,105	18,270	170,376	32.400	124,115	9.460	4,300	170,275
Mars	308,450	142,495	67,095	209,590	27,275	54,235	13,735	3,595	98,860
Avril	476,990	275,290	94,435	369,725	8,800	69,900	17,815	10,750	107,265
Mai	1,094,425	973,380	57,075	1.030,455	5,495	42,910	10,220	5,345	68,970
Juin	876,855	823,300	6.185	829,485	4,820	34,390	8,160	»	47,370
Juillet	813,010	766,020	27,055	793,075	3,920	12,740	3,275	»	19,935
Août	814,590	697,855	106,170	804,025	945	8,025	1,595	»	10,565
Septembre	658,110	638,770	145	638,915	4,765	8,400	6,030	»	19,195
Octobre	699,910	674,490	4,280	678,770	4,145	8.010	8,985	»	21,140
Novembre	410,840	269,520	27,755	297,275	20,290	78,035	15.240	»	113,565
Décembre	596,325	170,625	17,745	188,370	19,395	377,145	11,415	»	407,955
Total (année 1894)	7,416,425	5,757,345	448,775	6,206.120	162,500	901,300	115,170	31,135	1.210,305
— (année 1893)	6,507,905	5,294.120	438,850	5.732,970	105.170	353,830	97,340	18,595	774,935
Pour 1894 : Augmentation	908,520	463,225	9,925	473.150	57,330	347,670	17.830	12,540	435,370

Réexpéditions. — Les quantités réexpédiées hors Paris peuvent être évaluées environ à 363,080 kilog., soit 4.89 °/ₒ des arrivages.

Saisies. — Il a été saisi, en 1894, comme impropres à la consommation 79,056 kilog. de marchandises diverses.

Comparaison entre les ventes à la criée et à l'amiable.

MOIS	QUANTITÉS TOTALES	QUANTITÉS VENDUES			
		A LA CRIÉE	PROPORTION	A L'AMIABLE	PROPORTION
	kil.	kil.	°/ₒ	kil.	°/ₒ
Janvier	442,220	116,950	26.5	325,270	73.5
Février	576,150	236,200	41. »	339,950	59. »
Mars	956,975	659,460	69. »	297,515	31. »
Avril	1,679,090	1,301,260	77.5	377,830	22.5
Mai	1,667,725	675,160	40.5	992,565	59.5
Juin	1,160,580	304,690	26.2	855,890	73.8
Juillet	1,030,060	226,970	22. »	803,090	78. »
Août	1,073,790	262,115	24.4	811,675	75.6
Septembre	993,135	335,025	33.7	658,110	66.3
Octobre	1,133,410	433,500	38.2	699,910	61.8
Novembre	836,615	425,775	51. »	410,840	49. »
Décembre	865,200	269,275	31.1	595,925	68.9
Total (année 1894)	12,414,950	5,246.380	42. »	7,168,570	58. »
— (année 1893)	11,506,205	5,255,265	45. »	6,250,940	55. »
Pour 1894 … Augmentation	908,745	»	»	917,630	3. »
Pour 1894 … Diminution	»	8,885	3. »	»	»

Fruits et légumes expédiés des départements et de l'Algérie. — Détail des frais dont sont grevés 100 kilogrammes de marchandises.

ESPÈCES	PROVENANCES	DROITS D'OCTROI	TRANSPORT et CAMIONNAGE	FRAIS DES HALLES: déchargement	FRAIS DES HALLES: abri	FRAIS DES HALLES: commission 5 %, droit d'ab. dét.	TOTAL DES FRAIS	PRIX MOYENS des 100 KIL.
						fr. c.	fr. c.	fr. c.
Abricots	Cavaillon (Vaucluse)	»	16 85	» 50	1 »	2 05	20 40	64 »
	Clermont-Ferrand (Puy-de-Dôme)	»	10 50				14 05	
	Tarascon (Bouches-du-Rhône)	»	16 65				20 20	
Artichauts	Angers (Maine-et-Loire)	»	8 15	» 25	1 »	» »	» »	19 »
	Étampes (Seine-et-Oise)	»	2 45				» »	
	Hyères (Var)	»	19 50				» »	
	Perpignan (Pyrénées-Orientales)	»	19 »				» »	
	Alger (Algérie)	»	20 50	» 30	1 »	1 30	23 10	46 »
Asperges	Auxerre (Yonne)	»	5 15	» 25	1 »	20 75	27 15	135 »
	Chatellerault (Indre)	»	8 »	» 50			30 25	
	Lauris (Vaucluse)	»	17 30	» 50			38 55	
	Sens (Yonne)	»	3 70	» 25			24 70	
Cerises	Conflans-Andresy (Seine-et-Oise)	»	1 75	» 60	1 »	2 10	5 45	62 »
	Champ-Saint-Brie (Seine-et-Marne)	»	5 15				8 85	
	Lyon-Vaise (Rhône)	»	11 95				15 65	
	Solliès-Pont (Var)	»	19 45				23 15	
Fraises	Carpentras (Vaucluse)	»	16 40	» 40	1 »	3 85	21 65	97 »
	Hyères (Var)	»	19 50				24 75	
Haricots verts	Barbentane (Bouches-du-Rhône)	»	17 40	» 50	1 »	4 50	23 40	110 »
	Bordeaux (Gironde)	»	13 70				19 70	
	Hyères (Var)	»	19 50				25 50	
	Tours (Indre-et-Loire)	»	6 50				12 50	
Melons	Cavaillon (Vaucluse)	»	16 85	» 25	» 50	1 55	19 15	44 »
Pêches	Crau (La) (Var)	»	20 40	» 60	1 »	2 50	24 50	70 »
	Estressin (Isère)	»	12 60				16 70	
	Perpignan (Pyrénées-Orientales)	»	19 »				23 10	
	Vienne (Isère)	»	12 65				16 75	
Poires	Collonges (Rhône)	»	9 10	» 25	» 50	2 25	12 10	55 »
	Evreux (Eure)	»	3 70				6 70	
	Etrépagny (Eure)	»	2 80				5 80	
	Vienne (Isère)	»	9 35				12 35	
Pois verts	Bordeaux (Gironde)	»	13 70	» 30	1 »	2 40	17 40	68 »
	Hyères (Var)	»	19 50				23 20	
	Villeneuve-sur-Lot (Lot-et-Garonne)	»	14 75				18 45	
	Alger (Algérie)	»	20 50	» 50	1 »	3 75	25 75	95 »
Pommes	Albertville (Savoie)	»	10 40	» 25	» 50	1 75	12 90	65 »
	Angers (Maine-et-Loire)	»	6 20				8 70	
	Clermont-Ferrand (Puy-de-Dôme)	»	6 75				9 25	
Pommes de terre.	Ollioules (Var)	»	19 05	» 50	» 50	1 65	21 70	68 »
	Hyères (Var)	»	19 50				22 15	
	Cherbourg (Manche)	»	7 »				9 65	
	Alger (Algérie)	»	10 50	» 30	» 50	1 85	13 15	47 »
Prunes	Agen (Lot-et-Garonne)	»	15 05	» 60	1 »	2 45	19 10	69 »
	Bordeaux (Gironde)	»	13 70				17 75	
	Pagny-s'-Moselle (Meurthe-et-Moselle)	»	9 05				13 10	
Raisins	Aigues-Mortes (Gard)	5 70	16 90	» 75	1 »	3.15	27 56	83 »
	Hyères (Var)		19 50				30 16	
	Montpellier (Hérault)		16 85				27 51	
	Port-Sainte-Marie (Lot-et-Garonne)		15 45				26 11	
	Pouilly-sur-Loire (Nièvre)		5 95				16 61	
	Alger (Algérie)		20 50	» 50	1 »	2 60	30 36	72 »
Tomates	Agen (Lot-et-Garonne)	»	15 05	» 30	1 »	4 35	20 70	107 »
	Aramon (Gard)	»	17 45				23 10	
	Barbentane (Bouches-du-Rhône)	»	17 40				23 05	
	Toulouse (Haute-Garonne)	»	16 20				21 85	

Fruits et légumes d'Espagne et de Belgique. — Frais par 100 kilogrammes de marchandises.

ESPÈCES	PROVENANCES	DROITS de douane	DROITS d'octroi	TRANSPORT et camionnage	FRAIS DES HALLES Déchargement	FRAIS DES HALLES Abri	FRAIS DES HALLES Commissre 5 p. 100 fr. droit d'abri déduit	TOTAL des frais par 100 kilog.	PRIX MOYEN par 100 kil.
	Espagne :						fr. c.	fr. c.	
Citrons et oranges	Valence		» »	6 50	» 20	» 50	1 50	13 85	
Haricots verts....	Malaga		» »	44 »	» 60	1 »	7 55	59 65	
Mandarines.	Valence		» »	6 50	» 20	» 50	4 30	21 70	
Raisins.........	Murcie		5 76	43 20	» 50	1 »	3 85	63 31	
	Belgique :								
Endives	Bruxelles........		» »	10 50	» 50	» 50	2 65	20 45	
Pêches	Bruxelles		» »			1 »	35 40	207 10	
Raisins..........	Haeylaert		5 76				27 35	205 11	

Prix maximum et minimum des principales espèces de fruits et de légumes.

DÉSIGNATION DES ESPÈCES	QUANTITÉS	1893 Prix maximum	1893 Prix minimum	1894 Prix maximum	1894 Prix minimum
Abricots en caisse........................	La caisse de 5 kilog.	16 50	12 »	4 40	3 28
— en panier........................	Les 100 kilog.	85 25	52 50	69 96	51 52
Amandes................................	—	67 40	51 75	82 43	62 01
Artichauts..............................	Le cent.	20 95	12 35	24 46	12 56
Asperges............................ ..	La botte.	9 05	3 95	12 20	5 26
Cerises.................................	Les 100 kil.	82 90	62 20	78 36	44 85
Citrons..............................	La caisse de 240.	25 55	20 60	27 23	24 33
	Id. 312.	28 90	24 10	28 67	25 57
	Id. 420.	32 30	27 65	30 28	25 17
	Id. 490.	28 20	23 15	20 02	23 01
	Id. 560.	21 85	18 30	25 30	21 55
Cresson................................	Le panier de 240 bottes.	21 70	8 45	18 37	7 89
Endives................................	Les 100 kilog.	83 15	74 »	68 07	59 35
Fraises................................	La corbeille de 3 kilog.	3 90	2 30	3 37	2 42
Groseilles	Les 100 kilog.	40 »	32 50	47 50	42 50

DÉSIGNATION DES ESPÈCES	QUANTITÉS	1893 Prix maximum	1893 Prix minimum	1894 Prix maximum	1894 Prix minimum
Haricots verts de France	Les 100 kilog.	155 20	116 »	135 09	85 08
— d'Espagne	—	242 95	192 15	195 78	145 83
Mandarines	La caisse de 25.	4 10	1 75	4 16	1 12
	Id. 50.	4 55	2 75	2 82	1 86
	Id. 120.	22 40	17 45	16 94	11 56
Noix	Les 100 kilog.	48 40	37 10	54 32	36 30
Oranges	La caisse de 200.	25 30	21 25	25 93	22 41
	Id. 240.	23 80	19 85	23 99	19 52
	Id. 312.	26 40	22 45	29 65	22 94
	Id. 420.	29 35	24 30	30 37	23 21
	Id. 490.	27 40	22 60	27 88	22 33
	Id. 560.	20 25	17 50	24 90	20 90
Pêches en caisse	La caisse de 1 kilog.	2 15	1 10	11 09	3 34
— en panier	Les 100 kilog.	64 10	40 80	86 53	32 62
Pois verts	—	90 15	78 80	72 19	63 50
Pommes de terre nouvelles		37 »	30 80	45 69	40 14
Prunes		92 15	36 80	81 42	56 10
Raisins de France (autres que ceux de Thomery)		94 20	58 55	99 08	66 38
— d'Algérie	—	85 55	62 25	134 »	110 60
— d'Espagne	Les 100 kilog,	116 40	99 20	109 04	85 14
— de serre	Le kilog.	7 20	4 30	7 55	3 78
— de Thomery	—	4 40	2 30	4 34	1 94
Tomates de France	Les 100 kilog.	94 15	82 15	115 »	99 40
— des Iles		204 10	172 80	180 03	163 82

Produit de droit d'abri et de poids public.

ANNÉES	ABRI 1re CATÉGORIE	ABRI 2e CATÉGORIE	ABRI 3e CATÉGORIE	ABRI TOTAL	POIDS PUBLIC	ENSEMBLE
1893	43,781 80	11,093 70	12,571 88	67,447 38	122 90	67,570 28
1894	47,311 40	13,973 05	12,571 16	73,855 61	83 10	73,938 71
Pour 1894. Augmentation	3,529 60	2,879 35	» »	6,408 23	» »	6,368 43
Pour 1894. Diminution	» »	» »	» 72	» »	39 80	» »

MARCHÉ DES GRAINS ET FARINES (1).

Le marché des grains est peu prospère. La plupart des ventes se font sur échantillon ; le samedi est le seul jour de la semaine où l'on puisse constater quelques transactions.

Les introductions se sont élevées :

En 1893 à	6.454 80	correspondant à une perception	de..........	324 65
En 1894 à	6.214 25	— —	de..........	312 50
Diminution.....	240 55	— —	de..........	12 15

Introductions et produits perçus.

MOIS	INTRODUCTIONS — GRAINS	DROIT D'ABRI
	qx. k.	fr. c.
Janvier	586 40	29 45
Février	619 85	31 20
Mars	485 »	24 40
Avril	382 60	19 35
Mai	277 40	13 95
Juin	196 80	9 95
Juillet	184 »	9 25
Août	182 60	9 15
Septembre	231 40	11 60
Octobre	1,244 25	62 40
Novembre	1,051 60	52 85
Décembre	772 »	38 95
Total (année 1894)	6,214 25	312 50
— (année 1893)	6,454 80	324 65
Pour 1894 : Diminution	240 55	12 15

(1) Depuis l'année 1887, il n'a pas été introduit de farines.

CARREAU FORAIN.

Depuis une époque déjà très reculée, les principaux marchés de fruits et légumes destinés à l'approvisionnement de Paris furent groupés sur l'emplacement où s'élèvent actuellement les Halles centrales. On avait reconnu l'utilité pour les acheteurs de trouver réunies sur un même point les denrées nécessaires à leur commerce, afin que leur abondance étant connue produisît le bon marché.

A la place du cimetière des Innocents s'éleva un marché nouveau qui prit le nom de l'ancienne église démolie en 1786. Le marché des Innocents fut inauguré le 14 février 1789.

Les producteurs munis de certificats justifiant de leur qualité étaient seuls admis à la vente sur le carreau sans pouvoir conduire ailleurs leurs marchandises, même celles adressées à destination particulière; il était défendu d'aller au-devant des voitures pour les acheter et on avait prohibé la revente des denrées marché tenant. Des minima furent fixés, en 1865, pour déterminer la quantité de marchandises à mettre en vente; ils furent supprimés en 1881.

Actuellement, la vente au regrat est seule interdite par les règlements.

Autrefois, Paris était approvisionné exclusivement en fruits et légumes par les maraîchers et les cultivateurs du département de la Seine et des départements voisins. Depuis la création des chemins de fer, le cercle de l'approvisionnement s'est considérablement agrandi.

En *1801*, la partie des Halles du centre, connue sous le nom de cimetière des Innocents, et destinée à la vente en gros des fruits et légumes, herbages et plantes usuelles et au commerce des fleurs, comprenait le terrain de l'ancien cimetière des Innocents, les rues aux Fers (rue Berger), de la Ferronnerie, des Fourreurs et Saint-Honoré jusqu'à celle des Prouvaires, la rue de la Lingerie et celle de la Poterie.

L'emplacement de la vente en gros était divisé en plusieurs parties et chaque partie affectée à la vente des denrées de même nature.

En *1817*, le marché du Carreau fut agrandi des rues de la Grande et de la Petite-Friperie et de celle du Contrat-Social.

En *1825*, on ajouta aux emplacements du Carreau le marché Légat et la rue du Marché-aux-Poirées.

Le marché forain actuel ou Carreau des Halles occupe une partie des voies couvertes et un certain nombre de rues avoisinantes. Il a été ouvert le 18 octobre 1858. La reconstruction des Halles a eu pour conséquence la suppression du marché des Innocents.

Le Carreau comprend actuellement toutes les ventes qui se font en plein air autour des pavillons par les jardiniers-maraîchers, les cultivateurs des environs de Paris, les facteurs et les commissionnaires recevant de leurs expéditeurs des fleurs, des fruits et des légumes du midi et du centre de la France.

Le carreau des Halles peut être divisé en deux parties bien distinctes :

1° Celle réservée au commerce des jardiniers-maraîchers et des horticulteurs, dits *forains abonnés*, qui occupent des places fixes ;

2° La partie du Carreau réservée au commerce des cultivateurs ou approvisionneurs, dits *forains non abonnés*, qui occupent des places banales.

Des places déterminées sont attribuées aux facteurs pour la vente du cresson, des champignons et des fleurs coupées.

Produits du carreau.

Les produits du Carreau sont en augmentation constante due surtout à l'extension des cultures maraîchères aux environs de Paris et aux progrès réalisés dans la culture des marais.

L'examen du tableau suivant donne la progression des recettes depuis 1874 :

ANNÉES	PRODUIT TOTAL DU CARREAU	FORAINS NON ABONNÉS	FORAINS ABONNÉS			
			JARDINIERS MARAICHERS	HORTICULTEURS	MARCHANDS DE CRESSON	TOTAL des forains abonnés
	fr. c.	fr. c.	fr. c.	fr. c.	fr. c.	fr. c.
1874......	368,286 80	231,596 80	127,084 70	3,357 80	6,247 50	136,690 »
1875......	375,278 40	236,973 20	129.079 50	3,614 80	5,610 90	138,305 20
1876......	358,293 30	220,351 20	128,179 50	3,806 40	5,956 20	137,942 10
1877......	394,069 70	254,684 20	129,478 20	3,710 40	6,197 10	139,385 70
1878......	427,601 20	283.733 60	133,068 60	3,858 80	6,940 20	143,867 60
1879......	399,637 90	252,641 50	135,557 10	4,447 20	6.992 10	146,996 40
1880......	419,865 30	267,623 70	140.577 »	4,684 80	6,979 80	152,241 60
1881......	429,996 40	276,679 80	141,504 90	4,672 »	7,139 70	153,316 60
1882......	465,892 80	310,496 40	143,668 20	4,581 60	7,146 60	155,396 40
1883......	467,515 70	309,880 90	145.539 30	4,669 60	7,425 90	157,634 80
1884......	481,245 80	321,869 60	147.250 50	4,684 80	7,440 90	159,376 20
1885......	483,853 80	324,588 30	147.158 70	4,670 40	7,436 40	159,265 50
1886......	494.160 20	334,700 20	147.349 50	4,672 »	7.438 50	159,460 »
1887......	494,274 60	335,382 20	146,793 30	4,672 »	7.427 10	158,892 40
1888......	494,709 30	332.773 »	149,791 80	4.682 »	7,462 50	161.936 30
1889......	496,604 10	333,839 90	150,664 20	4,670 80	7,429 20	162,764 20
1890......	499,512 30	334,598 10	152,823 20	4,672 »	7,419 »	164.914 20
1891......	480,701 70	317,530 40	151,085 10	4,668 40	7,417 80	163,171 30
1892......	475,645 »	309,020 70	154,484 70	4,684 »	7,455 60	166,624 30
1893......	498,428 10	330,082 20	156,214 20	4,672 »	7,459 70	168,345 90
1894......	513,942 60	345,047 »	156.788 40	4.672 »	7,435 20	168,895 60

C'est le matin, entre six heures et sept heures et demie, que règne la plus grande activité sur le carreau, et notamment les mardi, samedi et dimanche.

Jardiniers-maraichers (abonnés).	Rues Montmartre, de Rambuteau, Pierre-Lescot, de la Cossonnerie, Saint-Denis, Berger, de la Lingerie.	Issy, Arcueil, Ivry, Créteil, Maisons-Alfort, Bobigny, liers, Vanves, Vitry, Montrouge, Clichy, Levallois, Intérieur de Paris : Vaugirard, Grenelle, La Glaciè Charonne, etc.
Horticulteurs (abonnés)......	Trottoir sud du pavillon n° 7 (voie couverte).	A Paris : Vaugirard, Grenelle, Belleville, Montrouge Vanves, Châtillon, Montrouge.
Marchands de cresson (abonnés).	Trottoir nord du pavillon n° 5, rue de Rambuteau.	Cresson acheté à la vente à la criée..................
Légumes et fruits, successivement :		
Asperges..................	Rue de Rambuteau, pavillon n° 7, trottoir nord.	Argenteuil, Sannois, Cormeilles, Pierrelaye, Eragny, C
Fraises....................	Pavillons n°s 7 et 9, trottoir nord.	Antony, Orsay, Palaiseau, Fontenay-aux-Roses, Marcou
Prunes et cerises...........	Id.	Triel, Montmorency, Frépillon, Deuil, Bessancourt, S Palaiseau, vallée de Chevreuse.
Pommes, poires, tomates....	Pavillon n° 7, trottoir nord..	Domont, Dammartin, Herblay, Pierrelaye, Sartrouville, M
Raisin.....................	Pavillon n° 9, trottoir nord..	Argenteuil, Puteaux, Suresnes........................
Choux-fleurs et choux bretons	Id.	Roscoff, Angers, Saint-Malo, Cherbourg.............
Noix, marrons, figues........	Id.	Noix et marrons (Bourgogne et Auvergne).............
	Id.	Figues (Argenteuil)................................
Betteraves cuites...........	Id.	La Courneuve et Aubervilliers.......................

nombre de places occupées, extensions, défilé des voitures, etc.

: DES APPORTS	ÉPOQUE DES EXTENSIONS	MÈTRES OCCUPÉS sur les emplacements ordinaires	MÈTRES OCCUPÉS les jours d'extension	PLACES OCCUPÉES	NOMBRE DE MARCHANDS	DÉFILÉ des VOITURES D'APPROVISIONNEMENT	FACTEURS
ıte l'année.	Pas d'extension.	1,886	»	1,443	1,443	Pas de défilé.	»
ıte l'année.	Pas d'extension.	64	»	32	32	R. Berger et voies couvertes entre les pavillons 8 et 10.	»
ıte l'année.	Pas d'extension.	136	»	68	68	Pas de défilé.	»
Avril.	Mai.	»	»	»	»		
Juin.	Juillet.	»	»	»	»		
Juillet.	Août.	»	»	»	»		
; poires : septembre . tomates : août et re.	Pavillon n° 7.	800	»	400	150	Rue Montorgueil et Pointe-Saint-Eustache.	»
bre et octobre.	»	»	»	»	»		
vrier, mars et avril. , octobre et novem-	Pavillon n° 9.	900	»	450	200	Boulevard de Sébastopol et rue de Rambuteau.	»
eptembre.	»	»	»	»	»		
bre à février.	»	»	»	»	»	»	»
:, août et septembre.	Juin, juillet, août et septembre.	»	1,800	900	300	Boulevard de Sébastopol et rue Etienne-Marcel.	»
ute l'année.	Août et septembre.	1,500	300	750 150	400 80	B. de Sébastopol, r. Berger, Rue Pierre-Lescot, rue de Rambuteau.	»
ute l'année.	Juin à août.	300	550	150 275	75 100	B. de Sébastopol, r. Berger, Rue Pierre-Lescot.	»
ute l'année.	Juillet et août.	600	100	300 50	100 15	R. de Rivoli, du Pont-Neuf, Rue Berger.	»

	Rue Berger, pavillon n° 8 (partie).	Versailles, Viroflay, Montreuil, Le Chesnay...............
	Rue des Halles.............	
	Rue Baltard, pavillons n°ˢ 7 et 8	
	Rue Baltard, pavillon n° 6, place Henri-IV, rue Berger.	
ignons de carrières ou ure.	Rue de Rambuteau (trottoir et chaussée), angle nord-est du pavillon n° 5.	Montrouge, Issy, Vanves, Châtillon, Carrières-Saint-Denis, Houilles, Chantilly, Méry-sur-Oise, Isle-Adam, Carrières-Bois, Nanterre.
endu à la criée.....	Rue de Rambuteau, trottoir nord des pavillons n°ˢ 3 et 9, côté du pavillon n° 5.	La Ferté-Alais.
	Rue de Rambuteau, voitures dételées, chaussée près Saint-Eustache.	
	Rue Baltard, pavillon n° 5...	
	Rue de Rambuteau et devant le pavillon n° 5, chaussée près Saint-Eustache.	
	Même emplacement.........	
	Rue de Rambuteau, pavillon n° 3.	Bretagne, Poitou, environs de Paris........................
Fleurs coupées du Midi et des environs de Paris.	Voie couverte entre les pavillons n°ˢ 8, 10, 7 et 8.	Var et Alpes-Maritimes..................................
	Rue Baltard, pavillons n°ˢ 7 et 8	Montrouge, Brie-Comte-Robert, Boissy-Saint-Léger, Vitry et [environs] de Paris.
Feuillage vert..............	Rue Baltard, pavillon n° 7...	Villers-Cotterets, forêt de Sénart, bois de Meudon.........
......	Rue de la Poterie...........	
Fruits du midi, raisins, pois et haricots verts.	Rue des Halles.............	
Primeurs et fruits de choix...	Trottoir est du pavillon n° 7, voie couverte.	

nombre de places occupées, extensions, défilé des voitures, etc. (Suite et fin).

DES APPORTS	ÉPOQUE DES EXTENSIONS	MÈTRES OCCUPÉS sur les emplacements ordinaires	MÈTRES OCCUPÉS les jours d'extension	PLACES OCCUPÉES	NOMBRE DE MARCHANDS	DÉFILÉ des VOITURES D'APPROVISIONNEMENT	FACTEURS
ute l'année.	Juin à août.	300	200	150 100	37 25	Rue Saint-Honoré. Rue du Pont-Neuf.	»
i au 31 octobre.	»	1,500	»	700	233	Rues de Rivoli et des Lavandières.	»
ute l'année.	Août à décembre.	700	»	750 350	180 75	Rue Étienne-Marcel. Rues Montmartre et Pointe-Saint-Eustache.	»
ute l'année.	Septembre à fin octobre.	250	500	125 250	40 83	R. St-Honoré, Vauvilliers. Rue Berger.	»
ute l'année.	»	250	»	125	62	Rue Coquillière et rue de Rambuteau.	1
te l'année.	Mars, avril et mai.	Vendu à la criée par deux facteurs.		»	»	Rue Coquillière et rue Montmartre.	2
fin octobre.	»	200	»	100	30	Rue Coquillière, rue de Turbigo.	»
et juillet.	»	50	»	25	12	Rue du Pont-Neuf.	
à octobre.	»	100	»	50	10	Rue Coquillière.	»
re à avril.	»	200	»	100	30	Rue Montorgueil.	»
l'année.	»	60	»	30	30	Pas de défilé.	»
du midi : bre à mai.	L'hiver.	»	»	»	»	Voie couverte entre les pavillons nos 9 et 10.	2
s de Paris : l'année.	Toute l'année.	450	750	325 275	75 185	Boul. de Sébastopol, r. Berger et voies couvertes entre les pavillons 9 et 10.	
e l'année.	»	70	»	35	17	Rue Coquillière et rue Antoine-Carême.	»
e l'année.	»	20	»	10	8	Pas de défilé.	»
à octobre.	»	150	»	75	25	Boulevard de Sébastopol et rue des Halles.	»
te l'année.	»	140	»	70	50	Rue Montorgueil et rue de Rambuteau.	»

Superficie des emplacements occupés.

ANNÉES	EMPLACEMENTS OCCUPÉS	ABONNÉS	NON ABONNÉS
	mètres.	mètres.	mètres.
Janvier	204,964	93,792	111,172
Février	196,076	84,590	111,486
Mars	219,968	95,166	124,802
Avril	230,388	92,448	137,940
Mai	247,694	95,416	152,278
Juin	362,748	92,544	270,204
Juillet	364,510	95,294	269,216
Août	361,128	95,446	265,682
Septembre	330,738	92,188	238,550
Octobre	303,940	95,100	208,840
Novembre	280,928	91,766	189,162
Décembre	258,674	94,434	164,240
Total (année 1894)	3,361,756	1,118,184	2,243,572
— (année 1893)	3,255,638	1,114,386	2,141,252
Augmentation pour 1894	106,118	3,798	102,320

Situation locative (forains abonnés) au 31 décembre.

DÉSIGNATION	PLACES EXISTANTES	PLACES OCCUPÉES	PLACES VACANTES
Jardiniers-maraîchers	1,443	1,423	20
Horticulteurs	32	32	»
Marchands de cresson	68	68	»
Totaux	1,543	1,543	

Arrivages.

Les denrées vendues sur le carreau n'étant pas soumises au droit d'abri, on procède par évaluation pour connaître le montant approximatif des arrivages. On estime que chaque place reçoit en moyenne 150 kilogrammes de marchandises, ce qui donne, pour 1,680,878 places délivrées en 1894, un total de 252,131,700 kilogrammes de denrées apportées contre 244,172,850 kilogrammes en 1893; soit, pour 1894, une augmentation de 7,958,850 kilogrammes.

Réexpéditions.

On estime à environ 1/10e des apports, soit à 25,200,000 kilogrammes, les marchandises réexpédiées dans la banlieue, dans les villes du nord de la France, en Angleterre, en Belgique, en Hollande, etc.

Les marchandises destinées à la réexpédition et transportées par chemins de fer consistent en primeurs et denrées de choix, salades, choux-fleurs, asperges, raisins, pêches, poires, pommes.

Saisies.

La préfecture de Police a saisi environ 1,000 kilogrammes de denrées insalubres. Elle a opéré 3,345 saisies représentant un poids de 300,000 kilogrammes pour contraventions aux règlements concernant le regrat.

Facteurs.

Quatre facteurs font les ventes à la criée, dont un pour les champignons (exerçant toute l'année), et trois pour les fleurs coupées venant du Midi (du 1er novembre au 30 avril).

Nature des ventes.

Les ventes à la criée sur le carreau forain sont d'environ 2 °/oo des arrivages.

Frais supportés par 100 kilogrammes de marchandises.

ESPÈCES	PROVENANCES	TRANSPORT et CAMIONNAGE	FRAIS DES HALLES		RETOUR des COLIS VIDES	TOTAL des FRAIS	PRIX MOYENS DES 100 KIL.	
			décharge	droit de place			1893	1894
Artichauts	Angers	4 90				5 95	30 »	28 »
	Roscoff	6 50				7 55	28 »	26 »
Choux-fleurs	Angers	4 90				5 93	28 »	29 »
	Cherbourg	5 90				6 93	27 »	28 »
	Roscoff	6 50				7 55	26 »	27 »
Choux	Angers	4 90	0 20	0 30	0 55	5 93	22 »	25 »
	Cherbourg	5 90				6 93	20 »	22 »
Pommes de terre	Barfleur	4 90				5 93	21 »	25 »
	Roscoff	6 50				7 55	23 »	27 »
Pois verts	Bordeaux	13 50				14 55	60 »	50 »
	Villeneuve-sur-Lot	12 50				13 55	50 »	40 »

Il n'y a pas de commission. Les marchandises sont vendues par les producteurs ou achetées à prix ferme sur les lieux de production.

Prix maximum et minimum des principales denrées.

LÉGUMES	QUANTITÉ	MAXIMUM	MINIMUM	FRUITS	QUANTITÉ	MAXIMUM	MINIMUM
		fr. c.	fr. c.			fr. c.	fr. c.
Artichauts...........	La pièce.	» 50	» 05	Cerises..............	Le kilog.	1 20	» 15
Asperges............	La botte.	20 »	1 75	Fraises..............	Id.	3 50	» 30
Carottes............	Id.	1 75	» 10	Framboises..........	Id.	1 50	» 20
Champignons	Le kilog.	1 80	» 55	Groseilles...........	Id.	» 80	» 10
Choux...............	Le cent.	20 50	4 »	Melons..............	La pièce.	7 »	» 40
Choux-fleurs.........	Id.	110 »	12 »	Pêches..............	Id.	» 60	» 05
Haricots verts........	Le kilog.	1 10	» 15	Poires...............	Le kilog.	4 »	» 15
Navets..............	La botte.	» 90	» 10	Pommes.............	Id.	4 »	» 10
Poireaux.............	Id.	» 75	» 15	Raisins ordinaires....	Id.	2 »	» 30
Pois verts...........	Le kilog.	» 50	» 12	Id. de Thomery...	Id.	5 50	2 50
Pommes de terre.....	Les 100 k.	60 »	6 »				

Comparaison du produit des droits de place.

NOMBRE de PLACES OCCUPÉES EN 1894		TARIFS (Arrêté du 15 juin 1872)	PRODUITS EN 1893	PRODUITS EN 1894	POUR 1894 AUGMENTATION	POUR 1894 DIMINUTION
			fr. c.	fr. c.	fr. c.	fr. c.
Forains abonnés (abrités et non abrités).						
Jardiniers-maraichers.	522,628	fr. c. » 30 par place et par jour	156,214 20	156,788 40	574 20	» »
Horticulteurs........	11,680	» 40 id.	4,672 »	4,672 »	» »	» »
Cresson.............	24,784	» 30 id.	7,439 70	7,435 20	» »	4 50
Forains non abonnés.						
Forains abrités.....	85,112	fr. c. » 40 par place et par jour	35,577 60	34,044 80	» »	1,532 30
Forains non abrités.	1,036,674	» 30 id.	294,504 60	311,002 20	16,497 60	» »
	1,680,878	TOTAUX..........	498,408 10	513,942 60	17,071 80	1,537 30
		En faveur de 1894..........	15,534 50		15,534 50	

Poids public.

Le droit de poids public est de 0 fr. 20 c. par 100 kilogrammes.

Les produits de 1894 ont atteint 21,144 fr. 45 c., inférieurs de 1,462 fr. 35 c. à ceux de 1893, qui s'élevaient à 22,606 fr. 80 c. Cette diminution a pour cause l'habitude de plus en plus grande que prennent les forains de peser leurs marchandises sur des instruments leur appartenant.

Chemin de fer sur route d'Arpajon aux Halles.

: s'est formée pour l'exploitation d'un chemin de fer sur route destiné à amener
Halles les denrées maraîchères de la région sud de Paris ; le point extrême de la
ı. C'est le 25 mai que cette ligne a été ouverte. Au début, il y avait transborde-
ındises à la porte d'Orléans. Les trains conduits par des machines à vapeur ne
s fortifications, les denrées étaient apportées aux Halles par des camionneurs
ı'est qu'à partir du 30 octobre 1894 que les locomotives sont arrivées jusqu'aux

btenus jusqu'à ce jour paraissent satisfaisants ; il semble que la culture marai-
velopper sur le parcours de la ligne, en raison des facilités de transport qu'elle

ıivants ont recueilli le total des denrées expédiées par chaque gare du parcours,
ıre.

les arrivages par gare et par espèce de marchandises de juin à décembre.

GARES	TOTAUX PAR GARE	FRUITS	HARICOTS	POMMES DE TERRE
	kil.	kil.	kil.	kil.
....	440,688	240,194	156,350	44,144
....	379,781	223,731	129,098	26,952
....	302,906	233,230	53,315	16,361
....	225,941	167,710	32,280	25,951
aux	190,924	95,003	75,829	20,092
....	135,581	70,288	4,558	60,735
....	40,058	18,882	15,347	5,829
....	30,642	5,177	18,296	7,169
....	9,123	6,673	1,303	1,147
....	5,043	5,043	»	»
....	127	127	»	»
TOTAUX..........	1,760,814	1,066,058	486,376	208,380

Relevé mensuel des apports

MOIS	POIDS TOTAL	PARIS FRUITS	ANTONY FRUITS	WISSOUS FRUITS	WISSOUS HARICOTS	WISSOUS POMMES DE TERRE	LONGJUMEAU FRUITS	LONGJUMEAU HARICOTS	LONGJUMEAU POMMES DE TERRE	SAULX-LES-CHARTREUX FRUITS	SAULX-LES-CHARTREUX HARICOTS	SAULX-LES-CHARTREUX POMMES DE TERRE	FRUITS	HARIC
	kilog.	kilog.	kil.	kilog.	kilog.	kilog.	kilog.	kilog.	kilog.	kilog.	kilog.	kilog.	kilog.	kilog.
	210,763	»	»	2.297	»	2,700	4,370	»	3,133	13.580	»	14,580	18,320	»
	269,080	»	»	1,620	1.350	2,361	5,700	2,600	2,201	10,800	15,530	4,500	17,222	10,300
Août.....	502,040	»	»	350	7,806	1,902	3,567	1,660	495	17,352	41,947	142	36,516	22,406
	409,990	»	»	»	5,290	»	1,139	727	»	22,819	15,587	870	84,959	18,418
	172,896	328	»	415	3,850	203	183	»	»	9,125	2,412	»	46,015	1,817
Novembre.	94,318	2,859	»	495	»	»	562	»	»	16,700	353	»	17,123	374
	71,097	1,856	127	»	»	»	361	360	»	4,597	»	»	13,075	»
Totaux...	1,760,814	5,043	127	5,477	18,296	7,169	18,882	15,347	5.829	95,003	75,829	20.092	233.230	53,315

s et par gares expéditrices.

		MARCOUSSIS			LINAS			LEUVILLE			ARPAJON			NOMBRE de COLIS
		FRUITS	HARICOTS	POMMES DE TERRE	FRUITS	HARICOTS	POMMES DE TERRE	FRUITS	HARICOTS	POMMES DE TERRE	FRUITS	HARICOTS	POMMES DE TERRE	
	kilog.	kilog.	kilog.	kilog.	kilog.	kilog.	kilog.	kilog.	kilog.	kilog.	kilog.	kilog.	kilog.	
	16,952	57,300	»	14,140	9,900	»	20,310	5,408	»	18,600	993	»	»	
	7,500	13,250	24,300	13.750	22,750	8,300	3,470	7,220	280	18,200	934		209	12,258
52,330	2,050	16.331	117,977	15,274	35.919	23,823	4,798	26,708	3,337	20,974	612		938	21,512
044	150	96.250	2,255	500	51,429	67	»	3.872	627	200	614		»	27,972
300	»	10,952	11,818	»	20,071	»	»	15,469	314	800	740		»	14,704
768	300	12,446	»	»	13,194	90	»	4,376	»	816	168		»	
606	»	3,665	»	480	14,447	»	373	7,235	»	1,148	612		»	5,010
098	26,952	240.194	156,350	44,444	167,740	32,280	25,954	70,288	4,538	60,735	6,673		1.147	100,947

Tarif de transport des denrées à destination des Halles.

De la gare de	Wissous aux Halles centrales	(les 1,000 kil.).	10 15
—	Longjumeau	—	11 60
—	Saulx-les-Chartreux	—	12 05
—	Ballainvilliers	—	12 80
—	La Ville-du-Bois	—	13 25
—	Marcoussis	—	14 20
—	Montlhéry	—	13 50
—	Linas	—	14 »
—	Leuville	—	14 20
—	Arpajon	—	15 20

Les marchandises remises au train de denrées partant d'Arpajon à huit heures trente minutes du soir, ou à ceux lui succédant, seront rendues, soit aux Halles centrales, soit aux domiciles des commissionnaires, entre minuit et quatre heures du matin, pour les prix ci-dessus indiqués.

VENTE EN GROS DU POISSON.

Introductions.

Les quantités introduites en 1894, comparées à celles de l'année 1893, présentent une augmentation de 1,688,243 kilog. pour le poisson et de 620,620 kilog. pour les coquillages.

L'augmentation du poisson est due presque exclusivement aux apports français, soit 97 °/o pour les apports français contre 3 °/o pour les apports étrangers.

L'augmentation des coquillages provient des importations des moules étrangères et des escargots français.

Droit d'octroi. — Le poisson est réparti en poissons communs et en poissons de luxe, ces derniers seuls sont assujettis aux droits d'octroi.

Les *poissons de luxe* sont divisés en deux catégories :

1re catégorie. — 40 fr. 20 c. par 100 kilog. — Saumons, truites de toute espèce, ombres-chevaliers, barbues, turbots, salicoques ou bouquets, rougets-barbets, ou de la Méditerranée, langoustes, homards, féras, écrevisses et bars.

2e catégorie. — 21 fr. 60 c. par 100 kilog. — Mulets, lamproies, esturgeons, soles, sterlets, anguilles, brochets, carpes et carpeaux, perches et goujons.

Dans les *poissons communs* sont compris tous les autres ainsi que les crustacés et mollusques non dénommés ci-dessus, à l'exception des huîtres.

Droit d'abri. — Le droit d'abri payé pour tous les poissons, sans distinction, est de 1 franc par 100 kilog. Les moules et coquillages paient 0 fr. 10 c. par 100 kilog.

Introductions.

MOIS	QUANTITÉS INTRODUITES — Poisson de mer, poisson d'eau douce, moules et coquillages	RÉPARTITION — POISSON (mer et eau douce) — Poisson de luxe — 1re catégorie	2e catégorie	Poisson commun	Total du poisson	MOULES et COQUILLAGES
	kilog.	kilog.	kilog.	kilog.	kilog.	kilog.
Janvier	3,105,002	96,795	155,526	2,042,701	2,395,122	[illegible]
Février	3,038,407	117,438	190,008	1,945,141	2,222,587	[illegible]
Mars	2,889,229	134,510	189,415	1,781,364	2,105,289	783,[illegible]
Avril	2,321,948	174,406	161,114	1,677,398	2,012,918	[illegible]
Mai	2,925,940	239,677	175,592	2,255,611	2,670,880	[illegible]
Juin	2,193,366	289,306	140,949	1,638,734	2,068,986	[illegible]
Juillet	1,545,686	304.585	128,599	1,020,212	1,453,396	[illegible]
Août	2,055,066	251,190	126,633	1,358,883	1,736,706	318,360
Septembre	2,776,001	158,196	128,382	1,810,653	2,097,231	678,770
Octobre	3,467,998	158.393	164,075	2,116,080	2,438,548	1,029,450
Novembre	4,241,156	167,295	177,877	2,863,424	3,208,596	[illegible]
Décembre	3,622,695	170,394	210,826	2,324,308	2,705,525	917,170
Total (année 1894)	34,182,494	2,262,182	1,949,096	22,904,506	27,115,784	7,066,710
— (année 1893)	31,873,631	2,481,132	2,095,718	20,850,691	25,427,541	6,446,090
Pour 1894 { Augmentation	2,308,863	»	»	2,053,815	1,688,243	620,620
Pour 1894 { Diminution	»	218,950	146,622	»	»	»

Répartition des arrivages français et étrangers.

MOIS	INTRODUCTIONS TOTALES			POISSON DE MER			POISSON D'EAU DOUCE ET ÉCREVISSES			TOTAL DU POISSON			MOULES, ESCARGOTS ET COQUILLAGES		
	FRANCE	ÉTRANGER	ENSEMBLE	FRANCE	ÉTRANGER	ENSEMBLE	FRANCE	ÉTRANGER	ENSEMBLE	FRANCE	ÉTRANGER	ENSEMBLE	FRANCE	ÉTRANGER	ENSEMBLE
	kilog.	kilog.	kilog.	kilog.	kilog.	kilog.	kilog.	kilog.	kilog.	kilog.	kilog.	kilog.	kilog.	kilog.	kilog.
Janvier	2,426,009	679,000	3,105,009	2,190,352	83,282	2,273,634	61,570	59,918	121,488	2,251,922	143,200	2,395,122	174,080	535,800	709,880
Février	2,208,819	829,588	3,038,407	1,926,560	136,985	2,063,545	64,199	94,843	159,042	1,990,759	231,828	2,222,587	218,060	597,760	815,820
Mars	2,076,045	814,184	2,889,229	1,756,789	129,461	1,886,250	85,716	133,323	219,039	1,842,505	262,784	2,105,289	232,540	551,400	783,940
Avril	2,014,044	307,904	2,321,948	1,674,502	156,483	1,830,983	56,442	125,491	181,933	1,730,944	281,974	2,012,918	283,100	25,930	309,030
Mai	3,723,336	202,604	2,925,940	2,439,855	104,643	2,544,498	32,571	93,811	126,382	2,472,426	198,454	2,670,880	250,910	4,150	255,060
Juin	1,957,393	235,971	2,193,366	1,780,882	120,694	1,901,576	54,983	112,427	167,410	1,835,865	233,121	2,068,986	121,530	2,850	124,380
Juillet	1,283,703	261,983	1,545,686	1,129,506	109,146	1,238,652	64,277	150,467	214,744	1,193,783	259,613	1,453,396	89,920	2,370	92,290
Août	1,590,439	464,627	2,055,066	1,410,686	114,247	1,524,933	61,653	150,120	211,773	1,472,339	264,367	1,736,706	118,100	200,260	318,360
Septembre	2,029,082	746,919	2,776,001	1,801,410	104,647	1,906,057	58,952	132,222	191,174	1,860,362	236,869	2,097,231	168,720	510,050	678,770
Octobre	2,392,593	1,075,405	3,467,998	2,137,278	127,340	2,264,618	61,245	112,685	173,930	2,198,523	240,025	2,438,548	194,070	835,380	1,029,450
Novembre	3,153,526	1,087,630	4,241,156	2,899,148	127,529	3,026,677	65,648	116,271	181,919	2,964,796	243,800	3,208,596	188,730	843,830	1,032,560
Décembre	2,629,389	993,306	3,622,695	2,367,047	162,176	2,529,223	66,582	109,720	176,302	2,433,629	271,896	2,705,525	195,760	721,490	917,170
Total (année 1894)	26,483,373	7,699,121	34,182,494	23,514,015	1,476,633	24,990,648	733,838	1,391,298	2,125,136	24,247,853	2,867,931	27,115,784	2,235,520	4,831,190	7,066,710
— (année 1893)	24,995,858	6,877,773	31,873,631	21,851,877	1,551,994	23,403,871	735,651	1,268,019	2,023,670	22,607,528	2,820,013	25,427,544	2,388,330	4,057,760	6,446,090
Pour 1894 { Augmentation	1,487,515	821,348	2,308,863	1,662,138	»	1,586,777	»	123,279	101,466	1,640,325	47,918	1,688,243	»	773,430	620,620
Pour 1894 { Diminution	»	»	»	»	75,361	»	21,813	»	»	»	»	»	152,810	»	»

Provenances françaises. — Départements expéditeurs.

DÉPARTEMENTS	MARÉE	EAU DOUCE
Bouches-du-Rhône	Arles, Jonquière, Marseille	Arles, Jonquière, Marseille.
Calvados	Bayeux, Cabourg, Grancamp, Isigny, Honfleur, Trouville, Beuzeval, Ouistreham.	Trouville, Bonneville, Saint-Mar
Cher		Sancerre, Sancoins.
Charente-Inférieure	La Rochelle, La Tremblade, Marennes, Royan, Mornac.	»
Côtes-du-Nord	Guingamp, Lannion, Paimpol, Saint-Brieuc.	»
Eure	Quillebœuf	Armentières, Les Andelys, Po l'Arche, Vernon.
Finistère	Audierne, Brest, Concarneau, Douarnenez, Le Guilvinec, Morlaix, Pont-l'Abbé, Quimper, Roscoff, Saint-Pol-de-Léon.	Landerneau, Quimper.
Gironde	Arcachon, Bordeaux, La Teste	Blaye, Libourne, Sainte-Foy-la-G
Indre		Argenton, Chabenay, Château Ruffec, Saint-Benoît, Saint-Ga Châtillon-sur-Indre.
Indre-et-Loire		Chatillon, Chinon, Saint-Patrice, T Vouvray.
Ille-et-Vilaine	Cancale, Saint-Malo, Saint-Servan	»
Loire-Inférieure	Guérande, Le Croisic, La Turballe, Piriac, Pornic, Paimbœuf, Saint-Nazaire.	Nantes, Ingrande, Cordemais, Ma
Loiret		Beaugency, Châteauneuf, Et Gien, Sully-sur-Loire, Saint-Den l'Hôtel, Checy.
Loir-et-Cher		Blois, Chouzy, Onzain.
Manche	Barfleur, Barneville, Cherbourg, Granville	Avranches.
Maine-et-Loire		Ingrande, La Poissonnière, Sa Saint-Mathurin, Saint-Marti Plaine.
Morbihan	Le Palais, Lorient, Port-Louis, Quiberon, Etel.	»
Nièvre		Cosne, Fourchambault, La Charit
Nord	Dunkerque, Gravelines	»
Oise		Creil.
Pas-de-Calais	Berck, Boulogne, Calais, Conchil, Étaples	»
Pyrénées (Basses)	Bayonne, Saint-Jean-de-Luz, Hendaye	Bayonne, Saint-Jean-de-Luz, Hen
Pyrénées-Orientales	Port-Vendres, Collioure	»
Sarthe		La Guerche, Voivre.
Seine		Asnières, Paris, Saint-Denis, Sur
Seine-et-Oise		Andresy, Bonnières, Besons, Ch Conflans, Épône, Meulan, Mo Poissy, Portvilles, Triel.
Seine-Inférieure	Dieppe, Étretat, Fécamp, Harfleur, Le Havre, Yport.	Caudebec, Duclerc, Elbeuf, R Saint-Aubin, Villequier.
Somme	Le Crotoy, Noyelles, Rue, Saint-Valéry	Bray, Cerisy, Frisé, Pont-les- Péronne.
Var	Ollioules	
Vendée	Noirmoutiers, Les Sables d'Olonne, Saint-Gilles.	
Vienne (Haute-)		Limoges.

Provenances étrangères. — Pays expéditeurs.

MOIS	POISSONS (MER ET EAU DOUCE)							MOULES ET COQUILLAGES		
	Allemagne	Angleterre	Belgique	Espagne	Hollande	Italie	Suisse	Belgique	Suisse	Hollande
Janvier	12,665	22,606	27,741	25,825	51,340	2,929	94	321,700	»	14,400
Février	10,752	33,704	56,021	49,370	78,020	1,984	»	566,870	300	30,590
Mars	13,912	20,252	68,405	44,399	114,586	1,230	»	520,200	»	34,200
Avril	30.467	48,920	82,152	18,745	99,193	2,477	50	20,050	»	5,880
Mai	30,689	20,592	70,057	9,155	64,959	2,918	84	»	»	4,150
Juin	18.032	38,194	88,539	11,576	73,744	3,036	»	»	»	2,850
Juillet	26,644	74,768	61,517	5,431	89,688	1,535	30	»	»	2,370
Août	23,100	81,779	68,131	465	88,966	1,926	»	186,460	»	13,800
Septembre	28,852	66,710	54,489	85	83,793	2,940	»	475,400	300	24,350
Octobre	30,140	57.843	66,160	608	83,383	1,894	»	740,590	14,200	80,590
Novembre	37,384	44,546	74,424	5,130	78,424	3,892	»	734,620	11,110	98,100
Décembre	22,452	95,254	39.412	14,541	98,392	1,823	25	668,060	2,150	54,200
Total année 1894	285,089	607,165	737,048	185,300	1,004,488	28,558	283	4,433,950	28,060	369,180
— année 1893	268,393	729,615	812,756	120.897	858.437	29,362	553	3,771,410	12,710	273.640
Pour 1894 { Augmentation	16,696	»	»	64,403	146,051	»	»	662,540	15,350	95,540
Pour 1894 { Diminution	»	122,450	55,708	»	»	804	270	»	»	»

Arrivages. — Nature des ventes.

MOIS	INTRODUCTIONS TOTALES	ARRIVAGES PAR			VENTES	
		Chemin de fer	Banlieue	Ville	A la criée	A l'amiable
Janvier	3,105,002	3,066,403	7,151	31,448	47,902	3,057,100
Février	3,038,407	2,987,586	5,217	45,604	46,760	2,991,647
Mars	2,880,220	2,829,751	8,282	51,196	63,156	2,826,073
Avril	2,321,918	2,314,868	4,840	2,240	30,129	2,294,819
Mai	2,925,940	2,924,410	»	1,530	50,416	2,875,524
Juin	2,193,366	2,189,453	2,817	1,096	60,292	2,133,074
Juillet	1,545,686	1,528,324	5,414	11,948	28,451	1,517,235
Août	2,055,066	2,013,092	5,206	36,768	32,637	2,022,429
Septembre	2,776,001	2,738,335	6,161	31,505	50,883	2,725,118
Octobre	3,467,998	3,429,176	6,000	32,822	68,123	3,399,875
Novembre	4,241,156	4,207,390	6,430	27,336	95,442	4,145,714
Décembre	3,622,695	3,592,605	5,420	24,670	73,530	3,549,165
Total année 1894	34,182.494	33,821,393	62,938	298,163	647,721	33,534,773
— année 1893	31,873.631	31,541,674	79,270	252,687	621,172	31,252,459
Pour 1894. { Augmentation	2,308,863	2,279,719	»	45,476	26,549	2,282,314
Pour 1894. { Diminution	»	»	16,332	»	»	»

Les ventes à la criée n'ont lieu que dans la proportion de 3 % au plus.

Les ventes à l'amiable se font au poids, à la manne, en colis d'origine.

Réexpéditions.

Les réexpéditions ont beaucoup perdu de leur importance. Il y a quelques années, presque toute la marée vendue sur les marchés départementaux était expédiée par le marché de Paris. Aujourd'hui, on vend davantage de marée en province, mais elle est expédiée directement des ports.

On peut évaluer les réexpéditions approximativement à 3 % seulement des arrivages.

Saisies.

La police a saisi :

Marée, 267,390 kilog.

Eau douce, 20,941 kilog.

Coquillages, 117,717 kilog.

Poissons de mer et d'eau douce. — Frais de toute nature dont sont grevés 100 kilogrammes de poissons vendus aux Halles.

Poissons de mer et d'eau douce. — Frais de toute nature dont sont grevés 100 kilogrammes de poissons vendus aux Halles (Suite).

ESPÈCES	PROVENANCES	DROITS de DOUANE	DROITS D'OCTROI	TRANSPORT ET CAMIONNAGE	FRAIS DES HALLES décharge	FRAIS DES HALLES ABRI	FRAIS DES HALLES COMMISSION 5 %	TOTAL des FRAIS	PRIX MOYENS DES 100 KILOS
		fr. c.	fr. c.	fr. c.	fr. c.	fr. c.	fr. c.	fr. c.	fr. c.
	Première catégorie (Suite).								
crevisses	Allemagne, Cologne	5 »		12 40			15 10	74 »	302 »
	Allemagne, Berlin	5 »		17 50				79 10	
aumons	Avranches	» »		9 55				75 75	
	Bayonne	» »		17 25				83 45	
	Nantes	» »	40 20	9 »	» 30	1 »	24 70	75 20	494 »
	Londres (Angleterre)	10 »		11 15				87 35	
ruites de rivière	Quimper	» »		10 75			16 25	68 50	325 »
ruites saumonées	(Allemagne)	» »		17 50			31 50	91 80	530 »
	(Angleterre)	10 »		11 15			31 50	94 15	530 »
	Deuxième catégorie.								
ulets	Calais	» »		6 05				43 15	
	Marseille	» »		19 05			14 20	56 15	284 »
	Pont-l'Abbé	» »		11 35				48 45	
oles	Boulogne	» »		5 65				44 10	
	Calais	» »		5 55				44 »	
	La Rochelle	» »		12 65				51 10	
	Le Croisic	» »		9 80			15 55	48 25	311 »
	Quiberon	» »		9 80				48 25	
	Ostende (Belgique)	20 »		9 90				68 35	
nguilles	Arles	» »		17 30				53 »	
	Péronne	» »	21 60	6 55	» 30	1 »	12 80	42 25	256 »
	Vernon	» »		3 70				39 40	
rochets	Vernon	» »		3 70				35 30	
	(Allemagne)	5 »		17 50			8 70	54 10	174 »
	(Hollande)	5 »		15 »				51 60	
arpes	Beaugency	» »		4 75				35 25	
	Châteauroux	» »		7 35			7 60	37 85	152 »
	Péronne	» »		6 55				37 05	
oujons	Banlieue de Paris	» »		2 50				42 90	
	Gien	» »		4 35			17 50	44 75	350 »
	La Charité	» »		6 40				46 80	
	Poissons communs.								
Brêmes ou dorades	Bayonne	» »	» »	17 25				24 85	
	Concarneau	» »	» »	11 »			6 30	18 60	126 »
	(Espagne)	20 »	» »	18 05				45 65	
Congres	Boulogne	» »	» »	5 65	» 30	1 »		11 25	
	Brest	» »	» »	11 35			4 30	16 95	86 »
	Cherbourg	» »	» »	8 80				14 40	
	Dieppe	» »	» »	5 25				10 85	

Poissons de mer **et d'eau douce.** — ***Frais de toute nature dont sont grevés*** *100 ki* ***de poissons vendus aux Halles*** **(Suite et fin).**

	ESPÈCES	PROVENANCES	DROITS de DOUANE fr. c.	DROITS D'OCTROI fr. c.	TRANSPORT ET CAMIONNAGE	FRAIS DES HALLES Déchargo fr. c.	FRAIS DES HALLES ABRI fr. c.	FRAIS DES HALLES COMMISS^on 5 % fr. c.
					Poissons communs **(Suite).**			
	Harengs	Boulogne	» »	» »	5 65			
		Dunkerque	» »	» »	6 15			
		Fécamp	» »	» »	5 85			3 15
		Honfleur	» »	» »	5 85			
		Verton	» »	» »	5 25			
Marée.	Limandes, carrelets	Boulogne	» »	» »	5 65			
		Étaples	» »	» »	5 10			4 38
		Verton	» »	» »	5 25			
		Ostende (Belgique)	20 »	» »	9 90			
	Merlans	Boulogne	» »	» »	5 65			
		Concarneau	» »	» »	11 »			
		Gravelines	» »	» »	6 15			5 55
		Le Croisic	» »	» »	10 10			
		Verton	» »	» »	5 25			
	Maquereaux	Boulogne	» »	» »	5 65			
		Concarneau	» »	» »	11 »			
		Gravelines	» »	» »	6 15	» 30	1 »	6 05
		Le Croisic	» »	» »	10 10			
		Londres (Angleterre).	20 »	» »	11 15			
		Quiberon	» »	» »	10 10			
	Raies	Boulogne	»	» »	5 65			
		Calais	» »	» »	6 05			
		Cherbourg	» »	» »	8 80			3
		La Rochelle	» »	» »	12 65			
		Roscoff	» »	» »	12 55			
		Saint-Brieuc	» »	» »	9 95			
	Sardines	Concarneau	» »	» »	11 »			
		(Espagne)	20 »	» »	18 05			
		Port-Vendres	» »	» »	21 »			
		Quimper	» »	» »	11 05			
	Thons	La Rochelle	» »	» »	12 65			
Eau douce	Éperlans	Honfleur	» »	» »	5 85			
		(Hollande)	5 »	» »	15 »			
	Moules	Boulogne	»	» »	3 55	» 30	» 10	
		Anvers (Belgique)	» »	» »	3 90	» 15		

Cours.

Les cours n'offrent pas en général de différences bien sensibles comparés
les langoustes les cours très **élevés de la première** moitié de l'année ont c
...depuis le mois **d'août.**

Prix maximum et minimum des poissons de mer.

MOIS	BARS MAX.	BARS MIN.	BRÊMES MAX.	BRÊMES MIN.	CABILLAUDS, COLLINS MAX.	CABILLAUDS, COLLINS MIN.	CHIENS MAX.	CHIENS MIN.	CONGRES MAX.	CONGRES MIN.
	le kil.	le kil.	le kil.	le kil.	le kil.	le kil.	le kil.	le kil.	le kil.	le kil.
Janvier	5 »	3 36	1 36	» 89	» 95	» 30	» 28	» 26	1 06	» 78
Février	5 70	4 12	1 46	1 04	1 09	» 76	» 30	» 20	1 19	» 89
Mars	5 53	3 60	1 60	1 21	1 47	» 64	» 42	» 20	1 15	» 89
Avril	5 12	3 15	1 66	1 03	» 87	» 48	» 25	» 20	» 97	» 73
Mai	5 03	2 96	1 36	» 93	» 85	» 53	» 25	» 20	» 98	» 69
Juin	3 74	2 32	1 40	» 93	» 78	» 52	» 24	» 19	» 88	» 62
Juillet	3 47	2 06	1 42	» 87	» 91	» 51	» 20	» 15	» 99	» 69
Août	3 45	2 13	1 50	1 01	» 89	» 51	» 24	» 17	» 94	» 68
Septembre	4 04	2 63	1 48	» 94	» 87	» 41	» 28	» 19	» 81	» 59
Octobre	3 78	2 32	1 63	1 03	» 99	» 52	» 20	» 15	» 89	» 70
Novembre	3 90	2 70	1 61	1 06	1 05	» 49	» 20	» 15	1 06	» 84
Décembre	4 57	2 31	1 74	1 18	» 96	» 52	» 20	» 15	1 06	» 79
Prix moyen 1894	4 45	2 80	1 31	1 »	» 97	» 53	» 25	» 18	» 99	» 73
Prix moyen 1893	4 18	2 67	1 41	» 93	» 86	» 54	» 26	» 19	» 98	» 70
Pour 1894 Augmentation	» 27	» 13	» 10	» 05	» 11	»	»	»	» 01	» 03
Pour 1894 Diminution	»	»	»	»	»	» 01	» 01	» 01	»	»

MOIS	CREVETTES SALICOQUES MAX.	CREVETTES SALICOQUES MIN.	CREVETTES GRISES MAX.	CREVETTES GRISES MIN.	GRONDINS MAX.	GRONDINS MIN.	HARENGS MAX.	HARENGS MIN.	HARENGS MAX.	HARENGS MIN.	HOMARDS MAX.	HOMARDS MIN.	LANGOUSTES MAX.	LANGOUSTES MIN.	LIMANDES, CARRELETS, FLETS MAX.	LIMANDES, CARRELETS, FLETS MIN.
	le kil.	le kil.	le kil.	le kil.	le kil.	le kil.	le kil.	le kil.	le cent	le cent	le kil.	le kil.	le kil.	le kil.	le kil.	le kil.
Janvier	22 »	3 70	1 42	» 75	» 96	» 72	» 32	» 24	3 22	2 43	3 24	2 53	4 40	3 36	1 06	» 55
Février	14 57	2 84	1 21	» 66	1 14	» 85	» 32	» 24	3 23	2 45	3 94	3 »	4 84	4 02	1 25	» 64
Mars	17 80	3 70	1 68	» 79	1 23	» 90	» 77	» 66	7 71	6 61	3 80	3 05	5 27	4 23	1 29	» 62
Avril	19 40	3 70	» 75	» 50	» 82	» 64	» 67	» 57	6 78	5 78	2 70	1 96	3 60	2 87	1 04	» 52
Mai	19 30	3 56	» 95	» 50	» 74	» 54	» 60	» 50	6 »	5 »	2 60	1 96	3 72	2 98	1 17	» 57
Juin	17 73	3 06	» 75	» 50	» 68	» 54	» 60	» 50	6 90	5 90	1 96	1 48	2 96	2 04	1 09	» 52
Juillet	18 13	4 33	» 75	» 50	» 78	» 58	1 19	» 91	11 90	9 13	2 07	1 45	3 18	2 18	1 23	» 50
Août	16 09	3 17	» 75	» 50	» 77	» 64	» 99	» 76	9 90	7 63	1 93	1 54	2 84	2 19	1 27	» 48
Septembre	13 43	3 »	» 75	» 50	1 »	» 76	» 86	» 67	8 66	6 76	1 78	1 25	2 48	1 70	1 23	» 51
Octobre	15 34	3 42	» 95	» 58	1 08	» 68	» 98	» 76	9 81	7 60	1 60	1 25	2 26	1 74	1 30	» 56
Novembre	13 73	4 40	1 »	» 60	1 05	» 74	» 32	» 30	5 20	3 94	2 40	1 73	2 63	2 06	1 11	» 59
Décembre	12 60	3 14	1 »	» 60	1 »	» 64	» 68	» 54	6 87	5 44	2 48	1 84	2 81	2 21	1 12	» 63
Prix moyen 1894	17 04	3 50	» 98	» 58	» 93	» 67	» 71	» 55	7 18	5 72	2 54	1 90	3 39	[illegible]	1 18	» 55
Prix moyen 1893	19 02	3 25	1 17	» 77	» 85	» 62	» 67	» 50	7 37	5 58	2 37	1 87	3 29	2 55	» 96	» 51
Pour 1894 Augmentation	»	» 25	»	»	» 08	» 05	» 04	» 05	»	» 14	» 17	» 03	» 10	[illegible]	» 22	» 04
Pour 1894 Diminution	2 01	»	» 19	» 19	»	»	»	»	» 19	»	»	»	»	»	»	»

MOIS	MAQUEREAUX MAX.	MAQUEREAUX MIN.	MAQUEREAUX MAX.	MAQUEREAUX MIN.	MERLANS MAX.	MERLANS MIN.	MOULES et COQUILLAGES MAX.	MOULES et COQUILLAGES MIN.	MULETS MAX.	MULETS MIN.	RAIES MAX.	RAIES MIN.
	la pièce	la pièce	le kilog.	le kilog.	le kilog.	le kilog.	le sac de 90 kilog.	le sac de 90 kilog.	le kilog.	le kilog.	le kilog.	le kilog.
Janvier	1 02	» 26	2 95	» 86	1 46	» 66	9 75	7 45	3 73	2 46	» 80	» 50
Février	» 86	» 55	2 52	1 52	1 22	» 82	8 64	7 46	4 30	2 50	» 88	» 55
Mars	» 66	» 64	1 97	1 91	1 24	» 84	9 16	8 23	3 90	2 66	1 02	» 63
Avril	» 61	» 46	1 81	1 33	1 19	» 77	8 »	7 »	3 17	2 03	» 78	» 49
Mai	» 49	» 34	1 44	» 91	1 70	» 97	»	»	3 56	2 80	» 70	» 49
Juin	» 44	» 22	1 29	» 64	1 58	» 96	»	»	3 22	2 12	» 63	» 44
Juillet	» 42	» 13	1 23	» 38	1 71	1 04	»	»	3 07	1 83	» 64	» 47
Août	» 53	» 13	1 55	» 38	1 65	» 97	10 50	9 36	3 03	1 77	» 65	» 47
Septembre	» 34	» 11	1 »	» 32	1 43	» 92	10 76	9 33	3 48	2 37	» 61	» 40
Octobre	» 39	» 09	1 17	» 27	1 31	» 88	3 37	8 66	3 16	2 07	» 67	» 52
Novembre	» 57	» 08	1 64	» 24	1 07	» 71	9 73	8 10	3 44	2 24	» 92	» 62
Décembre	» 49	» 12	1 37	» 39	1 14	» 80	9 47	7 73	3 27	2 21	» 82	» 53
Prix moyen 1894	» 56	» 28	1 66	» 76	1 36	» 86	9 45	8 16	3 42	2 25	» 76	» 54
Prix moyen 1893	» 60	» 22	1 75	» 73	1 31	» 83	10 43	8 27	3 31	2 07	» 70	» 50
Pour 1894 Augmentation	»	» 06	»	» 04	» 05	» 03	»	»	» 11	» 18	» 06	» 04
Pour 1894 Diminution	» 04	»	» 09	»	»	»	» 98	» 11	»	»	»	»

MOIS	ROUGETS-BARBETS MAX.	ROUGETS-BARBETS MIN.	SARDINES MAX.	SARDINES MIN.	SOLES MAX.	SOLES MIN.	THONS MAX.	THONS MIN.	TURBOTS, BARBUES MAX.	TURBOTS, BARBUES MIN.	VIVES MAX.	VIVES MIN.
	le kilog.	le kilog.	le kilog.	le kilog.	le kilog.	le kilog.	le kilog.	le kilog.	le kilog.	le kilog.	le kilog.	le kilog.
Janvier	3 70	2 43	1 30	» 94	3 83	2 62	»	»	3 34	2 36	» 75	» 56
Février	3 09	3 »	1 73	1 31	3 56	2 55	»	»	3 60	2 46	» 73	» 60
Mars	3 90	3 »	1 44	» 67	4 33	3 07	»	»	3 73	2 72	» 79	» 67
Avril	3 55	2 42	1 50	» 42	3 50	2 36	»	»	3 17	2 06	» 69	» 57
Mai	3 90	3 »	2 33	» 50	3 43	2 30	»	»	3 09	2 »	» 64	» 58
Juin	3 66	2 83	1 81	» 46	3 80	2 36	» 95	» 76	2 60	1 53	» 67	» 58
Juillet	3 »	2 02	1 24	» 37	3 99	2 43	» 82	» 69	3 33	1 80	» 72	» 56
Août	3 27	2 46	1 30	» 68	4 10	2 46	» 81	» 60	3 04	1 87	» 69	» 50
Septembre	2 98	2 13	1 35	» 80	3 47	2 38	» 71	» 54	3 30	2 17	» 64	» 54
Octobre	3 08	2 48	1 53	1 02	3 78	2 54	» 74	» 50	3 23	2 23	» 67	» 58
Novembre	2 64	1 90	1 87	1 09	3 46	2 41	1 »	» 90	2 67	1 71	» 78	» 61
Décembre	3 06	2 07	1 84	1 14	3 47	2 46	»	»	3 17	2 02	» 73	» 57
Prix moyen 1894	3 37	2 45	1 60	» 76	3 72	2 49	» 84	» 68	3 19	2 07	» 71	» 57
Prix moyen 1893	4 »	2 71	1 67	» 84	3 65	2 44	» 82	» 64	2 97	1 94	» 69	» 56
Pour 1894 Augmentation	»	»	»	»	» 07	» 05	» 02	» 04	» 22	» 13	» 02	» 01
Pour 1894 Diminution	» 63	» 26	» 07	» 08	»	»	»	»	»	»	»	»

Prix maximum et minimum des poissons d'eau douce.

MOIS	ALOSES Maxim.	ALOSES Minim.	ANGUILLES Maxim.	ANGUILLES Minim.	BARBILLONS Maxim.	BARBILLONS Minim.	BÉCARTS et OMBRES-CHEVALIERS Maxim.	BÉCARTS et OMBRES-CHEVALIERS Minim.	BROCHETS Maxim.	BROCHETS Minim.	CARPES Maxim.	CARPES Minim.
	la pièce	la pièce	le kil.	le kil.	le kil.	le kil.	le kil.	le kil.	le kil.	le kil.	le kil.	le kil.
Janvier	» »	» »	3 10	1 70	1 50	1 »	4 48	3 26	2 16	1 05	1 06	» 73
Février	» »	» »	3 35	2 18	1 62	1 19	4 57	2 96	2 14	1 62	1 08	1 »
Mars	» »	» »	3 24	2 27	2 68	2 17	3 50	2 »	2 21	1 32	1 72	1 02
Avril	2 97	1 70	3 69	2 12	3 »	2 50	3 90	2 »	2 52	1 58	1 96	1 07
Mai	2 93	1 52	3 53	2 »	2 96	2 40	4 »	2 »	2 70	1 63	2 36	1 12
Juin	3 »	1 50	3 15	2 »	2 33	1 78	4 »	2 »	2 21	1 32	2 21	1 38
Juillet	3 »	1 50	2 67	1 62	1 97	1 »	» »	» »	2 13	1 13	1 83	» 67
Août	» »	» »	3 40	2 16	1 50	1 »	» »	» »	2 71	1 23	2 29	1 41
Septembre	» »	» »	2 82	1 68	1 50	1 »	» »	» »	2 22	» 96	2 18	1 56
Octobre	» »	» »	2 70	1 99	1 50	1 »	6 »	5 »	1 93	1 »	1 74	» 97
Novembre	» »	» »	2 93	1 92	1 50	» 75	6 »	5 »	1 94	1 06	1 75	1 18
Décembre	» »	» »	3 05	2 12	1 50	» 75	6 »	5 »	1 97	1 19	1 84	1 16
Prix moyen 1894	2 97	1 55	3 13	1 99	1 96	1 38	4 71	2 43	2 23	1 25	1 93	1 40
Prix moyen 1893	2 59	1 53	3 27	1 89	1 42	» 95	4 75	3 10	2 14	» 84	1 77	» 92
Pour 1894 Augmentation	» 38	» 02	» »	» 10	» 54	» 43	» »	» »	» 09	» 41	» 16	» 18
Pour 1894 Diminution	» »	» »	» 14	» »	» »	» »	» 04	» 67	» »	» »	» »	» »

MOIS	ÉCREVISSES Grosses Maxim.	ÉCREVISSES Grosses Minim.	ÉCREVISSES Moyennes et petites Maxim.	ÉCREVISSES Moyennes et petites Minim.	ÉPERLANS Maxim.	ÉPERLANS Minim.	ESCARGOTS Maxim.	ESCARGOTS Minim.	GOUJONS Maxim.	GOUJONS Minim.	SAUMONS Maxim.	SAUMONS Minim.	TANCHES Maxim.	TANCHES Minim.	TRUITES Maxim.	TRUITES Minim.
	pan''' de 18 à 25	pan''' de 18 à 25	pan''' de 30 à 60	pan''' de 30 à 50	le kil.	le kil.	cent	cent	le kil.	le kil.	le kil.	le kil.	le kil.	le kil.	le kil.	le kil.
Janvier	4 02	3 53	3 83	2 90	1 22	» 75	2 88	» 68	2 78	2 »	8 59	4 43	2 02	1 »	9 33	4 86
Février	4 21	3 23	3 19	2 59	» 88	» 43	2 92	1 21	3 27	2 35	7 55	3 08	1 94	1 28	9 68	4 50
Mars	4 35	3 54	3 53	2 51	» 90	» 51	2 38	» 89	4 14	3 20	7 78	4 13	1 93	1 13	9 17	4 06
Avril	4 03	3 23	3 07	2 20	1 09	» 57	1 47	» 49	3 20	2 30	7 »	3 52	2 66	1 79	10 30	3 50
Mai	3 63	2 87	2 81	2 07	1 40	» 84	1 04	» 40	4 62	3 17	6 70	3 16	2 31	1 29	9 40	3 13
Juin	4 10	3 11	3 05	2 18	1 09	» 57	1 10	» 40	5 80	4 11	4 58	2 91	1 80	1 17	4 96	2 18
Juillet	3 23	2 56	2 56	2 04	1 03	» 65	» 99	» 37	5 53	3 15	4 20	2 67	1 12	» 67	5 47	2 17
Août	3 33	2 40	2 47	1 67	1 14	» 63	» 92	» 28	4 23	2 83	4 33	2 85	2 12	1 94	5 80	2 70
Septembre	2 84	2 14	2 13	1 59	1 03	» 58	1 38	» 36	4 16	2 65	5 76	4 58	2 26	1 38	6 »	3 20
Octobre	3 12	2 53	3 43	1 95	» 99	» 51	1 67	» 33	4 02	2 57	» »	» »	2 08	1 23	6 48	4 »
Novembre	4 16	3 17	3 13	2 30	» 94	» 43	1 98	» 30	4 27	3 05	» »	» »	2 13	1 35	6 84	2 96
Décembre	4 33	3 40	3 74	3 11	» 99	» 57	2 05	» 30	4 34	2 93	» »	» »	2 »	1 25	6 83	2 90
Prix moyen 1894	3 88	2 97	2 99	2 26	1 05	» 58	1 73	» 50	4 19	2 86	6 27	3 61	2 03	1 28	7 51	3 34
Prix moyen 1893	4 19	3 27	3 20	2 41	1 14	» 53	1 86	» 79	3 27	2 10	6 24	3 57	1 73	» 81	7 53	3 27
Pour 1894 Augmentation	» »	» »	» »	» »	» »	» 05	» »	» »	» 92	» 76	» 03	» 04	» 30	» 47	» »	» 07
Pour 1894 Diminution	» 31	» 30	» 21	» 15	» 09	» »	» 13	» 29	» »	» »	» »	» »	» »	» »	» 02	» »

VENTE EN GROS DES HUITRES.

Introductions dans Paris. — Droit d'octroi

Les huitres entrant dans Paris sont réparties, au point de vue de la perception des droits d'octroi, en quatre catégories :

1re catégorie. — Huitres à coquilles lourdes, y compris les huîtres de Portugal (6 francs par 100 kilog.).
2e — — Huitres à coquilles légères (18 francs par 100 kilog.).
3e — — Huitres d'Ostende (36 francs par 100 kilog.).
4e — — Huîtres marinées (12 francs par 100 kilog.).

Introductions dans Paris.

MOIS	QUANTITÉS INTRODUITES	HUITRES À COQUILLES lourdes pesant plus de 15 kil. le cent	HUITRES À COQUILLES LÉGÈRES pesant moins de 15 kil. le cent	HUITRES D'OSTENDE	HUITRES DE PORTUGAL	HUITRES MARINÉES
	kilog.	kilog.	kilog.	kilog.	kilog.	kilog.
Janvier	825,966	5,805	220,274	822	598,994	71
Février	843,595	8,333	246,403	644	588,034	181
Mars	792,653	10,184	261,081	756	520,080	552
Avril	172,621	1,795	61,951	154	108,621	100
Mai	19,495	269	8,867	5	10,244	110
Juin	2,798	89	782	»	1,675	201
Juillet	1,043	19	465	2	317	240
Août	14,461	35	4,071	28	10,283	24
Septembre	536,149	5,176	107,034	140	423,765	34
Octobre	1,287,746	19,957	263,674	1,238	1,002,845	32
Novembre	1,575,024	17,276	311,930	1,835	1,243,670	313
Décembre	1,856,728	25,134	432,021	2,242	1,397,407	227
Total en 1894	7,928,279	94,080	1,918,553	7,866	5,905,605	2,175
— 1893	7,856,428	67,786	1,869,790	3,089	5,912,919	2,844
Pour 1894 Augmentation	71,851	26,294	48,763	4,777	»	»
Pour 1894 Diminution	»	»	»	»	7,314	669

Introductions aux Halles centrales.

Les introductions sont en diminution de 27,250 centaines pour un droit d'abri de 1,362 fr. 50 c.

Les approvisionneurs vendent en gare une partie de leurs apports.

D'un autre côté la concurrence des magasins augmente tous les jours. Les épiciers vendent surtout l'huître de Marennes, dont le prix est plus courant et qui n'occasionne pas d'encombrement.

La diminution constatée porte exclusivement sur les huîtres de Marennes.

Les autres espèces sont au contraire en augmentation, à l'exception de l'huitre de Courseulles qui ne vient plus du tout sur le marché ; elle n'est vendue que par un seul marchand qui a pris un magasin en ville.

Lieux de provenance des diverses espèces d'huîtres.

ESPÈCES	LIEUX DE PROVENANCE
Arcachon	*Gironde.* — Arcachon, La Teste, Arès, Andernos.
Armoricaines	*Finistère.* — Bélon. *Morbihan.* — Vannes.
Cancale	*Ille-et-Vilaine.* — Cancale.
Courseulles	*Calvados.* — Courseulles.
Marennes et Portugaises	*Charente-Inférieure.* — La Tremblade, Saint-Just, Arvert, Marennes, La Rochelle, Mornac, La Grève, Le Chapus, Bourcefranc, Le Château.

Introductions aux Halles par espèces.

MOIS	QUANTITÉS TOTALES INTRODUITES		PRINCIPALES ESPÈCES — ARCACHON		MARENNES		PORTUGAISES		TOTAL		ESPÈCES DIVERSES — AMÉRICAINES		CANCALES		COURSEULLES		TOTAL		ARRIVAGES par	
	Centaines	Poids	Centaines	Poids	Centaines	Poids	Centaines	Poids	Centaines	Poids	Centaines	Poids	Centaines	Poids	Centaines	Poids	Centaines	Poids	Chemin de fer	Ville
Janvier	37,071	396,426	1,619	6,476	11,664	93,288	23,605	295,062	36,885	394,826	»	»	158	1,264	28	336	186	1,600	35,726	1,345
Février	34,952	374,964	976	3,904	11,742	93,936	22,056	275,700	34,774	373,540	»	»	178	1,424	»	»	178	1,424	34,570	382
Mars	30,499	326,212	704	2,816	10,731	85,848	18,873	235,912	30,308	324,576	»	60	167	1,336	20	240	191	1,636	30,098	401
Avril	5,498	59,813	61	244	1,855	14,840	3,570	44,625	5,486	59,709	4	»	10	80	2	24	12	104	3,498	»
Mai	474	4,780	»	»	254	2,032	217	2,712	471	4,744	»	»	»	»	3	36	3	36	474	»
Juin	36	414	»	»	8	64	28	350	36	414	»	»	»	»	»	»	»	»	36	»
Juillet	»	»	»	»	»	»	»	»	»	»	»	»	»	»	»	»	»	»	»	»
Août	1,248	14,128	»	»	327	2,616	921	11,512	1,248	14,128	»	»	»	»	»	»	»	»	1,248	»
Septembre	31,546	354,003	648	2,472	7,626	61,008	23,135	289,187	31,379	352,667	»	»	167	1,336	»	»	167	1,336	29,736	1,810
Octobre	33,726	376,130	5,235	20,940	10,499	83,992	37,104	463,800	52,838	568,732	42	630	846	6,768	»	»	888	7,398	51,886	1,840
Novembre	51,833	554,761	5,957	23,828	8,857	70,855	36,246	453,075	51,060	547,758	117	1,755	656	5,248	»	»	773	7,003	50,917	916
Décembre	79,177	830,466	5,031	20,124	20,687	165,496	52,648	658,025	78,366	843,645	49	725	762	6,096	»	»	811	6,284	78,075	1,102
Total année 1894	326,060	3,512,097	20,204	80,834	84,247	673,975	218,403	2,729,960	322,851	3,484,739	212	3,170	2,944	23,552	53	636	3,209	27,358	318,264	7,796
— année 1893	353,310	3,476,473	13,570	55,630	121,304	970,430	216,838	2,428,580	351,712	3,454,640	49	465	1,393	19,500	156	1,870	1,598	21,835	345,887	7,423
Pour 1894 Augmentation	»	35,624	6,634	25,174	»	»	1,565	304,380	»	30,099	163	2,705	1,554	4,052	»	»	1,611	5,523	»	373
Pour 1894 Diminution	27,250	»	»	»	37,057	296,455	»	»	28,861	»	»	»	»	»	103	1,234	»	»	27,623	»

Approvisionneurs.

Il n'y a pas de facteur sur ce marché. Le nombre des approvisionneurs est de 30 au lieu de 33 pour 1893.

Saisies.

Le service de la police a saisi 75 centaines d'huîtres.

Nature des ventes.

Toutes les ventes sont faites à l'amiable.

Prix maximum et minimum, par centaine, des principales espèces d'huîtres.

MOIS	ARCACHON Maximum	ARCACHON Minimum	MARENNES Maximum	MARENNES Minimum	PORTUGAISES Maximum	PORTUGAISES Minimum	ARMORICAINES Maximum	ARMORICAINES Minimum	CANCALES Maximum	CANCALES Minimum	COURSEULLES St-WAAST Maximum	COURSEULLES St-WAAST Minimum
	le cent	le cent	le cent	le cent	le cent	le cent	le cent	le cent	le cent	le cent	le cent	le cent
Janvier	7 »	2 50	13 50	4 »	5 »	2 »	9 »	7 »	16 »	10 »	16 »	6 »
Février	7 »	2 50	13 50	4 »	5 »	2 »	9 »	7 »	16 »	10 »	16 »	6 »
Mars	7 »	2 50	18 50	4 »	5 »	2 »	9 »	7 »	16 »	10 »	16 »	6 »
Avril	7 »	2 50	13 50	4 »	5 »	2 »	9 »	7 »	18 »	10 »	18 »	6 »
Mai	» »	» »	13 50	4 »	5 »	2 »	» »	» »	» »	» »	18 »	6 »
Juin	» »	» »	13 50	4 »	5 »	2 »	» »	» »	» »	» »	» »	» »
Juillet	» »	» »	» »	» »	» »	» »	» »	» »	» »	» »	» »	» »
Août	» »	» »	14 »	5 »	4 50	3 »	» »	» »	» »	» »	» »	» »
Septembre	6 »	3 50	14 50	4 »	4 50	2 75	» »	» »	18 »	12 »	» »	» »
Octobre	6 »	2 50	20 »	4 »	4 »	2 50	15 »	8 »	20 »	9 »	» »	» »
Novembre	6 »	2 50	18 »	4 »	4 »	2 50	15 »	9 »	20 »	9 »	16 »	6 »
Décembre	6 »	2 50	18 »	4 »	4 »	2 50	9 »	7 »	18 »	14 »	» »	» »
Prix moyen 1894	6 50	2 62	15 04	4 09	4 63	2 29	10 71	7 43	17 75	10 50	16 67	6 »
Prix moyen 1893	7 11	2 50	13 50	4 30	5 »	2 90	9 »	7 »	16 »	10 »	16 »	5 50
Pour 1894.. Augmentat...	» »	» 12	1 54	» »	» »	» »	1 71	» 43	1 75	» 50	» 67	» 50
Pour 1894.. Diminution ..	» 61	» »	» »	» 21	» 37	» 61	» »	» »	» »	» »	» »	» »

VENTE EN GROS DU BEURRE.

Les introductions aux Halles centrales sont en augmentation de 760,498 kilog. sur celles de 1893.

Cette augmentation est due à une année exceptionnelle pour l'abondance et la bonne qualité des fourrages.

Provenances françaises.

Les envois les plus importants de beurres en motte sont ceux de la Charente, de la Bretagne, de la Somme, d'Isigny, de l'Auvergne, de Gournay, de Seine-et-Marne, de la Haute-Saône.

Les provenances des fermiers normands et des laiteries de Paris sont les seules en diminution.

Les beurres en demi-kilog. d'Indre-et-Loire et de la région avoisinante ont bien approvisionné le marché. Les envois du Loiret, du Loir-et-Cher ont été moins importants.

Provenances étrangères.

Il est arrivé de l'étranger 165,845 kilog. de beurres en motte, dont 156,435 kilog. de la Suisse ; 7,310 kilog. d'Autriche-Hongrie et 2,100 kilog. de l'Allemagne. Pendant l'année 1893, les apports étrangers avaient été de 147,803 kilog. L'Alsace a envoyé 20,297 kilog. de petits beurres. En 1893, ce pays avait expédié 37,531 kilog., soit 17,234 de plus qu'en 1894.

Introductions dans Paris et aux Halles centrales.

MOIS		INTRODUCTIONS TOTALES dans Paris	INTRODUCTIONS AUX HALLES				
			QUANTITÉS introduites	PROVENANCES		ARRIVAGES	
				France	Étranger	Chemins de fer	Banlieue et ville
		kil.	kil.	kil.	kil.	kil.	kil.
Janvier		1,370,506	786.632	754,230	32,402	773,707	12,925
Février		1,261,164	722,280	670.560	51.720	706,723	15.557
Mars		1,225,906	822,453	774,103	48,350	812,529	9,924
Avril		1,644,561	884,273	856,588	27.685	873,700	10,573
Mai		1,818,935	1,090,471	1.090,386	85	1,068,653	21,818
Juin		1,761,251	1,062,223	1.062,223	»	1.051,228	10,995
Juillet		1,629,606	989.385	989,385	»	979,231	10,134
Août		1,666,893	1,057.303	1,057.303	»	1,038,528	18,775
Septembre		1,601.944	1,004.741	1.004,741	»	987,463	17.278
Octobre		1,934,937	1,064.436	1,064,436	»	1,047,985	16,451
Novembre		1,805,856	900,858	893,958	6,900	887,095	13,763
Décembre		1,938,471	894.142	875,142	19,000	880,274	13,868
Total en..	1894 ..	19,660,117	11,279,107	11,093,055	186,142	11,107,116	172,081
	1893 ..	19,767.602	10.518,699	10,333.365	185,334	10,255,879	262,820
Pour 1894	Augm..	»	760,498	759,690	808	851,237	»
	Dimin..	107.485	»	»	»	»	90,730

Répartition des arrivages par provenances.

PROVENANCES			1893	1894	POUR 1894	
					AUGMENTATION	DIMINUTION
			kil.	kil.	kil.	kil.
Beurres en mottes.	Ouest	Isigny	1,527,408	1,628,841	99,433	»
		Gournay	550,508	614,343	63,835	»
		Fermiers normands	1,269,040	1,185,500	»	83,540
		Divers, Bretagne	448,289	689,800	241,511	»
	Lyon	— Auvergne	332,694	402,710	70,016	»
	Orléans	— Charentes	2,901.983	3,073,260	771,277	»
	Nord	— Somme, Aisne, Oise	175,780	312,043	136,263	»
	Est	— Seine-et-Marne, Haute-Saône	296,980	317,960	20,980	»
	Paris	— Particuliers	236,982	150,362	»	86,620
	Étranger		147,803	165,845	18,042	»
Pour 1894..	Suisse 156,435; Autriche-Hongrie 7,310; Allemagne 2,100	165,845				
			7,887.467	9,138,664	1,421,357	170,160
Augmentation pour 1894			....	....	1,251,197	

PROVENANCES		1893	1894	POUR 1894 Augmentation	POUR 1894 Diminution
Beurres en 1/2 kilog. — Touraine.	1er choix. — Indre, Loire	537,000	578,700	41,700	»
	2e choix. — Loiret. Loir-et-Cher	860,322	764,521	»	95,801
		1,397,322	1,343,221	41,700	95,80[illegible]
	Diminution pour 1894			54,101	
Petits beurres	Lyon — Puy-de-Dôme, Haute-Loire	589,280	396,543	»	192,7[illegible]
	Orléans — Creuse, Allier	373,174	216,380	»	156,7[illegible]
	Ouest — Sarthe, Vendée	208,227	142.480	»	65,7[illegible]
	Banlieue	25,698	21,410	»	4,28[illegible]
	Alsace	37,531	20,297	»	17,2[illegible]
		1,233,910	797,312	»	436,59[illegible]
	Diminution pour 1894			436,598	
	Total général	10,518,699	11.279.197	1,463,037	702,539
	Soit une augmentation, pour 1894, de			760,498	

Mode de vente. — Le mode de vente adopté continue à être la criée, qui atteint 98 %.

Les commerçants n'achètent à l'amiable que lorsqu'ils ont absolument besoin d'être servis dès l'ouverture du marché.

Rapport entre les ventes à la criée et à l'amiable.

MOIS	QUANTITÉS VENDUES	A LA CRIÉE	PROPORTION	A L'AMIABLE	PROPORTION
	kilog.	kilog.	%	kilog.	%
Janvier	786,632	770,900	98	15,732	2
Février	722,280	707,835		14,445	
Mars	822.453	806,004		16,449	
Avril	844,273	866,588		17,685	
Mai	1,090.471	1,068,662		21,809	
Juin	1,062.223	1,040,979		21,244	
Juillet	989,385	969,598		19,787	
Août	1,057,303	1,036,157		21,146	
Septembre	1,004,741	984,647		20,094	
Octobre	1,064,436	1,043,148		21,288	
Novembre	900,858	882,841		18,017	
Décembre	894,142	876,260		17,882	
Total (année 1894)	11.279,197	11,053,619	98	225,578	2
— (année 1893)	10,518,699	10,308,326	98	210,373	2
Pour 1894 : augmentation	760,498	745,293	»	15,205	»

Réexpéditions. — Les réexpéditions peuvent être évaluées très approximativement à 7 % des arrivages.

Saisies. — Quelques prélèvements ont été opérés sur des beurres qui ont paru suspects. Il n'y a pas eu de saisies.

Charente	Chalais		12 10			34 77	
	Moussac		10 25			32 92	
Côtes-du-Nord	Dinan		10 10			32 77	
	Plonaret		12 55			35 22	
Eure	Damville		4 »			26 67	
	Les Andelys		3 50			26 17	
Haute-Saône	Port-sur-Saône		9 40			32 07	
	Saint-Loup		9 80			32 47	
Ille-et-Vilaine	La Guerche		9 30			31 97	
	Saint-Mien		10 50			33 17	
Manche	Carentan	» » 14 40	8 30	1 50	4 77	30 97	273 »
	Pontorson		9 05			31 72	
Oise	Nanteuil-le-Haudouin		2 30			24 97	
	Liancourt s./Clermont		2 95			25 62	
Orne	Domfront		7 20			29 87	
	Écouché		5 90			27 57	
Seine-et-Marne	La Chapelle		3 95			26 62	
	La Ferté-sous-Jouarre		2 70			25 37	
Seine-et-Oise	Étampes		2 45			25 12	
	Isle-Adam		1 85			24 52	
Indre	Egusson		8 30			30 57	
	Reuilly	» » 14 40	6 20	1 30	4 37	28 47	250 »
Indre-et-Loire	Bourgueil		7 75			30 02	
	Neuvy-le-Roi		6 90			29 17	
Haute-Loire	Arvant		11 75			33 67	
	Monistra	» » 14 40	13 10	1 50	4 02	35 02	230 »
Puy-de-Dôme	Aigueperse		9 85			31 77	
	Compière		10 35			32 27	

VENTE EN GROS DES ŒUFS.

Introductions. — Les quantités d'œufs introduites, en 1893, étaient de 16,048,996 kilog., elles sont, en 1894, de 16,401,698 kilog., soit une augmentation en faveur de 1894 de 352,802 kilog. Cette augmentation est due aux envois de l'étranger qui ont approvisionné le marché pendant toute l'année, tandis qu'en temps ordinaire, quand les œufs français abondent, ces envois ne commencent qu'en septembre pour finir en avril. On voit rarement les œufs étrangers sur le marché pendant la saison d'été. Les œufs français ont fait défaut. La cherté des grains a déterminé les éleveurs à se débarrasser d'une grande partie de leurs volailles. D'autre part, la ponte a été retardée par l'humidité de la température. Puis, lorsqu'il a été possible de donner à la volaille une nourriture plus abondante, une grande partie des œufs ont été conservés, notamment pour les couvées.

Les ventes en gare et les envois directs ont contribué aussi pour une part à la diminution constatée sur les œufs de 1er et 2e choix.

Introductions dans Paris et aux Halles centrales.

MOIS		INTRODUCTIONS totales DANS PARIS	INTRODUCTIONS AUX HALLES				
			QUANTITÉS introduites	PROVENANCES		ARRIVAGES	
				France	Étranger	Chemin de fer	Banlieue
		kil.	kil.	kil.	kil.	kil.	kil.
Janvier		1,279,386	1.137,721	820,287	347.434	1,104,054	[illegible]
Février		2,094,908	1,580,869	1,455,579	125,290	1,556.272	[illegible]
Mars		3,105.216	2,188,694	2,171,894	16,800	2,163,500	[illegible]
Avril		2,909,066	1,893,861	1,884,501	9.360	1,858,840	[illegible]
Mai		2,793,323	1,570,202	1,544,342	25,860	1,528,360	[illegible]
Juin		2,155,865	1,223,134	1,157,214	65,920	1.193,220	[illegible]
Juillet		1,810,845	1,191.100	1,163,104	27,996	1,158,996	[illegible]
Août		1,645,268	1,024,680	1.008,830	15,850	984,350	[illegible]
Septembre		1,546,662	1,060,181	922,265	137,916	1,037,516	[illegible]
Octobre		1,691,206	1,188,281	976,661	211,620	1,159,940	[illegible]
Novembre		1,626,059	1,152,053	936,553	215.500	1,130,600	[illegible]
Décembre		1,823,790	1,190,928	1,041,528	149.400	1,169,500	[illegible]
Total en…	1894	24,478,596	16,401,698	15,082,752	1,318,946	16,045,146	[illegible]
	1893	23,549,165	16,048,996	15,416,031	632,965	15,577,516	471,480
Pour 1894	Augmentation	929,431	352,702	»	685,981	467,630	»
	Diminution	»	»	333,279	»	»	[illegible]

Provenances françaises. — Les envois de la Normandie et de la Bretagne ont été bien suivis. Ces deux régions ont fourni des expéditions bien supérieures à celles de l'année 1893. Les œufs de conserve de Paris et des départements ont aussi contribué à l'augmentation en janvier, février et ensuite dans le 4e trimestre.

Les envois de la Bourgogne, de l'Auvergne, de la Picardie et des commissionnaires de Paris n'ont pas été aussi importants que dans le 1er trimestre. Pendant le 2e, le 3e et le 4e trimestre, ces envois, ainsi que ceux de la Champagne, de l'Orléanais, des Charentes, ont baissé sensiblement par comparaison avec ceux des périodes correspondantes.

Provenances étrangères. — Les provenances étrangères ont donné, en 1893 632.965 kilog.
En 1894 .... 1.318.946 kilog.

Soit une augmentation pour 1894 de .... 685.981 kilog.

Cette augmentation est due aux envois de l'Autriche-Hongrie et de la Russie.

Répartition des arrivages d'œufs par provenances.

PROVENANCES	1893	1894	POUR 1894 AUGMENTATION	POUR 1894 DIMINUTION
	kil.	kil.	kil.	kil.
Ouest. — Normandie, Bretagne	3,889,291	5,697,260	1,807,969	»
Lyon. — Bourgogne, Bourbonnais	1,335,213	1,336,260	1,047	»
Nord. — Picardie	1,335,529	1,220,810	»	114,719
Est. — Brie, Champagne	902,888	377.600	»	325,288
Orléans. — Beauce, Orne, Châtellerault, Nivernais, Vendée, Midi	7,283,802	5,866,090	»	1,417,712
Paris. — Particuliers	470,820	356,552	»	114,268
Conserves. — Du Midi et de l'Ouest	198,488	228,180	29,692	»
Etranger	632,965	1,318,946	685,981	»
Pour 1894 { Allemagne .. 164,776; Autriche-Hongrie .. 553.270; Italie ...... 270,300; Russie ..... 330,400 } 1,318,946	16,048,996	16,401,698	2,524,689	2,171,987
	Pour 1894, augmentation...		352,702	

Rapport entre les ventes à la criée et à l'amiable.

MOIS	QUANTITÉS VENDUES	A LA CRIÉE	PROPORTION	A L'AMIABLE	PROPORTION
	kilog.	kilog.	°/o	kilog.	°/o
Janvier	1,137,721	455,089	40	682,632	60
Février	1,580,869	632,348		948,521	
Mars	2,188,691	875,477		1,313,214	
Avril	1,893,861	757,545		1,136,316	
Mai	1,570,202	628,081		942,121	
Juin	1,223,131	489,253		733,878	
Juillet	1,191,100	476,440		714,660	
Août	1,024,680	409,872		614,808	
Septembre	1,060,181	424,073		636,108	
Octobre	1,188,281	475,313		712,968	
Novembre	1,152,053	460,822		691,231	
Décembre	1,190,928	476,372		714,556	
Total (année 1894)	16,401,698	6,560,685	40	9,841,013	60
— (année 1893)	16,048,996	6,419,599	40	9,629,397	60
Pour 1894 : Augmentation	352.702	141,086	»	211,616	»

Réexpéditions. — Les réexpéditions peuvent être évaluées approximativement à 1,140,000 kil., soit 7 °/o environ des introductions. C'est une augmentation de 40,000 kil. sur le chiffre approximatif de 1893.

Saisies. — Le service de la police a saisi, en 1893, 662,174 œufs, et, en 1894, 612,482 œufs, soit une diminution de 48,692.

3e choix (22 au kil.)	Dordogne........	Terrasson...........	»
		Velines.............	
	Tarn-et-Garonne..	Saint-Antonin.......	
		Valence-d'Agen......	
	Yonne...........	Saint-Florentin....	
		Villeneuve-sur-Yonne.	

Prix maximum et minimum.

Dans le tableau ci-dessous, on peut remarquer une hausse de prix pour les œufs de 2e et de 3e choix qui a été déterminée par la demande des œufs frais de provenances françaises.

Prix maximum et minimum du mille d'œufs.

MOIS	EXTRA (en moyenne 15 au kilog.)		MOYENS (en moyenne 17 au kilog.)		PETITS (en moyenne 22 au kilog.)	
	MAXIMUM	MINIMUM	MAXIMUM	MINIMUM	MAXIMUM	MINIMUM
	le mille	le mille	le mille	le mille	le mille	le mille
Janvier	148 44	131 03	113 14	97 18	82 03	66 03
Février	119 70	106 91	94 29	82 37	70 83	59 37
Mars	102 29	93 55	82 96	73 74	63 66	53 »
Avril	96 96	88 36	77 80	68 80	59 60	49 64
Mai	97 29	87 81	78 07	69 40	60 25	50 40
Juin	103 34	94 31	83 84	73 83	63 50	53 38
Juillet	111 »	97 96	86 57	73 88	62 07	50 42
Août	115 63	105 51	95 63	84 29	72 48	60 96
Septembre	126 40	116 04	104 85	93 20	81 80	70 64
Octobre	139 77	124 44	109 45	94 22	78 29	62 59
Novembre	156 60	139 96	124 »	107 »	89 26	72 15
Décembre	150 »	132 96	115 92	99 92	84 23	68 42
Prix moyen en 1894	113 96	109 07	97 20	84 82	72 33	59 75
Prix moyen en 1893	114 36	109 73	97 12	84 25	70 73	56 72
Pour 1894 — Augmentation	» »	» »	0 08	» 57	1 60	3 03
Pour 1894 — Diminution	» 40	» 66	» »	» »	» »	» »

VENTE EN GROS DES FROMAGES.

Introductions dans Paris. — Droit d'octroi.

Les fromages secs sont seuls soumis à un droit d'octroi, qui est de 11 fr. 40 c. par 100 kilog.

Fromages secs. — Introductions dans Paris.

MOIS	QUANTITÉS INTRODUITES DANS PARIS
	kilog.
Janvier	389,454
Février	426,379
Mars	427,377
Avril	368,365
Mai	492,931
Juin	478,974
Juillet	407,139
Août	571,978
Septembre	520,498
Octobre	673,014
Novembre	575,698
Décembre	623,274
Total (année 1894)	5,955,081
— (année 1893)	6,277,330
Pour 1894, diminution	322,249

Introductions aux Halles centrales.

Fromages secs. — Les introductions se sont élevées, en 1893, à 327,063 kilog., en 1894 à 414,010 kilog., soit une augmentation de 86,947 kilog.

L'augmentation provient de l'abondance du lait et du grand nombre des envois directs.

Fromages frais. — Les introductions se sont élevées, en 1893, à 7,031,636 kilog. et, en 1994, à 8,538,616 kilog., soit une augmentation de 1,506,980 kilog. en faveur de 1894. Cette augmentation est due à l'abondance du lait. A partir du mois de mai, le marché a été bien approvisionné de tous les fromages à pâte molle. La température humide a poussé les approvisionneurs à vendre le plus rapidement possible.

Les fromages dits « à la pie » sont toujours recherchés pendant les mois de juin, juillet et septembre.

Provenances françaises.

Toutes les provenances ont contribué à l'augmentation, à l'exception des laiteries de Paris, qui ont vendu sur place une grande partie de leurs produits.

Provenances étrangères.

Les envois de l'étranger sont peu importants. La Suisse n'a expédié que 41,220 kilog. La Hollande, 7,050 kilog.

Fromages de toutes espèces. — Introductions aux Halles centrales. — Provenances et arrivages.

MOIS	QUANTITÉS INTRODUITES	ESPÈCES		PROVENANCES		ARRIVAGES		VENTES	
		FROMAGES secs	FROMAGES frais	FRANCE	ÉTRANGER	CHEMINS DE FER	BANLIEUE	CRIÉE	AMIABLE
	kilog.	kilog.	kilog.	kilog.	kilog.	kilog.	kilog.	kilog.	kilog.
Janvier	741,148	23,584	717,564	741,148	»	651,146	90,002	592,919	148,229
Février	759,090	28,073	731,017	753,812	5,278	683,822	75,268	607,272	151,818
Mars	728,958	19,446	709,512	727,981	977	643,749	85,209	583,167	145,791
Avril	617,545	26,316	591,229	616,175	1,370	547,876	69,669	494,036	123,509
Mai	624,433	36,448	587,985	615,333	9,100	542,322	82,111	499,547	124,886
Juin	668,159	32,307	635,852	659,099	9,060	601,495	66,664	534,528	133,631
Juillet	558,834	26,158	532,676	554,154	4,680	500,712	58,122	447,068	111,766
Août	613,216	37,689	575,527	609,837	3,379	545,012	68,204	490,573	122,643
Septembre	735,488	41,010	694,478	732,658	2,830	669,081	66,407	588,391	147,097
Octobre	979,070	44,680	934,390	968,924	10,146	885,210	93,860	783,256	195,814
Novembre	1,017,293	55,479	961,814	1,016,943	350	919,049	98,244	813,835	203,458
Décembre	909,392	43,020	866,372	908,292	1,100	826,520	82,872	727,514	181,878
Total en 1894	8,952,626	414,010	8,538,616	8,904,356	48,270	8,015,994	936,632	7,162,106	1,790,520
Id. en 1893	7,358,699	327,063	7,031,636	7,291,583	67,116	6,280,384	1,078,315	5,886,960	1,471,739
Pour 1894 { Augmentation	1,593,927	86,947	1,506,980	1,612,773	»	1,735,610	»	1,275,146	318,781
Pour 1894 { Diminution	»	»	»	»	18,846	»	141,683	»	»

Fromages secs. — Introductions aux Halles centrales.

MOIS	QUANTITÉS INTRODUITES	PROVENANCES FRANÇAISES	PROVENANCES ÉTRANGÈRES	ARRIVAGES CHEMIN DE FER	ARRIVAGES PARIS et BANLIEUE	VENTES CRIÉE	PROPORTION	VENTES AMIABLE	PROPORTION
	kilog.	kilog.	kilog.	kilog.	kilog.	kilog.	°/°	kilog.	°/°
Janvier	23,584	23,584	»	16,209	7,375	2,358		21,226	
Février	28,073	22,795	5,278	18,432	9,641	2,807		25,266	
Mars	19,446	18,469	977	10,349	9,097	1,944		17,502	
Avril	26,316	24,946	1,370	16,785	9,531	2,631		23,685	
Mai	36,448	27,348	9,100	22,292	14,156	3,644		32,804	
Juin	32,307	23,247	9,060	22,765	9,542	3,230	10	29,077	90
Juillet	26,158	21,478	4,680	11,962	14,196	2,615		23,543	
Août	37,689	34,310	3,379	17,193	20,496	3,768		33,921	
Septembre	44,040	38,180	2,830	23,601	17,409	4,101		36,909	
Octobre	44,480	34,334	10,146	26,110	18,370	4,448		40,032	
Novembre	55,479	55,129	350	28,949	26,530	5,547		49,932	
Décembre	43,020	41,920	1,100	26,220	16,800	4,302		38,718	
Total (année 1894)	414,010	365,740	48,270	240,867	173,143	41,395	10	372,615	90
— (année 1893)	327,063	259,947	67,116	211,758	115,305	32,705	10	294,358	90
Pour 1894 { Augmentation	86,947	105,793	»	29,109	57,838	8,690	»	78,257	»
Pour 1894 { Diminution	»	»	18,846	»	»	»	»	»	»

Fromages frais. — Introductions aux Halles centrales. — Arrivages et nature des ventes.

MOIS	QUANTITÉS INTRODUITES	ARRIVAGES CHEMIN DE FER	ARRIVAGES PARIS et BANLIEUE	QUANTITÉS VENDUES AU NOMBRE	QUANTITÉS VENDUES AU POIDS	QUANTITÉS VENDUES A LA CRIÉE	PROPORTION	QUANTITÉS VENDUES A L'AMIABLE	PROPORTION
	kilog.	kilog.	kilog.	kilog.	kilog.	kilog.	°/°	kilog.	°/°
Janvier	717,564	634,937	82,627	686,967	30,597	590,561	82.3	127,003	17.7
Février	781,017	665,390	65,627	690,727	40,290	604,465	82.7	126,552	17.3
Mars	709,512	633,400	76,112	666,907	42,605	581,223	81.9	128,289	18.1
Avril	591,229	521,560	69,669	560,959	30,270	491,408	83.1	99,821	16.9
Mai	587,985	520,050	67,935	548,365	39,620	495,903	84.3	92,082	15.7
Juin	635,852	578,730	57,128	595,192	40,660	531,298	83.6	104,554	16.4
Juillet	532,676	488,750	43,926	510,236	22,440	444,453	83.4	88,223	16.6
Août	575,527	529,930	45,597	548,707	26,820	486,805	84.6	88,722	15.4
Septembre	694,478	645,480	48,998	669,358	25,120	584,290	84.1	110,188	15.9
Octobre	934,590	859,100	75,490	888,380	46,210	778,808	83.3	155,782	16.7
Novembre	961,814	890,100	71,714	919,314	42,500	808,288	84.»	153,526	16.»
Décembre	866,372	800,300	66,072	840,772	25,600	723,212	83.8	143,160	16.2
Total (année 1894)	8,538,616	7,767,707	770,909	8,125,884	412,732	7,120,711	83.4	1,417,905	16.6
— (année 1893)	7,031,636	6,074,023	957,613	6,699,155	332,481	5,854,255	83.3	1,177,381	16.7
Pour 1894 { Augmentation	1,506,980	1,693,684	»	1,426,729	80,251	1,266,456	0.1	240,524	»
Pour 1894 { Diminution	»	»	186,704	»	»	»	»	»	0.1

PROVENANCES.

Fromages secs.

ESPÈCES	FRANCE — Paris (particuliers)	FRANCE — Aveyron	FRANCE — Jura Doubs H.-Saône	FRANCE — Auvergne Rhône	FRANCE — TOTAL	ÉTRANGER — Suisse St-Gall	ÉTRANGER — Hollande La Haye	ÉTRANGER — TOTAL	TOTAL GÉNÉRAL
	kilog.	kilog.	kilog.	kilog.	kilog.	kilog.	kilog.	kilog.	kilog.
Cantal	»	21,500	»	20,000	41,500	»	»	»	41,500
Fourme (St-Etienne)	»	4,847	»	4,000	8,847	»	»	»	8,847
Gruyère	172,143	»	57,250	»	229,393	41,220	»	41,220	270,613
Hollande	»	»	»	»	»	»	7,050	7,050	7,050
Roquefort	1,000	58,000	»	27,000	86,000	»	»	»	86,000
		84,347	57,250	51,000					
Total	173,143	192,597			365,740	41,220	7,050	48,270	414,010

Fromages frais.

ESPÈCES	NORMANDIE	BRETAGNE	SOMME, OISE	JURA, VOSGES HAUTE-SAÔNE	ORLÉANS CHARENTE	BOURGOGNE BOURBONNAIS	PARIS LAITIERS	BANLIEUE SEINE-ET-MARNE	APPROVISIONNEMENT SEINE-ET-MARNE	TOTAL
	kilog.	kilog.	kilog.	kilog.	kilog.	kilog.	kilog.	kilog.	kilog.	kilog.
Brie	1,040,000	48,000	260,000	1,132,000	30,000	10,000	35,000	25,000	80,501	2,660,501
Camembert	1,690,000	385,000	25,000	»	65,000	5,000	60,000	100,000	»	2,330,000
Coulommiers	20,000	»	15,000	945,000	»	»	20,000	125,000	»	1,125,000
Géromé	»	»	»	49,000	»	»	»	»	»	49,000
Langres	»	»	»	20,000	»	12,130	»	»	»	32,130
Limbourg	»	»	»	»	»	39,300	»	»	»	39,300
Livarot	1,080,000	100,000	»	»	»	»	»	»	»	1,180,000
Mont-Dore	10,000	»	90,000	»	140,000	240,000	»	»	»	480,000
Munster	»	»	»	76,600	»	»	»	»	»	76,600
Port-Salut	20,000	10,000	5,000	40,000	15,000	8,300	»	»	»	98,300
Romatour	»	»	»	»	10,000	8,400	»	»	»	18,400
A la pie et crème	»	»	»	»	»	»	»	»	88,152	88,152
Divers	103,700	9,000	3,640	3,310	3,030	1,297	94,588	142,668	»	361,233
Totaux	3,963,700	552,000	398,640	2,265,910	263,030	327,427	209,588	392,668	168,653	8,538,616

Réexpéditions. — Les réexpéditions peuvent être évaluées d'une manière approximative à 710,000 kilog. Elles avaient été, en 1893, de 637,500 kilog.

Saisies. — Aucune saisie n'a été opérée.

Frais de toute nature supportés par 100 kilogrammes de fromage vendus aux Halles centrales.

...ES	PROVENANCES — DÉPARTEMENTS	PROVENANCES — GARES D'EXPÉDITION	DROITS de DOUANE	DROITS D'OCTROI	TRANSPORT ET CAMIONNAGE	FRAIS DES HALLES — décharge	FRAIS DES HALLES — ABRI	FRAIS DES HALLES — POIDS public	FRAIS DES HALLES — COMMISS^{on} 3 %	TOTAL DES FRAIS	PRIX MOYENS PAR 100 KILOS
			fr. c.	fr. c.	fr. c.	fr. c.	fr. c.	fr. c.	fr. c.	fr. c.	fr. c.
					Fromages frais.						
		Bougainville			4 90					10 10	
......	Somme	Montdidier			3 55				3 60	8 75	120 »
		St-Valéry-s.-Somme			5 65					10 85	
		Meaux			2 20					6 50	
...lommiers	Seine-et-Marne	Mormant			2 50				2 70	6 80	90 »
		Nemours			3 20					7 50	
		Bayeux			7 30					14 90	
...embert	Calvados	Falaise	»	»	6 35	» 60	1 »	» »	6 »	13 95	200 »
		Pont-Lévêque			5 80					13 40	
		Argentan			5 70					12 10	
...rot	Orne	Bellême			5 50				4 80	11 90	160 »
		Flers			6 70					13 10	
		Clermont			2 70					7 30	
-Dore	Oise	Formerie			4 20				3 »	8 80	100 »
		Ormoy			2 45					7 05	
					Fromages secs.						
		Aurillac			9 55					27 25	
al...	Cantal	Massillon			9 »				4 50	26 70	150 »
		Saint-Flour			9 75					27 45	
...me	Aveyron	Decazeville			10 30				4 80	28 30	160 »
	Cantal	Massillon			9 »					27 »	
		Orchamps	»	11 40	7 15	» 60	1 »	» 20		25 75	
...ère	Jura	Poligny			7 70				5 40	26 30	180 »
		Saint-Claude			9 35					27 95	
		Decazeville			10 30					30 40	
...efort	Aveyron	Laissac			11 30				6 90	31 40	230 »
		Saint-Affrique			12 60					32 70	
					Provenances étrangères.						
...ère	Suisse	Saint-Gall	25 »	11 40	12 15	» 60	1 »	» 20	6 »	56 35	200 »
...ande	Hollande	La Haye			7 40				5 10	50 70	170 »

Prix maximum et minimum des fromages de toutes espèces.

MOIS	FROMAGES SECS		FROMAGES FRAIS — BONDON de Neufchâtel-en-Bray		FROMAGES FRAIS — BRIE		FROMAGES FRAIS — LIVAROT		FROMAGES FRAIS — DIVERS	
	Maximum	Minimum	Maximum	Minimum	Maximum	Minimum	Maximum	Minimum	Maximum	Minimum
	le kilog.	le kilog.	le cent	le cent	la dizaine	la dizaine	le cent	le cent	le kilog.	le kilog.
Janvier	2 26	» 86	24 46	6 30	37 22	5 18	117 76	41 59	2 30	» 27
Février	2 35	» 88	24 58	6 08	36 94	4 87	121 70	44 54	2 31	» 25
Mars	2 40	» 89	22 78	6 50	39 88	6 26	123 33	44 77	2 38	» 33
Avril	2 42	» 90	20 08	6 23	34 48	5 80	118 60	42 80	2 »	» 31
Mai	2 51	» 92	18 30	7 84	38 25	8 77	116 51	43 11	2 01	» 44
Juin	2 37	» 90	18 30	4 07	34 07	5 07	110 91	43 44	1 86	» 25
Juillet	2 18	» 82	19 15	3 07	30 73	2 65	92 57	32 46	1 65	» 13
Août	2 22	» 86	19 92	4 52	29 96	4 »	84 33	30 92	1 83	» 21
Septembre	2 32	» 91	20 53	6 23	37 92	6 04	91 88	38 20	2 18	» 32
Octobre	2 32	» 90	21 46	7 15	13 22	7 37	94 28	40 48	2 44	» 39
Novembre	2 28	» 92	21 30	7 »	39 38	8 »	92 23	41 26	2 27	» 40
Décembre	2 32	» 89	21 71	7 85	37 38	7 53	95 88	43 19	2 24	» 42
Prix moyen en 1894	2 33	» 89	21 04	6 90	36 62	5 96	104 99	40 37	2 11	» 34
Prix moyen en 1893	2 17	» 81	20 72	5 36	38 80	4 56	95 49	30 47	2 19	» 23
Pour 1894 … Augmentation	» 16	» 08	» 32	1 54	» »	1 40	9 50	9 90	» »	» 08
Pour 1894 … Diminution	» »	» »	» »	» »	2 18	» »	» »	» »	» 08	» »

	kilog.	qx kil.	kilog.	kilog.	kilog.	centaines	kilog.	kilog.	kilog.
	15,372,300	586 40	3,105,002	2,393,122	700,880	37,071	786,622	1,137,721	741,148
	14,705,700	619 85	3,038,407	2,222,587	845,820	34,932	722,280	1,580,869	759,090
	16,497,600	485 »	2,889,229	2,103,289	783,940	30,499	822,453	2,188,691	728,958
	17,279,160	382 60	2,321,948	2,012,918	309,030	5,493	884,273	1,893,861	647,345
	18,577,080	277 40	2,025,940	2,670,880	255,060	474	1,090,471	1,570,202	624,422
	27,306,400	196 80	2,493,366	1,068,986	124,380	30	1,082,223	1,222,131	608,159
	27,238,250	184 »	1,315,686	1,453,396	92,200	»	980,385	1,194,100	558,824
	27,084,600	182 60	2,035,066	1,736,700	318,360	1,248	1,057,303	1,024,680	643,346
	26,806,350	231 40	2,776,001	2,007,231	678,770	31,346	1,004,761	1,080,184	736,488
	23,796,500	1,244 60	3,467,998	2,138,518	1,029,460	53,726	1,084,436	1,188,284	979,070
	21,080,600	1,031 60	4,241,156	3,208,590	1,032,560	51,833	900,838	1,152,033	1,047,283
	19,400,850	772 »	3,622,693	2,705,525	917,170	79,177	804,142	1,190,928	909,892
)......	255,481,700	6,214 25	34,182,494	27,115,784	7,066,710	326,060	11,279,197	16,401,698	8,952,626
	248,472,850	6,454 80	31,873,631	25,427,541	6,446,090	353,310	10,518,609	16,048,996	7,358,699
	7,008,850	» »	2,308,863	1,688,243	620,620	»	760,498	352,702	1,593,927
	»	240 55	»	»	»	27,250	»	»	»

Apports par chemins de fer.

MOIS	VIANDE	TRIPERIE	VOLAILLE et GIBIER	PRIMEURS et CRESSON	CARREAU FORAIN	GRAINS et FARINES	POISSON et COQUILLAGES	HUITRES	BEURRE	ŒUFS	FROMAGES
	kilog.	kilog.	kilog.	kilog.	kilog.	kilog.	kilog.	centaines	kilog.	kilog.	kilog.
Janvier	1,945,248	133,463	1,936,050	334,925	1,537,000	11,560	3,066,403	35,726	773,707	1,104,054	654,146
Février	1,826,375	139,281	1,408,808	396,070	1,470,000	5,725	2,987,586	34,570	706,723	1,556,270	683,822
Mars	2,095,033	159,440	1,337,627	702,085	1,649,000	7,090	2,829,751	30,008	812,529	2,163,500	643,749
Avril	2,153,008	160,822	1,368,135	1,409,945	1,727,000	7,110	2,314,868	5,498	873,700	1,858,840	547,876
Mai	2,369,478	182,210	1,336,737	1,505,030	1,857,000	2,240	2,924,410	474	1,068,053	1,528,360	542,322
Juin	2,215,302	153,261	1,236,452	1,039,570	2,720,000	380	2,189,453	36	1,051,228	1,193,220	604,495
Juillet	1,986,915	103,116	1,260,244	864,845	2,733,000	2,750	1,528,324	„	979,234	1,158,996	500,712
Août	1,575,738	147,440	1,276,317	881,900	2,708,000	4,160	2,013,092	1,248	1,088,528	984,350	545,012
Septembre	1,563,334	106,521	1,539,547	788,860	2,480,000	4,830	2,738,335	29,736	987,463	1,037,546	669,081
Octobre	1,861,703	117,564	2,213,058	1,057,095	2,279,000	34,100	3,429,176	54,886	1,047,985	1,159,940	885,240
Novembre	1,872,814	116,424	2,550,750	760,430	2,106,000	24,070	4,207,390	50,947	887,095	1,130,600	949,049
Décembre	2,127,485	111,092	2,851,480	798,580	1,940,000	16,490	3,592,605	78,075	880,274	1,169,500	826,520

LIGNES DE CHEMINS DE FER	VIANDE	TRIPERIE	VOLAILLE et GIBIER	PRIMEURS et CRESSONS	CARREAU FORAIN	GRAINS et FARINES	POISSONS et COQUILLAGES	HUITRES	BEURRE	ŒUFS	FROMAGES
	kilog.	kilog.	kilog.	kilog.	kilog.	kilog.	kilog.	centaines	kilog.	kilog.	kilog.
Est	1,850,000	162,800	1,720,000	406,730	2,300,000	16,805	79,034	»	402.132	482,124	2,350,736
Lyon	2,800,000	162,800	5,995,007	5,455,010	4,780,000	23,775	526,480	»	900,955	1,465,440	448,071
Nord	830,000	245,324	455.100	1,164,065	1,330,000	19,755	18,180,509	»	312.088	1,894,070	408,470
Orléans	6,852,463	325,600	8,049,919	2,689,585	4,200,000	31,410	445.743	287,706	5,232,979	6,020,000	293.017
Ouest	11,260,000	733,600	4,095,149	823,945	10,836,000	28,760	14,589,627	30,558	4,258,962	6.183,422	4,515,700
Arpajon (chemin de fer sur route).	»	»	»	»	1,760,000	»	»	»	»	»	»
Totaux (année 1894)	23,592,463	1,630,124	20,315,175	10,539,335	25,206,000	120,505	33,821,393	318,264	11,107,116	16,045,146	8,015,994
— (année 1893)	25,020,000	2,192,470	22,469,000	9,987,410	24.417,000	124,100	31,541.674	345,887	10,255,879	15,577,516	6,280,384
Pour 1894. Augmentation	»	»	»	551,925	789,000	»	2.279.719	»	851,237	467,630	1,735,610
Pour 1894. Diminution	1,427,537	562,346	2,153,825	»	»	3,595	»	27.623	»	»	»

	kilog.	kilog.	kilog.	centaines.
rier	3,105,002	2,426,002	679,000	27,071
rier	3,038,407	2,208,819	829,588	34,952
s	2,889,229	2,075,045	814,184	30,499
il	2,321,948	2,014,044	307,904	5,498
	2,925,940	2,723,336	202,604	474
	2,193,306	1,937,335	255,971	36
let	1,545,686	1,283,708	261,968	»
t	2,055,066	1,590,439	464,627	1,248
tembre	2,776,001	2,029,082	746,919	31,546
bre	3,467,998	2,392,593	1,075,405	53,726
embre	4,241,156	3,153,526	1,087,630	51,839
embre	3,622,695	2,629,389	993,306	79,177
Total (année 1894)	34,182,494	26,483,373	7,699,121	306,066
— (année 1893)	31,873,631	24,995,858	6,877,773	333,316
ur 1894 — Augmentation	2,308,863	1,487,515	821,348	»
ur 1894 — Diminution	»	»	»	27,250

ćree.

		PRIMEURS ET CRESSON			CARREAU FORAIN			GRAINS ET FARINES		
		INTRODUCTIONS	PROVENANCES		INTRODUCTIONS	PROVENANCES		INTRODUCTIONS	PROVENANCES	
çaises	étrangères	totales	françaises	étrangères	totales	françaises	étrangères	totales	françaises	étrangères
kilog.	kilog.	kilog.	kilog.	kilog.	kilog.	kilog.		qx k.	qx k.	
,621,071	344,231	442,220	312,010	130,210	15,372,300	15,372,300	Néant.	586 40	586 40	
.315,683	76,310	576,150	405,875	170,275	14,705,700	14,705,700		619 85	619 85	
,254,655	104,845	956,975	858,115	98,860	16,497,600	16,497,600		485 »	485 »	
.331,350	52,205	1,679,090	1,571,825	107,265	17,279,100	17,279,100		382 60	382 60	
.265,096	78,970	1,667,725	1,603,755	63,970	18,577,050	18,577,050		277 40	277 40	
.170,118	79,610	1,160,580	1,113,210	47,370	27,206,100	27,206,100		196 80	196 80	
.194,944	75,000	1,030,060	1,010,125	19,935	27,338,250	27,338,250		184 »	184 »	
1,223,131	65,780	1,073,790	1,063,225	10,565	27,084,600	27,084,600		182 60	182 60	
1,434,395	97,923	993,135	973,940	19,195	24,805,350	24,805,350		231 40	231 40	
2,086,213	142,445	1,133,410	1,112,270	21,140	22,795,500	22,795,500		1,244 60	1,244 60	
2,189,417	372,310	836,615	723,050	113,565	21,069,600	21,069,600		1,051 60	1,051 60	
2,418,394	442,296	865,200	457,245	407,955	19,400,550	19,400,550		772 »	772 »	
	1,931,925	12,444,950	11,204,645	1,210,305	252,431,700	252,431,700		6,214 25	6,214 25	
	1,786,600	11,506,205	10,731,270	774,935	244,172,850	244,172,850		6,454 80	6,454 80	
	145,325	908,745	473,375	435,370	7,958,850	7,958,850		»	»	
	»	»	»	»	»	»		210 55	210 55	

…ANCES		ŒUFS			FROMAGES		
		INTRODUCTIONS	PROVENANCES		INTRODUCTIONS	PROVENANCES	
	étrangères	totales	françaises	étrangères	totales	françaises	étrangères
kilog.	kilog.	kilog.	kilog.	kilog.	kilog.	kilog.	kilog.
754,230	32,402	1,137,721	820,287	317,434	741,148	741,148	»
670,560	51,720	1,580,869	1,455,579	125,290	759,090	753,812	5,278
774,108	48,350	2,188,691	2,171,891	16,800	728,958	727,981	977
856,588	27,083	1,893,861	1,884,501	9,360	617,545	616,175	1,370
1,090,266	83	1,570,202	1,544,342	25,860	624,433	615,333	9,100
1,062,223	»	1,223,131	1,157,211	65,920	668,159	659,099	9,060
989,385	»	1,491,100	1,163,104	27,996	658,834	554,154	4,680
1,037,208	»	1,024,680	1,008,830	15,850	613,216	609,837	3,379
1,004,741	»	1,060,181	922,265	137,916	735,488	732,658	2,830
1,064,436	»	1,188,281	976,661	211,620	979,070	968,924	10,146
893,958	6,900	1,152,053	936,553	215,500	1,017,293	1,016,943	350
875,142	19,000	1,190,928	1,041,528	149,400	909,392	908,292	1,100
11,093,055	180,142	16,401,698	15,082,752	1,318,946	8,952,626	8,904,356	48,270
10,333,365	185,334	16,048,996	15,416,031	632,965	7,358,699	7,291,583	67,146
759,690	808	352,702	»	685,981	1,593,927	1,612,773	»
»	»	»	333,279	»	»	»	18,846

Quantités

MOIS	VIANDE — Quantités totales vendues	Quantités vendues — à la criée	Proportion	à l'amiable	Proportion	TRIPERIE	Quantités		
	kilog.	kilog.	°/°	kilog.	°/°		kilog.	kilog.	°/°
Janvier	3,845,248	204,965	5. »	3,640,283	95. »	Les ventes se font exclusivement à l'amiable.	1,965,302	1,029,432	52.3
Février	3,346,375	213,421	6. »	3,132,054	94. »		1,421,313	692,598	48.7
Mars	3,635,033	276,513	7.5	3,358,520	92.5		1,359,500	608,357	44.7
Avril	3,603,008	274,653	7.6	3,328,355	92.4		1,383,535	602,905	43.6
Mai	3,899,478	293,296	7.5	3,606,182	92.5		1.344,066	687,761	51.1
Juin	3,685,302	288,052	7.8	3,397,250	92.2		1,249,728	637,413	51. »
Juillet	3.256,915	283,316	8.6	2.973,599	91.4		1.269,944	635,410	50. »
Août	2,562,738	220,994	8.6	2,341,744	91.4		1,289,211	628,674	48.8
Septembre	2,532,334	340.270	13. »	2,192,064	87. »		1,552,318	736,166	47.4
Octobre	3.008,703	457,482	15.3	2.551,221	84.7		2,228,658	1,032,232	46.3
Novembre	2,948,814	510,853	17. »	2,437,961	83. »		2,561,727	1,064,127	41.5
Décembre	3,097,485	542,316	18. »	2,555,169	82. »		2,860,690	1,151,253	40.2
Total (en 1894)	39,421,463	3,906,161	9.9	35,515,302	90.1		20,486,092	9,500,348	46.4
— (en 1893)	47,027,358	3,412,644	7.5	43,614,714	92.5		22,543,160	11,633,292	51.7
Pour 1894. Augmentation	»	493,517		»			»	»	
Pour 1894. Diminution	7,605,895	»		8,099,412			2,037,068	2,126,944	

MOIS	POISSON ET COQUILLAGES — Quantités totales vendues	Quantités vendues — à la criée	Proportion	à l'amiable	Proportion		BEUR[RE] — Quantités totales vendues	à la criée	
	kilog.	kilog.	°/°	kilog.	°/°		kilog.	kilog.	°/°
Janvier	3,105,002	47.902	1.5	3,057,100	98.5	Les ventes se font exclusivement à l'amiable.	786,632	770,900	
Février	3,038,407	760	1.5	2,991,467	98.5		722,280	707,835	
Mars	2,889,229	63,156	2.2	2,826,073	97.8		822,452	806,004	
Avril	2,321,948	30,129	1.3	2,291,819	98.7		881,273	866,588	
Mai	2,925,940	50,416	1.7	2,875,524	98.3		1,090,471	1,068,662	
Juin	2,193,366		2.7	2,133,074	97.3		1,062,223	1,040,979	
Juillet	1,545,686	28,451	1.8	1,517,235	98.2		989,385	969,598	98. »
Août	2,085,066	32,637	1.6	2,022,429	98.4		1,057,303	1,036,157	
Septembre	2,776,001		1.8	2,725,118	98.2		1,004,741	984.647	
Octobre	3,467,988	,423	2. »	3,309,875	98. »		1,064,436	1,043,148	
Novembre	4,241,156	,442	3. »	4,145,714	97. »		900,858	882,844	
Décembre	3,622,695	,530	2. »	3,549,165	98. »		894,142	876,260	
Total (en 1894)	34,182.494	647,721	1.9	33,534,773	98.1		11,279,197	11,053,649	98. »
— (en 1893)	31,873,631	621,172	2. »	31,252,459	98. »		10,518,699	10.308,396	98. »
Pour 1894. Augmentation	2,308,863	26,549		2,282,314			760,498	745,293	
Pour 1894. Diminution	»	»		»			»	»	

et à l'amiable.

				CARREAU FORAIN					GRAINS ET FARINES
				QUANTITÉS	QUANTITÉS VENDUES				
		l'amiable	Proportion	totales vendues	à la criée	Proportion	à l'amiable	Proportion	
kilog.	%	kilog.	%	kilog.	kilog.	%	kilog.		
116,930	26.5	323,270	73.5	15,372,300	59.600	».4	15,312,700		
226,300	41.»	339,950	59.»	14.705,700	64.200	».4	14,641,500		
659,460	69.»	297,515	31.»	16.497,600	69,400	».4	16.428,200		
1,304,260	77.5	377,830	22.5	17.279,100	58,000	».3	17,221,100		
675,160	40.5	992,563	59.5	18,577,050	34,000	».2	18,543,050		
304,690	26.2	855,890	73.8	27,206,100	56,100	».2	27,150,000		
226,970	22.»	803,090	78.»	27,338,250	67,400	».3	27,270,850		
262,115	24.4	811,673	75.6	27,084,600	83,100	».3	27,001,500		
335,025	33.7	658,110	66.3	24,805,350	78,300	».3	24,727,050		
433,500	38.2	699,910	61.8	22,795,500	85,200	».4	22,710,300		
425,775	51.»	410,840	49.»	21,069,600	88,200	».4	20,981,400		
260,275	31.1	595,925	68.9	19,400,550	101,700	».5	19,298,850		
5,246,380	42.»	7.168,570	58.»	252,131,700	845,200	».3	251,286,500		
5,255,265	45.»	6,250,940	55.»	244,172,850	539,300	».2	243,633,550		
»		917.630		7.958,850	305,900		7,652,950		
8,885		»		»	»		»		

				FROMAGES				
				QUANTITÉS	QUANTITÉS VENDUES			
		'amiable	Proportion	totales vendues	à la criée	Proportion	à l'amiable	Proportion
kilog.	%	kilog.	%	kilog.	kilog.	%	kilog.	%
455,089		682,632		741,148	592,919		148,229	
632,348		948,521		759,090	607,272		151,818	
875,477		1,313,214		728,958	583,167		145,791	
757,545		1,136,316		617,545	494,036		123,509	
628,081		942,121		624,433	499,547		124,886	
489,253		733,878		668,159	534,528		133,631	
476,440	40.»	714,660	60.»	558,834	447,068	80.»	111,766	20.»
409,872		614,808		613,216	490,573		122,643	
424,073		636,108		735,488	588,391		147,097	
475,313		712,968		979,070	783,256		195,814	
460,822		691,231		1,017,293	813,835		203,458	
476,372		714,556		909,392	727,814		181,878	
6,560,685	40.»	9,841,013	60.»	8,952,626	7,162,106	80.»	1,790,520	20.»
6,419,599	40.»	9,629,397	60.»	7,358,699	5,886,960	».»	1,471,739	».»
»		»		1,593,927	1,275,146		318,781	
141,086		211,616		»	»		»	

Nombre de factoreries, de facteurs et de commissionnaires.

NATURE DES DENRÉES	NOMBRE AU 31 DÉCEMBRE 1893			NOMBRE AU 31 DÉCEMBRE 1894		
	de factoreries	de facteurs	de commissionnaires	de factoreries	de facteurs	de commissionnaires
Viande (Halles centrales).........	27	52	11	28	54	6
Triperie........................	18	18	»	21	21	»
Volaille et gibier................	24	47	59	26	45	54
Fruits et légumes................	7	9	21	7	9	23
Carreau forain { Champignons..	1	1	»	1	1	»
Carreau forain { Fleurs coupées.	2	2	»	3	3	»
Grains et farines................	2	2	»	2	2	»
Poissons, moules et coquillages....	48	62	69	52	65	64
Huîtres	»	»	33	»	»	30
Beurres	17	30	»	17	31	»
Œufs...........................	13	25	»	15	25	»
Fromages	4	7	»	4	7	»

RECETTES.

Droits d'abri et de place.

VENTES EN GROS		ANNÉES 1893	ANNÉES 1894	POUR 1894 AUGMENTATION	POUR 1894 DIMINUTION
		fr. c.	fr. c.	fr. c.	fr. c.
Viande	(droit d'abri).	1,028,077 68	862,699 11	» »	165,378 57
Triperie.....................	id.	122,768 60	112,145 95	» »	10,622 65
Volaille et gibier.............	id.	462,775 40	421,515 20	» »	41,260 20
Fruits et légumes............	id.	67,447 38	73,855 61	6,408 23	» »
Grains et farines............	id.	324 65	312 50	» »	12 15
Poissons, moules et coquillages.	id.	263,740 29	281,204 11	17,463 82	» »
Huîtres	id.	17,665 50	16,303 »	» »	1,362 50
Beurres.....................	id.	107,544 60	114,926 60	7,382 »	» »
Œufs	id.	161,782 40	165,486 20	3,703 80	» »
Fromages	id.	75,522 50	91,879 80	16,357 30	» »
		2,307,649 »	2,140,328 08	51,315 15	218,636 07
Carreau forain.............	(droit de place).	498,408 10	513,942 60	15,534 50	» »
Total..........		2,806,057 10	2,654,270 68	66,849 65	218,636 07
		Pour 1894, diminution..........		151,786 42	

Droit de poids public.

VENTES EN GROS	ANNÉES 1893	ANNÉES 1894	POUR 1894 AUGMENTATION	POUR 1894 DIMINUTION
	fr. c.	fr. c.	fr. c.	fr. c.
Viande	187,503 85	156,642 »	» »	30,861 85
Triperie	605 75	366 10	» »	239 65
Volaille et gibier	4,168 05	4,727 65	559 60	» »
Fruits et légumes	122 90	83 10	» »	39 80
Beurres	72 »	56 45	» »	15 55
Fromages	701 65	780 05	78 40	» »
Carreau forain	22,606 80	21,144 45	» »	1,462 35
TOTAUX	215,781 »	183,799 80	638 »	32,619 20
Pour 1894, diminution			31,981 20	

LOCATIONS DIVERSES.

Bureaux et resserres des facteurs. — Resserre du Carreau. — Balances. — Tréteaux.

DÉSIGNATION		SOMMES PERÇUES BUREAUX des facteurs	RESSERRES des facteurs	RESSERRE du carreau	BALANCES	TRÉTEAUX	TOTAL
		fr. c.	fr. c.	fr. c.	fr. c.	fr. c.	fr. c.
Pavillon n° 3		1,002 60	212 10	» »	« »	» »	1,214 70
— n° 4		» »	2,012 28	» »	» »	» »	2,012 28
— n° 5		» »	715 15	» »	» »	» »	715 15
— n° 6		1,844 30	11,668 76	» »	» »	» »	13,513 06
— n° 9		» »	8,803 20	» »	» »	» »	8,803 20
— n° 10		2,005 20	12.942 59	» »	480 »	» »	15,427 79
— n° 12		1,203 66	3,450 »	» »	» »	» »	4,653 66
Resserre du Carreau		» »	» »	23 50	» »	» »	23 50
Location de tréteaux (redevance du concessionnaire)		» »	» »	» »	» »	125 »	125 »
Total année 1894		6,055 76	39,804 08	23 50	480 »	125 »	46,488 34
— 1893		4,852 10	35.599 79	70 65	480 »	125 »	41,127 54
Pour 1894.	Augmentation	1,203 66	4,204 29	» »	» »	» »	5,360 80
	Diminution	» »	» »	17 15	» »	» »	» »

Saisies opérées par le service d'Inspection des viandes et par le service d'Inspection sanit du marché aux bestiaux de La Villette.

NATURE DES VIANDES et CAUSES DES SAISIES	NOMBRE de SAISIES	KILOGRAMMES DE VIANDE SAISIE: Halles centrales	Abattoirs	Marchés aux bestiaux	Portes de Paris	Gares de chemins de fer	Marchés de quartier	ÉTAUX de boucherie	ÉTAUX de charcuterie	TOTAL
I. — *Bœufs.*										
Fièvre charbonneuse	4	603	350	»	»	»	»	»	»	[illegible]
Charbon symptomatique	1	87	»	»	»	»	»	»	»	
Tuberculose	406	1,061	101,985	»	»	»	»	»	»	103,0
Maigreur, hydrohémie	604	40,719	25,678	»	»	2,264	60	»	»	68,1
Maladies diverses (1)	822	94,078	24,217	29,027	1,445	6,862	77	»	»	[illegible]
Epluchages et autres causes	875	3,418	8,721	»	7	427	30	»	»	12,6
Putréfaction	425	11,459	440	»	18	231	130	3	»	[illegible]
Total	3,124	151,427	161,391	29,027	1,470	9,784	297	3	»	353,3
II. — *Veaux.*										
Charbon symptomatique	4	236	»	»	»	»	»	»	»	[illegible]
Maigreur, hydrohémie, trop jeunes	654	12,218	2,528	»	10	76	41	»	»	15,8
Maladies diverses (2)	211	3,781	2,518	4,430	»	1,073	»	»	»	12,8
Epluchages et autres causes	46	175	146	»	»	»	9	»	»	[illegible]
Putréfaction	187	2,317	152	»	12	»	30	»	»	2,5
Total	1,102	20,727	5,334	4,430	22	1,149	80	»	»	31,7
III. — *Moutons.*										
Fièvre charbonneuse	»	»	»	»	»	»	»	»	»	
Cachexie, maigreur	650	5,234	1,504	»	»	14	62	»	»	6,8
Maladies diverses	552	1,445	3,110	5,084	35	16,431	»	»	»	26,1
Epluchages et autres causes	242	113	2,009	»	»	»	»	»	»	2,1
Putréfaction	384	6,064	403	»	»	82	48	»	»	6,5
Total	1,828	12,856	7,023	5,084	35	16,527	110	»	»	41,6
IV. — *Chèvres.*										
Cachexie, maigreur (4)	607	5,885	454	»	110	13	16	»	»	6,4
Maladies diverses	9	26	140	»	»	17	»	»	»	[illegible]
Epluchages et autres causes	1	»	2	»	»	»	»	»	»	
Putréfaction	»	»	»	»	»	»	12	»	»	
Total	617	5,911	593	»	110	30	28	»	»	6,6
V. — *Porcs.*										
Ladrerie	64	1,187	4,222	»	»	57	»	»	»	5,4
Maigreur, hydrohémie	318	7,298	5,219	»	187	386	»	»	»	13,0
Maladies diverses	1,306	20,678	19,038	47,209	»	9,234	»	»	»	97,0
Epluchages et autres causes	1,629	2,687	10,999	»	»	3	»	»	»	13,6
Putréfaction	140	1,706	22	»	28	770	108	»	»	2,6
Total	3,457	33,556	40,400	47,209	215	10,470	108	»	»	131,9
VI. — *Chevaux, ânes et mulets.*										
Morve et farcin	117	»	24,320	»	»	»	»	»	»	[illegible]
Maigreur et hydrohémie	191	»	40,080	»	»	»	»	»	»	[illegible]
Maladies diverses	438	137	90,330	»	»	9,360	»	»	»	[illegible]
Epluchages et autres causes	1,360	17	33,053	»	»	»	8	»	»	[illegible]
Total	2,120	174	187,783	»	»	9,360	8	»	»	197,3
VII. — *Poissons, volaille, gibier*	114	»	»	»	2	4,568	70	»	»	4,6
VIII. — *Charcuterie et salaisons*	265	2,166	»	»	56	1,271	70	»	(5) 297	3,8
IX. — *Triperie.*										
Tuberculose	481	182	13,325	»	»	»	»	»	»	13,5
Affections parasitaires	11,392	2,277	27,789	»	»	»	»	»	»	[illegible]
Maladies diverses (3)	1,686	1,277	18,025	696	»	»	»	»	»	[illegible]
Putréfaction	1,792	12,861	2,168	»	40	43	91	2	5	[illegible]
Total	15,351	16,597	61,307	696	40	43	91	2	2	78,8
TOTAL GÉNÉRAL	27,984	243,414	464,051	86,443	1,940	53,199	862	5	302	[illegible] (6)

(1) Dont 1 cas de septicémie.
(2) Dont 3 cas de tuberculose.
(3) Dont 468 poumons péripneumoniques.
(4) Dont 165 chevreaux.
(5) 297 kilog., salaisons provenant de la foire aux jambons.
(6) Plus 74,175 kilog., de mort-nés, pour 14,155 opérations.

…é général des opérations effectuées au Laboratoire municipal pendant l'année 1894.

…ce d'inspection du Laboratoire a effectué les opérations suivantes :

• Visites dans les marchés de gros ou de détail : 44,435.

• Destructions de denrées avariées : 1,216 portant sur :

…et poissons	3,330 kil. 900.	Champignons et tomates	366 kil. 740
…s et fruits	33,376 kil. 840	Vinaigres et saumures	»
…es, miels et sirops	1 litre.	Beurres et fromages	»

• Visites dans les établissements où se fait la vente des pétroles et huiles minérales : 1,231.

• Contraventions : 558.

• Établissements d'eaux minérales visités : 1,988.

	Service du public — Analyses — Quantitatives	Qualitatives	Prélèvements	Totaux
Mois.				
…	38	268	1,505	1,811
…	45	265	1,403	1,713
…	39	221	1,602	1,862
…	42	206	1,662	1,910
…	48	199	1,520	1,767
…	63	195	1,573	1,831
…	43	154	1,481	1,678
…	83	473	1,411	1,967
…bre	61	261	1,214	1,536
…e	41	257	1,405	1,703
…bre	114	264	1,342	1,720
…bre	60	251	1,459	1,770
Totaux	677	3,014	17,577	21,268
…e des échantillons.				
…	301	2,025	5,373	7,699
…res	6	23	150	179
…	6	15	505	526
…et poirés	4	29	94	127
…et liqueurs	28	45	250	323
…	3	3	43	49
…	140	237	790	1,167
…	31	208	4,407	4,646
…s et graisses	42	100	814	956
…comestibles	8	11	127	146
…et pâtes	7	13	251	271
…	4	6	306	316
…es et confiseries	9	5	277	291
…ires et miels	3	2	42	47
…ats et cacaos	1	10	277	288
…chicorées et thés	3	13	890	906
…s et conserves	4	18	321	343
…s et épices	2	4	727	733
…	1	»	11	12
…s et teintures	»	3	4	7
…et poteries	5	23	305	333
…umements	»	»	59	59
…nts	6	29	33	68
…erie	»	2	6	8
…s	3	2	332	337
…ts pharmaceutiques	20	53	185	258
…es et artifices	»	»	100	100
…	40	135	898	1,073
Totaux	677	3,014	17,577	21,268

Total des analyses	Classements qualitatifs
7,628	*Vins.* — 4,813 bons, 430 malades, 16 plâtrés, 77 piquette, 182 vinés ou sucrés, 2,357 mouillés, 3 colorés artificiellement, 5 salicylés, 2 autres.
174	*Vinaigres.* — 98 bons, 84 contenant du vinaigre d'alcool, 2 contenant des acides minéraux.
531	*Bières.* — 325 bonnes, 6 mouillées.
117	*Cidres et poirés.* — 86 bons, 19 colorés artificiellement, 26 mouillés.
304	*Alcools et liqueurs.* — 222 bons, 72 kirschs, 10 mauvais goût.
46	*Sirops.* — 16 bons, 12 glucosés, 24 colorés artificiellement.
1,087	*Eaux.* — 760 bonnes, 224 contenant des matières organiques, 125 contenant des matières minérales.
4,532	*Laits.* — 4,089 bons, 438 mouillés et écrémés, 9 contenant de l'acide borique.
892	*Beurres et graisses.* — 598 bons, 308 contenant des graisses étrangères ou de l'acide borique.
240	*Huiles comestibles.* — 120 bonnes, 120 contenant des huiles étrangères.
265	*Pains et pâtes.* — 243 bons, 8 avariés ou mal cuits, 15 contenant de la farine inférieure.
321	*Farines.* — 319 bonnes, 2 avariées.
301	*Sucreries et confiseries.* — 219 bonnes, 82 colorées artificiellement.
43	*Confitures et miels.* — 25 bons, 7 glucosés ou salicylés, 12 colorés artificiellement.
321	*Chocolats et cacaos.* — 220 bons, 98 contenant de la fécule ou des débris de coques, 3 contenant des graisses étrangères.
890	*Cafés, chicorées et thés.* — 701 bons, 191 contenant des graisses étrangères, avariés ou mouillés, 2 colorés artificiellement.
373	*Viandes et conserves.* — 256 bonnes, 106 contenant des matières étrangères, avariées ou salicylées, 31 colorées artificiellement.
730	*Poivres et épices.* — 710 bons, 9 contenant des grignons, 11 contenant de la fécule.
12	*Jouets.* — 7 bons, 6 colorés avec des matières interdites.
318	*Étains et poteries.* — 197 bons, 116 contenant du plomb.
56	*Colorants.* — 35 bons, 21 interdits.
47	*Embaumements.* — 31 bons, 16 contenant des matières interdites.
342	*Pétroles.* — 335 bons, 7 inflammables au-dessous de 33°.
13	*Parfumerie.* — 11 bons, 2 contenant des matières interdites.
243	*Produits de droguerie et de pharmacie.* — 190 bons, 53 non conformes.
112	*Amorces et artifices.* — 112 dont la vente libre est interdite.
865	*Divers.* — 559 bons, 280 non marchands pour des causes diverses.
20,803	

POMPES FUNÈBRES

MORGUE

INHUMATIONS

FABRIQUES ET CONSISTOIRES

Relevé des services funèbres exécutés pendant l'année 1894.

ARRONDISSEMENTS	1re CLASSE Avec cérémonie religieuse	1re CLASSE Sans cérémonie religieuse	2e CLASSE Avec cérémonie religieuse	2e CLASSE Sans cérémonie religieuse	3e CLASSE Avec cérémonie religieuse	3e CLASSE Sans cérémonie religieuse	4e CLASSE Avec cérémonie religieuse	4e CLASSE Sans cérémonie religieuse	5e CLASSE Avec cérémonie religieuse	5e CLASSE Sans cérémonie religieuse	6e CLASSE Avec cérémonie religieuse	6e CLASSE Sans cérémonie religieuse	7e CLASSE Avec cérémonie religieuse	7e CLASSE Sans cérémonie religieuse	8e CLASSE Avec cérémonie religieuse	8e CLASSE Sans cérémonie religieuse	9e CLASSE Avec cérémonie religieuse	9e CLASSE Sans cérémonie religieuse	SERVICE ORDINAIRE Avec cérémonie religieuse	SERVICE ORDINAIRE Sans cérémonie religieuse	SERVICE GRATUIT Avec cérémonie religieuse	SERVICE GRATUIT Sans cérémonie religieuse	A TOTAL DES CONVOIS AVEC CÉRÉMONIE RELIGIEUSE	B TOTAL DES CONVOIS SANS CÉRÉMONIE RELIGIEUSE	TOTAL GÉNÉRAL des COLONNES A ET B	DÉTAIL DES CONVOIS Catholiques	DÉTAIL DES CONVOIS Protestants	DÉTAIL DES CONVOIS Israélites	DÉTAIL DES CONVOIS Divers	DÉTAIL DES CONVOIS sans cérémonie religieuse Transports à l'extérieur	DÉTAIL DES CONVOIS sans cérémonie religieuse Mort-nés	DÉTAIL DES CONVOIS sans cérémonie religieuse Enterrements civils	SUR 100 ENTERREMENTS d'enterrements civils?
																									561	27	8	1	58	48	77	
																									530	13	13	»	27	47	98	
																									994	26	32	»	23	86	223	
																									1777	44	60	»	61	92	451	
																									1832	36	14	»	68	121	375	
																									1484	40	15	»	68	83	221	
																									1457	27	14	2	113	71	176	
																									1412	47	36	8	154	68	195	
																									1025	42	60	2	97	98	106	
																									3409	66	85	12	185	161	753	
																									2284	73	62	»	50	237	728	
																									3091	97	105	»	107	171	1066	
																									1902	32	9	»	67	113	405	
																									2687	41	7	»	94	138	740	
																									2973	50	12	4	114	159	762	
																									969	55	25	2	89	74	77	
																									2034	78	27	3	88	184	242	
																									2850	85	34	»	86	274	734	
																									1082	49	7	»	25	175	436	
																									2238	53	12	»	29	199	1330	
																									36986	984	631	34	1603	2596	9189	
																									38,635				13,388			

Inhumations par arrondissements et par nature de concessions.

ONDISSEMENTS	NOMBRE DES INHUMATIONS EFFECTUÉES EN CONCESSIONS					
	PERPÉTUELLES	CONDITIONNELLES	TRENTENAIRES	TEMPORAIRES	GRATUITES	TOTAL
....	190	8	1	242	204	645
....	137	6	7	265	241	656
....	264	6	12	429	590	1,301
-Ville	255	11	12	605	1,435	2,318
on	241	8	6	564	1,371	2,190
bourg	400	8	3	489	818	1,718
Bourbon	277	12	9	493	850	1,641
....	394	6	3	446	772	1,621
....	430	9	14	469	297	1,219
aurent	431	22	23	1,268	2,243	3,987
ourt..................	415	15	13	911	1,893	3,247
....	263	10	10	785	3,346	4,414
s	85	1	6	542	1,634	2,268
toire..................	219	7	4	543	2,146	2,919
ard	211	6	1	674	2,904	3,798
....	338	3	3	206	336	884
lles-Monceau...........	411	6	9	944	1,025	2,395
artre	213	9	45	1,362	2,244	3,873
Chaumont	122	4	4	550	1,795	2,484
ontant.................	199	5	»	526	2,888	3,618
payants et non payants...	1,758	19	27	128	»	1,932
TOTAUX..........	7,253	181	212	12,450	29,032	49,128

Inhumations effectuées en 1894 dans les cimetières de Paris.

	NOMBRE DES INHUMATIONS EFFECTUÉES EN CONCESSIONS						CONCESSIONS PERPÉTUELLES		CONCESSIONS CONDITIONNELLES (2 m. q.)	CONCESSIONS TRENTENAIRES (2 m. q.)	NOMBRE DES EXHUMATIONS	TRANSPORTS VENANT	
	perpétuelles	condi-tionnelles	trentenaires	temporaires	gratuites	total	nombre	surface concédée				d'un cimetière parisien (payants)	de l'extérieur dans un cimetière parisien (non payants)
	54	»	»	»	»	54	»	»	»	»	21	9	»
	129	50	21	3.140	8.442	11.791	57	114 40	76	19	563	13	26
	306	»	»	2	»	308	86	167 80	»	»	231	50	49
	31	»	»	»	»	31	2	4 »	»	»	21	5	»
	60	»	»	»	»	60	11	22 20	»	»	46	6	9
	2	»	»	»	»	2	»	»	»	»	2	»	»
	1	»	»	»	»	1	»	»	»	»	»	»	»
	3.126	»	»	86	»	3.212	354	685 31	»	»	416	670	127
	14	»	»	»	»	14	»	»	»	»	»	»	1
	14	25	33	1.863	5.935	7.870	28	57 00	14	20	436	11	7
	5	»	»	»	»	5	»	»	»	»	5	»	1
	45	»	»	»	»	45	7	15 92	»	»	23	9	8
...	1.015	»	»	»	»	1.015	77	58 31	»	»	730	228	23
ny	28	41	45	3.737	9.898	13.749	67	128 90	68	23	737	16	22
...	138	»	»	»	»	138	53	167 51	»	»	71	36	8
ien.	71	65	113	3.613	4.730	8.592	101	203 50	89	77	910	42	63
	31	»	»	»	»	31	12	15 »	»	»	23	6	2
	2.133	»	»	»	»	2.133	365	715 67	»	»	1.108	374	109
	50	»	»	»	27	77	3	6 »	»	»	40	3	4
	7.253	181	212	12.450	29.032	49.128	1.223	2.361 82	277	139	6.402	1.478	454

Inhumations de l'année 1894.

Les inhumations des hôpitaux *(corps non réclamés)* ne sont pas comprises dans ce tableau.

RIVE DROITE

Comprenant les 1er, 2e, 3e, 4e, 8e, 9e, 10e, 11e, 12e, 16e, 17e, 18e, 19e et 20e arrondissements.

Arrondissements	Nombre des inhumations	Inhumations sans accessoires de pompe funèbre ou gratuites : Adultes	Enfants	Total	Moyenne p. %	Inhumations payantes : Adultes	Enfants	Total	Moyenne p. %	Inhumations classées par âge : Adultes (1) : Gratuites ou sans accessoires	Payantes	Total	Enfants (2) : Gratuites ou sans accessoires	Payantes	Total	Mort-nés : Gratuites ou sans accessoires	Payantes
1er	780	135	114	249	34.92	464	67	531	68.07	135	464	599	67	62	129	47	5
2e	728	136	123	259	35.57	402	67	469	64.43	136	402	538	75	65	140	48	2
3e	1,384	366	250	616	44.60	673	92	765	55.39	366	673	1,039	157	89	246	93	3
4e	2,479	1,134	315	1,446	58.32	933	100	1,033	41.67	1,134	933	2,064	213	96	309	102	4
8e	1,923	780	136	916	47.63	946	61	1,007	52.36	780	946	1,726	61	53	114	75	5
9e	1,424	217	168	385	27.03	922	117	1,039	72.96	217	922	1,139	68	110	178	100	7
10e	4,367	1,847	523	2,370	54.27	1,840	157	1,997	45.72	1,847	1,840	3,687	355	148	503	106	9
11e	3,428	835	999	1,834	53.50	1,360	234	1,594	46.49	835	1,360	2,195	722	227	949	277	7
12e	4,637	1,725	1,737	3,462	74.66	948	227	1,175	25.33	1,725	948	2,673	1,565	224	1,789	172	3
16e	1,291	220	177	397	30.75	813	81	894	69.24	220	813	1,033	91	74	165	86	7
17e	2,633	494	563	1,057	39.84	1,394	202	1,596	60.15	494	1,394	1,888	368	190	558	195	12
18e	4,060	1,243	1,114	2,357	58.05	1,451	252	1,703	41.94	1,243	1,451	2,694	838	250	1,088	276	2
19e	2,674	826	980	1,806	67.33	733	135	868	32.46	826	733	1,559	775	132	907	205	3
20e	3,861	1,845	1,073	2,918	75.57	814	129	943	24.42	1,845	814	2,659	872	125	997	204	4
Totaux	35,686	11,800	8,272	20,072	56.24	13,693	1,921	15,614	43.75	11,800	13,693	25,493	6,227	1,845	8,072	2,045	76

RIVE GAUCHE

Comprenant les 5e, 6e, 7e, 13e, 14e et 15e arrondissements.

Arrondissements	Nombre des inhumations	Sans accessoires : Adultes	Enfants	Total	Moyenne p. %	Payantes : Adultes	Enfants	Total	Moyenne p. %	Adultes : Gratuites	Payantes	Total	Enfants : Gratuites	Payantes	Total	Mort-nés : Gratuites	Payantes
5e	2,448	957	370	1,327	54.20	1,011	110	1,121	45.79	957	1,011	1,968	232	98	330	138	12
6e	1,911	612	259	871	45.57	948	92	1,040	54.42	612	948	1,560	166	87	253	93	3
7e	1,858	706	241	947	50.96	818	93	911	49.03	706	818	1,524	159	82	241	82	11
13e	2,528	959	741	1,700	67.24	733	95	828	32.75	959	733	1,692	626	91	717	115	5
14e	3,507	1,434	793	2,227	63.50	1,130	150	1,280	36.49	1,434	1,130	2,564	644	146	790	140	4
15e	4,071	1,225	1,753	2,978	73.15	902	191	1,093	26.84	1,225	902	2,127	1,562	188	1,750	194	3
Totaux	16,323	5,893	4,157	10,050	61.56	5,542	731	6,273	38.43	5,893	5,542	11,435	3,389	692	4,084	768	38

RÉSUMÉ.

	Nombre des inhumations	Sans accessoires : Adultes	Enfants	Total	Moyenne p. %	Payantes : Adultes	Enfants	Total	Moyenne p. %	Adultes : Gratuites	Payantes	Total	Enfants : Gratuites	Payantes	Total	Mort-nés : Gratuites	Payantes
Rive droite	35,686	11,800	8,272	20,072	56.24	13,693	1,921	15,614	43.75	11,800	13,693	25,493	6,227	1,845	8,072	2,045	76
Rive gauche	16,323	5,893	4,157	10,050	61.56	5,542	731	6,273	38.43	5,893	5,542	11,435	3,389	692	4,084	768	38
Totaux généraux	52,009	17,693 (3)	12,429 (3)	30,122 (4)	57.91	19,235 (5)	2,652 (5)	21,887	42.08	17,693	19,235	36,928	9,616	2,537	12,152	2,813	115

(1) Au-dessus de l'âge de 7 ans, les décédés sont comptés comme adultes.
(2) De la naissance à 7 ans, les décédés sont comptés comme enfants.
(3) La répartition des convois, faite au point de vue du mode de transport, donne les résultats suivants : par corbillards, 18,333 par brancards, 11,389. — Au total : 30,122.
(4) Sur ce nombre de 30,122 inhumations, 21,711 ont été exécutées gratuitement, en vertu des réquisitions des maires des 2 arrondissements, savoir : adultes, 12,090 ; enfants, 9,621.
(5) La répartition des convois, faite au point de vue du mode de transport, donne les résultats suivants : par corbillards, 20,280 par brancards, 1,607. — Au total : 21,887.

Décès dans Paris en 1894.

DÉSIGNATION des ARRONDISSEMENTS	NOMBRE des décès constatés aux mairies (Actes dressés) (1)	NOMBRE des corps venant de l'extérieur et dont l'inhumation a donné lieu à la perception d'une taxe	TOTAL des décès inscrits	NOMBRE des corps inhumés dans les cimetières en vertu de mandats	NOMBRE des corps non réclamés dans les hôpitaux et à la Morgue ou non inhumés par l'arrondissement	NOMBRE des corps transportés hors de Paris	TOTAL	NOMBRE des inhumations payées par la Ville à l'administration des Pompes funèbres (art. 46 du cahier des charges)
RIVE DROITE — Comprenant les 1er, 2e, 3e, 4e, 8e, 9e, 10e, 11e, 12e, 16e, 17e, 18e, 19e et 20e arrondissements.								
1er	779	34	813	645	33	135	813	780
2e	736	11	747	656	19	72	747	728
3e	1,389	17	1,406	1,301	25	80	1,406	1,381
4e	2,829	18	2,847	2,318	368	161	2,847	2,479
8e	2,070	65	2,135	1,621	212	302	2,135	1,923
9e	1,371	53	1,424	1,219	»	205	1,424	1,424
10e	5,158	51	5,209	3,987	842	380	5,209	4,867
11e	3,413	29	3,442	2,247	14	181	3,442	3,428
12e	4,925	14	4,939	4,414	302	223	4,939	4,687
16e	1,281	33	1,314	884	23	407	1,314	1,291
17e	2,634	37	2,671	2,395	18	258	2,671	2,653
18e	4,094	17	4,111	3,873	51	187	4,111	4,060
19e	2,722	5	2,727	2,484	53	190	2,727	2,674
20e	4,189	4	4,193	3,618	332	243	4,193	3,861
TOTAUX	37,590	388	37,978	32,062	2,292	3,024	37,978	35,686
RIVE GAUCHE — Comprenant les 5e, 6e, 7e, 13e, 14e et 15e arrondissements.								
5e	2,736	18	2,754	2,190	306	258	2,754	2,448
6e	2,312	39	2,351	1,718	440	193	2,351	1,911
7e	2,040	30	2,070	1,614	212	244	2,070	1,858
13e	2,677	12	2,689	2,268	161	200	2,689	2,528
14e	4,635	13	4,648	2,919	1,141	588	4,648	3,507
15e	4,234	16	4,250	3,798	179	273	4,250	4,071
TOTAUX	18,634	128	18,762	14,507	2,439	1,816	18,762	16,323
RÉSUMÉ.								
Rive droite	37,590	388	37,978	32,662	2,292	3,024	37,978	35,686
Rive gauche	18,634	128	18,762	14,507	2,439	1,816	18,762	16,323
TOTAUX GÉNÉRAUX	56,224	516	56,740	47,169	4,731	4,840	56,740	52,009

(1) Dans ce nombre figurent :

1° Les corps des personnes dont le décès a été constaté en 1893, mais dont l'inhumation a eu lieu en 1894 ;

2° Les corps des personnes dont le décès a été constaté en 1894 et dont l'inhumation a eu lieu dans le cours de cette même année.

Ne sont pas compris dans ce nombre : les corps des personnes dont le décès a été constaté en 1894, mais dont l'inhumation n'a pu avoir lieu qu'en 1895, ainsi que les transcriptions d'actes ou de jugements rectificatifs auxquels il est donné des numéros d'ordre dans les registres de décès des 20 arrondissements de Paris.

NOTICE.

La Morgue est un établissement destiné à recevoir les corps des personnes décédées dans le ressort de la préfecture de Police, dont l'identité n'aurait pas été constatée ou dont le domicile serait inconnu, et à recueillir et rapprocher les renseignements de toute nature qui peuvent déterminer la reconnaissance de ces corps.

La Morgue reçoit également les corps qui doivent faire l'objet d'une expertise médico-légale.

Le personnel de la Morgue est composé comme suit :

Un greffier; un commis-greffier; trois garçons de service; un gardien; un garçon de bureau.

Trois médecins-inspecteurs et un médecin-inspecteur suppléant sont chargés de la surveillance sanitaire.

État indiquant le nombre des corps déposés à la Morgue pendant l'année **1894.**

DÉSIGNATION	1894
Individus masculins	48[illegible]
Id. féminins	19[illegible]
TOTAL	68[illegible]
Nouveau-nés	8[illegible]
Fœtus	10[illegible]
Débris humains	2[illegible]
TOTAL GÉNÉRAL	88[illegible]

Répartition des corps d'adultes déposés à la Morgue par cause et par genre de mort.

CAUSE DE LA MORT	HOMMES	FEMMES	TOTAL
Suicides	221	79	300
Morts subites	68	11	79
Accidents	76	15	91
Maladies	16	28	44
Homicides	24	19	43
Manœuvres abortives	»	7	7
Incertaines	5	5	10
Choléra	»	»	»
Causes inconnues	78	31	109
TOTAUX	488	195	683

GENRE DE MORT	HOMMES	FEMMES	TOTAL
Submersions	239	106	34[illegible]
Morts subites	68	11	7[illegible]
Assassinats	18	16	3[illegible]
Ecrasements par voiture	23	5	2[illegible]
Id. par chemin de fer	13	1	1[illegible]
Id. par corps pesant	1	»	[illegible]
Morts naturelles	16	28	4[illegible]
Suspensions	43	1	4[illegible]
Armes à feu	22	1	2[illegible]
Armes blanches	1	»	[illegible]
Chutes de haut	14	4	1[illegible]
Asphyxies	7	7	1[illegible]
Incertains	5	5	1[illegible]
Brûlures	2	1	[illegible]
Coups	9	1	1[illegible]
Empoisonnements	6	1	[illegible]
Manœuvres abortives	»	7	[illegible]
Strangulation	1	»	[illegible]
Commotion électrique	»	»	[illegible]
TOTAUX	488	195	68[illegible]

Le nombre des autopsies faites à la Morgue, pendant l'année 1894, s'est élevé à 294, savoir :

Adultes	138
Nouveau-nés	81
Fœtus	73
Débris humains	2
TOTAL	294

Le nombre des personnes dont l'identité a pu être établie est de **604.**

TABLEAU DES SOMMES PAYÉES EN 1894 AUX FABRIQUES ET CONSISTOIRES

Classement des paroisses par importance des recettes.

TION DES PAROISSES	NUMÉROS D'ORDRE	SOMMES PAYÉES
		fr. c.
'hilippe-du-Roule	1	32,418 25
Madeleine	2	30,740 42
ugustin	3	30,363 94
'incent de Paul	4	29,413 22
ıerre de Chaillot	5	28,908 21
Trinité	6	28,036 91
aurent	7	26,574 95
)ame de Lorette	8	26,494 80
lonoré-d'Eylau	9	26,399 »
rançois-Xavier	10	25,456 73
)ame des Champs	11	25,370 16
'rançois de Sales	12	24,623 54
ouis d'Antin	13	24,274 11
ulpice	14	24,213 59
Marie des Batignolles	15	23,245 94
'ierre de Montrouge	16	22,916 67
)ame-de-l'Annonciat	17	22,343 11
Clotilde	18	22,146 »
erdinand des Ternes	19	21,999 03
mbroise	20	20,882 65
lartin	21	20,810 46
lichel des Batignolles	22	20,613 79
)ame d'Auteuil	23	20.491 99
Marguerite	24	20,301 06
och	25	19,949 03
lédard	26	19,895 47
acques du Haut-Pas	27	19,310 32
'ierre du Gros-Caillou	28	19,258 »
s du Saint-Sacrement	29	19,171 »
)ame de Clignancourt	30	18,879 22
ermain l'Auxerrois	31	18,571 42
ambert	32	18,380 34
aul	33	18,170 71
ermain des Prés	34	18,120 95
oseph	35	17,922 58
'ierre de Montmartre	36	17,637 43
homas d'Aquin	37	17,528 29
-Baptiste de Belleville	38	17,362 76
Elisabeth	39	17,120 87
acques de La Villette	40	17,099 94
lerri	41	17,074 30
loi	42	16,954 64
-Baptiste de Grenelle	43	16,953 38
ugène	44	16,060 33
ustache	45	16,627 92
ntoine	46	16,605 42
icolas du Chardonnet	47	16.463 21
ermain de Charonne	48	16,134 35
el de la Maison-Blanche	49	16,120 63
icolas des Champs	50	16,084 26
)ame	51	16,083 63
tienne du Mont	52	15,980 45
aculée-Conception	53	15,947 36
éverin	54	15,585 26
Dame de Bonne-Nouvelle	55	15,264 74
lernard	56	15,234 78
A reporter	.....	1,453,260 12

DÉSIGNATION DES PAROISSES	NUMÉROS D'ORDRE	SOMMES PAYÉES
		fr. c.
Report	......	1,453,260 12
Saint-Georges	57	15,170 80
Saint-Louis-en-l'Ile	58	14,998 15
Saint-Denis de La Chapelle	59	14,830 69
Notre-Dame de la Gare	60	14,756 21
Saint-Gervais	61	14,752 03
Notre-Dame de la Croix de Ménilmontant	62	14,715 39
Saint-Leu	63	14,594 03
Notre-Dame de Bercy	64	14,575 81
Saint-Marcel de la Salpêtrière	65	14,564 22
Saint-Jean-Saint-François	66	14,542 70
Notre-Dame de Plaisance	67	14,524 03
N.-D. des Blancs-Manteaux	68	14,497 97
Notre-Dame des Victoires	69	14,084 13
TOTAL	......	1,343,863 25
Centimes indivisibles	......	3 17

DIVERS

Fonds des subventions accordées aux fabriques nécessiteuses par une commission mixte dont font partie les délégués de M. le Préfet de la Seine.		255,974 56
TOTAL afférent au culte catholique		1,599,840 98
CONSISTOIRES :		
Église réformée	43,731 68	
Église évangélique de la Confession d'Augsbourg	18,428 60	
Israélite	34,862 55	
TOTAL afférent aux Consistoires		97,022 83
TOTAL des sommes payées aux Fabriques et Consistoires, au taux de 35 °/. du produit brut des deux premières sections (1)		1,696,863 81

(1) Quantum des sommes payées aux Fabriques et Consistoires 35 0/0

Savoir :		
Excédent de recettes de l'exercice 1894.	1.451.304 30	29 935
Prélèvement sur les réserves disponibles des exercices antérieurs	245.559 51	5 065
		35 »

Résumé général des sommes payées aux Fabriques et Consistoires (1875-94).

DÉSIGNATION DES PARTIES PRENANTES	1875	1876	1877	1878	1879	1880	1881	1882	1883	1884
Fabriques	1,666,594 69	1,688,198 58	1,474,018 76	1,806,703 932	2,004,405 73	2,103,939 99	1,856,789 298	2,004,505 767	1,832,827 86	1,824,387 948
Consistoires. Église réformée	55,035 90	46,946 34	40,813 96	49,086 26	58,709 635	64,165 225	49,547 40	55,710 70	45,656 20	43,845 16
Consistoires. Église évangélique de la Confession d'Augsbourg	47,993 67	32,202 71	34,204 88	40,644 44	32,946 475	37,469 625	28,053 75	36,518 425	28,040 40	34,693 80
Consistoires. Israélite	24,274 74	27,094 69	22,355 43	33,278 80	27,973 07	42,288 95	31,996 02	34,819 10	34,234 80	41,200 08
Fonds des subventions accordées aux Fabriques nécessiteuses par une Commission mixte dont font partie les délégués de M. le Préfet de la Seine	185,177 18	187,577 64	103,513 19	200,322 638	222,345 07	223,771 11	206,309 922	222,678 418	203,647 54	202,709 772
Sommes payées pour le compte des Fabriques et Consistoires	35,000 »	180,000 »	180,000 »	45,000 »	» »	» »	» »	» »	» »	» »
Ensemble	1,984,076 18	2,162,016 93	1,902,506 22	2,173,236 07	2,343,439 98	2,481,334 90	2,172,735 39	2,353,832 11	2,144,406 80	2,146,836 760
Bourse commune du Culte catholique (part de chaque Fabrique)	14,457 39	14,326 84	12,398 50	16,319 91	16,845 86	17,851 75	15,864 28	17,174 62	15,837 43	15,736 86

DÉSIGNATION DES PARTIES PRENANTES	1885	1886	1887	1888	1889	1890	1891	1892	1893	1894
Fabriques	1,862,865 54	2,011,616 1702	1,851,573 24	1,791,853 632	1,897,058 322	1,845,675 756	1,733,773 38	1,629,633 15	1,592,484 89	1,343,865 42
Consistoires. Église réformée	49,819 20	48,440 3490	50,634 64	48,562 96	53,311 66	47,309 82	45,579 44	64,038 02	45,432 53	43,731 68
Consistoires. Église évangélique de la Confession d'Augsbourg	28,044 60	30,498 7050	24,716 20	34,867 72	34,445 70	28,652 66	26,882 38	22,362 73	23,997 24	18,428 60
Consistoires. Israélite	34,221 20	39,550 4400	36,247 52	37,439 »	32,644 80	37,256 12	41,748 14	44,644 88	32,536 13	34,862 55
Fonds des subventions accordées aux Fabriques nécessiteuses par une Commission mixte dont font partie les délégués de M. le préfet de la Seine	206,985 06	223,312 9078	205,730 36	199,094 848	240,784 258	205,075 084	330,054 99	310,406 34	303,330 46	255,974 56
Sommes payées pour le compte des Fabriques et Consistoires	» »	» »	» »	» »	» »	» »	» »	» »	» »	» »
Ensemble	2,170,932 60	2,353,388 2730	2,168,924 96	2,108,818 160	2,233,244 74	2,163,969 44	2,177,035 46	2,069,085 12	1,997,481 22	1,696,863 84
Bourse commune du Culte catholique (part de chaque fabrique)	16,096 85	17,292 8196	16,069 68	15,394 69	16,464 73	15,970 96	15,380 94	14,436 47	14,243 34	12,004 63

ÉCLAIRAGE

CONCESSIONS SOUS LA VOIE PUBLIQUE

Janvier	3,513,948	527,092 16	18,873,743	5,597,130 33	22,387,691	6,124,222 49	1,842,785	276,417 80
Février	2,909,847	436,477 07	15,498,380	4,602,126 85	18,408,427	92	1,514,305	227,145 70
Mars	2,744,956	411,743 25	14,698,206	4,367,524 99	17,443,162	4,779,268 24	1,418,009	212,70[illegible] [illegible]
Avril...........	2,175,736	326,363 49	11,990,786	3,568,330 26	14,166,542	73	1,121,880	[illegible]
Mai............	1,820,672	273,100 91	10,708,876	3,186,480 70	12,529,548	61	932,788	139,947 [illegible]
Juin.	1,523,523	228,528 56	8,953,265	3,664,349 83	10,476,788	39	769,015	115,352 20
Juillet	1,578,949	236,842 45	7,899,596	2,349,270 37	9,478,545	2,586,112 82	819,226	122,883 81
Août...........	1,794,937	269,240 60	8,400,972	2,496,961 18	10,195,909	78	975,327	146,299 03
Septembre.......	2,122,493	318,373 96	10,664,083	3,172,638 84	12,786,576	79	1,177,931	176,[illegible]
Octobre	2,846,248	426,937 06	15,201,657	4,521,156 49	18,047,905	55	1,526,732	[illegible] 73
Novembre	3,244,284	486,642 52	17,784,800	5,287,289 04	21,029,084	5,773,931 56	1,708,802	[illegible] 31
Décembre.......	3,652,553	547,882 94	20,485,575	6,087,072 60	24,138,128	54	1,932,335	[illegible] 19
Totaux.....	29,928,166	4,489,224 96	161,460,139	47,900,357 48	191,088,305	44	15,739,129	2,360,869 12

…ercice 1894, avec indication des sommes payées pour droit d'octroi, pour … ne et annexée).

	Recettes de la zone annexée	des zones annexée (mét. cubes)	Recettes des zones ancienne et annexée (Paris)	Droits d'octroi payés à la ville de Paris, à raison de 0 fr. 02 c. par mètre cube pour le gaz consommé dans les zones ancienne et annexée (Paris)	Zone extérieure (2) Consommation (mét. cubes)	Zone extérieure (2) Recettes	Consommation de gaz des trois zones (mét. cubes)	Recettes des trois zones
	13		15	16	17	18	19	20
…,069,598	1,963,891 23	30,047,943	8,088,413 86	600,958 86	2,697,952	755,653 42	32,745,895	8,843,767 16
…,386,207	1,689,881 34	24,744,634	6,668,125 26	494,892 68	2,179,997	610,633 94	26,924,631	7,278,759 20
…,042,711	1,364,754 99	23,485,873	6,341,023 23	469,717 46	2,038,915	571,629 93	25,524,788	6,912,653 16
…,530,947	1,314,816 26	19,206,480	5,209,516 04	384,129 78	1,664,814	471,916 31	20,871,300	5,681,432 32
…,460,794	1,173,323 53	16,900,342	4,632,905 14	339,806 84	1,523,931	437,337 68	18,514,273	5,070,242 82
…,808,866	1,006,807 16	14,285,654	3,898,685 55	285,713 08	1,349,245	389,613 67	15,634,899	4,288,299 22
…,460,432	956,434 99	13,147,997	3,542,547 84	262,959 94	1,394,661	402,910 88	14,542,658	3,945,458 69
…,412,547	1,063,135 30	14,309,456	3,829,337 17	286,189 12	1,601,916	462,563 88	15,911,372	4,291,901 05
…,040,448	1,306,173 95	17,826,719	4,797,206 74	356,534 38	1,814,854	522,827 38	19,641,573	5,320,034 12
…,883,090	1,719,181 99	24,680,995	6,667,275 54	493,619 90	2,347,525	663,792 32	17,028,520	7,331,067 86
…,550,239	1,957,023 37	28,579,423	7,730,954 93	571,588 46	2,664,074	750,468 07	31,243,497	8,481,423 »
…,656,582	2,187,290 99	32,596,654	8,822,246 53	651,933 02	2,955,265	831,264 25	35,551,916	9,653,510 78
…,813,871	17,888,285 21	259,902,176	70,227,937 65	5,198,053 52	24,233,146	6,870,644 73	284,135,322	77,098,549 38

…eure comprend un certain nombre de communes des départements de la Seine et de Seine-et-Oise.

…365 jours) en mètres cubes.

488,531	»	712,061	»	»	66,392	»	778,453	»

…s ancienne et annexée (Paris) en mètres cubes.

Août (31)	Septembre (30)	Octobre (31)	Novembre (30)	Décembre (31)	Année
—	—	—	—	—	—
461,395	594,224	796,161	952,647	1,051,505	1894

GAZ

CONSOMMATION DE GAZ. — RECETTES. — PRIX DE VENTE.

La consommation totale de gaz, déduite des recettes, s'est élevée, pour l'année 1894, à ....(1)	284.135.322m3
Elle avait été, en 1893, de........	287.093.841
Diminution en 1894..........	2.958.519m3

Répartie par zone, cette consommation présente les résultats suivants :

	ZONE ANCIENNE	ZONE ANNEXÉE	ZONE EXTÉRIEURE
	—	—	—
1894........	191.088.305m3	68.813.871m3	24.233.146m3
1893........	194.031.120	69.070.022	23.992.699
Augmentation en 1894........	»	»	240.447m3
Diminution en 1894........	2.942.815m3	256.151m3	»

Zones ancienne et annexée (Paris).

1894........	259.902.176m3
1893........	263.101.142
Diminution en 1894..........	3.198.966m3

Les 284,135,322 mètres cubes de gaz consommés dans les trois zones ont produit une recette de		77.098.549 38
Savoir :		
Pour le gaz dans Paris........	70.227.937 65	
Id. hors Paris........	6.870.611 73	
Total égal..........	77.098.549 38	
La recette, en 1893, a été de........		78.009.633 31
Diminution des recettes de 1894 sur celles de 1893........		911.083 93

soit une diminution de 1,18 %.

De 1872 à 1889, les recettes avaient toujours été en augmentant d'une année sur l'autre. En 1890, 1891 et 1892, le chiffre est resté à peu près stationnaire, il a diminué sensiblement en 1893 et cette diminution a continué en 1894. De plus, jusqu'en 1893 inclusivement, la diminution n'avait porté que sur la zone ancienne exclusivement : en 1894, elle se fait sentir également sur la zone annexée, c'est-à-dire qu'elle porte sur tout Paris. L'augmentation de la zone extérieure est sensiblement réduite en 1894.

Cette diminution est due principalement à l'usage de plus en plus répandu des becs à incandescence Auer et similaires.

(1) Du rapport du conseil d'administration de la Compagnie parisienne du gaz sur l'exercice 1894, il appert que la Compagnie a livré à la consommation un volume de gaz de 300,823,710 mètres cubes ; le désaccord apparent avec le chiffre de 284,135,322 mètres cubes vient de ce que ce dernier représente la quantité de gaz vendue, tandis que le premier correspond au gaz fabriqué à l'usine.

En 1889 les recettes ont présenté sur celles	de 1888	un excédent de	....	1 fr. 93 °/.
En 1890	Id.	1889	id.	1 fr. 98 °/.
En 1891	Id.	1890	un déficit de	0 fr. 68 °/.
En 1892	Id.	1891	un excédent de............	0 fr. 08 °/.
En 1893	Id.	1892	un déficit de	1 fr. 92 °/.
En 1894	Id.	1893	id.	1 fr. 18 °/.

prix moyen de vente du mètre cube de gaz, d'après la consommation totale du gaz dans Paris communes suburbaines, a été, en 1894, de 0 fr. 2713.

Il avait été en 1893	de....................................	0 fr. 2717
Id.	1892 de....................................	0 fr. 2722
Id.	1891 de....................................	0 fr. 2723
Id.	1890 de....................................	0 fr. 2726
Id.	1889 de....................................	0 fr. 2716

FABRICATION. — ÉMISSION. — PERTES DE GAZ.

s quantités de matières premières distillées pendant l'année 1894 ont atteint le chiffre de 362,475 kilogrammes qui ont produit en gaz 300,885,210 mètres cubes.

résulte de là, pour l'année, un rendement de 305m³26 pour 1,000 kilogrammes de charbon llé.

INDICATION PAR USINE DES QUANTITÉS DE GAZ FABRIQUÉES EN 1894.

Usines dans Paris.		*Usines hors Paris.*	
Villette...............	46.202.300m³	Clichy....................	85.727.750m³
int-Mandé..............	26.923.400	Le Landy................	48.468.600
ugirard................	30.289.950	Boulogne.................	4.565.980
y......................	28.691.700	Maisons-Alfort............	3.765.330
ny.....................	26.250.200		
Total..........	158.357.550m³	Total..........	142.527.660m³

tal général, 300,885,210 mètres cubes.

1er janvier 1894, le gaz en magasin s'élevait à	434.800m³
été fabriqué en 1894..	300.885.210
Total..........	301.320.010m³
ranchant le gaz resté en magasin au 1er janvier 1895......................	496.300
mission, d'après les compteurs d'usine, devient de........................	300.823.710m³

s le chiffre de 300,823,710 mètres cubes, se trouve comprise l'émission de jour qui a été, en de 87,427,180 mètres cubes; ce qui représente 29,06 °/₀ de l'émission totale.

mission ayant été de 300,823,710 mètres cubes et la consommation de 284,135,322 mètres , les pertes atteignent le chiffre de 16,688,388 mètres cubes, soit 5,55 °/₀ de l'émission.

lles avaient été en	1893 de 5,40 °/₀.	Elles avaient été en	1883 de 6,66 °/₀.
Id.	1892 de 5,39 °/₀.	Id.	1882 de 6,79 °/₀.
Id.	1891 de 6,27 °/₀.	Id.	1881 de 7,86 °/₀.
Id.	1890 de 5,79 °/₀.	Id.	1880 de 9,34 °/₀.
Id.	1889 de 4,89 °/₀.	Id.	1879 de 7,60 °/₀.
Id.	1888 de 5,10 °/₀.	Id.	1878 de 7,24 °/₀.
Id.	1887 de 5,21 °/₀.	Id.	1877 de 8,03 °/₀.
Id.	1886 de 5,57 °/₀.	Id.	1876 de 10,83 °/₀.
Id.	1885 de 6,12 °/₀.	Id.	1875 de 9,62 °/₀.
Id.	1884 de 6,95 °/₀.	Id.	1874 de 8,62 °/₀.

CANALISATION. — CONSOMMATION. — PERTES DE GAZ.

Au 31 décembre 1894, l'ensemble de la canalisation dans les trois zones s'élevait à 2,355,992 m. 730 savoir :

Zone ancienne	844.849m115	1.554.088m82
Zone annexée	709.239m705	
Zone extérieure		801.903m91
Longueur totale du réseau		2.355.992m73

L'augmentation pour le réseau complet, déposes déduites, a été, en 1894, de 23,890 m. 550.

Les tableaux ci-après indiquent la longueur, par nature et par diamètres, des conduites existan dans les trois zones au 31 décembre 1894:

NATURE DES CONDUITES	PARIS		ZONE EXTÉRIEURE
	ZONE ANCIENNE	ZONE ANNEXÉE	
	mètres	mètres	mètres
Plomb	17,252,275	14,656,735	3,882,380
Fonte	88,651,880	22,791,620	24,542,060
Tôle bitumée	738,944,960	671,791,350	773,479,470
Totaux	844,849,115	709,239,705	801,903,910

DIAMÈTRES	PARIS		ZONE EXTÉRIEURE	TOTAUX
	ZONE ANCIENNE	ZONE ANNEXÉE		
mètres	mètres	mètres	mètres	mètres
0 027	269,000	234,900	88,500	592,400
0 034	1,486,900	2,758,400	135,050	4,380,350
0 042	1,660,850	5,670,530	1,293,850	8,625,230
0 054	62,966,445	58,134,015	70,578,750	191,679,210
0 081	137,759,665	214,578,275	222,603,960	594,941,900
0 108	330,826,070	284,664,120	323,857,200	939,347,390
0 135	29,345,210	24,440,290	58,875,850	112,661,350
0 162	66,710,215	43,025,175	36,090,870	145,826,260
0 189	5,984,975	3,025,965	5,630,100	14,641,040
0 216	44,021,960	14,256,550	28,145,550	86,424,060
0 250	11,337,535	7,053,715	8,473,320	26,864,570
0 270	8,747,990	4,609,820	10,265,650	23,623,460
0 300	11,661,045	4,898,255	4,248,610	20,807,910
0 325	5,017,210	6,445,350	4,563,300	16,025,860
0 350	16,304,800	3,888,120	3,820,900	24,013,820
0 400	8,205,870	2,619,210	9,168,800	19,993,880
0 500	28,181,235	6,558,625	6,285,000	41,024,860
0 600	662,580	»	»	662,580
0 700	37,886,885	11,618,765	84,950	49,590,600
0 800	3,279,950	411	»	3,690,950
1 000	12,532,725	10,348,625	7,693,700	30,575,050
Totaux	844,849,115	709,239,705	801,903,910	2,355,992,730

Le développement superficiel des conduites était, au 31 décembre 1894, de 1,102,352 mètres carrés, savoir :

Dans Paris. — Zone ancienne	480.431^{m2}
Id. Zone annexée	303.467
Hors Paris	318.454
Total	1.102.352^{m2}
Il était au 31 décembre 1893 de	1.097.023
Augmentation en 1894	5.329^{m2}

La consommation par mètre courant de conduite (chiffres ronds) a été en 1894 :

Dans les trois zones réunies	121^{m3}
Dans les zones ancienne et annexée réunies	167
Dans la zone ancienne	226
Dans la zone annexée	97
Dans la zone extérieure	30

La perte de gaz par mètre courant de conduite (canalisation totale) s'élève à 7^{m3}08.

Elle avait été en	1893 de	7^{m3}03.	Elle avait été en	1883 de	9^{m3}34.
Id.	1892 de	7^{m3}24.	Id.	1882 de	9^{m3}51.
Id.	1891 de	8^{m3}62.	Id.	1881 de	10^{m3}71.
Id.	1890 de	8^{m3}.	Id.	1880 de	12^{m3}24.
Id.	1889 de	6^{m3}94.	Id.	1879 de	9^{m3}09.
Id.	1888 de	6^{m3}99.	Id.	1878 de	8^{m3}50.
Id.	1887 de	7^{m3}05.	Id.	1877 de	8^{m3}72.
Id.	1886 de	7^{m3}54.	Id.	1876 de	12^{m3}02.
Id.	1885 de	8^{m3}35.	Id.	1875 de	10^{m3}01.
Id.	1884 de	9^{m3}62.	Id.	1874 de	8^{m3}06.

La perte de gaz par mètre superficiel de développement (canalisation totale) s'élève à 15^{m3}138.

Elle avait été en	1893 de	14^{m3}952.	Elle avait été en	1888 de	14^{m3}44.
Id.	1892 de	15^{m3}299.	Id.	1887 de	14^{m3}57.
Id.	1891 de	18^{m3}11.	Id.	1886 de	15^{m3}58.
Id.	1890 de	16^{m3}682.	Id.	1885 de	17^{m3}21.
Id.	1889 de	14^{m3}393.			

ÉCLAIRAGE PUBLIC. — CONSOMMATION. — NOMBRE D'APPAREILS.

Les quantités de gaz consommées pour l'éclairage public se sont élevées à 52,167,585 mètres cubes, savoir :

1° Dans Paris :		
Voie publique. — Zone ancienne		15.686.524^{m3}
Id. Zone annexée		14.241.642
		29.928.166^{m3}
Établissements municipaux, départementaux et militaires. — Zone ancienne.	10.643.907^{m3}	
Id. id. Zone annexée.	5.095.222	
	15.739.129^{m3}	15.739.129
Total dans Paris		45.667.295^{m3}
2° Hors Paris :		
Voie publique	4.249.699^{m3}	
Établissements municipaux, départementaux et militaires	2.250.591	
	6.500.290^{m3}	6.500.290
Total général		52.167.585^{m3}

Le nombre d'appareils desservant l'éclairage public était, au 31 décembre 1894, de 63,290, savoir :

1° Becs papillons ordinaires	59.845
2° Becs à incandescence système Auer	1.352
3° Brûleurs intensifs sans récupération (modèle de la Compagnie parisienne)	203
4° Brûleurs à récupération de divers systèmes	2.390
Total égal	63.290

Au 31 décembre 1893, le nombre total d'appareils desservant l'éclairage public était de 59,761, dont 205 brûleurs intensifs, modèle de la Compagnie parisienne, et 2,169 brûleurs à récupération de divers systèmes. Aucun bec à incandescence n'était en service à cette date.

L'augmentation du nombre total d'appareils a donc été, en 1894, de 3,529.

L'intensité lumineuse totale des appareils publics est d'environ 96,000 carcels.

Nombre de lanternes en service sur la voie publique au 31 décembre 1894.

DÉSIGNATION DES LANTERNES		PARIS	BANLIEUE	TOTAUX
Becs papillons	De 100 litres à l'heure	148	2,841	2,989
	120 id.	»	216	216
	140 id.	47,778	8,362	56,140
Brûleurs intensifs	875 id.	69	1	70
	1,400 id.	133	»	133
Becs Auer	115 id.	1,352	»	1,352
Brûleurs à récupération	200 id.	15	1	16
	225 id.	7	12	19
	250 id.	66	»	66
	350 id.	189	»	189
	400 id.	1	14	15
	425 id.	12	»	12
	430 id.	269	16	285
	450 id.	5	»	5
	500 id.	37	»	37
	550 id.	518	6	524
	700 id.	31	»	31
	750 id.	1,073	40	1,113
	1,000 id.	4	»	4
	1,200 id.	74	»	74
	TOTAUX	51,781	11,509	63,290

Détail par systèmes des brûleurs à récupération en service au 31 décembre 1894.

DÉSIGNATION DES APPAREILS	ZONE ANCIENNE	ZONE ANNEXÉE	ZONE EXTÉRIEURE	TOTAUX
Système Schülke	618	81	12	711
— Cordier et Lacaze	1,071	232	65	1,368
— Guibout	8	»	»	8
— Chénier	37	8	12	57
— Sevestre	49	26	»	75
— Mortimer-Sterling	103	49	»	152
— Mautrant	15	3	»	18
— Lacarrière	1	»	»	1
Totaux	1,902	399	89	2,390

ÉCLAIRAGE PRIVÉ. — CONSOMMATION. — NOMBRE DE BECS, D'ABONNÉS, DE NUMÉROS LUMINEUX, DE BRANCHEMENTS ET DE CONDUITES MONTANTES.

Les quantités de gaz consommées pour l'éclairage privé se sont élevées à 231,967, 737 mètres cubes, savoir :

1° Dans Paris. — Zone ancienne	161.160.139m3
Id. Zone annexée	53.074.742
	214.234.881m3
2° Hors Paris	17.732.856
Total égal	231.967.737m3

Le nombre de becs desservant l'éclairage privé dans les trois zones, y compris ceux placés dans les établissements municipaux, départementaux et militaires, était, au 31 décembre 1894, de ... 1.994.043

savoir :

Becs desservant les établissements municipaux, départementaux et militaires :		
Dans Paris		108.514
Hors Paris		19.187
		127.701
Becs desservant l'éclairage privé :		
Dans Paris	1.697.674	
Hors Paris	168.668	
	1.866.342	1.866.342
Total égal		1.994.043

Il était, au 31 décembre 1893, de	1.956.688
Augmentation en 1894	37.355

Le nombre de numéros lumineux en service à Paris, au 31 décembre 1894, était de 724, savoir :

1° Dans les bâtiments municipaux	490
2° Dans les maisons particulières	234
Total égal	724
Il était, au 31 décembre 1893, de	733
Diminution en 1894	9

Le nombre d'abonnés, au 31 décembre 1894, s'est élevé à 281,217, savoir :

1° Dans Paris :		
Sur conduites extérieures		108.669
Sur conduites montantes		147.399
		256.068
2° Hors Paris :		
Sur conduites extérieures	18.993	
Sur conduites montantes	6.156	
	25.149	25.149
Total égal		281.217
Il était, au 31 décembre 1893, de		259.883
Augmentation en 1894		21.334

Le nombre des abonnés sur conduites montantes, qui était, au 31 décembre 1893, de 133,468, s'est élevé, au 31 décembre 1894, à 153,555, représentant 55 % du nombre total des abonnés.

Le nombre d'abonnés exonérés du paiement des frais accessoires s'élevait, au 31 décembre 1894, à 38,385, dont 37,798 dans Paris et 587 dans la banlieue.

Le nombre des conduites montantes était, au 31 décembre 1894, de.................. 37.650 réparties dans 29,121 maisons.

Il était, au 31 décembre 1893, de.. 36.400 réparties dans 28,205 maisons.

Augmentation en 1894.......... 1.250

Le nombre total des branchements existant, au 31 décembre 1894, était de 418,188, savoir :

Branchements productifs..........	275.174
Branchements improductifs..........	143.014
Total égal..........	418.188

Moteurs à gaz.

Les moteurs à gaz de tous systèmes ont consommé en 1894 6,923,700 mètres cubes environ. Ce chiffre représente 2,4 °/₀ de la consommation totale.

Leur nombre, au 31 décembre 1894, était de 1,996, représentant une puissance totale de 6,105 chevaux-vapeur.

L'augmentation a été, en 1894, de 196 moteurs et de 830 chevaux-vapeur.

TABLEAU INDIQUANT DE 1855 A 1894 L'ÉMISSION, LA CONSOMMATION DU GAZ, LE NOMBRE D'ABONNÉS ET LES RECETTES DES TROIS ZONES.

ANNÉES	ÉMISSION TOTALE DE GAZ	CONSOMMATION TOTALE DE GAZ	AUGMENTATIONS de CONSOMMATION	NOMBRE TOTAL D'ABONNÉS	RECETTES TOTALES DE GAZ	RECETTES TOTALES de la Compagnie parisienne	OBSERVATIONS
1855........	»	»	»	»	»	»	
1856........	43,693,503	37,461,168	»	»	»	»	
1857........	32,260,640	44,703,964	7,242,796	»	»	»	
1858........	57,919,800	49,764,281	5,060,317	»	»	»	
1859........	63,014,774	54,882,805	5,118,524	»	»	»	
1860........	70,348,161	61,920,253	7,037,448	43,662	»	»	
1861........	84,230,676	72,038,455	10,118,202	51,586	19,777,234 90	27,161,014 61	
1862........	93,076,220	81,995,630	9,957,175	55,446	22,400,907 44	30,443,023 62	
1863........	100,833,258	90,749,586	8,753,956	59,534	24,692,914 38	33,278,784 46	
1864........	109,610,003	98,894,080	8,144,494	63,303	26,780,936 27	36,547,992 69	
1865........	116,171,727	104,759,176	5,868,096	67,182	28,340,170 68	38,970,375 50	
1866........	122,334,605	111,563,258	6,804,082	71,836	30,250,446 84	42,017,057 91	
1867........	136,509,762	123,191,185	11,627,927	75,919	33,202,342 00	45,870,579 29	Exposition universelle.
1868........	138,797,811	124,303,029	1,111,844	80,945	33,568,516 56	46,004,251 07	
1869........	143,499,424	132,738,469	8,435,440	86,544	36,018,044 78	49,026,120 »	
1870........	114,476,904	101,918,073	30,820,396	86,900	27,380,445 42	38,534,003 23	Siége de Paris.
1871........	87,481,346	75,090,861	26,827,212	88,486	30,312,003 60	30,330,306 49	Id.
1872........	147,668,331	132,010,750	56,919,889	94,774	35,836,467 79	52,218,674 20	
1873........	154,397,118	139,988,229	7,977,479	99,665	38,084,549 »	56,429,691 24	
1874........	160,652,202	146,812,621	6,824,392	104,679	39,993,302 43	59,012,006 08	
1875........	175,938,244	159,006,253	12,193,632	111,221	43,307,287 41	65,122,007 43	
1876........	189,299,780	168,723,753	9,717,500	117,790	46,284,120 75	68,187,920 78	
1877........	194,497,228	175,850,140	7,126,387	124,478	48,203,805 84	69,103,784 43	
1878........	211,949,517	196,595,733	20,745,593	131,434	54,025,228 88	74,828,863 66	Exposition universelle.
1879........	218,843,875	202,187,289	5,591,556	139,230	55,619,588 27	76,228,493 20	
1880........	244,345,324	221,534,947	19,347,658	148,545	61,090,744 63	86,304,887 32	
1881........	260,926,760	240,423,687	18,888,740	159,539	66,171,190 84	93,978,649 21	
1882........	275,368,705	256,665,594	16,241,907	169,351	71,048,456 89	98,973,461 27	
1883........	283,864,400	264,948,640	8,283,046	178,384	73,085,263 28	98,061,880 86	
1884........	287,443,562	267,471,596	2,522,956	184,564	73,369,543 86	98,377,945 50	
1885........	288,463,999	268,921,840	1,450,244	189,654	73,456,871 82	98,472,147 29	
1886........	286,834,360	270,870,478	1,948,638	195,043	72,967,464 89	98,317,873 49	
1887........	290,774,540	275,631,850	4,761,372	200,835	75,149,434 09	98,969,030 26	
1888........	297,697,820	282,523,729	6,891,879	212,315	76,878,181 32	100,944,588 84	
1889........	312,258,070	296,988,252	14,464,523	224,119	80,665,138 67	105,644,274 94	Exposition universelle.
1890........	307,861,880	290,034,325	6,953,927	233,010	79,060,442 61	103,377,096 31	
1891........	314,929,550	292,367,244	2,332,919	242,339	79,606,949 98	105,524,807 40	
1892........	308,900,930	292,252,423	114,821	251,813	79,540,685 25	104,828,555 74	
1893........	303,495,850	287,093,841	5,158,382	259,883	78,009,633 31	99,668,459 78	
1894........	300,823,710	284,135,322	2,958,519	281,217	77,098,549 38	97,265,477 07	

DROIT D'OCTROI.

Les 259,902,176 mètres cubes de gaz consommés dans Paris, pour l'éclairage public et privé, ppés d'un droit d'octroi de 0 fr. 02 c. par mètre cube, ont produit, en 1894, une somme de 198,043 fr. 52 c., inférieure de 63,979 fr. 32 c. à la somme perçue de ce chef en 1893.

PRESSION DU GAZ.

En vertu de l'art. 13 du traité du 5 février 1870, le gaz doit être tenu dans les conduites sous le pression de 0,020, afin qu'il arrive aux becs en quantité suffisante.

Pour la vérification de cette prescription, 11 manomètres enregistreurs sont établis sur divers ints de Paris et les résultats sont centralisés par le service de la Vérification du gaz.

Le chiffre maximum constaté a été de 141 m/m le 12 novembre 1894, à 4 h. 30' du soir, au bureau l'avenue Henri-Martin (mairie du XVIe arrondissement).

Le chiffre minimum constaté a été de 31m/m le 17 octobre, à 5 h. 40' du matin, au bureau du quai Javel, 57.

COMMUNES SUBURBAINES.

Le nombre des communes suburbaines (départements de la Seine et de Seine-et-Oise) éclairées r la Compagnie parisienne, en vertu de traités spéciaux, était, au 31 décembre 1894, de 59.

Le prix de vente du gaz destiné à l'éclairage public variait, suivant les localités, de 0 fr. 15 c. à r. 20 c. le mètre cube.

Le prix de vente du gaz destiné à l'éclairage particulier et aux usages domestiques variait de r. 30 c. à 0 fr. 40 c. le mètre cube.

La quantité de gaz consommé par mètre courant de conduite a varié de 0m34 à 59 mètres cubes.

Département de la Seine.

OMS DES COMMUNES	CONSOMMATION par mètre courant de conduite	PRIX DE VENTE DU GAZ Éclairage public	Éclairage particulier	NOMS DES COMMUNES	CONSOMMATION par mètre courant de conduite	PRIX DE VENTE DU GAZ Éclairage public	Éclairage particulier
	mètres				mètres		
Alfortville	15 40	» 175	» 35	Maisons-Alfort	21 50	» 175	» 35
Arcueil	18 20	» 20	» 40	Malakoff	19 40	» 18	» 35
Asnières	31 50	» 175	» 35	Montrouge	30 »	» 175	» 35
Aubervilliers	27 »	» 175	» 35	Neuilly	49 90	» 15	» 30
Bagneux	4 40	» 20	» 40	Nogent-sur-Marne	18 70	» 20	» 40
Bagnolet	15 »	» 20	» 40	Pantin (compris Bobigny)	49 50	» 175	» 35
Boulogne	29 50	» 175	» 35	Le Perreux	11 20	» 20	» 40
Bourg-la-Reine	18 80	» 20	» 40	Le Pré-Saint-Gervais	38 40	» 175	» 35
Charenton	37 10	» 175	» 35	Puteaux	47 30	» 20	» 30
Châtillon	14 50	» 20	» 40	Romainville	9 »	» 20	» 40
Choisy-le-Roi	16 10	» 20	» 40	Saint-Denis	59 20	» 15	» 30
Clamart	15 70	» 175	» 35	Saint-Mandé	58 50	» 15	» 30
Clichy	42 60	» 15	» 30	Saint-Maur	9 50	» 20	» 40
Créteil	9 40	» 18	» 36	Saint-Maurice	35 70	» 175	» 35
Épinay	8 30	» 20	» 40	Saint-Ouen	36 50	» 175	» 35
Fontenay-aux-Roses	19 40	» 20	» 40	Sceaux, Châtenay, Plessis-Piquet	14 80	» 20	» 40
Fontenay-sous-Bois	18 50	» 20	» 40				
Gennevilliers	9 30	» 20	» 40				
Gentilly	38 40	» 175	» 35	Stains	7 80	» 20	» 40
Île-Saint-Denis	11 60	» 20	» 40	Thiais	6 70	» 20	» 40
Ivry	43 40	» 15	» 30	Vanves	29 »	» 18	» 35
Joinville-le-Pont	16 40	» 20	» 40	Villejuif	48 90	» 20	» 40
L'Hay	» 60	» 20	» 40	Vincennes	38 70	» 175	» 35
Les Lilas	28 »	» 175	» 35	Vitry	15 40	» 175	» 35
Levallois-Perret	43 10	» 175	» 35				

Département de Seine-et-Oise.

NOMS DES COMMUNES	CONSOMMATION par mètre courant de conduite	PRIX DE VENTE DU GAZ		NOMS DES COMMUNES	CONSOMMATION par mètre courant de conduite	PRIX DE VENTE DU GAZ	
		Éclairage public	Éclairage particulier			Éclairage public	Éclairage particulier
	mètres				mètres		
Chaville	9 80	» 20	» 40	Montmagny	8 90	» 20	» 4[illegible]
Deuil	6 30	» 20	» 40	Montmorency (comp. Soisy)	10 70	» 18	» 4[illegible]
Enghien	17 50	» 175	» 40	Saint-Cloud	19 90	» 175	» 3[illegible]
Garches	9 90	» 20	» 40	Saint-Gratien	7 90	» 20	» 4[illegible]
Groslay	3 10	» 20	» 40	Sèvres	26 10	» 175	» 3[illegible]
Marnes	6 70	» 20	» 40	Ville-d'Avray	13 30	» 20	» 4[illegible]

POUVOIR ÉCLAIRANT ET ÉPURATION DU GAZ.

La Compagnie parisienne d'éclairage et de chauffage par le gaz est tenue, aux termes de traité avec la ville de Paris, de fournir un gaz dont le pouvoir éclairant soit tel que la consom tion de 25 litres à 27 lit. 50 c. de gaz, brûlés dans un bec Bengel en porcelaine à trente trous, s cône, avec verre de 0 m. 20 c. de hauteur, sous une pression de 2 à 3 m/m d'eau, donne la mê quantité de lumière que 10 grammes d'huile de colza épurée, brûlés pendant le même temps d une lampe Carcel réglée de manière à consommer 42 grammes d'huile par heure. En outre, traité exige que la moyenne trimestrielle ne dépasse pas 25 litres.

Service permanent du soir.

Les essais réglementaires du pouvoir éclairant effectués dans les 12 chambres noires répar sur les divers périmètres d'usines ont donné pour résultats en 1894 :

1er trimestre.	— Nombre d'essais,	861,	résultat moyen	....	24 lit.
2e	id.	id.	863,	id.	24
3e	id.	id.	862,	id.	24
4e	id.	id.	864,	id.	24
				Moyenne de l'année	24 lit.

Service variable de jour et de nuit.

Conformément à la délibération du Conseil municipal, en date du 9 mars 1887, il a été proc en outre à des essais du pouvoir éclairant en dehors des heures réglementaires. Ces essais ont effectués à des heures variables du jour et de la nuit.

Ils ont donné les résultats suivants :

1er trimestre.	— Nombre d'essais,	70,	résultat moyen	....	25 lit. [illegible]
2e	id.	id.	68,	id.	26 [illegible]
3e	id.	id.	62,	id.	25 [illegible]
4e	id.	id.	68,	id.	25 [illegible]
				Moyenne de l'année	25 lit. [illegible]

Soit une différence de 3,38 °/o par rapport à la moyenne générale des essais réglementaires.

Le nombre des essais réglementaires dans lesquels la consommation du gaz a dépassé la moyenne de tolérance, soit 27 lit. 50 c., s'est élevé à 5.

Les essais journaliers sur l'épuration du gaz en 1894 n'ont donné lieu à aucun procès-verbal.

VÉRIFICATION ET POINÇONNAGE DES COMPTEURS A GAZ.

En vertu de l'arrêté préfectoral du 11 juin 1879, tout compteur neuf ou vieux soumis au poinçonnage, admis ou refusé, doit payer une taxe fixée à 0 fr. 09 c. par bec de capacité.

Pendant l'année 1894, le nombre des compteurs soumis au poinçonnage a été de 53,876, représentant 375,802 becs de capacité.

La taxe perçue a été de	33.822 18
Elle avait été, en 1893, de	31.486 95
Augmentation en 1894	2.335 23

Les compteurs soumis au poinçonnage se répartissent ainsi :

CAPACITÉ DES COMPTEURS	COMPTEURS				NOMBRE DE BECS
	PRÉSENTÉS	ADMIS		REFUSÉS	
		Vieux	Neufs		
3 becs	34	33	»	1	102
5 id.	46,190	18,308	27,653	229	230,950
10 id.	5,128	2,627	2,485	16	51,280
20 id.	1.479	757	721	1	29,580
30 id.	351	215	136	»	10,530
40 id.	260	147	113	»	10,400
50 id.	6	6	»	»	300
60 id.	174	92	82	»	10,440
80 id.	74	40	34	»	5.920
100 id.	104	57	47	»	10,400
150 id.	34	23	11	»	5,100
200 id.	25	16	9	»	5,000
300 id.	12	7	5	»	3,600
400 id.	3	»	3	»	1,200
500 id.	2	»	2	»	1,000
Totaux	53,876	22,328	31,301	247	375,802

COMPTEURS SOUMIS AU POINÇONNAGE ET TAXE PERÇUE DEPUIS 1880.

ANNÉES	NOMBRE DE COMPTEURS VÉRIFIÉS	NOMBRE DE BECS DE CAPACITÉ	TAXE PERÇUE à raison de 0 fr. 09 c. PAR BEC
1880	30,050	319,771	28,779 39
1881	30,174	312,352	28,111 68
1882	27,755	311,601	28,044 09
1883	29,196	290,714	26,164 26
1884	28,685	283,958	25,556 22
1885	28,288	259,883	23,389 47
1886	28,898	258,720	23,284 80
1887	32,598	286,992	25,829 28
1888	40,850	321,341	28,920 69
1889	38,389	314,817	28,333 53
1890	38,805	312,521	28,126 89
1891	39,577	333,767	30,039 03
1892	40,613	324,047	29,164 23
1893	43,733	349,855	31,486 95
1894	53,876	375,802	33,822 18

VÉRIFICATION ET POINÇONNAGE DES RHÉOMÈTRES.

En vertu d'un ordre de M. l'ingénieur en chef de l'Éclairage, tous les rhéomètres destinés aux appareils d'éclairage de la voie publique doivent être vérifiés et poinçonnés avant d'être mis en service.

La tolérance admise est de 3 °/₀ en moins et 5 °/₀ en plus du débit normal. En 1894, 1,019 rhéomètres ont été présentés à la vérification, 904 ont été poinçonnés et 115 refusés.

Cette vérification ne donne lieu à la perception d'aucune taxe.

NOTE SUR LA DISTRIBUTION PNEUMATIQUE DE L'HEURE A PARIS.

DÉSIGNATION	AU 31 DÉCEMBRE 1893	AU 31 DÉCEMBRE 1894
Nombre de stations centrales en exploitation	2	1
SERVICE PUBLIC.		
Voie publique — Kiosques de voitures de place	28	28
Voie publique — Candélabres-horloges	14	14
Voie publique — Nombre de cadrans	89	89
Édifices municipaux et Halles centrales — Nombre de cadrans	13	13
Total des cadrans	102	102
SERVICE PRIVÉ.		
Nombre de branchements en égouts	1,428	1,594
Nombre d'immeubles desservis	1,642	1.233
Nombre d'abonnés	2,041	1,941
Nombre de cadrans du service privé desservis	6,587	6.275
Nombre de cadrans en installation	33	19
Longueur du réseau des conduites longitudinales sous la voie publique	75^{k},09315	63^{k},73516
Longueur des conduites secondaires dans les habitations	71^{k},400	77^{k},500
Prix de revient moyen du kilomètre de conduite maîtresse	3,500 »	3,500 »
— d'un cadran installé	18 »	18 »
— d'un cadran, compris branchement et colonne montante	45 »	45 »
Recette moyenne par cadran	13 47	13 42
Dépense moyenne d'exploitation par cadran	13 15	12 95

UNIFICATION DE L'HEURE PAR L'ELECTRICITÉ.

L'annuaire de 1882 résume les débuts de l'opération.

Le tableau suivant donne la situation au 31 décembre 1894 :

CENTRES HORAIRES	HORLOGES COMMANDÉES PAR LES CENTRES HORAIRES — EN FONCTION	HORLOGES COMMANDÉES PAR LES CENTRES HORAIRES — PRÊTES A FONCTIONNER
CIRCUIT-EST		
Marché aux chevaux (boulev. de l'Hôpital)	Marché.	»
École (angle du boulevard Diderot et de l'avenue Daumesnil).	»	»
Mairie du 11e arrondissement	Mairie. — Église Notre-Dame-de-la-Croix-de-Ménilmontant.	»
Mairie du 10e arrondissement	Mairie. — Églises Saint-Laurent et Saint-Vincent-de-Paul.	»
Conservatoire des Arts-et-Métiers	»	»
Rue de la Coutellerie (annexe Nord de l'Hôtel de Ville).	Églises Saint-Merri et Saint-Gervais. — Cour de Mai et Tour du Palais de Justice. — Cour de l'annexe Nord.	Hôtel de Ville.
Hôtel de Ville	Mairies des 1er, 3e, 4e, 5e, 7e, 8e, 9e, 11e, 12e, 13e, 14e, 15e, 16e, 17e, 18e, 19e et 20e arrondissements. — Hôtel de Ville : pendules de bureaux et de salons.	»
CIRCUIT-OUEST		
Mairie du 6e arrondissement	Mairie.	»
Mairie du 2e arrondissement	Mairie. — Eglises St-Eustache et Notre-Dame-des-Victoires. — Palais de la Bourse.	»
Presbytère de la Trinité	Églises de la Trinité et Notre-Dame-de-Clignancourt.	»
Église Saint-Philippe-du-Roule	Église Saint-Philippe-du-Roule.	»
École rue Camou	»	»
École rue Eblé	»	Église St-François-Xavier.
Pavillon (place Denfert-Rochereau)		»

ÉCLAIRAGE ÉLECTRIQUE (STATIONS DE FORCE MOTRICE) INDÉPENDANT DU SECTEUR.

Nombre d'abonnés, 9. — Force motrice, 553 chevaux. — Lampes à incandescence, 4,372 lamp — Lampes à arc, 263.

DISTRIBUTION DE LA FORCE MOTRICE PAR L'AIR COMPRIMÉ
(PROCÉDÉS V. POPP).

Situation de l'exploitation au 31 décembre 1894.

Longueur de la canalisation au 31 décembre 1894, 105 kilom. 423 m. — Nombre d'abonnés, 6 — Force distribuée, 1,449 chevaux. — Redevances perçues en 1894, 30,767 fr. 10 c. — Frais contrôle en 1894, 3,000 francs.

DISTRIBUTION DE LA FORCE MOTRICE PAR L'AIR RARÉFIÉ.
(PROCÉDÉS PETIT ET BOUDENOOT).

Situation de l'exploitation au 31 décembre 1894.

Longueur de la canalisation, 3 kilom. 53326. — Nombre d'abonnés, 95. — Force distribu 100 chevaux. — Redevances perçues en 1894, 150 francs.—Frais de contrôle en 1894, 3,000 fran

---

NOTE
SUR
L'INSTALLATION DE L'ÉCLAIRAGE ÉLECTRIQUE A PARIS.

La municipalité parisienne autorise les diverses sociétés françaises qui en font la demande, qui présentent les garanties techniques et financières indispensables, à distribuer aux particuli la lumière ou la force motrice par l'électricité, en se conformant à un cahier des charges type

Cette autorisation est basée en droit sur l'occupation du domaine communal par les can sations électriques ; la durée en est fixée à dix-huit années, mais avec faculté de rachat au b de dix années.

Elle ne comporte ni monopole, ni privilèges quelconques, la ville de Paris se réservant le dr absolu de canaliser elle-même et d'accorder d'autres autorisations du même genre, même d l'étendue du réseau des voies auquel s'applique l'autorisation.

La zone à exploiter doit affecter la forme d'un secteur partant du centre de Paris et appuy sa base à l'enceinte fortifiée. Un réseau de voies de première urgence dénommées à l'autorisat doit être canalisé dans un délai de deux années, les autres voies du secteur doivent l'être dès les demandes d'éclairage atteignent une importance déterminée (art. 20 du cahier des charges)

Ce cahier des charges prévoit les cas de déchéance ; il admet des retenues pour infractions, un cautionnement doit être versé à titre de garantie.

La canalisation devient la propriété de la Ville en fin de concession, à moins que la municipa ne préfère la faire enlever et faire rétablir l'état des lieux aux frais du permissionnaire.

La longueur approximative des voies que les permissionnaires actuels doivent canaliser dans un délai de deux ans, et le montant du cautionnement exigé, en vue surtout des éventualités considérables de travaux de réfection, sont consignés au tableau suivant :

NOMS DES PERMISSIONNAIRES	LONGUEUR DES VOIES de première urgence	CAUTIONNEMENT
Compagnie continentale Edison	13 kilomètres	300,000 francs
Société pour la transmission de la force	16 —	300,000 —
Société du secteur de la place Clichy	12 —	100,000 —
M. Victor Popp	50 —	300,000 —
Secteur des Champs-Élysées	14 —	300,000 —
Compagnie électrique du secteur de la rive gauche	106 —	300,000 —

Par le fait même des autorisations accordées aux sociétés d'électricité, la ville de Paris a donné à la population l'avantage de profiter du nouveau mode d'éclairage, et a permis le développement de l'électricité dans des conditions telles que tout monopole au profit des sociétés est écarté.

En dehors de cet avantage d'ordre général, le cahier des charges stipule au profit de la Ville certaines indemnités ou avantages directs, savoir :

1° Le remboursement des frais du contrôle à exercer par elle sur les sociétés, frais fixés à la somme annuelle de 7,000 francs pendant la période de construction ;

2° Une redevance de 100 francs pour chaque kilomètre ou fraction de kilomètre de canalisation sur la voie publique ;

3° Un prélèvement de 5 % sur les produits bruts résultant de la vente de l'électricité distribuée par les canalisations.

Afin de garantir les recettes de l'Octroi dans le cas où les usines productives de l'électricité sont situées en dehors de la capitale, on élève de 1 % le prélèvement ci-dessus sur les produits bruts, augmentation qui suivra les mêmes variations que les droits d'octroi sur le charbon.

La ville de Paris a cherché, par certaines réserves du cahier des charges, à protéger les intérêts des particuliers, sans toutefois entraver le développement de l'éclairage par l'électrité.

Le permissionnaire est obligé de desservir tout abonné sur le parcours de ses câbles de distribution. Il lui est interdit d'une façon absolue de s'imposer à ses abonnés pour leurs installations intérieures.

Le modèle des polices doit être agréé par l'Administration, et une clause formelle annule la police si, l'abonnement n'étant pas en service, une société concurrente est depuis deux mois en état de faire l'éclairage de l'abonné.

L'électricité est livrée, en général, au compteur, et un tarif maximum, révisable tous les cinq ans, est fixé par l'art. 13 du cahier des charges.

Ce tarif est le suivant :

Par carcel-heure, 0 fr. 045 m.;

Par cheval-heure électrique, 0 fr. 45 c.;

Par 100 watts-heure, 0 fr. 15 c.: mais le permissionnaire reste libre de céder l'électricité à des prix inférieurs.

En prévision des progrès que l'avenir apportera dans la production de l'électricité, la Ville s'est réservé, en outre, la faculté d'abaisser les prix maxima fixés primitivement, et tous les consommateurs profiteront de ces réductions de tarif.

Le tableau suivant résume les données de l'exploitation en 1894 :

[illegible]	ABONNES Dont la consommation est supérieure à 400 fr. par an (cafés, lieux publics, particuliers)	ABONNES Dont la consommation est inférieure à 400 francs par an	ABONNES TOTAL	ABONNES qui ont souscrit des POLICES	NOMBRE DE LAMPES Éclairage public à arc	NOMBRE DE LAMPES Éclairage public à incandescence	NOMBRE DE LAMPES Éclairage privé à arc	NOMBRE DE LAMPES Éclairage privé à incandescence	LONGUEUR CANALISÉE au 31 décembre 1894	NOMBRE d'hectowatts-heure consommés	1° PRODUITS BRUTS de la consommation relative aux hectowatts-heure	PRIX MOYEN de l'hectowatt-heure	2° PRODUITS BRUTS de la consommation à forfait	TOTAL DES PRODUITS BRUTS	MONTANT de LA REDEVANCE	DROITS D'OCCUPATION du
									mètres		fr. c.	fr. c.	fr. c.	fr. c.	fr. c.	fra
15	692	544	1,251	1,502	61	»	1,054	53,909	35,154	17,987,326	2,099,333 30	» 1166	32,783 35	2,132,116 65	106,605 78	3,
4	606	414	1,024	1,721	54	»	1,433	42,045	58,472	11,574,245	1,371,988 55	» 1170	252,343 65	1,624,332 20	81,216 64	5,
2	559	952	1,313	1.805	40	»	780	68,124	32,117	9,293,942	1,195,953 90	» 1237	11,963 25	1,207.917 15	60,395 87	5,
11	575	561	1,136	2,472	»	»	2,664	49,960	49,734	11,685,495	1,359,839 32	» 1163	520,979 68	1,880,819 »	94,764 »	5,
	»	»	»	»	»	»	»	»	»	5,045,387	207,876 53	» 0415	»	207,876 53	» »	
4	347	323	670	737	»	»	111	57,448	53,031	3,718,925	492,883 75	» 1307	»	492,883 75	29,572 04	5,
»	7	9	16	94	»	»	16	667	1,187	172,326	18,850 08	» 1093	»	18,850 08	942 49	
33	2,786	2,803	5,640	8,334	»	»	6,075	272,123	249,662	59,474,646	6,746,725 37		818,069 93	7,564,795 30	360,494 76	26,

…, Folies-Bergère, Moulin-Rouge, la Bodinière, Petit-Casino, Variétés, musée Grévin, Robert-Houdin, Dicksonn, théâtre Moncey, concert d'Harcourt, Casino de …du Palais-Royal, théâtre des Poètes.

…s-Parisiens, Montagnes-Russes, Éden-Concert.

…rte-Saint-Martin, Ambigu, Renaissance, Gymnase, Menus-Plaisirs, Gaîté, Scala, Eldorado, Bouffes-du-Nord, Gaîté-Rochechouart.

POSTES ET TÉLEGRAPHES

COLIS POSTAUX

CAISSE NATIONALE D'ÉPARGNE — CAISSE D'ÉPARGNE DE PARIS

TRIBUNAL DE COMMERCE

BREVETS D'INVENTION — MARQUES DE FABRIQUE

PRUD'HOMMES

ÉLECTIONS — LISTES ÉLECTORALES

SERVICE POSTAL ET TÉLÉGRAPHIQUE.

SERVICE TÉLÉGRAPHIQUE.

Circulation télégraphique de Paris.

ANNÉES	TÉLÉGRAMMES DE DÉPART				TÉLÉGRAMMES D'ARRIVÉE				TÉLÉGRAMMES EN TRANSIT
	POUR PARIS	POUR LES DÉPARTEMENTS	POUR L'ÉTRANGER	TOTAL	DE PARIS	DES DÉPARTEMENTS	DE L'ÉTRANGER	TOTAL	
1887	3,300,402	3,521,786	1,234,816	8,057,004	3,300,402	3,455,885	967,605	7,723,892	17,312,916
1888	3,495,965	3,783,556	1,337,904	8,617,425	3,495,965	3,633,971	1,065,342	8,195,278	18,691,089
1889	4,322,845	8,249,524	1,560,023	14,132,362	4,322,845	3,972,863	1,150,519	9,446,197	19,344,889
1890	4,058,910	7,551,443	1,487,417	13,097,770	4,058,910	7,722,014	1,170,277	12,951,201	14,213,636
1891	4,173,314	8,052,354	1,517,345	13,743,013	4,173,314	8,146,354	1,105,293	13,424,961	14,640,189
1892	4,105,638	8,130,609	1,398,539	13,634,786	4,105,638	8,254,336	1,086,386	13,446,360	17,380,448
1893	4,289,688	8,241,793	1,346,820	13,878,301	4,289,688	8,382,297	1,043,696	13,715,684	20,154,286
1894	4,300,308	8,209,437	1,381,053	13,890,848	4,300,308	8,377,915	1,053,449	13,731,672	20,442,983

Circulation des télégrammes de Paris pour Paris et résumé de la circulation télégraphique dans Paris.

ANNÉES	CARTES-TÉLÉGRAMMES	TÉLÉGRAMMES FERMÉS	ENVELOPPES PNEUMATIQUES	TOTAUX DES TÉLÉGRAMMES pneumatiques	TÉLÉGRAMMES ORDINAIRES taxés au mot	TÉLÉGRAMMES de PARIS pour l'extérieur	TÉLÉGRAMMES de l'extérieur pour PARIS	TÉLÉGRAMMES de PARIS pour PARIS (e + f)	TOTAL GÉNÉRAL de la circulation dans Paris
a	b	c	d	e	f	g	h	i	j (1)
1887	1,946,335	1,254,502	9,527	3,180,364	120,038	4,756,602	4,423,490	3,300,402	12,480,494
1888	2,016,634	1,347,292	16,432	3,380,358	115,607	5,121,460	4,699,313	3,495,965	13,316,728
1889	2,438,100	1,702,500	26,200	4,166,800	156,015	9,809,547	5,122,823	4,322,845	19,255,183
1890	2,255,000	1,659,000	30,200	3,944,200	114,710	9,038,860	8,892,291	4,058,910	21,990,084
1891	2,289,600	1,736,500	33,800	4,059,800	113,414	9,569,699	9,251,617	4,173,314	22,994,460
1892	2,207,200	1,728,700	35,800	3,971,700	133,938	9,549,148	9,340,722	4,105,638	22,995,308
1893	2,229,000	1,809,300	35,900	4,074,200	215,488	9,588,613	9,425,993	4,289,688	23,304,296
1894	2,215,700	1,819,600	38,900	4,074,200	226,108	9,590,510	9,431,364	4,300,308	23,221,182

(1) Les chiffres de la colonne j (la dernière colonne de droite) ne présentent pas seulement, comme on l'avait indiqué à tort dans les précédents annuaires, la circulation dans les tubes pneumatiques, mais bien la circulation télégraphique totale dans Paris.

SERVICE POSTAL.

Mouvement des lettres dans Paris.

ANNÉES	LETTRES ORDINAIRES AFFRANCHIES DE PARIS POUR PARIS		LETTRES ORDINAIRES TAXÉES DE PARIS POUR PARIS	
	Nombre	Taxe	Nombre	Taxe
		fr. c.		fr. c.
1887	50,835,109	7,747,677 35	477,635	172,426 90
1888	52,836,620	8,057,584 50	476,730	172,099 60
1889	56,773,312	8,063,607 41	474,759	170,913 94
1890	57,930,487	8,880,743 65	473,398	170,783 28
1891	60,048,338	9,152,030 07	472,001	170,520 36
1892	63,627,218	9,634,964 34	471,452	169,132 58
1893	65,022,530	9,844,411 04	470,845	167,149 97
1894	66,714,212	10,108,113 92	468,124	165,068 30

Mouvement des cartes postales et cartes-lettres dans les bureaux de Paris.

À 10 CENTIMES		CARTES-LETTRES À 15 CENTIMES		CARTES AVEC RÉPONSE PAYÉE À 20 centimes		CARTES-LETTRES À 25 CENTIMES		CARTES-LETTRES À 30 CENTIMES	
Nombre	Produit	Nombre	Produit	Nombre	Produit	Nombre	Produit	Nombre	Produit
	francs.		francs.		francs.		francs.		francs.
12,299,000	1,229,900	»	»	28,200	5,640	»	»	»	»
12,609,000	1,260,900	»	»	38,700	7,740	»	»	»	»
14,474,500	1,447,450	2,858,200	428,730	46,350	9,270	32,360	8,090	»	»
13,689,000	1,368,900	2,812,400	421,860	45,470	9,094	20,620	5,155	»	»
13,964,000	1,396,400	2,872,200	430,830	39,840	7,968	18,780	4,695	»	»
14,098,000	1,409,800	2,894,000	434,100	46,470	9,294	19,620	4,905	»	»
14,592,000	1,459,200	3,058,500	437,875	42,280	8,456	21,940	5,485	»	»
14,635,000	1,463,500	3,111,000	466,650	48,800	9,760	25,900	6,475	20,400	6,120

Lettres et objets recommandés originaires de Paris.

LETTRES ET OBJETS RECOMMANDÉS		1888	1889	1890	1891	1892	1893	1894
De Paris pour Paris	Nombre..	344,586	463,759	473,011	491,921 »	520,529	521,043	524,912
	Taxe.....	60,889 »	83,795 »	86,064 »	86,250 »	86,425 »	88,577 »	89,014 »
	Droit fixe.	85,285 »	114,780 »	117,070 »	121,750 »	128,830 »	128,958 »	129,174 »
De Paris pour les bureaux français	Nombre..	3,396,068 »	3,752,233	3,830,687	3,983,914 »	4,121,395	4,266,554	4,306,404
	Taxe.....	715,145 »	742,916 »	754,683 »	709,259 »	824,279 »	853,311 »	860,287 »
	Droit fixe.	841,022 »	928,678 »	948,095 »	986,618 »	1,020,045 »	1,045,972 »	1,065,834 »
De Paris pour l'étranger	Nombre..	672,903	706,098	718,378	740,113 »	764,223	788,045	789,408
	Taxe.....	333,255 »	342,528 »	348,485 »	369,252 »	380,269 »	394,022 »	401,206 »
	Droit fixe.	166,543 »	174,759 »	177,798 »	183,178 »	189,144 »	195,040 »	195,379 »
A destination de l'intérieur	Nombre..	587,763	641,822	655,387	680,502 »	711,059	742,637	806,414
	Taxe.....	128,380 »	146,292 »	155,719 »	161,718 »	170,654 »	178,232 »	188,475 »
	Droit fixe.	145,472 »	152,911 »	162,208 »	168,424 »	175,986 »	183,802 »	199,587 »
A destination de l'étranger	Nombre..	204,687	249,789	255,163	265,371 »	281,187	296,637	388,603
	Taxe.....	93,612 »	112,309 »	115,444 »	118,253 »	128,502 »	133,486 »	179,426 »
	Droit fixe.	50,660 »	61,823 »	63,153 »	65,679 »	69,594 »	73,418 »	96,179 »

Valeurs déclarées (lettres et boîtes) *originaires de Paris.*

				1889	1890				1894
Valeurs déclarées (lettres).	De Paris pour Paris	Nombre	72,562	75,885	76,733	79,832	80,707	82,892	85,408
		Montant des déclarations	27,371,726 »	28,456,875 »	28,945,111 »	29,802,804 »	35,752,950 »	37,052,714 »	38,939,004 »
		Taxe	12,941 »	13,372 »	13,520 »	14,806 »	15,215 »	15,699 »	16,105 »
		Droit fixe	17,959 »	18,781 »	18,991 »	19,758 »	19,974 »	20,515 »	21,065 »
		Droit proportionnel	37,604 »	38,314 »	39,880 »	40,204 »	26,131 »	27,048 »	27,861 »
	De Paris pour les bureaux français	Nombre	889,870	925,726	941,624	979,288	1,006,672	1,031,244	1,043,546
		Montant des déclarations	417,693,939 »	434,165,494 »	439,738,408 »	440,679,600 »	465,542,311 »	476,434,728 »	499,912,357 »
		Taxe	298,813 »	310,118 »	312,444 »	312,542 »	312,805 »	329,998 »	334,508 »
		Droit fixe	220,243 »	229,117 »	233,051 »	242,373 »	249,151 »	255,232 »	258,278 »
		Droit proportionnel	463.787 »	481,378	483,152 »	492,314 »	302,335 »	304,918 »	305,849 »
	De Paris pour l'étranger	Nombre	195,917	199,933	207,438	216,025	237,627	250,349	256,703
		Montant des déclarations	60.037,610 »	61,179,565 »	63,476,028 »	64,549,040 »	87,167,418 »	91,878,083 »	96,206,143 »
		Taxe	104,849 »	102,332 »	105,791 »	107,012 »	113,516 »	120,167 »	123,841 »
		Droit fixe	48,489 »	49,483 »	51,340 »	53.466 »	58,812 »	62,587 »	63,534 »
		Droit proportionnel	72,168 »	72,642 »	73,055 »	74,351 »	49,901 »	52,370 »	53,912
Valeurs déclarées (boîtes).	De Paris pour Paris	Nombre	21,451	22,047	22,472	23,370 »	23,743	24,257	28,302
		Montant des déclarations	1,150,445 »	1,168,491 »	1,191,016 »	1,199,445 »	1,215,445 »	1,285,521 »	2,109,418 »
		Taxe	» »	» »	» »	» »	7,551 »	7.762 »	8,403 »
		Droit fixe	5,362 »	5,457 »	5,361 »	5,784 »	5,876 »	6,064 »	7,005 »
		Droit proportionnel	9,277 »	9,580 »	9,754 »	9,948 »	2,694 »	2,779 »	2,907 »
	De Paris pour les bureaux français	Nombre	336,669	345,009	353,310	361,211	366,690	375,432	408,612
		Montant des déclarations	19,175,446 »	19,320,504 »	19,785,360 »	19,992,012 »	21,740,123 »	22,150,488 »	28,182,905 »
		Taxe	» »	» »	» »	» »	110,007 »	112,620 »	120,713 »
		Droit fixe	83,325 »	85,390 »	87,444 »	90,389 »	90,755 »	98,858 »	99,813 »
		Droit proportionnel	180,350 »	182,855 »	185,856	186,951 »	37,250 »	39,896 »	47,542 »
	De Paris pour l'étranger	Nombre	»	»	»	»	4,264	12,582	14,004
		Montant des déclarations	»	»	»	»	644,806 »	1,468,600 »	1,867,726 »
		Taxe	»	»	»	»	1,348 »	3,908 »	4,103 »
		Droit fixe	»	»	»	»	1,086 »	8,402 »	3,502 »
		Droit proportionnel	»	»	»	»	682 »	1,441 »	1,604 »

Récapitulation des objets chargés et recommandés déposés dans les bureaux de Paris de 1888 à 1894.

(Récapitulation des deux tableaux précédents sans distinction de destination.)

DÉSIGNATION DES OBJETS	NOMBRE	MONTANT des DÉCLARATIONS	TAXE	DROIT FIXE	DROIT PROPORTIONNEL
		francs.	francs.	francs.	francs.
Valeurs déclarées (lettres).	1,158,349	505,103,075	413,603 »	286,691 »	573,559 »
Id. (boites).	338,120	20,325,891	» »	88.687 »	189,627 »
Lettres recommandées.....	4,415,557	»	1,109,359 »	1,092,850 »	» »
Objets recommandés.......	792,452	»	222,192 »	196,132 »	» »
TOTAUX.....	6,724,478	525,428,966	1,745,154 »	1,664,360 »	763,186 »
Valeurs déclarées (lettres).	1,200,804	523,801,934	425,822 »	297,381 »	596,334 »
Id. (boites).	367,056	20,488.995	» »	90,847 »	192,435 »
Lettres recommandées	4,922.088	»	1,171,239 »	1,218,217 »	» »
Objets recommandés......	891,611	»	258,801 »	214.734 »	» »
TOTAUX.....	7,381,559	544,290,929	1,855,862 »	1,821,179 »	788,769 »
Valeurs déclarées (lettres).	1,225,795	532,159,547	434,755 »	303,382 »	598,087 »
Id. (boites).	375,782	20,976,376	» »	93,005 »	195,610 »
Lettres recommandées.....	5,022,076	»	1,189,232 »	1,242,963 »	» »
Objets recommandés......	910,552	»	271,163 »	225,361 »	» »
TOTAUX.....	7,534,205	573,135,923	1,895,150 »	1,864,711 »	793,697 »
Valeurs déclarées (lettres).	1,275,145	535,031,444	437,360 »	315,597 »	606,866 »
Id. (boites).	384,581	21,191,427	» »	96,173 »	196,946 »
Lettres recommandées	5,215,948	»	1,224,761 »	1,290.946 »	» »
Objets recommandés......	945,873	»	279,971 »	234,103 »	» »
TOTAUX.....	7,821,547	556,222,871	1,942,092 »	1,936,819 »	803,812 »
Valeurs déclarées (lettres).	1,325,006	588,462,679	441,536 »	327.937 »	378,367 »
Id. (boites).	394.694	23,570,044	118,876 »	97,686 »	40,623 »
Lettres recommandées	5,406,147	»	1,290,973 »	1,338,019 »	» »
Objets recommandés......	992,246	»	299,156 »	245.580 »	» »
TOTAUX.....	8,118,093	612,032,723	2,150,541 »	2,009,222 »	418,990 »
Valeurs déclarées (lettres).	1,364.485	605,365,525	465,864 »	338,334 »	384,336 »
Id. (boites).	412,221	24,904.618	124,299 »	103,024 »	44,086 »
... Lettres recommandées	5,575,642	»	1,335,910 »	1,369,970 »	» »
Objets recommandés......	1.039,274	»	311,718 »	257,220 »	» »
TOTAUX.....	8,391,622	630,270,143	2,237,794 »	2,068,548 »	428,422 »
Valeurs déclarées (lettres).	1.385,357	634,057,504	474,454 »	342,877 »	387,622 »
Id. (boites).	445,925	42,160,059	133,219 »	110,320 »	52,023 »
... Lettres recommandées.....	5.617,721	»	1,350,504 »	1,390,387 »	» »
Objets recommandés......	1,195,017	»	367,901 »	295,766 »	» »
TOTAUX.....	8,644,020	676,217,563	2,326,078 »	2,139,350 »	439,645 »

Journaux et ouvrages périodiques publiés à Paris.

ANNÉES	JOURNAUX ET OUVRAGES PÉRIODIQUES POLITIQUES		JOURNAUX ET OUVRAGES PÉRIODIQUES NON POLITIQUES	
	circulant DANS LA SEINE	à destination des AUTRES DÉPARTEMENTS	circulant DANS LA SEINE	à destination des AUTRES DÉPARTEMENTS
1888	19,488,495	107,389,729	17,803,680	42,060,765
1889	19,992,390	111,287,811	18,326,697	47,373,656
1890	20,209,332	112,534,073	18,765,284	48,510,907
1891	20,020,705	115,035,435	19,415,895	49,818,722
1892	21,872,408	116,142,233	20,012,420	50,901,581
1893	21,997,532	117,935,459	21,253,896	51,633,408
1894	22,102,301	118,603,508	22,007,416	52,389,605

Recettes totales effectuées dans les bureaux de Paris.

ANNÉES	RECETTES EFFECTUÉES		RECETTES TOTALES
	par la RECETTE PRINCIPALE	par les BUREAUX DE PARIS	
	fr. c.	fr. c.	fr. c.
1888	17,540,746 25	44,341,699 14	61,882,446 39
1889	18,317,446 28	45,460,275 »	63,777,721 28
1890	19,889,150 76	45,985,739 35	65,874,890 11
1891	20,225,486 06	44,329,994 95	64,555,481 01
1892	20,324,329 49	44,603,373 12	64,927,702 64
1893	19,304,749 24	44,786,095 20	64,090,844 44
1894	18,960,269 29	46,086,323 52	65,046,592 81

SERVICE POSTAL ET TÉLÉGRAPHIQUE (MANDATS).

Statistique des mandats français délivrés et payés par les bureaux de Paris.

ANNÉES	MANDATS DÉLIVRÉS			ANNÉES	MANDATS PAYÉS	
	TOTAL	MONTANT des dépôts	MONTANT du droit perçu		NOMBRE de mandats	MONTANT DES MANDATS
		fr. c.	fr. c.			fr. c.
1888	2,864,196	87,899,355 71	867,213 26	1888	5,497,313	139,252,412 33
1889 (1)	3,163,266	98,604,827 89	945,146 02	1889	5,967,064	147,259,002 30
1890	3,214,210	96,588,037 80	937,241 95	1890	6,117,801	146,430,710 09
1891	3,304,081	97,618,072 95	950,657 27	1891	6,235,202	149,142,095 43
1892	3,361,511	97,052,067 73	959,773 42	1892	6,460,357	154,763,975 05
1893	3,473,610	98,240,608 20	969,118 27	1893	3,667,345	157,388,128 03
1894	3,587,082	100,551,204 70	992,446 25	1894	6,948,158	167,196,409 25

(1) La statistique par catégorie de sommes a été fournie jusqu'en 1888.

Statistique des mandats internationaux délivrés et payés par les bureaux de Paris.

ANNÉES D'ÉMISSION	NOMBRE DE MANDATS DÉLIVRÉS PAR LES BUREAUX DE PARIS						MANDATS PAYÉS PAR LES BUREAUX DE PARIS	
	JUSQU'A 20 francs	AU-DESSUS de 20 francs jusqu'à 100 fr. exclusivement	AU-DESSUS de 100 francs	TOTAL	MONTANT des dépôts	MONTANT du droit perçu	Nombre	Montant
1888	75,441	181,278	»	256,719	11,348,250 91	138,930 39	290,925	17,008,693 07
1889 (1)	»	»	»	271,639	12,433,650 87	150,195 23	328,203	16,563,661 01
1890	»	»	»	270,438	11,903,153 83	144,975 07	353,575	16,764,883 26
1891	»	»	»	274 152	11,948,430 24	145,989 99	357,093	18,004,033 20
1892	»	»	»	273,885	11,468,434 12	141,349 31	370,485	23,858,242 66
1893	»	»	»	268,990	11,070,819 70	136,395 37	373,683	18,007,049 75
1894	»	»	»	270,360	10,730,033 40	133,239 31	397,418	18,213,470 21

(1) Cette statistique par catégorie n'est plus fournie.

... des mandats télégraphiques délivrés et payés par les bureaux de Paris.

...ES	MANDATS TÉLÉGRAPHIQUES DÉLIVRÉS PAR LES BUREAUX DE PARIS			MANDATS TÉLÉGRAPHIQUES PAYÉS PAR LES BUREAUX DE PARIS	
	Nombre	Montant	Droit perçu	Nombre	Montant
....	52,271	13,357,751 16	124,046 08	34,835	6,586,209 85
....	49,919	11,982,645 33	119,851 25	37,635	8,096,813 41
....	44,876	10,852,482 67	108,602 15	32,937	6,466,282 63
....	46,945	12,208,364 39	122,224 20	36,946	7,843,418 94
....	47,770	14,304,492 58	144,085 50	37,078	13,854,962 63
....	47,515	15,098,327 45	151,006 75	31,612	6,528,971 42
....	46,471	14,985,763 73	150,147 30	31,485	6,062,900 98

...istique des opérations de recouvrement effectuées à Paris (Tableau récapitulatif).

...ES	VALEURS À RECOUVRER		VALEURS RECOUVRÉES		VALEURS NON RECOUVRÉES		SOMMES PERÇUES AU PROFIT DU TRÉSOR
	NOMBRE	MONTANT	NOMBRE	MONTANT	NOMBRE	MONTANT	
......	509,844	9,637,964 95	268,974	5,608,978 70	240,930	4,028,986 26	75,623 30
......	611,241	10,928,396 73	306,744	6,326,022 20	304,497	4,600,374 53	90,116 28
......	637,135	11,657,785 23	327,201	6,808,890 27	309,934	4,848,894 96	96,736 »
......	675,751	12,040,759 95	347,187	7,034,801 04	328,564	5,005,958 91	(1) 48,508 81
......	554,254	11,983,976 42	308,125	7,098,135 52	246,129	4,885,840 90	60,339 82
......	787,511	18,316,189 12	473,016	11,528,292 60	314,495	6,787,896 52	85,924 40
......	805,722	18,765,249 81	502,841	11,915,546 20	302,881	6,849,703 61	87,956 98

(1) ... chiffre ne comprend plus que le droit perçu sur les mandats de recouvrement.

NOTE

... l'organisation et le fonctionnement du service des colis postaux de Paris pour Paris.

...ervice des colis postaux a été organisé à l'intérieur de Paris à partir du 1er septembre 1890. ...écution de ce service a été confiée à MM. Gonon et Cie, 23, rue du Louvre, à Paris.

...ublic peut déposer des colis postaux à destination de Paris dans les dépôts de l'entreprise, ... nomenclature est affichée dans tous les bureaux de poste. (Il existe actuellement dans Paris ...pôts.)

...itions générales. — Les colis postaux de Paris pour Paris ne peuvent dépasser le poids de ...rammes; les colis ordinaires ne doivent renfermer ni or, ni argent, ni objets précieux, ni ...es explosibles, inflammables ou dangereuses, ni lettres ou notes ayant le caractère de cor...dance.

... colis doit porter l'adresse exacte du destinataire; l'emballage doit préserver efficacement ...enu.

...péditeur est libre de demander que la livraison du colis au destinataire ait lieu soit à domi...it dans l'un des dépôts de l'entreprise.

...péditeur peut également demander que le colis soit remis au destinataire contre un rem...ment dont le maximum est fixé à cinq cents francs.

...olis de Paris pour Paris peuvent être assurés moyennant un droit fixe de 10 centimes jus...0 francs.

...f. — La taxe d'un colis postal simple de Paris pour Paris, y compris le droit de factage pour ...ise à domicile, est fixée à vingt-cinq centimes.

...axe d'un colis postal grevé de remboursement (maximum 500 francs) est fixée à 60 centimes, ...pris le droit de timbre de 10 centimes.

Il est délivré gratuitement à l'expéditeur, au moment du dépôt, un récépissé sommaire de son envoi. Lorsque ce colis est grevé d'un remboursement, le destinataire reçoit également, à titre gratuit, un récépissé sommaire de la somme encaissée.

Livraison. — L'entrepreneur du service n'est tenu qu'à deux distributions par jour ; toutefois, il assure, à titre facultatif, une distribution supplémentaire, ce qui porte à trois le nombre de livraisons quotidiennes de colis, sauf les dimanches et jours fériés, où les deux premières seulement sont effectuées.

Heures des livraisons. — 1° De 8 heures du matin à midi ; 2° de 1 heure du soir à 4 h. 30 m. du soir ; 3° de 4 h. 30 m. du soir à 8 heures du soir.

Les dimanches et jours fériés, il n'est effectué que deux distributions.

Responsabilité. — Sauf le cas de force majeure, la perte, l'avarie ou la spoliation d'un colis postal donne lieu au paiement d'une indemnité correspondant au montant réel de la perte ou de l'avarie, sans que cette indemnité puisse toutefois dépasser 25 francs par colis. S'il s'agit de colis de valeur déclarée, l'indemnité ne peut excéder le montant de cette valeur.

L'indemnité est payée à l'expéditeur et, à défaut ou sur la demande de celui-ci, au destinataire.

En cas de perte de sommes perçues à titre de remboursement ou en cas de livraison du colis postal au destinataire sans que le montant du remboursement ait été encaissé, l'expéditeur a droit au paiement intégral des sommes perdues ou non encaissées.

Les réclamations ne peuvent être admises que dans le délai d'un an à partir du jour du dépôt des colis. Ce délai expiré, le réclamant n'a droit à aucune indemnité.

Le paiement des sommes dues doit avoir lieu le plus tôt possible et au plus tard dans le délai de trois mois à partir du jour de la réclamation.

La responsabilité du transporteur cesse par le fait de la livraison, aux destinataires ou à leurs représentants, des colis postaux ou des sommes encaissées à titre de remboursement sur les colis postaux.

Statistique des colis postaux de Paris pour Paris (prix : 25 centimes).

DÉSIGNATION		1890 du 1er sept. au 31 déc	1891	1892	1893	1894
Colis postaux ordinaires	livrés à domicile……	64,367	184,492	460,074	593,310	716,[illegible]
	livrés bureau restant..	»	116	800	160	[illegible]
Colis postaux contre remboursement	livrés à domicile……	31	426	2,000	7,228	4,675
	livrés bureau restant..	246	776	300	4	[illegible]
	Total……….	64,644	185,810	463,174	600,702	721,[illegible]

NOTES EXPLICATIVES.

1° Il est loisible à l'expéditeur d'un colis postal circulant à l'intérieur de la France continentale de demander que son colis ne soit livré au destinataire que contre paiement de la valeur du contenu. Dans la colonne du tableau suivant intitulée : « *Nombre de remboursements suivis sur colis postaux* », on a indiqué le nombre des colis ainsi expédiés contre remboursement.

2° Lorsque le colis postal grevé d'un remboursement a été livré au destinataire et que, par conséquent, le montant du remboursement a été encaissé par le bureau d'arrivée, celui-ci en informe le bureau d'origine, qui paie alors à l'expéditeur la somme encaissée pour son compte. La formule au moyen de laquelle le bureau d'arrivée prévient le bureau d'origine de l'encaissement du remboursement s'appelle « *avis d'encaissement* ».

NOMBRE DE COLIS POSTAUX EXPÉDIÉS

COMPAGNIES	De Paris sur la France continentale — De 0 à 3 kilogrammes — Gare	De 0 à 3 kilogrammes — Domicile	De 3 à 5 kilogrammes — Gare	De 3 à 5 kilogrammes — Domicile	Total	Avis d'encaissement de remboursements renvoyés par Paris — De 0 à 3 kilogrammes — Gare	De 0 à 3 kilogrammes — Domicile	De 3 à 5 kilogrammes — Gare	De 3 à 5 kilogrammes — Domicile	Total
État	124,881	59,031	68,398	24,018	276,328	15	9	6	5	35
Est	822,259	427,061	413,433	149,731	1,812,484	381	321	93	81	876
Midi	»	»	»	»	»	»	»	»	»	»
Nord	676,262	408,531	283,544	118,217	1,486,554	233	170	27	64	494
Orléans	1,290,001	865,474	964,404	401,331	3,551,210	219	697	23	289	1,228
Ouest	1,029,680	715,719	517,712	224,316	2,487,427	354	498	42	151	1,042
Paris-Lyon-Méditerranée	1,476,910	991,812	1,242,175	505,301	4,216,198	1,289	465	575	165	2,494
Ceintures	78,965	52,038	52,423	16,117	199,543	47	5	33	5	90
TOTAUX	5,498,958	3,519,666	3,542,089	1,439,031	14,029,744	2,535	2,165	799	760	6,259

NOMBRE DE COLIS POSTAUX ARRIVÉS

COMPAGNIES	À Paris en provenance de la France continentale — De 0 à 3 kilogrammes — Gare	De 0 à 3 kilogrammes — Domicile	De 3 à 5 kilogrammes — Gare	De 3 à 5 kilogrammes — Domicile	Total	Avis d'encaissement de remboursements — De 0 à 3 kilog payés — Au bureau d'expédition à Paris	De 0 à 3 kilog payés — À domicile à Paris	De 3 à 5 kilogr. payés — Au bureau d'expédition à Paris	De 3 à 5 kilogr. payés — À domicile à Paris	Total
État	3,456	34,794	1,343	20,910	60,503	19,720	590	9,096	208	29,623
Est	24,560	256,658	10,040	120,990	412,248	85,055	6,970	32,579	2,033	126,637
Midi	»	»	»	»	»	»	»	»	»	»
Nord	17,889	229,892	4,283	63,516	315,580	82,040	5,814	27,257	1,640	116,751
Orléans	30,568	511,055	22,223	366,508	930,354	255,246	13,554	103,193	5,581	377,574
Ouest	41,608	435,298	23,156	174,278	674,340	146,688	11,148	51,998	3,313	213,147
Paris-Lyon-Méditerranée	117,760	644,888	241,240	481,629	1,485,517	207,432	14,275	89,508	5,796	317,011
Ceintures	9,983	»	7,868	»	17,851	3,511	»	896	»	4,407
TOTAUX	245,824	2,112,586	340,153	1,227,831	3,896,393	799,692	52,360	314,527	18,571	1,185,150

Allemagne et au-delà	478,053
Angleterre et au-delà	47,518
Antilles danoises (vià Saint-Nazaire et Bordeaux)	160
Argentine (République)	3,562
Belgique et au-delà	93,208
Chili (vià La Pallice-Rochelle)	»
Chypre (Ile de) (vià Marseille)	214
Colombie (vià Saint-Nazaire, Marseille et Bordeaux)	14,624
Colonies françaises	44,900
Corse et Algérie (1)	211.372
Égypte (vià Marseille)	13,379
Espagne et au-delà	68,728
Grèce (vià Marseille)	2,454
Guyane néerlandaise (vià Saint-Nazaire)	4
Indes orientales néerlandaises (vià Marseille)	1,018
Italie et au-delà	168,619
Luxembourg et au-delà	8,959
Malte (Ile de) (vià Marseille)	768
Maurice et Seychelles (Iles) (vià Marseille)	2,825
Mexique (vià Saint-Nazaire)	1,084
Pays-Bas	17,870
Portugal (vià Bordeaux)	609
Salvador (République du) (vià Saint-Nazaire et Bordeaux)	414
Shang-Haï (Chine) (vià Marseille)	178
Suisse et au-delà	119,470
Tanger (Maroc) (vià Marseille)	562
Tunisie (vià Marseille)	25,664
Turquie et Tripoli de Barbarie (vià Marseille)	12,052
Uruguay	963
Totaux	1,339,270

Caisse nationale d'épargne dite Caisse d'épargne postale. — Opérations faites à Paris.

MOIS	VERSEMENTS			REMBOURSEMENTS			DIFFÉRENCE DES VERSEMENTS ET DES REMBOURSEMENTS		RENTES ACHETÉES à la demande des déposants pour un capital de :
	SOMMES VERSÉES	NOMBRE des déposants	LIVRETS nouveaux	SOMMES REMBOURSÉES	NOMBRE des déposants	LIVRETS soldés	SOMMES	LIVRETS	
Janvier	7,072,334 44	69,153	9,416	4,791,046 06	25,491	3,189	+ 2,281,288 38	+ 6,227	183,947 75
Février	5,890,756 48	58,969	7,110	3,816,023 81	19,697	3,063	+ 2,074,732 67	+ 4,047	202,998 75
Mars	5,389,033 18	53,385	5,767	4,550,406 13	24,324	3,494	+ 838,627 05	+ 2,273	127,997 »
Avril	5,364,275 35	47,553	5,398	6,949,276 73	34,639	3,328	— 1,585,001 38	+ 2,070	137,302 15
Mai	6,134,350 16	52,910	5,833	4,391,936 07	25,362	3,296	+ 1,742,414 09	+ 2,537	121,060 90
Juin	5,366,828 91	49,631	5,546	4,437,183 34	24,009	3,248	+ 929,645 57	+ 2,298	118,941 65
Juillet	5,594,943 58	45,151	4,947	4,820,055 26	30,393	3,445	+ 774,888 32	+ 1,502	156,926 35
Août	5,089,443 86	44,949	5,425	3,901,103 11	25,542	3,163	+ 1,188,340 75	+ 2,262	87,277 65
Septembre	4,431,912 95	42,315	4,937	4,233,934 60	23,734	3,086	+ 197,978 35	+ 1,851	63,723 35
Octobre	5,080,709 85	46,829	5,626	5,288,882 46	29,854	3,469	— 208,172 61	+ 2,157	138,491 60
Novembre	5,281,737 03	52,221	6,016	4,307,571 19	23,297	3,159	+ 974,165 84	+ 2,857	141,066 35
Décembre	5,086,872 32	48,698	5,560	4,358,291 36	23,101	3,241	+ 728,580 96	+ 2,319	106,050 75
Totaux	65,783,198 11	611,764	71,581	55,845,710 12	309,443	39,181	+ 9,937,487 99	+ 32,400	1,585,754 25

Le solde dû aux déposants, le 31 décembre 1893, était de........................... ...			

A AJOUTER :

Reçu en 1894 : par versements..		63,229,907 13	
— par transferts-recettes..................................		1,560,285 93	
— par arrérages de rentes..................................		1,468,001 75	
— par amortissement de rentes........................ ...		156,500 »	
— par versements provenant de la vente de promesses de rente 3 1/2 %. (Conversion de la rente 4 1/2 %. 1883)..........		23,214 80	
Intérêts capitalisés sur les comptes soldés..............	112,165 99		
— sur les comptes existant au 31 décembre 1894...	4,445,154 38	4,557,320 37	

A DÉDUIRE :

Payé en 1894 : par remboursements....................................		54,830,723 84	
— par placements à la Caisse de retraites...................		45,636 »	
— par transferts-payements..................................		1,148,263 94	
— par achats de rentes.. sur demandes....	8,137,858 85		
par déchéance trentenaire....	79,213 05	9,098,747 95	
d'office..........	881,676 05		
— par déchéance trentenaire appliquée aux reliquats de 1,684 comptes abandonnés..........................		51,250 02	
Intérêts supprimés		95 10	
Solde dû aux déposants le 31 décembre 1894			

CE SOLDE ÉTAIT REPRÉSENTÉ A LA MÊME ÉPOQUE :

1° Par les sommes en caisse..			266,273 46
2° — à la Banque..			75,557 62
3° — à la Caisse des Dépôts et Consignations .		162,684,383 27	
Moins : 1° Réserves individuelles. 680,548 16 / 2° Fonds de rémunération. 307,165 12	987,713 28		
3° Compte en suspens avec la ville de Paris	13 75	990,431 47	
4° Appointements en suspens........	2,704 44		
		161,693,951 80	161,693,951 80
4° Par 20,000 fr. de rentes 3 p. 100 appartenant à la Caisse d'Épargne et évaluées à..			500,000 »
5° Par les 2,500 francs de rentes 3 p. 100 provenant de la souscription à l'emprunt de 750 millions, de juillet 1855, qui ont coûté..............			54,375 »
6° Par les 11,500 francs de rentes 3 p. 100 achetées en janvier et février 1857, qui ont coûté..			260,559 75
7° Par les 6,000 francs de rentes 3 p. 100 achetées en juillet 1862, qui ont coûté..			136,530 »
8° Par les immeubles appartenant à la Caisse d'Épargne..................			1,596,106 37
			164,583,363 »

Excédent (voir le bilan général)...........

DÉSIGNATION CLASSES ET DIVISIONS	MAJEURS	MINEURS Agissant seuls	MINEURS Ordinaires	TOTAUX	MARIÉES Agissant seules	MARIÉES Autorisées	CÉLIBATAIRES et VEUVES Majeures	CÉLIBATAIRES et VEUVES Mineures agissant seules	CÉLIBATAIRES et VEUVES Mineures Ordinaires	TOTAUX	SOCIÉTÉ	ENSEMBLE
…ers :												
…m. Agriculture	165	33	106	304	39	»	22	26	111	198	»	302
Nourriture	483	242	271	996	29	1	38	30	290	388	»	1,384
Bâtiment	604	149	569	1,319	5	»	»	85	613	703	»	2,022
Vêtement	398	95	488	981	825	15	1,249	443	687	3,219	»	4,200
Objets de luxe, meubles, voitures, métaux, etc.	1,208	347	1,379	2,934	154	3	187	136	1,427	1,907	»	4,841
Journaliers	1,405	153	777	2,335	386	4	427	105	808	1,730	»	4,065
TOTAL des ouvriers	4,260	1,019	3,590	8,869	1,438	23	1,923	825	3,936	8,145	»	(1) 17,014
…ns patentés :												
…m. Agriculture	5	1	4	10	1	»	4	»	2	7	»	17
Nourriture	261	14	328	603	106	2	72	21	336	537	»	1,140
Bâtiment	33	3	71	107	4	»	3	2	62	71	»	178
Vêtement	79	5	85	169	74	»	69	4	93	240	»	409
Objets de luxe, meubles, voitures, métaux, etc.	111	8	151	270	18	1	28	9	152	208	»	478
Commerçants	73	3	129	205	22	»	23	8	146	199	»	404
…l des artisans patentés	562	34	768	1,364	225	3	199	44	794	1,262	»	(2) 2,626
…des deux premières classes	4,822	1,053	4,358	10,233	1,663	26	2,122	869	4,727	9,407	»	19,640
…stiques :												
…m. Gens de confiance	1	»	2	3	1	»	31	5	3	40	»	43
Valets de chambre	114	15	34	163	31	»	193	92	65	381	»	544
Cuisiniers	20	5	36	61	150	1	930	502	43	1,626	»	1,687
Cochers	32	2	5	39	»	»	»	2	7	9	»	48
Jardiniers	»	»	»	»	»	»	»	»	»	»	»	»
Portiers	85	6	81	172	185	1	84	7	93	370	»	542
TOTAL des domestiques	232	28	158	438	367	2	1,238	608	211	2,426	»	(3) 2,864
…oyés :												
…m. Employés supérieurs	47	1	54	102	1	»	»	3	59	63	»	165
— aux écritures	398	74	277	749	16	»	51	14	289	370	»	1,119
Commis marchands	725	138	454	1,317	54	1	176	102	447	780	»	2,097
Garçons de bureau	66	3	46	115	»	»	»	8	54	62	»	177
Facteurs, conducteurs, etc.	573	56	687	1,316	31	»	42	48	708	829	»	2,145
TOTAL des employés	1,809	272	1,518	3,599	102	1	269	175	1,337	2,104	»	(4) 5,703
…ires et Marins :												
…m. Infanterie	21	2	5	28	1	»	»	»	5	6	»	34
Cavalerie	4	»	5	9	»	»	»	»	6	6	»	15
Artillerie et génie	11	»	4	15	»	»	»	»	3	3	»	18
Administration et santé	5	»	»	5	»	»	»	»	1	1	»	6
Marine	8	»	1	9	»	»	»	»	3	3	»	12
Service de Paris	167	6	74	247	2	»	»	6	92	100	»	347
Invalides	1	»	»	1	»	»	»	»	»	»	»	1
Retraités	32	2	9	43	»	»	1	1	7	9	»	52
…des militaires et marins	249	10	98	357	3	»	1	7	117	128	»	485
…sions libérales et diverses :												
…m. Jurisprudence	17	2	24	43	»	»	»	»	21	21	»	64
Médecine	42	5	33	80	16	»	10	3	29	58	»	138
Clergé	9	»	»	9	»	»	1	»	2	3	»	12
Instruction	61	3	83	147	30	1	84	10	89	211	»	358
Beaux-arts	76	9	57	142	12	»	54	4	67	134	»	276
Banque, commerce, industrie	28	1	23	52	»	»	»	»	36	36	»	88
…es professions libérales et diverses	233	20	220	473	58	1	143	17	244	463	»	936
…ers :												
…m. Rentiers	206	7	55	268	66	3	258	6	74	407	»	675
Sans déclaration de profession	171	78	540	789	1,697	25	818	191	302	3,233	»	4,022
TOTAL des rentiers	377	85	595	1,057	1,763	28	1,076	197	376	3,640	»	4,697
…	»	»	»	»	»	»	»	»	»	»	21	21
TOTAUX	7,742	1,468	6,947	16,157	3,956	58	4,849	1,873	7,432	18,168	21	34,346

…pris 33 comptes rouverts par arrérages de rentes, savoir : (1) 17 à des ouvriers (11 hommes, 6 femmes); (2) 4 à des artisans …entés (3 hommes, 1 femme); (3) 7 à des domestiques (femmes); (4) 7 à des employés (hommes).

RECETTES

Le solde en caisse, à la Banque et à la Caisse des Dépôts et Consignations, le 31 décembre 1893, était de.. 497,

Reçu en 1894.. {
- Par versements... 63,239,997 13
- Par transferts-recettes..................................... 1,560,226 92
- Par arrérages de rentes..................................... 1,463,001 75
- Par amortissement de rentes.................................. 156,500 »
- Par versements provenant de la vente de promesses de rente 3 1/2 %. (Conversion de la rente 4 1/2 % 1883........................ 28,914 50

} 71,

Intérêts capitalisés sur les comptes soldés 112,165 99

Id. sur les comptes existant au 31 décembre 1894.. 4,445,154 38

} 4,557,320 37

Intérêts bonifiés par la Caisse des Dépôts et Consignations...

Reliquats de 1,684 comptes abandonnés acquis au fonds de dotation de la Caisse d'Épargne (Loi du 7 mai 1853)...

Réserves individuelles des employés et Fonds de rémunération (Exercice 1894) ....

Arrérages des rentes appartenant à la Caisse d'Épargne . ...

Excédents de caisse...

Suppression d'intérêts...

Appointements en suspens ....

Vente d'un droit de mitoyenneté ....

Compte en suspens avec la ville de Paris...

DÉPENSES

EN 1894 :	Par remboursements	51,830,723 84	65,174,716 85
	Par placements à la Caisse de Retraites	45,636 »	
	Par transferts-payements	1,148,263 94	
	Par achats de rentes. Sur demandes 8,137,858 85; Par déchéance trentenaire 79,213 05; D'office 881,676 05	9,098,747 95	
	Par déchéance trentenaire appliquée aux reliquats de 1,684 comptes abandonnés	51,250 02	
	Par suppression d'intérêts	93 10	
·ts bonifiés aux comptes des déposants (1)			4,557,320 37
bonifiés aux comptes des Réserves des employés et du Fonds de rémunération			33,970 27
sur les Réserves des employés et sur le Fonds de rémunération (1re partie)			145,395 27
sur le fonds de rémunération (2e partie)			16,300 »
;es et entretien des immeubles appartenant à la Caisse d'Épargne			14,504 80
·ription au vaccin du croup			1,000 »
)oursé au compte en suspens avec la Banque la somme due au 31 décembre 1893			50,000 »
généraux d'administration			655,052 35
ces faites sur travaux en cours pour reconstruction d'une partie des immeubles			263,710 82
·es faites pour aménagement et mobilier dans les nouvelles constructions			75,000 »
imputé sur le compte de dotation (art. 4 de la loi du 7 mai 1853 et art. 122 de l'instruction minis-ielle du 4 juin 1857), de l'insertion au *Journal général d'Affiches* des noms de tous les titulaires livrets atteints par la décheance trentenaire au 31 décembre 1894			1,430 »
›intements en suspens (exercice 1893)			1,977 54
ES	En caisse	266,273 46	163,026,214 35
	A la Banque de France	75,557 62	
	A la Caisse des Dépôts et Consignations	162,684,383 27	
			234,015,502 62

ITA. — *Dans le compte de la Caisse des Dépôts et Consignations sont compris :*

1° Fonds appartenant à la Caisse d'Épargne		2,405,150 01
2° Réserves individuelles des employés	680,548 16	987,713 28
3° Fonds de rémunération	307,165 12	
4° Appointements en suspens		2,704 44
5° Compte en suspens avec la ville de Paris		13 75
		3,395,581 48

térêt servi par la Caisse d'Épargne aux déposants : 3 fr. 0/0.

Rentes des réserves des employés.

de au 31 décembre 1893	2,967 »	Rentes sorties	1,708 »
ntes entrées	275 »	Solde au 31 décembre 1894	1,534 »
	3,242 »		3,242 »

Rentes appartenant aux déposants.

de au 31 décembre 1893	1,447,746 »	Rentes sorties	1,022,310 »
ntes entrées	1,084,327 »	Solde au 31 décembre 1894	1,509,763 »
	2,532,073 »		2,532,073 »

		fr. c.
Livrets de 1 à 20 francs	312,878	2,198,019 71
Id. de 21 à 100 id.	135,233	6,111,701 83
Id. de 101 à 200 id.	41,863	5,881,449 06
Id. de 201 à 500 id.	52,780	17,081,769 10
Id. de 501 à 1,000 id.	40,276	28,559,410 38
Id. de 1,001 à 1,500 id.	26,204	32,012,683 26
Id. de 1,501 à 2,000 id.	24,494	43,102,795 54
Id. au-dessus de 2,000 id. (passibles de réduction)	11,778	24,245,337 62
Livrets appartenant à des sociétés — de 2,001 à 8,000 francs	77	341,712 29
Livrets appartenant à des sociétés — au-dessus de 8,000 fr. — passibles de réduction	10	82,079 39
Livrets appartenant à des sociétés — au-dessus de 8,000 fr. — non passibles de réduction	2	13,674 69
Total	645,595	159,630,632 87
Hommes	347,246	81,303,073 38
Femmes	297,910	77,673,686 35
Ensemble	645,156	158,976,759 73
Sociétés	439	653,873 14
Total égal	645,595	159,630,632 87

Tableau indiquant par mois les opérations de versements, remboursements et achats de pendant l'année 1894.

MOIS	VERSEMENTS			REMBOURSEMENTS				
	NOMBRES	LIVRETS nouveaux	SOMMES	NOMBRES	LIVRETS soldés	SOMMES		
			fr. c.			fr. c.		
Janvier	43,256	3,719	6,982,393 11	20,707	1,773	4,957,835 79	816	26,926
Février	39,180	3,335	5,858,783 71	15,916	2,014	4,051,748 93	390	31,078
Mars	33,180	2,508	5,137.583 53	19,464	2,351	4,773,329 21	519	38,773
Avril	35,692	2,518	5,809,710 45	25,492	2,034	7,016,353 38	577	33,184
Mai	31,217	2,349	5,604,605 16	17,972	2,382	4,302.419 96	470	17,783
Juin	31,690	2,397	5,014,867 14	16.232	1,808	4,275,335 35	1,261	36,979
Juillet	33,245	3,004	5,482,979 35	20,420	1,725	4,415,988 05	153	18,533
Août	27,765	2,760	3,082.468 75	18,295	2,244	3,893,394 49	314	7,861
Septembre	25,959	2.144	4,411,044 62	17,412	1,996	4,232,228 65	147	23,300
Octobre	26,440	2,119	4.604,173 06	20,094	2,175	4,972,664 83	185	17,395
Novembre	31,107	2.819	4,641,953 75	15,913	2.261	4,015.275 18	346	9,278
Décembre	32,975	4,639	4,579,434 50	15,272	1,716	3,924,650 02	131	24,023
	391,706	34,311	63.239,997 13	223,189	24,479	54,830,723 84	5,309	285,117

ÉPARGNE SCOLAIRE.

u présentant, par arrondissements, les versements reçus dans les écoles et transmis à la se d'épargne de Paris par les soins des maires ou des instituteurs pendant l'année 1894. *mé de ces opérations depuis la fondation* (28 janvier 1875).

DÉSIGNATION des ARRONDISSEMENTS DE PARIS ET DES ÉCOLES où les épargnes scolaires ont été reçues, sur bordereaux collectifs, en 1894			VERSEMENTS REÇUS EN 1894			RÉSUMÉ DEPUIS L'ORIGINE			
			Nouveaux	Nombres	Sommes	Nombre des écoles dans lesquelles les épargnes scolaires ont été reçues sur bordereaux collectifs depuis le 28 janvier 1875	VERSEMENTS Nouveaux	Nombres	Sommes
ouvre......	2 écoles de garçons. 5 id. de filles.	7 écoles.	86	639	2,718	10	2,418	15,304	58,458
ourse......	2 écoles de filles.	2 écoles.	26	204	1,525	8	2,779	23,197	83,557
emple......	6 écoles de garçons. 1 id. enfantine de garçons. 7 id. de filles. 1 id. maternelle.	15 écoles.	394	3,669	13,292	20	7,854	71,685	202,678
ôtel-de-Ville	1 école de garçons.	1 école.	»	16	248	1	404	2,569	7,022
anthéon....	5 écoles de garçons. 4 id. de filles.	9 écoles.	58	326	1.286	20	3,052	18,574	64,567
uxembourg.	5 écoles de garçons. 4 id. de filles.	9 écoles.	141	1,127	5,146	12	2,650	19,613	70,249
lysée......	2 écoles de garçons.	2 écoles.	1	96	343	13	1,170	9,386	38,589
péra.......	6 écoles de garçons. 1 id. enfantine de garçons. 5 id. de filles. 3 écoles maternelles.	15 écoles.	241	2,876	15,372	20	8,298	80,251	347,144
opincourt ..	15 écoles de garçons. 2 id. enfantines de garçons. 19 id. de filles. 1 id. maternelle.	37 écoles.	1,535	17,277	49,370	41	25,126	234,265	631,825
euilly......	10 écoles de garçons. 11 id. de filles.	21 écoles.	883	8,022	23,644	21	14,734	113,528	293,049
obelins.....	1 école de filles.	1 école.	14	106	485	1	204	1,891	5,854
aagirard...	....	....	»	»	»	5	98	438	1,300
assy........	5 écoles de garçons. 4 id. de filles.	9 écoles.	193	1,149	4,268	11	4,216	22,908	80,784
atignolles ..	8 écoles de garçons. 1 id. enfantine de garçons. 8 id. de filles.	17 écoles.	241	1,729	6,930	24	7,927	49,322	170,678
utte-Montmartre....	5 écoles de garçons. 6 id. de filles.	11 écoles.	207	1,030	2,379	20	8,702	52,094	155,736
uttes-Chaumont	....	....	»	»	»	1	38	107	440
énilmontant	....	....	»	»	»	2	87	242	944
	TOTAL..........	156 écoles.	4,020	38,266	127,006	230	89,820	715,374	2,212,838

		fr.	c.			fr.	c.		
Caisse centrale	15 novembre 1818.	44,014,258	63	206,580	19,408	1,074,545,548	99	9,080,860	4,8
Succursales :									
Popincourt ...... (11e arr.)	1er avril 1832.	1,797,993	»	31,333	2,383	100,486,236	35	1,291,438	6
Luxembourg ..... (6e arr.)	5 mai 1833.	773,483	»	6,927	476	72,330,875	»	676,404	
Temple .... (3e arr.)	6 octobre 1833.	762,132	»	10,755	792	70,937,678	65	814,237	
Élysée .... (8e arr.)	1er décembre 1833.	519,468	»	3,180	184	58,292,271	»	478,093	
Saint-Denis (chef-lieu d'arrondissement)	4 mai 1834.	458,640	»	4,080	319	21,863,034	»	193,046	
Choisy-le-Roi (commune)	4 mai 1834.	130,288	»	925	444	6,554,935	»	57,488	
Neuilly (chef-lieu de canton)	11 mai 1834.	283,250	»	2,221	196	14,861,894	25	182,099	
Hôtel-de-Ville .... (4e arr.)	6 juillet 1834.	619,406	»	3,218	374	60,165,880	»	645,447	
Palais-Bourbon ... (7e arr.)	10 août 1834.	397,112	»	2,640	134	36,784,803	»	484,803	
Panthéon .... (5e arr.)	5 octobre 1834.	705,327	»	5,893	463	53,497,182	50	642,960	
Opéra .... (9e arr.)	5 juillet 1835.	436,858	»	6,110	449	53,762,038	»	551,624	
Ménilmontant ... (20e arr.)	11 décembre 1836	559,625	»	4,710	388	22,144,730	»	235,447	
Buttes-Chaumont. (19e arr.)	5 avril 1840.	637,388	»	5,149	395	18,836,800	»	474,068	
Enclos-St-Laurent. (10e arr.)	12 novembre 1843	971,707	»	7,682	385	45,899,562	»	483,254	
Batignolles ...... (17e arr.)	15 décembre 1844	1,273,284	»	10,660	914	35,079,467	»	384,420	
Vaugirard .... (15e arr.)	20 novembre 1853	679,192	»	5,075	374	18,841,197	»	178,960	
Boulogne (chef-lieu de canton)	9 mars 1856.	270,836	»	2,387	303	6,192,237	»	[illegible]	
Observatoire ..... (14e arr.)	7 juin 1857.	837,755	»	6,353	445	18,567,683	»	[illegible]	
Butte-Montmartre. (18e arr.)	7 juin 1857.	857,830	»	7,395	553	20,780,923	»	219,412	
Sceaux (chef-lieu d'arrondissement)	7 juin 1857.	78,361	»	726	72	2,593,160	»	29,128	
Passy .... (16e arr.)	9 août 1857.	599,369	»	4,800	460	13,612,578	»	143,026	
La Chapelle ..... (18e arr.)	6 décembre 1857	686,368	»	5,735	475	17,655,968	»	197,074	
Reuilly .... (12e arr.)	1er janvier 1860	903,490	»	14,223	1,294	18,415,300	55	281,807	
Gobelins .... (13e arr.)	1er janvier 1860.	868,599	»	7,390	524	19,892,947	»	234,676	6
Courbevoie (chef-lieu de canton)	7 juillet 1861.	245,314	»	1,569	135	5,217,324	»	34,530	
Pantin (chef-lieu de canton)	7 juillet 1861.	205,198	»	1,415	130	3,930,945	50	33,404	
Charenton (chef-lieu de canton)	7 juillet 1861.	260,254	»	1,837	184	3,323,645	»	58,162	
Ivry (chef-lieu de canton)	7 juillet 1861.	187,767	»	1,863	257	3,546,073	»	40,804	
Vincennes (chef-lieu de canton)	7 juillet 1861.	379,338	»	2,215	236	7,864,042	»	73,380	
Aubervilliers (chef-lieu de canton)	16 novembre 1862	180,062	»	1,199	152	3,388,750	»	[illegible]	
Montrouge (commune)	4 juillet 1869	137,869	»	1,179	88	2,190,790	»	29,624	
Levallois-Perret (chef-lieu de canton)	2 juillet 1870.	398,387	50	3,748	471	5,635,044	10	67,022	
Clichy (chef-lieu de canton)	8 décembre 1878.	278,124	»	2,435	267	3,159,055	»	42,663	
Montreuil (chef-lieu de canton)	20 juillet 1879.	209,836	»	1,496	124	2,721,324	25	22,766	
Vanves (chef-lieu de canton)	18 juillet 1880.	109,006	»	897	62	1,440,573	»	16,029	
Asnières (chef-lieu de canton)	20 mars 1881.	189,087	»	1,419	132	1,920,318	»	47,360	
Issy-les-Moulineaux (commune)	12 octobre 1884.	135,780	»	915	93	1,143,098	»	8,024	
Les Lilas (commune)	8 février 1885.	91,055	»	853	135	673,973	75	7,380	
Noisy-le-Sec (chef-lieu de canton)	7 octobre 1888.	87,804	»	489	68	397,298	»	[illegible]	
Succursales		19,225,738	50	185,126	14,903	876,175,637	90	9,244,448	4,8
Ensemble de la Caisse centrale et des Succursales		63,239,997	13	391,706	34,311	1,950,721,156	89	18,325,362	8,8

			fr.	c.		fr.	c.
centrale.............	Ouverture le 13 nov. 1818.	211,880	51,989,408	82	6,591,888	1,610,854,742	18
ccursales :							
s	12 octobre 1879.	207	52,092	»	5,643	1,328,114	»
de-Ville.............	*Id.*	99	27,510	»	3,042	777,332	»
lon...................	*Id.*	269	76,997	»	5,476	1,413,528	»
ubourg...............	*Id.*	308	82,339	»	6,546	1,978,878	»
-Bourbon............	*Id.*	139	42,933	»	3,402	1,035,777	»
....	*Id.*	126	46,180	»	3,428	1,299,434	»
....	*Id.*	66	24,897	»	1,877	594,226	»
-Saint-Laurent	*Id.*	304	77,341	»	7,216	1,767,367	»
court..................	*Id.*	599	127,475	»	11,835	2,478,051	»
y	1er décembre 1878.	491	126,141	»	7,581	1,776,840	»
ns.....................	*Id.*	510	98,801	»	9,347	1,052,459	»
ratoire	*Id.*	410	111,631	»	7,294	1,590,401	»
rard	*Id.*	255	61,399	»	4,658	1,064,744	»
....	*Id.*	204	70,374	»	3,910	1,268,586	»
olles..................	*Id.*	508	130,608	»	9,864	2,553,494	31
Montmartre...........	*Id.*	336	68,211	»	6,562	1,356,299	»
apelle.................	*Id.*	304	60,603	»	6,142	1,292,125	»
-Chaumont............	*Id.*	338	75,224	»	5,668	1,225,900	»
montant	*Id.*	277	68,659	»	4,860	974,568	»
Denis..................	10 mars 1878.	856	196,005	43	15,211	3,872,596	07
rvoie..................	*Id.*	339	105,845	98	5,925	1,551,969	31
y	*Id.*	320	92,125	85	5,928	1,756,477	77
....	*Id.*	261	65,718	63	3,451	955,694	98
pne....................	*Id.*	394	110,183	98	6,153	1,769,990	74
villiers................	6 janvier 1878.	199	50,832	11	3,343	987,040	55
ois-Perret............	10 mars 1878.	478	114,019	21	6,811	1,606,765	57
....	8 décembre 1878.	309	69,364	63	4,359	1,056,341	61
es.....................	20 mars 1881.	214	59,418	32	2,613	650,777	80
ilas....................	8 février 1885.	119	29,750	85	750	160,376	52
-le-Sec................	7 octobre 1888.	69	18,919	05	316	107,269	78
....	6 janvier 1878.	118	33,036	19	1,828	505,753	19
ston	10 mars 1878.	263	84,652	87	4,766	1,385,364	48
....	6 janvier 1878.	253	65,911	23	4,049	1,060,301	74
nes....................	10 mars 1878.	366	109,482	57	7,439	2,054,257	53
-le-Roi................	6 janvier 1878.	269	67,460	65	4,139	1,074,159	43
ouge..................	6 janvier 1878.	149	39,078	87	2,747	601,166	65
uil.....................	20 juillet 1879.	250	75,307	58	3,192	950,940	52
s.......................	18 juillet 1880.	122	35,544	82	1,767	429,605	45
-Moulineaux..........	12 octobre 1884.	214	38,706	80	1,610	300,039	61
Succursales..........		11,309	2,891,320	52	200,748	50,627,912	61
de la Caisse centrale et des Succursales.....		223,189	54,880,723	84	6,792,636	1,661,482,654	79

	VERSEMENTS		
	NOMBRES	SOMMES	MOYENNES
Division par quotités			
De 1 à 20 fr...	144,928	1,255,455 44	8 66
21 à 100 —	128,273	8,117.007 99	63 28
101 à 200 —	47.353	7,885,421 58	166 52
201 à 500 —	45,205	16,015,840 47	354 29
501 à 1,000 —	17,360	13,566,778 25	781 50
1,001 à 1,500 —	4,732	6,336.976 35	1,339 18
1,501 à 2,000 —	3,754	6,765,340 05	1.802 16
2,001 fr. et au-dessus: Sociétés.....	17	71,477 "	4,204 52
2,001 fr. et au-dessus: Sociétés dans une situation exceptionnelle	84	3,225,700 "	38,401 19
ENSEMBLE......	391,706	63,239,997 13	161 45
Division suivant le sexe.			
Hommes............	221,081	33,224,233 46	150 28
Femmes............	170.041	26,556,923 22	156 18
Sociétés............	584	3,458,840 45	5,922 67
ENSEMBLE......	391,706	63,239,997 13	161 48

	REMBOURSEMENTS		
	NOMBRES	SOMMES	MOYENNES
Division par quotités			
De 1 à 20 fr...	34,786	426,229 "	[illegible]
21 à 100 —	95,670	6,000,792 54	[illegible]
101 à 200 —	32,960	5,514,886 42	[illegible]
201 à 500 —	31,694	11,299,293 58	[illegible]
501 à 1,000 —	15,574	12,063,796 72	[illegible]
1,001 à 1,500 —	6,392	8,221,961 21	[illegible]
1,501 à 2,000 —	6,100	11,236,096 37	[illegible]
2,001 fr. et au-dessus (remb. à des sociétés).	13	67,678 "	[illegible]
ENSEMBLE......	223,189	54,830,723 84	[illegible]
Division suivant le sexe et l'état civil.			
Hommes :			
Majeurs...............	118,666	29,387,194 79	[illegible]
Mineurs ordinaires....	5,589	1,462,158 32	[illegible]
Mineurs agissant seuls.	2,383	244,845 20	[illegible]
Total des hommes...	126,638	31,094,195 51	[illegible]
Femmes :			
Mariées autorisées.....	4,405	1,303,044 95	[illegible]
Mariées agissant seules.	26,842	7,695,249 99	[illegible]
Célibataires majeures et veuves.............	57,295	12,762,514 09	[illegible]
Mineures ordinaires...	5,678	1,537,102 48	[illegible]
Mineures agissant seules	2.146	279,645 81	[illegible]
Total des femmes...	96,366	23,577,657 32	[illegible]
Sociétés..............	183	158,871 04	[illegible]
ENSEMBLE......	223,189	54,830,723 84	[illegible]

Dans le cours de cette année, 38 sociétés ont été déclarées en état de liquidation judiciaire, savoir : 3 sociétés de fait ; 35 sociétés régulières dont 4 anonymes ; total égal, 38.

Les 288 liquidations judiciaires terminées pendant l'année qui vient de s'écouler ont pris fin, savoir :

Par concordat, 147 ; par concordat à la suite d'abandon d'actif, 37 ; par défaut de concordat, 33 ; par conversion en faillite, 71 ; total égal, 288.

Les dividendes promis dans les 147 liquidations judiciaires terminées par concordat pur et simple présentent les résultats suivants :

6 de 10 à 20 %; 37 de 20 à 30 %; 23 de 30 à 40 %; 22 de 40 à 50 %; 28 de 50 à 60 %; 7 de 60 à 70 %; 9 de 70 à 80 %; 1 de 80 à 90 %; 16 de 100 %; total égal, 147.

Les 37 liquidations judiciaires terminées par concordat à la suite d'abandon d'actif ont donné les résultats ci-après :

1 de 1 à 5 %; 1 de 5 à 10 %; 8 de 10 à 20 %; 8 de 20 à 30 %; 7 de 30 à 40 %; 9 de 40 à 50 %; 1 de 50 à 60 %; 1 de 70 à 80 %; 1 n'a rien produit ; total, 37.

Les autres liquidations judiciaires terminées dans l'année, au nombre de 33 et que le Tribunal, usant de la faculté inscrite dans l'art. 19 de la loi du 4 mars 1889, avait maintenues après rejet des propositions de concordat, ont donné les dividendes ci-après :

5 de 1 à 5 %; 6 de 5 à 10 %; 12 de 10 à 20 %; 3 de 20 à 30 %; 2 de 30 à 40 %; 2 de 40 à 50 %; 1 de 100 %; 2 n'ont rien produit; total égal, 33.

Les liquidations judiciaires, au 31 décembre 1894, ont donné lieu :

En première instance à 148 procès; devant la Cour à 23 procès; devant la Cour de cassation et le Conseil d'État à 6 procès ; total, 177 procès; sur lesquels il a été : gagné 115 procès; perdu 17 procès; il reste à juger 45 procès; total égal, 177 procès.

Outre ces procès, les liquidations judiciaires ont subi les causes de retard suivantes :

Vente d'immeubles, 12; actif à terme ou à l'étranger, 29; production à des ordres ou contributions, 8; liquidations de successions, 7; séparations de biens, 6; instances correctionnelles ou criminelles, 4.

Les 119 liquidations judiciaires actuellement en cours se décomposent ainsi :

4 sont ouvertes depuis plus de 5 ans; 3 de 4 à 5 ans; 3 de 3 à 4 ans; 3 de 2 à 3 ans; 13 de 1 à 2 ans; 22 de 6 à 12 mois; 25 de 3 à 6 mois; 46 de moins de 3 mois; total égal, 119.

Sur 267 liquidations judiciaires déclarées en 1894, il y a 286 liquidés (en raison des associations).

Le relevé de leur origine et de leurs antécédents donne :

Nés dans le département de la Seine, 102; nés dans les autres départements, 138; nés en pays étrangers ou d'origines et antécédents inconnus, 46; total, 286.

Sur les 102 liquidés nés à Paris ou dans le département de la Seine, les casiers judiciaires indiquent :

Ayant subi des condamnations, 7; ayant déjà été déclarés en faillite, 3;

Sur les 184 liquidés nés dans les départements ou en pays étrangers, il s'en trouve :

Ayant subi des condamnations, 14; ayant déjà été déclarés en faillite, 3.

Comptabilité des liquidations judiciaires. — Le crédit général des liquidations en cours, au 31 décembre 1894, s'élevait à 3,526,531 fr. 20 c. se décomposant ainsi :

A la Caisse des consignations, 3,261,394 fr. 74 c.; effets à l'encaissement au Comptoir d'escompte, 263,654 fr. 70 c.; effets à l'encaissement en portefeuille, 19,728 francs; total, 3,544,777 fr. 64 c.; excédent représentant les avances des liquidateurs judiciaires, 18,246 fr. 44 c.

Au 31 décembre 1893, il y avait en cours :

26 répartitions; 96 répartitions ont été ordonnancées pendant l'exercice actuel; ensemble, 122; sur ce nombre il en a été soldé 96; en cours ce jour, 26.

Les répartitions ouvertes, en 1893, se sont élevées à 16,419,510 fr. 02 c.; celles ouvertes en 1894 s'élèvent à 10,232,756 fr. 78 c.; en moins sur l'exercice précédent, 6,186,753 fr. 24 c.

Le montant des sommes à la Caisse pour le compte des répartitions (sommes à la disposition des créanciers) s'élève à 2,189,848 fr. 93 c.

Les dividendes qui n'ont pas été retirés par les créanciers dans les répartitions closes en 1894 se sont élevés à 37,070 fr. 08 c.

Le montant des sommes à la Caisse des dépôts et consignations appartenant aux liquidations judiciaires, en y comprenant les 2,189,848 fr. 92 c. s'appliquant au compte des répartitions en cours, s'élève, au 31 décembre 1894, à 5,451,243 fr. 66 c.

En 1893, le montant des sommes à la Caisse des consignations était de 8,245,024 fr. 25 c., il n'est plus cette année que de 5,454,243 fr. 66 c., soit une différence en moins de 2,793,780 fr. 59 c., qui ont été rendus à la circulation.

Le montant des 11,807 effets reçus et remis à l'encaissement au Comptoir d'escompte (1893-1894) s'élève à 2,289,709 francs.

Faillites. — Du 1er janvier au 31 décembre 1894, il a été déclaré 1,636 faillites; 71 liquidations ont été converties en faillites; 41 concordats ont été résolus; 102 jugements de clôture pour insuffisance d'actif ont été rapportés; ensemble, 1,850; au 31 décembre 1893, il restait à régler 825 faillites; total, 2,675 faillites.

Les faillites terminées pendant l'année s'élèvent à 1,837; il reste en cours 838 faillites.

Les 1,636 faillites ont été déclarées, savoir :

549 sur dépôt de bilan; 812 sur assignation (dont 42 résolutions de concordat de liquidations); 113 sur requête; 149 d'office; 13 sur avis du parquet; total égal, 1,636 faillites.

Ces faillites se répartissent ainsi qu'il suit :

Alimentation, 755; habillement et toilette, 174; luxe, 143; transports et commissionnaires, 62; métaux, 84; bâtiment, 102; cuirs et peaux, 39; ameublement, 40; banquiers et agents d'affaires, 33; libraires et imprimeurs, 52; bois et charbons, 61; produits chimiques, 58; céramique, 3; aubergistes et logeurs, 30; total égal, 1,636 faillites.

Dans le cours de cette année, 147 sociétés ont été déclarées en état de faillite, savoir :

22 sociétés de fait; 125 sociétés régulières dont 15 anonymes; total égal, 147.

Les 1,837 faillites terminées pendant l'année qui vient de s'éouler ont pris fin, savoir :

Par concordat, 209; par concordat à la suite d'abandon d'actif, 68; par union, 457; par rapport de jugement déclaratif, 33; par clôture pour insuffisance d'actif, 1,070; total égal, 1,837 faillites.

Les dividendes promis, dans les 209 faillites terminées par concordat pur et simple, présentent les résultats suivants :

1 de 5 à 10 %; 15 de 10 à 20; 77 de 20 à 30; 50 de 30 à 40; 16 de 40 à 50; 26 de 50 à 60; 4 de 60 à 70; 3 de 70 à 80; 15 de 100 %; total égal, 209.

Les 68 faillites terminées par concordat par abandon d'actif ont donné les dividendes ci-après :

12 de 1 à 5 %; 9 de 5 à 10; 18 de 10 à 20; 8 de 20 à 30; 8 de 30 à 40; 3 de 40 à 50; 2 de 60 à 70; 1 de 70 à 80; 6 de 100 %; 1 n'a rien produit; total égal, 68.

Les 457 faillites terminées par union ont donné les dividendes ci-après :

82 de 1 à 5 %; 75 de 5 à 10; 84 de 10 à 20; 50 de 20 à 30; 23 de 30 à 40; 12 de 40 à 50; 9 de 50 à 60; 3 de 60 à 70; 6 de 70 à 80; 3 de 80 à 90; 2 de 90 à 100; 13 de 100 %; 95 n'ont rien produit; total égal, 457 faillites.

5 faillis ont été déclarés excusables.

r ces 285 faillis, 9 ont obtenu le bénéfice de l'art. 25 de la loi du 4 mars 1889, sur les liquida- judiciaires.

l faillis ont été déclarés inexcusables, 32 faillis ont obtenu le bénéfice de la liquidation judi- ;, conformément à l'art. 25, § 4, de la loi du 4 mars 1889.

faillites, au 31 décembre 1894, ont donné lieu :

première instance, à 4,037 procès; devant la Cour d'appel, à 342 procès; devant la Cour de cas- ı et le Conseil d'État, à 29 procès; total, 4,408 procès; sur lesquels les syndics ont: gagné procès; perdu 287 procès; il reste à juger 344 procès; total égal, 4,408 procès.

tre les procès, les faillites ont subi les causes de retard suivantes :

ıtes d'immeubles, 207; actifs à terme ou à l'étranger, 128; productions à des ordres ou con- tions, 67; liquidations de successions, 51; séparations de biens, 45; instances correction- ou criminelles, 90.

838 faillites actuellement en cours se décomposent ainsi :

sont ouvertes depuis plus de 5 ans; 17 de 4 à 5 ans; 19 de 3 à 4; 44 de 2 à 3 ans; 102 de 1 à ; 167 de 6 à 12 mois; 162 de 3 à 6 mois; 284 depuis moins de 3 mois; total égal, 838 faillites.

ır les 1,636 faillites déclarées en 1894, il y a par suite des faillites sociales 1,751 faillis.

relevé de leur origine et de leurs antécédents donne :

dans le département de la Seine, 451; nés dans les autres départements, 989; nés en pays gers ou d'origines et antécédents inconnus, 311; total, 1,751 faillis.

r les 451 faillis nés à Paris ou dans le département de la Seine, les casiers judiciaires indi- t :

ant subi des condamnations, 93; ayant déjà été déclarés en faillite, 80.

r les 1,300 faillis nés dans les départements ou en pays étrangers, il s'en trouve :

ant subi des condamnations, 218; ayant déjà été déclarés en faillite, 128.

mptabilité des faillites. — Le crédit général des faillites, au 31 décembre 1894, s'élevait à 6,410 francs se décomposant ainsi : à la Caisse des consignations, 22,138,307 fr. 49 c.; effets ırtefeuille, 31,493 fr. 84 c.; effets remis à l'encaissement au Comptoir d'escompte, 654,766 fr. ; excédent représentant les avances des syndics, 128,156 fr. 11 c.

montant des sommes à la Caisse pour le compte des répartitions (sommes à la disposition des ıciers) s'élève à 1,450,662 fr. 83 c.

1er janvier 1894, il y avait en cours 121 répartitions; il en a été ordonnancé 495 pendant ée 1894: total, 616; sur ce nombre, il en a été soldé 509; en cours à ce jour, 107.

462 répartitions ouvertes en 1893 s'élevaient à 21,833,093 fr. 19 c.; les 495 répartitions rtes, en 1894, se sont élevées à 10,352,288 fr. 52 c.; en moins sur l'exercice précédent, 0,804 fr. 67 c.

montant des dividendes non retirés par les créanciers dans les répartitions closes, en 1894, re à 751,844 fr. 36 c.

31 décembre 1894, le total des sommes à la Caisse des dépôts et consignations appartenant aillites, en y comprenant 1,450 fr. 83 c. s'appliquant au compte des répartitions en cours, de 28,588,970 fr. 32 c.

tait, fin 1894, de 20,955,132 fr. 49 c.

montant de 8,715 effets reçus et remis à l'encaissement au Comptoir d'escompte (1893-1894) re à 2,256,892 francs.

habilitations. — Dans l'année 1894, 11 demandes en réhabilitation ont été formées.

réhabilitations prononcées par la Cour ont été lues à l'audience de ce tribunal.

Tableau comparatif des actes de société déposés au greffe pendant les années 1893 et 1894.

	1893	1894	EN PLUS	EN MOINS
1° Sociétés en nom collectif	1.106	1.109	3	»
2° Id. en commandite simple	314	387	73	»
3° Id. id. par action	21	17	»	4
4° Id. anonymes	181	199	18	»
5° Id. à capital variable	21	26	5	»

Au total, 1,908 actes contre 1,852 l'an dernier, soit, en faveur du dernier exercice, une différence en plus de 56.

A noter seulement ici l'augmentation considérable du chiffre des sociétés en commandite simple (73), alors que celui des sociétés en commandite par actions reste stationnaire ou même diminue.

Apports sociaux.

1893 Janvier	41.119.177 35
— Février	36.624.732 35
— Mars	24.904.530 50
— Avril	23.979.894 57
— Mai	34.147.038 88
— Juin	65.792.598 97
— Juillet	15.932.304 97
— Août	25.791.492 08
— Septembre	13.465.266 95
— Octobre	24.616.846 77
— Novembre	42.434.709 »
— Décembre	26.319.626 14
Total	386.128.212 53

1894 Janvier	59.247.294 15
— Février	15.617.226 42
— Mars	40.424.028 55
— Avril	30.961.244 50
— Mai	20.543.304 15
— Juin	16.829.760 35
— Juillet	60.185.566 09
— Août	27.746.249 90
— Septembre	19.645.864 17
— Octobre	82.453.770 06
— Novembre	17.169.389 »
— Décembre	34.062.172 55
Total	405.355.894 30
Total de 1893	386.128.212 53
Soit une augmentation de	19.227.681 77
1893 accusait déjà sur 1892 une augmentation de	36.204.795 66
Au total, pour deux années, une plus-value de	55.432.477 43

Dissolutions de sociétés. — Il avait été déposé de ce chef au greffe :

En 1893, 978 actes; il en a été déposé, en 1894, 1,044; soit une différence en plus de 66 actes.

Comptabilité des liquidations amiables. — Nombre d'affaires aux mains des liquidateurs au 31 décembre 1893, 159; liquidations déclarées pendant l'année 1894 ou reprises, 181; total, 340; affaires terminées ou non suivies en 1894, 183; reste, au 31 décembre 1894, 157.

Ce dernier chiffre se décompose ainsi :

Affaires se suivant, 86; affaires arrêtées par opposition ou appel, 24; affaires en liquidation judiciaire (loi du 4 mars 1889), 2; affaires en faillite, 7; affaires dont l'état liquidatif est déposé au greffe, 38; total égal, 157.

Le crédit des liquidations amiables est :

En espèces, de 7,331,035 fr. 12 c., se trouvant : à la Caisse des dépôts et consignations, 7,200,584 fr. 90 c.; dans les caisses tenues aux sièges des exploitations, 49,957 fr. 10 c.; aux mains des liquidateurs, 81,043 fr. 12 c.; total égal, 7,331,035 fr. 12 c.

En effets de portefeuille de 133,855 fr. 19 c., se trouvant : déposés au Comptoir national d'escompte, 118,976 fr. 54 c.; aux mains des liquidateurs, 34,878 fr. 65 c.; total égal, 153,855 fr. 19 c.; total du crédit des liquidations, 7,484,890 fr. 36 c.

Il s'élevait, en 1893, à 8,491,818 fr. 68 c.; il est aujourd'hui de 7,484,890 fr. 31 c ; c'est donc une différence de 1,006,928 fr. 37 c. rendus à la circulation.

En résumé :

Au 31 décembre 1893, il existait à la Caisse des consignations pour le compte des faillites, des liquidations judiciaires et des liquidations amiables, 37,691,974 fr. 42 c.; au 31 décembre 1894, le solde était de 36,240,748 fr. 33 c.; soit une différence de 1,451,225 fr. 54 c. rendus à la circulation.

Le montant des 7,285 effets reçus et remis à l'encaissement au Comptoir d'escompte s'élève à 1,327,008 francs.

Tableau comparatif des dépôts des marques de fabrique françaises et étrangères en 1893 et 1894.

	1893	1894	EN PLUS	EN MOINS
Marques françaises	2.619	2.785	166	»
Id. étrangères	441	270	»	171

Au total, 3,055 actes cette année contre 3,060 l'an dernier, soit 5 actes en moins, le diminution portant tout entière sur le nombre des marques étrangères.

Rapports d'arbitres.

NOMBRE TOTAL DE RENVOIS		NOMBRE DE RAPPORTS DÉPOSÉS		CONCILIATIONS		AFFAIRES DEMEURANT EN COURS à la fin de l'année	
1893	1894	1893	1894	1893	1894	1893	1894
Arbitres salariés.							
6.461	6,626	2,224 soit 34 °/.	2,423 soit 37 °/.	3,523 soit 55 °/.	3,774 soit 57 °/.	714 soit 11 °/.	429 soit 6 °/.
Syndicats professionnels et arbitres négociants.							
3,035	3,165	903 soit 30 °/.	901 soit 29 °/.	1,447 soit 48 °/.	1,588 soit 50 °/.	685 soit 22 °/.	676 soit 21 °/.
9,496	9,791	3,127	3,324	4.970	5,362	1,399	1,105

Sur les 1,105 affaires restant en cours, 76 sont à l'instruction depuis plus de quatre mois, 28 seulement remontent à cinq mois.

Demandes de brevets d'invention et de certificats d'addition déposées à la Préfecture de la Seine pendant l'année 1894.

MOIS	BREVETS D'INVENTION	CERTIFICATS D'ADDITION	TOTAL
Janvier	630	93	723
Février	583	103	686
Mars	685	97	782
Avril	632	98	730
Mai	681	90	771
Juin	686	116	802
Juillet	664	111	775
Août	596	91	687
Septembre	552	95	647
Octobre	749	105	854
Novembre	647	133	780
Décembre	731	146	877
TOTAUX	7,836	1,278	9,114

OBSERVATION.

Le chiffre des dépôts s'élevait, en 1893, à 8,425, soit une différence en plus de 689 dépôts pour l'année 1894.

Marques de fabrique déposées au greffe du Tribunal de commerce pendant l'année 1894.

Il a été déposé au greffe, du 1er janvier au 31 décembre 1894 :

Marques de fabrique françaises		2,785
Marques de fabrique étrangères		270
Total		3.055
Il en avait été déposé en 1893 :		
Marques de fabrique françaises	2.619	
Marques de fabrique étrangères	441	
Ensemble	3.060	3.060
Différence en plus pour 1894		5

MOIS	MARQUES FRANÇAISES	MARQUES ÉTRANGÈRES	TOTAUX
Janvier	163	17	180
Février	290	19	309
Mars	272	10	282
Avril	264	13	277
Mai	203	19	222
Juin	203	24	227
Juillet	186	20	206
Août	182	24	206
Septembre	231	21	252
Octobre	328	27	355
Novembre	213	39	252
Décembre	250	37	287
TOTAUX	2,785	270	3,055

État des travaux des Conseils de prud'hommes pendant l'année 1894.

NOMENCLATURE DES AFFAIRES TRAITÉES	CONSEILS DE PRUD'HOMMES — MÉTAUX et industries diverses	TISSUS	PRODUITS chimiques	BATIMENT	TOTAUX
BUREAU PARTICULIER.					
s restant à concilier le 1er janvier 1894.	18	30	42		132
dont le bureau particulier a été saisi.	4,141	3,942	6,649		26,256
conciliées par le bureau particulier...	2,882	1,638	1,888		7,897
retirées par les parties avant que le bureau ait statué................	10	812	1,866		6,236
non conciliées par le bureau particulier, et dont le bureau général a été saisi..........................	1,232	1,308	2,473		10,877
non conciliées par le bureau particulier, et dont le bureau général n'a pas été saisi......................	15	197	406		1,203
restant à concilier le 31 décembre 1894.	20	17	58		175
BUREAU GÉNÉRAL.					
restant à juger le 1er janvier 1894....	»	43	49		221
dont le bureau général a été saisi....	1,247	1,265	2,473		10,849
retirées avant le jugement	777	687	1,409		6,190
terminées par des jugements en dernier ressort................	318	517	869		3,789
terminées par des jugements susceptibles d'appel....................	152	75	200		873
restant à juger le 31 décembre 1894..	»	29	44		218
NATURE DES AFFAIRES.					
tissage...........................	124	45	37		242
....	1,912	756	1,263		4,212
s.................................	1,808	2,416	3,915	10,452	18,591
nes...............................	»	6	3		18
ns diverses.......................	315	749	1,473		3,325
ail des principales contestations portées sous le titre :					
QUESTIONS DIVERSES.					
les de certificats	72	57	83		237
ion des conventions................	44	120	6		189
ions d'ouvrage......................	»	126	207		333
le voyages, déplacements	»	9	17		132
ités de chômage....................	»	68	90		430
ités pour accidents, blessures.........	»	2	»		181
de temps...........................	»	77	188		265
ations et retenues d'outils	20	22	12		144
ursements d'avances..................	»	4	4		8
ures de livrets......................	»	15	»		18
x non terminés	13	20	»		69
de travail..........................	»	32	»		32
x à forfait ou à tâche...............	»	»	302		302
es d'effets..........................	22	2	22		46
ations et retenues de livrets..........	»	»	»		»
ments..............................	35	2	277		314
es et pourboires....................	24	10	14		48
façon..............................	45	»	»		45
affaires............................	40	183	231		532
TOTAL ÉGAL des questions diverses.....	315	749	1,473	788	3,325

...RVATION. — Police intérieure des ateliers (métaux et industries diverses, tissus, produits chimiques, bâtiment) : Néant.

Renouvellement partiel du Tribunal de commerce.

DATE de l'élection	TOUR de scrutin auquel l'élection a eu lieu	ÉLECTEURS inscrits	VOTANTS	ABSTENTIONS	VOIX perdues	VOIX exprimées	NOMBRE DE VOIX OBTENUES par les élus (celui qui a eu le plus de voix et celui qui en a eu le moins) — Paris	Banlieue	Totaux	RAPPORT % des votants aux électeurs inscrits
Élection de 1 président pour 2 ans.										
21 décembre..	2e tour...	45,577	2,066	43,511	28	2,038	1,673	365	2,038	4.53
Élection de 10 juges pour 2 ans.										
21 décembre.	2e tour...	45,577	2,074	43,503	22	2,052	1,672 1,664	372 372	2,044 2,036	4.55
Élection de 2 juges pour 1 an.										
21 décembre..	2e tour...	45,577	2,075	43,502	37	2,038	1,661 1,659	370 369	2,031 2,028	4.55
Élection de 11 juges suppléants pour 2 ans.										
21 décembre.	2e tour...	45,577	2,068	43,509	24	2,044	1,668 1,647	371 370	2,039 2,017	4.54
Élection de 2 juges suppléants pour 1 an.										
21 décembre..	2e tour...	45,577	2,064	43,513	31	2,033	1,652 1,642	370 370	2,022 2,012	4.53

Élections municipales partielles.

DATE de l'élection	TOUR de scrutin auquel l'élection a eu lieu	ARRONDISSEMENT	QUARTIER	INSCRITS	VOTANTS	ABSTENTIONS	VOIX PERDUES	VOIX exprimées	VOIX OBTENUES par les élus	RAPPORT 0/0 des votants aux électeurs inscrits
25 février	2e	6e	Monnaie..........	4,285	2,382	1,903	12	1,891	805	55
Id.	2e	9e	Faub.-Montmartre..	5,045	2,699	2,346	18	2,328	1,356	53
Id.	2e	13e	Croulebarbe.......	3,140	1,584	1,556	44	1,512	719	50
Id.	2e	15e	Javel............	3,564	2,344	1,220	48	1,172	1,568	66
Id.	2e	18e	Clignancourt......	19,662	10,026	9,636	177	9,459	3,205	50
Id.	2e	20e	Père-Lachaise.....	9,333	5,279	4,054	155	3,899	1,898	56
22 avril.........	2e	7e	Invalides.........	3,028	1,835	1,193	15	1,178	1,073	60
Id.	2e	8e	Faubourg-du-Roule	3,842	2,034	1,808	28	1,780	1,251	53
Id.	2e	9e	Chaussée-d'Antin ..	4,656	2,534	2,122	27	2,095	921	54
Id.	2e	15e	Grenelle..........	7,461	5,152	2,309	78	2,231	1,975	69
28 octobre	2e	20e	Saint-Fargeau.....	2,321	1,370	951	21	930	569	59

Relevé numérique des électeurs inscrits sur la liste électorale close le 31 mars 1894.

ARRONDISSEMENTS	NOMS des QUARTIERS	NOMBRE des électeurs inscrits
	St-Germain-l'Aux	2,123
	Halles	6,620
	Palais-Royal	3,039
	Place-Vendôme	2,390
	Total	14,192
	Gaillon	1.762
	Vivienne	2,675
	Mail	4,333
	Bonne-Nouvelle	3,921
	Total	14,694
	Arts-et-Métiers	5,480
	Enfants-Rouges	4,786
	Archives	4,847
	Sainte-Avoie	5,310
	Total	20,423
	Saint-Merri	5,694
	Saint-Gervais	9,432
	Arsenal	4,047
	Notre-Dame	3,305
	Total	22,475
	Saint-Victor	5,594
	Jardin-d.-Plantes	5,470
	Val-de-Grâce	6,359
	Sorbonne	5,697
	Total	23,120
6e	Monnaie	4,324
	Odéon	4,649
	N.-D.-des-Champs	9,010
	St-Germ.-des-Prés	3,511
	Total	21,494
7e	St-Thomas-d'Aq	5,421
	Invalides	3,072
	Ecole-Militaire	3,162
	Gros-Caillou	7,548
	Total	19,203
8e	Champs-Élysées	1,866
	Faub.-du-Roule	3,843
	Madeleine	4,739
	Europe	6,471
	Total	16,949
9e	Saint-Georges	6,779
	Chaussée-d'Antin	4,670
	Fg-Montmartre	5,072
	Rochechouart	7,011
	Total	23,532
10e	St-Vincent-de-P.	7,824
	Porte-Saint-Denis	5,467
	Porte-St-Martin	8,546
	Hôpit.-St-Louis	8,743
	Total	30,580
11e	Folie-Méricourt	11,102
	Saint-Ambroise	9,749
	Roquette	14,680
	Sainte-Marguerite	8,535
	Total	44,066
12e	Bel-Air	2,150
	Picpus	9,139
	Bercy	2,262
	Quinze-Vingts	9,085
	Total	22,636
13e	Salpêtrière	4,470
	Gare	8,473
	Maison-Blanche	7,933
	Croulebarbe	3,173
	Total	24,049
14e	Montparnasse	5,189
	Santé	1,839
	Petit-Montrouge	6,368
	Plaisance	11,272
	Total	24,668
15e	Saint-Lambert	5,887
	Necker	8,129
	Grenelle	7,477
	Javel	4,020
	Total	25,513
16e	Auteuil	3.739
	Muette	4,932
	Porte-Dauphine	3,126
	Bassins	4,673
	Total	16,470
17e	Ternes	6,869
	Plaine-Monceau	5,426
	Batignolles	11,537
	Epinettes	10,348
	Total	34,180
18e	Grandes-Carrières	10,512
	Clignancourt	20,487
	Goutte-d'Or	9,859
	La Chapelle	4,989
	Total	45,847
19e	La Villette	9,324
	Pont-de-Flandre	2,693
	Amérique	4,428
	Combat	8.048
	Total	24,493
20e	Belleville	10,496
	Saint-Fargeau	2,363
	Père-Lachaise	9,763
	Charonne	7,651
	Total	30,273
	Total pour Paris	498,824

CIRCULATION

MOUVEMENT DES VOYAGEURS ET DES MARCHANDISES

CHEMINS DE FER — OMNIBUS

TRAMWAYS — BATEAUX PARISIENS — VOITURES PUBLIQUES

Mouvement mensuel des voyageurs par classes dans les gares de Paris, au départ et à l'arr…

(Y compris les abonnés évalués en nombre de voyages).

MOIS	CLASSE DES WAGONS	EST (Réseau principal et ligne de Vincennes)		ÉTAT		NORD		ORLÉANS (Réseau principal et … de Sceaux)	
		DÉPART	ARRIVÉE	DÉPART	ARRIVÉE	DÉPART	ARRIVÉE	DÉPART	ARRIVÉE
Janvier	1re	83,588	81,436	421	464	61,000	61,000	10,736	13
	2e	534,061	516,530	857	1,068	158,000	157,000	24,671	29
	3e	286,682	278,512	4,112	3,432	277,000	276,000	115,869	121
	Total	904,331	876,478	4,490	4,964	496,000	494,000	151,276	164
Février	1re	73,931	71,494	331	317	59,000	59,000	9,725	11
	2e	465,993	452,356	756	784	148,000	147,000	22,784	24
	3e	253,622	242,617	2,728	2,829	268,000	267,000	105,913	108
	Total	793,546	766,467	3,815	3,930	475,000	473,000	138,422	145
Mars	1re	91,024	87,797	561	556	76,000	76,000	15,217	16
	2e	588,019	571,787	1,603	1,498	208,000	207,000	33,349	34
	3e	342,593	325,942	5,409	5,353	375,000	374,000	158,718	164
	Total	1,021,636	985,526	7,573	7,407	659,000	657,000	207,284	214
Avril	1re	96,873	94,943	498	463	80,000	80,000	14,102	19
	2e	597,822	585,523	1,071	1,186	185,000	184,000	30,260	35
	3e	347,447	346,677	3,506	3,840	384,000	383,000	144,852	152
	Total	1,042,142	1,027,143	5,075	5,489	649,000	647,000	189,214	207
Mai	1re	108,874	105,919	652	554	103,000	103,000	19,059	22
	2e	653,365	646,277	1,398	1,356	237,000	236,000	39,107	44
	3e	390,578	379,841	4,620	4,518	455,000	453,000	177,949	182
	Total	1,152,817	1,132,037	6,670	6,428	795,000	792,000	236,115	249
Juin	1re	106,974	105,480	700	535	109,000	109,000	20,657	21
	2e	593,729	589,440	1,444	1,106	247,000	247,000	38,129	39
	3e	364,892	372,036	4,061	3,550	426,000	425,000	166,443	165
	Total	1,065,595	1,066,956	6,205	5,191	782,000	781,000	225,229	226
Juillet	1re	115,784	113,160	1,109	793	105,000	105,000	24,147	24
	2e	690,969	684,499	2,509	1,902	261,000	261,000	44,494	45
	3e	438,148	424,493	7,843	6,299	491,000	489,000	214,971	197
	Total	1,244,901	1,222,152	11,461	8,994	857,000	855,000	283,912	267
Août	1re	101,658	101,135	1,151	1,032	85,000	85,000	21,703	21
	2e	620,942	620,418	2,581	2,153	241,000	241,000	39,838	41
	3e	434,060	441,767	8,861	7,310	490,000	488,000	212,811	203
	Total	1,156,660	1,163,320	12,593	10,495	816,000	814,000	274,352	267
Septembre	1re	99,614	100,840	841	992	96,000	96,000	19,207	26
	2e	618,419	624,525	1,822	2,248	262,000	261,000	35,722	47
	3e	430,259	470,301	7,054	8,713	476,000	474,000	195,145	216
	Total	1,148,292	1,192,666	9,717	11,953	834,000	831,000	250,074	290
Octobre	1re	96,216	95,752	794	921	103,000	102,000	19,585	26
	2e	578,725	571,995	1,414	2,036	247,000	246,000	33,179	45
	3e	359,103	365,043	4,387	5,768	425,000	424,000	153,877	176
	Total	1,034,044	1,032,790	6,595	8,725	775,000	772,000	206,641	248
Novembre	1re	88,471	87,213	568	582	62,000	61,000	15,592	19
	2e	527,198	516,468	1,083	1,319	190,000	189,000	28,039	34
	3e	318,106	321,975	3,603	4,032	334,000	333,000	142,240	142
	Total	933,775	925,656	5,254	5,933	586,000	583,000	185,871	197
Décembre	1re	82,949	79,937	577	469	62,000	61,000	(1) 81,417	66
	2e	534,934	517,115	1,104	1,145	180,000	179,000	194,500	162
	3e	310,724	292,362	3,327	3,517	300,000	299,000	783,835	662
	Total	928,607	889,414	5,008	5,131	542,000	539,000	1,059,752	891
TOTAL	1re	1,145,956	1,125,106	8,203	7,678	1,001,000	998,000	271,447	290
	2e	7,004,176	6,893,933	17,642	17,801	2,564,000	2,555,000	564,072	584
	3e	4,276,214	4,261,566	58,233	59,161	4,701,000	4,685,000	2,572,623	2,495
Total général		12,426,346	12,280,605	84,078	84,640	8,266,000	8,238,000	3,408,142	3,370

(1) Les abonnés de la Compagnie d'Orléans, pour l'année 1894, ont été ajoutés aux voyageurs du mois de décembre. En vo… le décompte pour l'année entière : Départ, 1re classe, 68,321 ; 2e classe, 169,515 ; 3e classe, 659,169 ; — Arrivée : 1re cla… 54,011 ; 2e classe, 134,017 ; 3e classe, 536,310.

MOIS	CLASSE DES WAGONS	OUEST		PARIS A LYON ET A LA MÉDITERRANÉE		TOTAUX	
		DÉPART	ARRIVÉE	DÉPART	ARRIVÉE	DÉPART	ARRIVÉE
ier	1re	276,073	262,449	34,761	35,048	466,579	454,062
	2e	1,050,301	998,469	29,312	29,554	1,797,202	1,732,013
	3e	371,493	353,160	151,995	153,252	1,205,873	1,185,842
	Total	1,697,867	1,614,078	216,068	217,854	3,469,654	3,371,917
er	1re	244,913	233,956	29,268	29,566	417,168	406,280
	2e	931,756	890,068	23,721	23,963	1,593,010	1,539,027
	3e	329,564	314,819	131,767	133,110	1,091,594	1,069,310
	Total	1,506,233	1,438,843	184,756	186,639	3,101,772	3,014,617
	1re	310,230	304,765	31,184	31,757	524,216	516,887
	2e	1,180,249	1,159,159	34,377	35,009	2,045,597	2,009,147
	3e	417,456	410,103	142,431	145,050	1,441,007	1,424,570
	Total	1,907,935	1,874,027	207,992	211,816	4,011,420	3,950,604
	1re	307,049	302,630	26,241	29,954	524,763	527,279
	2e	1,168,146	1,151,409	40,008	45,669	2,022,307	2,003,072
	3e	413,176	407,255	179,040	204,373	1,472,021	1,497,886
	Total	1,888,371	1,861,314	245,289	279,996	4,019,091	4,028,237
	1re	352,533	340,000	38,681	35,000	622,799	607,362
	2e	1,341,186	1,293,505	41,154	37,237	2,313,210	2,258,759
	3e	474,380	457,515	181,722	164,427	1,684,249	1,641,977
	Total	2,168,099	2,091,020	261,557	236,664	4,620,258	4,508,098
	1re	345,848	334,260	43,114	42,711	626,293	613,037
	2e	1,315,754	1,271,670	42,496	42,099	2,238,552	2,191,088
	3e	465,385	449,792	164,894	163,354	1,591,675	1,579,532
	Total	2,126,987	2,055,722	250,504	248,164	4,456,520	4,383,657
t	1re	361,812	351,345	38,334	36,758	646,486	631,472
	2e	1,376,485	1,336,665	49,822	47,774	2,425,279	2,376,994
	3e	486,865	472,781	207,019	198,510	1,845,846	1,788,865
	Total	2,225,162	2,160,791	295,175	283,042	4,917,611	4,797,331
	1re	326,073	314,293	33,281	31,564	568,866	554,904
	2e	1,240,523	1,195,705	48,535	46,031	2,193,419	2,146,875
	3e	438,775	422,923	223,214	211,699	1,807,721	1,775,621
	Total	2,005,371	1,932,921	305,030	289,294	4,570,006	4,477,400
mbre	1re	316,197	328,483	25,606	28,979	557,465	581,716
	2e	1,202,949	1,249,686	36,848	41,702	2,157,760	2,223,644
	3e	425,486	442,016	210,684	238,438	1,744,628	1,849,972
	Total	1,944,632	2,020,185	273,138	309,119	4,459,853	4,655,332
re	1re	307,308	307,873	31,952	36,365	558,855	569,906
	2e	1,169,133	1,171,281	33,952	38,641	2,063,408	2,075,432
	3e	413,524	414,284	177,513	202,031	1,533,404	1,587,147
	Total	1,889,965	1,893,438	243,417	277,037	4,155,662	4,232,485
mbre	1re	288,983	282,536	35,876	38,661	491,490	489,553
	2e	1,099,416	1,074,889	35,054	37,775	1,880,790	1,854,168
	3e	388,866	380,191	170,713	183,966	1,357,528	1,365,916
	Total	1,777,265	1,737,616	241,643	260,402	3,729,808	3,709,637
mbre	1re	278,008	267,255	26,397	24,999	531,348	499,999
	2e	1,057,685	1,016,755	25,803	24,437	1,993,996	1,900,766
	3e	374,094	359,629	122,509	116,023	1,894,489	1,733,305
	Total	1,709,787	1,643,639	174,709	165,459	4,419,833	4,134,070
TOTAL	1re	3,715,027	3,629,865	394,695	401,362	6,536,328	6,452,457
	2e	14,133,553	13,809,561	441,082	449,891	24,724,525	24,310,985
	3e	4,999,064	4,884,468	2,063,501	2,114,233	18,670,635	18,499,943
L GÉNÉRAL		22,847,644	22,323,894	2,899,278	2,965,486	49,931,488	49,263,385

NUMÉROS D'ORDRE		NATURE des MARCHANDISES	ANNÉE 1893			ANNÉE 1894			DIFFÉRENCE en 1894 par rapport à 1893	
			EXPÉDITIONS	RÉCEPTIONS	ENSEMBLE	EXPÉDITIONS	RÉCEPTIONS	ENSEMBLE	EN PLUS	EN MOINS
			tonnes.	tonnes.	tonnes.	tonnes.	tonnes.	tonnes.	tonnes.	tonnes.
1	Grande vitesse.	Bagages (poids brut	24,284	21,255	45,539	25,144	23,948	49,089	3,550	»
2		Marée et poissons d'eau douce	»	»	»	»	»	»	»	»
3		Autres marchandises	49,088	40,631	89,719	48,485	44,251	92,736	3,017	»
		Totaux	73,372	61,886	135,258	73,628	68,199	141,825	6,567	»
1	Petite vitesse.	Céréales et farines	14,438	»	»	18,454	»	»	»	»
2		Vins, esprits, boissons	7,445	»	»	6,725	»	»	»	»
3		Épiceries, denrées alimentaires	64,289	»	»	72,430	»	»	»	»
4		Fontes, fers et métaux	50,602	»	»	43,290	»	»	»	»
5		Matières premières et objets manufactures	100,910	»	»	120,583	»	»	»	»
6		Matériaux de construction	11,463	»	»	13,169	»	»	»	»
7		Engrais	133,528	»	»	112,372	»	»	»	»
8		Houille et coke	2,363	»	»	1,709	»	»	»	»
9		Transports de la Guerre et des Tabacs	1,135	»	»	1,409	»	»	»	»
10		Marchandises diverses	53,909	»	»	22,694	»	»	»	»
		Totaux	440,082	2,233,494	2,673,576	413,033	2,090,625	2,503,660	»	169,9[illegible]
		Ensemble	513,434	2,295,380	2,808,834	486,661	2,158,824	2,645,485	»	163,[illegible]

CHEMINS DE FER DE L'OUEST.

des marchandises expédiées et reçues par les gares de Paris pendant l'année 1894.

NATURE DES MARCHANDISES A PETITE VITESSE	TONNAGE EXPÉDITIONS	 ARRIVAGES
	tonnes	tonnes
Céréales.		
Blé	2,633 7	17,593 2
Avoine, maïs, orge, sarrasin, seigle	2,948 3	94,127 »
Farines, fécules et issues	9,057 2	65,349 2
Graines, légumes secs et pommes de terre	6,014 4	28,351 8
Denrées.		
Lait	24 5	72,427 3
Beurres, margarine, fromages et œufs	287 4	30,794 9
Autres denrées	2,233 7	54,778 8
Produits alimentaires.		
Sels gemmes et marins	2,147 1	1,987 »
Sucres et matières sucrées	55,232 5	19,065 5
Pommes et poires	334 9	5,237 1
Carottes et betteraves	203 1	1,767 8
Boissons.		
Cidres et poirés	303 4	25,617 4
Vins et vinaigres	4,420 5	17,582 4
Alcools et liqueurs	4,972 7	4,125 9
Bières	2,399 5	2,899 2
Combustibles.		
Combustibles minéraux	43,366 3	258,530 »
Combustibles végétaux	978 9	17,163 6
Bois de construction et écorces.		
Bois de construction, de menuiserie, ou de charronnage	8,676 8	81,041 4
Écorces à tan, tan en sacs et bois de châtaignier trituré	303 8	1,153 1
Matériaux de construction		
Chaux, ciments, castine, pierres à chaux, plâtre cru ou cuit	4,879 5	13,317 4
Matériaux de construction (granits, marbres, pierres de taille, etc.), pavés	5,744 8	51,201 3
Cailloux, macadam, moellons, quartz, etc	594 1	15,359 6
Ardoises	459 4	635 »
Argile, blancs, briques, tuiles, tuyaux, terres à foulon, à pipe et réfractaire	3,789 1	8,716 3
Minerais et scories	55 4	1,228 8
Produits métallurgiques.		
Acier, fer, métaux, etc	20,321 »	38,809 1
Fonte, ferraille, mitraille, plomb, etc	8,691 4	23,615 2
Machines, mécaniques, instruments agricoles, produits manufacturés divers	22,901 »	14,459 5
Bitumes, goudrons et autres matières résineuses.	1,012 2	2.206 9
A reporter	215,046 6	917,531 7

NATURE DES MARCHANDISES A PETITE VITESSE	TONNAGE EXPÉDITIONS	 ARRIVAGES
	tonnes	tonnes
Report	215,046 6	917,531 7
Huiles, essences, savons.		
Huiles minérales et essences	1,032 1	8
Huiles végétales et corps gras	7,363 4	9
Bougies, chandelles et savons	3,768 9	1
Matières tinctoriales	2,573 7	3,130 3
Produits chimiques	9,455 6	7,470 5
Papiers, chiffons, déchets, rognures.		
Papiers et cartons	6,951 2	12,264 6
Chiffons, déchets, rognures, vieux cordages et papiers, pâtes à papier	6,125 1	4,215 3
Matières textiles.		
Chanvre, coton, jute, lins bruts, phormium, étoupe, laine brute ou cardée et déchets de toute nature	2,056 9	1,633 1
Fils et filés	189 3	1,171
Tissus de coton et toiles	6,768 »	16,148
Tissus de laine	1,757 5	3,914
Faïence, poterie, porcelaine et verrerie	8,124 7	4,193 »
Engrais profitant du barème G	12,996 6	1,473 7
Id. id. H	18,722 6	3,115 5
Id. id. I	175.413 8	2,813 2
Fourrages, chanvre en tige, arbres et arbustes, varechs	1,786 7	
Emballages vides en retour	27,896 »	
Cuirs et peaux	8,065 7	
Tabacs	321 4	2,135 8
Marchandises diverses.		
Taxées au tarif général :		
1re série	35,834 8	12,510 1
2e —	4,092 8	1 2
3e —	4,122 5	1 8
4e —	5,566 9	3 3
5e —	2,483 1	1 3
6e —	1,154 2	1
Taxées aux tarifs spéciaux ou communs	29,858 1	19,801 6
Transports de la Compagnie.		
Taxés :		
Coke et houille	» »	» »
Rails, coussinets et traverses	10,712 3	10,644 9
Divers	6,810 3	1,685 8
Non taxés :		
Houilles et cokes	138,180 4	4
Rails, coussinets et traverses	17,394 5	4
Divers	36,253 3	24,221 1
Totaux	804,179 »	1,262,498 »
Marchandises et autres transports à grande vitesse	43,929 »	51,462 »
Ensemble	848,108 »	1,313,960 »

NATURE DES MARCHANDISES		ANNÉE 1893			ANNÉE 1894			DIFFÉREN… en 1894 par rapport à …	
		EXPÉDITIONS	RÉCEPTIONS	ENSEMBLE	EXPÉDITIONS	RÉCEPTIONS	ENSEMBLE	EN PLUS	EN M…
		tonnes	tonnes	tonnes	tonnes	tonnes	tonnes	tonnes	[illegible]
Grande vitesse	Bagages (poids brut)	14,401	11,713	26,114	15,240	14,742	29,982	3,868	
	Marée	»	9,382	9,382	»	9,836	9,836	454	
	Autres marchandises	30,872	101,285	132,157	30,953	94,445	125,398	»	[illegible]
	Totaux	45,273	122,380	167,653	46,193	118,993	165,186	»	[illegible]
Petite vitesse	Céréales et farines	15,126	95,412	110,538	17,081	112,076	129,157	18,619	
	Vins, esprits, boissons	4,219	125,633	129,852	3,643	144,439	148,082	18,230	
	Épicerie, denrées alimentaires	44,346	46,395	90,741	47,721	46,798	94,519	3,778	
	Fonte, fers et métaux	61,412	34,854	96,266	55,685	33,881	89,566	»	[illegible]
	Matières premières et objets manufacturés	66,863	64,582	131,445	65,106	64,161	129,267	»	[illegible]
	Matériaux de construction	31,339	185,502	216,841	30,994	189,679	220,673	3,832	
	Engrais	68,122	1,975	70,097	69,901	2,172	72,073	1,976	
	Houille et coke	16,388	28,318	44,706	30,681	20,071	50,752	6,046	
	Marchandises diverses	57,136	124,707	181,843	52,938	115,306	168,244	»	[illegible]
	Totaux	364,951	707,378	1,072,329	373,750	728,583	1,102,333	30,004	
	Ensemble	410,224	829,758	1,239,982	419,943	847,576	1,267,519	27,537	

CHEMINS DE FER DE L'EST.

Relevé, par nature de transports, des marchandises expédiées et reçues en petite vitesse dans les gares de Paris (Réseau principal) *et Paris-Reuilly* (Ligne de Vincennes).

NATURE DES TRANSPORTS	PARIS (Réseau principal)		PARIS-REUILLY (Ligne de Vincennes)	
	EXPÉDITIONS	ARRIVAGES	EXPÉDITIONS	ARRIVAGES
	Nombres.	Nombres.	Nombres.	Nombres.
..itures et matériel roulant	1,047	577	97	8
..œufs, vaches et bêtes de trait	2,173	6,138	21	32
..eaux et porcs pesant plus de 20 kil	1	579	»	»
..outons, chèvres et porcs ne pesant pas 20 kil	9	455	»	57
	Poids. k.	Poids. k.	Poids. k.	Poids. k.
..cier à ressorts pour voitures, acier brut, acier circulaire, acier en bandes, en barres ou en feuilles, acier pour planchers, rails en acier, tôles d'acier	354,048	6,746,183	9,586	507,382
..rdoises, pierres de taille brutes et légèrement ébauchées	1,200,632	62,023,572	226,305	2,484,968
..rgile, blanc d'Espagne, de Meudon ou de Troyes, briques, cailloux, castine, ciment, chaux, craie, gravier, kaolin, pavés, pierres à macadam, plâtre, sable, scories, terre à foulon, à pipe, à poterie, réfractaire, tuiles	6,438,182	63,415,116	3,556,868	16,073,147
..etteraves	»	193,635	»	307,197
..ières	1,003,888	28,411,827	30,782	2,518
..ois à brûler, bois de charpente, bois en grume, bourrées, chevrons, cotrets, douves, fagots, madriers, merrains, perches, planches en bois, poteaux en bois, poutres et poutrelles en bois, solives, voliges	2,278,681	32,441,234	1,028,485	43,380,994
..ois de charronnage, d'ébénisterie ou de menuiserie, bruts ou façonnés	880,789	3,526,220	318,402	401,007
..oissons non dénommées en bouteilles	94,866	2,086,920	64,556	84,834
..oissons non dénommées en fûts	1,471,702	4,325,537	6,785,029	688,803
..oues, cendres pour engrais, coprolithes, engrais, fumier, guano, marne, noir animal, os, phosphate de chaux, poudrette, terreau, terre végétale, tourteaux	34,481,059	3,706,537	36,044,207	848,423
..éréales, farines, fécules indigènes, graines fourragères et oléagineuses, gruau, issues, légumes secs, riz, son	15,639,425	72,660,811	4,131,162	14,416,932
..harbon de bois	822,389	33,646,432	325,141	13,024,900
..haudronnerie, machines, mécaniques, métiers, métaux ouvrés	5,706,532	3,031,200	493,096	85,216
..onserves alimentaires, pain, pâtes alimentaires	471,415	3,923,058	191,168	»
..oton en balles, déchets de coton	19,619	123,560	1,184	»
..oton filé, fils de coton, de chanvre ou de lin pour tissage	455,984	131,594	2,030	»
..ristalleries, poteries, verreries	3,978,139	12,742,972	793,148	985,116
A reporter	75,297,350	333,136,408	54,001,149	93,381,435

CHEMINS DE FER DE L'EST.

Relevé, par nature de transports, des marchandises expédiées et reçues en petite vitesse dans les gares de Paris (Réseau principal) *et Paris-Reuilly* (Ligne de Vincennes). (Suite et fin.)

NATURE DES TRANSPORTS	PARIS (Réseau principal)		PARIS-REUILLY (Ligne de Vincennes)	
	EXPÉDITIONS	ARRIVAGES	EXPÉDITIONS	ARRIVAGES
	Poids. k.	Poids. k.	Poids. k.	Poids. k.
Report	75,297,350	333,136,408	54,001,169	93,[illegible]
Cuirs et peaux bruts ou ouvrés	3,480,890	4,313,569	858,222	[illegible]
Denrées coloniales, drogueries, épiceries	9,536,803	12,349,925	837,244	3,204,[illegible]
Fer en barres, fer feuillard, fer pour plancher, rails en fer, tôle de fer	10,913,053	42,715,584	1,293,040	48,[illegible]
Ferronnerie, quincaillerie, taillanderie	5,571,961	20,843,618	626,336	1,789,876
Foin et paille	1,798,391	20,864,459	446,021	15,[illegible]
Fonte brute en massiaux, sapots ou saumons, ferraille, mitraille	3,143,118	3,119,980	2,533,257	1,[illegible]
Fonte moulée et d'ornement	1,533,402	37,116,702	223,365	5,[illegible]
Houille et coke, lignite	12,317,644	1,796,429	151,080	[illegible]
Huiles	1,123,714	248,514	1,389,088	3,465
Laines	658,177	566,943	11,544	3,[illegible]
Mélasses, sirop de fécule, glucose	784,164	587,245	12,508	»
Métaux bruts non dénommés	1,339,202	2,727,811	434,918	»
Meules à émoudre ou à moudre	804,275	1,654,040	46,892	[illegible]
Minerai de fer	190,782	284,055	19,951	»
Papiers	5,906,151	16,480,110	4,129,060	5,074,[illegible]
Pommes de terre	384,946	4,468,469	104,958	1,305,[illegible]
Produits chimiques	3,443,484	5,782,779	526,859	335,475
Sels gemme et marin	872,195	25,193,870	11,086	[illegible]
Sucre brut, vergeoise	6,257,098	3,918,276	7,467	2,470,[illegible]
Sucre raffiné	17,579,033	100	5,216,164	»
Tabacs	127,743	690,991	»	»
Tissus de coton	391,434	15,211,893	10,655	»
Tissus (autres que les tissus de coton), toiles	5,363,615	8,257,483	701,052	45,[illegible]
Transports du ministère des Finances, autres que les tabacs	141,633	19,916	»	4,[illegible]
Transports de la Guerre	1,358,872	594,685	»	»
Marchandises diverses. — Matières premières	4,568,328	4,542,332	1,806,106	848,[illegible]
Marchandises diverses. — Produits fabriqués	33,393,266	17,233,122	4,858,311	2,215,[illegible]
Transports en service soumis à la taxe	44,991,962	17,600,402	564,255	7,[illegible]
TOTAUX	253,272,686	602,399,707	80,790,756	164,098,483

Mouvement des voyageurs sur la ligne de la gare Saint-Lazare à Auteuil pendant l'année 1894.

GARES EXPÉDITRICES		GARES DESTINATAIRES: Paris (St-Lazare) à destination des lignes de banlieue et des grandes lignes	Paris (St-Lazare) — Local	Batignolles	Courcelles-Levallois — Local	Courcelles-Levallois Transit à destination du chemin de ceinture (R. D.)	Neuilly-Porte-Maillot	Avenue du Bois-de-Boulogne	Avenue du Trocadéro	Passy	Auteuil (Local)	Auteuil à destination du chemin de ceinture (R. G.) (Transit)	Auteuil à destination du Champ-de-Mars par Grenelle (Transit)	Auteuil à destination de la ligne de Versailles (R. G.) par Ouest-Ceinture (Transit)	TOTAL
		Nombre.	Nombre.	Nombre.	Nombre.	Nombre.	Nombre.	Nombre.	Nombre.	Nombre.	Nombre.	Nombre.	Nombre.	Nombre.	Nombre.
Paris St-Lazare	Provenance des lignes de banlieue et des grandes lignes	»	»	132,634	49,944	9,208	53,733	9,315	8,951	23,529	40,507	14,537	»	»	342,358
	Local	»	568	394,276	1,897,599	153,644	961,317	322,065	148,934	348,039	1,075,840	380,867	»	14,004	5,689,427
Batignolles		111,282	343,296	121	78,020	70,330	299,289	68,418	48,860	118,725	142,866	205,600	»	6,942	1,471,718
Courcelles-Levallois (Local)		57,871	1,732,913	73,133	1,774	»	40,784	44,516	35,396	85,656	110,269	240,220	»	11,821	2,431,353
Courcelles-Levallois (provenance du Chemin de ceinture R. D.)		10,340	164,335	71,252	»	»	720,919	133,393	123,460	236,787	398,723	697,195	»	18,230	2,574,684
Neuilly (Porte-Maillot)		56,342	907,755	298,040	46,162	718,607	3,830	4,699	32,269	71,234	194,040	446,787	»	19,574	2,769,365
Avenue du Bois-de-Boulogne		12,502	341,361	47,160	45,564	130,494	5,645	869	1,392	12,933	28,088	77,166	»	7,579	680,723
Avenue du Trocadéro		11,865	139,009	49,145	37,731	121,872	35,076	877	1,164	981	66,155	105,811	»	9,430	579,146
Passy		20,050	324,966	114,749	88,973	236,115	69,886	10,426	926	2,325	34,838	190,282	»	14,725	1,108,484
Auteuil	Local	26,592	1,080,260	122,533	89,778	403,849	169,459	17,519	70,675	22,179	3,277	»	»	»	2,006,121
	Provenance du chemin de ceinture R. G. (Transit)	15,344	409,565	211,621	240,294	712,597	416,413	74,365	100,322	192,956	»	»	»	»	2,403,377
	Provenance du Champ-de-Mars par Grenelle (Transit)	»	»	»	»	»	»	»	»	»	»	»	»	»	»
	Provenance de la ligne de Versailles R. G. par Ouest-Ceinture (Transit)	89	19,412	6,162	10,131	18,885	20,046	6,281	8,447	13,453	»	»	»	»	103,306
TOTAL		319,277	5,433,439	1,520,826	2,586,270	2,607,604	2,786,396	670,643	580,813	1,128,997	2,094,563	2,328,465	»	102,305	22,159,559

LIGNE D'AUTEUIL.

Nombre de voyageurs en 1894	22,159,559
Nombre de trains	(1) 137,449
Nombre de gares	8
Nombre de voyageurs en 1893	21,065,773
Nombre de voyageurs en plus en 1894	1,093,786

(1) Y compris 45,530 trains de la Ceinture et du Nord passés en péage.

Nombre moyen de voyageurs en 1894 :

Par train	162
Par gare	2,769,945
Par jour	60,711

Syndicat des deux chemins de fer de Ceinture de Paris. — Ceintu

STATIONS EXPÉDITRICES	CORRESPONDANCE Ouest	COURCELLES-CEINTURE	AVENUE DE CLICHY	AVENUE DE SAINT-OUEN	BOULEVARD ORNANO	CORRESPONDANCE Nord	NORD-CEINTURE	LA CHAPELLE-SAINT-DENIS	CORRESPONDANCE Est	EST-CEINTURE	PONT DE FLANDRE	BELLEVILLE-VILLETTE	MÉNILMONTANT
Ouest, par Courcelles-Ceinture	»	27,593	121,781	149,319	259,131	291527	»	72,148	3,931	51,974	157,019	166,789	
Courcelles-Ceinture..........	33,094	6,031	45,586	66,716	97,268	69,128	»	34,235	1,249	24,480	85,747	85,827	
Avenue de Clichy...........	129,135	12,579	5,443	8,174	74,921	40,021	»	26,124	1,569	18,676	71,882	57,560	
Avenue de Saint-Ouen.......	149,873	63,287	7,792	6,838	24,262	22,489	»	27,300	428	13,976	55,993	56,351	
Boulevard Ornano	275,157	99,326	75,335	25,318	10,576	5,757	»	4,490	311	15,273	52,958	45,052	
Correspondance (Nord).......	286,180	63,371	36,045	19,552	5,790	1,117	»	2,718	40	2,707	19,693	8,137	
La Chapelle-Nord-Ceinture...	»	»	»	»	»	»	»	»	»	»	»	»	
La Chapelle-Saint-Denis.....	82,195	30,376	24,537	26,253	5,540	3,930	»	3,663	124	3,599	26,079	21,645	
Correspondance (Est)........	5,630	2,055	1,725	770	444	143	»	99	157	123	379	378	
Est-Ceinture	50,447	27,413	20,313	16,512	18,756	3,664	»	4,440	135	518	846	11,964	
Pont de Flandre............	169,104	79,612	63,702	53,517	56,071	21,564	»	22,346	268	905	7,713	22,603	
Belleville-Villette..........	175,374	84,034	54,471	50,389	43,395	10,126	»	17,846	200	8,328	38,482	12,626	
Ménilmontant..............	298,049	134,074	87,187	89,182	77,744	26,803	»	41,947	418	15,323	76,057	59,730	
Charonne	130,315	61,058	41,598	45,607	52,058	30,076	»	23,794	628	11,327	82,703	97,908	
Avenue de Vincennes........	116,484	67,915	48,818	52,296	60,956	49,183	»	37,961	1,159	14,443	87,692	77,175	
Bel-Air (Vincennes).........	23,067	18,031	15,019	16,464	8,591	2,848	»	7,366	147	2,255	31,476	24,488	
Bel-Air (Ceinture)...........	87,585	40,344	29,242	35,106	38,289	33,933	»	19,832	933	6,556	45,549	54,030	
Correspondance (Lyon)... ..	139	68	35	161	248	110	»	21	5	13	113	72	
La Rapée-Bercy.............	60,988	24,900	25,902	27,618	27,865	23,952	»	23,227	427	7,007	44,849	61,746	
Correspondance (Orléans)....	755	359	193	197	164	701	»	155	30	100	748	541	
Orléans-Ceinture............	85,377	7,383	16,695	19,078	24,511	21,850	»	18,714	654	4,626	33,744	54,132	
La Maison-Blanche..........	178,474	9,642	17,016	22,462	31,992	29,946	»	19,331	607	5,029	43,551	56,904	
La Glacière-Gentilly	133,257	6,144	8,118	8,488	15,584	15,468	»	7,687	437	1,562	26,462	30,870	
Montrouge	334,440	15,579	23,905	26,796	27,724	17,519	»	14,069	337	4,268	35,934	51,498	
Versailles (rive gauche)	95,728	1,111	3,672	4,019	5,574	1,410	»	1,814	103	547	5,979	8,367	
Ouest-Ceinture.............	225,682	9,722	15,979	20,950	25,952	16,991	»	8,496	233	2,625	20,425	30,508	
Vaugirard-Issy.............	250,928	10,244	15,829	18,635	32,152	29,201	»	10,297	285	3,778	18,450	35,469	
Grenelle	64,879	2,967	7,974	6,686	11,021	6,711	»	4,309	51	724	9,209	10,963	
Point-du-Jour	310,509	10,693	19,631	23,506	36,717	42,518	»	9,970	493	4,386	19,335	26,608	
Auteuil....................	»	»	»	»	»	»	»	»	»	»	»	»	
Totaux.........	3,757,905	915,968	803,540	840,609	1,073,296	823,686	»	406,091	15,226	[illegible]	1,129,067	1,170,141	

Rive gauche). — *Mouvement des voyageurs pendant l'année 1894.*

	BEL-AIR-CEINTURE	CORRESPONDANCE Lyon	LA RAPÉE-BERCY	CORRESPONDANCE Orléans	ORLÉANS-CEINTURE	MAISON-BLANCHE	GLACIÈRE-GENTILLY	MONTROUGE	VERSAILLES (rive gauche)	OUEST-CEINTURE	VAUGIRARD-ISSY	GRENELLE	POINT-DU-JOUR	AUTEUIL	TOTAL
															822,612
															870,133
															1,090,497
															788,881
															»
															484,849
15	1,780														24,295
179	7,913														259,388
551	12,775														1,363,024
497	19,643														1,173,441
															1,632,983
															934,941
															1,174,012
	[illegible]														348,189
															701,892
															1,018,479
															741,785

LETTRES	DÉSIGNATION DES LIGNES	LONGUEUR du PARCOURS	VOITURES		NOMBRE DE COURSES		CHEV[AUX]
			NOMBRE maximum	NOMBRE de journées	par jour	par voiture et par jour	NOMBRE par jour
		mètres.					
I. — OMNIBUS A 26, 28 ET 30 PLACES.							1°
A	Auteuil-Madeleine	6,600	10	3,650	163	16.38	[illegible]
C *bis*	Étoile-Palais-Royal	3,620	6	2,190	164	27.29	[illegible]
F	Place Wagram-Bastille	6,966	30	10,950	421	14.02	[illegible]
I	Place Pigalle-Halle aux vins	5,387	15	5,473	258	17.18	[illegible]
J	Montmartre-Place Saint-Jacques	7,300	25	9,125	334	13.34	[illegible]
K	Gare du Nord-Boulevard Saint-Marcel	5,773	8	2,920	142	17.72	[illegible]
M	Belleville-Arts et Métiers	5,800	12	4,380	207	17.27	[illegible]
N	Belleville-Louvre	3,852	15	5,473	319	21.29	[illegible]
P	Charonne-Place d'Italie	6,200	13	4,745	206	15.83	[illegible]
Q	Plaisance-Hôtel de Ville	5,533	12	4,380	217	18.09	[illegible]
T	Gare d'Orléans-Square Montholon	5,340	10	3,650	169	16.98	[illegible]
U	Parc de Montsouris-Place de la République	6,220	7	2,555	120	17.16	[illegible]
X	Vaugirard-Gare Saint-Lazare	6,100	18	6,570	288	15.99	[illegible]
Y	Grenelle-Porte Saint-Martin	7,090	21	7,663	296	14.09	[illegible]
Z	Grenelle-Bastille	6,990	9	3,285	128	14.20	[illegible]
AD	Place de la République-Champ-de-Mars	6,340	10	3,630	162	16.25	[illegible]
AE	Forges d'Ivry-Place Saint-Michel	6,400	5	1,825	88	17.66	[illegible]
AF	Place du Panthéon-Place de Courcelles	7,567	20	7,300	268	13.39	[illegible]
AG	Vaugirard-Louvre	6,145	15	5,475	246	16.39	[illegible]
AH	Grenelle-Gare-Saint-Lazare	6,740	10	3,650	154	15.38	[illegible]
AJ	Parc Monceau-La Villette	6,130	7	2,553	114	16.25	[illegible]
TQ	Porte d'Ivry-Halles	5,390	10	3,650	156	15.66	[illegible]
	TOTAUX ET MOYENNES	6,065	288	105,120	4,621	16.05	[illegible]
II. — OMNIBUS A 40 PLACES.							
B	Trocadéro-Gare de l'Est	5,876	25	9,125	436	17.42	[illegible]
C	Porte Maillot-Hôtel de Ville	5,600	20	7,300	376	18.78	[illegible]
D	Ternes-Filles-du-Calvaire	7,190	23	8,395	320	13.10	[illegible]
D *bis*	Place des Ternes-Filles-du-Calvaire	6,350	8	2,920	122	15.22	[illegible]
E	Madeleine-Bastille	4,588	42	15,330	880	20.94	[illegible]
G	Batignolles-Jardin des Plantes	6,723	21	7,665	289	13.77	[illegible]
H	Clichy-Odéon	6,721	40	14,600	498	12.44	[illegible]
L	La Villette-Saint-Sulpice	7,500	21	7,665	283	13.46	[illegible]
O	Ménilmontant-Gare du Montparnasse	7,540	27	9,855	354	13.12	[illegible]
R	Gare de Lyon-Saint-Philippe-du-Roule	6,260	15	5,475	242	16.13	[illegible]
V	Maine-Gare du Nord	7,350	22	8,030	296	13.44	[illegible]
AB	Passy-Place de la Bourse	6,280	15	5,463	224	14.96	[illegible]
AC	Petite Villette-Champs-Élysées	6,112	14	5,180	229	16.14	[illegible]
AI	Gare Saint-Lazare-Place Saint-Michel	3,250	15	5,475	424	28.25	[illegible]
	TOTAUX ET MOYENNES	6,236	306	112,478	4,942	16.03	[illegible]

VOYAGEURS — … transportés dans l'année — …jet direct: Impériale	Par correspondances et franchises: Intérieur	Par correspondances et franchises: Impériale	TOTAUX	Par voiture et par jour: Intérieur	Par voiture et par jour: Impériale	Par voiture et par jour: TOTAL	Par course et par jour: Intérieur	Par course et par jour: Impériale	Par course et par jour: TOTAL	RECETTE MOYENNE: par journée de voiture	par course de voiture	par journée de cheval	par kilomètre de voiture	annuelle par kilomètre de ligne
										fr. c.	fr. c.	fr. c.	fr. c.	fr.
[illegible]	299,283	24,443	1,462,343	233	85	318	14.24	5.23	19.47	57 76	3 53	3 87	» 53	31
[illegible]	129,963	11,235	894,116	236	172	408	8.65	6.30	14.95	77 46	2 83	4 99	» 78	46
[illegible]	882,111	33,009	6,294,325	349	255	574	22.74	18.23	40.97	109 27	7 78	7 84	1 11	71
[illegible]	421,923	28,412	2,838,074	291	227	518	16.95	13.20	30.15	98 02	5 70	6 53	1 03	
[illegible]	592,260	45,495	4,344,594	273	203	476	20.49	15.21	35.70	92 84	6 95	6 45	» 92	
[illegible]	145,798	6,128	921,473	180	135	315	10.15	7.65	17.80	62 11	3 50	3 74	» 60	31,447
[illegible]	234,459	25,378	1,408,473	200	121	321	11.60	7.01	18.61	61 91	3 58	4 02	» 61	46,758
[illegible]	608,569	35,642	2,860,252	313	209	522	14.69	9.84	24.53	91 59	4 30	6 68	1 11	30,194
[illegible]	566,199	53,196	2,412,339	296	212	508	18.72	13.39	32.11	85 54	5 44	5 26	» 87	65,471
[illegible]	239,004	16,309	2,071,563	249	223	472	13.75	12.38	26.13	94 78	5 07	6 26	» 94	72,664
[illegible]	164,263	6,285	1,235,626	193	145	338	11.41	8.63	20.04	67 65	4 00	5 09	» 75	46,242
[illegible]	97,288	3,218	775,947	169	134	303	9.87	7.82	17.69	59 23	3 45	3 78	» 55	24,330
[illegible]	352,921	22,594	3,128,058	265	211	476	16.57	13.20	29.77	94 67	5 92	7 20	» 97	04,964
[illegible]	442,012	23,497	3,428,355	246	201	447	17.48	13.24	31.72	86 87	6 16	6 56	» 86	93,949
[illegible]	106,203	6,755	871,381	144	121	265	10.12	8.55	18.67	51 24	3 60	4 02	» 54	24,084
[illegible]	267,439	18,216	1,829,550	279	222	501	17.16	13.68	30.84	93 83	5 77	6 11	» 91	34,023
[illegible]	36,846	1,406	176,923	70	26	96	3.97	1.51	5.48	15 86	» 89	1 17	» 14	4,323
[illegible]	468,002	38,707	3,276,727	269	179	448	20.14	13.36	33.50	88 33	6 59	6 61	» 87	85,246
[illegible]	486,255	39,094	2,563,826	267	201	468	16.31	12.26	28.57	86 62	5 28	6 53	» 86	77,555
[illegible]	220,256	20,026	1,420,617	223	166	389	14.47	10.82	25.29	72 72	4 72	3 46	» 70	39,283
[illegible]	96,480	4,165	621,307	133	110	243	8.10	6.76	14.86	45 13	2 78	3 34	» 44	18,750
[illegible]	200,986	12,079	979,121	175	93	268	11.18	5.93	17.13	49 52	3 16	3 12	» 56	32,336
[illegible]	6,886,630	498,457	45,517,007	249	184	433	15.52	11.46	26.98	82 08	5 11	5 72	» 83	64,468
[illegible]	1,096,928	83,260	7,338,040	465	339	804	26.67	19.47	46.14	153 58	8 84	7 66	1 49	238,544
[illegible]	711,286	44,943	5,373,765	403	333	736	21.45	17.74	39.19	140 88	7 50	6 42	1 33	183,650
[illegible]	1,002,064	57,986	5,787,015	404	285	689	29.06	20.53	49.59	127 81	9 19	6 93	1 27	149,233
[illegible]	281,472	12,439	1,655,702	333	234	567	21.81	15.39	37.23	105 87	6 95	5 44	1 08	48,684
[illegible]	2,876,894	246,277	14,563,657	523	427	950	25.85	21.07	46.92	163 59	8 08	8 63	1 76	546,634
[illegible]	648,748	42,357	4,681,564	336	274	610	24.38	19.95	44.33	116 04	8 42	5 88	1 25	132,307
[illegible]	1,271,540	128,363	9,257,344	348	286	634	27.97	23.00	50.97	120 47	9 68	6 75	1 44	261,697
[illegible]	754,700	59,344	5,004,142	344	308	652	25.53	22.83	48.36	119 22	8 83	6 24	1 17	121,850
[illegible]	1,062,269	73,480	7,041,752	379	332	711	28.93	25.28	54.21	130 32	9 93	6 34	1 32	171,025
[illegible]	650,346	41,184	3,807,284	398	297	695	24.70	18.41	43.11	127 57	7 90	6 60	1 26	111,580
[illegible]	564,650	45,071	3,236,042	349	303	652	25.96	22.55	48.51	128 47	9 55	6 54	1 30	140,362
[illegible]	538,742	49,275	3,387,404	358	262	620	23.96	17.47	41.43	116 87	7 81	5 81	1 24	104,670
[illegible]	653,272	37,451	3,406,778	362	237	599	22.47	14.67	37.14	105 96	6 36	4 84	1 05	89,805
[illegible]	886,842	71,338	4,872,836	500	390	890	17.68	13.81	31.49	158 85	5 62	8 17	1 72	267,607
[illegible]	12,983,940	992,602	81,083,345	401	319	720	23.03	19.91	44.94	132 94	8 28	6 79	1 38	171,274

LETTRES	DÉSIGNATION DES LIGNES	LONGUEUR du PARCOURS	VOITURES				CHE[illegible]
			NOMBRE maximum	NOMBRE de journées	NOMBRE DE COURSES par jour	NOMBRE DE COURSES par voiture et par jour	NOMBRE par jour
		mètres.					
	2° LIGNE[illegible]						
A	Louvre-Saint-Cloud	10,133	6	2,253	135	21.94	[illegible]
B	Louvre-Sèvres	11,345	5	1,209	36	10.87	[illegible]
C	Louvre-Vincennes	8,258	26	9,490	330	12.09	[illegible]
	Totaux et moyennes	9,912	37	12,952	501	14.12	[illegible]
	3° LIG[illegible]						
D	Étoile-La Villette	5,725	27	9,579	460	17.[illegible]	[illegible]
E	La Villette-Place de la Nation	4,995	15	5,396	314	21.21	[illegible]
F	Cours de Vincennes-Louvre	6,628	30	10,950	519	17.30	[illegible]
G	Montrouge-Gare de l'Est	6,328	36	13,140	353	15.37	[illegible]
H	La Chapelle-Square Monge	6,237	21	7,621	309	14.00	[illegible]
I	Porte Ornano-Bastille	5,721	29	9,706	172	17.74	[illegible]
I *ter*	Bastille-Saint-Ouen	6,855	4	1,460	56	13.99	[illegible]
I *bis*	Cimetière Saint-Ouen-Porte Ornano	1,134	3	1,098	188	62.65	[illegible]
J	Louvre-Passy	5,429	9	3,285	175	19.42	[illegible]
K	Louvre-Charenton	8,576	13	4,753	178	13.66	[illegible]
L	Bastille-Porte Rapp	6,100	17	5,595	257	16.78	[illegible]
M	Gare de Lyon-Place de l'Alma	6,646	14	4,805	209	15.05	[illegible]
N	La Muette-Rue Taitbout	6,496	15	5,475	248	16.84	[illegible]
O	Gare d'Auteuil-Boulogne (service des théâtres)	2,760	»	»	4	»	[illegible]
P	Trocadéro-La Villette	7,234	10	3,630	140	13.99	[illegible]
P *bis*	Trocadéro-Place-Pigalle	5,034	4	1,460	67	16.69	[illegible]
R	Boulogne-les Moulineaux	3,044	2	730	57	28.30	[illegible]
S	Pont de Charenton-Créteil	4,870	4	1,461	80	20.02	[illegible]
U	Place de la Nation-Gare de Sceaux	6,853	7	2,555	118	16.93	[illegible]
V	Pantin-Opéra	6,720	10	2,326	157	16.27	[illegible]
X	Montreuil-Châtelet	8,384	11	3,405	136	14.30	[illegible]
Y	Place de la République-Charenton	6,797	12	4,076	187	16.72	[illegible]
Z	Saint-Denis-Châtelet	5,033	8	2,920	74	9.22	[illegible]
AB	Louvre-Versailles	19,042	5	1,522	32	7.48	[illegible]
AC	Auteuil-Saint-Sulpice	6,371	12	4,340	182	15.45	[illegible]
	Totaux et moyennes	6,790	318	112,548	5,171	16.76	[illegible]
O	Gare d'Auteuil-Boulogne (traction mécanique)	2,760	4	1,155	120	41.77	»
AD	Cours de Vincennes-Saint-Augustin	9,106	10	1,234	114	13.68	»
	Totaux et moyennes	6,719	332	114,937	5,445	16.97	»
	4° TRA[illegible]						
G *bis*	Montrouge-Châtelet	4,115	2	484	6	4.09	[illegible]
H *bis*	La Chapelle-Châtelet	4,810	1	305	4	4.09	[illegible]
	Totaux et moyennes	4,462	3	789	10	4.00	[illegible]
	[illegible]						
»	Saint-Maur	4,784	2	154	40	20.26	[illegible]
»	Romainville-Belleville	2,755	2	730	58	28.95	[illegible]
»	Belleville (rabatteuse)	450	1	365	66	66.90	[illegible]
»	Cimetière de Bagneux	2,465	3	1,099	60	19.77	[illegible]
»	Cimetière de Pantin	1,767	3	1,099	73	24.32	[illegible]
	Totaux et moyennes	2,443	11	3,447	317	26.07	[illegible]

rrées.

...t direct	Par correspondances et franchises		...RS	PAR VOITURE et par jour			PAR COURSE et par jour			RECETTE MOYENNE				
Impériale	Intérieur	Impériale	TOTAUX	Intérieur	Impériale	TOTAL	Intérieur	Impériale	TOTAL	par journée de voiture	par course de voiture	par journée de cheval	par kilomètre de voiture	annuelle par kilomètre de ligne
										fr. c.	fr. c.	fr. c.	fr. c.	fr. c.
FERRÉES														
[illegible]	[illegible]	21,429	1,849,504	445	393	838	20.34	17.96	38.27	122 54	5 59	7 03	1 04	27,234
[illegible]	82,692	10,000	993,760	522	300	822	47.99	27.58	75.57	116 »	9 89	6 14	» 94	12,362
[illegible]	1,093,906	83,628	8,034,517	468	380	848	36.89	29.92	66.81	121 76	9 58	8 48	1 16	139,920
4,740,701	1,317,101	115,057	10,934,871	469	373	844	33.22	26.53	59.75	121 35	8 58	8 06	1 11	53,236
AYS														
3,581,743	4,275,446	109,065	8,670,348	520	385	905	29.65	22.01	51.66	154 60	8 82	9 40	1 54	258,686
1,988,973	953,826	63,242		416	380	796	19.64	17.93	37.54	128 45	6 05	8 83	1 21	138,763
4,420,375	1,434,906	78,154		442	412	854	25.58	23.80	49.38	154 65	8 94	11 12	1 38	255,497
3,611,200	2,033,600	136,937		542	437	979	35.27	28.47	63.74	180 76	11 76	12 77	1 85	375,338
2,725,030	862,809	38,030		408	362	770	27.58	24.50	52.08	141 49	9 55	9 32	1 53	172,893
4,194,691	1,861,973	122,404	9,804,417	565	445	1,010	31.86	25.06	56.92	177 20	9 98	8 88	1 73	300,640
582,484	227,564	15,313	1,322,735	496	409	905	35.49	29.27	64.76	148 61	10 62	7 63	1 54	31,652
337,122	4,475	548	531,611	195	307	502	3.11	4.90	8.01	34 68	» 55	5 02	» 48	33,582
798,172	363,998	32,901	1,978,798	349	253	602	17.98	13.02	31.00	108 82	5 60	5 90	1 03	65,845
1,297,806	486,752	40,055	3,083,741	346	302	648	25.34	22.13	47.47	106 66	7 80	6 64	» 94	59,116
1,850,647	884,513	57,670		460	344	804	27.44	20.34	47.75	140 07	8 34	10 86	1 36	128,478
1,386,744	652,388	35,716	3,543,314	435	296	731	27.44	18.67	46.11	133 33	8 40	9 66	1 26	96,403
1,578,427	454,986	22,809		403	292	695	24.38	17.70	42.08	139 53	8 44	9 01	1 30	117,003
»	»	»		»	»	»	6.63	»	6.63	» »	1 99	7 96	» 72	499
1,273,203	519,607	28,245	2,945,901	450	357	807	32.15	25.51	57.66	145 56	10 40	10 47	1 43	73,447
336,768	97,545	3,394	724,762	263	233	496	15.77	13.96	29.73	93 90	5 62	6 64	1 11	27,233
129,444	20,460	16,744		121	200	321	4.29	7.06	11.35	31 81	1 12	5 47	» 36	7,628
276,586	999	515		122	190	312	6.12	9.47	15.59	58 75	2 93	8 52	» 59	17,627
519,082	126,720	7,830		193	206	399	11.41	12.17	23.58	73 69	4 35	4 98	» 63	27,474
1,114,252	224,712	12,028	2,212,146	308	319	627	18.92	19.63	38.55	114 29	7 02	6 82	1 00	59,972
952,399	304,728	15,064	2,171,959	353	284	637	24.23	19.46	43.60	108 19	7 44	7 59	1 02	43,941
2,038,086	308,254	29,157	4,096,123	492	512	1,004	29.45	30.62	60.07	149 09	8 91	9 05	1 34	89,406
373,572	67,427	2,717	703,210	112	128	240	12.13	13.97	26.10	46 »	4 98	5 95	» 99	26,688
433,082	80,846	11,116	1,247,277	527	292	819	70.50	39.00	109.50	123 57	16 51	4 81	» 86	9,877
835,139	149,337	18,182		155	195	350	10.27	12.86	23.13	63 78	4 34	8 42	» 68	45,224
38,770,394	14,098,778	897,790		420	352	772	25.07	21.02	46.09	135 99	8 10	9 10	1 33	102,325
947,577	19,930	13,300		571	832	1,403	13.89	20.99	34.88	166 72	3 91	»	1 44	69,770
548,831	82,973	4,617	1,023,520	381	448	829	27.94	32.68	60.62	160 78	11 79	»	1 42	21,790
40,257,102	14,201,683	915,707		421	358	779	24.82	21.12	45.94	136 56	8 04	»	1 33	97,449
33,891	»	»	86,196	108	70	178	27.02	17.50	44.52	26 71	6 67	9 41	1 62	3,142
19,336	»	»	59,038	130	63	193	32.54	15.85	48.39	29 03	7 23	9 06	1 50	1,841
53,227	»	»	145,234	117	67	184	29.15	16.86	46.01	27 61	6 90	9 22	1 57	2,441
»	262	»	21,886	142	»	142	7 02	»	7 02	30 46	1 50	2 89	» 31	981
»	218	»	103,049	141	»	141	4 87	»	4 87	42 62	1 47	5 07	» 53	11,295
»	42,220	»	42,220	115	»	115	1 75	»	1 75	» »	» »	» »	» »	»
45,652	196	88	187,984	129	42	171	6 54	2 10	8 64	31 93	1 61	4 77	» 65	14,235
64,917	187	99	212,266	134	59	193	5 51	2 43	7 94	23 07	1 07	4 09	» 60	16,217
110,569	43,083	187	567,402	132	32	164	4 72	2 14	6 86	28 88	1 02	4 07	» 53	8,148

COMPAGNIES DE TRAMWAYS.

(Intra-muros et extra-muros.)

État des voyageurs transportés pendant l'année 1894.

DÉSIGNATION DES LIGNES	NOMBRE DE COURSES — Total des courses effectuées	NOMBRE DE COURSES — Moyenne par jour	NOMBRE DE VOYAGEURS TRANSPORTÉS — PAR TRAJET DIRECT — Intérieur	PAR TRAJET DIRECT — Impériale	PAR CORRESPONDANCE OU FRANCHISE — Intérieur	PAR CORRESPONDANCE OU FRANCHISE — Impériale	TOTAUX	NOMBRE MOYEN de voyageurs transportés par chaque course
RÉSEAU NORD								
Courbevoie—Étoile	84,933	[illegible]	1,096,760	2,056,391	260,736	125,995	[illegible]	[illegible]
Suresnes—Courbevoie	25,166	68	76,136	251,577	1,476	1,169	[illegible]	[illegible]
Courbevoie—Madeleine	37,792	103	608,430	680,562	205,131	44,838	1,535,964	[illegible]
Route de Neuilly (rond-point du château)-Porte des Ternes	20,674	56	144,224	202,617	49,683	12,176	[illegible]	[illegible]
Courbevoie-Pont de la Jatte—Madeleine	48,982	126	1,095,462	840,475	270,881	[illegible]	[illegible]	[illegible]
Levallois—Madeleine	46,534	127	420,744	744,813	206,881	44,974	1,446,112	[illegible]
Asnières—Madeleine	36,478	99	707,637	1,334,529	101,121	15,877	2,180,464	[illegible]
Gennevilliers—Asnières—Madeleine	45,248	123	1,132,265	1,890,320	245,969	42,599	[illegible]	[illegible]
Mairie de Saint-Ouen—Gennevilliers	16,690	45	82,352	»	14	»	[illegible]	9
Saint-Denis—Madeleine	42,858	117	1,287,874	1,901,563	308,905	33,931	[illegible]	[illegible]
Saint-Denis—Neuilly et Serpollet	23,399	64	168,336	368,395	8,521	5,238	[illegible]	[illegible]
Saint-Denis—Opéra (électricité)	38,257	104	932,554	1,840,094	80,431	9,406	[illegible]	[illegible]
Saint-Denis au Châtelet	26,666	73	233,258	458,838	1,062	224	[illegible]	[illegible]
Aubervilliers—place de la République	56,715	155	1,586,422	1,800,966	317,912	22,046	3,727,346	[illegible]
Quatre-Chemins—Cimetière	35,943	98	231,090	»	1	»	231,091	6
Pantin—place de la République	38,007	156	794,771	921,877	292169	17,529	[illegible]	[illegible]
Pantin—Noisy-le-Sec	9,490	26	25,363	»	61	»	25,424	[illegible]
Rabattage du Pré-Saint-Gervais	23,520	64	124,493	»	23	»	124,516	[illegible]
TOTAUX	675,552	1,850	10,718,162	15,290,039	2,352,757	394,540	[illegible]	[illegible]
RÉSEAU SUD								
Saint-Germain-des-Prés—Fontenay	68,471	188	2,049,359	1,721,737	423,140	»	[illegible]	[illegible]
Montparnasse—Etoile	120,456	320	1,938,293	2,037,802	664,429	»	[illegible]	[illegible]
Montparnasse—Bastille	119,927	329	2,256,976	1,943,317	616,221	»	[illegible]	[illegible]
Villejuif—Châtelet	71,033	195	1,607,155	1,737,297	399,547	»	[illegible]	[illegible]
Saint-Germain-des-Prés—Clamart	47,800	131	1,094,032	1,115,142	234,422	»	[illegible]	[illegible]
Porte de Montreuil—Montreuil (1)	21,290	137	218,388	55,608	»	»	[illegible]	[illegible]
Bastille—Charenton	60,754	166	1,039,079	1,097,883	368,341	»	[illegible]	[illegible]
Place de la Nation—place Valhubert	13,668	37	32,468	89,783	8,907	»	[illegible]	[illegible]
Châtelet—Ivry	35,736	98	649,161	756,248	185,771	»	[illegible]	[illegible]
Choisy—Châtelet	37,443	103	1,038,068	1,120,977	188,416	»	2,347,461	[illegible]
Avenue d'Antin—Vanves	22,988	63	165,237	455,920	3,814	»	624,971	[illegible]
TOTAUX	619,566	1,697	12,088,216	12,131,714	3,095,018	»	27,314,948	[illegible]
TRAMWAY FUNICULAIRE DE BELLEVILLE								
Tramway funiculaire de Belleville (De la place de la République à l'église de Belleville)	122,511	335	4,282,803	»	31,311	»	4,314,114	[illegible]

(1) La ligne de Montreuil n'exploite que la partie extra-muros, elle fait partie de la moyenne dans le total et est comprise dans les colonnes des voyageurs.

ANNÉE 1884. — COMPAGNIE DES BATEAUX PARISIENS. — Mouvement [illegible] exploitation.

MOIS	SERVICE DE CHARENTON À AUTEUIL				DU PONT D'AUSTERLITZ À AUTEUIL				DES TUILERIES À SURESNES				OBSERVATIONS
	Journées de service	Journées de bateaux	Kilomètres parcourus	Voyageurs transportés	Journées de service	Journées de bateaux	Kilomètres parcourus	Voyageurs transportés	Journées de service	Journées de bateaux	Kilomètres parcourus	Voyageurs transportés	
Janvier	22	580	62,416 5	604,228	22	426	37,390	411,150	22	132	17,352 5	87,504	*Nota.* — Service interrompu du 5 au 13 janvier inclus, cause de glaces.
Février	28	745	81,934	985,715	28	544	48,933	581,454	28	172	22,360	87,752	
Mars	31	862	94,262 5	1,306,343	31	645	57,816	784,886	31	258	29,220	185,671	
Avril	30	836	93,553	1,319,945	30	638	57,133	763,979	30	292	31,416	218,598	
Mai	31	918	101,579	1,433,360	31	661	58,796	811,997	31	399	42,010	289,042	
Juin	30	885	98,040 5	1,450,898	30	640	58,046	810,600	30	384	40,786	300,625	
Juillet	31	931	101,808 5	1,554,039	31	668	60,720	805,536	31	394	42,046	320,530	
Août	31	918	99,614	1,447,498	31	640	58,662	738,696	31	378	40,542	303,322	
Septembre	30	876	95,820	1,317,410	30	622	56,026	711,421	30	406	41,613	325,267	
Octobre	31	845	91,124 5	1,204,889	31	603	53,472	700,318	31	272	31,054	162,848	
Novembre	30	807	85,091 5	1,095,313	30	586	50,310	630,157	30	198	23,514	104,712	
Décembre	31	834	91,419	1,078,859	31	592	53,154	621,938	31	189	24,680	87,140	
TOTAUX	356	10,047	1,096,603	14,855,497	340	7,265	650,458	8,372,132	336	3,474	386,590 5	2,443,011	

Voitures de place et de transport en commun (Desserte de Paris).

ARRONDISSEMENTS	VOITURES DE PLACE	COMPAGNIE GÉNÉRALE DES OMNIBUS — Omnibus des lignes d'intérieur	COMPAGNIE GÉNÉRALE DES OMNIBUS — Tramways	TRAMWAYS NORD	TRAMWAYS SUD	VOITURES desservant LES GARES des chemins de fer
	Nombre de voitures pouvant trouver place aux stations.	1° DISTRIBUTION PAR ARRONDISSEMENT. (Nombre de voitures traversant chaque arrondissement.)				
1er	300	483	178	»	27	43
2e	187	372	98	»	»	43
3e	212	233	138	20	»	13
4e	250	296	172	»	50	10
5e	243	196	87	»	43	2
6e	321	268	99	»	50	11
7e	400	147	40	»	26	9
8e	623	339	86	50	17	35
9e	258	305	65	25	»	36
10e	317	217	203	28	»	11
11e	244	166	158	20	24	15
12e	383	28	171	»	24	4
13e	221	56	20	»	43	»
14e	240	72	45	»	50	4
15e	196	119	12	»	53	2
16e	506	79	88	7	14	»
17e	348	193	55	50	14	»
18e	320	109	100	25	»	»
19e	312	72	65	20	»	»
20e	108	70	55	»	1	»
Totaux en 1894...	5,989	3,820	1,935	245	436	237 (1)
Totaux en 1893...	5,979	3,814	1,941	258	474	241
Différences...	+ 10	+ 6	— 6	— 13	— 38	— 4

2° EFFECTIF POUR CHAQUE CATÉGORIE DE VOITURES.

	Moyennes.	Rabatteurs compris (2).	Tramways du matin compris (3).	Tramways Nord.	Tramways Sud.	Voitures de chem. de fer.
En 1894	9,541	614	337	81	89	43
En 1893	9,758	610	345	89	99	44
Différences...	— 217	+ 4	— 8	— 8	— 10	— 1

OBSERVATIONS

Les chiffres portés, pour les lignes d'omnibus ordinaires et de tramways, sont les chiffres maxima.

Parmi les lignes d'omnibus ordinaires, tramways, etc., il en est plusieurs qui suivent, dans leurs parcours, des voies formant les limites des arrondissements; d'autres ont leur terminus sur la voie séparative de deux arrondissements.

Pour l'établissement du tableau ci-contre, on s'est attaché à considérer si les voitures desservaient réellement un arrondissement, et celles qui se trouvaient dans ce cas ont seules été comprises dans les chiffres du tableau.

(1) Non compris les voitures supplémentaires.

(2) Les rabatteurs sont des services de petits omnibus prolongeant une ligne dans un quartier excentrique ou établissant la correspondance entre deux lignes que la déclivité du sol oblige à maintenir écartées.

(3) Les tramways du matin effectuent des transports à prix réduits aux heures qui précèdent l'ouverture des ateliers.

SERVICE DES VOITURES PUBLIQUES EN 1894.

	1894	1893	1892	1891
Nombre total des cochers inscrits pendant l'année 1894	2.450	2.584	3.097	2.719
Nombre total des cochers inscrits au 31 décembre 1894	93.507	91.760	90.460	86.088
Nombre total des voitures publiques circulant à Paris	15.143	14.812	14.827	11.060
Savoir : Voitures de place et de remise	13.672	13.420	13.530	9.800
Omnibus	645	630	604	660
Tramways-Omnibus	421	382	353	270
Tramways-Nord	210	200	190	180
Tramways-Sud	195	180	150	120
Nombre d'objets trouvés dans les voitures et déposés à la préfecture de Police.	32.027	32.756	28.407	26.062
Nombre d'objets rendus aux réclamants	»	11.562	10.850	11.952
Nombre de réclamations faites par écrit	»	10.774	10.500	8.685

ENSEIGNEMENT PRIMAIRE ET NATATION

ENSEIGNEMENT SECONDAIRE ET SUPÉRIEUR

ASSOCIATION PHILOTECHNIQUE

UNION FRANÇAISE DE LA JEUNESSE

SOCIÉTÉS SAVANTES

BIBLIOTHÈQUES MUNICIPALES ET POPULAIRES LIBRES

pendant l'année scolaire (Répartition par âges)

De moins de 6 ans au 1er septembre				De 6 ans révolus et au-dessus au 1er septembre			
Laïques		Congréganistes		Laïques		Congréganistes	
Garçons	Filles	Garçons	Filles	Garçons	Filles	Garçons	Filles
180	115	139	33	23	22	9	15
336	313	»	»	111	99	»	»
229	155	»	»	34	50	»	»
978	707	76	348	269	158	26	»
744	489	184	356	295	191	33	36
337	368	64	»	162	117	»	»
674	505	49	179	165	92	»	»
116	86	339	292	49	36	85	83
334	299	30	41	93	114	32	47
903	736	»	202	398	405	»	396
1,922	1,495	134	458	932	896	15	60
1,243	1,055	315	446	442	360	40	45
1,638	1,231	80	143	573	394	»	»
1,174	765	80	171	463	241	30	110
1,991	1,933	73	157	448	431	13	15
373	258	112	109	174	113	40	59
1,076	945	400	451	283	378	12	5
2,170	1,673	137	611	1,146	1,049	64	269
1,700	1,461	304	380	423	346	67	90
1,964	1,729	215	290	769	699	24	13
[illegible]	16,318	2,084	4,757	7,236	8,006	467	1,243

ARRONDISSEMENTS	ÉCOLES — Laïques — spéciales aux garçons	ÉCOLES — Laïques — spéciales aux filles	ÉCOLES — Laïques — mixtes et dirigées par un instituteur	ÉCOLES — Laïques — mixtes et dirigées par une institutrice	ÉCOLES — Congréganistes — spéciales aux garçons	ÉCOLES — Congréganistes — spéciales aux filles	ÉCOLES — Congréganistes — mixtes	NOMBRE des classes des écoles — Enfantines	NOMBRE des classes des écoles — Primaires élémentaires	NOMBRE des classes des écoles — Cours complémentaires	NOMBRE D'ENFANTS ayant fréquenté les écoles publiques dans l'année scolaire (Répartition par âge) — Âgés de 6 ans révolus à 13 ans révolus au 1er septembre — Garçons	Âgés de 6 à 13 ans — Filles	Âgés de moins de 6 ans au 1er septembre — Garçons	Âgés de moins de 6 ans — Filles	Âgés de plus de 13 ans au 1er septembre — Garçons	Âgés de plus de 13 ans — Filles	NOMBRE D'ÉLÈVES ayant fréquenté les écoles publiques (Répartition par nature d'école) — Laïques — Garçons	Laïques — Filles	Congréganistes — Garçons	Congréganistes — Filles	PERSONNEL ENSEIGNANT — Instituteurs — Directeurs — Déchargés de classe	Instituteurs — Directeurs — Chargés de classe	Instituteurs — Titulaires — Dirigeant une école	Instituteurs — Titulaires — Chargés de classe	Instituteurs — Stagiaires — Dirigeant une école	Instituteurs — Stagiaires — Chargés de classe	Institutrices — Directrices — Déchargées de classe	Institutrices — Directrices — Chargées de classe	Institutrices — Titulaires — Dirigeant une école	Institutrices — Titulaires — Chargées de classe	Institutrices — Stagiaires — Dirigeant une école	Institutrices — Stagiaires — Chargées de classe	NOMBRE D'ENFANTS instruits dans leur famille (Art. 7 de la loi du 28 mars 1882) — Garçons	Filles
1er arrond..	4	5	»	»	»	»	»	»	55	2	1,364	1,118	43	46	150	169	1,463	1,333	»	»	3	1	»	26	»	»	5	»	»	30	»	»	1	7
2e id. ..	5	5	»	»	»	»	»	»	66	2	1,621	1,487	39	12	66	87	1,726	1,586	»	»	4	»	»	30	»	»	6	»	»	38	»	»	»	»
3e id. ..	7	7	»	»	»	»	»	4	93	3	2,647	2,167	128	178	132	163	2,907	2,488	»	»	6	»	»	51	»	»	7	1	»	48	»	2	7	6
4e id. ..	11	9	»	»	»	»	»	6	112	4	2,992	2,415	116	»	242	263	3,330	2,679	»	»	9	»	»	58	»	»	9	2	»	62	»	»	3	4
5e id. ..	10	10	»	»	»	»	»	»	129	»	3,239	2,499	63	86	230	385	3,334	2,870	»	»	10	»	»	66	»	1	10	»	»	64	»	»	»	»
6e id. ..	6	5	»	»	»	»	»	»	61	»	1,498	1,007	3	41	145	184	1,648	1,229	»	»	6	»	»	33	»	»	4	1	»	27	»	1	»	»
7e id. ..	6	6	»	»	»	»	»	»	73	4	1,924	1,589	90	24	152	154	2,166	1,764	»	»	5	»	»	37	»	»	7	»	»	43	»	»	7	15
8e id. ..	5	5	»	»	»	»	»	2	51	»	1,207	816	21	21	1,213	104	2,411	941	»	»	5	»	»	28	»	»	4	1	»	24	»	»	8	10
9e id. ..	6	5	»	»	»	»	»	3	63	3	1,595	1,535	27	8	234	344	1,853	2,054	»	»	5	»	»	32	»	»	6	»	»	37	»	»	10	30
10e id. ..	10	10	»	1	»	»	»	3	158	4	3,783	3,611	56	68	1,046	725	4,885	4,434	»	»	8	»	»	67	»	»	11	»	1	[illegible]	»	»	1	8
11e id. ..	17	17	»	»	»	»	»	5	271	5	7,711	6,934	117	91	433	302	8,261	7,347	»	»	15	»	4	137	»	4	17	2	1	140	»	1	6	4
12e id. ..	10	10	»	1	»	»	»	1	174	4	5,325	4,010	»	18	319	208	5,644	4,236	»	»	10	»	»	92	»	»	11	»	»	90	»	3	»	»
13e id. ..	12	11	»	»	»	»	»	»	169	4	5,099	4,048	63	»	449	193	5,581	4,241	»	»	12	»	»	93	»	»	11	»	»	77	»	3	»	»
14e id. ..	10	10	»	»	»	»	»	»	149	4	4,675	3,906	69	73	198	338	4,982	4,349	»	»	10	»	»	84	»	2	10	»	»	72	»	»	3	7
15e id. ..	13	11	»	»	»	»	»	3	175	[illegible]	4,866	4,321	66	»	567	602	5,499	4,973	»	»	11	»	1	92	»	2	10	1	1	94	»	»	3	5
16e id. ..	7	5	»	»	»	»	»	»	65	»	1,705	1,225	»	»	885	151	[illegible]	1,376	»	»	6	»	»	36	»	3	5	»	»	26	»	»	22	49
17e id. ..	13	10	»	»	»	»	»	»	163	3	4,778	3,746	97	15	228	312	5,103	4,073	»	»	10	»	»	78	»	»	13	»	»	90	»	1	8	19
18e id. ..	20	18	»	»	»	»	»	4	273	4	[illegible]	[illegible]	165	60	354	846	9,108	7,896	»	»	18	1	»	[illegible]	»	2	19	»	»	130	»	2	»	»
19e id. ..	12	11	»	»	»	»	»	4	166	9	5,880	4,733	143	192	376	490	6,399	5,415	»	»	11	»	»	92	»	»	11	1	»	82	»	5	2	8
20e id. ..	16	15	»	»	»	»	»	2	[illegible]	»	7,400	6,399	104	13	286	278	7,870	6,600	»	»	15	»	»	33	»	4	16	»	»	[illegible]	»	6	»	»
PARIS....	200	185	»	2	»	»	»	37	2,748	63	77,878	64,324	1,414	948	7,678	6,381	86,970	71,853	»	»	179	2	5	1,310	»	18	192	9	3	1,[illegible]	»	24	81	172
											158,823						158,823																	

ARRONDISSEMENTS	ÉCOLES — Laïques — spéciales aux garçons	ÉCOLES — Laïques — spéciales aux filles	ÉCOLES — Laïques — mixtes et dirigées par un instituteur	ÉCOLES — Laïques — mixtes et dirigées par une institutrice	ÉCOLES — Congréganistes — spéciales aux garçons	ÉCOLES — Congréganistes — spéciales aux filles	ÉCOLES — Congréganistes — mixtes	NOMBRE DES CLASSES des écoles — Enfantines	NOMBRE DES CLASSES des écoles — Primaires élémentaires	NOMBRE DES CLASSES des écoles — Primaires supérieures	NOMBRE D'ENFANTS AYANT FRÉQUENTÉ LES ÉCOLES PRIVÉES pendant l'année scolaire (Répartition par âge) — Agés de 6 ans révolus à 11 ans révolus — Garçons	Agés de 6 ans révolus à 11 ans révolus — Filles	Agés de moins de 6 ans — Garçons	Agés de moins de 6 ans — Filles	Agés de plus de 13 ans — Garçons	Agés de plus de 13 ans — Filles	NOMBRE D'ÉLÈVES AYANT FRÉQUENTÉ des écoles privées pendant l'année scolaire (Répartition par nature d'écoles) — Laïques — Garçons	Laïques — Filles	Congréganistes — Garçons	Congréganistes — Filles	PERSONNEL ENSEIGNANT — Instituteurs	Institutrices	Adjoints	Adjointes
1er arrondissement	2	3	»	15	3	4	»	20	60	2	628	973	69	387	143	235	251	632	589	963	6	22	14	42
2e id.	2	8	»	6	3	1	»	3	54	3	398	627	68	141	76	194	242	637	500	325	5	15	15	37
3e id.	3	9	»	8	1	4	1	14	66	8	396	1,333	164	329	70	446	449	864	381	1,346	6	22	12	63
4e id.	3	12	»	7	4	6	»	4	94	6	857	1,730	77	273	95	430	299	762	730	1,671	7	25	17	65
5e id.	3	12	»	10	3	8	»	»	103	»	702	1,856	174	294	91	434	445	810	522	1,774	6	30	13	67
6e id.	4	18	»	20	4	6	3	»	203	»	1,742	2,213	109	214	682	1,614	484	2,304	2,049	1,737	8	47	64	153
7e id.	3	5	»	20	4	11	»	14	108	»	1,387	2,465	74	183	252	641	313	811	1,400	2,478	7	36	27	74
8e id.	3	30	»	»	6	9	»	21	136	30	1,605	2,523	82	105	199	1,630	445	2,263	1,441	1,995	7	43	25	118
9e id.	2	13	1	33	3	4	2	29	141	7	762	1,716	164	162	64	1,278	468	2,049	322	1,107	6	52	11	120
10e id.	8	16	»	17	4	7	2	27	125	20	2,112	2,941	208	325	175	620	1,026	1,163	1,469	2,699	12	42	23	103
11e id.	10	10	»	14	3	6	»	22	141	13	2,050	2,909	310	487	205	536	1,268	1,424	1,307	2,508	11	32	27	94
12e id.	3	8	1	6	1	13	»	14	94	13	626	2,920	76	273	34	946	407	537	396	3,608	4	28	11	93
13e id.	6	7	»	4	4	8	»	14	74	1	1,415	2,106	165	408	142	212	379	337	1,343	2,289	9	20	21	48
14e id.	2	12	»	11	6	10	2	19	119	11	1,297	2,455	218	628	219	475	312	935	1,422	2,623	8	35	32	98
15e id.	6	13	»	10	3	5	1	4	104	»	1,395	1,319	121	122	183	304	714	685	987	1,420	9	29	20	48
16e id.	5	35	»	»	5	12	»	30	161	7	1,042	2,289	172	279	504	1,083	475	1,439	1,242	2,912	10	67	26	144
17e id.	6	34	»	»	3	12	»	31	174	18	1,436	2,802	208	277	281	856	622	1,567	1,323	2,368	9	63	33	122
18e id.	12	27	»	3	2	7	»	25	110	»	1,687	2,942	220	481	142	293	1,328	1,187	721	2,289	14	37	25	80
19e id.	3	6	»	5	3	7	»	12	64	»	925	1,796	106	207	85	251	226	380	890	1,874	6	18	15	47
20e id.	3	14	»	5	2	5	1	12	65	3	577	1,798	188	345	17	126	357	860	425	1,384	5	26	10	52
Ville de Paris	93	229	2	194	67	145	12	224	2,160	144	23,459	41,685	2,983	5,890	3,658	12,612	10,510	21,586	19,500	38,801	155	698	451	1,668
											90,287						90,287							

Cours d'adultes. — Situation au 31 décembre 1894.

ARRONDISSEMENTS	NOMBRE des écoles publiques laïques (1) où sont ouverts des cours d'adultes — Pour les hommes	Pour les femmes	TOTAL des cours d'adultes	NOMBRE des élèves dans les cours d'adultes — Hommes	Femmes	Total général des cours d'adultes
1er	»	1	1	»	78	78
2e	1	1	2	118	60	178
3e	2	1	3	209	75	284
4e	1	1	2	134	118	252
5e	2	1	3	159	50	209
6e	2	1	3	74	38	112
7e	1	»	1	125	»	125
8e	1	»	1	113	»	113
9e	1	1	2	90	87	177
10e	2	2	4	178	165	343
11e	3	2	5	396	155	551
12e	3	2	5	347	64	411
13e	3	3	6	204	252	456
14e	1	1	2	162	87	249
15e	2	2	4	269	246	515
16e	»	»	»	»	»	»
17e	2	1	3	198	86	284
18e	1	1	2	170	149	319
19e	1	1	2	118	85	203
20e	4	3	7	364	266	630
TOTAUX	33	25	58	3,428	2,061	5,489

(1) Il n'y a pas de cours d'adultes dans les écoles libres ou congréganistes.

Statistique des examens pour le c

ARRONDISSEMENTS	GARÇONS (élèves de 11 à 15 ans)								
	ÉCOLES COMMUNALES		ÉCOLES PRIVÉES		TOTAL DES GARÇONS				
	présentés	admis	présentés	admis	présentés	admis			
1° Paris.									
1er	142	134	73	53	215	187	115	111	126
2e	139	128	81	67	220	195	147	142	71
3e	258	245	64	48	322	293	167	166	154
4e	232	216	212	164	444	380	193	190	175
5e	248	241	112	93	360	334	201	193	205
6e	164	124	275	223	439	347	114	113	115
7e	164	150	160	133	324	283	130	120	183
8e	96	92	148	120	244	212	67	65	123
9e	168	142	106	69	274	211	116	115	134
10e	392	330	215	149	607	479	363	335	302
11e	688	571	249	150	937	721	537	524	296
12e	488	418	95	83	583	501	283	271	287
13e	459	353	143	103	602	456	311	288	216
14e	359	291	148	106	507	397	226	211	190
15e	382	290	190	121	572	411	320	294	120
16e	182	171	121	93	303	264	102	95	160
17e	388	351	154	124	542	475	301	297	265
18e	724	695	156	104	880	799	446	435	210
19e	438	399	122	98	560	497	315	281	140
20e	538	508	115	84	653	592	432	409	172
Totaux	6,649	5,849	2,939	2,185	9,588	8,034	4,906	4,655	3.694
2° Saint-Denis.									
Cantons de :									
Asnières	75	66	65	48	140	114	71	65	55
Boulogne	133	112	30	24	163	136	73	71	59
Clichy	77	69	48	41	125	110	44	36	46
Courbevoie	113	106	73	64	186	170	69	64	117
Levallois	125	97	76	56	201	153	70	60	92
Neuilly	67	67	99	82	166	149	44	40	96
Puteaux	114	80	48	30	162	110	59	40	70
Aubervilliers	118	82	36	28	154	110	96	70	43
Noisy-le-Sec	119	81	23	15	142	96	79	53	49
Pantin	150	84	107	41	257	125	106	75	80
Saint-Denis	236	162	28	15	264	177	167	131	60
Saint-Ouen	143	102	20	12	163	114	93	76	30
Totaux	1,470	1,108	653	456	2,123	1,564	980	783	707
3° Sceaux.									
Cantons de :									
Charenton	150	130	52	40	202	170	115	100	86
Montreuil	95	68	5	1	100	69	82	59	37
Nogent-sur-Marne	107	103	24	15	131	118	76	66	80
Saint-Maur	121	113	32	26	153	139	86	70	78
Vincennes	130	120	184	139	314	259	117	98	175
Ivry	159	145	143	97	302	242	122	105	150
Sceaux	115	103	57	41	172	144	80	69	141
Vanves	117	113	256	230	373	343	90	72	129
Villejuif	109	103	7	4	116	107	75	63	57
Totaux	1,103	998	760	593	1,863	1,591	843	711	933
Résumé.									
Paris	6,649	5,849	2,939	2,185	9,588	8,034	4,906	4,655	3,694
Saint-Denis	1,470	1,108	653	456	2,123	1,564	980	783	797
Sceaux	1,103	998	760	593	1.863	1,591	843	711	933
Totaux généraux	9,222	7,955	4,352	3,234	13,574	11,189	6,729	6,149	5,424

des primaires en 1894.

	TOTAL des candidats des classes du jour		ADULTES (élèves âgés de plus de 15 ans) — GARÇONS		FILLES		TOTAL DES ADULTES		TOTAL GÉNÉRAL des candidats	
	présentés	admis	présentés	admis	présentées	admises	présentés	admis	présentés	admis
	456	418	6	4	5	5	11	9	467	427
	438	399	19	17	7	6	26	23	464	422
	643	608	20	19	11	10	31	29	674	637
	812	733	22	21	14	13	36	34	848	767
	766	720	30	21	13	11	43	32	809	752
	668	555	22	21	24	22	46	43	714	598
	637	571	13	11	8	7	21	18	658	589
	434	390	7	7	1	1	8	8	442	398
	544	454	15	14	4	4	19	18	563	472
	1,272	1,080	18	16	23	20	41	36	1,313	1,116
	1,790	1,514	18	18	17	17	35	35	1,825	1,549
	1,153	1,050	18	18	5	5	23	23	1,176	1,073
	1,129	930	39	28	33	26	72	54	1,201	984
	923	770	20	18	24	22	44	40	967	810
	1,012	804	29	29	11	11	40	40	1,052	844
	565	502	»	»	2	2	2	2	567	504
	1,108	1,023	22	20	14	13	36	33	1,144	1,056
	1,566	1,444	11	11	10	10	21	21	1,587	1,465
	1,015	907	7	5	9	6	16	11	1,031	918
	1,257	1,151	30	27	32	31	62	58	1,319	1,209
7,989	18,188	16,023	366	325	267	242	633	567	18,821	16,590
	266	225	»	»	»	»	»	»	266	225
	295	258	»	»	»	»	»	»	295	258
	215	168	»	»	»	»	»	»	215	168
	372	330	10	9	3	2	13	11	385	341
	372	278	»	»	»	»	»	»	372	278
	306	262	7	4	19	12	26	16	332	278
	291	188	»	»	»	»	»	»	291	188
	293	216	»	»	»	»	»	»	293	216
	270	192	»	»	»	»	»	»	270	192
	443	252	»	»	»	»	»	»	443	252
	491	351	24	22	9	7	33	29	524	380
	286	213	»	»	»	»	»	»	286	213
	3,900	2,933	41	35	31	21	72	56	3,972	2,989
	403	333	»	»	»	»	»	»	403	333
	219	159	»	»	»	»	»	»	219	159
	287	249	»	»	»	»	»	»	287	249
	317	278	»	»	»	»	»	»	317	278
	606	485	12	6	5	3	17	9	623	494
	574	475	6	6	10	10	16	16	590	491
	393	316	9	4	»	»	9	4	402	320
	592	526	8	8	3	3	11	11	603	537
	248	211	15	13	12	12	27	25	275	236
	3,639	3,032	50	37	30	28	80	65	3,719	3,097
	18,188	16,023	366	325	267	242	633	567	18,821	16,590
	3,900	2,933	41	35	31	21	72	56	3,972	2,989
	3,639	3,032	50	37	30	28	80	65	3,719	3,097
10,799	25,727	21,988	457	397	328	291	785	688	26,512	22,676

Écoles professionnelles municipales. — Situation au 31 décembre 1894.

DÉSIGNATION	NOMBRE DE MAITRES	NOMBRE D'ÉLÈVES
École Germain-Pilon (dessin pratique), 12, rue Sainte-Élisabeth	10	101
— Bernard-Palissy (application des beaux-arts à l'industrie), 19, rue des Petits-Hôtels	11	98
École Diderot (industries du fer), 60, boulevard de La Villette	20	251
— Boulle (industries de l'ameublement), 57, rue de Reuilly	21	184
— de physique et de chimie, 42, rue Lhomond	13	98
— Estienne (arts et industries du livre), 18, boulevard d'Italie	33	208
TOTAUX	108	940
École professionnelle et ménagère rue Fondary, 20	30	283
— Bouret, 2	22	264
— Bossuet, 14	25	277
Ganneron, 26	23	181
de Poitou, 7	31	215
de la Tombe-Issoire, 77	23	264
TOTAUX	154	1,484

Écoles primaires supérieures. — Nombre des élèves dans les classes au 31 décembre 1894.

INDICATION des ÉTABLISSEMENTS	NOMBRE DES ÉLÈVES DANS LES CLASSES DE : cours primaires	1re année	2e année	3e année	4e année	5e année	6e année	7e année	8e année	TOTAL GÉNÉRAL
Collège Chaptal	94	196	278	241	43	30	16	»	»	898
École J.-B. Say	80	339	215	101	79	»	»	»	»	814
École Turgot	»	335	200	89	21	»	»	»	»	645
École Colbert	»	237	206	91	62	»	»	»	»	596
École Lavoisier	»	167	140	66	23	»	»	»	»	396
École Arago	»	159	173	31	14	»	»	»	»	377
École Sophie-Germain	»	98	103	81	46	»	»	»	»	328
École Edgar-Quinet	»	143	87	37	9	»	»	»	»	276
TOTAL	174	1,674	1,402	737	297	30	16	»	»	4,330

Écoles primaires supérieures. — Nombre des élèves au 31 décembre 1894.

ÉTABLISSEMENTS	NOMBRE des MAITRES	NOMBRE DES ÉLÈVES de 6 à 13 ans	NOMBRE DES ÉLÈVES au-dessus de 13 ans	INTERNES Boursiers ou demi-boursiers	INTERNES Payants	INTERNES TOTAL des internes	EXTERNES Gratuits	EXTERNES Payants	EXTERNES TOTAL des externes	TOTAL GÉNÉRAL
Collège Chaptal	152	419	478	38	46	84	422	392	814	898
École J.-B. Say	69	58	756	150	179	329	380	105	485	814
École Turgot	53	»	645	»	»	»	645	»	645	645
École Colbert	47	»	596	»	»	»	596	»	596	596
École Lavoisier	47	»	596	»	»	»	396	»	396	396
École Arago	44	1	377	»	»	»	377	»	377	377
École Sophie-Germ	32	»	328	»	»	»	328	»	328	328
École Edgar-Quinet	22	»	276	»	»	»	228	48	276	276
TOTAL	466	478	4,052	188	225	413	3,372	545	3,917	4,330

INTERNATS PRIMAIRES

Par une délibération en date du 31 juillet 1882, le Conseil municipal a décidé que des enfants des deux sexes de 6 à 13 ans pourraient être placés par les soins de la ville de Paris dans des internats primaires libres et laïques, en attendant la création d'internats primaires municipaux.

Le but du Conseil municipal a été de permettre aux parents, que le travail retient hors de chez eux pendant la plus grande partie de la journée et empêche de surveiller leurs enfants après la fermeture de l'école communale, de mettre ces enfants en pension, moyennant un prix des plus modérés.

Les enfants placés dans ces internats libres avaient à payer primitivement une rétribution mensuelle de 35 francs; le surplus du prix de la pension, lequel est fixé à 600 francs, et les frais du trousseau étaient pris en charge par la ville de Paris. Mais depuis le 1er janvier 1892, en vertu d'une délibération du Conseil municipal en date du 9 décembre 1891, les familles n'ont plus à payer qu'une rétribution mensuelle de 10 ou de 20 francs, selon leurs ressources, et celles-ci sont en outre entièrement dégrevées des frais du trousseau.

Les admissions sont autorisées par le Conseil municipal, sur la proposition d'une commission spéciale qui fixe le montant de la rétribution à payer par les familles.

Le nombre des établissements désignés, au 31 décembre 1892, pour recevoir des internes primaires de la ville de Paris, et le nombre des enfants placés dans ces institutions, sont indiqués dans le tableau ci-après :

Internats primaires. — Situation au 31 décembre 1894.

NOMBRE D'ÉTABLISSEMENTS		NOMBRE D'ENFANTS PLACÉS		TOTAL DES ENFANTS PLACÉS dans les internats primaires
GARÇONS	FILLES	GARÇONS	FILLES	
45	50	944	363	1,307

Ateliers de travail manuel. — Situation au 31 décembre 1894.

	ARRONDISSEMENTS																				TOTAL
	1er	2e	3e	4e	5e	6e	7e	8e	9e	10e	11e	12e	13e	14e	15e	16e	17e	18e	19e	20e	
Nombre des écoles publiques où fonctionnent des ateliers de travail manuel.	2	3	4	6	9	5	5	1	3	4	8	10	8	6	10	1	6	12	6	14	123 (1)

(1) Total : 123 ateliers, dont 33 de serrurerie.
Mais un atelier, celui de l'impasse d'Oran (bois et fer), est commun à deux écoles, ce qui porte à 124 le nombre des écoles où l'enseignement à l'atelier est organisé. Il reçoit les élèves de l'école de la rue des Poissonniers.
À l'école rue Blomet, existe un double atelier.
Il y a 62 maîtres-ouvriers pour le travail du bois, et 17 maîtres-ouvriers pour le travail du fer.

Ateliers de travail manuel actuellement ouverts.

ARRONDISSEMENTS	SITUATION DES ETABLISSEMENTS	OBSERVATIONS
	Rue d'Argenteuil, 11	Bois.
	Impasse des Provençaux, 6	Id.
	Rue Etienne-Marcel, 20	Bois et fer.
	Rue de la Jussienne, 3	Id.
	Rue Saint-Denis, 221	Bois.
	Rue de Franche-Comté, 1	Id.
	Rue Montgolfier, 3	Id.
	Rue des Quatre-Fils, 10	Bois et fer.
	Rue de Turenne, 54	Id.
	Rue des Blancs-Manteaux, 21	Bois.
	Rue des Hospitalières-Saint-Gervais, 6	Id.
	Rue Saint-Louis-en-l'Ile, 21	Id.
	Rue Saint-Paul, 31	Id.
	Rue des Tournelles, 21	Id.
	Place des Vosges, 6	Id.
	Rue de l'Arbalète, 39 *bis*	Id.
	Rue Cujas, 23	Id.
	Rue des Feuillantines, 8	Bois et fer.
	Rue des Fossés-Saint-Jacques, 11	Bois.
	Rue Saint-Jacques, 30	Id.
	Boulevard Saint-Marcel, 66	Id.
	Rue de Poissy, 27	Id.
	Rue Rollin, 10	Id.
	Rue Tournefort, 33	Id.
	Rue de Fleurus, 14	Id.
	Rue Madame, 5	Id.
	Rue Saint-Benoit, 12	Id.
	Rue de Vaugirard, 9	Id.
	Rue de Vaugirard, 85	Id.
	Rue Camou, 3	Id.
	Rue Chomel, 8	Id.
	Avenue Duquesne, 42	Id.
	Rue Las-Cases, 27	Id.
	Avenue de La Motte-Picquet, 10	Id.
	Rue du Général-Foy, 30	Id.
	Rue Milton, 35	Bois et fer.
	Impasse Rodier	Bois.
	Rue de la Victoire, 16	Id.
	Rue des Ecluses-Saint-Martin, 40	Id.
	Rue de Marseille, 17	Id.
	Rue Martel, 5	Id.
	Rue des Petits-Hôtels, 21	Id.
	Rue Godefroy-Cavaignac, 25	Bois et fer.
	Rue Pihet, 1	Id.
	Rue Morand, 3	Id.
	Avenue Parmentier, 109	Id.
	Avenue de la République, 98	Id.
	Rue Saint-Bernard, 39	Id.
	Rue des Taillandiers, 19	Bois.
	Rue Titon, 12	Bois et fer.
	Rue d'Aligre, 5	Bois.
	Rue Bignon, 4	Id.
	Rue de Charenton, 51	Bois et fer.
	Rue de Charenton, 315	Bois.
	Boulevard Diderot, 40	Id.
	Rue de Dijon, 5	Id.
	Rue du Rendez-vous, 63	Id.
	Rue de Reuilly, 25	Id.
	Rue de Reuilly, 39	Id.
	Rue de Reuilly, 74	Id.
	Rue Baudricourt, 53	Id.
	Rue Damesme, 5	Bois et fer.

ARRONDISSEMENTS	SITUATION DES ETABLISSEMENTS
	Rue Fagon, 15
	Place Jeanne-Darc, 30
	Place Jeanne-Darc, 33
	Rue Jenner, 40
	Rue du Moulin-des-Prés, 18
	Rue de Patay, 123
	Rue d'Alésia, 79
	Rue d'Alésia, 233
	Boulevard Arago, 87
	Rue Ducange, 1
	Rue Huyghens, 5
	Boulevard du Montparnasse, 80
	Rue d'Alleray, 19
	Rue Blomet, 19
	Place du Commerce, 4
	Rue de Dombasle, 22
	Place Dupleix
	Rue Fondary, 12
	Rue des Fourneaux, 20
	Rue Lacordaire, 11
	Rue Saint-Charles, 60
	Rue Saint-Lambert, 10
	Rue Decamps, 4
	Rue Balagny, 40
	Rue Saint-Ferdinand, 7
	Rue Laugier, 16
	Rue Lecomte, 6
	Rue Lemercier, 105
	Rue Navier, 17
	Rue de Clignancourt, 63
	Rue Doudeauville, 3
	Rue Foyatier, 1
	Rue de la Guadeloupe, 2
	Rue La Vieuville, 1
	Rue Lepic, 62
	Rue de Maistre, 29
	Impasse d'Oran, 10
	Rue Philippe-de-Girard, 58
	Rue des Poissonniers, 43
	Rue du Poteau, 71
	Rue Richomme, 13
	Rue Barbanègre, 7
	Rue Bolivar, 69
	Rue de Meaux, 64
	Rue du Pré-Saint-Gervais, 27
	Rue Tandou, 8
	Rue de Tanger, 41
	Rue de Belleville, 104
	Rue de l'Ermitage, 88
	Rue Henri-Chevreau, 26
	Rue Julien-Lacroix, 16
	Rue de la Mare, 84
	Rue des Panoyaux, 9
	Rue Pelleport, 166
	Rue de la Plaine, 11
	Rue des Pyrénées, 40
	Rue Ramponneau, 51
	Rue du Retrait, 24
	Rue Sorbier, 15
	Rue de Tlemcen, 9
	Rue Vitruve, 3

Examens et concours de 1894.

…URE DES CONCOURS ET DES EXAMENS	NOMBRE D'INSCRIPTIONS
…vet de capacité élémentaire (femmes).....	3,941
Id. supérieur (id.)	633
Id. élémentaire (hommes)....	1,160
Id. supérieur (id.)	146
…ours pour l'obtention des bourses au …llège Chaptal........................	669
…urs pour l'obtention des bourses aux …les J.-B. Say et Pompée d'Ivry.........	282
…ours pour l'obtention des bourses d'étu…s supérieures au collège Chaptal.......	24
…ours d'admission aux écoles municipales …périeures :	
Garçons...........................	2,796
Filles............................	549
…ficat d'études primaires :	
Garçons...........................	14,031
Filles............................	12,481
…me de professeur de dessin à vue (hommes)	141
Id. (femmes).	»
…me de professeur de dessin géométrique.	»
…ours de dessin entre les élèves des écoles …munales :	
Garçons...........................	409
Filles............................	509
…urs de dessin (adultes hommes), bas-…lief...........................	343
…ours de dessin (adultes hommes), ronde …sse; prix Dantan....................	130
…ours de dessin (dessin industriel), adultes …mmes	183
…s subventionnées, filles..............	213
…ours des bourses de voyage...........	89
…ours des maîtres-ouvriers dans les écoles …munales..........................	»

NATURE DES CONCOURS ET DES EXAMENS	NOMBRE D'INSCRIPTIONS
Certificat élémentaire de travail manuel (instituteurs)............................	107
École d'ouvriers et de contre-maîtres de Cluny	34
Écoles d'arts et métiers................ ...	172
École forestière (ministère de l'Agriculture)..	»
Écoles supérieures de commerce	13
Bourses dans les lycées (garçons)..........	813
Id. (filles)	83
Bourses à la Maternité..................	17
Bourses de la Ville à l'Institut commercial.	29
Bourses à l'École des hautes études commerciales. — Ville.......................	12
Certificat d'études commerciales, degré élémentaire (hommes).....................	309
Certificat d'études commerciales, degré supérieur (hommes).......................	51
Certificat d'études commerciales, degré élémentaire (femmes).....................	149
Certificat d'études commerciales, degré supérieur (femmes).......................	14
Certificat d'aptitude à l'enseignement de la coupe et de la confection dans les écoles communales...........................	55
Chant, degré élémentaire (instituteurs).......	29
Id. (institutrices)......	33
Diplôme de professeur de chant (hommes)...	»
Id. (femmes)....	»
École normale primaire d'instituteurs.......	97
Id. d'institutrices......	241
Concours pour l'admission à l'École municipale de physique et de chimie..........	123

Résultats des examens pour le brevet élémentaire ou de 2e ordre et pour le brevet supérieur ou de 1er ordre (sessions de 1894).

DÉSIGNATION DES CANDIDATS (Hommes et femmes)	BREVET SUPÉRIEUR OU DE 1er ORDRE — Qui se sont présentés à l'examen	Définitivement admis	Ajournés	Proportion %	BREVET ÉLÉMENTAIRE OU DE 2e ORDRE — Qui se sont présentés à l'examen	Définitivement admis	Ajournés	Proportion %
Hommes.								
Laïques — 1re session	47	23	24	50	666	312	354	46
Laïques — 2e session	33	18	15	54	188	98	90	52
Congréganistes — 1re session	10	6	4	60	140	81	59	57
Congréganistes — 2e session	16	6	10	37	124	56	68	45
Écoles normales — 1re session	32	31	1	96	»	»	»	»
Écoles normales — 2e session	1	1	»	100	»	»	»	»
TOTAL	139	83	54	60	1,118	547	571	50
Femmes.								
1re session	343	158	185	46	2,716	1,609	1,107	59
2e session	253	124	129	49	1,151	578	573	50
Écoles normales — 1re session	25	25	»	100	»	»	»	»
Écoles normales — 2e session	1	1	»	100	»	»	»	»
TOTAL	622	308	314	74	3,867	2,187	1,680	56

Examens et concours divers.

NATURE DES EXAMENS	NOMBRE DES CANDIDATS — Examinés	Ajournés	Admis	Proportion %
Certificat d'études primaires supérieures.				
1° Garçons	421	250	171	40
2° Filles	369	137	232	63
Certificat d'études commerciales.				
Degré élémentaire — Adultes. — Hommes	309	186	123	40
Degré élémentaire — Adultes. — Femmes	149	47	102	68
Degré supérieur — Adultes. — Hommes	51	30	21	41
Degré supérieur — Adultes. — Femmes	14	3	11	80
Certificat d'aptitude à l'enseignement de la coupe et de la confection des vêtements.				
Institutrices	55	8	47	85
Certificat d'aptitude à l'enseignement de la récitation et de la lecture.				
1° Instituteurs	16	6	9	56
2° Institutrices	15	3	12	80
Certificat d'aptitude à l'enseignement du chant.				
1° Degré élémentaire (instituteurs spéciaux). — instituteurs	29	10	19	65
1° Degré élémentaire (instituteurs spéciaux). — institutrices	33	3	30	90
2° Degré supérieur (professeurs). — hommes	»	»	»	»
2° Degré supérieur (professeurs). — femmes	»	»	»	»

Certificat d'aptitude pédagogique. — Session de 1894.

NOMBRE DES CANDIDATS	INSTITUTEURS	INSTITUTRICES	TOTAL
1° Épreuve écrite.			
Qui ont subi l'épreuve écrite	98	134	232
Ajournés à l'épreuve écrite	22	29	51
Admissibles aux épreuves pratiques	76	105	181
2° Épreuves pratiques.			
Ajournés aux épreuves pratiques	4	3	7
Qui ont obtenu le certificat	72	102	174

ENSEIGNEMENT DE LA NATATION

AUX ÉLÈVES DES ÉCOLES PRIMAIRES DE LA VILLE DE PARIS.

(Extrait du rapport de M. Lelarge, inspecteur-adjoint de l'Éducation physique.)

loi du 24 juin 1879 a décrété l'obligation de l'enseignement de la natation dans les écoles et l'armée.

ılgré les prescriptions formelles du législateur, prescriptions dont l'utilité est tellement ente qu'il paraît inutile d'insister pour la démontrer, cet enseignement n'avait pas encore été qué dans les écoles de Paris, quand, en 1892, la Commission de réforme de l'enseignement de ymnastique, justement soucieuse de toutes les réformes à introduire dans l'éducation ique, décida qu'un premier essai d'enseignement méthodique et régulier de la natation serait é sur l'ensemble des élèves des cours supérieurs et complémentaires de quatre écoles de ons.

1 élèves, choisis dans les écoles situées le plus près des piscines, furent admis à prendre part xpérience.

ırmi ces 151 enfants, 9 seulement avaient quelques notions de natation; en réalité, c'est sur enfants ignorant complètement les exercices auxquels ils allaient être appelés à se livrer lques-uns même en étaient à leur premier bain) que se poursuivirent les épreuves.

but que l'on se proposait d'atteindre étant d'amener l'enfant à nager dans le plus bref délai, adopté une méthode essentiellement pratique dont voici les grandes lignes :

ne fois par semaine, les élèves furent conduits par leur instituteur à l'une des trois grandes ines à eau tiède et courante. Là, ils reçurent dans l'eau et non à sec, d'après les principes ranels, une leçon que leur donna le professeur chargé des jeux scolaires.

ıaque leçon n'excéda pas 20 à 25 minutes.

ırès une moyenne de 13 leçons ainsi données, voici les résultats, plus que satisfaisants, qui ont ıbtenus et officiellement constatés le 22 juillet par la Commission de réforme de l'enseignement ı gymnastique, réunie sous la présidence du directeur de l'Enseignement, à la piscine du bourd de la Gare :

.6 °/ₒ de l'effectif total des enfants savent nager et peuvent aisément traverser la piscine en sens.

.8 °/ₒ plongent au grand bain (2 m. 70 c. de profondeur), nagent entre deux eaux, font la che.

! °/ₒ procèdent à des simulacres de sauvetage en retirant du fond du grand bain :

Une assiette :

Un poids de 5 kilog.;

Un mannequin représentant un enfant de 5 à 6 ans.

était intéressant de savoir si cet enseignement primaire pourrait être donné en toute saison. si, au mois d'octobre dernier, après avis du Conseil d'hygiène et de la Commission de réforme, e expérience a été reprise et complétée. Elle a été continuée durant tout l'hiver, l'eau des piss ayant été maintenue entre 20° et 23°.

vant de passer à l'examen des résultats obtenus, on croit devoir exposer ici l'organisation plète de cet enseignement de la natation, organisation qui a reçu l'approbation unanime du grès national de l'éducation physique tenu à Bordeaux en octobre 1893 et qui a inspiré un de

ORGANISATION.

Professeurs spéciaux. — A chaque piscine est attaché un professeur spécial, chargé des jeux scolaires et de la natation.

Enseignement. — L'enseignement est donné à la fois par le professeur spécial et par l'instituteur de chaque classe.

Choix des écoles. — Les écoles ont été choisies parmi celles qui, n'ayant point de champs de jeux à leur proximité, se trouvent momentanément privées des exercices de plein air.

Elles sont situées dans un rayon d'une demi-heure de marche de la piscine qui leur est assignée.

Temps consacré à la natation. — Une matinée par semaine, les enfants, sous la surveillance de leur instituteur, sont régulièrement conduits à la piscine.

Bons gratuits à l'école. — Outre la leçon hebdomadaire régulièrement prise, pour faciliter l'accès des piscines et contribuer à répandre le goût de la natation et l'émulation chez les enfants, des bons gratuits et leur permettant de se rendre individuellement à la piscine le jeudi leur sont distribués, sous forme d'encouragement ou de récompense, par leurs instituteurs respectifs.

Ces bons leur servent de carte d'identité et leur confèrent le droit à la cabine, à la douche de propreté précédant le bain de piscine, au bain et au linge. Ils peuvent, en outre, recevoir une leçon du maître nageur ou s'exercer librement.

Bons gratuits sur les champs de jeux. — Les bons gratuits ne sont pas destinés seulement aux élèves des cours suivant les exercices de natation. Ils sont largement distribués aux élèves fréquentant les champs de jeux.

Le prix de ces bons est payé par le service des Jeux scolaires.

Bons à prix réduit. — Des bons payants sont également distribués ; ils ne sont qu'une simple carte d'identité prouvant que l'enfant fréquente nos écoles. Le porteur acquitte lui-même le prix de 0 fr. 15 c. au lieu de 0 fr. 50 c. ou 1 franc, moyennant quoi il reçoit linge, cabine, etc.

Matériel. — Le matériel est des moins coûteux, il se résume en quelques ceintures de liège.

Cours normal pour les instituteurs. — Pour achever de compléter l'organisation de l'enseignement méthodique de la natation, des cours ont lieu, sous la direction du personnel des jeux, tous les jeudis, le matin, de 8 heures à 10 heures, à l'usage de MM. les instituteurs, dans les piscines du boulevard de la Gare, de la rue de Château-Landon et de la rue de Rochechouart.

Cours normal des institutrices. — Les maîtresses spéciales chargées des jeux scolaires sont aptes à l'enseignement de la natation.

Écoles de jeunes filles. — On espère que, sous peu aussi, les élèves des écoles de jeunes filles seront appelées à bénéficier des avantages résultant de la pratique de la natation.

Indemnités aux instituteurs. — Tout instituteur conduisant les élèves de sa classe à la piscine et les y faisant nager, reçoit une indemnité annuelle de 50 francs.

Bains en rivière. — Après l'apprentissage en eau tiède, les enfants sont préparés à être conduits aux bains froids, en rivière, où ils pourront s'ébattre en toute sécurité sous la direction de leur instituteur.

C'est ce qui aura lieu prochainement, pour les écoles proches de la Seine ou de la piscine de la rue Rouvet, et à la condition qu'elles présentent au moins 80 % de nageurs sur l'effectif de leur classe.

Depuis le mois de novembre 1894, l'apprentissage de la natation a été fait par 1,608 élèves représentant 30 écoles réparties de façon que les élèves prennent un bain (avec leçon de natation) une fois par semaine, et de façon qu'il en vienne de 100 à 170 par jour.

..r ce nombre de 1,608 enfants, 129 avaient quelques notions de natation.

.es abstentions du fait de maladies, indispositions ou refus de parents n'ont pas dépassé la portion de 5.10 %.

.e tableau ci-dessous indique la marche progressive des résultats obtenus de fin novembre 1894 n mai 1895. Dans cette appréciation, il convient de tenir compte des vacances du 1er janvier, celles de Pâques, et du temps pendant lequel les piscines ont été fermées pour réparations .nuelles. Ces diverses causes ramènent le nombre des leçons à un maximum de 16.

PROGRESSION DES RÉSULTATS OBTENUS (1).

. la 1re leçon, sur 1,608 élèves,		129 nagent.		A la 9e leçon, sur 1,608 élèves,		837 nagent.	
2e	—	— 199	—	10e	—	— 894	—
3e	—	— 270	—	11e	—	— 926	—
4e	—	— 326	—	12e	—	— 979	—
5e	—	— 414	—	13e	—	— 1,018	—
6e	—	— 496	—	14e	—	— 1,075	—
7e	—	— 597	—	15e	—	— 1,148	—
8e	—	— 670	—				

A la 16e leçon :

.,234 élèves nagent et traversent la piscine en tous sens (la piscine a environ 60 mètres de .gueur), soit une moyenne de 86.10 % des présences effectives ;

.70 élèves plongent ou sautent dans le grand bain (2 m. 70 c. à 3 mètres d'eau), soit une .yenne de 52.7 % des présences effectives ;

.32 élèves procèdent à des simulacres de sauvetage en retirant du fond du grand bain : 1° une .iette ; 2° un poids de 5 kilog. ; 3° un mannequin représentant un enfant de 5 à 6 ans (soit une .portion de 33 % des présences effectives).

. ces résultats viennent s'ajouter ceux obtenus par l'usage des bons gratuits distribués sur les .mps de jeux (Champ-de-Mars, bois de Vincennes, bois de Boulogne).

.e n'était pas sans une certaine appréhension qu'on attendait l'accueil qui serait fait à ces bons, .tout au moment de la mauvaise saison. C'est avec un véritable empressement qu'ils ont été .us et utilisés par les élèves, après autorisation de leurs parents. Certains de ces derniers sont .us en hiver et viennent encore accompagner leur fils, le jeudi matin.

.ussi, loin d'avoir à exciter les élèves à la fréquentation des piscines, on a dû, dès le mois .ctobre 1894, restreindre la distribution des bons gratuits afin d'éviter d'être débordé par .s de 300 entrées individuelles, comme cela est arrivé le 7 décembre 1894 à la piscine du .levard de la Gare. Une partie de ces enfants venaient de différents arrondissements éloignés . la piscine d'au moins une heure de marche ou de bateau (le XVe arrondissement par exemple).

.ersuadé que, pour donner un enseignement utile, 200 présences étaient le maximum que l'on . accepter, et puis aussi pour rester dans la limite des crédits, on a restreint à 150 par jeudi le .mbre de bons gratuits, laissant une marge de 50 entrées pour les bons payants à 0 fr. 15 c.

.es parents et des instituteurs ont alors demandé des bons payants en plus grand nombre. On a . devoir accéder à leur désir.

. la suite de cette mesure, les entrées aux piscines se sont accrues dans de telles proportions ., pour une seule d'entre elles, il y a eu 427 entrées dont 267 payantes. Ces faits obligèrent à .treindre même les bons payants.

.1) Sur ces 1,608 élèves (présences possibles), il convient de retrancher des abstentionnistes divers, *soit .0 élèves ;* il ne reste donc que 1,608 — 200 = 1,408 élèves, représentant les présences effectives. En réalité, . donc sur 1,408 élèves que doivent être calculés les résultats ci-dessus.

Voici le nombre des présences aux piscines pendant les jeudis des mois de novembre 1894 à fi mai 1895 :

Novembre (bons gratuits et bons payants)	....	[illegible]
Décembre	—	[illegible]
Janvier	—	[illegible]
Février	—	[illegible]
Mars	—	[illegible]
Avril	—	1.[illegible]
Mai	—	1.4[illegible]
	Total pour les trois piscines..........	7.3[illegible]

Sur ce nombre la proportion des nageurs est de 82 %.

Le cours normal fait aux instituteurs eut lieu tout d'abord à la piscine du boulevard de Gare, 36 inscriptions répondirent au premier appel du mois de novembre 1893 et donnèrent, avril 1894, 30 résultats positifs, soit une proportion de 83.3 %.

Ce cours vient d'être institué dans deux autres piscines et compte actuellement 395 inscriptio réparties de la façon suivante :

Piscine de la Gare	....	67
Piscine de Château-Landon	....	59
Piscine de Rochechouart	....	269

Tous les jeudis matin, les instituteurs prennent leur leçon sous la direction du professe spécial attaché à chaque établissement.

Cet empressement des parents, des élèves, des instituteurs à suivre la pratique régulière de natation ne peut qu'encourager à suivre la voie où l'on s'est engagé et montre que, si un pl grand nombre de piscines étaient utilisables à toute heure du jour et permettaient de donner sati faction à toutes les demandes, on répondrait à un besoin manifeste de la population scolaire et personnel enseignant.

Frappée par ces résultats, la Commission de réforme a chargé l'inspecteur-adjoint de l'Éducati physique de rechercher les différents points de la ville sur lesquels, en utilisant l'eau de conde sation des usines municipales, il serait possible d'établir les piscines à usages scolaires.

Les investigations auxquelles il s'est livré l'ont amené à indiquer, en première ligne, les empl cements suivants à la Commission :

1° Un terrain communal sis avenue Ledru-Rollin et contigu à l'usine élévatoire du quai d'Au terlitz;

2° Un terrain particulier à Grenelle, en bordure du quai de Javel et à proximité de l'usi municipale de Javel.

L'inspecteur croit qu'il serait bon de rappeler à la Commission la délibération du Conseil mun cipal allouant une somme de 220,000 francs, à prélever sur le budget de 1893, pour la créati d'une piscine place Hébert.

D'autre part, il insiste sur la possibilité d'utiliser les eaux chaudes des puits artésiens de Pas et de Grenelle.

Comparés aux peuples voisins, nous sommes, sur ce point d'hygiène et d'éducation scolaire dans une infériorité notoire.

Bien que la loi du 3 février 1851 et du 1er juin 1850 due à MM. Dumas et Schneider ait mis u somme de 600,000 francs à la disposition des communes, pour les engager à créer des établiss ments modèles, il a fallu attendre jusqu'en 1885-1887 que l'initiative privée dotât la ville de Par des trois seules grandes piscines qu'il est possible d'utiliser actuellement. Mais le peu d'heur journalières pendant lesquelles on peut en disposer force à réduire le nombre des enfants appel à bénéficier des exercices de natation.

usqu'à l'heureuse décision de la Commission de réforme, ces piscines n'étaient utilisées qu'à aines époques de l'année par les Caisses des écoles de quelques arrondissements, qui y faisaient font encore conduire certaines catégories d'enfants qui prennent alors un bain de propreté et une leçon de natation.

s piscines auraient besoin d'être complétées par un plus grand nombre d'appareils de douches ropreté permettant rapidement à un grand nombre d'individus de prendre à la fois le bain natation en piscine et l'ablution nécessaire pour débarrasser l'épiderme de l'enduit formé par ésidus de la respiration cutanée.

s ablutions sont de toute nécessité, avant d'entrer dans le bassin de la natation.

our résoudre ce double problème de la propreté corporelle et de l'enseignement de la natation ire disparaître les multiples inconvénients qui résultent de l'abandon presque général de tout ge complet de l'individu, différents essais de propagande de bains sous des formes variées ont faits timidement en France, sur une vaste échelle à l'étranger.

e sont les hygiénistes allemands qui les premiers, en 1886, après une étude approfondie de la stion de la balnéation scolaire, ont, après de multiples discussions, donné une vive impulsion diffusion des bains-douches par aspersion, comme étant, de toutes pratiques en usage, la moins leuse, la plus prompte, la plus hygiénique.

ans différentes villes, à Nuremberg, Munich, Carlsruhe, Altona, presque toutes les écoles liques ont à leur disposition une salle d'aspersion.

n 1890, le Conseil des écoles de Londres a repris pour son compte l'étude commencée par les giénistes allemands et, se plaçant au double point de vue du bain et de la classe de natation, a erché les résultats obtenus par les 60 établissements publics ou privés de Londres possédant piscines, qui reçoivent les enfants des écoles généralement accompagnés par un maître.

algré ce nombre relativement considérable d'établissements munis de piscines et recevant les nts, le Conseil des écoles a émis l'avis qu'une piscine soit mise à la disposition de chaque établissement scolaire, et que les piscines publiques soient multipliées jusqu'à ce que les 58 circonscriptions de la ville soient dotées d'un de ces établissements.

Liverpool, toutes les écoles publiques neuves ont une piscine pour leur usage exclusif.

e ce qui précède, on voit que deux grands courants se sont créés pour résoudre cette question a balnéation scolaire.

n Allemagne, ce sont les bains de propreté par aspersion qui dominent.

n Angleterre, au contraire, ce sont les bains se pratiquant avec leçon de natation qui sont ptés.

Paris, où tout est à faire sous ce rapport, il semble qu'il conviendrait de réunir sur un même it ces deux modes de balnéation : la douche de propreté, le bain avec natation en piscine.

'est en partant de ce principe et en s'inspirant de ce qui se fait partiellement et avec succès à ai, Lille, Dunkerque et surtout à Armentières, que l'inspecteur a dressé le programme qu'on ait chargé d'étudier en vue de la création d'une piscine scolaire.

es résultats obtenus sont dus à l'initiative, au zèle, au dévouement et à l'habileté des professeurs spéciaux de jeux scolaires.

ar les températures les plus basses, ils n'ont jamais hésité à se mettre journellement à l'eau et rester tandis que les classes se succédaient dans le bassin.

es enfants étaient ainsi toujours encouragés et stimulés par cet exemple.

DÉSIGNATION	OCTOBRE	NOVEMBRE	DÉCEMBRE	JANVIER	FÉVRIER	MARS	AVRIL	MAI	JUIN	JUILLET	AOUT	SEPTEMBRE	TOTAUX HOMMES	TOTAUX FEMMES	TOTAUX ENFANTS (deux sexes)
Piscine rue de Rochechouart.															
Hommes....	4,629	3,150	2,844	2,632	2,976	4,832	7,357	8,132	10,045	10,651	9,432	7,517	74,004	»	
Femmes.	821	512	437	445	237	579	674	987	1,495	1,372	1,248	1,367		10,144	»
Enfants (deux sexes)	764	455	512	413	611	794	1,358	1,096	1,521	2,327	1,619	1,328			12,838
Piscine rue de Château-Landon.															
Hommes....	3,147	1,832	2,641	1,249	1,715	4,107	5,204	6,143	9,329	12,005	8,141	7,237	62,747	»	
Femmes..............	497	369	427	245	181	436	543	695	1,431	1,602	1,046	1,237		8,649	»
Enfants (deux sexes)....	543	467	345	204	385	709	1,114	987	1,512	1,969	1,218	1,237			10,657
Piscine boulevard de la Gare.															
Hommes....	3,347	2,038	2,149	1,237	1,842	3,967	6,454	6,137	9,432	12,844	8,942	7,830	66,213	»	»
Femmes.	642	453	406	237	211	564	547	705	1,463	1,420	1,317	1,018	»	8,950	»
Enfants (deux sexes)	645	417	392	262	334	682	1,025	1,019	2,404	1.629	1,317	1,406	»	»	11,529
Totaux....													208,054	27,743	35,024
Total général....														265,821	

ombre de bains pris pour les enfants des écoles communales dans les piscines à eau tiède et courante.

(Chaque bain est accompagné d'une leçon de natation.)

PISCINES	OCTOBRE	NOVEMBRE	DÉCEMBRE	JANVIER	FÉVRIER	MARS	AVRIL	MAI	JUIN	JUILLET
e de Rochechonart, 65.....	1,188	1,398	1,401	1.200	1.390	1,566	1,973	2,710	2,643	2,711
e de Château-Landon......	1,371	1,320	1,325	855	993	1,025	2,228	1,958	2,148	2,393
ulevard de la Gare........	1,090	981	935	893	1,036	1,051	1,678	2,156	2,313	2,603
Totaux..........	3,649	3,699	3;661	2,948	3,439	3,642	5,879	6,824	7,104	7,707

RÉSULTATS OBTENUS.

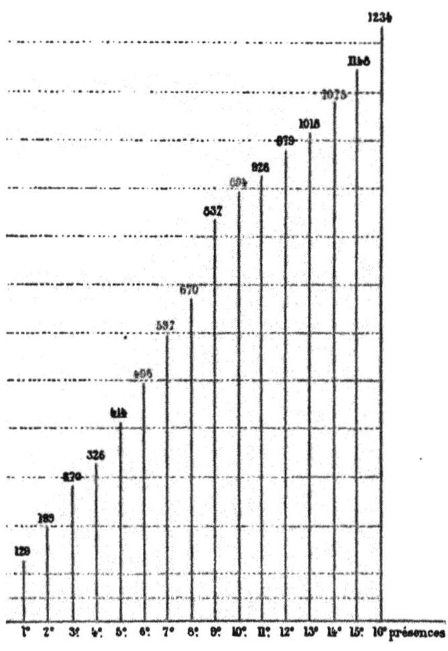

Sur 1,408 enfants qui ont reçu des leçons de natation :

1,234 nagent et traversent la piscine en tous sens (la piscine a environ 60 mètres).

Parmi les précédents :

670 plongent ou sautent dans le grand bain (2m70 à 3 mètres d'eau) ;

432 procèdent à des simulacres de sauvetage.

Nota. — Chaque colonne de ce diagramme est relative à une leçon de natation (dont le numéro d'ordre est inscrit au bas de la colonne) et la hauteur de la colonne est proportionnelle au nombre des élèves.

Nombre des élèves des lycées de garçons de la Seine au 5 novembre 1894.

LYCÉES	INTERNES — Boursiers: nationaux (pensionnaires)	nationaux (demi-pensionnaires)	départementaux (pensionn.)	départementaux (demi-pens.)	communaux (pensionnaires)	communaux (demi-pension.)	par fondat. particulières (pension.)	par fondat. particulières (demi-pens.)	Pensionnaires libres	Demi-pensionnaires	Total des internes	EXTERNES — Boursiers: nationaux	départementaux	communaux	par fondat. particulières	Libres	Surveillés	Des institutions et pensions	Total
Louis-le-Grand	38	20	»	1	5	28	3	»	163	101	339	21	»	1	»	322	»	168	
Montaigne	»	6	»	»	2	6	»	»	113	150	277	6	»	2	»	486	»	31	
Henri-IV	37	9	»	2	6	29	»	»	128	84	235	16	»	13	»	334	66	13	
Saint-Louis	26	9	»	»	2	3	»	»	295	116	451	4	»	»	»	137	»	44	
Charlemagne	»	26	»	1	39	»	»	»	»	234	300	12	»	9	»	469	187	144	
Condorcet (grand)	»	31	»	3	»	26	»	1	»	163	224	16	»	2	»	697	»	201	
Condorcet (petit)	»	4	»	1	»	3	»	»	»	207	215	3	»	4	»	497	»	64	
Janson de Sailly (gr.)	13	19	»	»	6	10	4	3	218	150	423	14	»	5	»	457	»	105	
Janson de Sailly (pet.)	1	5	»	»	2	»	»	»	133	170	339	»	»	1	»	527	»	78	
Buffon	»	27	»	»	»	9	»	»	»	78	114	9	»	8	»	301	129	27	
Voltaire	»	22	»	»	»	4	»	»	»	72	98	10	»	4	»	148	95	»	
Michelet (à Vanves)	39	8	3	2	3	»	1	»	528	42	626	7	»	»	»	84	40	»	
Lakanal (à Sceaux)	57	2	»	1	2	»	»	»	113	26	201	4	»	»	»	87	»	»	
Total	211	188	3	11	67	118	8	4	1,713	1,5[illegible]	3,922	122	»	49	»	4,570	517	843	

LYCÉES	ENSEIGNEMENT SECONDAIRE CLASSIQUE — Philosophie (vétérans)	Philosophie (nouveaux)	Rhétorique (vétérans)	Rhétorique (nouveaux)	Seconde	Troisième	Quatrième	Cinquième	Sixième	Total	ENSEIGNEMENT SECONDAIRE MODERNE — Première	Seconde	Troisième	Quatrième	Cinquième	Sixième	Total	CLASSES MIXTES — Mathématiques spéciales (vétérans)	Mathématiques spéciales (nouveaux)	Mathématiques élémentaires	Septième et huitième	Neuvième et classes primaires
Louis-le-Grand	»	102	62	146	131	127	136	»	»	704	»	»	»	»	»	»	»	32	44	91	»	»
Montaigne	»	»	»	»	»	»	»	164	131	29[illegible]	»	»	»	37	38	60	135	»	»	»	207	165
Henri-IV	22	38	30	64	69	71	81	61	59	486	»	»	»	»	»	»	»	21	19	53	88	68
Saint-Louis	»	»	»	»	»	»	»	»	»	»	6	17	22	»	»	»	45	130	139	333	»	»
Charlemagne	2	39	10	65	72	76	83	66	76	491	16	30	59	64	74	54	297	19	13	64	131	76
Condorcet (grand)	5	97	18	163	201	219	278	»	»	981	»	»	»	»	»	»	»	31	45	83	»	»
Condorcet (petit)	»	»	»	»	»	»	»	251	174	425	»	»	»	»	»	»	»	»	»	»	244	114
Janson de Sailly (gr.)	»	62	7	103	127	145	»	»	»	444	22	71	65	80	88	»	32[illegible]	32	29	173	»	»
Janson de Sailly (pet.)	»	»	»	»	»	»	174	176	133	483	»	»	»	»	»	69	69	»	»	»	238	137
Buffon	»	29	1	29	35	41	36	34	31	23[illegible]	13	21	27	34	44	31	17[illegible]	»	»	26	65	89
Voltaire	»	»	»	»	»	»	»	»	»	»	18	28	34	42	50	54	226	»	»	»	56	73
Michelet (à Vanves)	»	21	41	47	47	44	51	64	59	344	6	30	37	47	40	45	205	»	33	4	113	62
Lakanal (à Sceaux)	4	8	25	14	13	18	15	21	24	144	6	13	14	10	18	20	84	»	»	16	31	20
Total	33	396	164	631	688	744	856	834	687	5,030	89	210	258	314	352	333	1,55[illegible]	274	322	815	1,193	803

DÉSIGNATION DES ÉTABLISSEMENTS	ENSEIGNEMENT SECONDAIRE — 6e année	5e année	4e année	3e année	2e année	1re année	Totaux	CLASSES PRIMAIRES — Division supérieure	Division intermédiaire	Division inférieure	Classe élémentaire	Totaux
Lycée Fénelon	31	21	36	71	71	61	311	66	33	42	23	169
— Racine	24	9	21	40	42	43	179	36	40	32	14	122
— Molière	10	10	10	32	49	36	147	33	19	42	20	116
— Lamartine	»	8	19	2[illegible]	32	48	127	42	34	34	39	149
Totaux	83	48	86	163	194	188	764	179	131	150	96	5[illegible]

INDICATION DES ÉTABLISSEMENTS	NOMBRE DES ÉLÈVES IMMATRICULÉS DANS L'ÉTABLISSEMENT — qui ont subi les examens de juillet — admis	ajournés en octobre	Total	qui ont subi les examens d'octobre — admis	refusés	Total	NOMBRE DES ÉLÈVES NOUVEAUX — qui sont admis sans examen	qui ont subi les examens d'octobre — admis	refusés	Total des examens subis en octobre	Total d'élèves admis dans la classe pour laquelle ils se présentaient.	Nombre des élèves immatriculés dans l'établissement qui redoublent une classe.	Nombre des élèves nouveaux qui redoublent la dernière classe faite en dehors de l'établissement.	Nombre des élèves qui passent de l'enseignement classique dans l'enseignement moderne.	Nombre des élèves qui passent de l'enseignement moderne dans l'enseignement classique.
Louis-le-Grand	428	158	586	117	2	119	85	48	5	53	138	120	»	3	»
Montaigne	449	309	758	130	7	137	31	143	37	180	211	52	40	9	2
Henri-IV	365	77	442	39	12	51	11	102	8	110	121	52	19	4	»
Saint-Louis	17	25	42	11	»	11	»	20	»	20	20	»	»	»	»
Charlemagne	564	212	776	202	10	212	68	221	11	232	300	83	21	4	2
Condorcet (grand lycée)	422	391	813	326	14	340	»	103	6	109	109	12	6	5	»
Condorcet (petit lycée)	303	221	524	185	16	201	24	252	17	269	293	29	»	19	2
Janson de Sailly (grand lycée)	448	484	932	411	13	424	66	58	15	73	139	30	29	1	5
Janson de Sailly (petit lycée)	78	222	300	204	18	222	35	269	29	298	333	37	2	5	»
Buffon	341	94	435	59	7	66	49	94	3	97	146	15	»	2	2
Voltaire	196	133	329	125	25	150	16	78	»	78	94	20	1	1	11
Michelet	441	198	639	137	18	155	10	93	5	98	108	32	5	2	1
Lakanal	7	98	105	79	5	84	37	31	4	35	72	23	4	1	1
Totaux	4,059	2,622	6,681	2,025	147	2,172	432	1,512	140	1,652	2,084	505	127	56	26
Rollin	498	531	1,029	286	46	332	53	258	26	234	287	77	2	4	2

Baccalauréat ès-lettres (1re partie. — Décrets des 15 janvier 1881 et 26 décembre 1882).											
1880........	484	275	209	1,368	772	596	877	542	365	2,729	1,539
1881........	»	»	»	1,650	1,063	584	1,074	713	361	2,724	1,779
1882........	»	»	»	1,759	1,060	699	1,069	670	399	2,828	1,730
1883........	»	»	»	1,763	965	798	1,010	622	388	2,773	1,587
1884........	»	»	»	1,888	1,068	820	1,121	707	414	3,009	1,775
1885........	»	»	»	1,988	1,110	878	1,168	735	433	3,156	1,845
1886........	»	»	»	1,921	1,142	779	1,162	73[illegible]	414	3,083	1,880
1887........	»	»	»	1,923	1,099	824	1,164	687	477	3,087	1,786
1888........	»	»	»	2,002	1,160	842	1,157	679	478	3,159	1,839
1889........	»	»	»	2,128	1,211	917	1,172	686	485	3,300	1,897
1890........	»	»	»	2,269	1,300	969	1,300	780	520	3,569	2,080
1891........	»	»	»	437	345	192	199	92	107	636	337
1892........	»	»	»	44	20	24	15	7	8	59	27
1893 (1).....	»	»	»	»	»	»	»	»	»	»	»
Baccalauréat de l'enseignement secondaire classique (1re partie. — Décret du 8 août 1890 (2).											
1891........	»	»	»	1,812	1,004	808	1,005	614	481	2,907	1,6[illegible]
1892........	»	»	»	2,424	1,389	1,035	1,349	709	640	3,773	2,098
1893........	»	»	»	2,488	1,307	1,121	1,377	758	619	3,865	2,125
1894........	»	»	»	2,667	1,539	1,128	1,504	964	650	4,2[illegible]	2,[illegible]
Baccalauréat ès-lettres (2e partie. — Décrets des 15 janvier 1881 et 26 décembre 1882) (3)											
1880........	404	223	181	1,065	552	513	658	342	316	2,127	1,1[illegible]
1881........	426	241	185	1,166	586	580	629	345	284	2,221	1,112
1882........	314	189	155	1,038	502	536	562	260	302	1,944	951
1883........	240	114	126	1,143	548	595	630	258	342	1,983	920
1884........	261	132	129	1,278	551	727	626	288	338	2,165	1,021
1885........	297	149	148	1,344	568	776	639	272	367	2,180	989
1886........	279	133	146	1,367	627	740	706	353	351	2,382	1,115
1887........	315	143	172	1,328	576	752	636	264	372	2,279	983
1888........	244	110	134	1,462	621	841	633	312	341	2,359	1,043
1889........	259	127	132	1,439	697	742	681	344	337	2,379	1,168
1890........	275	168	107	1,516	764	752	732	393	339	2,523	1,325
1891........	350	186	164	1,604	795	809	819	413	406	2,773	1,394
1892........	347	160	187	474	279	195	278	157	121	1,099	596
1893........	121	55	66	98	63	35	60	41	28	288	159
1894........	29	15	14	25	16	9	26	14	12	80	45
Baccalauréat de l'enseignement secondaire classique (1re série. — 2e partie. — Décret du 8 août [illegible]											
1892........	»	»	»	991	464	527	473	194	279	1,464	658
1893........	164	60	104	1,367	641	726	660	306	354	2,191	1,007
1894........	254	124	130	1,498	733	765	724	275	449	2,476	1,132
Baccalauréat de l'enseignement secondaire moderne (1re partie. — Décret du 5 juin 1891).											
1892........	»	»	»	245	163	82	114	64	50	389	227
1893........	»	»	»	404	281	123	219	152	67	623	433
1894........	»	»	»	632	436	196	383	235	150	1,017	671
Baccalauréat de l'enseignement secondaire moderne (2e partie). — Décret du 5 juin 1891.											
1893........	»	»	»	35	13	22	15	6	9	50	19
1894........	4	2	2	40	24	23	18	8	10	71	34

DES ANNÉES	NOMBRE DES CANDIDATS											
	SESSION D'AVRIL			SESSION D'AOUT			SESSION DE NOVEMBRE			TOTAL		
	examinés	ajournés	reçus	examinés	ajournés	reçus	examinés	ajournés	reçus	examinés	ajournés	reçus
						Baccalauréat ès-sciences restreint.						
1880	180	80	70	129	79	50	148	83	65	427	242	185
1881	137	83	54	162	95	67	152	103	49	451	281	170
1882	54	29	25	178	120	58	172	88	84	404	237	167
1883	58	36	22	140	89	51	171	106	65	369	231	138
1884	52	23	29	166	94	72	180	103	77	398	220	178
1885	36	16	20	165	82	83	183	97	86	384	195	189
1886	2	»	2	205	113	92	190	101	89	397	214	183
1887	5	2	3	202	91	111	206	108	98	413	201	212
1888	3	»	3	239	103	136	207	119	88	449	222	227
1889	8	3	5	242	100	142	226	102	124	476	205	271
1890	8	»	8	297	171	126	256	120	136	561	291	270
1891	6	»	6	358	186	172	285	129	156	649	315	334
1892	108	52	56	340	166	174	275	144	131	723	362	361
1893	160	107	53	355	206	149	275	155	120	790	468	322
1894	210	135	75	325	175	150	284	146	138	819	456	363
						Baccalauréat ès-sciences complémentaire.						
1880	5	2	3	1	»	1	4	3	1	10	5	5
1881	3	1	2	3	3	»	1	1	»	7	5	2
1882	1	1	»	3	3	»	2	»	2	6	4	2
1883	2	1	1	1	»	1	4	»	4	7	1	6
1884	4	2	2	2	1	1	3	2	1	9	5	4
1885	2	1	1	2	»	2	7	6	1	11	8	3
1886	2	1	1	8	4	4	6	4	2	16	9	7
1887	2	1	1	2	1	1	3	1	2	7	3	4
1888	3	1	2	4	3	1	8	3	5	15	7	8
1889	1	1	»	3	2	1	2	1	1	6	4	2
1890	1	1	»	6	6	»	4	3	1	11	10	1
1891	»	»	»	5	2	3	4	4	»	9	6	3
1892	6	4	2	8	5	3	4	3	1	18	12	6
1893	3	1	2	4	3	1	8	4	4	15	8	7
1894	3	2	1	7	4	3	3	1	2	13	7	6
						Baccalauréat ès-sciences complet.						
1880	488	346	142	1,204	820	411	628	453	175	2,320	1,628	728
1881	460	309	151	1,168	815	353	686	482	204	2,314	1,606	708
1882	387	266	121	1,200	804	396	733	527	206	2,320	1,597	723
1883	491	327	164	1,329	873	456	700	587	213	2,520	1,687	833
1884	475	295	180	1,440	884	556	747	499	248	2,662	1,678	984
1885	520	326	194	1,597	1,033	564	860	571	289	2,977	1,930	1,047
1886	553	353	200	1,619	1,116	503	946	632	314	3,118	2,101	1,017
1887	575	418	157	1,637	1,126	511	859	610	249	3,071	2,154	917
1888	551	323	228	1,604	1,020	584	872	592	280	3,027	1,935	1,092
1889	566	299	267	1,594	994	600	785	599	186	2,945	1,892	1,053
1890	473	304	169	1,617	1,018	599	775	543	252	2,865	1,835	1,020
1891	479	312	167	1,769	1,152	617	913	625	288	3,161	2,089	1,072
1892	557	318	239	1,554	950	604	710	517	193	2,821	1,785	1,036
1893	526	353	173	1,224	869	355	627	481	146	2,377	1,703	674
1894	446	291	155	1,025	708	317	534	347	187	2,005	1,346	659
						Baccalauréat classique (Lettres-Mathématiques)						
1892	»	»	»	302	152	150	112	62	50	414	214	200
1893	62	48	14	556	336	200	203	120	83	821	524	297
1894	99	54	45	626	314	312	206	127	79	931	495	436
						Baccalauréat moderne (Lettres-Sciences).						
1893	»	»	»	48	9	39	13	6	7	61	15	46
1894	5	2	3	85	23	62	16	2	14	106	27	79
						Baccalauréat moderne (Lettres-Mathématiques).						
1893	»	»	»	44	11	33	13	2	11	57	13	44
1894	4	3	1	77	23	54	15	7	8	96	33	63

Relevé numérique, par nationalités, des étudiants inscrits près les facultés

ORDRES D'ENSEIGNEMENTS	ÉTUDIANTS FRANÇAIS	ALLEMAGNE	AUTRICHE-HONGRIE	BELGIQUE	BULGARIE	DANEMARK	ESPAGNE	Gde-BRETAGNE ET IRLANDE		ITALIE	LUXEMBOURG	PRINCIPAUTÉ DE MONACO	PAYS-BAS
1° Année scolaire 1890-91.													
Théologie protestante...	31	»	»	»	»	»	»	»	»	»	»	»	»
Droit..................	3,390	7	5	9	3	»	2	6	3	2	»	2	3
Médecine..............	2,477	4	5	3	13	2	12	18	25	7	7	1	4
Sciences	522	»	»	»	»	1	1	9	4	»	»	»	»
Lettres	944	7	3	»	1	2	»	4	3	»	1	»	»
Pharmacie.............	955	»	»	»	»	»	2	2	»	1	»	»	»
Totaux.........	8,319	18	13	12	17	5	17	39	35	10	8	3	7
2° Année scolaire 1891-92.													
Théologie protestante...	36	»	»	»	»	»	»	»	»	»	»	»	»
Droit	3.409	6	4	7	5	»	3	7	23	3	»	3	5
Médecine.	2,801	9	7	3	15	2	16	25	30	8	8	1	4
Sciences	539	1	»	1	»	»	1	2	5	»	1	»	»
Lettres	1,070	15	7	»	1	3	»	8	6	»	4	»	»
Pharmacie	1,021	1	»	»	»	»	2	1	»	»	»	1	»
Totaux.........	8,876	32	18	11	21	5	22	43	64	11	13	5	9
3° Année scolaire 1892-93.													
Théologie protestante...	40	»	»	»	»	1	»	2	»	»	»	»	»
Droit	3,295	5	2	4	»	»	10	5	15	4	»	»	»
Médecine..............	2,972	8	6	2	»	2	26	14	34	9	9	»	1
Sciences	539	»	»	3	»	»	2	»	3	2	»	»	»
Lettres................	1,131	10	4	»	»	1	»	4	2	2	3	»	»
Pharmacie.............	1,079	»	»	»	»	»	2	»	»	1	1	»	»
Totaux.........	9,056	23	12	9	»	4	40	25	54	18	13	»	1
4° Année scolaire 1893-94.													
Théologie protestante...	42	»	»	»	»	1	»	1	»	»	»	»	1
Droit	2,964	4	2	5	»	»	8	4	15	6	»	»	»
Médecine..............	3,439	11	3	4	»	2	29	23	38	9	9	»	1
Sciences	421	3	»	2	»	»	»	»	5	1	»	»	»
Lettres	1,333	29	7	2	»	3	»	11	1	3	»	»	»
Pharmacie	1,186	2	»	»	»	»	2	»	»	1	1	»	»
Totaux.........	9,385	49	12	13	»	6	39	39	59	20	10	»	2
5° Année scolaire 1894-95.													
Théologie protestante...	49	»	»	»	»	1	1	»	»	»	»	»	1
Droit	2,773	2	4	1	»	»	»	3	19	1	»	»	»
Médecine..............	3,567	13	6	4	»	2	41	16	32	10	11	»	2
Sciences...............	696	3	5	3	»	1	1	3	3	1	»	»	1
Lettres................	1.423	20	6	2	»	1	»	17	3	1	1	»	1
Pharmacie.............	1,254	2	»	»	»	»	3	»	»	1	1	»	»
Totaux.........	9,762	49	21	10	»	5	46	39	57	14	18	»	5

de pharmacie de Paris pendant les cinq dernières années scolaires.

ÉTUDIANTS ÉTRANGERS											TOTAL général des ÉTUDIANTS	OBSERVATIONS
… ET NORVÈGE	SUISSE	TURQUIE	ÉGYPTE	ILE MAURICE	ASIE MINEURE	JAPON	PERSE	ÉTATS-UNIS	RÉPUBLIQUES DE L'AMÉRIQUE DU SUD	TOTAL DES ÉTRANGERS		
1° Année scolaire 1890-91.												
»	»	»	»	»	»	»	»	»	»	»	31	(1) Dans ce nombre, on compte 210 étudiants femmes, dont 99 françaises et 111 étrangères.
»	5	19	14	5	2	2	1	8	19	181	3,571	
1	20	57	8	»	»	»	»	10	84	573	3,030	
»	1	»	»	»	»	»	»	2	2	64	583	
1	8	2	»	»	1	»	»	5	»	63	1,007	
1	2	5	»	»	»	»	»	»	1	18	973	
3	36	83	22	5	3	2	1	25	106	896	(1) 9,213	
2° Année scolaire 1891-92.												
»	3	»	»	»	»	»	»	»	»	3	39	(2) Dans ce nombre, on compte 244 étudiants femmes, dont 112 françaises et 132 étrangères.
»	7	7	17	2	4	3	1	11	21	203	3,612	
1	20	70	7	»	»	»	3	10	92	663	3,464	
»	4	1	»	»	»	1	»	7	»	70	600	
»	11	»	»	»	1	»	»	6	»	93	1,163	
»	1	4	1	»	»	»	»	»	2	17	1,038	
1	46	82	25	2	5	4	4	34	115	1,049	(2) 9,925	
3° Année scolaire 1892-93.												
»	4	»	»	»	»	»	»	»	»	7	47	(3) Dans ce nombre, on compte 238 étudiants femmes, dont 121 françaises et 117 étrangères.
»	6	20	21	1	»	3	1	14	24	208	3,503	
1	24	88	6	10	»	»	4	11	60	662	3,634	
1	4	6	2	»	»	1	»	3	2	60	599	
»	8	4	»	»	»	»	»	23	»	99	1,230	
»	1	6	»	»	»	»	»	»	4	18	1,097	
2	47	124	29	11	»	4	5	51	90	1,054	(3) 10,110	
4° Année scolaire 1893-94.												
»	7	»	»	»	»	»	»	»	»	11	53	(4) Dans ce nombre, on compte 390 étudiants femmes, dont 215 françaises et 175 étrangères.
»	7	23	38	»	»	3	1	13	20	231	3,193	
1	28	115	11	14	»	»	2	14	59	766	4,205	
»	»	6	1	»	»	»	1	»	»	44	465	
12	1	6	»	»	»	»	»	18	1	117	1,430	
»	1	6	»	»	»	»	»	»	4	23	1,209	
13	44	156	50	14	»	3	4	45	74	1,192	(4) 10,577	
5° Année scolaire 1894-95.												
»	5	»	»	»	»	»	»	»	»	9	58	(5) Dans ce nombre, on compte 453 étudiants femmes, dont 243 françaises et 210 étrangères.
»	5	9	7	2	»	»	»	6	12	143	2,916	
3	26	130	8	23	»	»	2	13	56	802	4,369	
»	6	8	»	»	»	»	»	4	1	80	776	
8	7	1	»	»	»	»	»	20	»	129	1,532	
»	1	7	»	»	»	»	»	1	4	26	1,280	
11	50	155	15	25	»	»	2	44	73	1,189	(5) 10,951	

NOTICE

Sur les étudiants inscrits près les facultés et l'école supérieure de pharmacie de Pa pendant les cinq dernières années scolaires.

Doivent être considérés comme étant en cours régulier d'études et par suite doivent figu dans les états trimestriels :

Facultés de Droit.

1° Étudiants qui ont pris une inscription ou qui, sans avoir pris d'inscription, ont subi examen pendant le trimestre;

2° Etudiants dont le dernier acte de scolarité remonte à moins de deux ans et dont, par con quent, les inscriptions ne sont pas périmées (art. 1er du décret du 29 décembre 1887).

Facultés et écoles de Médecine.

1° Étudiants qui ont pris une inscription ou subi un examen pendant le trimestre;

2° Etudiants qui n'ont pas pris d'inscription ni subi d'examen pendant le trimestre, mais d les inscriptions ne sont pas périmées.

On rappelle à ce sujet qu'aux termes de l'art. 27 du décret du 30 juillet 1883, les facultés et éco de médecine doivent décider si les inscriptions de cette catégorie d'étudiants sont ou non périmé

3° Etudiants pourvus de seize inscriptions qui ont subi le troisième examen depuis moins deux ans.

Quant aux étudiants qui n'ont pas subi le quatrième, le cinquième examen, et soutenu la thè moins de deux ans après avoir passé avec succès le troisième examen, ils ne figureront dans statistique que s'ils sont internes des hôpitaux;

4° Etudiants internes des hôpitaux, quel que soit le temps écoulé depuis leur dernier acte scolarité.

Les étudiants désignés aux paragraphes 3 et 4 doivent figurer dans la colonne dite « de cinquiè année ».

Facultés des Sciences et des Lettres.

1° Candidats à la licence ayant pris une inscription au cours du trimestre (boursiers, élè libres, maîtres répétiteurs, professeurs, correspondants);

2° Candidats à la licence dont les inscriptions ne sont pas périmées (art. 27 du décret 30 juillet 1883);

3° Candidats à l'agrégation (boursiers, élèves libres, maîtres répétiteurs, professeurs, corr pondants);

4° Etudiants qui se sont fait inscrire à certains cours et qui ne rentrent dans aucune des ca gories mentionnées ci-dessus.

École supérieure de pharmacie, facultés mixtes, écoles de plein exercice et écoles préparatoi de médecine et de pharmacie.

1° Étudiants qui ont pris une inscription ou subi un examen pendant le trimestre;

2° Etudiants qui n'ont pas pris d'inscription ni subi d'examen pendant le trimestre, mais do les inscriptions ne sont pas périmées (art. 27 du décret du 30 juillet 1883);

3° Etudiants (1re classe) qui, ajournés à l'examen semestriel, ne peuvent prendre la onziè inscription avant d'avoir réparé leur échec;

4° Etudiants (1re classe), pourvus de douze inscriptions, qui ont subi l'examen semestriel dep moins de deux ans.

Quant aux étudiants qui n'auront pas subi les trois examens probatoires moins de deux a après avoir pris leur douzième inscription, ils ne pourront figurer dans la statistisque que s sont internes des hôpitaux;

5° Etudiants internes des hôpitaux, quel que soit le temps écoulé depuis leur dernier acte scolarité.

Règle commune à tous les établissements d'enseignement supérieur.

Les étudiants incorporés dans l'armée active par application de l'art. 23 de la loi du 15 juil 1889, c'est-à-dire qui doivent être mis en congé après une année de présence sous les drapeaux, peuvent pas figurer dans les états trimestriels, par la raison qu'aux termes de l'art. 37 de la loi l'année de service qu'ils accomplissent dans ces conditions doit être uniquement consacré l'accomplissement de leurs obligations militaires, et que, sous aucun prétexte, ils ne peuvent ê détournés de ces obligations ni recevoir des exemptions de service à l'effet de poursuivre le études.

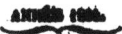

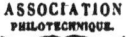

ASSOCIATION PHILOTECHNIQUE.

Statistique résumée des dix années (1884-93).

ANNÉES	ADULTES HOMMES — Nombre moyen hebdomadaire des élèves présents — 1er mois	ADULTES HOMMES — Moyenne générale	ADULTES HOMMES — Nombre de cours	SECTIONS MIXTES — Nombre moyen hebdomadaire des élèves présents — 1er mois	SECTIONS MIXTES — Moyenne générale	SECTIONS MIXTES — Nombre de cours	ADULTES FEMMES — Nombre moyen hebdomadaire des élèves présents — 1er mois	ADULTES FEMMES — Moyenne générale	ADULTES FEMMES — Nombre de cours	COURS COMPLÉMENTAIRES — Nombre moyen hebdomadaire des élèves présents — 1er mois	COURS COMPLÉMENTAIRES — Moyenne générale	COURS COMPLÉMENTAIRES — Nombre de cours	TOTAUX — Nombre moyen hebdomadaire des élèves présents — 1er mois	TOTAUX — Moyenne générale	TOTAUX — Nombre de cours
1° Lettres.															
1884—1885...	2,619	1,544	61	1,177	715	18	937	788	47	»	»	»	4,763	3,047	126
1885—1886...	2,581	1,788	63	1,012	813	29	687	757	40	»	»	»	4,280	3,358	132
1886—1887...	2,644	1,739	61	1,232	981	28	992	932	47	»	»	»	4,868	3,632	136
1887—1888...	2,570	1,572	61	1,036	829	33	1,116	983	50	»	»	»	4,731	3,384	144
1888—1889...	2,032	1,291	52	1,391	1,060	46	999	861	44	»	»	»	4,422	3,212	142
1889—1890...	1,835	944	52	1,393	945	45	948	736	51	»	»	»	4,176	2,645	148
1890—1891...	2,314	1,358	53	1,483	931	46	836	732	48	»	»	»	4,636	3,021	147
1891—1892...	2,178	1,282	65	1,421	1,056	50	871	790	45	»	»	»	4,470	3,128	151
1892—1893...	2,013	1,298	56	1,431	1,062	51	826	737	43	»	»	»	4,273	3,117	150
1893—1894...	1,581	1,180	55	1,119	929	49	719	666	42	»	»	»	3,419	2,775	146
Moyenne...	2,240	1,399	57	1,270	932	39	893	802	45	»	»	»	4,404	3,133	142
2° Sciences.															
1884—1885...	2,933	1,743	83	1,125	710	22	1,146	949	54	»	»	»	5,204	3,408	159
1885—1886...	3,027	2,110	95	1,307	1,192	40	834	870	44	»	»	»	5,168	4,172	179
1886—1887...	3,226	1,923	106	1,542	1,283	46	977	789	48	»	»	»	5,745	3,995	200
1887—1888...	2,666	1,773	97	1,433	1,078	55	1,042	877	58	»	»	»	5,141	3,728	210
1888—1889...	2,766	1,729	101	1,635	1,249	72	966	766	55	»	»	»	5,367	3,744	228
1889—1890...	2,299	1,380	93	1,351	902	60	921	681	57	»	»	»	4,571	2,963	210
1890—1891...	2,694	1,762	96	1,360	1,023	61	882	786	59	»	»	»	4,936	3,571	216
1891—1892...	3,235	2,050	113	1,575	1,198	68	921	759	58	»	»	»	5,731	4,007	241
1892—1893...	2,916	2,009	116	1,772	1,358	79	843	744	58	»	»	»	5,531	4,111	253
1893—1894...	2,477	1,770	119	1,444	1,100	76	958	873	68	»	»	»	4,879	3,803	263
Moyenne...	2,824	1,825	103	1,451	1,115	57	949	809	55	»	»	»	5,227	3,750	215
Totaux.															
1884—1885...	5,582	3,287	144	2,302	1,431	40	2,083	1,737	101	1,043	879	19	11,010	7,334	304
1885—1886...	5,608	3,898	158	2,319	2,005	69	1,521	1,627	84	1,103	916	19	10,561	8,516	330
1886—1887...	5,870	3,662	167	2,774	2,264	74	1,969	1,721	95	516	405	16	11,129	8,052	352
1887—1888...	5,245	3,345	158	2,469	1,907	88	2,158	1,860	108	777	610	31	10,649	7,722	385
1888—1889...	4,798	3,020	153	3,026	2,309	118	1,965	1,627	99	503	435	31	10,292	7,391	404
1889—1890...	4,134	2,324	145	2,744	1,847	105	1,869	1,437	108	667	609	35	9,414	6,217	393
1890—1891...	5,008	3,120	149	2,846	1,954	107	1,718	1,518	107	635	565	34	10,207	7,157	397
1891—1892...	5,413	3,332	171	2,996	2,254	118	1,792	1,549	103	740	558	42	10,941	7,693	434
1892—1893...	4,929	3,307	172	3,206	2,420	130	1,669	1,501	101	665	605	39	10,469	7,833	442
1893—1894...	4,058	2,950	174	2,563	2,089	125	1,677	1,539	110	770	680	43	9,068	7,258	452
Moyenne...	5,064	3,224	160	2,724	2,047	96	1,812	1,611	100	741	626	30	10,374	7,517	380

Statistique résumée des neuf années (1885-94).

MATIÈRES ENSEIGNÉES	1885-86		1886-87		1887-88		1888-89		1889-90		1890-91		1891-92		1892-93		1893-94	
	Moyenne générale des présences par semaine	Nombre de cours	Moyenne générale des présences par semaine	Nombre de cours	Moyenne générale des présences par semaine	Nombre de cours	Moyenne générale des présences par semaine	Nombre de cours	Moyenne générale des présences par semaine	Nombre de cours	Moyenne générale des présences par semaine	Nombre de cours	Moyenne générale des présences par semaine	Nombre de cours	Moyenne générale des présences par semaine	Nombre de cours	Moyenne générale des présences par semaine	Nombre de cours
1° Lettres.																		
Langue française	882	28	801	26	819	29	773	26	586	26	728	27	849	31	854	31	790	[illegible]
Diction	234	10	271	10	231	11	238	12	190	11	203	11	203	11	211	11	»	»
Langue allemande	223	12	234	12	263	14	287	14	222	16	204	16	289	19	334	21	[illegible]	[illegible]
Langue anglaise	711	20	822	20	747	26	751	30	605	30	809	31	854	33	940	30	934	[illegible]
Langue portugaise	8	1	7	1	7	1	11	1	11	1	11	1	10	1	7	1	10	1
Langue italienne	31	3	90	5	107	6	97	6	103	7	91	7	71	5	56	[illegible]	48	[illegible]
Langue espagnole	155	7	197	7	202	9	190	9	221	11	262	11	254	11	178	9	185	[illegible]
Langue russe	»	»	»	»	»	»	»	»	»	»	»	»	»	»	4	1	18	3
Langue arabe	»	»	»	»	»	»	»	»	»	»	»	»	»	»	»	»	»	»
Enseignement secondaire (cours spéciaux). — Latin	25	1	31	2	30	2	38	2	36	3	48	4	53	4	48	4	45	4
Littérature	389	11	502	11	335	10	234	10	193	10	202	8	125	6	86	6	101	4
Histoire et géographie. — Histoire de l'art et de la reliure	534	25	875	28	522	27	522	25	387	25	335	24	345	23	321	20	272	[illegible]
Législation usuelle	48	3	24	2	54	5	32	4	65	6	30	4	27	2	40	3	34	1
Économie politique	69	4	34	4	16	2	25	2	26	2	32	3	29	2	48	2	»	»
Droit commercial, administratif	23	1	13	1	11	1	»	»	»	»	»	»	19	1	»	»	»	»
Pédagogie et morale	»	»	37	1	20	1	8	1	»	»	»	»	»	»	»	»	»	»
Total des lettres	3358	132	3632	136	3384	144	3212	142	2615	158	3021	167	3128	131	3117	150	2775	[illegible]
2° Sciences.																		
Arithmétique et algèbre	766	30	700	29	646	32	607	32	470	31	331	27	306	30	535	30	478	[illegible]
Géométrie	191	10	197	10	129	8	117	8	74	7	108	6	87	6	112	[illegible]	115	10
Géométrie descriptive	53	2	58	2	36	3	66	3	34	3	34	2	34	2	27	2	»	»
Perspective	59	3	98	4	39		48	4	27	3	35	4	37	3	33	3	253	[illegible]
Topographie, arpentage	62	4	69	4	40	3	27	3	44	3	37	3	33	3	43	3	24	3
Mathématiques appliquées											79	7	79	8	»	7	127	11
Construction	51	2	50	2	56	2	35	2	25	2	49	3	54	3	37	3	48	1
Trigonométrie	94	4	92	4	48	3	61	4	43	4	44	3	42	3	48	7	»	»
Mathématiques complémentaires	86	5	93	6	58	6	64	8	50	7	72	8	53	6	84	5	3	1
Mécanique	75	5	54	4	54	5	51	5	53	5	70	5	72	5	57	[illegible]	24	1
Hygiène et sciences physiques et naturelles	269	15	276	15	292	18	262	15	210	14	221	16	184	12	172	12	179	17
Chimie	512	12	348	11	278	11	263	11	186	10	207	11	217	10	206	11	163	15
Physique, physique expérimentale, astronomie	474	13	305	11	239	12	217	11	144	10	185	9	135	9	115	4	33	2
Histoire naturelle	200	7	164	7	143	8	97	10	70	8	83	6	107	5	64	4	»	»
Sténographie	60	4	86	7	114	8	111	9	125	9	116	8	123	9	147	11	157	64
Comptabilité	431	18	506	18	482	19	492	19	376	19	468	20	498	24	486	23	407	25
Dessin, modelage, etc.	393	27	440	31	501	34	406	33	353	32	409	31	436	32	444	40	110	13
Peinture sur faïence, aquarelle	»	»							45	2	33	2	74	5	92	5	120	6
Fleurs et plumes	»	»	»	»	19	1			10	1	7	1	7	1	3	1	»	[illegible]
Cours pratique (reliure)	»	»	45	1	27	1	49	1	29	1	15	1	44	4	23	3	20	3
Coupe	77	5	73	4	78	5	112	6	108	7	121	7	181	10	163	10	226	13
Calligraphie	123	7	99	7	95	6	160	9	117	9	190	9	196	13	253	14	222	63
Solfège et musique vocale	99	4	51	3	102	6	117	7	81	7	137	9	139	7	124	7	[illegible]	7
Technologie industrielle	»	»	»	»	34	1	24	1	31	2	»	»	12	1	»	»	[illegible]	1
Électriciens (cours spéciaux)	»	»	88	11	57	3	97	4	115	5	71	3	158	6	178	6	[illegible]	[illegible]
Coupe et patronage pour la chaussure	»	»	»	»	24	1	24	2	36	2	25	1	26	2	38	2	»	»
Banque et change	35	2	18	1	»	»	12	1	12	1	24	1	29	1	31	2	»	»
Coupe de pierres et charpentes	»	»	»	»	»	»	8	1	6	2	8	1	6	1	12	1	»	»
Mécaniciens (cours spéciaux)	»	»	»	»	»	»	25	4	25	3	34	3	53	3	53	2	22	2
Photographie (cours spéciaux)	»	»	»	»	»	»	61	1	60	1	66	1	122	2	163	3	136	3
Anatomie artistique	»	»	»	»	»	»	»	»	»	»	11	1	»	»	»	»	»	»
Assurances (cours spéciaux)	»	»	115	8	63	8	62	8	»	»	25	3	18	2	17	3	[illegible]	2
Télégraphie, téléphonie	»	»	»	»	»	»	»	»	»	»	19	1	21	1	17	1	»	»
Cosmographie	»	»	»	»	»	»	»	»	»	»	10	1	4	1	70	3	»	»
Opérations de bourse	»	»	»	»	»	»	»	»	»	»	22	1	19	1	40	1	34	1
Économie domestique	»	»	»	»	20	1	»	»	»	»	6	1	»	»	»	»	»	»
Cours d'ameublement	»	»	»	»	14	1	»	»	»	»	»	»	»	»	»	»	»	»
Gymnastique	»	»	»	»	»	»	»	»	»	»	»	»	4	1	»	»	»	»
Autographie	»	»	»	»	»	»	»	»	»	»	»	»	9	1	9	1	»	»
Ponts et chaussées (cours spéciaux)	»	»	»	»	»	»	»	»	»	»	»	»	200	7	68	6	66	3
Peinture de lettres	»	»	»	»	»	»	9	1	»	»	»	»	»	»	»	»	»	»
Arboriculture	»	»	»	»	»	»	»	»	»	»	»	»	»	»	165	3	163	2
Lecture et diction	»	»	»	»	»	»	»	»	»	»	»	»	»	»	»	»	220	41
Total des sciences	4172	179	3995	200	3728	210	3744	228	2933	210	3571	216	4007	244	4111	252	2803	[illegible]
Total général	7530	311	7647	336	7112	354	6956	370	5608	358	6592	363	7135	392	7228	403	5578	409

Nombre des présences hebdomadaires par faculté (1894-95).

SCIENCES	ADULTES HOMMES			SECTIONS MIXTES			ADULTES FEMMES			TOTAUX		
	Moyenne		Nombre de cours	Moyenne		Nombre de cours	Moyenne		Nombre de cours	Moyenne		Nombre de cours
	1er mois	générale		1er mois	générale		1er mois	générale		1er mois	générale	
:nseignement général.												
ıétique et algèbre	329	194	10	235	188	10	167	143	12	731	525	32
et perspective	38	22	3	144	134	11	105	121	8	287	277	22
trie	191	109	9	57	32	5	»	»	»	248	141	14
e naturelle, hygiène	»	»	»	»	»	»	»	»	»	»	»	»
·s physiques et naturelles et mé-ıe usuelle	95	82	6	52	40	2	71	52	5	218	174	13
natiques, trigonométrie	137	73	10	49	37	3	11	14	1	197	124	14
Divers.												
rie laitière	11	11	1	»	»	»	»	»	»	11	11	1
culture fruitière	44	31	2	144	132	2	»	»	»	188	163	4
et chaussées (cours spéciaux)	56	19	2	36	32	2	»	»	»	92	51	4
nement secondaire (mathéma-es)	»	»	»	7	10	1	»	»	»	7	10	1
ıe vocale	»	»	»	77	76	4	35	35	3	112	111	7
mie domestique	»	»	»	»	»	»	100	80	1	100	80	1
seignement commercial.												
ınces	»	»	»	60	39	5	»	»	»	60	39	5
e et change, escompte et arbi-e	22	11	1	22	19	2	»	»	»	44	30	3
:ions de bourse	»	»	»	19	19	1	»	»	»	19	19	1
·aphie, autographie	184	132	8	81	62	3	48	49	5	313	243	16
abilité	235	170	8	209	180	8	140	122	9	584	472	25
;raphie et machine à écrire	76	41	4	104	86	7	97	74	5	277	201	16
ıseignement industriel.												
: et physique	292	227	12	117	61	5	31	27	1	440	315	18
'eurs, mécaniciens, chaudron-s, ajusteurs (cours spéciaux)	49	43	3	»	»	»	»	»	»	49	43	3
·uction, stéréotomie	52	43	4	»	»	»	»	»	»	52	43	4
, couture et assemblage	68	51	3	55	45	2	136	110	8	259	206	13
in ustriel et modelage	209	136	13	32	18	2	41	45	3	282	199	18
icité, télégraphie et téléphonie	324	208	9	»	»	»	»	»	»	324	208	9
matiques	35	26	1	»	»	»	»	»	»	35	26	1
ique	50	30	3	10	5	1	»	»	»	60	35	4
	»	»	»	54	52	1	38	26	1	92	78	2
ıre sur faïence, porcelaine, aqua-·, émaillage athénien	10	5	1	44	47	1	50	43	4	104	95	6
graphie	114	90	2	43	43	1	»	»	»	157	133	3
rs (cours spécial)	38	26	3	»	»	»	»	»	»	38	26	3
es physiques et naturelles	»	»	»	46	38	3	5	4	1	51	42	4
ologie	»	»	»	»	»	»	»	»	»	»	»	»
·raphie	56	39	3	»	»	»	»	»	»	56	39	3
Total	2,713	1,819	121	1,697	1,395	82	1,075	945	67	5,487	4.159	·270

Nombre des présences hebdomadaires par faculté (1894-95) (Suite et fin).

LETTRES	ADULTES HOMMES Moyenne 1er mois		Nombre de cours	SECTIONS MIXTES Moyenne 1er mois		Nombre de cours	ADULTES FEMMES Moyenne 1er mois		Nombre de cours	TOTAUX Moyenne 1er mois		Nombre de cours
	1er mois	générale		1er mois	générale		1er mois	générale		1er mois	générale	
Enseignement général.												
Géographie physique et politique	39	31	1	»	»	»	29	27	2	68	58	3
Histoire de France	22	20	2	45	44	3	101	92	6	168	156	11
Langue française	461	332	11	318	273	11	275	253	14	1,054	[illegible]	[illegible]
Littérature (Histoire de la)	33	21	1	91	80	3	27	17	1	151	[illegible]	[illegible]
Divers.												
Enseignement secondaire	»	»	»	»	»	»	»	»	»	»	»	»
Philosophie, langue latine, langue grecque	»	»	»	64	39	4	»	»	»	64	39	4
Lecture et diction	72	59	2	141	133	5	124	116	5	337	308	12
Enseignement commercial.												
Droit commercial, économie politique et législation usuelle, successions	68	43	3	25	18	3	»	»	»	93	61	6
Géographie commerciale	15	4	1	70	39	3	»	»	»	85	53	4
Langue allemande	288	178	10	272	155	10	67	61	5	627	394	[illegible]
Langue anglaise	720	445	11	535	411	13	499	437	23	1,754	1,293	[illegible]
Langue espagnole	144	65	4	84	49	3	6	7	1	234	121	[illegible]
Langue italienne	37	21	3	40	20	2	»	»	»	77	41	5
Langue portugaise	16	10	2	»	»	»	»	»	»	16	10	2
Langue russe	23	8	2	»	»	»	»	»	»	23	8	2
Enregistrement	»	»	»	3	4	1	»	»	»	3	4	1
Jurisprudence	»	»	»	14	9	1	»	»	»	14	9	1
Total	1,938	1,237	56	1,702	1,284	62	1,128	1,010	57	4,768	3,531	175
RÉCAPITULATION.												
Enseignement général et divers.												
Sciences	901	541	43	801	681	40	489	445	30	2,191	1,667	113
Lettres	627	463	17	670	580	27	556	503	28	1,853	1,548	72
Total	1,528	1,004	60	1,471	1,261	67	1,045	950	58	4,044	3,215	[illegible]
Enseignement commercial.												
Sciences	517	354	21	495	405	26	285	245	19	1,297	1,004	[illegible]
Lettres	1,311	774	39	1,032	704	35	572	505	29	2,915	1,983	[illegible]
Total	1,828	1,128	60	1,527	1,109	61	857	750	48	4,212	2,987	[illegible]
Enseignement industriel.												
Sciences	1,297	921	57	401	309	16	301	255	18	1,999	1,485	[illegible]
TOTAL.												
Sciences	2,715	1,819	121	1,697	1,395	82	1,075	945	67	5,487	4,159	270
Lettres	1,938	1,237	56	1,702	1,284	62	1,128	1,010	57	4,768	3,531	175
Total	4,653	3,056	177	3,399	2,679	144	2,203	1,955	124	10,255	7,690	[illegible]
Cours complémentaires : sections Montparnasse, Fourneaux, Enseignement secondaire, Temple										803	671	65
— rue Serpente, 24 (pour les employés de la préfecture de Police)										35	25	3
Total général										11,093	8,386	[illegible]

Dans le tableau suivant les sections sont dénommées d'après les lieux où se font les cours, ainsi arlemagne signifie lycée Charlemagne; Victor-Cousin, rue Victor-Cousin, etc. Quant aux dénonations *mécaniciens*, *électriciens*, *assurances*, *etc*., elles indiquent les groupes de cours fondés vue d'un enseignement spécial.

La section professionnelle du livre a pour but l'instruction technique des relieurs.

NOMBRE DES PRÉSENCES DES ÉLÈVES PAR SECTION (1894-1895).

Moyenne des présences par semaine.

DÉSIGNATION	PENDANT LE PREMIER MOIS	MOYENNE GÉNÉRALE	NOMBRE DE COURS
Sections adultes-hommes.			
Charlemagne	1,879	1,231	69
Condorcet	1,868	1,179	61
Electriciens	365	249	11
Ternes	188	130	9
Mécaniciens	111	87	7
Livre	47	35	4
Rue Thérèse	36	28	4
Voltaire	129	95	11
Plaisance	30	22	1
Total	4,633	3,056	177
Sections mixtes.			
Sorbonne	225	154	12
Montparnasse	1,239	936	37
Popincourt (F. Sanzel) et cours de coupe et patronage pour la chaussure	84	78	6
Montmartre	337	341	17
Quinze-Vingts	303	239	13
Drouot et Assurances	334	308	17
Enseignement secondaire	150	103	10
Ivry	75	54	7
Rue des Fourneaux	31	23	2
Temple	404	305	13
Grenelle	223	141	9
Total	3,309	2,079	143
Sections adultes-femmes.			
Ternes	704	640	25
Victor-Cousin	181	152	17
Montrouge	268	230	12
Argenteuil	163	149	16
Bastille	221	176	14
Corbeau	147	144	8
Belzunce	248	220	14
XXe arrondissement	109	110	11
Plaisance	62	54	6
Cuisine	100	80	1
Total	2,203	1,955	124
Sections Montparnasse, Fourneaux, Enseignement secondaire, du Temple (cours complémentaires)	803	671	45
Rue Serpente, 24 (pour les employés de la préfecture de Police)	35	25	1
Total général	11,093	8,386	490

UNION FRANÇAISE DE LA JEUNESSE.

Nombre des présences hebdomadaires par faculté (1894-1895)

MATIÈRES ENSEIGNÉES	SECTIONS MIXTES			ADULTES-FEMMES			T
	MOYENNE		NOMBRE de cours	MOYENNE		NOMBRE de cours	MOY
	1er mois	Générale		1er mois	Générale		1er mois
I. — LETTRES.							
Français	364	246	14	23	19	1	387
Littérature	178	128	8	12	11	1	187
Histoire de France et histoire moderne	366	219	18	20	18	1	386
Géographie, géographie commerciale	255	187	9	15	14	1	270
Droit usuel	27	24	2	9	8	1	36
Allemand	765	649	21	27	25	1	792
Anglais	1,065	882	23	33	31	1	1,098
Espagnol	378	290	14	17	15	1	395
Italien	47	33	2	»	»	»	47
Portugais	43	35	2	»	»	»	43
Russe	89	75	5	»	»	»	89
Économie politique	35	29	2	»	»	»	35
TOTAUX	3,609	2,797	115	156	141	8	3,765
II. — SCIENCES ET ARTS.							
A. Enseignement général.							
Mathématiques	383	231	12	23	20	1	406
Géométrie, trigonométrie	192	107	7	»	»	»	192
Histoire naturelle, médecine usuelle, hygiène, petite chirurgie	368	231	13	»	»	»	368
Dessin d'ornement, perspective	507	314	16	17	15	1	524
TOTAUX	1,450	903	48	40	35	2	1,490
B. Arts et divers.							
Peinture à l'huile	21	12	1	12	10	1	33
Lecture et diction	395	267	13	19	17	1	414
Musique vocale, chant, harmonie, solfège	467	275	15	24	21	1	491
Musique instrumentale	1,523	1,009	52	59	53	3	1,582
Histoire de l'art	17	12	1	»	»	»	17
Gymnastique, instruction militaire, escrime	102	77	5	»	»	»	102
Topographie	17	13	1	»	»	»	17
Agriculture, botanique, horticulture et arboriculture fruitière	79	33	5	»	»	»	79
Modelage, sculpture	34	26	3	»	»	»	34
Aquarelle et peinture sur porcelaine	107	61	8	12	10	1	119
TOTAUX	2,762	1,785	104	126	111	7	2,888
C. Enseignement commercial et industriel.							
Calligraphie	147	105	5	»	»	»	147
Comptabilité	705	454	15	24	22	1	729
Sténographie et machines à écrire	497	350	20	17	15	1	514
Chimie générale et industrielle	154	109	9	10	9	1	164
Physique	48	29	3	9	7	1	57
Dessin industriel	289	214	13	»	»	»	289
Mécanique	19	15	2	»	»	»	19
Photographie et photographie industrielle	46	29	2	»	»	»	46
Électricité	17	10	1	»	»	»	17
Cartographie	11	9	1	»	»	»	11
Dessin linéaire et lavis	179	107	5	»	»	»	179
A reporter	2,112	1,431	76	60	53	4	2,172

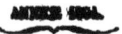

Nombre des présences hebdomadaires par faculté (1894-1895) (Suite et fin).

MATIÈRES ENSEIGNÉES	SECTIONS MIXTES — Moyenne — 1er mois	SECTIONS MIXTES — Moyenne — Générale	SECTIONS MIXTES — Nombre de cours	ADULTES-FEMMES — Moyenne — 1er mois	ADULTES-FEMMES — Moyenne — Générale	ADULTES-FEMMES — Nombre de cours	TOTAUX — Moyenne — 1er mois	TOTAUX — Moyenne — Générale	TOTAUX — Nombre de cours
Report	2,112	1,431	76	60	53	4	2,172	1,484	80
Architecture	17	13	1	»	»	»	17	13	1
Construction	14	12	1	»	»	»	14	12	1
Dessin appliqué à la bijouterie et à la joaillerie	13	10	1	»	»	»	13	10	1
Coupe, couture, assemblage	116	77	5	18	17	1	134	94	6
Lingerie	»	»	»	14	14	1	14	14	1
Modes	»	»	»	13	13	1	13	13	1
Totaux	2,272	1,543	84	105	97	7	2,377	1,640	91
Récapitulation.									
I. — Lettres	3,609	2,797	115	156	141	8	3,765	2,938	123
II. — Sciences et arts. a. Enseignement général	1,450	903	48	40	35	2	1,490	938	50
b. Arts et divers	2,762	1,785	104	126	111	7	2,888	1,896	111
c. Enseignement commercial et industriel	2,272	1,543	84	105	97	7	2,377	1,640	91
Totaux généraux	10,093	7,028	351	427	384	24	10,520	7,412	375

Nombre des présences des élèves par section (1894-1895). — *Moyenne des présences par semaine.*

DÉSIGNATION	PENDANT LE PREMIER MOIS	MOYENNE GÉNÉRALE	NOMBRE DE COURS
Sections.			
1. — Batignolles	529	378	25
2. — Grenelle	594	414	22
3. — Jardin-des-Plantes	1,393	829	32
4. — Magenta	503	376	25
5. — Maison-Blanche	801	557	27
6. — Malakoff	394	298	10
7. — Moncey	427	384	22
8. — Montmartre	916	598	23
9. — Montorgueil	363	306	22
10. — Id. spéciale de musique	780	675	37
11. — Panthéon	403	308	20
12. — Montsouris	295	227	17
13. — Passy	343	238	12
14. — Auteuil	227	187	5
15. — Plaisance	820	509	22
16. — Popincourt	1,006	673	23
17. — Reuilly	696	455	25
Totaux	10,520	7,412	369

(1) Plusieurs cours ayant été doublés par suite de l'affluence des élèves, et cela depuis l'ouverture des sections, le chiffre 369 doit être augmenté de six unités, ce qui porte à 375 le nombre des cours ayant fonctionné pendant l'année scolaire 1894-1895.

STATISTIQUE
DES SOCIÉTÉS SAVANTES
AYANT LEUR SIÈGE A PARIS

Il est très délicat de déterminer ce que l'on doit entendre par « société savante ». A notre a' une société savante est une compagnie *se réunissant plusieurs fois par an pour discuter des q tions scientifiques, ou même des questions techniques, sans poursuivre par elle-même aucune ré sation matérielle.*

Nous ne considérons donc, comme rentrant dans notre cadre, que les sociétés *académiques*. contraire, les sociétés amicales, les sociétés d'instruction, les sociétés de propagande, les asso tions professionnelles, ne sont pas considérées par nous comme sociétés savantes.

Nous en excluons notamment les sociétés suivantes, quoiqu'elles aient souvent un caract scientifique :

1° Les congrès scientifiques (dont le caractère propre est de se réunir au plus une fois par an)

2° Les sociétés poursuivant elles-mêmes la réalisation d'une réforme sociale, telle que la di sion de l'instruction, de l'esprit de prévoyance, de la tempérance, etc. (1);

3° Les sociétés de prévoyance, de mutualité et de bienfaisance ;

4° Les sociétés ayant pour but la préparation mutuelle à l'exercice d'une profession (conféren d'internat, conférences de jeunes gens, etc.);

5° Les associations professionnelles ayant surtout pour but l'étude et la défense d'intérêts p fessionnels (si respectables d'ailleurs que ces intérêts puissent être);

6° Les sociétés scientifiques, que la recherche de réalisations matérielles oblige à faire (très ho rablement d'ailleurs, et souvent, même, sans chercher à en tirer un profit légitime) de véritab opérations commerciales ou industrielles.

L'Institut de France et l'Académie de médecine n'entrent pas non plus dans le cadre de la p sente étude.

Nous classons les sociétés savantes dans l'ordre suivant :

I. — Ensemble de toutes les sciences.
II. — Sciences mathématiques.
III. — Physique et chimie.
IV. — Histoire naturelle.
V. — Agronomie.
VI. — Médecine, chirurgie, médecine vétérinaire.
VII. — Sciences sociales.
VIII. — Géographie et histoire.
IX. — Littérature, arts, philosophie.

---

(1) Mais une société qui, sans poursuivre par elle-même une réalisation matérielle, étudie comment cette réal tion peut être obtenue, rentre dans le cadre des sociétés savantes. Par exemple, une société dont le but est d'o niser des cours publics pour l'enseignement populaire rend un très grand service, mais ne peut pas être consid comme société savante. Mais une société qui se borne à discuter les méthodes d'enseignement rentre dans la déf tion que nous donnons de la « société savante ».

Nous avons demandé à chacune des sociétés ci-après énumérées de vouloir bien nous donner quelques renseignements statistiques les concernant, leur offrant de les considérer comme confidentiels si elles en exprimaient le désir. Aucune ne nous a demandé le secret. Nous publions donc tous les renseignements qu'elles nous ont fournis. Nous avons pris pour règle de ne jamais rien y ajouter, rien y modifier.

Nous les avons également priées de nous envoyer leur compte rendu financier; la plupart ont négligé de le faire.

Enfin, quelques sociétés savantes ne nous ont pas donné signe de vie malgré nos instances. Parmi elles, il en est qui sont pourtant très importantes, mais la plupart comptent très peu de membres, se réunissent très rarement et produisent peu.

LISTE DES SOCIÉTÉS SAVANTES

AYANT LEUR SIÈGE A PARIS

AVEC INDICATION DU BUT QU'ELLES SE PROPOSENT (1) ET DE LA PÉRIODICITÉ DE LEURS SÉANCES

I. — ENSEMBLE DE TOUTES LES SCIENCES.

1. — **Société philomathique**, rue des Grands-Augustins.

N'a pas envoyé de renseignements.

2. — **Société philotechnique**, rue de la Banque, 8.

N'a pas envoyé de renseignements.

3. — **Société d'encouragement pour l'industrie nationale**, 44, rue de Rennes.

But de la société. — La *Société d'encouragement* a été fondée, en 1801, pour l'amélioration de toutes les branches de l'industrie française. Elle décerne des prix et médailles pour les inventions et les perfectionnements introduits dans les arts. Elle se livre aux expériences et essais nécessaires pour apprécier les procédés nouveaux qui lui sont présentés. Elle publie un *compte rendu* des séances de son conseil d'administration et un *bulletin* mensuel renfermant l'annonce raisonnée des découvertes utiles à l'industrie, faites en France et à l'étranger. Elle distribue des médailles aux ouvriers et contremaîtres des établissements agricoles et manufacturiers qui se distinguent par leur conduite et par leur travail. Elle vient au secours des inventeurs que leur âge ou leurs infirmités mettent hors d'état de se suffire. Elle procure aux ouvriers qui ont fait une invention utile les moyens de payer les annuités de leurs brevets.

Périodicité de ses séances. — Le 2e et le 4e vendredi de chaque mois.

---

(1) Aux termes de leurs statuts.

4. — Association française pour l'avancement des sciences, 28, rue Serpente.

But de la société. — L'association se propose exclusivement de favoriser par tous les moyens en son pouvoir le progrès et la diffusion des sciences, au double point de vue du perfectionnement de la théorie pure et du développement des applications pratiques. A cet effet, elle exerce son action par des réunions, des conférences, des publications, des dons en instruments ou en argent aux personnes travaillant à des recherches ou entreprises scientifiques qu'elle aurait provoquées ou approuvées.

Périodicité de ses séances. — Hebdomadaires de janvier à mars, plus un congrès annuel d'une semaine.

II. — SCIENCES MATHÉMATIQUES.

MATHÉMATIQUES PURES ET APPLIQUÉES.

1. — **Société mathématique de France**, 7, rue des Grands-Augustins.

But de la société. — Avancement et propagation des mathématiques pures et appliquées.

Périodicité de ses séances. — Séances le 1er et le 3e mercredi de chaque mois.

2. — **Société astronomique de France**, 28, rue Serpente.

But de la société. — Elle est fondée dans le but de réunir entre elles les personnes qui s'occupent pratiquement et théoriquement d'astronomie ou qui s'intéressent au développement de cette science et à l'extension de son influence pour l'éclairement des esprits. Ses efforts tendent à l'avancement et à la vulgarisation de cette science, ainsi qu'à faciliter les voies et moyens à tous ceux qui désirent entreprendre des études astronomiques.

Périodicité de ses séances. — Le premier mercredi de chaque mois.

3. — **Institut des actuaires français**, 28, rue Serpente.

But de la société. — L'*Institut des actuaires français* a pour but d'encourager et de développer l'étude des mathématiques financières, de fournir à ses membres les moyens d'accroître leurs connaissances professionnelles et de mettre des actuaires compétents à la disposition des associations de prévoyance et des sociétés financières ou industrielles de toute nature.

Périodicité de ses séances. — Mensuelles, de novembre à juin.

ART DE L'INGÉNIEUR.

4. — **Société des ingénieurs civils de France**, 10, cité Rougemont (19, rue Blanche, à partir de 1897).

But de la société. — La société a pour but : 1° d'éclairer par la discussion et le travail en commun les questions d'art relatives au génie civil; 2° de concourir au développement des sciences appliquées aux grands travaux de l'industrie; 3° de poursuivre par l'étude des questions d'économie industrielle, d'administration et d'utilité publique l'application la plus étendue des forces et des richesses du pays.

Périodicité de ses séances. — Bi-mensuelles.

5. — **Société des ingénieurs et architectes sanitaires de France**, 10, cité Rougemont (Hôtel des ingénieurs civils).

But de la société. — La société a pour but : 1° de grouper les ingénieurs et architectes français s'adonnant à l'étude des questions d'hygiène appliquée ; 2° d'éclairer par la discussion et le travail en commun les questions relatives à la science sanitaire; 3° de faciliter aux jeunes ingénieurs et architectes l'étude des questions sanitaires et leurs moyens d'application; 4° d'encourager les études, les recherches et les travaux relatifs à l'application de l'hygiène dans les villes et les habitations; 5° d'étendre, par le concours de ses membres, l'enseignement professionnel parmi les ouvriers, les chefs d'industrie et d'atelier; 6° de faciliter, par des expériences et des applications, le développement des inventions relatives au génie sanitaire; 7° de provoquer, par tous les moyens, l'émulation dans l'application des inventions et appareils pouvant améliorer les conditions de milieu et de vie; 8° de récompenser, dans la mesure de ses moyens, les créateurs d'appareils nouveaux, les entrepreneurs judicieux et les ouvriers habiles; 9° de tenir ses membres au courant du mouvement sanitaire à l'étranger par la communication de tous les documents propres à les éclairer.

Périodicité de ses séances. — Mensuelles.

6. — **Société des ingénieurs coloniaux**, 15, avenue Matignon.

But de la société. — La société a pour but : de former des relations amicales et de servir de lien entre les ingénieurs français exerçant ou ayant exercé leur profession à l'extérieur de la France ; de leur fournir des informations sur les travaux en cours ou en projet dans tous les pays du monde; de grouper les résultats de leurs travaux et d'en faciliter la diffusion, ainsi que celle des découvertes nouvelles à l'aide de publications périodiques et de communications techniques ; de travailler au développement de notre industrie nationale à l'étranger.

Périodicité de ses séances. — Mensuelles.

III. — PHYSIQUE ET CHIMIE.

PHYSIQUE ET CHIMIE PURES ET APPLIQUÉES.

1. — **Société météorologique de France**, 7, rue des Grands-Augustins.

N'a pas envoyé de renseignements.

2. — **Société française de photographie**, 76, rue des Petits-Champs.

But de la société. — Concourir aux progrès scientifiques et artistiques de la photographie et de ses applications.

Périodicité de ses séances. — Bi-mensuelles.

3. — Société d'études photographiques appliquées aux arts industriels de reproduction, 11, rue Salneuve.

But de la société. — La société a pour but de favoriser et de vulgariser les travaux et découvertes des chercheurs, d'assister de ses conseils tous ceux qui se joignent aux sociétaires dans l'intention de connaître la photographie ou de se perfectionner dans cet art. La société soutient et protège, dans la limite de ses forces, l'industrie nationale en tout ce qui concerne la photographie et notamment les impressions aux encres grasses.

Périodicité de ses séances. — Réunions mensuelles, le 3e jeudi de chaque mois; — réunions intimes, le 4e jeudi de chaque mois.

3. — **Société chimique de Paris**, 44, rue de Rennes.

But de la société. — Le but de la société est d'aider au développement de la chimie par des conférences et par la publication du *Bulletin de la Société chimique*.

Périodicité de ses séances. — 1er mercredi, 2e et 4e vendredi de chaque mois (excepté les vacances).

4. — **Société française de physique**, 44, rue de Rennes.

But de la société. — Cette société a pour but de contribuer à l'avancement de la physique par des réunions, par des conférences, par l'exposition annuelle et par la publication du bulletin de ses séances et la réimpression des mémoires relatifs à la physique.

Périodicité de ses séances. — 1er et 3e vendredi de chaque mois (sauf les vacances). — Exposition pendant la semaine de Pâques.

5. — **Société internationale des électriciens**, 44, rue de Rennes (plus le laboratoire central d'électricité, 12, rue de Staël).

But de la société. — Le but de la société est : 1° de centraliser pour leur étude et leur discussion les renseignements et les documents concernant les progrès de l'électricité; 2° de favoriser la vulgarisation et le développement de l'électricité par tous les moyens. A cet effet, elle exerce son action par des réunions, des conférences, des publications, des dons en instruments ou en argent aux personnes travaillant à des recherches ou entreprises scientifiques qu'elle aurait provoquées ou approuvées; 3° d'établir et d'entretenir des relations suivies et de solidarité entre les divers membres français ou étrangers de la société.

Périodicité de ses séances. — Mensuelles (août, septembre, octobre exceptés).

AÉROSTATION.

6. — **Société française de navigation aérienne**, 28, rue Serpente (Hôtel des sociétés savantes).

But de la société. — Développer la navigation aérienne. La société a fondé une école où elle enseigne l'aérostation.

Périodicité de ses séances. — Les 1er et 3e jeudis de chaque mois.

7. — **Académie d'aérostation météorologique de France,** 3, rue de Lutèce.

But de la société. — Étude de toutes les sciences qui se rattachent à la navigation aérienne et à la météorologie ainsi qu'à leurs applications.

Périodicité de ses séances. — Les 1er et 3e mercredis de chaque mois.

8. — **Union aérophile de France,** 14, rue des Grandes-Carrières.

But de la société. — La société a pour but : 1° de développer et de perfectionner l'aéronautique et les sciences qui s'y rattachent; 2° de rechercher par tous les moyens la solution du grand problème de la locomotion dans l'air; 3° l'étude spéciale, théorique et pratique de l'aéronautique au point de vue de son application à l'art militaire et à l'observation des phénomènes météorologiques et astronomiques; 4° la création d'un établissement aéronautique et l'organisation de nombreux cours, conférences, expériences et ascensions scientifiques.

Périodicité de ses séances. — Mensuelles (le 2e mercredi de chaque mois).

IV. — HISTOIRE NATURELLE.

BIOLOGIE.

1. — **Société de biologie,** 15, rue de l'École-de-Médecine.

N'a pas envoyé de renseignements.

RÈGNE MINÉRAL.

2. — **Société géologique de France,** 7, rue des Grands-Augustins.

But de la société. — Concourir à l'avancement de la géologie en général et de la France en particulier, tant en lui-même que dans ses rapports avec les arts industriels et l'agriculture.

Périodicité de ses séances. — Deux séances par mois (les 1er et 3e lundis).

3. — **Société française de minéralogie,** Laboratoire de minéralogie, à la Sorbonne.

But de la société. — Cette association a pour but de concourir aux progrès de la minéralogie et de la cristallographie.

Périodicité de ses séances. — Une séance le 2e jeudi de chaque mois.

3 *bis.* — **Société de spéléologie,** 7, rue des Grands-Augustins (1).

But de la société. — La Société de spéléologie est instituée pour assurer l'exploration, faciliter l'étude générale et concourir à l'aménagement ou à la mise en valeur des cavités souterraines de toutes sortes, connues ou inconnues, soit naturelles, soit artificielles; pour encourager et subven-

(1) Cette société n'ayant été fondée qu'en 1895, nous ne la faisons figurer ici que pour mémoire.

tionner les investigations qui s'y rapportent d'une manière quelconque; en un mot, pour vulg riser et développer, dans un intérêt à la fois pratique et théorique, utilitaire et scientifique, recherches de toute nature dans l'intérieur de la terre.

Périodicité de ses séances. — Séances sporadiques.

RÈGNE VÉGÉTAL.

4. — **Société botanique de France**, 84, rue de Grenelle.

But de la société. — Elle a pour objet : 1° de concourir aux progrès de la botanique et sciences qui s'y rattachent; 2° de faciliter, par tous les moyens dont elle peut disposer, les étu et les travaux de ses membres.

Périodicité de ses séances. — 2 séances par mois de novembre à juillet, habituellement les 2 4° vendredis du mois (vacances : août, septembre, octobre).

5. — **Société mycologique de France**, 84, rue de Grenelle.

But de la société. — Encourager et propager les études relatives aux champignons, tant point de vue de l'histoire naturelle qu'au point de vue de l'hygiène et des usages économiques. Elle poursuit ce résultat : 1° par la publication d'un bulletin périodique et de mémoires scien fiques ayant la mycologie pour objet; 2° par des sessions mycologiques locales ou générales; par l'organisation de conférences, d'expositions ou d'herborisations publiques.

Périodicité de ses séances. — Tous les premiers jeudis de chaque mois. Une session extraor naire annuelle (ordinairement en octobre).

RÈGNE ANIMAL.

6. — **Société entomologique de France**, 28, rue Serpente.

But de la société. — Concourir aux progrès de l'entomologie en général et d'appliquer ce science à l'agriculture, à l'industrie, aux arts et à la médecine.

Périodicité de ses séances. — Deux séances par mois, les 2° et 4° mercredis, sauf en août septembre.

7. — **Société zoologique de France**, 7, rue des Grands-Augustins.

But de la société. — Propager le goût des études zoologiques, concourir par les travaux de membres aux progrès de la zoologie; provoquer, notamment, les travaux relatifs à la faune fr çaise, etc.

Périodicité de ses séances. — Deux réunions par mois, sauf en août et septembre.

ANTHROPOLOGIE.

8. — **Société d'ethnographie**, 28, rue Mazarine.

N'a pas envoyé de renseignements.

9. — **Société d'anthropologie de Paris,** 15, rue de l'École-de-Médecine.

But de la société. — Étude scientifique des races humaines.

Périodicité de ses séances. — Le 1er et le 3e jeudi de chaque mois (août et septembre exceptés).

10. — **Société de graphologie,** 62, rue Bonaparte.

But de la société. — La société a pour but : 1° de réunir dans la même pensée et la même action toutes les personnes qui s'intéressent à la graphologie ; 2° de publier tous les ouvrages utiles à la diffusion de cette science et de les répandre au plus bas prix possible ; 3° de faciliter les conférences et l'enseignement oral ; 4° d'établir le caractère scientifique de la graphologie, de justifier de la supériorité de sa méthode dans les expertises judiciaires et de faire apprécier les incontestables services qu'elle rend quotidiennement dans la vie privée ; 5° de mettre, à la portée de tous, les renseignements dont ils auraient besoin.

Périodicité de ses séances. — Mensuelles.

V. — AGRONOMIE.

1. — **Société nationale d'agriculture de France,** 18, rue de Bellechasse.

But de la société. — La société est instituée pour répondre aux demandes du Gouvernement sur toutes les questions qui intéressent les progrès et le développement de l'industrie agricole, pour étudier toutes les questions se rattachant à la législation et à l'économie rurales, pour connaître, apprécier et expérimenter toutes les découvertes, tous les procédés concernant les diverses branches de l'agriculture, l'élevage du bétail, etc.

Périodicité de ses séances. — Tous les mercredis (sauf août et septembre).

2. — **Société nationale d'horticulture de France,** 84, rue de Grenelle.

But de la société. — Perfectionner et encourager toutes les branches de la science et de la pratique horticoles.

Périodicité de ses séances. — Bi-mensuelles.

3. — **Société nationale d'acclimatation de France,** 41, rue de Lille.

But de la société. — Le but de la société est de concourir : 1° à l'introduction, à l'acclimatation et à la domestication des espèces d'animaux utiles et d'ornement ; 2° au perfectionnement et à la multiplication des races nouvellement introduites ou domestiquées ; 3° à l'introduction et à la propagation des végétaux utiles ou d'ornement.

Périodicité de ses séances. — De décembre à juin, les 1er et 3e vendredis.

4. — Société des agriculteurs de France, 8, rue d'Athènes.

But de la société. — La société a pour but de contribuer aux progrès des diverses branches de l'agriculture. Elle exerce son action par des concours, des réunions dans les départements, des expositions, des enquêtes, des expériences, des publications, des encouragements honorifiques et pécuniaires, des facilités données aux ventes d'animaux reproducteurs, par l'enseignement, par la discussion orale des questions d'intérêt général ou local concernant l'agriculture. Elle s'interdit toutes discussions et publications étrangères au but de son institution, et spécialement toutes discussions ou publications politiques.

Périodicité de ses séances. — Session annuelle de huit jours. — En dehors de là, fréquentes réunions de commissions spéciales.

5. — Société centrale des industries et des sciences chimiques et agricoles, 7, rue Saint-Benoît.

N'a pas envoyé de renseignements.

6. — Société d'aquiculture et de pêche, 41, rue de Lille.

But de la société. — La société a pour but : 1° de propager les connaissances exactes d'ordre scientifique, pratique et économique sur tous les sujets concernant l'exploitation des eaux; 2° de provoquer l'exécution de recherches scientifiques sur la biologie des êtres qui peuplent les eaux; 3° de concourir au repeuplement du milieu aquatique, encourager l'élevage et la propagation raisonnés des espèces utiles et empêcher par tous les moyens légaux la destruction de ces espèces; 4° de grouper les efforts des sociétés locales fondées dans un but analogue, protéger celles-ci et provoquer au besoin la formation de nouvelles associations locales du même genre.

Périodicité de ses séances. — 3° jeudi de chaque mois.

7. — Société nationale d'aviculture, 24, rue des Bernardins.

But de la société. — Encourager l'élevage des animaux de basse-cour.

Périodicité de ses séances. — Mensuelles.

7 bis. — **Société des aviculteurs français**, 41, rue de Lille (1).

But de la société. — L'étude et le perfectionnement de toutes les branches de l'aviculture, notamment l'élevage des oiseaux et celui des animaux désignés généralement sous le nom d'animaux de basse-cour. Elle se propose : 1° la défense des intérêts généraux de l'aviculture comme industrie, comme ressource agricole et comme art d'agrément; 2° l'union plus complète et plus intime des sociétés régionales et départementales; 3° l'étude et la vulgarisation des différentes espèces ainsi que des procédés d'élevage et de reproduction; 4° l'amélioration des races d'animaux de basse-cour; 5° l'entretien et la recherche des petits oiseaux capables d'embellir les volières; 6° la propagation et la défense des oiseaux utiles à l'agriculture; 7° l'encouragement à la production des oiseaux susceptibles de pourvoir au repeuplement des chasses.

Périodicité de ses séances. — Environ tous les mois, époques indéterminées.

---

(1) Cette société, n'ayant été fondée qu'en décembre 1894, ne figure ici que pour mémoire.

8. — **Société centrale d'apiculture et d'insectologie générale,** 28, rue Serpente.

But de la société. — Son objet est de concourir aux progrès de l'apiculture, de la sériculture et de l'entomologie appliquée. Elle étend son action sur toute la France et les colonies, son siège est à Paris.

Périodicité de ses séances. — Séances générales le 3e mercredi de chaque mois, excepté en juillet, août et septembre.

VI. — MÉDECINE, CHIRURGIE, MÉDECINE VÉTÉRINAIRE.

SCIENCES MÉDICALES EN GÉNÉRAL.

1. — **Société anatomique de Paris,** 15, rue de l'École-de-Médecine.

But de la société. — Étude de l'anatomie et de la physiologie tant normales que pathologiques.

Périodicité de ses séances. — Séances hebdomadaires (le vendredi) (vacances en août et septembre).

2. — **Société médico-chirurgicale,** 28, rue Serpente.

N'a pas envoyé de renseignements.

3. — **Société de médecine et de chirurgie pratiques,** 28, rue Serpente.

But de la société. — La Société de médecine et de chirurgie pratiques a pour but l'art de guérir (art. 1er des statuts).

Périodicité de ses séances. — Le 1er et le 3e jeudi de chaque mois, à quatre heures.

4. — **Société des sciences médicales,** 28, rue Serpente.

N'a pas envoyé de renseignements.

MÉDECINE.

5. — **Société de médecine,** 3, rue de l'Abbaye.

N'a pas envoyé de renseignements.

6. — **Société médicale des hôpitaux,** 3, rue de l'Abbaye.

N'a pas envoyé de renseignements.

7. — Société médicale du Louvre (Ier et IIe arrondissements), mairie du Ier arrondissement.

But de la société. — Travailler en commun au progrès de l'art de guérir; resserrer l'uni qui doit régner entre confrères; maintenir l'honneur du corps médical et défendre les intér professionnels.

Périodicité de ses séances. — Le 3e mardi de chaque mois.

8. — Société médicale du IIIe arrondissement, mairie du IIIe arrondissement.

N'a pas envoyé de renseignements.

9. — Société médicale du IVe arrondissement, mairie du IVe arrondissement (place Baudoyer).

But de la société. — La société a pour but : 1° d'établir et maintenir de bons rapports de conf ternité entre les médecins; 2° de veiller au maintien de la dignité professionnelle; 3° de puiser lumières dans l'échange mutuel des observations de la pratique et dans les discussions qui résultent; 4° d'étudier les questions qui se rattachent aux secours publics, à l'hygiène locale, épidémies, et être constamment prête à aider l'Administration de son secours.

Périodicité de ses séances. — Le dernier mercredi de chaque mois.

10. — Société médicale du VIe arrondissement, mairie du VIe arrondissement.

N'a pas envoyé de renseignements.

11. — Société médicale du VIIe arrondissement, mairie du VIIe arrondissement.

N'a pas envoyé de renseignements.

12. — Société médicale du VIIIe arrondissement, mairie du VIIIe arrondissement.

But de la société. — Intérêts scientifiques, moraux et matériels du corps médical.

Périodicité de ses séances. — Le 1er lundi de chaque mois.

13. — Société médicale du IXe arrondissement, mairie du IXe arrondissement.

But de la société. — Les médecins du IXe arrondissement et ceux des arrondissements li trophes ont pour but, en s'associant, d'établir entre eux de bons rapports de confraternité, s'éclairer sur tout ce qui concerne l'art et l'exercice de la médecine et de maintenir intacte dignité de la profession (art. 1er du règlement).

Périodicité de ses séances. — Le 2e jeudi de chaque mois à huit heures et demie du soir (s en juillet, août et septembre). Il peut y avoir des séances supplémentaires.

14. — Société médicale du Xe arrondissement, mairie du Xe arrondissement.

N'a pas envoyé de renseignements.

15. — **Société médicale du XIe arrondissement,** mairie du XIe arrondissement.

But de la société. — Établir des relations amicales et de bonne fraternité entre les médecins qui, résidant sur le territoire de l'arrondissement, sont désireux d'exercer leur art selon les saines traditions de dignité et d'honorabilité professionnelles; coopérer au mouvement scientifique dans ce qu'il a de plus pratique, dans la mesure restreinte de sa sphère d'action.

Périodicité de ses séances. — Le dernier vendredi de chaque mois (août et septembre, vacances).

16. — **Société médicale du XIVe arrondissement (Société médicale de l'Observatoire),** 1, rue Bénard.

But de la société. — Société amicale des médecins du XIVe arrondissement.

Périodicité de ses séances. — Mensuelles.

17. — **Société médicale du XVe arrondissement,** mairie du XVe arrondissement.

But de la société. — Intérêts professionnels; questions d'hygiène et de médecine publiques intéressant particulièrement le XVe arrondissement.

Périodicité de ses séances. — Mensuelles.

18. — **Société médicale du XVIe arrondissement,** mairie du XVIe arrondissement.

N'a pas envoyé de renseignements.

19. — **Société médicale du XVIIe arrondissement,** mairie du XVIIe arrondissement.

N'a pas envoyé de renseignements.

20. — **Société médicale des bureaux de bienfaisance** (administration générale de l'Assistance publique 3, avenue Victoria).

But de la société. — La société a pour but l'amélioration de toutes les parties du service des secours médicaux accordés à domicile aux indigents (médecine, chirurgie, obstétrique); elle s'occupe de toutes les questions réglementaires et scientifiques qui s'y rattachent. L'hygiène publique et la statistique appliquées à cette partie de la population sont aussi l'objet des travaux de la société. Elle se propose en outre de resserrer l'union qui doit régner entre les médecins des bureaux de bienfaisance et de maintenir l'honneur de la profession.

Périodicité de ses séances. — Réunion à l'administration générale de l'Assistance publique le 2e mercredi du mois (sauf août et septembre).

21. — **Société de thérapeutique,** 28, rue Serpente.

But de la société. — Discussions et publications de travaux originaux concernant le traitement des maladies et les moyens de les prévenir.

Périodicité de ses séances. — 2e et 4e mercredis du mois.

CHIRURGIE.

22. — **Société nationale de chirurgie**, 3, rue de l'Abbaye.

N'a pas envoyé de renseignements.

23. — **Association française de chirurgie**, 8, rue de l'Isly.

But de la société. — L'association a pour but de concourir au développement de la science rurgicale en établissant des liens scientifiques entre les savants et les praticiens.

Périodicité de ses séances. — Congrès annuel.

HYGIÈNE.

24. — **Société protectrice de l'enfance**, 4, rue des Beaux-Arts.

But de la société. — Mettre en honneur et propager l'allaitement maternel, préserver enfants des dangers de tout genre qui les menacent lorsqu'ils sont abandonnés à des nourric protéger les enfants de toutes conditions contre l'abandon, l'incurie, les mauvais traitements, exemples immoraux, vulgariser dans les familles les préceptes d'hygiène physique et morale enfants et d'en favoriser l'application afin de préparer pour l'avenir des générations saines corps et d'esprit.

Périodicité de ses séances. — Le conseil se réunit tous les trois mois et le bureau du con tous les mois.

25. — **Société d'hygiène de l'enfance**, mairie du IVe arrondissement.

But de la société. — Vulgariser la science qui conserve et perfectionne la vie des enfants; dé ciner les erreurs qui font dévier l'amour maternel; assurer l'hygiène de l'enfant, au berceau l'école, à l'atelier.

Périodicité de ses séances. — Le 1er lundi de chaque mois, sauf août et septembre.

26. — **Société française d'hygiène**, 30, rue du Dragon.

But de la société. — A pour but l'étude la plus variée et la vulgarisation la plus large des que tions afférentes au bien-être de l'homme, individuel et social, et à la salubrité publique.

Périodicité de ses séances. — Mensuelles.

27. — **Société centrale de médecine publique et d'hygiène professionnelle**, 28, rue Serpente.

But de la société. — L'étude et la vulgarisation des questions d'hygiène.

Périodicité de ses séances. — Mensuelles.

MÉDECINE VÉTÉRINAIRE.

28. — **Société centrale de médecine vétérinaire**, 41, rue de Lille.

But de la société. — Étude de toutes les sciences qui se rattachent à la médecine des animaux ainsi qu'à la production et à l'amélioration du bétail.

Périodicité de ses séances. — Deux séances par mois, les 2e et 4e jeudis (sauf août et septembre).

29. — **Société de médecine vétérinaire pratique**, 28, rue Serpente.

But de la société. — Concourir aux progrès de la science et à la sauvegarde des intérêts professionnels.

Périodicité de ses séances. — Mensuelles.

SPÉCIALITÉS.

30. — **Société d'hydrologie médicale de Paris**, 3, rue de l'Abbaye.

But de la société. — Développer et propager l'étude des eaux minérales.

Périodicité de ses séances. — Les 1er et 3e lundis, de novembre à avril (douze séances chaque année).

31. — **Société médico-psychologique**, 3, rue de l'Abbaye.

But de la société. — Étude et perfectionnement de la pathologie mentale et de toutes les sciences auxiliaires qui peuvent en favoriser le progrès.

Périodicité de ses séances. — Le dernier lundi du mois.

32. — **Société de médecine légale de France**, au Palais de justice.

But de la société. — A pour objet de faire progresser la science et de prêter un concours désintéressé dans toutes les circonstances où elle peut être consultée dans l'intérêt de la justice (art. 1er des statuts).

Périodicité de ses séances. — Mensuelles. — 2e lundi de chaque mois, à quatre heures, au Palais de justice.

33. — **Société obstétricale et gynécologique de Paris**, 28, rue Serpente.

But de la société. — Concourir au progrès de l'obstétrique et de la gynécologie.

Périodicité de ses séances. — Mensuelles. — Le 2e jeudi de chaque mois (vacances, août et septembre).

34. — **Société d'ophtalmologie de Paris**, 28, rue Serpente.

But de la société. — Étude de l'ophtalmologie et intérêts professionnels des membres de la société.

Périodicité de ses séances. — Le 1er mardi du mois.

35. — **Société de laryngologie, d'otologie et de rhinologie de Paris**, 10, cité du Retiro

But de la société. — A pour but l'étude des sciences médicales concernant spécialement le maladies du larynx, des oreilles, du nez et des organes connexes. Elle pourra aussi s'occuper de intérêts professionnels de ses membres.

Périodicité de ses séances. — Le 2e vendredi des mois de janvier, avril, juillet et novembre.

36. — **Société d'otologie et de laryngologie**, 28, rue Serpente.

N'a pas envoyé de renseignements.

37. — **Société de stomatologie**, 28, rue Serpente.

But de la société. — Étude scientifique des maladies de la bouche, de l'appareil dentaire et d leurs annexes. La société peut également avoir comme objectif la défense des intérêts profe sionnels.

Périodicité de ses séances. — Mensuelles (sauf août et septembre).

38. — **Société d'odontologie de Paris**, 4, rue Turgot.

But de la société. — Donner l'enseignement de l'art dentaire et vulgariser les connaissance acquises ayant rapport à cet art, produire et discuter les faits nouveaux.

Périodicité de ses séances. — Mensuelles.

39. — **Société de dermatologie et de syphiligraphie**, à l'hôpital Saint-Louis.

But de la société. — La société a pour but : 1° de répandre parmi les médecins la connaissanc des maladies cutanées et syphilitiques ; 2° de mettre en lumière, au profit de la science, les maté riaux qui, jusque-là, restaient en grande partie enfouis dans les hôpitaux spéciaux.

Périodicité de ses séances. — Le 2e jeudi de chaque mois (sauf août, septembre et octobre) séance annuelle de trois jours dans la semaine qui suit Pâques.

40. — **Société magnétique de France**, 23, rue Saint-Merri.

But de la société. — Étudier le magnétisme par la méthode expérimentale et en vulgariser l pratique.

Périodicité de ses séances. — Mensuelles, 2e samedi de chaque mois (sauf en juillet, août e septembre).

41. — **Société d'hypnologie**, 28, rue Serpente.

N'a pas envoyé de renseignements.

42. — **Société de pharmacie de Paris**, École de pharmacie.

But de la société. — A pour objet de resserrer les liens de la confraternité entre les pharmaciens de France et de l'étranger et de travailler au perfectionnement de l'art pharmaceutique comme au progrès des sciences qui s'y rattachent.

Périodicité de ses séances. — Le 1er mercredi de chaque mois (sauf au mois de septembre).

43. — **Société française d'électrothérapie**, mairie du 1er arrondissement.

But de la société. — Étude des applications de l'électricité à la biologie et à la thérapeutique.

Périodicité de ses séances. — Le 3e jeudi de chaque mois.

VII. — SCIENCES SOCIALES.

ÉCONOMIE SOCIALE ET STATISTIQUE.

1. — **Académie nationale, agricole, manufacturière et commerciale**, 41 *bis*, rue de Châteaudun.

But de la société. — A pour but d'encourager et de favoriser constamment le développement et le perfectionnement de l'agriculture, de l'industrie et du commerce.

Périodicité de ses séances. — Mensuelles (sauf absence d'objet intéressant).

2. — **Société d'économie politique**, 14, rue de Richelieu.

But de la société. — Contribuer à la vulgarisation et au progrès de l'économie politique.

Périodicité de ses séances. — Mensuelles.

3. — **Société internationale des études pratiques d'économie sociale**, 54, rue de Seine.

But de la société. — Se propose surtout de constater par l'observation directe des faits dans toutes les contrées la condition physique et morale des personnes occupées à des travaux manuels et les rapports qui les lient, soit entre elles, soit avec des personnes appartenant aux autres classes (art. 1er des statuts).

Périodicité de ses séances. — Deux réunions par mois de novembre à avril, plus un congrès de huit jours en mai.

4. — Société de statistique de Paris, 28, rue Serpente.

But de la société. — Populariser les recherches statistiques par ses travaux et ses publications.

Périodicité de ses séances. — Le 3e mercredi de chaque mois (excepté en août et en septembre).

5. — Société des anciens élèves et des élèves de l'École libre des sciences politiques, 27, rue Saint-Guillaume.

N'a pas envoyé de renseignements.

6. — Société générale des prisons, 14, place Dauphine.

N'a pas envoyé de renseignements.

7. — Société pour l'étude pratique de la participation aux bénéfices, 20, rue Bergère.

But de la société. — La société a pour but de faciliter à tous les intéressés l'étude pratique des diverses méthodes de participation des employés et ouvriers dans les bénéfices. Elle s'occupe en même temps, à l'occasion de la participation, des institutions de prévoyance et de l'enseignement professionnel.

Périodicité de ses séances. — Se réunit au moins une fois tous les deux mois.

8. — Société d'études philosophiques et sociales, 149, boulevard Saint-Germain.

But de la société. — Études théoriques et pratiques, conférences, discussions libres, sans parti aucun; publications, etc.

Périodicité de ses séances. Le 2e mercredi de chaque mois (sauf vacances d'août et septembre), mairie de la place Saint-Sulpice.

9. — Comité permanent international des accidents, 20, rue Louis-le-Grand.

But de la société. — L'étude de toutes les questions se rattachant aux questions des accidents du travail et des assurances sociales dans tous les pays.

Périodicité de ses séances. — Mensuelles.

10. — Société internationale pour l'étude des questions d'assistance, 14, place Dauphine.

But de la société. — La recherche des moyens les plus efficaces et les plus immédiatement applicables de soulager la misère et de combattre le paupérisme.

Périodicité de ses séances. — Séances générales, régulières tous les mois; séances supplémentaires et de commissions, suivant les besoins.

11. — **Société du Musée social,** 5, rue Las-Cases.

But de la société. — A pour but de mettre gratuitement à la disposition du public, avec informations et consultations, les documents, modèles, plans, statuts, etc., des institutions et organisations sociales qui ont pour objet et pour résultat d'améliorer la situation matérielle et morale des travailleurs. Elle s'interdit toutes discussions politiques et religieuses.

Périodicité de ses séances. — Bi-annuelles.

12. — **Société des études économiques,** 28, rue Serpente.

N'a pas envoyé de renseignements.

13. — **Société de la science sociale.**

N'a pas envoyé de renseignements.

14. — **Société catholique d'économie politique et sociale,** 35, rue de Grenelle.

But de la société. — Étudier les problèmes sociaux contemporains qui touchent à l'ordre économique et spécialement les moyens d'améliorer la condition des classes ouvrières à la lumière des principes de la théologie, du droit et de la science économique.

Périodicité de ses séances. — Mensuelles pendant le semestre d'hiver.

15. — **Société de sociologie de Paris,** 28, rue Serpente.

N'a pas envoyé de renseignements.

LÉGISLATION.

16. — **Société de législation comparée,** 44, rue de Rennes.

But de la société. — Répandre en France la connaissance des lois étrangères et du droit étranger au moyen de traductions et de mémoires et créer à Paris un centre scientifique pour les études de législation.

Périodicité de ses séances. — Quatre séances générales tenues le second mercredi de décembre, de janvier, de février et de mars. Huit séances du conseil de direction; seize séances de sections.

17. — **Conférence des juges de paix.** Palais de justice.

N'a pas envoyé de renseignements.

ENSEIGNEMENT.

18. — **Société de l'enseignement supérieur**, 27, rue Saint-Guillaume.

But de la société. — Étude des questions relatives à l'enseignement.

Périodicité de ses séances. — Indéterminées.

19. — **Société pour l'étude des questions d'enseignement secondaire**, 27, rue Saint-Guillaume.

N'a pas envoyé de renseignements.

VIII. — GÉOGRAPHIE ET HISTOIRE.

GÉOGRAPHIE.

1. — **Société de géographie**, 184, boulevard Saint-Germain.

But de la société. — La société est instituée pour concourir aux progrès de la géographie; elle fait entreprendre des voyages dans les contrées inconnues; elle propose et décerne des prix, établit une correspondance avec les sociétés savantes, les voyageurs et les géographes, publie des relations inédites ainsi que des ouvrages et fait graver des cartes.

Périodicité de ses séances. — Bi-mensuelles.

2. — **Société de géographie commerciale**, 8, rue de Tournon.

But de la société. — La Société de géographie commerciale de Paris est instituée pour concourir au développement des entreprises commerciales de la France sur tous les points du globe; elle propage les connaissances relatives à la géographie commerciale; elle provoque ou encourage les voyages qui peuvent ouvrir de nouveaux débouchés; elle étudie les voies de communication existantes ou à créer; elle signale les richesses naturelles et les procédés manufacturiers utilisables par le commerce et l'industrie; elle s'occupe de toutes les questions relatives à la colonisation et à l'émigration; elle établit une correspondance avec les sociétés commerciales, industrielles et savantes, et, en général, avec tous les groupes et toutes les personnes qui peuvent éclairer ses études; elle publie ses travaux, avec tous les documents qui s'y rattachent, dans un bulletin spécial; elle s'interdit la discussion de toute matière étrangère à son objet et toute participation aux entreprises qui pourraient engager, au point de vue financier, sa responsabilité sociale.

Périodicité de ses séances. — Sept séances par mois, dont une générale et six de sections.

3. — **Société de topographie de France**, 18, rue Visconti.

But de la société. — La société a pour but : 1° enseigner gratuitement à lire la carte de l'État-major français et des états-majors étrangers; 2° étudier la structure du sol pour l'approprier à la défense du territoire et pour son utilisation raisonnée au point de vue agricole, industriel et commercial.

Périodicité de ses séances. — Hebdomadaires pour les cours, mensuelles pour les conférences.

4. — **Société des études coloniales et maritimes**, 16, rue de l'Arcade.

But de la société. — Faire connaître les colonies aux Français et en général tous les pays où la France peut avoir intérêt à s'établir ou à commercer; favoriser l'émigration en pays français, essayer de contribuer au développement de la marine marchande et de l'expansion extérieure. Propager ses études et ses connaissances par des écrits, des conférences et des publications périodiques; développer le goût des explorations lointaines, les conseiller et les encourager.

Périodicité de ses séances. — Réunions mensuelles du comité et réunions mensuelles publiques.

5. — **Société asiatique**, 1, rue de Seine.

N'a pas envoyé de renseignements.

6. — **Société académique indo-chinoise**, 44, rue de Rennes.

But de la société. — Étude scientifique et économique de l'Inde transgangétique, de l'Inde française et de la Malaisie.

Périodicité de ses séances. — Mensuelles.

7. — **Société des américanistes de Paris**, 28, rue Serpente.

But de la société. — Étude historique et scientifique du continent américain et de ses habitants depuis les époques les plus anciennes jusqu'à nos jours.

Périodicité de ses séances. — Mensuelles.

HISTOIRE.

8. — **Société nationale des antiquaires de France**, palais du Louvre.

But de la société. — Étude des antiquités et de l'histoire antérieurement au XVIIe siècle.

Périodicité de ses séances. — Le mercredi de chaque semaine (sauf d'août à octobre).

9. — **Société de l'histoire de France**, 60, rue des Francs-Bourgeois.

But de la société. — Publication de documents originaux relatifs à l'histoire de France avant 1789.

Périodicité de ses séances. — Séance du conseil administratif le 1er mardi des mois de janvier, février, mars, avril, juin, juillet, novembre et décembre. Assemblée générale le 1er mardi de mai.

10. — **Société des études historiques, 6, rue Garancière.**

But de la société. — Elle est divisée en quatre classes : histoire générale; histoire des langues des littératures; histoire des sciences mathématiques et d'économie sociale; histoire des beau arts. La société encourage des travaux sur les sujets correspondant à cette division et distrib chaque année, sous le titre de « Fondation Raymond », un prix de 1,000 francs et des médailles

Périodicité de ses séances. — Bi-mensuelles et publiques.

11. — **Société de l'École nationale des chartes,** 60, rue des Francs-Bourgeois.

But de la société. — Créer entre les anciens élèves de l'École une confraternité studieuse réunir leurs efforts pour la publication des mémoires et documents relatifs principalement l'histoire de France au moyen-âge (art. 1er des statuts).

Périodicité de ses séances. — Le dernier jeudi de chaque mois.

12. — **Société de l'histoire du protestantisme français,** 54, rue des Saints-Pères.

But de la société. — Rechercher et recueillir, pour les étudier et les faire connaître, tous documents inédits ou imprimés qui intéressent l'histoire des églises protestantes de langue fr çaise. La société institue des concours et décerne des prix sur ce sujet, publie un bulletin mens et forme une bibliothèque ouverte au public, où elle s'efforce de réunir les manuscrits et liv anciens et modernes qui ont trait à notre histoire.

Périodicité de ses séances. — Réunion du comité le second mardi de chaque mois (sauf pend les vacances).

13. — **Société française de numismatique et d'archéologie,** 28, rue Serpente.

But de la société. — La société a pour but : 1° l'étude de la numismatique et des sciences a nexes ; 2° d'offrir aux numismates et aux archéologues un lieu de réunion qui leur perme d'étendre leurs relations, d'échanger leurs idées, de se tenir au courant des travaux de cha et de se communiquer leurs découvertes.

Périodicité de ses séances. — De novembre à juin inclus (1er vendredi du mois à neuf heu et 3e lundi à quatre heures).

14. — **Société de l'histoire de Paris et de l'Ile de France,** à la Bibliothèque national

But de la société. — Publication de mémoires et de documents sur l'histoire, les monument la topographie de la ville de Paris et de l'Ile de France.

Périodicité de ses séances. — Assemblée générale annuelle; séances du conseil, mensuelles novembre à juillet.

15. — Société des anciens textes français, 56, rue Jacob.

But de la société. — Publier des documents de toute nature rédigés au moyen-âge en langue d'oïl ou en langue d'oc.

Périodicité de ses séances. — Une assemblée générale par an.

16. — Société d'histoire (cercle Saint-Simon).

N'a pas envoyé de renseignements.

17. — **Société d'histoire diplomatique**, 15, rue Saint-Dominique.

N'a pas envoyé de renseignements.

18. — **Le vieux Montmartre** (société d'histoire et d'archéologie du XVIIIe arrondissement), 14, place des Abbesses.

But de la société. — La recherche et la conservation des anciens monuments, des souvenirs historiques et des curiosités artistiques, pittoresques et anecdotiques de Montmartre, Clignancourt, La Chapelle et leurs anciennes dépendances.

Périodicité de ses séances. — Le 1er vendredi de chaque mois.

19. — **Société des traditions populaires**, palais du Trocadéro.

But de la société. — Étude et publication de l'ensemble de la littérature orale, des superstitions, des anciennes coutumes et de tous les sujets qui se rattachent à ces questions. Cette publication est faite principalement dans un recueil intitulé : *Revue des traditions populaires*, avec un sous-titre : *Recueil mensuel* de mythologie, littérature orale, ethnographie traditionnelle et art populaire.

Périodicité de ses séances. — Non périodiques.

20. — **Société de l'histoire de la Révolution française**, 3, rue de Furstenberg.

N'a pas envoyé de renseignements.

21. — **Société historique d'Auteuil et de Passy**, mairie du XVIe arrondissement, 71, avenue Henri-Martin.

But de la société. — Recherche, conservation des anciens monuments, des souvenirs historiques et littéraires et des curiosités artistiques et pittoresques d'Auteuil et de ses anciennes dépendances; l'examen de toute question pouvant intéresser dans le présent la sécurité, le bien-être et l'agrément des habitants, etc. Interdiction de discussions politiques ou religieuses.

Périodicité de ses séances. — Le 12 de chaque mois (sauf août et septembre).

22. — Société d'histoire littéraire de France, 23, rue Madame.

But de la société. — Elle est destinée à fournir aux personnes qui s'intéressent à l'histoire la France littéraire des moyens de se réunir, d'échanger leurs idées, de profiter en commun recherches individuelles, d'unir leurs efforts et de grouper leurs travaux.

Périodicité de ses séances. — Une fois par an; le Conseil d'administration se réunit au mo deux fois.

23. — Société d'historiographie militaire « la Dragonne », 74, boulevard Pereire.

N'a pas envoyé de renseignements.

24. — Société historique et archéologique du Gatinais, 38, rue Gay-Lussac.

But de la société. — Étudier l'histoire et l'archéologie des contrées comprises dans l'ancien G nais français et l'Orléanais (Corbeil, Fontainebleau, Moret, Montereau, Nemours, Montargis, Gi Pithiviers, Étampes).

Périodicité de ses séances. — Trimestrielles.

IX. — LITTÉRATURE, ARTS, PHILOSOPHIE.

1. — **Société des bibliophiles français**, 13, square de Messine.

N'a pas envoyé de renseignements.

2. — **Société de linguistique de Paris**, 7, rue des Grands-Augustins.

N'a pas envoyé de renseignements.

3. — **Association pour l'encouragement des études grecques en France**, 14, rue Bonaparte.

N'a pas envoyé de renseignements.

4. — **Société bibliographique**, 5, rue Saint-Simon.

But de la société. — Favoriser la diffusion des bons ouvrages historiques, scientifiques autres et subventions aux bibliothèques populaires libres.

Périodicité de ses séances. — Pas de séances périodiques.

I. — Ensemble de toutes les sciences.				
Société philomathique	»			
Société philotechnique	»			
Société d'encouragement pour l'industrie nationale	1801	»	860	
Association française pour l'avancement des sciences	1872	9 mai 1876	1,800	2,
II. — Mathématiques et construction.				
Société mathématique de France	1872	11 février 1888	109	
Société astronomique de France	1887	—	285	
Institut des actuaires français	1890	—	36	
Société des ingénieurs civils de France	1848	22 déc. 1860	1,498	1,
Société des ingénieurs et architectes sanitaires de France	»	»	»	
Société des ingénieurs coloniaux	»			
III. — Physique et chimie.				
Société météorologique de France	»	»	»	
Société française de photographie	1854	1er déc. 1892	440	
Société d'études photographiques appliquées aux arts industriels de reproduction	1887	—	64	
Société chimique de Paris	1857	27 nov. 1864	287	
Société française de physique	17 janvier 1873	15 janvier 1891	394	
Société internationale des électriciens	octobre 1883	7 déc. 1886	540	
Société magnétique de France	6 octobre 1887	—	[illegible]	
Société française de navigation aérienne	1872		103	
Académie d'aérostation météorologique de France	1783-1878	—	50	
Union aérophile de France	1889		32	
IV. — Histoire naturelle.				
Société de biologie	»	»	»	
Société géologique de France	17 mars 1830	3 avril 1832	440	
Société française de minéralogie	21 mars 1878	2 février 1886	62	
Société de spéléologie	1er février 1895	—	—	
Société botanique de France	23 avril 1854	17 août 1875	110	
Société mycologique de France	1885	—	242	
Société entomologique de France	29 février 1832	23 août 1878	127	
Société zoologique de France	1876	»	280	
Société d'ethnographie	»	»	»	
Société d'anthropologie de Paris	19 mai 1859	21 juin 1864	217	
Société de graphologie	1879	23 février 1886	47	
V. — Agronomie.				
Société nationale d'agriculture de France	1er mars 1761	23 août 1878	—	
Société nationale d'horticulture de France	1827	11 août 1855	1,246	

… statistiques.

… dans la colonne « Observations » signifient que le nombre des membres de la société est limité.

…ES EN 1894 — …PAYANT PAS …honoraires, …pondants, etc.) — …T …s …MIS	NE RÉSIDANT pas à Paris ou environs	TOTAL des membres	NOMBRE DES SÉANCES tenues en 1894	NOMBRE DE FEUILLES OU DE PAGES d'impression composées pour les publications imprimées en 1894 — Feuilles	Pages	BIBLIOTHÈQUE ET MUSÉE — NOMBRE de volumes et brochures dont se composait la bibliothèque le 31 déc. 1894	NOMBRE d'objets dont se composait le musée le 31 déc. 1894	NUMÉROS D'ORDRE	OBSERVATIONS
	»	»	»	»	»	»	»	1	Pas de renseignements.
	»	»	»	»	»	»	»	2	Id.
	»	500	19	»	987	20,000	»	3	
	»	3,800	9	106	»	»	»	4	
	—	213	18	16 1/2	»	»	—	1	
	—	712	9	16	»	350	25	2	
7	15	58	8	8	»	254	—	3	
5	14	2,555	21	126 1/4	»	16,018	—	4	
	»	»	»	»	»	»	»	5	Id.
	»	»	»	»	»	»	»	6	Id.
	»	»	»	»	»	»	»	1	Id.
2	7	518	20	47	»	874	(1) —	2	(1) Très nombreuse collection d'épreuves et d'appareils.
1	—	71	22	»	384	153	—	3	
101		790	27	—	—	1,800	—	4	
5	4	787	20	22	»	—	—	5	
2	—	982	11	10	»	543	—	6	
5	20	158	12	—	—	5,000	52	7	
	—	102	20	24	»	—	—	8	
	—	75	48	—	—	—	—	9	
0	8	92	23	»	250	—	—	10	
	»	»	»	»	»	»	»	1	Pas de renseignements,
	—	553	17	58	—	34,138	—	2	
3	7	183	9	»	624	3,450	—	3	
	—	—	—	—	—	—	—	3 *bis*	
3	1	429	17	64	»	5,000	5,000	4	N. L.
18		260	11	13	»	—	—	5	
2	11	445	20	81	»	21,300	(2) —	6	(2) 160,000 insectes de tous ordres.
20		300	19	60	»	»	»	7	
	»	»	»	»	»	»	»	8	Pas de renseignements.
17	223	571	22	53 1/2	»	9,800 env.	10,000 env.	9	
1	1	143	10	12	»	»	»	10	
307		307	43	»	»	18,000	»	1	N. L.
00	115	2,521	24	54	»	7,850	2,500	2	

II. —

Le signe — signifie : *néant;* le signe » signifie : *pas de renseignements.* Les

NUMÉROS D'ORDRE	NOM DE LA SOCIÉTÉ	DATE de la FONDATION de la société	DATE de la RECONNAISSANCE d'utilité publique	RÉSIDANT à Paris ou environs	NE RÉSIDANT pas à Paris ou environs
	Société nationale d'acclimatation de France..........	10 février 1854	26 février 855		
	Société des agriculteurs de France..................	1868	28 février 1872		
	Société centrale des industries et des sciences chimiques agricoles..................................	»			
	Société d'aquiculture et de pêche..................	1889		230	
	Société nationale d'aviculture......................	février 1891	»	100	160
	Société des aviculteurs français....................	décembre 1894	»	»	»
	Société centrale d'apiculture et d'insectologie générale.	juin 1856	»	195	1,805
	VI. — Médecine, Chirurgie, Médecine vétérinaire.				
	Société anatomique de Paris......................	1826		285	224
	Société médico-chirurgicale........................	»		»	»
	Société de médecine et de chirurgie pratique.........	1808		115	
	Société des sciences médicales.....................	»		»	
	Société de médecine............................	»			
	Société médicale des hôpitaux.....................	»		»	
	Société médicale du Louvre (Ier et IIe arrondissements.	antér. à 1861	»	57	
	Société médicale du IIIe arrondissement...........	»		»	
	Id. du IVe arrondissement............	1860		44	
	Id. des VIe et VIIe arrondissements	»		»	
	Id. du VIIIe arrondissement...........	1845		140	
	Id. du IXe arrondissement............	1835		160	
	Id. du Xe arrondissement............	»		»	»
	Id. du XIe arrondissement............	1879	»	43	2
	Id. du XIVe arrondissement	1882	15 déc. 1890	34	»
	Id. du XVe arrondissement	1884	»	17	
	Id. des XVIe et XVIIe arrondissements..	»	»	»	
	Société de thérapeutique.........................	1866	1896	»	»
	Société médicale des bureaux de bienfaisance........	31 déc. 1882	»	198	
	Société nationale de chirurgie.....................	»	»		
	Association française de chirurgie	1884	26 août 1893		
	Société protectrice de l'enfance....................	1865	15 mai 1869	1.124	
	Société d'hygiène de l'enfance.....................	2 juillet 1887	»		
	Société française d'hygiène.......................	7 mai 1877	»		
	Société de médecine publique et d'hygiène professionnelle..	1877	—		
	Société centrale de médecine vétérinaire............	16 avril 1878	16 avril 1878		
	Société de médecine vétérinaire pratique............	février 1879	non reconnue		
	Société d'hydrologie médicale de Paris..............	1853	29 juin 1888		

…*és statistiques* (suite).

…s dans la colonne « Observations » signifient que le nombre des membres de la société est limité.

…RES EN 1894 … PAYANT PAS …honoraires, …spondants, etc.) …NT …s …ons	NE RÉSIDANT pas à Paris ou environs	TOTAL des membres	NOMBRE DES SÉANCES tenues en 1894	NOMBRE DE FEUILLES OU DE PAGES d'impression composées pour les publications imprimées en 1894 — Feuilles	Pages	BIBLIOTHÈQUE ET MUSÉE — NOMBRE de volumes et brochures dont se composait la bibliothèque le 31 déc. 1894	NOMBRE d'objets dont se composait le musée le 31 déc. 1894	NUMÉROS D'ORDRE	OBSERVATIONS
3	155	1,159	12	72	»	4,100	»	3	
	»	12,000	»	»	3,000	3,000	»	4	
	»	»	»	»	»	»	»	5	Pas de renseignements.
43		243	9	7	»	1,000	»	6	
	»	260	»	»	»	»	»	7	
	»	»	»	»	»	»	»	7 *bis*	
5	15	2,020	9	»	496	2,700	125	8	
	»	506	43	66	»	»	»	1	N. L.
	»	»	»	»	»	»	»	2	Pas de renseignements.
6	84	215	27	»	420	—	—	3	N. L.
	»	»	»	»	»	»	»	4	Pas de renseignements.
	»	»	»	»	»	»	»	5	Id.
	»	»	»	»	»	»	»	6	Id.
1	»	58	10	»	»	»	»	7	
	»	»	»	»	»	»	»	8-19	Id.
8	»	52	11	»	»	»	»		
	»	»	»	»	»	»	»		Id.
14	5	159	10	5	»	»	»		
16	1	177	10	11	»	»	»		
	»	»	»	»	»	»	»		Id.
	»	45	10	»	»	65	»		
1	»	32	8	»	»	»	»		
	»	17	8	»	»	»	»		
	»	»	»	»	»	»	»		Id.
	»	»	»	»	»	»	»	20	N. L.
	»	198	90	»	200	»	»	21	Pas de renseignements.
	»	»	»	»	»	»	»	22	Id.
	»	»	»	»	»	»	»	23	Id.
7	17	1,122	12	»	180	480	—	24	
»	112	223	10	10	—	275	»	25	
»	»	»	»	»	»	»	»	26	
34	253	804	10	—	—	1,850	—	27	
1	115	156	20	48	»	520	»	28	N. L.
»	15	180	11	287	»	»	»	20	
»	»	48	12	25	—	»	»	30	N. L.
208		236	10	10	—	»	»	31	N. L.

Société de médecine légale de France	10 février 1868	22 janvier 1874	60	
Société obstétricale et gynécologique de Paris	1885	»	60	
Société française d'ophtalmologie	1882			280
Société d'ophtalmologie de Paris	12 juin 1888	»	»	
Société de stomatologie	6 février 1888	»	27	
Société odontologique de France	»	»	»	
Société d'odontologie de Paris	mai 1880	19 février 1892	204	
Société de dermatologie et de syphiligraphie	1889	22 juin 1894	74	
Société de laryngologie, d'otologie et de rhinologie de Paris	26 mars 1891	»	27	
Société d'otologie et de laryngologie	»		»	
Société d'hypnologie	»	»	»	
Société de pharmacie de Paris	germinal an XI	5 octobre 1877	60	
Société française d'électrothérapie	19 mars 1891	»	40	

VII. — Sciences sociales.

Académie nationale agricole, manufacturière et commerciale	26 déc. 1830	»	400
Société d'économie politique	novembre 1842	6 déc. 1886	250
Société internationale des études pratiques d'économie sociale	27 nov. 1856	15 mai 1869	289
Société de statistique de Paris	14 mai 1860	19 juin 1869	250
Société des anciens élèves et élèves de l'École libre des sciences politiques	»		
Société générale des prisons	»		
Société pour l'étude pratique de la participation aux bénéfices	30 mai 1879	12 mars 1889	94
Société d'études philosophiques et sociales	1884	»	32
Comité permanent international des accidents du travail	1890		212
Société internationale pour l'étude des questions d'assistance	1889	»	104
Société du musée social	25 juin 1894	31 août 1894	»
Société des études économiques	»	»	
Société de la science sociale	»		
Société catholique d'économie politique et sociale	1890		
Société de sociologie de Paris	»	»	»
Société de législation comparée	1869	4 déc. 1873	623
Conférence des juges de paix	»	»	»
Société de l'enseignement supérieur	1878		
Société pour l'étude des questions d'enseignement secondaire	»		

statistiques (suite).

dans la colonne « Observations » signifient que le nombre des membres de la société est limité.

…ES EN 1894			NOMBRE DES SÉANCES tenues en 1894	NOMBRE DE FEUILLES OU DE PAGES d'impression composées pour les publications imprimées en 1894		BIBLIOTHÈQUE ET MUSÉE		NUMÉROS D'ORDRE	OBSERVATIONS
…T …ES	PAYANT PAS (honoraires, correspondants, etc.) NE RÉSIDANT pas à Paris ou environs	TOTAL des membres		Feuilles	Pages	NOMBRE de volumes et brochures dont se composait la bibliothèque le 31 déc. 1894	NOMBRE d'objets dont se composait le musée le 31 déc. 1894		
5	96	171	10	24	»	»	»	32	N. L.
)	45	94	10	»	378	»	»	33	N. L.
	»	230	»	»	»	»	»	34	
	»	»	»	»	»	»	»	35	N. L.
5	11	48	10	137	»	»	»	36	
	»	»	»	»	»	»	»	37	Pas de renseignements.
5	5	459	10	»	720	3,605	1,050	38	
	67	190	12	40 1/2	»	13,589	1,803	39	
1	»	56	9	9	»	»	»	40	
	»	»	»	»	»	»	»	41	Id.
	»	»	»	»	»	»	»	42	Id.
2	270	342	11	»	»	»	»	43	N. L.
	»	120	»	»	»	»	»	44	N. L.
	»	1,200	6	192	»	»	»	1	
	»	342	12	243	»	»	»	2	N. L.
	»	592	12	140	»	10,000	»	3	
4	84	375	10	488	»	3,000	»	4	
	»	»	»	»	»	»	»	5	Pas de renseignements.
	»	»	»	»	»	»	»	6	Id.
	3	137	8	171	»	400	»	7	
1	»	40	10	10	»	»	»	8	
20	25	540	18	30	»	»	»	9	
	»	214	9	26	»	300	»	10	
	»	»	»	»	»	»	»	11	
	»	»	»	»	»	»	»	12	Id.
	»	»	»	»	»	»	»	13	Id.
	»	»	»	»	»	»	»	14	
	»	»	»	»	»	»	»	15	Id.
	47	1,389	28	128 1/2	»	9,600	—	16	
	»	»	»	»	»	»	»	17	Id.
	»	»	»	»	»	»	»	18	
	»	»	»	»	»	»	»	19	Id.

II. —

Le signe — signifie : *néant*; le signe » signifie : *pas de renseignements*. Les l

NUMÉROS D'ORDRE	NOM DE LA SOCIÉTÉ	DATE de la fondation de la société	DATE de la reconnaissance d'utilité publique	RÉSIDANT ou environs	NON RÉSIDANT
	VIII. — Géographie et Histoire.				
	Société de géographie	1821	1827		
	Société asiatique	»	»		
	Société de géographie commerciale	1873	1884	1,104	
	Société topographique de France	1876	—		
	Société des études coloniales et maritimes	11 mai 1876	»		
	Société académique indo-chinoise	27 octobre 1877	—		
	Société des américanistes de Paris	1894	»		
	Société nationale des antiquaires de France	1813	4 sept. 1852		
	Société de l'histoire de France	1833	31 juillet 1851		
	Société des études historiques	1872	3 mai 1872		
	Société de l'École nationale des chartes	24 mars 1839	29 août 1854		
	Société de l'histoire du protestantisme français	8 juillet 1852	13 juillet 1870		
	Société française de numismatique et d'archéologie	1865	»		
	Société de l'histoire de Paris et de l'Île de France	1874	1887		
	Société des anciens textes français	1875	»		
	Société d'histoire (cercle Saint-Simon)	»			
	Société d'histoire diplomatique	»	»		
	Le vieux Montmartre	26 août 1886	1886		
	Société des traditions populaires	1886	»		
	Société de l'histoire de la Révolution française	»	»		
	Société historique d'Auteuil et de Passy	février 1892	16 janvier 1895		
	Société d'histoire littéraire de la France	1er janvier 1894	—		
	Société d'historiographie militaire *la Dragonne*	»			
	Société historique et archéologique du Gâtinais	1883			
	IX. — Littérature, Arts, Philosophie.				
	Société des bibliophiles français	»			
	Société de linguistique de Paris	»			
	Association pour l'encouragement des études grecques en France	»			
	Société bibliographique	1869	»		
	Société des études juives	»			
	Union centrale des arts décoratifs	1863			
	Société des amis des monuments parisiens		»		
	Société des humanistes français	28 janvier 1894	25 avril 1894		
	Société de Saint-Thomas-d'Aquin		»		
	Société des félibres de Paris	23 juillet 1879	24 déc. 1880		
	Société académique des enfants d'Apollon	1741	»		

statistiques (suite et fin).

lans la colonne « Observations » signifient que le nombre des membres de la société est limité.

ANT PAS — NE RÉSIDANT pas à Paris ou environs	TOTAL membres	NOMBRE DES SÉANCES tenues en 1894	NOMBRE DE FEUILLES OU DE PAGES d'impression composées pour les publications imprimées en 1894 — Feuilles	Pages	BIBLIOTHÈQUE ET MUSÉE — NOMBRE de volumes et brochures dont se composait la bibliothèque le 31 déc. 1894	NOMBRE d'objets dont se composait le musée le 31 déc. 1894	NUMÉROS D'ORDRE	OBSERVATIONS
47	2.074					»	1	
»						»	2	Pas de renseignements.
136						3.557	3	
269	1.182		172		2.113	63	4	
»						»	5	
»						»	6	
»						»	7	N. L.
»					10,000	»	8	N. L.
»						»	9	
»						»	10	
»						»	11	
37						»	12	
»						»	13	
»						»	14	
»						»	15	
»						»	16	Pas de renseignements.
»						»	17	Id.
»						»	18	
15						»	19	
»						»	20	Id.
»						»	21	
—						—	22	(1) Et 3 du Cons. d'admin.
»						»	23	Pas de renseignements.
»						»	24	Id.
						»	1	Id.
						»	2	Id.
						»	3	Id.
						»	4	
						»	5	Id.
						»	6	
						»	7	Id.
						»	8	
						»	9	Id.
						45	10	N. L.
						372	11	N. L.

RÉSUMÉ

Les renseignements, encore bien incomplets, qui nous ont été communiqués sur les sociétés savantes (1) ayant leur siège à Paris peuvent se résumer ainsi :

NATURE DES TRAVAUX des SOCIÉTÉS SAVANTES	NOMBRE TOTAL des sociétés savantes	SOCIÉTÉS AYANT ENVOYÉ DES RENSEIGNEMENTS			
		NOMBRE de sociétés	NOMBRE de membres payants ou ayant racheté leur cotisation	NOMBRE de membres (honoraires, correspondants, etc.) ne payant pas de cotisation	NOMBRE TOTAL des membres
a	*b*	*c*	*d*	*e*	*f*
I. — Ensemble de toutes les sciences	4	2	4.300	»	4,300
II. — Mathématiques et Construction	6	4	3.496	42	3.538
III. — Physique et Chimie	10	9	3.338	237	3,575
IV. — Histoire naturelle	11	9	2.577	307	2,884
V. — Agronomie	8	7	17.497	1,043	18,540
VI. — Médecine, Chirurgie, Médecine vétérinaire	44	30	4.789	1,469	6,258
VII. — Sciences sociales	19	12	4.648	181	4,829
VIII. — Géographie et Histoire	24	19	7.527	812	8,339
IX. — Littérature, Arts, Philosophie	11	5	3.899	30	3,929
Totaux	137	97	52.071	4,091	56,162

On ne perdra pas de vue que, parmi les sociétés qui n'ont pas donné de renseignements, il en est plusieurs qui n'ont probablement qu'une existence très peu active. D'autre part, il n'est pas impossible que quelques sociétés savantes aient échappé à nos recherches, et que notre liste ne soit pas tout à fait complète.

Dans le tableau résumé qui précède, nous n'avons pas compté à part les sociétaires ayant leur domicile hors Paris; ils sont nombreux, surtout dans les sociétés ayant pour objet l'agronomie.

Enfin, un très grand nombre de personnes font partie de plusieurs sociétés savantes et ont été, par conséquent, comptées plusieurs fois dans les colonnes *d*, *e*, *f*.

(1) Académies non comprises.

Les sociétés médicales du VIe et du VIIe arrondissement sont confondues en une seule société. Il en est de même de celles du XVIe et du XVIIe arrondissement. C'est donc à tort que ces arrondissements ont été notés pages 492 et 493 ci-dessus comme ayant chacun une société médicale distincte.

Statistique des livres lus par nature d'ouvrages. — Prêt à domicile et lecture sur place réunis.

	DÉSIGNATION des BIBLIOTHÈQUES	NATURE DES OUVRAGES PRÊTÉS: SCIENCES ET ARTS (Enseignement)	HISTOIRE	GÉOGRAPHIE ET VOYAGES	LITTÉRATURE, POÉSIE, THÉÂTRE, etc.	ROMANS	LANGUES ÉTRANGÈRES	MUSIQUE	NOMBRE TOTAL des livres prêtés	NOMBRE D'OUVRAGES LUS par 1,000 habitants	
1er	Mairie	5,830	2,857	2,680	4,384	24,120	4	3,216	42,784	856	
	Rue d'Argenteuil, 11	2,064	1,506	1,798	847	7,535	»	427	14,135		
2e	Mairie	2,027	2,326	4,572	7,034	19,959	882	2,007	36,807		(1) Ouverte en nov. 1893.
	Rue Saint-Denis, 221	679	1,174	1,133	1,703	12,213	87	864	17,793		
	Rue Étienne-Marcel, 20	818	977	1,096	2,055	10,930	23	1,748	17,644	1,188	
	Rue de la Jussienne (1)	684	692	2,232	1,609	4,952	»	584	10,750		
3e	Mairie	1,268	2,856	2,853	3,546	15,332	1,008	2,821	29,449		
	Rue Montgolfier, 1	3,010	2,067	2,371	4,585	10,010	67	734	23,864		
	Rue Béranger, 8 (spéciale aux apprentis)	1,702	1,536	2,763	746	2,842	»	1	9,190	901	
	Passage de l'Ancre	1,132	3,467	3,307	2,121	7,867	»	721	16,615		
4e	Mairie	3,726	4,306	8,007	5,447	28,641	2,090	990	53,217		
	Place des Vosges, 6	3,086	1,926	3,733	7,526	11,089	139	875	28,374	966	
	Rue du Renard, 21 (2)	1,071	977	376	972	11,352	7	335	15,090		
5e	Mairie	3,494	2,739	3,345	8,063	20,128	303	2,861	40,935		(5) Ouverte en oct. 1890
	Rue de l'Arbalète, 39 bis	4,982	2,717	5,881	7,720	12,173	804	2,613	36,891	767	
	Rue de Poissy	342	920	1,198	1,322	8,206	»	384	12,372		(6) Ouverte en
6e	Mairie	10,839	4,510	4,820	6,586	10,729	29	3,389	40,922		
	Rue Saint-Benoît, 12	1,137	1,864	2,262	2,903	8,681	34	1,160	17,441	908	
	Rue du Pont-de-Lodi, 2	848	1,760	2,535	1,731	10,917	»	922	18,713		
	Rue de Vaugirard, 85	1,205	1,536	1,723	4,369	7,750	»	3,237	19,920		
7e	Mairie	2,048	2,439	2,925	4,438	17,207	170	1,362	30,589		
	Avenue Duquesne, 42	1,899	995	948	3,130	11,676	57	876	19,581	796	
	Rue Camou, 1	2,445	2,407	3,049	4,327	15,081	28	808	27,848		
8e	Mairie	3,404	4,725	3,492	5,443	23,398	857	5,420	46,991		
	Rue du Général-Foy, 24	918	786	1,400	1,476	4,866	»	621	11,067	540	
9e	Mairie	1,389	1,159	1,450	3,578	2,058	140	1,787	16,564		
	Rue de Bruxelles, 32	3,224	2,120	1,341	3,067	17,708	245	2,732	30,637	571	
	Rue Milton, 35 (3)	754	778	893	2,384	15,714	40	1,518	22,078		
10e	Mairie	1,909	1,943	2,032	5,007	20,961	115	3,280	35,186	309	
	Rue de Sambre-et-Meuse, 19	2,073	2,339	3,304	3,256	14,670	»	1,281	26,925		
11e	Mairie	7,487	7,839	13,774	19,597	30,441	930	2,858	82,926		
	Avenue Parmentier, 109	3,138	2,180	3,468	1,837	14,667	66	488	25,566	673	
	Av. de la République, 98	874	1,245	1,537	870	10,333	»	»	14,888		
	Rue Titon, 8	1,169	1,010	2,874	418	16,934	»	»	22,411		
12e	Mairie	2,616	2,067	2,975	4,135	22,239	14	1,034	35,080		
	Rue du Rendez-vous, 66	1,194	803	2,758	1,827	14,858	»	315	21,757	661	
	Boulevard Diderot, 40	1,019	1,296	2,272	1,073	11,049	»	322	14,007		
13e	Mairie	4,389	3,003	5,155	8,366	11,316	69	928	34,023		
	Rue Domremy, 3	770	368	1,432	768	9,526	»	170	13,034	849	
	Rue Baudricourt, 83	1,300	1,486	1,406	1,000	5,027	»	388	10,607		
14e	Mairie	3,446	2,415	4,113	8,531	18,822	63	2,414	39,804		
	Boul. de Montparn., 80	3,413	4,344	4,377	3,279	16,953	432	2,015	34,823		
	Rue Dunange, 1	1,942	2,702	8,984	4,012	17,900	69	552	36,161	1,155	
	R. de la Tombe-Issoire, 77	1,301	1,717	1,817	1,112	13,790	»	222	19,354		
15e	Mairie	2,335	2,285	2,731	4,166	13,335	»	1,062	25,914		
	Place du Commerce, 4	1,148	1,589	2,693	3,996	20,395	»	412	30,273		
	Rue Lacordaire, 11	2,918	2,479	2,887	1,988	9,773	»	387	20,232	798	
	Rue des Fourneaux, 20	2,003	2,104	2,768	3,683	7,613	»	502	18,690		
16e	Mairie	3,062	1,861	2,205	4,006	7,185	131	1,338	19,768		
	Rue Hamelin, 17	1,975	3,136	3,776	5,236	7,421	»	923	32,487	607	
	Rue du Ranelagh, 70	388	134	598	770	9,476	6	546	11,935		
17e	Mairie	2,394	2,341	2,921	2,312	23,747	»	1,870	39,285		
	Rue Saint-Ferdinand, 7	1,985	2,228	6,423	3,815	28,627	2	3,118	46,109		
	Rue Balagny, 40	2,822	3,897	3,695	6,492	6,730	»	2,806	28,342	768	
	Rue Ampère, 18 (4)	416	623	415	1,259	12,174	»	543	13,330		
	Id. (spéc. aux apprentis)	80	876	1,610	497	1,112	»	»	4,175		
18e	Mairie	863	1,186	1,348	4,691	11,282	51	1,318	20,739		
	Rue Championnet	3,802	3,137	7,805	9,895	10,513	308	180	35,660	532	
	Rue de Torcy, 5	904	963	1,438	886	16,848	37	1	21,077		
	Impasse d'Oran (5)	2,269	2,412	2,877	1,772	26,732	»	673	36,735		
19e	Mairie	2,796	2,614	3,085	8,336	13,772	12	508	31,124		
	Rue Fessart, 4	1,406	2,255	1,826	3,063	16,962	100	591	29,183	592	
	Rue de Tanger, 41	1,064	1,195	2,712	1,516	8,944	61	271	15,763		
20e	Mairie	1,402	1,153	4,510	5,762	8,218	3	608	21,653		
	Rue Vitruve, 3	2,979	3,085	5,688	3,743	12,753	31	368	28,647	771	
	Rue Henri-Chevreau, 26	3,318	1,590	2,751	4,850	10,680	»	1,497	24,684		
	Rue Pelleport, 166	1,509	1,058	3,789	2,093	11,184	85	370	20,288		
	Rue Ramponneau, 54 (6)	436	2,103	2,823	2,549	6,923	»	187	14,893		
	Totaux	148,940	137,160	213,625	263,135	908,039	9,544	81,080	1,761,463	Moyenne 719	
	Proportion des lectures	8.45 %	7.67 %	12.12 %	14,93 %	51.54 %	0.54 %	4.75 %			

Nombre d

BIBLIOTHÈQUES	JANVIER Prêt à domicile	JANVIER Lecture sur place	JANVIER Totaux réunis	FÉVRIER Prêt à domicile	FÉVRIER Lecture sur place	FÉVRIER Totaux réunis	MARS Prêt à domicile	MARS Lecture sur place	MARS Totaux réunis	AVRIL Prêt à domicile	AVRIL Lecture sur place	AVRIL Totaux réunis	M. Prêt à domicile	M. Lecture	[M. Totaux]
Mairie du 1er arrond.	3,268	482	3,750	3,276	444	3,720	3,094	457	3,551	2,801	491	3,292	2,925	447	
Rue d'Argenteuil, 11	1,414	»	1,414	1,311	»	1,311	1,252	»	1,252	1,298	»	1,298	1,272	»	
Mairie du 2e arrond.	2,447	1,054	3,501	2,371	960	3,331	2,389	1,007	3,396	2,186	830	3,016	2,293	776	
Rue Saint-Denis, 211	1,576	»	1,576	1,444	»	1,444	1,482	»	1,482	1,378	»	1,378	1,451	»	
Rue Étienne-Marcel, 23	1,684	»	1,684	1,668	»	1,668	1,681	»	1,681	1,547	»	1,547	1,480	»	
Rue de la Jussienne, 3	693	»	693	649	»	649	728	»	728	740	»	740	863	»	
Mairie du 3e arrond.	2,189	362	2,551	2,126	331	2,457	2,301	354	2,655	2,064	365	2,429	2,211	318	
Rue Montgolfier, 1	2,044	125	2,169	1,959	128	2,087	2,099	136	2,235	1,902	216	2,118	914	112	
Rue Béranger, 3	794	»	794	705	»	705	780	»	780	785	»	785	730	»	
Passage de l'Ancre	1,756	»	1,756	1,651	»	1,651	1,609	»	1,609	1,466	»	1,466	1,522	»	
Mairie du 4e arrond.	3,524	1,606	5,130	3,476	458	4,934	3,454	1,599	5,063	2,943	644	4,587	3,056	636	
Place des Vosges, 6	2,118	366	2,484	2,257	446	2,693	2,186	391	2,577	2,228	353	2,581	2,065	387	
Rue du Renard, 21	1,502	»	1,502	1,471	»	1,471	1,344	»	1,344	1,178	»	1,178	1,139	»	
Mairie du 5e arrond.	3,464	495	3,959	3,109	534	3,643	2,989	467	3,456	2,983	506	3,489	2,902	503	3, (
Rue de l'Arbalète	2,573	716	3,287	2,627	704	3,331	2,587	741	3,328	2,414	669	3,083	2,402	631	
Mairie du 6e arrond.	2,646	1,242	3,888	2,116	133	3,249	2,438	1,141	3,579	1,796	918	2,714	2,297	158	
Rue Saint-Benoist, 12	1,662	»	1,662	1,631	»	1,631	1,607	»	1,607	1,381	»	1,381	1,503	»	
Rue du Pont-de-Lodi, 2	1,710	»	1,710	1,735	»	1,735	1,639	»	1,639	1,522	»	1,522	1,480	»	
Rue de Vaugirard, 83	1,944	»	1,944	1,602	»	1,602	1,644	»	1,644	1,690	»	1,690	1,725	»	
Mairie du 7e arrond.	2,560	189	2,749	2,528	198	2,726	2,565	149	2,714	2,322	220	2,542	2,455	119	
Avenue Duquesne, 42	1,569	139	1,708	1,478	71	1,549	1,514	76	1,590	1,482	86	1,568	1,502	70	
Rue Camou, 1	2,564	55	2,619	2,442	65	2,507	2,434	62	2,496	2,330	52	2,382	2,227	31	
Mairie du 8e arrond.	4,172	190	4,362	3,776	160	3,936	3,564	157	3,721	3,969	221	4,190	3,901	206	
Rue du Général-Foy, 32	1,061	»	1,061	1,036	»	1,036	1,012	»	1,012	1,019	»	1,019	1,155	»	
Mairie du 9e arrond.	1,369	56	1,425	1,352	45	1,397	1,457	63	1,520	1,269	55	1,324	1,366	65	
Rue de Bruxelles, 42	2,607	»	2,607	2,637	»	2,637	2,803	»	2,803	2,729	»	2,729	2,621	»	2,
Rue Milton, 35	1,734	»	1,734	1,843	»	1,843	2,078	»	2,078	1,856	»	1,856	1,902	»	1,
Mairie du 10e arrond.	3,860	»	3,860	3,508	»	3,508	3,663	»	3,663	3,164	»	3,164	2,493	»	2,
R. de Sambre-et-Meuse, 19	2,601	»	2,601	2,287	»	2,287	2,232	»	2,232	2,095	»	2,095	2,132	»	2,
Mairie du 11e arrond.	6,652	271	7,923	6,128	045	6,173	6,258	018	6,276	5,811	921	6,732	3,883	018	
Avenue Parmentier, 109	2,343	251	2,594	2,042	222	2,264	2,007	268	2,275	1,885	195	2,080	2,013	243	
Avenue de la République	1,635	»	1,635	1,496	»	1,496	1,340	»	1,340	1,129	»	1,129	1,309	»	
Rue Titon, 12	2,019	»	2,019	1,877		1,877	1,744	»	1,744	1,546	»	1,546	1,883	»	
Mairie du 12e arrond.	3,209	303	3,514	2,995	239	3,234	2,466	244	2,710	2,640	301	2,941	2,583	265	
Rue du Rendez-vous, 65	2,060	15	2,075	1,830	20	1,850	1,746	22	1,768	1,515	15	1,530	1,690	15	
Boulevard Diderot, 40	1,487	»	1,487	1,351	»	1,351	1,414	»	1,414	1,283	»	1,283	1,344	»	
Mairie du 13e arrond.	2,317	626	2,943	2,225	590	2,815	2,128	493	2,621	1,971	574	2,545	2,104	586	2,6
Rue Damesme, 5	1,216	»	1,216	1,117	»	1,117	1,162	»	1,162	1,100	»	1,100	1,096	»	1,0
Rue Baudricourt, 53	608	177	785	584	137	721	712	229	941	675	189	864	690	177	8
Mairie 14e arrond.	3,110	540	3,650	3,137	574	3,714	2,965	590	3,555	2,708	539	3,247	2,771	520	3,2
Boul. Montparnasse, 80	2,335	798	3,133	2,199	750	2,949	2,425	798	3,223	2,278	568	2,846	2,297	285	2,5
Rue Ducange, 1	3,510	»	3,510	3,283	»	3,283	3,201	»	3,201	2,822	»	2,822	3,015	»	3,0
R. de la Tombe-Issoire, 77	1,707	»	1,707	1,608	»	1,608	1,615	»	1,615	1,494	»	1,494	1,653	»	1,6
Mairie du 15e arrond.	2,365	85	2,450	2,244	58	2,302	2,234	80	2,314	2,082	71	2,153	1,928	37	1,9
Place du Commerce, 4	2,692	59	2,751	2,498	73	2,571	2,402	76	2,478	2,260	80	2,340	2,145	69	2,2
Rue Lacordaire, 11	1,980	»	1,980	1,754	»	1,754	1,761	»	1,761	1,558	»	1,558	1,563	»	1,5
Rue des Fourneaux, 20	1,660	»	1,660	1,624	»	1,624	1,703	»	1,703	1,554	»	1,554	1,561	»	1,5
Mairie du 16e arrond.	418	152	570	1,341	425	1,766	1,426	466	1,892	1,484	458	1,942	1,419	536	1,9
Rue Hamelin, 17	1,468	643	2,111	1,288	543	1,831	1,368	556	1,924	1,352	568	1,920	1,335	530	1,8
Rue du Ranelagh, 70	974	»	974	900	»	900	939	»	939	901	»	901	981	»	9
Mairie du 17e arrond.	1,412	680	2,092	2,608	722	3,330	3,085	849	3,934	2,631	733	3,364	2,347	544	2,8
Rue St-Ferdinand, 7	3,464	414	3,878	3,425	377	3,802	3,503	347	3,850	3,302	394	3,696	3,376	412	3,7
Rue Balagny, 40	2,392	216	2,608	2,323	219	2,542	2,292	225	2,517	1,990	183	2,173	1,938	181	2,4
Rue Ampère, 18	1,259	»	1,259	1,242	»	1,242	1,280	»	1,280	1,186	»	1,186	1,233	»	1,2
Id. (apprentis)	495	»	495	323	»	323	426	»	426	425	»	425	390	»	3
Mairie du 18e arrond.	1,583	176	1,759	1,506	170	1,676	1,454	196	1,650	1,361	164	1,525	1,468	148	1,6
Rue Championnet, 113	3,575	60	3,635	3,171	64	3,235	3,183	97	3,280	2,790	51	2,841	2,835	43	2,8
Rue de Torcy, 5	2,298	»	2,298	2,083	»	2,083	2,110	»	2,110	1,960	»	1,960	2,040	»	2,0
Impasse d'Oran	3,232	»	3,232	2,924	»	2,924	3,043	»	3,043	3,288	»	3,288	3,398	»	3,3
Mairie du 19e arrond.	2,758	188	2,946	2,540	182	2,722	2,521	265	2,786	2,289	218	2,507	2,320	181	2,5
Rue Fessart, 4	2,618	»	2,618	2,427	»	2,427	2,280	»	2,280	2,335	»	2,335	2,335	»	2,3
Rue de Tanger, 41	1,478	»	1,478	1,334	»	1,334	1,337	»	1,337	1,283	»	1,283	1,349	»	1,3
Mairie du 20e arrond.	1,843	»	1,843	1,834	»	1,834	1,666	»	1,666	1,693	»	1,693	1,825	»	1,8
Rue Vitruve, 3	2,695	»	2,695	2,572	»	2,572	2,450	»	2,459	2,092	»	2,092	2,183	»	2,1
Rue Henri-Chevreau, 26	2,393	»	2,393	2,192	»	2,192	2,081	»	2,081	1,914	»	1,914	2,041	»	2,0
Rue Pelleport, 166	1,745	»	1,745	1,704	»	1,704	1,634	»	1,634	1,584	»	1,584	1,776	»	1,7
Rue Ramponneau, 51	447	»	447	»	»	»	1,141	»	1,141	1,212	»	1,212	1,503	»	1,5

et prêtés à domicile.

	AOUT			SEPTEMBRE			OCTOBRE			NOVEMBRE			DÉCEMBRE			ANNÉE ENTIÈRE			ARRONDISSEMENTS
	Prêt à domicile	Lecture sur place	Totaux réunis	Prêt à domicile	Lecture sur place	Totaux réunis	Prêt à domicile	Lecture sur place	Totaux réunis	Prêt à domicile	Lecture sur place	Totaux réunis	Prêt à domicile	Lecture sur place	Totaux réunis	Prêt à domicile	Lecture sur place	Totaux réunis	
22	2,892	527	3,419	2,982	524	3,506	3,191	503	3,694	3,131	541	3,672	3,425	429	3,854	36,934	5,817	42,751	1er
20	857	»	857	882	»	882	1,079	»	1,079	1,280	»	1,280	1,235	»	1,235	14,137	»	14,137	»
20	2,227	778	3,005	2,051	744	2,795	2,268	769	3,037	2,127	726	2,853	2,117	776	2,893	26,844	9,963	36,807	2e
30	1,427	»	1,427	1,396	»	1,396	1,590	»	1,590	1,481	»	1,481	1,524	»	1,524	17,793	»	17,793	»
23	1,323	»	1,323	1,290	»	1,290	1,344	»	1,344	1,386	»	1,386	1,397	»	1,397	17,644	»	17,644	»
13	942	»	942	920	»	920	1,085	»	1,085	1,057	»	1,057	1,157	»	1,157	10,750	»	10,750	»
47	2,024	262	2,286	1,926	258	2,184	2,049	283	2,332	2,102	387	2,489	2,219	448	2,667	25,527	1,118	26,645	3e
19	1,957	93	2,050	1,815	118	1,933	1,940	127	2,067	1,895	156	2,051	1,949	158	2,107	22,319	1,545	23,864	»
26	720	»	720	781	»	781	835	»	835	696	»	696	820	»	820	9,190	»	9,190	»
86	1,521	»	1,521	1,363	»	1,363	1,620	»	1,620	1,571	»	1,571	1,547	»	1,547	18,615	»	18,615	»
61	2,963	1,356	4,319	2,433	1,330	3,763	2,750	1,486	4,236	2,879	1,352	4,231	2,905	1,375	4,280	35,706	7,511	53,217	4e
76	1,719	272	1,991	1,636	294	1,930	1,877	415	2,292	1,971	332	2,303	2,103	356	2,459	28,374	4,325	32,699	»
28	1,193	»	1,193	1,110	»	1,110	1,291	»	1,291	1,261	»	1,261	1,277	»	1,277	15,090	»	15,090	»
10	2,968	513	3,481	2,376	425	2,801	2,805	501	3,306	2,765	427	3,192	3,049	448	3,497	35,098	5,837	40,935	5e
16	2,242	699	2,941	2,367	609	2,976	2,440	729	3,169	2,339	666	3,005	2,620	802	3,422	29,043	7,848	36,891	»
92	2,081	1,261	3,342	2,022	1,302	3,324	2,152	1,359	3,511	2,343	1,243	3,586	2,111	1,419	3,530	26,655	14,267	40,922	6e
28	1,328	»	1,328	1,338	»	1,338	1,445	»	1,445	1,417	»	1,417	1,577	»	1,577	17,441	»	17,441	»
12	1,573	»	1,573	1,534	»	1,534	1,640	»	1,640	1,544	»	1,544	1,564	»	1,564	18,713	»	18,713	»
52	1,586	»	1,586	1,482	»	1,482	1,644	»	1,644	1,685	»	1,685	1,733	»	1,733	19,929	»	19,929	»
66	2,103	270	2,373	2,001	291	2,292	2,331	228	2,559	2,412	135	2,547	2,568	404	2,972	28,455	2,434	30,889	7e
47	1,365	70	1,435	1,182	75	1,257	1,612	90	1,702	1,627	155	1,782	1,721	141	1,863	18,481	1,100	19,581	»
39	2,125	56	2,181	2,044	94	2,138	2,112	54	2,166	2,237	66	2,303	2,410	70	2,480	27,158	687	27,845	»
36	3,193	139	3,332	3,460	211	3,671	3,846	256	4,102	3,804	254	4,058	3,850	275	4,125	44,545	2,446	46,991	8e
35	177	»	177	617	»	617	993	»	993	968	»	968	1,141	»	1,141	11,067	»	11,067	»
21	1,285	81	1,366	1,176	83	1,259	1,282	44	1,326	1,313	42	1,355	1,445	51	1,496	15,855	706	16,561	9e
98	2,408	»	2,408	2,330	»	2,330	2,637	»	2,637	2,353	»	2,353	2,468	»	2,468	30,637	»	30,637	»
59	1,728	»	1,728	1,892	»	1,892	1,925	»	1,925	1,648	»	1,648	1,850	»	1,850	22,078	»	22,078	»
63	2,021	»	2,021	2,975	»	2,975	3,168	»	3,168	3,191	»	3,191	2,936	»	2,936	33,186	»	33,186	10e
65	2,229	»	2,229	2,045	»	2,045	2,229	»	2,229	2,238	»	2,238	2,275	»	2,275	26,923	»	26,923	»
85	5,687	888	6,575	5,681	1,124	6,806	6,058	1,063	7,121	5,693	962	6,655	5,784	958	6,742	70,807	12,119	82,926	11e
46	1,963	250	2,213	1,640	181	1,821	1,721	225	1,946	1,699	204	1,903	1,931	238	2,169	23,163	2,703	25,866	»
76	1,182	»	1,182	1,023	»	1,023	1,152	»	1,152	1,035	»	1,035	1,212	»	1,212	14,888	»	14,888	»
51	1,979	»	1,979	1,890	»	1,890	1,909	»	1,909	1,801	»	1,801	1,896	»	1,896	22,411	»	22,411	»
82	2,544	292	2,836	2,458	296	2,754	2,735	271	3,006	2,715	241	2,956	2,675	246	2,921	31,870	3,210	35,080	12e
2	1,798	25	1,823	1,824	34	1,858	1,821	10	1,831	1,817	20	1,837	2,027	19	2,046	21,509	228	21,737	»
0	1,433	»	1,433	1,420	»	1,420	1,487	»	1,487	1,558	»	1,558	1,646	»	1,646	17,001	»	17,001	»
0	2,183	609	2,792	2,299	729	3,028	2,335	681	3,016	2,183	633	2,816	2,322	681	3,003	26,512	7,511	34,023	13e
2	1,038	»	1,038	1,016	»	1,016	1,056	»	1,056	1,020	»	1,020	1,045	»	1,045	13,034	»	13,034	»
1	707	189	896	719	201	920	766	143	909	753	169	922	755	203	958	8,335	2,272	10,607	»
3	2,639	474	3,113	2,598	539	3,137	2,684	558	3,242	2,701	561	3,262	2,845	524	3,369	33,493	6,311	39,804	14e
17	2,208	125	2,333	2,415	200	2,615	2,498	643	3,141	2,609	948	3,557	2,650	826	3,476	28,517	6,306	34,823	»
55	3,009	»	3,009	2,778	»	2,778	2,872	»	2,872	2,854	»	2,854	3,104	»	3,104	36,161	»	36,161	»
57	1,731	»	1,731	1,427	»	1,427	1,581	»	1,581	1,635	»	1,635	1,722	»	1,722	19,359	»	19,359	»
30	1,916	43	1,959	1,885	48	1,933	2,134	89	2,223	2,241	73	2,314	2,330	74	2,404	25,167	747	25,914	15e
91	2,435	102	2,537	2,431	104	2,535	2,663	117	2,780	2,455	97	2,552	2,698	102	2,800	29,236	1,037	30,273	»
96	1,672	»	1,672	1,593	»	1,593	1,788	»	1,788	1,761	»	1,761	1,890	»	1,890	20,232	»	20,232	»
14	1,314	»	1,314	1,368	»	1,368	1,486	»	1,486	1,715	»	1,715	1,888	»	1,888	18,690	»	18,690	»
21	1,131	309	1,440	1,092	376	1,468	1,322	496	1,818	1,312	371	1,683	1,396	446	1,842	14,884	4,964	19,848	16e
63	1,212	538	1,750	1,139	518	1,657	1,298	574	1,872	1,366	570	1,936	1,532	618	2,150	15,782	6,705	22,487	»
70	1,036	»	1,036	1,027	»	1,027	1,070	»	1,070	976	»	976	1,014	»	1,014	11,935	»	11,935	»
54	2,679	640	3,319	2,647	680	3,327	2,830	834	3,664	2,773	767	3,540	3,116	844	3,960	31,176	8,409	39,585	17e
64	3,408	360	3,768	3,460	432	3,892	3,777	395	4,172	3,760	426	4,186	3,923	426	4,349	41,394	4,805	46,199	»
02	2,114	198	2,312	2,187	206	2,393	2,159	203	2,362	2,102	199	2,301	2,416	229	2,645	25,837	2,385	28,212	»
63	1,227	»	1,227	1,300	»	1,300	1,377	»	1,377	1,317	»	1,317	1,281	»	1,281	15,330	»	15,330	»
93	297	»	297	343	»	343	368	»	368	331	»	331	343	»	343	4,175	»	4,175	»
79	1,608	232	1,840	1,608	190	1,798	1,753	220	1,973	1,567	209	1,776	1,611	225	1,836	18,592	2,147	20,739	18e
38	2,903	46	2,949	2,626	36	2,662	2,779	31	2,810	2,784	45	2,829	2,988	47	3,035	33,055	605	33,660	»
02	»	»	»	»	»	»	2,025	»	2,025	2,165	»	2,165	2,352	»	2,352	21,077	»	21,077	»
62	1,555	»	1,555	2,508	»	2,508	3,141	»	3,141	3,266	»	3,266	3,722	»	3,722	36,735	»	36,735	»
63	2,384	258	2,642	2,306	186	2,492	2,443	225	2,668	1,291	201	1,492	2,233	229	2,462	28,637	2,487	31,124	19e
93	2,554	»	2,554	2,454	»	2,454	2,441	»	2,441	2,413	»	2,413	2,559	»	2,559	29,183	»	29,183	»
40	1,199	»	1,199	1,188	»	1,188	1,363	»	1,363	1,363	»	1,363	1,380	»	1,380	15,763	»	15,763	»
58	1,844	»	1,844	1,927	»	1,927	1,949	»	1,949	1,868	»	1,868	1,808	»	1,808	21,653	»	21,653	20e
56	2,263	»	2,262	2,272	»	2,272	2,288	»	2,288	2,379	»	2,370	2,588	»	2,588	28,647	»	28,647	»
67	2,014	»	2,014	2,035	»	2,035	2,000	»	2,000	1,909	»	1,909	1,970	»	1,970	24,654	»	24,654	»
82	1,618	»	1,618	1,546	»	1,546	1,729	»	1,729	1,765	»	1,765	1,794	»	1,794	20,288	»	20,288	»
59	1,597	»	1,597	1,446	»	1,446	1,567	»	1,567	1,432	»	1,432	1,549	»	1,549	14,893	»	14,893	»

Statistique des bibliothèques d'art industriel (prêt à domicile et lecture sur place).

DÉSIGNATION DES BIBLIOTHÈQUES	JANVIER	FÉVRIER	MARS	AVRIL	MAI	JUIN	JUILLET	AOUT	SEPTEMBRE	OCTOBRE	NOVEMBRE	DÉCEMBRE	TOTAUX
Mairie du 2e arrondissement													
Id. du 3e id.													
4e id. (place des Vosges)													
Id. du 6e id. (Mairie)													
11e id. (Bibliothèque Forney, rue Titon)													
Id. du 12e id. (Mairie)													
14e id. (boulevard du Montparnasse)													
17e id. (rue Ampère)													
18e id. (rue Richomme)													
Id. du 19e id. (Mairie)													
Totaux...													
Résultats de 1893..													

ANNÉE 1894.

Fonctionnement des bibliothèques populaires libres de Paris en 1894, d'après les renseignements fournis par ces bibliothèques.

ARRONDISSEMENTS	SIÈGE SOCIAL	ANNÉE de la FONDATION	MONTANT DE LA COTISATION mensuelle — Hommes	MONTANT DE LA COTISATION mensuelle — Femmes	NOMBRE DE SOCIÉTAIRES — Hommes	NOMBRE DE SOCIÉTAIRES — Femmes	NOMBRE DE SOCIÉTAIRES — TOTAL	NOMBRE DE VOLUMES en bibliothèque	SITUATION FINANCIÈRE — RECETTES	SITUATION FINANCIÈRE — DÉPENSES	SITUATION FINANCIÈRE — RELIQUATS	NOMBRE de — CONFÉRENCES	NOMBRE de — COURS	NOMBRE de — EXCURSIONS	MONTANT de la SUBVENTION municipale
			fr. c.	fr. c.											
2e	Rue Marie-Stuart, 15	1881	» »	» »	244	189	433	4,422	3,514 48	2,392 20	1.122 28	3	»	»	2,000 »
3e	Rue de Turenne, 54	1861	» 50	» 25	237	237	474	8,891	3,796 42	2,726 65	1,069 77	»	»	»	2,000 »
5e	Rue du Cardinal-Lemoine, 75	1863	» 40	» 40	507	97	604	11,119	4,191 30	2,898 25	1,293 05	7	»	»	2.000 »
6e	Rue Honoré-Chevalier, 4	1876	» 50	» 25	70	47	117	4,907	3,678 85	2,648 25	1,030 60	»	»	»	2,000 »
8e	Rue de Miromesnil, 48	1880	» 50	» 25	163	166	329	5,097	4,094 60	2,699 40	1,395 20	16	120	»	2,000 »
9e	Rue Montholon, 34	1887	» »	» »	353	39	392	2,169	2,236 50	2,626 15	125 40	15	7	2	2,000 »
11e	Rue Rondelet, 8	1876	» 50	» 25	443	243	686	8,849	8,991 50	5,744 65	3,246 85	8	»	»	2,000 »
13e	Avenue des Gobelins, 59	1877	» 50	» 50	305	45	350	6.020	5,105 30	3,994 15	1,111 15	2	»	»	2,000 »
14e	Rue Ducouëdic, 34	1871	» 50	» 25	164	190	354	8,406	6,658 65	3,450 10	3,208 55	17	»	5	2,000 »
15e	Rue Lecourbe, 127	1875	» 50	» 25	129	138	267	8,329	3,059 50	2,691 20	368 30	13	»	»	2,000 »
16e	Avenue de Versailles, 179 *bis*	1880	» 50	» 50	258	129	387	5,450	4,197 75	4,128 70	69 05	8	»	»	2,000 »
18e	Rue de La Chapelle, 57	1862	» 40	» 40	403	110	513	8,483	7,249 20	4,050 35	3,198 85	»	»	»	2,000 »
19e	Rue d'Allemagne, 137	1868	» 50	» 25	291	172	463	7,511	7,319 70	2,898 60	4,421 10	»	»	»	2,000 »
19e	Succursale rue de Flandre, 78	1885	» 50	» 25	142	82	224	3,805	2,552 75	1,989 55	563 20	8	»	»	2,000 »
20e	Rue de Ménilmontant, 40	1877	» 30	» 30	231	170	401	5,142	3,729 45	2,401 65	1.327 80	»	»	»	2,000 »
	TOTAUX				3,940	2,054	5,994	98,990	70,894 »	47,339 85	23,554 15	97	127	7	30,000 »
	Année 1893	»	» »	» »	3,714	1,832	5,546	90,400	63,433 97	41,025 20	22.408 77	77	167	9	28,000 »

ANNÉE 1894.

BIBLIOTHÈQUES POPULAIRES LIBRES.

Statistique par nature d'ouvrages en 1894.

ARRONDISSEMENTS	NATURE DES OUVRAGES PRÊTÉS EN 1894 — SCIENCES mathématiques	SCIENCES physiques	SCIENCES naturelles	TECHNOLOGIE Sciences. Arts appliqués	BEAUX-ARTS	LINGUISTIQUE	ENCYCLOPÉDIE	GÉOGRAPHIE et voyages	HISTOIRE et biographie	SCIENCES morales et politiques	PHILOSOPHIE	DROIT	LITTÉRATURE et romans	AGRONOMIE	REVUES	BROCHURES	Musique (Partitions)	TOTAUX DU PRÊT à domicile	NOMBRE DES OUVRAGES lus sur place	TOTAUX GÉNÉRAUX
2e....	18	23	51	22	91	71	92	657	816	87	119	47	8,978	11	31	42	»	11,156	467	11,623
3e....	105	268	133	265	1,328	30	151	1,097	955	9	77	43	10,235	5	215	27	»	14,943	6,000	20,943
5e....	65	95	71	75	96	36	77	162	275	72	75	39	12,198	61	107	339	»	13,843	1,084	14,927
6e....	44			23	12	27	28	75	195	23	15	4	1,495	16	4	13	»	1,974	»	1,974
8e....	129							490	527	»	»	»	4,225	»	20	»	»	5,391	»	5,391
9e....	»	105	810	209	536	»	»	435	695	187	218	92	633	32	211	»	»	4,163	814	4,977
12e....	237	149	318	667	135	50	565	580	720	223	»	227	19,493	58	»	»	»	23,522	5,000	28,522
13e....	560							1,705	1,278				12,834	50		132	»	16,559	2,499	19,058
14e....	80	75	450	50	300	40	60	500	1,100	350	120	60	14,367	80	260	»	200	18,132	2,000	20,132
15e....	144	182	176	98	69	218	74	733	894	162	153	26	11,665	72	161	43	»	14,864	100	14,964
16e....	349	402	257	686	182	136	265	1,919	1,987	408	590	144	5,984	198	811	489	»	14,733	3,409	18,142
18e....	945	179	236	160	149	104	31	709	843	48	145	12	18,006	46	640	»	604	22,824	5,350	28,174
19e....	1	5	11	114	10	»	»	148	129	25	34	4	4,708	»	»	»	»	5,486	»	5,486
19e (suc.)	18	7	23	132	6	»	12	147	140	42	35	2	5,874	2	50	»	»	6,487	425	6,912
20e....	204	399	668	18	67	83	42	2,483	2,754	508	296	18	6,992	44	65	539	»	15,231	2,686	17,917
TOTAUX	2,183	1,983	3,204	3,198	2,984	702	1,444	11,837	12,024	3,612	1,853	715	137,687	642	2,615	1,574	804	189,008	20,834	218,842

ASSISTANCE PUBLIQUE

Relevé du nombre et de la nature des maladies traitées.

MOUVEMENT du 1er janvier au 31 décembre au soir	ADULTES Hommes	ADULTES Femmes	ENFANTS Garçons	ENFANTS Filles	TOTAL	OBSERVATIONS
…s existant le 1er janvier	4,975	4,281	835	830	10,921	
…s entrés dans l'année	70,150	63,312	16,261	14,577	164,300	
Total	75,125	67,593	17,096	15,407	175,221	
Sortis	63,358	58,727	13,758	12,542	148,385	
Décédés	6,934	4,721	2,393	1,970	16,015	
Total	70,289	63,448	16,151	14,512	164,400	
…t le 31 décembre au soir	4,836	4,145	945	895	10,821	

NOMENCLATURE des MALADIES	MALADES SORTIS (Affections constatées à la sortie) Hommes	Femmes	Garçons	Filles	TOTAL	MALADES DÉCÉDÉS (Cause du décès) Hommes	Femmes	Garçons	Filles	TOTAL	TOTAL DES MALADES sortis et des malades décédés — ADULTES Hommes	Femmes	ENFANTS Garçons	Filles	TOTAL
N° 1.															
…typhoïde	727	617	232	166	1742	150	139	40	37	366	877	756	272	203	2,108
	42	8	3	1	54	13	8	»	»	21	55	16	3	1	75
…t	11	2	5	3	21	2	1	1	»	4	13	3	6	3	25
	510	732	19	29	1290	54	52	3	2	111	564	784	22	34	1,404
…de	192	200	452	452	1296	5	3	186	155	351	197	203	638	607	1,647
…tine	128	161	265	230	784	7	6	30	13	56	135	167	295	243	840
…uche	3	4	138	163	308	»	»	31	61	92	3	4	169	224	400
…ne, Croup	81	148	707	682	1618	16	15	442	364	837	97	163	1,149	1,046	2,455
	1216	611	46	10	1883	5	5	»	1	11	1,221	616	46	11	1,894
…miliaire	1	»	»	»	1	»	1	»	»	1	1	1	»	»	2
…asiatique	»	»	»	»	»	3	»	»	»	3	3	»	»	»	3
…nostras	13	5	»	1	19	6	6	2	1	15	19	11	2	2	34
…maladies épidémiques	14	11	88	86	199	1	»	3	1	5	15	11	91	87	204
N° 2.															
…on purulente et septicémie	7	19	»	»	26	10	19	10	6	45	17	38	10	6	71
	»	»	»	»	»	»	»	»	»	»	»	»	»	»	»
	1	»	»	»	1	»	»	»	»	»	1	»	»	»	1
…es malignes. Charbon	3	»	»	»	3	2	»	»	»	2	5	»	»	»	5
	1	»	»	»	1	4	1	1	»	6	5	1	1	»	7
…intermittente	146	27	4	3	180	1	»	»	»	1	147	27	4	3	181
…ie palustre	45	13	»	»	58	8	»	»	»	8	53	13	»	»	66
	»	»	»	»	»	»	1	1	»	2	»	1	1	»	2
…ulose des poumons	3213	1521	87	57	4878	2799	1337	106	99	4341	6,012	2,858	193	156	9,219
des méninges	37	15	7	4	63	66	32	40	42	180	103	67	47	46	243
du péritoine	23	14	13	9	59	34	33	4	7	78	57	47	17	16	137
de la peau	52	40	9	13	114	1	1	»	»	2	53	41	9	13	116
d'autres organes	169	78	16	14	277	48	14	9	2	73	217	92	25	16	330
généralisée	77	34	25	18	154	47	21	36	21	125	124	55	61	39	279
	12	12	14	28	66	3	1	3	1	8	15	13	17	29	74
	3086	2125	38	57	5306	22	8	52	47	129	3,108	2,133	90	104	5,435
de la bouche	156	78	1	»	235	44	6	»	»	50	200	84	1	»	285
de l'estomac, du foie	99	46	3	2	150	193	120	»	»	313	292	166	3	2	463
des intestins, du rectum	47	56	»	»	103	50	43	»	»	93	97	99	»	»	196
des organes génitaux de la femme	»	445	»	»	445	»	201	»	»	201	»	646	»	»	646
A reporter	10112	7022	2172	2028	21334	3504	2076	1000	860	7330	13,706	9,098	3,172	2,888	28,864

Relevé du nombre et de la nature des maladies traitées (Suite).

NOMENCLATURE des MALADIES	MALADES SORTIS — Affections constatées à la sortie					MALADES DÉCÉDÉS — Cause du décès					ADULTES	
	Hommes	Femmes	Garçons	Filles	TOTAL	Hommes	Femmes	Garçons	Filles	TOTAL	Hommes	Femmes
Report.....	10412	7022	2172	2028	21334	3594	2076	1000	860	7530	13,706	9,098
Cancer du sein..................	4	248	»	»	252	1	31	»	»	32	5	279
— de la peau............	25	12	»	»	37	4	3	»	»	7	29	15
— autres..................	164	141	5	3	310	62	61	»	»	123	226	202
Rhumatisme..................	2468	1252	36	45	3801	10	9	1	»	20	2,478	1,261
Goutte..................	78	10	»	»	88	1	»	»	»	1	79	10
Diabète..................	142	66	2	»	210	17	15	»	»	32	159	81
Goître exophtalmique..............	5	32	»	»	37	1	3	»	»	4	6	35
Maladie bronzée d'Addison.......	14	9	»	»	23	5	1	»	1	7	19	10
Leucémie..................	14	12	»	1	27	6	5	»	»	11	20	17
Anémie, Chlorose..............	131	1505	32	74	1742	7	10	2	»	19	138	1,515
Autres maladies générales........	13	13	»	»	26	1	»	»	»	1	14	13
Alcoolisme (aigu ou chronique)...	604	213	3	»	819	50	8	»	»	58	651	223
Saturnisme..................	486	27	»	»	513	10	»	»	»	10	496	27
Autres intoxications professionnelles chroniques..............	101	11	1	»	113	1	»	»	»	1	102	11
Autres empoisonnements chroniques..................	65	28	»	»	93	2	1	»	»	3	67	29
N° 3.												
Encéphalite..................	35	22	33	21	111	9	7	4	»	20	44	29
Méningite simple..............	91	80	18	8	197	76	45	64	38	223	167	125
Ataxie locomotrice progressive....	189	77	»	»	266	10	11	»	»	21	199	88
Atrophie musculaire progressive...	97	18	»	»	115	2	2	»	»	4	99	20
Congestion et hémorragie cérébrales	80	28	6	»	114	162	145	»	1	308	242	173
Ramollissement cérébral..........	109	77	4	2	192	98	70	»	»	168	207	147
Paralysie sans cause indiquée....	604	223	15	7	849	25	46	1	2	74	629	269
Paralysie générale..............	212	48	10	9	279	26	15	1	»	42	238	63
Autres formes de l'aliénation mentale..................	171	158	2	3	334	3	3	»	»	6	174	161
Épilepsie..................	178	50	9	12	249	8	1	»	»	9	186	51
Éclampsie (non puerpérale)......	7	7	»	»	14	»	5	»	»	5	7	12
Convulsions des enfants..........	»	»	61	52	113	»	»	17	19	36	»	»
Tétanos..................	3	1	1	»	5	17	1	1	2	21	20	2
Chorée..................	22	37	57	99	215	1	»	»	1	2	23	37
Hystérie..................	500	598	13	29	1140	»	3	»	»	3	500	601
Névralgie..................	669	542	19	10	1240	2	7	»	»	9	671	549
Autres maladies du système nerveux..................	714	478	31	30	1253	21	12	1	»	34	735	490
Maladies des yeux..............	531	407	358	389	1685	»	»	»	»	»	531	407
Maladies des oreilles............	100	32	96	94	322	5	3	»	»	8	105	35
N° 4.												
Péricardite..................	52	37	2	1	92	12	3	»	»	15	64	40
Endocardite..................	99	57	12	4	172	27	23	6	5	61	126	80
Maladies organiques du cœur.....	1647	951	29	25	2652	277	275	4	6	562	1,924	1,226
Angine de poitrine..............	194	84	6	4	288	7	5	»	»	12	201	89
Affections des artères, athérome, anévrisme, etc..............	485	132	»	»	617	51	15	»	»	66	536	147
Embolie..................	40	12	»	»	52	13	25	»	»	38	53	37
Varices, ulcères variqueux, hémorroïdes..................	1191	710	3	»	1904	8	2	»	»	10	1,199	712
Phlébite et autres affections des veines..................	124	125	»	»	249	9	9	»	»	18	133	134
Lymphangite..................	223	87	6	6	323	5	1	»	»	6	228	88
Autres affections du système lymphatique..................	35	19	16	10	80	2	1	»	1	4	37	20
Hémorragies..................	183	125	11	4	323	15	19	5	4	43	198	144
Autres affections de l'appareil circulatoire..................	61	32	9	8	110	7	1	1	2	11	68	33
A reporter.....	23069	13857	3079	2975	44980	4670	2978	1105	942	9695	27,739	18,835

Report.....	23069	15857	3079	2975	44980	4670	2978	1105	942	9695	27,739	18,835	4,184	3,917	54,675
N° 5.															
Affection des fosses nasales.......	23	64	30	16	133	»	1	3	»	4	23	65	33	16	137
Affections du larynx et du corps thyroïde....................	153	67	253	183	656	6	5	»	3	14	159	72	253	186	670
Bronchite aiguë................	2835	1348	489	425	5097	51	23	20	14	108	2,886	1,371	509	439	5,205
— chronique............	1860	719	81	69	2729	80	35	8	6	129	1,940	754	89	75	2,858
Broncho-pneumonie..............	226	132	193	170	721	89	85	307	248	729	315	217	500	418	1,450
Pneumonie......................	856	375	122	69	1422	404	234	18	19	675	1,260	609	140	88	2,097
Pleurésie......................	830	387	57	20	1294	72	41	5	4	122	902	428	62	24	1,416
Congestion, Apoplexie pulmonaires.	266	107	34	16	423	70	49	4	»	123	336	156	38	16	546
Gangrène du poumon............	11	1	»	»	12	7	5	»	»	12	18	6	»	»	24
Asthme.........................	87	40	»	»	127	1	1	»	»	2	88	41	»	»	129
Emphysème pulmonaire..........	831	233	7	1	1072	29	13	»	»	42	860	246	7	1	1,114
Autres maladies de l'appareil respiratoire (phtisie exceptée).....	219	112	11	15	357	5	2	2	»	9	224	114	13	15	366
N° 6.															
Affections de la bouche et de ses annexes....................	376	302	115	113	906	8	5	2	2	17	384	307	117	115	923
Affections du pharynx..........	260	213	125	112	710	5	5	3	»	13	265	218	128	112	723
— de l'œsophage.......	80	50	21	17	168	8	1	1	»	10	88	51	22	17	178
Ulcère de l'estomac............	58	66	2	6	132	7	6	»	»	13	65	72	2	6	145
Autres affections de l'estomac (cancer excepté).................	724	711	50	40	1525	16	10	23	18	67	740	721	73	58	1,592
Diarrhée infantile, Athrepsie.....	1	5	228	176	410	3	»	213	193	409	4	5	441	369	819
Diarrhée, Entérite.............	235	124	113	107	579	18	13	108	88	227	253	137	221	195	806
Dysenterie.....................	53	13	5	»	71	6	1	1	1	9	59	14	6	1	80
Parasites intestinaux..........	92	93	30	25	240	1	2	»	»	3	93	95	30	25	243
Hernies, Obstructions intestinales..	1259	423	150	34	1868	75	84	3	3	165	1,334	509	153	37	2,033
Autres affections de l'intestin.....	116	88	5	2	211	8	7	»	»	15	124	95	5	2	226
Affections de l'anus; fistules stercorales.....................	751	243	12	4	1010	7	3	1	»	11	758	246	13	4	1,021
Ictère grave...................	97	104	16	9	226	11	16	4	2	33	108	120	20	11	259
Tumeur hydatique du foie........	68	36	»	»	104	6	12	1	»	19	74	48	1	»	123
Cirrhose du foie................	222	89	2	1	314	103	62	»	»	165	325	151	2	1	479
Calculs biliaires................	74	134	»	»	208	3	6	»	»	9	77	140	»	»	217
Autres affections du foie.......	150	98	13	4	265	20	20	1	»	41	170	118	14	4	306
Péritonite inflammatoire (puerpérale exceptée)................	54	157	7	11	229	56	121	9	»	186	110	278	16	11	415
Autres affections de l'appareil digestif (cancer et tubercules exceptés)......................	86	47	2	1	136	1	»	»	1	2	87	47	2	2	138
Phlegmon de la fosse iliaque.....	104	57	17	4	182	5	5	5	»	15	109	62	22	4	197
N° 7.															
Néphrite aiguë.................	461	221	13	9	704	139	80	10	6	235	600	301	23	15	939
Maladie de Bright..............	329	147	13	13	502	167	95	5	2	269	496	242	18	15	771
Périnéphrite et abcès périnéphrique	13	8	1	»	22	5	»	1	»	6	18	8	2	»	28
Calculs rénaux.................	55	19	1	»	75	4	3	1	»	8	59	22	2	»	83
Autres maladies des reins et annexes......................	73	104	»	1	178	19	6	»	»	25	92	110	»	1	203
Calculs vésicaux...............	79	7	2	1	89	3	»	»	»	3	82	7	2	1	92
Maladies de la vessie...........	341	132	9	10	492	31	5	1	»	37	372	137	10	10	529
Blennorragie chez l'homme	1189	»	8	»	1197	7	»	»	»	7	1,196	»	8	»	1,204
Autres maladies de l'urètre (rétrécissement, abcès, etc.).........	780	»	26	»	806	20	»	2	»	22	800	»	28	»	828
Maladies de la prostate..........	262	»	»	»	262	30	»	»	»	30	292	»	»	»	292
— du testicule et de ses enveloppes. — Orchite...	2259	»	3	»	2262	2	»	1	»	3	2,261	»	4	»	2,265
Autres maladies des organes génitaux de l'homme............	240	»	30	»	270	2	»	»	»	2	242	»	30	»	272
À reporter.....	42204	23432	5375	4655	75366	6278	4039	1869	1552	13738	48,482	27,471	7,244	6,207	89,104

Relevé du nombre et de la nature des maladies traitées (Suite).

NOMENCLATURE des MALADIES	MALADES SORTIS — Affections constatées à la sortie					MALADES DÉCÉDÉS — Cause du décès					TOTAL DES MALADES sortis et des malades décédés — Adultes		Enfants	
	Hommes	Femmes	Garçons	Filles	TOTAL	Hommes	Femmes	Garçons	Filles	TOTAL	Hommes	Femmes	Garçons	Filles
Report	42204	23432	5375	4655	75366	6278	4039	1869	1552	13738	48,482	27,471	7,244	6,207
Abcès du bassin	9	21	»	»	30	3	1	»	»	4	12	22	»	»
Hématocèle péri-utérine	»	134	»	»	134	»	3	»	»	3	»	137	»	»
Métrite	»	3675	»	2	3677	»	6	»	»	6	»	3,681	»	2
Hémorragies (non puerpérales) de l'utérus	»	269	»	1	270	»	13	»	»	13	»	282	»	1
Tumeurs non cancéreuses de l'utérus	»	437	»	»	437	»	30	»	»	30	»	467	»	»
Autres maladies de l'utérus	»	767	»	1	768	»	21	»	»	21	»	788	»	1
Kystes et autres tumeurs de l'ovaire	»	724	»	»	724	»	36	»	»	36	»	760	»	»
Blennorragie chez la femme	»	462	»	»	462	»	1	»	»	1	»	463	»	»
Leucorrhée	»	50	»	1	51	»	1	»	»	1	»	51	»	1
Autres maladies des organes génitaux de la femme	»	996	»	136	1132	»	27	»	1	28	»	1,023	»	137
Maladies non puerpérales de la mamelle (cancer excepté)	»	143	»	3	146	»	3	»	»	3	»	146	»	3
N° 8.														
Accidents de la grossesse	»	»	»	»	»	»	15	»	»	15	»	15	»	»
Accouchement normal	»	12978	»	»	12978	»	»	»	»	»	»	12,978	»	»
Hémorragie puerpérale	»	36	»	»	36	»	11	»	»	11	»	47	»	»
Autres accidents de l'accouchement	»	211	»	»	211	»	5	»	»	5	»	216	»	»
Septicémie puerpérale	»	37	»	»	37	»	63	»	1	64	»	100	»	1
Phlébite puerpérale	»	22	»	»	22	»	5	»	»	5	»	27	»	»
Métro-péritonite puerpérale	»	23	»	»	23	»	16	»	»	16	»	39	»	»
Albuminurie et éclampsie puerpérales	»	35	»	»	35	»	27	»	»	27	»	62	»	»
Phlegmatia alba dolens puerpérale	»	16	»	»	16	»	2	»	»	2	»	18	»	»
Autres accidents puerpéraux. — Mort subite	»	5	»	»	5	»	6	»	2	8	»	11	»	2
Maladies puerpérales de la mamelle	»	10	»	»	10	»	»	»	»	»	»	10	»	»
N° 9.														
Érysipèle	617	630	41	45	1333	32	34	6	2	74	649	664	47	[illegible]
Gangrène	26	20	1	1	48	24	14	4	2	44	50	34	5	[illegible]
Anthrax	159	65	10	»	234	6	»	»	»	6	165	65	10	[illegible]
Phlegmon, abcès chaud	1188	685	84	82	2039	23	7	9	6	45	1,211	692	93	[illegible]
Chancres mous	650	96	6	4	756	»	1	»	»	1	650	97	6	[illegible]
Teigne faveuse	8	4	50	32	94	»	»	»	»	»	8	4	50	[illegible]
Teigne tondante; trichophytie	5	»	61	42	108	»	»	»	»	»	5	»	61	[illegible]
Pelade	26	6	18	18	68	»	»	»	»	»	26	6	18	[illegible]
Gale	74	63	33	36	206	»	»	»	»	»	74	63	33	[illegible]
Autres maladies de la peau et de ses annexes (cancer excepté)	2401	1842	320	349	4977	12	8	3	6	29	2,478	1,850	323	[illegible]
N° 10.														
Mal de Pott	221	62	49	59	391	21	9	6	4	40	242	71	55	[illegible]
Abcès froid et par congestion	478	208	46	29	761	11	8	3	3	25	489	216	49	[illegible]
Autres affections des os	673	271	149	111	1204	10	5	12	5	32	683	276	161	[illegible]
Tumeurs blanches	337	171	101	95	704	9	2	3	1	15	346	173	104	[illegible]
Arthrite	626	334	27	29	1016	4	3	»	»	7	630	337	27	[illegible]
Autres maladies des articulations	269	118	21	26	434	2	»	1	2	5	271	118	22	[illegible]
Amputation	193	55	22	9	279	5	5	»	»	10	198	60	22	[illegible]
Autres affections des organes de la locomotion	529	185	50	20	784	4	1	»	»	5	533	186	50	[illegible]
N° 11.														
Vices de conformation	33	12	50	32	127	»	»	14	6	20	33	12	64	[illegible]
A reporter	50801	49010	6504	5828	112143	6446	4429	1919	1593	14387	57,247	53,439	8,423	[illegible]

...eau du nombre et de la nature des maladies traitées (Suite et fin).

NOMENCLATURE des MALADIES	MALADES SORTIS — Affections constatées à la sortie — Hommes	Femmes	Garçons	Filles	TOTAL	MALADES DÉCÉDÉS — Cause du décès — Hommes	Femmes	Garçons	Filles	TOTAL	TOTAL DES MALADES sortis et des malades décédés — Adultes — Hommes	Femmes	Enfants — Garçons	Filles	TOTAL
Report	50801	49010	6504	5828	112143	6446	4429	1919	1593	14387	57,247	53,439	8,423	7,421	126,530
N° 12.															
...es; nourrissons sortis de ...sans avoir été malades.	»	»	5846	5667	11513	»	»	»	»	»	»	»	5,846	5,667	11,513
...ongénitale, ictère et sclé-...	»	»	88	115	203	»	»	376	324	700	»	»	464	439	903
...soins	»	»	15	16	31	»	»	1	9	10	»	»	16	25	41
...aladies spéciales au pre-...e	»	»	67	38	105	»	»	38	19	57	»	»	105	57	162
N° 13.															
...énile	160	184	1	»	345	46	59	2	4	111	206	243	3	4	456
N° 14.															
...r le poison	34	54	»	»	88	8	3	»	»	11	42	57	»	»	99
...r asphyxie	28	46	»	»	74	3	5	1	»	9	31	51	1	»	83
...r strangulation	4	1	»	»	5	4	»	»	»	4	8	1	»	»	9
...r submersion	20	15	»	»	35	1	1	»	»	2	21	16	»	»	37
...r armes à feu	83	18	1	»	102	31	4	»	»	35	114	22	1	»	137
...r instruments tranchants	19	12	»	»	31	3	»	»	»	3	22	12	»	»	34
...r précipitation d'un lieu élevé	16	2	»	»	18	11	2	»	»	13	27	4	»	»	31
...r écrasement	16	1	»	»	17	6	3	»	»	9	22	4	»	»	26
...ures	8	»	»	»	8	2	1	»	»	3	10	1	»	»	11
...	1885	616	180	75	2756	118	23	4	1	146	2,003	639	184	76	2,902
...	584	195	21	7	807	»	»	»	»	»	584	195	21	7	807
...	370	149	20	19	558	»	1	»	»	1	370	150	20	19	559
...aumatismes accidentels	1100	309	43	13	1465	42	11	5	2	60	1,142	320	48	15	1,525
...par le feu	140	79	35	17	271	16	29	11	8	64	156	108	46	25	335
...par substances corrosives	39	25	»	1	65	2	8	»	1	11	41	33	»	2	76
...et congélation	25	1	»	»	26	»	»	»	»	»	25	1	»	»	26
...n accidentelle	13	14	»	»	27	»	2	»	»	2	13	16	»	»	29
...e	332	184	1	3	520	2	»	»	»	2	334	184	1	3	522
...	47	27	3	3	80	3	1	»	»	4	50	28	3	3	84
...de gaz délétères (suicide ...)	13	9	»	»	22	1	2	1	1	5	14	11	1	1	27
...empoisonnements acciden-...	38	34	3	1	76	1	2	»	»	3	39	36	3	1	79
...lésions extérieures	188	89	3	3	283	9	1	»	»	10	197	90	3	3	293
N° 15.															
...ut, cachexie	88	71	»	»	159	28	18	1	»	47	116	89	1	»	206
...gastrique	1236	1015	206	120	2577	5	1	»	1	7	1,241	1,016	206	121	2,584
...lammatoire	47	26	13	20	106	1	»	»	»	1	48	26	13	20	107
...	31	41	2	4	78	3	4	»	»	7	34	45	2	4	85
...cyanose	19	6	6	»	31	2	4	16	3	25	21	10	22	3	56
...e	»	»	»	»	»	9	10	»	»	19	9	10	»	»	19
...abdominale	47	162	3	3	215	8	15	»	»	23	55	177	3	3	238
...meurs	536	414	15	16	981	14	20	2	»	36	550	434	17	16	1,017
...	1459	510	88	37	2114	20	8	»	»	28	1,479	518	88	37	2,142
...inconnues ou non spécifiées	2239	1811	347	243	4640	85	54	5	4	148	2,324	1,865	352	247	4,788
...uelles	1692	2145	247	273	4357	1	»	»	»	1	1,693	2,145	247	273	4,358
N° 16.															
...accouchées sorties sans ac-...	»	1441	»	»	1441	»	»	»	»	»	»	1,441	»	»	1,441
...	1	11	»	»	12	»	»	1	»	1	1	11	1	»	12
TOTAUX	63338	58727	13758	12542	148385	6931	4721	2393	1970	16015	70,289	63,448	16,151	14,512	164,400
	122,085		26,300			11,652		4,363			133,737		30,663		

HÔPITAUX GÉNÉRAUX.														
Hôtel-Dieu	253	183	7	5	458	3,928	3,471	147	128	36	46	1	»	7,757
Pitié	269	239	3	3	516	3,792	3,106	194	141	27	28	»	»	7,238
Charité	204	206	19	19	443	2,885	3,163	542	385	20	20	»	»	7,193
Saint-Antoine	454	254	12	11	728	6,224	4,316	328	329	61	43	2	1	11,301
Necker	153	124	1	1	279	2,313	1,893	3	3	21	7	»	»	4,010
Cochin	199	79	1	»	279	2,106	1,180	13	11	14	18	»	2	3,404
Beaujon	133	144	14	10	271	3,031	2,815	290	307	22	20	»	»	6,483
Lariboisière	304	350	23	19	693	5,517	6,544	898	835	53	65	»	»	12,012
Tenon	356	299	17	21	693	4,932	4,759	716	626	46	48	4	4	11,135
Laënnec	361	306	9	8	684	2,403	2,008	220	202	14	14	»	»	4,867
Bichat	67	56	»	»	123	1,470	865	12	8	11	6	»	»	2,372
Andral	68	37	»	»	105	1,164	562	»	»	»	»	»	»	1,723
Broussais	120	101	»	»	221	1,243	693	»	1	17	19	»	»	1,973
Hérold	60	39	»	»	99	378	208	»	»	»	»	»	»	586
Total	3,005	2,384	108	97	5,594	41,443	35,363	3,369	2,176	352	334	7	7	84,064
HÔPITAUX SPÉCIAUX.														
Adultes.														
Saint-Louis	328	237	36	35	636	3,838	3,402	581	560	10	17	»	»	8,408
Ricord	187	»	»	»	187	3,704	»	»	»	3	»	»	»	3,707
Broca	»	182	»	»	182	»	2,165	7	17	»	64	2	3	3,238
Accouchement	»	127	47	28	202	»	2,826	1,138	1,135	»	»	»	»	5,149
Baudelocque	»	85	31	31	147	»	2,051	941	894	»	»	»	»	3,886
Clinique	»	44	20	15	79	»	1,466	705	721	»	»	»	»	2,892
Aubervilliers	16	37	16	9	78	1,546	1,567	99	100	»	»	»	»	3,282
Bastion n° 36	5	»	»	»	5	108	94	4	5	»	»	»	»	211
Bastion n° 29	»	»	»	»	»	»	76	5	1	»	»	»	»	82
Total	536	712	150	118	1,516	9,166	13,647	3,480	3,433	13	81	2	3	29,845
Enfants.														
Enfants-Malades	»	»	208	236	444	»	»	2,582	2,573	»	»	29	24	5,218
Forges	»	»	124	105	229	»	»	205	209	»	»	»	»	414
Trousseau	»	»	186	183	369	»	»	2,381	2,120	»	»	32	53	4,606
La Roche-Guyon	»	»	83	»	83	»	»	655	»	»	»	»	»	655
Berck-sur-Mer	»	»	256	280	536	»	»	290	257	»	»	»	»	547
Total	»	»	857	804	1,661	»	»	6,113	5,159	»	»	91	77	11,410
Hôpitaux réunis	3,541	3,096	1,115	1,019	8,771	50,009	49,010	12,962	11,788	365	415	100	87	125,336
Maisons de santé	55	43	»	»	98	789	463	»	»	»	»	»	»	1,252
Total général	3,596	3,139	1,115	1,019	8,899	51,398	49,473	12,962	11,788	365	415	100	87	126,588

— Secours à domicile.— Accouchements. — Recettes des théâtres.

cine.

	Malades morts pendant l'année					Malades restant le 31 décembre au soir					Journées de malades				
	Adultes		Enfants			Adultes		Enfants			Adultes		Enfants		
	Hommes	Femmes	Garçons	Filles	Total des morts	Hommes	Femmes	Garçons	Filles	Total des restants	Hommes	Femmes	Garçons	Filles	Total des journées
,650	642	423	7	14	1,086	257	210	5	5	477	98,944	79,780	1,887	1,820	182,431
,514	418	323	21	12	774	268	245	8	5	526	93,148	82,528	2,039	1,765	179,480
,540	323	170	88	85	666	191	210	22	11	434	71,429	74,979	6,682	7,715	160,805
,855	838	481	45	57	1,421	454	286	5	11	756	130,414	90,323	4,482	4,848	230,067
,617	305	212	2	1	520	102	79	»	1	182	43,985	38,921	14	48	82,968
,984	291	160	3	2	456	171	70	1	»	242	58,640	28,993	306	296	88,235
,612	481	299	25	22	830	135	157	10	12	314	50,806	51,462	3,600	3,312	109,180
,456	872	566	51	39	1,528	264	306	26	26	621	104,429	117,163	9,097	7,804	238,493
,783	708	498	79	63	1,348	357	293	27	20	697	127,039	116,299	8,346	7,043	258,727
,212	312	295	45	28	680	347	296	9	7	659	124,818	108,523	3,192	2,994	239,527
,989	223	140	2	1	366	82	58	»	»	140	28,915	23,676	109	67	52,767
,506	153	67	»	»	220	68	34	»	»	102	25,109	12,754	»	»	37,863
,722	131	111	»	»	242	112	90	»	»	202	42,156	34,895	»	1	77,052
505	48	34	»	»	82	61	37	»	»	98	21,701	13,884	»	»	35,585
	5,770	3,781	368	322	10,241	2,869	2,370	113	98	5,450	1,050,323	883,180	39,774	37,623	2,010,900
,096	71	66	77	49	263	340	202	41	42	685	120,632	90,314	15,641	10,564	237,148
,716	7	»	»	»	7	174	»	»	»	171	64,604	»	»	»	64,604
,228	»	14	2	2	18	»	192	»	2	194	»	64,620	200	690	65,519
,731	»	21	162	137	320	»	142	51	77	270	»	50,525	18,983	15,693	85,201
,834	»	13	15	31	59	»	81	30	29	140	»	30,283	11,991	10,124	52,398
,704	»	8	40	27	75	»	58	19	25	102	»	20,813	8,388	8,535	37,736
,026	102	72	22	27	223	46	61	3	1	111	28,145	28,390	1,985	1,690	60,219
105	13	6	1	2	22	42	44	3	3	89	829	512	97	26	1,464
72	»	»	»	»	»	»	10	»	»	10	»	789	46	10	845
	193	200	319	275	987	599	847	147	179	1,772	214,210	286,255	57,340	47,329	605,134
,854	»	»	703	634	1,336	»	»	223	229	452	»	»	83,669	89,095	172,764
447	»	»	2	3	5	»	»	82	109	191	»	»	39,903	38,727	78,630
,476	»	»	628	527	1,155	»	»	163	181	344	»	»	65,028	67,799	132,827
655	»	»	4	»	4	»	»	79	»	79	»	»	34,438	»	34,438
621	»	»	10	12	22	»	»	237	203	440	»	»	98,117	97,378	195,495
	»	»	1,349	1,193	2,542	»	»	784	722	1,506	»	»	321,155	292,999	614,154
	5,963	3,984	2,036	1,700	13,770	3,468	3,217	1,044	999	8,728	1,264,533	1,196,516	391,188	377,951	3,230,188
	152	82	»	»	234	50	47	»	»	97	21,559	15,867	»	»	37,426
	6,115	4,063	2,036	1,790	14,004	3,518	3,264	1,044	999	8,825	1,286,092	1,212,383	391,188	377,951	3,267,614

NOMS DES ÉTABLISSEMENTS	MALADES EXISTANT LE 1er JANVIER 1893 — Adultes — Hommes	Adultes — Femmes	Enfants — Garçons	Enfants — Filles	TOTAL DES EXISTANTS	MALADES ENTRÉS PENDANT L'ANNÉE — PAR ADMISSION — Adultes — Hommes	Adultes — Femmes	Enfants — Garçons	Enfants — Filles	PAR CHANGEMENT DE SERVICE — Adultes — Hommes	Adultes — Femmes	Enfants — Garçons	Enfants — Filles	TOTAL DES ENTRÉS	Hommes	Femmes
HÔPITAUX GÉNÉRAUX.																
Hôtel-Dieu	133	77	3	»	213	1,609	1,214	20	15	45	71	»	»	3,064	1,652	1,184
Pitié	115	60	»	»	175	1,724	833	8	6	60	79	»	»	2,710	1,676	846
Charité	84	61	»	»	145	1,045	621	3	1	36	45	»	»	1,754	1,019	630
Saint-Antoine	91	61	1	»	153	2,124	1,044	11	25	105	110	4	2	3,425	2,003	1,030
Necker	127	64	»	1	192	1,807	858	2	4	25	30	»	»	2,726	1,699	823
Cochin	92	120	11	12	235	1,225	1,927	359	333	41	49	»	»	3,934	1,188	1,892
Beaujon	132	66	»	»	198	2,237	1,126	7	2	70	98	»	»	3,540	2,104	1,086
Lariboisière	185	138	1	1	325	2,526	1,440	7	9	89	99	2	»	4,172	2,422	1,417
Tenon	148	87	52	36	323	1,675	1,055	408	224	79	89	5	7	3,542	1,635	1,054
Laënnec	69	40	»	»	109	564	269	»	1	34	36	»	»	904	536	270
Bichat	41	33	»	»	74	514	499	1	3	27	23	»	»	1,066	492	474
Audral	»	»	»	»	»	»	»	»	»	»	»	»	»	»	»	»
Broussais	31	23	»	»	54	555	414	2	1	25	18	»	»	1,045	329	392
Herold	»	»	»	»	»	»	»	»	»	»	»	»	»	»	»	»
Total...	1,248	830	68	50	2,196	17,692	11,300	828	684	636	749	11	9	31,849	16,975	11,098
HÔPITAUX SPÉCIAUX.																
Adultes.																
Saint-Louis	120	114	1	»	235	1,782	1,476	11	»	39	23	»	1	3,332	1,729	1,402
Ricord	81	»	»	»	81	1,330	»	»	»	15	»	»	»	1,345	1,333	»
Broca	»	99	4	5	108	»	578	22	22	»	64	»	1	684	»	588
Accouchement	»	4	»	»	4	»	129	»	»	»	»	»	»	129	»	125
Baudelocque	»	9	»	»	9	»	125	»	»	»	»	»	»	125	»	121
Clinique	»	11	»	»	11	»	197	»	»	»	»	»	»	197	»	195
Aubervilliers	»	»	»	»	»	»	»	»	»	»	»	»	»	»	»	»
Bastion 36	»	»	»	»	»	»	»	»	»	»	»	»	»	»	»	»
Bastion 29	»	»	»	»	»	»	»	»	»	»	»	»	»	»	»	»
Total...	201	237	5	5	448	3,112	2,505	33	22	54	84	»	2	5,812	3,062	2,431
Enfants.																
Enfants-Malades	»	»	44	40	84	»	»	523	335	»	»	43	38	939	»	»
Forges	»	»	»	»	»	»	»	»	»	»	»	»	»	»	»	»
Trousseau	»	»	76	47	123	»	»	624	242	»	»	33	30	929	»	»
La Roche-Guyon	»	»	»	»	»	»	»	»	»	»	»	»	»	»	»	»
Berck-sur-Mer	»	»	»	»	»	»	»	»	»	»	»	»	»	»	»	»
Total...	»	»	120	87	207	»	»	1,147	577	»	»	76	68	1,868	»	»
Hôpitaux réunis	1,449	1,067	193	142	2,851	20,804	13,805	2,008	1,283	690	833	87	79	39,589	20,037	13,529
Maison de santé	23	19	»	»	42	512	559	»	»	»	»	»	»	1,071	472	492
Total général...	1,472	1,086	193	142	2,893	21,316	14,364	2,008	1,283	690	833	87	79	40,660	20,509	14,021

chirurgie.

	TOTAL DES SORTIS	MALADES MORTS PENDANT L'ANNÉE — Adultes — Hommes	Adultes — Femmes	Enfants — Garçons	Enfants — Filles	TOTAL DES MORTS	MALADES RESTANT LE 31 DÉCEMBRE AU SOIR — Adultes — Hommes	Adultes — Femmes	Enfants — Garçons	Enfants — Filles	TOTAL DES RESTANTS	JOURNÉES DE MALADES — Adultes — Hommes	Adultes — Femmes	Enfants — Garçons	Enfants — Filles	TOTAL DES JOURNÉES
»	2,750	66	50	1	2	119	123	82	3	»	208	46,300	27,790	734	216	75,049
»	2,599	78	40	»	»	118	108	58	2	»	168	40,283	20,999	117	66	61,465
»	1,693	46	26	»	»	72	80	51	»	»	131	32,552	20,879	46	44	53,521
1	3,180	137	76	»	»	213	119	66	»	»	185	39,387	24,528	189	231	64,335
»	2,555	114	57	»	2	173	125	65	»	»	190	46,608	24,510	32	50	71,200
2	3,792	63	69	16	4	152	93	118	11	4	226	36,822	46,834	3,377	3,425	90,458
»	3,240	157	108	1	»	266	156	76	»	»	232	53,475	28,810	70	13	82,368
»	3,975	148	108	»	2	258	177	87	»	»	264	66,992	47,729	138	99	114,958
4	3,449	92	63	13	14	182	129	66	9	30	234	51,375	28,949	20,901	12,538	113,763
»	855	39	26	»	»	65	58	35	»	»	93	21,910	12,689	»	»	34,599
»	986	44	36	»	1	81	31	42	»	»	73	15,062	16,507	39	38	31,646
»	»	»	»	»	»	»	»	»	»	»	»	»	»	»	»	»
»	960	29	24	»	»	53	36	28	»	»	64	12,534	11,571	11	6	24,122
»	»	»	»	»	»	»	»	»	»	»	»	»	»	»	»	»
7	30,234	1,013	683	34	25	1,752	1,235	774	25	34	2,068	463,390	311,804	25,654	16,726	817,574
»	3,468	93	68	2	»	163	109	126	1	»	236	44,077	42,996	762	18	87,853
»	1,336	7	»	»	»	7	83	»	»	»	83	30,127	»	»	»	30,127
3	698	»	25	1	3	29	»	61	3	1	65	»	22,850	516	556	23,922
»	125	»	3	»	»	3	»	5	»	»	5	»	2,885	»	»	2,885
»	121	»	7	»	»	7	»	6	»	»	6	»	4,501	»	»	4,501
»	195	»	»	»	»	»	»	13	»	»	13	»	4,139	»	»	4,139
»	»	»	»	»	»	»	»	»	»	»	»	»	»	»	»	»
»	»	»	»	»	»	»	»	»	»	»	»	»	»	»	»	»
»	»	»	»	»	»	»	»	»	»	»	»	»	»	»	»	»
3	5,643	100	103	3	3	209	192	211	4	1	408	74,204	77,394	1,278	574	153,447
24	893	»	»	27	20	47	»	»	42	41	83	»	»	16,049	15,374	31,423
»	»	»	»	»	»	»	»	»	»	»	»	»	»	»	»	»
53	853	»	»	48	26	74	»	»	78	47	125	»	»	31,059	19,948	51,007
»	»	»	»	»	»	»	»	»	»	»	»	»	»	»	»	»
»	»	»	»	»	»	»	»	»	»	»	»	»	»	»	»	»
77	1,746	»	»	75	46	121	»	»	120	88	208	»	»	47,108	35,322	82,430
87	37,623	1,113	786	109	74	2,082	1,427	985	149	123	2,684	537,394	389,195	74,040	52,622	1,053,451
»	964	28	54	»	»	92	25	32	»	»	57	10,806	12,298	»	»	23,104
87	38,587	1,154	840	109	74	2,174	1,452	1,017	149	123	2,741	548,100	401,493	74,040	52,622	1,076,555

NOMS DES ÉTABLISSEMENTS	EXISTANT LE 1er JANVIER 1893 — Adultes — Hom.	Fem.	Enfants — Garç.	Filles	TOTAL des existants	ENTRÉS PENDANT L'ANNÉE — Adultes — Hom.	Fem.	Enfants — Garç.	Filles	TOTAL des entrés	Adultes — Hom.	Fem.	E[nfants] — Garç.
HÔPITAUX GÉNÉRAUX.													
Hôtel-Dieu	396	260	10	5	671	5,627	4,085	107	143	10,022	4,935	4,478	161
Pitié	384	299	5	3	691	5,516	3,939	202	147	9,804	5,028	3,572	176
Charité	285	267	19	19	590	3,930	3,764	545	586	8,825	3,573	3,574	[illegible]
Saint-Antoine	545	312	13	11	881	8,318	5,360	339	334	14,401	7,345	4,763	302
Necker	280	188	1	2	471	4,120	2,551	5	7	6,683	3,754	2,326	1
Cochin	294	199	12	12	514	3,391	3,107	372	344	7,214	3,064	2,859	335
Beaujon	265	180	14	10	469	5,268	3,941	297	309	9,815	4,601	3,481	275
Lariboisière	486	488	24	20	1,018	8,043	7,984	905	844	17,776	7,068	7,406	852
Tenon	504	386	69	57	1,016	6,607	5,814	1,124	850	14,395	5,825	5,280	1,065
Laënnec	430	346	9	8	793	2,967	2,277	226	203	5,673	2,044	1,974	181
Bichat	108	89	»	»	197	1,981	1,364	13	11	3,369	1,709	1,177	11
Andral	68	37	»	»	105	1,161	562	»	»	1,723	1,008	498	»
Broussais	151	124	»	»	275	1,798	1,107	2	2	2,909	1,021	978	2
Herold	60	39	»	»	99	378	208	»	»	586	329	176	»
Total	4,253	3,214	176	147	7,790	59,135	46,663	4,197	3,800	113,795	52,304	42,269	3,8[illegible]
HÔPITAUX SPÉCIAUX.													
Adultes.													
Saint-Louis	448	351	37	35	871	5,620	4,878	592	560	11,650	5,455	4,707	568
Ricord	268	»	»	»	268	5,034	»	»	»	5,034	5,034	»	»
Broca	»	281	4	5	290	»	2,743	29	39	2,811	»	2,732	27
Accouchement	»	131	47	28	206	»	2,955	1,138	1,155	5,248	»	2,915	972
Baudelocque	»	94	31	31	156	»	2,176	941	894	4,011	»	2,163	927
Clinique	»	55	20	15	90	»	1,663	705	721	3,089	»	1,639	666
Aubervilliers	16	37	16	9	78	1,516	1,567	99	100	3,282	1,384	1,471	90
Bastion n° 36	5	»	»	»	5	108	94	4	3	211	58	47	»
Bastion n° 29	»	»	»	»	»	»	76	5	1	82	»	66	5
Total	737	919	155	123	1,964	12,278	16,152	3,513	3,475	35,418	11,931	15,740	3,195
Enfants.													
Enfants-Malades	»	»	252	276	528	»	»	3,105	2,908	6,013	»	»	2,360
Forges	»	»	124	105	229	»	»	205	209	414	»	»	245
Trousseau	»	»	262	230	492	»	»	3,005	2,362	5,367	»	»	2,350
La Roche-Guyon	»	»	83	»	83	»	»	655	»	655	»	»	655
Berck-sur-Mer	»	»	256	280	536	»	»	290	257	547	»	»	279
Total	»	»	977	891	1,868	»	»	7,260	5,736	12,996	»	»	5,9[illegible]
Hôpitaux réunis	4,990	4,163	1,308	1,161	11,622	71,413	62,815	14,970	13,011	162,209	64,132	58,009	12,[illegible]
Maison de santé	78	62		»	140	1,301	1,022	»	»	2,323	1,114	869	»
Total général	5,068	4,225	1,308	1,161	11,762	72,714	63,837	14,970	13,011	164,532	65,246	58,878	12,[illegible]
Report des hôpitaux temporaires (pour mémoire)	86	296	5	28	415	440	560	26	26	1,052	387	495	23
Total général (pour mémoire)	5,154	4,521	1,313	1,189	12,177	73,154	64,397	14,996	13,037	165,584	65,633	59,373	12,[illegible]

(A) Si à ce nombre de journées de malades..

on ajoute les journées d'élèves sages-femmes à la Maison d'accouchement..............................

on trouve un nombre égal à celui des journées portées au tableau E du présent compte, pour servir à établir

le prix de la journée dans les hôpitaux...

...ine et de chirurgie réunis.

...ANT L'ANNÉE			RESTANT LE 31 DÉCEMBRE 1893					JOURNÉES							
								DE MALADES				TOTAL DES JOURNÉES de malades	TOTAL DES JOURNÉES d'employés, sous-employés et serviteurs	TOTAL GÉNÉRAL	OBSERVATIONS
Enfants		TOTAL des morts	Adultes		Enfants		TOTAL des restants	Adultes		Enfants					
...rç.	Filles		Hom.	Fem.	Garç.	Filles		Hommes	Femmes	Garçons	Filles				
8	16	1,207	380	292	8	3	683	145,244	107,379	2,621	2,036	257,480	96,618	354,098	
21	12	892	376	303	10	5	694	133,431	103,527	2,176	1,831	240,965	56,973	297,938	
88	83	738	271	261	22	11	565	103,981	95,838	6,728	7,759	214,326	52,562	266,888	
65	57	1,634	573	352	5	11	941	128,801	123,854	4,674	5,079	332,402	67,222	399,624	
22	3	693	227	144	»	1	372	90,683	63,431	46	98	154,258	48,180	202,438	
49	6	608	264	188	12	4	468	95,463	73,827	3,683	3,720	178,693	48,488	227,181	
26	22	1,096	291	233	10	12	546	104,371	80,272	3,670	3,235	191,548	45,721	237,269	
51	41	1,786	444	393	20	26	883	171,121	164,892	9,235	7,903	353,151	72,197	425,348	
92	77	1,530	486	359	36	50	931	178,414	145,248	29,247	19,584	372,490	85,410	457,900	
45	28	745	405	331	9	7	752	146,728	121,212	3,192	2,994	274,126	59,406	333,532	
2	2	447	113	100	»	»	213	43,977	40,183	148	105	84,413	26,833	111,246	
»	»	220	68	34	»	»	102	25,109	12,754	»	»	37,863	11,711	49,574	
»	»	313	148	118	»	»	266	54,690	46,466	11	7	101,174	27,375	128,549	
»	»	82	61	37	»	»	98	21,701	13,884	»	»	35,585	10,616	46,201	
399	347	11,923	4,104	3,144	138	132	7,518	1,513,713	1,194,984	68,428	54,349	2,828,474	709,312	3,537,786	
79	49	426	449	388	42	42	921	164,709	133,310	16,403	10,579	325,001	108,040	433,041	
»	»	14	234	»	»	»	234	94,731	»	»	»	94,731	17,155	111,886	
3	5	47	»	233	3	3	239	»	87,470	725	1,246	89,441	19,985	109,426	
162	137	323	»	147	51	77	275	»	53,410	18,983	15,693	88,086	62,154	150,240	
15	31	66	»	87	30	29	146	»	34,784	11,991	10,124	56,899	17,080	73,979	
50	27	75	»	71	19	25	115	»	24,972	8,388	8,535	41,895	18,000	59,895	
22	27	223	46	61	3	1	111	28,145	28,399	1,988	1,690	60,219	24,884	85,103	
1	2	22	42	44	3	3	89	829	512	97	26	1,464	67	1,531	
»	»	»	»	10	»	»	10	»	789	46	10	845	460	1,305	
522	278	1,196	791	1,038	151	180	2,180	288,414	363,646	58,618	47,903	758,584	267,825	1,026,406	
732	671	1,403	»	»	265	270	535	»	»	99,716	104,469	204,187	58,612	262,799	
2	3	5	»	»	82	109	191	»	»	39,903	38,727	78,630	10,919	89,549	
676	553	1,229	»	»	241	228	469	»	»	96,087	87,747	183,834	54,750	238,584	
4	»	4	»	»	79	»	79	»	»	34,438	»	34,438	5,301	39,739	
10	12	22	»	»	237	203	440	»	»	98,119	97,378	195,495	29,474	224,969	
1,424	1,239	2,663	»	»	904	810	1,714	»	»	368,263	328,321	696,584	159,056	855,640	
2,145	1,864	15,852	4,895	4,202	1,193	1,122	11,412	1,802,127	1,558,630	492,309	430,573	4,283,639	1,136,193	5,419,832	
»	»	326	75	79	»	»	154	32,365	28,165	»	»	60,530	41,105	101,635	
2,145	1,864	16,178	4,970	4,281	1,193	1,122	11,566	1,834,492	1,586,795	492,309	430,573	4,344,169 (A)	1,177,298 (B)	5,521,467	
2	»	137	105	260	6	29	400	37,547	95,500	2,116	11,480	146,643	»	146,643	
2,147	1,864	16,315	5,075	4,541	1,199	1,151	11,966	1,872,039	1,682,295	494,425	442,053	4,490,812	1,177,298	5,668,110	

RÉSUMÉ

Traités.	Existants le premier jour de l'année	11.762	176.294
	Entrés pendant l'année	164.532	
Sortis.	Guéris ou autrement	148.550	164.728
	Morts	16.178	
Restants le dernier jour de l'année			11.566

(B) Dans ce total figurent :
27.081 journées d'élèves sages-femmes à la Maternité ;
362 journées de nourrices sédentaires à Beaujon ;
3.606 — — — à la Clinique ;
1.370 — — — à la Charité ;
772 — — — à Tenon ;
2.327 — — — à Baudelocque ;
5.272 — — — à la Maternité ;
365 — — — à Laënnec ;
1.460 — — — à la Pitié.

Mortalité et durée moyenne du séjour des malades admis dans les hôpitaux en 1893 (Services de médecine).

NOMS DES ÉTABLISSEMENTS	MORTALITÉ calculée d'après le nombre des individus sortis par guérison ou par décès, divisé par le nombre des morts					DURÉE DU … calculée d'après le no… divisé par le nombre … par guérison ou …			
	ADULTES		ENFANTS		MORTALITÉ MOYENNE	ADULTES		ENFANTS	
	Hommes	Femmes	Garçons	Filles		Hommes	Femmes	Garçons	Filles
HÔPITAUX GÉNÉRAUX.	1 sur	1 sur	1 sur	1 sur	1 sur	jours.	jours	jours.	jours.
Hôtel-Dieu	6,41	8,04	21,43	9,14	7, »	25,20	23,33	12,58	11,22
Pitié	9,02	9,44	9,09	11,50	9,23	24,91	27,06	10,78	12,70
Charité	8,85	18,31	6,12	7,14	10,85	24,81	24,07	12,39	13,01
Saint-Antoine	7,37	8,76	7,40	5,75	7,77	25,79	20,65	13,46	13,66
Necker	7,73	8,09	2, »	3, »	7,84	18,63	22,69	3,50	16, »
Cochin	7,48	7,23	4,33	6,50	7,34	27,06	25,06	23,54	22,77
Beaujon	6,15	9,01	11,76	13,86	7,55	17,07	19,40	12,24	10,56
Lariboisière	6,32	11,58	17,50	21,20	9,02	18,87	17,87	10,18	9,43
Tenon	6,91	9,48	8,92	9,90	8,39	25,97	24,61	11,83	11,28
Laënnec	7,67	6,79	5,02	7,25	7,09	52,11	54,37	14,12	14,74
Bichat	6,45	6,02	6, »	8, »	6,36	20,03	28,08	9,08	8,37
Andral	7,58	8,43	»	»	7,84	21,62	22,57	»	»
Broussais	8,49	6,28	»	»	7,40	33,91	50,06	»	1, »
Herold	7,85	6,17	»	»	7,45	57,56	66,44	»	»
Total	7,15	9,24	9,13	9,85	8,08	25,43	25,26	11,90	11,23
HÔPITAUX SPÉCIAUX.									
Adultes. — Saint-Louis	53,48	51,07	7,48	11,27	31,54	31,77	26,79	27,15	19,13
Ricord	529,71	»	»	»	529,71	17,42	»	»	»
Broca	»	154,14	4,50	8,50	120,13	»	29,94	23,22	40,58
Accouchement	»	133,85	7, »	8,07	15,78	»	17,96	16,74	14,18
Baudelocque	»	158,07	62,80	29, »	66, »	»	14,70	12,73	11,30
Clinique	»	181,50	17,65	26,33	38,25	»	14,33	11,88	12, »
Aubervilliers	14,57	21,43	5,09	4, »	14,57	18,90	18,90	17,72	15,65
Bastion 36	5,46	8,83	1, »	1, »	5,77	14,68	9,66	97, »	13, »
Bastion 29	»	»	»	»	»	»	11,95	9,20	10, »
Total	47, »	67,54	10,92	12,33	29,83	23,68	21,18	16,45	13,94
Enfants. — Enfants-Malades	»	»	3,63	3,94	3,78	»	»	32,64	34,72
Forges	»	»	123,50	68,33	90,40	»	»	161,55	188,91
Trousseau	»	»	3,85	4,07	3,95	»	»	26,84	31,60
La Roche-Guyon	»	»	164,75	»	164,75	»	»	52,25	»
Berck-sur-Mer	»	»	30,90	27,83	29,23	»	»	317,57	291,55
Total	»	»	4,59	4,40	4,50	»	»	51,79	55,80
Hôpitaux réunis	8,44	12,16	6,40	6,60	8,98	25,01	24,13	32,06	31,98
Maison de santé	5,22	5,59	»	»	5,35	27,16	34,56	»	»
Moyenne générale	8,36	11,05	6,40	6,60	8,92	25,14	26,38	32,06	31,98

DES ÉTABLISSEMENTS	MORTALITÉ calculée d'après le nombre des individus sortis par guérison ou par décès, divisé par le nombre des morts — ADULTES — Hommes	Femmes	ENFANTS — Garçons	Filles	MORTALITÉ MOYENNE	DURÉE DU SÉJOUR calculée d'après le nombre des journées, divisé par le nombre des individus sortis par guérison ou par décès — ADULTES — Hommes	Femmes	ENFANTS — Garçons	Filles	DURÉE MOYENNE du séjour
HÔPITAUX GÉNÉRAUX.	1 sur	1 sur	1 sur	1 sur	1 sur	jours.	jours.	jours.	jours.	jours.
-Dieu	20,03	24,68	19, »	7,50	25,09	26,94	22,51	38,63	14,40	25,06
.	22,48	22,15	»	»	22,47	22,96	23,70	19,50	11, »	23,17
é	23,15	25,11	»	»	23,95	30,56	31,82	15,33	44, »	31,06
-Antoine	15,62	14,55	»	»	15,42	18,40	22,17	13,50	9,07	19,57
er	15,90	15,43	»	2,50	15,60	25,75	27,85	16, »	10, »	26,40
in.	20, »	28,42	22,44	84,75	27,04	29,43	23,88	9,40	10,10	23,13
jon	14,40	11,05	7, »	»	13,02	23,65	24,13	10, »	6,50	23,77
oisière	17,36	14,12	»	5, »	15,95	26,06	31,29	13,80	9,90	27,93
n.	18,77	17,73	34,77	16,64	19,38	29,74	25,91	46,24	53,81	32,23
nec	15,24	11,38	»	»	13,70	36,82	42,86	»	»	38,83
at.	12,18	14,17	»	3, »	12,96	28,02	32,36	39, »	12,66	30,13
ral	»	»	»	»	»	»	»	»	»	»
nais	19,24	17,33	»	»	18,43	22,46	27,81	5,50	6 »	24,68
ld.	»	»	»	»	»	»	»	»	»	»
Total	17,75	17,24	28,22	25,68	17,85	25,75	26,46	29,31	26,05	26,13
HÔPITAUX SPÉCIAUX.										
Saint-Louis	19,30	21,61	5,50	»	20,27	24,19	29,24	69,27	18, »	26,58
Ricord	191,14	»	»	»	191,14	22,47	»	»	»	22,47
Broca	»	»	21, »	8, »	22,34	»	37,27	24,57	23,16	36,38
Accouchement	»	24,52	»	»	42,66	»	22,53	»	»	22,53
Baudelocque	»	42,66	»	»	18,28	»	35,16	»	»	35,16
Clinique	»	18,28	»	»	»	»	21,37	»	»	21,37
Aubervilliers	»	»	»	»	»	»	»	»	»	»
Bastion 36	»	»	»	»	»	»	»	»	»	»
Bastion 29	»	»	»	»	»	»	»	»	»	»
Total	31,62	24,60	8, »	8,33	27,52	23,46	30,54	40, »	23, »	28, »
Enfants-Malades	»	»	19,59	17,40	18,66	»	»	30,34	44,18	35,83
Forges	»	»	»	»	»	»	»	»	»	»
Trousseau	»	»	12,56	8,42	11,40	»	»	51,50	91,08	62,05
La Roche-Guyon	»	»	»	»	»	»	»	»	»	»
Berck-sur-Mer	»	»	»	»	»	»	»	»	»	»
Total	»	»	15,09	12,32	14,04	»	»	41,61	62,29	48,51
itaux réunis	19, »	18,34	19,12	16,67	18,60	25,41	27,18	36,31	42,64	27,20
on de santé	13,42	10,11	»	»	11,47	21,18	22,52	»	»	21,87
Moyenne générale	18,81	17,09	19,12	16,67	18,30	25,31	27,01	36,31	42,64	27,05

Mortalité et durée du séjour des malades admis dans les hôpitaux en **1893** (Services de médecine et de chirurgie réunis).

NOMS DES ÉTABLISSEMENTS	MORTALITÉ calculée d'après le nombre des individus sortis par guérison ou par décès, divisé par le nombre des — ADULTES — Hommes	ADULTES — Femmes	ENFANTS — Garçons	ENFANTS — Filles	MORTALITÉ MOYENNE	COMPARATIF la mortalité — en 1892	pendant la période décennale de 1875 à 1884	DURÉE DU SÉJOUR calculée d'après le nombre des journées, divisé par le nombre des individus sortis par guérison ou par décès. — ADULTES — Hommes	ADULTES — Femmes	ENFANTS — Garçons	ENFANTS — Filles	DURÉE MOYENNE
HÔPITAUX GÉNÉRAUX.	1 sur	1 sur	1 sur	1 sur	1 sur	1 sur	sur	jours	jours	jours	jours	jours
Hôtel-Dieu	7,97	9,79	21,12	8,93	8,78	8,06	6,53	25,73	23,12	15,50	14,23	24,27
Pitié	11,13	10,84	9,39	12,08	13,83	11,53	7,25	24,15	26,30	11,04	12,62	25,09
Charité	10,63	19,23	6,27	7,15	14,99	11,94	8,11	26,35	25,12	12,41	13,06	24,21
Saint-Antoine	8,53	9,55	7,74	6,24	8,77	8,78	6,60	23,89	23,28	12,88	14,35	23,17
Necker	9,95	9,64	3, »	2,66	9,78	8,99	7,71	21,73	24,44	9,16	12,25	22,74
Cochin	9,65	13,64	20,63	58,66	11,92	11,89	4,24	27,95	24,31	9,90	10,57	24,61
Beaujon	8,18	9,55	11,57	13,93	8,88	8,81	7,37	19,91	20,64	12,19	10,53	19,67
Lariboisière	7,92	11,98	17,70	20,44	10,02	8,86	7,32	21,15	20,10	10,22	9,13	19,71
Tenon	8,28	10,44	12,57	11,13	9,46	9,96	7,39	26,03	84,86	25,28	22,84	25,72
Laënnec	8,32	7,14	5,02	7,28	7,67	9,47	5,64	40,05	52,88	14,12	14,67	47,97
Bichat	7,40	7,69	6,50	5,50	7,50	7,32	7,29	22,25	29,70	11,38	9,54	23,17
Andral	7,58	8,43	» »	» »	7,84	9,79	4,15	21,62	22,57	» »	» »	21,94
Broussais	10, »	8,24	» »	» »	9,26	10,52	6,56	30,36	41,74	» »	» »	34,67
Herold	7,83	6,17	» »	» »	7,43	8,10	» »	37,36	66,11	» »	9, »	60,62
Total	8,74	10,46	10,64	11, »	9,51	9,46	7,13	25,53	23,57	15,44	14,24	24,89
HÔPITAUX SPÉCIAUX.												
Adultes : Saint-Louis	34,26	36,12	7,43	11,28	27,22	23,87	19.53	29,31	27,53	27,85	19,13	28,01
Ricord	360,57	» »	» »	» »	360,57	504,90	483,02	18,76	» »	» »	» »	18,76
Broca	» »	71,05	10, »	8,20	60,46	109,09	39,71	» »	31,56	24,16	30,39	31,48
Accouchement	» »	122,45	7, »	8,07	16,03	20,49	26,39	» »	18,17	16,74	14,08	17, »
Baudelocque	» »	109,15	62,80	28,90	60,92	51,33	» »	» »	15,92	12,72	11,29	14,14
Clinique	» »	206, »	17,65	26,33	40,85	33,39	28,61	» »	15,23	11,88	12, »	13,67
Aubervilliers	14,57	21,43	5,09	4, »	14,57	21,51	» »	18,90	18,90	17,72	15,65	18,53
Bastion n° 36	5,46	8,83	1, »	1, »	5,77	3,87	» »	14,68	9,66	97, »	3, »	14,52
Bastion 29	» »	» »	» »	» »	» »	» »	» »	» »	11,93	9.20	10, »	11,73
Total	41,72	52,94	10,92	12,29	29,43	25,97	28,20	23,59	22,66	16,66	14,04	21,55
Enfants : Enfants-Malades	» »	» »	4,22	4,34	4,28	4,42	4,81	» »	» »	32,23	35,35	34, »
Forges	» »	» »	123,50	68,33	90,40	137, »	16,47	» »	» »	161,55	188,91	173,96
Trousseau	» »	» »	4,47	4,27	4,38	4,17	4,56	» »	» »	31,75	37,11	34,11
La Roche-Guyon	» »	» »	164,75	» »	164,75	78,50	79,16	» »	» »	52,25	» »	52,25
Berck-sur-Mer	» »	» »	30,90	27,83	29,23	23,37	13,72	» »	» »	317,57	294,55	304,03
Total	» »	» »	5,14	4,69	4,93	4,87	5,21	» »	» »	50.21	56,45	52,97
Hôpitaux réunis	10,10	13,16	7,03	7, »	10,24	9.94	8,13	25,20	24,82	32,63	33, »	26,37
Maison de santé	6,86	7,38	» »	» »	7,08	6,82	5,93	24,97	28,02	» »	» »	26,21
Moyenne générale	10,02	13, »	7,03	7, »	10,18	9,88	8,04	23,19	24,87	32,63	33, »	26,37

BUREAU CENTRAL D'ADMISSION.

Le Bureau central d'admission, installé à l'Hôtel-Dieu, a un triple but :

1° Examiner les malades qui se présentent à ses consultations et les admettre s'il y a lieu dans les hôpitaux de Paris ou, lorsque leur état est moins grave, leur donner les conseils et les ordonnances nécessaires ;

2° Examiner les infirmes qui sollicitent leur admission dans les hospices et maisons de retraite et leur délivrer les certificats constatant qu'ils remplissent les conditions d'admission ;

3° Faire exécuter par les fournisseurs de bandages et d'appareils orthopédiques les ordonnances des bureaux de bienfaisance.

Relevé des travaux du Bureau central.

	MEDECINE		CHIRURGIE		NOURRICES	TOTAL
	HOMMES	FEMMES	HOMMES	FEMMES		
Malades admis	9,131	4,333	4,446	1,305	441	19,656
Malades ajournés faute de lits	17,341	8,601	6,324	1,993	»	34,259
Malades envoyés aux hôpitaux spéciaux… adultes	2,805	1,914	915	948	»	6,482
Malades envoyés aux hôpitaux spéciaux… enfants	907	802	707	304	»	2,720
	30,184	15,650	12,392	4,450	441	63,117

Répartition des malades admis dans les hôpitaux par l'intermédiaire du Bureau central d'admission.

DESIGNATION DES HOPITAUX	MEDECINE		CHIRURGIE		NOURRICES	TOTAL
	HOMMES	FEMMES	HOMMES	FEMMES		
Hôtel-Dieu	101	98	65	17		
Pitié	1,924	1,217	754	255		4,150
Charité	1,004	613	298	114		2,110
Saint-Antoine	1,034	318	547	157		2,118
Necker	469	301	41	33		844
Cochin	422	211	150	81		
Beaujon	419	221	158	53		
Lariboisière	544	230	209	101		1,115
Tenon	1,678	327	1,066	156		
Laënnec	399	233	210	81		
Bichat	351	225	157	144		
Andral	228	77	»	»		
Broussais	261	119	114	49		
Hôtel-Dieu (annexe)	»	»	»	»		
Hérold	300	121	»	»		
Saint-Louis	»	»	68	64		
Bastion n° 36	»	»	»	»		
Salpêtrière	»	22	»	»		
Ricord	»	»	»	»	»	
	9,131	4,333	4,446	1,305	441	19,656

Domicile déclaré des malades admis dans les hôpitaux par l'intermédiaire du Bureau central d'admission.

DOMICILE DÉCLARÉ DES ADMIS	HOMMES	FEMMES	TOTAL
Domiciliés à Paris	9,740	8,444	10,184
Id. dans le département de la Seine	629	299	928
Domicile inconnu	393	151	544 (1)
	10,762	8,894	19,656

(1) Provenant de l'hospitalité de nuit.

HOSPICES.												
Aliénés.												
Bicêtre	584	»	445	112	1,141	226	»	117	34	20	»	»
Salpêtrière	»	593	»	118	713	»	76	»	23	»	8	»
	584	593	445	230	1,854	226	76	117	57	20	8	»
Vieillards et infirmes.												
Bicêtre	1,877	1	26	»	1,904	388	»	4	»	135	»	»
Salpêtrière	»	2,619	»	»	2,619	»	566	»	»	»	548	[illegible]
Ivry	1,002	1,012	38	»	2,052	439	309	10	»	538	542	[illegible]
Brévannes	148	134	»	»	282	32	32	»	»	103	129	»
Bastion 36	»	»	»	»	»	»	»	»	»	»	»	»
	3,027	3,766	64	»	6,857	859	907	14	»	775	1,190	[illegible]
MAISONS DE RETRAITE.												
Vieillards et infirmes.												
Ménages … Dortoirs	218	293	»	»	511	42	25	»	»	178	299	»
Ménages … Chambres	238	554	»	»	792	24	40	»	»	95	307	»
La Rochefoucauld	106	117	»	»	223	19	17	»	»	23	32	»
Sainte-Périne	37	144	»	»	181	11	21	»	»	8	62	»
TOTAL des vieillards et infirmes.	599	1,108	»	»	1,707	96	103	»	»	299	670	»
HOSPICES FONDÉS. — *Vieillards et enfants.*												
Boulard (Saint-Michel)	19	»	»	»	19	7	»	»	»	»	»	»
Brézin (La Reconnaissance)	304	»	»	»	304	59	»	»	»	1,028	»	»
Devillas	30	31	»	»	61	23	13	»	»	85	62	»
Chardon-Lagache. Dortoirs	52	49	»	»	101	5	3	»	»	6	7	»
Chardon-Lagache. Chambres	7	40	»	»	47	»	4	»	»	2	5	»
Lenoir-Jousseran	62	64	»	»	126	15	9	»	»	1	4	»
Galignani	32	68	»	»	100	4	5	»	»	»	»	»
Rossini	17	33	»	»	50	2	4	»	»	3	4	»
Debrousse	90	96	»	»	186	20	19	»	»	46	48	»
Dheur	22	26	»	»	48	4	2	»	»	19	43	»
Hartmann	»	»	4	»	4	»	»	6	»	»	»	[illegible]
Fortin	»	»	12	12	24	»	»	1	4	»	»	»
	635	407	16	12	1,070	139	39	7	4	1,170	153	[illegible]
ASILE. — *Enfants.*												
Riboutté-Vitallis	»	»	31	»	31	»	»	13	»	»	»	[illegible]
Services temporaires des malades dans les hospices.												
Bicêtre	33	2	2	»	37	316	8	10	»	»	»	»
Salpêtrière	53	294	3	28	378	124	523	16	26	»	29	»
	86	296	5	28	415	440	531	26	26	»	29	4
RÉSUMÉ.												
HOSPICES, MAISONS DE RETRAITE, HOSPICES FONDÉS ET ASILES.												
Aliénés	584	593	445	230	1,854	226	76	117	57	20	8	»
Vieillards, infirmes et enfants	4,261	5,281	80	12	9,634	1,094	1,069	21	4	2,244	1,962	[illegible]
Enfants (asile)	»	»	31	»	31	»	»	13	»	»	»	[illegible]
TOTAL	4,845	5,876	556	242	11,519	1,320	1,145	151	61	2,264	1,990	[illegible]
Malades des services temporaires.	86	296	5	28	415	440	531	26	26	»	29	»
	4,931	6,172	561	270	11,934	1,760	1,676	177	87	2,264	2,019	[illegible]
TOTAL GÉNÉRAL	11,934					8,037						

aite et hospices fondés.

Enfants Garçons	Enfants Filles	Par congés ou autres causes — Adultes Hommes	Adultes Femmes	Enfants Garçons	Enfants Filles	TOTAL des sorties	Morts pendant l'année — Adultes Hommes	Adultes Femmes	Enfants Garçons	Enfants Filles	TOTAL des morts	Restants le 31 décembre au soir — Adultes Hommes	Adultes Femmes	Enfants Garçons	Enfants Filles	TOTAL des restants
45	11	»	»	20	»	239	94	»	13	4	111	573	»	484	131	1,188
»	11	»	»	»	8	38	»	47	»	4	51	»	393	»	118	711
45	22	»	»	20	8	297	94	47	13	8	162	573	593	484	249	1,899
»	»	135	»	»	»	197	307	»	2	»	309	1,896	1	28	»	1,925
»	»	»	496	»	»	588	»	483	»	»	483	»	2,632	»	»	2,632
5	»	338	512	42	»	1,415	245	166	2	»	413	1,020	1,013	41	»	2,074
»	»	102	129	»	»	244	24	15	»	»	39	150	144	»	»	294
»	»	»	»	»	»	»	»	»	»	»	»	»	»	»	»	»
5	»	775	1,137	42	»	2,444	376	664	4	»	1,244	3,066	3,790	69	»	6,925
»	»	169	258	»	»	437	38	36	»	»	74	221	288	»	»	509
»	»	99	318	»	»	426	29	27	»	»	56	228	548	»	»	776
»	»	23	32	»	»	56	20	16	»	»	36	105	117	»	»	222
»	»	8	62	»	»	81	5	13	»	»	18	44	143	»	»	184
»	»	299	670	»	»	1,000	92	92	»	»	184	595	1,096	»	»	1,691
»	»	»	»	»	»	2	4	»	»	»	4	20	»	»	»	20
»	»	1,028	»	»	»	1,034	50	»	»	»	50	307	»	»	»	307
»	»	80	51	»	»	131	6	5	»	»	11	32	30	»	»	62
»	»	6	6	»	»	15	7	8	»	»	15	50	42	»	»	92
»	»	2	6	»	»	9	»	3	»	»	3	7	39	»	»	46
»	»	1	5	»	»	10	12	5	»	»	17	64	64	»	»	128
»	»	»	»	»	»	3	2	5	»	»	7	33	66	»	»	99
»	»	3	5	»	»	8	4	2	»	»	6	15	34	»	»	49
»	»	46	48	»	»	109	5	14	»	»	19	94	97	»	»	191
»	»	19	43	»	»	65	2	2	»	»	4	23	24	»	»	47
2	»	»	»	2	»	4	»	»	»	»	»	»	»	8	»	8
1	3	»	»	»	»	6	»	»	»	»	»	»	»	12	11	23
3	5	1,185	164	2	»	1,396	91	44	»	»	136	645	396	20	11	1,072
10	»	»	»	6	»	16	»	»	»	»	»	»	»	38	»	38
11	»	»	»	»	»	293	21	»	1	»	22	55	1	»	»	56
12	21	»	60	»	4	637	13	101	1	»	115	50	259	6	29	344
23	21	»	60	»	4	930	34	101	2	»	137	105	260	6	29	400
45	22	»	»	20	8	297	94	47	13	8	162	573	593	484	249	1,899
8	5	2,259	1,971	44	»	4,840	760	800	4	»	1,564	4,306	5,282	89	11	9,668
10	»	»	»	6	»	16	»	»	»	»	»	»	»	38	»	38
63	27	2,259	1,971	70	8	5,153	854	847	17	8	1,726	4,879	5,875	611	260	11,625
23	21	»	60	»	4	930	34	101	2	»	137	105	260	6	29	400
86	48	2,259	2,031	70	12	6,083	888	948	19	8	1,863	4,984	6,135	617	289	12,025
6,083							1,863					12,025				

RÉSUMÉ.

Aliénés, Vieillards, Infirmes, Enfants et Malades des services temporaires.

Existants le premier jour de l'année		11,934	19,971
Entrés par admission	3,700	8,037	
Entrés par expiration de congés ou autres causes	4,337		
Sortis définitivement	1,727	6,083	7,946
Sortis par congés ou autres causes	4,356		
Décédés		1,863	
Restants le dernier jour de l'année			12,025

HOSPICES. — *Aliénés.*						
Bicêtre	213,327	»	167,972	43,418	424,917	
Salpêtrière	»	216,058	»	43,012	259,070	
Total	213,327	216,058	167,972	86,430	683,987	
Vieillards et infirmes.						
Bicêtre	(a) 693,238	365	10,283	»	703,886	
Salpêtrière	»	(b) 949,278	»	»	949,278	
Ivry	360,413	360,432	12,131	»	722,976	
Brévannes	53,360	49,194	»	»	102,554	
Bastion 36	»	»	»	»	»	
Total	1,107,011	1,359,269	20,414	»	2,489,694	301,63
MAISONS DE RETRAITE. — *Vieillards et infirmes.*						
Ménages { Dortoirs	78,445	101,475	»	»	179,920	31,96
Ménages { Chambres	82,058	197,190	»	»	279,248	
La Rochefoucauld	37,293	41,426	»	»	78,719	10,64
Sainte-Périne	13,250	49,960	»	»	63,210	11,66
Total des vieillards et infirmes	211,046	390,051	»	»	601,097	54,27
HOSPICES FONDÉS. — *Vieillards et enfants.*						
Boulard (Saint-Michel)	6,383	»	»	»	6,383	1,46
Brezin (La Reconnaissance)	105,177	»	»	»	105,177	11,64
Devillas	10,894	11,030	»	»	21,924	2,3
Chardon-Lagache { Dortoirs	18,838	16,636	»	»	35,474	9,14
Chardon-Lagache { Chambres	2,497	14,295	»	»	16,792	
Lenoir-Jousseran	23,175	23,092	»	»	46,267	6,9
Galignani	11,617	24,246	»	»	35,863	7,63
Rossini	5,620	12,162	»	»	17,782	4,04
Debrousse	33,263	34,480	»	»	67,743	10,2
Dheur	7,302	8,375	»	»	15,677	3,94
Hartmann	»	»	2,229	»	2,229	69
Fortin	»	»	4,275	3,974	8,249	1,46
Total	224,763	144,316	6,504	3,974	379,557	60,43
ASILE. — *Enfants.*						
Riboutté-Vitallis	»	»	12,347	»	12,347	2,9
Services temporaires des malades dans les hospices.						
Bicêtre	18,229	236	287	»	18,752	»
Salpêtrière	19,318	95,264	1,829	11,480	127,891	»
Total	37,547	95,500	2,116	11,480	146,643	»
RÉSUMÉ. HOSPICES, MAISONS DE RETRAITE, HOSPICES FONDÉS ET ASILES.						
Aliénés	213,327	216,058	167,972	86,430	683,987	133,17
Vieillards, infirmes et enfants	1,542,820	1,893,636	29,918	3,974	3,470,348	416,3
Enfants (asile)	»	»	12,347	»	12,347	2,9
	1,756,347	2,109,694	210,237	90,404	4,166,682	552,4
Malades des services temporaires	37,547	95,500	2,116	11,480	146,643	»
Total	1,793,894	2,205,194	212,353	101,884	4,313,325	552,6
Total général	4,313,325 (c)					

(a) Ce total comprend 1,394 journées de serviteurs malades.

(b) Y compris 2,279 journées de serviteurs malades.

(c) Si à ce nombre de journées d'administrés (aliénés, infirmes, vieillards, enfants et malades)......................
on ajoute les journées des enfants assistés (service intérieur) mentionnées au tableau A n° 5 *bis*......................
on obtient un total égal à celui qui sert à établir le prix de la journée dans les hospices..........................

ions et revaccinations gratuites pratiquées dans les hôpitaux, hospices, bureaux de bienfaisance et à l'Académie de médecine, pendant l'année 1894.

	VACCINATIONS			REVACCINATIONS		
	VACCIN humain	VACCIN animal	TOTAL	VACCIN humain	VACCIN animal	TOTAL
Hospices et hôpitaux.						
u	»	209	209	»	2,600	2,600
	»	329	329	»	2,678	2,678
	»	807	807	»	4,021	4,021
oine	»	434	434	»	3,524	3,524
	»	3	3	»	2,014	2,014
	»	660	660	»	1,896	1,896
	»	523	523	»	4,230	4,230
re	»	1,122	1,122	»	5,181	5,181
	»	769	769	»	3,556	3,356
	»	80	80	»	1,433	1,433
	»	697	697	»	1,064	1,064
	»	22	22	»	803	803
	»	»	»	»	464	464
ers	»	18	18	»	1,132	1,132
	»	»	»	»	557	557
is	»	1,004	1,004	»	4,844	4,844
	»	1	1	»	3,089	3,089
	»	45	45	»	1,128	1,128
Malades	»	25	25	»	794	794
	»	10	10	»	1,185	1,185
accouchement	»	2,080	2,080	»	782	782
Baudelocque	»	1,770	1,770	»	13	15
	»	1,348	1,348	»	405	405
santé	»	»	»	»	»	»
	»	»	»	»	147	147
	»	5	5	»	358	558
	»	2	2	»	438	438
	»	»	»	»	98	98
ssistés	»	»	»	»	3,734	3,734
et Devillas	»	»	»	»	»	»
ie centrale et amphith. d'anatomie	»	»	»	»	75	73
ntral	»	»	»	»	28	28
e	»	»	»	»	236	236
Totaux	»	11,963	11,963	»	52,749	52,749
Bureaux de bienfaisance.						
dissement	»	164	164	»	1,168	1,168
id.	»	245	245	»	484	484
id.	»	699	699	»	806	806
id.	»	839	839	»	899	899
id.	»	825	823	»	470	470
id.	»	181	181	»	223	223
id.	»	399	399	»	411	411
id.	»	123	123	»	825	823
id.	»	234	234	»	628	628
id.	»	845	845	»	1,142	1,142
id.	»	2,393	2,393	»	1,065	1,065
id.	»	1,481	1,481	»	690	699
id.	»	2,288	2,288	»	577	577
id.	»	1,087	1,087	»	686	686
id.	»	1,385	1,385	»	393	393
id.	»	587	587	»	806	806
id.	»	796	796	»	308	308
id.	»	2,356	2,356	»	827	827
id.	»	2,014	2,014	»	1,205	1,205
id	»	2,663	2,663	»	695	695
Totaux	»	21,606	21,606	»	14,067	14,067
Résumé.						
et hospices	»	11,963	11,963	»	52,749	52,749
e bienfaisance	»	21,606	21,606	»	14,067	14,067
Totaux	»	33,569	33,569	»	66,816	66,816
de médecine	»	1,736	1,736	»	10,766	10,766
générale du Service d'assainissement itation	»	1,275	1,273	»	25,579	25,579
Totaux généraux	»	36,580	36,580	»	103,161	103,161

Individus secourus. — Traitement des malad[...]

ARRONDISSEMENTS	NOMBRE D'INDIGENTS (1) secourus	NOMBRE de NÉCESSITEUX (1) secourus	TOTAL des SECOURUS (1)	NOMBRE DES CARNETS DÉLIVRÉS pour le traitement à domicile: indigents	nécessiteux	Total	NOMBRE DE MALADES: dans leurs meubles	en garni	ADULTES c'est-à-dire âgés de plus de 16 ans: HOMMES	FEMMES	ENFANTS c'est-à-dire âgés de moins de 16 ans: GARÇONS	FILLES	NOMBRE [...] délivrés [...]: jugés non malades à la 1re visite
1er	1,159	750	1,909	164	686	850	654	196	202	386	128	130	»
2e	962	1,755	2,717	173	851	1,024	197	827	257	440	174	153	21
3e	1,874	1,143	3,017	484	1,609	2,093	1,586	507	586	899	362	246	6
4e	2,521	2,410	4,931	331	2,834	3,165	2,915	250	718	1,304	577	569	11
5e	3,665	9,680	13,345	1,157	1,674	2,831	1,540	1,291	670	729	522	710	»
6e	1,686	1,095	2,781	450	1,163	1,613	1,509	104	401	709	246	257	[illegible]
7e	2,107	1,738	3,845	421	1,670	2,091	1,877	214	436	950	368	337	[illegible]
8e	1,127	655	1,782	422	314	736	721	15	128	378	123	107	[illegible]
9e	1,762	1,013	2,775	351	512	863	567	296	158	535	93	77	»
10e	3,043	1,515	4,558	483	2,492	2,975	2,548	427	681	1,297	534	463	»
11e	5,297	5,982	11,279	745	6,325	7,070	6,394	676	1,610	2,033	1,744	1,686	[illegible]
12e	3,213	3,834	7,047	1,257	2,204	3,461	2,523	938	689	1,245	772	755	[illegible]
13e	4,730	8,187	12,917	645	6,355	7,000	6,820	180	1,328	1,938	2,105	1,629	[illegible]
14e	2,620	4,373	6,993	656	4,712	5,368	4,783	585	1,063	1,595	1,364	1,349	[illegible]
15e	2,483	4,252	6,735	586	5,514	6,100	5,290	810	1,353	1,994	1,416	1,337	[illegible]
16e	1,549	1,463	3,012	265	1,051	1,316	1,114	202	279	509	268	260	[illegible]
17e	2,834	4,038	6,872	503	1,865	2,368	2,083	285	570	797	512	480	19
18e	4,974	6,779	11,753	2,137	6,399	8,536	5,891	2,645	1,943	3,146	1,785	1,662	[illegible]
19e	3,394	4,911	8,305	2,779	5,618	8,397	6,083	2,314	2,231	3,004	1,646	1,516	[illegible]
20e	5,760	5,819	11,579	2,788	5,746	8,534	6,751	1,783	2,038	3,127	1,692	1,677	[illegible]
Totaux	56,760	71,392	128,152	16,797	59,594	76,391	61,846	14,545	17,550	26,982	16,420	15,439	[illegible]
				76,391			76,391		44,532		31,859		76,[illegible]
				Moyenne %: 23.16	76.84		Moyenne %: 80.95	19.05	76,391				
									Moyenne %: 22.97	35.32	21.50	20.21	

Traitement des [...]

ARRONDISSEMENTS	NOMBRE D'INSCRIPTIONS: D'INDIGENTES	DE NÉCESSITEUSES	TOTAL	NOMBRE DES INSCRITES: dans LEURS MEUBLES	EN GARNI	NOMBRE DES INSCRITES: MARIÉES OU VEUVES	FILLES [...]
1er	»	92	92	80	12	83	[illegible]
2e	1	188	189	162	27	171	[illegible]
3e	1	321	322	237	85	273	[illegible]
4e	3	322	325	317	8	294	[illegible]
5e	320	226	546	348	198	438	[illegible]
6e	8	156	164	159	5	148	[illegible]
7e	7	298	305	268	37	274	[illegible]
8e	14	38	52	50	2	51	[illegible]
9e	4	91	95	86	9	81	[illegible]
10e	8	502	510	412	98	467	[illegible]
11e	31	1,529	1,560	1,371	189	1,349	[illegible]
12e	17	804	821	744	77	724	[illegible]
13e	15	1,506	1,521	1,487	34	1,412	[illegible]
14e	»	805	805	758	47	750	[illegible]
15e	13	1,253	1,266	990	276	1,168	[illegible]
16e	»	345	345	333	12	323	[illegible]
17e	10	571	581	381	200	477	[illegible]
18e	20	1,505	1,525	1,401	124	1,334	[illegible]
19e	2	1,747	1,749	167	1,582	1,366	[illegible]
20e	818	1,385	2,203	1,754	449	1,741	[illegible]
Totaux	1,292	13,684	14,976	11,505	3,471	12,963	[illegible]

...le. — Mouvement général de la population.

DÉTAIL DES RADIATIONS DES INDIGENTS MAINTENUS AU TRAITEMENT					NOMBRE TOTAL des radiations	PROPORTION des MALADES décédés aux malades maintenus	NOMBRE de JOURNÉES de maladie	DURÉE MOYENNE du traitement	OBSERVATIONS
[illegible]	réputés chroniques	transportés dans les hôpitaux	décédés	sortis pour causes diverses					
740	21	144	66	15	1,108	7.76	15,769	18.66	(1) Les *indigents* sont des individus qui figurent d'une manière *permanente* sur les contrôles de l'Assistance ou qui reçoivent soit *mensuellement*, soit *annuellement*, des secours. Les *nécessiteux* sont ceux qui reçoivent *momentanément* un secours, en raison de circonstances particulières.
850	265	159	74	77	1,324	7.40	12,655	12.65	
1,455	442	399	107	65	2,542	5.13	10,061	4.82	
2,484	20	463	154	334	3,642	5.88	55,384	17.55	
1,440	187	183	251	94	3,646	8.86	33,730	11.91	
1,[illegible]	150	128	78	48	2,058	4.99	11,473	7.33	
366	92	153	132	261	2,537	6.57	31,664	15.76	
242	111	55	52	49	895	5.81	17,106	23.33	
279	»	85	99	101	1,067	11.47	23,106	26.77	
3,276	58	273	166	132	3,950	4.23	40,506	13.61	
5,882	1,521	493	142	160	10,162	2.02	98,954	14.08	
3,747	61	355	248	75	4,724	7.23	29,857	8.70	
9,365	440	426	279	50	10,545	3.99	20,641	2.95	
2,622	436	481	293	666	8,493	5.47	112,124	20.95	
3,035	256	498	335	713	7,314	4.45	65,471	11.12	
856	21	116	112	34	1,584	8.66	13,128	10.15	
1,566	98	431	104	494	2,902	4.42	8,202	3.99	
10,516	246	933	404	68	12,318	4.88	36,613	4.41	
7,170	397	694	353	150	11,577	4.24	39,886	4.80	
4,123	547	823	336	7	11,379	4.10	63,628	7.77	
58,112	5,379	7,202	3,785	3,613	103,964	3.64	739,658	7.84	

...nicile. — Accouchements.

RENSEIGNEMENTS SUR LES SORTIES							RESTANT EN TRAITEMENT au 31 décembre 1893
ACCOUCHÉES					SORTIES pour causes diverses	NOMBRE TOTAL des sorties	
...[illegible]	décédées dans les 9 jours	inscrites au traitement à domicile: guéries	inscrites au traitement à domicile: décédées	inscrites au traitement à domicile: transportées dans les hôpitaux			
70	»	»	»	»	13	83	9
462	»	»	»	4	6	172	17
258	»	»	»	»	44	302	20
279	»	»	»	»	13	292	33
476	»	»	»	»	12	188	58
122	»	»	»	6	24	152	12
262	»	»	»	»	11	293	12
42	»	»	»	»	6	48	4
81	»	»	»	3	7	94	4
[illegible]	»	»	»	»	174	172	38
193	»	»	»	6	236	1,438	125
[illegible]	»	»	»	»	101	734	87
354	»	»	»	»	34	1,385	136
575	»	»	»	13	139	727	78
105	»		»	22	63	1,190	76
270	»	»	»	»	44	314	31
41	»	»	»	»	127	538	43
303	»	»	»	2	211	1,416	109
202	»	»	»	2	70	1,664	85
990	»	»	»	»	274	1,964	239
[illegible]	»	»	»	58	1,609	13,760	1,216

Recensement de la population indigente admise à recevoir des secours annuels (Inscriptions, radiations, maintiens).

Aux termes de l'art. 32 du décret du 12 août 1886, « ne peuvent être admis à recevoir des secours annuels que les indigents incapables de pourvoir à leur subsistance par le travail et qui rentrent dans une des catégories suivantes : 1° personnes atteintes d'infirmités ou de maladies chroniques; 2° vieillards âgés de 64 ans révolus; 3° orphelins âgés de moins de 13 ans ». Il faut en outre être Français et avoir son domicile de secours à Paris (voir cependant le tableau de la page 546). Les personnes qui, sans rentrer dans ces catégories, reçoivent des secours temporaires de l'Assistance publique, sont désignées sous le terme de « nécessiteux ».

ARRONDISSEMENTS	POPULATION MUNICIPALE d'après le dénombrement de 1891 déduction faite des catégories figurant à l'art. 2 du décret du 1er mars 1891 (corps de troupes, lycées, prisons, aliénés, hospices, etc.)	NOMBRE D'INDIGENTS — INSCRITS AU 30 AVRIL 1894 — Titulaires du secours représentatif du séjour à l'hospice (secours de 30 fr. par mois)	NOMBRE D'INDIGENTS — INSCRITS AU 30 AVRIL 1894 — Indigents recevant un secours moindre	NOMBRE D'INDIGENTS — RAYÉS — Titulaires du secours représentatif du séjour à l'hospice (secours de 30 fr. par mois)	NOMBRE D'INDIGENTS — RAYÉS — Indigents recevant un secours moindre	NOMBRE D'INDIGENTS — MAINTENUS — Titulaires du secours représentatif du séjour à l'hospice (secours de 30 fr. par mois)	NOMBRE D'INDIGENTS — MAINTENUS — Indigents recevant un secours moindre	TOTAL	PROPORTION pour 100 de la population indigente à la population municipale (col. 2)	RADIATIONS pour 100
1	2	3	4	5	6	7	8	9	10	11
1er.......	65,410	32	653	»	29	32	624	656	1. »	4.28
2e.......	69,644	37	751	»	42	37	709	746	1.07	5.80
3e.......	89,752	71	1,338	»	33	71	1,305	1,376	1.53	2.46
4e.......	97,840	90	1,974	1	49	89	1,925	2,014	2.05	2.37
5e.......	112,112	157	2,796	2	184	155	2,612	2,767	2.46	6.20
6e.......	94,162	67	1,299	»	19	67	1,270	1,337	1.41	1.47
7e.......	85,840	80	1,630	4	41	76	1,589	1,665	1.93	2.06
8e.......	105,261	25	747	»	20	25	727	752	0.71	2.81
9e.......	120,722	63	1,314	»	28	63	1,286	1,349	1.11	4.79
10e.......	151,779	112	2,234	»	105	112	2,129	2,241	1.44	4.70
11e.......	215,783	259	5,261	6	192	253	5,098	5,328	2.47	3.88
12e.......	106,316	136	2,432	»	26	136	2,406	2,542	2.39	1.06
13e.......	105,453	205	3,705	2	212	203	3,493	3,696	3.50	5.86
14e.......	107,899	132	2,606	»	90	132	2,516	2,648	2.45	3.46
15e.......	116,943	118	2,388	5	134	113	2,201	2,314	1.98	5.55
16e.......	84,342	59	1,267	»	104	59	1,163	1,222	1.45	8.20
17e.......	174,373	125	2,167	1	181	124	1,986	2,110	1.21	7.27
18e.......	213,504	241	4,823	3	183	234	4,640	4,874	2.28	3.07
19e.......	127,905	155	3,480	»	101	155	3,379	3,534	2.77	2.90
20e.......	141,192	264	5,730	»	270	264	5,460	5,724	4.08	4.71
Total...	2,386,232	2,428	48,529	24	2,029	2,101	46,500	48,901	2.01	4.02
		50,957		2,053						

par âge (adultes, enfants) et par état civil.

ARRONDISSEMENTS	TITULAIRES du secours représentatif du séjour à l'hospice	INSCRITS AU CONTROLE DES INDIGENTS: comme orphelins	INSCRITS AU CONTROLE DES INDIGENTS: par suite de l'âge	INSCRITS AU CONTROLE DES INDIGENTS: par suite des infirmités	INDIGENTS: hommes	INDIGENTS: femmes	INDIGENTS: garçons au-dessous de 13 ans	INDIGENTS: filles au-dessous de 13 ans	INDIGENTS: mariés	INDIGENTS: veufs ou veuves	INDIGENTS: célibataires	INDIGENTS: orphelins	INDIGENTS: femmes abandonnées	INDIGENTS: filles-mères	TOTAL
1er	32	46	324	254	142	468	2	44	136	339	112	46	19	4	656
2e	37	10	486	213	184	552	3	7	148	404	146	10	31	7	746
3e	71	»	864	444	446	928	5	17	446	656	250	21	13	»	1,376
4e	89	36	1,130	759	623	1,385	15	21	570	1,015	356	36	37	»	2,044
5e	155	34	1,562	1,016	920	1,813	14	20	807	1,302	613	34	11	»	2,767
6e	67	8	742	520	284	1,040	7	6	345	641	330	8	12	1	1,337
7e	76	9	844	736	431	1,224	4	6	622	676	337	9	20	1	1,665
8e	25	8	484	235	147	597	3	5	200	341	193	8	40	»	752
9e	63	6	766	514	263	1,080	3	3	359	585	361	6	38	»	1,349
10e	112	21	1,459	649	577	1,643	11	10	682	1,163	349	21	26	»	2,241
11e	253	84	3,136	1,860	1,963	3,286	38	46	2,035	2,424	723	84	67	»	5,383
12e	136	36	1,164	1,206	916	1,590	22	14	1,210	985	299	36	12	»	2,542
13e	203	53	2,066	1,374	1,455	2,188	28	25	1,878	1,414	354	53	»	»	3,696
14e	132	46	1,609	861	880	1,752	26	20	896	1,269	398	46	39	1	2,658
15e	113	34	1,595	572	807	1,473	16	18	823	1,184	290	34	13	»	2,344
16e	59	21	692	450	345	856	8	13	354	612	207	21	20	8	1,222
17e	124	24	1,324	638	612	1,474	11	13	896	1,052	405	24	18	16	2,110
18e	238	82	2,670	1,888	1,678	3,117	38	45	1,775	2,202	790	82	28	1	4,878
19e	155	56	2,221	1,102	1,355	2,123	25	31	1,401	1,580	464	56	33	»	3,534
20e	264	114	3,426	1,920	2,196	3,414	54	60	2,302	2,187	1,088	114	27	6	5,724
Total	2,404	728	28,564	17,214	16,264	31,883	333	424	17,583	21,991	8,062	749	474	45	48,904
	48,904				48,904				48,904						
Proportion °/₀	4.92	1.49	58.41	35.18	33.26	65.20	0.68	0.86	35.96	44.97	16.48	1.53	0.97	0.09	
	100				100				100						

ARRONDISSEMENT	Au-dessus de 60 ans	De 60 à 61 ans	De 61 à 62 ans	De 62 à 63 ans	De 63 à 64 ans	De 64 à 65 ans	De 65 à 66 ans	De 66 à 67 ans	De 67 à 68 ans	De 68 à 69 ans	De 69 à 70 ans	De 70 à 71 ans	De 71 à 72 ans	De 72 à 73 ans	De 73 à 74 ans
								1° Indigents.							
1er...	190	13	15	19	17	27	25	21	22	27	28	35	38	28	
2e...	170	14	11	11	7	28	22	38	43	38	30	51	34	37	
3e...	345	23	28	28	50	48	65	90	81	66	57	70	61	64	
4e...	643	45	35	37	35	54	58	86	94	93	90	107	86	63	
5e...	848	80	87	102	101	105	118	115	118	111	120	101	77	94	
6e...	428	24	18	33	25	26	39	43	58	55	51	50	47	53	
7e...	547	48	45	51	54	63	69	64	76	58	67	69	51	52	
8e...	185	13	14	12	17	30	34	34	25	28	29	35	27	29	
9e...	380	26	39	32	43	46	63	56	58	55	58	53	39	45	
10e...	544	33	36	42	45	44	75	82	73	121	90	120	118	102	
11e...	1,483	109	124	115	113	150	228	207	265	247	239	227	239	204	
12e...	922	67	70	87	96	78	79	81	100	92	72	97	84	75	
13e...	964	106	115	118	124	185	131	144	164	162	170	161	156	133	
14e...	719	39	45	50	54	73	112	110	135	129	144	127	131	99	
15e...	448	41	42	30	36	62	98	125	109	122	130	120	127	97	
16e...	368	23	30	30	21	34	44	53	63	59	37	47	49	42	
17e...	503	30	37	44	51	57	55	90	104	90	117	103	84	91	
18e...	1,505	101	109	118	137	161	195	195	220	206	225	223	197	177	
19e...	873	63	35	84	83	136	139	154	168	176	176	191	179	170	
20e...	1,647	100	72	80	136	184	255	281	335	320	250	260	242	227	
Totaux	13,682	1,000	1,027	1,219	1,245	1,588	1,894	2,069	2,298	2,255	2,180	2,217	2,089	1,880	
													2° Titulaires d		
1er...	»	2	»	1	1	»	»	»	»	»	»	»	1	1	1
2e...	»	1	2	3	2	»	»	»	1	»	2	»	»	»	»
3e...	6	»	»	1	2	1	1	1	1	1	2	1	1	2	»
4e...	3	»	»	»	»	»	»	»	»	1	»	»	1	1	»
5e...	14	3	»	1	»	»	3	»	»	3	4	»	2	4	1
6e...	2	»	»	1	»	2	»	»	1	1	1	1	1	»	1
7e...	7	3	»	2	»	1	»	»	3	2	1	1	3	3	1
8e...	»	»	»	»	»	1	»	»	»	3	»	»	»	1	»
9e...	1	»	»	»	»	»	»	»	»	»	»	»	»	»	»
10e...	10	1	»	1	3	»	»	2	2	1	2	1	1	»	4
11e...	32	1	3	2	»	1	2	2	2	1	2	1	3	1	2
12e...	16	»	»	»	»	7	»	»	4	»	3	»	4	5	2
13e...	13	»	2	1	1	2	1	2	1	3	2	2	1	4	2
14e...	10	»	»	2	»	3	»	»	2	2	3	4	3	»	3
15e...	11	»	»	»	»	»	»	1	»	1	»	2	»	1	1
16e...	2	1	»	»	»	1	»	»	»	1	»	3	»	1	1
17e...	5	1	1	»	1	1	»	2	»	»	»	1	»	»	»
18e...	20	2	2	2	2	2	4	»	1	»	5	1	2	2	4
19e...	7	»	»	»	»	»	1	»	»	»	»	2	1	»	»
20e...	16	4	»	2	»	3	»	1	2	1	5	1	15	6	2
Totaux	178	19	10	19	12	25	12	11	20	21	32	21	39	32	23
												3° Indigents et titul			
Ensemble	13,827	1,019	1,037	1,238	1,257	1,613	1,906	2,080	2,318	2,276	2,212	2,268	2,128	1,912	[illegible]
Totaux généraux,	18,378					12,405									
Proportion p. %	37.57					25.37									

…our à l'hospice par arrondissements et par groupes d'âges.

1° Indigents.

De 79 à 80 ans	De 80 à 81 ans	De 81 à 82 ans	De 82 à 83 ans	De 83 à 84 ans	De 84 à 85 ans	De 85 à 86 ans	De 86 à 87 ans	De 87 à 88 ans	De 88 à 89 ans	De 89 à 90 ans	De 90 à 91 ans	De 91 à 92 ans	De 92 à 93 ans	De 93 à 94 ans	De 94 à 95 ans	De 95 à 96 ans	De 96 à 97 ans	TOTAL
11	4	1	3	4	»	1	»	»	»	»	»	»	»	»	»	»	»	624
11	14	4	2	3	»	1	1	»	1	»	»	»	»	»	»	»	»	709
18	18	8	4	4	5	1	»	3	2	»	»	»	»	»	»	»	»	1,305
32	7	3	6	3	3	3	»	»	2	»	»	»	»	»	»	»	»	1,925
13	13	7	6	1	»	»	2	2	2	»	»	»	»	»	»	»	»	2,612
26	17	18	8	3	4	3	2	1	1	»	»	»	»	»	»	1	»	1,270
13	16	5	6	5	2	2	1	2	»	»	»	1	»	»	»	»	»	1,589
17	12	12	10	10	4	3	1	1	»	3	1	»	»	»	»	»	»	727
20	13	6	5	2	3	3	»	2	2	»	»	»	»	»	»	»	»	1,286
44	24	14	9	7	10	1	1	2	3	»	2	1	»	»	1	1	»	2,129
66	59	35	25	16	21	10	6	1	5	2	»	»	1	»	»	»	»	5,080
24	16	17	4	3	2	2	»	»	»	1	»	1	»	»	»	»	»	2,406
41	35	22	15	9	8	9	2	3	2	1	2	1	»	»	»	»	»	3,493
21	23	8	10	6	2	1	»	1	1	»	»	»	»	»	»	1	»	2,516
37	28	23	14	8	5	4	3	»	»	»	1	1	»	»	»	1	»	2,201
15	15	12	3	5	3	3	1	»	2	1	»	»	»	»	1	»	»	1,163
40	26	18	14	8	3	3	1	3	2	»	»	»	»	»	»	»	»	1,986
43	36	25	9	10	10	3	3	3	3	»	1	»	»	»	»	»	»	4,640
34	37	19	12	9	3	2	1	5	»	»	»	»	»	»	»	»	»	3,379
57	40	22	16	8	14	12	3	4	1	»	»	1	»	2	»	»	»	5,460
603	453	279	181	124	102	67	28	33	29	8	7	6	1	2	2	4	»	46,500

… du séjour à l'hospice.

De 79 à 80 ans	De 80 à 81 ans	De 81 à 82 ans	De 82 à 83 ans	De 83 à 84 ans	De 84 à 85 ans	De 85 à 86 ans	De 86 à 87 ans	De 87 à 88 ans	De 88 à 89 ans	De 89 à 90 ans	De 90 à 91 ans	De 91 à 92 ans	De 92 à 93 ans	De 93 à 94 ans	De 94 à 95 ans	De 95 à 96 ans	De 96 à 97 ans	TOTAL
2	»	1	2	3	1	3	2	»	»	2	»	»	»	»	1	»	»	32
1	1	4	3	3	4	4	2	2	1	»	1	»	»	»	»	»	»	37
3	8	1	5	5	4	1	3	»	1	»	»	»	»	»	»	»	»	71
2	18	11	11	3	7	8	8	2	1	1	2	3	»	1	»	»	»	89
8	10	16	11	8	11	4	3	1	»	1	2	1	»	1	»	»	»	155
4	2	2	5	6	4	8	2	3	6	1	2	1	1	»	1	»	»	67
7	3	4	5	1	6	2	3	»	3	1	1	2	»	»	»	»	»	76
»	1	»	4	»	2	7	2	1	2	»	»	»	»	»	»	»	»	23
8	6	9	8	8	»	3	3	2	3	1	»	»	»	»	»	»	»	63
6	6	6	8	9	10	3	6	3	2	3	3	1	1	»	»	»	»	112
14	11	18	23	20	15	22	10	7	8	5	4	2	2	1	»	»	»	253
7	8	8	7	9	8	7	»	3	1	3	1	»	»	1	1	»	»	130
18	21	15	20	23	45	9	2	3	2	5	4	1	1	1	1	»	»	203
14	8	8	12	13	8	3	1	2	2	2	2	»	»	»	»	»	»	132
4	10	7	5	6	10	3	4	3	4	3	1	2	»	2	1	»	»	113
2	3	10	5	6	5	3	1	2	1	2	1	1	»	»	»	»	»	59
9	12	13	8	17	7	6	6	11	1	2	1	1	»	1	1	»	»	124
16	22	21	18	16	7	6	9	6	6	2	2	1	2	»	2	»	»	238
9	8	23	17	24	11	12	9	11	3	2	3	»	1	1	»	»	»	155
13	18	17	18	23	18	10	10	9	4	6	»	1	1	»	1	»	»	264
147	176	194	192	203	153	124	96	71	51	42	30	17	9	9	9	»	»	2,104

…ntatif du séjour à l'hospice.

De 79 à 80 ans	De 80 à 81 ans	De 81 à 82 ans	De 82 à 83 ans	De 83 à 84 ans	De 84 à 85 ans	De 85 à 86 ans	De 86 à 87 ans	De 87 à 88 ans	De 88 à 89 ans	De 89 à 90 ans	De 90 à 91 ans	De 91 à 92 ans	De 92 à 93 ans	De 93 à 94 ans	De 94 à 95 ans	De 95 à 96 ans	De 96 à 97 ans	TOTAL
750	629	473	373	327	255	191	123	104	80	50	37	23	10	11	11	4	»	48,904
	2,605										96							48,904
	5.33										0.20							100

Classification des indigents par nationalités et par arrondissements.

NATIONALITE	ARRONDISSEMENTS																				TOTAUX
	1er	2e	3e	4e	5e	6e	7e	8e	9e	10e	11e	12e	13e	14e	15e	16e	17e	18e	19e	20e	
Français.																					
Nés à Paris																			709		
Nés hors Paris, mais dans le département de la Seine																			62		
Nés dans les autres départements																			2,703		
																			3,474		
Étrangers.																					
Allemands																			20		
Américains																			»		
Anglais, Écossais, Irlandais																			3		
Autrichiens, Hongrois																			»		
Belges																			9		
Espagnols																			4		
Hollandais																			2		
Italiens																			2		
Portugais																					
Roumains, Serbes, Bulgares																					
Russes, Polonais																					
Suédois, Danois																					
Suisses																					

État des recettes brutes des théâtres, concerts, bals, etc., pendant l'année 1894.

DES ETABLISSEMENTS	RECETTES BRUTES
Théâtres subventionnés.	
	5,422,648 24
	2,029,241 45
nique	1,669,892 50
	307,692 23
	7,629,474 42
ntres et spectacles divers.	
	727,496 »
	135,469 40
	190,235 30
n-Nord	434,416 »
aisiens	572,364 »
	1,280,523 80
	362,572 25
Parisienne	49,002 »
	137,812 75
	20,374 »
rete	1,161,326 50
amatiques	561,931 85
ltaire	20,342 50
	845,749 »
Vivienne	23,296 25
	168,544 70
	442,814 35
	663,964 50
	49,161 »
aisirs	471,319 »
	434,203 55
a	429,792 05
asse	199,533 35
es	324,673 99
Theatre	206,879 »
	510,342 80
glace	651,775 »
oyal	862,401 »
	28,078 50
l	201,434 25
nt-Martin	870,346 75
nce	1,346,658 45
le	367,827 »
oudin	38,364 50
el	20,933 »
	1,013,130 »
	1,367,358 20
Théâtre-Moderne. Théâtrophone.	20,166 40
	16,431,982 64
oncerts et cafés-concerts.	
eurs	414,735 50
ele	192,319 25
	343,067 50
omnibus	40,416 25
cert	40,840 90
la Chanson	7,903 90
a Presse	39,382 15
Champ-de-Mars)	38,624 10
Champ-de-Mars	54,989 50
XI arrondissement	43,925 45
aire	180,906 »
Lorraine (Champ-de-Mars)	36,354 55
Champ-de-Mars)	34,926 50
	26,250 45
cert	382,693 40
	390,275 »
	149,378 35
	112,254 70
-Nouvelles	89,428 80
lleville	63,166 30
isiennes	60,963 30
Gobelins	47,817 30
tparnasse	209,178 65
hechouart	453,218 50
A reporter	163,843 25

NOMS DES ÉTABLISSEMENTS	RECETTES BRUTES
Report	163,843 25
Galeries-Saint-Martin	42,350 70
Gangloff	21,849 15
Gay (Champ-de-Mars)	20,453 90
Harcourt (salle d')	81,519 50
Horloge	177,085 »
Jardin de Paris	30,941 »
Joyeux-Concert	45,902 35
La Cigale	158,463 10
La Fourmi	75,993 75
Divan Japonais	72,356 45
Lyon (concert de)	48,747 30
Mazzini (Champ-de-Mars)	14,523 85
Martyrs	10,100 50
Paris-Concert	42,287 83
Parisiana	276,668 50
Parisien	87,090 15
Pépinière	96,024 30
Petit-Casino	68,141 25
Scala	623,443 »
Sonnet (Champ-de-Mars)	10,738 10
Trianon-Concert	182,137 25
Ville Japonaise	14,968 75
Vingtième siècle	49,903 35
Divers (le Carillon, concert Langlois, etc.)	9,302 65
	3,331,609 70
Bals.	
Bullier	155,883 50
Casino de Paris	598,045 »
Chaumière-Tivoli	42,471 30
Elysée-Montmartre	25,469 50
Jardin de Paris	267,284 30
Moulin-Rouge	616,942 45
Salle Wagram	61,776 80
	1,767,272 75
Cirques, vélodromes, etc.	
Cirque d'été	440,601 50
Cirque d'hiver	369,713 50
Cirque Fernando	73,603 70
Nouveau-Cirque	760,377 75
Cirque-hippodrome	210,949 »
Patinage à roulettes	18,046 »
Velodrome d'hiver	198,317 »
Vélodrome du palais des Machines	20,240 »
Divers (Echassodrome, vélodrome Clignancourt, etc.)	5,512 90
	2,097,761 35
Exhibitions, expositions, etc.	
Musée Grevin	460,060 05
Exhibition des Touaregs	43,039 75
Exposition des artistes indépendants	6,164 »
— des aquarellistes	16,633 »
— des pastellistes	6,479 »
— du Cycle	51,618 »
— d'horticulture	56,308 »
— du Livre	104,842 »
— de vélocipèdes	6,198 »
Divers (exposition des Arts décoratifs, des Miniaturistes)	61,628 45
	812,690 21
Panoramas et dioramas.	
Panorama du pont d'Austerlitz	38,792 75
de la bataille de Patay	3,443 50
de la prise de Jérusalem	1,317 65
— de la Terre sainte	4,787 50
Transatlantique	16,452 »
— du Jardin des Tuileries	17,141 »
Diorama de la Butte-Montmartre	12,976 25
	94,640 65
Total général	33,885,401 76

ALIÉNÉS

(PRÉFECTURE DE LA SEINE ET PRÉFECTURE DE POLICE)

ALIÉNÉS AU COMPTE DU DÉPARTEMENT DE LA SEINE (1)

RENSEIGNEMENTS STATISTIQUES GÉNÉRAUX

Les résultats particuliers à l'année 1894 sont résumés dans le tableau n° 1 qui comprend l'ensemble de la population traitée dans les divers asiles publics de la Seine et dans les asiles de province où le département de la Seine a des pensionnaires.

Admissions. — Du 1er janvier au 31 décembre 1894, les admissions par *placement d'office* ont atteint le chiffre de 3,489, savoir :

Hommes	Asiles publics de la Seine	1.961	2.003	3.4[illegible]
	Asiles des départements	42		
Femmes	Asiles publics de la Seine	1.462	1.486	
	Asiles des départements	24		

Tandis que l'année précédente elles avaient été de 3,264, savoir :

Hommes	Asiles publics de la Seine	1.869	1.899	3.2[illegible]
	Asiles des départements	30		
Femmes	Asiles publics de la Seine	1.327	1.365	
	Asiles des départements	38		
	Augmentation pour 1894			22[illegible]

Il y a donc, pour 1894, une augmentation de 225 placements d'office. Mais, au chiffre de 3,489, nous devons ajouter 927 placements volontaires, y compris la maison spéciale de santé de Ville-Évrard, ce qui nous donne un chiffre réel de 4,416 admissions, soit 303 admissions de plus que l'année précédente, pendant laquelle on en avait constaté 4,113.

Tableau des placements d'office et des placements volontaires de 1884 à 1894.

ANNÉES	PLACEMENTS D'OFFICE					PLACEMENTS VOLONTAIRES				
	HOMMES	FEMMES	TOTAL	DIFFÉRENCE en plus	DIFFÉRENCE en moins	HOMMES	FEMMES	TOTAL	DIFFÉRENCE en plus	DIFFÉRENCE en moins
1884	2,047	1,461	3,508	»	»	316	255	571	»	»
1885	1,744	1,410	3,154	»	354	320	308	628	57	»
1886	1,816	1,392	3,208	54	»	350	310	660	32	»
1887	1,735	1,248	2,983	»	225	356	310	666	6	»
1888	1,959	1,375	3,334	351	»	354	315	669	3	»
1889	1,923	1,424	3,347	13	»	386	343	729	60	»
1890	1,923	1,492	3,415	68	»	406	365	771	42	»
1891	2,103	1,511	3,614	199	»	369	341	710	»	61
1892	2,012	1,463	3,475	»	139	349	330	679	»	31
1893	1,899	1,365	3,264	»	211	439	410	849	170	»
1894	2,003	1,486	3,489	225	»	468	459	927	78	»
TOTAUX	21,164	15,627	36,791	910	929	4,413	3,746	7,859	448	[illegible]
	Différence en moins en 1894 sur 1884.				19	Différence en plus en 1894 sur 1884.				356

(1) Extrait du rapport publié par la direction des Affaires départementales sur le service des Aliénés du département de la Seine.

Sorties. — Les sorties effectuées, soit par suite de guérison, soit pour toute autre cause, se sont élevées à 2,120.

En 1893, le chiffre correspondant avait été de 2,053.

Il y a donc eu, en 1894, 67 sorties de plus qu'en 1893.

Ces sorties se décomposent ainsi :

1893.

Hommes	Asiles publics de la Seine	1.168	1.255	2.053
	Asiles des départements	87		
Femmes	Asiles publics de la Seine	699	798	
	Asiles des départements	99		

1894.

Hommes	Asiles publics de la Seine	1.149	1.211	2.120
	Asiles des départements	62		
Femmes	Asiles publics de la Seine	821	909	
	Asiles des départements	88		

Décès. — Le nombre total des décès en 1894 a été de 1,716.

Le nombre des décès constatés pour 1893 était de 1,869 ; il y a donc en moins une différence de 153 décès.

Voici la répartition du chiffre des décès :

1893.

Hommes	Asiles publics de la Seine	834	989	1.869
	Asiles des départements	155		
Femmes	Asiles publics de la Seine	555	880	
	Asiles des départements	325		

1894.

Hommes	Asiles publics de la Seine	813	938	1.716
	Asiles des départements	125		
Femmes	Asiles publics de la Seine	468	778	
	Asiles des départements	310		

Résumé. — Si l'on résume les divers mouvements dont le détail précède, afin d'établir le nombre des malades en traitement au 31 décembre 1894, on constate qu'au 1er janvier de ladite année les malades présents dans les divers asiles étaient au nombre de................ 11.922

En ajoutant à ce chiffre celui des placements d'office, soit.......................... 3.489

Plus celui des placements volontaires opérés par les familles........................ 927

Le nombre des malades traités en 1894 s'élève, au total, à.......... 16.338

Pendant ce même laps de temps, les sorties effectuées, pour quelque cause que ce soit, ayant été de 2,120 et les décès de 1,716, chiffre inférieur de 86 au total des sorties définitives de 1893 (guérisons et décès, 3,922), la population des aliénés en traitement, au 31 décembre 1894, s'est trouvée ramenée à 12,502, savoir :

Hommes	Asiles publics de la Seine	3.581	5.305	12.502
	Asiles des départements	1.724		
Femmes	Asiles publics de la Seine	3.032	7.197	
	Asiles des départements	4.165		

La même population n'était, à la clôture de l'année 1893, que de 11,922, savoir :

Hommes...........	Asiles publics de la Seine....................	3.366	5.046	11.922
	Asiles des départements....................	1.680		
Femmes...........	Asiles publics de la Seine....................	2.953	6.876	
	Asiles des départements....................	3.923		

Au 31 décembre 1893, on avait, en résumé, un total de malades se partageant comme suit :

Asiles publics de la Seine, 6,319 ; asiles des autres départements, 5,603. — Total, 11,922.

Au 31 décembre 1894, on avait un total de malades comprenant :

Asiles publics de la Seine, 6,613; asiles des autres départements, 5,889. — Total, 12.502.

On constate, en somme, pour l'année 1894, que le nombre des présents au 31 décembre se trouve augmenté de 580.

Les journées de traitement dans les asiles réunis se sont élevées à 4,392,801, savoir :

Hommes..	1.855.087
Femmes..	2.537.714
Total égal..........	4.392.801
En 1893, le nombre des journées de traitement ne s'était élevé qu'à..........................	4.256.385
L'année 1894 présente en conséquence une augmentation de.......................... journées.	136.416

RENSEIGNEMENTS STATISTIQUES PARTICULIERS AUX ASILES PUBLICS DE LA SEINE.

Admissions. — Sur le chiffre total de 4,416 en 1894, le nombre des malades admis dans les asiles publics de la Seine a été de 4,350, dont 4,054 ont passé par le bureau d'admission de l'Asile clinique, où les entrées se répartissent comme suit :

Malades venant de l'infirmerie spéciale de la préfecture de Police..........................	2.704
Malades provenant de divers hôpitaux et hospices..........................	565
Malades provenant de divers établissements privés ou asiles de province..........................	43
Malades entrés par placements volontaires..........................	642
Total..........	4.054

Les admissions de toute nature se subdivisent en trois catégories, selon qu'il s'agit :

1° De malades placés pour la première fois dans un asile;

2° De ceux qui, sortis comme *guéris*, sont placés de nouveau ;

3° D'aliénés réintégrés dont l'état n'était qu'amélioré au moment de la sortie.

Sorties. — Les sorties se sont élevées, dans le courant de 1894, pour l'ensemble du servic[illegible] à 2,120, dont 1,211 hommes et 909 femmes.

Les sorties effectuées dans les seuls asiles de la Seine donnent les résultats suivants :

1,119 hommes ; 821 femmes. — Total, 1,970.

Sur lesquelles on a constaté un chiffre de 738 guérisons, soit : 511 hommes et 197 femmes.

Comparé au chiffre de la population traitée dans ces mêmes asiles, savoir :

Hommes, 7,841 ; femmes, 6,612 ; — total, 14,483.

Le nombre de guérisons donne les proportions suivantes :

Hommes..	1 guérison sur	14.49 malades traités.
Femmes..	1 —	33.71 —
Total.........	2 guérisons sur	19.62 malades traités.

Le chiffre des malades sortis par suite d'amélioration a été de 964, soit : 420 hommes et 544 femmes.

Le chiffre des évasions survenues dans les asiles de la Seine pendant l'année 1894 a été de 138, savoir :

Asile clinique, 2; Vaucluse, 14; Ville-Évrard, 58; Villejuif, 54; Bicêtre, 10.

Décès. — Les décès ont été, dans le courant de 1894, pour l'ensemble du service, de 1,716, savoir : 938 hommes; 778 femmes. — Total égal, 1,716.

Le nombre des décès constatés dans les seuls asiles de la Seine en 1894 se décompose ainsi par établissement :

DÉSIGNATION DES ASILES	HOMMES	FEMMES	TOTAL
Asile clinique....................	138	118	256
Vaucluse..........................	123	64	187
Ville-Evrard......................	138	85	223
Villejuif.........................	327	155	482
Bicêtre...........................	87	»	87
Salpêtrière.......................	»	41	41
Fondation Vallée..................	»	5	5
Totaux..........	813	468	1,281

Comparé au chiffre de la population traitée, le nombre des décès donne les proportions suivantes :

Hommes................................	1 décès sur	8.01 malades traités ou	12.47 °/..
Femmes................................	1 —	11.33 —	8.81 °/..
Total..........	1 décès sur	9.52 malades traités ou	10.50 °/..

On compte, pendant l'année 1894, 4 suicides dans les asiles de la Seine, savoir : Asile clinique, 3; Ville-Évrard, 1.

Enfin le nombre des présents au 31 décembre 1891 dans les asiles de la Seine se décompose ainsi qu'il suit :

DÉSIGNATION DES ASILES	PRÉSENTS AU 31 DÉCEMBRE 1894		
	HOMMES	FEMMES	TOTAL
Asile clinique....................	517	431	948
Vaucluse..........................	538	421	959
Ville-Evrard......................	713	587	1,300
Villejuif.........................	722	746	1,468
Bicêtre...........................	1,091	»	1,091
Salpêtrière.......................	»	717	717
Fondation Vallée..................	»	130	130
Totaux..........	3,581	3,032	6,613

2,273	2,437	»	5	1	2	»	»	5	3	1	»
1,929	2,092	1	1	1	1	»	»	4	10	»	»
2,022	2,197	»	»	»	»	»	»	5	8	»	»
2,107	2,378	1	2	»	2	»	»	9	6	»	»
2,219	2,381	»	»	1	1	»	»	4	3	1	1
2,083	2,383	»	1	1	3	»	»	6	2	1	»
2,051	2,383	1	1	3	3	»	1	3	4	»	»
1,855	2,262	5	»	9	3	»	»	3	9	1	»
1,850	2,230	»	»	4	5	»	»	3	2	»	»
2,074	2,456	»	2	1	1	»	»	»	11	2	1
2,096	2,285	1	1	»	3	»	»	3	6	1	»
2,152	2,451	1	1	1	3	»	»	8	4	»	»
24,711	27,933	10	14	22	27	»	1	53	68	7	2
52,646		24		49		1		121		9	

A Vaucluse Hommes	A Vaucluse Femmes	A Ville-Évrard Hommes	A Ville-Évrard Femmes	A Villejuif Hommes	A Villejuif Femmes	A la Fondation Vallée Hommes	A la Fondation Vallée Femmes	A Bicêtre Hommes	A la Salpêtrière Femmes	Total des sorties Hommes	Total des sorties Femmes	Total général des sorties Hommes et femmes
31	20	32	32	76	69	»	»	27	4	180	144	324
30	34	33	27	63	62	»	»	15	1	155	143	298
28	26	29	31	67	42	»	»	17	6	157	129	286
31	34	45	32	59	60	»	»	28	3	180	147	327
26	37	51	29	68	57	»	»	14	6	170	139	309
31	34	63	39	61	84	»	»	41	11	213	181	394
29	40	69	30	74	70	»	2	5	1	186	162	348
31	24	28	39	65	47	»	1	13	2	164	126	290
38	25	46	32	50	58	»	»	4	3	169	129	298
32	34	47	36	70	60	»	»	14	5	178	152	330
32	31	54	33	58	42	»	»	5	»	160	131	291
39	28	63	34	63	55	»	2	20	1	202	132	334
378	355	560	391	774	703	»	5			2,114	1,715	
733		951		1,477		5		203	43	3,829		3,829

79	138
1,709	3,827
1,788	3,965
1,715	3,829
73	136
1,788	3,965

OBSERVATIONS

Les admissions venant de :

	Hommes	Femmes
Infirmerie spéciale de la préfecture de Police....	1,587	1,117
Hôpital Andral	2	1
— Beaujon..........	20	20
— Bichat..........	9	6
— Broca..........	»	1
— Broussais..........	6	6
— Charité..........	20	27
— Cochin..........	14	12
— Enfants-Malades...	3	1
— Herold..........	1	»
— Hotel-Dieu..........	64	37
— Laënnec..........	8	13
— Lariboisière	30	48
— Maternité*..........	»	5
— Necker..........	26	16
— Pitié..........	18	20
— Saint-Antoine.....	30	28
— Saint-Joseph.....	5	1
— Saint-Louis	14	7
— Tenon	35	19
— Lourcine..........	»	2
— Midi	2	»
— Pascal	»	1
— Quinze-Vingts	»	1
— Dames du Calvaire.	»	1
Hospice Enfants-Assistés..	12	12
— Incurables d'Ivry.	3	»
— La Rochefoucauld	1	2
— Petits-Ménages...	1	»
— Salpêtrière	1	32
— Rotschild..........	»	1
Maison nationale de Charenton	8	11
— municipale de santé (r. du Faubourg-Saint-Denis, 200)	3	4
— de santé rue de Picpus, 10 (Goujon).	1	2
— Chardon-Lagache .	»	1
— Pottier	»	1
Asile de Bâle (Suisse).....	1	»
— de Breuty-la-Couronne	2	»
— de Saint-Lô	»	1
— de Fains..........	2	2
Maison centrale de Gaillon	1	»
Envoi d'urgence	2	1
Placements volontaires....	312	330
Totaux......	2,264	1,790
Total général.....	4,054	

Asiles publics de la Seine.						
Asile clinique (bureau d'admission, clinique et asile)	516	472	988	2,296	1,942	4,238
Vaucluse	505	410	915	394	374	768
Ville-Évrard	708	511	1,219	650	458	1,108
Villejuif	580	688	1,268	812	775	1,587
Bicêtre	1,037	»	1,037	323	»	323
La Salpêtrière	»	711	711	»	[illegible]	[illegible]
Fondation Vallée	»	131	131	»	16	16
TOTAUX des asiles de la Seine	3,366	2,983	6,319	4,475	[illegible]	[illegible]
Asiles des départements.						
Agen (Lot-et-Garonne)	»	30	30	»	»	»
Albi (Tarn)	15	29	44	»	»	»
Alençon (Orne)	4	2	6	»	»	»
Armentières (Nord)	37	»	57	2	»	2
Auch (Gers)	76	133	209	23	46	69
Auxerre (Yonne)	65	64	129	2	31	33
Bailleul (Nord)	»	69	69	»	3	3
Bassens (Savoie)	4	12	16	1	2	3
Beauregard (Cher)	»	8	8	1	6	7
Bégard (Côtes-du-Nord)	»	526	526	»	129	129
Blois (Loir-et-Cher)	24	74	98	2	»	2
Bonneval (Eure-et-Loir)	4	67	71	»	1	1
Bordeaux (Gironde)	»	5	5	»	2	2
Bourg (Ain)	22	32	54	1	»	1
Breuty-la-Couronne (Charente)	55	58	113	23	28	51
Cadillac (Gironde)	101	»	101	69	»	69
Caen (Calvados)	169	168	337	5	»	5
Châlons (Marne)	3	»	3	1	»	1
Clermont-Ferrand (Puy-de-Dôme)	»	2	2	1	»	1
Clermont (Oise)	15	44	59	33	30	63
Dijon (Côte-d'Or)	1	3	4	2	»	2
Dôle (Jura)	5	5	10	1	»	1
Dury (Somme)	2	1	3	4	»	4
Évreux (Eure)	67	95	162	1	1	2
Fains (Meuse)	103	194	297	2	7	9
La Charité-sur-Loire (Nièvre)	25	17	42	»	»	»
Lafond (Charente-Inférieure)	3	17	20	»	»	»
La Roche-sur-Yon (Vendée)	10	6	16	»	»	»
Lehon (Côtes-du-Nord)	2	»	2	1	»	1
Le Mans (Sarthe)	»	3	3	2	»	2
Lesvellec (Morbihan)	»	1	1	»	1	1
Limoux (Aude)	1	»	1	»	»	»
Lyon (Rhône)	1	3	4	2	1	3
Maréville (Meurthe-et-Moselle)	77	123	200	3	2	5
Marseille (Bouches-du-Rhône)	7	1	8	»	»	»
Mayenne (Mayenne)	31	55	86	»	»	»
Montauban (Tarn-et-Garonne)	23	223	246	»	39	39
Montdevergues (Vaucluse)	13	14	27	»	1	1
Montpellier (Hérault)	1	»	1	»	1	1
Morlaix (Finistère)	»	2	2	»	»	»
Nantes (Loire-Inférieure)	1	1	2	»	»	»
Naugeat (Haute-Vienne)	32	123	155	5	34	39
Niort (Deux-Sèvres)	52	130	182	»	»	»
Orléans (Loiret)	23	25	48	»	1	1
Pau (Basses-Pyrénées)	»	1	1	1	1	2
Perrou (Orne)	»	1	1	»	»	»
Pierrefeu (Var)	»	1	1	»	»	»
Pont-l'Abbé (Manche)	180	274	454	»	29	29
Pontorson (Manche)	2	28	30	»	»	»
Prémontré (Aisne)	5	29	34	»	»	»
Privas (Ardèche)	3	3	6	»	1	1
Quatre-Mares (Seine-Inférieure)	2	»	2	4	»	4
Quimper (Finistère)	22	»	22	»	»	»
Rennes (Ille-et-Vilaine)	1	3	4	1	1	2
Rodez (Aveyron)	1	2	3	»	»	»
Saint-Alban (Lozère)	42	77	119	»	1	1
Saint-Brieuc (Côtes-du-Nord)	»	3	3	»	»	»
Sainte-Catherine (Allier)	16	23	39	1	2	3
Saint-Dizier (Haute-Marne)	37	34	71	»	1	1
Sainte-Gemmes (Maine-et-Loire)	3	»	3	1	1	2
Saint-Lizier (Ariège)	70	113	183	23	22	45
Saint-Lô (Manche)	»	320	320	»	38	38
Saint-Pons (Alpes-Maritimes)	1	»	1	»	»	»
Saint-Robert (Isère)	1	11	12	2	»	2
Saint-Venant (Pas-de-Calais)	»	254	254	»	40	40
Saint-Yon (Seine-Inférieure)	»	»	»	»	»	»
Toulouse (Haute-Garonne)	118	237	355	»	»	»
Tours (Indre-et-Loire)	72	49	121	»	»	»
Divers asiles et hospices de passage	1	2	3	12	8	20
Colonie de Dun-sur-Auron (Cher)	9	84	93	»	120	120
TOTAL GÉNÉRAL	5,046	6,876	11,922	4,707	4,340	9,047

...vement dans chaque asile.

DÉCÉDÉS F	DÉCÉDÉS Total	TOTAL des sortis et des décédés H	F	Total	EXISTANTS au 31 décembre 1894 H	F	Total
118	236	2,295	1,983	4,278	517	431	948
64	187	361	363	724	538	421	959
83	221	645	412	1,057	713	587	1,300
135	482	670	717	1,387	722	746	1,468
»	87	289	»	289	1,091	»	1,091
41	41	»	118	118	»	717	717
5	5	»	17	17	»	130	130
468	1,281	4,260	3,610	7,870	3,581	3,032	6,613
4	4	»	4	4	»	35	35
1	1	»	1	1	15	28	43
»	1	1	»	1	3	2	5
»	3	3	»	3	56	»	56
7	13	8	9	17	91	170	261
5	9	6	9	15	61	86	147
3	3	»	6	6	»	66	66
1	1	»	1	1	5	13	18
1	1	»	5	5	1	9	10
38	38	»	41	41	»	614	614
10	12	2	10	12	24	64	88
5	5	»	7	7	4	61	65
1	1	»	1	1	»	6	6
3	3	3	3	6	20	29	49
»	8	6	4	10	72	82	154
»	18	18	»	18	152	»	152
9	18	9	10	19	165	158	323
»	»	1	»	1	3	»	3
»	»	1	»	1	»	2	2
6	10	11	14	25	37	60	97
»	»	»	»	»	3	3	6
»	»	»	»	»	6	5	11
1	4	3	1	4	3	»	3
7	10	3	7	10	65	89	154
22	31	12	34	43	93	170	263
»	»	»	1	1	25	16	41
1	2	1	1	2	2	16	18
1	2	1	1	2	9	5	14
»	»	»	»	»	3	»	3
»	»	1	»	1	1	3	4
»	»	»	»	»	»	2	2
»	»	»	»	»	1	»	1
»	1	1	1	2	2	3	5
4	11	9	4	13	71	121	192
»	»	»	»	»	7	1	8
2	4	2	3	5	29	52	81
24	24	3	27	30	20	235	255
1	2	1	2	3	12	13	25
»	»	»	1	1	1	»	1
1	1	»	1	1	»	1	1
»	»	1	»	1	»	1	1
24	26	5	25	30	32	132	164
10	13	3	11	14	49	119	168
1	2	1	1	2	22	25	47
»	»	»	1	1	1	1	2
»	»	»	»	»	»	1	1
»	»	»	»	»	»	1	1
12	24	15	15	30	165	288	453
1	1	»	2	2	2	26	28
»	»	»	1	1	5	28	33
»	»	»	»	»	3	4	7
»	1	5	»	5	1	»	1
»	2	3	»	3	19	»	19
»	»	1	1	2	1	3	4
»	»	»	»	»	1	2	3
5	8	4	6	10	38	72	110
»	»	»	1	1	»	2	2
»	1	3	1	4	14	24	38
1	3	2	2	4	35	33	68
»	2	3	»	2	1	1	2
11	14	3	12	15	90	125	215
25	25	»	27	27	»	351	351
»	»	»	»	»	1	»	1
»	»	1	»	1	2	41	43
13	13	»	25	25	»	269	269
»	»	»	»	»	»	»	»
26	30	4	32	35	114	205	319
7	14	15	9	24	57	40	97
»	»	12	6	18	1	4	5
15	15	1	25	26	8	179	187
778	1,746	4,448	4,049	8,467	5,305	7,197	12,502

RÉSUMÉ

Existants et entrés par placement d'office... { Hommes . 5,046 + 2,003 = 7,049
Femmes.. 6,876 + 1,186 = 8,262 }

Total.......... 15,311

Entrés par placement volontaire.......... { Hommes............ 468
Femmes............ 459 } 927

Total des deux sexes.......... 16,338

Total des existants et des entrés par placement d'office, par placement volontaire et par répartition ou transfert........ 20,969

À défalquer.. { Existants au 1er janvier 1894... 11,922
Entrés par placement volontaire 927
Transférés dans l'année....... 4,631 } 17,480

Chiffre des *entrés par placement d'office*.......... 3,489

Sortis et décédés...... { Hommes... 1,211 + 938 = 2,149
Femmes... 909 + 778 = 1,687 }

Total.......... 3,836

Existants au 31 décembre 1894 { Hommes............ 5,305
Femmes............ 7,197 }

Total.......... (1) 12,502

(1) Dans ce chiffre de 12,502 existants en fin d'année, sont compris 209 aliénés traités à la maison spéciale de santé de Ville-Évrard et qui n'entrent pas en ligne de compte dans le chiffre des existants indiqués aux propositions budgétaires. Ces 209 malades ne sont pas entretenus au compte du Département. En conséquence, le chiffre réel des aliénés existants, le 31 décembre 1894, au régime commun, est de 12,293.

1869.....	975,273 26	455.402	2 14		» »	1,257,058 98
1870.....	822.044 29	422,106	1 94		0 20	1,107,641 81
1871.....	647,325 48	254,583	2 42		» »	949,590 28
1872.....	785,573 84	375,838	2 09		0 33	1,176,449 51
1873.....	1,146,069 81	505,851	2 26		» »	1,268,844 80
1874.....	1,209.415 34	546,148	2 21		0 05	1,248,972 84
1875.....	1,068.209 82	513.457	2 11		0 10	1.128,819 91
1876.....	1,117,586 57	539,953	2 07		0 04	1,087,747 90
1877.....	1,152,700 24	565,057	2 04	»	0 03	1,092,195 74
1878.....	1,211.739 11	590,831	2 05	01	» »	1,154,076 22
1879.....	1,287,287 17	622,456	2 06		» »	1,220,618 47
1880.....	1,339,220 21	647,259	2 06		» »	1,240,510 70
1881.....	1,456,983 30	712,312	2 04		0 02	1,231,223 57
1882.....	1,572.223 64	751,342	2 09		» »	1,278,839 63
1883.....	1,090,191 56	777,432	2 17		» »	1,365,357 67
1884.....	1,708,475 30	784,570	2 18		» »	1,512,318 17
1885.....	1,924,879 30	838,535	2 29		» »	1,725,427 44
1886.....	1,984.149 05	883,434	2 24		0 05	1.712.869 51
1887.....	2,272,266 80	972.967	2 33		» »	1,936.914 90
1888.....	2,392,041 86	1.019,818	2 34		» »	2,032,793 49
1889.....	2,564,296 16	1,110,900	2 30	» »	0 04	2,032,412 52
1890.....	2,624,883 73	1,098,517	2 38	0 08	» »	2.142,411 41
1891.....	2,750,968 10	1,127,377	2 37	» »	0 01	2.279,008 26
1892.....	2,784,279 65	1,165,783	2 38	0 01	» »	2,308,530 15
1893	2,858.432 11	1,183,034	2 41		» »	2,357,658 49
1894.....	2,976,860 87	1,232,116	2 42		» »	2,418,636 89
Totaux..	44,313,515 19	19,696,778	2 20	1 22	0 87	40,266,926 13
				0 35		

Désignation des années	Aliénés traités pendant l'année — Hommes	Femmes	Deux sexes
1869	3,820	4,680	8,500
1870	4,026	4,815	8,841
1871	3,789	4,925	8,714
1872	3,860	4,748	8,608
1873	4,234	5,037	9,271
1874	4,185	5,174	9,350
1875	4,319	5,324	9,643
1876	4.456	5,441	9,897
1877	4,410	5,568	9,978
1878	6,030	5,869	11,899
1879	6,370	7,061	13,431
1880	6.426	7,308	13,734
1881	6,668	7.852	14,520
1882	7,138	7,909	15,047
1883	7,660	8,370	16.030
1884	7,832	8,679	16,511
1885	8,079	9.122	17,201
1886	8.388	9.268	17.656
1887	8,971	9,444	18,415
1888	8.945	9,777	18,722
1889	8,655	9,793	18,448
1890	9,393	10.393	19,786
1891	9,391	10,087	19.478

	1,330,165 »	1,272,554		
	1,751,749 48	1,460,308		
	1,608,160 37	1,338,551		
1,163,659	1,329,983 28	1,270,761	»	
	1,637,966 85	1,335,548	»	»
1,135,980	1,813,434 53	1,479,233	0	01
1,149,641	1,812,607 62	1,479,487	»	»
1,182,421	1,812,389 15	1,478,922		
1,233,609	1,835,871 97	1,499,423	»	»
1,300,538	1,828,639 04	1,493,576	»	»
1,337,673	1,818,355 79	1,481,445	0	01
1,397,296	1,831,425 25	1,491,239		»
1,442,121	1,891,228 51	1,538,196		
1,485,498	1,986,251 54	1,616,615		
1,544,563	2,133,934 94	1,736,455		
	2,162,374 07	1,758,393		»
1,714,194	2,233,490 05	1,832,604	»	
	2,242,936 81	1,828,820	»	»
1,945,339	2,246,657 78	1,831,774	0	01
2,052,140	2,289,766 29	1,868,044	»	»
2,057,243	2,388,684 49	1,948,132	»	»
2,127,022	2,381,552 94	1,939,105	0	01
2,105,822	2,451,766 31	1,985,634	»	»
2,221,794	2,544,992 93	2,034,591	»	»
2,229,317	2,647,904 56	2,093,284	»	»
30,584,390	51,742,638 23	42,202,423	0	06

692,642	1,109,762	912,252	1,332,787	2,245,039	71,673	»	6,150	215	»
736,967	1,272,354	957,693	1,286,436	2,244,129	»	910	6,148	»	»
813,783	1,460,308	901,408	1,344,128	2,245,236	1,407	»	6,152	4	2
780,322	1,338,551	934,067	1,382,514	2,316,581	71,345	»		177	»
760,880	1,270,761	995,732	1,438,688	2,434,420	117,839	»	6,669	340	»
833,794	1,335,548	1,047,902	1,493,180	2,541,082	106,062	»	6,961	292	»

								1 sur	1 sur	1 sur	p. 1
1868 ..	3,095	4,671	8,366	493	466	959		7.49	10.02	8.72	12.
1869 ..	3,820	4,680	8,500	490	435	925		7.79	10.73	9.18	12.
1870 (a)	4,026	4,815	8,841	701	545	1,246		5.74	8.83	7.09	7.
1871 (a)	3,789	4,925	8,714	603	697	1,300		6.28	7.06	6.70	15.
1872 ..	3,860	4,748	8,608	429	341	770		8.09	13.92	11.17	11.
1873 ..	4,234	5,037	9,271	571	429	1,000	(b)	7.39	11.74	9.27	13.
1874 ..	4,185	5,174	9,359	580	460	1,040	(c)	7.22	11.24	8.91	12.
				(555)	(441)	(996)	(d)	(7.54)	(11.73)	(9.39)	(13.
1875 ..	4,319	5,324	9,643	606	529	1,135	(c)	7.12	10.06	8.49	13.
				(579)	(517)	(1,096)	(d)	(7.46)	(10.29)	(8.80)	(13.
1876 ..	4,490	5,451	9,941	690	601	1,291	(c)	6.50	9.00	7.70	15
				(647)	(575)	(1,222)	(d)	(6.93)	(9.48)	(8.13)	(14.
1877 ..	4,471	5,627	10,098	649	541	1,190	(c)	6.88	10.41	8.48	11.
				(592)	(517)	(1,109)	(d)	(7.35)	(10.88)	(9.10)	(13.
1878 ..	4,740	5,728	10,468	706	600	1,306	(c)	6.71	8.67	7.06	14.
				(604)	(575)	(1,179)	(d)	(7.84)	(9.96)	(8.85)	(12.
1879 ..	4,854	5,821	10,675	759	659	1,418	(e)	6.39	8.98	7.27	15.
				(634)	(573)	(1,207)	(f)	(7.69)	(10.16)	(8.86)	(12.
1880 ..	4,927	5,990	10,917	716	696	1,412	(e)	6.87	8.61	7.73	14.
				(584)	(599)	(1,180)	(f)	(8.48)	(10.00)	(9.24)	(11.
1881 ..	5,179	6,073	11,252	809	634	1,443	(e)	6.40	9.61	7.79	15.
				(677)	(564)	(1,241)	(f)	(7.69)	(10.76)	(9.06)	(13.
1882 ..	5,538	6,392	11,930	709	591	1,363	(e)	7.02	10.76	9.44	13.
				(640)	(520)	(1,160)	(f)	(8.65)	(12.25)	(10.28)	(11.
1883 ..	5,531	6,555	12,106	800	663	1,463	(e)	6.90	9.88	8.27	14.
				(687)	(586)	(1,273)	(f)	(8.08)	(11.48)	(9.51)	(12.
1884 ..	6,253	6,949	13,202	799	741	1,540	(e)	7.82	9.37	8.57	12.
				(694)	(662)	(1,336)	(f)	(9.01)	(10.49)	(9.62)	(11.
1885 ..	6,228	7,240	13,468	842	760	1,602	(g)	7.12	7.16	7.14	14.
1886 ..	6,535	7,410	13,945	856	779	1,635	(g)	7.08	9.30	8.52	12.
1887 ..	6,681	7,478	14,159	962	745	1,707	(g)	6.94	10.08	8.29	14.
1888 ..	6,835	7,818	14,653	901	750	1,651	(g)	7.58	10.42	8.87	13.
1889 ..	6,930	7,916	14,846	988	741	1,729	(g)	7.01	10.68	8.58	14.
1890 ..	7,183	8,411	15,594	865	936	1,801	(g)	8.30	8.92	8.66	12.
1891 ..	7,294	8,383	15,677	976	785	1,761	(g)	7.47	10.68	8.90	13.
1892 ..	7,250	8,451	15,701	1,010	871	1,881	(g)	7.17	9.70	8.34	13.
1893 ..	7,334	8,510	15,844	989	880	1,869	(g)	7.41	9.67	8.47	13.
1894 ..	7,517	8,821	16,338	938	778	1,716	(g)	8.01	11.33	9.52	12.
Total...	147,718	174,398	322,116	20,497	17,716	38,213		»	»	»	»
Moyenne.	»	»	»	»	»	»		7.22	9.88	8.41	13.

975,273	26	1,257,065	88	2,232,329	14	20,725	20	33,939	31	2,292,992	65
822,044	29	1,107,641	81	1,929,683	10	74,648	43	89,525	44	2,093,866	99
617,325	48	949,890	28	1,566,915	76	10.451	14	127,936	12	1,705,303	02
785,573	84	1,176,449	51	1,962,023	33	24,790	28	124,191	50	2,115,005	13
1,146,009	61	1,208,844	80	2,414,914	61	40,201	80	62,378	94	2,517,495	35
1,209,415	34	1,248,972	81	2,458,388	45	42,760	89	44,969	04	2,543,138	08
1,088,209	82	1,128,819	94	2,217,029	73	46,859	65	18,280	88	2,282,170	26
1,117,586	57	1,087,747	90	2,205,334	47	32,386	44	20,476	64	2,258,197	55
1,152,709	24	1,092,195	74	2,244,904	98	33,553	80	19,831	26	2,298,290	08
1,211,739	11	1,154,076	22	2,365,815	33	34,982	10	38,284	53	2,439,084	96
1,287,287	17	1,220,618	47	2,507,905	64	36,076	23	31,448	55	2,575,430	42
1,339,229	24	1,240,510	70	2,579,739	92	40,132	42	31,850	26	2,651,722	59
1,456,963	30	1,231,243	57	2,688,206	87	55,141	89	27,872	99	2,771,221	78
1,572,223	04	1,278,839	63	2,851,063	27	53,465	22	28,969	47	2,933,497	96
1,690,191	56	1,365,357	67	3,055,549	23	69,706	86	28,720	20	3,153,976	29
1,708,475	50	1,512,318	17	3,220,793	67	46,830	21	29,052	-09	3,296,675	97
1,924,879	30	1,725,427	44	3,650,306	74	31,035	78	25,645	21	3,707,887	73
1,984,149	05	1,712,869	51	3,697,018	56	20,598	02	29,824	70	3,747,441	28
2,272,266	80	1,936,914	90	4,209,181	70	14,878	94	38,608	44	4,262,669	08
2,392,041	86	2,032,793	49	4,424,835	35	14,586	62	31,700	83	4,471,122	80
2,564,296	16	2,032,412	52	4,596,708	68	15,498	28	30,558	38	4,642,763	34
2,624,883	73	2,142,511	41	4,767,295	14	16,283	68	38,008	94	4,822,187	76
2,750,968	10	2,279,008	26	5,029,976	36	7,865	40	39,141	19	5,076,982	95
2,784,279	65	2:308,530	15	5,092,809	80	7,420	80	31,474	96	5,131,705	56
2,858,432	14	2,357,658	49	5,216,090	60	9,648	58	36,216	80	5,261,955	98
2,976,860	87	2,418,636	89	5,395,497	70	12,178	20	35,949	42	5,443,625	08
		40,266,926	13	84,580,317	90	821,546	88	1,096,473	78	86,498,338	56

Frais de traitement et prix de journée d'entretien des aliénés de la Seine de 1869 à

DÉSIGNATION DES ANNÉES	RÉSUMÉ				DIFFÉRENCE PAR ANNÉE		
	FRAIS d'entretien	FRAIS de translation	DÉPENSES diverses	TOTAL GÉNÉRAL de la dépense	EN PLUS	EN MOINS	NOMBRE de journées
1869.	3,542,680 02	28,104 33	34,754 76	3,605,539 11	199,662 88	» »	2,245,039
1870.	3,459,848 10	75,336 85	93,251 49	3,628,436 44	22,897 33	» »	2,244,129
1871.	3,318,665 24	14,696 64	143,037 37	3,476,399 25	» »	152,037 19	2,245,236
1872.	3,570,183 72	30,071 23	129,622 15	3,729,877 10	253,477 85	» »	2,316,581
1873.	3,944,897 89	41,738 49	62,441 49	4,049,077 87	319,200 77	» »	2,434,620
1874.	4,096,355 »	45,430 69	45,223 27	4,187,028 96	137,951 09	» »	2,544,062
1875.	4,030,464 26	49,276 51	18,692 03	4,098,432 80	» »	88,596 16	2,615,133
1876.	4,017,942 09	35,046 77	20,516 54	4,073,505 40	» »	24,927 40	2,620,128
1877.	4,057,294 13	36,930 91	20,501 90	4,114,726 94	41,221 54	» »	2,661,342
1878.	4,204,687 30	38,787 74	38,747 08	4,279,222 12	164,495 18	» »	2,733,082
1879.	3,336,564 68	38,689 50	32,054 80	4,407,308 98	128,086 86	» »	2,794,114
1880.	4,398,095 70	45,206 89	32,629 06	4,475,991 65	68,682 67	» »	2,819,118
1881.	4,519,632 12	57,562 19	28,707 39	4,605,901 70	129,910 05	» »	2,888,535
1882.	4,742,291 78	61,749 04	29,708 87	4,833,749 66	227,847 96	» »	2,980,317
1883.	5,041,800 77	72,639 11	30,020 40	5,144,460 28	310,710 62	» »	3,102,113
1884.	5,354,725 61	50,466 41	31,533 49	5,436,725 51	292,265 23	» »	3,281,090
1885.	5,812,680 81	48,503 67	27,506 11	5,888,690 59	451,965 08	» »	3,423,452
1886.	5,950,300 21	53,497 03	31,721 10	6,035,727 94	147,037 35	» »	3,546,795
1887.	6,452,118 51	36,836 68	41,631 49	6,530,586 68	494,858 76	» »	3,686,815
1888.	6,671,493 13	33,629 24	33,964 63	6,739,087 »	208,500 32	» »	3,777,113
1889.	6,886,474 97	39,952 25	32,231 58	6,958,658 80	219,571 80	» »	3,920,154
1890.	7,155,959 63	41,500 35	41,825 99	7,239,285 97	280,627 17	» »	4,005,375
1891.	7,411,529 30	26,353 02	40,064 49	7,477,946 81	238,660 84	» »	4,066,127
1892.	7,544,576 31	25,623 55	32,243 46	7,602,443 32	124,496 51	» »	4,181,456
1893.	7,761,083 53	25,451 58	36,806 40	7,823,341 51	220,898 19	» »	4,256,385
1894.	8,043,402 32	34,632 22	36,508 37	8,114,542 94	291,201 40	» »	4,392,804
Totaux.	136,322,956 13	1,087,793 46	1,145,945 71	138,556,695 30	4,974,227 53	265,560 75	81,786,813
					5,239,788 18		

Bordereau de situation, du 31 décembre 1893 au 31 décembre 1894, des recettes dépenses effectuées sur le compte-patrimoine des aliénés.

DÉSIGNATION	SITUATION AU 31 DÉCEMBRE 1894					DIFFÉRENCE entre LES EXCÉDENTS DE R au 31 décembre et au 31 décembre	
	RECETTES			DÉPENSES du 1er janvier au 31 décembre 1894	EXCÉDENT de recettes au 31 décembre 1894		
	Excédent de recettes au 31 décembre 1893	Recouvrements effectués du 1er janvier au 31 décembre 1894	TOTAL des recettes au 31 décembre 1894			En plus	En
Deniers	716,330 76	632,606 56	1,368,937 32	514,443 92	854,493 40	138,162 64	
Valeurs	3,696,759 53	1,664,858 72	5,361,618 25	1,431,166 26	3,930,451 99	233,692 46	
TOTAUX GÉNÉRAUX.	4,413,090 29	2,317,465 28	6,730,555 57	1,945,610 18	4,784,945 39	371,855 10	
						371,855 10	

Mouvement des mobiliers des aliénés dans le magasin central de dépôt de l'Administration, en 18

Restant en magasin, au 1er janvier 1894 196
Entrés en magasin, du 1er janvier au 31 décembre 1894 207
Vendus, du 1er janvier au 31 décembre 1894 163

ARRONDISSEMENT DE SCEAUX							
				fr. c.	fr. c.	fr. c.	fr. c.
	40 %.	14	9	11,190 53	» »	4,476 21	6,714 32
	30 —	»	5	2,208 25	» »	662 48	1,545 77
	40 —	11	5	8,114 70	» »	3,245 88	4,868 82
	30 —	2	2	2,664 50	» »	799 35	1,865 15
	» —	»	»	» »	» »	» »	» »
laine	30 —	1	3	1,966 75	» »	589 73	1,376 02
larne	30 —	»	1	784 75	» »	235 43	549 32
y	35 —	2	9	4,799 03	» »	1,679 66	3,119 37
	40 —	20	15	19,870 20	1,464 »	7,482 48	11,223 72
	30 —	3	1	1,167 25	» »	350 18	817 07
	30 —	6	1	4,058 45	» »	1,217 54	2,840 91
	25 —	1	»	438 »	» »	109 50	328 50
Roi	40 —	17	14	15,461 90	» »	6,184 76	9,277 14
	40 —	9	7	6,718 70	30 »	2,675 48	4,013 22
	35 —	4	1	2,681 85	2,600 94	28 32	52 59
aux-Roses	35 —	3	6	5,291 40	» »	1,851 99	3,439 41
sous-Bois	40 —	3	8	5,252 70	168 50	2,033 68	3,050 52
	25 —	»	1	15 »	» »	3 75	11 25
	40 —	23	23	23,395 98	180 »	9,366 40	14,049 58
	40 —	13	14	15,859 »	727 90	6,052 44	9,078 66
	40 —	40	36	39,260 06	80 »	15,672 02	23,508 04
-Pont	35 —	7	7	7,774 87	» »	2,721 20	5,053 67
	25 —	2	»	1,259 25	» »	314 81	944 44
lfort	40 —	13	10	12,245 85	1,049 »	4,478 74	6,718 11
	40 —	14	17	15,464 55	» »	6,185 82	9,278 73
sous-Bois	40 —	36	27	34,187 75	2,600 »	12,635 10	18,952 65
	40 —	9	10	12,253 75	» »	4,901 50	7,352 25
-Marne	40 —	6	12	7,630 20	» »	3,052 08	4,578 12
	25 —	»	1	27 60	» »	6 90	20 70
d)	40 —	4	9	6,937 95	» »	2,775 18	4,162 77
ust (Le)	» —	»	»	» »	» »	» »	» »
-Bois	35 —	1	3	1,728 50	» »	604 98	1,123 52
	25 —	1	»	307 85	» »	76 96	230 89
lé	40 —	9	13	12,910 27	300 »	5,044 11	7,566 16
	40 —	17	22	19,724 44	1,007 50	7,486 78	11,230 16
rice	40 —	8	9	8,938 70	» »	3,575 48	5,363 22
	35 —	1	5	3,701 40	» »	1,295 49	2,405 91
	30 —	5	3	5,156 40	355 92	1,440 14	3,360 34
	40 —	9	7	7,422 85	210 »	2,885 14	4,327 71
	35 —	2	10	7,494 40	203 45	2,551 73	4,738 92
le	35 —	»	6	2,854 65	» »	999 13	1,855 52
	40 —	31	32	29,524 10	151 81	11,748 92	17,623 37
	40 —	7	8	7,864 15	» »	3,145 66	4,718 49
TOTAUX	....	356	380	376,807 18	10,820 02	142,643 13	223,335 03

État de répartition de la dépense des aliénés appartenant aux communes de la Seine. (Suite et fin.)

COMMUNES	CONTRIBUTION des communes dans le chiffre DE LA DÉPENSE — Proportion	NOMBRE d'aliénés H.	NOMBRE d'aliénés F.	DÉPENSE TOTALE	SOMMES RECOUVRÉES sur les familles	CONTIN[GENT] des COMMUNES
ARRONDISSEMENT DE SAINT-DENIS				fr. c.	c.	c.
Asnières	40 %	8	28	16,983 »	25	6,541 50
Aubervilliers	40 —	28	30	26,538 45	»	38
Bagnolet	40 —	7	5	5,119 05	»	62
Bobigny	25 —	1	2	1,314 »	»	50
Bondy	35 —	1	1	876 »	»	60
Boulogne	40 —	56	48	53,933 14	1,061 40	21,148 70
Bourget (Le)	30 —	3	1	1,467 »	» »	10
Clichy	40 —	36	37	36,643 74	25 »	50
Colombes	40 —	22	14	17,695 »	200 »	»
Courbevoie	40 —	18	22	23,718 »	200 »	20
Courneuve (La)	30 —	1	1	1,277 50	» »	25
Drancy	25 —	2	»	388 30	» »	08
Dugny	» —	»	»	» »	» »	»
Épinay	35 —	2	4	2,864 »	60	81
Gennevilliers	40 —	5	4	4,359 82	31	59
Ile-Saint-Denis	30 —	2	3	2,346 70	»	01
Levallois-Perret	40 —	51	66	59,198 59	90	28
Lilas (Les)	40 —	11	9	10,452 43	1,100 »	97
Nanterre	40 —	7	8	3,773 10	»	21
Neuilly	40 —	30	48	44,123 33	75	43
Noisy-le-Sec	40 —	9	8	8,303 20	»	28
Pantin	25 —	22	39	34,333 75	»	12,523 50
Pierrefitte	30 —	1	»	456 25	»	83
Pré-Saint-Gervais	40 —	10	14	10,532 10	98	3,060 83
Puteaux	40 —	23	26	26,027 05	02	01
Romainville	30 —	2	1	1,698 30	»	49
Saint-Denis	40 —	59	82	66,177 25	»	90
Saint-Ouen	40 —	33	41	38,021 14	»	46
Stains	30 —	1	3	2,117 »	90	33
Suresnes	40 —	9	17	12,763 70	75	58
Villetaneuse	25 —	»	1	242 30	»	58
Du 1er janvier au 31 décembre 1894. Arrond^t de Saint-Denis	....	459	563	509,943 19	14,315 89	196,916 65
— de Sceaux	....	356	380	376,807 18	10,829 02	142,643 13
TOTAUX	....	815	943	886,750 37	91	339,589 78
Frais de séjour des années ant^res à 1894. Arrond^t de Sceaux	....	»	»	6,443 34	» »	2,471 45
— de Saint-Denis	....	»	»	4,050 53	» »	1,580 71
Frais de transport d'aliénés en 1894. Arrond^t de Sceaux	....	»	»	1,238 10	»	485 28
— de Saint-Denis	....	»	»	2,364 57	» »	914 44
ENSEMBLE de la dépense en 1894	....	815	943	900,846 91	25,174 91	345,041 66

PRÉFECTURE DE POLICE (1)

STATISTIQUE GÉNÉRALE DES PLACEMENTS PENDANT L'ANNÉE 1894.

PLACEMENTS D'OFFICE.

3,413 placements d'office ont été effectués par les soins de la préfecture de Police.

Ce nombre se répartit ainsi :

Hommes	1.977
Femmes	1.436
Total	3.413

Sur ce nombre :

2.703 placements, dont 1,591 hommes et 1,112 femmes, ont eu lieu à Sainte-Anne;
24 placements, dont 22 hommes et 2 femmes, ont eu lieu dans les asiles privés;
686 placements, dont 364 hommes et 322 femmes, ont été effectués directement et vu l'urgence, des hôpitaux à Sainte-Anne, par les soins des commissaires de police.

3.413 Total égal.

PLACEMENTS VOLONTAIRES.

1,296 placements volontaires ont été opérés sur la demande des familles, en dehors de l'intervention directe de la préfecture de Police.

Dans ce nombre, les hommes figurent pour	680
Et les femmes pour	616
Total	1.296

133 placements, dont 60 hommes et 73 femmes, ont eu lieu à Charenton;
844 placements, dont 444 hommes et 400 femmes, ont eu lieu dans les asiles publics;
319 placements, dont 176 hommes et 143 femmes, ont eu lieu dans les asiles privés.

1.296 Total égal.

RÉCAPITULATION.

En résumé, 4,709 placements, tant d'office que volontaires, ont été effectués pendant l'année 1894. Ils se répartissent ainsi :

Hommes	2.657
Femmes	2.052
Total	4.709

Sur ce nombre : 2,727 placements ont été opérés par suite de l'intervention de la préfecture de Police.

Restent seulement 1,982 placements pour lesquels son concours direct n'a pas été nécessaire.

(1) Renseignements manuscrits fournis par le 5e bureau de la 1re division.

Mouvement de l'Infirmerie …

MOIS	ENTRÉES — Malades envoyés par les commissaires de police — Hommes	Femmes	Total	le bureau judiciaire de la 1re division — Hommes	Femmes	Total	le bureau des prisons de la 1re division — Hommes	Femmes	Total	TOTAUX — Hommes	Femmes	Total	À l'… Sainte… — Hommes	…
Janvier	125	84	209	22	4	26	9	1	10	156	89	245	132	
Février	107	86	193	14	9	23	12	4	16	133	99	232	102	
Mars	130	91	221	16	4	20	13	4	17	159	99	258	118	
Avril	146	99	245	18	9	27	9	2	11	173	110	283	133	1
Mai	153	84	237	15	13	28	11	4	15	179	101	280	144	
Juin	167	105	272	8	15	23	11	9	20	186	129	315	162	1
Juillet	134	121	255	25	8	33	14	4	18	173	133	306	138	1
Août	137	88	225	18	7	25	9	4	13	164	99	263	140	
Septembre	131	79	210	13	14	27	9	3	12	153	96	249	131	
Octobre	134	80	214	14	9	23	7	3	10	155	92	247	130	
Novembre	124	79	203	17	4	21	11	5	16	152	88	240	122	
Décembre	141	92	233	18	8	26	12	4	16	171	104	275	130	
TOTAUX	1,629	1,088	2,717	198	104	302	127	47	174	1,954	1,239	3,193	1,591	1,…

Placements d'office.

MOIS	PLACEMENTS D'OFFICE — ALIÉNÉS TRANSFÉRÉS — De l'infirmerie spéciale à Sainte-Anne — Hommes	Femmes	Total	De l'infirmerie spéciale à Charenton et dans les asiles privés — Hommes	Femmes	Total	Des hôpitaux directement à Sainte-Anne — Hommes	Femmes	Total	(art. 19) à Sainte-Anne — Hommes	Femmes	Total	… Hommes
Janvier	132	81	213	3	»	3	35	35	70	»	»	»	170
Février	102	88	190	2	»	2	33	18	51	»	»	»	137
Mars	118	88	206	2	1	3	28	20	48	»	»	»	118
Avril	133	104	237	2	»	2	35	32	67	»	»	»	170
Mai	144	89	233	1	»	1	32	30	62	»	»	»	177
Juin	162	118	280	3	»	3	39	24	63	»	»	»	201
Juillet	138	123	261	»	»	»	27	21	48	»	»	»	165
Août	140	83	223	4	1	5	23	19	42	»	»	»	167
Septembre	131	89	220	»	»	»	19	18	37	»	»	»	150
Octobre	130	84	214	2	»	2	29	43	72	»	»	»	161
Novembre	122	76	198	1	»	1	29	35	64	»	»	»	152
Décembre	130	80	228	2	»	2	35	27	62	»	»	»	176
TOTAUX	1,591	1,112	2,703	22	2	24	364	322	686	»	»	»	1,977

Préfecture de police pendant l'année 1894.

	INDIVIDUS									TOTAUX			OBSERVATIONS — INCULPÉS SOUMIS À L'EXAMEN des médecins de l'Infirmerie spéciale			
	dans les hôpitaux			non reconnus aliénés			décédés						reconnus aliénés	non reconnus aliénés	arrêtés sur la voie publique	
	Hommes	Femmes	Total	Hommes	Femmes	Total	Hommes	Femmes	Total	Hommes	Femmes	Total			Hommes	Femmes
3	2	»	2	19	8	27	»	»	»	156	89	245	15	11	36	6
2	1	3	4	27	8	35	1	»	1	133	99	232	13	10	35	16
3	2	1	3	37	9	46	»	»	»	159	99	258	11	9	48	31
2	2	1	3	36	5	41	»	»	»	173	110	283	11	16	43	16
1	10	»	10	23	11	34	1	1	2	179	101	280	16	12	47	20
3	1	»	1	20	11	31	»	»	»	186	129	315	15	8	40	29
»	2	»	2	33	10	43	»	»	»	173	133	306	25	8	50	35
5	1	1	2	19	14	33	»	»	»	164	99	263	17	8	54	22
»	»	»	»	22	7	29	»	»	»	153	96	249	14	13	41	23
2	4	1	5	19	7	26	»	»	»	155	92	247	14	9	57	14
1	2	2	4	27	9	36	»	1	1	152	88	240	17	4	53	22
2	»	1	1	30	14	44	»	»	»	171	104	275	16	10	54	25
24	27	10	37	312	113	425	2	2	4	1,954	1,239	3,193	184	118	558	259

	…ES PLACES						TOTAL des PLACEMENTS volontaires			TOTAL GÉNÉRAL des PLACEMENTS			PLACEMENTS					
	dans les ASILES PUBLICS			dans les ASILES PRIVÉS									par l'intermédiaire de L'INFIRMERIE			en dehors de L'INFIRMERIE		
	Hommes	Femmes	Total	Hommes	Femmes	Total	Hommes	Femmes	Total	Hommes	Femmes	Total	Hommes	Femmes	Total	Hommes	Femmes	Total
8	40	36	76	10	7	17	54	47	101	224	163	387	135	81	216	89	82	172
10	24	35	59	18	8	26	48	47	95	185	153	338	104	88	192	81	65	146
12	33	29	62	7	14	21	46	49	95	194	158	352	120	89	209	74	69	143
12	38	36	74	21	14	35	63	58	121	233	194	427	135	104	239	98	90	188
16	47	36	83	13	18	31	66	62	128	243	181	424	145	89	234	98	92	190
13	44	34	78	20	7	27	68	50	118	272	192	464	165	118	283	107	74	181
10	37	28	65	17	8	25	60	40	100	225	184	409	138	123	261	87	61	148
16	26	39	65	16	12	28	47	60	107	214	163	377	144	84	228	70	79	149
7	36	28	64	14	10	24	52	43	95	202	150	352	131	89	220	71	61	132
15	41	38	79	13	19	32	62	64	126	223	191	414	132	84	216	91	107	198
12	36	25	61	15	13	28	60	42	102	212	153	365	123	76	199	89	77	166
5	42	36	78	12	13	25	54	54	108	230	170	400	141	89	230	89	81	170
123	444	400	844	176	143	319	680	616	1,296	2,657	2,052	4,709	1,613	1,114	2,727	1,044	938	1,982

REFUGES DE NUIT MUNICIPAUX

REFUGE DE NUIT DU QUAI DE VALMY.

Pendant le cours de l'année 1894 :

Il a été distribué 372 effets d'habillement, chaussures, linge, etc.
Il a été procuré du travail à 322 hommes.

Parmi les hospitalisés :

13 °/₀ étaient âgés de plus de 50 ans;
86.8 °/₀ étaient âgés de 16 à 50 ans;
0.2 °/₀ étaient âgés de moins de 16 ans.

Sur 22,886 hommes qui ont fréquenté le refuge :

82 °/₀	sont venus pour la	1re fois;
10 °/₀	—	2e —
4 °/₀	—	3e —
2 °/₀	—	4e —
1.6 °/₀	—	5e —
0.4 °/₀	—	6e —

Hospitalisés âgés de 60 ans et au-dessus...........	1.027
Hospitalisés âgés de moins de 60 ans..............	21.859

REFUGE DE NUIT DE LA RUE DU CHATEAU-DES-RENTIERS, 71.

Pendant le cours de l'année 1894 :

Il a été procuré du travail à 101 hommes.
15 hommes ont été envoyés dans les hôpitaux.

Hospitalisés âgés de 60 ans et au-dessus...........	905
Hospitalisés âgés de moins de 60 ans..............	22.161

Refuge du quai de Valmy. — État indiquant par mois le nombre des réfugiés de chaque profession.

PROFESSIONS	JANVIER	FÉVRIER	MARS	AVRIL	MAI	JUIN	JUILLET	AOUT	SEPTEMBRE	OCTOBRE	NOVEMBRE	DÉCEMBRE	TOTAUX GÉNÉRAUX
urs-mécaniciens.	91	52	40	50	40	33	49	43	60	73	72	83	686
lants (march. et chant.).	19	12	11	9	5	3	6	7	5	12	10	18	117
teurs. blanchisseurs.	7	4	4	4	2	4	7	4	2	5	8	6	57
riers	1	3	3	2	8	3	2	4	4	4	4	1	39
es dramatiques et lyriques	2	1	5	»	2	2	3	1	5	5	1	4	31
iers, batteurs d'or	25	18	14	11	20	23	11	13	21	16	11	11	194
ers	32	14	8	16	5	21	12	13	17	21	15	38	212
ngers	62	51	35	29	22	26	24	21	22	26	40	53	411
eurs.	7	3	6	3	1	»	4	2	6	1	8	13	54
tiers	16	9	5	7	2	2	6	4	2	4	4	11	72
ers	3	2	1	3	»	3	»	7	1	1	3	2	26
miers	9	4	4	5	6	5	5	8	6	6	5	5	68
liers	5	6	3	6	6	7	8	4	7	5	3	11	71
ntiers.	14	13	15	10	17	10	9	6	8	7	8	20	132
entiers	20	14	10	7	7	12	12	8	6	9	8	13	126
tiers.	97	53	35	40	21	34	23	24	28	29	41	82	507
ronniers	27	21	17	11	16	24	17	13	12	13	20	27	218
eurs	43	24	18	14	10	19	17	12	16	25	22	40	260
d'avoué, de notaire, issier.	4	7	»	2	3	»	1	3	4	2	2	9	37
s et palefreniers	110	43	48	45	41	43	43	51	43	67	55	69	658
rs	23	6	3	8	5	5	8	5	8	7	11	12	104
teurs	15	13	»	6	4	3	8	10	11	11	10	16	107
issionnaires	2	8	1	1	»	1	7	2	4	5	1	3	35
siteurs, lithographes et graphes	73	42	23	41	40	33	35	51	45	45	44	49	521
ables	35	22	30	33	21	30	35	44	36	41	43	32	402
niers, coupeurs	86	50	24	31	25	41	41	26	44	62	35	67	529
eurs-tanneurs	13	9	8	7	8	5	8	12	11	9	11	11	112
iers	4	1	2	»	»	1	1	»	2	4	3	4	22
ens	37	31	16	24	20	19	15	11	20	15	15	27	250
iers et garçons	88	54	43	43	36	38	47	46	43	60	74	80	652
nteurs	28	11	7	4	3	11	10	4	7	11	11	32	139
ateurs	13	3	6	6	4	2	4	3	5	7	5	9	67
tiques	38	22	21	17	15	12	8	6	6	12	14	21	192
rs, miroitiers	15	4	6	5	8	4	9	4	10	9	4	4	82
stes, vernisseurs	24	11	10	16	14	10	19	18	21	18	9	19	189
leurs	20	21	6	12	16	8	13	13	8	7	9	11	144
yés de commerce et de eau	109	43	47	62	75	59	53	70	67	75	61	83	804
rs et garçons	13	10	5	12	3	6	13	5	12	16	10	20	126
ntiers-lampistes	18	14	11	12	14	17	18	13	11	15	11	13	167
s, cordiers	5	5	5	6	5	4	3	6	2	5	5	7	58
stes	7	3	3	4	5	7	6	11	7	7	6	4	70
urs, monteurs en bronze	5	8	4	7	9	9	11	5	8	8	4	7	85
ons et fer	68	36	24	38	33	40	33	25	23	37	33	41	431
tes	27	13	21	14	16	14	5	16	9	7	10	19	171
s d'hotel	19	6	8	9	11	11	12	9	13	23	17	20	158
s de magasin	25	8	9	14	20	19	12	25	19	20	13	15	199
s de salle	47	26	20	28	38	28	31	21	35	71	37	36	418
urs, ciseleurs	15	10	4	7	5	9	10	11	17	12	12	16	128
A reporter	1,462	844	619	735	687	720	734	720	776	970	858	1,184	10,339

Report.....	1,462	844	649	756	687	720	734	720	776	970	858
Horlogers..................	8	5	4	5	5	9	5	6	8	2	5
Infirmiers..................	25	16	8	16	13	14	18	10	13	16	14
Jardiniers..................	51	32	30	17	18	22	8	11	20	23	21
Journaliers	886	469	403	380	356	409	390	402	357	383	453
Lunetiers..................	7	5	1	2	2	1	2	2	1	2	»
Maçons, plâtriers...........	115	57	53	41	49	33	22	25	36	41	50
Marbriers..................	6	3	1	2	3	2	»	2	3	1	3
Marins et mariniers.........	17	4	8	4	4	5	5	3	7	7	13
Maréchaux-ferrants..........	18	17	6	8	13	9	5	7	9	14	14
Matelassiers................	4	»	»	»	»	»	3	1	2	4	»
Mégissiers, gainiers	7	5	2	1	9	4	4	2	3	3	6
Menuisiers, charrons	93	61	36	44	57	47	»	»	23	45	42
Métreurs, géomètres.........	»	»	»	1	»	»	29	45	3	2	2
Mineurs	7	5	3	4	8	1	3	2	5	»	5
Mouleurs	27	24	11	10	15	22	11	1	9	17	11
Papetiers, relieurs...........	11	4	11	18	9	8	10	12	7	12	13
Passementiers...............	6	5	1	1	6	10	9	13	4	10	10
Pâtissiers, confiseurs........	25	16	16	11	9	10	»	9	8	15	8
Peintres....................	97	76	47	28	22	37	11	7	47	41	64
Pharmaciens, droguistes.....	4	4	5	2	2	3	39	49	2	2	4
Photographes...............	4	2	3	2	3	2	»	3	3	2	4
Plombiers, gaziers	17	14	14	14	11	15	2	4	9	8	5
Professeurs, instituteurs	1	2	2	1	3	3	7	17	4	»	3
Rattacheurs.................	»	1	»	1	»	3	4	1	4	»	2
Scieurs de long..............	9	7	4	»	4	4	»	2	4	2	4
Sculpteurs	7	3	2	1	4	6	»	2	5	2	3
Selliers, bourreliers	39	27	17	18	19	8	1	2	14	20	15
Serruriers	78	46	51	37	45	45	17	18	48	64	51
Sommeliers et garçons.......	71	41	28	19	11	7	48	50	16	10	43
Tapissiers	15	12	6	4	12	8	9	42	13	5	7
Tailleurs de pierres	16	11	9	9	9	6	8	8	5	8	13
Tailleurs d'habits...........	34	30	16	8	12	18	5	2	16	22	16
Teinturiers	15	5	8	3	5	9	23	18	6	7	8
Terrassiers	108	56	52	20	16	21	7	8	18	23	28
Tisseurs....................	19	10	13	12	13	5	18	11	5	10	7
Tonneliers..................	13	14	6	6	5	6	11	9	6	9	11
Tourneurs en fer...........	9	6	2	4	3	8	3	8	1	10	2
Tourneurs en bois	15	5	3	10	7	8	4	10	10	7	7
Tourneurs en cuivre.........	23	14	10	9	7	15	5	4	10	8	17
Tullistes....................	1	»	»	5	2	1	»	10	1	»	»
Valets de chambre	2	1	1	5	1	3	13	1	1	4	7
Verriers, faïenciers..........	16	13	9	12	8	5	»	1	4	8	7
Voyageurs de commerce.....	8	14	3	2	4	4	8	9	5	8	4
Voiliers....................	3	2	»	»	2	2	9	2	2	1	»
Boutonniers, nacriers........	1	»	1	1	1	1	»	3	2	»	2
Électriciens	2	2	2	1	1	1	2	»	1	3	2
Luthiers....................	»	1	»	»	»	1	»	»	»	»	»
Sans profession.............	12	1	7	3	4	8	3	3	4	5	10
Vanniers	1	3	2	»	3	»	2	»	»	»	2
Totaux mensuels.....	3,420	1,975	1,568	1,543	1,502	1,593	1,519	1,577	1,560	1,841	1,876

	JA	FÉ	I	A		.	JU	/	SEP.	OC	NOV	DÉC	TO ux
.... des entrées par jour : 72).	3,420	1,975	1,568	1,543	1,502	1,593	1,519	1,577	1,560	1,841	1,876	2,912	22,886
.... ne des hospitalisés par nuit : 236).	12,513	7,297	6,397	6,113	6,338	6,193	6,336	6,327	6,126	6,324	6,151	9,848	86,273
.... ne par jour : 83 kilog.) par homme : 0 k. 360).	4,676	3,010	2,918	2,340	2,364	2,296	2,370	2,260	2,094	1,954	1,940	2,920	31,142
ments	236	153	98	135	124	136	105	75	124	112	115	140	1,552
....	114	61	34	44	44	54	35	47	48	58	46	66	651
....	831	468	345	365	384	437	423	486	419	460	484	613	5,712
Nationalités.													
....	3,204	1,892	1,499	1,475	1,435	1,508	1,441	1,505	1,486	1,758	1,812	2,792	21,807
s....................	4	»	4	»	1	»	2	2	1	1	1	2	18
ds....................	62	13	2	6	5	13	29	10	10	16	12	14	92
ins (États-Unis)......	4	»	1	1	1	1	»	»	»	2	1	1	12
. . ..	1	1	»	1	»	1	»	»	1	»	1	2	8
s...........	»	»	»	»	»	»	»	»	»	»	»	»	»
ns	6	»	»	»	»	»	»	»	»	»	»	»	6
ens et Hongrois	81	2	1	1	1	2	2	1	4	1	»	2	98
....	»	43	37	37	35	39	27	35	34	31	27	52	397
s....................	»	»	»	»	»	»	»	»	»	»	»	»	»
s	»	»	1	»	»	»	»	»	»	»	»	»	1
....	»	»	»	»	»	»	»	»	»	»	»	»	»
....	»	»	»	»	»	»	»	»	»	»	»	»	»
s....................	2	»	»	»	»	»	»	»	»	»	»	»	2
s	2	»	»	»	1	1	»	»	1	»	1	»	6
....	»	»	»	»	»	»	»	»	»	»	»	»	»
is	»	2	»	»	1	1	1	1	1	2	1	3	13
....	10	7	4	6	5	10	»	2	3	5	2	6	60
ourgeois.	6	3	4	4	3	3	4	6	1	5	»	8	47
s....................	»	»	»	»	»	»	»	»	»	»	»	»	»
....	1	1	»	1	1	1	1	»	1	»	»	3	10
s....................	»	»	»	»	»	»	»	»	»	»	»	»	»
s	»	»	»	»	»	»	»	»	»	»	»	»	»
....	1	»	»	1	1	1	1	1	1	1	1	1	10
is	»	»	»	»	»	»	»	»	»	»	»	»	»
et Norvégiens.......	»	»	»	»	»	»	»	»	»	»	»	2	2
....	36	11	15	10	12	12	11	14	16	18	17	24	196
....	»	»	»	»	»	»	»	»	»	1	»	»	1
Totaux mensuels.....	3,420	1,975	1,568	1,543	1,502	1,593	1,519	1,577	1,560	1,841	1,876	2,912	22,886

Ajusteurs-mécaniciens	85	60	59	63	56	50	85	37	[illegible]
Ambulants (marchands et chanteurs)	12	8	7	8	2	10	9	4	[illegible]
Apprêteurs	6	2	3	1	2	3	7	4	[illegible]
Armuriers	4	3	1	5	7	2	5	2	[illegible]
Artistes dramatiques et lyriques	2	1	»	»	»	»	2	2	[illegible]
Bijoutiers et batteurs d'or	23	10	12	8	14	16	15	14	[illegible]
Bouchers	25	18	16	12	16	12	13	10	[illegible]
Boulangers	58	40	31	34	27	20	27	19	[illegible]
Brasseurs	3	1	2	1	2	2	2	2	[illegible]
Briquetiers	26	12	10	6	5	9	5	1	[illegible]
Brossiers	4	2	1	2	2	2	»	2	[illegible]
Cartonniers	8	5	9	4	5	7	8	4	[illegible]
Chapeliers	4	6	5	2	9	9	12	3	[illegible]
Charcutiers	18	10	9	21	11	13	11	10	[illegible]
Charpentiers	25	13	7	10	9	9	9	5	[illegible]
Charretiers	104	47	32	42	35	38	28	26	[illegible]
Chaudronniers	19	16	14	12	16	28	12	7	[illegible]
Chauffeurs	32	32	12	13	11	14	20	11	[illegible]
Clercs d'avoué, de notaire, d'huissier	»	5	»	4	1	1	2	2	[illegible]
Cochers et palefreniers	90	58	41	55	43	50	36	36	[illegible]
Coiffeurs	24	6	7	8	11	9	7	6	[illegible]
Colporteurs	26	9	4	9	8	4	3	8	[illegible]
Commissionnaires	3	2	»	»	»	»	1	1	[illegible]
Compositeurs, lithographes et typographes	70	37	43	44	34	67	45	30	[illegible]
Comptables	36	21	18	23	36	30	29	33	[illegible]
Cordonniers	67	38	32	31	24	40	44	30	[illegible]
Corroyeurs et tanneurs	12	16	11	13	8	8	14	2	[illegible]
Couteliers	1	»	»	1	1	»	»	1	[illegible]
Couvreurs	31	28	17	21	15	22	12	13	[illegible]
Cuisiniers et garçons	73	44	49	37	34	45	46	36	[illegible]
Cultivateurs	5	5	7	4	15	13	6	9	[illegible]
Dessinateurs	10	1	2	9	3	3	6	2	[illegible]
Domestiques	41	18	17	10	11	10	9	8	[illegible]
Doreurs	9	3	1	4	6	4	7	6	[illegible]
Ébénistes	26	10	12	11	11	20	11	15	[illegible]
Emballeurs	12	17	7	12	11	7	7	6	[illegible]
Employés de commerce	66	39	40	62	56	55	57	58	[illegible]
Épiciers et garçons	13	9	15	8	10	10	10	4	[illegible]
Ferblantiers, lampistes	20	16	14	20	12	18	16	14	[illegible]
Fileurs, cordiers	6	10	4	9	6	5	2	3	[illegible]
Fleuristes	3	2	»	3	5	5	8	3	[illegible]
Fondeurs	9	7	5	9	6	6	7	6	[illegible]
Forgerons et fer	30	15	15	15	22	26	17	11	[illegible]
Fumistes	20	17	6	12	9	10	10	6	[illegible]
Garçons d'hôtel	34	14	11	11	8	16	6	7	[illegible]
Garçons de magasin	18	12	9	12	12	17	17	18	[illegible]
Garçons de salle	43	15	15	14	11	17	14	13	[illegible]
Graveurs	7	5	2	1	4	2	3	7	[illegible]
A reporter	1,266	773	643	713	659	738	690	553	[illegible]

'e de la rue du Château-des-Rentiers. — État indiquant par mois le nombre des réfugiés de chaque profession.

'ROFESSIONS	JANVIER	FÉVRIER	MARS	AVRIL	MAI	JUIN	JUILLET	AOUT	SEPTEMBRE	OCTOBRE	NOVEMBRE	DÉCEMBRE	TOTAUX GÉNÉRAUX
Report.....	1,266	773	643	713	659	738	690	553	642	717	671	1,436	9,501
de lettres........	»	»	»	»	»	»	»	»	»	»	»	»	»
s................	2	4	3	5	4	6	6	4	4	5	8	8	59
's................	29	12	15	14	17	20	15	12	18	14	16	27	209
's................	75	48	31	22	27	19	19	17	22	26	25	71	402
›rs................	862	462	433	396	383	391	337	316	271	319	320	697	5,487
s................	2	1	1	»	1	»	»	1	»	»	»	»	6
....	150	69	48	59	57	35	44	35	31	53	31	102	711
s................	3	»	1	4	1	3	»	2	5	2	»	4	25
t mariniers.........	17	14	7	8	1	9	11	3	3	9	8	15	105
ux-ferrants.........	17	10	10	9	8	9	7	6	10	18	17	21	142
iers..........	»	1	»	»	2	3	»	2	2	1	1	2	14
's................	7	4	8	6	13	1	7	4	4	4	5	10	73
rs, charrons........	92	52	39	45	53	36	36	36	33	33	45	93	593
;, géomètres........	1	»	»	»	»	»	»	»	»	1	»	»	2
....	11	7	13	21	7	5	5	5	6	3	9	9	101
....	17	14	5	18	11	16	8	9	11	11	8	24	152
;, relieurs..........	12	7	11	9	15	13	11	10	10	4	6	8	116
ntiers..............	6	3	1	4	4	4	7	2	6	6	8	13	64
s, confiseurs........	16	21	9	15	10	12	9	9	9	10	8	20	148
....	84	85	55	33	28	37	34	28	39	60	53	81	617
iens, droguistes.....	3	3	1	4	1	3	4	3	2	2	2	2	30
iphes.............	2	4	1	1	2	2	3	»	4	3	3	5	30
rs, gaziers..........	19	15	15	10	19	8	4	12	6	3	7	8	126
ırs, instituteurs.....	1	3	2	»	2	5	1	1	1	2	3	7	28
›urs..............	1	»	»	»	2	1	2	3	»	1	»	»	10
le long............	7	4	3	2	2	1	»	»	4	1	2	12	38
's................	8	9	»	1	3	12	8	10	5	10	3	6	75
bourreliers.........	24	21	21	8	8	20	8	19	15	23	14	24	205
's................	71	49	41	40	43	40	49	41	31	54	44	76	579
ers et garçons.......	66	44	32	27	30	22	26	29	28	42	40	73	459
's................	13	10	6	6	9	4	10	9	9	8	7	10	101
. de pierres.........	12	10	11	14	8	8	6	6	4	12	11	20	122
d'habits...........	31	24	23	5	18	24	30	21	26	13	17	32	264
;rs................	14	10	6	6	7	7	10	6	1	6	9	9	91
›rs................	143	61	35	33	23	32	16	14	14	21	30	92	514
....	9	9	6	9	5	11	8	6	4	9	7	10	93
rs................	26	14	11	8	12	7	11	6	9	11	13	15	143
rs en fer...........	11	9	4	3	3	8	3	7	1	3	8	10	70
rs en bois..........	10	2	8	8	12	13	5	10	10	10	3	5	96
rs en cuivre........	4	7	4	8	10	9	6	11	4	6	3	9	81
. guimpiers.........	»	»	»	»	»	»	»	»	1	»	»	3	4
e chambre..........	5	3	1	3	7	2	2	»	2	3	3	3	34
. faïenciers..........	12	18	7	9	15	12	11	9	8	5	2	17	125
rs de commerce.....	12	2	»	4	3	5	7	2	2	9	10	8	64
....	1	2	1	»	»	2	1	»	2	»	2	»	11
....	5	»	1	1	»	2	7	31	44	103	118	188	500
›fession............	3	3	8	9	13	16	7	6	5	9	6	13	98
'otaux mensuels.....	3,182	1.933	1.581	1.598	1,558	1,639	1.500	1,316	1,368	1,673	1,605	3,208	22,161
Moyenne par mois d'entrée..........													1,846

Présents....................
Moyenne par mois : 7,616.

Pain.......................
Moyenne { par mois : 2,680 kil.
par homme : 0 k. 351.

Nationalités.

Français....................
Algériens...................
Allemands...................
Américains (États-Unis).....
Anglais.....................
Argentins...................
Australiens.................
Autrichiens et Hongrois.....
Belges......................
Brésiliens..................
Canadiens...................
Chiliens....................
Danois......................
Égyptiens...................
Espagnols...................
Grecs.......................
Hollandais..................
Italiens....................
Luxembourgeois..............
Mexicains...................
Polonais....................
Portugais...................
Roumains....................
Russes......................
Sénégalais..................
Suédois et Norvégiens.......
Suisses.....................
Turcs.......................
Divers......................

Totaux mensuels.....

Effets d'habillement distribués.
Rapatriements...............
Certificats de séjour.........
Travail procuré.............
Envoyés dans les hôpitaux..

ASILE MUNICIPAL LEDRU-ROLLIN

A FONTENAY-AUX-ROSES

État statistique indiquant le mouvement des convalescentes en 1894.

DÉSIGNATION	JANVIER	FÉVRIER	MARS	AVRIL	MAI	JUIN	JUILLET	AOUT	SEPTEMBRE	OCTOBRE	NOVEMBRE	DÉCEMBRE	TOTAUX	OBSERVATIONS
1° Entrées et sorties (Femmes et enfants).														
Entrées.														
nes	94	86	98	67	96	70	76	76	56	62	62	67	910	
ats	89	82	93	64	90	59	69	69	51	55	56	55	832	
Totaux	183	168	191	131	186	129	145	145	107	117	118	122	1,742	
Sorties.														
nes	92	83	99	72	95	67	78	83	55	60	62	65	911	
ats	88	82	94	66	89	57	70	69	50	54	56	54	829	
Totaux	180	165	193	138	184	124	148	152	105	114	118	119	1,740	
2° État civil.														
Femmes.														
ataires	80	63	87	55	79	54	63	55	46	48	49	58	737	
es	10	11	9	8	11	13	9	16	7	10	8	4	116	
es	3	6	2	3	3	1	3	3	3	3	2	3	35	
rcées	»	2	»	1	»	»	»	1	»	»	1	»	5	
rées	1	3	»	»	3	2	1	1	»	1	2	2	16	
é	»	1	»	»	»	»	»	»	»	»	»	»	1	
Totaux	94	86	98	67	96	70	76	76	56	62	62	67	910	
Enfants.														
ons	39	38	53	33	44	22	37	37	26	33	21	28	411	
s	50	44	40	31	46	37	32	32	25	22	35	27	421	
Totaux	89	82	93	64	90	59	69	69	51	55	56	55	832	
3° Décès.														
nes	»	»	»	»	»	1	»	»	»	»	»	»	1	Sur 910.
ats	3	»	3	2	2	»	»	2	»	»	1	1	14	Sur 832, ou 1.73 °/o.
Totaux	3	»	3	2	2	1	»	2	»	»	1	1	15	
4° Nationalités.														
aises	84	76	85	57	94	62	68	67	55	53	54	64	812	
iennes	3	1	3	1	»	3	»	2	»	1	6	2	22	
ines	2	1	1	2	1	»	1	»	»	1	1	1	11	
s	3	3	3	2	1	1	1	2	»	»	2	1	19	
esses	»	»	3	1	»	1	2	2	1	1	»	»	11	
gnoles	»	»	»	1	»	»	»	»	»	»	»	»	1	
isses	»	1	»	1	1	»	1	»	»	»	»	»	4	
andes	2	4	2	1	1	2	2	3	»	3	2	2	24	
iennes	»	»	1	1	»	1	»	»	»	»	»	»	3	
nnes	»	»	»	»	1	»	»	»	»	1	»	»	2	
s	»	»	»	»	»	»	1	»	»	»	»	»	1	
Totaux	94	86	98	67	96	70	76	76	56	62	62	67	910	
5° Destination des convalescentes (à leur sortie de l'asile).														
Dirigées sur :														
domicile	66	55	45	36	45	43	48	55	47	48	37	41	566	
ne-Rolland	43	42	36	18	31	11	26	13	7	7	21	23	218	
re-Sand	7	14	11	10	12	7	2	7	»	2	»	»	72	
Saint-Jacques	»	»	1	»	»	»	»	»	»	»	»	»	1	
taux	1	»	1	2	»	1	»	2	»	1	1	»	9	
s de nourrices	»	»	2	3	3	2	»	3	»	1	3	1	17	
stiques	»	»	»	»	1	»	1	1	»	»	»	»	3	
es sans adresse	5	2	3	3	4	2	1	2	1	1	»	»	24	
loes	»	»	»	»	»	1	»	»	»	»	»	»	1	
Totaux	92	83	99	72	95	67	78	83	55	60	62	65	911	

REFUGE-OUVROIR MUNICIPAL PAULINE-ROLAND, 35, RUE FESSART.

STATISTIQUE ANNUELLE. — MOUVEMENT PENDANT L'ANNÉE 1894

ENTRÉES.

Janvier	176
Février	119
Mars	169
Avril	144
Mai	112
Juin	156
Juillet	155
Août	103
Septembre	105
Octobre	126
Novembre	132
Décembre	150
Total	1.647
Femmes enceintes	824

JOURNÉES.

Femmes	49.586
Enfants	4.932
Personnel	3.433
Total	57.951

RENSEIGNEMENTS SUR LES ENTRÉES.

État civil.

Célibataires	1.414
Divorcées	9
Mariées	116
Veuves	108
Total	1.647

Ages des femmes hosptialisés.

15 ans à 20 ans	287
20 — à 25 —	716
25 — à 30 —	366
30 — à 35 —	132
35 — à 40 —	58
40 — à 45 —	36
45 — à 50 —	17
50 — à 55 —	22
Au-dessus	13
Total	1.647

Ages des enfants hospitalisés.

1 jour à 12 mois	421
1 an à 2 ans	33
2 ans à 3 —	38
3 — à 4 —	27
4 — à 5 —	21
5 — à 6 —	14
6 — à 7 —	7
7 — à 8 —	5
Au-dessus	6
Total	572

Professions.

Domestiques	998
Couturières	112
Mécaniciennes	14
Cuisinières	128
Blanchisseuses	49
Giletières	6
Infirmières	18
Plumassières	2
Chaîniste	1
Corsetières	6
Passementières	4
Brodeuses	2
Confectionneuses	3
Relieuse	1
Nourrice	1
Pianistes	2
Demoiselles de magasin	2
Employées de commerce	5
Filles de salle	3
Journalières	83
Riveuse	1
Lingères	30
Chemisières	4
Femmes de chambre	60
Institutrices	5
Culottières	7
Ménagères	6
Polisseuse	1
Brunisseuses	3
Jardinière	1
Allumettières	1
A reporter	1.559

Report....	1.559
Charcutières	2
Compositrice	1
Papetières	2
Porteuse de pain	1
Gantière	1
Fleuristes	10
Doreuses	4
Gouvernante	1
Cordonnières	3
Modistes	7
Ambulantes	3
Cartonnières	3
Perleuses	2
Cravatières	4
Emailleuse	1
Artistes lyrique	1
Brocheuse	1
Boutonnière	1
Chapelières	3
Repasseuses	8
Employées	12
Ouvrière en filature	1
Garde-malades	1
Typographe	1
Lunetière	1
Sans profession	13
Total	1.647

PROVENANCE.

Fontenay	180
Vésinet	209
Hôpital	207
George Sand	515
Sainte-Anne	1
Ville-Évrard	26
A reporter.....	1.138
Report.....	1.138
Michelet	255
Divers	254
Total	1.647

NATIONALITÉS.

Paris	220
Départements	1.282
Alsace-Lorraine	65
Grand-Duché	20
Suisse	13
Belgique	25
Italie	5
Turquie	1
Espagne	2
Pologne	1
Allemagne	10
Corse	1
Russie	2
Total	1.647

RENSEIGNEMENTS SUR LES SORTIES.

Travail assuré	507
Maternité	214
Michelet	325
Fontenay	26
Vésinet	10
Hôpital	170
Rapatriées	29
Expulsées	17
Volontaires	348
George Sand	5
Nanterre	2
Total	1.653

Avec 590 enfants.

ASILE MUNICIPAL GEORGE-SAND, 1, RUE STENDHAL.

STATISTIQUE ANNUELLE. — MOUVEMENT PENDANT L'ANNÉE 1894.

ENTRÉES.

Femmes enceintes		480
Femmes non enceintes		2.360
Enfants		833
Total		3.673

SORTIES.

Femmes	2.798	
Enfants	822	
Total	3.620	3.620
Reste au 1er janvier 1895		53

RENSEIGNEMENTS SUR LES ENTRÉES.

Venant des asiles	1.018
— des hôpitaux	236
— de domiciles	1.252
— de province	317
— de l'étranger	17
Total	2.840

Durée de séjour à Paris.

Depuis leur naissance	511
— plus de 2 ans	1.214
— plus de 1 an	250
— plus de 6 mois	157
— plus de 2 mois	170
— plus de 1 mois	109
— moins de 1 mois	429
Total	2.840

Etat civil.

Célibataires	1.795
Mariées	458
Veuves	567
Divorcées	20
Total	2 840

Ages des femmes hospitalisées.

15 ans à 20 ans	308
21 — à 30 —	957
31 — à 40 —	603
41 — à 50 —	472
51 — à 60 —	328
61 — à 70 —	159
Au-dessus	13
Total	2.840

Ages des enfants hospitalisés.

1 jour à 1 an	359
1 an à 2 ans	117
2 ans à 3 —	54
3 — à 5 —	96
5 — à 7 —	71
7 — à 10 —	84
10 — à 15 —	52
Total	833

Professions.

Agraffeuses	2
Ambulantes	119
Baleinière	1
Bijoutières	2
Bimbelotières	4
Blanchisseuses	125
Bonnetière	1
Boutonnières	10
Brocheuses	4
Brodeuses	8
Brossières	4
Brunisseuses	6
Cannière	1
Cartonnières	16
Chapelières	8
Chaussurières	11
Chemisières	8
Chiffonnières	2
Confectionneuses	4
Corsetières	6
A reporter	342

Report	342
Couturières	241
Cravatières	3
Cuisinières	214
Culottières	14
Décolleteuse	1
Découpeuses	3
Dévideuses	5
Domestiques	1.030
Doreuses	4
Ecosseuses	39
Emailleuses	2
Employées	16
Femmes de chambre	33
Feuillagistes	3
Fleuristes	30
Gantières	3
Garde-malades	63
Giletières	8
Institutrices	8
Jardinières	2
Journalières	511
Lingères	76
Marchandes	3
Maroquinière	1
Matelassières	8
Mécaniciennes	32
Modistes	4
Papetières	6
Passementières	25
Perleuses	10
Plieuses	3
Plumassières	12
Polisseuse	1
Reperceuse	1
Riveuse	1
Sage-femme	1
Soudeuse	1
Sucrières	2
Tapissières	8
Teinturières	6
A reporter	2.776

Report	2.776
Tisseuses	10
Tourneuse	1
Typographes	2
Vernisseuses	4
Verrière	1
Sans profession	46
Femmes	2.840
Enfants	833
Total	3.673

NATIONALITÉS.

Paris	511
Départements	2.140
	2.651
Allemandes	87
Anglaises	2
Autrichienne	1
Belges	49
Espagnoles	4
Hollandaise	1
Italiennes	9
Luxembourgeoises	17
Russes	5
Suissesses	13
Turque	1
Total	2.840

RENSEIGNEMENTS SUR LES SORTIES.

Hospitalisées à Pauline-Roland	515
Placées	247
Rapatriées	4
Non rentrées	950
Expulsées	6
Décédées	2
Sans indication	1.074
Total	2.798

Nombre de couches des hospitalisées.

1re couche	774
2e couche	388
3e couche	129
4e couche	54
5e couche	29
6e couche	22
7e couche	14
8e couche	8
9e couche	4
10e couche	5
11e couche	4
16e couche	1
Total	1.432

NATIONALITÉS.

Nées à Paris	152
Nées dans les départements	1.174
Françaises (Total)	1.326
Alsaciennes	28
Françaises	1.326
Luxembourgeoises	6
Suissesses	8
Belges	24
Allemandes	23
Italiennes	11
Anglaises	2
Espagnole et Autrichienne	2
Polonaise et Hollandaise	2
Total	1.432

COLONIE AGRICOLE MUNICIPALE D'ASSISTANCE
DE LA CHALMELLE.

La colonie agricole de La Chalmelle fonctionne depuis trois ans.

Le but de cet établissement est de devenir un bureau de placement agricole destiné à rendre au travail des champs des ouvriers ruraux venus à Paris et tombés dans la misère.

Recrutement. — Il est nécessaire de faire un choix attentif des ouvriers destinés à la colonie. En 1893, une sélection fut faite, mais, l'œuvre étant peu connue, le nombre d'individus désirant entrer à La Chalmelle fut relativement restreint et on dut admettre des ouvriers qui auraient été probablement écartés si on s'était trouvé en présence d'une plus grande quantité de candidats. En 1894, pareil fait ne s'est pas produit, on a fait connaitre dans les asiles de nuit et les ateliers des œuvres d'assistance l'existence de la colonie en indiquant les conditions exigées et les avantages offerts aux malheureux, et un grand nombre d'ouvriers se sont présentés.

Les moyens d'enquête sont assez faibles malgré les fiches de renseignements qui sont fournies par les directeurs des refuges ou des œuvres d'assistance, mais un examen attentif permet néanmoins de faire un choix. Tous ceux qui désirent venir à La Chalmelle sont soigneusement interrogés, et, après avoir examiné leurs papiers, on s'assure si réellement ils connaissent un peu les travaux des champs. Leurs derniers certificats de travail sont d'un grand secours, car il est à prévoir qu'un ouvrier ayant travaillé longtemps chez le même patron sera d'un placement facile, mais ces pièces manquent souvent, beaucoup de journaliers négligeant d'exiger de ceux qui les emploient le certificat auquel ils ont droit.

La plus grande partie des ruraux qui demandent à entrer à la ferme ont été entraînés à Paris par des amis connaissant la capitale, ils y ont vécu quelque temps des économies amassées aux champs, puis, sans travail parce qu'ils sont inhabiles et souvent peu adroits dans la recherche de l'ouvrage, ils tombent dans la misère, vendant leurs habits pour vivre, faisant quelque corvée aux Halles, mais désirant vivement retourner à la campagne; d'autres à Paris depuis plus longtemps sont tombés malades, sortis de l'hôpital ou d'une maison de convalescence, sans aucune ressource, ayant perdu leur emploi, usé leurs vêtements, ils ont cherché à se faire rapatrier sans y parvenir; d'autres enfin, ivrognes invétérés, paresseux ou vagabonds incorrigibles, habitués des refuges, asiles, ou autres lieux d'assistance temporaire, désirent savoir s'il ne leur serait pas possible de tirer profit d'une nouvelle œuvre qu'ils ne connaissent pas.

Sur 98 ouvriers sans travail entrés pour la première fois à la colonie en 1894, il y avait :

39 cultivateurs, 14 journaliers ayant travaillé aux champs, 8 jardiniers, 3 palefreniers, 1 vacher, 2 cochers, 7 maréchaux-ferrants, mécaniciens ou chauffeurs; soit 74 ouvriers relativement faciles à placer à la campagne, à cause de leur connaissance des chevaux, du bétail, des travaux de la terre ou des outils agricoles.

Les 24 autres paraissaient disposés à se fixer à la campagne, ils affirmaient avoir travaillé aux champs dans leur jeunesse sans que rien ne vienne le prouver, mais on doit dire que bien peu de ceux-là ont pu être placés par les soins de l'Administration. Ils ont trop pris l'habitude des villes, ne veulent pas quitter leur métier et, à part quelques exceptions (quatre ou cinq), tous sont sortis volontairement de la colonie.

20 ouvriers sans travail seulement sur 98 étaient originaires de Paris ou du département de la Seine. Quelques-uns même parmi ceux-là avaient longtemps vécu en province.

5 ouvriers avaient moins de 25 ans	5
24 étaient âgés de 25 à 30 ans	24
24 — de 30 à 35 ans	24
19 — de 35 à 40 ans	19
26 — de 40 à 45 ans	26
Total	98

Pour empêcher la venue à la ferme des amateurs, on avait décidé l'an dernier que ceux qui quitteraient volontairement la colonie ne seraient jamais admis à nouveau; cette règle a été appliquée en 1894 dans toute sa rigueur et on s'en est fort bien trouvé.

TABLEAU A. — DÉPENSES D'ALIMENTATION DU PERSONNEL ET DES RÉFUGIÉS.

Moyennes journalières individuelles par mois.	DÉPENSES TOTALES	DÉPENSES EN ARGENT
1893 Octobre	0 8616	0 3049
— Novembre	0 8364	0 3473
— Décembre	0 8179	0 4345
1894 Janvier	0 833	0 464
— Février	0 7845	0 4365
— Mars	0 8304	0 4542
— Avril	0 924	0 594
— Mai	0 997	0 624
— Juin	0 9932	0 5902
— Juillet	0 928	0 536
— Août	1 113	0 724
— Septembre	1 07	0 673
Moyenne pour un an	0 915	0 545

Les colons placés qui désirent revenir à la colonie peuvent être admis à nouveau lorsque les motifs qui leur font quitter leurs places sont sérieux; — on ne sait pas toujours quelles sont les aptitudes de chacun; on ne connait pas assez les patrons qui s'adressent à la ferme pour être assurés que l'ouvrier sera bien, et souvent aussi leurs lettres n'expliquent pas clairement la nature du travail exigé. — Il serait donc injuste que l'ouvrier souffrît d'une erreur causée par un malentendu. Quinze colons sortis placés ont été ainsi admis à nouveau. — Lorsqu'ils reviennent ainsi à la ferme, on exige d'eux le dépôt de leurs papiers et de l'argent qu'ils ont en mains, afin de les placer dans des conditions identiques à celles dans lesquelles se trouvent leurs camarades. S'ils retrouvent une situation, ils paient le prix du voyage au lieu de leur place. Lorsqu'on fait de l'assistance, il faut la faire égale pour les individus de même catégorie; il faut éviter que quelques-uns soient privilégiés, et c'est pour cela que cette mesure a été prise.

Cette année, d'octobre 1893 à octobre 1894, la colonie a donc reçu 113 ouvriers sans travail, c'est dire que le personnel s'est renouvelé $\frac{113+24}{26}$, soit plus de 5 fois (24 étant le nombre des colons actuellement à la ferme et 26 le nombre de lits). Ce chiffre est important si l'on songe que pendant les deux premières années le chiffre annuel des entrées était de soixante.

Séjour à la ferme. — Discipline. — Travail. — Les ouvriers se sont bien conduits pendant séjour à La Chalmelle. On n'a eu aucun désordre à réprimer ni à l'intérieur ni à l'extérieu par conséquent peu de consignes ou de retenues de salaire à infliger. Huit hommes seulement été expulsés pour refus de travail, ivrognerie ou inconduite.

Le régime alimentaire n'a pas varié, seulement la consommation des produits du jardin a augmentée, — celui-ci produisant plus que l'an passé et l'économie réalisée par cette utilisa directe étant très importante.

Comme l'an dernier, la moyenne de la dépense journalière individuelle en argent a été inféri aux prévisions budgétaires (0 fr. 60 c.).

Les dépenses s'élèvent au printemps pour arriver à un maximum durant les mois de tra intensif et surtout en été.

Le tableau A montre les variations des dépenses totales et en argent par mois. La nourri d'un homme revient à 0 fr. 915, dont 0 fr. 40 c. sont fournis en nature par la colonie, la dép journalière moyenne en argent étant de 0 fr. 515.

La consommation du pain a également varié, de 703 grammes à 889 grammes par homme et jour.

TABLEAU B. — FRAIS GÉNÉRAUX.

		HOMMES	ANI
1893	Octobre	0 2032	0
—	Novembre	0 2850	0
—	Décembre	0 3454	0
1894	Janvier	0 3332	0
—	Février	0 3280	0
—	Mars	0 3068	0
—	Avril	0 2099	0
—	Mai	0 1640	0
—	Juin	0 1708	0
—	Juillet	0 1886	0
—	Août	0 2073	0
—	Septembre	0 2026	0
	Moyenne pour un an	0 2425	0

PRÉSENTS A LA COLONIE.

Moins de 2 mois	
De 2 à 4 mois	
4 à 6 mois	
6 à 8 mois	
8 mois à 1 an	
Plus d'un an	
Total égal à l'effectif	

Les frais généraux sont en moyenne de 0 fr. 24 c. par homme et par jour. Sous cette dén nation on comprend le chauffage, l'éclairage, le blanchissage et l'entretien des effets et du mat affecté au service des colons. Les chiffres sont plus élevés en hiver qu'en été, à cause de l'augmentation de la consommation du charbon, du bois et du pétrole. *(Voir tableau B.)*

Du mois d'octobre 1893 à la fin de septembre 1894, la colonie a utilisé 10,515 journées 1/2 de travail, dont 2,190 journées de gagistes (charretiers, garçons, chefs-maîtres, jardinier, vacher et forgerons). Les 8,325 demi-journées de colons ont été réparties comme l'indique le tableau annexe C. La moitié environ de ces journées a été employée à des travaux d'intérieur, d'améliorations, à la cuisine, à la vacherie, au magasin. Sous le titre intérieur nous comprenons 1,225 demi-journées de dimanche ou de jours de fête pendant lesquelles les ouvriers n'ont pas travaillé. Les journées utiles pour les colons ont donc été de 7,100 journées.

Dans le tableau annexe les journées des gagistes sont comptées.

Santé. — Le service de santé s'est fait régulièrement. Malgré le mauvais état physique des ouvriers à leur entrée, il n'y a eu cette année, à la ferme, aucune maladie grave ; quelques accès de fièvre, des embarras gastriques, des bronchites légères, des rhumatismes, ont été facilement soignés et le carnet de visite médicale n'est pas chargé. 98 journées 1/2 de repos pour maladie ont été seulement portées sur les livres.

Placements. — On estimait l'an dernier que la colonie pouvait annuellement recevoir une soixantaine d'ouvriers sans travail, cette année ce chiffre a doublé; c'est dire que le placement s'est effectué dans d'excellentes conditions. Au reste, les raisons qui l'avaient limité en 1893 n'existent plus, les récoltes étaient abondantes et les fermiers n'hésitaient pas à augmenter leur personnel.

Les agriculteurs qui s'adressent à la colonie se divisent en trois catégories :

1° Ceux qui connaissent l'œuvre entreprise et s'y intéressent ;

2° Ceux que le directeur connait personnellement et sur l'esprit desquels il peut agir en les convainquant de la bonne œuvre qu'ils font tout en se rendant service à eux-mêmes ;

3° Ceux enfin qui, ne pouvant garder leurs ouvriers parce qu'ils paient mal ou qu'ils exigent un travail excessif, espèrent exploiter les malheureux assistés.

Chez ces derniers, les anciens colons ne resteront pas ; ni plus résistants, ni plus accommodants que les ouvriers du pays, les réfugiés ne supporteront pas les injustices et, découragés, aigris à nouveau, beaucoup retomberont dans la misère.

Les efforts de l'Administration tendent à placer les colons uniquement chez les patrons de la première et de la deuxième catégorie ; elle a réussi en partie, puisque seulement quinze colons mal placés ont demandé à revenir à La Chalmelle. Mais elle est obligée, devant l'impossibilité de l'enquête, de placer un peu à l'aveugle, se contentant d'exiger de l'embaucheur un engagement écrit de payer une somme déterminée ; cette pièce fait foi devant le juge de paix.

Sur 113 colons sortis de La Chalmelle en 1894, 77 ont été placés par nos soins, soit 68 °/₀ ou un peu plus des deux tiers. Ce résultat est encourageant si l'on songe que, parmi les 28 qui sont sortis volontairement, beaucoup ont trouvé du travail dès leur arrivée à Paris ; il leur manquait, à leur entrée, les ressources nécessaires pour attendre une place promise et souvent uniquement des vêtements convenables pour se présenter. Plusieurs colons, qui ne sont pas considérés comme placés dans le tableau D, ont néanmoins une situation à l'heure actuelle.

Les 77 colons placés sont tous sortis de la colonie pour entrer chez des agriculteurs comme charretiers, vachers, jardiniers ou garçons de ferme ; un seulement a été placé comme chauffeur et un autre comme contremaître dans une savonnerie en Indo-Chine.

Le nombre des sorties est bien égal à celui des entrées *(voir tableau E)*, l'effectif au 1er octobre 1894 étant le même qu'au 1er octobre 1893. Sur 15 colons entrés pour la deuxième fois, 8 ont été placés à nouveau, 2 sont sortis volontairement et 5 sont encore à la colonie.

Pécule. — Les 98 colons sortis pour la première fois ont emporté la somme de 1,54
Cette somme est l'économie réalisée sur 4,163 francs, salaire de 8,326 journées de travail ;
respond à une moyenne individuelle de 15 fr. 76 c. pour un salaire moyen de 42 fr. 4
économie individuelle est inférieure à celle de l'an dernier, qui était de 19 fr. 26 c. ; ceci s
par le mouvement plus considérable, pour 1894, indiquant un séjour moindre pour chac
conséquent, un salaire moindre.

13 colons en sortant ont touché moins		de 5
26 ont reçu		de 5 à 1
23	—	de 10 à 1
17	—	de 15 à 2
4	—	de 20 à 2
4	—	de 25 à 3
2	—	de 30 à 3
5	—	de 40 à 4
2	—	de 45 à 5
1	—	de 50 à 5
1	—	80 francs.
98		

État agricole. — La Chalmelle n'est pas une ferme ordinaire, elle emploie une main
toute spéciale; beaucoup des ouvriers qu'elle reçoit ont perdu l'habitude des travaux des
dès qu'ils sont devenus assez habiles ils quittent la colonie et il faut considérer la ferm
une exploitation qui, employant un assez grand nombre d'ouvriers, n'en a que fort peu
produire un travail réellement utile; aucun, en tout cas, n'arrive à son maximum de pr
l'état de dépression physique dans lequel ils se trouvent limite leur activité et le nombre
suppléer à la qualité de la main-d'œuvre.

La colonie de La Chalmelle, ayant des terres peu fertiles, un cheptel insuffisant, u
d'œuvre irrégulière, ne peut prétendre à des bénéfices dans l'exploitation de la ferme à
actuelle où, à cause des bas prix des céréales, les agriculteurs propriétaires exploitant eu
trouvent difficilement le moyen d'arriver à un produit net satisfaisant.

Si on envisage le produit brut, la ferme, cette année, a donné de très bons résultats, s
on considère le mauvais état des terres au moment de l'installation de la colonie et le peu
écoulé depuis la mise en culture définitive.

IS	INTÉRIEUR	CUISINE	VACHERIE	ATELIER	AMÉLIORATION	PUITS	JARDIN	CHARROIS	BETTERAVES	BATTEUSE	HARICOTS	CHOUX
e..1893	268	31	62	46	54	»	55	15	76	34	6	»
ib.. —	249	30	60	69	32 1/2	38 1/2	161	17	2	38 1/2	6	»
bre —	337 1/2	31	62	63 1/2	41	30 1/2	174	21 1/2	»	34 1/2	6 1/2	»
r..1894	282	31	62	74	47	»	42	50 1/2	»	24 1/2	40 1/2	»
r.. —	237 1/2	28	56	66	62	»	99 1/2	36	»	»	8 1/2	»
... —	280 1/2	31	62	52 1/2	43	»	160	41 1/2	»	»	3 1/2	»
... —	260	30	60	53	20 1/2	57	249	10 1/2	28 1/2	»	1	»
... —	258	31	61	43	21	120	172	8	28 1/2	»	28 1/2	»
... —	232	30	60	45	9 1/2	137	50 1/2	4	109 1/2	»	22	10 1/2
... —	297 1/2	31	62	20 1/2	2	47 1/2	82	6	179 1/2	11	2	»
... —	230 1/2	31	63	22 1/2	7	»	60 1/2	3 1/2	»	34 1/2	8 1/2	»
ib.. —	268	30	60	73	34	»	43	8 1/2	3 1/2	46 1/2	22 1/2	6 1/2
x	3,200 1/2	365	730	628	393 1/2	430 1/2	1,348 1/2	222	427 1/2	223 1/2	147 1/2	17

MS	BLÉ 1893-1894	BLÉ 1893	SEIGLE 1894	SEIGLE 1893	JACHÈRES (LABOUR)	EXTRACTION DE PIERRE	PRESTATIONS	CASSAGE DE PIERRE	POMMES DE TERRE	PRÉ 1894	PRÉ 1893-1894	BOIS
e..1893	106	»	»	»	14	»	»	»	53	»	»	»
ib.. —	»	»	»	»	78 1/2	»	»	10	»	»	»	»
bre —	»	»	»	»	41 1/2	34	»	»	»	»	»	»
r..1894	»	»	»	»	»	45	»	1 1/2	»	»	»	120
r.. —	»	»	»	»	»	88 1/2	»	»	»	»	»	75 1/2
... —	»	»	»	»	30 1/2	17	»	»	»	»	»	»
... —	8	»	»	»	»	»	14	»	18 1/2	»	»	»
... —	»	»	»	»	60	»	26	»	54 1/2	»	»	»
... —	1	»	8	»	6	»	»	»	1	29 1/2	120 1/2	»
... —	1 1/2	104	27	80	3	»	»	»	4	2 1/2	14 1/2	»
... —	» 1/2	191	1	»	»	»	»	»	» 1/2	12	»	»
ib.. —	58	»	16 1/2	»	»	»	»	»	116	12 1/2	»	»
x	175	295	52 1/2	80	233 1/2	184 1/2	40	11 1/2	247 1/2	56 1/2	135	195 1/2

OIS	DRAINAGE	AVOINE 1894	SARAZIN	MAIS	NAVETS	TRÈFLE	VESCES	CHAMP D'EXPÉRIENCE	FOURRAGES VERTS	AVOINE 1895	MALADES	TOTAUX
e..1893	»	»	»	»	»	»	»	3	»	»	»	823
ib.. —	»	»	»	»	»	»	»	»	»	»	»	812
bre —	»	»	»	»	»	»	»	»	»	»	»	877 1/2
r..1894	»	»	»	»	»	»	»	»	»	»	12	832
r.. —	9 1/2	»	»	»	»	»	»	»	»	»	»	764
... —	22 1/2	43 1/2	»	»	»	2	»	»	»	»	24 1/2	814
... —	»	79 1/2	»	»	»	3	»	27 1/2	»	»	6	926
... —	»	6	3 1/2	»	»	»	»	2	»	»	6 1/2	929 1/2
... —	»	»	10 1/2	6 1/2	»	»	»	»	»	»	20	913
... —	»	5	»	»	3	2	4	»	»	»	16	1,007 1/2
... —	»	227	»	»	»	»	»	»	»	3	13 1/2	904 1/2
ib.. —	»	103 1/2	»	»	»	»	»	»	5	3 1/2	»	910 1/2
x	32	464 1/2	14	6 1/2	3	7	4	32 1/2	5	6 1/2	98 1/2	10,515 1/2

TABLEAU D. — DURÉE DE SÉJOUR.

DURÉE	PLACÉS 1re fois	PLACÉS 2e fois	SORTIS VOLONTAIREMENT 1re fois	SORTIS VOLONTAIREMENT 2e fois	EXPULSÉS	TOTAL
Moins de 2 mois	41	8	15	2	5	71
De 2 à 4 mois	13	»	7	»	3	23
De 4 à 6 mois	5	»	2	»	»	7
De 6 à 8 mois	4	»	1	»	»	5
De 8 mois à 1 an	5	»	»	»	»	5
Plus d'un an	1	»	1	»	»	2
Totaux	69	8	26	2	8	
	77		28			
Total général	113				....	113

TABLEAU E. — MOUVEMENT DU 1er OCTOBRE 1893 AU 1er OCTOBRE 1894.

PRÉSENTS ET ENTRÉS

Présents à la colonie le 1er octobre 1894		24
Entrés pour la 1re fois	98	113
— 2e fois	15	
Total		137

SORTIS

Sorties. — Placés 1re fois	69	77
— 2e fois	8	
Volontairement 1re fois	26	28
— 2e fois	2	
Expulsés		8
Total des sorties		113
Présents à la colonie le 1er octobre 1894		24
Total		137

MOIS		ENTRÉES 1re fois	ENTRÉES 2e fois	ENTRÉES TOTAL	SORTIES PLACÉS 1re fois	SORTIES PLACÉS 2e fois	SORTIES VOLONTAIREMENT 1re fois	SORTIES VOLONTAIREMENT 2e fois	EXPULSÉS	TOTAL
Octobre	1893	6	»	6	1	»	4	»	»	5
Novembre	—	4	»	4	2	1	1	»	1	5
Décembre	—	3	1	4	3	»	2	1	»	6
Janvier	1894	»	»	»	»	»	1	»	»	1
Février	—	2	»	2	»	»	1	»	»	1
Mars	—	20	»	20	9	»	5	»	»	14
Avril	—	3	»	3	6	»	»	»	»	6
Mai	—	4	»	4	3	»	1	»	1	5
Juin	—	19	1	20	15	»	1	»	1	17
Juillet	—	22	9	31	12	4	4	»	»	20
Août	—	12	2	14	14	2	3	1	5	25
Septembre	—	3	2	5	4	1	3	»	»	8
Totaux		98	15	113	69	8	26	2	8	113
		113			77		28		8	
					113					

ÉTUVES MUNICIPALES

INFECTION des vêtements, pièces de literie et autres objets contaminés par les malades.

Paris met à la disposition du public des étuves de désinfection à vapeur sous pression.
léressés peuvent demander une désinfection, soit pendant le cours d'une maladie, soit après sa termi-
n certificat, aucune justification d'aucune espèce n'est exigée. Il suffit de formuler une demande. On
ser, soit à l'une des trois stations municipales (rue du Château-des-Rentiers, 73; rue des Récol-
Chaligny, 21); soit à l'une des vingt mairies d'arrondissement; soit à l'un des cimetières du Nord,
nd; soit au refuge-ouvroir, rue Fessart, 37; soit à la station municipale de voitures d'ambulance, rue
oit au bureau central de la direction des Affaires municipales, caserne Lobau. En outre, la direction
municipales tient à la disposition de MM. les médecins de Paris des carnets contenant un certain
rtes postales. Pour obtenir une désinfection, il suffit de détacher une de ces cartes et de la mettre à
agents munis d'une carte d'identité et revêtus d'un uniforme, une voiture spéciale, hermétiquement
ent à domicile aussitôt que le service le permet. Après la désinfection, les objets sont reportés par
un personnel particuliers.
leau ci-dessous, on compte comme unité *l'opération de désinfection* quel que soit le nombre des
fectés et quel que soit le degré de complication de cette opération. Les désinfections sont faites, tantôt
urs d'une maladie, tantôt après sa terminaison.
mier cas, voici comment elle se pratique : Pendant toute la durée d'une maladie transmissible et à des
glés d'accord avec la famille, les linges et vêtements du malade et de ceux qui le soignent sont placés
urni par le service des Étuves municipales et passés à l'étuve : la désinfection de la literie, de la
mobilier est faite après guérison ou décès. Chacune de ces opérations est comptée comme une unité
u ci-dessous.
désinfection est faite après la terminaison de la maladie (guérison ou décès), voici en quoi elle consiste :
aque opération (quoique ne comptant que pour une seule unité) est double; on transporte aux étuves
tements, objets de literie et autres meubles faciles à déplacer, et d'autre part une escouade de désin-
domicile désinfecter les parois des pièces et les gros meubles, soit avec des pulvérisations de solution
oit avec d'autres substances désinfectantes.
tres désinfections sont faites dans l'intérêt de la salubrité, soit que des voisins d'une personne atteinte
n contagieuse le demandent, soit qu'il s'agisse d'établissements publics ou de locaux collectifs qui ont
une épidémie ou qui ont été occupés par un malade contagieux.
les désinfections faites chaque jour dans les asiles *municipaux* de nuit, dans les hôpitaux, les désin-
itures qui ont transporté des malades, celles qui sont faites dans les établissements militaires, au
au Marché aux bestiaux, dans les abattoirs, dans les wagons, etc., ne sont pas comprises dans la
stique.

Nombre des opérations de désinfection pendant l'année 1894.

...ION DES MALADIES	NOMBRE D'OPÉRATIONS	RÉPARTITION PAR ARRONDISSEMENTS	NOMBRE D'OPÉRATIONS	OBSERVATIONS
...	6,136	1er arrondissement	933	Opérations faites à la demande des :
...	3,565	2e id.	794	
...	2,851	3e id.	1,486	
...	5,469	4e id.	1,511	Mairies ... 7,015
...	365	5e id.	1,808	Médecins ... 3,089
...sep.	3,025	6e id.	1,631	Particuliers ... 10,894
...rdermes	»	7e id.	1,242	Hopitaux ... 2,880
...	7,509	8e id.	1,259	Préfecture de police 7,686
...ale	277	9e id.	1,656	Stations d'ambulance ... 4,177
...	695	10e id.	2,560	
...res d'hygiène	5,934	11e id.	3,424	Direction de l'Enseignement ... 2,103
Total	37,826	12e id.	2,064	
		13e id.	2,080	Total ... 37,826
		14e id.	1,843	
...désinfections ont été faites.		15e id.	2,309	
		16e id.	1,295	
		17e id.	2,255	
...lets, 6 bis	13,505	18e id.	3,254	
... 21	9,671	19e id.	2,057	
...u-des-Rentiers, 73	13,198	20e id.	2,386	
...	1,452	Divers	»	
Total	37,826	Total	37,826	

AMBULANCES MUNICIPALES [1]

SERVICE GRATUIT pour le transport des malades dont l'état exige l'admission d'urgence dans les hôpitaux.

Ce service peut être également utilisé pour les malades ou blessés dont le transport à domicile ou à une gare serait demandé.

On peut s'adresser aux stations municipales de voitures d'ambulance : rue Chaligny, 21, ou rue de Staël, 6, soit verbalement, soit par écrit, télégramme ou téléphone. Les réquisitions peuvent être faites soit par la famille, soit par MM. les médecins et pharmaciens ou par MM. les commissaires de police. Le médecin traitant peut faire connaître son diagnostic et les motifs qui justifieraient, à son avis, une admission d'urgence.

Nombre de transports effectués :

Par la station de la rue de Staël.....	9.097
Par la station de la rue Chaligny....	8.697
Ensemble..........	17.794

Répartition par maladies :

A. — Maladies contagieuses :

Fièvre typhoïde....................	678
Variole	684
Rougeole	382
Scarlatine	342
Coqueluche........................	18
Diphtérie et croup	856
Choléra...........................	»
Grippe...........................	46
Tuberculose.......................	436
A reporter.....	3.442
Report.....	3.442
Oreillons..........................	
Fièvre puerpérale..................	64
Erysipèle	159
Maladies contagieuses diverses (gale, teigne, etc.)..........................	124
	4.091

B. — Maladies non contagieuses :

Maladies diverses..................	10.960
Accouchements......................	788
Accidents et blessures..............	998
Hospitalisés........................	924
	13.700
Maladies contagieuses..............	4.091
Ensemble..........	17.794

Stations de voitures d'ambulance. — Transports effectués pendant l'année 1894.

MALADES ET BLESSÉS	DESTINATION						OBSERVATIONS
	DOMICILE	HÔPITAUX	BUREAU central	GARES	ENFANTS assistés, refuges, Dépôt, Ledru-Rollin	TOTAUX	
Pris à domicile..................	238	11,264	1.003	44	1	12,550	Transports demandés :
Pris dans les hôpitaux........ ...	940	1,064	366	120	196	2,686	Par les familles......... 4.93[illegible]
Pris au Bureau central..........	»	1,383	»	»	»	1,383	Par les hôpitaux......... 3.0[illegible]
Pris dans les gares	35	34	»	»	»	69	Par le Bureau central... 1.[illegible]
Pris dans les refuges............	»	393	5	»	5	403	Par les bureaux de bienfaisance .... 3.2[illegible]
Pris sur la voie publique	14	115	»	»	»	129	Par les mairies.......... »
Pris aux postes de secours........	7	5	»	»	»	12	Par les commissaires de police .... 2.17[illegible]
Pris aux postes de police	2	88	»	»	»	90	Par la préfecture de Police. 2.11[illegible]
Pris à l'asile Ledru-Rollin	1	22	»	»	449	472	Par les refuges de nuit... 82[illegible] / Par l'asile Ledru-Rollin.. »
TOTAUX..........	1,237	14,368	1,374	164	651	17,791	TOTAL...... 17.79[illegible]

(1) Voir, en outre, page 592, le nombre des malades atteints d'affections contagieuses transportés par les voitures spéciales de la préfecture de Police.

AMBULANCE URBAINE DE L'HOPITAL SAINT-LOUIS

30 postes téléphoniques spéciaux à ce service sont installés (le plus souvent dans des pharmacies) sur les IIIe, IXe, Xe, XIXe et XXe arrondissements; les autres arrondissements ne communiquent qu'exceptionnellement avec l'ambulance urbaine.

Nombre de blessés et de malades transportés par voiture spéciale et soignés à l'ambulance pendant le cours de l'année 1894.

Nos D'ORDRE	GENRES D'AFFECTIONS	HOMMES	FEMMES	TOTAL
1	Traumatisme (1) (suicide excepté) par machines, outils de travail, etc.	125	17	142
2	Traumatisme (1) (suicide excepté) par voitures	191	42	233
3	Traumatisme (1) (suicide excepté) par chutes	296	73	369
4	Traumatisme (1) (suicide excepté) par autres causes	26	11	37
5	Suicide par strangulation	4	4	8
6	Id. par asphyxie	20	19	39
7	Id. par submersion	13	7	20
8	Id. par arme à feu	41	4	45
9	Id. par arme blanche	13	1	14
10	Id. par autres moyens	15	22	37
11	Tentative de meurtre et rixes	92	29	121
12	Brûlure	14	18	32
13	Insolation et congélation	2	1	3
14	Submersion accidentelle	1	»	1
15	Autres cas chirurgicaux	34	14	48
16	Inanition	34	9	43
17	Absorption de gaz délétères (suicide excepté)	2	»	2
18	Autres empoisonnements accidentels	7	»	7
19	Accouchements	»	241	241
20	Épilepsie, hystérie	45	57	102
21	Apoplexie et autres maladies subites	56	12	68
22	Alcoolisme	51	8	59
23	Autres cas médicaux	138	53	191
24	Morts	26	4	30
25	Autres transports effectués à domicile sur demande des particuliers ou de l'Administration	55	23	78
	Totaux	1,301	669	1,970
	Faux appels	106		
	Total des appels	2,076		

(1) 308 fractures, 46 luxations, 369 plaies, 303 contusions.

SECOURS PUBLICS

Pendant l'année 1894, des secours ont été donnés à 1,351 personnes, savoir :

470 fois dans les pavillons de secours aux noyés, établis sur la Seine et les canaux pa

831 fois dans les différents postes de police de Paris;

50 fois dans les postes de secours de la banlieue.

Ces secours se répartissent ainsi qu'il suit :

I. — Pavillons de secours.

Les pavillons de secours ont reçu 470 submergés en 1894; ils en avaient reçu 429 en 1

Pavillon nº 1, canal	49
Id. 2, —	39
Id. 3, —	49
Id. 4, —	31
Quai de la Charente	11
Quai de l'Oise	48
Pont de Bercy	23
Pont National	13
A reporter	263

Report	
Pont d'Austerlitz	
Pont d'Arcole	
Pont de l'Alma	
Pont Royal	
Pont des Invalides	
Pont de Grenelle	
Pont d'Auteuil	
Total	

Parmi les 470 individus soignés :

460 sont sortis sains et saufs;

Parmi les 10 morts :

1 avait 10 ans;
3 avaient 26 ans;
1 avait 31 ans;
1 avait 55 ans;
2 avaient 60 ans;
2 avaient 65 ans.

La durée de la submersion a été de :

Quelques secondes dans	163 cas.
1 minute dans	44 —
2 minutes dans	87 —
3 —	80 —
4 —	16 —
5 —	50 —
6 —	5 —
A reporter	445 cas.

Report	
7 minutes dans	
8 —	
10 —	
15 —	
20 —	
Total	

II — Postes de police et autres dans Paris.

Pendant l'année 1894, 831 personnes ont été transportées dans les postes de police, de sapeurs-pompiers, de la garde républicaine, d'octroi, de cimetières, et y ont reçu les soins que leur état comportait, savoir :

131 pour plaies de tête ; 206 pour des plaies diverses ; 229 pour des contusions ; 6 pour fractures des membres inférieurs ; 11 pour des luxations des membres ; 176 pour des indispositions ; 55 pour des attaques d'épilepsie ; 8 pour des accouchements ; 8 pour des tentatives de suicide ; 1 dans un cas de syncope.

Causes des accidents.

70 fois par des chevaux ; 139 fois par des voitures ; 91 fois par des chutes pendant l'ivresse ; 156 fois par des rixes ; 4 fois par des morsures diverses ; 47 fois par des attaques ; 20 fois par vélocipèdes ; 40 fois par des causes professionnelles ; 146 fois par des chutes accidentelles ; 118 fois par des causes professionnelles : 831 accidents.

Les gardiens de la paix ont donné eux-mêmes les soins nécessaires : 277 fois le jour et 171 fois la nuit.

III. — Postes de la banlieue de Paris.

Des appareils de secours pour les noyés et les blessés sont également déposés dans certaines communes du département de la Seine.

50 personnes ont été secourues pendant l'année 1894, savoir :

	33	personnes ont été soignées pour indispositions et blessures ;
	17	pour des cas de submersion (5 de ces submergés sont morts).
Total.....	50	

Causes des transports par brancards.

Accouchements	67
Anémie	8
Bronchites	23
Brûlures	6
Cholérine	4
Chutes, fractures	153
Epilepsie	19
Fièvre intermittente	5
Hémorragie	21
Hernie	12
Indispositions diverses	63
Mort subite	65
Paralysie	31
Plaies, contusions	72
Pleuro-pneumonie	25
Rage	2
Rhumatismes	7
Suicides	26
Troubles gastro-intestinaux	4
Total	613

Nombre de transports par brancards, par trimestre et par mois.

TRIMESTRES	MOIS	NOMBRE	TOTAUX
1er trimestre	Janvier	42	113
	Février	32	
	Mars	39	
2e trimestre	Avril	40	188
	Mai	64	
	Juin	84	
3e trimestre	Juillet	67	166
	Août	45	
	Septembre	54	
4e trimestre	Octobre	54	146
	Novembre	39	
	Décembre	53	
Total		613	613

Transports des malades par brancards effectués à Paris en 1894.

ARRONDISSEMENTS	1er TRIMESTRE			2e TRIMESTRE			3e TRIMESTRE			4e TRIMESTRE			ENSEMBLE de l'année 1894		
	HOMMES	FEMMES	TOTAL	HOMMES	FEMMES	TOTAL	HOMMES	FEMMES	TOTAL	HOMMES	FEMMES	TOTAL	HOMMES	FEMMES	TOTAL
1er	1	»	1	4	»	4	1	»	1	1	»	1	7	»	7
2e	2	»	2	»	»	»	2	»	2	»	»	»	4	»	4
3e	2	»	2	2	1	3	2	2	4	»	»	»	6	3	9
4e	4	5	9	2	4	6	4	5	9	2	5	7	12	19	31
5e	7	7	14	10	2	12	8	4	12	6	4	10	31	17	48
6e	5	2	7	10	3	13	5	»	5	4	3	7	24	8	32
7e	2	3	5	6	»	6	»	1	1	4	3	7	12	7	19
8e	»	»	»	1	2	3	4	2	6	4	1	5	9	5	14
9e	3	8	11	9	7	16	3	2	5	9	2	11	24	19	43
10e	1	5	6	»	3	3	5	2	7	1	4	5	7	14	21
11e	1	1	2	1	2	3	2	2	4	2	»	2	6	5	11
12e	1	»	1	3	»	3	1	1	2	1	»	1	6	1	7
13e	4	2	6	8	5	13	6	5	11	3	3	6	21	15	36
14e	»	»	»	8	4	12	7	5	12	12	4	16	27	13	40
15e	4	1	5	12	2	14	9	1	10	8	1	9	33	5	38
16e	1	»	1	7	1	8	10	1	11	3	4	7	21	6	27
17e	5	3	8	15	1	16	13	2	15	6	2	8	39	8	47
18e	3	7	10	8	8	16	6	6	12	6	7	13	23	28	51
19e	3	3	6	6	»	6	10	»	10	5	2	7	24	5	29
20e	7	10	17	18	13	31	18	9	27	13	11	24	56	43	99
TOTAUX	56	57	113	130	58	188	116	50	166	90	56	146	392	221	613

MALADES ATTEINTS D'AFFECTIONS CONTAGIEUSES

TRANSPORTÉS, EN 1894, PAR LES VOITURES SPÉCIALES DE LA PRÉFECTURE DE POLICE.

AFFECTIONS	JANVIER	FÉVRIER	MARS	AVRIL	MAI	JUIN	JUILLET	AOUT	SEPTEMBRE	OCTOBRE	NOVEMBRE	DÉCEMBRE	TOTAL DE L'ANNÉE
Fièvre typhoïde	24	35	100	49	36	20	29	22	33	25	16	4	[illegible]
Variole	128	95	59	62	34	34	23	12	2	6	8	6	[illegible]
Rougeole	8	12	22	32	33	20	7	8	2	1	1	4	[illegible]
Scarlatine	9	15	22	31	30	27	44	26	6	7	8	13	[illegible]
Diphtérie	47	59	51	55	68	46	24	25	41	69	47	50	[illegible]
Érysipèle	31	24	38	37	39	51	44	39	31	33	27	34	[illegible]
Choléra	»	»	»	»	»	»	»	»	»	»	»	»	»
Diverses et non désignées	26	37	40	19	23	33	27	36	12	19	15	13	[illegible]
TOTAL des transports	273	277	332	285	260	240	198	168	127	160	122	123	[illegible]

OBSERVATIONS. — Depuis 1882 des voitures spéciales sont mises *gratuitement* par la préfecture de Police à la disposition du public pour le transport dans les hôpitaux des malades atteints d'affections contagieuses. Les chiffres ci-dessus ne font pas double emploi avec ceux de la page 588.

SERVICE MÉDICAL DE NUIT

Le service médical de nuit a été organisé en 1876 par M. Léon Renault, alors préfet de Police, sur la proposition de M. le docteur Passant.

Les noms et adresses des médecins et sages-femmes qui veulent bien se rendre aux réquisitions qui leur seraient faites la nuit sont mentionnés sur un tableau affiché dans le poste de police de leur quartier. Lorsqu'on a besoin d'un médecin la nuit, on se rend au poste de police du quartier, un gardien de la paix détaché du poste va avec le requérant au domicile du médecin, il suit le médecin chez le malade, le reconduit chez lui et lui remet un *bon d'honoraires* payable à présentation à la caisse de la Préfecture. Suivant la fortune du malade, l'Administration lui réclame le montant du prix de la visite ou le prend à sa charge.

Ce service, ainsi que le service pharmaceutique de nuit, relève de la 2e division de la préfecture de Police.

Statistique du 1er janvier au 31 décembre 1894.

ARRONDISSEMENTS	HOMMES	FEMMES	ENFANTS AU-DESSOUS DE 3 ANS	TOTAL
1er	71	83	15	169
2[e]	63	106	17	186
3[e]	159	182	51	392
4[e]	158	274	89	521
5[e]	119	208	50	377
6[e]	65	115	28	208
7[e]	61	117	36	214
8[e]	34	41	3	78
9[e]	60	80	13	153
10[e]	112	198	55	365
11[e]	451	749	300	1,500
12[e]	131	226	105	462
13[e]	259	422	202	883
14[e]	258	325	132	715
15[e]	272	424	138	834
16[e]	58	85	15	158
17[e]	223	337	87	647
18[e]	486	748	332	1,566
19[e]	345	471	245	1,061
20[e]	588	1,047	492	2,127
Totaux	3,973	6,238	2,405	12,616
Résumé pour l'année 1894.				
1er trimestre	1,097	1.731	638	3,466
2e id.	977	1.454	519	2,950
3e id.	926	1.422	661	3,009
4e id.	973	1.631	587	3,191
Totaux	3,973	6,238	2,405	12,616

PROGRESSION DU SERVICE DEPUIS SON ORGANISATION.

1876	1re année,	3,616	visites de nuit.	
1877	2e	—	3,312	—
1878	2e	—	3,751	—
1879	4e	—	5,283	—
1880	5e	—	6,341	—
1881	6e	—	6,521	—
1882	7e	—	6,891	—
1883	8e	—	6,895	—
1884	9e	—	8,712	—
1885	10e	—	7,494	—
1886	11e année,	7,563	visites de nuit.	
1887	12e	—	7,161	—
1888	13e	—	7,408	—
1889	14e	—	8,544	—
1890	15e	—	9,094	—
1891	16e	—	9,402	—
1892	17e	—	11,893	—
1893	18e	—	12,890	—
1894	19e	—	12,616	—

Maladies ayant nécessité les visites de nuit.

A	
Angine et laryngite	874
Croup	175
Coqueluche	52
Ophtalmie	5
Otite	7
Maladies des yeux et des oreilles	10
B	
Asthme	223
Affections du cœur	475
Bronchites aiguë et chronique	1.293
Pleuro-pneumonie	632
Congestion pulmonaire	225
Grippe et influenza	244
C	
Affections et troubles gastro-intestinaux	1.602
Cholérine et dysenterie	278
Athrepsie	155
Coliques hépatiques, néphrétiques, saturnins	307
Hernie étranglée	106
Rétention d'urine	80
Orchite	1
D	
Affections des organes génitaux	34
Métrite, métro-péritonite	323
Métrorrhagie	294
Fausse couche	357
Accouchement, délivrance	791
Accouchement non terminé	107
A reporter	8.650
Report	8.650
E	
Affections cérébrales	456
Convulsions éclampsie	327
Névralgie	287
Névroses	482
Epilepsie	91
Aliénation mentale	48
Alcoolisme, delirium tremens	102
F	
Rhumatisme	105
Affections éruptives	421
Fièvre intermittente	156
Fièvre typhoïde	97
Hémorragies de causes internes et externes	382
Erysipèle	34
Corps étrangers dans l'œsophage	9
G	
Plaies, contusions, abcès	458
Fractures, luxations, entorses	110
Brûlures	33
Empoisonnements	66
Asphyxie par le charbon	13
Suicide	44
H	
Mort à l'arrivée du médecin	351
Total	12.616

SERVICE PHARMACEUTIQUE DE NUIT.

Le service pharmaceutique de nuit, organisé à la suite d'une délibération du Conseil municipal en date du 11 juin 1886, fonctionne de la même façon que le service médical de nuit.

Les ordonnances rédigées par les médecins de ce service ne doivent comprendre que les médicaments d'absolue nécessité. Une somme fixe de 1 fr. 50 c. pour chaque dérangement est allouée au pharmacien. Les frais sont recouvrés comme les honoraires des médecins et sages-femmes du service de nuit.

Le nombre de bons présentés par les pharmaciens du service a été de 9,630 en 1894.

PROGRESSION DU SERVICE DEPUIS SON ORGANISATION.

1887	1re année...........	4.064 bons.		1891	5e —	6.430 bons.
1888	2e —	4.362 —		1892	6e —	8.568 —
1889	3e —	5.504 —		1893	7e —	9.588 —
1890	4e —	6.138 —		1894	8e —	9.630 —

PERSONNEL MÉDICAL DU DÉPARTEMENT DE LA SEINE

Au 31 décembre 1894, il existait dans le département de la Seine :

2.421	docteurs en médecine, dont..........................	2.153 à Paris.
92	officiers de santé, dont..............................	84 —
1.340	sages-femmes, dont................................	1.090 —
70	chirurgiens-dentistes................................	69 —
1.200	pharmaciens..	960 —

ENFANTS ASSISTÉS[1]

Demandes de secours et enquêtes. — Le nombre de demandes de secours dont a été saisi le service des Enfants assistés, qui avait été de 26,860 en 1893, s'est élevé pour l'année 1894 à 29,150, soit une augmentation de 2,290 demandes.

Ces demandes, sauf celles qui présentent un caractère d'urgence, pour lesquelles il est pris une mesure immédiate, ne reçoivent une solution qu'après une enquête, effectuée d'ailleurs dans les vingt-quatre heures de leur réception, afin d'établir la situation morale et matérielle de la pétitionnaire.

Leur examen a nécessité 22,832 enquêtes dont 19,439 dans Paris et 3,393 dans la banlieue.

Mais là n'est pas toute la tâche qui incombe aux enquêteurs, dont je signale en passant tout le dévouement. Ces employés sont encore chargés des enquêtes nécessitées par le service des retraits des enfants, des placements sous réserve de tutelle et des Enfants moralement abandonnés.

Le nombre des enquêtes effectuées pour ces divers services a été de :

Paris, 1,679 ; banlieue, 332. — Soit au total, 2,011.

Le nombre total des enquêtes a donc été de :

Paris, 21,118 ; banlieue, 3,725. — Total, 24,843.

Secours d'orphelins. — Bien que les enfants de cette catégorie échappent à la tutelle administrative, une surveillance active et bien exercée ne peut qu'améliorer leur sort.

Il est incontestable en effet que les parents ou bienfaiteurs qui se sont chargés de ces enfants, sachant que l'Administration sera exactement renseignée sur la manière dont ils sont traités, s'appliqueront, pour conserver le secours, à les mieux soigner et veilleront plus assidûment sur eux.

Pendant l'année, 271 dossiers relatifs à des secours d'orphelins ont été soumis à l'examen de la Commission de surveillance des secours.

Selon son avis, 38 enfants ont été définitivement admis aux secours périodiques, 165 demandes ont été rejetées. Un secours une fois donné a été accordé à 2 enfants ; 4 enfants dont les parents étaient décédés et qui passaient en d'autres mains ont été maintenus au secours et 62 ont dû être radiés pour des raisons diverses.

Les 38 admissions ont porté sur 33 enfants légitimes et 5 naturels.

En joignant les 38 enfants admis au courant de l'année 1894, aux 315 enfants existant au 1er janvier de cette même année, on obtient un nombre total de 353 orphelins secourus pendant cette année, 122 enfants ont cessé de l'être pour les motifs suivants :

Secours expirés, les titulaires ayant atteint leur 14e année	[illegible]
Décédés	[illegible]
Abandonnés	[illegible]
A reporter	[illegible]

(1) Extrait du *Rapport à M. le préfet de la Seine sur le service des Enfants assistés pendant l'année 1894 et propositions pour le budget de 1896* (Administration générale de l'Assistance publique à Paris).

		Report.....	60
Secours supprimés :			
Motifs divers	41	}	62
Placement dans les orphelinats	14		
Placement en apprentissage	4		
Admission à l'internat primaire	3		
		Total	122

Il restait donc dans ce service, au 31 décembre 1894, 231 enfants se répartissant comme il suit au point de vue de leur domicile :

Domiciliés dans le département de la Seine :			
Paris	190	}	217
Banlieue	27		
En province			14
		Total	231

Il a été payé, en 1894, à titre de secours d'orphelins, une somme de 41,394 francs.

Rapatriements. — Un certain nombre de demandes de secours émanent de mères habitant habituellement la province, n'ayant quitté leur pays d'origine qu'en raison de leur état de grossesse et venues à Paris pour y faire leurs couches, souvent afin de cacher leur faute, mais aussi parce que dans le département de la Seine « on obtient plus facilement des secours ».

Elles sont appelées quelquefois par des parents ou des amis qui les recueillent. D'autres fois, elles vont se réfugier dans les asiles, leur séducteur, parfois même l'administration municipale de leur commune, leur ayant fourni la somme nécessaire au voyage.

D'accord avec l'Administration, la Commission de surveillance a pensé que ces mères ne doivent pas être considérées comme susceptibles de recevoir les secours du département de la Seine ; la possibilité pour elles entrevue d'obtenir ces secours aurait certainement pour effet d'en augmenter le nombre déjà trop considérable. Les moyens de retourner gratuitement dans leur pays d'origine et un secours leur permettant de se nourrir en route leur sont toujours offerts, mais, si cette offre est refusée, elles sont prévenues qu'elles ne doivent pas compter sur l'aide habituelle de l'Assistance.

Au cours de l'année 1894, 257 mères ayant moins de 9 mois de séjour dans le département ont sollicité les secours de l'Administration.

Allocations de nourrices. — Dans certaines situations toutes spéciales, les secours ordinairement attribués seraient insuffisants pour assurer aux nouveau-nés les soins nécessaires. La mère meurt en couches, ou bien abandonne son foyer, laissant à la charge du père plusieurs enfants en bas-âge, quelquefois l'accouchée doit subir à l'hôpital un long traitement : tels sont les cas qui motivent ordinairement l'allocation d'une nourrice. L'enfant est alors confié à l'Administration qui l'élève comme s'il était abandonné, mais le père ou la mère correspondent avec la nourrice dont l'adresse leur est communiquée ; ils doivent même prouver par la présentation des lettres reçues des nourriciers qu'ils n'ont pas cessé de se préoccuper de leur enfant.

Au 1er janvier 1894, ce service comprenait 28 enfants dont 19 légitimes et 9 naturels ; 47 enfants dont 36 légitimes et 11 naturels ont été admis dans le courant de l'année, ce qui porte à 75 le nombre des enfants secourus élevés aux frais de l'Assistance pendant l'année 1894.

Sur ce nombre, 13 ont été repris par les parents, 8 ont été abandonnés, 21 sont décédés, soit en tout 42 enfants sortis du service.

Il restait donc, au 31 décembre 1894, 33 enfants pourvus d'une nourrice administrative.

Les allocations de nourrices ont occasionné une dépense de 24,098 fr. 99 c.

Secours pour aider les mères à élever leur enfant. — Ces secours sont accordés aux mères reconnues nécessiteuses pour les aider à élever leur enfant. Ils constituent certainement la partie la plus importante du service des secours préventifs d'abandon.

Il s'agit en effet de mères délaissées n'ayant presque toujours pour subsister que le produit de leur travail. Pour ces motifs et en raison de leur état maladif au moment où elles font leur demande, il est de toute importance de leur venir en aide sans retard.

Ainsi que nous l'avons déjà exposé dans nos renseignements relatifs au service des enquêtes, les demandes de secours sont examinées dans les vingt-quatre heures après leur réception et les intéressées sont avisées de la décision prise à leur égard dans les quarante-huit heures à partir de cette réception.

S'il y a urgence, ou bien la demande est faite verbalement au guichet de renseignements et un premier secours est alloué immédiatement en attendant que l'enquête habituelle puisse être effectuée, ou bien la demande est adressée par écrit à l'Administration ; l'urgence est alors constatée par l'enquêteur quand il se présente au domicile de la pétitionnaire.

Les enquêteurs sont autorisés dans ce cas à convoquer la mère qui, dès le lendemain matin, peut se présenter à l'Assistance où elle reçoit immédiatement un secours.

Enfin, si une mère malade ne peut se déplacer et se présenter elle-même, l'enquêteur a pour instructions de lui faire signer un bon de secours et de laisser à son domicile une convocation pour permettre à l'intéressée de faire toucher le montant du secours à son lieu et place par une personne de confiance : mère, fille, fils, sœurs, etc.....

Toutes les éventualités nous semblent ainsi prévues de façon à amener dans tous les cas la délivrance, aussi prompte que possible, du secours.

Les secours destinés aux mères qui élèvent elles-mêmes leur enfant se divisent en deux catégories, suivant le mode d'élevage des enfants et la situation des mères :

Les secours périodiques.

Les secours non périodiques.

Secours périodiques. — Ces secours, payés mensuellement dans les mairies, sont exclusivement réservés aux mères qui conservent auprès d'elles leur enfant et le nourrissent, soit au sein, soit au biberon.

Pendant l'année 1894, 2,455 mères, dont 49 pupilles de l'Administration, ont été inscrites à ces secours.

Quant à la quotité, ces secours se répartissent comme il suit :

Secours à 15 francs	35	*Report*	2.365
— 16 —	10	Secours à 35 francs	28
— 20 — (22 pupilles)	1.344	— 36 —	16
— 21 —	306	— 40 —	25
— 25 — (27 pupilles)	395	— 41 —	9
— 26 —	96	— 45 —	7
— 30 —	141	— 50 —	5
— 31 —	38		
A reporter	2.365	Total	2.455

Il y a lieu de remarquer que les secours de 15 francs s'appliquent, soit à des enfants jumeaux, soit à des enfants dont les mères, vivant en famille, se trouvent dans une condition moins malheureuse que celles complètement livrées à elles-mêmes.

Depuis deux ans déjà, il n'est plus fait de différence pour la fixation de la quotité du secours entre la mère qui nourrit son enfant au sein et celle qui l'élève au biberon.

Pour obtenir le nombre total des mères qui ont bénéficié du secours d'allaitement en 1894, il est nécessaire d'ajouter aux 2,455 mères inscrites pendant cette année, 1,945 mères précédemment admises aux secours. Ce nombre est donc de 4,400.

Les secours d'allaitement figurent pour une somme de 661,989 fr. 60 c. dans la totalité des dépenses du service.

Secours non périodiques. — Les secours non périodiques comprennent :

1° Les secours aux enfants mis en nourrice;

2° Les secours divers.

1° Secours aux enfants mis en nourrice.

Le placement de l'enfant en nourrice est parfois motivé par la nécessité de lui procurer l'allaitement au sein que sa mère ne peut lui donner en raison de son état de santé, mais l'impossibilité pour la mère de conserver son enfant auprès d'elle résulte le plus souvent de la profession qu'elle exerce. Il ne faut pas oublier en effet que 22 % environ des mères qui s'adressent à l'Assistance sont des domestiques logées chez leurs maîtres. Cette considération explique suffisamment le nombre élevé des allocations dites « secours de mise en nourrice ». Ce secours qui varie de 35 à 50 francs, suivant la situation de la mère, représente le premier mois et les frais de voyage de la nourrice.

2,650 enfants en ont bénéficié en 1894; sur ce nombre, 19 l'ont reçu deux fois, soit que la nourrice ait rendu l'enfant à sa mère, faute de paiement des mois de pension, soit que le premier secours n'ait pas reçu sa destination pour diverses raisons.

Les secours de mise en nourrice payés par l'intermédiaire des hôpitaux, en cas d'urgence constatée par certificat médical, se sont élevés au chiffre de 230. Ces secours sont naturellement compris dans le total de 2,650.

2° Secours divers.

Les secours divers sont accordés dans toutes les circonstances où l'aide de l'Administration est reconnue nécessaire, sans qu'il soit besoin de lui donner un caractère périodique.

L'un des cas les plus fréquents est celui-ci : la mère vit dans sa famille, et le gain journalier des membres qui la composent, joint à son propre salaire, paraît habituellement suffisant pour que l'Assistance n'ait pas à intervenir. Un secours est alors généralement accordé au moment des couches en raison de l'état maladif de la mère, et il est au besoin renouvelé jusqu'à son rétablissement.

Il arrive encore qu'une mère, après avoir élevé son enfant pendant plusieurs mois avec ses propres ressources, se voit obligée, par une circonstance imprévue, maladie, chômage, etc., d'avoir recours à l'Assistance. Il est évident qu'en pareil cas l'aide qu'elle sollicite pour sortir d'une situation momentanément embarrassée doit être accidentelle et non périodique.

Dans les secours divers sont compris les secours de premier besoin, attribués d'urgence aux mères tombées dans une grande détresse, ou aux ménages très nécessiteux, en attendant que le bureau de bienfaisance ait pris une décision à leur égard.

Enfin, il y a lieu de comprendre aussi dans cette catégorie de secours ceux délivrés par l'hospice des Enfants-Assistés pour éviter les abandons imminents; il en a été distribué 150.

1,936 enfants ont, en 1894, fait l'objet de 3,081 secours accidentels.

Ces secours se répartissent, au point de vue de la quotité, de la façon suivante :

Secours à 5 francs	121
— 10 —	181
— 11 —	9
— 15 —	691
— 16 —	134
— 20 —	1.260
A reporter	2.396
Report	2.396
Secours à 21 francs	270
— 25 —	226
— 26 —	68
— 30 —	109
— 31 —	12
Total	3.081

Ainsi que nous l'avons vu, en traitant la question des rapatriements, les secours de 5 et 10 franc sont pour la plupart attribués aux mères qui acceptent de revenir dans leur pays d'origine, pou leur permettre de vivre en route.

103,095 fr. 85 c. ont été distribués en 1894, pour secours non périodiques de différente nature.

En résumé, 9,461 enfants ont bénéficié d'un secours en 1894 :

Orphelins	25.
Rapatriements	14
Nourrices administratives	7
Secours périodiques	4.40
Secours non périodiques	4.58
Total	9.461

En 1893, le nombre des enfants secourus s'était élevé à 9,814, soit une différence en moins, pou l'année 1894, de 353. Mais il faut se rappeler que les secours accordés aux ménages réguliers er 1892 avaient été continués en 1893 pour faciliter l'application de la mesure prise par le Consei général. Si l'on écarte cette catégorie de secourus mise aujourd'hui complètement à la charge de bureaux de bienfaisance, on constate que le nombre d'enfants inscrits aux secours en 1893 et e 1894 a été sensiblement le même.

Secours de mères-nourrices payés par les bureaux de bienfaisance. — Dans sa séance du 27 dé cembre 1892, le Conseil général décidait de distraire du budget des secours préventifs d'abando au profit des bureaux de bienfaisance, une subvention de 100,000 francs dans le but d'apporter un aide plus efficace aux ménages de Paris chargés d'une nombreuse famille.

Le vote du Conseil général recevait son exécution le 1er février 1893; le but poursuivi étant d relever le taux des secours dits de mères-nourrices alloués par les bureaux de bienfaisance, i fallait nécessairement prévenir l'émiettement possible des nouvelles sommes mises à leur dispo sition.

La création de cartes nominatives aux quotités fixes de 10 et 15 francs parut le meilleur moye d'écarter ce danger.

416 cartes à 10 francs et 278 à 15 francs, soit en tout 694 cartes, furent donc établies et répartie entre les divers arrondissements, suivant les bases ordinaires, c'est-à-dire proportionnellemen au nombre d'indigents inscrits.

La mesure prise par le Conseil général a donné d'heureux résultats, ainsi que le constaten MM. les maires dans leurs rapports. Ils ont été unanimes à en reconnaître les bienfaits et à expri mer l'espoir que le Conseil s'imposerait de nouveaux sacrifices pour augmenter le chiffre de la subvention.

Cet appel a été entendu. Dans sa séance du 20 décembre 1894 le Conseil général votait en faveur des ménages réguliers de Paris une nouvelle subvention de 70,000 francs

Au moyen de cette subvention il a été établi 291 cartes de 20 francs venant s'ajouter aux 416 déjà existantes. Pour la répartition de ces nouvelles cartes, il a été procédé comme pour les précé dentes, c'est-à-dire qu'elles ont été réparties entre les vingt arrondissements au prorata de la population indigente. Elles sont naturellement destinées aux ménages dont les charges de famille sont excessives et pour lesquels les secours de 10 et 15 francs avaient été reconnus insuffisants.

La dépense des secours distribués par les vingt bureaux de bienfaisance se trouve comprise dans la somme de 661,989 fr. 60 c., figurant au compte sous la rubrique *secours d'allaitement.*

HOSPICE DÉPOSITAIRE ET SERVICES ANNEXES.

ADMISSIONS PENDANT L'ANNÉE 1894.

Le nombre des enfants admis et immatriculés pendant l'année 1894 est de 4,878, savoir :

Enfants admis directement à l'hospice.

	GARÇONS	FILLES	TOTAUX	
Trouvés (1)	154	166	320	
Abandonnés	2.015	1.694	3.709	4.415
Orphelins	236	150	386	
Total	2.405	2.010	4.415	

Enfants immatriculés sans avoir été présentés à l'hospice.

	GARÇONS	FILLES	TOTAUX	
Trouvés	2	3	5	
Abandonnés	227	168	395	463
Orphelins	36	27	63	
Total	265	198	463	
			Total général	4.878

Sur ces 4,878 enfants, 615 ont été abandonnés après avoir été secourus.

Au moment de l'abandon ces 615 enfants se répartissaient entre les âges suivants :

Enfants âgés de moins de 1 mois	40
— — 3 —	72
— — 6 —	129
— — 1 an	141
A reporter	382
Report	382
Enfants âgés de moins de 2 ans	124
— de plus de 2 ans	109
Total	615

Pendant l'année 1893, le nombre des enfants abandonnés après avoir été secourus était de 595 sur 4,699.

Le nombre des admissions en 1894 (4,878) présente une augmentation de 179 sur le chiffre correspondant de l'année 1893. Ce dernier chiffre accusait une diminution de 198 sur l'année 1892.

Admissions multiples. — Il arrive souvent que la même personne abandonne simultanément deux, trois, quatre ou cinq enfants. Ces admissions multiples se répartissent de la manière suivante :

(1) Sous la dénomination *enfants trouvés* il faut entendre non seulement ceux qui ont été exposés sur la voie publique ou dans des lieux solitaires, mais encore ceux dont les parents ont refusé de se faire connaître.

Admissions doubles............................	293	pour	586	enfants dont	94	orphelins	et	6	trouvé
— triples............................	56	—	168	—	21	—		»	—
— quadruples..........................	23	—	92	—	8	—		»	—
— quintuples..........................	2	—	10	—	5	—		6	—
Soit..........	374	pour	856	enfants dont	128	orphelins	et	6	trouvé

Admissions depuis 10 ans.

ANNÉES	ADMISSIONS	TROUVÉS	ABANDONNÉS	ORPHELINS
1885......................	3,137	155	2,794	188
1886......................	3,257	186	2,865	206
1887......................	3,477	165	3,085	227
1888......................	3,724	183	3,276	265
1889......................	3,552	198	3,214	140
1890......................	3,621	175	3,178	268
1891......................	4,506	246	3,781	479
1892......................	4,897	288	4,070	539
1893......................	4,699	295	3,978	426
1894......................	4,878	325	4,104	449

ENFANTS TROUVÉS.

Sur les 325 enfants inscrits en 1894 dans la catégorie des trouvés, on compte :

Enfants dont les parents ont refusé de se faire connaître..			[illegible]
Enfants abandonnés entre les mains de personnes étrangères..			[illegible]
Enfants déposés...........	Dans des maisons habitées..............................	23	[illegible]
	Dans les églises..	5	
	Sur la voie publique....................................	29	
	Dans un jardin public..................................	2	
	Dans une voiture.......................................	1	
	Dans un wagon de chemin de fer.........................	1	
		Total..........	[illegible]

Période décennale (1885-1894).

ENFANTS TROUVES	1885	1886	1887	1888	1889	1890	1891	1892	1893	1894
Enfants trouvés	155	186	165	183	198	175	246	288	295	325
Enfants dont les parents ont refusé de se faire connaître..........	100	115	107	123	176	120	199	239	228	253
Enfants abandonnés entre les mains de personnes étrangères.	9	20	13	15	2	23	12	8	11	11
Enfants exposés...............	37	51	45	45	20	32	35	41	46	61
Total..........	310	372	330	366	396	350	492	576	590	650

AGE DES ENFANTS AU MOMENT DE L'ADMISSION.

Année 1894.

AGE AU MOMENT DE L'ADMISSION	TROUVÉS	ABANDONNÉS	ORPHELINS	TOTAL
De 1 jour à 7 jours	186	188	4	378
De 8 jours à 15 jours	52	1,169	11	1,232
De 16 jours à 1 mois	14	364	6	384
De 1 mois à 3 mois	19	313	13	345
De 3 mois à 6 mois	9	241	10	260
De 6 mois à 1 an	14	305	12	331
De 1 an à 1 an 1/2	6	161	5	172
De 1 an 1/2 à 2 ans	2	143	9	154
De 2 ans à 3 ans	17	186	15	218
De 3 ans à 6 ans	4	372	63	439
De 6 ans à 13 ans	2	566	187	755
Au-dessus de 13 ans	»	96	114	210
Totaux	325	4,104	449	4,878

Période décennale 1885-1894.

AGE AU MOMENT DE L'ABANDON	TOTAUX pour 10 ANS	1885	1886	1887	1888	1889	1890	1891	1892	1893	1894
De 1 jour à 7 jours	3,683	330	353	338	473	398	317	380	366	350	378
De 8 jours à 15 jours	10,736	902	905	906	1,002	1,099	1,000	1,141	1,234	1,255	1,232
De 16 jours à 1 mois	3,321	304	326	301	258	289	272	387	430	370	384
De 1 mois à 3 mois	2,939	299	333	299	236	277	217	290	322	321	345
De 3 mois à 6 mois	2,063	198	164	146	231	220	194	188	219	243	260
De 6 mois à 1 an	2,801	228	232	259	276	310	228	293	322	322	331
De 1 an à 1 an 1/2	940						199	225	191	153	172
De 1 an 1/2 à 2 ans	2,802	383	357	402	469	441	96	171	161	168	154
De 2 ans à 3 ans	1,052						186	206	211	231	218
De 3 ans à 6 ans	3,356	222	273	246	327	257	315	392	470	415	439
De 6 ans à 13 ans	5,085	261	309	464	396	231	480	687	791	711	755
Au-dessus de 13 ans	970	10	5	116	56	30	57	146	180	160	210
Totaux	35.748	3,137	3,237	3,477	3,724	3,552	3,621	4,506	4,897	4,699	4,878
RÉSUMÉ											
Au-dessous d'un an	25.543	2,261	2,313	2.249	2.476	2.393	2,288	2,679	2,893	2,861	2.930
Au-dessus d'un an	14,205	876	911	1.228	1.248	959	1,333	1.827	2,004	1,838	1,948
Proportion pour cent.											
De 1 jour à 7 jours	»	10 52	10 84	9 72	12 72	11 20	8 75	8 43	7 47	7 45	7 75
De 8 jours à 15 jours	«	28 75	27 79	26 06	26 91	30 94	29 27	25 32	25 19	26 71	25 26
De 16 jours à 1 mois	»	9 69	10 02	8 66	6 92	8 13	7 51	8 59	8 78	7 87	7 87
De 1 mois à 3 mois	»	9 53	10 22	8 60	6 33	7 80	5 99	6 44	6 57	6 83	7 07
De 3 mois à 6 mois	»	6 31	5 03	4 20	6 21	6 19	5 36	4 17	4 48	5 17	5 33
De 6 mois à 1 an	»	7 27	7 12	7 45	7 41	8 72	6 30	6 50	6 58	6 85	6 78
De 1 an à 1 an 1/2							5 50	4 90	3 90	3 26	3 53
De 1 an 1/2 à 2 ans	»	12 21	10 96	11 56	12 59	12 41	2 65	3 80	3 28	3 58	3 16
De 2 ans à 3 ans							5 14	4 57	4 30	4 92	4 47
De 3 ans à 6 ans	»	7 08	8 38	7 07	8 78	7 23	8 70	8 70	9 60	8 83	9 »»
De 6 ans à 13 ans	»	8 32	9 49	13 34	10 63	6 50	13 26	15 25	16 16	15 13	15 48
Au-dessus de 13 ans	»	0 32	0 15	3 34	1 50	0 88	1 57	3 24	3 69	3 40	4 30
Totaux	»	100 »	100 »	100 »	100 »	100 »	100 »	100 »	100 »	100 »	100 »
RÉSUMÉ											
Au-dessous d'un an	»	72 07	71 02	64 69	66 50	72 98	63 18	59 45	59 07	60 88	60 07
Au-dessus d'un an	»	27 93	28 98	35 31	33 50	27 02	36 82	40 55	40 93	39 12	39 93

ÉTAT CIVIL DES ENFANTS ADMIS EN 1894.

Au point de vue de la filiation, les enfants admis se répartissent de la manière suivante :

Enfants légitimes		1.280
Enfants naturels reconnus par le père	112	
Enfants naturels reconnus par la mère	862	1.023
Enfants naturels reconnus par le père et la mère	49	
Enfants naturels non reconnus		2.504
Enfants dont l'état civil n'a pas été constaté		71
Total		4.878

59 enfants trouvés ont donné lieu à une inscription d'office à l'état civil.

Mouvement de la population à l'hospice.

DÉSIGNATION	ENFANTS AU DÉPOT	ENFANTS ASSISTÉS	ENFANTS MORALEMENT abandonnés	ENFANTS SECOURUS	NOURRICES SÉDENTAIRES	NOURRICES DE CAMPAGNE	SURVEILLANTES DES CONVOIS	PAVILLON-ANNEXE de la CONSULTATION
Entrées.								
Existants le 1er janvier 1894	324	111	12	»	15	6	1	17
Entrées dans l'année. Admissions	9,377	4,415	461	46	53	2,088	430	66
Entrées dans l'année. Réintégrations	»	1,616	371	8	»	»	»	»
Total des entrées	9,701	6,142	844	54	68	2,094	431	83
Sorties.								
Sorties	9,262	5,764	933	40	55	2,078	428	65
Décès	93	253	1	13	»	»	»	1
Total des sorties et des décès	9,355	6,017	834	53	55	2,078	428	66
Restants le 31 décembre 1894	346	125	10	1	13	16	3	17

Infirmeries.

Le nombre d'enfants traités dans les services d'infirmerie a été de 2,586, savoir :

Médecine, 1,500; médecine, cas traités dans les pavillons d'isolement, 41 ; pavillons d'isolement, 664 ; nourricerie, 69 ; chirurgie, 312. — Total égal, 2,586.

Services d'isolement pour les maladies contagieuses.

Diphtérie. — 8 enfants ont été, en 1894, traités pour la diphtérie et 5 sont décédés. C'est une proportion de 62,50 °/o.

La proportion en 1892 avait été de 51,85 °/o.

La trachéotomie a été opérée sur trois enfants. Un seul d'entre eux a pu être sauvé.

Rougeole. — Le nombre des malades atteints de rougeole en 1894 a été de 237, sur lesquels 47 sont décédés.

C'est une proportion de 19,83 °/₀, au lieu de 9 °/₀ en 1893 et 24,73 °/₀ en 1892.

Scarlatine. — Les cas de scarlatine se sont élevés, en 1894, au chiffre de 30; 4 enfants sont décédés, soit 3,33 °/₀ au lieu de 15,28 °/₀ en 1893.

Coqueluche. — On a constaté, en 1894, 21 cas de coqueluche. De même qu'en 1893 aucun décès n'est survenu.

Douteux. — Ce pavillon reçoit les enfants suspects de maladies contagieuses.

Au 31 décembre 1893 il s'y trouvait en traitement 5; entrées, 363. — Total, 368.

Les sorties ont été de 366, savoir :

Rendus aux familles	68
Passés dans la salle de médecine	88
Passés dans les pavillons d'isolement	63
Passés en chirurgie	4
Partis à la campagne	5
Passés à la crèche	40
Passés dans les divisions	81
Teigneux envoyés à Romorantin, à Vendôme et à Saint-Pol	14
Partis à Châtillon	2
Décédé	1
	366
Restant au 31 décembre 1894	2
Total égal	368

AGENCES DE PLACEMENT DANS LES DEPARTEMENTS.

MOUVEMENT DE LA POPULATION DES AGENCES.

Le nombre des élèves à la pension, c'est-à-dire de la naissance à 13 ans, placés dans les agences, était, au 31 décembre 1893, de	24.326
Pendant l'année 1894, ce nombre s'est augmenté de	4.358
Total égal	28.684

D'autre part, pour cette même population, le nombre des sorties et des décès dans la même année a été de 3,167, savoir :

Ayant atteint leur 14ᵉ année	1.615	
Sortis pour causes diverses (remises aux familles, rapatriements sur les départements, etc.)	885	
Décédés	667	
Total	3.167	3.167
D'où ressort, au 31 décembre 1894, un nombre d'élèves de 1 jour à 13 ans		25.517
Ceux de 13 à 21 ans étaient au nombre de		10.428
Total (*à reporter*)		35.945

Report..... 35

Si on ajoute à ce total le nombre des élèves de tout âge restant dans les établissements spéciaux :

École de Villepreux (Seine-et-Oise)...
École d'Alembert à Montévrain (Seine-et-Marne)..................................
École Roudil à Ben-Chicao (Algérie)...
École professionnelle et ménagère d'Yzeure (Allier)..............................
École maritime de Port-Hallan à Belle-Isle-en-Mer (Morbihan).................
Et ceux restant à l'hospice dépositaire...

on obtient le chiffre de.. 36

qui représente, au 31 décembre 1894, la population totale des pupilles de l'Administration de 1 à 21 ans.

Au point de vue de la classification établie par le décret du 19 janvier 1811, ces 36,372 enf se répartissent ainsi :

CATEGORIES	GARÇONS			FILLES			TOTAL		
	De 1 jour à 13 ans	De 13 à 21 ans	TOTAL	De 1 jour à 13 ans	De 13 à 21 ans	TOTAL	De 1 jour à 13 ans	De 13 à 21 ans	TO
Trouvés	758	140	898	791	137	928	1,549	277	1,
Abandonnés	11,984	5,037	17,021	10,932	4,220	15,152	22,916	9,257	32,
Orphelins	658	718	1,376	510	487	997	1,168	1,205	2,
Totaux	13,400	5,895	19,295	12,233	4,844	17,077	25,633	10,739	36,

Comparée à celle de 1893, la population de 1894 présente les différences suivantes :

	1893	1894	EN PLUS
Enfants à la pension de 0 à 13 ans	24.326	25.517	1.191
Enfants hors pension de 13 à 21 ans	10.096	10.428	332

On obtient ce même nombre de 1,191 en comparant entre eux le chiffre des admissior l'année, soit 4,358, et celui des sorties, soit 3,167, dont la différence (1,191) représente l'aug tation du nombre des enfants à la pension.

MORTALITÉ DANS LES AGENCES DE PROVINCE.

Le nombre des enfants âgés de moins de 13 ans, placés à la campagne, en 1894, était de 28, 677 sont décédés dans l'année, soit une mortalité de 2,33 °/₀.

Les élèves âgés de 13 à 21 ans étaient au nombre de 12,170 ; 33 sont décédés, soit une mort de 0,27 °/₀.

Si l'on considère l'ensemble de la population des agences, on voit que le nombre total des é de 1 jour à 21 ans était de 40,854 et que le chiffre des décès a été de 700, d'où ressort une mort de 1,71 °/₀.

Le tableau suivant indique la proportion des décès des enfants âgés de moins de 13 ans pen la dernière période décennale :

ANNÉES	NOMBRE D'ENFANTS de 0 à 13 ans	DÉCÈS	PROPORTION POUR CENT
1885	19,202	806	4.19
1886	19,630	886	4.51
1887	20.305	712	3.51
1888	21.330	660	3.09
1889	22,298	594	2.56
1890	22,084	638	2.71
1891	24,700	703	2.84
1892	26,344	862	3.27
1893	27,460	851	3.10
1894	28,684	667	2.33

VACCINATIONS ET REVACCINATIONS.

Dans toutes les agences, les médecins se servent de la pulpe vaccinale délivrée par l'Académie de médecine et nous avons la satisfaction de constater qu'à de très rares exceptions près, ils se montrent satisfaits de son emploi.

Il a été pratiqué, en 1894, 1,825 vaccinations et 1,122 revaccinations, soit 2,947 opérations qui, à raison de deux francs par opération, ont donné lieu à une dépense de 5,894 francs.

TRAITEMENT MARITIME ET THERMAL.

Berck-sur-Mer (Pas-de-Calais).

265 enfants, 129 garçons et 136 filles, atteints d'affections susceptibles d'amélioration par le traitement marin, ont été reçus et traités dans les établissements de Berck-sur-Mer.

Le mouvement de la population dans ces établissements est présenté dans le tableau suivant :

MOUVEMENT DES ENFANTS ASSISTÉS TRAITÉS EN 1894 dans les établissements de Berck	MAISON BOUVILLE — Garçons	MAISON PARMENTIER — Filles	TOTAL
Restants le 31 décembre 1893	48	48	96
Entrés dans le courant de l'année 1894	81	88	169
Total des entrés	129	136	265
Sortis	60	85	145
Décédés	2	1	3
Total des sortis et décédés	62	86	148
Restants le 31 décembre 1894	67	50	117

Cherrueix (Ille-et-Vilaine).

Un certain nombre d'enfants débiles, malingres et chétifs, pour lesquels l'hospitalisation n'était pas cependant indispensable, et dont l'état de santé pouvait être amélioré par un séjour plus ou moins prolongé au bord de la mer, ont été placés dans des familles de marins ou de pêcheurs, sur la côte bretonne, à Cherrueix et dans les localités voisines.

Ces enfants sont au nombre de 200 ; 63 ont été renvoyés dans leurs agences d'origine à la fin de la belle saison. Il en reste par conséquent 137.

Le mouvement de la population sur la côte bretonne, pour la période écoulée du 30 juin 1894 au 15 mars 1895, est indiqué dans le tableau ci-dessous :

MOUVEMENT DES ENFANTS PLACÉS SUR LA COTE BRETONNE en 1894-1895	ENFANTS ASSISTÉS — A LA PENSION — Garçons	Filles	Total	HORS PENSION — Garçons	Filles	Total	ENFANTS MORALEMENT ABANDONNÉS à la pension — Garçons	Filles	Total	TOTAL
Existants et entrés du 30 juin 1894 au 15 mars 1895	83	101	184	2	11	13	2	1	3	200
Sortis	20	33	53	1	7	8	2	»	2	63
Restants au 15 mars 1895	63	68	131	1	4	5	»	1	1	137

Les résultats obtenus dans ces placements ont pleinement justifié les espérances et l'Administration poursuit, en conséquence, l'expérience si heureusement commencée.

Les envois à Cherrueix, interrompus pendant l'hiver, ont été repris et seront continués pendant la saison favorable.

Chaque élève envoyé à Cherrueix est porteur d'une fiche spéciale destinée à recevoir les indications suivantes : État de l'enfant au départ de l'agence; — résultats de la contre-visite à l'arrivée au bord de la mer ; — observations recueillies au cours des visites médicales pendant le séjour ; — état de l'enfant au départ de la station maritime ; — résultats de la contre-visite au retour dans l'agence d'origine. Ces fiches présenteront ainsi un historique complet du séjour des élèves au bord de la mer et permettront d'apprécier en parfaite connaissance de cause dans quelle mesure ce séjour leur aura été favorable.

Si, aux 200 enfants placés à Cherrueix, on ajoute les 265 traités dans les établissements de Berck-sur-Mer, on obtient un nombre total de 465 élèves qui ont, en 1894, bénéficié du traitement marin.

34 des pupilles ont été envoyés dans les stations thermales du centre de la France.

Sur 34 cas traités, on a constaté 7 guérisons, 23 améliorations, 4 états stationnaires, savoir :

ÉTABLISSEMENTS	DÉPENSES PAR ÉLÈVE et par jour	NOMBRE D'ÉLÈVES traités	RÉSULTATS DU TRAITEMENT — GUÉRISONS	AMÉLIORATIONS	ÉTAT STATIONNAIRE	AGGRAVATION	DÉCÈS
Bourbon-l'Archambault (Allier)	1 85	12	1	9	2	»	»
Néris (Allier)	2 »	7	2	4	1	»	»
Vichy (Allier)	2 »	7	2	4	1	»	»
Bourbon-Lancy (Saône-et-Loire)	2 50	8	2	6	»	»	»
Total	....	34	7	23	4	»	»

INSTRUCTION PRIMAIRE.

Les enfants en âge de fréquenter l'école étaient, en 1894, au nombre de 14,953 : 7,985 garçons et 6,968 filles.

Sur ce nombre, 69 enfants seulement, 38 garçons et 31 filles, n'ont pas fréquenté l'école et ces exceptions à la règle sont uniquement imputables à l'état de santé des enfants, malades ou infirmes.

834 enfants : 455 garçons et 379 filles, ont été envoyés à l'école avant l'âge de six ans, et 354 y sont retournés après avoir atteint leur treizième année.

677 élèves, garçons et filles en nombre à peu près égal, se sont présentés à l'examen du certificat d'études et 443, dont 219 garçons et 224 filles, ont obtenu ce certificat, soit une proportion de 64,43 °/₀.

Parmi ces enfants, 293 étaient âgés de moins de 13 ans.

Le nombre des certificats d'études obtenus en 1894 accuse une progression notable sur le chiffre relevé en 1893, 443 au lieu de 339.

Le tableau ci-après indique le nombre des certificats d'études obtenus par nos pupilles depuis dix ans :

Année 1885	90 certificats.	Année 1890	224 certificats.
— 1886	147 —	— 1891	285 —
— 1887	137 —	— 1892	334 —
— 1888	99 —	— 1893	339 —
— 1889	171 —	— 1894	443 —

Les frais d'instruction primaire se sont élevés, en 1894, à la somme totale de 214,140 fr. 82 c., savoir :

Fournitures scolaires	168.700 82
Récompenses de 50 francs aux nourriciers dont les élèves ont obtenu le certificat d'études	22.700 »
Récompenses de 40 francs aux instituteurs qui ont préparé avec succès les élèves au certificat	18.160 »
Récompenses de 10 francs aux élèves qui ont obtenu ledit certificat	4.580 »
Total égal	214.140 82

PLACEMENT DES PUPILLES AGÉS DE PLUS DE 13 ANS.

Placements agricoles. — Jusqu'à l'âge de treize ans, l'enfant est resté, moyennant pension, chez les nourriciers qui l'ont élevé. A partir de cet âge, l'enfant commence l'apprentissage de la vie ; il doit, à son tour, conquérir par son propre labeur le pain quotidien qui lui a été assuré jusque-là par la bienfaisance publique. L'éducation familiale et rurale, qu'il a reçue et qui constitue la loi fondamentale du service, a dû déjà l'attacher à la terre.

Placé dans une famille de travailleurs, il a été graduellement adapté aux conditions d'existence des ouvriers des champs. Autant que possible, il est gagé chez ses parents nourriciers, afin de ne pas affaiblir les liens d'affection qui se sont établis entre lui et sa famille d'adoption. Si celle-ci ne peut le conserver, si dès la 13ᵉ année, ou au cours des années suivantes, l'intérêt de l'enfant demande qu'il soit pourvu d'un nouveau placement, il reste encore, sinon dans la même commu au moins dans la même région, en sorte qu'il conserve pendant et après sa minorité l'amou l'aide de ceux qui l'ont élevé et nourri.

Placements dans diverses professions à la campagne. — En dehors des élèves occupés à ferme et à la culture, un certain nombre sont employés dans des professions diverses.

Placements industriels. — Par une délibération du 5 juillet 1894, le Conseil général de la Se a émis un avis favorable à la création, à Paris, d'une école professionnelle d'orfèvrerie-bijoute argent destinée aux Enfants assistés, sous la direction de M. Dreux, bijoutier-orfèvre, Bourg-l'Abbé, n° 7.

Le but de cette école est de former par la pratique, jointe aux études spéciales, de bons ouvri bijoutiers-orfèvres.

L'âge d'admission est fixé à 13 ans. La durée de l'apprentissage est de quatre années.

L'école reçoit 12 élèves ; elle fonctionne depuis le commencement de l'année 1895.

La manufacture de bonneterie de MM. Poron, à Troyes (Aube), et la verrerie de Vierzon-For (Loir-et-Cher), dirigée par MM. les fils d'Adrien Thouvenin, sont les plus importants parmi établissements industriels où sont placés des élèves, impropres aux travaux des champs.

CAISSE D'ÉPARGNE.

En vertu des contrats de placement dont la formule figure au livret des élèves, une partie ses gages est remise au pupille et le surplus au directeur de l'agence qui en verse le montant à Caisse d'épargne.

Le total de ces versements s'est élevé en 1894, à la somme de................		352.273
Au 31 décembre 1894, les livrets de la Caisse d'épargne étaient au nombre de 9,241 et représ taient une somme de..		1.270.329
Si l'on veut connaître la fortune des élèves, il convient d'ajouter à la somme de 1,270,329 fr. 86 c. représentant le montant des livrets de Caisse d'épargne, les valeurs déposées dans la Caisse de l'administration, savoir :		
1° Capital en numéraire..		60.903
2° Capital représenté par des livrets de Caisse d'épargne :		
Livrets de la Caisse d'épagne nationale....................	54.660 98	92.079
Livrets de la Caisse d'épargne de Paris....................	25.552 43	
Livrets des Caisses d'épargne des départements............	11.866 06	
3° Livrets de la Caisse des retraites pour la vieillesse......................		80.373
4° Inscriptions de rentes 3 °/₀ et valeurs diverses, estimées en capital, à.......		427.031
Total..........		1.930.717

ÉCOLES PROFESSIONNELLES ET ÉCOLES DE RÉFORME.

Un certain nombre d'enfants appartenant à la catégorie des enfants assistés, ont été admis, maintenus, pendant l'année 1894, dans les écoles professionnelles de Villepreux, de Montévrain d'Yzeure.

Mouvement de la population assistée en 1894.

DÉSIGNATION	GARÇONS — ÉCOLE d'horticulture DE VILLEPREUX	GARÇONS — ÉCOLE D'ALEMBERT (Ébénisterie et typographie) à Montévrain	FILLES — ÉCOLE professionnelle et ménagère D'YZEURE
Existants au 31 décembre 1893	42	8	103
Entrés en 1894	10	12	96
Total	52	20	199
Sortis en 1894	11	5	14
Restants au 31 décembre 1894	41	15	185

École de réforme de Port-Hallan.

L'École maritime de Port-Hallan a une double destination : placer, en vue de leur réformation morale, sous une ferme discipline, nos pupilles, vagabonds, paresseux ou indisciplinés et leur donner accès aux professions maritimes par un enseignement approprié.

Elle a été aménagée pour recevoir 60 élèves.

L'enseignement professionnel donné à Port-Hallan exige d'ailleurs des aptitudes physiques à défaut desquelles un certain nombre d'indisciplinés seront nécessairement exclus de cette école.

École de réforme de Bologne.

Cent-trois garçons ont séjourné en 1894 à la colonie industrielle de Bologne, savoir :

Restants au 31 décembre 1893	46
Entrés en 1894	57
Total	103
Sortis en 1894	60
Restants au 31 décembre 1894	43

A cette même date la colonie comptait un chiffre égal de moralement abandonnés, soit 86 élèves en tout.

ENGAGEMENTS MILITAIRES. — TIRAGE AU SORT.

Pendant l'année 1894, 27 pupilles ont devancé l'appel et contracté un engagement militaire.

604 ont concouru au tirage au sort.

Ont été reconnus propres au service, 419; exemptés, 62; dispensés, 2; ajournés, 101; envoyés dans les services auxiliaires, 20. — Total, 604.

MARIAGES.

Quatre-vingt-dix-neuf élèves, dont quatre garçons, ont été autorisés à contracter mariage.

Quatre de ces mariages ont été précédés d'un contrat.

Il a été accordé des dots de mariage à 58 élèves, dont 5 garçons.

Le montant total de ces dots s'est élevé à 6,000 francs.

Une personne charitable a bien voulu, cette année encore, mettre à la disposition de l'Administration une somme de 500 francs pour doter un jeune ménage d'enfants assistés.

***Mouvement de la population des enfants assistés, de la naissance à 21 ans, placés à la campagne* (1).**

MOUVEMENT DU 1ᵉʳ JANVIER AU 31 DÉCEMBRE AU SOIR	ENFANTS TROUVÉS, ABANDONNÉS ET ORPHELINS — GARÇONS	ENFANTS TROUVÉS, ABANDONNÉS ET ORPHELINS — FILLES	TOTAL
Mouvement de la population des enfants de 1 jour à 13 ans.			
Existants le 1ᵉʳ janvier 1894	12,663	11,663	24,326
Enfants entrés pendant l'année.			
Mis en nourrice	1,023	1,005	2,028
Envoyés en placement à la campagne	1,087	782	1,869
Admissions sur place	266	195	461
TOTAL	2,376	1,982	4,358
TOTAL des enfants ayant existé pendant l'année	15,039	13,645	28,684
Enfants sortis ou décédés.			
Ramenés à l'hospice	402	328	730
Ayant atteint leur 14ᵉ année (sortis pour ordre)	860	755	1,615
Évadés et rendus sur lieux à leur famille ou au département d'origine	74	81	155
Décédés	354	313	667
TOTAL	1,690	1,477	3,167
ENFANTS restant le 31 décembre 1894	13,349	12,168	25,517
Mouvement de la population des enfants de 13 à 21 ans.			
Existants le 1ᵉʳ janvier 1894	5,537	4,559	10,096
Enfants entrés pendant l'année — Envoyés en placement à la campagne	265	168	433
Enfants entrés pendant l'année — Admissions sur place	16	10	26
Enfants entrés pendant l'année — Ayant atteint leur 14ᵉ année (entrés pour ordre)	860	755	1,615
TOTAL	1,141	933	2,074
TOTAL des enfants ayant existé pendant l'année	6,678	5,492	12,170
Enfants sortis ou décédés — Sortis par majorité	604	490	1,094
Enfants sortis ou décédés — — par mariage ou par engagement	31	95	126
Enfants sortis ou décédés — Ramenés à l'hospice	184	142	326
Enfants sortis ou décédés — Envoyés en correction, évadés et rendus sur les lieux	88	78	166
Enfants sortis ou décédés — Décédés	17	16	33
TOTAL	921	821	1,742
ENFANTS restant le 31 décembre 1894	5,757	4,671	10,428

(1) Ce tableau et les suivants sont extraits du *Rapport présenté par M. le directeur de l'administration générale de l'Assistance publique à M. le préfet de la Seine* (Service des enfants assistés de la Seine. — Gestion de 1894 et propositions pour le budget de 1896).

Enfants à la pension (enfants de 1 jour à 13 ans).

ANNÉES	NOMBRE des EXISTANTS au 1er janvier	NOMBRE des ADMISSIONS de l'année	TOTAUX	NOMBRE des SORTIES	NOMBRE des EXISTANTS au 31 décembre	DIFFÉRENCE entre les colonnes 2 et 6 et les colonnes 3 et 5		MONTANT annuel des DÉPENSES EXTÉRIEURES
						EN PLUS	EN MOINS	
1	2	3	4	5	6	7	8	9
1874	16,418	2,924	19,342	3,045	16,297	»	121	3,634,304 84
1875	16,297	2,185	18,482	3,155	15,327	»	970	3,228,638 43
1876	15,327	2,176	17,503	2,789	14,714	»	613	3,242,107 27
1877	14,714	2,207	16,921	2,690	14,231	»	483	3,728,344 60
1878	14,231	2,480	16,711	2,785	13,926	»	305	3,876,845 27
1879	13,926	2,618	16,544	2,684	13,860	»	66	3,738,072 89
1880	13,860	2,602	16,462	2,736	13,726	»	134	3,853,113 19
1881	13,726	2,640	16,366	2,770	13,596	»	130	3,943,540 64
1882	13,596	2,587	16,183	2,322	13,861	265	»	3,929,383 64
1883	13,861	3,935	17,796	2,473	15,323	(1) 1,462	»	4,464,624 35
1884	15,323	3,010	18,333	2,206	16,127	804	»	4,996,003 78
1885	16,127	3,075	19,202	2,744	16,458	331	»	5,166,867 90
1886	16,458	3,172	19,630	2,619	17,011	553	»	5,152,457 64
1887	17,011	3,294	20,305	2,391	17,914	903	»	5,203,642 07
1888	17,914	3,416	21,330	2,360	18,970	1,056	»	5,585,771 40
1889	18,970	3,328	22,298	2,396	19,902	932	»	(2) 6,517,579 93
1890	19,902	3,132	23,034	2,418	20,616	714	»	6,605,372 50
1891	20,616	4,084	24,700	2,778	21,922	1,306	»	6,827,655 45
1892	21,922	4,422	26,344	3,084	23,260	1,338	»	7,166,109 04
1893	23,260	4,200	27,460	3,134	24,326	1,066	»	7,544,407 83
1894	24,326	4,358	28,684	3,167	25,517	1,191	»	8,040,551 57

(1) A partir de 1883, la pension des enfants de 12 ans a été prolongée pendant leur treizième année.

(2) La pension de 10 francs par mois payée pour les enfants de 4 à 13 ans a été portée à 13 francs plus 2 francs d'indemnité pour bas, chaussures et coiffure, en tout 15 francs par mois à partir du 1er janvier 1889.

Population des enfants assistés placés à la campagne et existant le 31 décembre 1894. — Répartition par départements.

DÉPARTEMENTS	NOMBRE D'ÉLÈVES AU 31 DÉCEMBRE 1894			OBSERVATIONS
	DE 1 JOUR À 13 ANS	DE 13 ANS À 21 ANS	TOTAL	
Allier	2,938	1,262	4,200	
Aube	3	23	26	
Cher	»	8	8	
Côte-d'Or	1,479	659	2,138	
Haute-Marne	3	40	43	
Ille-et-Vilaine	1,679	671	2,350	
Loir-et-Cher	1,243	532	1,775	
Manche	»	2	2	
Nièvre	6,697	2,411	9,108	
Nord	3	9	12	
Orne	1,194	594	1,788	
Pas-de-Calais	3,763	1,222	4,985	
Puy-de-Dôme	421	153	574	
Saône-et-Loire	1,886	738	2,624	
Sarthe	1,932	808	2,740	
Somme	793	342	1,135	
Yonne	1,423	798	2,221	
Seine, Seine-et-Oise et divers (1)	60	156	216	
TOTAUX	25,517	10,428	35,945	
Établissements spéciaux	26	276	302	
Hospice dépositaire	90	35	125	(1) Comprenant l'agence de Paris.
TOTAUX	25,633	10,739	36,372	

Hospice dépositaire. — Mouvement de la popı

MOUVEMENT DE L'ANNÉE 1894	ENFANTS EN DÉPÔT		
	Garçons	Filles	TOTAL
Entrées.			
Existant le 31 décembre 1893.......			
Admissions... directes..........			
Admissions... indirectes.........			
Réintégrations.....................			
Total des entrées..........			
Sorties.			
Placés à la campagne..............			
Rendus à leur famille..............			
Passés aux Enfants assistés........			
Passés aux Enfants moralement abandonnés.........................			
Passés aux Enfants secourus........			
Renvoyés dans leurs départements..			
Placés à Paris.....................			
Envoyés à la station suburbaine de Châtillon.......................			
Envoyés au dépôt de Berck.........			
Envoyés en correction..............			
Sortis pour causes diverses.........			
Nourrices et surveillantes sorties....			
Total des sorties..........			
Décès....................			
Total des sorties et des décès.....			
Restant le 31 décembre 1894.....			
Nombre de journées...............			

…rée du séjour pendant l'année 1894.

…ANTS		ENFANTS SECOURUS			SERVICE			
…s	TOTAL	Garçons	Filles	TOTAL	Nourrices sédentaires	Nourrices de campagne	Surveillantes	TOTAL
	12	»	»	»	15	6	1	22
	461	24	22	46	53	2,088	430	2,571
	28	»	1	1	»	»	»	»
	371	4	4	8	»	»	»	»
	872	28	27	55	68	2,094	431	2,593
	684	16	17	33	»	»	»	»
	116	1	»	1	»	»	»	»
	»	»	»	»	»	»	»	»
»	»	»	»	»	»	»	»	»
»	»	»	»	»	»	»	»	»
1	17	»	»	»	»	»	»	»
8	10	»	»	»	»	»	»	»
»	2	3	4	7	»	»	»	»
»	»	»	»	»	»	»	»	»
1	3	»	»	»	»	»	»	»
18	29	»	»	»	»	»	»	»
»	»	»	»	»	55	2.078	428	2,561
270	861	20	21	41	55	2,078	428	2,561
»	1	7	6	13	»	»	»	»
270	862	27	27	54	55	2,078	428	2,561
2	10	1	»	1	13	16	3	32
2.419	5,358	191	43	234	5,091	3,013	609	8,713
9 68	6 42	7 07	1 65	4 41	92 56	1 45	1 42	3 40

OBSERVATIONS

RESUMÉ DES JOURNÉES

Enfants en dépôt	132.101
Enfants assistés	39.889
Enfants moralement abandonnés	5.358
Enfants secourus	234
Nourrices et surveillantes	8.713
Personnel nourri	60.640
Total général	246.935

Les admissions indirectes figurent seulement pour ordre, ces admissions ayant fait l'objet d'inscriptions sur les registres matricules de l'hospice.

La durée moyenne du séjour s'obtient en divisant le nombre des journées par le total des sorties et des décès après avoir défalqué de ce dernier chiffre les admissions indirectes, quand il s'agit des Enfants Assistés et des Moralement abandonnés.

Sur les 9,701 enfants du Dépôt, il est passé :

1° Aux Enfants assistés	4.415
2° Aux Moralement abandonnés	461
3° Aux Enfants secourus	46
Total	4.922

Ces 4,922 enfants sont donc à déduire de 9,701 si on veut avoir le nombre des enfants qui appartiennent réellement à la catégorie des enfants du Dépôt.

Le chiffre en est de 4.779

(1) La durée moyenne du séjour qui est pour les Enfants assistés de 6,63 se décompose de la manière suivante :

Pour les enfants à lait 5.63
Pour les sevrés et les élèves 7.14

DÉSIGNATION des AGENCES	De 1 jour à 1 mois		De 1 mois à 3 mois		De 3 mois à 6 mois		De 6 mois à 1 an		De 1 an à 2 ans		De 2 à 3 ans		De 3 à 4 ans		De 4 à 5 ans		De 5 à 6 ans		De 6 à 7 ans		De 7 à 8 ans	
	Garçons	Filles	Garçons	Filles	Garçons	Filles	Garçons	Filles	Garçons	Filles	Garçons	Filles	Garçons	Filles	Garçons	Filles	Garçons	Filles	Garçons	Filles	Garçons	Filles
Abbeville	1	»	»	2	4	6	8	11	26	27	33	30	24	30	34	33	32	22	44	20	40	42
Alençon	2	»	4	3	3	2	10	10	27	29	40	23	45	30	34	30	31	29	37	27	22	28
Arnay-le-Duc	1	»	4	2	3	4	16	11	37	36	38	29	32	28	38	30	36	33	30	24	24	35
Arras	3	4	5	3	7	9	16	48	26	35	41	32	43	58	31	44	52	46	41	56	44	43
Autun	3	6	10	11	15	16	31	32	69	60	63	74	67	49	64	39	63	60	64	64	70	58
Avallon	»	»	4	3	»	1	11	5	23	22	26	15	14	24	27	16	19	25	29	28	36	30
Béthune	1	»	8	4	10	10	18	16	33	33	46	31	30	34	27	35	43	38	37	23	28	36
Bourbon-Lancy	»	»	3	1	3	6	17	21	18	22	5	6	7	4	6	3	7	2	11	11	17	15
Château-Chinon	1	3	3	2	5	5	10	16	38	30	30	41	30	37	30	31	40	30	33	29	43	40
Chevagnes-Dompierre	2	»	5	6	11	11	24	14	20	39	31	38	40	41	31	32	35	20	42	40	53	30
Cosne	4	1	10	11	8	15	28	36	74	44	47	57	45	43	44	20	78	60	57	52	60	44
Decize	6	4	8	8	12	10	22	23	37	43	49	50	39	39	45	37	41	30	40	30	26	26
Dol	»	»	5	4	8	6	15	11	22	27	28	30	26	34	28	33	37	44	44	30	38	33
Domfront	1	1	5	8	7	15	23	20	34	36	21	23	35	27	25	19	27	30	26	23	22	21
Ébreuil	»	»	3	5	8	7	21	14	35	30	24	36	41	39	36	25	29	32	47	29	35	27
Écommoy	1	2	2	3	3	6	11	14	30	34	46	43	53	55	47	43	46	45	48	48	45	32
Lormes	2	1	5	7	4	4	19	25	20	27	25	33	46	25	29	28	30	26	38	28	34	37
Montluçon	2	4	6	4	6	10	23	15	38	37	41	35	44	35	23	46	40	44	38	46	41	47
Montreuil	»	2	5	4	7	4	17	13	32	43	33	34	33	29	33	26	32	33	31	29	43	32
Moulins	1	1	4	2	7	5	12	17	30	19	33	31	41	21	27	24	40	40	37	32	33	29
Moulins-Engilbert	2	1	12	4	13	5	13	27	35	43	48	42	39	34	47	27	33	37	41	29	24	24
Ouanne	»	»	3	6	4	3	9	10	38	35	31	26	33	36	37	27	45	28	34	34	47	27
Rennes	2	2	5	4	5	5	16	12	32	26	19	31	44	33	27	37	40	28	58	40	34	25
Romorantin	»	»	7	7	7	9	20	20	35	42	43	49	50	50	54	35	74	51	42	49	35	47
Saulieu	»	»	1	4	4	7	10	5	30	23	34	22	34	27	34	26	32	26	40	26	36	31
Saint-Calais	1	3	1	2	9	7	13	9	26	25	24	36	42	37	35	18	46	29	46	26	24	29
Saint-Pol	»	»	2	8	12	8	18	22	19	32	38	25	43	36	33	25	28	39	36	35	37	30
Saint-Saulge	»	»	5	4	11	8	17	20	38	36	49	43	49	36	33	43	34	29	39	44	32	42
Varzy	»	»	3	2	9	2	9	14	32	35	19	23	22	23	14	11	18	15	24	14	17	11
Troyes	»	»	»	»	»	»	»	»	»	»	»	»	»	»	»	»	»	»	»	»	»	»
Saint-Amand-les-Eaux	»	»	»	»	»	»	1	»	»	»	»	»	»	»	»	»	»	»	»	»	»	»
Paris (S., S.-et-O. et divers)	»	»	»	»	»	»	»	»	»	»	»	»	1	5	»	1	»	1	2	6	»	6
TOTAL	36	35	138	133	206	206	478	487	984	970	1.005	988	1.092	999	976	940	1.132	1.126	1.130	989	1.121	1.042

campagne le 31 décembre 1894.

…NTS																									TOTAL GÉNÉRAL		
De 12 à 13 ans		TOTAL des enfants de 1 jour à 13 ans			De 13 à 14 ans		De 14 à 15 ans		De 15 à 16 ans		De 16 à 17 ans		De 17 à 18 ans		De 18 à 19 ans		De 19 à 20 ans		De 20 à 21 ans		TOTAL des enfants de 13 à 21 ans					
…	Filles	Garçons	Filles	Total	Garçons	Filles	Garçons	Filles	Garçons	Filles	Garçons	Filles	Garçons	Filles	Garçons	Filles	Garçons	Filles	Garçons	Filles	Garçons	Filles	Total	Garçons	Filles	TOTAL
6	31	394	380	774	21	18	23	14	28	17	19	21	29	16	24	17	26	17	29	18	199	138	337	593	548	1,141
8	21	408	338	746	24	33	35	26	24	44	42	42	40	22	34	24	18	11	12	4	229	206	435	637	544	1,181
…	23	419	387	806	35	18	34	18	28	23	20	15	25	19	20	13	21	23	32	19	215	147	362	634	534	1,168
0	31	533	545	1,078	28	22	11	11	17	14	12	8	15	5	4	5	3	1	2	5	94	68	162	697	643	1,340
6	46	849	766	1,615	36	46	68	39	50	40	53	51	50	36	35	30	49	27	55	46	396	315	711	1,245	1,081	2,326
2	15	312	276	588	31	12	27	11	20	20	18	19	30	49	35	20	23	18	23	17	207	136	343	519	412	931
5	24	419	402	821	19	31	22	13	25	18	23	21	18	13	23	11	12	16	14	16	156	139	295	575	541	1,116
8	6	148	123	271	2	1	5	1	3	2	4	1	2	1	2	»	2	»	»	1	20	7	27	168	130	298
8	23	434	409	843	18	6	24	9	42	17	26	9	23	13	24	19	18	17	25	11	200	111	311	634	520	1,154
0	20	486	455	941	32	16	23	12	26	16	26	16	23	24	20	20	16	23	16	21	182	148	330	668	603	1,271
8	37	698	620	1,318	35	41	51	33	38	30	44	26	32	19	37	16	25	20	53	17	297	202	499	935	882	1,817
3	39	619	574	1,193	34	23	31	26	32	26	25	24	25	16	13	8	7	8	8	7	175	138	313	794	712	1,506
4	24	398	374	772	24	30	21	15	20	29	18	16	17	10	13	8	6	4	7	7	126	119	245	524	493	1,017
7	19	330	329	639	15	20	17	24	22	20	17	22	16	14	8	9	4	»	1	»	100	109	209	430	438	868
6	42	346	293	639	33	18	19	18	27	17	27	18	20	20	26	28	28	19	27	24	207	162	369	553	455	1,008
7	26	494	492	986	29	37	33	25	32	27	33	21	23	20	16	23	25	29	23	24	214	206	420	708	698	1,406
6	25	432	383	815	41	32	18	17	27	29	21	16	20	17	21	12	19	16	18	18	185	157	342	617	540	1,157
7	26	505	481	986	23	23	26	19	27	25	15	32	28	19	18	23	18	14	39	17	196	172	368	701	653	1,354
6	52	518	488	1,006	56	43	32	39	35	35	31	34	36	31	26	16	20	22	15	16	251	233	484	769	721	1,490
2	31	421	372	793	33	16	31	15	29	21	29	22	17	24	24	17	21	16	17	15	203	146	349	624	518	1,142
5	30	505	458	963	42	23	31	16	46	22	44	34	37	30	19	17	13	12	7	7	239	161	400	744	619	1,363
3	25	454	381	835	32	31	30	26	36	27	29	22	25	29	33	29	23	27	29	27	237	218	455	691	599	1,290
2	42	482	425	907	35	30	48	29	31	24	33	21	24	18	24	16	24	14	30	27	249	179	428	731	604	1,335
6	34	568	584	1,172	28	40	28	33	31	33	30	35	25	23	30	22	30	25	38	25	240	236	476	828	820	1,648
1	23	422	345	767	37	17	23	19	32	18	20	15	18	14	17	18	22	15	14	17	185	133	318	607	478	1,085
7	24	460	346	806	26	16	29	19	26	22	32	24	22	26	22	20	36	33	22	36	215	186	401	675	532	1,207
2	28	452	425	877	28	19	25	21	24	19	16	18	15	22	10	23	14	9	15	6	147	139	286	599	564	1,163
5	26	558	479	1,037	23	23	32	23	44	24	37	32	35	19	14	22	24	18	14	15	225	188	413	783	667	1,450
2	6	238	196	434	14	11	12	4	12	5	11	9	3	5	5	3	7	2	4	5	68	44	112	306	240	546
2	»	6	»	6	4	»	8	»	7	»	18	2	14	»	6	»	2	»	2	»	61	2	63	67	2	69
1	»	3	»	3	1	»	1	»	1	2	»	»	1	»	»	»	»	1	1	1	5	4	8	8	4	12
9	11	18	42	60	8	17	2	24	3	13	7	18	4	13	6	11	3	12	1	14	34	122	156	52	164	216
38	795	13,349	12,168	25,517	833	715	822	609	843	676	780	664	712	557	609	501	561	469	573	483	5,757	4,671	10,428	19,106	16,839	35,945

Mouvement des enfants assistés (de 1 jour à 13 ans)

ANNÉES	ENFANTS de 1 jour à 13 ans existant à la campagne le 1er janvier de chaque année			envoyés en nourrice			envoyés en placement		
	Garçons	Filles	Total	Garçons	Filles	Total	Garçons	Filles	Total
1885	8,342	7,785	16,127	979	895	1,874	639	562	1,201
1886	8,502	7,956	16,458	1,022	989	1,901	693	518	1,211
1887	8,844	8,167	17,011	911	907	1,818	785	661	1,446
1888	9,319	8,595	17,914	966	909	1,875	845	696	1,541
1889	9,852	9,118	18,970	1,024	920	1,944	770	614	1,384
1890	10,344	9,558	19,902	767	754	1,521	877	734	1,611
1891	10,694	9,922	20,616	952	853	1,805	1,256	,023	2,279
1892	11,423	10,499	21,922	900	910	1,810	1,455	,157	2,612
1893	12,128	11,132	23,260	883	873	1,756	1,386	,058	2,444
1894	12,663	11,663	24,326	1,023	1,005	2,028	1,353	977	2,330

…mpagne pendant la période décennale de 1885 à 1894.

…TAL …es au 1er janvier …des …dant l'année		Enfants sortis ou décédés: Sortis de pension après 13 ans (pour ordre)			Sorties effectives pour causes diverses			Décédés			Total des sorties			Enfants de 1 jour à 13 ans restant à la campagne le 31 décembre de chaque année		
[illegible]	Total	Garçons	Filles	Total	Garçons	Filles	Total	Garçons	Filles	Total	Garçons	Filles	Total	Garçons	Filles	Total
[illegible]	19,202	756	657	1,413	282	243	525	420	386	806	1,458	1,286	2,744	8,502	7,956	16,458
…12	19,630	630	571	1,201	275	257	532	468	418	886	1,373	1,246	2,619	8,844	8,167	17,011
…735	20,305	639	563	1,202	235	242	477	377	335	712	1,251	1,140	2,391	9,319	8,595	17,914
…900	21,330	645	537	1,182	289	229	518	344	316	660	1,278	1,082	2,360	9,852	9,118	18,970
…,652	22,298	627	529	1,156	343	303	646	332	262	594	1,302	1,094	2,396	10,344	9,558	19,902
…,046	23,034	704	548	1,249	261	270	531	332	306	638	1,294	1,124	2,418	10,694	9,922	20,616
…,798	24,700	767	681	1,448	329	298	627	383	320	703	1,479	1,299	2,778	11,423	10,499	21,922
…2,566	26,344	806	705	1,511	373	338	711	471	391	862	1,650	1,434	3,084	12,128	11,132	23,260
…3,063	27,460	831	651	1,482	420	381	801	483	368	851	1,734	1,400	3,134	12,663	11,663	24,326
…3,645	28,684	860	755	1,615	476	409	885	354	313	667	1,690	1,477	3,167	13,349	12,168	25,517

État, par âge, des enfants assistés décédés à la campagne pendant l'année

DÉSIGNATION des AGENCES	AGE DES ENFANTS DÉCÉDÉS — De 1 jour à 1 mois		De 1 mois à 3 mois		De 3 mois à 6 mois		De 6 mois à 1 an		De 1 an à 2 ans		De 2 à 3 ans		De 3 à 13 ans		TOTAL des enfants de 1 jour à 13 ans			TOTAL des enfants de 13 à 21 ans		
	Garçons	Filles	Garçons	Filles	Garçons	Filles	Garçons	Filles	Garçons	Filles	Garçons	Filles	Garçons	Filles	Garçons	Filles	Total	Garçons	Filles	Total
Abbeville	2	»	»	2	1	2	2	1	2	1	»	»	2	1	9	7	16	1	1	2
Alençon	»	1	1	»	2	»	2	1	2	1	1	1	»	2	8	6	14	2	1	3
Arnay-le-Duc	»	1	1	2	4	2	1	2	»	»	»	»	1	1	7	8	15	»	1	1
Arras	3	1	3	1	6	1	5	1	2	3	1	»	3	2	23	9	32	»	»	»
Autun	»	»	»	1	4	2	4	0	4	0	3	2	3	4	18	29	47	1	1	2
Avallon	1	2	»	1	»	»	»	1	1	1	»	»	2	2	4	7	11	2	1	3
Béthune	2	1	1	1	3	»	2	2	1	»	1	2	»	»	10	6	16	2	1	3
Bourbon-Lancy	1	1	1	1	1	3	1	1	»	»	»	»	»	1	4	7	11	»	»	»
Château-Chinon	»	1	1	3	3	4	3	5	2	1	»	»	2	1	11	15	26	»	»	»
Chevagnes-Dompierre	1	3	2	»	2	»	1	3	1	1	»	»	»	»	7	7	14	»	1	1
Cosne	7	5	6	2	2	1	5	4	6	3	»	1	4	3	30	19	49	»	2	2
Decize	2	3	5	3	5	2	2	3	1	2	1	1	2	»	18	14	32	»	»	»
Dol	5	1	1	2	1	1	1	2	4	1	»	»	1	2	13	9	22	»	»	»
Domfront	2	3	5	2	1	1	3	2	»	»	2	2	2	4	15	14	29	»	1	1
Ébreuil	»	»	2	»	2	3	3	3	7	4	»	»	1	5	13	15	30	»	»	»
Écommoy	»	»	»	»	»	»	3	4	2	2	3	1	1	1	9	8	17	2	»	2
Lormes	1	2	6	4	»	4	»	2	1	2	2	»	1	1	11	15	26	»	»	»
Montluçon	3	1	5	»	1	4	1	4	»	1	1	»	2	»	13	10	23	»	1	1
Montreuil	2	2	2	1	3	1	2	1	»	2	»	»	3	2	12	9	21	3	1	4
Moulins	2	2	»	1	2	1	3	1	1	»	»	»	2	1	10	6	16	»	»	»
Moulins-Engilbert	»	2	3	2	»	2	2	»	2	»	»	1	»	1	7	8	15	»	»	»
Ouanne	1	1	1	3	4	1	2	3	1	4	1	»	»	1	10	13	23	2	2	4
Rennes	1	»	5	»	1	1	3	1	2	2	»	1	6	3	18	8	26	1	»	1
Romorantin	4	4	»	6	2	»	3	2	1	2	1	2	1	»	12	16	28	»	»	»
Saulieu	2	1	»	»	1	»	4	2	»	1	1	1	1	»	9	5	14	»	1	1
Saint-Calais	»	1	»	»	»	1	4	»	2	3	»	1	3	3	11	9	20	1	»	1
Saint-Pol	2	4	1	»	4	4	2	2	4	6	»	2	3	2	16	20	36	»	»	»
Saint-Saulge	»	3	3	»	3	»	»	»	2	1	»	1	»	1	8	6	14	»	1	1
Varzy	»	2	3	»	3	»	6	3	1	2	»	»	2	»	15	7	22	»	»	»
Troyes	»	»	»	»	»	»	»	»	»	»	»	»	1	»	1	»	1	»	»	»
Saint-Amand-les-Eaux	»	»	»	»	»	»	»	»	»	»	»	»	»	»	»	»	»	»	»	»
Paris (S., S.-et-O. et divers)	»	»	»	»	»	»	»	»	»	»	»	»	»	1	»	1	1	»	»	»
TOTAL	44	48	58	38	61	41	70	66	52	56	18	19	51	45	334	313	667	17	16	33

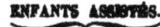

Enfants de moins d'un an reçus en 1893 et décédés dans la première année de leur existence.

…IGNATION des agences	NOMBRE D'ENFANTS arrivés Garçons	Filles	TOTAL	AGE DES ENFANTS AU MOMENT DE LEUR DÉCÈS — 5 à 10 jours Garçons	Filles	10 à 20 jours Garçons	Filles	20 à 30 jours Garçons	Filles	1 à 3 mois Garçons	Filles	3 à 6 mois Garçons	Filles	6 à 12 mois Garçons	Filles	NOMBRE D'ENFANTS décédés Garçons	Filles	TOTAL	MORTALITÉ POUR CENT Garçons	Filles	TOTAL
[illegible]	50	43	93	»	»	»	1	1	1	6	1	4	1	3	4	14	8	22	28. »	18.60	23.65
…ge	43	48	91	»	»	»	1	2	»	5	3	4	5	3	4	14	15	29	32.56	31.25	31.87
…Pol.	40	38	78	»	»	3	1	1	1	6	2	3	»	2	2	15	6	21	37.50	15.79	26.92
…uil	54	48	102	»	»	3	1	5	3	3	2	2	3	2	1	15	10	25	27.78	20.83	24.51
…lle.	31	35	66	»	»	1	2	2	1	2	1	3	2	1	1	9	7	16	29.03	20. »	24.24
…s.	39	30	69	»	»	1	»	3	»	»	»	1	3	»	1	5	4	9	12.82	13.33	13.04
…ent.	30	33	63	»	»	1	1	»	1	3	2	2	1	2	1	8	6	14	26.67	18.18	22.22
[illegible]	39	32	71	»	»	2	»	5	1	2	»	1	1	1	2	11	4	15	28.20	12.50	21.13
…s.	41	34	75	»	»	»	»	»	2	2	3	5	2	4	1	11	8	19	26.83	23.53	25.33
[illegible]	31	39	70	»	»	3	1	2	»	2	3	4	2	2	3	13	9	22	41.33	23.08	31.43
…y	28	35	63	»	»	2	»	1	»	»	1	3	1	1	3	7	5	12	25. »	14.28	19.05
[illegible]	51	49	100	»	»	»	»	3	1	3	3	4	6	3	2	13	12	25	25.49	24.49	25. »
[illegible]	86	72	158	»	»	»	»	3	2	5	3	3	4	6	6	17	15	32	19.77	20.83	20.25
[illegible]	32	45	77	»	»	1	»	3	1	4	2	1	5	»	3	9	11	20	28.12	24.44	25.97
…-Chinon	41	42	83	»	»	1	»	»	»	9	5	1	4	2	1	13	10	23	31.71	23.81	27.71
[illegible]	54	51	105	»	»	2	3	3	1	7	3	6	1	1	1	19	9	28	35.18	17.65	26.67
…ige	60	46	106	»	»	2	»	5	2	2	3	1	4	3	1	13	10	23	21.67	21.73	21.70
…-Engilbert	50	48	98	»	»	1	»	1	1	3	2	4	5	4	1	13	9	22	26. »	18.75	22.45
[illegible]	21	24	45	»	»	»	»	»	»	4	2	1	1	2	2	7	5	12	33.33	20.83	26.67
[illegible]	43	26	69	»	»	»	1	3	»	4	2	2	»	1	1	10	4	14	23.25	15.38	20.29
…gnes, Dompierre	28	54	82	»	»	»	»	1	2	1	4	4	2	1	3	7	11	18	25. »	20.37	21.95
[illegible]	48	52	100	»	»	»	1	1	1	2	1	2	7	3	4	8	14	22	16.67	26.92	22. »
[illegible]	49	36	85	»	»	»	1	3	3	3	3	6	2	5	3	17	12	29	34.69	33.33	34.12
[illegible]	50	43	93	»	»	1	2	3	1	7	»	2	3	2	1	15	7	22	30. »	16.28	23.65
[illegible]	24	22	46	»	»	»	»	»	»	»	1	»	1	»	1	»	3	3	» »	13.64	6.52
[illegible]	36	25	61	»	»	»	»	2	1	2	»	1	1	1	»	6	2	8	16.67	8. »	13.11
[illegible]	96	83	179	»	»	3	1	5	3	5	6	7	1	3	9	23	20	43	23.96	24.10	24.02
…on-Lancy	7	15	22	»	»	»	»	»	»	»	2	»	1	1	»	1	3	4	14.28	20. »	18.18
…-le-Duc	45	45	90	»	»	»	»	1	3	3	2	4	4	»	2	8	11	19	17.78	24.44	21.11
Totaux	1247	1193	2440	»	»	27	17	59	32	93	64	81	73	59	64	321	250	571	25.74	20.95	23.40
	2,440			»		44		91		159		154		123		571			Mortalité moyenne calculée d'après le nombre des décès divisé par le nombre des entrées.		

RÉSUMÉ DES TABLEAUX STATISTIQUES FOURNIS PAR LES DIRECTEURS D'AGENCE

AGE des enfants à leur arrivée dans l'agence	Garçons	Filles	TOTAL	5 à 10 jours Garçons	Filles	10 à 20 jours Garçons	Filles	20 à 30 jours Garçons	Filles	1 à 3 mois Garçons	Filles	3 à 6 mois Garçons	Filles	6 à 12 mois Garçons	Filles	Décédés Garçons	Filles	TOTAL	Mortalité Garçons	Filles	TOTAL
… à 5 jours	75	77	152	»	»	8	3	1	1	2	6	5	4	2	4	18	18	36	24. »	23.38	23.68
… à 10 jours	113	120	233	»	»	8	5	5	5	6	8	7	5	2	7	28	30	58	24.78	25. »	24.89
… à 20 jours	541	472	1013	»	»	11	9	48	23	38	29	25	17	18	15	140	93	233	25.88	20.13	23.20
… à 30 jours	95	94	189	»	»	»	»	5	1	19	7	8	5	5	2	37	15	52	38.95	15.96	27.51
… à 3 mois	185	174	359	»	»	»	»	»	»	30	14	21	14	12	6	63	34	97	34.05	19.54	27.02
… à 6 mois	97	124	221	»	»	»	»	»	»	»	»	15	28	13	16	28	44	72	28.86	35.48	32.58
… à 12 mois	141	132	273	»	»	»	»	»	»	»	»	»	»	7	14	7	14	21	4.96	10.61	7.69
Totaux	1247	1193	2440	»	»	27	17	59	32	93	64	81	73	59	64	321	250	571	25.74	20.95	23.40
	2,440			»		44		91		159		154		123		371			Mortalité moyenne calculée d'après le nombre des décès divisé par le nombre des entrées.		

AGENCES	DÉPARTEMENTS	NOMBRE DE LIVRETS	MONTANT DE LIVRETS	SOMMES versées en
Abbeville	Somme	300	38,080 80	9,795
Alençon	Orne, Sarthe	396	50,160 98	14,581
Arnay-le-Duc	Côte-d'Or	373	87,298 65	17,337
Arras	Pas-de-Calais, Somme	104	6,646 52	1,762
Autun	Saône-et-Loire	667	104,754 50	27,894
Avallon	Yonne	314	72,989 02	15,726
Béthune	Pas-de-Calais	171	17,115 48	4,894
Bourbon-Lancry	Saône-et-Loire	24	2,174 85	797
Château-Chinon	Nièvre	285	42,271 29	11,663
Chevagnes-Dompierre	Allier	322	42,987 94	12,694
Cosne	Nièvre	419	65,836 88	12,451
Decize	Nièvre	283	24,628 16	7,496
Dol	Ille-et-Vilaine, Manche	237	15,808 84	6,844
Domfront	Orne	182	17,293 98	6,254
Ébreuil	Allier, Puy-de-Dôme	352	68,578 56	17,498
Écommoy	Sarthe	386	49,185 45	[illegible]
Lormes	Nièvre	341	68,445 90	24,441
Montluçon	Allier, Cher	338	60,598 21	19,944
Montreuil-sur-Mer	Pas-de-Calais	282	22,993 79	6,706
Moulins	Allier	314	29,732 54	8,052
Moulins-Engilbert	Nièvre	347	19,088 01	6,908
Ouanne	Yonne	407	75,968 72	14,397
Rennes	Ille-et-Vilaine	310	28,186 33	4,668
Romorantin	Loir-et-Cher, Cher	478	69,148 98	15,964
Saulieu	Côte-d'Or, Nièvre	324	85,974 94	24,793
Saint-Calais	Sarthe, Loir-et-Cher	361	44,680 71	12,495
Saint-Pol	Pas-de-Calais	288	24,544 12	8,708
Saint-Saulge	Nièvre	332	41,154 44	10,353
Varzy	Nièvre	83	11,784 68	5,996
Troyes	Aube, Haute-Marne	20	1,024 69	890
Saint-Amand-les-Eaux	Nord	3	82 75	40
École d'Alembert (Montévrain)	Seine-et-Marne	13	504 09	152
École Roudil (Ben-Chicao)	Alger	53	17,055 85	[illegible]
École de Villepreux	Seine-et-Oise	53	8,006 64	3,649
École d'Yzeure	Allier	112	2,834 63	1,847
	Totaux	9,241	1,270,329 86	[illegible]

ENFANTS MORALEMENT ABANDONNÉS[1]

MOUVEMENT DE LA POPULATION.

Au 1er janvier 1894, la population des Enfants moralement abandonnés était de		3.533
Les enfants admis dans le service en 1894 sont au nombre de		489
Total		4.022

Ce nombre a subi, dans le courant de l'année 1894, les diminutions suivantes :

Rendus à leurs familles	124	524
Rapatriés sur leurs départements d'origine	44	
Ayant atteint leur majorité	213	
Mariés	13	
Engagés volontaires	18	
Décédés	12	
Passés dans la catégorie des Enfants assistés	8	
Évadés	92	
Restants au 31 décembre 1894		3.498
La population au 31 décembre 1894 comparée à celle existante au 31 décembre 1893		3.533
présente par suite une diminution de 35 élèves		35

Sur 124 élèves remis à leur famille 89 ont été rendus gratuitement. Pour 35 de ces enfants, il a été versé à l'Administration, à titre de remboursement partiel des frais d'entretien, une somme totale de 2,095 francs.

Le nombre des demandes de rapatriement introduites en 1894 pour les enfants moralement abandonnés étrangers au département de la Seine a été de 62, sur lesquelles 51 ont pu aboutir.

44 enfants ont été effectivement rapatriés; 7 ont été maintenus dans leur placement aux frais de leur département d'origine; 3 ont été rendus à leur famille au cours de l'instance en rapatriement; 8 demandes enfin ont été repoussées par les départements.

ADMISSIONS EN 1894.

Provenance des enfants admis en 1894.

Les 489 admissions de 1894 au point de vue de la provenance se décomposent ainsi :

Enfants envoyés par le Parquet	164
— — par la Préfecture de police	101
— présentés par leurs parents	201
Admissions indirectes	23
Total	489

(1) Extrait du *Rapport adressé par le directeur de l'administration générale de l'Assistance publique au préfet de la Seine sur le service des Enfants moralement abandonnés pendant l'année 1894 et propositions pour le budget de 1896.*

Ces mêmes enfants, répartis en catégories caractérisées par les conditions du milieu d'où venaient, donnent lieu à la classification suivante :

Enfants de parents indignes..
— — indigents mais non indignes..
— — disparus...
— — décédés..
— vicieux de parents non indignes...

Total....

RÉPARTITION DES ENFANTS DANS LES DIVERS SERVICES.

Au 31 décembre 1894, les 3,498 enfants existant dans le service étaient répartis de la suivante entre les agences, les écoles professionnelles et l'hospice dépositaire :

	GARÇONS	FILLES
1° Enfants placés isolément moyennant pension..........................	759	546
— — hors pension................................	1.299	[illegible]
2° — en groupes..	138	7
3° — dans les groupes professionnelles de Villepreux, de Montévrain, de Port-Hallan et d'Yzeure..................................	126	72
4° Enfants placés dans les établissements divers (Bologne, Salpêtrière)......	37	12
5° — restant à l'hospice dépositaire au 31 décembre.................	8	2
Total..........	2.367	1.134

Les 145 enfants placés en groupes étaient ainsi répartis :

Garçons.

Bar-sur-Seine (Aube), — Verrerie..	[illegible]
Bayel (Aube). — Verrerie...	[illegible]
Choisy-le-Roi (Seine). — Faïencerie (groupe en extinction)...........................	[illegible]
Nancy (Meurthe-et-Moselle). — Verrerie...	[illegible]
Troyes (Aube). — Bonneterie..	[illegible]
Vierzon (Cher). — Verrerie...	[illegible]

Filles.

Montreuil-sous-Bois (Seine). — Broderie..

Total...

CAISSE D'ÉPARGNE.

Le total des versements s'est élevé en 1894 à la somme de 62,394 fr. 83 c.

Au 31 décembre 1894, les livrets de Caisse d'épargne étaient au nombre de 1,570 et taient une somme de.. 17

Il convient d'ajouter à cette somme, pour avoir la fortune de nos élèves :

1° Les soldes créditeurs des élèves du groupe de MM. Poron, à Troyes...........

2° Les capitaux déposés dans la caisse de l'Administration :

a) Capital en numéraire...

A reporter...... 18

	Report.....	187.863 22
b' Capital représenté par des livrets de Caisse d'épargne :		
Livrets de la Caisse d'épargne nationale................	28.715 »	38.042 »
— de province........................	2.174 »	
— de la Caisse d'épargne de Paris................	7.153 »	
scriptions de rentes 3 °/₀ et 3 1/2 °/₀ et valeurs diverses estimées en capital à..		11.415 »
Total..........		237.320 22

tion au 31 décembre 1894 des livrets de Caisse d'épargne appartenant aux enfants moralement abandonnés.

AGENCES	DÉPARTEMENTS	NOMBRE DE LIVRETS	MONTANT DES LIVRETS	SOMMES VERSÉES EN 1894
·ille........................	Somme.	61	5,796 42	1,348 »
on........................	Orne, Sarthe.	28	3,033 28	878 70
-le-Duc....................	Côte-d'Or.	30	5,647 04	1,394 08
....	Pas-de-Calais. Somme. Nord.	35	2,673 92	660 95
....	Saône-et-Loire.	16	520 21	205 »
n..........................	Yonne.	267	42,469 27	11,028 98
ne.........................	Pas-de-Calais.	24	2,920 71	557 25
u-Chinon...................	Nièvre.	1	112 26	100 »
gnes-Dompierre.............	Allier.	10	1,003 49	134 15
....	Nièvre.	9	297 52	90 92
....	Nièvre.	18	2,642 16	415 »
....	Ille-et-Vilaine.	4	188 26	62 »
il.........................	Allier. Puy-de-Dôme.	5	193 71	40 »
noy........................	Sarthe.	9	411 41	176 50
s..........................	Nièvre.	46	10,329 41	3,505 06
uil-sur-Mer................	Pas-de-Calais.	57	3,408 12	1,109 44
s..........................	Allier.	96	11,429 18	2,191 15
e..........................	Yonne.	44	4,153 20	1,209 »
s..........................	Ille-et-Vilaine.	11	612 12	179 »
antin......................	Loir-et-Cher.	30	8,338 40	2,436 02
Amand......................	Nord.	233	14,456 09	2,485 41
alais......................	Sarthe. Loir-et-Cher.	2	77 64	30 »
Pol........................	Pas-de-Calais.	5	260 62	110 »
Saulge.....................	Nièvre.	3	362 85	40 »
1..........................	Côte-d'Or, Nièvre.	34	4,853 13	1,903 »
....	Aube.	338	37,632 41	26,499 79
....	Nièvre.	2	223 23	120 57
le Villepreux..............	Seine-et-Oise.	23	2,221 50	553 50
l'Yzeure...................	Allier.	54	1,209 79	482 »
l'Alembert à Montévrain......	Seine-et-Marne.	55	3.820 64	2,449 36
	Totaux..........	1.570	171,598 29	62,394 83

ÉCOLES PROFESSIONNELLES.

ÉCOLE D'ALEMBERT A MONTÉVRAIN.

Population. — En 1894, 40 élèves ont été admis à l'école d'Alembert, où le mouvement de la population a été le suivant :

	E. A.	M. A.	TOTAL
Existants le 1er janvier 1894	8	87	95 élèves
Entrés pendant l'année	12	28	40 —
Total	20	115	135 élèves
Sortis pendant l'année	5	32	37 —
Restants au 31 décembre 1894	15	83	98 élèves

dont 49 typographes et 49 ébénistes.

Sur les 40 élèves admis en 1894, 11 venaient de l'hospice des Enfants-Assistés, 11 des agences et 18 de l'école de typographie et de cordonnerie d'Alençon, supprimée au mois d'août 1894.

Les causes des sorties ont été les suivantes :

Engagements volontaires, 2 ; fin d'apprentissage, 13 ; renvois à l'hospice dépositaire, 6 ; remise aux familles, 1 ; envoi en traitement, 7 ; évasions, 8. — Total des sorties, 37.

Les 135 élèves ayant passé à l'école pendant l'année 1894 ont donné lieu à un nombre de journées de 33,814, soit une moyenne de 250 journées par élève.

Les 98 élèves restants sont répartis au point de vue professionnel ainsi qu'il suit :

Ébénisterie.

Ébénistes	44
Mouluriers	2
Tourneurs	3
A reporter	49

Typographie.

Report	49
Typographes	43
Imprimeurs	6
Total	98

Instruction primaire et professionnelle. — La plupart des élèves entrés à l'école en 1894 avaient obtenu, avant leur entrée, le certificat d'études primaires.

Sur 6 élèves présentés en 1894, parmi ceux qui n'avaient pas le certificat d'études, 4 ont été reçus dont l'instruction primaire avait été complétée à l'école.

Salaire des élèves de 5e année. — En 1894, les élèves de 5e année ont fourni 2,496 journées de travail effectif qui leur ont été payées à raison de 3 francs l'une. Les salaires se sont élevés à 7,488 francs et ont été employés comme l'indique le tableau suivant :

TRIMESTRES	NOMBRE DE JOURNÉES à 3 francs l'une	PRODUITS en ARGENT	REMBOURSÉ A L'ADMINISTRATION — Nourriture 1 franc par jour	REMBOURSÉ A L'ADMINISTRATION — Avances	VERSÉ A LA CAISSE d'épargne	ACHAT D'OUTILLAGE et de vêtements	TOTAL
1er	837	2,511	1,304	318	420	442	2,511
2e	412	1,236	591	179	360	106	1,236
3e	485	1,455	665	201	408	184	1,455
4e	762	2,286	1,072	474	535	202	2,286
Totaux	2,496	7,488	3,629	1,202	1,723	934	7,488

Fin d'apprentissage. — 11 ébénistes et 2 typographes ont quitté l'école après avoir terminé leur apprentissage, ils sont tous placés et gagnent facilement leur vie.

Produit des travaux. — La production s'élève, pour l'année 1894, à la somme de 91,901 fr. 70 c., se décomposant ainsi :

Produits de l'ébénisterie	35.683 45
Produits de l'imprimerie	50.978 75
Vente de déchets	82 50
Remboursement par les élèves de 5e année	5.157 »
Total	91.901 70

Ébénisterie. — Les meubles fabriqués ont été livrés aux services et établissements ci-après dépendant, soit de l'Assistance publique, soit de la ville de Paris, soit du département de la Seine :

Hôpital Trousseau	815 »
— Tenon	40 »
— Laënnec	200 »
— Cochin	180 »
— d'Aubervilliers	75 »
— de la Clinique	510 »
Hospice de la Salpêtrière (École de réforme)	960 »
— Brézin	2.730 »
— de Brévannes	4.800 »
— des Enfants-Assistés	2.545 »
École Roudil	780 »
— d'Alembert	1.640 »
École de Moisselles	800 »
Administration générale de l'Assistance publique (chef-lieu)	1.696 »
Institut départemental des sourds-muets, à Asnières	2.166 95
École Boulle	1.990 »
— de pharmacie	250 »
— Edgar-Quinet	3.817 »
— rue Ganneron	360 »
Bureau du Conseil général	2.795 »
Ville de Paris	355 »
A divers particuliers	6.178 50
Total	35.683 45

Imprimerie. — Les produits de l'imprimerie ont été livrés aux services ci-après :

Administration de l'Assistance publique	19.302 54
Statistique municipale	5.342 69
Société internationale d'assistance	1.991 48
Mont-de-Piété de Paris	27 85
Service des Aliénés	6.448 74
Asile Sainte-Anne	5.604 31
— de Ville-Évrard	5.162 35
— de Vaucluse	2.477 81
— de Villejuif	3.413 15
Divers particuliers	1.207 83
Total	50.978 75

ÉCOLE D'HORTICULTURE DE VILLEPREUX.

Population. — Au 31 décembre 1893, le nombre des élèves était de ....
Pendant l'année 1894, il en a été reçu..
Il en est sorti ....

Reste au 31 décembre 1894......
dont 6 moralement abandonnés et 41 enfants assistés.

Les 13 élèves sortis se répartissent ainsi :

10 pourvus de placements par l'Administration; 2 renvoyés dans les agences; 1
Total, 13.

Les 47 élèves présents au 31 décembre 1894 se classent par âge de la façon suivante :

7 élèves âgés de 17 ans; 16 de 16 ans; 10 de 15 ans; 11 de 14 ans; 3 de 13 ans. — To

10 élèves ont été placés, en 1894, par l'Administration.

Enseignement professionnel. — Les élèves pourvus du certificat d'études ne sont pa
de suivre le cours d'instruction primaire qui est fait chaque jour de 4 heures et demie
et demie par l'instituteur de Villepreux. Mais, pour ces élèves, le cours porte princip
les connaissances nécessaires au jardinier : l'arpentage, le nivellement, les éléments de c
et de rédaction.

Le directeur fait trois fois par semaine aux élèves de 2e et de 3e année un cours théor
sciences appliquées à l'agriculture.

Caisse d'épargne. — L'avoir des élèves à la Caisse d'épargne, provenant des allocati
trielles et de dons particuliers, s'élevait, au 31 décembre 1894, à la somme de 10,228 fr
2,221 fr. 50 c. appartenant à des moralement abandonnés et 8,006 fr. 61 c. à des assisté

ÉCOLE MARITIME DE PORT-HALLAN.

Population. — L'école maritime de Port-Hallan, créée à Belle-Isle-en-Mer (Morbihan
d'une délibération du Conseil général de la Seine du 27 décembre 1893, a reçu, en 1894
savoir :

1er convoi, 14 février 1894 ....
2e — 29 mars — ....
3e — 31 mai — ....
4e — 4 juillet — ....
5e — 22 août — ....

Total..........
dont 14 enfants assistés et 35 moralement abandonnés.

Un de ces élèves, qui avait manqué gravement à la discipline, a été autorisé à
contracter un engagement militaire ....

Restant au 31 décembre 1894..........
Le 9 mars 1895, l'école a reçu 10 nouveaux élèves..............................

La population actuelle est par conséquent de...................................
dont 17 enfants assistés et 41 moralement abandonnés.

Au point de vue de l'âge, les 48 élèves présents à l'école le 31 décembre 1894 se répartissent ainsi qu'il suit :

9 âgés de 17 ans; 22 de 16 ans; 12 de 15 ans; 5 de 14 ans. — Total, 48 élèves.

Enseignement primaire. — L'enseignement primaire donné par l'instituteur-économe comporte trois heures de classe, de conférences et de lecture par jour.

Les élèves sont répartis en deux divisions qui, au 31 décembre 1894, comptaient : la première 22 élèves, et la seconde 26.

Neuf élèves de la première division possédaient le certificat d'études; sur neuf qui ont été présentés à l'examen en 1895, six ont obtenu ce certificat, et les trois qui ont échoué se trouvaient sur la limite extrême d'admission.

Dans la deuxième division :

10 élèves avaient mérité la note bien; 12 la note passable; 4 n'avaient que la note médiocre.

Enseignement professionnel. — L'enseignement professionnel, à la fois théorique et pratique, comprend :

1° Matelotage, timonerie, école de nœuds;

2° Exercices sur la mâture fixe, école de godille, de nage et exercices en mer à bord des embarcations, pêche, etc.

Les élèves, en général, montrent beaucoup de bonne volonté pour tous les exercices se rattachant à la marine et tout particulièrement pour les exercices en mer et la pêche.

Au mois de juillet dernier, les notes des élèves à l'école de matelotage étaient les suivantes :

5 avaient la note très bien; 28 la note bien; 9 la note assez bien; 14 la note médiocre; 1 était noté comme laissant à désirer, mais en voie d'amélioration.

Plusieurs élèves ont été employés pendant la saison d'hiver à la fabrication de filets à sardines et à rougets, et de tapis en fil d'aloès pour les bureaux et les embarcations.

Des exercices de canne et de boxe ont lieu deux fois par semaine, sous la direction d'un sous-officier de la garnison.

Quelques mouvements de l'école du soldat sont également enseignés aux élèves pour faciliter l'ordre et la bonne tenue dans les rassemblements et pendant les promenades qu'ils font tous les dimanches et jours de fêtes.

Ils sont également exercés aux manœuvres de la pompe à incendie. Ils ont été appelés à montrer leur savoir-faire dans deux incendies qui ont éclaté à Belle-Isle, et ils se sont conduits d'une façon qui leur a valu les plus grands éloges de la population.

Punitions. — Récompenses. — Les punitions infligées sont celles prévues par le règlement.

Fréquentes au début, ainsi que nous l'avons dit, elles ont notablement diminué en nombre et en gravité, et elles ne sont plus que bien rarement motivées par des fautes sérieuses.

La moyenne des bons points s'élève sensiblement et se maintient à un niveau satisfaisant.

Les élèves qui se font remarquer par leur bonne conduite, leur application au travail et leurs aptitudes dans les différents exercices sont choisis pour moniteurs et nommés sergents ou caporaux.

Ces gradés, bien dirigés, peuvent exercer une grande influence morale sur leurs camarades et contribuer à assurer la discipline. Ils commandent les différents exercices prescrits et signalent aux surveillants ceux de leurs camarades qui font preuve de mauvaise volonté.

L'argent donné en bons points aux élèves, à titre de récompense, est placé à la Caisse d'épargne. Au 31 décembre l'avoir des élèves, réparti en quarante-huit livrets individuels, s'élevait à la somme de 1,308 fr. 86 c.

Inscription maritime des élèves de l'école. — Afin de permettre aux élèves de l'école mar de Port-Hallan d'obtenir la qualité d'inscrits maritimes et d'être admis dans le corps des équi de la flotte, l'Administration a fait l'acquisition, moyennant un prix de 7,000 francs payé c tant, d'un yacht, *le Pétrel*, jaugeant 33 tonneaux destiné à l'exercice de la pêche. Un rôle sp a été ouvert pour *le Pétrel*.

ÉCOLE PROFESSIONNELLE ET MÉNAGÈRE D'YZEURE.

	E. A.	M. A.
Population. Au 1er janvier 1894 l'école comptait	103	90
Il est entré pendant l'année	96	13
	199	103
Le nombre des sorties a été de	14	31
Population de l'école au 31 décembre 1894	185	72

Causes de sortie. — Les causes de sortie sont les suivantes : 15 élèves ont été rapp à Paris dont 3 pour être placées comme femmes de chambre en maison bourgeoise ; 7 ont ét placées par les directeurs d'agence ; 4 rendues à leur famille ; 17 ont été envoyées en traite à Berck-sur-Mer, dont 15 sont rentrées à l'école après un séjour au bord de la mer ; passée des Moralement abandonnés aux Enfants assistés par changement de catégorie.

Nombre de journées de présence et durée moyenne de séjour. — Les 199 élèves assistées e 103 moralement abandonnées passées à l'école pendant l'année 1894, ont donné lieu à un no de journées de présence de 76,632, soit par enfant une durée moyenne de 260 journées.

Les 257 élèves présentes à l'école le 31 décembre 1894 se répartissent suivant leur âge ainsi suit :

3 élèves âgées de 18 ans ; 17 de 17 ans ; 30 de 16 ans ; 44 de 15 ans ; 63 de 14 ans ; 64 de 13 29 de 12 ans ; 5 de 11 ans ; 2 de 10 ans. — Total, 257 élèves.

Au point de vue de leur provenance, les 109 élèves entrées en 1894 se répartissent ainsi :

Venant de l'hospice dépositaire..
— l'agence d'Autun..
— — Avallon..
— — Château-Chinon..
— — Decize..
— — Dompierre..
— — Ébreuil..
— — Moulins-Engilbert..
— — Moulins..
— — Montluçon..
Passée des Moralement abandonnés aux Enfants assistés par changement de catégorie....

Total..........

Instruction. — 21 élèves ont été présentées en 1894 à l'examen du certificat d'études et ont to obtenu ce certificat. Au 31 décembre 1893, 100 élèves avaient leur certificat d'études. Au 3 cembre 1894, on en comptait 162 sur 257.

Les élèves pourvues du certificat d'études sont divisées en deux groupes auxquels les ins trices font deux heures de classe par jour, les unes dans la matinée, les autres dans l'après-midi, par voie de roulement.

Les élèves qui n'ont pas le certificat d'études assistent à deux classes par jour.

Enseignement professionnel. — L'enseignement professionnel est donné dans quatre ateliers : l'atelier préparatoire, l'atelier de lingerie, l'atelier de confections, l'atelier de corsets.

Avoir des élèves. — Il est attribué aux élèves, comme récompense, des bons points-centimes représentant environ le dixième du prix de façon des objets confectionnés. Les bonnes ouvrières arrivent ainsi à gagner de 4 à 5 francs par mois et à placer à la Caisse d'épargne de 20 à 30 francs par an.

ÉCOLE DE RÉFORME DE LA SALPÊTRIÈRE.

Le mouvement de la population à l'école de réforme de la Salpêtrière pendant l'année 1894 a été le suivant :

	E. A.	M. A.	TOTAL
Élèves présentes au 1er janvier 1894	23	17	40
Entrées pendant l'année	17	8	25
	40	25	65
Sorties	11	13	24
Restant au 31 décembre 1894	29	12	41

La durée moyenne du séjour des élèves sorties en 1894 a été pour les enfants assistés de 325 jours pour les moralement abandonnés de 384 jours.

Les causes des sorties ont été les suivantes :

	E. A.	M. A.	TOTAL
Rendues à l'hospice dépositaire	8	10	18
Transférées à Sainte-Anne	2	1	3
Placées dans les divisions de la Salpêtrière	»	2	2
Envoyée à Berck	1	»	1
Total	11	13	24

Les 18 élèves renvoyées à l'hospice dépositaire ont été replacées dans les agences, où leur conduite a été en général satisfaisante.

On n'a à signaler, en effet, que quatre récidivistes à l'égard desquelles on ait dû recourir à un nouvel internement.

\bbeville	»	»	»	»	1	»	»	»	»	1	»	2	»	1	1	»	»
\lençon	»	»	»	»	»	»	»	»	»	»	»	1	»	»	»	»	»
\rnay-le-Duc	»	»	»	»	»	»	»	»	»	»	»	»	1	»	»	1	»
\rras	»	»	»	»	»	»	»	»	»	»	»	»	»	»	»	»	»
\vallon	»	»	4	4	4	5	14	7	13	7	28	18	28	26	37	26	[illegible]
\utun	»	»	»	»	»	»	»	»	»	»	»	»	»	»	»	»	1
Béthune	»	»	»	»	»	»	»	»	»	»	»	»	»	»	»	»	»
'hâteau-Chinon	»	»	»	»	»	»	»	»	»	»	»	»	»	»	»	1	»
'osne	»	»	»	»	»	»	»	»	»	»	»	»	»	»	»	»	»
'ecize	»	»	»	»	»	»	»	»	»	»	»	»	»	»	»	»	1
'ol	»	»	»	»	»	»	»	»	1	»	»	»	»	»	»	»	»
'omfront	»	»	»	»	»	»	»	»	»	»	»	»	»	»	»	»	»
'ompierre	»	»	»	»	»	»	»	»	»	»	»	»	»	»	»	»	»
'breuil	»	»	»	»	»	»	»	»	»	»	»	»	»	»	»	»	1
commoy	»	»	»	»	»	»	»	1	»	1	»	1	»	1	3	2	1
ormes	»	»	»	»	»	»	»	»	»	»	»	»	»	»	»	»	»
'ontluçon	»	»	»	»	»	»	»	»	»	»	»	»	1	»	»	»	1
Iontreuil	»	»	»	»	1	1	4	2	1	4	6	4	2	6	9	3	4
oulins	»	»	»	»	»	»	»	1	1	»	1	»	1	2	1	»	1
oulins-Engilbert	»	»	»	»	»	»	»	»	»	»	»	»	»	»	»	»	»
oanne	»	»	»	»	»	»	»	1	»	»	»	»	»	1	»	1	1
aris	»	»	»	»	»	»	»	»	»	»	»	»	»	»	»	1	»
ennes	»	»	»	»	»	»	»	1	»	»	»	»	»	»	»	1	»
omorantin	»	»	»	1	1	»	5	3	4	3	3	2	5	3	1	2	2
aulieu	1	»	»	»	1	»	1	1	»	4	2	3	1	5	3	3	3
int-Pol	»	»	»	»	»	»	»	1	»	»	»	»	»	»	»	»	1
int-Calais	»	»	1	»	»	»	»	»	»	»	1	»	»	2	»	»	1
int-Saulge	»	»	»	»	»	»	»	»	»	»	»	»	»	»	»	»	»
int-Amand-les-Eaux	1	1	1	1	5	1	3	3	7	8	13	11	15	12	20	24	40
oyes	»	»	»	»	»	1	»	1	»	2	7	7	10	6	12	8	25
rzy	»	»	»	»	»	»	»	»	»	»	»	»	»	»	»	»	»
ole de Villepreux	»	»	»	»	»	»	»	»	»	»	»	»	»	»	»	»	»
— d'Alembert																	
eure. — École professionnelle	»	»	»	»	»	»	»	»	»	»	»	»	»	»	»	»	»
pêtrière. — École	»	»	»	»	»	»	»	»	»	»	»	»	»	»	»	»	»
le réforme	»	»	»	»	»	»	»	»	»	»	»	»	»	»	»	»	»
ole de Port-Hallan	»	»	»	»	»	»	»	»	»	»	»	»	»	»	»	»	»
pôt de l'hospice	»	»	»	»	1	»	»	»	»	»	»	»	»	»	1	»	»
TOTAUX	2	1	6	6	14	8	27	22	27	30	61	49	64	65	88	73	129

5	»	»	5	2	4	»	2	3	5	1	6	1	10	3	14	1	46	11	57	56	16	72
8	2	»	5	»	2	»	6	1	2	2	4	2	1	3	4	3	27	11	38	29	17	46
5	2	1	3	»	»	»	2	»	3	»	4	»	4	»	7	»	25	1	26	28	3	31
2	2	»	»	1	1	2	2	»	»	1	5	3	5	5	8	4	23	16	39	24	17	41
6	60	21	44	14	29	8	24	7	18	1	25	3	27	1	18	2	265	37	302	539	229	768
4	2	1	»	2	4	»	1	»	2	»	»	»	»	»	»	»	9	3	12	12	4	16
»	1	»	1	1	1	»	3	»	2	1	4	1	5	4	1	3	18	10	28	18	10	28
1	1	»	»	»	»	»	»	»	»	»	»	»	»	1	»	»	1	1	2	1	2	3
1	»	»	1	1	1	1	»	1	»	2	»	2	»	»	»	»	2	7	9	2	8	10
2	»	»	»	1	»	»	3	:	»	»	»	2	3	»	9	»	15	3	18	16	4	20
2	»	1	»	»	1	1	»	»	»	1	»	»	»	»	»	»	1	3	4	2	4	6
2	»	1	»	»	2	»	»	»	»	1	»	»	»	»	»	»	2	2	4	3	3	6
1	»	»	3	1	1	»	»	»	»	»	»	2	»	»	1	»	5	3	8	5	4	9
4	»	»	»	»	»	2	»	1	»	»	»	1	»	»	»	»	»	4	4	2	6	8
3	1	1	2	»	»	1	1	»	»	»	1	»	1	»	»	1	6	3	9	12	10	22
3	1	»	4	»	5	»	4	»	7	»	5	1	9	»	5	»	40	1	41	42	2	44
2	»	»	»	»	1	2	1	»	»	»	»	»	1	»	»	»	3	2	5	5	2	7
7	9	6	11	7	9	3	7	11	5	3	8	4	1	3	4	5	54	42	96	100	73	173
2	2	»	1	1	4	4	4	2	7	8	10	17	13	4	18	6	59	42	101	65	48	113
»	»	»	»	»	»	»	»	»	»	»	»	»	»	»	»	»	»	»	»	»	»	»
2	7	3	7	2	7	7	6	1	2	3	2	2	1	»	»	»	32	18	50	40	22	62
7	1	»	1	4	2	11	2	10	10	6	11	15	8	3	5	12	40	61	101	44	64	108
7	1	2	2	2	1	»	»	1	»	»	»	1	»	»	»	»	4	6	10	8	9	17
3	4	2	4	1	2	1	10	»	4	»	12	»	6	1	5	3	47	8	55	80	28	108
	4	3	»	2	8	7	2	2	1	1	2	1	2	»	»	1	19	19	38	44	41	85
	»	»	1	»	»	»	1	»	»	1	»	»	»	»	1	»	2	2	4	3	5	8
	2	»	»	1	4	»	1	»	»	»	»	»	»	»	»	1	7	2	9	10	6	16
	»	»	»	»	1	1	»	»	1	»	»	»	»	»	»	»	2	1	3	3	1	4
	45	27	43	22	46	10	48	17	19	22	20	17	39	11	18	14	287	140	427	452	290	742
	56	12	66	12	70	7	85	9	58	7	54	3	37	4	32	6	458	60	518	587	115	702
	»	»	»	»	»	»	»	»	1	»	»	1	»	»	»	»	1	1	2	1	1	2
	2	»	2	»	2	»	1	»	»	»	1	»	»	»	»	»	8	»	8	8	»	8
	12	»	16	»	18	»	10	»	7	»	6	»	1	»	»	»	79	»	79	83	»	83
	»	9	»	16	»	13	»	13	»	9	»	2	»	»	»	»	»	62	62	»	72	72
	»	1	»	4	»	»	»	3	»	2	»	1	»	2	»	»	»	13	13	»	13	13
	»	»	4	»	11	»	15	»	5	»	»	»	»	»	»	»	35	»	35	35	»	35
	1	»	»	»	3	»	1	»	1	»	»	»	»	»	»	»	6	»	6	8	2	10
	219	93	226	97	240	81	251	82	160	72	189	82	174	46	149	62	1,608	615	2,223	2,367	1,131	3,498

GARÇONS

Agriculteurs.................
Ajusteurs-mécaniciens........
Blanchisseurs................
Bonnetiers...................
Bouchers.....................
Boulangers...................
Bourrelier...................
Briquetiers..................
Chaîneurs....................
Chaisiers....................
Chapelier....................
Charpentier..................
Charrons.....................
Chaudronniers................
Cocher.......................
Coiffeurs....................
Cordiers.....................
Cordonniers..................
Corroyeur....................
Couteliers...................
Couvreurs....................
Ébénistes....................
Employés de commerce.......
Faïenciers...................
Ferblantiers.................
Fondeurs et mouleurs........
Forgerons....................
Garçons épiciers, de café, de magasin........ . ....
Imprimeurs...................
Horlogers....................
Horticulteurs et jardiniers.....
Lamineurs....................
Maçons.......................
Maréchaux ferrants..........
Matelots.....................
Menuisiers...................
Métallurgie (fer), ouvriers d'usine..
Meuniers.....................
Mineurs......................

A reporter.....

Report....

Pâtissiers...................
Peintre en bâtiment.........
Sculpteur....................
Selliers.....................
Serruriers...................
Serviteurs...................
Tailleurs d'habits............
Tisseurs (lin et chanvre)......
Typographes, imprimeurs.....
Tourneurs sur bois..........
Verriers.....................
Dans les établissements divers.
A l'hospice dépositaire.......

Total des garçons.....

FILLES

Agriculture..................
Blanchisseuses...............
Bonnetières..................
Brodeuses....................
Chapelière...................
Confectionneuses.............
Couturières..................
Cuisinières ou domestiques....
Employées de commerce......
Fleuristes...................
Giletières...................
Lingères.....................
Matelote (batellerie)..........
Modiste......................
Peintre en photographie.......
Passementières...............
Repasseuses..................
Tisseuses....................
Dans les établissements.......
A l'hospice dépositaire.......

Total des filles.....

Total général.....

PROTECTION DES ENFANTS DU PREMIER AGE (1)

Mouvement général des nourrissons soumis à la protection.

INDICATION DES ARRONDISSEMENTS	NOURRISSONS		TOTAL des nourrissons protégés en 1894	NOURRISSONS SORTIS DU SERVICE PAR SUITE DE					TOTAL des nourrissons ayant cessé d'être protégés	NOURRISSONS restant au 31 décembre 1894
	Restant au 31 décembre 1893	Placés en 1894		Retrait effectué spontanément par les parents	Retrait provoqué par le service d'inspection	Changement de domicile de la nourrice	Décès	Limite d'âge (2 ans)		
Circonscription.										
Arrondissement...	»	»	»	»	»	»	»	»	»	»
Id. ...	1	3	4	3	»	»	»	»	3	1
Id. ...	7	13	20	8	1	»	3	3	15	5
Id. ...	14	16	30	9	1	2	1	7	20	10
Id. ...	»	»	»	»	»	»	»	»	»	»
Id. ...	1	1	2	2	»	»	»	»	2	»
Id. ...	34	65	99	44	»	3	4	9	60	39
TOTAL..........	57	98	155	66	2	5	8	19	100	55
Circonscription.										
Arrondissement...	»	8	8	4	»	»	»	»	4	4
Id. ...	7	10	17	8	1	1	2	1	13	4
Id. ...	41	93	134	70	3	4	2	6	85	49
Id. ...	21	50	71	42	2	2	2	7	55	16
TOTAL..........	69	161	230	124	6	7	6	14	157	73
Circonscription.										
Arrondissement...	20	36	56	25	1	4	2	2	34	22
Id. ...	24	48	72	32	»	3	1	5	41	31
Id. ...	43	82	125	63	2	3	5	7	80	45
TOTAL..........	87	166	253	120	3	10	8	14	155	98
Circonscription.										
Arrondissement...	8	15	23	11	2	1	3	»	17	6
Id. ...	40	74	114	57	1	7	5	7	77	37
Id. ...	15	55	70	32	»	2	4	3	41	29
TOTAL..........	63	144	207	100	3	10	12	10	135	72
Circonscription.										
Arrondissement...	2	5	7	6	»	»	»	»	6	1
Id. ...	68	110	178	90	1	8	11	14	124	54
Id. ...	26	33	59	31	»	1	1	8	41	18
TOTAL..........	96	148	244	127	1	9	12	22	171	73
TOTAL POUR PARIS....	372	717	1,089	537	15	41	46	79	718	371

(1) Ce tableau et les suivants sont extraits du *Rapport annuel* adressé par le préfet de Police au ministre de l'intérieur. (Préfecture de Police, 1re division, 5e bureau, 2e section; protection des enfants du premier âge, année 1894.)

6e Circonscription									
Boulogne-sur-Seine....	41	73	114	56	»	4	5	13	
Neuilly-sur-Seine	9	35	44	19	»	»	2	4	
TOTAL..........	50	108	158	75	»	4	7	17	
7e Circonscription									
Courbevoie...........	30	56	86	40	10	»	4	6	
Nanterre.............	14	19	33	15	2	1	1	2	
Puteaux	26	67	93	38	9	1	4	7	
Suresnes.............	21	36	57	25	2	1	11	3	
TOTAL..........	91	178	269	118	23	3	20	18	
8e Circonscription									
Clichy-la-Garenne.....	39	79	118	56	7	1	9	6	
Levallois-Perret	30	68	98	39	4	3	5	14	
TOTAL..........	69	147	216	95	11	4	14	20	
9e Circonscription.									
Asnières.............	12	37	49	23	2	2	2	3	32
Colombes.............	25	59	84	31	8	1	3	10	53
Épinay-sur-Seine	»	9	9	3	1	»	1	»	5
Gennevilliers.........	10	20	30	13	2	1	3	1	20
Ile-Saint-Denis	2	5	7	2	»	»	»	1	3
Pierrefitte	2	10	12	3	»	»	»	1	4
Stains	5	10	15	6	1	»	1	2	10
Villetaneuse..........	»	»	»	»	»	»	»	»	»
TOTAL..........	56	150	206	81	14	4	10	18	
10e Circonscription.									
Saint-Denis	53	77	130	66	3	2	6	9	
Saint-Ouen...........	33	87	120	65	3	2	6	7	
TOTAL..........	86	164	250	131	6	4	12	16	
11e Circonscription									
Aubervilliers.........	10	35	45	20	6	1	3	»	30
Bobigny	3	2	5	1	1	»	»	2	4
Le Bourget...........	11	26	37	15	4	2	5	»	26
La Courneuve........	»	7	7	2	1	»	»	1	4
Drancy	5	5	10	5	1	»	1	1	8
Dugny...............	3	6	9	5	1	1	1	»	8
Pantin...............	11	34	45	20	3	2	1	2	28
Le Pré-Saint-Gervais..	11	21	32	13	2	1	3	1	20
TOTAL..........	54	136	190	81	10	7	14	7	

Mouvement général des nourrissons soumis à la protection (Suite).

INDICATION DES COMMUNES	NOURRISSONS Restant au 31 décembre 1893	NOURRISSONS Placés en 1894	TOTAL des nourrissons protégés en 1894	NOURRISSONS SORTIS DU SERVICE PAR SUITE DE : Retrait effectué spontanément par les parents	Retrait provoqué par le service d'inspection	Changement de domicile de la nourrice	Décès	Limite d'âge (2 ans)	NOURRISSONS ayant cessé d'être	NOURRISSONS restant
12e Circonscription.										
Bagnolet	17	45	62	37	»	2	3	1	43	
Bondy	7	16	23	10	»	»	2	3	15	
Les Lilas	13	30	43	13	»	»	6	10	29	
Noisy-le-Sec	12	22	34	16	»	1	4	4	25	
Romainville	4	7	11	6	»	»	»	3	9	
Rosny-sous-Bois	10	11	21	8	»	1	»	4	13	
Villemomble	13	20	33	15	1	2	1	4	23	
TOTAL	76	151	227	105	1	6	16	29	157	
13e Circonscription.										
Fontenay-sous-Bois	12	27	39	16	»	»	6	2	24	
Montreuil-sous-Bois	69	84	153	75	1	»	14	11	101	
Saint-Mandé	6	12	18	7	»	»	3	»	10	
Vincennes	17	58	75	32	»	»	5	3	40	
TOTAL	104	181	285	130	1	»	28	16	175	
14e Circonscription.										
Alfortville	18	28	46	24	3	1	1	2	31	
Bonneuil-sur-Marne	3	3	6	»	»	»	»	1	1	
Charenton-le-Pont	9	35	44	13	3	»	7	4	27	
Créteil	6	18	24	10	»	»	2	»	12	
Joinville-le-Pont	5	13	18	4	4	1	»	3	12	
Maisons-Alfort	9	18	27	13	»	»	2	3	18	
Nogent-sur-Marne	5	16	21	8	»	»	2	3	13	
Saint-Maurice	3	9	12	4	2	»	1	2	9	
TOTAL	58	140	198	76	12	2	15	18	123	75
15e Circonscription.										
Bry-sur-Marne	4	5	9	6	»	»	1	»	7	2
Champigny-sur-Marne	14	29	43	16	1	»	1	6	24	19
Le Perreux	18	31	49	15	1	2	5	9	32	17
Saint-Maur-des-Fossés	61	93	154	63	6	4	8	16	97	57
TOTAL	97	158	255	100	8	6	15	31	160	95
16e Circonscription.										
Chevilly	2	2	4	3	»	»	1	»	4	
Choisy-le-Roi	20	41	61	25	»	4	5	3	37	
Ivry-sur-Seine	21	66	87	41	3	4	8	3	59	
Orly	3	5	8	5	1	»	»	»	6	
Thiais	3	10	13	5	»	1	1	2	9	
Villejuif	11	22	33	15	»	2	2	2	21	
Vitry-sur-Seine	17	32	49	20	1	1	4	5	31	
TOTAL	77	178	255	114	5	12	21	15	167	88

17ᵉ Circonscription.										
Antony	7	8	15	8	»	»	1	»		
Arcueil-Cachan	9	28	37	16	3	»	»	1		
Bagneux	4	5	9	5	»	»	»	»		
Fresnes-les-Rungis	»	7	7	5	1	»	»	»		
Gentilly	17	27	44	25	»	»	4	3		
L'Hay	1	3	4	1	»	»	»	»		
Montrouge	15	35	50	29	4	»	1	4		
Rungis	2	1	3	2	»	»	»	»		
Total	55	114	169	91	8	»	6	8		
18ᵉ Circonscription.										
Bourg-la-Reine	3	5	8	3	»	1	»	»		
Châtenay	7	8	15	7	»	»	2	»		
Châtillon-sous-Bagneux	8	9	17	5	»	3	1	1		
Clamart	10	19	29	11	1	1	3	»		
Fontenay-aux-Roses ..	5	14	18	9	1	»	2	»		
Issy-les-Moulineaux ...	11	29	40	20	»	»	3	3		
Malakoff	18	43	61	30	2	1	7	2		
Le Plessis-Piquet	»	»	»	»	»	»	»	»		
Sceaux	8	13	21	12	1	»	4	1		
Vanves	5	15	20	8	»	1	1	1		
Total	74	155	229	105	5	7	23	8		
RÉCAPITULATION.										
Ville de Paris	372	717	1,089	537	15	41	46	79		
Arrond[ts] de Saint-Denis et de Sceaux	947	1,960	2,907	1,302	113	59	201	221		1.011
Départ[t] de la Seine.	**1,319**	**2,677**	**3,996**	**1,839**	**128**	**100**	**247**	**300**	**2,614**	
Année 1893	1,426	2,602	4,028	1.890	109	93	318	209		
Différence en plus ...	»	75	»	»	19	7	»	1		
Différence en moins.	107	»	32	51	»	»	71	»		

INDICATION des CIRCONSCRIPTIONS	SEIN — NOURRISSONS					BIBERON — NOURRISSONS					SEVRAGE ET GARDE — NOURRISSONS					RÉCAPITULATION — NOURRISSONS				
	Restant au 31 décembre 1893	Placés en 1894	TOTAL	Sortis du service	Restant au 31 décembre 1894	Restant au 31 décembre 1893	Placés en 1894	TOTAL	Sortis du service	Restant au 31 décembre 1894	Restant au 31 décembre 1893	Placés en 1894	TOTAL	Sortis du service	Restant au 31 décembre 1894	Restant au 31 décembre 1893	Placés en 1894	TOTAL	Sortis du service	Restant au 31 décembre 1894
1re circonscription	21	36	57	30	27	27	40	67	42	25	9	22	31	28	3	57	98	155	100	55
2e id.	27	49	76	48	28	41	99	140	99	41	1	13	14	10	4	69	161	230	157	73
3e id.	44	58	102	51	51	30	101	131	101	30	13	7	20	3	17	87	166	253	155	98
4e id.	23	47	70	46	24	28	88	116	73	43	12	9	21	16	5	63	144	207	135	72
5e id.	37	61	98	64	34	48	62	110	75	35	11	25	36	32	4	96	148	244	171	73
Total pour Paris	152	251	403	239	164	174	390	564	390	174	46	76	122	89	33	372	717	1,089	718	371
6e circonscription	23	45	68	42	26	24	45	69	46	23	3	18	21	15	6	50	108	158	103	55
7e id.	59	85	144	92	52	20	72	92	68	24	12	21	33	22	11	91	178	269	182	87
8e id.	34	69	103	67	36	29	66	95	66	29	6	12	18	11	7	69	147	216	144	72
9e id.	30	82	112	66	46	20	63	83	52	31	6	5	11	9	2	56	150	206	127	79
10e id.	49	65	114	80	34	30	76	106	65	41	7	23	30	24	6	86	164	250	169	81
11e id.	28	67	95	61	34	22	61	83	60	23	4	8	12	7	5	54	136	190	128	62
12e id.	38	54	92	55	37	30	82	112	87	25	8	15	23	15	8	76	151	227	157	70
13e id.	40	72	112	71	41	47	102	149	92	57	17	7	24	12	12	104	181	285	175	110
14e id.	29	57	86	57	29	21	63	84	48	36	8	20	28	18	10	58	140	198	123	75
15e id.	38	40	78	49	29	51	83	134	87	47	8	35	43	24	19	97	158	255	160	95
16e id.	45	78	123	72	51	29	80	109	81	28	3	20	23	14	9	77	178	255	167	88
17e id.	24	39	63	38	25	27	70	97	73	24	4	5	9	2	7	55	114	169	113	56
18e id.	42	75	117	69	48	27	66	93	63	30	5	14	19	16	3	74	155	229	148	81
Total pour la banlieue	479	828	1,307	819	488	377	929	1,306	888	418	91	203	294	189	105	947	1,960	2,907	1,896	1,011
TOTAL GÉNÉRAL	631	1,079	1,710	1,058	652	551	1,319	1,870	1,278	592	137	279	416	278	138	1,319	2,677	3,996	2,614	1,382
Année 1893	657	1,082	1,739	1,108	631	586	1,238	1,824	1,273	551	183	282	465	328	137	1,426	2,602	4,028	2,709	1,319
Différence en… plus	»	»	»	»	21	»	81	46	5	41	»	»	»	»	1	»	75	»	»	63
Différence en… moins	26	3	29	50	»	35	»	»	»	»	46	3	49	50	»	107	»	32	95	»

INDICATION des CIRCONSCRIPTIONS	ENFANTS LÉGITIMES — GARÇONS — Restant au 31 décembre 1893	Placés en 1894	TOTAL	Sortis du service	Restant au 31 décembre 1894	ENFANTS LÉGITIMES — FILLES — Restant au 31 décembre 1893	Placées en 1894	TOTAL	Sorties du service	Restant au 31 décembre 1894	TOTAL des enfants légitimes	ENFANTS ILLÉGITIMES — GARÇONS — Restant au 31 décembre 1893	Placés en 1894	TOTAL	Sortis du service	Restant au 31 décembre 1894	ENFANTS ILLÉGITIMES — FILLES — Restant au 31 décembre 1893	Placées en 1894	TOTAL	Sorties du service	Restant au 31 décembre 1894	TOTAL des enfants illégitimes	RÉCAPITULATION — TOTAL des garçons	TOTAL des filles	TOTAL GÉNÉRAL des nourrissons protégés
1re circonscription	16	31	47	27	20	24	23	47	28	19	94	4	25	29	21	8	13	19	32	24	8	61	76	79	155
2e id.	12	43	55	34	21	23	49	72	46	26	127	15	38	53	41	12	19	31	50	36	14	103	108	122	230
3e id.	25	57	82	52	30	43	46	89	43	46	171	17	26	43	27	16	2	37	39	33	6	82	125	128	253
4e id.	30	44	74	39	35	8	46	54	41	13	128	10	27	37	27	10	15	27	42	28	14	79	111	96	207
5e id.	31	49	80	55	25	31	43	74	45	29	154	11	26	40	29	11	20	30	50	42	8	90	120	124	244
Total pour Paris	114	224	338	207	131	129	207	336	203	133	674	60	142	202	145	57	69	144	213	163	50	415	540	549	1,089
6e circonscription	25	46	71	47	24	14	38	52	33	19	123	7	8	15	10	5	4	16	20	13	7	35	86	72	158
7e id.	36	59	95	66	29	27	77	104	66	38	199	11	22	33	23	10	17	20	37	27	10	70	128	141	269
8e id.	19	58	77	57	20	30	55	85	55	30	162	7	10	17	9	8	13	24	37	23	14	54	94	122	216
9e id.	31	54	85	64	21	14	55	69	38	31	154	7	24	31	19	12	4	17	21	6	15	52	116	90	206
10e id.	23	61	84	58	26	28	65	93	64	29	177	18	20	38	31	7	17	18	35	16	19	73	122	128	250
11e id.	19	56	75	52	23	25	44	69	43	26	144	7	19	26	23	3	3	17	20	10	10	46	101	89	190
12e id.	27	60	87	60	27	32	48	80	53	27	167	8	20	28	19	9	9	23	32	25	7	60	115	112	227
13e id.	46	68	114	66	48	22	67	89	60	29	203	6	22	28	12	16	30	24	54	37	17	82	142	143	285
14e id.	24	56	80	46	34	26	52	78	42	36	158	3	10	13	12	1	5	22	27	23	4	40	93	105	198
15e id.	49	49	98	60	38	29	47	76	43	33	174	7	28	35	29	6	12	34	46	28	18	81	133	122	255
16e id.	26	66	92	54	38	30	63	93	59	34	185	12	23	35	26	9	9	26	35	28	7	70	127	128	255
17e id.	24	46	70	46	24	18	45	63	42	21	133	6	13	19	14	5	7	10	17	11	6	36	89	80	169
18e id.	31	65	96	60	36	33	54	87	59	28	183	6	18	24	16	8	4	18	22	13	9	46	120	109	229
Total pour la banlieue	380	744	1,124	736	388	328	710	1,038	657	381	2,162	105	237	342	243	99	134	269	403	260	143	745	1,466	1,441	2,907
TOTAL GÉNÉRAL	494	968	1,462	943	519	457	917	1,374	860	514	2,836	165	379	544	388	156	203	413	616	423	193	1,160	2,006	1,990	3,996
Année 1893	540	947	1,457	963	494	511	911	1,422	965	457	2,879	174	372	546	381	165	201	402	603	400	203	1,149	2,003	2,025	4,028

Vaccination des nourrissons.

INDICATION des CIRCONSCRIPTIONS	NOURRISSONS restant à vacciner au 31 décembre 1893	NOURRISSONS non vaccinés au moment de leur placement en 1894	TOTAL des NOURRISSONS à vacciner	NOURRISSONS vaccinés	NOURRISSONS non vaccinés et sortis du service par suite de décès	NOURRISSONS non vaccinés et sortis du service par suite de autres causes	TOTAL	NOURRISSONS restant à vacciner au 31 décembre 1894
1re circonscription	12	61	73	35	3	21	59	14
2e id.	24	161	185	102	»	63	165	20
3e id.	4	52	56	35	»	11	46	10
4e id.	13	50	63	38	2	5	45	18
5e id.	23	103	126	65	9	34	108	18
Total pour Paris	76	427	503	275	14	134	423	
6e circonscription	16	78	94	35	5	35	75	
7e id.	16	151	167	91	12	44	147	
8e id.	17	138	155	58	12	71	141	
9e id.	16	121	137	63	4	46	113	
10e id.	18	65	83	33	6	35	75	
11e id.	8	104	112	59	8	34	101	
12e id.	15	132	147	109	4	10	123	
13e id.	20	130	150	115	12	19	146	
14e id.	17	98	115	48	8	40	96	
15e id.	26	118	144	75	10	37	122	
16e id.	31	123	154	41	16	52	109	
17e id.	26	90	116	71	3	25	99	
18e id.	29	105	134	47	15	38	100	
Total pour la banlieue	261	1,453	1,717	845	115	487	1,447	270
TOTAL GÉNÉRAL	340	1,880	2,220	1,120	129	621	1,870	350
					750			
Année 1893	441	1,805	2,246	1,188	718		1,906	340
Différence en plus	»	75	»	»	32		»	10
Différence en moins	101	»	26	68	»		36	»

AGES	MODES D'ÉLEVAGE Sein	Biberon	Sevrage et garde	TOTAL	AGES	MODES D'ÉLEVAGE Sein	Biberon	Sevrage et garde	TOTAL
Moins de 1 mois	2	5	»	7	*Report*	44	63	1	108
1 mois	4	14	»	18	10 mois	2	1	»	3
2 —	10	10	»	20	11 —	3	»	»	3
3 —	1	8	»	9	12 —	1	1	»	2
4 —	9	6	1	16	13 —	1	1	»	2
5 —	5	4	»	9	15 —	»	3	1	4
6 —	5	7	»	12	17 —	»	»	1	1
7 —	5	4	»	9	18 —	»	1	»	1
8 —	1	4	»	5	19 —	2	»	1	3
9 —	2	1	»	3	22 —	»	»	1	1
A reporter	44	63	1	108	TOTAL	53	70	5	128

Statistique des retraits provoqués par le service d'inspection.

	CAUSES DES RETRAITS	SORT DES NOURRISSONS. — ENFANTS — RENDUS A LEURS PARENTS et — dont le sort ensuite est resté inconnu	élevés ensuite par une nourrice sur lieu	decédés ulté-rieurement	REPLACÉS CHEZ UNE NOURRICE — au sein	au biberon	en sevrage ou en garde
SEIN	Allaitement insuffisant	21	»	»	4	»	»
	Mauvais soins	15	»	»	4	»	»
	Logement défectueux	3	»	»	»	»	»
	Grossesse de la nourrice	1	»	»	»	»	»
	Maladie de l'enfant de la nourrice	2	»	»	»	»	»
	Affection spécifique du nourrisson	»	»	»	»	1	»
	Suspicion d'affection spécifique chez le nourrisson	2	»	»	»	»	»
	Total	44	»	»	8	1	»
BIBERON	Alimentation défectueuse ou contraire	22	»	2	8	1	»
	Mauvais soins	16	»	»	3	1	»
	Mauvais soins et usage du biberon à long tube	2	»	»	1	»	»
	Logement défectueux	4	»	»	»	»	»
	Logement et soins défectueux	3	»	»	»	»	»
	Nourrice précédemment interdite	1	»	»	»	»	»
	Nourrice brutale	1	»	»	»	»	»
	Défaut de paiement du salaire	1	»	»	»	»	»
	Maladie du nourrisson	2	»	»	»	»	»
	Total	52	»	2	12	2	»
	Mauvais soins	2	»	»	»	»	»
	Logement défectueux	2	»	»	»	»	»
	Maladie de l'enfant de la gardeuse	1	»	»	»	»	»
	Total	5	»	»	»	»	»
	Total général	101	»	2	20	3	»
			103			23	
	Année 1893		73			37	
	Différence en… plus		30			»	
	Différence en… moins		-			14	

INDICATION DES CIRCONSCRIPTIONS	GROUPES PATHOLOGIQUES — Système nerveux — Sein	Système nerveux — Biberon	Système nerveux — Sevrage et garde	Appareil respiratoire — Sein	Appareil respiratoire — Biberon	Appareil respiratoire — Sevrage et garde	Appareil digestif — Sein	Appareil digestif — Biberon	Appareil digestif — Sevrage et garde	Maladies épidémiques — Sein	Maladies épidémiques — Biberon	Maladies épidémiques — Sevrage et garde	Autres maladies — Sein	Autres maladies — Biberon	Autres maladies — Sevrage et garde	RÉCAPITULATION — Modes d'élevage — Sein	Modes d'élevage — Biberon	Modes d'élevage — Sevrage et garde	Total	PROPORTION pour cent par rapport au nombre des nourrissons protégés
1re circonscription	1	»	»	1	»	»	»	3	»	1	2	»	»	»	»	3	5	»	8	5,16
2e id.	»	»	»	2	1	1	»	1	»	»	1	»	»	»	»	2	3	1	6	2,60
3e id.	2	»	»	2	»	»	1	3	»	»	»	»	»	»	»	5	3	»	8	3,16
4e id.	2	2	»	1	1	»	»	2	»	1	1	»	»	2	»	4	8	»	12	5,79
5e id.	»	»	1	2	2	»	1	4	»	»	»	»	2	»	»	5	6	1	12	4,91
Total pour Paris	5	2	1	8	4	1	2	13	»	2	4	»	2	2	»	19	25	2	46	4,22
6e circonscription	»	1	»	1	»	»	1	2	»	»	»	»	2	»	»	4	3	»	7	4,43
7e id.	5	2	»	2	2	»	4	1	»	1	»	»	2	1	»	14	6	»	20	7,43
8e id.	3	»	»	»	1	»	2	6	»	1	»	»	1	»	»	7	7	»	14	6,48
9e id.	3	»	»	»	»	»	3	4	»	»	»	»	»	»	»	6	4	»	10	4,85
10e id.	1	»	»	»	»	»	3	4	»	»	2	»	1	1	»	5	7	»	12	4,80
11e id.	2	1	»	»	1	1	2	6	»	»	»	»	1	»	»	5	8	1	14	7,36
12e id.	»	1	»	»	1	»	2	8	»	1	»	»	1	2	»	4	12	»	16	7,04
13e id.	2	1	1	4	3	»	4	10	»	»	1	1	»	1	»	10	16	2	28	9,82
14e id.	2	»	»	2	2	»	3	5	»	1	»	»	»	»	»	8	7	»	15	7,57
15e id.	3	4	»	1	2	»	»	4	»	»	1	»	»	»	»	4	11	»	15	5,88
16e id.	3	4	»	1	3	»	1	6	»	2	»	»	»	1	»	7	14	»	21	8,23
17e id.	»	2	»	»	»	»	1	3	»	»	»	»	»	»	»	1	5	»	6	3,55
18e id.	2	5	1	2	1	1	5	3	»	1	»	»	»	2	»	10	11	2	23	10,04
Total pour la banlieue	26	21	2	13	16	2	31	62	»	7	4	1	8	8	»	85	111	5	201	6,91
Total par modes d'élevage	31	23	3	21	20	3	33	75	»	9	8	1	10	10	»	104	136	7	247	6,18
Total par groupes pathologiques	57			44			108			18			20			104	211	6	318	7,89
Année 1893	82			63			130			22			21							
Différences en plus	.....			.....			.....			.....			.....			3	.....	1	.....	.....
Différences en moins	25			19			22			4			1			.....	75	.....	71	1,71

Nombre de décès des nourrissons par maladies et modes d'él

GROUPES PATHOLOGIQUES	MALADIES	DÉCÈS de nourrissons élevés AU SEIN	AU BIBERON	EN SEVRAGE OU EN GARDE	TOTAL
Système nerveux..	Méningite...........	15	9	3	27
	Épilepsie...........	1	»	»	1
	Convulsions.........	15	14	»	29
	TOTAL.....	31	23	3	57
Proportion °/。 par rapport au nombre des nourrissons protégés.................		1.81	1.23	0.72	1.43
Appareil respiratoire..........	Bronchite...........	9	8	1	18
	Broncho-pneumonie..	8	7	1	16
	Pneumonie..........	3	1	»	4
	Congestion pulmonaire	2	2	1	5
	Phtisie..............	»	1	»	1
	TOTAL.....	22	19	3	44
Proportion °/。 par rapport au nombre des nourrissons protégés................		1.29	1.02	0.72	1.10
Appareil digestif...	Athrepsie...........	12	34	»	46
	Gastro-entérite......	7	9	»	16
	Diarrhée............	12	28	»	40
	Choléra infantile.....	2	4	»	6
	TOTAL.....	33	75	»	108
Proportion °/。 par rapport au nombre des nourrissons protégés.................		1.93	4.01	»	2.70
Maladies épidémiques..........	Variole...........	»	1	»	1
	Rougeole...........	6	3	1	10
	Scarlatine...........	»	1	»	1
	Coqueluche..........	2	3	»	5
	Croup..............	»	1	»	1
	TOTAL.....	»	9	1	18
Proportion °/。 par rapport au nombre des nourrissons protégés.................		0.47	0.48	0.25	0.45
Autres maladies. Générales....	Tuberculoses du péritoine............	»	1	»	1
	Tuberculose généralisée....	»	1	»	1
	Scrofule............	»	1	»	1
	Syphilis............	1	3	»	4
	Débilité congénitale..	7	3	»	10
	Total.....	8	9	»	17
De l'appareil circulatoire.	Cyanose............	1	»	»	1
	Total.....	1	»	»	1
De la peau...	Erysipèle...........	»	1	»	1
	Total.....	»	1	»	1
Cause accidentelle.......	Hémorrhagie ombilicale..............	1	»	»	1
	Total.....	1	»	»	1
	TOTAL.....	10	10	»	
Proportion °/。 par rapport au nombre des nourrissons protégés................		0.58	0.53	»	
	TOTAL GÉNÉRAL.....	104	136	7	

…ombre de décès des nourrissons par rapport à l'âge et à la durée de leur placement.

	MALADIES								TOTAL des décès		TOTAL
	du système nerveux		de l'appareil respiratoire		de l'appareil digestif		épidémiques et autres				
	sein	autres modes	sein	autres modes	sein	autres modes	sein	autres modes	sein	autres modes	
Âge du nourrisson.											
… mois de la vie…. { de 0 à 10 jours..	»	1	»	»	»	1	1	»	1	2	3
de 11 à 20 — ..	2	»	»	»	»	6	3	3	5 } 13	9 } 19	14 } 32
de 21 à 30 — ..	1	»	»	»	3	7	3	1	7	8	15
— …. { de 31 à 45 — ..	1	2	2	1	1	7	1	»	5 } 12	10 } 21	15 } 33
de 46 à 60 — ..	1	1	2	1	4	9	»	»	7	11	18
— ……………………	3	3	1	1	6	6	»	2	10	12	22
— ……………………	2	1	2	1	4	10	»	2	8	14	22
— ……………………	3	3	3	»	5	7	»	1	11	11	22
— ……………………	1	3	4	3	3	2	1	3	9	11	20
— ……………………	»	1	1	1	1	3	1	»	3	7	10
— ……………………	4	»	1	»	»	5	1	1	6	6	12
— ……………………	1	3	2	1	»	2	2	»	5	6	11
— ……………………	1	»	1	1	1	6	1	1	4	8	12
— ……………………	2	1	1	2	1	»	»	»	4	3	7
— ……………………	1	3	1	2	»	1	1	»	3	6	9
	23	22	21	14	29	74	15	14	88	124	
Total de 0 jour à 1 an…..	45		35		103		29		212		212
…portion °/. par rapport au nombre des nourrissons décédés………	78.95		79.55		95.37		76.32		85.83		85.83
… mois de la vie………………	1	»	»	2	1	»	1	2	3	4	7
— ……………………	3	»	1	»	2	1	»	»	6	1	7
— ……………………	3	»	»	2	»	»	»	»	3	2	5
— ……………………	»	1	»	1	1	»	»	1	1	3	4
— ……………………	1	1	»	1	»	»	»	»	1	2	3
— ……………………	»	»	»	1	»	»	2	1	2	2	4
— ……………………	»	»	»	»	»	»	»	»	»	»	»
— ……………………	»	1	»	1	»	»	»	»	»	2	2
— ……………………	»	1	»	»	»	»	»	1	»	2	2
— ……………………	»	»	»	»	»	»	»	1	»	1	1
— ……………………	»	»	»	»	»	»	»	»	»	»	»
— ……………………	»	»	»	»	»	»	»	»	»	»	»
	8	4	1	8	4	1	3	6	16	19	
Total de 1 an à 2 ans…..	12		9		5				35		35
…portion °/. par rapport au nombre des nourrissons décédés………	21.05		20.45		4.63		23.68		14.47		14.47
	31	26	22	22	33	75	18	20	104	143	
…OTAL GÉNÉRAL (de 0 à 2 ans)………	57		44		108		38		247		247
Durée du placement.											
… mois de séjour… { de 0 à 10 jours…	4	4	2	2	2	16	2	2	10	24	34
de 11 à 20 — …	1	3	1	2	5	11	4	4	11 } 24	20 } 58	31 } 82
de 21 à 30 — …	1	3	»	3	1	7	1	1	3	14	17
— … { de 31 à 45 — …	3	3	4	»	3	6	»	2	10 } 15	11 } 21	21 } 36
de 46 à 60 — …	3	2	»	1	2	7	»	»	5	10	15
— ……………………	1	3	2	6	8	9	1	2	12	20	32
— ……………………	3	»	2	»	2	5	1	4	8	9	17
— ……………………	1	»	4	2	2	2	1	»	8	4	12
— ……………………	3	1	»	1	1	4	1	1	5	7	12
— ……………………	»	»	1	»	1	3	»	»	2	5	7
— ……………………	»	2	3	»	»	»	2	1	5	3	8
— ……………………	1	»	»	1	1	2	1	»	3	3	6
— ……………………	2	2	1	2	1	»	1	»	5	4	9
— ……………………	1	»	1	1	»	»	»	»	2	1	3
— ……………………	2	»	»	»	1	»	1	»	4	»	4
— ……………………	1	»	1	1	2	1	»	»	4	2	6
— ……………………	1	»	»	»	1	»	»	»	2	»	2
— ……………………	2	1	»	»	»	»	»	1	2	2	4
— ……………………	»	1	»	»	»	»	»	1	»	2	2
— ……………………	1	»	»	»	»	»	»	1	1	1	2
— ……………………	»	»	»	»	»	»	2	»	2	»	2
— ……………………	»	1	»	»	»	»	»	»	»	1	1
	31	26	22	22	33	75	18	20	104	143	
TOTAL………	57		44		108		38		247		247

Résumé général du nombre des

I. — Nombre total des décès de 1885 à

MODES D'ÉLEVAGE	1885	1886	1887	1888	1889	1890	1			
Sein	185	170	160	132	155	129	123	113	101	104
Biberon	203	207	177	242	230	237	220	218	211	136
Sevrage et garde	15	16	26	9	16	14	9	13	6	7
Total	403	393	363	383	401	380	352	344	318	247

ONT SUCCOMBÉ A DES MALADIES	SUR 100 NOURRISSONS DÉCÉDÉS EN 1890	1891	1892	1893	1894	MOYENNE					
Du système nerveux	23	20	24	26	23	23	18	14	18	20	14
De l'appareil respiratoire	20	20	14	20	18	18	16	15	11	16	11
De l'appareil digestif	41	45	48	41	44	44	32	32	38	32	27
Épidémiques	10	7	5	7	7	7	8	5	4	6	4
Autres	6	8	9	6	8	8	5	6	7	3	5
Total	100	100	100	100	100	100	79	72	78	79	61

III. — Sexe et état

ONT SUCCOMBÉ	SUR 100 NOURRISSONS DÉCÉDÉS EN 1890	1891	1892	1893	1894	Moyenne
Garçons	56	59	53	47	49	53
Filles	44	41	47	53	51	47
Total	100	100	100	100	100	100
Légitimes	70	70	65	67	64	67
Naturels	30	30	35	33	36	33
Total	100	100	100	100	100	100

Garçons	85	81	82	74
Filles	72	63	74	84
Sexes réunis	79	72	78	79
Légitimes	76	69	70	74
Naturels	88	81	98	91
Filiations réunies	79	72	78	79

MOIS	
Janvier	
Février	
Mars	
Hiver	
Avril	
Mai	
Juin	
Printemps	

Report	
Juillet	
Août	63
Septembre	
Été	
Octobre	
Novembre	
Décembre	
Automne	

cinq ***et des dix dernières*** *années.*

I. — Mortalité général

MODES D'ÉLEVAGE	1835	1836									
...	7.45	6.80	6.80	5.59	7.01	6.01	5.94	5.91	5.80	6.08	6.34
...	11.32	11.36	9.32	11.22	10.98	11.51	10.14	11.13	11.56	7.27	10.58
... **et garde**	2.75	2.56	3.85	1.47	2.68	2.33	1.47	2.42	1.28	1.69	2.25
Proportion générale	8.36	7.95	7.37	7.47	8.18	7.01	7.25	7.80	7.89	6.18	7.63

...T SUCCOMBÉ ... MALADIES	SUR 1,000 NOURRISSONS ÉLEVÉS											
	AU SEIN EN						AU BIBERON EN					
	1890	1891	1892	1893	1894	MOYENNE	1890	1891	1892	1893	1894	MOYENNE
...tème **nerveux**	20	10	15	14	18	15	21	21	24	30	12	22
...pareil **respiratoire**	11	14	9	12	13	12	24	19	14	22	10	18
...pareil **digestif**	19	21	20	19	19	20	55	52	63	53	40	52
...niques	8	7	5	6	5	6	7	4	4	6	5	5
...	2	8	10	7	6	7	8	5	6	5	5	6
Total	60	60	59	58	61	60	115	101	111	116	72	103

		1891	1892	1833	1894	Moyenne
...ois **de la vie**	45	49	52	40	32	44
— —	43	88	36	30	33	46
— —	28	36	47	21	22	31
— —	30	23	23	39	22	27
— —	31	20	30	20	22	25
— —	28	21	24	21	20	23
— —	32	22	17	25	10	21
— —	23	15	16	17	12	17
— —	18	9	17	20	11	15
— —	13	11	7	19	12	12
— —	23	13	18	8	7	14
— —	9	12	11	8	9	10
— —	10	7	13	13	7	10
— —	9	8	7	5	7	7
— —	8	5	3	9	5	6
— —	7	3	5	8	4	5
— —	6	1	1	3	3	3
— —	2	3	6	2	4	3
— —	2	1	2	1	»	1
— —	5	1	3	7	2	4
— —	1	2	4	1	2	2
— —	5	1	»	»	1	1
— —	1	1	2	1	»	1
— —	1	»	»	»	»	»
Total	380	352	344	318	247	328

VI. — Durée du placement (Nombre des décès).

MOIS	1890	1891	1892	1893	1894	Moyenne
1er mois de séjour	131	147	114	98	82	114
2e — —	56	87	54	51	36	57
3e — —	37	20	41	36	32	33
4e — —	26	21	26	25	17	23
5e — —	30	17	30	24	12	23
6e — —	23	12	14	16	12	15
7e —	21	13	9	14	7	13
8e — —	10	7	10	16	8	10
9e — —	8	6	10	8	6	8
10e — —	9	4	9	5	9	7
11e — —	11	5	10	6	3	7
12e — —	9	3	5	4	4	5
13e — —	4	1	2	5	6	4
14e — —	1	3	3	2	2	2
15e — —	»	3	1	1	4	2
16e — —	2	1	2	2	2	2
17e — —	1	»	3	»	2	1
18e — —	»	2	»	2	2	1
19e — —	»	»	»	1	»	»
20e — —	»	»	1	2	1	1
21e — —	»	»	»	»	»	»
22e — —	1	»	»	»	»	»
23e — —	»	»	»	»	»	»
24e — —	»	»	»	»	»	»
Total	380	352	344	318	247	328

Nombre de décès des nourrissons par rapport au sexe et à l'état civil.

MODES D'ÉLEVAGE	ENFANTS LÉGITIMES Garçons	Filles	TOTAL	PROPORTION % par rapport au nombre des nourrissons décédés	ENFANTS ILLÉGITIMES Garçons	Filles	TOTAL	PROPORTION % par rapport au nombre des nourrissons décédés	TOTAL DES GARÇONS	PROPORTION % par rapport au nombre des nourrissons décédés	TOTAL DES FILLES	PROPORTION % par rapport au nombre des nourrissons décédés
Sein	35	44	79	64.37	11	14	25	35.63	46	48.99	58	51.01
Biberon	42	32	74		30	32	62		72		64	
Sevrage et garde	3	3	6		»	1	1		3		4	
TOTAL	80	79	159	64.37	41	47	88	35.63	121	48.99	126	51.01
Proportion % par rapport au nombre des nourrissons protégés	5.47	5.74	5.60	»	7.33	7.62	7.58	»	6.03	»	6.33	»

Nombre de décès des nourrissons par rapport au taux du salaire mensuel payé à leurs éle…

MODES D'ÉLEVAGE	25 francs et au-dessous	de 26 francs à 30 francs	de 31 francs à 35 francs	de 36 francs à 40 francs	de 41 francs à 45 francs	de 46 francs à 50 francs	de 51 francs à 55 francs	de 56 francs à 60 francs	70 francs	TOTAL
Sein	1	10	61	36	15	22	2	1	1	104
Biberon	13	41	35	29	8	6	»	3	1	136
Sevrage et garde	2	1	2	2	»	»	»	»	»	7
TOTAL	16	52	53	67	23	28	2	4	2	247
Année 1893	20	79	70	81	29	34	2	3	»	318
Différence en plus	»	»	»	»	»	»	»	1	2	»
Différence en moins	4	27	17	14	6	6	»	»	»	71

Nombre de décès des nourrissons par rapport aux saisons.

SAISONS	MOIS	MODES D'ÉLEVAGE Sein	Autres modes	TOTAL	MALADIES du système nerveux	de l'appareil respiratoire	de l'appareil digestif	Épidémiques	Autres	TOTAL par mois	TOTAL par saisons
Hiver	Janvier	9	7	16	5	6	3	»	2	16	54
	Février	3	14	17	2	5	7	1	2	17	
	Mars	13	8	21	4	6	4	3	4	21	
Printemps	Avril	7	11	18	6	5	3	1	3	18	52
	Mai	7	10	17	2	4	7	3	1	17	
	Juin	8	9	17	5	2	7	2	1	17	
Été	Juillet	19	25	44	7	2	33	1	1	44	103
	Août	12	25	37	11	3	17	3	3	37	
	Septembre	8	14	22	9	»	9	4	»	22	
Automne	Octobre	7	9	16	3	2	9	»	2	16	38
	Novembre	3	5	8	»	1	6	»	1	8	
	Décembre	8	6	14	3	8	3	»	»	14	
	TOTAL	104	143	247	57	41	108	18	20	247	247

rrond.	2	25	391	418	»	»	»
—	8	55	627	690	1	1	2
—	16	57	653	720	8	»	8
—	14	50	855	919	14	»	14
—	23	81	1,106	1,210	15	»	15
—	14	43	1,161	1,218	6	»	6
—	21	29	503	553	15	»	15
—	10	54	609	670	»	»	»
—	15	45	630	690	1	»	1
—	30	90	1,541	1,670	9	1	10
—	40	79	1,264	1,383	35	2	37
—	12	25	551	588	45	1	46
—	1	23	419	445	69	3	72
—	7	45	1,352	1,404	52	2	54
—	82	23	628	733	104	6	110
—	33	26	417	475	22	»	22
—	60	70	1,270	1,400	65	1	66
—	62	43	1,130	1,235	92	1	93
—	20	29	514	563	49	1	50
—	19	41	626	686	82	»	82
TAL...	497	932	16,253	17,682	694	19	713
tville.	»	27	35	62	26	»	26
ay....	»	5	4	9	8	»	8
l....	1	15	66	82	28	»	28
ues..	»	18	90	108	34	2	36
illiers.	»	14	93	107	35	»	35
eux..	»	3	9	12	5	»	5
olet...	»	3	12	15	48	»	48
ny...	»	1	21	22	2	»	2
y....	»	3	11	14	15	1	16
euil..	»	»	»	»	2	1	3
gne..	»	47	249	296	75	»	75
ourget.	»	3	9	11	27	»	27
-la-R.	»	»	11	11	5	»	5
.....	»	»	3	3	5	»	5
ipigny	»	4	14	18	31	»	31
enton.	»	11	67	78	34	1	35
may..	»	1	1	2	8	»	8
llon..	»	1	8	9	8	1	9
illy...	»	»	3	3	2	»	2
y....	»	16	16	32	40	1	41
art...	»	2	33	35	17	2	19
y.....	2	41	113	186	77	2	79
nbes..	1	29	84	114	54	3	57
bevoie	»	32	90	122	49	6	55
neuve.	»	3	12	15	7	»	7
l....	»	»	19	19	18	»	18
ry....	»	1	4	5	3	2	5
y....	»	1	1	2	6	»	6
ay....	»	2	7	9	11	1	12
y-s.-R.	»	4	6	10	15	»	15
eporter..	4	289	1,121	1,414	693	23	718

Report..	4	289	1,121	1,414	695	23	718
Fontenay-s.-B.	»	10	22	32	27	»	27
Fresnes....	»	3	2	5	8	»	8
Gennevilliers..	»	1	47	48	20	»	20
Gentilly...	»	15	42	57	29	»	[illegible]
L'Hay.....	»	»	3	3	3	»	[illegible]
Ile-St-Denis	»	1	8	9	5	»	[illegible]
Issy.......	1	11	88	100	29	»	[illegible]
Ivry......	»	27	47	74	65	»	[illegible]
Joinville....	»	4	16	20	13	»	[illegible]
Les Lilas..	»	»	15	15	29	1	[illegible]
Levallois..	»	49	193	242	66	2	[illegible]
Maisons-Alfort.	»	9	32	41	18	»	[illegible]
Malakoff..	»	10	39	49	45	»	[illegible]
Montreuil.	1	37	55	93	84	2	[illegible]
Montrouge.	1	18	52	71	35	»	[illegible]
Nanterre..	»	6	35	41	16	3	[illegible]
Neuilly....	1	28	129	158	32	4	[illegible]
Nogent....	»	6	27	33	15	»	[illegible]
Noisy-le-S..	1	2	30	33	21	1	[illegible]
Orly......	»	5	»	5	5	»	[illegible]
Pantin....	1	37	93	131	34	»	[illegible]
Le Perreux.	»	7	15	22	31	1	[illegible]
Pierrefitte..	»	5	10	15	10	»	[illegible]
Plessis-Piquet.	»	»	1	1	»	»	[illegible]
Pré-St-Gervais.	»	3	21	24	20	1	[illegible]
Puteaux...	»	26	69	95	66	2	[illegible]
Romainville	»	7	7	14	7	»	[illegible]
Rosny....	»	8	9	17	11	»	[illegible]
Rungis....	»	»	»	»	1	»	[illegible]
Saint-Denis	1	47	114	162	71	6	[illegible]
St-Mandé..	1	14	46	61	12	»	[illegible]
Saint-Maur.	»	62	59	121	92	2	[illegible]
St-Maurice.	»	3	20	23	8	1	[illegible]
Saint-Ouen.	»	14	64	78	86	1	[illegible]
Sceaux....	»	15	8	23	14	»	[illegible]
Stains.....	»	7	17	24	10	»	[illegible]
Suresnes...	»	17	41	58	35	2	[illegible]
Thiais....	»	2	4	6	10	»	[illegible]
Vanves...	1	5	33	38	14	1	[illegible]
Villejuif...	»	3	20	23	22	1	[illegible]
Villemomble...	»	3	11	14	16	6	[illegible]
Villetaneuse..	»	1	7	8	»	»	[illegible]
Vincennes.	»	31	85	116	57	1	[illegible]
Vitry.....	»	15	28	43	34	»	[illegible]
Banlieue...	12	863	2,805	3,680	1,921	61	[illegible]
Paris......	497	932	16,253	17,682	694	19	[illegible]
Total général.	509	(1) 1,795	19,058	21,362	2,615	80	[illegible]
Année 1893	540	1,686	19,327	21,553	2,525	66	[illegible]
Différence.	—31	+109	—269	—191	+90	+14	[illegible]

Répartition, entre les départements, du nombre des enfants du département de la Seine […] en nourrice hors du département de la Seine pendant les années 1892, 1893 et 1894, et […] des sommes payées par le département de la Seine à chacun de ces départements pendant […] période (1).

DÉPARTEMENTS	ANNÉE 1892		ANNÉE 1893		ANNÉE 1894	
	NOMBRE d'enfants	SOMMES PAYÉES	NOMBRE d'enfants	SOMMES PAYÉES	NOMBRE d'enfants	SOMMES PA[…]
		fr. c.		fr. c.		f[…]
Ain	34	101 95	35	101 05	35	10[…]
Aisne	1,542	4,780 86	1,416	4,780 65	»	
Allier	115	310 55	168	425 84	204	32[…]
Alpes (Basses-)	»	» »	1	7 96	1	1[…]
Alpes (Hautes-)	8	32 46	9	32 22	8	3[…]
Alpes-Maritimes	1	4 22	1	3 33	»	[…]
Ardèche	15	39 87	15	38 90	13	4[…]
Ardennes	33	230 55	20	212 35	28	20[…]
Ariège	14	53 35	13	45 28	8	3[…]
Aube	231	782 35	230	943 80	230	96[…]
Aude	»	» »	3	10 30	1	1[…]
Aveyron	140	162 99	101	109 78	86	10[…]
Belfort (Territoire de)	12	34 92	4	11 55	8	2[…]
Bouches-du-Rhône	4	19 48	6	35 26	4	[…]
Calvados	177	481 44	194	622 71	215	81[…]
Cantal	385	1,065 15	385	863 32	»	
Charente	»	» »	»	» »	8	3[…]
Charente-Inférieure	»	» »	»	» »	»	[…]
Cher	1,474	5,233 86	1,542	5,719 64	1,480	5,60[…]
Corrèze	»	» »	»	» »	156	59[…]
Corse	»	» »	»	» »	»	[…]
Côte-d'Or	324	890 16	272	650 16	303	75[…]
Côtes-du-Nord	»	» »	»	» »	»	[…]
Creuse	107	280 34	125	287 59	175	40[…]
Dordogne	5	7 68	6	4 97	14	4[…]
Doubs	»	» »	23	193 20	64	30[…]
Drôme	6	31 32	10	51 18	14	70[…]
Eure	493	1,630 24	475	1,700 97	»	[…]
Eure-et-Loir	3,347	6,426 45	3,238	6,452 86	3,260	6,98[…]
Finistère	»	» »	»	» »	»	»
Gard	3	10 35	»	» »	5	15[…]
Garonne (Haute-)	17	94 51	12	45 11	8	30[…]
Gers	»	» »	»	» »	»	»
Gironde	»	» »	32	9 96	8	18[…]
Hérault	»	» »	»	» »	»	»
Ille-et-Vilaine	»	» »	»	» »	»	»
Indre	298	211 53	350	660 01	342	73[…]
Indre-et-Loire	168	609 40	137	691 75	194	84[…]
A reporter	8,953	23,522 88	8,841	24,711 70	6,875	19,377

(1) On remarquera que le nombre des enfants attribués à chaque département, dans ce tableau, est de beauco[…] supérieur à celui qui est indiqué dans le tableau précédent.

DÉPARTEMENTS	NOMBRE d'enfants	SOMMES PAYÉES	NOMBRE d'enfants	SOMMES PAYÉES	NOMBRE d'enfants	SOMMES PAYÉES
		fr. c.		fr. c.		fr. c.
Report.....	8,953	23,322 88	8,841	24,741 70	6,875	19,377 16
	26	74 22	32	101 25	30	89 24
	65	420 90	90	367 96	»	» »
s	13	24 47	14	27 57	»	» »
-Cher	2,300	6,587 03	2,229	6,002 97	2,268	7,436 04
	20	67 16	20	95 11	29	134 05
(Haute)	21	107 67	20	92 47	21	78 82
Inférieure	53	79 »	68	109 44	73	133 04
	3,254	12,623 36	3,239	12,714 86	3,376	13,628 72
	»	» »	»	» »	»	» »
Garonne	2	18 »	1	2 16	6	34 86
	56	199 67	65	180 40	73	251 26
et-Loire	»	» »	»	» »	9	37 05
e	»	» »	»	» »	»	» »
	417	1,542 23	392	1,860 18	»	» »
(Haute-)	»	» »	»	» »	100	191 46
ne	1,370	2,176 57	1,258	2,136 75	»	» »
-et-Moselle	98	483 38	89	515 03	73	491 94
	129	459 60	140	426 11	147	424 08
un	»	» »	»	» »	43	157 95
	1,802	5,002 23	1,851	5,118 39	1,826	5,066 »
	377	1,618 40	503	1,408 17	394	1,799 43
	1,361	3,720 63	1,337	3,910 92	»	» »
	3,660	10,435 33	3,706	12,083 06	3,616	11,425 96
-Calais	819	3,592 75	731	3,259 18	659	3,076 15
-Dôme	149	638 25	238	868 70	236	1,060 15
es (Basses-)	»	» »	»	» »	»	» »
les (Hautes-)	»	» »	»	» »	»	» »
es-Orientales	1	1 47	2	13 07	1	4 27
	11	35 05	15	77 55	16	96 71
(Haute-)	66	7 75	93	12 82	»	» »
et-Loire	179	376 69	197	398 73	201	404 03
	3,692	12,064 32	3,598	11,749 24	3,459	11,664 65
	208	573 19	217	627 49	202	554 69
(Haute-)	90	368 25	105	377 44	»	» »
et-Marne	3,151	14,010 12	3,081	14,012 »	3,975	14,193 37
et-Oise	3,824	7,583 66	3,951	9,607 90	»	» »
Inférieure	330	1,018 09	389	1,039 14	354	886 59
(Deux-)	16	32 19	»	» »	13	24 73
e	1,004	3,208 41	859	3,072 50	905	4,073 64
	»	» »	»	» »	»	» »
et-Garonne	»	» »	»	» »	»	» »
	2	7 91	»	» »	»	» »
se	3	9 24	6	18 76	4	15 14
e	»	» »	»	» »	»	» »
	38	63 55	47	93 28	45	104 83
(Haute-)	108	402 84	114	459 63	142	380 75
	99	686 85	89	674 94	59	394 96
	2,277	6,470 87	2,189	6,404 49	2,083	6,307 63
TOTAL......	40,067	120,334 58	39,716	125,321 33	30,413	104,199 35

Résumé général du service de la Protection des enfants dans le département de la Seine pendant les dix dernières années.

INDICATION des ANNÉES	MOUVEMENT GÉNÉRAL DES NOURRISSONS PROTÉGÉS — Nourrissons restant au 31 décembre de l'année précédente	Nourrissons placés pendant l'année	TOTAL des nourrissons protégés	Nourrissons ayant cessé d'être protégés	Nourrissons restant au 31 décembre de chaque année	RÉPARTITION — Nourrissons placés à Paris	Nourrissons placés dans la banlieue	MODES D'ÉLEVAGE — Nourrissons placés au sein	au biberon	en sevrage ou en garde	SEXE — Nombre des garçons	filles	ÉTAT CIVIL — Nombre des enfants légitimes	naturels	Proportion 0/0 des enfants naturels	VACCINATION — Nourrissons vaccinés	non vaccinés	DÉCLARATIONS — Nombre des déclarations de placement	d'élevage
Année 1885...	1,324	3,193	4,817	3,182	1,635	1,586	3,231	2,480	1,792	545	2,341	2,276	3,446	1,401	29,08 %	»	»	19,059	3,186
— 1886...	1,635	3,308	4,943	3,299	1,644	1,582	3,361	2,498	1,822	623	2,583	2,360	3,594	1,349	27,29 %	3,326	1,617	20,224	3,252
— 1887...	1,644	3,281	4,925	3,206	1,719	1,569	3,356	2,352	1,898	675	2,463	2,462	3,487	1,438	29,19 %	3,784	1,541	20,608	3,266
— 1888...	1,719	3,402	5,121	3,389	1,732	1,636	3,485	2,358	2,156	607	2,623	2,498	3,678	1,443	28,18 %	3,521	1,600	21,619	3,422
— 1889...	1,732	3,168	4,900	3,289	1,611	1,506	3,394	2,209	2,094	597	2,538	2,362	3,539	1,361	27,77 %	3,443	1,457	22,306	3,185
— 1890...	1,611	3,191	4,802	3,245	1,557	1,368	3,434	2,144	2,058	600	2,479	2,323	3,503	1,299	27,05 %	3,349	1,453	21,580	3,225
— 1891...	1,557	3,293	4,850	3,253	1,597	1,476	3,374	2,069	2,169	612	2,565	2,285	3,537	1,313	27,07 %	3,426	1,424	22,249	3,315
— 1892...	1,597	2,810	4,407	2,981	1,426	1,269	3,138	1,912	1,958	537	2,251	2,156	3,186	1,221	27,70 %	3,130	1,277	21,084	2,816
— 1893...	1,426	2,602	4,028	2,709	1,319	1,183	2,845	1,739	1,824	465	2,003	2,025	2,879	1,149	28 52 %	2,970	1,058	21,553	2,591
— 1894...	1,319	2,677	3,996	2,614	1,382	1,089	2,907	1,710	1,870	416	2,006	1,990	2,836	1,160	29,03 %	2,896	1,100	21,362	2,695
TOTAUX....	15,864	30,925	46,789	31,167	15,622	14,264	32,525	21,471	19,644	5,677	24,082	22,787	33,655	13,134	»	29,445	12,527	211,644	30,953
MOYENNES...	1,586	3,098	4,679	3,147	1,562	1,426	3,253	2,147	1,964	568	2,408	2,274	3,366	1,313	28,07 %	2,944	1,253	21,164	3,095

INDICATION DES MOIS	AGE DES NOURRICES — Nourrices âgées de — Moins de 30 ans — Au sein	Au biberon	Total	De 30 à 39 ans — Au sein	Au biberon	Total	De 40 ans et au-dessus — Au sein	Au biberon	Total	TOTAL	ÉTAT CIVIL — Nourrices — Célibataires	Mariées	Veuves et divorcées	TOTAL
Janvier	622	102	724	121	113	234	30	45	75	1,033	325	683	25	1,033
Février	667	97	764	150	120	270	34	53	87	1,121	342	747	32	1,121
Mars	679	120	799	154	131	285	30	54	84	1,168	326	800	42	1,168
Avril	670	111	781	129	90	219	33	45	78	1,078	348	685	45	1,078
Mai	662	109	771	119	98	217	35	48	83	1,071	296	736	39	1,071
Juin	561	80	641	102	92	194	28	35	63	898	274	584	40	898
Juillet	580	85	665	110	89	199	31	41	72	936	285	620	31	936
Aout	653	88	741	139	102	241	42	51	93	1,075	331	726	18	1,075
Septembre	578	96	674	113	105	218	37	52	89	981	279	684	18	981
Octobre	647	109	756	132	117	249	40	52	92	1,097	320	745	32	1,097
Novembre	583	91	674	116	102	218	41	50	91	983	297	648	38	983
Décembre	542	90	632	96	100	196	25	41	66	894	249	608	37	894
TOTAL	7,444	1,478	8.622	1,481	1,259	2,740	406	567	973	12,335	3.672	8,266	397	12,335
Année 1893	8.001	1,191	9,192	1.880	1,284	3,164	371	553	924	13.280	3,765	9,020	495	13,280
Différences en { plus	»	»	»	»	»	»	35	14	49	»	»	»	»	»
Différences en { moins	557	13	570	399	25	424	»	»	»	945	93	754	98	945

Statistique des nourrices visi

MOIS	NOURRICES REÇUES — Au sein	NOURRICES REÇUES — Au biberon et pour le sevrage et la garde	TOTAL des NOURRICES reçues	NOURRICES REFUSÉES	TOTAL des NOURRICES visitées	RÉSULTATS DE LA NOURRIC… — Ajournées provisoirement pour défaut de vaccination	Ajournées pour autres causes	Total	reçues au biberon après avoir été refusées au sein pour — insuffisance de lait	autres causes
Janvier	733	267	1,000	8	1,008	32	22	54	12	»
Février	819	287	1,106	6	1,112	10	27	46	10	2
Mars	816	317	1,133	5	1,138	18	21	39	13	»
Avril	789	256	1,045	6	1,051	15	17	32	12	»
Mai	774	266	1,040	6	1,046	16	33	49	19	»
Juin	665	219	884	7	891	22	22	44	12	»
Juillet	700	224	924	1	925	14	14	28	12	1
Août	790	240	1,030	5	1,035	7	23	30	9	»
Septembre	683	275	958	4	962	15	14	29	8	2
Octobre	777	295	1,072	2	1,074	29	13	42	3	»
Novembre	696	257	953	7	960	26	16	42	12	1
Décembre	634	233	867	5	872	18	18	36	9	2
TOTAL pour 1894.	8,876	3,136	12,012	62	12,074	231	240	471	131	8
Année 1893	9,775	3,150	12,925	70	12,995	302	291	593	169	5
Différence en plus	»	»	»	»	»	»	»	»	»	3
Différence en moins	899	14	913	8	921	71	51	122	38	»

MOIS	INSCRITES — Au sein — sur lieu	INSCRITES — Au sein — à emporter	INSCRITES — Au sein — Total	INSCRITES — au biberon	INSCRITES — Total	REFUSÉES — Au sein — sur lieu	REFUSÉES — Au sein — à emporter	REFUSÉES — Au sein — Total	REFUSÉES — au biberon	REFUSÉES — Total	TOTAL DES NOURRICES — au sein	TOTAL DES NOURRICES — au biberon	TOTAL DES NOURRICES — Total	sur lieu
Janvier	446	286	732	224	956	11	6	17	1	18	719	225	974	
Février	485	330	815	222	1,037	10	5	15	7	22	830	229	1,059	
Mars	490	340	830	257	1,087	9	3	12	4	16	842	261	1,103	
Avril	487	313	800	190	990	11	3	14	2	16	814	201	1,015	
Mai	455	328	783	206	989	4	6	10	3	13	793	209	1,002	
Juin	381	281	662	163	825	9	3	12	1	13	674	164	838	
Juillet	396	299	695	180	875	3	2	5	»	5	700	180	880	
Août	461	328	789	196	985	5	5	10	2	12	799	198	997	
Septembre	407	291	698	215	913	4	3	7	3	10	705	218	923	
Octobre	469	310	779	231	1,010	2	5	7	4	11	786	235	1,021	
Novembre	413	281	694	199	893	5	6	11	5	16	705	204	909	
Décembre	376	260	636	193	829	4	4	8	1	9	644	194	838	
TOTAL pour 1894.	5,266	3,647	8,913	2,485	11,398	77	51	128	33	161	9,041	2,518	11,559	
Année 1893.	5,751	4,032	9,783	2,484	12,267	101	63	164	36	200	9,947	2,520	12,467	
Différence en plus	»	»	»	1	»	»	»	»	»	»	»	»	»	
Différence en moins	485	385	870	»	869	24	12	36	3	39	906	2	908	

lant l'année 1894.

Insuffisance de lait	Infirmités physiques	Syphilis	Allaitement récent d'un nourrisson syphilitique	Maladies de la peau	Maladies des seins	Maladies diverses	Défaut de vaccination	TOTAL nourrices refusées	TOTAL résultats de la contre-visite	MOYENNE des nourrices visitées par jour	OBSERVATIONS
1	»	»	1	2	3	»	»	8	74	40	
»	»	»	»	»	4	»	1	6	64	53	
1	»	»	»	1	1	»	»	5	57	44	
1	»	»	»	»	3	»	»	6	50	42	
1	»	»	»	1	1	»	»	6	74	42	
1	»	1	»	1	3	»	»	7	63	34	
»	»	»	»	»	»	»	»	1	42	38	
»	»	»	»	»	1	»	»	5	44	40	
1	»	»	»	»	2	1	»	4	43	38	
»	»	»	»	»	1	»	»	2	47	40	
»	2	2	1	»	»	»	»	7	62	42	
»	»	»	1	1	»	»	»	5	52	33	
6	2	3	3	6	19	1	1	62	672	(1) 40	(1) Moyenne de l'année
12	3	5	2	7	14	5	3	70	837	43	
»	»	»	1	»	5	»	»	»	»	»	
6	1	2	»	1	»	4	2	8	165	3	

[illegible]	REFUSÉES			TOTAL DES NOURRICES			RÉCAPITULATION — TOTAL GÉNÉRAL DES NOURRICES									MOYENNE QUOTIDIENNE des nourrices ayant demandé leur inscription
Total	au sein	au biberon	Total	au sein	au biberon	Total	Inscrites	refusées	Total	au sein	au biberon	Total	sur lieu	à emporter	Total	
59	»	»	»	24	35	59	1,015	18	1,033	773	260	1,033	457	576	1,033	41
62	»	»	»	21	41	62	1,099	22	1,121	851	270	1,121	495	626	1,121	53
64	»	1	1	21	44	65	1,151	17	1,168	863	305	1,168	499	669	1,168	45
63	»	»	»	18	45	63	1,062	16	1,078	832	246	1,078	498	580	1,078	43
68	»	1	1	23	46	69	1,057	14	1,071	816	255	1,071	459	612	1,071	43
60	»	»	»	17	43	60	885	13	898	691	207	898	390	508	898	34
55	1	»	1	21	35	56	930	6	936	721	215	936	399	537	936	38
78	»	»	»	35	43	78	1,063	12	1,075	834	241	1,075	466	609	1,075	41
57	»	1	1	23	35	58	970	11	981	728	253	981	411	570	981	39
76	»	»	»	33	43	76	1,086	11	1,097	819	278	1,097	471	626	1,097	41
73	1	»	1	35	39	74	966	17	983	740	243	983	418	565	983	43
55	»	1	1	19	37	56	884	10	894	663	231	894	380	514	894	34
770	2	4	6	290	486	776	12,168	167	12,335	9,331	3,004	12,335	5,343	6,992	12,335	41
806	1	6	7	305	508	813	13,073	207	13,280	10,252	3,028	13,280	5,852	7,428	13,280	44
»	1	»	»	»	»	»	»	»	»	»	»	»	»	»	»	»
36	»	2	1	15	22	37	905	40	945	921	24	945	509	436	945	3

Région du Nord.				
Aisne	80	198	663	278
Eure	11	»	229	41
Eure-et-Loir	44	582	1,635	626
Nord	341	73	134	414
Oise	32	151	703	183
Pas-de-Calais	329	144	302	473
Seine	1,370	1,104	2,304	2,474
Seine-et-Marne	130	426	1,629	536
Seine-et-Oise	181	472	2,149	653
Seine-Inférieure	8	13	144	21
Somme	41	95	416	136
TOTAL	2,567	3,258	10,308	5,825
Région du Nord-Ouest.				
Calvados	14	22	116	36
Côtes-du-Nord	61	»	37	61
Finistère	25	»	11	25
Ille-et-Vilaine	47	»	59	47
Manche	33	116	190	149
Mayenne	45	414	621	459
Morbihan	70	»	11	70
Orne	29	475	1,026	504
Sarthe	59	370	1,604	429
TOTAL	383	1,397	4,275	1,780
Région du Nord-Est.				
Ardennes	»	»	20	»
Aube	40	61	98	101
Marne	48	86	158	134
Marne (Haute)	2	1	48	3
Meurthe-et-Moselle	»	»	21	»
Meuse	1	»	39	1
Vosges	»	»	33	»
TOTAL	91	148	426	239
Région de l'Ouest.				
Charente	3	»	10	3
Charente-Inférieure	6	»	3	6
Indre-et-Loire	7	24	139	31
Loire-Inférieure	28	9	16	37
Maine-et-Loire	36	25	39	61
Sèvres (Deux-)	5	»	45	5
Vendée	10	»	5	10
Vienne	23	»	20	23
TOTAL	118	58	277	176
Région du Centre.				
Allier	48	11	47	59
Cher	235	363	688	598
Indre	117	38	120	155
Loir-et-Cher	64	581	1,136	645
Loiret	142	593	1,620	735
Nièvre	644	295	668	939
Yonne	30	227	915	257
TOTAL	1,280	2,108	5,194	3,388

Région de l'Est.		
Ain	»	»
Belfort (Territoire de)	»	»
Côte-d'Or	56	23
Doubs	3	»
Isère	»	»
Jura	1	»
Loire	»	»
Rhône	»	»
Saône (Haute-)	3	»
Saône-et-Loire	271	»
Savoie	7	»
Savoie (Haute-)	1	»
TOTAL	312	23
Région du plateau du Centre.		
Aveyron	27	»
Cantal	14	»
Corrèze	132	.
Creuse	130	»
Loire (Haute-)	»	»
Lot	4	»
Lozère	»	»
Puy-de-Dôme	67	»
Vienne (Haute-)	106	»
TOTAL	480	»
Région du Sud-Ouest.		
Ariège	2	»
Dordogne	23	»
Haute-Garonne	»	»
Gers	»	»
Gironde	»	»
Landes	»	»
Lot-et-Garonne	2	»
Pyrénées (Basses-)	»	»
Pyrénées (Hautes-)	1	»
Tarn-et-Garonne	»	»
TOTAL	28	»
Région du Sud.		
Ardèche	1	»
Aude	»	»
Drôme	»	»
TOTAL	1	»
Région du Sud-Est.		
Alpes (Basses-)	»	»
Alpes (Hautes-)	1	»
Var	»	»
TOTAL	1	»
Étranger.		
Alsace-Lorraine	7	»
Belgique	20	»
Italie	10	»
TOTAL	46	»
TOTAL GÉNÉRAL	5,343	6,992
Année 1893	5,852	7,428
Différence	— 509	— 436

DÉSIGNATION des ANNÉES	NOMBRE des NOURRICES REÇUES — au sein	NOMBRE des NOURRICES REÇUES — au biberon	TOTAL des NOURRICES REÇUES	NOURRICES REFUSÉES	TOTAL des NOURRICES VISITÉES	MOYENNE DES NOURRICES VISITÉES PAR JOUR	NOMBRE des NOURRICES INSCRITES — au sein — sur lieu	NOMBRE des NOURRICES INSCRITES — au sein — à emporter	NOMBRE des NOURRICES INSCRITES — au sein — TOTAL	NOMBRE des NOURRICES INSCRITES — au biberon	TOTAL des NOURRICES INSCRITES	NOURRICES REFUSÉES	TOTAL DES NOURRICES qui se sont PRÉSENTÉES A L'INSCRIPTION	NOMBRE des NOURRICES présentées par les bureaux de placement — sur lieu	NOMBRE des NOURRICES présentées par les bureaux de placement — à emporter	TOTAL DES NOURRICES PRÉSENTÉES par les bureaux de placement	NOURRICES NON PRÉSENTÉES PAR LES BUREAUX	ÉTAT CIVIL des NOURRICES — Nourrices — célibataires	Proportion °/° des célibataires	mariées	veuves et divorcées	MOYENNE DES NOURRICES VENUES PAR JOUR
Année 1885 ..	10,094	3,975	14,069	51	14,120	46	4,966	5,227	10,193	3,922	14,115	138	14,253	5,003	8,041	13,044	1,209	3,828	26,85	9,861	564	47
— 1886..	10,034	3,682	13,716	41	13,737	45	4,850	5,286	10,136	3,645	13,781	141	13,922	4,899	7,864	12,763	1,159	3,459	24,84	9,951	512	46
— 1887..	10,029	3,612	13,641	45	13,686	45	4,970	5,174	10,144	3,620	13,764	155	13,919	5,016	7,667	12,683	1,236	3,397	24,40	10,055	467	46
— 1888..	10,191	3,395	13,586	49	13,635	45	5,344	4,952	10,296	3,364	13,660	209	13,869	5,395	7,204	12,599	1,270	3,567	25,71	9,885	417	46
— 1889..	10,165	3,237	13,402	65	13,467	45	5,339	4,985	10,324	3,279	13,603	204	13,807	5,400	7,318	12,718	1,089	3,519	25,48	9,860	428	46
— 1890..	9,674	3,052	12,726	49	12,775	42	5,292	4,610	9,902	3,059	12,961	153	13,114	5,346	6,743	12,089	1,025	3,424	26,10	9,268	422	44
— 1891 ..	10,094	3,145	13,239	85	13,324	44	5,666	4,711	10,377	3,123	13,500	213	13,713	5,772	6,842	12,614	1,099	3,790	27,63	9,500	423	46
— 1892..	9,963	3,212	13,175	90	13,265	44	5,760	4,438	10,198	3,143	13,341	264	13,605	5,882	6,814	12,696	909	3,853	28,32	9,254	498	45
— 1893..	9,775	3,150	12,925	70	12,995	43	5,751	4,336	10,087	2,986	13,073	207	13,280	5,852	6,615	12,467	813	3,765	28,35	9,020	495	44
— 1894..	8,876	3,136	12,012	62	12,074	40	5,266	3,935	9,201	2,967	12,168	167	12,335	5,343	6,216	11,559	776	3,672	29,76	8,266	397	41
TOTAUX...	98,895	33,596	132,491	607	133,098	»	53,204	47,654	100,858	33,108	133,966	1,851	135,817	53,908	71,324	125,232	10,585	36,274	»	94,920	4,623	»
MOYENNES...	9,889	3,360	13,249	61	13,310	43	5,320	4,766	10,086	3,311	13,397	185	13,582	5,391	7,132	12,523	1,059	3,628	26,70	9,492	462	45

Résumé des opérations des bureaux de nourrices de 1885 à 1894.

INDICATION des ANNÉES	NOURRICES							TOTAL du produit des PLACEMENTS	DIFFÉRENCES entre CHAQUE ANNÉE et L'ANNÉE PRÉCÉDENTE		NOURRICES non PLACÉES	TOTAL général des NOURRICES dont les bureaux se sont occupés	PROPORTION 0/0 DES NOURRICES NON PLACÉES
	PLACÉES sur lieu	PRODUIT des PLACEMENTS	POURVUES D'UN NOURRISSON à emporter			PRODUIT des PLACEMENTS	TOTAL des NOURRICES placées		en plus	en moins			
			au sein	au biberon	Total								
1885.....	4.149												
1886.....	4,040												
1887.....													
1888.....													
1889.....													
1890.....													
1891.....													
1892.....													
1893.....													
1894.....													
Totaux..	43,479												
Moyennes													

Opérations du personnel

PERSONNEL de la PROTECTION	CERTIFICATS D'APTITUDE (visite et contre-visite) — délivrés à des nourrices — sur lieu	nourrices — au sein	nourrices — au biberon	sevreuses et gardeuses	TOTAL	REFUSÉS	TOTAL	VISITES FAITES à des NOURRISSONS	BUREAUX de nourrices	CRÈCHES	TOTAL	SÉANCES des COMMISSIONS LOCALES	TOTAL des OPÉRATIONS du personnel de la Protection
Médecin-inspecteur chargé de la contre-visite médicale des nourrices......	5,266	3,610	3,136	»	12,012	62	12,074	»	»	»	»	»	12,074
Médecins-inspecteurs...............	1,036	737	936	239	2,948	104	3,052	18,480	192	894	19,566	244	22,862
Visiteuses........................	»	»	»	»	»	»	»	17,642	»	»	17,642	238	17,880
TOTAL..........	6,302	4,347	4,072	239	14,960	166	15,126	36,122	192	894	37,208	482	52,816
Année 1893..	6,890	4,888	4,218	241	16,237	196	16,433	35,602	202	886	36,090	472	53,595
Différence en..... plus..........	»	»	»	»	»	»	»	520	»	8	518	10	-
Différence en..... en moins......	588	541	146	2	1,277	30	1,307	»	10		»	»	779

Statistique des réclamations pour paiement de mois de nourrice.

INDICATION des MOIS	NOMBRE DES RÉCLAMATIONS émanant de						RÉCLAMATIONS DONT LE MONTANT							RÉSULTATS OBTENUS							ÉTAT CIVIL des ENFANTS faisant l'objet des réclamations	
	Nourrices	Maires	Préfets	Assistance publique	Divers	TOTAL	EST ÉNONCÉ en chiffres	EST ÉNONCÉ TOTAL des sommes impayées	EST ÉNONCÉ en mois	EST ÉNONCÉ ÉVALUATION approximative des mois impayés	n'est pas énoncé	ÉVALUATION approximative	MONTANT total des réclamations	PAIEMENT immédiat intégral	PAIEMENT immédiat partiel	Promesses de paiement	Impossibilité de paiement	Recherches infructueuses	Résultats divers	TOTAL	Légitimes	Naturels
										fr. c.												
Janvier									11	4,325 »												
Février									11	3,250 »												
Mars									21	3,025 »												
Avril									17	3,475 »												
Mai									9	1,300 »												
Juin																						
Juillet																						
Août																						
Septembre																						
Octobre																						
Novembre																						
Décembre																						
TOTAUX																						
Année 1893																						
Différence en plus																						
Différence en moins																						

MONT-DE-PIÉTÉ

(Note communiquée par M. Edmond Duval, directeur.)

La baisse qui s'était manifestée dans les opérations d'engagement en 1893 a continué, en s'accentuant, pendant l'année 1894, et on enregistre, au 31 décembre 1894, un solde en magasin inférieur de 80,013 articles pour un prêt de 2,956,283 francs à celui du début de l'année.

Des raisons déjà données pour expliquer cet abaissement, il y a lieu d'insister sur celle de la concurrence, chaque jour plus active, des prêteurs clandestins, raison qui, en se prolongeant, porterait une grave atteinte aux intérêts de la masse des emprunteurs.

En effet, les opérations rémunératrices que ces prêteurs recherchent et accaparent sont celles dont le produit est la seule ressource du Mont-de-piété, et l'établissement ne pourra plus prêter au taux actuel de 7 °/。 sur l'ensemble des gages qu'il reçoit, dont la plupart coûtent plus qu'ils ne produisent, si ces opérations rémunératrices lui font défaut.

Ces prêteurs, qui semblent jouir d'une liberté illimitée, malgré une jurisprudence consacrée, ne se contentent plus aujourd'hui de prendre des reconnaissances en garantie d'avances au taux de 120 °/。 l'an, mais ils pratiquent en même temps le prêt sur les gages eux-mêmes; quelques-uns procèdent par voie de consignation dans les magasins généraux et l'escompte du warrant.

Il importe donc que les pouvoirs publics interviennent pour protéger les emprunteurs qui, livrés à eux-mêmes et à leurs besoins urgents, sont abandonnés sans surveillance à ces agences usuraires dont le nombre peut être évalué à 700 au minimum.

Au point de vue matériel, les travaux de la 3e succursale, rue Capron, sont aujourd'hui achevés. Ceux du chef-lieu se continuent avec une régularité parfaite ; les bâtiments en façade sur la rue des Blancs-Manteaux ont été livrés aux époques fixées. Les modifications rapidement achevées à la 2e succursale rendent de précieux services aux emprunteurs par le chauffage de la cour vitrée. Enfin, le bureau C fonctionne dans le nouveau local de la rue Milton depuis le 3 juin dernier.

I. — Avances sur valeurs mobilières au porteur.

Le service des avances sur valeurs mobilières n'a pas démenti jusqu'à présent les prévisions qui ont été la raison de sa création. Il a continué à suivre, d'un pas régulier, sa marche progressive en prenant une extension continue.

État des opérations, entrée et sortie, en 1894.

MOIS	ENTRÉE				SORTIE					
	NOMBRE DE PRÊTS		SOMMES PRÊTÉES		NOMBRE DE PRÊTS			SOMMES PRÊTÉES		
	Engagements	Renouvellements	Engagements	Renouvellements	Renouvellements	Dégagements	Ventes	Renouvellements	Dégagements	Ventes
Janvier	2,422	1,634	644,767	468,083	1,634	1,803	406	468,083	445,778	124,084
Février	1,673	1,300	431,205	381,335	1,300	1,430	235	381,335	363,817	72,525
Mars	1,841	1,427	483,690	403,408	1,427	1,420	328	403,408	332,870	103,043
Avril	2,794	1,536	739,693	441,407	1,536	1,672	388	441,407	430,280	120,041
Mai	2,113	1,376	556,355	398,837	1,376	1,602	403	398,837	412,537	126,763
Juin	1,921	1,247	516,292	367,402	1,247	1,631	371	367,402	364,255	114,375
Juillet	2,560	1,776	638,194	506,925	1,776	1,590	431	506,925	389,605	132,347
Août	2,216	1,544	566,522	453,349	1,544	1,479	382	453,349	370,312	113,690
Septembre	2,199	1,401	587,790	397,777	1,401	1,410	398	397,777	339,103	124,048
Octobre	2,787	1,916	725,040	542,102	1,916	1,547	491	542,102	402,055	151,641
Novembre	1,915	1,613	499,304	472,273	1,613	1,500	417	472,273	373,331	127,215
Décembre	1,933	1,390	503,874	402,409	1,390	1,698	456	402,409	437,625	140,219
Totaux	26,371	18,158	6,932,786	5,237,347	18,158	18,628	4,708	5,237,347	4,661,656	1 450 878
	44,529		12,170,133		41,494			11,368,883		

En 1894, les prêts se sont élevés à 12,170,133 francs pour 44,529 articles; en 1893, ils
de 10,009,336 francs pour 36,259 articles ; soit une différence, en faveur de 1894, de 2,
pour 8,270 articles.

Le diagramme ci-après montre la marche progressive du solde en magasins :

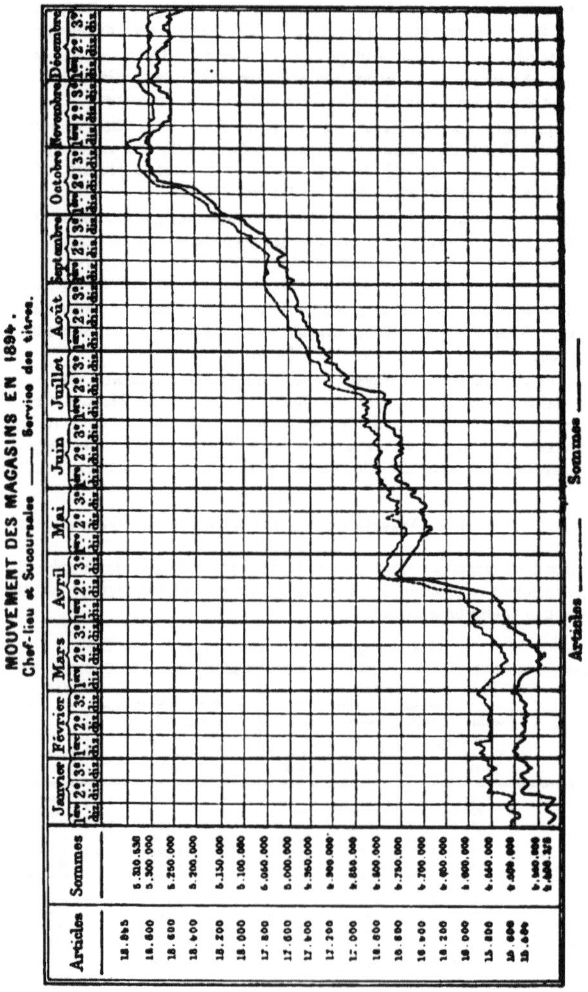

On y remarque, comme les années précédentes, des augmentations qui correspondent
ques des termes :

ÉTABLISSEMENTS		NOMBRE D'ARTICLES — Nombres absolus	NOMBRE D'ARTICLES — 0/0	MONTANT DES SOMMES PRÊTÉES — Nombres absolus (en francs)	MONTANT DES SOMMES PRÊTÉES — 0/0	NOMBRE DE TITRES
ments……	Chef-lieu	8,512	32.25	2,308,547 »	33.29	9,965
	1re succursale	4,346	16.48	1,154,265 »	16.64	5,047
	2e succursale	2,355	8.94	603,894 »	8.77	2,636
	3e succursale	3,186	12.09	818,455 »	11.80	3,624
	Bureau A	1,331	5.05	363,650 »	5.24	1,309
	— F	1,475	5.59	335,853 »	4.84	1,339
	— J	593	2.25	146,870 »	2.10	668
	— M	4,571	17.35	1,204,252 »	17.32	5,064
	Totaux	26,371	100.00	6,932,786 »	100.00	30,072
ments……	Chef-lieu	6,423	34.50	1,691,158 »	36.12	7,487
	1re succursale	3,118	16.74	783,515 »	16.74	3,576
	2e succursale	1,717	9.22	419,046 »	8.95	1,931
	3e succursale	2,397	12.87	585,320 »	12.50	2,731
	Bureau A	514	2.75	128,385 »	2.74	584
	— F	737	3.95	143,389 »	3.06	772
	— J	261	1.40	60,820 »	1.30	294
	— M	3,459	18.57	870,025 »	18.59	3,877
	Totaux	18,628	100.00	4,681,638 »	100.00	21,252
vellements……	Chef-lieu	8,179	45.04	2,361,302 »	45.09	9,384
	1re succursale	2,667	14.68	772,965 »	14.76	2,958
	2e succursale	1,504	8.26	411,275 »	7.85	1,604
	3e succursale	2,530	13.93	735,655 »	14.05	2,548
	Bureau A	153	0.86	42,850 »	0.82	184
	— F	156	0.87	44,025 »	0.84	167
	— J	88	0.50	23,293 »	0.44	91
	— M	2,884	15.86	845,780 »	16.15	3,178
	Totaux	18,158	100.00	5,237,347 »	100.00	20,111
……	Chef-lieu	1,781	37.83	549,841 »	37.93	2,036
	1re succursale	670	14.23	203,065 »	14.00	764
	2e succursale	435	9.66	140,600 »	9.70	497
	3e succursale	627	13.32	190,090 »	13.10	704
	Bureau A	160	3.40	52,125 »	3.60	177
	— F	141	3.00	42,725 »	2.95	150
	— J	47	1.00	13,805 »	0.95	55
	— M	827	17.56	257,627 »	17.77	220
	Totaux	4,708	100.00	1,449,878 »	100.00	5,303

Ce tableau, comparé à celui de 1893, ne peut donner d'indications définitives, en raison de
verture, depuis le 1er janvier 1894, de trois nouveaux guichets : au bureau A, rue de Vienne
au bureau J, rue Brey, 19 et au bureau F, rue de Lyon, 49. Toutefois on peut remarquer q
part proportionnelle a été un peu plus faible pour le chef-lieu, la 3e succursale et le burea
Il s'est donc pratiqué une sorte de décentralisation très avantageuse pour les emprunteurs
elle ménageait le temps, au profit des trois bureaux récemment ouverts.

Les 26,371 engagements nouveaux se répartissent ainsi par profession d'emprunteurs :

Employés	
Négociants ou fabricants	
Ouvriers	
Rentiers	
Professions libérales	
Cultivateurs	
Total	2[illegible]

Au point de vue du domicile des emprunteurs, les opérations se classent par arrondisseme[nt]
la manière suivante :

		Report	1[illegible]
Ier arrondissement	707	XIe arrondissement	[illegible]
IIe —	1.024	XIIe —	
IIIe —	1.461	XIIIe —	
IVe —	1.382	XIVe —	
Ve —	1.160	XVe —	
VIe —	1.077	XVIe —	
VIIe —	539	XVIIe —	
VIIIe —	786	XVIIIe —	
IXe —	1.309	XIXe —	
Xe —	1.521	XXe —	
A reporter	10.966	Total	2[illegible]

Les XIe, XVIIIe, Xe et IIIe arrondissements, comme les années précédentes, fournissent le
grand nombre d'emprunteurs. On remarque cette année que le XVIIe arrondissement arrive en
rang, résultat que l'on peut attribuer au voisinage du bureau A, ouvert au 1er janvier pou
avances sur valeurs mobilières. La clientèle de ce bureau se recrute plutôt parmi les empl
que parmi les ouvriers.

Cantons de la Seine.

		Report	1
Saint-Denis	51	Saint-Ouen	
Asnières	159	Sceaux	
Aubervilliers	35	Charenton	
Boulogne	90	Ivry-sur-Seine	
Clichy	105	Montreuil-sous-Bois	
Courbevoie	238	Nogent-sur-Marne	
Levallois-Perret	258	Saint-Maur	
Neuilly-sur-Seine	157	Vanves	
Noisy-le-Sec	78	Villejuif	
Pantin	133	Vincennes	
Puteaux	102		
A reporter	1.406	Total	1

Province : 765.

Résumé des opérations faites dans	les arrondissements de Paris	22.678
	les cantons de la Seine	2.928
	la province	765
	Ensemble	26.371

Les valeurs déposées en nantissement se répartissent de la manière suivante :

	NOMBRE des TITRES	°/. DU NOMBRE des TITRES
Rentes françaises	1.976	6.57
Bons du Mont-de-piété	57	0.19
Obligations de Tunisie	25	0.08
— des départements	9	0.03
— de la ville de Paris	13.498	44.88
— des diverses villes	645	2.15
— du Crédit foncier	11.492	38.21
— de la Banque hypothécaire	46	0.16
— de chemins de fer	2.039	6.78
Actions de chemins de fer	285	0.95
Total	30.072	100.00

Comme les années précédentes, ce sont les obligations de la ville de Paris et celles du Crédit foncier qui forment la plus grande partie des nantissements avec une moyenne pour les deux valeurs de 83.09 au lieu de 81.87 °/o en 1893.

Le solde des valeurs mobilières au 31 décembre, dans chacun des établissements, comprenait :

ÉTABLISSEMENTS	NOMBRE DES PRÊTS	MONTANT DES SOMMES PRÊTÉES	NOMBRE DE TITRES (1)	VALEUR des TITRES EN BOURSE au 31 décembre 1894
Chef-lieu	7,190	2,033,304 »	8,350	3,313,996 15
1re succursale	2,943	833,255 »	3,377	1,394,571 »
2e succursale	1,563	419,113 »	1,755	699,059 95
3e succursale	2,428	681,825 »	2,725	1,030,420 65
Bureau A	657	183,140 »	748	303,247 50
— F	597	149,730 »	617	244,996 25
— J	287	72,245 »	319	120,735 95
— M	3,027	851,535 »	3,355	1,325,721 20
Totaux	18,692	5,224,156 »	21,246	8,452,748 65

(1) Le nombre des titres n'est pas identique au nombre des prêts, parce que quelques emprunteurs déposent plusieurs titres pour garantir un seul prêt.

Il résulte, du rapprochement de ces chiffres, qu'il existait entre la somme prêtée, [illegible] et la valeur en Bourse des titres déposés, 8,452,748 fr. 65 c., un écart de plus de [illegible] cent mille francs, exactement 3,228,592 fr. 65 c.

Les ventes en 1894 ont donné les chiffres suivants :

Il a été vendu 4,708 nantissements.

Capitaux rentrés	1.[illegible]
Intérêts et droits	37.[illegible]
Bonis produits	745.831
Total	2.[illegible]

Sauf 431 articles, dont la vente a eu lieu d'office, à l'expiration de l'engagement, à défaut retrait, et qui a produit 183,064 fr. 45 c., tous les autres ont été vendus sur la réquisition emprunteurs.

Le tableau suivant donne les capitaux et les intérêts et droits perçus pendant l'année 1894 :

OPÉRATIONS	CAPITAUX RENTRÉS			INTÉRÊTS ET DROITS PERÇUS	
	sur 1892	sur 1893	sur 1894	au taux de 6 0/0	[illegible]
Renouvellements	1,145 »	2,638,268 »	2,597,934 »	171,845 70	13,978 [illegible]
Dégagements	» »	1,334,517 »	3,347,141 »	84,368 40	11,892 65
Ventes	» »	448,976 »	1,000,902 »	34,118 65	[illegible]
	1,145 »	4,421,761 »	6,945,977 »	290,327 75	28,850 75
	11,368,883 »				
Total des droits perçus en 1894				319,178 50	

Les intérêts et droits perçus en 1892 étaient de 86,013 fr. 15 c.; en 1893, de 241,560 fr. 25 enfin, en 1894, de 319,178 fr. 50 c., soit une augmentation de 77,618 fr. 25 c. sur l'exerc précédent.

II. — Gages corporels.

Mouvement des magasins.

En consultant le diagramme de 1892, on remarquait la descente des lignes indicatrices du so en magasin à partir de la 2e dizaine d'octobre jusqu'au mois de décembre. C'était là un mou ment normal qui se produisait chaque année à pareille époque, mais cette dépression a conti pendant toute l'année 1893.

En 1894, les lignes, relevées un instant dans la 2e dizaine de janvier, se sont abaissées consi rablement au commencement de la 2e dizaine de juin, pour se relever encore un peu dans 3e dizaine de juillet; mais, à partir de la 3e dizaine d'août, c'est-à-dire deux mois plus tôt que

MOUVEMENT DES MAGASINS EN 1894.

Chef-lieu et Succursales.

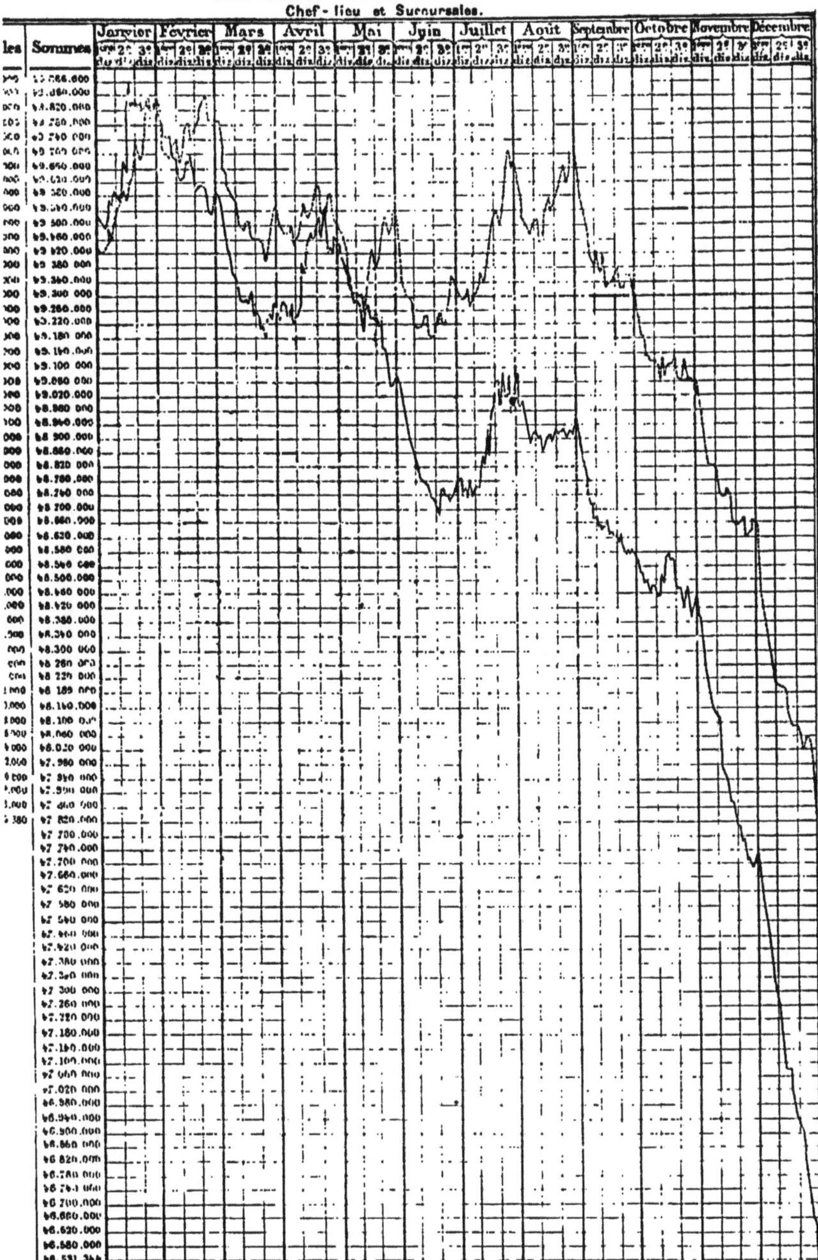

Articles ——— Sommes ———

années normales, il s'est produit un affaissement du solde, dont on ne peut attribuer la cause qu'au ralentissement général des affaires commerciales, puisque c'est principalement à une diminution des engagements qu'il est dû.

Au mois de décembre 1892, le solde en magasin dépassait 51,300,000 francs prêtés sur plus de 1,927,000 articles; au mois de décembre 1893, il était descendu à 1,815,000 articles, représentant comme prêts 49,515,000 francs, soit 112,000 articles de moins pour 1,800,000 francs.

Au mois de décembre 1894, il est tombé à 1,735,000 articles pour 46,560,000 francs.

Situation des soldes en magasin (articles et sommes) *au* 31 *décembre, de l'année* 1879 *à l'année* 1894.

ANNÉES	SOLDE GÉNÉRAL		PRÊTS DE 1,000 FRANCS ET AU-DESSUS	
	ARTICLES Solde au 31 décembre	SOMMES Solde au 31 décembre	ARTICLES Solde au 31 décembre	SOMMES Solde au 31 décembre
1879	1,751,241	39,219,641 »	1,341	3,363,[illegible] »
1880	1,746,877	38,859,342 »	1,331	3,264,266 »
1881	1,675,729	38,880,617 »	1,622	3,676,773 »
1882	1,728,990	42,740,854 »	2,047	4,[illegible] »
1883	1,916,775	45,587,479 »	1,708	3,970,306 »
1884	2,028,632	47,587,519 »	1,540	3,422,426 »
1885	1,874,995	45,987,158 »	1,626	3,590,556 »
1886	1,727,704	44,174,205 »	1,768	4,047,364 »
1887	1,757,739	44,813,441 »	1,707	3,966,954 »
1888	1,829,064	45,996,144 »	1,834	4,245,[illegible] »
1889	1,844,204	45,871,051 »	1,788	4,156,525 »
1890	1,931,236	47,940,123 »	2,005	4,910,278 »
1891	1,958,243	50,443,488 »	2,388	6,093,918 »
1892	1,927,125	51,313,128 »	2,629	6,868,641 »
1893	1,815,423	49,515,627 »	2,584	6,958,577 »
1894	1,735,380	46,561,344 »	2,232	5,955,446 »

Il ressort de ces chiffres une différence en moins de 80,000 articles pour 2,955,000 francs avec 1893 et de 192,000 articles pour 4,755,000 francs avec 1892.

Il s'agit là du mouvement général des magasins.

En ce qui concerne particulièrement les gages dits de quatre chiffres, on peut faire à peu près les mêmes observations.

Le solde du point de départ s'est maintenu jusque vers fin août.

Dès les premiers jours de septembre, le mouvement descendant s'est prononcé nettement et s'est accentué sans retour jusqu'au 31 décembre 1894. La diminution sur les gages de cette catégorie se chiffre à 1,000,000 de francs pour 355 articles. La concurrence toujours plus active des prêteurs clandestins a certainement eu, dans l'espèce, une grande influence, parce qu'il s'agit de nantissements de valeur importante.

MOUVEMENT DES GAGES DITS DE QUATRE CHIFFRES

C'est-à-dire d'une valeur de 1000 fr et au-dessus

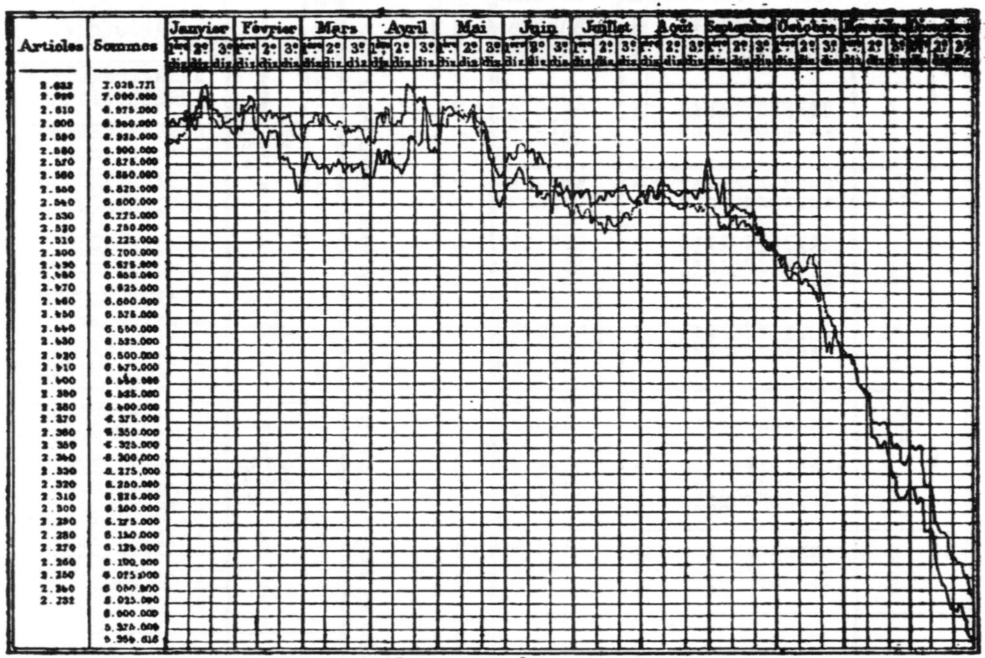

Articles .... Sommes ———

ENTRÉE.

État des engagements et des renouvellements pendant l'année 1894.

MOIS	ENGAGEMENTS			RENOUVELLEMENTS			TOTAUX DE L'ENTRÉE		
	ARTICLES	SOMMES	VALEUR moyenne des prêts	ARTICLES	SOMMES	VALEUR moyenne des prêts	ARTICLES	SOMMES	VALEUR moyenne des prêts
		francs.	fr. c.		francs.	fr. c.		francs.	fr. c.
Janvier	128,373	3,308,807	25 73	66,347	1,771,994	26 63	195,120	5,080,801	26 06
Février	101,436	2,560,221	24 73	59,435	1,644,304	27 66	[illegible]	[illegible]	[illegible]
Mars	103,872	2,397,189	23 »	59,865	1,672,009	27 93	163,737	[illegible]	[illegible]
Avril	108,707	3,104,744	28 56	58,686	1,701,570	28 99	167,393	[illegible]	[illegible]
Mai	114,529	2,748,713	24 »	59,631	1,745,915	29 28	174,160	[illegible]	[illegible]
Juin	105,233	2,866,694	27 24	59,995	1,970,495	32 84	165,228	[illegible]	[illegible]
Juillet	125,026	3,166,492	25 32	63,036	1,782,503	28 27	188,062	[illegible]	[illegible]
Août	121,443	2,717,344	22 37	62,278	1,692,721	27 18	183,721	4,440,062	[illegible]
Septembre	97,840	2,346,334	23 98	63,019	1,651,104	26 20	160,859	[illegible]	[illegible]
Octobre	109,592	3,122,139	28 49	68,965	1,926,064	27 93	178,557	[illegible]	[illegible]
Novembre	95,073	2,247,392	23 63	62,551	1,724,451	27 56	157,624	3,971,843	[illegible]
Décembre	89,110	2,145,631	24 08	60,418	1,622,080	26 84	149,528	3,767,711	[illegible]
Liquidation de l'exercice 1891	»	»	» »	»	»	» »	»	»	» »
TOTAUX	1,302,434	32,931,714	25 28	744,446	20,903,412	28 08	2,046,880	[illegible]	[illegible]
				ANNÉES ANTÉRIEURES :					
1888	1,510,959	35,633,921	23 58	780,384	21,136,627	27 08	2,291,343	56,770,568	[illegible] 77
1889	1,471,556	35,354,813	24 02	798,936	22,006,937	27 54	2,270,492	57,361,780	[illegible]
1890	1,520,048	34,344,714	23 91	784,324	21,674,680	27 63	2,304,372	[illegible]	[illegible] 17
1891	1,496,536	37,876,681	25 30	797,254	22,182,178	27 82	2,293,790	[illegible]	[illegible]
1892	1,491,671	39,124,955	26 22	784,478	21,640,962	27 58	2,276,149	[illegible]	[illegible]
1893	1,370,302	35,850,226	26 16	786,392	22,082,706	28 08	2,156,694	[illegible]	[illegible]

Les opérations de sortie ont également diminué, mais, l'entrée ayant été beaucoup plus faible, l'équilibre a été rompu, et le stock a subi une dépression qui s'est continuée pendant deux années sans arrêt appréciable.

SORTIE.

État des dégagements, des renouvellements et des ventes pendant l'année 1894.

MOIS	DÉGAGEMENTS			RENOUVELLEMENTS			VENTES			TOTAUX DE LA SORTIE		
	ARTICLES	SOMMES	VALEUR moyenne des prêts	ARTICLES	SOMMES	VALEUR moyenne des prêts	ARTICLES	SOMMES	VALEUR moyenne des prêts	ARTICLES	SOMMES	VALEUR moyenne des prêts
		francs.	fr. c.		francs.	fr. c.		francs.	fr. c.		francs.	fr. c.
Janvier	95,848	2,783,952	29 04	66,547	1,771,994	26 63	12,169	191,089	15 70	174,864	[illegible]	[illegible]
Février	93,434	2,590,656	27 72	59,435	1,644,304	27 66	13,040	236,478	18 13	165,940	[illegible]	[illegible]
Mars	102,143	2,633,586	25 78	59,865	1,672,009	27 93	14,138	284,168	19 88	176,146	[illegible]	[illegible]
Avril	94,479	2,628,724	27 82	58,686	1,701,570	28 99	15,203	271,404	17 85	168,368	[illegible]	[illegible]
Mai	100,384	2,877,270	28 66	59,631	1,745,915	29 28	13,731	263,068	19 16	173,746	[illegible]	[illegible]
Juin	100,282	2,894,025	28 85	59,995	1,970,495	32 84	14,650	270,200	18 44	174,927	[illegible]	[illegible]
Juillet	94,549	2,644,272	27 97	63,036	1,782,503	28 27	14,120	248,697	17 61	171,705	[illegible]	[illegible]
Août	102,872	2,516,474	24 46	62,278	1,692,721	27 18	16,636	302,691	18 19	184,786	[illegible]	[illegible]
Septembre	102,428	2,414,808	23 57	63,019	1,631,104	26 20	16,424	320,095	19 49	184,871	[illegible]	[illegible]
Octobre	103,459	2,965,799	28 66	68,965	1,926,064	27 93	17,513	295,378	16 86	189,937	[illegible]	[illegible]
Novembre	98,701	2,627,867	26 62	62,551	1,724,454	27 56	16,927	314,474	18 58	178,179	[illegible]	[illegible]
Décembre	113,546	3,035,495	26 73	60,418	1,622,080	26 84	15,747	276,032	17 53	189,711	[illegible]	[illegible]
Liquidation de l'exercice 1894	81	2,831	35 19	»	»	» »	»	»	» »	81	[illegible]	[illegible]
TOTAUX	1,202,226	32,615,769	27 12	744,446	20,903,412	28 08	180,298	3,270,789	18 14	2,126,970	[illegible]	[illegible]
				ANNÉES ANTÉRIEURES :								
1888	1,261,367	31,363,022	24 86	780,384	21,136,627	27 08	177,415	3,090,004	17 41	2,219,166	[illegible]	[illegible]
1889	1,290,019	32,790,146	23 41	798,936	22,003,937	27 54	167,278	2,688,993	16 07	2,256,233	[illegible]	[illegible]
1890	1,233,165	31,567,094	25 49	784,324	21,674,680	27 63	179,809	2,706,917	15 05	2,217,[illegible]	[illegible]	[illegible]
1891	1,258,472	32,333,693	25 69	797,254	22,182,178	27 82	211,057	3,017,623	14 39	2,266,783	[illegible]	[illegible]
1892	1,278,652	34,342,690	27 01	784,478	21,640,962	27 58	244,137	3,712,525	15 27	2,307,267	[illegible]	[illegible]
1893	1,265,428	34,043,395	26 90	786,392	22,082,706	28 08	216,529	3,601,770	16 63	2,268,349	[illegible]	[illegible]

Cependant il faut remarquer qu'un certain nombre d'engagements faits au chef-lieu et dans les succursales ont été renouvelés sous forme de rengagements, dans les bureaux auxiliaires ; aussi, pour répondre à la réalité des faits, faut-il ajouter aux renouvellements 50,633 articles pour une somme de 2,340,858 francs et les déduire du total des engagements et des dégagements.

Le tableau suivant donne les chiffres réels des opérations de toute nature accomplies par le Mont-de-piété pendant les sept dernières années :

ANNÉES	ARTICLES	SOMMES	VALEUR MOYENNE	ANNÉES	ARTICLES	SOMMES	VALEUR MOYENNE
	Engagements.				*Renouvellements.*		
1888	1,469,964	33,563,847 »	22.83	1888	821,382	23,206,731 »	28.25
1889	1,444,935	34,020,990 »	23.54	1889	825,337	23,340,760 »	28.27
1890	1,491,540	35,178,150 »	23.58	1890	812,832	22,841,244 »	28.10
1891	1,463,345	36,557,037 »	24.98	1891	830,445	23,304,822 »	28.30
1892	1,447,725	37,609,637 »	25.97	1892	828,424	23,156,280 »	27.95
1893	1,330,478	35,048,141 »	26.34	1893	826,216	22,884,794 »	27.69
1894	1,251,801	30,590,856 »	24.43	1894	795,079	23,256,270 »	29.23
	Dégagements.				*Ventes.*		
1888	1,220,369	29,292,918 »	24. »	1888	177,415	3,090,001 »	17.42
1889	1,263,448	31,456,323 »	24.91	1889	167,278	2,688,905 »	16.08
1890	1,224,657	30,460,330 »	24.82	1890	179,809	2,706,917 »	15.05
1891	1,225,281	31,016,060 »	25.31	1891	211,057	3,037,623 »	14.39
1892	1,234,708	33,027,092 »	26.74	1892	244,137	3,712,525 »	15.20
1893	1,225,604	33,243,341 »	27.12	1893	216,529	3,601,770 »	16.60
1894	1,151,593	30,274,911 »	26.29	1894	180,298	3,270,789 »	18.14

Les engagements ont diminué en articles et en sommes :

	ARTICLES	SOMMES
	—	—
En 1893	1.330.478	35.048.141
En 1894	1.251.801	30.590.856
Diminution en 1894	78.677	4.457.285

Les dégagements ont diminué en articles et en sommes.

Diminution, 74,011 articles pour 2,968,400 francs.

Les renouvellements ont diminué en articles et augmenté en sommes.

Diminution, 31,137 articles ; augmentation, 361,479 francs.

Les ventes ont également suivi le courant de diminution : 36,231 articles pour 330,981 francs.

Néanmoins, ce sont toujours les petits prêts qui alimentent les ventes, moyenne : 18, 14.

ANNÉES	ARTICLES VENDUS	PRÊTS	PRÊT MOYEN	BONIS	0/0 AUX PRÊTS	PERTES	0/0 AUX PRÊTS
1888	177,415	3,090,001 »	17.41	1,229,454 90	36.50	30,089 35	0.97
1889	167,178	2,688,905 »	16.07	1,019,336 40	37.90	26,781 95	0.99
1890	179,809	2,706,917 »	15.11	1,033,217 70	38.10	29,445 65	1.08
1891	211,037	3,037,623 »	14.39	924,647 35	30.44	35,877 80	1.18
1892	244,137	3,712,525 »	15.26	951,354 15	25.63	60,763 50	1.63
1893	216,529	3,601,770 »	16.63	1,007,471 80	27.97	69,670 90	1.93
1894	180,298	3,270,789 »	18.14	849,461 85	25.97	109,804 20	3.35

La valeur moyenne des prêts qui s'était accrue sans interruption depuis 1888 = 22.83, en 1888, 26.34 en 1893, s'est abaissée en 1894 à 24.43, soit une différence de 1 fr. 91 c.

Le nombre des gages considérés comme insuffisants pour donner lieu à un prêt de 3 francs est encore beaucoup trop élevé, bien qu'il soit inférieur à l'année précédente, différence qui provient assurément de la diminution du nombre des opérations générales.

Ces gages considérés comme insuffisants se décomposent ainsi :

Bijoux	25.326
Objets divers	67.727
Ensemble	93.053

Ce chiffre était l'an dernier de 96,222, il a donc diminué de 3,169.

Les constatations sont regrettables en ce qui concerne les prêts non acceptés par le public en raison de l'insuffisance des offres. Le cas s'est produit pour 39,980 articles sur lesquels les appréciateurs ont offert 3,243,125 francs et divisés ainsi :

	NOMBRE des articles présentés	SOMMES offertes et non acceptées
Bijoux	27.586	3.159.833
Objets divers	12.394	83.292
Ensemble	39.980	3.243.125

Les articles sont supérieurs de 1,792 à ceux de 1893, les sommes sont inférieures de 1,388,530 francs à celles du même exercice.

En résumé, 133,000 emprunteurs n'ont pu, en 1894, obtenir du Mont-de-piété le secours qu'ils en attendaient.

Les étuves à épuration continuent à fonctionner et à donner d'importants résultats dans les quatre établissements à magasins, et rendent toujours de précieux services à un nombre considérable de personnes.

Nous avons toutefois une assez forte baisse à signaler cette année encore sur 1893.

Objets de literie épurés en 1894.

ÉTABLISSEMENTS	MATELAS	LITS DE PLUME	OREILLERS ET TRAVERSINS	OBJETS DIVERS DE LITERIE	TOTAL
Chef-lieu	2,068	541	650	2,606	[illegible]
1re succursale	2,016	536	587	1,118	4,257
2e succursale	5,062	1,288	560	442	[illegible]
3e succursale	2,460	542	424	308	3,734
Totaux	11,606	2,907	2,221	4,474	[illegible]

La différence totale en moins sur 1893 est de 3,234 articles. En examinant les détails, on voit que cette différence est peu importante pour les matelas, que les lits de plume dépassent de 152 le chiffre de l'année précédente, que la diminution s'accentue pour les oreillers et les traversins, qu'elle est surtout très forte (2,850 articles) pour les objets divers de literie. Ce sont ces deux dernières catégories de gages dont le nombre a le plus baissé dans ces dernières années, abaissement qu'on peut expliquer par l'établissement d'étuves municipales; mais on peut admettre aussi que les objets de literie entrent pour une part dans les gages considérés comme insuffisants pour donner lieu à un prêt de 3 francs, et dans les prêts non acceptés en raison de l'insuffisance des offres, autre conséquence de la dépréciation injustifiée de ces gages. En effet, en voyant le résultat des ventes sur les matelas et les lits de plume, on peut dire qu'un emprunteur qui a déposé deux matelas au Mont-de-piété pour obtenir un prêt, devait pouvoir obtenir la même avance en ne se privant que d'un seul de ces objets si nécessaires.

Classement des bonis produits par la vente des matelas et des lits de plume pendant l'année 1894.

ADJUDICATIONS AYANT PRODUIT DES BONIS		ARTICLES	PRÊTS	ADJUDICATIONS	BONIS	MOYENNE DES BONIS ET DES PERTES par catégorie	MOYENNE générale DES BONIS et DES PERTES
Au-dessous de 50 °/. des prêts.......	chef-lieu..................	266	2,708	3,656 50	692 20	21.44 °/.	68.68 °/.
	1re succursale.............	263	2,468	3,266 50	555 »		
	2e succursale..............	582	5,459	7,084 50	1,079 25		
	3e succursale..............	245	2,518	3,238 10	494 35		
De 50 à 100 °/...	chef-lieu..................	172	1,939	3,552 50	1,421 35	71.50 °/.	
	1re succursale.............	133	1,289	2,355 35	938 15		
	2e succursale..............	363	3,497	6,370 50	2,532 35		
	3e succursale..............	153	1,490	2,602 30	981 90		
De 100 à 200 °/...	chef-lieu..................	173	1,800	4,391 70	2,642 55	133.62 °/.	
	1re succursale.............	84	756	1,862 80	1,003 90		
	2e succursale..............	289	2,715	6,589 »	3,606 50		
	3e succursale..............	103	873	2,119 70	1,157 10		
De 200 à 300 °/...	chef-lieu..................	45	405	1,331 »	878 95	226.64 °/.	
	1re succursale.............	34	270	908 »	621 25		
	2e succursale..............	29	231	786 »	533 »		
	3e succursale..............	21	132	475 50	332 95		
De 300 à 400 °/...	chef-lieu..................	11	79	356 »	269 »	305.83 °/.	
	1re succursale.............	7	65	300 »	127 70		
	2e succursale..............	5	38	177 50	135 55		
	3e succursale..............	12	76	340 50	256 80		
De 400 à 500 °/...	chef-lieu..................	4	24	135 »	108 55	461.76 °/.	
	1re succursale.............	2	10	58 »	47 05		
	2e succursale..............	4	23	124 »	98 70		
	3e succursale..............	4	28	169 »	138 20		
De 500 à 600 °/. et au dessus....	chef-lieu..................	1	3	30 30	25 »	506.66 °/.	
	1re succursale.............	»	»	» »	» »		
	2e succursale..............	»	»	» »	» »		
	3e succursale..............	1	7	43 50	35 80		
	Totaux..........	3,008	28,914	52,323 95	20,513 10		
Pertes...	chef-lieu..................	8	43	35 »	11 45	23.43 °/.	0.74 °/.
	1re succursale.............	30	218	178 »	57 45		
	2e succursale..............	21	189	170 50	33 60		
	3e succursale..............	37	505	423 50	121 35		
	Totaux..........	3,104	29,866				
	Moyenne générale des prêts....	9.62					

Et ces bonis élevés sont touchés en majeure partie par les marchands de reconnaissances. En

Par suite de la diminution des bonis distribués, les marchands ont perçu moins que les années précédentes, mais leur part proportionnelle est encore supérieure à celle du public. Leur bénéfice moyen, par article, a été de 1 fr. 23 c., inférieur de 0 fr. 02 c. seulement à celui de 1893. 30,944 de ces bonis ont été payés à onze maisons des plus achalandées ; l'une d'elles a présenté 3,881 reconnaissances.

Les bordereaux de moindre importance, comprenant 55,139 reconnaissances, ont été apportés par plus de 700 marchands.

Le tableau suivant donne le classement par années d'origine des articles dont la vente a été effectuée en 1894, bien que, depuis deux années, l'Administration s'applique à faciliter aux emprunteurs d'origine le retrait des gages si longtemps renouvelés :

Classement par année d'origine des articles dont la vente a été effectuée en 1894.

ANNÉES D'ORIGINE	ARTICLES	PRÊTS	BONIS			PERTES			BALANCE	
			ARTICLES	PRÊTS	BONIS	ARTICLES	PRÊTS	PERTES	ARTICLES	PRÊTS
Renouvellements.										
1843	1	100	»	»	» »	1	100	11 50	»	»
1844	1	3	1	3	» 15	»	»	» »	»	»
1845	1	15	»	»	» »	1	15	4 45	»	»
1848	1	20	»	»	» »	1	20	14 60	»	»
1850	26	927	9	222	147 95	17	705	131 80	»	»
1851	2	245	1	135	34 »	1	110	12 30	»	»
1852	2	33	2	33	10 35	»	»	» »	»	»
1853	1	14	1	14	4 85	»	»	» »	»	»
1857	2	32	»	»	» »	2	32	10 30	»	»
1859	2	43	1	13	4 05	»	»	» »	1	[illegible]
1860	2	11	1	8	3 50	»	»	» »	1	[illegible]
1861	10	1,015	10	1,015	386 60	»	»	» »	»	[illegible]
1862	1	3	1	3	» 20	»	»	» »	»	[illegible]
1863	7	234	5	219	20 63	1	10	6 »	1	[illegible]
1864	9	57	4	21	5 25	5	36	17 40	»	[illegible]
1865	9	193	5	112	40 05	4	81	30 70	»	[illegible]
1866	10	263	2	160	60 30	7	93	48 05	1	[illegible]
1867	14	297	6	156	15 25	8	141	57 83	»	[illegible]
1868	16	281	6	155	51 73	9	86	30 73	1	[illegible]
1869	20	647	12	545	351 60	6	78	33 »	2	[illegible]
1870	35	1,089	13	133	32 95	19	934	481 45	3	[illegible]
1871	46	1,009	23	399	216 95	19	554	134 »	4	[illegible]
1872	47	1,474	20	640	106 30	23	698	196 70	[illegible]	[illegible]
1873	60	1,429	26	647	121 85	28	666	237 05	6	[illegible]
1874	86	1,957	24	420	67 65	37	1,151	330 73	5	[illegible]
1875	115	2,676	36	657	102 85	63	1,702	486 25	16	[illegible]
1876	126	3,329	52	1,295	327 55	58	1,710	327 90	16	[illegible]
1877	179	5,156	82	2,643	656 65	78	2,012	661 98	19	[illegible]
1878	178	4,348	91	2,303	505 85	76	1,809	453 60	[illegible]	[illegible]
1879	261	6,767	117	2,589	423 30	106	3,244	786 10	[illegible]	[illegible]
1880	291	7,501	154	4,308	763 35	107	2,463	[illegible]	[illegible]	[illegible]
1881	462	12,164	221	5,228	881 70	172	5,083	1,351 25	[illegible]	[illegible]
1882	679	17,807	360	8,310	1,641 »	231	5,790	1,472 20	[illegible]	[illegible]
1883	1,061	26,961	613	15,343	3,772 95	317	7,611	1,748 05	[illegible]	[illegible]
1884	1,337	37,843	847	23,480	5,389 30	330	10,048	2,597 25	140	[illegible]
1885	1,573	39,652	1,122	26,233	7,355 15	309	[illegible]	2,470 60	[illegible]	[illegible]
1886	2,011	48,831	1,465	35,359	10,904 55	377	9,360	2,117 65	[illegible]	[illegible]
1887	2,875	75,332	2,037	51,576	12,797 30	541	13,773	[illegible]	[illegible]	[illegible]
1888	4,876	110,084	3,575	78,317	21,292 15	856	21,864	4,763 10	445	[illegible]
1889	7,118	158,886	5,338	108,460	29,515 15	1,430	34,998	5,979 45	[illegible]	[illegible]
1890	13,390	288,022	10,263	215,198	61,224 20	1,880	44,866	9,552 35	[illegible]	[illegible]
1891	23,304	448,431	18,880	345,243	117,091 50	2,579	68,396	13,819 45	[illegible]	[illegible]
1892	10,295	181,721	8,251	140,265	44,280 40	1,133	25,306	5,124 50	[illegible]	[illegible]
	70,542	1,486,872	53,737	1,071,974	330,607 20	10,572	276,046	[illegible]	[illegible]	[illegible]
Engagements.										
	409,756	1,783,917	93,582	»	528,854 55	8,452	»	50,912 30	7,722	»
Totaux	480,298	3,270,789	147,319	»	849,461 85	19,024	»	[illegible]	[illegible]	»

Les opérations dans les bureaux auxiliaires ont toujours été les plus nombreuses; les engagements figurent pour 75.16 °/o dans l'ensemble des articles et 69.94 °/o de la somme prêtée.

Les résultats de la liquidation de l'exercice 1891 sont consignés dans le tableau suivant avec ceux des vingt années antérieures. Cet exercice se solde par un déficit de 81 gages pour une somme prêtée de 2,851 francs.

ANNÉES	ENTRÉE		RÉSULTAT DES LIQUIDATIONS				INDEMNITÉS PAYÉES		
			EXCÉDENTS		DÉFICITS		pour NANTISSEMENTS adirés	pour NANTISSEMENTS incomplets	TOTAL
	ARTICLES	SOMMES	Articles	Sommes	Articles	Sommes			
1872.......	1,924,148	39,985,403 »	49	707 »	»	» »	90 »	197 98	287 98
1873.......	2,128,691	45,672,772 »	62	803 »	»	» »	400 31	17 19	417 50
1874.......	2,281,736	48,612,490 »	»	» »	14	385 »	542 18	70 62	612 80
1875.......	2,235,396	49,144,925 »	46	480 »	»	» »	212 18	107 17	319 35
1876.......	2,425,602	51,113,165 »	»	» »	»	549 »	79 36	26 24	105 60
1877.......	2,498,071	54,497,325 »	»	483 »	16	» »	344 98	118 75	463 73
1878.......	2,372,944	50,622,680 »	»	» »	1	437 »	251 85	1 87	253 72
1879.......	2,129,902	52,366,823 »	»	» »	37	206 »	251 18	19 68	270 86
1880.......	2,416,328	52,618,762 »	»	» »	33	1,597 »	172 49	16 24	188 73
1881.......	2,301,736	52,917,882 »	»	» »	23	2,283 »	232 12	7 81	239 93
1882.......	2,334,199	57,407,337 »	»	» »	14	303 »	306 76	29 99	336 75
1883.......	2,461,560	57,981,284 »	3	98 »	»	» »	272 79	64 »	336 79
1884.......	2,433,166	57,145,964 »	»	» »	13	591 »	553 20	46 86	600 06
1885.......	2,287,459	55,270,743 »	»	» »	61	2,396 »	385 20	225 50	610 70
1886.......	2,191,307	54,804,504 »	»	» »	42	1,631 »	204 93	41 62	246 55
1887.......	2,216,286	55,409,160 »	»	» »	11	1,154 »	115 59	56 24	171 83
1888.......	2,291,343	56,770,548 »	»	2,029 »	76	» »	456 52	208 43	664 95
1889.......	2,270,492	57,361,750 »	»	» »	82	1,992 »	409 38	18 40	427 78
1890.......	2,304,372	58,019,394 »	47	561 »	»	» »	534 52	26 70	561 22
1891.......	2,293,790	60,056,230 »	»	» »	81	2,851 »	800 57	769 33	1,569 90
	46,065,503	1,064,776,138 »	207	5,823 »	504	16,375 »	6,586 11	2,070 60	8,656 71
			Déficit : 297 articles pour 10,552 francs.						

Le tableau ci-dessus témoigne de l'excellente gestion des magasins et du zèle constant apporté dans leur travail par les différents services appelés à concourir aux opérations d'entrée et de sortie.

Ainsi, de 1872 à 1891 inclus, il est entré dans les différents magasins du Mont-de-piété 46,065,503 articles, sur lesquels il a été prêté un ensemble de 1,064,776,138 francs. Or on remarque, en premier lieu, qu'il ne ressort en écritures qu'un déficit de 297 articles correspondant à 10,552 francs de prêts.

On ne doit pas s'étonner que, dans une manipulation de gages aussi considérable appartenant à des exercices différents, des erreurs se glissent dans les inscriptions rapides de la sortie. D'ailleurs, ces erreurs se rectifient la plupart du temps, dans les chiffres d'ensemble, en se compensant avec les années voisines.

On remarque, en deuxième lieu, que les indemnités payées pour nantissements adirés ou incomplets ne s'élèvent qu'à 8,656 fr. 71 c., soit une moyenne de 432 fr. 83 c. par liquidation, et encore la dépense occasionnée par le paiement de ces indemnités est-elle couverte, et au-delà, le plus souvent, par le produit de la vente de nantissements dits « inconnus ».

COUT DES OPÉRATIONS.

Les frais généraux d'administration se sont élevés en 1894 à la somme de 2,253,765 fr. 52 c., sur lesquels il convient de déduire une somme de 102,000 francs représentant les dépenses afférentes au service des avances sur valeurs mobilières. Les frais d'administration spéciaux aux gages corporels s'élèvent donc à 2,151,765 fr. 52 c., chiffre sensiblement égal à celui de 1893 (2,152,802 fr. 26 c.).

Tant par engagements que par renouvellements, il est entré en 1894, dans les mag Mont-de-piété, 2,046,880 articles qui, rapprochés du total des frais généraux afférents a corporels, font ressortir le coût moyen de chaque gage à 1 fr. 051, c'est-à-dire de 0.053 p que l'année précédente.

Ce coût moyen avait été de 0.92 en 1888, 0.90 en 1889, 0.87 en 1890, 0.9652 en 1891, 1892 et 0.998 en 1893.

Les opérations effectuées par le Mont-de-piété peuvent se diviser en trois catégories :

1° Celles qui sont onéreuses pour l'établissement ;

2° Celles qui équilibrent les frais qu'elles ont occasionnés ;

3° Celles qui donnent lieu à des perceptions supérieures aux débours.

Les frais que nécessite une opération et qui servent de base à la classification dans trois catégories sont les uns fixes et compris sous la rubrique générale de frais d'adminis les autres, variables avec la durée du séjour du gage en magasin et qui résultent de l'inté par l'Administration à ses prêteurs.

Cet intérêt, on le verra plus loin aux notes consacrées à l'emprunt, a été en 1894 de au lieu de 2,722 en 1893.

Le produit de chaque gage se compose :

1° Du droit de 6 °/₀ calculé proportionnellement à la somme prêtée et au séjour du magasin. Les prêts de 3, 4 et 5 francs, ne séjournant pas plus de deux mois en maga exonérés de ce droit ;

2° Du droit de 1 °/₀ de la somme prêtée.

Sur ces données, on arrive à la classification suivante :

1° Opérations onéreuses de 3 à 22 francs.

Les prêts de 3 à 22 francs sont onéreux, quelle que soit la durée du séjour des gages en n la recette à provenir des intérêts et droits ne pouvant, en aucun cas, couvrir la dépense trative jointe au coût du capital avancé par le Mont-de-piété.

2° Opérations onéreuses ou rémunératrices suivant le point où s'établit l'équilibre recette et la dépense, en raison du séjour plus ou moins long des gages en magasin.

Les opérations cessent d'être onéreuses, savoir :

Pour les prêts de	22 francs,	lorsque le gage a séjourné plus de	26	quinzaines en magasi
—	23	—	25	—
—	24	—	24	—
—	25	—	22	—
—	26 et 27		21	—
	28		20	—
—	29 et 30		18	—
—	31		17	
—	32 et 33		16	
—	34, 35 et 36	—	14	—
—	37	—	13	—
—	38 et 39	—	12	—
—	40, 41 et 42		11	—
—	43 et 44		10	—
—	45, 46 et 47		9	—
—	48 et 49		8	—
—	50 à 53		7	—
—	54 à 59		6	—
—	60 et 61		5	—
—	62 à 67	—	4	—
—	68 à 75	—	3	—
—	76 à 84	—	2	—
—	85 à 90	—	1	—

3° Opérations rémunératrices.

Les opérations de 91 francs et au-dessus sont toujours rémunératrices, la dépense administrative et le loyer du capital prêté se trouvant couverts dès la première quinzaine par les intérêts et droits perçus.

Ces résultats diffèrent de ceux de l'année dernière par suite de l'augmentation du coût de chaque gage. C'est là une conséquence inévitable de la baisse des opérations : les frais généraux à diviser restent les mêmes et le nombre des gages constituant le diviseur a diminué. Ainsi les opérations toujours rémunératrices ne commencent qu'aux prêts de 91 francs, tandis qu'en 1893 elles commençaient aux prêts de 88 francs.

On a laissé de côté, dans ces évaluations, les opérations de prêts sur valeurs mobilières qui sont essentiellement rémunératrices. Leur produit est presque toujours supérieur, pour chaque opération, aux frais qu'elles entrainent.

Droits perçus par le Mont-de-piété.

OPÉRATIONS	CAPITAUX RENTRÉS			INTÉRÊTS ET DROITS PERÇUS		
	sur 1891 et 1892	sur 1893	sur 1894	2 0/0 sur les adjudications	AU TAUX de 6 0/0	DROIT FIXE de 1 0/0
Renouvellements	4,151,819	16,740,286	13,307	» »	1,531,092 75	209,943 70
Dégagements	1,994,420	16,347,707	14,270,794	» »	1,277,924 70	329,636 35
Ventes	1,526,362	1,734,475	9,952	86,485 60	280,648 40	33,332 50
	7,672,601	34,822,468	14,294,050		3,089,665 85	572,912 55
	56,789,119			86,485 60	3,662,578 40	
Total des droits perçus en 1894....				3,749,064 »		

Le total des capitaux rentrés est de 2,940,753 francs inférieur à celui de 1893.

Au point de vue des intérêts et droits perçus, d'un côté, les renouvellements présentent, comparativement à 1893, une moins-value de 69,703 fr. 10 c. ; les ventes, une diminution de 41,198 fr. 56 c., correspondant à la diminution des capitaux. D'un autre côté, les dégagements font ressortir une augmentation de produits de 34,787 fr. 65 c., malgré la diminution des capitaux, mais qui s'explique par la prolongation du séjour des gages en magasin.

De la combinaison de ces chiffres, il résulte, en définitive, une différence en moins de 76,114 fr. sur le précédent exercice.

En comparant les chiffres de 1894 à ceux de l'année 1885, pendant laquelle l'ancien tarif de 9 1/2 °/₀ a été appliqué pour la dernière fois aux opérations de l'année entière, il ressort l'importance des dégrèvements dont les emprunteurs continuent à bénéficier par l'application des tarifs modifiés.

Depuis le 1er janvier 1889, le nouveau tarif (6 °/₀ plus un droit fixe de 1 °/₀) est seul appliqué. Or, en 1885, les emprunteurs ont remboursé 56,869,124 francs qui ont produit 4,637,700 fr. 65 c., soit 8,15 °/₀; en 1894, ils ont payé 3,749,064 francs pour 56,789,129 francs de capital remboursé, ce qui fait ressortir le taux à 6,60 °/₀.

Ainsi la clientèle du Mont-de-piété a payé en 1894, pour intérêts et droits divers, la somme de	3.749.064 »
Sous l'ancien régime (9 °/₀ plus 1/2 °/₀ de droit de prisée) elle aurait eu à payer.	4.918.444 31
C'est donc une différence de..........	1.169.380 31

dont les emprunteurs ont profité pour la seule année 1894.

L'ensemble des dégrèvements au profit du public, depuis le 1er janvier 1887, se trouve porté à 9,079,000 francs, soit 1,135,000 francs en moyenne par année.

En 1894, la moyenne du séjour des gages en magasin a été plus élevée qu'en 1893. Ainsi, en 1894, les articles renouvelés ont séjourné 439 jours ou 29 quinzaines 4 jours ; les articles dégagés 235 jours ou 15 quinzaines 10 jours, et les articles vendus 514 jours ou 34 quinzaines 4 jours, soit, pour l'ensemble des opérations, 326 jours ou 21 quinzaines 11 jours.

EMPRUNT.

L'emprunt, depuis la mise en pratique de la loi du 25 juillet 1891 relative aux prêts sur valeurs mobilières, est divisé en deux catégories distinctes : l'une affectée à ces opérations nouvelles et l'autre aux prêts sur gages corporels.

Ces deux emprunts ont continué à fonctionner simultanément, en 1894, avec autant de facilité que pendant les deux premières années ; il a été possible, suivant les besoins, de les alimenter avec les fonds offerts sans que jamais la moindre préférence pour l'un ou pour l'autre ait été manifestée par les prêteurs. C'est le Mont-de-piété qui inspire confiance sans qu'on se préoccupe de la nature du gage.

Le taux de l'émission n'a pas varié depuis le 1er juillet 1892 :

Bons à	3 mois, intérêts	....	1 1/2 %.
—	6	—	2 %.
—	9	—	2 1/2 %.
—	12	—	3 %.

NATURE DES BONS ÉMIS		EMPRUNT DE 1894			EMPRUNT DE 1893		
		CAPITAUX	INTÉRÊTS liquidés	TOTAL à rembourser	CAPITAUX	INTÉRÊTS liquidés	TOTAL à rembourser
Bons à ordre	Gages corporels..........	25,393,580	624,148 25	26,017,728 25	24,913,280	632,146 80	25,545,426 80
	Valeurs mobilières.......	2,605,100	80,833 »	2,773,933 »	1,380,950	41,428 30	1,422,378 30
Bons au porteur	Gages corporels..........	30,484,260	839,802 05	31,324,062 05	32,697,240	878,334 15	33,575,574 15
	Valeurs mobilières.......	2,554,210	76,626 30	2,630,836 30	3,262,420	97,872 60	3,360,292 60
Total des bons à ordre et au porteur	Gages corporels..........	55,877,840	1,463,950 30	57,341,790 30	57,610,520	1,510,480 95	59,121,000 95
	Valeurs mobilières.......	5,249,310	157,479 30	5,406,789 30	4,643,370	139,301 10	4,782,671 10
	Ensemble........	61,127,150	1,621,429 60	62,748,579 60	62,253,890	1,649,782 05	63,903,672 05

Les chiffres consignés à ce tableau indiquent pour l'emprunt nominal de 1894 un total de 62.748.579 60
au lieu de, en 1893 .... 63.903.672 05

Différence en moins.......... 1.155.092 45

Ramené à l'échéance d'un an, l'emprunt représente effectivement la somme de.	55.901.495 »
au lieu de, en 1893	56.817.700 »
En diminution	916.205 »

Fonds empruntés pendant l'année 1894.

PLACEMENTS	TAUX	FONDS ANCIENS	FONDS NOUVEAUX	TOTAUX
Un an	3 0/0	46,151,340 »	1,003,900 »	47,155,240 »
Neuf mois	2 1/2 0/0	6,336,620 »	2,881,700 »	9,218,320 »
Six mois	2 0/0	1,850,970 »	725,500 »	2,576,470 »
Trois mois	1 1/2 0/0	1,090,720 »	1,086,400 »	2,177,120 »
Totaux	»	55,429,650 »	5,697,500 »	61,127,150 »

Le nombre des comptes individuels était, en 1893, de 3,676; il n'était plus, au 31 décembre 1894, que de 3,449 ainsi répartis :

	2.685 comptes pour	6.891 bons au porteur.
	764 —	2.150 bons à ordre.
		445 placements anonymes.
Total	3.449 comptes pour	9.486

La moyenne de la valeur des bons suit une progression constante, très marquée pour les bons à ordre. Le contingent de chaque compte est de 17,229 francs; les 445 placements anonymes représentent un capital de 1,703,590 francs.

Les comptes les plus importants sont inscrits au tableau suivant, on peut voir qu'ils ont sensiblement diminué en 1894. C'est là la conséquence de la baisse du chiffre de l'emprunt.

Bons au porteur.

34 comptes de	50 à 100.000 »	1 compte de	300 à 400.000 »
15 —	100 à 200.000 »	1 —	700 à 800.000 »
6 —	200 à 300.000 »	1 —	1.500.000 »

Bons à ordre.

12 comptes de	50 à 100.000 »	2 comptes de	500 à 600.000 »
14 —	100 à 200.000 »	1 —	600 à 700.000 »
10 —	200 à 300.000 »	3 —	700 à 800.000 »
2 —	300 à 400.000 »	1 —	900.000 »
2 —	400 à 500.000 »	1 —	3.400.000 »

En rapprochant le montant des intérêts de l'émission de 1894 du total de l'emprunt, on constate que les capitaux ont été obtenus au taux moyen de 2,900 %. Ce taux est atténué par les intérêts des fonds déposés au Trésor, 111,613 fr. 90 c., et ressort définitivement au chiffre de 2,701 %, en diminution de 0,022 sur 1893.

Le taux était de :

En 1889	2.728 %
1890	2.779 %
1891	2.800 %
1892	2.741 %
1893	2.722 %

Le remboursement sous escompte a pu être accordé à toutes les personnes qui en ont fait la demande. 66 bons ont été escomptés pour une somme totale de 470,560 francs, dont 57 bons au porteur pour 368,840 francs et 9 bons à ordre pour 101,720 francs.

Au 31 décembre 1894, 206 bons échus pour une somme de 602,464 fr. 70 c. n'avaient pas été présentés au remboursement.

Le tableau suivant donne le relevé de ces bons non payés le 31 décembre 1894 :

Relevé des bons échus et non payés le 31 décembre 1894.

ANNÉES	BONS AU PORTEUR			BONS A ORDRE		
	NOMBRE de bons	CAPITAUX	INTÉRÊTS	NOMBRE de bons	CAPITAUX	INTÉRÊTS
1861	»	» »	» »	1	1,050 »	42 »
1863	1	120 »	4 80	2	500 »	20 »
1865	»	» »	» »	10	2,870 »	101 05
1866	»	» »	» »	9	2,160 »	94 30
1867	1	700 »	24 50	1	500 »	20 »
1868	2	530 »	18 55	1	500 »	17 50
1869	2	200 »	6 »	»	» »	» »
1870	3	6,110 »	229 40	9	9,760 »	347 20
1871	2	23,200 »	1,340 »	2	4,500 »	270 »
1872	3	2,600 »	106 »	1	250 »	10 »
1873	1	100 »	4 50	1	100 »	4 30
1874	1	100 »	5 »	3	5,000 »	266 50
1875	2	24,500 »	895 »	2	1,300 »	55 »
1876	1	1,310 »	52 40	»	» »	» »
1877	»	» »	» »	1	500 »	20 »
1878	1	1,500 »	45 »	2	3,500 »	77 30
1879	»	» »	» »	1	300 »	9 »
1880	»	» »	» »	3	4,450 »	133 50
1882	1	700 »	24 50	1	200 »	6 »
1884	1	4,610 »	161 70	1	10,000 »	360 »
1885	4	17,200 »	516 »	»	» »	» »
1886	1	300 »	9 »	»	» »	» »
1888	1	100 »	3 »	1	600 »	18 »
1889	1	5,000 »	150 »	»	» »	» »
1890	4	3,360 »	100 80	»	» »	» »
1891	2	400 »	12 »	1	3,000 »	90 »
1892	5	13,350 »	400 50	2	10,000 »	300 »
1893	46	128,210 »	3,846 30	20	66,410 »	1,992 30
1894 3, 6 et 9 mois	34	151,560 »	1,589 30	11	74,560 »	966 90
	120	385,770 »	9,544 25	86	201,970 »	5,180 45
		395,314 25			207,150 45	
		206 bons pour : 602,464 70				

LOGEMENTS INSALUBRES

INDUSTRIES ET PROFESSIONS SURVEILLÉES

GARNIS ET CHAMBRÉES

ÉTABLISSEMENTS CLASSÉS

APPAREILS A VAPEUR

Opérations de la Commission des logements insalubres (1).

ARRONDISSEMENTS — NOMS ET NUMÉROS DES QUARTIERS		Transmises à la COMMISSION	Rapportées par la COMMISSION	Soumises au CONSEIL MUNICIPAL	POURVOIS — PRÉFECTURE
1er	1. Saint-Germain-l'Auxerrois	15	21		
	2. Halles	35	49		
	3. Palais-Royal	12	17		
	4. Place-Vendôme	16	20		
Total du Ier arrondissement (Louvre)		78	107		
2e	5. Gaillon	10	12		
	6. Vivienne	11	13		
	7. Mail	14	15		
	8. Bonne-Nouvelle	21	33		
Total du IIe arrondissement (Banque)		56	73		
3e	9. Arts-et-Métiers	27	33		
	10. Enfants-Rouges	20	20		
	11. Archives	43	35		
	12. Sainte-Avoie	29	31		
Total du IIIe arrondissement (Temple)		119	119		
4e	13. Saint-Merri	26	15		
	14. Saint-Gervais	40	14		
	15. Arsenal	24	14		
	16. Notre-Dame	20	7		
Total du IVe arrondissement (Hôtel-de-Ville)		110	50		
5e	17. Saint-Victor	22	16		
	18. Jardin-des-Plantes	23	17		
	19. Val-de-Grâce	17	20		
	20. Sorbonne	29	13		
Total du Ve arrondissement (Panthéon)		91	66		
6e	21. Monnaie	29	20		
	22. Odéon	22	21		
	23. Notre-Dame-des-Champs	19	20		
	24. Saint-Germain-des-Prés	17	7		
Total du VIe arrondissement (Luxembourg)		87	68		
7e	25. Saint-Thomas-d'Aquin	20	21		
	26. Invalides	13	20		
	27. École-Militaire	12	22		
	28. Gros-Caillou	11	21		
Total du VIIe arrondissement (Palais-Bourbon)		56	84		
8e	29. Champs-Élysées	7	5		
	30. Faubourg-du-Roule	6	6		
	31. Madeleine	10	9		
	32. Europe	9	7		
Total du VIIIe arrondissement (Élysée)		32	27		
9e	33. Saint-Georges	17	15		
	34. Chaussée-d'Antin	22	14		
	35. Faubourg-Montmartre	21	19		
	36. Rochechouart	21	16		
Total du IXe arrondissement (Opéra)		81	64		
10e	37. Saint-Vincent-de-Paul	24	20		
	38. Porte-Saint-Denis	30	30		
	39. Porte-Saint-Martin	28	41		
	40. Hôpital-Saint-Louis	23	28		
Total du Xe arrondissement (Saint-Laurent)		105	119		
A reporter		815	777	353	10

Les chiffres donnés pour chaque quartier ne sont qu'approximatifs; les affaires de logements insalubres étant classées par a dissement et non par quartier, les chiffres vraiment exacts sont donc les totaux généraux et les totaux partiels d'arrondisseme

(1) D'après la loi du 13 avril 1850, la « Commission des logements insalubres » visitera les lieux signalés co insalubres. Elle déterminera l'état d'insalubrité et en indiquera les causes ainsi que les moyens d'y remédier. désignera les logements qui ne seraient pas susceptibles d'assainissement. Après un délai d'un mois, les rappo observations seront soumis au Conseil municipal. Un recours (suspensif) est ouvert aux intéressés devant le Co de préfecture. En cas d'inexécution des travaux jugés nécessaires, le propriétaire sera passible d'une amende noncée par les tribunaux correctionnels.

ARRONDISSEMENTS NOMS ET NUMÉROS DES QUARTIERS	AFFAIRES			POURVOIS devant le CONSEIL de PRÉFECTURE	CONTRAVENTIONS déférées au TRIBUNAL CORRECTIONNEL
	Transmises à la COMMISSION	Rapportées par la COMMISSION	Soumises au CONSEIL MUNICIPAL		
Report..........	815	777	355	10	56
41. Folie-Méricourt	37	32	14	2	2
42. Saint-Ambroise	46	39	27	1	1
43. Roquette	38	31	21	1	2
44. Sainte-Marguerite	40	36	15	1	2
TOTAL du XIe arrondissement (Popincourt)	161	138	77	5	7
45. Bel-Air	19	30	5	»	2
46. Picpus	28	35	41	1	5
47. Bercy	20	30	1	»	3
48. Quinze-Vingts	36	45	14	»	2
TOTAL du XIIe arrondissement (Reuilly)	103	140	61	1	12
49. Salpêtrière	19	15	2	»	1
50. Gare	22	21	11	»	2
51. Maison-Blanche	24	25	6	»	2
52. Croulebarbe	21	17	7	»	1
TOTAL du XIIIe arrondissement (Gobelins)	86	78	26	»	6
53. Montparnasse	31	35	11	1	5
54. Santé	29	33	3	1	3
55. Petit-Montrouge	32	36	13	1	4
56. Plaisance	40	37	40	»	4
TOTAL du XIVe arrondissement (Observatoire)	132	141	67	3	16
57. Saint-Lambert	33	35	23	»	1
58. Necker	34	36	11	»	3
59. Grenelle	31	33	12	»	2
60. Javel	45	38	13	»	5
TOTAL du XVe arrondissement (Vaugirard)	143	142	59	»	11
61. Auteuil	9	17	4	1	»
62. Muette	12	20	8	1	1
63. Porte-Dauphine	10	18	10	»	»
64. Bassins	11	21	12	»	»
TOTAL du XVIe arrondissement (Passy)	42	76	34	2	1
65. Ternes	21	26	26	»	2
66. Plaine-Monceau	27	23	7	»	4
67. Batignolles	23	3	13	1	3
68. Épinettes	25	4	3	1	2
TOTAL du XVIIe arrondissem[t] (Batignolles-Monceau)	96	56	49	2	11
69. Grandes-Carrières	84	71	57	»	9
70. Clignancourt	55	63	14	1	6
71. Goutte-d'Or	56	59	21	»	6
72. La Chapelle	49	37	11	»	7
TOTAL du XVIIIe arrondissement (Butte-Montmartre)	244	230	103	1	28
73. La Villette	33	29	26	»	3
74. Pont-de-Flandre	41	31	9	»	2
75. Amérique	47	37	25	1	3
76. Combat	35	32	14	»	4
TOTAL du XIXe arrondissement (Buttes-Chaumont)	156	129	74	1	12
77. Belleville	50	63	22	1	8
78. Saint-Fargeau	45	61	5	»	6
79. Père-Lachaise	51	86	29	»	5
80. Charonne	51	62	19	1	11
TOTAL du XXe arrondissement (Ménilmontant)	197	272	75	2	30
TOTAUX..........	2,175	2,179	980	27	190
TOTAL GÉNÉRAL..........		5,551			

INDUSTRIES ET PROFESSIONS SURVEILLÉES.

Débits d'huiles minérales. — Les débits d'huiles minérales qui, en 1893, étaient au nombr 9,530 dans le département de la Seine et dans les communes de Saint-Cloud, Sèvres, Meudo Enghien, ont atteint, en 1894, le chiffre de 10,423. Ces établissements sont régis par le décret 20 mars 1885.

Établissements d'eaux minérales. — En 1894, le service d'inspection de ces établissemen visité 145 fabriques et 1,843 débits d'eaux minérales.

Dans ce nombre ne sont pas compris les fabriques et les dépôts exploités par des pharmaci ceux-ci restant soumis à la surveillance spéciale de l'École supérieure de pharmacie.

Établissements visités par l'École supérieure de pharmacie. — 10,210 établissements ont visités, en 1894, par les professeurs de cette école, savoir : 1,238 pharmaciens, dont 992 à Pa 518 herboristes, dont 436 à Paris, et 8,454 épiciers, dont 5,867 à Paris.

Débits de boissons. — Il a été reçu, dans le courant de l'année 1894, 5,190 déclarations d'ou ture de débits.

Billards publics. — L'ordonnance de police du 7 juillet 1860 qui soumettait les billards pub à une autorisation préalable a été abrogée le 2 octobre 1893.

Marchands des quatre-saisons. — 6,000.

NOMBRE DES GARNIS COMPORTANT UNE OU PLUSIEURS CHAMBRÉES.

Il existe dans Paris 420 garnis comportant une ou plusieurs chambrées. (On appelle *chaml* une pièce destinée à loger plusieurs locataires qui n'ont ensemble aucun rapport de parenté.)

Ci-après un état de ces chambrées par arrondissement :

ARRONDISSEMENTS	NOMBRE DES GARNIS comprenant une ou plusieurs chambrées	NOMBRE DES CHAMBRÉES	NOMBRE DES LITS contenus dans les chambrées
1er arrondissement	12	31	136
2e —	5	12	46
3e —	8	15	69
4e —	113	304	1,094
5e —	76	226	1,096
6e —	34	85	385
7e —	4	13	37
8e —	2	4	54
9e —	2	4	16
10e —	10	22	120
11e —	24	50	178
12e —	6	13	89
13e —	7	8	38
14e —	2	4	30
15e —	34	77	344
16e —	5	10	182
17e —	22	74	413
18e —	17	52	406
19e —	25	84	264
20e —	12	24	369
Totaux	420	1,112	5,496

Beaucoup de ces chambrées sont de minime importance ; le nombre de celles comportant trois à dix lits est considérable.

A signaler particulièrement dans le 1er arrondissement, quartier des Halles, divers cabaret nuit ou restaurants à bas prix dans lesquels, pour une somme variant de 10 à 30 centimes, clients peuvent dormir quelques heures sur les bancs et les tables.

Ces établissements ne sont pas cotés comme garnis et ils n'existent qu'en vertu d'une tolér administrative.

Place-Vendôme....				
Gaillon				
Vivienne				
Mail				
Bonne-Nouvelle ...				
Arts-et-Métiers ...				
Enfants-Rouges				
Archives.....				
Sainte-Avoie.			53	1,352
Saint-Merri ..			180	4,231
Saint-Gervais.			336	4,301
Arsenal.			45	978
Notre-Dame..			64	790
Saint-Victor .			235	2,591
Jardin-des-Plan			128	1,808
Val-de-Grâce......	195	2,191	200	2,185
Sorbonne.	306	5,174	297	5,252
Monnaie	122	2,325	120	2,481
Odéon...........	116	1,960	125	2,026
N.-D.-des-Champs.	129	1,877	133	1,762
St-Germain-d.-Prés.	94	2,013	94	1,573
St-Thomas-d'Aquin	104	959	102	1,118
Invalides.	26	234	22	220
École-Militaire	66	794	64	639
Gros-Caillou.	152	1,576	149	1,841
Champs-Élysées ..	99	792	109	520
Faubourg-du-Roule	121	1,258	123	1,084
Madeleine.	169	1,526	172	1,779
Europe........	192	1,165	218	1,638
Saint-Georges. .	300	2,259	309	2,556
Chaussée-d'Anti	104	2,790	116	2,763
Fg-Montmartre.	203	2,646	208	2,829
Rochechouart ..	223	1,506	218	2,043
St-Vincent-de-Paul.	157	1,325	158	881
Porte-Saint-Denis.	164	2,637	161	2,376
Porte-Saint-Martin	176	3,078	190	3,148
Hôpital-Saint-Louis	91	2,579	90	3,240
A reporter....	5,330	80,884	5,389	79,519

	Roquette.........		
	Sainte-Marguerite .		
12e	Bel-Air...........		
	Picpus		
	Bercy.		
	Quinze-Vingts.....		
13e	Salpêtrière		
	Gare.............		
	Maison-Blanche....		
	Croulebarbe.		
14e	Montparnasse		
	Santé		
	Petit-Montrouge ...	[illegible]	[illegible]
	Plaisance.........	168	3,239
15e	Saint-Lambert	116	1,184
	Necker	200	2,932
	Grenelle..........	202	3,634
	Javel.....	78	798
16e	Auteuil...........	82	600
	Muette	80	759
	Porte-Dauphine ...	76	511
	Bassins...........	186	1,715
17e	Ternes	231	2,641
	Plaine-Monceau....	115	1,421
	Batignolles.	268	4,840
	Épinettes	169	3,070
18e	Grandes-Carrières .	206	3,607
	Clignancourt......	287	5,732
	Goutte-d'Or.	154	3,801
	La Chapelle	90	1,826
19e	La Villette.	228	5,003
	Pont-de-Flandre ..	54	1,261
	Amérique.	78	1,541
	Combat.	147	2,509
20e	Belleville	140	4,038
	Saint-Fargeau	16	478
	Père-Lachaise.....	120	2,774
	Charonne	166	2,564
	TOTAUX.......	10,563	171,919

État statistique par quartier des établissements dangereux, insalubres ou inc[ommodes]
existant à Paris au 31 décembre 1894 (1).

ARRONDISSEMENTS	QUARTIERS	ÉTABLISSEMENTS DE 1re CLASSE — NOMBRE	ÉTABLISSEMENTS DE 1re CLASSE — NATURE DES INDUSTRIES	ÉTABLISSEMENTS de 2e CLASSE	ÉTABLISSE[MENTS]
1er	1er St-Germain-l'Auxerrois..	»		1	
	2e Halles	»		8	
	3e Palais-Royal	»		»	
	4e Place-Vendôme	»		»	
2e	5e Gaillon	»		1	
	6e Vivienne	»	»	»	
	7e Mail	»	»	5	
	8e Bonne-Nouvelle	1	Fonte de graisses à feu nu.	6	
3e	9e Arts-et-Métiers	»	»	41	
	10e Enfants-Rouges	2	Fonte de graisses à feu nu (bouchers juifs).	27	
	11e Archives	»	»	23	
	12e Sainte-Avoie	»	»	33	
4e	13e Saint-Merri	»		12	
	14e Saint-Gervais	»		14	
	15e Arsenal	»		5	
	16e Notre-Dame	»		2	
5e	17e Saint-Victor	»		6	
	18e Jardin-des-Plantes	»		25	
	19e Val-de-Grâce	»		7	
	20e Sorbonne	»		8	
6e	21e Monnaie	»		2	
	22e Odéon	»		1	
	23e Notre-Dame-des-Champs	»		7	
	24e Saint-Germain-des-Prés	»		2	
7e	25e Saint-Thomas-d'Aquin	»		»	
	26e Invalides	»		1	
	27e École-Militaire	»		4	
	28e Gros-Caillou	»		6	
8e	29e Champs-Élysées	»		1	
	30e Faubourg-du-Roule	»		3	
	31e Madeleine	»		»	
	32e Europe	»		3	
9e	33e Saint-Georges	»		»	
	34e Chaussée-d'Antin	»		»	
	35e Faubourg-Montmartre	»		»	
	36e Rochechouart	»		8	
10e	37e Saint-Vincent-de-Paul	»		10	
	38e Porte-Saint-Denis	»		3	
	39e Porte-Saint-Martin	»		19	
	40e Hôpital-Saint-Louis	»		41	
11e	41e Folie-Méricourt	»		57	
	42e Saint-Ambroise	»		64	
	43e Roquette	»	»	51	
	44e Sainte-Marguerite	1	1e Fabrique de colle forte (antér. à 1810).	38	
	A reporter	4		540	1,

(1) Aux termes du décret du 15 octobre 1810, les établissements dangereux, insalubres ou incommodes [...]
trois classes :

« La première classe comprendra ceux qui doivent être éloignés des habitations particulières ; la second[e ...]
tures et ateliers dont l'éloignement des habitations n'est pas rigoureusement nécessaire, mais dont il import[e ...]
ne permettre la formation qu'après avoir acquis la certitude que les opérations qu'on y pratique sont exécut[ées ...]

État statistique par quartier des établissements dangereux, insalubres ou incommodes existant à Paris au 31 décembre 1894. (Suite et fin.)

MENTS	QUARTIERS	ÉTABLISSEMENTS DE 1re CLASSE — NOMBRE	ÉTABLISSEMENTS DE 1re CLASSE — NATURE DES INDUSTRIES	ÉTABLISSEMENTS de 2e CLASSE	ÉTABLISSEMENTS de 3e CLASSE	TOTAUX
	Report	4		540	1,125	1,669
2e	45e Bel-Air	»		10	18	28
	46e Picpus	»		29	54	83
	47e Bercy	»	»	5	9	14
	48e Quinze-Vingts	1	Fabrique de colle forte (antérieure à 1810).	21	68	90
3e	49e Salpêtrière	1	Fabrique de verres d'optique.	9	24	34
	50e Gare	»	»	27	63	90
	51e Maison-Blanche	2	1e Infirmerie de chiens; — 2e dégraissage des tissus par la benzine.	49	84	135
	52e Croulebarbe	»	»	28	47	75
4e	53e Montparnasse	»	»	11	29	40
	54e Santé	1	Fabrique de toiles cirées.	6	14	21
	55e Petit-Montrouge	1	Infirmerie de chiens.	9	32	42
	56e Plaisance	»	»	15	52	67
5e	57e Saint-Lambert	2	1e Fabrique de toiles cirées; — 2e abattoir municipal.	29	88	119
	58e Necker	1	Infirmerie de chiens.	18	61	80
	59e Grenelle	»	»	13	66	79
	60e Javel	6	1e, 2e, 3e, 4e et 5e Boyauderies; — 6e fabrique de produits chimiques.	25	58	89
6e	61e Auteuil	»		5	34	39
	62e Muette	»		9	33	42
	63e Porte-Dauphine	»		3	16	19
	64e Bassins	»		6	28	34
7e	65e Ternes	1	Infirmerie de chiens.	9	35	45
	66e Plaine-Monceau	»	»	4	16	20
	67e Batignolles	»	»	8	29	37
	68e Épinettes	1	Infirmerie de chiens.	11	45	57
8e	69e Grandes-Carrières	1	Infirmerie de chiens.	18	54	73
	70e Clignancourt	2	Infirmeries de chiens.	17	54	73
	71e Goutte-d'Or	»	»	14	30	44
	72e La Chapelle	2	1e Dépôt d'hydrocarbures; — 2e fabrique de sels ammoniacaux.	12	30	44
9e	73e La Villette	»	»	28	86	114
	74e Pont-de-Flandre	4	1e Dépotoir; — 2e distillation de goudron; — 3e et 4e échaudoirs dans les abattoirs de La Villette.	18	32	54
	75e Amérique	1	Fabrique de papier goudronné.	16	49	66
	76e Combat	»	»	17	40	57
0e	77e Belleville	»	»	15	44	59
	78e Saint-Fargeau	2	1e Fabrique de cuirs vernis; — 2e fabrique de verres d'optique.	20	16	38
	79e Père-Lachaise	»	»	37	52	89
	80e Charonne	»	»	46	64	110
	TOTAUX GÉNÉRAUX	33		1,157	2,679	3,869

OTA. — Les porcheries ont été rangées dans la 2e classe par le décret du 3 mai 1886.

73	20	32
64	49	32
187	37	48
78	56	52
148	34	56
124	14	22
82	19	34
28	25	9
118	24	36
356	58	88
649	42	201
208	22	74
353	12	595
146	42	85
416	68	198
126	31	46
244	16	137
285	15	206
563	72	336
342	32	157
4,590	688	2,444

ARRESTATIONS

COURS ET TRIBUNAUX

SERVICE D'IDENTIFICATION

RÉCOMPENSES AUX AGENTS DE LA POLICE MUNICIPALE

MAISONS DE NANTERRE ET DE VILLERS-COTTERETS

FOURRIÈRE DE LA RUE DE PONTOISE

TABLEAU A

NOMENCLATURE DES CRIMES ET DÉLITS	MOTIFS DES ARRESTATIONS: SEINE (mandats, jugements, réquisitoires)	DÉPARTEMENTS (mandats, jugements)	PRÉFECTURE DE POLICE (mandats)	FLAGRANTS DÉLITS	TOTAL	LIEUX où les ARRESTATIONS ont été opé[rées]: Banlieue	P
Contre l'ordre public.							
Offenses envers le Président de la République	»	»	»	27	27	1	
Propos et cris séditieux	»	1	»	223	224	22	
Atteinte à la liberté du travail. — Grèves	5	»	»	6	11	»	
Colportage d'imprimés	»	»	»	9	9	1	
Concussion et corruption de fonctionnaires	1	»	»	2	3	1	
Exercice illégal de la médecine	1	»	»	»	1	»	
Délits de chasse	41	32	»	21	94	14	
Usurpation de titres et fonctions	»	»	»	22	22	1	
Maisons de jeu clandestines. — Loteries	2	»	»	4	6	1	
Jeux de hasard	10	3	»	165	178	37	
Jeux aux courses	52	1	9	101	163	69	
Rébellion; outrages aux agents	543	36	»	3,422	4,001	372	3
Port d'armes prohibées	28	1	»	108	137	11	
Scandale, tapage, bris de clôture	25	9	»	162	196	26	
Ivresse	41	7	»	86	134	14	
Vagabondage — Arrêtés non intéressants	»	»	»	7,379	7,379	1,275	6
Vagabondage — Arrêtés intéressants	»	»	»	748	748	57	
Vagabondage — Constitués non intéressants	»	»	»	6,808	6,808	84	6
Vagabondage — Constitués intéressants	»	»	»	135	135	4	
Mendicité	40	36	»	5,063	5,139	370	4
Association de malfaiteurs	49	3	609	28	689	54	
Souteneurs	1	»	»	368	369	33	
Évasions de prison ou de colonies pénitentiaires	»	»	»	33	33	5	
Infraction à interdiction de séjour	»	»	»	290	290	40	
Id. et autres délits	»	»	»	443	443	49	
Id. autorisés arrêtés pour autres délits	»	»	»	11	11	»	
Infractions à expulsion	»	2	»	439	441	47	
Déserteurs et insoumis	»	»	»	37	37	4	
Contre les personnes.							
Parricides	»	»	»	1	1	»	
Assassinats	14	1	»	42	57	10	
Empoisonnements	2	»	»	1	3	»	
Meurtres	24	4	»	164	192	63	
Homicides involontaires	4	»	»	10	14	3	
Infanticides	8	3	»	6	17	1	
Avortements	4	»	»	14	18	4	
Abandons d'enfants	3	1	»	1	5	»	
Enlèvement d'enfants	1	»	»	»	1	»	
Attaques nocturnes	1	»	»	69	70	30	
Vol avec violences, la nuit sur la voie publique	1	»	»	85	86	18	
Voies de fait et blessures	259	31	»	848	1,138	212	
Menaces	4	4	»	158	166	27	
Diffamation	3	»	»	3	6	1	
Violation de domicile	»	»	»	12	12	2	
A reporter	1,167	173	618	27,554	29,514	2,982	26,

(1) Ces arrestations comprennent non seulement toutes celles qui ont été faites à Paris et dans les autres commun[es] sur lesquelles le Préfet de police exerce également son autorité en vertu de l'arrêté du 3 brumaire an IX.

et délits (1).

(ES		HOMMES			NATIONALITÉ		ARRÊTÉS POUR LA PREMIÈRE FOIS	RÉCIDIVISTES	PRÉVENUS NON TRADUITS DEVANT LA JUSTICE (voir tableau B)							TRADUITS devant LA JUSTICE	
									FEMMES			HOMMES					
	Majeures	Au-dessous de 16 ans	De 16 à 21 ans	Majeurs	ÉTRANGERS (voir tableau C)	FRANÇAIS (voir tableau D)			Au-dessous de 16 ans	De 16 à 21 ans	Majeures	Au-dessous de 16 ans	De 16 à 21 ans	Majeurs	TOTAL	PARQUETS des départements	PARQUET de la Seine
»	1	»	2	24	»	27	12			»	»	»	»	»	»	»	27
»	13	»	32	179	19	205	101			»	»	»	»	»	»	»	224
»	»	»	1	10	2	9	7			»	»	»	»	»	»	»	11
»	»	»	1	8	»	9	1			»	»	»	»	»	»	»	9
»	»	»	»	3	»	3	1			»	»	»	7	»	»	»	3
»	1	»	»	»	»	1	1			»	»	»	»	»	»	»	1
	»	3	15	76	3	91	35			»	»	»	»	»	»	4	90
	»	»	3	19	1	21	14			»	»	»	»	»	»	»	22
	»	»	»	6	»	6	1			»	»	»	»	»	»	»	6
	14	1	67	94	4	174	52			»	»	»	»	»	»	2	176
	9	1	26	127	8	155	59			»	»	»	»	»	»	»	163
	888	15	482	2,50.	198	3,803	4,617			3	18	1	3	27	52	2	3,947
	3	4	39	88	11	126	64			»	»	»	»	»	»	»	137
	25	6	41	118	16	180	113			»	»	»	»	»	»	2	194
	44	1	3	80	10	124	39			»	»	»	»	»	»	»	134
	809	390	,938	4,062	477	6,902	2,993			»	»	»	»	»	»	»	7,379
	183	150	61	273	52	696	572			34	83	30	61	273	48	»	»
	444	81	,821	4,413	181	6,627	4,672			»	»	»	»	»	»	»	6,808
	25	23	25	50	13	122	84			6	25	23	25	50	35	»	»
	,023	142	438	3,500	221	4,918	4,644			»	11	1	4	57	74	»	5,065
	20	3	68	596	121	568	418			»	»	»	»	»	»	»	689
	»	»	123	241	8	361	153			»	»	»	»	»	»	»	369
12	»	10	17	2	»	33	»			2	»	10	17	2	33	»	»
1	20	»	40	229	»	290	»			»	»	»	»	»	»	»	290
»	38	»	48	357	»	443	»			»	»	»	»	»	»	»	443
»	»	»	»	11	»	11	»			»	»	»	»	»	»	»	11
5	69	»	19	348	441	»	»			»	»	»	»	»	»	»	441
»	»	»	1	36	»	37	16			»	»	»	1	36	37	»	»
	»	»	»	1	»	1	»			»	»	»	»	»	»	»	1
	6	»	10	37	1	56	33			»	»	»	»	»	»	»	57
	1	»	»	1	»	3	3			»	»	»	»	»	»	»	3
	20	3	53	11	23	69	23			»	»	»	»	»	»	»	92
	1	»	»	13	»	14	6			»	»	»	»	»	»	»	14
	11	»	»	1	»	17	15			»	»	»	»	»	»	2	15
	10	»	1	5	»	18	13			»	»	»	»	»	»	»	18
	3	»	»	1	1	4	5			»	»	»	»	»	»	1	4
	1	»	»	»	»	1	1			»	»	»	»	»	»	»	1
	4	»	21	44	2	68	37			»	»	»	»	»	»	»	70
4	12	2	27	41	4	84	34			»	»	»	»	»	»	»	86
14	106	18	281	718	86	1,052	615			»	»	»	»	»	»	9	1,129
1	17	1	39	108	12	134	74			»	»	»	»	»	»	1	165
»	3	»	»	3	»	6	3			»	»	»	»	»	»	»	6
1	2	»	9	»	»	12	9			»	»	»	»	»	»	»	12
)	3,826	834	5,737	18,546	1,915	27,399	10,640			43	237	185	111	443	1,070	23	28,412

nt de la Seine, mais encore toutes les arrestations opérées dans les communes de Saint-Cloud, Meudon et Sèvres,

NOMENCLATURE DES CRIMES ET DÉLITS	SEINE (mandats, jugements, réquisitoires)	DÉPARTEMENTS (mandats, jugements)	PRÉFECTURE DE POLICE (mandats)	FLAGRANTS DÉLITS
Report	1,107	173	618	27,334
Contre les mœurs.				
Attentats à la pudeur. — Viols	11	4	»	135
Excitation de mineurs à la débauche	9	7	»	39
Outrages publics à la pudeur	23	9	»	447
Pédérastie	»	»	»	46
Outrages aux mœurs	2	»	»	22
Adultère	21	3	»	12
Bigamie	»	»	»	2
Contre les propriétés.				
Fabrication de faux billets de banque	»	»	»	2
Fausse monnaie — Fabrication	1	1	»	10
Fausse monnaie — Émission	»	»	»	31
Faux en écritures publiques et privées	22	13	»	34
Faux certificats et livrets	»	1	»	6
Extorsion de signature	14	2	»	12
Banqueroutes	32	23	»	2
Escroqueries	177	73	»	542
Fraudes (octroi, douanes)	11	»	»	88
Tromperie. — Faux poids	16	»	»	7
Filouteries	7	16	»	775
Abus de confiance	218	63	»	481
Vols avec effractions, escalades, fausses clés — le jour	33	8	»	901
Vols avec effractions, escalades, fausses clés — la nuit	»	»	»	88
Vols par salariés	14	2	»	567
— dans les églises	»	»	»	2
— dans les cimetières	»	»	»	11
— par recel	3	»	»	66
— dans les garnis	»	»	»	82
— dans les champs	4	4	»	428
— au poivrier	»	»	»	23
— à la roulotte	»	»	»	98
— au rendez-moi	»	»	»	22
— à l'américaine	»	»	»	12
— à la tire	»	»	»	492
— à l'étalage	»	3	»	1,392
Autres vols simples	568	94	»	3,107
Incendies volontaires	3	»	»	23
Destruction de récoltes	»	1	»	1
Mauvais traitements envers les animaux	»	»	»	7
Autres motifs d'arrestation.				
Frais de justice non acquittés	593	10	»	
Autres motifs	55	14	»	

s et délits (Suite et fin).

…XE ET AGE					NATIONALITÉ		ARRÊTÉS POUR LA PREMIÈRE FOIS	RÉCIDIVISTES	PRÉVENUS NON TRADUITS DEVANT LA JUSTICE (voir tableau B)							TRADUITS devant LA JUSTICE	
		HOMMES							FEMMES			HOMMES					
De 16 à 21 ans	Majeures	Au-dessous de 16 ans	De 16 à 21 ans	Majeurs	ÉTRANGERS (voir tableau C)	FRANÇAIS (voir tableau D)			Au-dessous de 16 ans	De 16 à 21 ans	Majeures	Au-dessous de 16 ans	De 16 à 21 ans	Majeurs	TOTAL	PARQUETS des départements	PARQUET de la Seine
[illegible]	3,826	834	5,757	18,540	1,915	27,509	640	874	56	45	237	185	111	445	1,079	23	28,412
1	8	5	22	114	9	141	104	49	»	»	»	»	»	»	»	2	148
12	27	1	6	17	2	53	44	11	»	»	»	»	»	»	»	4	51
	100	10	53	290	30	451	281	20[illegible]	»	»	»	»	»	»	»	»	481
	»	7	12	27	4	42	27	49	»	»	»	»	»	»	»	»	46
	3	»	4	15	»	24	7	17	»	»	»	»	»	»	»	»	24
	21	»	»	15	4	32	32	4	»	»	»	»	»	»	»	1	33
	1	»	»	1	»	2	1	1	»	»	»	»	»	»	»	»	2
	1	»	»	1	2	»	2	»	»	»	»	»	»	»	»	»	2
	1	»	3	8	3	9	9	3	»	»	»	»	»	»	»	1	11
	7	2	5	16	3	28	19	12	»	»	»	»	»	»	»	»	31
»	5	»	2	62	11	58	47	22	»	»	»	»	»	»	»	13	56
»	2	»	1	4	»	7	2	5	»	»	»	»	»	»	»	»	7
»	3	»	4	21	4	24	21	7	»	»	»	»	»	»	»	1	27
»	5	»	»	54	7	52	47	12	»	»	»	»	»	»	»	15	44
8	87	4	66	627	74	720	449	345	»	»	»	»	»	»	»	46	748
»	21	»	9	69	9	90	33	66	»	»	»	»	»	»	»	»	99
»	4	»	1	18	»	23	15	8	»	»	»	»	»	»	»	»	23
12	81	9	203	494	45	753	346	452	»	»	»	»	»	»	»	6	792
10	89	23	79	587	70	722	525	267	»	»	»	»	»	»	»	37	755
14	85	36	331	447	61	881	469	473	»	»	»	»	»	»	»	2	940
3	6	3	22	34	4	64	37	31	»	»	»	»	»	»	»	»	68
35	111	23	110	288	40	533	460	113	»	»	»	»	»	»	»	»	573
»	1	»	1	»	»	2	2	»	»	»	»	»	»	»	»	»	2
»	5	»	1	5	»	11	8	3	»	»	»	»	»	»	»	»	11
5	10	1	6	45	10	61	43	28	»	»	»	»	»	»	»	»	71
1	38	»	11	32	3	79	48	31	»	»	»	»	»	»	»	»	82
6	56	25	97	244	25	405	231	199	»	»	»	»	»	»	»	2	428
	1	1	7	12	1	22	9	14	»	»	»	»	»	»	»	»	23
	9	7	18	62	12	86	37	61	»	»	»	»	»	»	»	»	98
	6	»	1	10	2	20	10	12	»	»	»	»	»	»	»	»	22
	»	»	»	12	5	7	5	7	»	»	»	»	»	»	»	»	12
	66	52	183	169	43	449	239	253	»	»	»	»	»	»	»	»	492
77	389	109	445	362	105	,290	904	491	»	»	»	»	»	»	»	»	1,395
211	732	213	910	780	233	,634	,073	796	»	»	»	»	»	»	»	08	3,761
»	6	3	5	11	»	26	18	8	»	»	»	»	»	»	»	»	26
»	»	»	»	2	»	2	»	2	»	»	»	»	»	»	»	»	2
»	»	2	1	4	1	6	5	2	»	»	»	2	»	»	2	»	5
6	237	»	43	319	46	559	392	213	»	»	»	»	»	»	»	»	603
56	44	23	75	244	31	413	255	489	»	»	»	»	»	»	»	11	372
4	12	»	10	92	16	404	72	48	15	23	»	8	15	»	64	28	92
901	0,106	1,413	8,499	25,166	2,832	39,484	17,965	24,354	71	68	237	195	126	445	1,142	(1) 300	40,874

Tableau B. — *Mesures prises à l'égard des individus arrêtés et non traduits devant la justi[ce]*

			Relaxés ou rendus	Relaxés avec passeport	Rapatriés par réquisitions de transport	Transférés à Nanterre (Hospitalité)	Transférés dans les hôpitaux	Transférés à Sainte-Anne	Remis à l'autorité militaire	Correction paternelle	Placés à l'Assistance publique (Moralement abandonnés)	Placés à l'Assistance publique (Réintégrés)	Confiés aux patronages	Réintégrés aux colonies pénitentiaires	Enfants égarés	Décédés	TOTAUX
Femmes....	Mineures ...	Au-dessous de 16 ans.	25	»	1	»	»	»	»	15	20	»	2	2	6	»	[illegible]
		De 16 à 21 ans	32	»	2	2	»	»	»	25	»	1	4	2	»	»	[illegible]
	Majeures.........................		79	2	7	103	14	14	»	»	»	»	11	»	7	»	[illegible]
Hommes ...	Mineurs.....	Au-dessous de 16 ans.	68	1	9	»	»	»	»	8	78	6	9	10	6	»	[illegible]
		De 16 à 21 ans......	39	14	2	1	»	1	1	15	»	16	19	17	1	»	[illegible]
	Majeurs..........................		60	33	6	220	16	32	36	»	»	»	20	2	9	1	[illegible]
		Totaux.....	312	50	27	326	30	47	37	63	98	23	65	33	29	2	1,4[illegible]

ÉTRANGERS.

Tableau C. — *Étrangers arrêtés.*

LIEUX D'ORIGINE	ARRÊTÉS pour CRIMES ET DÉLITS	EXPULSÉS — Arrêtés pour crimes et délits et infractions à expulsion	EXPULSÉS — Tolérés	TOTAL
Allemagne	405	71	1	477
Angleterre	75	5	»	80
Autriche	54	21	»	75
Belgique	972	160	2	1,134
États balkaniques....	10	1	»	11
Danemarck	2	»	»	2
Espagne	46	10	»	56
Grèce..............	6	»	»	6
Hollande..........	29	6	»	35
Italie	209	54	»	263
Luxembourg........	138	41	»	179
Portugal..........	2	»	»	2
Russie..............	108	17	»	125
Suède et Norvège	5	»	»	5
Suisse	233	53	»	286
Turquie............	27	»	»	27
Afrique, Égypte	10	»	»	10
Amérique, Brésil.....	49	2	»	51
Asie, Chine, Japon...	4	»	»	4
Océanie, Australie ...	4	»	»	4
Totaux.....	2,388	441	3	2,832

Tableau C bis. — *Mesures prises à l'égard [des] étrangers remis à la disposition de l'Ad[mi]nistration.*

LIEUX D'ORIGINE	RELAXÉS OU RENDUS AUX PARENTS	TRANSFÉRÉS À LA FRONTIÈRE	ENVOYÉS AUX CONSULATS	ENVOYÉS AUX PATRONAGES	PLACÉS À NANTERRE OU À SAINTE-ANNE	TOTAUX
Allemagne	195	165	»	20	[illegible]	[illegible]
Angleterre	32	16	»	9	[illegible]	[illegible]
Autriche.........	16	34	»	13	[illegible]	[illegible]
Belgique.........	589	317	»	15	[illegible]	[illegible]
États balkaniques.	3	7	»	1	[illegible]	[illegible]
Danemarck	1	1	»	»	[illegible]	[illegible]
Espagne.........	17	17	1	»	[illegible]	[illegible]
Grèce	»	»	»	1	[illegible]	[illegible]
Hollande	13	10	»	3	[illegible]	[illegible]
Italie............	123	107	6	3	[illegible]	[illegible]
Luxembourg	55	74	»	1	[illegible]	[illegible]
Portugal.........	1	1	»	»	[illegible]	[illegible]
Russie	43	28	1	10	[illegible]	[illegible]
Suède et Norvège.	»	1	»	»	[illegible]	[illegible]
Suisse...........	99	102	25	7	[illegible]	[illegible]
Turquie	2	1	»	12	[illegible]	[illegible]
Afrique, Égypte..	2	1	»	»	[illegible]	[illegible]
Amérique, Brésil .	29	5	»	3	[illegible]	[illegible]
Asie, Chine, Japon.	3	»	»	»	[illegible]	[illegible]
Océanie, Australie.	1	»	»	»	[illegible]	[illegible]
Totaux.....	1,224	887	33	107	[illegible]	[illegible]

Tableau C *ter*. — *Arrêtés d'expulsion pris contre les étrangers pendant l'année 1894.*

LIEUX D'ORIGINE	NOMBRE des EXPULSÉS	NATURE DES DÉLITS AYANT PROVOQUÉ L'EXPULSION	SEXE ET AGE DES EXPULSÉS — FEMMES — Mineures	FEMMES — Majeures	HOMMES — Mineurs	HOMMES — Majeurs	TOTAL
Allemagne	114	Délits de chasse	»	»	»	1	1
Angleterre	12	Jeux de hasard	»	»	»	2	2
Autriche	24	Infractions à la loi sur les courses	»	»	»	2	2
Belgique	184	Rebellion	3	5	5	34	47
Etats balkaniques	7	Scandale, bris de clôture	»	1	»	3	4
Danemarck	1	Vagabondage	1	10	25	128	164
Espagne	15	Mendicité	»	8	3	36	47
Grèce	»	Souteneurs	»	»	»	2	2
Hollande	6	Meurtre	»	»	»	3	3
Italie	76	Infanticide	1	»	»	»	1
Luxembourg	49	Coups	»	3	4	31	38
Portugal	»	Attentats à la pudeur	»	»	»	2	2
Russie	21	Excitation de mineures à la débauche	»	1	»	»	1
Suède et Norvége	2	Outrage à la pudeur	»	»	1	12	13
Suisse	70	Menaces	»	»	»	2	2
Turquie	1	Banqueroute	»	»	»	1	1
Afrique, Egypte	1	Filouterie	»	»	2	7	9
Amérique, Brésil	3	Escroquerie	»	»	1	15	16
Asie, Chine, Japon	»	Abus de confiance	»	5	2	24	31
Océanie, Australie	»	Tromperie	»	»	»	1	1
		Vols dans les champs	»	»	»	1	1
		Vols à l'étalage	»	1	»	»	1
		Vols	10	50	29	108	197
Total	586	Totaux	15	84	72	413	586

Tableau D. — *Nationalité.*

1° Français.	
Ain	97
Aisne	834
Allier	265
Alpes (Basses-)	11
Alpes (Hautes-)	10
Alpes-Maritimes	34
Ardèche	71
Ardennes	392
Ariège	28
Aube	263
Aude	31
Aveyron	232
Belfort (territ. de)	30
Bouch.-d.-Rhone	92
Calvados	428
Cantal	298
Charente	87
Charente-Infér^re	96
Cher	303
Corrèze	225
Corse	45
Côte-d'Or	328
Côtes-du-Nord	589
Creuse	517
A reporter	5,296

Report	5,296
Dordogne	96
Doubs	245
Drome	84
Eure	368
Eure-et-Loir	345
Finistère	448
Gard	49
Garonne (Haute-)	112
Gers	49
Gironde	176
Hérault	71
Ille-et-Vilaine	432
Indre	292
Indre-et-Loire	191
Isère	404
Jura	194
Landes	38
Loir-et-Cher	230
Loire	157
Loire (Haute-)	93
Loire-Inferieure	311
Loiret	393
Lot	99
Lot-et-Garonne	45
Lozère	62
A reporter	9,979

Report	9,979
Maine-et-Loire	204
Manche	388
Marne	523
Marne (Haute-)	208
Mayenne	327
Meurt.-et-Moselle	821
Meuse	388
Morbihan	349
Nièvre	527
Nord	1,035
Oise	618
Orne	426
Pas-de-Calais	472
Puy-de-Dome	285
Pyrenées (Basses-)	76
Pyrénées (Haut^es-)	50
Pyrénées-Orient.	23
Rhone	437
Saône (Haute-)	347
Saône-et-Loire	316
Sarthe	367
Savoie	214
Savoie (Haute-)	179
Seine	14,003
Seine-et-Marne	716
A reporter	33,322

Report	33,322
Seine-et-Oise	1,402
Seine-Inférieure	1,289
Sèvres (Deux-)	63
Somme	683
Tarn	34
Tarn-et-Garonne	24
Var	30
Vaucluse	28
Vendée	65
Vienne	123
Vienne (Haute-)	305
Vosges	307
Yonne	446
Alsace-Lorraine	1,162
Colonies :	
Afrique, Algérie, Sénegal	60
Amérique, Guadeloupe, etc.	14
Asie, Tonkin, Cochinchine	1
Océanie, Nouvelle-Calédonie	2
Français nés à l'étranger	37
Total des Français	39,484

2° Étrangers	
Allemagne	477
Angleterre	80
Autriche	75
Belgique	1,434
Etats balkaniques	11
Danemarck	2
Espagne	56
Grèce	6
Hollande	35
Italie	263
Luxembourg	179
Portugal	2
Russie	125
Suède et Norvége	5
Suisse	286
Turquie	27
Afrique, Egypte	10
Amerique, Bresil	51
Asie, Chine, Japon	4
Océanie, Australie	4
Total des étrangers	2,832
Total des Français	39,484
Total général	42,316

Tableau E. — *Professions.*

Professions	Nombre
Agents d'affaires	86
Architectes	44
Armuriers	26
Avocats, avoués	3
Bijoutiers, horlogers, orfèvres, lapidaires	391
Blanchisseurs	586
Bonnetiers, passementiers	238
Bouchers, charcutiers, tripiers	874
Boulangers	421
Bourreliers, selliers	176
Brasseurs	20
Brocanteurs, ferrailleurs	41
Brunisseurs	270
Cartonniers	144
Chapeliers	107
Charbonniers	92
Charpentiers, menuisiers, emballeurs	1,045
Charretiers, voituriers	958
Charrons	97
Chaudronniers	296
Chiffonniers	314
Clercs	53
Cochers	535
Coiffeurs, parfumeurs	180
Concierges	28
Confiseurs, pâtissiers	187
Cordiers	33
A reporter	7,244
Report	7,244
Cordonniers	964
Corroyeurs, tanneurs	177
Courtiers divers	302
Couteliers, taillandiers	53
Couturières, lingères, modistes, etc	1,118
Couvreurs, plombiers	672
Cuisiniers	784
Distillateurs	26
Domestiques	1,568
Doreurs	124
Dramatiques et lyriques (artistes)	55
Ébénistes, tapissiers	548
Ecclésiastiques, religieuses	8
Employés, commis, comptables, etc	1,606
Employés d'administrat^ons publiques	27
Entrepreneurs divers	24
Épiciers, fruitiers	338
Estampeurs, graveurs	194
Étudiants	53
Facteurs des postes	2
Facteurs d'instruments de musique	9
Ferblantiers	170
Fileurs, tisseurs	148
Filles publiques	933
A reporter	17,401
Report	17,401
Fleuristes, plumassiers	233
Fondeurs	187
Forts et porteurs aux Halles	126
Fumistes	372
Gainiers	32
Gantiers	25
Herboristes, pharmaciens	18
Hommes de lettres	75
Imprimeurs, typographes	1,034
Imprimeurs sur papiers peints	22
Ingénieurs	18
Instituteurs	57
Jardiniers, cultivateurs	596
Journaliers	9,261
Libraires, papetiers, relieurs	316
Limonadiers et marchands de vin (garçons)	1,378
Logeurs	23
Maçons, briquetiers, carriers, marbriers	1,554
Maquignons, palefreniers	622
Marchands ambulants	1,428
Id. divers	332
Maréchaux-ferrants	95
Marins et militaires	41
Mariniers	111
A reporter	35,157
Report	35,157
Matelassiers	68
Mécaniciens, serruriers	2,0[illegible]
Médecins, chirurgiens	7
Mineurs	[illegible]
Miroitiers, verriers	212
Musiciens ambulants	134
Id. artistes	27
Négociants	52
Notaires, huissiers	6
Opticiens	22
Paveurs, terrassiers	543
Peintres	78[illegible]
Photographes	66
Porcelainiers, faïenciers, potiers	74
Propriétaires, rentiers	65
Raffineurs	31
Rempailleurs	75
Sages-femmes	7
Saltimbanques	85
Sculpteurs divers	155
Tailleurs	486
Teinturiers	615
Tonneliers	196
Tourneurs	387
Vanniers	86
Vernisseurs	39
Vétérinaires	6
Autres professions	1,[illegible]
Total	62,3[illegible]

Tableau F. — *Mesures prises à l'égard des individus remis, après traduction devant la justice, à la disposition de l'Administration.*

		Relaxés ou rendus	Relaxés avec passeport	Rapatriés par réquisitions de transport	Transférés à Nanterre (Hospitalité)	Transférés dans les hôpitaux	Transférés à Sainte-Anne	Correction paternelle	Remis à l'autorité militaire	Assistance publique (Moralement abandonnés)	Assistance publique (Réintégrés)	Confiés aux patronages	Engagements militaires	Parquets des départements	Mendiants libérés : Relaxés	Mendiants libérés : Hosp. à Nanterre (art. 274 C. P.)	Interdits de séjour : Relaxés avec passeport	Interdits de séjour : Autorisés à résider à Paris	Étrangers (Voir tableau C bis)	TOTAL
Femmes. Mineures	Au-dessous de 16 ans.	2	1	»	»	»	»	»	»	1	»	»	»	»	»	»	»	»	»	[illegible]
	De 16 à 21 ans	29	1	»	3	»	»	»	»	»	»	1	»	»	»	»	»	»	81	[illegible]
	Majeures	237	1	1	259	16	20	»	»	»	»	3	»	1	»	388	41	[illegible]	[illegible]	[illegible]
Hommes. Mineurs	Au-dessous de 16 ans.	53	»	14	»	»	1	3	»	45	5	8	»	»	»	»	»	[illegible]	[illegible]	[illegible]
	De 16 à 21 ans	202	145	12	76	»	3	1	»	»	20	139	97	4	»	216	91	[illegible]	376	[illegible]
	Majeurs	683	381	3	1,051	31	49	»	12	»	»	375	41	15	»	1,577	584	[illegible]	[illegible]	[illegible]
Totaux		1,206	529	30	1,389	47	73	4	12	46	25	526	138	20	»	2,181	716	17[illegible]	[illegible]	[illegible]

TABLEAU G. — *Individus qui se sont présentés librement au 2e Bureau. Mesures prises à leur égard.*

SEXE ET AGE		PLACÉS A NANTERRE	PLACÉS à VILLERS-COTTERETS	PASSEPORTS avec SECOURS DE ROUTE
mmes	Au-dessous de 16 ans	»	»	»
	De 16 à 21 ans	3	»	»
	Majeures	345	55	»
mmes	Au-dessous de 16 ans	»	»	»
	De 16 à 21 ans	403	»	20
	Majeurs	1,630	83	134
	Totaux	2,381	138	154

Résumé.

NATURE des MES ET DÉLITS	LIEUX D'ARRESTATION: Paris	LIEUX D'ARRESTATION: Banlieue	SEXE ET AGE — FEMMES: Au-dessous de 16 ans	FEMMES: De 16 à 21 ans	FEMMES: Majeures	HOMMES: Au-dessous de 16 ans	HOMMES: De 16 à 21 ans	HOMMES: Majeurs	NATIONALITÉ: Français	NATIONALITÉ: Étrangers	INDIVIDUS TRADUITS EN JUSTICE	INDIVIDUS NON TRADUITS	TOTAL
tre l'ordre pu-ic	23,116	2,612	130	361	3,629	830	5,316	17,462	25,942	1,786	26,649	1,079	27,728
tre les person-s	1,415	371	1	39	197	24	432	1,093	1,657	129	1,786	»	1,786
re les mœurs	668	126	12	21	160	23	99	479	745	49	794	»	794
tre les proprié-s	9,342	1,497	64	434	1,827	513	2,324	5,477	10,064	775	10.837	2	10,839
s de justice non quittés	604	1	»	6	237	»	43	319	559	46	605	»	605
res motifs	548	16	24	40	56	23	85	336	517	47	503	61	564
TOTAL	37,693	4,623	231	901	6,106	1,413	8,499	25,166	39,484	2,832	41,174	1,142	42,316
	42,316		42,316						42,316		42,316		

NOTES EXPLICATIVES CONCERNANT LES ARRESTATIONS.

Le tableau A donne un aperçu général des circonstances dans lesquelles les arrestatio opérées dans le ressort de la préfecture de Police.

Il est complété par le tableau explicatif B.

Le tableau B énonce les mesures administratives prises à l'égard des individus (me vagabonds) qui, en raison de leur âge, leur situation, leur état de santé, etc... n'ont p à la disposition du Parquet.

Les tableaux C, C *bis* et C *ter* sont consacrés aux étrangers.

Dans le tableau C figurent les arrestations par nationalité. Le tableau C *bis* fait con mesures prises à l'égard des étrangers qui ont été remis à la disposition de l'Administra avoir été déférés à la justice. (Voir, pour la classification, par sexe et par âge, le tablea

Remarque. — Le nombre des étrangers remis à la disposition de la préfecture de Poli rieur, pour diverses raisons, à celui des étrangers arrêtés.

En effet, sur ce tableau, dressé au 31 décembre, ne figurent pas les étrangers non en ou qui subissent leur peine. Parmi ceux-ci, un certain nombre ont été transférés en ma trales; d'autres, incarcérés pour adultère ou frais de justice non payés, sortent direct prisons ; d'autres encore, ayant pris la qualité d'étrangers, lors de leur arrestation, ont nus Français, etc...

Dans le tableau C *ter* se trouve le nombre des arrêtés d'expulsion pris pendant l' tableau, dressé par nationalité, comprend, par âge et par sexe, la nomenclature des délits qui ont motivé l'expulsion.

Le tableau F concerne les individus qui ont été remis à la disposition de la préfecture après avoir été déférés au Parquet. Il se subdivise en deux catégories.

La première comprend les individus ayant bénéficié d'ordonnances de non-lieu, et pou l'Administration a pris des mesures de placement ou de rapatriement.

La deuxième se compose des mendiants libérés (art. 274 du Code pénal), des condamn frappés d'interdiction de séjour (loi du 27 mai 1885), et des étrangers susceptibles d'ê sous le coup de la loi du 3 décembre 1849. (Voir pour ces derniers les tableaux C *bis* et C

Le tableau G indique les mesures d'hospitalisation ou de rapatriement prises à l'égard vidus qui se sont présentés librement au 2e bureau.

Cour d'assises de la Seine. — *Nombre des accusations et des accusés.*

ANNÉES	Nombre des jours de session	Crimes contre les personnes: Nombre des accusations	Nombre des accusés	Nombre des acquittés	des condamnés à des peines afflictives et infamantes	des condamnés à des peines correctionnelles	Crimes contre les propriétés: Nombre des accusations	Nombre des accusés	Nombre des acquittés	des condamnés à des peines afflictives et infamantes	des condamnés à des peines correctionnelles	Nombre total: des accusations	des accusés	des acquittés	des condamnés à des peines afflictives et infamantes	des condamnés à des peines correctionnelles
1885	353	154	187	70	56	61	220	397	104	154	139	374	584	174	210	200
1886	350	163	181	64	50	67	196	339	93	138	108	359	520	157	188	175
1887	304	153	171	62	46	63	159	274	69	103	102	314	445	131	149	165
1888	353	160	179	65	54	60	160	289	88	119	82	320	468	153	173	142
1889	331	136	161	52	48	61	188	365	86	168	111	324	526	138	216	172
1890	335	129	144	55	47	42	172	329	93	123	113	301	473	148	170	155
1891	356	166	243	111	74	58	171	401	100	159	142	337	644	211	232	201
1892	355	142	189	63	64	62	181	350	83	158	109	323	539	146	222	171
1893	346	153	173	65	59	49	194	418	116	160	142	347	591	181	219	191
1894	358	153	173	57	57	59	224	421	117	162	142	377	594	174	219	201

Cour d'assises de la Seine. — *Sexe, âge, état civil, origine et degré d'instruction des accusés.*

ANNÉES	Nombre total des accusés	Nombre des hommes	Nombre des femmes	Âgés de moins de 16 ans	16 à 21 ans	21 à 25 ans	25 à 30 ans	30 à 40 ans	40 à 50 ans	50 à 60 ans	60 ans et au-dessus	Célibataires	Mariés ayant des enfants	Mariés sans enfants	Veufs ayant des enfants	Veufs sans enfants	D'origine française	D'origine étrangère	complètement illettrés	sachant lire et écrire	ayant reçu une instruction supérieure
1885	584	516	68	2	125	123	103	132	62	24	13	431	97	30	16	1	509	75	27	521	36
1886	520	455	65	1	65	94	102	123	84	34	17	319	123	59	11	8	434	86	25	444	51
1887	445	378	67	5	58	68	79	122	70	32	11	259	104	58	16	8	381	64	19	375	51
1888	468	399	69	2	42	80	92	142	66	26	18	304	101	45	12	6	400	68	15	381	72
1889	526	451	75	3	77	82	107	138	76	28	15	348	97	58	12	11	462	64	21	442	63
1890	473	425	48	»	76	82	89	122	62	33	9	319	90	43	18	3	421	52	44	363	66
1891	644	525	119	»	101	96	141	171	84	40	11	403	134	75	26	9	571	73	18	560	66
1892	539	462	77	1	101	99	140	138	56	20	14	348	99	66	17	9	482	57	16	456	67
1893	591	534	57	»	120	85	92	148	77	55	14	364	138	55	21	13	506	85	14	544	33
1894	594	508	86	2	77	108	140	148	89	41	19	364	151	39	30	10	522	72	20	558	16

COUR D'ASSISES DE LA SEINE. — *Résultats comparés de l'instruction écrite et de l'instruction orale. — Nombre des accusés condamnés. — Nature des peines prononcées.*

ANNÉES	NOMBRE TOTAL des accusations	NOMBRE DES ACCUSATIONS — Admises entièrement — à l'égard du seul accusé ou de tous les accusés	Admises entièrement — à l'égard de l'un ou de plusieurs des accusés	Admises avec des modifications — qui laissent au fait le caractère de crime	Admises avec des modifications — qui donnent au fait le caractère de délit	Rejetées entièrement	NOMBRE DES ACCUSÉS à l'égard desquels le jury a déclaré qu'il existait des circonstances atténuantes et dont la Cour a par suite réduit la peine — D'un degré — quand elle pouvait l'abaisser de deux	D'un degré — quand elle ne pouvait l'abaisser davantage	De deux degrés	PEINES AFFLICTIVES ET INFAMANTES — Peine de mort	Travaux forcés — à perpétuité	Travaux forcés — à temps	Réclusion	Dégradation civique	PEINES CORRECTIONNELLES — Emprisonnement — de plus d'un an	Emprisonnement — d'un an et moins — amende	Détention correctionnelle (art. 66 du Code pénal)	TOTAL
1885	374	202	37	18	23	94	47	54	127	8	12	129	61	»	176	24	»	410
1886	350	195	23	22	18	101	47	76	102	5	15	96	72	»	152	23	»	363
1887	314	157	23	21	28	83	27	69	73	5	11	80	53	»	118	47	»	314
1888	320	155	28	27	13	95	59	57	94	5	13	80	75	»	117	23	»	313
1889	324	172	26	20	31	75	43	50	120	6	28	108	74	»	137	33	2	388
1890	301	142	35	24	15	85	44	52	116	6	8	95	61	»	136	19	»	325
1891	337	164	40	28	19	86	46	76	131	5	16	128	82	1	157	44	»	433
1892	323	149	41	40	28	65	67	69	78	5	19	121	77	»	132	38	1	393
1893	347	180	38	20	21	88	68	67	120	4	16	131	68	»	155	36	»	410
1894	377	222	37	18	18	82	63	80	113	6	19	117	77	»	167	31	3	420

TRIBUNAL CIVIL DE PREMIÈRE INSTANCE DE LA SEINE. — *Nombre et résultat des demandes en divorce et en séparation de corps.*

ANNÉES	NOMBRE TOTAL des demandes	DEMANDES EN — Divorce — non précédé de séparation de corps	Divorce — par conversion de séparation de corps	Séparation de corps	RÉSULTAT DES DEMANDES — Demandes en divorce — non précédé de séparation de corps — accueillies	rejetées	suivies de transaction, etc.	par conversion de séparation de corps — accueillies	rejetées	suivies de transaction, etc.	Demandes en séparation de corps — accueillies	rejetées	suivies de transaction, etc.	Nombre total des demandes — accueillies	rejetées	suivies de transaction, etc.
1885	1,521	299	878	344	256	24	19	853	24	1	302	24	18	1,441	72	38
1886	1,664	783	532	349	698	48	37	508	24	»	317	21	11	1,323	93	48
1887	2,918	2,161	472	285	1,985	121	55	456	16	»	249	30	6	2,690	167	61
1888	2,404	1,796	402	206	1,672	81	43	379	28	»	191	11	4	2,342	115	47
1889	2,659	2,170	288	201	2,046	73	51	277	11	»	173	25	3	2,496	109	54
1890	2,780	2,348	233	199	2,172	131	45	224	8	1	183	13	3	2,579	152	49
1891	2,418	2,045	192	181	1,858	161	36	188	4	»	168	11	2	2,214	176	28
1892	2,641	2,288	144	172	2,146	180	32	196	5	»	140	29	3	2,392	214	35
1893	2,326	2,079	105	142	1,848	203	28	162	3	»	117	23	2	2,067	229	30
1894	3,119	2,809	106	204	2,419	184	37	600	6	»	184	17	2	2,908	177	40

 TRIBUNAL CIVIL DE PREMIÈRE INSTANCE DE LA SEINE. — *État des procédures d'ordre et de contribution dont le Tribunal a eu à s'occuper. — Résultat des procédures.*

ANNÉES	ORDRES							CONTRIBUTIONS						
	A RÉGLER, OUVERTS		TERMINÉS DANS L'ANNÉE			RESTANT à terminer le 31 décembre	A RÉGLER, qui étaient ouverts depuis plus de quatre mois	A RÉGLER, OUVERTES		TERMINÉES DANS L'ANNÉE		RESTANT à terminer le 31 décembre	A RÉGLER, qui étaient ouvertes depuis plus de quatre mois
	avant le 1er janvier de l'année du compte	pendant l'année	par règlement définitif	par règlement amiable du juge-commissaire	de toute autre manière			avant le 1er janvier de l'année du compte	pendant l'année	par règlement définitif	de toute autre manière		
1885.....	484	451	80	137	134	584	413	492	302	258	47	519	418
1886.....	591	585	119	205	143	709	520	526	336	287	33	542	448
1887.....	710	539	196	207	136	710	540	550	382	295	18	619	500
1888.....	714	640	160	237	177	780	556	622	429	344	56	651	536
1889.....	780	622	194	247	168	793	585	651	366	335	43	639	524
1890.....	793	550	270	244	153	676	509	639	464	382	49	672	539
1891.....	676	574	262	197	138	633	467	672	440	434	45	633	433
1892.....	653	574	270	190	133	634	448	633	441	466	46	562	392
1893.....	634	548	264	182	142	594	406	562	422	394	55	535	353
1894.....	594	480	266	174	132	502	282	535	344	480	70	529	338

Composition du Tribunal.

ANNÉES	NOMBRE											
	DES CHAMBRES du Tribunal	des PRÉSIDENTS ET JUGES	des JUGES suppléants	des SUBSTITUTS	des AUDIENCES par semaine	DES HEURES de chaque audience	DES AVOCATS inscrits au tableau	des AVOCATS stagiaires	des OFFICES d'avoué	des OFFICES d'huissier	des NOTAIRES en exercice	des ACTES notariés
1885...............	11	76	20	28	66	4	832	1,043	150	150	144	169 773
1886...............	11	76	20	28	66	4	832	1,024	150	150	144	170,631
1887...............	11	76	20	28	66	4	818	1,027	150	150	144	169,236
1888...............	11	76	20	28	66	4	866	1,080	150	150	144	168,708
1889...............	11	76	20	28	66	4	893	1,072	150	158	144	168,250
1890...............	11	76	20	28	66	4	947	1,000	150	158	144	181,885
1891...............	11	76	20	28	66	4	992	949	150	158	144	180,043
1892...............	11	76	20	28	66	4	1,011	929	150	158	144	180,800
1893...............	11	76	20	28	66	4	1,009	916	150	158	144	176,816
1894...............	11	76	20	28	66	4	1,009	916	150	158	144	176,579

ANNÉES	Affaires du rôle général — Classées d'après leur date — anciennes affaires — qui restaient à juger de l'année précédente	anciennes affaires — réinscrites au rôle pendant l'année après avoir été rayées antérieurement comme terminées	anciennes affaires — revenant à l'audience sur opposition formée contre des jugements par défaut rendus avant le 1er janvier	nouvelles affaires qui ont été inscrites pour la première fois pendant l'année	Nombre total des affaires du rôle à juger	Terminées pendant l'année — par des jugements contradictoires — en premier ressort	par des jugements contradictoires — en dernier ressort	par des jugements par défaut non frappés d'opposition — en premier ressort	par des jugements par défaut non frappés d'opposition — en dernier ressort	par radiation après transaction, désistement, etc. — ayant donné lieu à des avant-faire-droit	par radiation… — sans avant-faire-droit	Total des affaires du rôle général terminées	Restant à juger au 31 décembre — dans lesquelles sont intervenus des avant-faire-droit	Restant à juger — sans avoir donné lieu à des avant-faire-droit	non terminées à la fin de l'année et qui avaient plus de trois mois d'inscription	Affaires non inscrites sur le rôle général et jugées dans l'année	Avant-faire-droit prononcés dans l'année	Ordonnances rendues par le président du tribunal	Ventes judiciaires d'immeubles faites — à la barre du Tribunal	Ventes… — devant notaire
1885..	13,653	»	323	18,011	31,987	4,985	1,748	2,215	2,423	7,109	»	18,480	13,507	»	8,706	5,518	2,340	45,908	1,228	1
1886..	13,507	»	350	18,457	32,323	5,560	2,139	2,574	2,818	551	4,963	18,605	4,494	9,224	8,766	6,215	2,198	49,717	1,220	5
1887..	13,718	»	372	18,888	32,978	4,927	1,669	4,408	2,679	542	4,970	19,195	4,501	9,282	8,802	4,548	2,312	49,184	2,571	10
1888..	13,783	»	331	17,198	31,312	4,781	1,382	3,736	2,410	531	3,962	16,802	4,610	9,900	9,407	4,618	1,819	49,771	1,302	7
1889..	14,510	»	311	16,370	31,191	4,488	1,457	4,035	2,360	704	4,952	17,695	4,107	9,389	8,776	4,563	2,163	51,565	1,315	4
1890..	13,496	»	323	16,386	30,205	4,381	1,203	4,252	2,045	610	4,681	17,472	3,960	9,083	8,347	4,614	2,376	50,[illegible]	1,170	4
1891..	13,088	»	311	16,173	29,547	4,896	1,253	3,784	1,725	474	3,605	15,827	4,275	9,815	14,641	4,696	2,216	51,487	1,229	3
1892..	14,090	»	321	16,166	30,577	5,685	1,703	3,992	1,821	501	3,667	17,369	3,820	9,388	11,148	4,598	2,575	52,250	1,164	2
1893..	13,208	»	308	16,984	30,394	6,304	2,482	2,691	2,073	729	5,276	20,495	2,852	7,047	6,674	4,754	3,064	54,787	1,092	5
1894..	9,899	»	378	18,384	28,661	6,180	2,700	4,528	2,114	805	5,248	21,579	1,941	5,440	4,108	4,809	3,000	54,900	1,184	7

 TRIBUNAL CIVIL DE PREMIÈRE INSTANCE DE LA SEINE.— *Assistance judiciaire.— Nombre et résultat des demandes.*
— *Affaires admises au bénéfice de l'assistance et jugées par le Tribunal. — Leur résultat.*

ANNÉES	NOMBRE TOTAL des DEMANDES FORMÉES	DEMANDES			AFFAIRES ADMISES À L'ASSISTANCE ET JUGÉES dans lesquelles l'assisté	
		ADMISES	REJETÉES	AYANT ÉTÉ L'OBJET d'autres solutions	a eu gain de cause	a perdu son procès
1885	10,632	4,142	3,214	3,276	1,683	171
1886	11,465	4,433	3,155	3,877	1,823	183
1887	11,241	4,637	2,507	4,077	3,015	311
1888	12,404	4,770	3,169	4,465	2,690	403
1889	12,832	4,660	3,852	4,320	3,039	273
1890	13,025	5,000	3,856	4,169	3,057	337
1891	13,827	5,223	4,107	4,497	2,727	352
1892	14,061	5,058	4,182	4,821	3,011	472
1893	14,570	5,755	4,619	4,196	2,854	475
1894	14,581	5,742	4,055	4,784	3,796	407

Ventes judiciaires d'immeubles.

ANNÉES	NATURE DES VENTES									NOMBRE TOTAL
	SAISIE-IMMOBILIÈRE	SURENCHÈRE sur aliénation volontaire	BIENS de mineurs et d'interdits	LICITATIONS entre majeurs seulement ou entre majeurs et mineurs	BIENS de succession bénéficiaire	BIENS de succession vacante	IMMEUBLES dotaux	BIENS de faillis	AUTRES	
1885	159	3	16	779	14	21	»	61	176	1,229
1886	362	3	8	748	13	20	»	64	7	1,225
1887	380	1	9	763	20	20	»	47	27	1,267
1888	427	»	16	779	21	29	»	31	6	1,309
1889	411	»	10	814	29	13	1	33	8	1,349
1890	357	3	16	720	18	23	1	25	11	1,174
1891	382	»	13	779	14	15	»	27	12	1,242
1892	311	»	8	768	24	26	»	24	5	1,166
1893	288	4	11	748	21	28	»	28	9	1,097
1894	273	3	8	772	26	17	»	33	9	1,141

 TRIBUNAL DE PREMIÈRE INSTANCE DE LA SEINE. — *Nombre des délits poursuivis et des prévenus jugés; mode et résultat des poursuites.*

ANNÉES	NOMBRE		NOMBRE DES AFFAIRES POURSUIVIES A LA REQUÊTE						NOMBRE DES INDIVIDUS ARRÊTÉS			RÉSULTAT DES POURSUITES							NOMBRE DES CONDAMNÉS qui ont joui du bénéfice de l'art. 463 du Code pénal
					DU MINISTÈRE PUBLIC					détenus jusqu'au jugement en vertu		NOMBRE DES PRÉVENUS			PEINES PRONONCÉES				
					Loi du 20 mai 1863								âgés de moins de 16 ans, acquittés comme ayant agi sans discernement		emprisonnement				
	DES AFFAIRES	DES PRÉVENUS	D'UNE PARTIE CIVILE	D'UNE ADMINISTRATION ou d'un ÉTABLISSEMENT PUBLIC	conduite immédiate à la barre	citation d'urgence avec mandat	citation directe	après instruction	mis en liberté provisoire	d'un mandat de dépôt	d'autres mandats	acquittés	remis à leurs parents	envoyés dans une maison de correction	de plus d'un an	d'un an et moins	amende	interdiction de séjour	
1885..	27,079	31,799	1,374	637	2,084	11,430	5,962	5,592	490	14,340	5,219	2,418	186	177	1,412	22,655	4,951	844	15,381
1886..	26,572	31,004	1,186	749	1,568	10,560	6,075	6,434	627	13,322	5,261	2,530	191	118	1,359	21,408	5,398	402	12,905
1887..	24,676	29,156	1,401	671	1,581	8,226	6,777	6,320	599	10,586	5,697	2,249	261	220	1,398	19,187	5,841	312	11,883
1888..	24,550	28,857	1,137	591	1,550	8,826	7,101	5,345	437	11,243	5,084	2,066	347	249	1,029	18,731	6,345	231	12,432
1889..	27,136	31,480	1,311	445	1,877	12,067	6,945	4,471	426	15,416	3,972	2,241	628	340	1,138	20,788	6,345	425	15,712
1890..	25,271	29,624	1,210	244	1,402	12,142	5,878	4,393	436	14,718	4,291	2,229	301	211	849	19,885	6,479	267	15,695
1891..	23,977	28,125	1,052	249	1,687	9,556	6,823	4,640	478	12,472	4,537	1,981	154	151	999	18,490	6,350	253	14,534
1892..	26,561	30,957	1,397	280	1,382	10,604	7,857	5,041	521	13,000	4,931	2,084	65	253	1,345	20,673	6,687	808	15,986
1893..	25,747	29,969	1,330	237	957	9,630	8,524	5,060	508	11,457	4,838	1,634	34	123	1,199	19,997	6,902	587	14,429
1894..	26,132	30,860	1,320	342	418	9,898	8,364	5,790	326	10,932	5,649	1,702	25	263	1,440	19,516	7,436	691	16,816

TRIBUNAUX DE SIMPLE POLICE DU DÉPARTEMENT DE LA SEINE. — *Résultats des poursuites. — Appels.*

ANNÉES	NOMBRE des TRIBUNAUX DE SIMPLE POLICE	CONTRAVENTIONS — AUX LOIS ET RÈGLEMENTS sur la sûreté et la tranquillité publiques	CONTRAVENTIONS — AUX LOIS ET RÈGLEMENTS sur la propreté et la salubrité publiques	CONTRAVENTIONS — RURALES	CONTRAVENTIONS — DIVERSES	CONTRAVENTIONS — TOTAL	INCULPÉS — TOTAL	INCULPÉS — ACQUITTÉS	INCULPÉS — À l'égard desquels LE TRIBUNAL s'est déclaré incompétent	INCULPÉS — CONDAMNÉS à l'amende	INCULPÉS — CONDAMNÉS à l'emprisonnement	APPELS — NOMBRE DE JUGEMENTS susceptibles d'appel	APPELS — NOMBRE DES APPELS formés dans l'année	APPELS — SUIVIS DE CONFIRMATION	APPELS — SUIVIS D'INFIRMATION
1885	9	11,676	2,995	454	21,115	(1) 36,240	37,457	625	8	32,755	3,769	11,011	59	37	3
1886	9	12,677	3,336	402	26,370	(1) 42,785	43,874	1,083	14	38,267	4,510	9,968	47	38	9
1887	9	13,572	3,283	419	32,510	(1) 49,784	50,793	956	23	44,386	5,428	15,340	34	27	1
1888	9	12,853	3,248	427	23,915	(1) 42,443	43,528	1,187	9	39,080	3,252	13,280	86	66	20
1889	9	13,273	3,045	420	27,794	(1) 44,532	45,516	3,226	4	39,218	3,068	13,271	72	49	23
1890	9	14,640	3,362	382	35,374	(1) 53,758	54,213	(2) 852	»	50,959	2,402	14,409	77	47	30
1891	9	13,507	3,201	297	25,980	(1) 42,985	43,502	(2) 775	10	38,716	4,001	20,003	177	113	64
1892	9	18,347	2,972	356	19,607	(1) 41,282	42,419	(2) 963	2	37,738	3,716	17,563	280	187	93
1893	9	14,377	2,699	334	20,941	(1) 38,351	38,912	(2) 597	1	34,415	3,899	15,384	246	247	29
1894	9	11,940	2,307	336	16,744	(1) 31,294	31,870	(2) 492	8	28,512	2,858	12,922	162	146	16

(1) 1885.... dont 29,596 par le Tribunal de simple police de Paris et 6,644 par les huit Tribunaux de simple police de la banlieue.
1886.... 35,115 — — 7,670 — — —
1887.... 42,238 — — 7,546 — — —
1888.... 34,241 — — 8,202 — — —
1889.... 36,873 — — 7,659 — — —
1890.... 45,934 — — 7,824 — — —
1891.... 36,793 — — 6,192 — — —
1892.... 33,994 — — 7,288 — — —
1893.... 31,027 — — 7,324 — — —
1894.... 24,681 — — 6,613 — — —

(2) Dont 257 en matière de roulage.... 1890
— 207 — 1891
— 114 — .. 1892
— 129 — .. 1893
— 83 — 1894

I. — État numérique par mois des signalements anthropométriques relevés par le service d'Identification.

DÉSIGNATION	JANVIER	FÉVRIER	MARS	AVRIL	MAI	JUIN	JUILLET	AOUT	SEPTEMBRE	OCTOBRE	NOVEMBRE	DÉCEMBRE	TOTAL GÉNÉRAL
Individus reconnus pour avoir été mesurés antérieurement sous un autre nom	29	28	53	45	46	62	35	55	27	45	28	42	495
Individus ayant avoué d'eux-mêmes, avant la mensuration, avoir changé de nom	19	20	24	32	31	28	35	65	36	66	34	49	439
Individus reconnus pour avoir été mesurés antérieurement sous le même nom	2,121	2,099	2,280	1,086	1,781	1,690	1,739	2,125	1,826	1,777	1,878	1,791	22,913
Individus mesurés pour la première fois	983	1,018	1,220	978	844	861	1,038	1,012	836	865	876	875	11,396
TOTAUX	3,152	3,165	3,577	2,861	2,702	2,641	2,847	3,257	2,715	2,753	2,816	2,757	
	1er TRIMESTRE 9,894			2e TRIMESTRE 8,204			3e TRIMESTRE 8,819			4e TRIMESTRE 8,326			35,243

II. — État numérique par âge, avec distinction de la nationalité, des signalements anthropométriques relevés par le service d'Identification.

DÉSIGNATION	De moins de 16 ans		De 16 à 17 ans		De 18 à 20 ans		De 21 à 22 ans		De 23 à 24 ans		De 25 à 29 ans		De 30 à 44 ans		De 45 à 59 ans		De plus de 60 ans		TOTAUX		
	Français	Étrangers	Français	Étrangers	Français	Étrangers	Français	Étrangers	Français	Étrangers	Français	Étrangers	Français	Étrangers	Français	Étrangers	Français	Étrangers	Français	Étrangers	TOTAUX
Reconnaissances	9	»	22	»	73	7	30	6	26	7	86	11	129	20	38	13	11	1	424	71	495
Aveux	24	»	34	1	63	7	25	3	10	2	76	4	115	11	48	5	8	2	403	36	439
Récidivistes	442	8	1,560	32	3,556	80	1,190	34	941	43	2,873	126	6,875	297	3,834	236	1,662	107	21,930	983	22,913
Nouveaux	808	21	972	38	1,632	134	359	70	433	80	1,371	147	2,740	343	1,318	195	466	53	10,306	1,090	11,396
TOTAUX	1,283	39	2,588	71	5,284	228	1,707	132	1,420	132	4,406	288	9,859	677	5,239	449	2,147	163	33,063	2,180	35,243
	1,322		2,659		5,552		1,930		1,562		4,694		9,536		3,678		2,340		35,243		

Signalements communiqués par les prisons départementales ou centrales (sans distinction d'âge) hommes et femmes, 74,217.

STATISTIQUE

DES AGENTS DE LA POLICE MUNICIPALE QUI ONT ÉTÉ RÉCOMPENSÉS PENDANT L'ANNÉE 1894 POUR AVOIR ACCOMPLI DES ACTES DE DÉVOUEMENT DANS L'EXERCICE DE LEURS FONCTIONS.

Médailles d'honneur.

Officiers de paix	Néant
Inspecteurs principaux de gardiens de la paix	Néant
Brigadiers de gardiens de la paix	1
Sous-brigadiers de gardiens de la paix	7
Gardiens de la paix	54
Total	62

RENSEIGNEMENTS STATISTIQUES

SUR LES MAISONS DE NANTERRE ET DE VILLERS-COTTERETS PENDANT L'ANNÉE 1894.

Maison de Nanterre.

Le nombre des mendiants libérés et des indigents ayant séjourné, en 1894, à la Maison départementale s'est élevé à 9,917, savoir :

Mendiants libérés	Hommes	1.843	2.174
	Femmes	331	
Individus placés par mesure administrative	Hommes	2.219	2.642
	Femmes	423	
Individus admis en hospitalité	Hommes	3.494	5.101
	Femmes	1.607	
	Total égal		9.917

La moyenne de la population journalière a été de.	Hommes	2.325	3.319
	Femmes	966	
	Enfants	28	

Le nombre des enfants en bas âge que quelques femmes ont été autorisées à conserver près d'elles a été, au total, de 136 pour toute l'année. L'effectif en était de 37 au 31 décembre 1894.

Le nombre des décès d'adultes, qui est toujours considérable parmi les hospitalisés de cette maison, dont la plupart sont des gens épuisés par la misère, l'âge et les infirmités, a été, en 1894, de 768, savoir :

Hommes	495
Femmes	273
Total égal	768

Maison de retraite de la Seine établie à Villers-Cotterets (Aisne).

Le nombre des hospitalisés admis à la Maison de retraite, en 1894, a été de 1,675, dont 1,124 hommes et 551 femmes.

64 d'entre eux (43 hommes et 21 femmes) ont quitté l'établissement dans le courant de l'année comme ayant retrouvé quelques moyens d'existence ou obtenu l'assistance de leur famille; 244 (157 hommes et 87 femmes) y sont décédés.

La moyenne journalière de la population s'est trouvée être de 1,407, savoir : 942 hommes et 465 femmes.

1° Objets et animaux consignés en Fourrière.

MOIS	VOITURES DE PLACE et de remise: Cie générale	VOITURES DE PLACE et de remise: Urbaine	VOITURES DE PLACE et de remise: Loueurs divers	VOITURES DIVERSES: Attelées	VOITURES DIVERSES: Non attelées	VOITURES A BRAS	ORGUES	MOBILIERS ET AUTRES OBJETS	CHEVAUX: Attelés	CHEVAUX: Isolés	BOEUFS OU VACHES	ANES	CHÈVRES OU MOUTONS	LAPINS	VOLAILLES	VOLATILES	PETITS OISEAUX	DIVERS	CHIENS NON ERRANTS
Janvier	23	15	73	27	2	30	»	35	139	17	2	»	3	3	4	»	»	»	»
Février	11	6	64	13	»	21	»	32	97	7	1	3	»	1	1	1	»	»	1
Mars	15	10	91	15	»	35	»	33	137	9	1	»	2	»	2	2	»	12 rats 1 cobaye	2
Avril	16	10	95	11	1	61	»	41	137	13	1	»	»	»	1	5	»		19
Mai	27	13	79	10	1	30	1	163	131	14	»	1	»	8	4	1	2	»	2
Juin	11	11	95	13	»	49	»	38	133	11	»	2	1	»	6	2	65	»	6
Juillet	20	14	104	16	»	67	4	43	157	8	»	2	2	»	6	»	4	»	1
Août	10	8	97	4	»	95	2	23	123	6	»	»	»	1	6	5	»	»	»
Septembre	13	10	77	6	1	43	1	19	111	6	2	1	2	4	3	»	»	»	2
Octobre	11	13	63	14	1	34	»	64	104	3	»	1	1	»	2	2	8	»	»
Novembre	18	10	65	9	4	45	»	50	107	10	»	»	3	1	4	»	»	»	4
Décembre	13	10	69	23	»	27	1	32	196	18	2	»	1	1	2	1	»	»	2
Totaux	188	130	974	164	10	337	11	377	1502	124	9	10	15	19	41	19	80	13	46
Place et remise	1,292								1,626										
Voitures attelées	1,453					Objets : 1,125			Animaux : 1,934										

Ensemble, voitures et objets : 2,588

2° Service des voitures publiques.

MOIS	VOITURES CHARGEANT SUR LA VOIE PUBLIQUE — MARQUÉES: A la Fourrière: Loueurs	MARQUÉES: A la Fourrière: Compagnies	MARQUÉES: Dans les dépôts	EFFACÉES: A la Fourrière: Loueurs	EFFACÉES: A la Fourrière: Compagnies	EFFACÉES: Au dehors: Au domicile des loueurs	EFFACÉES: Au dehors: Dans les dépôts	1re CLASSE: Marquées	1re CLASSE: Effacées	VISITÉES seulement: Transfert	VISITÉES seulement: Visite générale	VOITURES DE GRANDE REMISE	VOITURES DE CHEMINS DE FER et de ressort	TONNEAUX DE PORTEURS D'EAU	ESTAMPILLÉES: CHEMINS DE FER
Janvier	37	7	»	83	112	»	»	1	3	»	»	46	»	»	10
Février	38	6	»	87	49	»	»	6	6	28	»	20	2	»	22
Mars	471	28	»	511	4	47	»	12	3	14	»	53	»	»	9
Avril	1,894	69	1,255	1,456	4	468	1,209	5	3	16	371	74	10	»	12
Mai	1,383	11	278	1,140	11	247	232	8	2	28	127	49	67	»	63
Juin	390	10	»	332	187	32	82	6	5	27	327	87	30	»	64
Juillet	132	63	»	215	211	97	»	8	6	34	147	52	8	1	22
Août	44	10	»	128	156	»	85	1	10	»	8	66	2	2	66
Septembre	332	265	45	239	8	61	4	6	9	»	»	11	10	»	6
Octobre	2,500	160	1,448	1,697	22	735	1,448	7	9	2	»	20	»	»	4
Novembre	274	114	»	233	10	28	»	2	5	»	»	11	»	»	3
Décembre	157	58	»	71	15	4	»	3	3	1	»	15	»	»	3
Totaux	7,909 (A)	801	3,026	6,412 (B)	788	1,739	3,060	63	64	167	1,180	584	129	4	[illegible]

(A) Dont 384 marquées à titre de nouveaux numéros.

(B) Dont 30 effacées d'office.

SAPEURS-POMPIERS

ORGANISATION DU SERVICE D'INCENDIE DANS PARIS.

Le régiment de sapeurs-pompiers de Paris est institué spécialement pour le service de secours contre l'incendie.

Ce régiment, dont toutes les dépenses demeurent à la charge de la ville de Paris, est placé dans les attributions du ministre de la Guerre pour tout ce qui concerne son organisation, son recrutement, le commandement militaire, la police intérieure, la discipline, l'avancement, les récompenses, les gratifications et l'administration intérieure.

Mais le service de secours contre l'incendie s'exécute sous la direction et d'après les ordres du préfet de Police.

Le régiment de sapeurs-pompiers est commandé par un colonel et comprend 12 compagnies :

Officiers	50
Troupe	1.700
Effectif total	1.751

Répartition de l'effectif. — L'état-major du régiment est installé au n° 9 du boulevard du Palais; les 12 compagnies sont logées dans douze casernes et un poste central disséminés sur la surface de Paris et qui ont chacun une portion de cette surface placée directement sous leur protection.

Casernes et poste central. — Dans chaque caserne (3 officiers et 140 hommes environ) et poste central (30 hommes environ), le service est assuré, pour chaque période de 24 heures, par un piquet qui, placé sous les ordres d'un officier, est transporté sur le théâtre d'incendie par les voitures attelées du matériel.

Ces voitures sont : le départ attelé, la grande échelle, la pompe à vapeur et le fourgon.

Le piquet avec le départ attelé et la grande échelle forme le premier départ.

Le départ attelé transporte comme matériel : un dévidoir à bobine avec 300 mètres de gros tuyaux, 160 mètres de petits tuyaux, un appareil à feux de cave avec son compresseur d'air, un matériel de sauvetage.

Dès que le premier départ est sorti, un deuxième départ est constitué immédiatement et se tient prêt à répondre à un nouvel appel; ce deuxième départ emmène deux dévidoirs à caisse contenant chacun 120 mètres de gros tuyaux et 40 mètres de petits tuyaux, et un caisson d'incendie sur lequel se trouve 80 mètres de petits tuyaux et un matériel de sauvetage.

L'armement de chaque caserne est complété :

1° Par une pompe à vapeur qui accompagne toujours le premier départ la nuit et qui, le jour. sert pour les incendies un peu sérieux et aussi pour relever la pression de l'eau dans les quartiers de Paris où elle est encore insuffisante;

2° Par un ventilateur servant à aérer les locaux renfermant des gaz délétères ou explosifs;

3° Par une chèvre pour le sauvetage dans les puits, fosses, etc.;

4° Par des lampes de sûreté.

Postes de ville. — Chaque caserne détache toutes les 24 heures une partie de son pei dans un certain nombre de postes répartis sur l'étendue de Paris non encore pourvue tisseurs téléphoniques.

Ces postes sont installés, soit dans des locaux loués à des particuliers, soit dans des ét: ments ou monuments publics; ils doivent sortir, à toute réquisition de la police ou du publi le service d'incendie ou de sauvetage.

Leur personnel varie de 1 à 8 hommes.

Leur matériel se compose d'un ou de plusieurs dévidoirs à bras contenant chacun 120 de gros tuyaux et 40 mètres de petits, que les sapeurs branchent directement sur les t de ville au moyen de raccords spéciaux.

3 postes situés dans les quartiers élevés de Paris où la pression de l'eau est insuffisante outre armés de pompe à bras destinées à relever la pression.

Enfin, il existe deux dépôts de pompes à bras aux sommets des buttes Montmartr Belleville.

On compte actuellement 59 postes de ville.

Dans les établissements et monuments publics, le matériel comporte généralement une sation spéciale d'incendie, d'eau en pression, installée sous la direction des officiers du coı moyens d'action consistent en robinets de secours placés aux points dangereux et armés fixe de tuyaux et de lances.

Service dans les théâtres et cafés-concerts. — Pour les représentations, les casernes four un personnel en rapport avec l'importance de l'établissement (de 1 à 30 hommes) ; ils sur plus spécialement la cage de scène. Ce personnel a à sa disposition, pour combattre tou mencement d'incendie, des moyens de secours permanents d'eau en pression installée direction des officiers du corps.

Personnel de service de chaque jour.

Officiers...	De piquet dans les casernes	12
	De ronde, visite, etc	13
	Total des officiers de service	25
Troupe ...	Piquets dans les casernes et postes centraux	401
	Postes de ville	118
	Théâtres (service de représentation)	178
	Total des sapeurs-pompiers	697

Organisation des secours en eau sur la voie publique. — Sur la voie publique, les s pompiers trouvent immédiatement l'eau en ouvrant des prises d'eau spéciales qui portent de bouches d'incendie.

Ces bouches, dont la création remonte à l'année 1872, sont actuellement au nombre de 5 nombre prévu est de 7,900; lorsqu'elles seront toutes placées, elles seront distinctes l l'autre d'environ 100 mètres.

Elles sont branchées sur les colonnes de distribution des eaux en pression (Avre, Seine, Vanne et Dhuis). Cette pression varie de 1 à 5 atmosphères suivant l'altitude des réser distribution.

Dans le plus grand nombre de ces bouches, la pression de l'eau est suffisante pou nécessiter des pompes.

Télégraphie et téléphonie. — Les lignes spéciales du service d'incendie comportent 177 kilom. 613 m. de fils pour les communications télégraphiques et 128 kilom. 490 mètres pour les communications téléphoniques.

Les appareils télégraphiques et téléphoniques sont exclusivement desservis par les sapeurs-pompiers.

L'état-major du régiment, 9, boulevard du Palais, centre du réseau général, est relié téléphoniquement aux douze casernes et aux postes centraux.

Les postes de ville sont reliés par le télégraphe aux casernes dont ils dépendent.

Des réseaux d'avertisseurs téléphoniques publics, dont l'installation est en voie d'exécution, rendront les appels du public très rapides.

Ces réseaux existent déjà dans 13 périmètres sur 24 ; ils desservent 294 avertisseurs téléphoniques au moyen de 275 kilomètres 842 mètres de fils.

23 avertisseurs télégraphiques (ancien modèle) sont encore en service dans trois périmètres.

213 avertisseurs particuliers, dont 53 téléphoniques, sont en outre desservis par 197 kilomètres 325 mètres de fils.

L'entretien des appareils télégraphiques, ainsi que des lignes, est confié à la Direction des postes et télégraphes ; celui des appareils téléphoniques se fait sous la responsabilité du régiment.

L'état-major du corps est relié au réseau téléphonique public.

Tableau chronologique faisant ressortir la marche progressive du nombre des incendies, de l'extension du corps et des charges du service.

DATES	EFFECTIF du CORPS	SUPERFICIE de PARIS	POPULATION de PARIS	UN SAPEUR pour combien d'habitants	BUDGET du CORPS	NOMBRE des INCENDIES	SOIT en MOYENNE un incendie en heures	GRANDS FEUX
		hect. ares.			francs.			
1841	808	3,439 68	935,261	1,145	733,730	203	43	3
1857	889	Id.	1,278,705	1,438	846,904	298	29	8
1860	1,238	7,802 00	1,537,486	1,241	1.042,499	445	19	3
1867	1,498	Id.	1,848,075	1,233	1,477.623	690	12	7
1879	1,690	Id.	2,126,230	1,258	1,823,159	878	10	14
1894	1,700	Id.	2,475,000	1,456	2,608,645	1,104	8	12

Il résulte de l'examen comparatif des données du tableau ci-dessus que la surface de Paris a augmenté dans la proportion de 1 à 2.6 et que le nombre des incendies est cinq fois et demie plus grand depuis 1841 ; dans le même intervalle, l'effectif du corps a simplement doublé.

C'est grâce aux progrès du matériel et à l'attelage des voitures que l'effectif du régiment arrive, mais à grand'peine, à satisfaire aux besoins actuels du service d'incendie.

SERVICE DE SANTÉ.

Il y a eu, en 1894, 1,095 entrées à l'hôpital et à l'infirmerie. Le chiffre des journées de traitement a été de 25,752, soit de 23.52 par malade.

Le nombre des décès s'élève à 10, dont un au feu (commotion générale et asphyxie par toxiques par déflagration d'une réserve d'hydrocarbure dans un feu de cave), et 9 à l'hôj en congé de convalescence pour maladies internes.

Ces dernières ont donné à relever une fréquence exceptionnelle des affections rhumati des affections aiguës des voies respiratoires et, tout particulièrement, des affections de l (angine et amygdalite). Cet excès de morbidité a paru imputable aux brusques variations d pérature qu'ont eu à supporter les hommes accomplissant le service d'incendie pendant la

Lésions traumatiques et accidents professionnels.

NATURES		NOMBRE	OBSERVATIONS
Contusions et plaies contuses		115	
Autres plaies, coupures, etc		22	
Fractures	du nez	1	Decomptée d'autre part aux entorses du pied.
	du péroné	1	Id.
	complète de jambe	1	Décomptée d'autre part aux brûlures.
	du maxillaire inférieur	1	
Entorses	du pied	40	
	du genou	4	
	du poignet	4	
	des doigts	1	
Luxation du coude		1	
Efforts et rupture musculaires		18	
Arthrites traumatiques		8	
Hernies		2	
Brûlures		11	
Kératites et conjonctivites traumatiques		2	1 par éclaboussure de liquide de lampe électri
Asphyxie et bronchites (fumée)		8	Dont 1 décès.
Apoplexie pulmonaire (effort)		1	
TOTAL		241	TOTAL RECTIFIÉ (3 blessés décomptés deux fo titres différents) : 238.

A l'incendie du magasin de décors de l'Opéra, le 6 janvier, 1 officier et 5 sapeurs ont grièvement blessés ; leur état a nécessité un long séjour à l'hôpital (de 10 et 11 mois po d'entre eux, qui ont dû être retraités).

A l'explosion de la rue de Reuilly, n° 115, le sergent Bauchat a été tué, 9 sapeurs très ment brûlés ; l'état de ces derniers a nécessité un séjour à l'hôpital variant de 1 mois Trois d'entre eux ont dû être retraités.

Dans un feu de bâtiment, boulevard Diderot, n° 122, 5 sapeurs ont subi des commenc d'asphyxie.

Matériel d'incendie et de sauvetage.

Objets principaux.

DÉSIGNATION DES OBJETS		QUANTITÉ
es respiratoires		69
ons d'incendie		15
ons à deux chevaux		17
es respiratoires		49
iots de départ attelés		21
res		17
resseurs d'air		30
loirs à bobine		76
loirs à caisse		139
lles	à crochets	183
	à coulisses	48
andes elles de vetage	système Lieb (à bras)	6
	modèle 1888 (à bras)	1
	modèle 1888 (attelées)	16
gons		17
es électriques système Trouvé		95
es	pour tuyaux de 45mm	542
	pour tuyaux de 70mm	263
bus pour l'état-major		1

DÉSIGNATION DES OBJETS		QUANTITÉ
Omnibus pour le chef de bataillon de semaine		1
Pompes à main		20
Pompes à bras de 125mm, aspirantes et foulantes		20
Pompes à vapeur	système Thirion modifiées	11
	modèle 1888	7
	modèle à haute pression	1
Réchauffeurs à gaz pour pompes à vapeur	fixes	4
	transportables	2
Sacs de sauvetage		24
Tuyaux à air		98
Gros tuyaux de refoulement		64,240m
Petits tuyaux de refoulement		13,560m
Gros tuyaux d'aspiration		332m
Petits tuyaux d'aspiration		126m
Soufflets		25
Ventilateurs à bras transportables		16
Voiture d'ambulance		1
Voiture pour le service du capitaine-ingénieur		1

Ateliers.

DÉSIGNATION DES OBJETS		QUANTITÉ
ur à gaz de 8 chevaux et ses transmissions		1
s		3
lateur		1
chines-utils.	Pilon	1
	Mortaiseuses	1
	Machines à percer	3
	Tours à métaux	3
	Tour à bois	1
	Étaux limeurs	2
	Scie circulaire	1
	Scie à ruban	1

DÉSIGNATION DES OBJETS		QUANTITÉ
Machines-outils	Machine à essayer les cordages et les métaux	1
	Machine à cintrer	1
	Machine à refouler	1
	Machine à décercler les roues	1
	Machine à chausser les tuyaux	1
Presse typographique et ses accessoires		1
Forges portatives		[illegible]
Pompe de pression hydraulique		1
Dynamomètre pour essayer les cordages en service		1
Treuil de 1,000 kilogrammes pour le dynamomètre		1

Appartements	1	»	1	»	»	»	2	»	2	»	»	»
Appentis, baraques, hangars	3	1	»	1	1	1	»	3	»	2	2	4
Ateliers d'ouvriers en bois	»	3	»	2	»	1	2	1	»	1	1	1
Ateliers autres que les précédents	2	4	3	1	»	1	1	4	1	3	1	5
Bateaux	»	»	»	»	»	»	»	»	»	1	»	»
Bâtiments d'habitation	»	»	»	»	»	»	2	»	»	»	»	»
Bâtiments, usines, fabriques	1	»	2	»	1	1	1	»	2	»	»	»
Boutiques	1	6	5	1	2	5	1	3	»	3	»	4
Bureaux	»	1	»	»	»	»	»	»	1	1	»	1
Cabinets	»	4	1	»	»	2	»	3	2	2	1	2
Caves	1	11	3	10	1	5	»	5	1	3	»	5
Chambres	7	40	9	25	8	31	5	35	2	6	3	3
Chantiers, dépôts de bois	»	»	»	»	»	»	»	»	»	»	1	»
Combles	1	1	2	»	1	»	2	2	»	1	1	»
Cuisines	»	7	1	6	»	8	1	11	»	4	»	4
Écuries	»	»	»	3	»	»	»	1	»	»	»	»
Églises	»	»	»	»	»	»	»	»	»	»	»	1
Égouts, voie publique	»	2	»	»	1	1	»	»	»	»	»	»
Fournils	1	1	»	2	2	2	»	2	1	1	1	4
Gares et dépendances	»	»	»	1	»	»	»	»	»	»	»	»
Greniers à fourrages	1	»	»	»	»	1	»	1	1	»	»	»
Laboratoires	»	»	»	»	1	»	»	»	»	»	»	»
Magasins de produits chimiques	2	»	1	»	»	»	»	1	»	1	»	»
Magasins autres que les précédents	5	5	»	»	»	4	4	1	»	»	2	2
Meules, herbe sèche, fumier	»	1	»	»	»	»	»	»	»	»	»	»
Pans de bois, cloisons	3	5	»	3	»	1	»	»	»	3	»	2
Planchers, parquets	2	16	1	2	»	1	»	3	»	1	»	1
Séchoirs, étuves	»	»	1	»	»	»	1	»	1	»	»	»
Théâtres, salles de spectacle	»	A 1	»	BC D 3	»	»	»	B 1	»	»	»	»
Voitures	»	»	»	»	1	»	»	1	»	»	»	1
Autres lieux d'incendie	»	1	»	1	1	»	1	3	»	»	2	4
Dégâts de 1,000 francs et au-dessus	31	»	30	»	20	»	23	»	14	»	15	»
Dégâts inférieurs à 1,000 francs	»	110	»	61	»	63	»	81	»	53	»	54
Totaux	141		91				104		67			

1894 ***classés par nature, par valeur des dégâts et par mois.***

1	»	1	»	»	»	»	»	8	»	8
1	2	1	3	1	3	»	1	11	23	34
»	2	»	2	»	1	6	1	9	17	26
1	4	2	5	4	3	7	5	25	40	65
»	»	»	»	»	»	»	»	»	1	1
»	»	»	»	1	»	1	»	4	»	4
1	»	1	»	»	»	1	»	13	3	16
3	1	1	2	2	5	4	9	20	41	61
»	1	1	»	»	»	»	2	3	7	10
»	2	»	2	»	3	2	2	6	25	31
»	4	1	1	»	12	1	10	9	100	109
5	28	3	9	5	28	7	35	64	303	367
»	»	»	»	»	»	»	»	1	»	1
»	1	2	1	1	»	1	3	13	11	24
»	10	1	8	»	13	»	16	4	106	110
»	»	»	»	»	»	»	2	»	7	7
»	»	»	»	»	»	»	»	»	1	1
»	»	»	»	»	»	»	»	1	4	5
»	»	»	1	»	1	1	2	9	21	30
	»	»	»	»	»	»	»	»	1	1
	»	»	»	»	»	»	»	2	3	5
	»	»	»	»	»	»	2	1	2	3
	»	»	»	»	1	»	1	3	4	7
	»	1	1	1	2	1	»	20	18	38
	»	»	»	1	»	»	»	1	2	3
	2	»	2	»	5	»	4	4	30	34
	2	»	1	2	6	1	15	7	50	57
	»	1	1	»	»	1	»	7	1	8
	»	»	»	»	F 1	»	GH 2	»	8	8
	»	»	»	»	»	»	»	1	3	4
	3	»	2	»	»	»	2	4	22	26
	»	16	»	18	»	34	»	250	»	1,104
	62	»	61	»	84	»	114	»	854	
								1,104		

Assurances.

Sur les 1,104 cas d'incendie, on a déclaré aux sapeurs-pompiers qu'il y avait assurance contre les pertes mobilières dans 809 cas, contre les pertes immobilières dans 1,084 cas; qu'il n'y avait pas assurance contre les pertes mobilières dans 291 cas et contre les pertes immobilières dans 16 cas.

Pour les autres cas, c'est-à-dire 4 pour les pertes mobilières et 4 pour les pertes immobilières, les sapeurs-pompiers n'ont pu être renseignés.

Pertes.

Les évaluations des dégâts portent les pertes subies dans les 1,104 cas d'incendie à 5,418,363 francs, dont 5,270,992 francs pour 250 feux déclarés comme ayant produit des dégâts de 1,000 francs et au-dessus, soit une moyenne de 21,084 francs par incendie, et 147,371 francs pour les 854 autres feux déclarés comme ayant produit des dégâts inférieurs à 1,000 francs, soit une moyenne de 172 fr. 55 c. par incendie.

Ces évaluations ne peuvent être qu'approximatives, car le chiffre des dégâts est généralement donné sur le lieu de l'incendie par le sinistré lui-même, qui a une tendance à exagérer les pertes.

Le corps n'a, en outre, ni la mission, ni le moyen de contrôler les déclarations faites à ce sujet.

Théâtres et salles de spectacle dans lesquels il y a eu des commencements d'incendie.

A. République.
B. Palais de glace.
C. Gaîté.
D. Châtelet
E. Folies-Dramatiques.
F. Robert-Houdin.
G. Odéon.
H. Bouffes-du-Nord.

(1) Les incendies avec dégâts de 1,000 francs et au-dessus figurent dans les premières colonnes.

(2) Les incendies avec dégâts déclarés inférieurs à 1,000 francs figurent dans les deuxièmes colonnes.

Tableau indiquant, par heure et numériquement, les avertissements transmis.

HEURES.	FAUSSES ALARMES de diverses natures	FAUSSES ALARMES sur avertisseurs publics	AVERTISSEMENTS par le PUBLIC	AVERTISSEMENTS par les AGENTS	AVERTISSEMENTS par le TÉLÉPHONE	AVERTISSEMENTS par AVERTISSEURS publics	TOTAUX
De minuit à 1 heure du matin	1	18	17	5	»	19	41
De 1 heure à 2 heures	1	9	10	4	»	18	32
De 2 à 3	1	12	7	3	»	16	26
De 3 à 4	»	6	4	2	»	11	17
De 4 à 5	1	3	4	2	»	11	17
De 5 à 6	»	1	5	1	»	11	17
De 6 à 7	»	4	10	»	»	15	25
De 7 à 8	»	3	21	1	1	19	42
De 8 à 9	3	6	40	»	»	18	58
De 9 à 10	2	6	8	1	»	30	39
De 10 à 11	»	3	15	3	1	23	42
De 11 heures à midi	2	8	16	1	»	26	43
De midi à 1 heure du soir	»	10	22	2	»	21	45
De 1 heure à 2 heures	4	4	18	1	1	35	55
De 2 à 3	2	13	24	3	»	27	54
De 3 à 4	2	6	15	1	»	19	35
De 4 à 5	7	8	20	2	1	32	55
De 5 à 6	4	13	30	3	»	37	70
De 6 à 7	4	11	39	1	1	46	87
De 7 à 8	3	14	30	1	1	47	79
De 8 à 9	5	10	27	1	»	48	76
De 9 à 10	4	11	23	2	»	46	71
De 10 à 11	1	17	23	2	»	45	70
De 11 heures à minuit	1	11	14	2	»	22	38
TOTAUX	48	207	412	44	6	642	1,104

Tableau indiquant numériquement les incendies classés d'après le temps écoulé entre l'avertisseme[nt] et l'attaque et entre l'attaque et l'extinction complète.

TEMPS ÉCOULÉ ENTRE L'AVERTISSEMENT ET L'ATTAQUE DU FEU — HEURES	MINUTES	NOMBRE de FEUX
»	5	937
»	10	113
»	15	18
»	20	8
»	25	1
»	30	1
»	40	1
»	45	1
»	50	2
1	»	1
1	15	1
TOTAL		1,104

OBSERVATIONS

Les espaces de temps relativement longs qui s'écoulent entre l'avertissement et l'attaque du feu peuvent être attribués, soit à l'éloignement de la caserne (certains trajets durent au moins 20 minutes), soit à la difficulté de trouver le foyer de l'incendie, dans les feux de caves ou de planchers.

TEMPS ÉCOULÉ ENTRE L'ATTAQUE ET L'EXTINCTION COMPLÈTE — HEURES	MINUTES	NOMBRE de FEUX
»	5	719
»	10	77
»	15	73
»	20	46
»	25	38
»	30	25
»	35	43
»	40	46
»	45	11
»	50	5
»	55	9
1	»	13
1	15	6
1	30	6
1	45	3
2	»	1
2	30	4
2	45	1
3	»	1
3	30	2
4	30	1
5	»	1
6	30	1
8	30	1
25	»	1
TOTAL		1,104

HEURES	NOMBRE DES INCENDIES	DÉGATS DÉCLARÉS de 1,000 francs et au-dessus	DÉGATS DÉCLARÉS inférieurs à 1,000 francs	JOURS LUNDI (1)	LUNDI (2)	MARDI (1)	MARDI (2)	MERCREDI (1)	MERCREDI (2)	JEUDI (1)	JEUDI (2)	VENDREDI (1)	VENDREDI (2)	SAMEDI (1)	SAMEDI (2)	DIMANCHE (1)	DIMANCHE (2)
minuit à 1 heure du matin	41	11	30	3	8	2	4	1	3	3	5	1	3	»	5	1	2
» 1 h. à 2	32	10	22	3	6	1	2	2	2	1	2	2	3	1	3	»	4
» 2 à 3	26	14	12	3	3	3	»	1	»	2	3	3	1	2	3	»	2
» » à 4	17	9	8	1	»	1	3	1	3	»	1	1	»	2	1	3	»
» » à 5	17	4	13	»	2	1	»	1	»	2	1	»	1	»	4	»	5
» » à 6	17	8	9	2	»	1	»	»	»	2	3	1	»	2	3	»	3
» » à 7	25	8	17	1	3	»	2	1	2	3	4	3	3	»	2	»	1
» » à 8	42	11	31	3	1	2	7	1	6	1	6	1	5	2	5	1	1
» » à 9	28	5	23	1	4	1	6	»	3	»	2	»	3	1	2	2	3
» » à 10	39	3	36	»	6	»	4	1	7	»	4	1	2	»	4	1	9
» 10 à 11	42	5	37	»	5	1	7	1	6	3	8	»	»	»	7	»	4
» 11 à midi	43	8	35	»	7	3	3	1	8	»	2	2	6	1	4	1	5
midi à 1 heure du soir	45	6	39	»	10	2	4	1	3	»	7	1	4	1	4	1	7
» 1 h. à 2	55	11	44	3	8	2	4	2	5	»	6	»	7	2	8	2	6
» 2 à 3	54	13	41	»	7	2	3	2	4	1	5	7	8	1	7	»	7
» » à 4	35	9	26	1	5	1	2	1	4	2	3	»	7	1	3	3	2
» » à 5	55	10	45	1	5	3	10	2	7	2	4	1	3	»	8	1	8
» 5 à 6	70	15	55	1	12	»	5	2	7	1	7	4	6	3	13	4	5
» 6 à 7	87	12	75	3	10	1	9	2	12	1	10	1	18	2	9	2	7
» » à 8	79	16	63	5	9	1	11	»	14	3	5	2	6	3	11	2	7
» » à 9	76	15	61	3	7	2	11	5	10	»	7	2	9	»	12	3	5
» 9 à 10	71	16	55	»	12	1	4	4	6	»	7	»	11	1	8	10	7
» 10 à 11	70	17	53	4	10	2	7	3	7	1	5	3	9	3	4	1	11
» 11 h. à minuit	38	14	24	2	4	3	2	1	5	2	1	1	4	4	3	1	5
TOTAUX	1.104	250	854	40	144	36	110	36	124	30	108	37	119	32	133	39	116
		1.104		1.104													

(1) Les incendies avec dégâts déclarés de 1,000 francs et au-dessus figurent dans les premières colonnes.
(2) Les incendies avec dégâts déclarés inférieurs à 1,000 francs figurent dans les secondes colonnes.

État des incendies classés par mois, d'après les moyens d'extinction employés.

EXTINCTION DES INCENDIES

Feux éteints par les sapeurs	avec le secours des dévidoirs et des pompes	à vapeur..
		à bras....
	avec le secours des dévidoirs seulement.....	
	avec le secours des pompes à bras seulement.	
	avec le secours des pompes à vapeur seulement..................................	
	avec lances sur robinets installés à l'intérieur des immeubles...........................	
	avec des seaux d'eau........................	
	avec du sable, des chiffons mouillés........	
	TOTAUX..........	
Feux éteints par les habitants	avec lances sur robinets installés à l'intérieur des immeubles...........................	
	avec des seaux d'eau......................	
	avec du sable, des chiffons mouillés........	
	avec des pompes appartenant à des particuliers................................	
	TOTAUX...... .	

Totaux des incendies..............................

— des feux de cheminée......................

— des fausses alertes..........................

TOTAUX des avertissements..........

État indiquant par mois les engins amenés au feu et ceux qui ont été manœuvrés (1).

Nombre de départs amenés au feu..................

— fourgons amenés au feu................

— pompes à vapeur amenées au feu.......

— dévidoirs amenés au feu...............

— pompes à bras amenées au feu.........

Nombre de départs manœuvrés au feu.............

— fourgons manœuvrés au feu............

— pompes à vapeur manœuvrées au feu...

— dévidoirs manœuvrés au feu...........

— pompes à bras manœuvrées au feu.....

Saint-Germain-l'Auxerrois	2	1	2	»	1	1	»	»	»	7	»	»	»	»	40 »
Halles	6	4	3	2	2	1	1	2	»	21	»	»	»	»	40 »
Palais-Royal	8	2	1	1	»	»	1	2	1	16	»	»	»	»	40 »
Place-Vendôme	3	3	1	2	1	2	»	»	»	12	»	»	»	»	40 »
Gaillon	2	1	1	1	1	1	1	1	»	9	»	»	»	»	40 »
Vivienne	2	2	4	1	1	1	3	2	1	17	»	»	»	»	40 »
Mail	1	5	3	»	3	3	»	1	1	17	»	»	»	»	40 »
Bonne-Nouvelle	6	3	6	6	4	4	1	»	1	31	»	»	»	»	40 »
Arts-et-Métiers	»	6	3	1	1	»	2	»	»	13	»	»	»	»	39 »
Enfants-Rouges	2	3	»	»	2	»	2	»	»	9	»	»	»	»	39 »
Archives	2	7	3	2	1	3	1	2	»	21	»	»	»	»	39 »
Sainte-Avoie	4	1	5	»	1	3	1	»	»	15	»	»	»	»	39 »
Saint-Merri	2	2	1	2	3	1	2	»	»	13	»	»	»	»	38 »
Saint-Gervais	4	3	8	3	3	3	1	1	»	26	»	»	»	»	38 »
Arsenal	1	3	1	3	»	»	»	»	»	8	»	»	»	»	38 »
Notre-Dame	»	2	1	»	»	1	1	»	»	5	»	»	»	»	38 »
Saint-Victor	1	4	4	5	3	1	1	1	»	20	»	22 50	»	»	35 »
Jardin-des-Plantes	»	4	1	»	4	»	»	»	»	9	»	25 »	»	»	35 »
Val-de-Grâce	1	5	2	»	»	2	»	»	»	10	»	17 »	»	»	32 »
Sorbonne	2	»	2	2	2	1	»	1	»	10	»	13 50	»	»	35 »
Monnaie	1	2	3	1	1	3	»	»	1	12	»	»	»	»	42 »
Odéon	4	»	3	1	»	»	»	1	»	9	»	25 »	»	»	35 »
Notre-Dame-des-Champs	1	3	1	1	»	2	2	2	»	12	»	30 »	»	»	35 »
Saint-Germain-des-Prés	1	1	5	1	»	»	»	»	»	8	»	32 50	»	»	42 »
Saint-Thomas-d'Aquin	3	1	7	1	5	»	1	3	»	21	»	»	»	»	40 »
Invalides	2	1	»	1	»	»	1	1	»	6	»	»	»	»	40 »
École-Militaire	»	3	1	»	»	»	»	1	»	5	»	»	»	»	40 »
Gros-Caillou	»	1	4	3	1	»	»	»	»	9	»	»	»	»	40 »
Champs-Élysées	6	2	2	1	3	»	»	1	»	15	35 »	40 »	»	37 50	37 50
Faubourg-du-Roule	1	3	3	»	1	»	»	»	»	8	45 »	»	»	44 »	30 »
Madeleine	5	7	2	2	1	1	»	1	»	19	»	»	»	»	37 50
Europe	»	3	4	2	»	2	»	»	»	11	40 »	»	»	42 »	36 »
Saint-Georges	2	4	2	2	1	3	5	3	»	22	»	25 »	»	43 »	30 »
Chaussée-d'Antin	3	3	2	3	1	2	3	3	»	20	»	»	»	40 »	40 »
Faubourg-Montmartre	5	6	4	3	2	3	1	1	1	26	»	»	»	40 »	40 »
Rochechouart	2	6	2	2	1	2	1	2	»	19	»	»	»	33 »	30 »
Saint-Vincent-de-Paul	4	4	2	1	2	3	1	3	»	20	37 »	»	35 »	40 »	37 50
Porte-Saint-Denis	»	4	3	»	1	1	»	3	»	12	»	»	»	35 »	35 »
Porte-Saint-Martin	2	6	4	5	3	6	1	2	1	30	»	»	»	35 »	35 »
Hôpital-Saint-Louis	2	8	3	2	2	1	1	»	»	19	»	»	»	40 »	37 50
A reporter	93	129	109	63	58	57	36	40	7	592					

ARRONDISSEMENTS	QUARTIERS	CAVE	REZ-DE-CHAUSSÉE	ÉTAGES							TOTAUX			
				1er	2e	3e	4e	5e	6e	7e				
	Report.....	93	129	99	63	38	57	36	40	7	592			
11e..	Folie-Méricourt	5	7	5	»	5	2	2	»	»	26	»		
	Saint-Ambroise	2	6	»	2	»	1	2	1	»	14	»		
	Roquette	3	15	8	5	4	4	»	»	»	39	»		17 :
	Sainte-Marguerite	1	10	8	8	5	3	»	»	»	35	»		
12e..	Bel-Air	»	3	2	»	»	1	»	»	»	6	»		
	Picpus	3	4	3	5	1	»	»	»	»	16	»		
	Bercy	»	4	»	»	»	»	1	1	»	6	»		
	Quinze-Vingts	4	3	4	3	1	2	2	»	»	19	»		
13e..	Salpêtrière	»	4	1	2	1	1	»	1	»	10	»		
	Gare	»	5	7	3	1	1	»	»	»	17	»		
	Maison-Blanche	»	9	2	2	2	»	»	»	»	15	»		
	Croulebarbe	1	1	1	1	»	»	1	»	»	5	»		
14e..	Montparnasse	1	2	3	»	»	2	1	»	»	9	»		
	Santé	»	»	»	»	»	»	»	»	»	»	28"		
	Petit-Montrouge	1	2	4	1	1	»	1	1	»	11	»		
	Plaisance	1	6	3	1	1	1	»	1	»	14	»		
15e..	Saint-Lambert	»	4	»	»	1	1	»	»	»	6	»		
	Necker	1	5	2	2	1	»	»	»	»	11	»		
	Grenelle	2	3	7	3	2	»	»	»	»	17	»		
	Javel	2	6	1	»	»	»	»	»	»	9	»		
16e..	Auteuil	»	2	1	1	»	1	2	1	»	8	50	»	
	Muette	1	2	2	2	3	2	»	1	»	13	40	»	
	Porte-Dauphine	»	3	»	»	1	1	»	»	»	5	33	»	
	Bassins	2	4	3	1	2	»	»	»	»	12	26	»	16 :
17e..	Ternes	»	4	2	1	»	1	»	1	»	9	35	»	
	Plaine-Monceau	1	3	2	»	2	2	»	1	»	11	45	»	
	Batignolles	»	6	6	3	3	2	»	»	»	20	36	»	
	Épinettes	3	4	»	1	1	2	1	»	»	12	30	»	
18e..	Grandes-Carrières	4	5	5	»	5	1	»	2	»	22	»		
	Clignancourt	5	12	9	»	5	2	3	»	»	36	»		
	Goutte-d'Or	1	4	1	»	»	1	1	»	»	8	»		
	La Chapelle	1	1	»	»	»	»	»	»	»	2	»		
19e..	La Villette	2	2	3	1	1	»	»	»	»	9	»		
	Pont-de-Flandre	»	3	1	1	»	1	»	»	»	6	»		
	Amérique	»	3	1	1	»	»	»	»	»	5	»		
	Combat	1	2	1	1	2	»	1	»	»	8	»		
20e..	Belleville	1	7	5	1	»	»	»	»	»	14	»		
	Saint-Fargeau	»	3	1	»	»	1	»	»	»	5	»		
	Père-Lachaise	1	4	3	»	2	»	»	»	»	10	»		
	Charonne	2	6	1	1	1	1	»	»	»	12	»		
	TOTAUX.....	145	308	217	116	112	94	54	51	7	1,104			

Relevé des causes d'incendie.

DÉSIGNATION	NOMBRE	DÉSIGNATION	NOMBRE
		Report..........	510
...ices de construction.			
...chaleur......................	2	*Imprudences.*	
..., poêles sur le parquet..........	13		
...adossées à du bois............	22	Fumeurs..............................	2
...(absence de trémie)....	26	Ivrognes..............................	1
...crevassées......................	22	Autres........	12
... traversant une cheminée.......	4		
...aversant des boiseries..........	21	*Exercice d'industries.*	
Eclairage.			
		Étincelles de locomotive............... ...	4
...z..............................	15	Explosions...........	»
....	13	Goudron, cire, résine....	13
...diverses......................	97	Séchage de bois au four..	18
...pétrole et à essence............	122	Surchauffe de fours......................	3
...de lampes....................	8	Autres...................................	9
...le lumière....................	5		
...truments de chauffage.		*Maniement de substances dangereuses.*	
...à gaz.........................	[illegible]		
... éteinte......................	4	Alcool renversé....	11
...ude...................	3	Éther, essence..	75
...le près du foyer..	26	Fuites de gaz..........................	28
...du foyer........	39	Graisse renversée...	9
...es d'une cheminée.	3	Autres.................	10
..., réchauds abandonnés.........	15		
...e linge devant le feu.	10	*Autres causes.*	
...arbons ardents..	4		
		Aliénés	»
Allumettes.		Malveillance...	[illegible]
...s non éteintes...	18	Pièces d'artifice	[illegible]
...uant avec des allumettes.........	14		
....	1	Causes inconnues	394
A reporter........	510	TOTAL..........	1,104

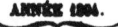

Dénombrement des feux d'après la nature du local ou la qualité

DÉSIGNATION	FEUX	DÉSIGNATION	FEUX	DÉSIG
Armurier	1	*Report*	234	
Bâtiments publics	15	Fabricants de bûches résineuses	10	Marchands de
Bijoutiers, horlogers	6	Fabricant de caoutchouc	1	Marchands de
Blanchisseuses	20	Fabricants de cartons	6	Marchand de
Bouchers, charcutiers	11	Fabricant de cirage	1	Marchands de
Boulangers, pâtissiers	34	Fabricant de gélatine	1	Mégissier
Brocanteurs	5	Fabricant d'huile	1	Merciers
Carrossiers	2	Gare	1	Modistes, fleur
Chapeliers	3	Herboriste	1	Papetiers, libr
Chaudronniers, ferblantiers	3	Hôteliers, logeurs	14	Peintres
Chiffonniers	3	Imprimeurs	12	Photographe
Coiffeur	1	Jardiniers	4	Relieur
Communautés religieuses	3	Lavoir	1	Restaurateurs
Concierges	14	Logements	682	Serruriers, mé
Confectionneurs	6	Marchands de bois, charbons	10	Scierie mécani
Cordonniers	11	Marchands de couronnes funéraires	2	Sculpteur
				Stations d'élect
Couturières, lingères	18	Marchand d'éponges	1	Tapissier
Doreurs, vernisseurs	3	Marchand forain	1	Teinturiers
Électricien	1	Marchand de futailles	1	Théâtres
Emballeurs, menuisiers	30	Marchand de graines	1	Vannier
Épiciers, comestibles	32	Marchands de meubles	3	Voie publique
Établissements de bains	3	Marchands de nouveautés, tailleurs	7	
Fabricants d'articles de Paris	9			
A reporter	234	*A reporter*	995	

Relevé des opérations de sauvetage de personnes faites par le

GENRES DE SAUVETAGES	NOMBRE DE CAS	NOMBRE DE PERSONNES retirées mortes	NOMBRE DE PERSONNES retirées vivantes	OBSER
Maisons incendiées	5	»	7	Deux femmes, à bras pa par l'échelle de sau femme et un enfant, à
		»	1	Un homme asphyxié, à l
		»	1	Un homme asphyxié, à l
		»	9	Une femme, à bras par bras par l'échelle; un guidés dans la fumée,
		»	1	Un homme, par un asc
Chute dans un puits	1	»	1	Un homme, tombé dans
Éboulements	2	»	1	Un homme, dans un pui
		»	1	Un homme, dans un égo
Écroulement d'une maison (à Boulogne-sur-Seine).	1	3	2	Trois femmes mortes; un
Divers	4	»	1	Un homme ivre, couché
		»	1	Un jeune homme, tomb rette, sans issue latéra
		»	1	Un fou, sur un toit.
		»	2	Deux égoutiers, surpris égout.
TOTAUX	13	3	29	

État des cas de mort survenus dans les incendies.

DATES	ADRESSES	NOMBRE DE PERSONNES mortes	CIRCONSTANCES SOMMAIRES
1er janvier	Rue Monge, 38	1	Une femme carbonisée, morte avant l'arrivée des sapeurs.
2 janvier	Rue Baudin, 27	1	Une femme carbonisée, morte avant l'arrivée des sapeurs.
4 janvier	Rue des Deux-Ponts, 32	1	Un homme asphyxié, mort avant l'arrivée des sapeurs.
11 février	Rue de Reuilly, 115	1	Un sergent tué par l'explosion d'un carburateur.
25 février	Rue de Charenton, 157	1	Une femme carbonisée, morte avant l'arrivée des sapeurs.
7 mai	Rue d'Angoulême, 72	1	Une femme carbonisée, morte avant l'arrivée des sapeurs.
9 juin	Rue Beaubourg, 3	1	Une femme morte des suites de ses brûlures.
octobre	Rue Richemont, 17	1	Une femme brûlée, morte avant l'arrivée des sapeurs.

Opérations diverses.

NATURE	NOMBRE DE CAS	OBSERVATIONS
Barrage de colonnes d'eau	1	
Barrage de colonnes de gaz	2	
Épuisement de bateaux	1	
Sauvetage d'un aérostat sur les toits	7	
Sauvetages d'animaux.		
Chevaux ayant les pieds engagés dans des regards d'égouts	22	
Chevaux tombés dans des fosses, caves, tranchées	14	Vivants.
Chevaux tombés dans la Seine et dans le canal Saint-Martin	3	Vivants.

RELEVÉ DES RÉCOMPENSES ACCORDÉES AUX MILITAIRES DU RÉGIMENT QUI SE SONT DISTINGUÉS PAR DES ACTES DE COURAGE ET DE DÉVOUEMENT.

Médaille militaire. — 3 caporaux, 1 clairon, 1 sapeur.

Médaille d'honneur en or de 2e classe. — 1 lieutenant, 1 adjudant, 1 sergent.

Médaille d'honneur en argent de 1re classe. — 2 sergents-majors.

Médaille d'honneur en argent de 2e classe. — 2 capitaines, 2 sergents, 5 caporaux, 2 clairons, 7 sapeurs.

Mentions honorables. — 1 capitaine, 1 sergent-major, 2 sergents-fourriers, 3 sergents, 10 caporaux, 1 clairon, 5 sapeurs.

Tableau des feux depuis 1875 jusqu'en 1894.

ANNÉES	FEUX DE CHEMINÉES	FEUX ÉTEINTS — Sans mettre en manœuvre	FEUX ÉTEINTS — par un seul engin	FEUX ÉTEINTS — par plusieurs engins	FEUX ÉTEINTS — GRANDS FEUX	FEUX ÉTEINTS — TOTAL	TOTAL DES FEUX IMPORTANTS	POUR CENT DES FEUX IMPORTANTS		POUR CENT DES GRANDS FEUX		DÉGATS CAUSÉS — INFÉRIEURS À 1,000 FRANCS — Nombre	DÉGATS CAUSÉS — INFÉRIEURS À 1,000 FRANCS — Valeur	DÉGATS CAUSÉS — DE 1,000 FRANCS ET AU-DESSUS — Nombre	DÉGATS CAUSÉS — DE 1,000 FRANCS ET AU-DESSUS — Valeur	DÉGATS CAUSÉS — TOTAL	VALEUR MOYENNE des DÉGATS PAR FEU	
													francs		francs	francs	francs	
1875	954			69	7	592	76	12.7		1.18			76,647	149	4,027,990	4,104,637	6,900	
1876	1,039			84	17	666	101	15.2		2.35			89,469	206	10,578,850	10,668,319	16,000	
1877	922			66	9	535	75	14.4		1.68			61,920	146	2,042,000	2,104,010	3,900	
1878	1,432			51	13	775	64	8.3		1.68			87,943	183	4,620,450	4,708,393	6,000	
1879	1,856			42	14	878	56	6.4		1.00			44,130	224	5,251,900	5,306,030	6,000	
1880	1,309			60	17		77	9.8	11.4	2.16	1.80		19,335	220	8,776,300	8,805,634	11,500	8,040
1881	1,585			84	16		100	10.6		1.69			[illegible]	[illegible]	15,058,000	15,183,600	15,900	
1882	1,656			143	18		161	16.4		1.83					7,590,100	7,729,315	7,800	
1883	1,668			79	17		96	10.1		1.88					7,434,900	7,563,914	8,300	
1884	1,671			80	15		95	11.0		1.73					5,960,900	6,085,337	6,900	
1885	1,654			65	12		77	8.7		1.36					5,110,500	[illegible]	5,700	
1886							73	7.7		1.15					6,090,490		6,800	
1887							80	8.1		1.04					4,299,700		4,400	
1888								7.0		1.08							7,000	
1889								6.23		1.32							4,300	
1890								9.23	6.95	0.85	1.03				02.200		8,770	6,443
1891								7.40		0.72							5,747	
1892								[illegible]		0.84							6,200	

Modes d'extinction employés pour éteindre les 1,104 incendies survenus en 1894.

244 avec des seaux d'eau par les sapeurs.
527 avec des seaux d'eau par les habitants.
13 avec du sable et des chiffons mouillés par les sapeurs.
41 avec du sable et des chiffons mouillés par les habitants.
7 avec lance sur robinet à l'intérieur d'un immeuble, par les sapeurs.
6 avec lance sur robinet à l'intérieur d'un immeuble, par les habitants.

140	avec...........................	1 lance.
71	avec...........................	2 lances.
1	avec...........................	2 lances (une pompe à vapeur).
8	avec...........................	3 lances.
3	avec...........................	3 lances (une pompe à vapeur).
11	avec...........................	4 lances.
3	avec...........................	4 lances (une pompe à vapeur).
1	avec...........................	5 lances.
3	avec...........................	5 lances (une pompe à vapeur).
2	avec...........................	6 lances.
3	avec...........................	6 lances (une pompe à vapeur).
2	avec...........................	7 lances.
1	avec...........................	8 lances.
2	avec...........................	8 lances (une pompe à vapeur).
1	avec...........................	8 lances (2 pompes à vapeur).
2	avec...........................	9 lances (une pompe à vapeur).
1	avec...........................	10 lances (une pompe à vapeur).
1	avec...........................	10 lances (2 pompes à vapeur).
1	avec...........................	12 lances (une pompe à vapeur).
2	avec...........................	13 lances (une pompe à vapeur).
1	avec...........................	16 lances (2 pompes à vapeur).
1	avec...........................	16 lances (3 pompes à vapeur).
2	avec...........................	16 lances (4 pompes à vapeur).
1	avec...........................	17 lances (4 pompes à vapeur).
1	avec...........................	25 lances (4 pompes à vapeur).
1	avec...........................	48 lances (8 pompes à vapeur).
1,104		

RECRUTEMENT DE L'ARMÉE

Extraits de la loi du 15 juillet 1889 sur le recrutement de l'armée

Art. 10. — Chaque année, pour la formation de la classe, les tableaux de recensement d gens ayant atteint l'âge de 20 ans révolus dans l'année précédente et domiciliés dans communes de canton sont dressés par les maires : 1° sur la déclaration à laquelle sont jeunes gens, leurs parents ou leurs tuteurs; 2° d'office d'après les registres de l'état civ autres documents et renseignements. Ces tableaux contiennent la profession de chacun d gens inscrits.....

Art. 13. — Sont considérés comme légalement domiciliés dans le canton : 1° les jeu même émancipés, engagés, établis au dehors, expatriés, absents ou en état d'emprisonne d'ailleurs, leur père, leur mère ou leur tuteur est domicilié dans une des communes du ou si leur père expatrié avait son domicile dans une desdites communes (1); 2° les jeu mariés dont le père, ou la mère, à défaut du père, sont domiciliés dans le canton, à moi ne justifient de leur domicile réel dans un autre canton; 3° les jeunes gens mariés et d dans le canton, alors même que leur père et leur mère n'y seraient pas domiciliés; 4° l gens nés et résidant dans le canton qui n'auraient ni leur père, ni leur mère, ni un tute jeunes gens résidant dans le canton qui ne seraient dans aucun des cas précédents et qui fleraient pas de leur inscription dans un autre canton.

Art. 20. — Sont exemptés, par le conseil de révision siégeant au chef-lieu du canton, l gens que leurs infirmités rendent impropres à tout service actif ou auxiliaire.

Art. 27. — Peuvent être ajournés deux années de suite à un nouvel examen du conseil sion les jeunes gens qui n'ont pas la taille réglementaire de 1 m. 54 c. ou qui sont recon complexion trop faible pour un service armé..... A moins d'une autorisation spéciale, astreints à comparaître à nouveau devant le conseil de révision du canton devant lequ comparu. Ceux qui, après examen définitif, sont reconnus propres au service armé ou a sont soumis, selon la catégorie dans laquelle ils sont placés, aux obligations de la classe à ils appartiennent.

Extraits de l'instruction du 13 mars 1894 sur l'aptitude physique au s militaire (2).

I. — CONSIDÉRATIONS PRÉLIMINAIRES.

EXEMPTION.

La loi sur le recrutement de l'armée, du 15 juillet 1889, exempte du service militaire l gens que leurs infirmités rendent impropres à tout service (art. 20).

---

(1) De cet article de la loi il résulte qu'un certain nombre de jeunes gens, nés dans les départements dant à Paris, sont considérés comme légalement domiciliés dans leur commune d'origine. Cela arrive lo parents ont conservé leur domicile dans cette commune.

(2) Cette instruction entre dans un très grand nombre de détails que nous ne pouvons reproduire ici e importance. Nous avons passé sous silence les prescriptions qui ont pour but de déjouer les fraudes. Nou disons que ce qui concerne les infirmités qui figurent dans nos tableaux statistiques; nous leur conser leurs le numéro d'ordre qu'elles ont dans l'*Instruction*. Nous remplaçons par quelques points les pa nous avons supprimés dans l'intérieur d'un paragraphe.

Cette exemption est prononcée en séance publique par un conseil de revision assisté d'un médecin, qui examine les jeunes gens et donne son avis sur leur aptitude au service militaire (art. 18).

Cet avis est consigné dans une colonne spéciale en face de chaque nom sur les tableaux de recensement.

AJOURNEMENT.

Le conseil de revision peut décider, deux années de suite, l'ajournement des jeunes gens qui sont au-dessous de la taille minima de 1 m. 51 c. ou qui sont d'une complexion trop faible pour faire immédiatemeni un service actif (art. 27).

Avant qu'il soit statué, le médecin doit examiner si la faiblesse de constitution des sujets n'est attribuable qu'à une croissance trop rapide ou à une évolution tardive de l'organisme, et émettre son avis sur les chances d'amélioration que peuvent apporter une ou deux années de délai.

SERVICE AUXILIAIRE.

Le conseil de révision classe dans le service auxiliaire les jeunes gens qui, en raison de certaines défectuosités, ne sont pas aptes au service actif et qui, néanmoins, peuvent être utilement employés à certains services de seconde ligne ou de l'arrière (art. 20).

Le conseil de révision s'inspirera, pour le classement dans le service auxiliaire, des considérations ci-après, résultant des définitions données lors de la discussion de la loi tant à la Chambre des députés qu'au Sénat. Le service auxiliaire comprend deux catégories de jeunes gens : d'abord ceux qui n'ont pas la taille de 1 m. 54 c., puis ceux qui sont atteints d'infirmités ou de difformités qui, sans motiver l'exemption, les rendent absolument incapables d'un service actif. Ces jeunes gens ne sont jamais appelés, si ce n'est dans le cas de mobilisation ou de guerre.

Le médecin doit s'assurer qu'il n'existe aucune maladie ou infirmité pouvant diminuer d'une façon notable la faculté de travailler, ou constituer une difformité repoussante, et fait encore connaître, avant le vote du conseil de révision, quelles sont les conclusions de son examen.

II. — MODE D'EXAMEN DES HOMMES.

L'homme à examiner devant le conseil de révision doit se présenter entièrement nu.......

Dès que l'homme s'avance devant le conseil, on juge d'un coup d'œil général s'il existe des défectuosités saillantes dans la conformation ou dans la marche, et on complète cet examen d'ensemble en plaçant le sujet debout sur une natte, les talons rapprochés, les bras pendant sur les côtes du corps, les mains ouvertes et la paume dirigée en avant.

On passe ensuite successivement à l'examen détaillé des différentes parties du corps, en commençant par la tête et en procédant de chaque région de l'extérieur à l'intérieur; on interroge chaque organe et on s'assure, par tous les moyens d'investigation :

1° S'ils sont sains, bien conformés, et si rien ne porte obstacle à la plénitude des mouvements nécessaires à la profession des armes ;

2° Si aucune partie ne peut souffrir du port des vêtements, de l'équipement et des armes ;

3° Si, par suite de faiblesse organique, de prédispositions morbides ou de maladie déjà existante, la santé et la vie du sujet ne seraient pas directement compromises par les circonstances habituelles de la vie militaire ;

4° Si quelque infirmité ou maladie, sans gêner l'exercice des fonctions, est de nature à être

transmise ou à exciter le dégoût et, par cela même, incompatible avec la vie en com
soldats.

On peut, dans cet examen, recourir à tous les moyens d'exploration exempts d'incon
tels que stéthoscopes, rubans métriques, instruments optométriques, ophtalmoscopes, c
spéculums, etc.

L'emploi local des mydriatiques, étant reconnu inoffensif, est autorisé devant les c
révision ; mais l'usage des anesthésiques généraux est interdit.

Les difficultés habituelles du diagnostic médical sont souvent augmentées par des tent
fraude contre lesquelles la sagacité du médecin doit toujours être en garde.......

III. — MALADIES, INFIRMITÉS OU VICES DE CONFORMATION QUI RENDENT IM AU SERVICE MILITAIRE.

1. *Faiblesse de constitution.* — La faiblesse de constitution, suivant ses degrés, motiv
tion, l'ajournement ou l'envoi dans le service auxiliaire, mais seulement après le troisièm
devant le conseil de révision.

8. *Tuberculose.* — Les indices de tuberculose généralisée ou localisée dans un org
conque motivent toujours l'exemption et la réforme immédiates. Il importe de ne pas at
déclarations des malades et d'assurer, par les enquêtes et examens nécessaires, l'exclusic
de l'armée des militaires atteints de cette affection.

31. *Paralysie.* — Les paralysies provenant d'une affection des centres nerveux sont
souvent incurables ; elles entraînent l'exemption et la réforme. Au contraire, les par
nature syphilitique, rhumatismale, par intoxication saturnine ou par maladie infectie
qui sont produites par une lésion traumatique peu considérable, une contusion, une co
prolongée, etc., étant susceptibles de guérison, ne motivent l'exemption que si elles
des troubles fonctionnels importants.......

49. *Teignes.* — Nécessitent l'exemption et la réforme : le favus ou teigne faveuse (ac
la pelade lorsqu'elle est très étendue et présente les caractères de l'incurabilité.......

50. *Alopécie et calvitie.* — L'alopécie reconnue incurable, occupant une grande
lorsque les cheveux seront rares, grêles, courts, rabougris et cassants, motive le classe
le service auxiliaire, l'exemption ou la réforme, selon le degré.......

68. *Affections aiguës, chroniques, de l'oreille externe et de l'oreille moyenne.* — Les
aiguës de l'oreille peuvent motiver le délai d'examen jusqu'à la fin de la tournée du
raison de leurs terminaisons variables.

Les maladies chroniques avec ou sans écoulement puriforme ou purulent sont
d'exemption et peuvent nécessiter la réforme ; telles sont : l'otite externe, suivie de l'inf
de la membrane du tympan ; l'otite moyenne, qu'elle soit catarrhale, sèche ou purulent
sans perforation de la membrane du tympan.

Dans ces cas, l'application de l'otoscope révèle l'existence de lésions organiques dan
brane du tympan et de la caisse.

La perforation du tympan, sans complication d'otorrhée, est compatible avec le ser
liaire.

L'inspection des fosses nasales, de la bouche et du pharynx, par la vue seule, suffit
ment pour reconnaître les maladies connexes de l'otite moyenne, catarrhale ou purulent
le coryza chronique, l'hypertrophie des amygdales, la pharyngite granuleuse, muco-

diathésique, etc. ; la paralysie diphtérique du voile du palais, les tumeurs diverses comprimant, déplaçant ou obstruant le pavillon de la trompe d'Eustache.

On s'assure de la perméabilité de la trompe en faisant faire au sujet des efforts d'expiration, la bouche et les narines étant fermées, pour chasser l'air dans la caisse. Ce procédé, seul applicable séance tenante devant les conseils de révision, n'est susceptible de donner un résultat positif qu'autant que la membrane du tympan est perforée et que l'air insufflé s'échappe par le conduit auditif, en produisant un bruit appréciable.

71. *Surdité.* — .... En principe, l'affaiblissement de l'ouïe porté à un degré qui permet d'entendre la voix à une petite distance est compatible avec le service auxiliaire.......

En résumé, les sourds ou ceux qui se prétendent tels peuvent être classés en trois catégories : 1° ceux qui sont atteints d'une maladie de l'oreille curable, qui n'est pas de nature à occasionner une gêne de l'audition telle que celle qu'ils accusent. Ils devront être déclarés propres au service ; 2° ceux qui sont atteints d'une maladie de l'oreille susceptible d'entraver l'audition à un point qu'il est difficile et quelquefois impossible d'apprécier séance tenante. Ils doivent être renvoyés à un nouvel examen après la séance du conseil de révision ou à la fin de sa tournée et avant la clôture de ses opérations ; 3° ceux chez lesquels l'examen ne révèle aucune lésion. Dans cette troisième catégorie, les uns prétendent n'entendre que la voix haute et avouent cependant percevoir les vibrations du diapason comme à l'état normal ; les autres, contrairement aux conditions physiologiques de l'expérience, disent ne recevoir les vibrations que dans l'oreille laissée ouverte lorsqu'on ferme alternativement l'une et l'autre oreille : d'autres enfin prétendent ne pas ressentir les vibrations du diapason, tandis qu'ils répondent aux questions qui leur sont faites à haute voix. Les hommes rentrant dans la 3e catégorie sont suspects de simulation et doivent être gardés en observation.

Tout doute doit être levé pour ceux qui n'entendent absolument rien, ni les bruits extérieurs, ni les vibrations du diapason, lorsqu'ils produisent un certificat de notoriété et d'enquête attestant la réalité de leur état. La surdité reconnue motive l'exemption et la réforme.

85. *Diminution de l'acuité visuelle.* — 1° L'aptitude au service actif exige une acuité visuelle binoculaire supérieure ou tout au moins égale à 1/2, sans correction par des verres, excepté pour la myopie. D'autre part, l'acuité visuelle monoculaire ne doit descendre ni pour l'œil droit ni pour l'œil gauche au dessous de 1/10.

2° Seront versés dans le service auxiliaire les jeunes gens qui ont une acuité visuelle entre 1/2 et 1/4 de l'un des yeux, à condition que l'acuité visuelle de l'autre œil ne soit pas inférieure à 1/10. Ici encore, la correction par les verres ne sera faite qu'en cas de myopie.

Une acuité visuelle inférieure aux limites indiquées ci-dessus confère l'exemption et entraîne la réforme.

L'acuité visuelle se mesure au moyen de l'échelle typographique placée à 5 mètres.

86. *Myopie.* — La myopie entraîne l'exemption du service actif et la réforme :

1° Quand elle est supérieure à 6 dioptries ;

2° Quand, la myopie étant égale ou inférieure à 6 dioptries, l'acuité visuelle n'est pas ramenée par des verres concaves aux limites indiquées au premier paragraphe de l'art. 85 ; dans ce cas, si l'acuité visuelle est ramenée par des verres concaves aux limites indiquées au deuxième paragraphe de l'art. 85, la myopie est compatible avec le service auxiliaire.

La myopie supérieure à 6 dioptries est compatible avec le service auxiliaire, à condition que l'acuité visuelle soit ramenée par des verres concaves aux limites stipulées au deuxième paragraphe de l'art. 85 et qu'il n'y ait pas de lésions choroïdiennes étendues.

87. *Hypermétropie et astigmatisme.*— L'hypermétropie et l'astigmatisme entraînent l'exemption du service actif et la réforme lorsqu'ils déterminent un abaissement de l'acuité visuelle au-dessous des limites fixées dans le premier paragraphe de l'art. 85.

Sont versés dans le service auxiliaire les jeunes gens atteints d'hypermétropie et d'as
déterminant l'abaissement de l'acuité visuelle, défini dans le paragraphe 2 de l'art. 85.

88. *Amblyopie.* — Il existe un certain nombre de cas dans lesquels la diminution
visuelle ne répond à aucune altération appréciable de l'œil. Si la pupille est moyennem
peu sensible aux projections lumineuses directes, et au contraire sensible aux excita
rétine de l'autre œil; s'il y a une déviation en dehors de l'œil affaibli, si l'examen fai
un léger degré d'hypermétropie, les allégations du sujet peuvent être regardées comm
blables.

La simulation de l'amblyopie unilatérale est fréquente.......

99. *Affections des muscles de l'œil.* — Le strabisme fonctionnel est compatible avec
actif ou le service auxiliaire suivant le degré de diminution de l'acuité visuelle, ainsi
dit à l'art. 85; il entraîne l'exemption et la réforme si l'abaissement de l'acuité visuelle
limites fixées.

La paralysie de l'un ou de plusieurs muscles de l'œil nécessite l'exemption. La réforn
prononcée qu'après l'échec d'un traitement rationnel.

Le nystagmus entraîne les mêmes conclusions dans les mêmes conditions.

103. *Ozène.* — La punaisie ou ozène entraîne l'exemption, voire même la réforme, si
pas curable.......

111. *Dents mauvaises.* — Une bonne denture est la première condition d'une bonne
tion; par contre, un mauvais état des dents est incompatible avec le service actif. L'
peut être prononcée toutes les fois que la mastication est difficile et incomplète, par suite
ou de l'altération d'un grand nombre de dents, surtout si ce mauvais état des dents s'a
de ramollissement, d'ulcération et d'état fongueux des gencives, ou si la constitution d
faible et détériorée. La réforme sera prononcée dans les mêmes conditions.

On classera dans le service auxiliaire les sujets qui, malgré la perte d'un grand nombr
ont les gencives en bon état, et dont la nutrition est satisfaisante.

L'absence de dents peut être le résultat d'une manœuvre coupable; on ne peut cepend
mer, lors même que les dents restantes sont saines et que la constitution est bonne. T
est permis, en pareil cas, de se montrer plus rigoureux pour prononcer l'exemption.

112. *Dents surnuméraires.* — Les dents surnuméraires ou déviées ne peuvent pas
l'exemption.

113. *Fistules dentaires.* — Les fistules dentaires qui s'ouvrent à la face sont général
ries par l'avulsion de la dent malade et ne constituent pas une cause d'inaptitude
militaire.

114. *Fétidité de l'haleine.* — La fétidité de l'haleine, qu'elle dépende du mauvais état
ou d'une autre cause, doit déterminer l'exemption, lorsqu'elle est tellement prononcée q
être insupportable pour les autres personnes. Il faut auparavant s'assurer si elle ne tie
malpropreté de la bouche ou à une supercherie.

117. *Bégaiement.* — Le bégaiement est compatible avec le service actif et n'entraîne l'
que quand il est assez prononcé pour empêcher de crier qui vive ou de transmettre intell
une consigne. Dans le cas contraire, il est classé dans le service auxiliaire.

Cette infirmité, souvent simulée ou exagérée, doit toujours être confirmée par un
publique. L'examen auquel on soumet les sujets qui s'en disent atteints ne conduit gé
qu'à des probabilités et ne permet pas d'affirmer que le bégaiement soit vrai ou simulé.

133. *Goitre, kystes du corps thyroïde.*—Les tumeurs désignées sous le nom générique

l'hypertrophie, les kystes de la glande thyroïde, le développement même peu considérable du lobe médian, quand il atteint la fourchette sternale et se prolonge au dessous d'elle, déterminent l'inaptitude à la profession des armes. Cependant, dans les pays où le goitre est endémique, cette affection, lorsqu'elle est récente, peu développée, sans induration, sans complication de kystes, étant susceptible de guérison par le fait seul du changement de climat et d'habitudes qu'amène la vie militaire, ne saurait être une cause suffisante d'exemption, surtout du service auxiliaire.......

159. *Tuberculose pulmonaire.* — Le médecin doit apporter dans cet examen la plus grande attention; la tuberculose pulmonaire, qu'il faut surtout se garder d'importer dans l'armée, n'est pas toujours facile à reconnaitre à son début, et, fréquemment, les signes fournis par la percussion et l'auscultation peuvent être douteux : mais assez souvent l'habitus externe permet, jusqu'à un certain point, d'affirmer la prédisposition à la tuberculisation.

Non-seulement la tuberculose confirmée est une cause d'exemption et de réforme, mais l'exemption doit encore être prononcée toutes les fois qu'il y a imminence de tuberculisation pulmonaire, et la réforme est urgente, même lorsque la maladie est à son début.

173. *Hernies.* — Toute hernie abdominale, inguinale, crurale, ombilicale, épigastique, etc., simple ou compliquée, réductible ou non, motive l'exemption.

Les hernies inguinales et crurales ne s'étendant pas au delà de l'orifice externe du canal sont compatibles avec le service auxiliaire.

La réforme doit être prononcée dans les cas suivants : 1° éventration; 2° hernie double, inguinale ou crurale; 3° hernie volumineuse, difficile à réduire et à maintenir réduite; 3° hernie péritonéo-vaginale avec descente incomplète ou adhérence du testicule en avant du canal inguinal extrême.

La hernie ne peut être simulée : quelquefois des fourbes cherchent à donner le change en portant un bandage herniaire.......

182. *Déviations du rachis.* — La lordose et la scoliose latérale impliquent l'impossibilité de servir, si elles sont assez prononcées pour constituer une difformité.......

184. *Fractures, luxations et caries.* — Les fractures et les luxations, l'ostéite tuberculeuse des vertèbres, l'arthrite et l'ankylose des articulations vertébrales peuvent amener des déformations du rachis ou gibbosités, qui se distinguent des déviations précédentes : elles motivent toujours l'exemption et souvent la réforme.

217. *Vices de conformation. — Affection du pénis.* — L'hermaphrodisme, l'absence du pénis, la perte partielle ou totale du pénis par suite de blessures ou de mutilations, nécessitent l'exemption et la réforme.

L'atrophie du pénis, si prononcée qu'elle soit, ne saurait motiver l'exemption, à moins qu'elle ne se complique ou ne s'accompagne d'une atrophie des testicules.

Le phimosis et le paraphimosis, auxquels il est facile de porter remède, ne réclament ni l'exemption ni la réforme. Il en est de même des ulcérations et des végétations syphilitiques, à l'exception, cependant, des ulcères phagédéniques qui auraient détruit une partie notable de la verge.

218. *Affections des bourses.* — Les affections cutanées, qui causent une démangeaison insupportable et ne peuvent que s'aggraver sous l'influence du frottement occasionné par la marche et le contact des vêtements de laine, exigent l'exemption, plus rarement la réforme.

Les plaies, les déchirures du scrotum, les contusions, les infiltrations de sang, entraînent rarement l'exemption. Il importe de noter que la cicatrisation de ces plaies se fait facilement et presque toujours sans adhérences, en raison de la laxité des tissus.

Les phlegmons, les abcès ne comportent l'exemption que s'ils se rattachent à des lésions des voies urinaires.......

219. *Varicocèle.* — Le varicocèle n'entraine l'impossibilité de servir qu'autant qu'il
reux ou que, par son volume considérable, il détermine une gêne prononcée dans la
ces cas sont exceptionnels.

220. *Hydrocèle, hématocèle.* — L'hydrocèle simple du cordon ou de la tunique va
volumineuse et susceptible de guérir par un procédé thérapeutique ordinairement sans
motive pas l'exemption.

Au contraire, l'hydrocèle volumineuse ou symptomatique d'une lésion appréciable d
et l'hématocèle de la tunique vaginale entrainent l'exemption et la réforme, si elles
rables.

221. *Perte, atrophie des testicules.*—La perte des deux testicules par suite d'opération ou
l'atrophie de ces deux organes, acquise ou congénitale, portée à un haut degré, entraine
tion. La perte ou l'atrophie d'un testicule, l'autre restant sain, est compatible avec le s
taire.

222. *Anorchidie et cryptorchidie.* — L'exemption est réservée aux cas où le testicule e
l'anneau ou dans le canal ou tout contre l'orifice inguinal, en raison des douleurs qu'il
de la prédisposition aux hernies qu'il entraine et de l'obstacle qu'il présente à l'applic
bandage.

223. *Tumeurs du testicule.* — Les orchites chronique, tuberculeuse, syphilitique, ren
au service militaire.

L'enchondrôme, l'encéphaloïde et les autres dégénérescences du testicule sont des cau
d'exemption et de réforme.

224. *Spermatorrhée.* — La spermatorrhée ne peut être constatée devant un conseil d
d'ailleurs, cet état morbide, généralement curable, ne peut être considéré comme
d'exemption.

231. *Varices.* — Les varices ne sont pas incompatibles avec le service actif; elles n'e
classement dans le service auxiliaire que lorsqu'elles se présentent avec des flexuo
nœuds très apparents, ou lorsque la dilatation variqueuse atteint à la fois le réseau s
profond, ou bien lorsqu'elle occupe les deux membres ou un seul membre avec un vari
noncé; lorsque les varices se compliquent d'altérations trophiques de la peau et d'ul
entrainent l'exemption.

234. *Lésions et mutilations des doigts de la main.* — Les lésions et mutilations suiva
nent l'exemption ou la réforme :

1° Perte ou luxation du pouce ou d'une de ses phalanges;

2° Perte totale de l'index si les autres doigts ont perdu leur fonctionnement norm
cas contraire, la perte totale de l'index est compatible avec le service actif.

La perte partielle de l'index avec intégrité des mouvements des articulations con
compatible avec le service actif.

La perte d'une ou de deux phalanges de l'index, s'il y a en même temps ankylose r
angulaire des articulations conservées, confère le classement dans le service auxiliaire

3° Perte de deux doigts ou de deux phalanges de deux doigts;

4° Perte simultanée de trois phalanges intéressant l'index et le médius;

5° Perte simultanée d'une phalange de l'index, du médius et de l'annulaire de la
seulement.

235. *Incurvation, flexion et extension permanente des doigts.* — La raideur, l'incu
flexion ou l'extension permanente d'un ou de plusieurs doigts peuvent être congénitales

et reconnaître des causes très diverses : cicatrices, rétractions fibreuses, sections et adhérences musculaires ou tendineuses, paralysies, altérations des phalanges ou de leurs articulations. Elles déterminent l'incapacité de servir, excepté dans les cas où elles sont très limitées et n'entravent pas les fonctions de la main, ou lorsque la flexion, quoique assez marquée, porte sur l'auriculaire, disposition assez fréquente chez les hommes habitués aux travaux manuels.

Les doigts surnuméraires motivent le classement dans le service auxiliaire, à moins qu'ils n'apportent une gêne considérable aux fonctions de la main. Dans ce cas ils confèrent l'exemption.

236. *Doigts palmés*. — Les doigts palmés sont une cause d'exemption du service militaire, lorsque la membrane qui les réunit s'oppose au libre exercice de leurs fonctions.

237. *Difformités professionnelles des membres*. — Développées dans certaines régions par le travail professionnel, les difformités des membres ne sont une cause d'exemption que lorsqu'elles entraînent une gêne notable dans les fonctions.

238. *Pied bot*. — Les pieds bots, quels qu'en soient la variété et le degré, entraînent l'inaptitude au service. Un faible degré de pied bot peut être provoqué par une mauvaise attitude du pied, soit permanente, soit momentanée.

239. *Pied plat*. — La pied plat, avec saillie anormale de l'astragale et du scaphoïde au-dessous de la malléole interne et projection de l'axe de la jambe en dedans de l'axe du pied, peut seul exempter du service militaire.

Le simple effacement de la voûte n'est pas un motif d'incapacité de servir, surtout dans la cavalerie.

§IV. — APTITUDE AU SERVICE AUXILIAIRE.

Les jeunes gens reconnus impropres au service actif ou armé ne doivent être désignés pour le service auxiliaire que s'ils ont l'aptitude physique nécessaire pour remplir les obligations qui leur incomberont lorsqu'ils seront appelés à servir. Ils ne doivent avoir aucune maladie ou infirmité qui puisse diminuer d'une manière notable la faculté de travailler ou constituer une difformité repoussante. Toutefois, n'ayant pas, au même degré que les jeunes gens classés dans le service actif, à supporter des fatigues et des privations prolongées, ils peuvent présenter certaines infirmités légères compatibles avec leurs fonctions.

Parmi les infirmités qui permettent l'admission dans le service auxiliaire, il en est qui, à un degré moins prononcé, sont également compatibles avec le service actif. De cette circonstance peut résulter quelque hésitation à classer les sujets dans l'un ou dans l'autre de ces deux services. C'est pour faire cesser toute indécision à cet égard qu'a été établie la seconde partie de cette instruction, à laquelle on n'a pas jugé nécessaire de donner autant d'étendue qu'à la première relative au service armé. Si quelques infirmités, pouvant donner lieu à l'admission dans le service auxiliaire, ne s'y trouvent pas comprises, on pourra facilement suppléer à cette lacune en s'inspirant des conditions où se trouveront ces hommes, dans les bureaux, magasins, arsenaux, ateliers, chantiers de terrassement, etc., services dans lesquels ils sont à l'avance répartis pour le temps de guerre.

INFIRMITÉS OU DIFFORMITÉS COMPATIBLES AVEC LE SERVICE AUXILIAIRE.

Sont compatibles avec le service auxiliaire :

1. — La faiblesse de constitution, si après le troisième examen devant le conseil de révision elle ne nécessite pas l'exemption.

2. — L'obésité qui n'aura pas motivé l'exemption par son développement excessif.

3. — Le pytiriasis et l'ichtyose, si le premier n'occupe pas de grandes surfaces et si n'est pas généralisé.

4. — Les tumeurs bénignes, kystes, lipomes, etc., les cicatrices, siégeant dans des r elles seraient incompatibles avec le port des effets ou de l'équipement réglementaires.

5. — Les nævi materni et les tumeurs érectiles qui sont peu développés ou qui, bien (mineux et étendus, ne sont pas exposés à des pressions habituelles.

6. — L'alopécie occupant une certaine étendue et indépendante du favus et de la p tumeurs bénignes du crâne : loupe, exostose; les productions cornées, les cicatrices d'autre inconvénient que d'apporter une gêne à la coiffure militaire : casque ou shako.

7. — La perte du pavillon de l'oreille, si elle est totale ; son adhérence partielle aux crâne, ses déformations ou malformations, si elles sont peu étendues.

8. — La perforation de la membrane du tympan sans complication d'otorrhée.

9. — La laideur extrême, telle qu'elle est définie à l'art. 73, lorsqu'elle ne suffit pas à l'exemption.

10. — Les mutilations de la face, telles qu'elles sont définies à l'art. 75, lorsqu'elles ne pas à conférer l'exemption.

11. — Le symblépharon qui, sans amener une grande gêne dans le mouvement des n'est pas un obstacle à la fonction visuelle.

12. — La blépharite ciliaire ancienne sans renversement des paupières.

13. — Les opacités de la cornée, les exsudats de la pupille, suivant le degré de dimi l'acuité visuelle défini au § 2 de l'art. 85.

14. — La myopie supérieure à six dioptries, à condition que l'acuité visuelle soit ram des verres concaves aux limites stipulées au § 2 de l'art. 85, et qu'il n'y ait pas de lésio diennes étendues.

15. — L'hypermétropie et l'astigmatisme, lorsqu'ils déterminent l'abaissement de visuelle défini dans le § 2 de l'art. 85.

16. — Le strabisme fonctionnel, si la diminution de l'acuité visuelle est telle qu'elle e au § 2 de l'art. 85.

17. — La perte d'un grand nombre de dents, si les gencives ne sont pas altérées et si l tution du sujet est satisfaisante.

18. — Le bec-de-lièvre congénital ou accidentel simple et peu étendu.

19. — Le bégaiement, quand il est assez prononcé pour empêcher de transmettre int ment une consigne.

20. — Les tumeurs du cou : le goitre, les kystes séreux, les adénites peu développées sont une cause de l'exclusion du service actif qu'en raison de la gêne causée par l'ha militaire.

21. — Les déformations de la poitrine : enfoncement ou saillie du sternum ou des côte nuisent pas aux fonctions des organes internes; les arrêts de développement, les c vicieuses, les pseudarthroses de la clavicule, les déformations de l'omoplate qui n'entr les mouvements des membres supérieurs.

22. — Les hernies inguinale et crurale ne dépassant pas l'orifice externe du canal.

23. — La cryptorchidie, lorsque le sujet présente les caractères généraux de la virilité.

24. — Les difformités congénitales ou acquises des membres qui n'entravent pas notablement leurs fonctions, telles que : un cal volumineux et même légèrement difforme; une incurvation modérée des membres supérieurs ou inférieurs : l'inégalité des membres supérieurs; le raccourcissement d'un membre inférieur, s'il n'en résulte qu'une légère claudication.

25. — Les varices, se présentant dans les conditions de non-acceptation pour le service actif, stipulées art. 231.

26. — L'hygroma chronique, les kystes synoviaux assez prononcés pour exclure du service armé, ne compromettant pas néanmoins le jeu des articulations.

27. — La raideur d'une articulation avec diminution légère de l'étendue des mouvements et qui ne nuit pas très sensiblement à l'action des membres, telles que : l'extension incomplète de l'avant-bras sur le bras, la flexion incomplète de la jambe sur la cuisse, les mouvements opposés étant entièrement libres; la flexion permanente et complète de l'auriculaire de l'une ou l'autre main, la flexion incomplète de plusieurs doigts.

28. — L'incurvation, la perte ou la mutilation des doigts ou des orteils, non compatibles avec le service actif, qui ne gênent pas notablement les fonctions de la main et du pied.

29. — Les doigts et orteils surnuméraires, le chevauchement des orteils, les orteils en marteau, l'exostose sous-unguéale se présentant dans les conditions de non-acceptation pour le service actif.

30. — Le défaut de taille constaté par le troisième examen devant le conseil de révision, après deux ajournements.

13	46	9	»	12	14	13	8	1
22	87	12	»	12	15	20	12	»
26	139	24	»	16	18	21	11	2
36	104	26	»	21	20	23	22	2
33	105	33	3	20	24	30	14	»
28	52	12	1	14	12	13	8	»
26	66	8	1	13	16	29	5	»
14	53	14	»	13	12	37	7	1
26	56	6	1	24	21	27	18	»
67	154	28	6	24	29	43	16	3
336	565	69	10	31	64	81	22	»
129	82	14	16	8	20	45	8	7
35	103	105	4	13	24	65	5	6
85	113	19	»	18	23	47	12	»
56	131	33	»	18	34	63	10	12
25	49	9	1	13	14	27	4	8
91	162	26	9	24	32	69	14	»
111	192	34	»	31	36	88	26	»
99	135	66	7	26	57	104	12	11
138	376	60	9	25	36	88	16	»
1,386	2,737	627	68	396	541	903	250	53

ARRONDISSEMENTS	DEGRÉ D'INSTRUCTION: Ne sachant ni lire ni écrire	Sachant lire seulement	Sachant lire et écrire seulement	Ayant une instruction primaire plus développée	Ayant obtenu le diplôme ou le brevet institués par la loi du 21 juin 1865	Bacheliers ès-lettres, bacheliers ès-sciences	Dont on n'a pu vérifier l'instruction	TOTAL	JEUNES GENS AYANT: moins de 1ᵐ 54	de 1ᵐ 54 à 1ᵐ 62	1ᵐ 63	1ᵐ 64	1ᵐ 65	1ᵐ 66	de 1ᵐ 67 à 1ᵐ 69	de 1ᵐ 70 à 1ᵐ 72	de 1ᵐ 73 et au-dessus	dont on n'a pu constater la taille	TOTAL
1ᵉʳ	2	6	15	316	4	21	16	380	3	83	13	20	21	23	71	50	68	19	380
2ᵉ	4	8	25	367	9	30	10	453	4	103	23	23	35	29	02	75	84	15	450
3ᵉ	1	10	36	588	3	17	20	677	16	156	40	46	53	42	123	79	95	27	677
4ᵉ	9	17	51	690	8	33	68	776	10	170	37	42	44	56	139	112	104	56	776
5ᵉ	3	7	62	639	29	55	22	817	11	208	50	50	41	52	137	104	149	18	817
6ᵉ	2	5	10	539	9	61	7	633	10	138	28	25	32	31	111	98	113	17	633
7ᵉ	1	4	10	461	5	42	4	527	5	101	23	25	32	33	117	81	82	28	527
8ᵉ	3	3	7	430	3	70	6	522	8	95	17	24	28	29	106	79	114	22	522
9ᵉ	4	5	12	613	8	64	11	717	12	135	35	30	46	46	144	98	136	35	717
10ᵉ	5	15	58	974	5	40	15	1,112	25	303	53	57	61	67	198	140	159	49	1,112
11ᵉ	10	21	98	1,619	7	31	24	1,810	52	481	88	110	114	126	317	233	269	20	1,810
12ᵉ	6	17	44	704	3	12	6	792	16	206	43	52	42	58	147	102	107	19	792
13ᵉ	13	31	39	851	5	9	4	952	24	300	34	53	65	55	147	135	115	24	952
14ᵉ	7	10	24	753	10	31	9	844	21	219	48	47	52	56	137	125	107	42	844
15ᵉ	14	20	38	864	16	12	11	972	29	255	65	56	67	59	152	123	124	42	972
16ᵉ	2	11	17	467	4	55	2	558	9	114	24	33	33	22	105	74	112	32	558
17ᵉ	5	15	27	1,093	8	62	14	1,224	19	291	49	60	84	80	222	174	219	26	1,224
18ᵉ	20	32	39	1,551	6	43	19	1,710	31	450	92	99	120	106	271	239	254	48	1,710
19ᵉ	14	25	33	1,002	4	25	17	1,120	18	285	70	57	66	68	181	150	173	52	1,120
20ᵉ	9	17	41	1,142	3	29	12	1,253	39	475	75	66	68	102	115	128	139	46	1,253
TOTAUX	134	279	686	15,559	149	742	297	17,846	362	4,574	907	975	1,104	1,140	3,002	2,395	2,750	637	17,846

ARRONDISSEMENTS	NOMBRE DE JEUNES GENS VISITÉS et reconnus impropres au service: Enfants légitimes	Enfants illégitimes	Élèves des hospices	TOTAL	SYSTÈME CUTANÉ: Dartres, couperose	Teigne	Calvitie et alopécie	Lèpre et éléphantiasis	Maladies de la peau (autres)	APPAREIL DE LA VUE: PERTE complète de la vue: Par maladie ou de naissance	Par accidents ou blessures	Perte d'un œil ou de son usage	Strabisme	Myopie	Maladies des yeux et de leurs annexes qui n'entraînent pas la perte de la fonction	APPAREIL de l'ouïe: Sourds-muets de naissance	Surdité, suite de maladie ou de blessures	Maladies de l'appareil auditif	APPAREIL de la MASTICATION: Perte des dents	Division congéniale des lèvres, de la voûte palatine et du voile du palais	Maladies (autres) des gencives et de la bouche	ORGANES DE LA VOIX et de la parole: Bégaiement	Aphonie	Ozène
	1	2	3	4	5	6	7	8	9	10	11	12	13	14	15	16	17	18	19	20	21	22	23	24
1er.......	25	»	1	26	»	»	»	1	»	»	»	4	»	»	1	1	»	»	»	»	»	»	»	»
2e.......	33	»	»	33	»	»	»	»	1	2	»	»	»	»	»	»	»	»	»	»	»	»	»	»
3e.......	52	2	»	54	»	»	1	»	1	»	»	4	»	»	1	»	2	3	»	»	»	1	»	»
4e.......	51	2	»	53	»	1	»	»	2	»	»	8	»	»	1	»	1	1	»	»	»	1	»	»
5e.......	47	1	»	48	»	»	»	»	1	»	»	4	»	3	»	»	2	»	»	»	»	»	»	»
6e.......	42	2	»	44	»	»	»	»	»	»	»	1	»	1	1	2	»	»	»	»	»	»	»	»
7e.......	45	»	»	45	»	»	»	»	2	2	»	1	»	»	7	»	1	1	»	»	»	»	»	»
8e.......	31	5	»	36	»	»	»	»	»	»	»	2	»	»	2	»	»	1	»	»	»	»	»	»
9e.......	34	2	»	36	»	»	»	»	1	»	»	1	2	1	»	1	»	1	»	»	»	»	»	»
10e.......	59	6	»	65	»	»	»	»	2	»	»	9	»	»	»	1	2	»	»	»	»	»	»	»
11e.......	154	7	»	161	»	»	»	»	2	1	»	11	»	1	9	»	1	»	»	»	»	1	»	»
12e.......	42	3	»	45	»	»	»	»	»	»	»	5	»	»	6	»	»	»	»	»	»	»	»	»
13e.......	60	3	»	63	»	»	»	»	3	1	»	6	»	»	6	»	»	»	»	»	»	»	»	»
14e.......	48	1	»	49	»	»	»	»	1	1	»	4	1	»	3	»	2	»	»	»	»	»	»	»
15e.......	63	4	»	67	»	1	1	»	2	2	1	2	»	»	2	»	2	»	»	»	»	»	»	1
16e.......	53	4	»	57	»	»	1	»	1	»	»	4	»	2	5	»	2	2	»	»	»	1	»	»
17e.......	75	2	»	77	»	»	»	»	4	»	»	8	»	»	7	»	»	»	»	»	»	»	»	»
18e.......	156	6	»	162	»	»	»	»	3	1	»	9	»	»	1	4	3	»	»	»	1	»	»	»
19e.......	84	6	»	90	»	»	»	»	2	»	»	8	»	»	6	1	4	1	»	»	»	»	»	»
20e.......	126	4	»	130	»	»	1	»	1	»	»	5	»	»	6	1	3	3	»	»	1	»	»	»
TOTAUX.	1,280	60	1	1,341	»	2	4	1	29	10	1	93	3	8	64	11	25	15	»	»	2	4	»	1

infirmités.
20.)

(autres)	ORGANES du BAS-VENTRE: Tumeurs et engorgements des viscères abdominaux	Hernies	ORGANES GÉNITO-URINAIRES: Vices de conformation des organes génito-urinaires	Varicocèle	Hydrocèle et maladies des testicules	Maladies des voies urinaires	MEMBRES: Perte de l'usage des membres supérieurs, de naissance ou par suite de maladies	supérieurs, par accidents ou blessures	inférieurs, de naissance ou par suite de maladies	inférieurs, par accidents ou blessures	Mutilation de doigts ou autres organes	Varices	Amaigrissements ou contractures par suite de sciatique ou de douleurs rhumatismales	Pieds plats	SYSTÈME OSSEUX: Pieds bots et autres incurvations des membres	Déviation de la colonne vertébrale, gibbosité	SYSTÈME NERVEUX et encéphale: Épilepsie	Convulsions, danse de Saint-Guy, tremblements, catalepsie	Crétinisme, idiotie, imbécillité	Aliénation mentale, monomanie, démence	Paralysie d'un ou de plusieurs membres	FAIBLESSE de CONSTITUTION: Enfants légitimes	Enfants illégitimes	Élèves des hospices	Total des colonnes 52, 53 et 54	INFIRMITÉS DIVERSES non comprises dans les rubriques précédentes	TOTAL GÉNÉRAL DES JEUNES GENS EXEMPTÉS pour les causes indiquées dans les colonnes 5 à 34, 55 et 56
	31	32	33	34	35	36	37	38	39	40	41	42	43	44	45	46	47	48	49	50	51	52	53	54	55	56	57
	»	1	»	»	»	»	1	»	1	2	»	1	2	1	1	2	2	»	3	»	»	»	»	»	»	1	20
	»	10	1	»	»	»	2	1	1	1	1	»	»	1	»	1	1	»	»	»	»	1	»	»	1	3	33
	»	6	»	»	»	1	1	1	1	2	»	2	»	1	1	1	»	»	1	3	3	»	»	»	»	6	51
	»	7	»	»	»	1	»	1	1	1	»	2	3	2	2	2	»	1	»	»	»	7	»	»	7	2	53
	»	5	»	»	»	»	»	1	2	1	1	1	3	1	2	1	1	»	1	1	1	2	»	»	2	2	48
	»	8	»	»	1	»	1	»	2	2	»	3	2	»	»	3	»	»	»	1	1	4	»	»	4	2	44
	»	4	»	1	1	»	»	2	2	3	1	2	1	1	»	1	»	»	»	»	1	2	»	»	2	2	45
	»	7	»	»	»	»	»	»	4	5	1	»	2	»	»	2	1	»	»	»	»	2	»	»	2	1	30
	»	4	»	»	2	»	»	»	1	2	»	3	»	»	3	4	»	»	2	2	1	1	»	»	1	1	30
	»	7	»	»	1	»	1	2	»	»	»	5	1	»	2	2	2	»	1	»	4	6	1	»	7	4	65
	»	37	»	»	4	»	2	2	4	5	4	7	8	2	2	6	3	»	1	»	4	11	»	»	11	5	61
	»	»	»	2	1	1	»	2	»	1	»	5	1	2	2	4	1	»	»	»	1	3	»	»	3	2	45
	»	12	»	1	»	»	»	1	2	2	1	4	»	»	»	1	1	1	1	1	1	3	»	»	3	5	63
	»	7	»	»	»	»	»	1	1	1	4	»	1	2	»	6	1	»	1	1	1	2	»	»	2	3	49
	»	11	»	»	1	»	2	3	4	3	4	»	1	1	2	»	1	»	»	2	»	5	»	»	5	2	67
	»	5	»	»	1	»	1	»	2	1	2	2	1	2	3	2	»	»	»	»	1	4	»	»	4	2	57
	»	5	»	»	1	1	2	1	4	3	5	5	»	»	2	1	2	1	2	1	3	»	»	»	»	3	77
3	»	44	»	»	4	1	1	1	6	6	8	3	4	1	3	3	2	»	3	1	»	9	»	»	9	11	162
1	»	18	»	»	2	»	1	»	»	1	5	7	1	1	1	1	1	»	1	1	5	4	»	»	4	7	90
5	»	21	»	»	1	2	1	5	4	5	2	8	1	2	4	7	6	»	»	»	4	3	»	»	3	7	130
	»	219	1	4	10	7	16	24	42	47	39	60	32	20	30	50	25	3	17	14	31	69	1	»	70	71	1,311

ARRON-
DISSEMENTS

1er...........
2e...........
3e...........
4e...........
5e...........
6e...........
7e...........
8e...........
9e...........
10e...........
11e...........
12e...........
13e...........
14e...........
15e...........
16e...........
17e...........
18e...........
19e...........
20e...........

MYOPIE

DIVISION CONGENITALE DES LEV
DE LA VOUTE PALATINE ET DU VOILE DU

BEGAIEMENT

APHONIE

OZÈNE

MALADIES DU NEZ
ET DES FOSSES NASALES (AUTRES)

Jeunes gens appartenant à la classe 1894 ajournés pour défaut de taille ou pour faiblesse de constitution.

(Loi du 15 juillet 1889, art. 27.)

ARRONDISSEMENTS	AJOURNÉS POUR DÉFAUT de taille	AJOURNÉS POUR FAIBLESSE de constitution	OBSERVATIONS
·ondissement	2	43	
—	1	67	
—	13	75	
—	6	91	
—	9	62	
—	6	88	
—	4	69	
—	5	32	
—	5	68	
—	21	87	
—	37	183	
—	11	79	
—	10	105	
—	12	85	
—	23	59	
—	3	61	
—	13	89	
—	32	180	
—	13	99	
—	27	120	
TOTAUX	253	1,742	

RECENSEMENT DES CHEVAUX

Nombre des propriétaires du 1er au 31 décembre 1894.

ARRONDISSEMENTS	NOMBRE DE CHEVAUX	NOMBRE DE PROPRIÉTAIRES	OBSERVATIONS
1er arrondissement	26.446 (1)	117	(1) Dont : 295 du Ier arrondisse 15.086 Compagnie géné omnibus ; 11.065 Compagnie des voitures. — 26.446
2e —	169	70	
3e —	373	198	
4e —	818	271	
5e —	734	259	
6e —	1,880 (2)	226	(2) Dont : 453 du VIe arrondiss 1.427 Compagnie des T Sud. — 1.880
7e —	1,956	387	
8e —	4,332	1,166	
9e —	2,379 (3)	377	(3) Dont : 1.629 du IXe arrondis 750 Compagnie des T Nord. — 2.379
10e —	3,114	358	
11e —	3,305	946	
12e —	3,745	796	
13e —	3,011	808	
14e —	2,635	479	
15e —	7,612	1,207	
16e —	2,839	686	
17e —	5,647	817	
18e —	7,542	612	
19e —	6,238	741	
20e —	4.052	780	
Arrondissement de Saint-Denis	18,265	7.049	
— de Sceaux	11,546	6,091	
TOTAUX	116,538	24,441	

AGE	SEXE MASCULIN					SEXE FÉMININ					TOTAL pour les deux sexes
	GARÇONS	MARIÉS	VEUFS	DIVORCÉS	TOTAL	FILLES	MARIÉES	VEUVES	DIVORCÉES	TOTAL	
…s de 1 an (0 à 11 m.)	13,018	»	»	»	13,018	13,128	»	»	»	15,128	30,146
… accompli	12,476	»	»	»	12,476	12,671	»	»	»	12,671	25,147
…s accomplis	14,963	»	»	»	14,963	15,500	»	»	»	15,500	30,463
—	16,143	»	»	»	16,143	16,492	»	»	»	16,492	32,635
—	15,824	»	»	»	15,824	16,275	»	»	»	16,275	32,099
… 0 à 4 ans	74,424	»	»	»	74,424	76,066	»	»	»	76,066	150,490
…s accomplis	15,364	»	»	»	15,364	15,882	»	»	»	15,882	31,246
—	15,746	»	»	»	15,746	16,574	»	»	»	16,574	32,320
—	15,768	»	»	»	15,768	15,879	»	»	»	15,879	31,627
—	15,234	»	»	»	15,234	15,713	»	»	»	15,713	30,947
—	14,500	»	»	»	14,500	15,293	»	»	»	15,293	29,793
… 5 à 9 ans	76,592	»	»	»	76,592	79,341	»	»	»	79,341	155,933
…s accomplis	15,015	»	»	»	15,015	15,562	»	»	»	15,562	30,577
—	14,302	»	»	»	14,302	15,043	»	»	»	15,043	29,345
—	14,792	»	»	»	14,792	15,445	»	»	»	15,445	30,237
—	15,013	»	»	»	15,013	15,979	»	»	»	15,979	30,992
—	16,572	»	»	»	16,572	16,361	»	»	»	16,361	32,933
… 10 à 14 ans	75,694	»	»	»	75,694	78,390	»	»	»	78,390	154,084
…s accomplis	17,531	»	»	»	17,531	17,436	46	»	»	17,482	34,913
—	18,287	»	»	»	18,287	18,192	205	»	»	18,397	36,684
—	19,724	»	»	»	19,724	18,929	632	7	»	19,568	39,292
—	22,718	34	3	»	22,755	21,605	1,636	23	7	23,271	46,026
—	19,090	78	2	1	19,171	17,472	2,422	31	7	19,932	39,103
… 15 à 19 ans	97,250	112	5	1	97,368	93,634	4,941	61	14	98,650	196,018
…s accomplis	19,537	400	13	4	19,954	19,474	4,914	117	32	24,537	44,491
—	16,894	594	14	2	17,504	17,981	6,524	146	30	24,681	42,182
—	16,375	1,035	15	4	17,429	18,100	8,908	232	48	27,408	44,837
—	17,574	2,093	33	5	19,705	16,314	10,209	346	66	26,935	46,640
—	19,721	3,625	59	10	23,415	15,638	13,261	420	100	29,419	52,834
… 20 à 24 ans	90,098	7,747	134	25	98,004	87,567	43,876	1,261	276	132,980	230,984
… ans	77,788	52,269	1,001	194	131,244	59,078	76,362	4,444	919	140,803	272,047
… ans	45,034	80,045	2,744	590	128,413	36,782	81,183	8,377	1,313	127,655	256,068
… ans	28,081	78,145	3,739	912	110,877	25,460	72,108	11,318	1,125	110,011	220,888
… ans	19,625	67,142	4,929	843	92,539	18,529	61,452	14,729	940	95,632	188,171
… ans	14,267	58,535	5,881	691	79,374	14,402	50,213	17,242	683	82,540	161,814
… ans	10,019	47,592	6,377	446	64,434	10,053	38,070	18,557	388	67,668	132,102
… ans	6,867	35,572	6,243	263	48,945	7,708	25,345	19,015	250	53,318	102,263
… ans	4,930	25,167	6,464	165	36,726	6,113	17,529	19,949	117	43,708	80,434
… ans	3,031	15,355	5,528	81	23,995	4,202	9,335	16,984	64	30,585	54,580
… ans	1,675	7,759	4,126	36	13,596	2,567	4,770	12,931	31	20,299	33,895
… ans	684	3,171	2,544	12	6,411	1,422	1,922	8,049	4	11,397	17,808
… ans	256	1,025	1,262	5	2,548	624	538	3,618	5	4,785	7,333
… ans	86	224	415	1	726	229	160	1,245	»	1,634	2,360
… ans	29	33	80	1	143	60	54	299	1	414	557
… ans	5	5	14	1	25	24	14	60	1	99	124
… et au-dessus	»	»	2	»	2	3	»	3	1	7	9
…nnu	2,338	744	397	17	3,496	1,537	1,201	400	9	3,147	6,643
…al à la population.	628,765	480,642	51,885	4,284	1,165,576	604,382	490,073	158,538	6,141	1,259,129	2,424,705

RÉCAPITULATION

(les individus d'âge inconnu non compris).

… 4 ans accomplis.	74,424	»	»	»	74,424	76,066	»	»	»	76,066	150,490
… 19 —	249,536	112	5	1	249,654	251,365	4,941	61	14	256,381	506,035
… 39 —	240,993	218,206	7,618	1,721	468,538	208,887	273,529	25,400	3,633	511,449	979,987
… 59 —	50,778	208,841	23,430	2,243	285,292	51,283	176,080	69,534	2,261	299,158	584,450
… (a) —	10,096	52,739	20,435	302	84,172	15,244	34,822	63,138	224	112,928	197,100

TABLE ALPHABÉTIQUE DES MATIÈRES

(1) La liste de ces sociétés a été publiée par l'*Annuaire statistique de 1893*

638. — Imprimerie municipale, Hôtel de Ville. — 1896.